Arbogast Schmitt

Die Moderne und Platon

Zwei Grundformen
europäischer Rationalität

2., überarbeitete Auflage

Verlag J. B. Metzler
Stuttgart · Weimar

Bibliografische Information der Deutschen Nationalbibliothek
Die Deutsche Nationalbibliothek verzeichnet diese Publikation in der Deutschen
Nationalbibliografie; detaillierte bibliografische Daten sind im Internet über
http://dnb.d-nb.de abrufbar.

Gedruckt auf chlorfrei gebleichtem, säurefreiem und alterungsbeständigem Papier

ISBN 978-3-476-02245-5

Dieses Werk einschließlich aller seiner Teile ist urheberrechtlich geschützt. Jede
Verwertung außerhalb der engen Grenzen des Urheberrechtsgesetzes ist ohne
Zustimmung des Verlages unzulässig und strafbar. Das gilt insbesondere für
Vervielfältigungen, Übersetzungen, Mikroverfilmungen und die Einspeicherung
und Verarbeitung in elektronischen Systemen.

© 2008 J.B. Metzler'sche Verlagsbuchhandlung
und Carl Ernst Poeschel Verlag GmbH in Stuttgart
www.metzlerverlag.de
info@metzlerverlag.de

Einbandgestaltung: Willy Löffelhardt
Druck und Bindung: Kösel Krugzell · www.koeselbuch.de
Printed in Germany
März 2008

Verlag J.B. Metzler Stuttgart · Weimar

Werner Beierwaltes
gewidmet

Inhaltsverzeichnis

Vorwort zur 2. Auflage		i
Vorwort		1
Zur Einführung		7
1	Schwierigkeiten in der Begriffsbestimmung und im Selbstverständnis der ‚Moderne' – und die Entstehung des ‚geschichtlichen Denkens'	7
2	Die Wende zum Diesseits und die Erhöhung der Natur zur ‚schönen' Natur in der Kunst der Neuzeit	19
3	Die Wende zur Erfahrung und die Erhöhung des Einzeldings zum ‚wohlbestimmten' Ding in den wissenschaftlichen Diskursen der ‚Moderne'	23
4	Die Wende zur Erfahrung und die Entstehung des ‚modernen' Begriffs des Denkens: das Bewußtsein	36
5	Bewußtseins- und Unterscheidungsphilosophien. Über eine Grunddifferenz möglicher Erkenntnisbegründungen in der antiken und modernen Philosophie	52
6	Bestimmtheit und Unterscheidbarkeit als philosophisches Grundprinzip bei Platon und Aristoteles	64
7	Die Renaissance: nicht die Wiedergeburt ‚der' Antike, sondern die Wiederbelebung der hellenistischen Antike	66
8	Zum Aufbau dieses Buches: Teil I	70
9	Zum Aufbau dieses Buches: Teil II	74
I. TEIL	**„Abstraktes Denken – Konkrete Sinnlichkeit": Zum Gegensatz von Kultur und Natur in der Moderne**	**81**
I	Machen Freiheit und Unbestimmtheit den Menschen zu einem Kulturwesen? oder: Warum die Antike antiquiert erscheint	81
1	Der Gegensatz von selbstgeschaffener Kultur und determinierter Natur im Menschen	81
1 a.	bei Vico	81
1 b.	bei Herder	83
1 c.	bei Cassirer und den gegenwärtigen Kulturwissenschaften	88

1 d.	Brüche und Gemeinsamkeiten in den neuzeitlich-modernen Diskursen über den Menschen als Kulturwesen	89
1 e.	Wirkungsgeschichtlich begründete Zweideutigkeiten in der Bestimmung des Kulturwesens ‚Mensch'	92
1 f.	Der ‚neue' Freiheitsbegriff: Resultat der Verabsolutierung der geschichtlichen Welt	93
1 g.	Die Begründung des Gegensatzes von Natur und Kultur in der Entgegensetzung der rezeptiven und spontanen Vermögen des Menschen	97
1 h.	Die ‚Entdeckung' der Spontaneität des reflexiven Denkens und der Bruch mit der Geschichte	98
2	Die Verengung des Begriffs der Rationalität durch den Gegensatz von ‚Sinnlichkeit' und ‚Verstand'	100
2 a.	Die ‚neue' Rationalität als Abgrenzungskriterium gegen ‚die' Antike	100
2 b.	Der ‚Begriff' als Ordnungskriterium gegenständlicher Anschauungen – zum Ansatz einer Kritik am neuzeitlichen Rationalitätsverständnis	106
2 c.	Die Wende zur Praxis	113
II	**Der ‚gesunde Menschenverstand' und die Natur-Kultur-Antithese**	**122**
1	Zum Ansatz einer Kritik an der neuzeitlichen Natur-Kultur-Antithese	122
2	Über die Urschuld der Rationalität	124
3	Das Neue der Neuzeit: Befreiung von der Anschauung oder von der Herrschaft des Begriffs?	127
4	Aporien im Verhältnis von Anschauung und Denken – in moderner und antiker Perspektive	130
4 a.	Zur Sinneserfahrung	131
4 b.	Zur Vorstellung als ‚Verstand'	133
5	Probleme der Begriffsbildung: Konstellationen und Lösungsansätze	137
6	Der Vorrang der Sinneserkenntnis vor dem Denken	142
6 a.	in der Erkenntnistheorie des antiken Empirismus – am Beispiel von Lukrez, *De rerum natura*	142
6 b.	in der ‚ästhetischen Moderne' – am Beispiel Baumgartens	143
6 c.	in der Kunsttheorie des Naturalismus	145
6 d.	im logischen Empirismus der ‚Wiener Schule' – am Beispiel Rudolf Carnaps	154
6 e.	Die Bedeutung der Zeit für die Begriffsbildung in der Philosophie seit der Aufklärung	166

7	Zusammenfassende Beurteilung und Überleitung	178
7 a.	Die Erfahrung von Einzeldingen als Bezugspunkt aller Erkenntnis bei Kant und der Anfang des Erkennens bei Aristoteles	178
7 b.	Die Erhebung von bewiesenen Gegenständen (Ich, Raum, Zeit usw.) zu Beweiskriterien	184
	– bei Kant	184
	– bei Descartes	189
7 c.	Die Erhebung des Bewußtseins zum Inbegriff der Rationalität des Menschen: Die Folge einer Verwechslung einer Wirkung des Denkens mit dem Denken selbst	194

II. TEIL	„Konkretes Denken" als Voraussetzung einer Kultur der Ethik, der Politik und der Ökonomie bei Platon und Aristoteles	207
I	Zur Deutung der ‚Antike' aus der Perspektive neuzeitlicher Rationalität	207
II	Die erkenntnistheoretischen Grundlagen einer Unterscheidungsphilosophie	215
1	Das Widerspruchsaxiom als Grundkriterium der Rationalität bei Aristoteles	215
2	Rationales Denken und geschichtliches Verstehen bei Platon	222
3	Das ‚Sein' als Erkenntniskriterium bei Platon	225
4	Das Unterscheiden als Grundakt des Denkens und das Wissenschaftssystem der ‚Freien Künste'	232
4 a.	‚Wahrheit ist Übereinstimmung von Denken und Gegenstand' – in platonischer und nachcartesianischer Deutung	240
4 b.	Die methodische Bedeutung des Widerspruchsaxioms und die ‚nichtklassischen' Logiken der Gegenwart	241
III	Abstraktes Bewußtsein – Konkretes Denken: Zur Überwindung des Gegensatzes von Gefühl und Verstand in einer Unterscheidungsphilosophie	270
1	Zur Erweiterung des Begriffs des Denkens	270

2	Die eigentümliche Leistung des Denkens. Ihre Unabhängigkeit vom Gegensatz des Bewußten und Unbewußten	271
IV	**Die Seele in bewußtseinsphilosophischer und unterscheidungsphilosophischer Analyse**	**283**
1	Verstand, Gefühl und Wille und ihr Zusammenwirken beim Handeln	283
2	Die Intelligenz von Emotionen und Motivationen in der Moderne und in der platonisch-aristotelischen Psychologie	288
V	**Die verschiedenen Formen des Wollens und ihre Abhängigkeit vom Erkennen**	**294**
1	Der unabhängige, ‚freie' Wille in der Stoa	294
2	Begehren, Sich-Ereifern und vernünftiges Wollen als Grundmöglichkeiten psychischen Verhaltens bei Platon	298
3	Die Erkenntnisbedingungen des Begehrens und Sich-Ereiferns: Wahrnehmung, Gegenstandsanschauung und Meinung	307
3 a.	Die eigentümliche Leistung der Wahrnehmung als Wahrnehmung	309
3 b.	Die ‚Wahrnehmung' von Gegenständen, Situationen und ‚Gefühlen'	315
3 c.	Die erkenntnistheoretische Analyse des Meinens (*doxa, opinio*) durch Platon und Aristoteles	324
3 d.	Zur Differenz der Gegenstände von Wahrnehmung und Meinung	329
3 e.	Zum Unterschied von ‚Anschauung' und Meinung	331
	Exkurs: Funktion und Funktionalismus	333
4	Meinung und Emotionalität	339
VI	**Die ästhetische, ethische und politische Bedeutung einer Kultur der Gefühle bei Platon und Aristoteles**	**341**
1	Reduziert Aristoteles Gefühle auf abstrakte Lusterfahrungen?	341
2	Die Entstehung und das Bewußtsein von Gefühlen	344
3	Abstrakte Gefühle - mit Beispielen aus Euripides und Sophokles	349
4	Rationale Gefühle. Ein Beispiel: Aristoteles' Analyse der Selbstliebe	354
5	*Éducation sentimentale* – aristotelisch	357

Kunst als Erziehung der Gefühle – das Beispiel der Tragödie 361
  – Die Furcht 365
  – Das Mitleid 369
  – Die staatspolitische Bedeutung von Mitleid und Furcht 373

VII Theorie und Praxis: Zur Grundlegung der Staats- und Gesellschaftstheorie in einer Theorie des Menschen durch Platon und Aristoteles 381

1 Der Staat als Bedingung der Möglichkeit der Verwirklichung von Freiheit und Individualität 381
2 Der Vorrang des Individuums vor der Gemeinschaft in der von Homer geschilderten Gesellschaft 385
2 a. Konventionelle oder postkonventionelle Ethik bei Homer? 385
2 b. Die Schädigung der Gemeinschaft: Eine Folge der Verfehlung des privaten Glücks 392
2 c. Die homerische Psychologie und die Unterscheidung von wahren und scheinbaren Vorteilen 394
3 Der Vorrang des Individuums vor dem Staatsganzen bei Platon 398
4 Individualität als gegebenes Faktum oder als Aufgabe 403
4 a. Kriterien der Ermittlung des sog. ‚primären‘ und ‚immanenten‘ Allgemeinen 407
4 b Das wissenschaftliche Allgemeine bei Aristoteles und die platonische Idee 415
4 c Das wissenschaftliche Allgemeine und die Bestimmung von Individualität 417
5 Individuelles Glück und Gerechtigkeit im Staat 421
6 Selbsterhaltung und individuelles Glück: zum Unterschied zwischen Überleben und gutem Leben – Einführung in einen Grundunterschied der Staats- und Wirtschaftstheorie bei Platon und Aristoteles und in der Neuzeit 426
6 a. „Das Interesse bestimmt die Theorie": Das stoisch-neostoische Willenskonzept und seine Bedeutung für die Wirtschaftstheorie bei Adam Smith und die Staatstheorie bei Thomas Hobbes 426
   Die Sympathie aller mit allen als Korrektiv gegen die Egoismen des ‚Marktes'? – Zur Verbindung von Ökonomie und Ethik in der liberalistischen Markttheorie bei Adam Smith 433

6 b.	Das *bonum privatum* als axiomatische Grundlage ethischen und ökonomischen Handelns bei Aristoteles	442
6 c.	Die neuzeitliche ‚Wende' zur Wohlfahrt des Einzelindividuums und ihre Aporien	444
	– Hobbes' ‚neue' Theorie und ihr Verhältnis zur Tradition	444
	– Die Reduktion des Menschen auf den Selbsterhaltungstrieb und die Verwissenschaftlichung dieses Menschenbildes	449

VIII Evolutionsbiologische Bedingungen der Selbsterhaltung und rationale Bedingungen der Selbstverwirklichung des Menschen – Plädoyer für eine Neubewertung der Rationalität 460

1	Zur Uminterpretation von Zufall, Scheitern, Bosheit und Vernichtung des Einzelnen in einen Dienst für die Entwicklung des Ganzen	460
1 a.	Über das Gemeinsame im stoischen Dogmatismus und in der Evolutionstheorie bei der Beurteilung des Verhältnisses von Zufall und Notwendigkeit	463
1 b.	Würden Teufel, um zu überleben, eine Republik gründen? Zum Ansatz einer Differenzierung zwischen natürlichem Selbsterhaltungstrieb und einem rational begründeten Streben nach Selbsterhaltung	467
2	Naturgeschichte und Geschichte bei Aristoteles	472
2 a.	Die Evolution und ihre rationalen Vorgaben bei der Entstehung und Entwicklung ‚natürlicher' Dinge	472
2 b.	Sind Bio-Elemente ‚platonische Formen'?	487
2 c.	Rationale Bedingungen für die Genese und Ausbildung menschlicher Vermögen	496
3	Rationale Selbstverwirklichung als Bedingung des Zusammenfallens des privaten Vorteils mit dem Wohl des Ganzen	506
4	Wunsch und Bedarf in der Wirtschafts- und Gesellschaftstheorie des Aristoteles	510
5	Die Analyse der Verfallsformen von Staat und Gesellschaft bei Platon und Aristoteles	514
5 a.	Der Unwille zu unterscheiden als Ursache des Verfalls von Individuum und Staat nach Platon	514
5 b.	‚Der Markt' als Nivellierung des Wertes menschlicher Arbeit nach Aristoteles	519

Schluß	Zwei Grundformen europäischer Rationalität – Versuch eines Vergleichs	524
I.	Der Gegensatz ‚antik' – ‚modern'	524
1	Die Radikalität des Auf- und Umbruchsbewußtseins in der Frühen Neuzeit	524
2	Markante Merkmale der Konstruktion der Antike-Moderne-Antithese	527
3	‚Aufklärung des Denkens über sich selbst' als Unterscheidungkriterium von ‚antik' und ‚modern'? Über die Gründe eines Missverständnisses	529
II.	Charakteristische Unterschiede zwischen dem platonisch-aristotelischen und dem hellenistischen Rationalitätsverständnis	535
1	Das Denken orientiert sich an a. Gegenstandseinheiten, b. an Sacheinheiten	536
2	Erkenntnistheorie ist a. Reflexion auf die Modi der Vergegenwärtigung gegebener Gegenstände, b. Reflexion auf die Kriterien der Unterscheidbarkeit	537
3	Kriterien der Erkenntnis empirischer Gegenstände sind a. Vollständigkeit, Ganzheit und Unverfälschtheit der wahrnehmbaren Eigenschaften, b. begriffliche Erfassung dessen, was etwas kann und leistet.	538
4	Wahrheit ist a. Übereinstimmung von Vorstellung und Gegenstand, b. Identität von Erkenntnisakt und Sache	539
5	a. Denken artikuliert sich in der Sprache, b. die Sprache verweist auf einen erkannten Unterschied	542
6	a. Denken ist abstrakt, b. Denken ist konkret	545
7	a. Denken hat keine eigene emotionale und voluntative Kraft, b. Denken ist selbst gefühlsrelevant	546
8	a. Denken erhält seine Inhalte aus der Anschauung, b. Denken hat eigene Inhalte, durch die es der Anschauung Bedeutung gibt	548
9	a. Die Begriffe des Denkens müssen der Wohlbestimmtheit der Dinge entsprechen, b. das Maß der Bestimmtheit eines Dinges wird am Maß seiner Übereinstimmung mit begrifflichen Kriterien erkannt	548
10 a.	Nur bewußte Akte sind Denken, b. Bewußtsein ist ein Epiphänomen des Denkens	550
11 a.	Nur Anschauung und Gefühl sind realitätshaltig, b. Realität hat das, was sich als ‚res', als eine Sacheinheit erkennen läßt	551

Literaturverzeichnis 553

Sach- und Personenregister 575

Stellenregister (Auswahl) 593

Vorwort zur 2. Auflage

In vielen modernen Gesellschaften gibt es eine verbreitete Tendenz, mit dem Bewußtsein der Modernität ein Bewußtsein der Überlegenheit zu verbinden. Natürlich gibt es auch die Bewunderung vieler Eigentümlichkeiten vormoderner Gesellschaften, ja es gibt nicht selten eine Nostalgie nach dem, was im Zuge des Fortschritts verloren gegangen zu sein scheint. Mehr noch: die Toleranz gegenüber dem Fremden und Anderen gehört zu den Grundforderungen, an die sich jede moderne Gesellschaft gebunden fühlt. Dennoch enthält bereits diese Forderung eine Abgrenzung gegenüber dem Nicht-Modernen. Denn sie ist selbst bereits Teil eines Bewußtseins, das auf Grund bestimmter Errungenschaften, die als unverzichtbar gelten, einen höheren, entwickelteren Standpunkt einzunehmen meint als alles, was an diesen Errungenschaften noch nicht teilhat. Als Basis dieses Bewußtseins gilt den meisten das Wissen um die freie Selbstbestimmung des Menschen – mit allen Folgerungen, die die Moderne daraus abgeleitet hat: Freiheit des Gewissens, der Meinung, des Eigentums, Anerkennung der Würde jedes Menschen, der ja über die gleiche Selbstbestimmung verfügt, usw.

Zu wenig Beachtung findet allerdings die Tatsache, daß diese an sich positiven Werte sehr unterschiedlicher Auslegung zugänglich sind und in der Form, in der sie v.a. seit der Aufklärung in den westlichen Gesellschaften gedeutet werden, eine Reihe negativer, zum Teil sehr negativer Auswirkungen gezeitigt haben. Einer dieser negativen Züge ist ein verbreitetes dichotomisches Denken, das auch eine problematische historische Aussage enthält: es scheidet die Moderne in scharfer Antithese vom Nicht-Modernen. Da die Selbstbestimmung von dem Vermögen, selbst zu denken, abhängig ist, gilt die Reflexion auf die Selbsttätigkeit der Vernunft und ihre auf Methode gegründete Beherrschung als die historische Wurzel, aus der die Moderne hervorgegangen ist. Im Sinn dieser Überzeugung steht dann ein reflexives, seiner selbst bewußtes Denken einem naiven, abhängigen Denken gegenüber. Dem modernen Menschen kann deshalb Individualität, Subjektivität, Selbstverantwortung, Freiheit, Gewissen, Geschichtlichkeitsbewußtsein, Charakter usw. zugeschrieben werden, der nichtmoderne Mensch gilt demgegenüber als eingebunden in konventionelle Gesellschaften, als bloßes Glied einer Gemeinschaft, ohne Eigenverantwortung, in Abhängigkeit von Autoritäten und vom bloßen Sinnenschein, Moral ergibt sich für ihn aus den Werten einer Shame- nicht einer Guilt-Culture, usw., usw.

Natürlich werden diese und die vielen mit ihnen verwandten oder von ihnen abgeleiteten Bestimmungen nicht von allen und schon gar nicht von allen gleich gebraucht, viele benutzen sie, ohne sich ihrer Bedeutung und Herkunft bewußt zu sein, ihr geschichtliches Wirkungspotential kann aber gar nicht überschätzt werden. Die ‚unterentwickelten' Gesellschaften haben in aller Regel nur dann eine Chance, anerkanntes Mitglied der Weltgemeinschaft der Gegenwart zu werden, wenn sie sich diese ‚modernen', und das heißt immer auch: westlichen Errungenschaften aneignen, die Weigerung, sich dieser Weiterentwicklung zu öffnen, zieht leicht den Vorwurf, noch im Mittelalter oder gar im finsteren Mittelalter zu verharren oder dorthin zurückzufallen, nach sich.

Obwohl die neuere Forschung mit reichem Material zeigen konnte, daß das Mittelalter nicht finster, sondern im Unterschied zur frühen Neuzeit, die die Entdeckung der Freiheit, von Toleranz und Individualität für sich beansprucht, eher liberal und freizügig war, hat der Hinweis auf das Mittelalter als dem Gegenpol des Modernen einen berechtigten Kern. Denn die genannten Gegensatzpaare und ihre Verwandten sind kein Produkt von Erfahrungen der Gegenwart, sondern haben eine lange Geschichte, die in der Tat bis in die frühe Neuzeit und ihrem scharfen Bruch mit dem Mittelalter zurückreicht. Seither beherrschen sie in mancherlei Verkleidungen und Wandlungen, immer aber mit einem erstaunlich konstanten Grundsinn die westliche Kultur in breiten Strömungen, aber auch in vielen einzelnen Details.

Ich verweise nur auf einige wohlbekannte Beispiele aus dieser (Vor-) Urteilstradition:

In der Ethik ist es das Charakteristikum des Modernen, daß die Selbstbestimmung des Einzelnen an die Stelle der alten Abhängigkeit getreten sein soll, in der Staatstheorie und Politik ist es die freie Vereinbarung der Individuen, sich in staatlichen Institutionen zu organisieren, die die alten hierarchischen Ordnungen abgelöst hat, in der Wirtschaftstheorie gibt es keine Ausrichtung mehr an einer allgemeinen Gerechtigkeit oder einem *bonum commune*, es ist der Selbsterhaltungswille des frei handelnden Individuums, der die Marktordnung vorgibt, in der Kunst und Literatur hat sich die schöpferische Erfindung vom Zwang der Nachahmung der Natur befreit, das Künstlergenie hat die Freiheit seiner Subjektivität erkämpft, in der Medizin wird Gesundheit nicht mehr aus abstrakten Begriffen deduziert, sondern induktiv erforscht, usw.

In einem Forschungsprojekt, das ich mit Kollegen, Mitarbeitern und Schülern seit vielen Jahren betrieben habe, haben wir uns mit diesen Oppositionen, ihrer Geschichte und Verbreitung, auseinandergesetzt. Einige wichtige Resultate dieser Forschungen versuche ich in diesem Buch zusammenfassend vorzustellen. Das wohl frappierendste Ergebnis war, daß sich von nahezu allen diesen Oppositionen zeigen und an den Quellen gut belegen ließ, daß sie ‚das Kind mit dem Bade ausschütten': Es sind nicht intime, einmalige ‚Entdeckungen' der Moderne, daß es so etwas wie Individualität, Subjektivität, Gewissen, Selbstverantwortung, Reflexivität, Geschichtlichkeitsbewußtsein, Menschenwürde usw. gibt. In allen diesen Fällen kann man vielmehr nachweisen, daß es lediglich eine neue, oft sogar nur geringfügig veränderte oder sogar eingeschränktere Auffassung von Individualität, Freiheit, Selbstbestimmung usw. ist, die den Eindruck erzeugt hat, als würden diese Qualitäten von Grund auf und zum allerersten Mal ‚entdeckt'.

Die Hauptgründe, die zu diesem Überwindungs- und Entdeckungsbewußtsein geführt haben, habe ich in der ‚Einführung' noch einmal komprimiert darzustellen versucht. Ergänzend möchte ich hier darauf hinweisen, daß das Gegensatzbewußtsein, in dem sich die frühe Moderne radikal vom Mittelalter abgegrenzt hat, nicht nur eine ungeheuere und viel zu wenig beachtete geschichtliche Wirkung bis in die Gegenwart ausübt, es handelt sich dabei auch um einen Traditionsbruch, der in einem außergewöhnlichen Tempo, pauschal und oberflächlich vollzogen wurde. Man hat einer jahrhundertealten und bewährten Tradition ‚kurzen Prozeß' gemacht. Denn man meinte, nur noch ‚nach vorne' blicken zu müssen, weil die Erfolge, die auf allen Gebieten auf diese Weise erreicht werden konnten, zu schnell, zu überwältigend, zu vielversprechend und in jeder Hinsicht lukrativ waren. Fast keiner der humanistischen Gelehrten der frühen Neuzeit hält es noch für nötig, seine Ablehnung des scholastischen Aristotelismus mit mehr als mit affektischen Äußerungen über die erfahrungsfremden und autoritätsgläubigen Begriffsdistinktionen der Aristoteliker zu begründen. Nichtsdestoweniger hält das damals begründete Überlegenheitsgefühl der Moderne gegenüber dem Alten bis heute vor. Es war daher wirklich ein dringendes Forschungsdesiderat, den wohl größten Traditionsbruch, den es in der westlichen Welt gegeben hat, einer neuen Analyse zu unterziehen.

Im Unterschied zu dem, was man in philosophie- und kulturgeschichtlichen Darstellungen immer noch lesen kann, bringt die Renaissance keine Wiedergeburt ‚der' – im finsteren Mittelalter unterdrückten – Antike, sondern die Hinwendung zu einer anderen Antike. Die als kongenial empfundenen, empirisch und praktisch ausgerichteten Philosophenschulen des Hellenismus, die zwischen 300 vor Christus und etwa 200 nach Christus schon einmal alle kulturellen Bereiche maßgeblich bestimmt hatten, wurden neu entdeckt. In der Stoa, im Epikureismus und in der Skepsis glaubte man die wahre Antike gefunden zu haben, der neuplatonisch geprägte Aristotelismus des Mittelalters schien nichts als eine Verfremdung dieser wahren Antike zu sein. Auch Platon und Aristoteles selbst, so glaubten viele, mußten im Geist dieser modernen, hellenistischen Antike neu interpretiert werden.

Es ist durchaus lohnend, einmal auch den Verlust, den dieser Rezeptionswandel mit sich gebracht hat, zu prüfen. Denn dieser Verlust muß sowohl unter kulturgeschichtlichen wie unter sachlichen Gesichtspunkten als beträchtlich bezeichnet werden:

Kulturgeschichtlich bedeutet die Rückwendung auf die hellenistisch-römische Antike das Ende einer jahrhundertealten Symbiose und einer produktiven Interkulturalität. Die aristotelische Rationalität (und die von ihr bestimmte griechische Wissenschaft im allgemeinen, etwa die Medizin Galens) war keine Besonderheit des lateinischen Westens. Im Gegenteil: sie war dorthin zu einem guten Teil erst wieder aus dem Orient zurückgebracht worden, nachdem der römische Kaiser Justinian 529 endgültig die besten Köpfe der heidnischen Philosophen aus dem Reich vertrieben hatte. In so verschiedenen Kulturen wie der syrischen, persischen, arabischen, jüdischen Kultur und in einem mehr als 1000-jährigen Zeitraum mit vielen geschichtlichen Wandlungen bildete die aristotelische Rationalität eine gemeinsame Verständigungsbasis, die auch (wenn auch nicht überall und immer mit Erfolg) zu einem toleranten Umgang der Religionen miteinander beitrug.

Von der Sache her ist der Verlust noch größer. Denn die Beurteilung der Scholastik aus den Prinzipien der hellenistischen Philosophien brachte nicht nur, wie meist gesagt wird, eine Hinwendung zur Empirie und zum Einzelnen mit sich, sie führte auch zu einer metaphysisch-theologischen Überbewertung der Empirie. Erst daraus entstand, ich werde das ausführlich darzulegen versuchen, ein so veränderter Begriff von dem, was die Aufgabe des Denkens ist, daß die Überzeugung sich durchsetzte, es habe zuvor überhaupt noch kein Wissen des Denkens über sich selbst gegeben, nur eine erkenntnistheoretisch naive Beurteilung der Gegenstände des Denkens, auf die alle Methoden beschränkt gewesen seien. Alles, was der Mensch wissen kann, weiß er, so lautet die neue Überzeugung, aus der Erfahrung und durch den methodisch-technischen Umgang mit dieser Erfahrung. Die direkte Folge dieser Überzeugung ist, daß die Aufgabe des Denkens ausschließlich in der (mehr oder weniger getreuen oder auch nur symbolisch konstruktiven) Wiedergabe der empirisch erfahrbaren Welt gesehen wurde. Denken wurde zur Vergegenwärtigung, Repräsentation der wahrnehmbaren und beobachtbaren Welt, es wurde zur Vorstellung oder, wie der Begriff, der sich bis heute durchgesetzt hat, lautet, zum Bewußtsein.

Eine Theorie, die Denken als Verarbeitung von sinnlich gegebenem Material, als Vergegenwärtigung oder als bewußte Organisation einer sinnlichen ‚Mannigfaltigkeit' zu einheitlichen Vorstellungen auslegt, gibt es in der platonisch-aristotelisch geprägten Philosophie der Antike und des Mittelalters nicht. Läßt man sich, wie dies viele bis heute tun, die Kriterien der Suche von diesem Begriff von Denken vorgeben, dann muß man zwingend zu dem Ergebnis kommen, in der Antike habe es ‚noch' keine methodische Reflexion des Denkens auf sich selbst gegeben, oder bestenfalls Ansätze, Vorstufen. Der auf dieses Ergebnis gestützten Überzeugung, erst die Moderne habe einen zureichenden Begriff von der souveränen Verfügung des denkenden Menschen über sich selbst ausgebildet, steht aber eine von der aristotelischen Wissenschaftstheorie (den sog. *Zweiten Analytiken*) ausgehende Tradition gegenüber, in der in einer sehr großen Zahl von Texten ausdrücklich die Reflexion der Ratio auf ihre eigenen Akte zur Voraussetzung jeder methodisch gesicherten Erkenntnis gemacht wird.

Aus diesem Befund muß die Folgerung gezogen werden, daß es in dieser Tradition nicht etwa keine Reflexion des Denkens auf sich selbst gibt, sondern eine Reflexion auf einen anderen Begriff des Denkens als den, von dem her wir die Antike zu beurteilen gewohnt sind. Macht man diese hermeneutische Prämisse zur Grundlage der Forschung, so läßt sich tatsächlich mit reichem Belegmaterial aufweisen, daß von Platon und Aristoteles (unter Rückgriff auf den Vorsokratiker Parmenides) ein Begriff von Denken grundgelegt wird, der den Grundakt des Denkens nicht als Repräsentation, sondern als einen Akt der Unterscheidung versteht. Erkenntnistheoretische Reflexion auf das Denken bedeutet dann nicht, die Modi des Bewußtseins untersuchen, sondern die Kriterien des Unterscheidens. Eine solche Reflexion fordert Platon im 7. Buch seiner *Politeia* und verlangt von ihr eine der Mathematik analoge (ja die Mathematik selbst begründende) Strenge. Diese Aufgabe wurde insbesondere im Rahmen der sogenannten ‚freien Künste' (liberal arts) und im Rahmen der Kommentierung der Analytiken des Aristoteles von vielen Wissenschaftstheoretikern der Antike und des Mittelalters auch konsequent durchgeführt.

Da es eben dieser Begriff von Denken ist, der in dem ‚revolutionären' Umbruch, in dem sich die frühe Moderne vom Mittelalter abgesetzt hat, verloren gegangen ist, habe ich einen großen Teil dieses Buches seiner Erklärung gewidmet. Beim Durchgang durch die einschlägigen Texte zeigte sich von vielen Aspekten her, daß sie auf die Frage, was denn das Denken ist, wenn sein Grundakt das Unterscheiden ist, reiche Antworten boten und zugleich Antworten, die diesen Begriff interessant, ja hochrelevant erscheinen ließen. Da man bereits die einfachsten Formen der Wahrnehmung, wenn das Auge Farben, das Ohr Töne erfaßt, als einen Unterscheidungsakt auffassen kann, gibt es bei diesem Begriff von Denken die Kluft von Sinnlichkeit und Verstand nicht, sondern statt dessen eine aufsteigende Freiheit in der Verfügung des Denkens über sich selbst. Da ein direkter Unterscheidungsakt immer von Lust und Unlust begleitet ist, – man kann einen Wein nicht schmecken, d.h. seine Geschmacks- und Geruchsnuancen unterscheiden, ohne daß er einem zugleich schmeckt oder nicht schmeckt – gibt es in einer Unterscheidungsphilosophie auch nicht die Kluft von Gefühl und Verstand, sondern eine reiche Palette unterschiedlicher, unterschiedliche Unterscheidungsakte begleitender Lust- oder Unlusterfahrungen. Ja, selbst wenn man einen direkten Vergleich zwischen diesem ‚alten' und dem modernen Repräsentationsbegriff von Denken anstellt, erweist sich der unterscheidungsphilosophische Ansatz kaum als unterlegen. Man kann sich etwas nicht vergegenwärtigen, wenn man es zuvor nicht erkannt, d.h. als etwas Bestimmtes unterschieden hat. Wer keinen Ton gehört, kein Enzym identifiziert hat, kann sich auch nicht vergegenwärtigen oder bewußt machen, was er in der Erfahrung vor sich hatte.

Die in der Moderne viel bewunderte Einheit von Anschauung, Fühlen, Denken und Wollen in der Antike hat, so zeigte sich, überraschenderweise, nicht den Grund, daß die Antike wegen ihres noch anschaulichen Denkens noch nicht zwischen diesen psychischen Vermögen unterscheiden konnte, sondern weil sie in kritischer Reflexion auf die verschiedenen Erkenntnisformen zum Begriff einer in sich differenzierten Einheit gekommen war.

Diese Fähigkeit, den Menschen in kritischer Reflexion als ein in seinen verschiedenen Vermögen einheitliches Wesen zu begreifen, bewährte sich auch in der Praxis dadurch, daß sie – jedenfalls dort, wo man von ihr Gebrauch machte – eine interkulturelle Verständigung möglich machte, die möglich machte, dem Bewußtsein eines ‚clash of cultures' kritisch entgegen zu treten.

Natürlich hat die moderne Wendung zur Empirie und zur technischen Beherrschung der praktischen Lebensprobleme viele Fortschritte und Errungenschaften gebracht, von denen die Antike nicht einmal eine Vorstellung hatte. In der Analyse dessen, was den Menschen zum Menschen macht, was die vollendete Entfaltung seiner psychischen und vor allem seiner rationalen Fähigkeiten ausmacht, und was ihn so zu einem möglichst glücklichen Leben verhilft, hat aber die platonisch-aristotelisch geprägte Antike (mit ihrer Weiterwirkung ins orientalische und okzidentale Mittelalter) Vorzüge, die durch die erfolgreiche und rasante Konzentration der modernen Wissenschaften auf die Praxis zu einem guten Teil verloren gegangen sind. Sie zurückzugewinnen und mit den Errungenschaften der Moderne zu verbinden – und so eine Chance, Mängel in beiden Seiten auszugleichen, zu erhalten – ist ein Anliegen, zu dessen Erfüllung dieses Buch einen kleinen Teil beitragen möchte.

Noch ein abschließendes Wort zum Titel dieses Buches. Warum heißt es: „Die Moderne und Platon"?

Natürlich ist ein Titel immer eine Verkürzung. In keinem Buch der Welt könnte das, was ‚die' Moderne ist – gleichgültig, ob man sie um 1400, um 1800 oder erst um 1900 beginnen läßt – dargestellt werden. Diesen Anspruch erhebt auch dieses Buch nicht, in keiner Weise. Das meiste von dem, was in den geschichtlichen Zeiträumen, die man ‚modern' nennen kann, geschehen ist und geschieht, hat mit dem Bewußtsein des Gegensatzes, mit dem sich die beginnende Moderne einmal von der Antike abgegrenzt hat, nur wenig oder gar nichts zu tun, oft nicht einmal mit den Wirkungen, die von diesem Bewußtsein ausgegangen sind. Auch wenn man den Versuch macht zu bestimmen, was die Besonderheit der Renaissance als einer geschichtlichen Epoche ausmacht, kann man nicht nur auf die Abwendung von Platon und Aristoteles und die Hinwendung zur hellenistisch-römischen Antike verweisen. Es gibt vieles in der Renaissance, was mit diesem Wandel in keinem Zusammenhang steht, ja es gibt eine eigene Platon- und Aristoteles- Rezeption, die neben der Hellenismus-Rezeption weiterbesteht.

Wenn man aber fragt, weshalb es in der Renaissance bei vielen ein radikales Neuheits- und Aufbruchsbewußtsein gibt, und warum dieses Bewußtsein mit der Vorstellung einer Wiedergeburt der Antike verbunden ist, und warum von diesem Neuheitsbewußtsein alle kulturellen Bereiche beeinflußt wurden mit Wirkungen, die bis in die Gegenwart reichen, dann trifft man auf die Fragen, auf die dieses Buch Antworten sucht. Dasjenige Modernitätsbewusstsein, mit seinen Voraussetzungen und Folgen, das aus dieser Antithese des Neuen, Modernen gegenüber dem Antiken und Mittelalterlichen entstanden ist, ist die ‚Moderne', von der im Folgenden die Rede sein wird.

Vorwort zur 2. Auflage

Da dieses Buch zunächst für eine kontinentale Leserschaft geschrieben war, bilden Autoren wie Descartes und Kant und deren ‚kopernikanisches' Wendebewußtsein eine zentrale Grundlage der Untersuchung. Ich möchte aber wenigstens darauf hinweisen und dies als These aussprechen, daß man dann, wenn man John Locke und Hume zum Ausgangspunkt genommen und diesen Ausgangspunkt bis zur analytischen Philosophie und zum ‚linguistic turn' weitergeführt hätte, zu keinem nennenswert anderen Ergebnis gekommen wäre, wenn es um die Bestimmung dessen geht, was diese Positionen von der platonisch-aristotelischen Philosophie unterscheidet.

Daß als Gegenpol zur Moderne, d.h. also genauer: zu einer bestimmten, über Jahrhunderte dominierenden Form des Modernitätsbewußtseins, Platon und nicht Platon und Aristoteles oder noch besser die von ihnen ausgehende, die Spätantike und das Mittelalter beherrschende philosophische Tradition genannt ist, ist natürlich auch eine Verkürzung. Aber auch sie hat einen guten Grund. Platon ist es, der in expliziter Argumentation die Prinzipien einer unterscheidungsphilosophischen Position grundgelegt hat. Trotz vieler Unterschiede in Einzelfragen steht Aristoteles ganz auf dem Boden dieses Ansatzes und unterscheidet sich dadurch elementar von jedem Repräsentations- oder Bewußtseinskonzept. Deshalb ist im Titel Platon als der genannt, gegen dessen Verständnis von Philosophie sich ein von vielen geteiltes Modernitätsbewußtsein absetzt.

Widmen möchte ich dieses Buch meinem philosophischen Lehrer Werner Beierwaltes. Von ihm habe ich zuerst gelernt, daß die heute verbreitete Entgegensetzung einer systematischen und einer ‚gelehrten', historischen Beschäftigung mit der Philosophie eine falsche Alternative ist. Nicht nur, weil auch eine systematische Argumentation, sobald sie ausgeführt ist, Geschichte geworden ist, so daß die Auseinandersetzung mit ihr ‚gelehrt' wird und philologischen Charakter bekommt. Das Vorurteil, daß das in der Geschichte Gedachte keine systematische Relevanz habe, mit dem man sich daher auch um der Sache willen auseinandersetzen kann, hält einer kritischen Überprüfung nicht stand. Das gilt, wie Werner Beierwaltes von vielen Aspekten her gezeigt hat, in ganz besonderer Weise für die von der ‚kritischen' Philosophie der Moderne vermeintlich überholten philosophischen Texte des Mittelalters und der Antike. Vieles einsichtsreich Gedachte lebt in verwandelter Form auch in der Philosophie nach Descartes und nach Kant weiter, vieles hat daneben ein Eigenrecht, das vom Fortschritt der Entwicklung gar nicht betroffen ist. Dafür, daß ich dies von dem wohl besten Kenner des Platonismus in Antike und Moderne lernen durfte, möchte ich mich mit der Widmung dieses Buches bedanken.

Marburg, im Januar 2008

Vorwort

Trotz vieler Bewunderung und Hochschätzung, die Platon immer erfahren hat, ist das Verhältnis, das die Neuzeit und die Moderne gegenüber Platon einnehmen, gebrochen. Die Distanzierung von Platon ist dabei für ein modernes Denken nichts Nebensächliches. Denn es ist geradezu ein Dogma jedes kritischen Denkens, daß es so etwas wie ein für sich seiendes Wesen der Dinge nicht geben könne, und daß es auf jeden Fall nicht erkennbar sein könne. Genau dafür aber steht Platon: Er ist der eigentliche Vertreter einer vorkritisch dogmatischen Philosophie, die noch der Meinung anhängen konnte, es gebe allein der Vernunft zugängliche transzendente Substanzen, Wesenheiten, Ideen, deren Kenntnis eine zureichende Erklärung der Welt – ohne Rückgriff auf die Empirie – möglich machten. Mit der Entstehung und der Berechtigung dieses Platonbildes, das sich seit dem späten Mittelalter konsequent verfolgen läßt, befaßt sich dieses Buch. Die Darstellung ist aber nicht ausschließlich historisch. Es geht nicht um eine Rezeptionsgeschichte Platons, die in einer einzigen Monographie gar nicht gegeben werden könnte. Im Zentrum steht vielmehr die Sachauseinandersetzung. Welche Gründe haben zu diesem – wohl verzerrten – Platonbild geführt, welches Gewicht kommt den Argumenten zu, die zu diesem Bruch mit dem Platonismus geführt haben, und welche Folgen hat dieser Bruch für das Selbstverständnis, in dem sich das kritische Denken der ‚Moderne' gegen Platon abgrenzt? In diesem Sinn will dieses Buch auch parteiisch sein, wenn auch nicht im Sinn einer willkürlichen Parteinahme, wohl aber im Sinn einer Abwägung des besser und des weniger gut Begründeten und eines Plädoyers für das, was aufgrund belegbarer Argumente besser begründet erscheint.

Die Bezugnahme auf Platon ist dabei nicht der Ausgangspunkt der Arbeit an diesem Buch, sondern Ergebnis scheinbar viel breiter angelegter Untersuchungen. Im Rahmen eines seit vielen Jahren zusammen mit Kollegen und Schülern betriebenen Forschungsprojekts haben wir von verschiedenen Seiten her die Frage zu klären versucht, warum es seit dem Bruch mit dem Mittelalter so viele Äußerungen in wirkmächtigen Texten gibt, die die aus diesem Bruch entstandene ‚Moderne' in einer ‚querelle', einer direkten Auseinandersetzung mit der Antike sehen. Allein der Überblick über die Verbreitung der verschiedenen Formen dieser ‚querelle' machte deutlich, daß es sich hier um ein für das Selbstverständnis der Moderne wesentliches Bewußtsein handelt: Es ist nicht nur die Antike, gegen die sich die nachmittelalterliche ‚Moderne' in einem scharfen Gegensatzbewußtsein abgrenzt, diese Abgrenzungsgewohnheit der Moderne erstreckt sich vielmehr seither auf beinahe alles Nichtmoderne, und so auch auf alle Kulturen, die nicht aus der europäischen, westlichen Kultur hervorgegangen sind. Dabei spielt es meistens keine Rolle, ob die Antithese als Überwindung des Alten durch die Moderne gerühmt oder nostalgisch als Verlust ursprünglicher Lebensformen beklagt wird, maßgeblich bleibt für die positive wie die negative Wertung das gleiche direkte Oppositionsbewußtsein, das sich von ‚der Antike' oder anderen nichtmodernen Kulturen in ihrer Gesamtheit abgrenzt.

Auch geschichtlich beschränkt sich das Bewußtsein des Traditionsbruchs zusammen mit den (Vor-)Urteilen, in denen der Zustand vor und nach diesem Bruch formuliert wird (‚aufgeklärt–unmündig', ‚naiv–reflektiert', ‚konventionell–individuell' usw.), nicht auf eine einmalige Epochengrenze zwischen ‚der' Antike und ‚der' Moderne, sondern es beherrscht (seit dem 18. Jahrhundert in zunehmender Beschleunigung) auch das Verhalten jeder einzelnen Epoche *innerhalb* der Moderne zu ihrer eigenen unmittelbaren Vergangenheit und damit zu jeder Form von Vergangenheit.

Wer sich auch nur mit irgendeiner Debatte beschäftigt, die in gegenwärtigen ‚Diskursen' in der Philosophie, den Künsten, in den Naturwissenschaften, der Politik, Ökonomie usw. geführt wird, wird unweigerlich mit zwei Befunden konfrontiert. Der erste ist, daß es eine gemeinsame Grunddiagnose für alle Problembereiche gibt. Diese Diagnose lautet: Wir leben in einer Phase des Umbruchs, der Krise, der permanent sich beschleunigenden Veränderung. Der zweite Befund ist, daß der in der Gegenwart erreichte neueste Zustand – einer Wissenschaft, einer künstlerischen oder politischen ‚Bewegung' usw. – als Resultat einer ‚Wende', eines ‚Paradigmenwechsels', einer ‚Revolution' dargestellt wird: Die neueste Gehirnforschung bietet nicht nur eine vielleicht markante Verbesserung dessen, was ihre unmittelbare Vorgängerin erreicht hatte, sondern sie macht ‚Entdeckungen', die die alte Position ‚revolutionär' verändern und ein völlig neues ‚Paradigma' einführen. Analoges gilt in beinahe jedem Bereich.

Neu ist dieses Denken, das Veränderung vor allem als Revolution begreift, freilich keineswegs. Nicht nur das 20. Jahrhundert bietet eine ganze Fülle solcher ‚Wenden': die Wende zum Unbewußten (Freud), die Wende zur Sprache (Wittgenstein), die leibphilosophische Wende (von Herder bis Gernot Böhme), die Wende zum Gefühl (‚emotionale Intelligenz') und neuerdings die Wende zum Bild (Gottfried Böhm, Hans Belting u.a.). Auch Darwins besondere Leistung kann nach der Ansicht der meisten nur in Begriffen einer revolutionären Wende – von einer statisch dogmatischen zu einer evolutionär entwicklungsgeschichtlichen Erklärung des Lebens – beschrieben werden. Denselben Anspruch hat schon Kant für sich selbst erhoben und dabei das Vorbild aller dieser Wenden benannt, nach dem Hans Blumenberg die ganze Moderne charakterisiert hat: die kopernikanische Wende. In der Tat läßt sich ein solches Revolutionsbewußtsein an fast allen wichtigen Veränderungvorgängen seit der frühen Neuzeit kontinuierlich bis in die jüngste Gegenwart belegen.

Was ist der Grund, warum – anders als in fast allen anderen Geschichtszeiträumen – in dieser knapp 700 Jahre alten Phase der Neuzeit und Moderne so häufig das Bewußtsein anzutreffen ist, das Neue, ‚Moderne' könne nur durch eine entschiedene Abkehr vom Alten, durch seine Destruktion oder Überwindung erreicht werden? Dieser Frage stellt sich das Forschungsprojekt, dessen Hauptresultat in diesem Buch zur Diskussion gestellt werden soll.

Die Grundfrage ist, warum in vielen Texten vom 14. bis ins 20. Jahrhundert, in denen der Anspruch erhoben wird, ein ‚modernes' Entwicklungsniveau zu vertreten, dieser Anspruch mit dem Bewußtsein verbunden ist, das nichtmoderne Vergangene in einer revolutionären Wende außer Kraft gesetzt zu haben, mit der Folge, daß das Bewußtsein der Modernität fast immer mit dem Bewußtsein eines Traditionsbruchs verbunden ist: Das Vergangene scheint in einer Weise überholt, die eine direkte Sachauseinandersetzung nicht mehr möglich macht. Man kann im Vergangenen viel Interessantes und Nacherlebenswertes finden, verbindliche Relevanz für die Lösung gegenwärtiger Probleme scheint ihm nicht mehr zukommen zu können.

Eine kritische Auseinandersetzung mit diesem Geschichtsverlust in der Moderne, die nicht auf nostalgische Klagen beschränkt ist, ist bisher kaum in Angriff genommen. Verfolgt man die geschichtlich belegbaren Vorgänge, die zu dieser Art von Modernitätsbewußtsein geführt haben, und prüft die jeweils vorgebrachten Sachgründe, die zur vermeintlich endgültigen Überwindung des Alten geführt haben, kann man die Feststellung machen, daß es sich bei diesen Vorgängen keineswegs um geschichtlich notwendige Entwicklungen – auf einen Stand, hinter den ein modernes Denken nicht mehr zurückfallen darf – handelt, sondern um zum Teil hochproblematische Prozesse, die die Moderne mit einer Vielzahl von Hypotheken belastet haben, die für beinahe die meisten Aporien noch der Gegenwart verantwortlich sind. Als der zentrale Umbruch, aus dem fast alle weiteren Wenden der Moderne Ableitungen sind bzw. den sie variieren, erweist sich die frühneuzeitliche ‚Wende des Denkens auf sich selbst', d.h., die Überzeugung, in einem revolutionären Bruch mit dem Mittelalter (und dessen Abhängigkeit von der Antike) überhaupt erst die Möglichkeit einer souveränen Selbstbestimmung des Menschen begründet zu haben.

Der zentrale Impuls in dieser Wende auf sich selbst ist die ausschließliche Anerkennung der empirischen Wirklichkeit und der eigenen, individuellen Existenz im Hier und Jetzt als Maßstab des Erkennens und Handelns: Nur das, was gegenwärtig und sinnlich erfahr- und nachprüfbar existent ist, wird als Wirklichkeit und als etwas, woraus das Denken seine Begriffe gewinnen kann, anerkannt. Diese Überzeugung war ursprünglich und ist bis heute der Intention nach ein Anti-Platonismus: sie bestreitet die platonische Lehre von der Wirklichkeit der Ideen, d.h., einer ‚Sache selbst', die auf rein rationalem Weg erkennbar ist, und besteht in Opposition zu dieser auf der unmittelbaren Evidenz der sinnlich erfahrbaren Einzeldinge. Historisch betrachtet hatte die Entwicklung, in der sich dieser Anti-Platonismus zur beinahe einhelligen Überzeugung durchsetzte, mehrere Phasen. In diesen aber blieb und bleibt, auch nachdem man glaubte, diese spekulativen Theorien endgültig überwunden zu haben, Platon immer *der* Antipode, in Auseinandersetzung mit dem jeweils die eigene ‚kritische Wende' vollzogen wird.

– Es läßt sich zeigen, und ich möchte dies auch an einer Reihe von Fällen vorführen, daß es in der Neuzeit eine Folge von immer wieder neu vollzogenen Wenden gibt, die eine gleiche Grundfigur wiederholen.

Wenn also in vielen Texten die ‚Moderne' dadurch charakterisiert und von anderen Epochen abgegrenzt wird, daß sie als eine Zeit der kritischen Wende des Denkens auf sich selbst und des radikalen Bruchs mit der Vergangenheit beschrieben wird, dann ist dabei immer eine direkte Gegnerschaft zu Platon mitgemeint, auch wenn dies nicht immer thematisiert wird. Dies gilt besonders für den mittelalterlichen Universalienstreit, der der unmittelbare Anlaß für den Bruch mit dem Mittelalter und den ‚Aufbruch' in die frühe Neuzeit war.

Charakterisiert ist die nominalistische Wende, mit der der unter den Aristotelikern des 13. und 14. Jahrhunderts geführte Streit um eine korrekte Aristotelesauslegung ‚beigelegt' wurde, durch die ‚endgültige' Destruktion jeder Art von Universalienrealismus. ‚Universalienrealismus' meint, daß Universalien, d.h. Allgemeinbegriffe, eine vom menschlichen Denken unabhängige, ‚reale' Seinsweise haben sollen. Dem setzen das späte Mittelalter und die frühe Neuzeit die These entgegen, daß Begriffe immer nur subjektive Produkte sind, die das menschliche Denken selbst erst aus der Abstraktion von Einzeldingen gebildet hat. Als Begründer der Lehre, daß Begriffe ein eigenes ideales Sein haben, gilt Platon. Das heißt: es setzt sich in dieser ‚scholastischen' Debatte eine Position durch, die der Intention nach anti-platonisch ist.

Eine ‚weichere' Form dieses Universalienrealismus sollen Aristoteles und die ihm folgende mittelalterliche Scholastik ausgebildet haben. Sie behaupten vorgeblich nicht, daß Begriffe ein ideales, transzendentes Sein haben, sondern schreiben den ‚platonischen' Ideen eine Existenz in den Einzeldingen selbst zu: Die Idee des Menschen hat ihren Ort nicht in einem geistigen Jenseits, sondern in den vielen existierenden Menschen selbst.

Gegen beide Formen des Universalienrealismus – gegen die Annahme einer transzendenten, ‚idealen' Seinsweise des Allgemeinen und gegen die Annahme einer immanenten Realität von allgemeinen Begriffen in den Einzeldingen – wendet sich der Nominalismus mit der These, daß Begriffe Realität nur im Denken haben.

Das geschichtliche Resultat des spätmittelalterlichen Universalienstreits, d.h. die Art und Weise, wie hier Platon ein für alle Mal überwunden worden sein soll, ist bis heute nicht in Frage gestellt worden. Im Gegenteil: Wenn es in der pluralen Offenheit der Moderne eine Überzeugung gibt, die niemand mehr kritisiert, zumindest niemand, der sich auf der Höhe seiner Zeit bewegen möchte, dann ist es die Überzeugung, daß Begriffe subjektive Produkte ohne ein eigenes reales Sein für sich selbst sind. Unter diesem Gesichtspunkt kann die Moderne insgesamt seit ihren frühesten Anfängen im 14. Jahrhundert als eine anti-platonische Zeit bezeichnet werden.

Die wirkungsgeschichtliche Kraft dieses Anti-Platonismus ist so groß, daß sie selbst die besonnensten und sorgfältigsten Interpreten davon abhält, die ungeheure Masse an historisch zuverlässig belegtem Material zur Kenntnis zu nehmen, durch welches die gesamte Universaliendiskussion, die für den Bruch mit dem Mittelalter verantwortlich ist, als eine grandiose Fehlkonstruktion erwiesen wird. Im Sinn einer ‚Bilanz', einer Abwägung des Positiven und Negativen, möchte ich im folgenden einige Ergebnisse langjähriger Forschungen über die Entstehungsbedingungen dieser ‚Konstruktion der Moderne' vorlegen und dabei nicht nur zu zeigen versuchen, wie diese Konstruktion zustande gekommen ist, sondern auch, was durch sie aus dem Blick geraten ist und deshalb eine klare Sicht sowohl auf uns selbst als auch auf die vermeintlich überwundene Vergangenheit behindert.

Das beeindruckende Ergebnis dieser ‚Archäologie' ist, daß die neuzeitliche Wende zum Einzelding und zum Einzelnen erheblich mehr an spekulativer Metaphysik mit sich führt, als sie sich bei Platon und im Platonismus belegen läßt. Der zentrale Impuls Platons ist, das scheint mir klar und umfassend belegbar zu sein, eine auf das Widerspruchsaxiom gestützte rationale Erklärung gerade des empirisch Einzelnen. In der Neuzeit tritt an die Stelle des rationalen Kriteriums des Widerspruchsaxioms das Einzelding selbst. Es gibt die Einheit vor, der die Begriffe des Denkens gemäß sein müssen. Von diesem unterschiedlichen Ausgangspunkt her ergeben sich zwei völlig verschiedene Auffassungen von Rationalität und, diesen folgend, von den anderen Vermögen des Menschen: Wahrnehmung, Gefühl, Wille usw. Diese unterschiedlichen Formen von Rationalität – die man als eine abstrakte und eine konkrete Rationalität charakterisieren kann – mit ihren Folgen für das unterschiedliche Selbstverständnis des Menschen herauszuarbeiten, ist das Hauptanliegen dieses Buchs. (Um den Grundansatz, aus dem heraus diese beiden unterschiedlichen Formen von Rationalität jeweils hervorgegangen sind, auch mit einem charakteristischen Begriff zu verbinden, schlage ich für die eine Form den Begriff ‚Repräsentations- oder Vorstellungsphilosophien', für die andere den Begriff ‚Unterscheidungsphilosophien' vor.)

Man kann sich dieser Aufgabe nicht stellen, ohne langfristige Traditionslinien und vielfältige interdisziplinäre Bezüge zu berücksichtigen. Gerade weil es um grundlegende, gemeinsame Fragestellungen geht, mußten philosophische, ästhetische, ethische, politische, ökonomische und naturwissenschaftliche Aspekte einbezogen werden. Um die Darstellung auch interdisziplinär verständlich zu halten, habe ich versucht, die Sachprobleme so darzustellen, daß sie aus ihnen selbst heraus verfolgt werden können, ohne daß eine Einarbeitung in die verschiedenen Wissenschaftstraditionen nötig ist. Auch auf eine umfassende Auseinandersetzung mit der wissenschaftlichen Literatur habe ich aus diesem Grund verzichtet. Immer dort, wo es für die Kontrolle der These nötig ist und ich mich nicht auf wohlbekannte, sondern auf entlegenere Positionen beziehe, habe ich aber die erforderlichen Belege zu geben versucht. Ausführlicher dokumentiert habe ich die Forschungsliteratur, wo ich Ergebnisse aktueller Diskussionen aufgreife. Den Versuch, die manchmal differenzierte Struktur der Sachprobleme selbst zu vereinfachen, um sie leichter zugänglich zu machen, habe ich aber, jedenfalls mit Absicht, nicht unternommen.

Zu vielen Ergebnissen, die ich hier vortrage, habe ich wichtige Anregungen von den engagierten Mitarbeitern an dem Projekt ‚*Neuzeitliches Selbstverständnis und Deutung der Antike*'[1], aus ihren Beiträgen in Seminaren und Übungen und ihren Bearbeitungen vieler Themen in Dissertationen, Habilitationsschriften, Monographien und wissenschaftlichen Aufsätzen bekommen, für die ich mich herzlich bedanken möchte. Danken möchte ich auch Reinhard Brandt, Wolfgang Bernard und Friedrich Uehlein für eine kritische Lektüre und ganz besonders Gyburg Radke, die nicht nur in formaler Hinsicht den Text in Ordnung gebracht und die Indices erstellt hat, sondern vor allem durch substantielle, kritische Ergänzungen und Korrekturen geholfen hat, die Schlüssigkeit der Argumente zu verbessern und Fehler zu vermeiden.

Außerdem danke ich der Deutschen Forschungsgemeinschaft, die mir ein Forschungssemester gewährt hat, durch das mir die Fertigstellung dieses Buches ermöglicht wurde.

---

[1] Die bisher im Rahmen dieses Projekts erschienenen Arbeiten (Bücher und Aufsätze) sind im Literaturverzeichnis mit einem „*" markiert.

Zur Einführung

1 Schwierigkeiten in der Begriffsbestimmung und im Selbstverständnis der ‚Moderne' – und die Entstehung des ‚geschichtlichen Denkens'

Es gibt wenige Begriffe, die im alltäglichen wie im wissenschaftlichen Sprachgebrauch so positiv besetzt sind wie der Begriff ‚modern'. ‚Nicht modern' macht umgekehrt in der Regel von sich aus, ohne eine zusätzliche Erklärung zu benötigen, eine negative Aussage. Wer in einem Werk Dantes Merkmale und Züge von Modernität aufdeckt, beansprucht eben damit die geistesgeschichtliche Bedeutung, ja den künstlerischen Rang dieses Werks erwiesen zu haben; umgekehrt genügt es, zu zeigen, in welchem Sinn bei Descartes die Wende zum modernen Denken ‚noch nicht' konsequent vollzogen und Reste alten Denkens noch beibehalten sind, und eine Auseinandersetzung mit seinem Denken wird unter diesen Aspekten nicht mehr sinnvoll erscheinen.

Stellt man aber die Frage nach dem Inhalt, den wir mit diesen Begriffen verbinden, findet man eine unüberschaubare Vielheit von Bedeutungen, die es beinahe unmöglich macht, überhaupt noch festzustellen, was einem Gegenstand, einer Person, einer Theorie, einer geschichtlichen Bewegung denn zukommen soll, wenn ihnen die Qualität, modern zu sein, zuerkannt wird.

Auch wenn man vom gewöhnlichen Sprachgebrauch mit seinen oft willkürlichen Assoziationen absieht und sich auf die wissenschaftlichen Analysen zur Bestimmung der Eigentümlichkeiten der Epoche der Moderne konzentriert, wird man schon bei der Frage nach dem Beginn und dem (möglichen) Ende der Moderne aus der einschlägigen Forschung mit Antworten konfrontiert, die so vielfältig und so disparat sind, daß es fraglich erscheinen muß, ob ‚modern' überhaupt eine Bezeichnung für eine einheitliche Geschichtsepoche oder eine bestimmte Entwicklungsphase sein kann.

Viele namhafte und kompetente Forscher halten es sogar für berechtigt, den Beginn der Moderne im Mittelalter oder in der Antike anzusetzen, also in genau den Epochen, gegen die man in breiter Übereinstimmung jede beliebige Form von Modernität abgegrenzt hat. Schon die *Odyssee* Homers (die einige Jahrzehnte jünger als die in der zweiten Hälfte des 8. Jahrhunderts v.Chr. entstandene *Ilias* ist) bietet in der Überzeugung vieler Philologen ein Beispiel für eine Zeit, in der sich die alte, auf Religion und gesellschaftliche Autorität gegründete ‚konventionelle' Ordnung der *Ilias* auflöst, in der die ‚plastische' (und ‚plastisch' ist seit der deutschen Klassik das Grundprädikat für ‚das' Antike) Einheit von innen und außen zerbricht und der Mensch sich auf sich selbst zurückgeworfen fühlt. Die *Odyssee* erscheint so als ‚modern' im Gegensatz zur ‚altertümlichen' *Ilias*.

Aber auch die ersten Formen von Lyrik in der Literatur der sogenannten ‚archaischen' (im 7. Jahrhundert v.Chr. beginnenden) Epoche der Griechen sind als Entstehung von Modernität, als Entstehung erster Formen subjektiver Selbstempfindung, gedeutet worden. Das Bewußtsein „ich selbst bin es, der verantwortlicher Ursprung seines eigenen Handelns ist", das man in der griechischen Tragödie des 5. Jahrhunderts v.Chr. belegen kann, liefert für andere das Indiz, daß der moderne Mensch von hier seinen Ausgang genommen habe. Für Nietzsche war es Euripides, der durch seine kalte Rationalität die dionysische Ureinheit von Individuum und Welt zerstört und zusammen mit seinem Ziehvater Sokrates den „theoretischen Menschen der modernen Wissenschaft" zur Welt gebracht hat. Die Reihe läßt sich allein in der Antike lange fortsetzen. Man kann ‚das Moderne' aus dem Bruch des Hellenismus mit der griechischen Klassik hervorgehen lassen, man kann die moderne römische Subjektivität der griechischen Objektivität (insgesamt) entgegensetzen usw.

Die Vorstellung, nicht die Welt der Antike, sondern erst die Anrufung des Einzelnen durch Gott im Christentum, die Erhebung des individuellen Gewissens zur letzten Instanz persönlicher Entscheidungen, habe den Grund für ein modernes Selbstverständnis des Menschen geschaffen, ist auch außerhalb wissenschaftlicher Diskussionen häufig anzutreffen. Genauere Einzeluntersuchungen machen dann etwa Augustinus, die karolingische ‚Renaissance' des 9. Jahrhunderts, die ‚Renaissance' des 12. Jahrhunderts, den Thomismus des 13. Jahrhunderts als Ursprung der Moderne aus.

Die Unsicherheit über den geschichtlichen Beginn und den sachlichen Grund der Entstehung der Moderne erweist sich aber als keineswegs geringer, wenn man sich auf einen Moderne-Begriff beschränkt, der den Bruch mit dem Mittelalter zur Voraussetzung hat. Das Angebot der in viele Teilgebiete zersplitterten Moderne-Forschung reicht vom Scotismus um 1300 über den Nominalismus des 14. Jahrhunderts, über die Renaissance oder über Teilaspekte der Renaissance, etwa die Reformation, die Erfindung des Buchdrucks, den Fall Konstantinopels, über die ‚Querelle des anciens et des modernes' im Frankreich des 17. Jahrhunderts, die ‚ästhetische Wende' um 1750, die ‚Sattelzeit' um 1800, über die Früh- oder Spätromantik, über den von Baudelaire um die Mitte des 19. Jahrhunderts inaugurierten Symbolismus bis zur ‚Abwendung vom Gegenstand' im Expressionismus des beginnenden 20. Jahrhunderts, um nur eine kleine Auswahl möglicher ‚Anfänge' zu nennen.

In Platons Dialog *Menon* fragt Sokrates den jungen Adligen Menon, ob er denn wisse, was Tugend sei. Menon fühlt sich dazu auf Grund seiner reichen praktischen Erfahrung ohne weiteres in der Lage und beginnt, eine ganze Reihe unterschiedlicher Tugenden aufzuzählen. Darauf antwortet Sokrates:

Zur Einführung – 1 Schwierigkeiten in der Begriffsbestimmung 9

„Ganz außergewöhnliches Glück scheine ich gehabt zu haben, Menon, da ich nur eine Tugend suche und einen ganzen Schwarm von Tugenden, der sich bei dir niedergelassen hat, gefunden habe" (Platon, *Menon* 72a).

Diese Feststellung ist Anlaß, den Fortgang des Gesprächs auf den Aspekt zu konzentrieren, ob es überhaupt eine Berechtigung gibt und worin sie begründet ist, daß man bei so vielen verschiedenen Erscheinungsbildern dennoch mit dem Vorhandensein ein und derselben Sache ‚Tugend' rechnen kann. In analogem Sinn fordert eine Forschungssituation wie die beschriebene eine kritische Überprüfung, ob es unter den vielen verschiedenen Instanzen von angeblicher Modernität überhaupt eine belegbare Gemeinsamkeit gibt, die es sinnvoll macht, daß von ihnen jeweils als Erscheinungsformen von Modernität gesprochen wird, und welches Gewicht den z.T. ganz erheblichen Differenzen zukommt.

Dieser Forderung versuchte sich das Forschungsprojekt zu stellen, dessen Hauptergebnis ich in diesem Buch vorlegen und begründen möchte.

Ein Grundproblem bisheriger Moderne-Forschung ist ohne Frage, daß sich die meisten Interpreten auf einen bestimmten Zeitabschnitt und auf einen bestimmten Bereich (Literatur, Kunst, Philosophie oder einzelne wissenschaftliche Disziplinen) konzentrieren und innerhalb dieses Rahmens Indizien für das Vorhandensein oder Nichtvorhandensein von Modernität zu ermitteln suchen. Unter methodischem Aspekt zeigen sich dabei häufig vor allem zwei Fehltendenzen: 1.) Der Genauigkeit und Sorgfalt, mit der die jeweiligen Gegenstände beschrieben und analysiert werden, entspricht eine gewisse Sorglosigkeit im Gebrauch der Kriterien, an denen geprüft wird, worin das Moderne oder Nichtmoderne eines Phänomens bestehen soll. Diese Kriterien werden häufig unreflektiert aus allgemeinen Diskursen aufgenommen. 2.) Es fehlt immer wieder der vergleichende Blick auf das Gesamt der von anderen vorgeschlagenen Deutungsansätze. Oft wird die eigene Position nicht einmal gegen unmittelbar benachbarte oder sachlich verwandte Positionen abgegrenzt. Wer die Moderne mit dem Christentum beginnen läßt, fragt nicht, weshalb denn das christliche Mittelalter zum Inbegriff des Nichtmodernen genommen werden konnte. Wer in Shakespeare den ersten modernen Dichter erkannt haben will, fragt nicht, weshalb und in welchem – oft nur in Akzentsetzungen abweichendem – Sinn andere diese Leistung z.B. Petrarca oder Montaigne oder der spanischen Mystik des 16. Jahrhunderts zusprechen. Selbst in vielen Kant-Interpretationen kann man lesen, erst Kant habe die für die moderne Philosophie konstitutive (und auch von ihm selbst beanspruchte) ‚kopernikanische Wende' des Denkens auf sich selbst vollzogen, obwohl es z.B. kaum einen Descartes-Interpreten gibt, der eben diese Leistung nicht für Descartes in Anspruch nimmt. Würde man die Frage stellen, wie sich die beiden ‚Wenden' zueinander verhalten, könnte man z.B. feststellen, daß bei Kant bestimmte Aspekte vielleicht zum ersten Mal anders gesehen oder überhaupt erst explizit gemacht oder konsequent durchgeführt sind, man könnte aber nicht an der inzwischen zum allgemeinen Bildungsgut gewordenen These festhalten:

„Kant ist der Kopernikus der Philosophie. Er drehte die Blickrichtung um, und siehe da, der Verstand hörte auf, sich um die Realität zu drehen, und die Erde der Erfahrungswelt drehte sich um die Sonne des Verstandes."[2]

Die wenigen, meist für große Standardlexika geschriebenen zusammenfassenden Arbeiten zur Moderne beheben diese Defekte nicht, sondern beschränken sich auf die Darstellung einer Auswahl von ‚Phasen', ‚Schüben' oder (wo man sich noch an geschichtsphilosophische Entwicklungskonzepte der Vergangenheit anschließt) von ‚Stufen'. Auch wenn man in Rechnung stellt, daß die Moderne, wann immer sie entstanden sein mag, eine Vorgeschichte und vielleicht eine lange Vorgeschichte hat, es gibt kaum eine Darstellung, in der dieser Prozeß nicht als etwas unvergleichlich Einmaliges beschrieben wäre, durch den etwas in die Welt gekommen sei, das zuvor überhaupt noch nicht da war. Dasselbe gilt auch für die Zeitzeugnisse selbst. Das Selbstverständnis der Modernität ist immer mit dem Anspruch des Erstmaligen und Einmaligen verbunden. Auch durch die Rede von Phasen und Schüben kann man daher der Frage nicht ausweichen, wie etwas, das durch ganz bestimmte ‚Entdeckungen' zum ersten Mal entstanden sein soll, so viele verschiedene Ursprünge haben kann.

Diese Frage führt aber bereits auf eine tatsächliche Gemeinsamkeit der Moderne-Konzeptionen. Stellt man nämlich einmal die vielen verschiedenen Entstehungsgeschichten der Moderne nebeneinander und versucht, sich einen Überblick über die jeweils vorgebrachten Entstehungsmotive und die charakteristischen Merkmale zu verschaffen, kann man die Beobachtung machen, daß der Vielheit der Entstehungsorte und -zeiten und der mit ihnen verbundenen Palette an unterschiedlichen Erscheinungsformen eine erstaunliche Einheitlichkeit des zugrundeliegenden Sachverständnisses selbst gegenübersteht:

Zum Bewußtsein der Modernität gehört in jedem Fall das Bewußtsein der Ein- und Erstmaligkeit. Viele sind überzeugt, mit der Moderne sei das Bewußtsein von der Einmaligkeit jedes geschichtlichen Phänomens überhaupt erst möglich geworden. Entstehung eines geschichtlichen Bewußtseins und Entstehung der Moderne gehören zusammen.

Dieses geschichtliche Bewußtsein ist zudem immer ein antithetisches Geschichtsbewußtsein, d.h. ein Bewußtsein, das sich dem Vergangenen absolut entgegensetzt, das das Neue nur aus der Überwindung des Alten, aus dem Bruch mit ihm, aus seiner Auflösung oder Destruktion, aus einer Reform, Revolution oder Wende hervorgehen sieht.

Für diese antithetische Struktur des Modernitätsbewußtseins glauben viele, gestützt auf empirische, soziologische Erhebungen, Erfahrungen erst der Gegenwart des 20. und 21. Jahrhunderts verantwortlich machen zu sollen. Es sei „die wissenschaftliche und technologische Revolution", die „das Denken jedes Einzelnen in seiner innersten Faser gewandelt" und das tradi-

---

[2] Dietrich Schwanitz, Bildung. Alles, was man wissen muß, Frankfurt a.M. 1999, 336f.

tionelle Bewußtsein einer Kontinuität der Gegenwart mit ihrer Vergangenheit zerstört habe:

> „Man ist geneigt anzuerkennen, daß das, was jetzt besteht, in der Vergangenheit nicht bestanden haben mag, und daß alles in einem Prozeß des Wandels begriffen ist",

heißt es beispielsweise in der Publikation einer landesweiten Umfrage der amerikanischen *National Education Association*. Aus einem ‚Befund' dieser Art leitet der Bildungsforscher Saul B. Robinsohn die Forderung ab, die Beschäftigung mit der Geschichte – der politischen Geschichte wie der Kulturgeschichte – weitgehend aus dem Unterricht in den Schulen auszuschließen[3].

Mit dieser Forderung fühlt sich Robinsohn keineswegs im Widerspruch zum traditionellen Geschichtsverständnis der Geisteswissenschaften. Im Gegenteil: Wenn Wilhelm Dilthey, der maßgebliche Begründer der Methodik der heutigen Geisteswissenschaften, die absolute Einmaligkeit und Relativität jedes geschichtlichen Ereignisses zur Grundlage seiner Lehre vom „Verstehen" in den Geisteswissenschaften macht und daraus die Konsequenz zieht, daß jeder Gegenstand der Geschichte nur aus seinen je eigenen Bedingungen heraus verstanden werden kann, dann muß nach Robinsohn auch die Konsequenz anerkannt werden, daß die Beschäftigung mit der Geschichte für die eigene Gegenwart keine aktuelle Relevanz und Verbindlichkeit beanspruchen kann. Es mag für den, der sich nacherlebend in eine vergangene Situation oder Person hineinversetzen kann, individuell lohnend und ein Gewinn für sein Verständnis der Geschichte sein, ein Erkenntnisgewinn für Gegenwartsprobleme kann von diesem Geschichtsverständnis nicht erwartet werden.

Man kann leider nicht behaupten, Robinsohn habe Dilthey eine Lehre unterstellt, die dieser gar nicht vertreten habe. Robinsohn weist mit seiner Forderung, Geschichte aus der Schule zu verbannen, lediglich auf eine Implikation des modernen Geschichtlichkeitsverständnisses hin, deren Auswirkungen längst gesamtgesellschaftliche Wirklichkeit geworden sind: Geschichtlichkeitsbewußtsein – im modernen Sinn – und Verlust der Geschichte gehören offenbar zusammen.

Allein die Tatsache, daß Robinsohn sich in gleicher Weise auf ein Umfrageergebnis der Gegenwart wie auf ein Geschichtskonzept des 19. Jahrhunderts berufen kann, um die Irrelevanz der Beschäftigung mit der Vergangenheit zu begründen, beweist aber, daß das Bewußtsein eines ständigen revolutionären Wandels gerade kein Ergebnis erst der wissenschaftlich technischen ‚Revolution' ist, sondern einen sehr viel älteren Ursprung hat. Der Geschichtsverlust, der mit dem modernen Geschichtlichkeitsbewußtsein einhergeht, ist aber Anlaß, die Außergewöhnlichkeit dieses Bewußtseins ge-

---

[3] S. Saul B. Robinsohn, Bildungsreform als Revision des Curriculum, Neuwied/Berlin ³1971, hier: 15 (=Zitat aus der Veröffentlichung der *National Education Association*).

nauer zu beachten und nach seinem Grund zu fragen. Ein historisches Bewußtsein davon, daß zu unterschiedlichen Zeiten unterschiedliche äußere Bedingungen und unterschiedliche gesellschaftliche Normen, Moral- und Wertvorstellungen usw. vorherrschend sind und zu unterschiedlichen Gestaltungen des geschichtlichen Lebens führen, läßt sich in vielen Kulturen und vielen kulturgeschichtlichen Epochen und Phasen belegen. Dabei gibt es eine große Zahl von Möglichkeiten, in denen das Verhältnis von Vergangenheit und Gegenwart gedeutet wird: Die Vergangenheit kann der Gegenwart gegenüber als überlegen empfunden werden, das Neue kann als Bewahrung, Fortsetzung, als kritische Verbesserung, Fortentwicklung oder Überbietung des Alten gesehen werden – und es gibt noch eine ganze Reihe weiterer Einstellungen. Daß das Neue aber überhaupt nur in einer revolutionären Überwindung des Alten, durch einen Bruch mit dem Alten oder in einer Absage an es, in einer radikalen Umkehr oder Wende entstehen könne, ist eine Auffassung, die in geschichtlich belegbaren Zeugnissen nicht das allgemeine Verhältnis der Zeiten der Geschichte zueinander, sondern ein Verhältnis verschiedener Geisteshaltungen zueinander meint und die Geschichte nur in zweiter Linie berücksichtigt, d.h. nur unter der besonderen Bedingung, daß sie von der Differenz dieser Geisteshaltungen mitbetroffen ist.

Die in der abendländischen Geistesgeschichte berühmtesten Beispiele für die Formulierung eines solchen Verhältnisses von Geisteshaltungen zueinander gibt es bei Platon und (nicht unabhängig davon) im Christentum. Platon beschreibt das Verhältnis einer nach außen, auf die wahrnehmbaren Dinge und einer auf das begrifflich Ideelle gerichteten Erkenntnisweise als eine „Umwendung (*periagôgê*) der Seele von einem nächtlichen zu einem wahren Tag" oder auch als ein Umdenken (*metanoia, metanoêsis*) (*Politeia* 521c). Im Christentum ist es die Abwendung vom irdischen Leben und die gänzliche Hinwendung zu dem geoffenbarten Gott, die den Charakter einer ‚metanoia' hat. Auch sie ist als eine Wende von der Finsternis zum Licht charakterisiert.

Die Vorstellung von einer *Zeitenwende*, die im Sinn des Christentums dadurch entstanden ist, daß dem Menschen durch Christus die Möglichkeit zu einer solchen Umkehr geboten worden ist, ist in der Tat nicht ohne Einfluß auf das moderne Geschichtlichkeitsbewußtsein geblieben, das auch darin eine wichtige Entstehungsursache hat, daß in ihm das Verhältnis einer nach außen und einer auf sich selbst gerichteten Erkenntnishaltung auf das Verhältnis der ‚modernen' Gegenwart zu ihrer ‚antiken' Vergangenheit übertragen ist[4].

---

[4] Zur Übertragung der Metapher von Dunkelheit und Licht aus dem Verhältnis des Heidentums zum Christentum auf das Verhältnis der ‚Moderne' zum Mittelalter schon bei Petrarca s. Theodor Mommsen, Petrarch's Conception of the ‚Dark Ages', in: Speculum 18, 1942, 226-282 (dt. in: August Buck, Zu Begriff und Problem der Renaissance, Darmstadt 1969, 151-179).

Die Überzeugung, „was gestern galt, gilt heute nicht mehr, alles ist in einem Prozeß des Wandels begriffen" kann auf keinen Fall einfach als Ergebnis von Gegenwartserfahrungen begriffen werden, wie sie vor allem bei der Beobachtung heutiger wissenschaftlicher und technischer Veränderungen gemacht werden.

Wie verfehlt es ist, (so wie Robinsohn) zu meinen, man könne aus statistischen Erhebungen über das, was eine Mehrheit der Mitglieder der gegenwärtigen Gesellschaft über ihr Verhältnis zur Vergangenheit denkt, die eigentümliche Position dieser Gesellschaft zur Geschichte ermitteln, wird daran besonders deutlich, daß gerade aus vielen wissenschaftstheoretischen und wissenschaftsgeschichtlichen Untersuchungen inzwischen klar ist, daß die Meinung „was gestern galt, gilt heute nicht mehr, alles ist in einem Prozeß des Wandels begriffen" eine typische Außensicht auf die tatsächlichen Abläufe wissenschaftlicher Veränderungen darstellt. Was von außen als Revolution, Wende, Paradigmenwechsel erscheint, ist von innen gesehen meist nichts als eine Umbesetzung oder Akzentverlagerung unter bestimmten Systemstellen, die das System als ganzes gerade nicht in Frage stellen, sondern seine Beibehaltung voraussetzen oder es sogar sichern wollen.

Das konnte man auch von der für die ganze Moderne beispielgebenden ‚Wende', der ‚kopernikanischen Wende', belegen. Kopernikus hat nicht das theoretische System der antiken, ptolemäischen Astronomie *revolutioniert*[5], sondern er hat vielmehr den Versuch unternommen, dessen Richtigkeit und Gültigkeit dadurch zu beweisen, daß er durch die Änderung eines Parameters die Übereinstimmung der Theorie mit den meßbaren Daten ‚retten'[6] wollte. Das Bewußtsein, Geschichte und Fortschritt vollziehe sich in radikalen Brüchen, ist also von der Sache her die Perspektive des Laien, der den Effekt, aber nicht die innere Abfolge der Gründe einer Veränderung sieht.

---

[5] Trotz sorgfältig belegter Gegendarstellungen beherrscht diese Vorstellung allerdings immer noch die Philosophie- und Wissenschaftsgeschichte - immer in Verbindung mit einem negativen Vorurteil gegenüber den „künstlichen und spitzfindigen Denksystemen" des Mittelalters: „Es war die Großtat des Deutschen Nicolaus Copernicus (...), dieses künstliche System zu zertrümmern und an seiner Stelle ein klar und folgerichtig durchdachtes Denkgebäude zu setzen, ausgehend von der Annahme, daß die Erde ein Körper ist, der um die Sonne kreist..." (Hans Joachim Störig, Kleine Weltgeschichte der Philosophie, Stuttgart/Berlin/Köln [16]1993, hier: 281). Charakteristisch an diesen Äußerungen Störigs ist nicht nur das negative Urteil über das Mittelalter, sondern auch die damit verbundene positive Einschätzung, die Moderne sei gerade aus der ‚Zertrümmerung' der ‚spitzfindigen Denksysteme' des Mittelalters hervorgegangen. S. dagegen Klaus Mainzer u. Jürgen Mittelstraß, Artikel ‚Kopernikus', in: Jürgen Mittelstraß (Hg.), Enzyklopädie, Philosophie und Wissenschaftstheorie, Bd. 2, Mannheim/Wien/Zürich 1983, 470-74.

[6] Nicolaus Kopernikus, De hypothesibus motuum coelestium a se constitutis commentariolus, übers., hg. u. eingel. v. Fritz Rossmann, Darmstadt 1966 (=München 1948), 9f.; s. dazu Fritz Krafft, Nicolaus Copernicus and Johannes Kepler. New Astronomy from Old Astronomy, in: Vistas in Astronomy 18, 1974, 287-306.

Schon von den (nichtastronomischen) Zeitgenossen aber wurde diese Verschiebung eines Parameters innerhalb des alten Systems als dessen völlige Destruktion ausgelegt – eine Denkweise, die sich in der Neuzeit zunehmend auch in die Diskurse der Fachwissenschaften Zutritt verschafft hat. Von Giordano Bruno bis zu Brecht oder Thomas S. Kuhn wird die Bedeutung der methodisch konsequenten Weiterentwicklung systemimmanenter Möglichkeiten beiseite geschoben. Nur so konnte die ‚wissenschaftliche' Leistung des Kopernikus auf einen genialen Einfall, auf die Idee einer revolutionären Umkehr eingeschränkt werden und das Bild entstehen, als sei die *wissenschaftliche* Grundlage der antiken Astronomie die *Anschauung* der im Zentrum ruhenden Erde, während die moderne Astronomie in *gedanklicher* Erprobung das wahre, umgekehrte Verhältnis von Erde und Sonne gefunden habe.

In seiner materialreichen Studie „Die Genesis der kopernikanischen Welt" hat Hans Blumenberg[7] dokumentiert, wie diese *revolutionäre* Deutung der astronomischen Leistung des Kopernikus zum Inbegriff der Deutung wissenschaftlich-technologischer Änderungen, ja schließlich von jeder Art von Veränderung in der ‚Moderne' wurde. Wichtig ist dabei, daß Veränderung nicht nur den formalen Charakter hat, durch eine Destruktion des Alten eine Wende oder Umkehr zu sein, Veränderung ist hier immer auch in ganz bestimmter Weise inhaltlich besetzt. Nicht jede beliebige Art von Veränderung, sondern nur die Umkehr eines gewohnten, anschaulichen Denkens in ein wissenschaftliches, methodisch-rationales Denken, das zugleich revolutionär überkommene Denkkonventionen aufbricht, soll wahrhaft ‚kopernikanisch' sein. Auch die jeweils überholte wissenschaftliche oder technische Leistung verfällt im allgemeinen Urteil dem Verdikt des Gewohnten, Unwissenschaftlichen. Und so erst, d.h. durch die Degradierung jedes Alten zu etwas, das sich nicht mehr auf der Höhe gegenwärtiger Modernität befindet, entsteht jenes Gegenwartsbewußtsein der Modernität, wie es amerikanische Soziologen ermittelt haben: Von außen erscheint wissenschaftlich technologische Entwicklung als ein permanenter revolutionärer Wandel, der alles Frühere ständig außer Kraft setzt. Und ‚von außen' heißt: für ein Denken, das eine Sache nicht aus ihr selbst heraus, sondern lediglich von ihrem Effekt her beurteilt. Dieses Modernitätsbewußtsein ist ein problematisches Bewußtsein, das der kritischen Analyse bedarf.

Die Verschiedenheit der äußeren Bedingungen, unter denen sich das gesellschaftliche Urteil der Gegenwart über den angeblich ständigen Wandel, in dem wir leben, bildet, von den Bedingungen, die für die wissenschaftlichen Revolutionen im 16. Jahrhundert verantwortlich scheinen, macht die fundamentale Gemeinsamkeit im Modernitätsbewußtsein, die sich bis heute durchgehalten hat, nur schwer erkennbar. Deshalb wird sie in der Regel gar nicht zur Kenntnis genommen. Sie läßt sich aber an vielen Indizien in kontinuierlicher Folge ablesen.

---

[7] Hans Blumenberg, Die Genesis der kopernikanischen Welt, Frankfurt a.M. ²1985.

Eine wirkungsgeschichtlich bedeutende Situation, die zur Festigung und Konturierung des gegenwärtigen Modernitätsbewußtseins Entscheidendes beigetragen hat, ist der Streit der ‚Freunde der Moderne' mit den ‚Freunden der Antike', der in der königlichen Akademie Ludwigs XIV. gegen Ende des 17. Jahrhunderts ausgetragen wurde. Die ‚Moderne' wird hier als Moderne noch nicht gegen jede (und so auch nicht gegen die nächste) Vergangenheit abgegrenzt, das Bewußtsein der radikalen und revolutionären Andersheit ist hier auf eine bestimmte Vergangenheit bezogen, nämlich auf die Antike. Die Kategorien aber, in denen diese Andersheit beschrieben wird, sind die bereits genannten, sie sind ‚kopernikanisch': Der Antike wird ein an die Anschauung gebundenes, der gewöhnlichen Erfahrung folgendes Denken zugeschrieben, damit zugleich eine Vollendung in den sinnlichen Künsten, die am Anfang stehe; die Moderne wird als das Zeitalter der Klarheit des Denkens und der logischen Wissenschaften mit ihrem stetigen Fortschritt verstanden[8].

Hans Robert Jauß[9] konnte überzeugend zeigen, daß in dieser kategorialen Unterscheidung von Antike und Moderne der Keim zu dem liegt, was heute als *geschichtliches Bewußtsein* gilt. Denn der Unterschied zwischen einem nach außen gerichteten, sinnlichen und damit noch unbewußten, dunklen Denken und einem seiner selbst bewußt gewordenen, aufgeklärten Denken kommt nur durch eine Wende oder Umkehr zustande. Aus einer solchen Wende geht ein mentaler Zustand hervor, der durch eben diesen Akt der Wende auf sich selbst überhaupt erst geschaffen (‚konstituiert') wird. Er ist also jeweils absolut einmalig und in dieser Einmaligkeit mit keinem vorhergehenden Zustand mehr vergleichbar, er ist unvergleichlich, inkommensurabel, singulär. Auf diese unvergleichliche Weise fühlte sich das 17. Jahrhundert nur von der Antike, d.h. von *der* Vergangenheit par excellence verschieden, es liegt aber an den benutzten Unterscheidungskategorien, daß das Bewußtsein dieser Unvergleichlichkeit der gegenwärtigen Moderne mit ihrer je eigentümlichen Perspektive sich tendenziell gegen jede Vergangenheit richten mußte, die in Bezug auf diese Perspektive ‚noch' in einem Zustand der Unbewußtheit, der Vorreflexivität und Dunkelheit war. Konsequenterweise entwickelt sich das Modernitätsbewußtsein im 18. Jahrhundert auf genau diese outrierte Position zu und verdichtet sich in einem immer kürzere Perioden umfassenden Prozeß schon um 1800 zu der Überzeugung, daß jede Gegenwart gegenüber jeder Vergangenheit – wie viele Bedingungen des Neuen in ihr auch enthalten sein mögen – in einem schlechthin unvergleichlichen Verhältnis stehe. Den Gipfel dieser Bewegung

---

[8] Werner Krauss, Fontenelle und die Aufklärung, München 1969, XXXVII und s. Verf., Artikel ‚Querelle des anciens et des modernes', in: Der neue Pauly, hg. v. Hubert Cancik (u.a.), Bd. 15.2, Stuttgart 2002, 607-622.
[9] S. Hans Robert Jauß, Literaturgeschichte als Provokation, Frankfurt a.M. 1970.

sieht Jauß bereits bei Stendhal erreicht, von dessen Programmschrift von 1823 er sagt:

> „In ihr stößt sich das Bewußtsein der Modernität nur noch von sich selber ab, läßt das heute Aktuelle, das bei dieser ruckhaften Bewegung immer wieder zurückbleibt, zum Romantischen von gestern (...) werden."[10]

Der Wert dieser wichtigen Beobachtungen von Jauß wird dadurch geschmälert, daß er das, was er „geschichtliches Bewußtsein" nennt, selber keiner historisch kritischen Analyse mehr unterzieht, sondern mit der Communis opinio davon ausgeht, dieses Bewußtsein sei überhaupt erst die Entdeckung eines geschichtlichen Bewußtseins. Diese These hat aber keine Grundlage in den von ihm interpretierten Texten. Denn die ‚Entdeckung', daß man Antike und Moderne nicht an einem gemeinsamen, absoluten Maß messen dürfe und könne, sondern aus ihrer geschichtlichen Verschiedenheit begreifen müsse, ist nicht Resultat einer Reflexion auf die Unvergleichlichkeit der Zeiten der Geschichte als solcher, sondern ist auf die These von der Unvergleichbarkeit der sinnlich naiven Denkweise der Antike mit der reflektierten, ihrer selbst bewußten modernen Denkweise gegründet. Das Bewußtsein der Unvergleichbarkeit der geschichtlichen Epochen hängt also von einem bestimmten inhaltlichen Urteil über diese Epochen ab und ist kein Produkt einer Reflexion auf die Geschichtlichkeit als solche. Die Unterscheidung von Antike und Moderne an diesen inhaltlichen Kriterien ist zudem kein Ergebnis der Querelle, sondern läßt sich bis in das späte Mittelalter zurückverfolgen.

Nimmt man die Grundaussagen der Querelle zum Ausgangspunkt, dann läßt sich über hunderte von Textzeugnissen eine Traditionslinie vom 17. bis zurück ins beginnende 14. Jahrhundert ziehen. Für Fontenelle, dem neben Perrault wohl wichtigsten Verteidiger der Moderne in der französischen Querelle, beginnt die Moderne ausdrücklich durch den Bruch mit dem Mittelalter. Nach einer langen Zeit der Barbarei (sc. im Mittelalter) liege, so behauptet er, in der Renaissance der Anfang der Wiedergeburt der Wissenschaften und Künste, deren Vollendung nach ihrem Ausgang aus der Finsternis das eigene Jahrhundert gebracht habe. Den besonderen Glanz dieses (17.) Jahrhunderts aber sieht Fontenelle in der Erneuerung von Mathematik und Physik durch Descartes und andere ‚große Männer'. Jetzt sei es (endgültig) vorbei mit einer sterilen Physik, vorbei sei die Herrschaft von Wörtern und Begriffen, man wende sich direkt den Dingen der Erfahrung zu. Die äußere Autorität habe aufgehört, mehr Gewicht zu haben als die eigene Vernunft[11].

---

[10] Ebenda, 53.

[11] „Lorsque' après une longue barbarie, les sciences et les arts commencèrent à renaître en Europe, l'éloquence, la poésie, la peinture, l'architecture, sortirent le premiers des ténèbres; et, dès le siècle passé, elles reparurent avec éclat. (...) Ce n'est guère que ce siècle-ci que l'on peut compter le renouvellement des mathématiques et de la physique. Descartes et d'autres grands hommes y ont travaillé avec tant des succès, que dans ce

Diese Äußerungen Fontenelles machen auf ein gut bekanntes, aber kaum diskutiertes Problem aufmerksam: Er spricht über ein direktes Gegensatzverhältnis, in dem für ihn Moderne und Antike zueinander stehen, aber er grenzt die Moderne nicht gegenüber der Antike, sondern gegenüber dem Mittelalter ab. Erst diese Abgrenzungsgründe aber machen die Tradition des Modernitätsbewußtseins offenbar, in der Fontenelle steht, sie verweisen auf die inhaltlichen Vorstellungen, die mit diesem Bewußtsein verbunden sind, und sie sind es schließlich auch, die eine Erklärung dafür bieten, warum die ‚Moderne' in eine direkte Opposition zur ‚Antike' hat gebracht werden können. Denn vom geschichtlichen Befund her gibt es keinen Grund und keine Möglichkeit, von den homerischen Griechen bis ins spätrömische Kaiserreich eine einheitliche Epoche festzusetzen, noch gar, diese ‚Epoche' unmittelbar mit ‚der' Moderne zu konfrontieren.

Was Fontenelle gegen das Mittelalter vorbringt, sind schon zu seiner Zeit tausendmal wiederholte Klischees. Er behauptet ja, im Mittelalter hätten sterile Begriffsdistinktionen eine unmittelbare Auseinandersetzung mit den Gegenständen der Erfahrung unmöglich gemacht und Autoritäten an Stelle der Vernunft geherrscht. Gegenüber dem Mittelalter klagt Fontenelle also beides ein, (1) die Entdeckung der Anschauung – der beobachtenden, empfindenden Hinwendung zu den Dingen selbst – im Gegensatz natürlich zu einer Orientierung an allgemeinen (‚jenseitigen', nur in erdachten Begriffen bestehenden) Ordnungs- und Wertvorstellungen – und (2) die Entdeckung der über sich selbst aufgeklärten, zu einem methodischen Gebrauch ihrer Regeln befähigten Vernunft – im Gegensatz zu einer Abhängigkeit von (v.a. religiösen) Autoritäten und bloßen Anschauungen.

Diese Kritik Fontenelles steht nicht nur in einer langen Tradition, sie hat auch Schule gemacht und wirkt bis in die neueste Forschung weiter. Wenn ein katholischer Gelehrter um 1750 seine Modernität demonstrieren wollte, schrieb er, die Scholastik habe „die meisten ihrer Lehrsätze aus den ganz alten Büchern der Philosophen" gewonnen, habe sie „in logischer Form vorgetragen" und „mit möglichst vielen Autoritäten belegt". Die „neue Philosophie" dagegen stütze sich „auf Mathematik und Experimente" und lehne „jede Autorität" ab, „sofern sie nicht auf Vernunft und Erfahrung gegründet ist"[12].

---

genre de littérature tout a changé de face. On a quitté une physique stérile (...), le règne der mots et des termes est passé, on veut des choses (...). L'autorité a cessé d'avoir plus de poids que la raison...". (zit. nach Werner Krauss, Fontenelle und die Aufklärung, hier: 174).

[12] Andreas Gordon, Varia philosophiae mutationem spectantia, Erfurt 1749, 63. S. dazu Paul Richard Blum, Aufklärung zwischen Humanismus und Scholastik bei Andreas Gordon OSB und seinen Gegnern, in: Enno Rudolph (Hg.), Die Renaissance als erste Aufklärung, Bd. 3: Die Renaissance und ihr Bild in der Geschichte, Tübingen 1998, 135-147. Eine gut verständliche und dennoch fundierte Einführung in ein Gegenbild vom Mittelalter bringt der von Kurt Flasch und Udo Reinhold Jeck herausgegebene Sammelband: „Das Licht der Vernunft. Die Anfänge der Aufklärung im Mittelalter", Mün-

Sätze wie diese waren auch im 18. Jahrhundert Dutzendware. Für eine der wirkungsmächtigsten Verbreitungen dieses Mittelalterbildes sorgte Jacob Burckhardts viel gelesenes Buch über „Die Kultur der Renaissance in Italien":

> „Im Mittelalter lagen die beiden Seiten des Bewußtseins – nach der Welt hin und nach dem Innern des Menschen selbst – wie unter einem gemeinsamen Schleier träumend oder halbwach. Der Schleier war gewoben aus Glauben, Kindesbefangenheit und Wahn; durch ihn hindurchgesehen erschienen Welt und Geschichte wundersam gefärbt, der Mensch aber erkannte sich nur als Rasse, Volk, Partei, Korporation, Familie oder sonst in irgendeiner Form des Allgemeinen. In Italien zuerst verweht dieser Schleier in die Lüfte; es erwacht eine objektive Betrachtung und Behandlung des Staates und der sämtlichen Dinge dieser Welt überhaupt; daneben aber erhebt sich mit voller Macht das Subjektive, der Mensch wird geistiges Individuum und erkennt sich als solches."[13]

Von diesem Mittelalterbild Burckhardts betonen heutige Kunsthistoriker, daß es die neuere Forschung „als ein Cliché durchschaut" habe[14], seiner wissenschaftlichen Reputation hat das nicht geschadet. Auch 1998 kann man, wenn man den Beitrag des Renaissance-Humanismus für die Entstehung der modernen Wissenschaft charakterisieren will, sagen:

> „Der Humanismus <befreit> den Menschen der Renaissance von der Verbindlichkeit des autoritativen Textes als authentisches Abbild der Realität, <setzt ihn> aus der passiv-betrachtenden in die aktiv-schöpferische Beziehung zur Welt <und macht es dadurch> möglich, die Fesseln der Universalwissenschaft, die ontologisch als Abbild der Struktur des Seins und logisch als widerspruchsfreies Konstrukt begründet ist, zu sprengen und jenes Konzept der Einzelwissenschaft zu entwickeln, das die Bedingung für die Entstehung und das Fortschreiten der modernen Wissenschaft ist."[15]

Wenn Phänomene, die als modern ausgegeben werden, nicht einfach dem Selbstverständnis der Zeitdokumente folgend beschrieben werden sollen, sondern wenn kritisch verstanden werden soll, was die Besonderheit des

---

chen 1997. Die These, die ich in dieser Arbeit begründen möchte, unterscheidet sich von dieser und ähnlichen Untersuchungen darin, daß sie noch stärker den Aspekt betont, daß es in Mittelalter und Antike nicht nur ‚Anfänge' der Aufklärung der Vernunft über sich selbst gibt, sondern eine von der modernen Aufklärung substantiell verschiedene Analyse der Vernunft, die dennoch einen Anspruch auf rationale Verbindlichkeit erheben kann.

[13] Jacob Burckhardt, Die Kultur der Renaissance in Italien, durchges. v. Walter Goetz, Stuttgart 10/1976, hier: 123.

[14] S. z.B. Gottfried Böhm, Bildnis und Individuum. Über den Ursprung der Portraitmalerei in der Renaissance, München 1985, hier: 15; Charles H. Haskins, The Renaissance of the Twelfth Century, Cambridge (Mass.)/London 1927; Aaron J. Gurjewitsch, Das Individuum im europäischen Mittelalter, München 1994; Jan A. Aertsen u. Andreas Speer (Hgg.), Individuum und Individualität im Mittelalter, Berlin/New York 1996.

[15] Eckhard Keßler, Der Humanismus und die Entstehung der modernen Wissenschaft, in: Enno Rudolph (Hg.), Die Renaissance und ihr Bild in der Geschichte, Tübingen 1998, 117-134, hier: 130f.

Modernitätsbewußtseins ausmacht, ist der Weg zurück bis zum Bruch der frühen Neuzeit mit dem Mittelalter also unumgänglich. Die Bedeutung dieses Bruchs für die Ausbildung dieses Bewußtseins versuche ich im folgenden von zwei Aspekten, von der ästhetisch künstlerischen und der erkenntnistheoretisch wissenschaftlichen Seite her zu ermitteln.

2 Die Wende zum Diesseits und die Erhöhung der Natur zur ‚schönen' Natur in der Kunst der Neuzeit

Von den beiden, nicht ganz leicht miteinander vereinbaren Kritikpunkten, die Fontenelle vorbringt: (1) das Mittelalter habe die Anschauung vernachlässigt, es sei eine Zeit bloßer Begriffsdistinktionen gewesen, und (2) das Mittelalter habe die Welt nicht mit dem Verstand, sondern vom bloßen Augenschein her beurteilt, entstammt der erste der frühneuzeitlichen Tradition, den Bruch mit dem Mittelalter als eine Wiederauferstehung der Künste zu feiern. Diese Selbsteinschätzung ist aus der Sicht eines heutigen Kunsturteils ein Vorurteil, das die Leistungen mittelalterlicher Kunst in allen einzelnen Kunstarten – in der Architektur, der Malerei, der Literatur usw. – nicht zur Kenntnis nimmt. Das bedeutet, daß eine veränderte Auffassung von Kunst als die (Wieder-)Entstehung von Kunst überhaupt ausgelegt wird. Die Überzeugung, das Mittelalter habe nur die jenseitige Welt für schön, die irdische Welt aber für häßlich und verachtenswert gehalten, hat die Vorstellung begünstigt, es bedürfe (nur) einer Wende zur diesseitigen Welt, um ihre dem Auge unmittelbar zugängliche und mit dem Gefühl erlebbare Schönheit wiederzuentdecken. Die Bedeutung dieser Wende für die Kunst betont schon Matteo Palmieri in seinem Dialog *Della vita civile* (1432) – einem der ersten Texte, in denen der Topos von der Wiedergeburt der Künste („rinascere l´arti perdute")[16] belegt ist. Ähnlich äußert sich zwei Jahre später etwa Leonardo Bruni in seiner Biographie Petrarcas[17]. Petrarca selbst hatte schon 1367 die sich in spindeldürren Abstraktionen ergehenden Paduaner Aristoteliker verspottet, ja er kritisiert mit diesen zusammen auch Aristoteles selbst. Dessen bloße Begriffsdistinktionen hätten keine Wirkung auf das praktische Leben im Hier und Jetzt. Dazu bedürfe es der konkreten Anschaulichkeit der Dichtung und ihrer Fähigkeit, durch die Anmut von Bild und Wort die Gefühle des Lesers zu bewegen – eine Fähigkeit, die Petrarca

---

[16] Von einer ‚Wiederauferstehung' (sc. von einer ‚toten Poesie') spricht in Bezug auf Dante schon Guido da Pisa 1325 (August Buck, Die „Querelle des anciens et des modernes" im italienischen Selbstverständnis der Renaissance und des Barocks, (Sitzungsberichte der Wissenschaftlichen Gesellschaft Frankfurt a.M.; 11,1), Wiesbaden 1973, 4); die gleiche Metapher gebraucht Benvenuto Campesani von der Entdeckung einer Catull-Handschrift (‚de resurectione Catulli poete Veronensis') (August Buck, ebenda, 265f.).

[17] Leonardo Bruni, Humanistisch philosophische Schriften, hg. v. Hans von Baron Leipzig/Berlin 1928 (=1436), 64-66.

„bei den unseren", in der Kunst eines Cicero, Vergil, Horaz, nicht aber in den gelehrten Quaestionen der Scholastiker findet[18].

Von Äußerungen dieser Art ging die Vorstellung aus, die sinnlich wahrnehmende und fühlende Hinwendung zum konkreten Einzelding bzw. zum Einzelnen sei die maßgebliche Bedingung der Entstehung von Kunst als Kunst. Wenn in gegenwärtigen kunsthistorischen Darstellungen diese Wende beschrieben wird, liegt das Hauptaugenmerk auf den einzelnen ‚Errungenschaften', die durch diese Wende als etwas völlig Neues in der Kunst entdeckt worden seien. Daß die Entstehungsbedingungen der Kunst der Renaissance in genau dieser Wende gesucht werden müssen, und daß diese Wende den Charakter der Schöpfung von etwas absolut Neuem hat – dieses Urteil entnimmt die moderne Forschung immer noch unbefragt dem Selbstverständnis der damaligen Zeitgenossen:

> „Das Mißtrauen gegenüber der Welt hat sich verwandelt in eine tiefe Liebe zur Welt. Damit wird diese aber auch jeder Aufmerksamkeit wert. Sie will beobachtet, erkundet, dargestellt werden. (...) Die Fülle der Erscheinungsformen dieser Wende ist gewaltig. Sie hat die Erschließung des Bildraums durch das Prinzip der Zentralperspektive, die Entdeckung der Landschaft und ihrer Schönheit, ganz allgemein die Säkularisierung der künstlerischen Thematik, die Entstehung des Historienbildes, der Allegorie, des Porträts, des Genrebildes, des Stillebens, des Aktbildes u.a.m. zur Folge."[19]

Noch der heutige Interpret teilt, wie man sieht, das Entdeckungspathos der Akteure der frühen Neuzeit – nicht *eine* neue Auffassung von Landschaft, sondern „die Geburt des Landschaftsbildes"[20], nicht *ein* neues Verständnis von Portrait, sondern „die Anfänge des Porträts"[21] sind das Produkt dieser ‚Wende' –, aber er beachtet, indem er sich auf die einzelnen „Erscheinungsformen dieser Wendung" konzentriert, nicht den starken inhaltlichen Anspruch, den die Theoretiker und Praktiker der Kunst der frühen Neuzeit mit dieser Wende verbunden haben. Es soll ja die „tiefe Liebe zur Welt", die Wendung zu den den Sinnen zugänglichen Dingen selbst die Bedingung der Entstehung von Kunst sein. Nicht in dem symbolischen Verweis auf eine jenseitige Bedeutung, sondern in dem dem Auge selbst Zugänglichen soll die Schönheit erfahren werden. In dieser Wende wird das, was (im Mittelalter) als schön galt, allerdings nicht einfach ‚zertrümmert'. Im Gegenteil, wenn man die vielen kunst- und literaturtheoretischen Traktate der frühen Neuzeit durchgeht, kann man feststellen, daß die kanonischen Kriterien des

---

[18] Ebenda; Francesco Petrarca, De sui ipsius et multorum ignorantia, hg. und eingel. v. August Buck, Hamburg 1993, passim, z.B. 104.

[19] S. Pierre Wenger, Die Anfänge der Subjektivität in der bildenden Kunst Italiens vom 13. bis zum 15. Jahrhundert, in: Reto Luzius Fetz, Roland Hagenbüchle u. Peter Schulz (Hgg.), Geschichte und Vorgeschichte der modernen Subjektivität, (2 Bde.), Berlin 1998, Bd. 1, 511-566, hier: 523f.

[20] Ebenda, 536.

[21] Ebenda, 542.

Schönen, wie sie in Antike und Mittelalter formuliert worden waren, unangetastet bleiben: Bedingung der Schönheit eines Kunstwerks ist – im Sinn einer zuerst im Platonischen *Phaidros* entwickelten (264c; 268d), später hundertfach wiederholten Bestimmung – die Übereinstimmung der Teile untereinander und zum Ganzen und damit Harmonie, Symmetrie, Proportion und deren mathematisch geometrische Begründung[22]. *Was* Schönheit ist, das wird nicht neu ‚entdeckt', es wird aus dem Arsenal vorhandener Schönheitstheorien als etwas Selbstverständliches einfach übernommen. Neu ist nicht ein neu gebildeter, theoretisch neu entwickelter Begriff des Schönen, neu ist ausschließlich der Gegenstand, dem er zugesprochen wird, und die Erfahrungsweise, in der er erschlossen wird.

Die traditionelle Vorstellung von Kunst wird nicht in Frage gestellt, das traditionelle Grundkonzept des Schönen wird aber auf die Produkte der Anschauung übertragen: Sie sollen von sich her diesem Anspruch genügen. Man erkennt das u.a. daran, daß jetzt die Zentralperspektive (wieder einmal) interessant wird. Die Zentralperspektive gilt der Renaissance ja als *costruzione legittima*, d.h. als die methodisch korrekt rekonstruierte Weise, in der eine Darstellung exakt der Anschauung entspricht[23]. Ein perspektivisch konstruiertes Bild zeigt seine Gegenstände in der ihnen eigenen Proportionalität und Rationalität. Durch die Perspektive werden die Dinge, wie Piero della Francesca formuliert, ‚*commensuramente*' und ‚*proportionalmente*' dargestellt, ein so verfahrendes Sehen ist ‚wahre Wissenschaft'[24].

Wenn diese *costruzione legittima* als Bedingung der künstlerischen Qualität einer Darstellung beurteilt wird, heißt das

1., daß die Reflexion auf die Bedingungen der Anschauung, auf die Ausführung einzelner Anschauungsakte – und nicht auf irgendwelche begrifflichen Bedingungen – die Objektivität einer Darstellung ermöglicht.

„Mit der Komposition des Bildes von der Zentralperspektive aus wurde die Malerei ganz auf das Sehen abgestellt. Alles andere konnte man getrost den Büchern überlassen."[25]

Und 2., daß die Gegenstände der Anschauung, die Einzeldinge oder Einzelpersonen, von ihnen selbst her schöne und vollkommene Gebilde sind, die

---

[22] Zu Entstehung, Bedeutung und Wandel dieses Schönheitskonzepts s. Verf., Klassische und Platonische Schönheit. Anmerkungen zu Ausgangspunkt und wirkungsgeschichtlichem Wandel des Kanons klassischer Schönheit, in: Wilhelm Voßkamp (Hg.), Klassik im Vergleich. Normativität und Historizität europäischer Klassiken, Stuttgart/Weimar 1993, 403-428.

[23] S. z.B. Petrus Pictor Burgensis (Piero della Francesca), De prospectiva pingendi, hg. v. Giusta Nicco-Fasola, Florenz ²1984, 184.

[24] S. dazu die immer noch bedeutende Untersuchung von Rudolf Wittkower, Brunelleschi and Proportion in Perspective, in: Journal of the Warburg and Courtauld Institutes 16, 1953, 275-291. Wittkowers wichtige Analyse zur Bedeutung der Proportion in der Perspektive ist in der neueren Forschung zu wenig beachtet worden.

[25] Dietrich Schwanitz, Bildung. Alles, was man wissen muß, 282.

ihren Maßstab und das allgemeine Prinzip ihrer Schönheit und Vollkommenheit, d.h. das nach Proportion und Symmetrie meßbar geordnete Verhältnis der Teile und des Ganzen, in sich selbst tragen. Man muß nur das richtige Auge dafür haben und die Fähigkeit, das Geschaute rational zu rekonstruieren oder in leidenschaftlicher Hingabe des innersten Grundes seiner Lebensform inne zu werden (so etwa Giordano Bruno, von dem noch Diltheys Deutung geisteswissenschaftlichen Verstehens abhängt).

Die Überzeugung, ja die Beigeisterung darüber, sich durch die Wende zum Diesseits von der Abhängigkeit von metaphysischen Jenseitsspekulationen befreit zu haben, hat vielen Theoretikern und Künstlern der frühen Neuzeit den Blick dafür verstellt, wie sehr sie mit dieser Wende die sinnlich zugänglichen ‚Dinge selbst' überlastet haben. Jeder einzelne Gegenstand der Natur muß nun aus sich selbst schön sein. Das heißt für diese Zeit noch: er muß durchgängig von *Zahl, Maß und Gewicht*, wie die vielgebrauchte Formel aus dem Weisheitsbuch des Alten Testaments (sapientia 11,21)[26] lautet, bestimmt sein. Die Natur ist die durch sich selbst schöne und wahre Natur,

„die in ihren Maßen so vollständig vom Gesetz bestimmt ist, daß man im Einzelteil das Ganze (ex ungue leonem, ‚aus der Kralle den Löwen') zu erkennen vermag"

— so faßt Giorgio Vasari die Auffassung dieser Tradition zusammen[27].
Nicht die Wende zur Sinnlichkeit, sondern die Wende zu einer überbewerteten Sinnlichkeit, zu einer Sinnlichkeit, die von ihr selbst her die innere Rationalität der wahrgenommenen Dinge offenbar machen soll, ist also die Bedingung dafür, daß man in der ‚Wende zum Diesseits' eine Wiedererstehung der Künste erkennen konnte[28].

Der weitere Weg der Entwicklung der Künste in Neuzeit und Moderne ist unter vielen Gesichtspunkten dadurch gekennzeichnet, daß die postulierte Vollkommenheit der ‚natürlichen Dinge' als eine metaphysische Über-

---

[26] S. dazu Werner Beierwaltes, Augustins Interpretation von Sapientia 11,21, in: Revue des Etudes Augustiennes 15, 1969, 51-61.

[27] S. Giorgio Vasari, Le vite de' piu eccelenti pittori, scultori e architetti, Vol. I., a cura di Rosanna Bettarini, Florenz 1987, 111.

[28] In der Kunsttheorie der (platonischen) Antike und des Mittelalters wird keineswegs nur ein abstraktes Konzept einer jenseitigen, unsinnlichen geistigen Schönheit um seiner selbst willen entwickelt, sondern die begrifflichen Ableitungen werden zur kritischen Begründung einer Theorie der Schönheit auch der sinnlichen Erscheinungen verwendet, und zwar in der Weise, daß das Schöne *an den* sinnlich wahrnehmbaren Einzeldingen und der empirischen Natur von dem unterschieden wird, was an dieser Natur kontingent und wandelbar ist und daher auch einen Mangel an Schönheit an sich hat. Die Konzentration auf die sich angeblich selbst als Schönes der Anschauung unmittelbar darbietende einzelne sinnliche Erscheinung machte diese Unterscheidung unmöglich. Die Reflexion auf die begrifflichen Bedingungen, die für eine Auflösung dieser unmittelbaren Anschauungseinheit erforderlich sind, konnte daher als Abwendung von dem Schönen und der Sinnlichkeit überhaupt erscheinen. S. dazu auch unten S. 143ff.

lastung empfunden wurde. Zu evident zeugt die empirisch konkrete Welt von Regelabweichungen, ja blanken Zufällen, von Deformitäten usw. Bemerkenswert ist aber, daß trotz der zunehmenden Anerkennung der Nichtidealität, der Beliebigkeit, der Zufälligkeit, Häßlichkeit der ‚Wirklichkeit' die aus der Renaissance übernommene Überzeugung, die authentische Wiedergabe oder die subjektiv illusionierte Erschaffung einer solchen ‚Wirklichkeit' sei Kunst, kaum in Frage gestellt worden ist. Selbst die ‚Ästhetik des Häßlichen' gilt noch als absolute, autonome Schönheitserfahrung, weil der eigentliche Wert dieser Schönheitserfahrung die Autarkie des Einzelnen ist – ungeachtet der Konsequenzen und Einbußen, die diese Verabsolutierung des eigenen Selbst zur Folge hat.

3 Die Wende zur Erfahrung und die Erhöhung des Einzeldings zum ‚wohlbestimmten' Ding in den wissenschaftlichen Diskursen der ‚Moderne'

Wenn es eine den verschiedenen Schulen der Neuzeit und der Moderne gemeinsame Überzeugung gibt, dann ist es die Überzeugung, daß alle Erkenntnis mit der Erfahrung beginnen und an ihr schließlich wieder kontrollierbar sein müsse. In diesem Punkt stimmen empiristisch wie rationalistisch oder idealistisch geprägte Positionen der Vergangenheit, aber auch gegenwärtige Positionen vor und nach der ‚sprachphilosophischen Wende' (linguistic turn) überein. Selbst Hegel bekämpft das Mißverständnis, als sei die idealistische Philosophie eine nicht auf Erfahrung gegründete ‚bloße' Theorie:

„Es muß (...) gesagt werden, daß nichts *gewußt* wird, was nicht in der *Erfahrung* ist",

betont er in dieser Absicht in dem die *Phänomenologie des Geistes* abschließenden Kapitel über „das absolute Wissen."[29]

Auch für diese Übereinstimmung ist der Bruch mit dem Mittelalter der maßgebliche Anlaß. Das, was von allen bis heute abgelehnt wird, ist der Ausgang des Erkennens von nicht aus der Erfahrung gewonnenen, begrifflich idealen ‚Gegenständen'. Trotz aller Bewunderung, die über die Jahrhunderte hin Platon entgegengebracht wurde – eine Erkenntnistheorie, die ‚noch' mit der realen Existenz transzendenter Ideen rechnet, müßte bei aller pluralen Offenheit, die die Moderne für sich in Anspruch nimmt, als eine Theorie eingeschätzt werden, die gänzlich außerhalb jeder Möglichkeit einer modernen Philosophie liegt. Dasselbe würde sogar schon für den bloßen Versuch gelten, in eine ernstzunehmende Sachauseinandersetzung mit Pla-

---

[29] Hegel, Phänomenologie des Geistes, in: Georg Wilhelm Friedrich Hegel, Theorie-Werkausgabe, hg. v. Eva Moldenhauer u. Karl M. Michel, (20 Bde.), Frankfurt a.M. 1969ff., Bd. 3, ⁵1996, 585.

ton einzutreten. Bereits ein solcher Versuch würde als ein Rückfall hinter ein Niveau der Aufklärung des Denkens über sich selbst erscheinen, das keine moderne Position mehr unterschreiten kann.

Die mittelalterlichen Vertreter dieses (angeblichen) ‚Platonismus', gegen den sich die Neuzeit meint abgrenzen zu müssen, sind die sog. ‚Universalienrealisten', d.h. scholastische Philosophen, die abstrakte Begriffe (‚Universalien') für wirklich seiende Gegenstände gehalten haben (sollen). Für diese beginnt unser Wissen, so lautet das allgemeine Vorurteil, mit der Schau jenseitiger, ‚wirklich seiender' Wesenheiten, aus denen in logischer Deduktion unser Wissen über die erfahrbaren Gegenstände abgeleitet wird. Im Verhältnis dazu versteht sich der neue, moderne Ausgangspunkt des Erkennens als eine Wende: ‚Wirklich seiend' sind nur die konkreten Einzeldinge der Erfahrung. Aus ihr erst leiten wir unsere allgemeinen Prädikate und Begriffe ab, denen deshalb immer nur so viel Realität zukommen kann, wie in ihnen an authentischer Erfahrung noch enthalten ist.

Als Ursachen dieses Bruchs mit dem Allgemeinen, der in der Theorie vollzogen wird, und der Hinwendung zur Erfahrung des konkreten Hier und Jetzt hat man eine Vielzahl von historischen Bedingungen benannt: den Wandel in den religiösen Gefühlen, insbesondere durch die franziskanischen Bettelorden, die Auflösung der kirchlichen Autorität, z.B. durch den Streit zwischen Kaiser und Papst, die Auflösung der weltlichen Autorität des Kaisers durch die Erstarkung lokaler Herrscher, durch die Bedeutung der Städte, die soziale Differenzierung in den Städten, die Erweiterung der ökonomischen Beziehungen, die daraus entstehenden neuen Schichten, die zum Träger von Kunst und Wissenschaft wurden. Auch äußere Faktoren: die Pest um die Mitte des 14. Jahrhunderts, die ‚kleine Eiszeit', d.h. der Klimawandel mit seinen negativen Folgen, und Ähnliches, werden als Ursache für die Hinwendung zu einem primär an der Lebenspraxis orientierten Leben angeführt.

Diese historischen Bedingungen betreffen sicher wichtige und mitzubedenkende Aspekte. Allein die große Zahl der ermittelten Ursachen zeigt aber, daß sie in keinem eindeutigen Verhältnis zu dem Neuen, das aus ihnen hervorgegangen sein soll, stehen. Nicht einmal, was Ursache und was Wirkung ist, läßt sich mit Bestimmtheit festlegen. War es die Auflösung der scholastischen Begriffshierarchien in den innenuniversitären Disputationen, die zu einer Auflösung der kirchlichen und politischen Hierarchien geführt hat, oder ist der praktischen Auflösung die theoretische gefolgt? War es die ‚Ausdifferenzierung' der Stände und Schichten in der Gesellschaft, die zur Destruktion der hierarchischen Wissenschaftssystematik und zur Auflösung der alten, ‚ontologischen' Werteordnung der aristotelischen Ethik und zur Entdeckung der sittlichen Selbstverantwortung des Individuums führte, oder bedingte die ‚Ermüdung' des scholastischen Distinktionenapparats die gesellschaftlichen und politischen Veränderungen?

Beachten muß man auf jeden Fall, daß die vorgelegten historischen ‚Tatsachen' oder ‚Beobachtungen' Resultat einer Auswahl unter einer komplexen Vielfalt von Erscheinungen sind, und daß diese Auswahl von einem Vorbegriff geleitet ist. Dieser Vorbegriff sieht in der Auflösung von Ordnungsstrukturen und der Anerkennung des Selbstwerts des Einzelnen die Indizien für Modernität und lenkt und begrenzt die Suche, so daß vieles Entgegenstehende gar nicht zur Kenntnis genommen oder als Relikt des Alten dem Neuen untergeordnet wird. Die angeblich für das Mittelalter charakteristische unkritische Autoritätsgläubigkeit, zu deren Überwindung es im Sinn des modernen Geschichtsbildes erst in der frühen Neuzeit mit dem Aufruf, zu wagen, seine eigene Vernunft zu gebrauchen (‚*sapere aude*'), gekommen sei, erweist sich bei näherem Hinsehen im Humanismus der ‚Neuzeit' – dem polemischen Überwinder des dunklen Mittelalters – mit seiner Erhebung antiker Vorbilder, aber auch der Vorbilder der eigenen Avantgarde[30] zu legitimierenden Zeugen der eigenen Position als bei weitem enger und strenger, als es in den rationalen Streitdiskursen des Mittelalters je der Fall war.

Diese Art der Ursachenforschung nimmt außerdem das jeweils entstandene Neue als das faktisch gegebene Resultat, für das man (nur noch) die Ursachen sucht. Dadurch wird der Eindruck erweckt, als sei das Neue ein fraglos gegebenes, objektives geschichtliches Faktum. Je mehr Bedingungen man für es namhaft machen kann, desto mehr verschwindet das Bewußtsein, daß das Neue Resultat eines Neuheitsbewußtseins, d.h. einer geschichtlich begrenzten, subjektiven Perspektive war. Statt dessen erscheint es als ein ‚gegebenes' Phänomen, das notwendig aus eben diesen Bedingungen hervorgegangen ist. Auf diese Weise wird das Neue zwar ‚erklärt', d.h. aus seinen Bedingungen (bis zu einem gewissen Grad) ‚verstanden', eine kritische Auseinandersetzung mit ihm wird dadurch aber geradezu unmöglich gemacht. An ihre Stelle tritt eine Geschichtsteleologie, die in der Überzeugung besteht, daß es, weil es so ist bzw. war, auch so sein mußte. Das bedeutet, daß trotz aller Beteuerungen, die historische Wirklichkeit lasse sich niemals vollständig durch eine rationale Analyse erschließen, eben diese ‚komplexe' Wirklichkeit einer abstrakten Universaltheorie unterworfen wird, die in der Konsequenz ihres theoretischen Anspruchs gegen alle empirischen Zeugnisse immun sein mußte oder sein müßte.

Wer erklärt, wie die franziskanische Frömmigkeit eine oder die Bedingung für den Einsturz der gelehrten Begriffsgebäude der Scholastik wurde, nimmt die ‚Wende zum Diesseits' für den gegebenen Motor dieses theoretischen Prozesses, ohne zu fragen, ob er überhaupt aus dieser Wende erklärbar ist und ob er so, wie er verlaufen ist, auch verlaufen mußte, d.h., ob er

---

30 Ein Beispiel im Bereich der Literatur bietet etwa das von Pietro Bembo (um 1525) aufgestellte Diktat, daß sich alle volkssprachliche italienische (im Unterschied zur lateinischen) Prosa an Boccaccio, alle Verssprache an Petrarca orientieren müsse – ein Diktat, das über Jahrhunderte seine autoritative Geltung behielt. S. Andreas Kablitz, Warum Petrarca? Bembos *Prose della volgar lingua* und das Problem der Autorität, in: Romanistisches Jahrbuch 50, 1999, 127-157.

nicht möglicherweise problematische, kritisierbare Aspekte enthält, so daß er keineswegs als eine Stufe in der Entwicklung des abendländischen Geistes angesehen werden muß, hinter die man nicht mehr zurückfallen dürfe, sondern als ein analysierbarer Vorgang, an dem man unterscheiden kann, was an ihm Resultat einer kritischen Auseinandersetzung mit vorhandenen Defekten der ‚gelehrten' Tradition war und was ganz anderen Tendenzen, etwa einem Vorbehalt gegen gelehrte Bildung überhaupt, zuzurechnen ist. Nicht jedes in diesem Vorgang entstandene Neue muß deshalb notwendig als gegebenes geschichtliches Resultat hingenommen werden.

Auf keinen Fall kann es methodisch korrekt sein, den beiden maßgeblichen franziskanischen Gelehrten des späten Mittelalters, Johannes Duns Scotus und Wilhelm von Ockham, dort, wo sie explizite und rational begründete Argumente für eine veränderte Auslegung der Erkenntnisbedeutung der Einzeldinge vorgelegt haben, eine neue religiös motivierte Liebe zur Schönheit der geschaffenen Welt als ‚historische Bedingung' dieser Auslegung zuzuschreiben, statt die vorgelegten Argumente selbst für die eigentliche ‚Ursache' zu nehmen. Dieses Vorgehen macht etwas Zusätzliches zum Wesentlichen. Auch wenn ein bestimmtes religiöses Gefühl ein bewegendes Moment für eine neue direkte Auseinandersetzung mit den sinnlich erfahrbaren Gegenständen war, dieses Gefühl enthält nicht die Gründe, die für die Überzeugung notwendig sind, in diesen Gegenständen die Basis und die Kontrollinstanz des Erkennens zu haben. Außerdem ist diese Motivation an bestimmte Bedingungen des 13. Jahrhunderts gebunden, die Grundlegung des Erkennens in der Erfahrung aber ist auch aus ganz anderen Motiven in verschiedenen historischen Situationen angestrebt worden.

Eine direkte Auseinandersetzung mit diesen Gründen selbst ist also unumgänglich. Sie macht einen gemeinsamen Rahmen sichtbar, der tatsächlich für viele, ja scheinbar gegensätzliche ‚moderne' Positionen der Philosophie wie der Wissenschaften und Künste identisch geblieben ist. Von diesem Rahmen gilt in analoger Weise, was sich bei der ‚Entstehung der Künste' gezeigt hat: Die direkte Erfahrung des Einzelnen wird mit einem Anspruch verbunden, den sie nicht einlösen kann, obwohl sie jetzt als die einzige Möglichkeit gilt, überhaupt kritisch, reflektiert und also wahrheitsfähig mit den Gegenständen der Erkenntnis in Beziehung zu treten. Die Folge war – und ist weithin bis heute –, daß man die Möglichkeit sicherer Erkenntnis skeptisch in Frage gestellt hat. Daß vielleicht die Basis selbst, die Sicherung der Erkenntnis in den ‚Bedingungen der Möglichkeit von Erfahrung', problematisch sein könnte, ist eine Fragestellung, die kaum auch nur erwogen wird. Sie würde sich ja nicht auf der Höhe der Errungenschaften der Moderne bewegen.

Wenn man ermitteln will, von welchen philosophischen Diskursen im Bereich der Theorie die moderne Wende zur Erfahrung ihren geschichtlichen Ausgang genommen hat, muß man auch hier die verschärfte Erwartung, die mit dieser Wende verbunden ist, zum Auswahlkriterium nehmen. Ähnlich wie das Neue bei der ‚Renaissance' der Künste nicht einfach eine

Wende zur Anschauung ist, sondern die Erwartung voraussetzt, diese Wende sei die Bedingung der Entstehung von Kunst überhaupt, geht es auch in der Erkenntnistheorie nicht einfach um eine erneuerte Betonung der Bedeutung der Erfahrung. Daß das Erkennen mit der Sinneserfahrung *beginnen* müsse, ist durchgängige aristotelisch-scholastische Lehre. Daß die direkte, unmittelbare (d.h. von keiner Verstandesreflexion konstruktiv überformte) Erfahrung der Einzeldinge aber nicht nur Ausgangspunkt, sondern Bedingung und Maß der Wissenschaftlichkeit ('Realitätshaltigkeit') einer Erkenntnis sei, das ist das eigentlich Neue, das in den folgenden Jahrhunderten mit Emphase weitergetragen und zum eigentlichen Banner der neuen Bewegung wird.

Wenn man historisch belegbare Gründe für diese 'Wende' namhaft machen möchte und sich über diese in einschlägigen Texten etwa von Bruni, Valla, Nizolio, Pomponazzi, Zabarella u.a. einen Überblick verschafft, stellt man vor allem einen Mangel an positiver Begründung fest. Es gibt keine Analyse der Methode der Erkenntnis des Einzeldings, wie sie etwa Aristoteles im 7. Buch seiner *Metaphysik* vorgelegt hat. Nicht die mit bestimmten Gründen gebildete Meinung, die Erfahrung müsse selbst das Kriterium aller Erkenntnis sein, ist in der Entstehung dieser Überzeugung das erste, sondern die Meinung, dieses gesuchte Kriterium könne auf keinen Fall etwas Allgemeines sein. Früher ist der Affekt gegen die Begriffshierarchien der Scholastik und gegen die Forderung, die jeweilige empirische Erfahrung in diesem System zu situieren, statt ihr ein absolutes Eigenrecht einzuräumen.

Die sachlichen Begründungsstrategien, die dazu geführt haben, daß die Wende zum Einzelding zugleich als eine 'Wiederauferstehung' der Wissenschaftlichkeit der Wissenschaften verstanden worden ist, wurden schon vor der Renaissance im späten Mittelalter ausgebildet und werden meist einfach als bloßes Resultat übernommen. Die Gründe, die in der Spätscholastik diskutiert wurden, zeigen, daß auch die wissenschaftliche Aufwertung der direkten Erfahrung davon abhängt, daß Leistungen, die in der antik-mittelalterlichen Schultradition Verstand und Vernunft (ratio und intellectus) zugeschrieben worden waren, auf die unmittelbare Anschauung übertragen wurden. Erst dadurch konnte diese als Garant von Wissenschaftlichkeit verstanden werden. Diese Übertragung bildet damit nicht nur eine Ergänzung zur 'Wiederauferstehung der Künste' in der Wende zum Diesseits, sondern deren theoretische Begründung.

Der Prozeß dieser Übertragung verläuft innerhalb der spätscholastischen Aristoteles-Deutung selbst[31]. Nach Aristoteles beginnt menschliches Erken-

---

[31] S. zum folgenden Verf., Über eine für die neuzeitliche Erkenntnistheorie folgenreiche Akzentverlagerung in der spätmittelalterlichen Aristoteles-Deutung, in: Enno Rudolph (Hg.), Die Renaissance und ihre Antike. Die Renaissance als erste Aufklärung, Tübingen 1998, 17-34 und s. dort vor allem Anm. 5, 7 und 8 mit den für diese Lehre relevanten Belegstellen. S. jetzt auch Gyburg Radke, Der Umbruch in der Seinslehre der Spätscholastik und der Zusammenhang zwischen innerem Wandel und äußerer Kontinuität, in: Verf. u. Gyburg Radke (Hgg.), Philosophie im Umbruch. Der Bruch mit dem

nen dadurch, daß wir uns mit der Wahrnehmung auf Einzeldinge beziehen. Diese machen wir zur Grundlage (zum Subjekt) unserer Prädikate und Begriffe. Der einzelne Mensch ist es, dem wir das allgemeine Prädikat ‚Mensch' und – vermittelt über es – auch die noch allgemeineren Prädikate ‚Lebewesen' oder ‚Körper' zusprechen (*Kategorienschrift*, Kap. 4). Aristoteles ist allerdings – aus Gründen, die noch ausführlich diskutiert werden müssen – nicht der Meinung, dieser Ausgangspunkt des Erkennens enthalte bereits alles, was sich das abstrakte Denken nachträglich zu eigen machen könne, und sei deshalb auch das Maß, an dem die begrifflichen Ergebnisse dieses Denkens sich messen lassen müssen.

Damit es zu dieser Auffassung kommen konnte, mußte erst der systematische Duktus seiner Wissenschaftstheorie massiv verändert werden. Bei Aristoteles beginnt zwar alles Wissen mit der Wahrnehmung. Um zu wissen, *was* wir wahrnehmen, d.h., was die Gegenstände sind, von denen wir sinnliche Eindrücke aufgenommen haben, muß man nach Aristoteles aber einen langen Prozeß begrifflicher Klärung durchlaufen. Erst dann *weiß* man, welche Sinneseigenschaften überhaupt zu einem Gegenstand gehören. Wissen endet mit der Erkenntnis der Gegenstände, es beginnt nicht mit ihr.

Diesen Erkenntnisprozeß kehrt Duns Scotus um und stellt sich einer mehr als tausendjährigen Auslegungstradition entgegen, die bei den ersten griechischen Aristoteles-Kommentatoren beginnt und über die griechische Spätantike, über syrisch-persische, arabische und jüdische Vermittler ins lateinische Mittelalter gelangt war.

Die für alles Weitere maßgebliche Veränderung ist, daß Duns Scotus von Eigenschaften, die Aristoteles ausschließlich einer den Verstand (*ratio, dianoia*) begründenden Vernunfterkenntnis (*intellectus, nûs*) zugesteht, behauptet, sie seien bereits in der unmittelbaren Gegenstandsanschauung gegeben. Die Gründe dafür gewinnt er in einer Neukombination bestimmter aristotelischer Lehrstücke, die dem bloßen Wortlaut nach und aus ihrem Kontext genommen widersprüchlich zu sein scheinen. Die ‚alte' Auslegungstradition hatte diese Widersprüche durch die Unterscheidung von Hinsichten erklärt und sah in ihnen deshalb nichts, was die Stimmigkeit der aristotelischen Analyse in Frage stellte oder gar als ein Indiz für die immanente Widersprüchlichkeit des Seins und Denkens selbst genommen werden müßte. Duns Scotus stellt diese Diskrepanzen ausdrücklich fest und sucht nach einer neuen Ordnung, in die sich das Divergierende widerspruchslos einordnen lasse.

Widersprüchlich erscheint, daß Aristoteles einerseits das Einzelding für die Einheit hält, zu der alles, was sich von ihm in Erfahrung bringen läßt, muß gehören können. In diesem Sinn scheint es das gegenüber allen möglichen Veränderungen allein Identische, nicht Auflösbare zu sein. Andererseits beschreibt Aristoteles das Einzelding als etwas Komplexes, Zusam-

---

Aristotelismus im Hellenismus und im späten Mittelalter – seine Bedeutung für die Entstehung der Moderne (erscheint Stuttgart 2008).

mengesetztes. Dies tut er gerade in dem Buch seiner *Metaphysik*, das er ausdrücklich der Methode der Erkenntnis des Einzeldings gewidmet hat (Buch VII). Im Sinn dieses Buchs ist das, was die Identität eines Einzeldings ausmacht, allein sein *Eidos*, sein begrifflich erfaßbares Sein. Nur von ihm her kann es auch erkannt werden. Das konkrete Ganze, in dem das Einzelding Bezugspunkt und Grundlage der Wahrnehmung ist, gilt dagegen als etwas, das die Erkenntnis irritiert, das man deshalb analysieren, in relevante und irrelevante Momente auflösen muß.

Außerdem scheint Aristoteles einerseits so, wie dies auch die Philosophie seit dem Nominalismus tut, die Gegenstände, auf die wir uns mit der Wahrnehmung richten, für konkret, die Begriffe dagegen für abstrakt zu halten. An systematisch wichtigen anderen Stellen behauptet er gerade das Gegenteil: Hier bezeichnet er die Wahrnehmung als abstrakt und behauptet, erst durch die begriffliche Analyse könne man sich die konkrete Individualität eines Einzelnen erschließen. Erst diese begriffliche Analyse liefere eine distinkte Erkenntnis, die Anschauung dagegen sei nicht nur abstrakt, sondern auch konfus (s. unten S. 225ff.).

Diese und eine Reihe analoger Schwierigkeiten der Aristoteles-Deutung löst Duns Scotus, indem er Leistungen, die die bisherigen Aristoteles-Kommentatoren allein dem Intellekt, dem nach Aristoteles höchsten Denkvermögen zuerkannt hatten, bereits der Anschauung zuspricht. Dies soll, so behauptet er, der eigentlichen und ursprünglichen aristotelischen Lehrmeinung entsprechen.

Der Intellekt ist nach Aristoteles das Vermögen, das die Prinzipien des diskursiven Verstandesdenkens erkennt und Einheit unter den vom Verstand isolierten Momenten herstellt. Wer Fundament, Wand und Dach je für sich denkt, weiß ja noch nicht, was ein Haus ist. Erst wer diese (zuvor begrifflich genau unterschiedenen) Elemente in ihrem Verhältnis zueinander und zum Ganzen als Einheit in einem zusammenfassenden Akt denkt, erkennt diese Vielheit als die eine Sache ‚Haus'. Der Intellekt hat also eine einheitsstiftende Fähigkeit, er erfaßt in einem Akt eine Sache, eine *res simplex*, wie dies in der Terminologie der Zeit heißt, d.h., er erfaßt etwas unter dem Aspekt, unter dem es ‚einfach' ist, unter dem alles an ihm zu einer Sache zusammengehört und nicht eine nur additive, ‚komplexe', aus mehreren Sachen zusammengesetzte, ‚vielfache' Einheit bildet wie etwa ein Kreis aus Erz, bei dem Kreissein und Erzsein zwei verschiedene Sachen sind, die nur aus irgendwelchen beliebigen sachfremden Gründen vereint sind.

Für Aristoteles macht es einen großen Unterschied, ob man einfach das Ganze eines Gegenstands, den man in der Erfahrung vor sich hat, aufnimmt – das kann auch die Wahrnehmung – oder ob man die Elemente, die genau zu einer Sache (zu Kreis oder zu Metall usw.) gehören, unterschieden hat und nach der Prüfung, wie sie gemeinsam zu einer Sache gehören, in einem Akt auch als Einheit begreift – das kann nur der Intellekt.

Einen Kreis ‚sehen', scheint eine leicht erfüllbare Erkenntnisaufgabe zu sein. An dem gesehenen Ganzen aber unterscheiden zu können, was an ihm überhaupt Kreis ist, dazu benötigt man ein Auswahlkriterium, das uns berechtigt zu sagen, daß die Kreide, die weiße Farbe, die bestimmte Größe usw., die wir an diesem Kreis, den wir vor Augen haben, sehen, gar nicht zum Kreis gehören. Denn Kreis ist diese gesehene Figur nur durch die Eigenschaften, die sie als Kreis hat: daß sie eine einförmige, geschlossene, runde Form hat, daß in ihr alle Abstände von der Peripherie zum Mittelpunkt gleich sind, usw. Das weiß man nach Aristoteles allein aus einer begrifflichen Analyse, von der sich die Wahrnehmung leiten lassen muß, die aber die Wahrnehmung nicht von sich her leisten kann. Die Wahrnehmung hat immer ein Ganzes vor sich, das gemischt ist aus Merkmalen, die zur Sache gehören (rund, gleichförmig usw.) und sachfremden Zutaten (weiß, Kreide usw.). In diesem Sinn kann man nach (Platon und) Aristoteles unterscheiden zwischen zwei verschiedenen Formen, wie man unter seinen Erkenntnissen Einheit herstellt: Man kann sich auf die Wahrnehmung stützen, dann ist das einende Band das Ganze des Dings, das die Wahrnehmung vor sich hat. Man kann sich auf die Ratio stützen, dann ist das einende Band die sachliche Einheit, die – allein – der Begriff erfaßt. Dieser Begriff von ‚Begriff' wird der Hauptgegenstand der folgenden Untersuchungen sein.

Die Lösung, die Duns Scotus vorschlägt, läuft auf die Einebnung der Differenzierung dieser zwei verschiedenen Formen der Erkenntnis von Einheit hinaus. Er unterscheidet nur noch zwischen einer Erkenntnis, die auf das Ganze blickt, und einer Erkenntnis, die von etwas die einzelnen Teile unterscheidet. Daß eine solche ‚Erfassung' oder ‚Auffassung' eines Ganzen von ganz verschiedener Art sein kann, nämlich entweder die einfache Auffassung eines Ganzen, dessen Teile man (noch) nicht kennt und das man nur als in sich konfuse Masse ‚wahrnimmt', oder die (begründete) Verknüpfung der Erkenntnisse von den Teilen zu einem Ganzen, wird nicht mehr beachtet oder nicht mehr für relevant gehalten. Die Folge ist, daß es bei Duns Scotus nur noch zwei verschiedene Erkenntnisvermögen gibt: die Ganzheitsauffassung, die einem gemeinsamen Akt von Wahrnehmung und Intellekt zugesprochen wird, und den zergliedernden Verstand, der die Teile unterscheidet. Statt Wahrnehmung, Verstand und Intellekt, d.h. statt (mindestens) drei Arten des Erkennens, braucht man nun nur noch zwei: die (bereits) intelligente Anschauung und den Verstand. Es gibt nur noch ein dichotomisches Schema, nur noch ein Entweder-Oder. Entweder einfach oder differenzierend; entweder das Ganze (der Anschauung, des Gefühls) oder die Teile (des nur noch diskursiven Denkens).

Duns Scotus erreicht diese Position durch den ‚Nachweis', daß Aristoteles selbst der Auffassung gewesen sei, bereits die Wahrnehmung rezipiere das Einzelding als eine *res simplex*, als eine in sich wohlbestimmte Sacheinheit. Aristoteles sage ja selbst, daß bei der Wahrnehmung von Gegenständen das bloße Sehen und Hören nicht ausreiche. Hier wirke der Intellekt bereits mit, in *akzidenteller Weise*, wie Aristoteles selbst im 2. Buch seiner Psychologie lehre. Die Wahrnehmung leistet also, so ist Duns Scotus überzeugt, eine

Einheitsstiftung, in der eine Vielheit von Sinneseindrücken als ein einheitliches Ganzes (*simul totum*) rezipiert wird.

In dieser Umdeutung der akzidentellen Mitwirkung des Denkens in der Anschauung liegt der eigentliche Kern des Neuen, das Duns Scotus einführt. Aristoteles gestand dem Denken deshalb nur eine *akzidentelle* Mitwirkung in der Anschauung zu, weil es in ihr nicht in kritischer Prüfung und Anwendung seiner Kriterien tätig ist, sondern nur einen ersten, noch an der Oberfläche bleibenden Erkenntnisakt leistet. Duns Scotus aber hebt den Aspekt heraus, daß in der Wahrnehmung eines Einzeldings bereits eine Vielheit (von Sinneseindrücken) in einem einzigen, ungeteilten Akt als ein Ganzes erfaßt werde. Also sei dieser Akt ein einfacher, aber intelligenter Erfassungsakt und sein Gegenstand folglich eine *res simplex, genau eine Sache* – in genauer Entsprechung oder Parallelität zur Intellekterkenntnis.

Die scheinbar entgegenstehenden Äußerungen des Aristoteles, wenn er (z.B. zu Beginn seiner *Physik*) die Gegenstandswahrnehmung gerade nicht ‚genau eine Sache', eine ‚einfache Sache', sondern ‚etwas Konfuses', d.h. etwas uneinheitlich Zusammengesetztes, nennt, interpretiert Duns Scotus neu: Konfus ist die Anschauung nur, weil wir in dem ersten, einfachen Erfassungsakt eines Einzeldings dessen viele Momente noch unzergliedert als ein einfaches Ganzes aufgenommen haben. ‚Konfus' ist also keine Aussage über den Gegenstand oder Inhalt der Anschauung, sondern nur über die Art und Weise (den *Modus*), in dem er uns gegenwärtig ist: Wir müssen ihn erst mit dem Denken gliedern und ihn uns dadurch auch in seinen einzelnen Teilen und deren Verbindung vergegenwärtigen, bis dahin besitzen wir ihn zwar ganz, aber in ununterschiedener, undeutlicher, konfuser Weise (aus diesem ‚deutlichen' oder ‚undeutlichen' Besitz wird Christian Wolff später die Begriffe des Bewußten und des Unbewußten entwickeln). ‚Abstrakt' wiederum sei ein Anschauungsgegenstand nur, wenn er wie von Ferne, d.h. undeutlich, gesehen werde. In der richtigen Position, im richtigen Licht usw. sehen wir die Einzeldinge sehr wohl in ihrer ganzen konkreten Individualität.

Man kann das Gewicht, das diese sich zunächst ganz im traditionellen Rahmen der Aristoteles-Erklärung abspielende Neudeutung hat, kaum überschätzen. Deshalb sollen ihre Aspekte noch genauer herausgearbeitet werden:

Man könnte denken (und hat dies getan), daß von Duns Scotus die Vorstellung einer eigenen Intelligenz der Anschauung und des unmittelbaren Erfassens überhaupt geboren worden sei. Das ist aber nur eine halbe Wahrheit. Erkenntnisfähigkeit und damit ‚Intelligenz' hat auch Aristoteles der Wahrnehmung zugestanden. Die Intelligenz, die Duns Scotus in der Anschauung findet, ist für ihn aber identisch mit der Erkenntnisleistung, die nach Aristoteles nur dem (ausgebildeten) Intellekt möglich ist:

> „Das Einzelne ist aber grundsätzlich nicht nur ‚durch sich', sondern als solches auch ‚primär' erkennbar[32], denn die dem Einzelnen zukommenden abstrakt-gemeinsamen Bestimmungen (sc. des Denkens) enthalten das Einzelne als Erkennbares nur unvollständig in sich, während umgekehrt das (sc. in sinnlicher Intuition erfahrbare) Einzelne die Erkennbarkeit der gemeinsamen Bestimmungen vollkommen in sich enthält."[33]

Diese Auffassung des Duns Scotus gehört bis heute zu den Grundüberzeugungen über das Verhältnis des Allgemeinen zum Einzelnen oder Individuellen. Das Individuelle wird als das verstanden, was von keinem Allgemeinbegriff und auch nicht von einer Summe von Allgemeinvorstellungen eingefangen werden kann. Es ist immer in charakteristischer Weise mehr, als man in Begriffen von ihm wissen kann. Genau das glaubt auch Duns Scotus und benennt klar die Bedingung, die diese Überzeugung voraussetzt:

> „Das Einzelding schließt alles ein, was an einsehbarer Bestimmtheit in jeglichem Höheren ist." (Duns Scotus, Met. VII, q15, n4 (ed. Viv. VII, 436))[34]

Denn diese ‚höheren', abstrakteren Bestimmungen sind ja vorgeblich alle erst von den Einzeldingen selbst abstrahiert[35]. In ihnen also werden sie immer vollständiger und genauer angetroffen als in unseren Begriffen. Also ist die direkte, unmittelbare Erkenntnis des Einzelnen (sofern sie uns denn möglich ist) die zuverlässigste und grundlegendste aller Erkenntnisformen.

Wenn nach dem eigentümlich Neuen bei Duns Scotus gefragt wird, kann man also nicht einfach auf die Wende zur Anschauung, auch nicht auf die ‚Entdeckung' der Intelligenz der Anschauung hinweisen. Wirklich neu ist vielmehr die Verwissenschaftlichung der Anschauung, genauer: die Aufwertung der Anschauung zu einem Vermögen, das den ihr vorliegenden Gegenstand in seiner vollständigen Bestimmtheit soll erfassen können, derer sich das Denken nur noch nachträglich (und mangelhaft) zu vergewissern vermag und an der es sich immer messen lassen muß. Erst diese Erfassung eines Einzelgegenstands, die noch unmittelbar, ‚einfach' ist, ist überhaupt *Anschauung*. *Anschauung* ist nicht bloße Rezeption von Sinneseindrücken, sondern die dem Sinn unmittelbar mögliche *intuitio* des einenden Bandes

---

[32] ‚Durch sich' (καθ'αὐτό) und ‚primär' (πρῶτον) sind für Aristoteles die Kriterien, die den vom Verstand unterschiedenen und vom Intellekt einheitlich erfaßten Begriff einer Sache auszeichnen. S. unten S. 409ff.

[33] Ludger Honnefelder, Ens inquantum ens. Der Begriff des Seienden als solchen als Gegenstand der Metaphysik nach der Lehre des Johannes Duns Scotus, Münster 1979, 242.

[34] Und s. auch Verf., Anschauung und Denken, 11 Anm. 4.

[35] Daß dies zwar eine plausibel klingende Erklärung ist, die aber überhaupt nicht mehr reflektiert, daß man nicht von Einzeldingen selbst, sondern nur von dem, was man irgendwie von ihnen in Erfahrung gebracht (und also bereits subjektiv hergestellt) hat, Abstraktionen machen kann, wird bei dieser Berufung des Denkens auf das Einzelne ausgeblendet. S. unten passim.

dieser Eindrücke, in dem sie zu einem – individuellen, konkreten – Gegenstand verbunden sind.

Diese Lehre hat Wilhelm von Ockham von Duns Scotus übernommen und noch erheblich verschärft. Die Unmittelbarkeit, in der man in einem ersten Erfassungsakt des ganzen Dings gewahr wird[36], ist für ihn Grund, die Erkenntnis der Einzeldinge nicht nur für den absoluten Beginn allen Erkennens auszugeben, sondern auch alles, was je ein späterer („höherer') Erkenntnisakt zu erfassen vermöchte, in ihr bereits für eingeschlossen zu halten: Die Einzelsinne, so formuliert er, erkennen eben dasselbe in derselben Bestimmtheit wie der *innere Sinn* (*sensus interior*), eben dasselbe in derselben Bestimmtheit wird vom Strebevermögen (*potentia appetitiva*) erstrebt, eben dasselbe, was zuerst von Sinn erfaßt worden ist, wird aber auch von Intellekt eingesehen – und zwar unter derselben Bestimmtheit (*et sub eadem ratione*)[37].

Bei allen Veränderungen, die die frühe Neuzeit gegenüber dem Mittelalter gebracht hat: Diese von Duns Scotus und Wilhelm von Ockham vorgenommene Neubewertung der Anschauungserkenntnis wird nicht mehr in Frage gestellt. Sie bildet vielmehr die gemeinsame Basis, ja sie liefert überhaupt erst die Abgrenzungsstrategien gegenüber dem aristotelisch-scholastischen Mittelalter. Bei Leonardo Bruni[38], Lorenzo Valla[39], Mario Nizolio[40], Pietro Pomponazzi[41], Jacobus Zabarella[42], um nur einige wichtige Stimmen

---

[36] „Ipsa res immediate, sine omni medio inter ipsam et actum (...) apprehenditur". „Das Ding selbst wird unmittelbar, ohne jedes Medium – gemeint ist: ohne jede begriffliche Vermittlung durch eine species oder ein universale – zwischen sich und dem Akt apprehendiert" (Wilhelm von Ockham, Opera Theologica, Bd. V (=Nachschrift zu den Büchern 2-4 des Sentenzenkommentars), Franciscan Institute St. Bonaventure, 1967, 276).

[37] Wilhelm von Ockham, Sentenzenkommentar I, 3, 6: Opera Theologica, Bd. I, 27.

[38] S. Leonardo Bruni, Humanistisch-philosophische Schriften. Zu den philosophischen Voraussetzungen bei Bruni s. Hanna Barbara Gerl, Philosophie und Philologie, München 1981, bes. Kap. III.

[39] S. Lorenzo Valla, v.a.: Repastinatio dialectice et philosophie, hg. v. Gianni Zippel, Padua 1982.

[40] S. Mario Nizolio, De veris principiis et vera ratione philosophande contra pseudophilosophos libri quattuor, hg. v. Quirinus Breen, Rom 1956; dt.: Vier Bücher über die wahre Philosophie und die wahre philosophische Methode gegen die Pseudophilosophen, übers. v. Klaus Thieme, Hanna Barbara Gerl, Diane Rosenstein, München 1980.

[41] S. Pietro Pomponazzi, Abhandlung über die Unsterblichkeit der Seele/De immortalitate animae, hg. u. übers. v. Burkhard Mojsisch, Hamburg 1990. Dem bloßen Buchstaben nach erscheint Pomponazzi noch ganz als Aristoteliker. Er steht aber in einer scotistischen Aristoteles-Tradition und argumentiert ähnlich wie Duns Scotus mit Aristoteles gegen Aristoteles. Hauptpunkt ist für ihn, daß es nach Aristoteles ein Denken ohne Vorstellung nicht gebe. Daraus zieht Pomponazzi einen Schluß, dessen Struktur sich bis heute großer Beliebtheit erfreut: ‚Weil es ohne Vorstellung kein Denken gibt, deshalb ist Denken Vorstellung'. S. ebenda, 90-110. Ähnlich argumentiert auch Pseudo-Mayne bei seiner Einführung des Terminus ‚Bewußtsein' (consciousness): ‚Weil kein psychischer Akt ohne Bewußtsein denkbar ist, deshalb ist Denken Bewußtsein'. S.

herauszugreifen, hören wir immer wieder dasselbe: Es ist die ursprüngliche, unmittelbare, sinnlich konkrete Erfahrung, die anders als die dürre Pseudogelehrtheit der Pseudophilosophen der Scholastik die wissenschaftliche (und für jeden nachprüfbare, mit einem Rechenkalkül nachvollziehbare) Objektivität der Erkenntnis der Dinge garantiert. Sie geht verloren und wird umso falscher und irrelevanter, je mehr sie sich durch Abstraktion von diesem Ursprung entfernt.

Man kann also festhalten, daß die Neuzeit nicht nur in der Ästhetik eine ganz besondere ‚Wende zum Einzelnen' vollzieht, eine Wende nämlich, nach der das Einzelne als vollkommenes Exemplar von Symmetrie, Harmonie, Proportion und überhaupt von Gesetz und Regel aufgefaßt wird. Es *hat* nicht mehr nur *teil* an Symmetrie, Harmonie, wie die Platoniker dies behauptet hatten, und ist dadurch nur mehr oder weniger davon geprägt, sondern es ist selbst die einzig mögliche und vollkommene Verkörperung des Schönen.

Einen analogen Charakter hat auch die Wende zur Erfahrung in der Theorie: Das Einzelne gilt als Instanz, in der alles Begriffliche, das je vom Denken aus ihm ‚abstrahiert' werden kann, real bereits vorhanden ist, auch wenn es unserem subjektiven Erkennen vielleicht überhaupt nie und sicher niemals ganz zugänglich ist. Die Einzeldinge der Welt, insbesondere der Natur, *haben* nicht nur, wie die Platoniker behauptet hatten, *teil* an einer von ihnen unabhängigen, ‚idealen' und wesentlich mathematischen Rationalität, sie sind wie das Räderwerk einer Uhr vielmehr selbst direkte Verkörperungen von Mathematik und Geometrie. (Daraus resultiert die schon von Galilei verbreitete Vorstellung, man könne die Einzeldinge wie eine Uhr auseinandernehmen – ein solches einfaches Auseinandernehmen der ‚Dinge' heißt jetzt ‚Analysis'– und in ihrem Sein begreifen, indem man die so gewonnenen Elemente wieder – kreativ technisch – zusammensetzt, ‚synthetisiert'.)

So plausibel es auch uns noch zu sein scheint, daß wir unser Wissen vom Menschen, von der Katze oder von einem Molekül nicht aus einer Idee des Menschen, der Katzheit usw. ableiten, sondern nur aus der Beobachtung einzelner Menschen usw. gewinnen können – diese Kritik an bloßen Gedankengebilden übersieht (in ihrer Undifferenziertheit) nur zu leicht, daß sie

---

Pseudo-Mayne, Über das Bewußtsein (1728), übers. u. hg. v. Reinhard Brandt, Hamburg 1983. Die Logik dieser Argumentation ist nicht besser, als wenn man sagt: ‚Weil man ohne zu sehen nicht angeln kann, deshalb ist Sehen Angeln'. Nichtsdestoweniger findet diese Pseudo-Logik auch in gegenwärtigen wissenschaftlichen Diskussionen häufig Anwendung: ‚Weil man ohne Neurotransmissionen nicht denken kann, deshalb ist Denken ‚ein Feuern der Neuronen'.

42 S. Jacobus Zabarella, De rebus naturalibus. In Aristotelis libros de anima, Frankfurt a. M. 1966 (=1606/7). Zabarella stützt sich vor allem auf das Argument, daß das, von dem man abstrahieren will, zuvor vollständig erfaßt sein muß. S. z.B. col. 1046; col. 1051 u.ö. Zur Bedeutung, die diese Auffassung für den Empirismus der Neuzeit gewinnt, s. Verf., Platonism and Empiricism, Graduate Faculty Philosophy Journal, Vol. 27, No. 1, 2006, 151-192.

durch eine metaphysische Überlastung des Einzeldings erkauft ist. Jedes Einzelding muß ein vollständiges, ‚wohlbestimmtes' Exemplar seines Begriffs und alles dessen, was in ihm enthalten sein kann, sein und muß uns diese seine vollständige Begrifflichkeit in einem unmittelbaren Akt der Anschauung, des Gefühls, der Intuition offenbaren, wenn überhaupt Erkenntnis möglich sein soll – ganz zu schweigen von der Problematik der Rekonstruktion derartiger einmaliger Erlebnisse in den abstrakten Begriffen des Bewußtseins. Die unzergliederte Fülle des intuitiv erfaßten Einzeldings gewinnt ja eben dadurch den Charakter einer (unbestimmten und unbestimmbaren) Unendlichkeit. Das Einzelding kann daher grundsätzlich nicht mehr Gegenstand eines Bewußtseins sein, das immer nur einzelne, isolierte Teile vor sich ‚repräsentieren' kann. Denn das Unendliche hat keine in endlichen Schritten durchlaufbaren Teile[43].

Da die ‚Realität' also dem (wie immer gebildeten, notwendig fragmentarischen) Begriff nicht entspricht, erscheint von diesem Vorbegriff aus nicht nur der ‚antike' Glaube an eine solche Entsprechung naiv, es ist mit ihm auch der geschichtliche Ansatzpunkt gegeben, von dem aus sich in der ‚Moderne' eine fortschreitende Entrationalisierung der Wirklichkeit ergab: Sie kann weder in sich selbst rational sein noch sind unsere Begriffe in der Lage, sie rational zu erklären.

Giordano Bruno wurde, wie die Überprüfung seiner Gerichtsakten ergeben hat, von der Kirche nicht verurteilt, weil er die Lehre des Kopernikus verteidigt hat, sondern weil er behauptet hat, die Welt selbst sei wegen und in ihrer (unbegrenzten, unbestimmten) Unendlichkeit der inkarnierte Gott[44]. Die frühe Neuzeit war sich der theologischen Implikationen der Absolutsetzung des Einzelnen wohl bewußt. Das Einzelne zur Instanz seiner selbst erklären heißt nichts anderes, als die Welt zur direkten und unmittelbaren Verkörperung Gottes, d.h. einer absoluten Rationalität („Gott würfelt nicht"), zu erklären. Wenn man beachtet, daß erst durch sie Hegels Übertragung der christlichen Trinitätslehre auf die Entwicklungsgeschichte der Welt selbst, und daß erst durch diese Übertragung die Idee einer Verkörperung des absoluten Geistes in den einzelnen Völkern und damit die moderne religiöse Überhöhung des Nationalstaats entstanden ist, hat man ein eminentes Beispiel für das ganze Gewicht, das dieser metaphysischen Wende zur Erfahrung zukommt.

---

[43] Eine – allerdings stark vereinfachende und Mittelalterliches und Neuzeitliches vermischende – Einführung in die ‚Neuentdeckung' des Unendlichen in der Renaissance gibt Angelika Bönker-Vallon, Der Aufbruch ins Unendliche: Weltbewußtsein des Subjekts und Einheit der Natur in der Renaissance, in: Franz Gniffke u. Norbert Herold (Hgg.), Klassische Fragen der Philosophiegeschichte I: Antike bis Renaissance, Münster 2002, 179-210.

[44] S. die Quellenbelege bei Hans Blumenberg, Die Legitimität der Neuzeit, Frankfurt a.M. ²1999, 524 ff.

4 Die Wende zur Erfahrung und die Entstehung des ‚modernen' Begriffs des Denkens: das Bewußtsein

Die Annahme, daß die Wahrnehmung nicht nur einzelne Sinneseindrücke aufnimmt, sondern uns durch eine ihr eigene Intelligenz zugleich das einende Band gibt, durch das diese einzelnen Eindrücke zu einer Gegenstandseinheit zusammengefaßt und als solche konstituiert werden, hat zwar eine hohe Plausibilität auch für den sog. ‚gesunden Menschenverstand' und prägt auch den gewöhnlichen Sprachgebrauch – man sagt nicht „Ich sehe etwas Braun-Grün-Hohes", sondern „Ich sehe einen Baum" –, als Grundlage für eine wissenschaftliche Analyse des Erkennens enthält sie aber, darauf wollte das letzte Kapitel schon hinweisen, eine Reihe spekulativer Zusatzannahmen, die keineswegs ‚aus der Erfahrung' gewonnen sind. Diese Zusatzannahmen haben ihre historische Begründung bei Duns Scotus und Wilhelm von Ockham darin, daß sie die Systemstelle umbesetzt haben, die in der Tradition des Aristotelismus dasjenige Vermögen beschrieb, welches die Vielheit einzelner Merkmale zu einer Gegenstandseinheit zusammenführen konnte. Die Einheit der Sache, deren Erkenntnis nach Aristoteles die spezifische Leistung des Intellekts ist, wird von ihnen in das konkrete Einzelding verlegt, dessen eigentliche, echte, authentische Erkenntnis von der Anschauung komme.

Das, was sich als eine Sache denken läßt, und die wahrnehmbare, existierende Dingeinheit von Einzelnem werden nicht mehr unterschieden. Das Einzelding (und nicht der Begriff) ist genau das, was es ist: Mensch, Katze usw. Nur die Anschauung oder eine andere Form unmittelbarer Intuition dieses Einzelnen ist daher *simpliciter simplex*, ‚schlechthin einfach', weil nur sie vollständig und genau das enthält, was dem Menschen, der Katze usw. zukommt und noch nicht von reflexiven Urteilsakten überformt ist, die die Einfachheit des Dings auseinanderreißen und auf Allgemeinheiten reduzieren.

Die erkenntnistheoretische Begründung für den Vorrang des Einzeldings, genau das zu sein, was es ist, d.h. eine einfache Sache (*res simplex*), ist dabei keineswegs auf eine reflexiv kritische Analyse gestützt, weshalb konkrete Einzeldinge wohlbestimmte Sachen sind. Die Begründung für diesen Vorrang liegt allein in der Weise des subjektiven Zugangs zu ihnen. Die unmittelbare Anschauung scheint sich, ohne daß das Denken bereits etwas hinzugesetzt oder weggenommen hätte, in einem absolut einfachen Akt auf den Gegenstand zu beziehen. In dieser Einfachheit liegt seine Auszeichnung. Da der Terminus *simplex* (=einfach) nach dem Verfall der aristotelischen Schultradition im 18. Jahrhundert nicht mehr verstanden wurde, spricht man seither nicht mehr von einfachen, sondern von *unmittelbaren, vorreflexiven, präsemiotischen, unbewußten* Akten. Alle diese Bezeichnungen haben aber immer die Aufgabe, zu bezeichnen, daß von einem subjektiven, bewußten Ich noch keine Zusätze, Umformungen und dergleichen gemacht sind. Wo der Begriff der Einfachheit noch gebraucht wird (z.B. in der Aufklärungsphilosophie, etwa von Wolff), ist er nur noch Synonym für die unmittelbare Zugänglichkeit, für den einfachen, direkten Kontakt zwischen Subjekt und Objekt.

Es ist eine unmittelbare Folge dieser Auszeichnung der direkten Erfahrung, daß sich durch sie der Begriff von Denken überhaupt ändert. Da die Intelligenz, die in der direkten Erfahrung bereits (vorbewußt, vorreflexiv) wirksam sein soll, dadurch charakterisiert ist, daß sie – ohne jede begriffliche Vermittlung – das Einzelding mit allen seinen Bestimmungen aufnimmt, kann die Aufgabe des Denkens gar nicht sein, sich die Bestimmungen des Einzeldings erst zu erschließen, seine Aufgabe ist vielmehr gegenüber dem primären Erfassungsakt etwas Nachträgliches: Es *vergegenwärtigt* sich das ihm durch Anschauung (usw.) Gegebene und bewertet es. In heutiger Terminologie: Es verarbeitet die ihm gegebenen Informationen. Es hat also von sich aus lediglich den Charakter eines formalen Urteilsaktes, und auch diesen in einem genau eingeschränkten Sinn. Da seine Fähigkeit nicht in der Sacherfassung selbst liegt, ist seine Leistung, daß es das ihm noch unzergliedert (*verworren, konfus, dunkel, unbewußt*) gegebene Ganze dadurch vergegenwärtigt, daß es seine Elemente differenziert und mit seinen Mitteln wieder verbindet. In diesen Ur-teilungs- und Verbindungsakten hebt es aus dem ‚Dunkel' des unbewußt, ‚intuitiv' gegebenen Ganzen einen von ihm gewählten Ausschnitt heraus, indem es sich die ausgewählten Teilvorstellungen vergegenwärtigt (in späterer Terminologie: *bewußt macht*) und in dieser Vergegenwärtigung neu als etwas, das durch sie zu einer Einheit verbunden ist, erfährt. Diese Aufklärung ist also eine Art Zustimmung zu dem (ursprünglich) Gegebenen. Es gewinnt im Akt der Vergegenwärtigung bewußte (deutliche, distinkte) Evidenz und hat dadurch für das Denken den Charakter eines von ihm anerkannten Wahren, während es im Zustand der noch undeutlichen Repräsentation als Täuschung bzw. als potentielle Täuschung gilt.

Genauso hat bereits Duns Scotus die Grundakte des Denkens beschrieben[45]. Für Wilhelm von Ockham hat diese Teilung des Denkens eine so große Selbstverständlichkeit gewonnen, daß er mit ihr seinen Sentenzenkommentar beginnt:

> „Unter den Akten des Intellekts gibt es zwei Akte, von denen der erste ein Akt der Apprehension [der Erfassung] ist (...), der andere Akt läßt sich als ein Urteilsakt bestimmen, durch den der Intellekt nicht nur das Objekt erfaßt, sondern ihm auch zustimmt oder nicht zustimmt." (Wilhelm von Ockham, Sentenzenkommentar, Prolog, Quaestio 1, Artikel 1, Nr. 2 u.3).

---

[45] S. v.a. die Quaestionen 6 und 13 seiner *Quodlibeta*.

„Jeder Urteilsakt setzt die Bekanntheit mit den in ihm verbundenen Elementen (‚termini') voraus, weil er den Apprehensionsakt voraussetzt." (ebenda Nr. 7).

So unterscheiden Duns Scotus und Wilhelm von Ockham also eine ‚sinnlich anschauende Erkenntnis' (eine *cognitio sensitiva intuitiva*), in der der Erkennende vom Gegenstand unmittelbar ‚gerührt' wird, von einer ‚abstrahierenden oder urteilenden Erkenntnis' (einer *cognitio abstractiva* oder *iudicativa*), in der der Gegenstand gedacht, d.h., in allgemeinen Begriffen beurteilt wird.

Daß noch Kant – ohne dafür irgendeine Begründung für erforderlich zu halten – seine *Kritik der reinen Vernunft* mit der Feststellung einleitet, es gebe *zwei Grundquellen des Gemüts*, nämlich eine *Rezeptivität der Sinnlichkeit*, durch die uns *Gegenstände gegeben werden*, und eine *Spontaneität der Begriffe*, durch die der gegebene Gegenstand *gedacht* werde (KrV B 74/A 50), demonstriert die geschichtliche Wirkmächtigkeit dieser Unterscheidung, die auch in den meisten gegenwärtigen Diskursen ungefragt vorausgesetzt wird.

Die Erinnerung an den geschichtlichen Ort der Entstehung der modernen Form dieser ‚Zwei-Stämme-Lehre' kann dazu dienen, eine kritische Distanz zu gewinnen und nicht unreflektiert Begriffe zu benutzen, die zwar durch eine lange Wirkungsgeschichte beglaubigt scheinen, von ihrem Inhalt her aber zum Anlaß für viele Aporien und Unsicherheiten geworden sind.

Der ‚neue' Begriff von Denken ist Resultat einer massiven Verkürzung der möglichen Leistungen des Denkens. Die These, daß die Wahrnehmung (oder andere sinnlich unmittelbare einfache ‚Apprehensionsakte') nicht nur Sinneseindrücke (von Gegenständen) aufnimmt, sondern in ihnen zugleich erfährt, was diese Eindrücke zu einer Gegenstandseinheit, einem Baum, einer Katze usw., macht, schließt aus, daß das Denken für sich selbst auch eine sacherschließende Erkenntnisfähigkeit hat („Gedanken ohne Anschauung sind leer" (Kant, KrV B 76/A 52)). Das Denken kann, wenn diese These zutrifft, nur die Aufgabe einer ‚Aufklärung' haben, es hat von sich aus keine schöpferische Kraft. Denn über die Ganzheit hinaus kann und darf es zu der apprehendierten Einheit keine weiteren Teile hinzufügen, als die ursprüngliche Intuition bereits enthalten hatte. Es kann und darf sich nur Klarheit über das verschaffen, was ihm in Formen einer unmittelbaren, echten, ‚authentischen' Erfahrung bereits als ein Eines und Ganzes gegeben ist. Seine Aufgabe ist damit die der Vergegenwärtigung (*repraesentatio*) und Bewertung. Diese Aufgabe kann es erfüllen oder nicht erfüllen, d.h., in dieser seiner eigenen Domäne ist das Denken frei, ‚spontan', während die Anschauungserkenntnis der ‚Dinge selbst' rein rezeptiv ist, sie soll ja vom Gegenstand selbst (wenigstens) herrühren. Dort, wo die unmittelbare Anschauung selbst bereits reflexiv formale Züge hat, ist auch sie Anlaß für die Kritik an (nicht vom Gegenstand kommenden, sondern vom Subjekt selbst konstituierten, ‚transzendentalen') Überformungen des ‚ursprünglich Gegebenen'.

Diese neue Auslegung dessen, was Denken ist, hat bedeutende Folgen für die Abgrenzung der Neuzeit gegenüber dem Mittelalter und für die Entstehung des Gegensatzbewußtseins der Moderne gegenüber der Antike

(oder richtiger: gegenüber dem Antiken). Ich hebe nur das Wichtigste heraus:
(1) Eine kritische Kontrolle der Erkenntnis kann nun nur noch dadurch gewährleistet werden, daß der Weg von der ersten Apprehension durch Anschauung, Empfindung, Intuition (usw.) bis zum Denken in allgemeinen Begriffen möglichst ohne jede Veränderung des ursprünglich Apprehendierten verläuft oder wenigstens so, daß die Art der Eingriffe durch das Denken reflektiert und bei der Bewertung der eigenen Begriffe in Anschlag gebracht wird. Der Übergang von der Apprehension zum Denken wird beschrieben als ein Weg vom Dunkel zum Licht, als eine zunehmende Verdeutlichung des Erfaßten. Im Sinn der Philosophie der Aufklärung geht der Weg von *dunklen und verworrenen Vorstellungen*, in denen einem noch gar nicht klar ist, was man überhaupt rezipiert hat, über *verworrene und klare Vorstellungen*, in denen einem bereits gegenwärtig ist, welchen Gegenstand man erschaut oder erfühlt hat, bis zu *klaren und deutlichen* und schließlich *adäquaten und vollständigen Vorstellungen*, in denen einem der ganze Gegenstand in allen seinen Teilvorstellungen in völliger Evidenz präsent geworden ist (oder: präsent sein müßte, wenn er ‚rational' vergegenwärtigt werden könnte).

Allein diese Art der Beschreibung zeigt, daß Denken hier in allen seinen Momenten von der Wahrnehmung bis zum Begriff innerhalb der Dimension der Vorstellung verlaufend gedacht wird. Denn es ist von einem Prozeß die Rede, der von einer Art von Vorstellungen (den dunklen) ausgeht und bei einer anderen Art von Vorstellungen (den klaren bzw. adäquaten) endet. In diesem Sinn ist Denken tatsächlich nichts anderes als eine Form der ‚Aufklärung' innerhalb der Dimension der Vorstellung. Diese Nivellierung aller möglichen Ebenen ‚mentaler Akte' ergibt sich der Sache nach zwingend aus der seit der frühen Neuzeit ausdrücklich begründeten Forderung, daß es ein und dasselbe Einzelding sein soll, das in der direkten Apprehension erfaßt und vom Denken begriffen werden soll. Alles, was in allgemeinen Begriffen gedacht ist, soll durch wahrnehmbare Eigenschaften der Dinge selbst wieder bestätigt werden können. Unausdrücklich liegt diesem Postulat die im späten Mittelalter (neu) gebildete Überzeugung zugrunde, eine direkte Erkenntnis des Einzeldings könne nur ein Denken sein, das ohne jede Vermittlung von Begriffen und Ideen das ‚Ding selbst' aufnimmt, also ein Denken, das noch gar kein Denken ist.
(2) Diese paradoxe und widersprüchliche Auffassung hat dazu geführt, daß die beiden Formen des Erkennens, die ‚auffassende' und die ‚urteilende' Erkenntnis, trotz der Tatsache, daß ihre Gegenstände ein und derselben Dimension angehören und der Theorie nach von ein und demselben Inhalt reden sollen, in einen kategorialen Gegensatz zueinander gestellt wurden. Dieser Gegensatz bezieht sich nicht auf das, *was* erkannt wird – das soll ja immer dasselbe sein –, sondern auf die Weise, *wie* uns etwas bekannt ist: entweder in vollständiger, aber noch dunkel ungegliederter Weise oder in klarer und deutlicher Vorstellung der (von uns) vereinzelten Elemente. Die-

se Unterscheidung hat tatsächlich einen kategorialen, d.h. eindeutig trennenden Aspekt. Denn trotz möglicher Grade der Klarheit, die es auch in der Dunkelheit gleichsam wie im Nebel gibt – eine dunkle Vorstellung ist eine Vorstellung, von deren Inhalt man noch keine deutliche Vorstellung hat. Da ‚deutliche Vorstellung' und ‚Begriff' als dasselbe gelten, heißt das, daß man begrifflich vom Inhalt einer dunklen Vorstellung überhaupt noch nichts weiß. Der Übergang von ihr zu einer klaren Vorstellung ist deshalb ein Übergang von Nichtwissen zu Wissen, also ein radikaler Übergang, es ist wie beim Sehen ein im Nu sich vollziehendes Umschlagen: Man sieht oder sieht nicht, auch wenn sich die Deutlichkeit des Sehens graduell verbessern läßt. Das ist der Grund, warum die graduelle Beschreibung des Wegs von der Apprehension zur ‚Apperzeption' (d.h. der klaren und deutlichen Vorstellung) von Beschreibungsweisen eines Umbruchs oder einer Wende abgelöst und so die Begriffe des Unbewußten und Bewußten gebildet wurden. Eine Untersuchung des Denkens selbst und seiner Vermögen erscheint von diesen Vorbegriffen her ausschließlich als eine Analyse der Art und Weise, in der wir uns etwas bewußt machen, als eine Analyse der ‚Bewußtseinsmodi'. Denken scheint nur dort vorzuliegen, wo es Reflexion gibt. In der Reflexion wendet sich das Denken auf einen ihm ‚gegebenen' Inhalt zurück und erfaßt in diesem Akt der Widerspiegelung seinen Inhalt und sich selbst: Es ist wesentlich Bewußtsein und Selbstbewußtsein.

Einen solchen Begriff von Denken haben das scholastische Mittelalter und die platonisch-aristotelisch geprägte Philosophie der Antike nicht ausgebildet. Daraus entsteht der Anschein, als hätten diese Epochen sich überhaupt noch nicht um eine Aufklärung des Denkens über sich selbst bemüht. Trotz des Vorwurfs, sich in bloßen, abstrakten Begriffsdistinktionen erschöpft zu haben, werden Mittelalter und Antike daher als Zeiten verstanden, in denen das Denken noch völlig in die Anschauung ‚versenkt'[46] gewesen sei. Gemeint ist damit, daß dieses ‚Denken' nur rezeptiv, d.h. noch der Naivität verfallen, war, als könne es die Welt einfach so, wie sie ist, in sich aufnehmen. Eine Aufklärung darüber, daß wir die Gegenstände im Prozeß ihrer bewußten Rekonstruktion in den Modi unseres Bewußtseins ‚für uns', d.h. für unsere klaren Vorstellungen, erst neu herstellen und dabei zu bloßen Erscheinungen verfälschen müssen, habe es noch nicht gegeben.

Diese durch den eigenen Vorbegriff eingeschränkte Urteilsperspektive muß man berücksichtigen, wenn man von der Renaissance bis in die neueste Forschungsliteratur immer wieder liest, die Antike sei eine Zeit eines erkenntnistheoretisch naiven Abbildrealismus und damit eine Zeit eines noch ursprünglicheren, weniger reflektierten, sinnlichen, künstlerischen Denkens gewesen, ohne eine systematisch geführte Untersuchung der Vermögen des Denkens selbst und ohne methodische Absicherung der Erkenntnisfindung.

---

[46] Hegel, Phänomenologie des Geistes, 587, ähnlich auch: ebenda, 17; und auch: Philosophie der Geschichte, Bd. 12, 135.

Zur Einführung – 4 Die Wende zur Erfahrung und das Bewußtsein

Vom historischen Befund her ist diese Behauptung nicht nur nicht zu belegen, sie steht in einem klaren Widerspruch zu ihm[47]. Denn es gibt gerade in der Wissenschaftstheorie eine ungebrochene Tradition von den *Analytica Posteriora* des Aristoteles (und ‚Analyse' ist auch das Zauberwort der neuen Wissenschaften) bis ins hohe Mittelalter, die eine konsequent rationale Erkenntnisbegründung durch Reflexion auf die Kriterien des Grundaktes des Erkennens entwickelt. Wie kann man dann behaupten, eine methodische Absicherung des Wissens sei die große Errungenschaft, die wir erst den ‚großen Männern unserer Zeit' wie Descartes zu verdanken hätten? (S. oben zu Fontenelle: S. 15ff.) Das ist nur erklärbar, wenn man voraussetzt, das eigene Verständnis von Wissenschaft sei das einzig mögliche Verständnis von Wissenschaft überhaupt.

(3) Beachtet man die historische wie sachliche Begrenztheit des neuen Begriffs von Denken und prüft, wie sich seine besondere Form gegen die abgelehnte Form der aristotelisch- neuplatonisch geprägten Auslegung des Denkens im Mittelalter abgrenzt, stößt man auf einen bemerkenswerten Sachverhalt.

Dem gewohnten Vorurteil folgend hat die kritische Entdeckung der *Spontaneität des Denkens* ihren Grund in der Einsicht, daß das Denken sich von allen die Erfahrung übersteigenden, metaphysischen Spekulationen frei machen und sich allein auf die der Erfahrung zugänglichen Einzeldinge beschränken müsse. Nur das Denken, das sich bewußt ist, daß seine Begriffe immer nur die von ihm selbst gebildeten Begriffe sind, die es durch Vergleichen, Verknüpfen und Trennen der Daten konstituiert hat, die es von den dem Bewußtsein gegebenen Gegenständen gewonnen hat, nur ein solches Denken gilt als kritisch. Nur es weiß um die subjektive Bedingtheit seiner Begriffe und hat sich emanzipiert von dem naiven Glauben, in seinen Begriffen und deren Ordnung sei die Welt selbst repräsentiert.

Das Bemerkenswerte ist, daß man dann, wenn man an den Texten selbst nachprüft, warum denn Platon und Aristoteles und ihre mittelalterlichen Nachfolger diesen ‚kritischen' Begriff von Denken nicht ausgebildet haben, auf Begründungen stößt, die belegen, daß es ihnen ein ausdrückliches Anliegen war, den erkenntnistheoretisch naiven Abbildrealismus zu überwinden, der in der Überzeugung liegt, man könne beim Denken mit Einzeldingen anfangen und seine Begriffe ‚aus der Erfahrung' ableiten.

Als die Grundforderung einer ‚kritischen' Erkenntnisbegründung, die die Antike und das Mittelalter angeblich nicht erfüllt haben, gilt ja, daß man

---

[47] Der eigentliche (Sach-)Grund dieses Vorurteils liegt in der neuzeitlichen Ineinssetzung von einfacher Anschauungserkenntnis mit der Intellekterkenntnis, wie sie von Duns Scotus vorgenommen und begründet worden ist. Denn tatsächlich findet man in der antiken platonisch-aristotelischen Tradition eine Reihe von Textzeugnissen, die der Intellekterkenntnis die vollständige Sacherkenntnis zusprechen. Meint man nun, diese Intellekterkenntnis sei ein ‚natürliches' und unmittelbar apprehendierendes Vermögen der ‚geistigen Schau', dann muß man die These, diese Intellekterkenntnis sei das Prinzip von Bestimmtheit und Erkenntnis überhaupt, für naiv und unreflektiert halten.

zuerst das Erkenntnisvermögen selbst, das ‚Werkzeug', mit dem wir die Dinge erkennen, einer Untersuchung unterziehen müsse, bevor man etwas über die Dinge, die mit Hilfe unserer Erkenntnisvermögen erkannt sind, wissen könne. Wenn diese Forderung richtig ist, dann gibt es allerdings keinen Grund, weshalb sich die Analyse der Erkenntnisvermögen darauf beschränken kann, wie es (diesen Vermögen) möglich ist, ‚gegebene' Einzeldinge begrifflich zu verarbeiten. Was dabei untersucht wird, sind Akte des Vergleichens, Verbindens und Trennens, Akte der Abstraktion gemeinsamer Eigenschaften unter der Fragestellung, über welche (formalen) Handlungsmöglichkeiten das Denken von sich aus verfügen muß, um diese Akte durchführen zu können.

Bevor man aber Akte des Vergleichs, der Abstraktion vornehmen kann, bevor man diejenigen Eigenschaften, die an einem beobachteten Ding in aller Veränderung konstant bleiben, unter die Kategorie der Substanz unterordnen, oder bevor man auf die Eigenschaften, die sich im Nebeneinander des ‚Raums' zeigen, die Kategorie der Größe anwenden kann, muß man, das bezweifelt auch seit der nominalistischen Wende kein Erkenntnistheoretiker, zuerst das Ding mit seinen Eigenschaften erfaßt, ‚apprehendiert' haben.

Diesem ersten Erfassungsakt widmet die moderne Erkenntnistheorie keine kritische Analyse, denn er gilt als ‚schlechthin einfach', und das heißt: als unauflösbar, unanalysierbar. Grund dafür ist, darauf habe ich schon hingewiesen, daß er als der allererste, direkte Bezug zum Ding gilt, bei dem noch gar keine subjektive Aktivität stattgefunden haben soll. Er ist angeblich reine Aufnahme, passive Rezeption, auf jeden Fall ein unbewußter, dunkler Vorgang, unterhalb der Ebene bewußter Tätigkeit, viele – unter ihnen Kant und viele gegenwärtige Physiologen – glauben sogar, dieser Akt sei eine (physikalisch-physiologische) Wirkung der Dinge auf uns, auf ‚unser Gemüt', auf unseren ‚Sinnesapparat', wir werden von ihnen ‚gerührt', ‚affiziert', sie ‚erzeugen ein neuronales Muster'.

Wie sehr es uns zur Selbstverständlichkeit geworden ist, zu meinen, noch bevor wir in irgendeiner Weise gedanklich aktiv geworden seien, gebe es so etwas wie eine direkte Dingerfahrung, die unserem Bewußtsein zur Bearbeitung vorliege, ohne daß wir uns über ihr Entstehen Rechenschaft ablegen könnten, möchte ich noch mit einigen Formulierungen belegen, in denen ein Gehirnforscher – nicht des Jahres 1300, sondern im Jahr 2002 – seine Grundthese darlegt:

> „Das (Kern-)Bewußtsein wird pulsierend für jeden Inhalt erzeugt, dessen wir uns bewußt werden. Es ist die Erkenntnis, die sich materialisiert, wenn Sie einem Objekt begegnen, ein neuronales Muster dafür erzeugen und automatisch entdecken, daß die nun prägnante Vorstellung des Objektes in Ihrer Perspektive gebildet worden ist, Ihnen gehört und Sie sogar darauf einwirken können. Sie kommen augenblicklich zu dieser Erkenntnis, dieser Entdeckung, wie ich sie lieber nennen möchte. Es gibt keinen schlußfolgernden Prozeß, keinen beobachtbaren logischen Vorgang, der Sie dorthin führt, keinerlei sprachliche Vorgänge – es gibt die Vorstellung dieses Objekts und gleich darauf das Empfinden, daß Sie es besitzen.

Verschlossen bleibt Ihnen die direkte Erkenntnis des Mechanismus, der der Entdeckung zu Grunde liegt, der Schritte, die hinter der scheinbar offenen Bühne ihres Geistes stattfinden müssen, damit das (Kern-)Bewußtsein von der Vorstellung eines Objekts entstehen kann und die Vorstellung zu der Ihren macht."[48]

Die Art, wie Damasio hier in wissenschaftlicher Beschreibung die Voraussetzungen auseinanderlegt, die man mehr oder weniger unklar für gegeben hält, wenn man Gegenstände wahrzunehmen meint, macht die erkenntnistheoretische Oberflächlichkeit dieser Vorstellung offenbar, die dem Alltagsdenken, nicht aber dem Wissenschaftler erlaubt sein kann.

Es mag dem Alltagsdenken so scheinen, als ‚entdecke' man Gegenstände einfach in sich, man finde sie in sich vor, ohne jeden ‚schlußfolgernden Prozeß'. Es dürfte aber selbst für dieses Alltagsdenken leicht nachprüfbar sein, daß man kein Parfum, sondern einen Duft riecht, und daß man den Duft erst durch Erinnerung und Vergleich in einem manchmal schwierigen und langwierigen Prozeß einem bestimmten Parfum zuordnen muß, bevor man entdeckt, ‚das ist Chanel Nr.5'.

Erkenntnistheoretisch betrachtet muß man also unterscheiden zwischen dem fertigen Erkenntnisprodukt, das in einem bestimmten Erkenntnisvorgang hergestellt wird und dessen man sich dann, wenn es gebildet ist, sozusagen auf einen Schlag bewußt werden kann, und den verschiedenen Erkenntnisleistungen, die einzeln und in Verbindung miteinander dieses Produkt zuwege gebracht haben.

Die Gefahr, daß es bei solchen Verbindungen zu Fehlern kommt, ist um so größer, je komplexer die zum Zustandekommen des ‚Endprodukts' erforderlichen Erkenntnisakte sind, und man benötigt eine ganze Reihe von Wahrnehmungen, Erinnerungen, Schlußfolgerungen usw., um einen einzelnen Gegenstand als diese bestimmte Gegenstandseinheit zu erfassen. Die Geschichte der Wissenschaften, auch der Naturwissenschaften, ist voll von solchen falschen Gegenstandskonstruktionen, aber auch von Beispielen, wo die sorgfältige Beachtung aller einzelnen Erkenntnisschritte die Gewißheit erbracht hat, tatsächlich endlich in korrekter Weise ein Objekt identifiziert zu haben. Diese Objekte sind durch diese nachprüfbaren Schritte überhaupt erst entdeckt worden. Der Neurowissenschaftler, der im schnellen Blick Neuronen, Axonen und Dendrite ‚sieht', weiß eigentlich, daß und aufgrund welcher vorausgegangener Erkenntnisleistungen er überhaupt erst zu dieser schnellen Erkenntnisverbindung, die sozusagen mit dem Sehen zugleich einhergeht, in der Lage war.

Wenn derselbe Neurowissenschaftler behauptet, uns seien grundsätzlich die Schritte, die hinter der offenen Bühne unseres Geistes stattfinden, damit das Bewußtsein von der Vorstellung eines Objekts entstehen kann, verschlossen, thematisiert er sein eigenes wissenschaftliches Vorgehen nicht,

---

[48] Antonio R. Damasio, Ich fühle, also bin ich. Die Entschlüsselung des Bewußtseins, München ²2000, 155f. (engl.: The Feeling of What Happens. Body and Emotions in the Making of Consciousness, New York 1999).

sondern beschreibt eine naive Alltagserfahrung. Weil man bei den meisten Gegenständen des täglichen Lebens sehr schnell erkennt, was sie sind, glaubt man, man nehme sie einfach, ohne jeden zusätzlichen Denkakt, wahr. Die Denkschritte, die nötig sind, damit in uns die Vorstellung der Blüte, des Fruchtknotens, des Stengels einer Pflanze oder die Vorstellung des Cortex, der Hirnrinde, des Corpus callosum eines Gehirns entsteht, können wir aber kontrollieren. Dort wo diese Kontrolle unmöglich ist, haben wir überhaupt kein Wissen, bestenfalls eben eine bloße sinnliche Intuition von einem Gegenstand, die aber inhaltlich – wie bei einem Laien, der ein Gehirngewebe sieht – bis auf ein Nichts zusammenschrumpfen kann.

Bekanntlich haben viele Gehirnforscher aus dem Befund, auf den sich Damasio in der eben zitierten Passage bezieht, den Schluß gezogen, die revolutionären Ergebnisse ihrer Laborbefunde seien der Anfang einer Zeitenwende[49]: Wenn die eigentlichen mentalen Vorgänge bereits – hinter der Bühne unseres Geistes – abgelaufen sind, bevor wir überhaupt ein Bewußtsein entwickeln, dann, so scheint es, ist unsere bewußte Rationalität nichts als eine Illusion. Wir bilden uns ein, selbst erkennend tätig zu sein, aber die Mechanismen der sich selbst organisierenden Systeme unseres Gehirns haben diese Arbeit schon vollbracht, bevor wir selbst eine vermeintlich rationale Deutung vornehmen, ja bevor wir selbst uns bewußt sind, irgendwie aktiv sein zu wollen. Das Bewußtsein kommt sozusagen immer zu spät – vielleicht weil es ‚die Evolution' gut mit uns gemeint und deshalb nicht unseren langsamen Kognitionen, sondern den unmittelbar reagierenden Automatismen unserer Gehirnsysteme den Vorzug gegeben hat.

Trotz der Tatsache, daß einige der Befunde der neueren Gehirnforschung tatsächlich Anlaß zu einer grundsätzlichen Kritik an der Zentralstellung des Bewußtseins in der nachcartesianischen Philosophie geben, die ‚revolutionäre' Kritik der Gehirnforscher bleibt ganz im Horizont des Cartesianismus, weil sie die Grundprämisse, es gebe eine unmittelbare Gegenstandsrepräsentation, nicht in Frage stellt. Von dieser Prämisse hängt aber ihre gesamte Kritik ab.

Von Aristoteles her gesehen würde man dieser modernen Vorstellung von einer direkten Gegenstandsrepräsentation eine naive, d.h. nicht kritisch reflektierte, Verwechslung des Alltagsdenkens zuschreiben: Beim Sehen, Hören, Schmecken, Riechen, Fühlen bezieht man sich tatsächlich direkt auf die jeweiligen Gegenstände dieser Sinne, auf die verschiedenen Sinnesqualitäten, Farben, Töne usw. „Man sieht und hat gesehen", sagt Aristoteles. Man muß nicht erst in einem Prozeß begreifen, daß etwas gelb ist, sondern man sieht unmittelbar gelb und erfaßt auch jede Veränderung einer Farbe unmittelbar, ebenso ist es beim Hören, Schmecken und anderen Wahrnehmungsakten. Außerdem hat man mit Farbe, Ton, Geruch, Geschmack oder einer bestimmten tastbaren Qualität wirklich etwas erfaßt, was man als Ge-

---

[49] S. z.B. Wolf Singer, Der Beobachter im Gehirn. Essays zur Hirnforschung, Frankfurt a.M. 2002, 76 und passim.

genstand eines Erkenntnisvermögens verstehen kann. Die gesehene Farbe ist genau der Erkenntnisinhalt, den das Sehvermögen unterscheidet, wenn es aktiv ist. Hier scheinen also der Erkenntnisgegenstand und das, worauf der Erkenntnisakt sich richtet, zusammenzufallen[50]. Deshalb glaubt man, auch die Dinge, an denen man diese Wahrnehmungen macht, weil man sich ja z.B. mit dem Auge oder dem Ohr direkt auf sie richtet und in einem ungeteilten Auffassungsakt zu erkennen meint, seien jeweils ein einheitlicher Erkenntnisgegenstand. So wie das Auge ‚rot' sieht (und es damit, was immer Farbe an sich sein mag, jedenfalls mit der Erscheinung eines bestimmten Gegenstands, mit der Weise, wie die eine Farbe dem Auge erscheint, zu tun hat), so erfaßt scheinbar die Anschauung auch Tische, Bäume, Menschen usw., wenn auch möglicherweise nur in den Formen, in denen diese ‚Dinge' dem erkennenden Subjekt erscheinen.

Das ist aber auch im Sinn der von Duns Scotus und Wilhelm von Ockham (wieder einmal) neu begründeten Position nicht der Fall. Sie betonen zu Recht, daß zur Anschauung eines Einzeldings eine eigene Form der Intelligenz nötig ist, die die Vielheit der Sinneseindrücke als die zusammengehörende Einheit eines Gegenstands, als Baum, Mensch, Gehirn usw. auffaßt. Auch wenn die verschiedenen ‚Apprehensionsakte' des Sehens, Hörens usw. und die ‚Apprehension' der Verbundenheit der in diesen einzelnen Akten erfaßten Inhalte in einem konkreten Akt gleichsam miteinander stattfinden, es handelt sich um voneinander verschiedene und unterscheidbare Akte des Sehens, des Hörens, des Fühlens und – verschieden von diesen Einzelwahrnehmungen – um Akte, in denen diese Wahrnehmungen verbunden und als ein Ding oder gar als ein bestimmter, präzise unterscheidbarer Gegenstand gedeutet werden. Eine ungeteilte, unmittelbare Apprehension eines Dings gibt es nicht.

Eine Erkenntnistheorie, die wirklich kritisch mit einer Analyse der Erkenntnisvermögen beginnt, muß also mit einer Analyse reiner Wahrnehmungen, mit dem, was das Sehen und Hören als Sehen oder Hören kann und leistet, einsetzen und darf nicht mit überfrachteten Wahrnehmungen, d.h. mit der Analyse fertiger Produkte aus mehreren Erkenntnisvorgängen, anfangen, von denen sie ohne weitere Prüfung, nur weil sie genauso anfänglich wie die Wahrnehmung zu sein scheinen, annimmt, sie seien Produkte genau und nur dieser Wahrnehmungsvermögen oder gar eines bloßen Wahrnehmungsapparats.

Zu glauben, weil man mit einer (unbewußt gebildeten) Gegenstandsauffassung anfange, beginne man seinen Erkenntnisprozeß bei den den Sinnen zugänglichen ‚wirklichen' Einzeldingen und könne ihn auch im Fortgang immer wieder auf sie stützen und seine Begriffe an ihnen kontrollieren, heißt also auf jeden Fall, einfache und zusammengesetzte Erkenntnisakte zu vermischen. Das ist aber noch der geringere Fehlschluß bei diesem Erkenntnisanfang. Denn wer so anfängt, vermischt notwendig auch Erkenntnis und

---

[50] Zu einer genaueren Analyse dieses Vorgangs s. unten S. 240ff.

Ding, also die subjektive und objektive oder die sog. ‚logische' und ‚ontologische' Ebene. Selbst wenn der ‚erste Apprehensionsakt eines aktuell existierenden Einzeldings' (Duns Scotus) ein schlechthin einfacher Aufnahmeakt wäre, sein Inhalt ist doch Produkt eines psychischen Aktes und nicht das Ding selbst. Daß dieser Akt, nur weil er noch nicht reflektiert ist, ‚noch' identisch mit dem Ding sei und wir in ihm daher ‚noch' die ‚unmittelbare Gewißheit' haben, es in der vollständigen Ganzheit aller seiner Bestimmungen zu besitzen[51], ist nicht nur nicht bewiesen, diese Voraussetzung hat vielmehr alle Wahrscheinlichkeit gegen sich und ist durch eine reflexive Analyse der Leistung der Erkenntnisvermögen selbst, wie sie z.B. Platon und Aristoteles vorbildlich durchgeführt haben, strikt widerlegbar.

Um ein Mißverständnis zu vermeiden: Es geht nicht um die Problematik der Behauptung des deutschen Idealismus, der von einer möglichen reflexiven Identität von Bewußtsein und Gegenstand überzeugt ist. Die Identität, von der im Idealismus die Rede ist, ist eine Identität, die ausdrücklich durch das Bewußtsein erst hergestellt wird. Sie setzt die Ganzheitserfahrung der unmittelbaren Apprehension – Hegel nennt sie ‚sinnliche Gewißheit' – voraus. Diese sinnliche Gewißheit ist der ‚Gegenstand' des Bewußtseins. Ihn stellt das Bewußtsein nicht her, sondern empfängt ihn von der noch unmittelbaren Anschauung. Das Bewußtsein muß den ‚unendlichen Reichtum' der unmittelbaren Ersterfahrung in einer Überwindung der zergliedernden Tätigkeit des ‚Verstandes' wieder in einem Bewußtsein vollständig und in seiner ganzen Unendlichkeit nicht mehr sinnlich intuitiv, sondern ‚intellektuell', d.h., in *selbst-bewußter* Gegenwärtigkeit, anschauen. Eine solche vollständige Repräsentation des unmittelbar Apprehendierten hält bereits Duns Scotus für unmöglich: Ein endliches Denken, dessen selbständiger Handlungsbereich das Nacheinander der diskursiven Urteilsakte ist, hat nicht die Fähigkeit zu einer solchen spekulativen intellektuellen Zusammenschau, die nur einem göttlichen Geist vorbehalten ist.

Bei der Problematik der Identifizierung des ersten Apprehensionsaktes mit den Dingen selbst geht es nicht um diese rationale oder spekulative Rekonstruktion unbewußt empfangener Gegenstände, sondern um die vorreflexive Dingerfassung und damit um eine Voraussetzung, die jeder macht und machen muß, der seine Erkenntnisse von den ihm scheinbar allein zugänglichen Einzeldingen gewinnen will. Er verfügt nicht über das Ding selbst, sondern nur über das, was er von ihm in einer ersten ‚intuitio' aufgefaßt hat.

---

[51] Daß gerade diese Überzeugung die eigentliche methodische Basis des im Historismus begründeten geschichtlichen Denkens ist, zeigt z.B. Hans-Georg Gadamer, Wahrheit und Methode. Grundzüge einer philosophischen Hermeneutik, Tübingen ⁶1990, 207ff., hier: 209: „...die letzte Voraussetzung zur Erkenntnis der geschichtlichen Welt, in der die Identität von Bewußtsein und Gegenstand (...) noch immer aufweisbare Wirklichkeit ist, ist nach Dilthey das Erlebnis. Hier ist unmittelbare Gewißheit."

Zieht man diese – eigentlich offenkundige – Subjektivität der ersten Ding- (oder auch Situations-)auffassung in Betracht, kann man allerdings nicht mehr an der Naivität festhalten, man mache seine ‚Beobachtungen' an Einzeldingen und wende seine Begriffe auf diese an. Das, was man wirklich beobachten kann, sind Farben und (von Farben, d.h. durch Anwesenheit und Abwesenheit von Licht, abgegrenzte) Formen. Bereits bei der Verbindung dieser ‚Sinneseindrücke' mit anderen Sinneswahrnehmungen kann man viele Fehler machen, etwa wenn man ein Flugzeug in der Luft sieht und das Geräusch eines in der Nähe arbeitenden Motors hört und sich deshalb ‚unmittelbar gewiß' ist, ein Flugzeug zu ‚hören'. Die Verbindung von Sinneserkenntnissen und anderen Erkenntnisweisen, über deren ‚antike' Beurteilung später genauer gehandelt werden muß, zur Erkenntnis eines Gegenstands ist in Wahrheit eine komplexe und auch methodisch anspruchsvolle Aufgabe, deren Erfüllung den Abschluß und nicht den Anfang eines Erkenntnisvorgangs bedeutet.

Die Leichtigkeit, mit der man die meisten Dinge des täglichen Umgangs, ob etwas Tisch, Baum, Mensch oder Tier ist, identifizieren kann, ist natürlich der Anlaß, warum man meint, man ‚sehe', d.h. erfasse unmittelbar im Sehen, Tische und Menschen. Dieser ‚sinnlichen Gewißheit' stehen aber nicht nur die vielen, jahrhundertelang diskutierten skeptischen Argumente entgegen – wenn darauf verwiesen wird, daß das Ruder im Wasser gebrochen, der viereckige Turm aus der Ferne rund zu sein scheint, daß die Bäume am Ufer vom Schiff aus gesehen sich zu bewegen scheinen, daß der Baum in der Dunkelheit als Feind erscheint, usw.

Durch diese skeptischen Einwände wird die unmittelbare Dingerfahrung noch gar nicht in Frage gestellt, sie erwecken sogar den Eindruck, als ob man die ‚Sinnestäuschungen' durch eine bloße Reflexion auf die Perspektivität der Wahrnehmung korrigieren könne. Man braucht, so scheint es, nur auf die Bedingungen, in denen uns etwas Wahrnehmbares ‚gegeben' ist, zu reflektieren, und das heißt: von der direkten Wahrnehmung zu einem Urteil über sie überzugehen, dann habe man die methodischen Mittel zu ihrer Korrektur an der Hand. Das Ruder im Wasser erscheint unseren Sinnen eben gebrochen. Wer dies in Rechnung stellt, kann zwar nichts über das Ruder ‚selbst', aber über seine – intersubjektiv verbindliche – Erscheinungsweise sagen. Die Tatsache, daß diese Auflösung der Einwände der Skepsis den grundsätzlichen Vorbehalt, daß wir nicht die ‚Dinge an sich', sondern nur ihre Erscheinungsweisen erkennen können, nicht beseitigen kann, ist Anlaß für eine Art ‚weichen' Skeptizismus geworden, der als die bis heute am weitesten verbreitete philosophische Position gelten kann. Diese kritische Bescheidenheit, die sich nicht einbildet, wissen zu können, was die Dinge für sich selbst wirklich sind, täuscht aber über die höchst unkritische Basis dieser Bescheidenheit: Wenn man nicht erkennen kann, was ein Ding ist, kann man auch nicht erkennen, wie es uns erscheint. Wer nicht weiß, was ein Stoßdämpfer ist, weiß auch nicht, wie ihm ein Stoßdämpfer erscheint. Die Behauptung, ich kenne zwar nicht das Ding an sich, wohl aber seine Erscheinungsweise für mich, ist nicht skeptisch oder kritisch, sondern dogmatisch. Sie zieht grundsätzlich nicht in Zweifel, daß das, was dem erkennenden Subjekt erscheint, vielleicht gar nicht die Erscheinungsweise eines bestimmten Dinges, etwa eines Stoßdämpfers, ist, sondern möglicherweise etwas, was der Erkennende damit verwechselt. Sie bleibt also in Wahrheit dabei, daß uns durch die Wahrnehmung bereits Dinge ‚gegeben' werden, und betont lediglich den Aspekt, daß wir bei dieser Art von Kontakt mit dem Ding nur etwas von den Erscheinungsweisen dieses Dinges wissen, aber nichts darüber, was das ‚Wesen' dieses Dinges von ihm selbst her ist. Ob es ihm als ‚Substanz' zugrunde liegt, ob ‚Wesen' nur ein Begriff ist, den wir schon in der Wahrnehmung – unbewußt – den Erscheinungen zugrundelegen, usw. Immer aber bleibt es dabei, daß wir es mit Erscheinungsformen *eines* Dinges zu tun haben.

Etwas, was man selbst synthetisiert hat, kann man auflösen, und man kann und muß nach der Art und Weise fragen, in der es zustande gekommen ist. Ohne diese Reflexion auf die Bedingungen der vorbewußten Gegenstandsapprehension muß diese zum Anlaß einer ständigen Irritation des bewußten Denkens werden, dessen nachträgliche Vergegenwärtigungs- und Verdeutlichungsakte ja nie mehr enthalten können, als ihnen durch die sinnliche Gegenstandsrezeption schon gegeben war. Diese Apprehension wird sonst selbst zu dem Maß, an dem gemessen wird: das, was sich in dieser bereits findet, soll zum Gegenstand gehören; das, was sie nicht enthält, ist etwas ‚Sachfremdes'.

Über die Qualität dieses Maßes darf man sich keine Illusionen machen. Daß es sich auf ‚rationale' Weise vor dem Bewußtsein nicht rekonstruieren läßt, liegt nicht daran, daß wir nicht über einen göttlichen Geist verfügen, der uns die ganze Unendlichkeit der Anschauung gegenwärtig machen könnte, sondern daran, daß anfängliche Unterscheidungsakte nicht differenziert sein können und deshalb meist auf markante Züge beschränkt sind. Ihre vermeintliche Unendlichkeit hat ihren Grund in ihrer Unbestimmtheit. Erste Unterscheidungsakte sind abstrakt, weil sie zur Komplexität des Individuellen noch gar nicht vorgedrungen sein können. Ihre Dunkelheit ist nicht Zeichen ihrer Fülle, sondern ihrer Leere. Es ist beim Mangel an begrifflicher Unterscheidung nicht anders als beim Mangel an Unterscheidungen beim Wahrnehmen. Wenn dem Auge *in der Nacht alle Katzen grau* sind, dann nicht, weil der Sehende sich nicht vergegenwärtigen kann, was er gesehen hat, sondern weil er keine Unterschiede außer dem einen machen konnte. Der sehende Mensch hatte natürlich verschiedenfarbige Katzen vor sich, er hat sie aber nicht als verschiedenfarbige unterschieden. Weil aber nicht die Katzen, sondern nur das Unterschiedene in seinem Gedächtnis bleiben, *hat* er diese Verschiedenfarbigkeit nicht als Besitz in sich, sondern ‚seine' Katzen *sind* alle grau.

Die begriffliche Dunkelheit der Ersterkenntnis bietet wegen ihrer abstrakten Unbestimmtheit einen Rahmen zu beliebiger Auffüllung, zugleich beeinflußt dieser Rahmen die weiteren Erfahrungen mit demselben ‚Einzelding' in beträchtlicher Weise. Die Erstauswahl aus einem Erscheinungsganzen, die unreflektiert für den gemeinten Gegenstand genommen wird, bildet ja das ‚subiectum', das Zugrundegelegte, dem man die weiteren Erfahrungen zuordnet. Auch wenn eine solche Erstauswahl im praktischen Leben oft hinreicht, verläßlich oder gar wissenschaftlich verläßlich ist sie nicht. Natürlich kann man einen Menschen am aufrechten Gang und der weißen Hautfarbe identifizieren. Wer aber ungeprüft einen solchen Vorbegriff zur Grundlage seines Urteils macht, wird – wie etwa die ‚zivilisierten' Europäer bei der Entdeckung Amerikas – in Schwierigkeiten geraten, ob er es bei Rothäutigen überhaupt mit Menschen zu tun hat.

Der typische und typisch ‚moderne' Umgang mit diesen Problemen ist, daß man die ‚Beobachtungen' zu sichern sucht. Man sucht nach dem Konstanten in verschiedenen Erscheinungen, nach dem, was mehrere Beobachter gleich feststellen können, was sich wiederholen läßt. Alle diese und eine Reihe ähnlicher Verfahren, die das wissenschaftliche Experiment gegenüber der bloßen Anschauung auszeichnen sollen, wären nur korrekt anwendbar, wenn es in der direkten Anschauung tatsächlich so etwas wie ein unmittelbares Innesein oder Innewerden des Gegenstands gäbe. An Krankheiten etwa hat man ein besonders deutliches Beispiel, daß dieses Innewerden ein Schlußfolgern ist, das dann besonders leicht falsch sein kann, wenn der Arzt keinen zureichenden Begriff von der Krankheit hat. Der ‚empirisch' vorgehende Psychologe etwa, der aus der Beobachtung Zorniger einen Begriff von Zorn bilden will, wird bei seinen Beobachtungen ebenso schreiende wie verstummte Menschen antreffen können. Zwischen diesen beiden Erscheinungsformen gibt es keine Gemeinsamkeit (bzw. das, was noch gemeinsam ist, ist für die Fragestellung uninteressant), die man als das festhalten könnte, was konstant zum Zorn gehört. Die Suche nach etwas Konstantem in der Erscheinungsform selbst führt nicht zu wissenschaftlicher Verläßlichkeit, sondern beinahe zwingend zu einer falschen Begriffsbildung. Verstummen und Lautsein sind beides mögliche Erscheinungsformen des Zorns, davon nämlich, daß jemand über ein ihm angetanes Unrecht empört ist, sie gehören also beide ‚wirklich' zum Zorn. Richtet man sich aber nach dem empirisch Konstanten, Regelmäßigen oder Wahrscheinlichen, wird man das Verstummen ausschließen, denn Zornige sind meistens laut. Außerdem führt die Suche nach dem Konstanten *im* Verschiedenen grundsätzlich von der Sache, die man erkennen will, weg. Wer nach dem sucht, was bei allen Anglern gleich bleibt und sich mit Sicherheit in jeder Beobachtung wieder antreffen läßt, wird fast nur auf Erscheinungsformen treffen, die der Angler hat, weil er ein Mensch oder ein Lebewesen oder ein Körper ist.

Daß ein Denken, das seine Begriffe durch Verarbeitung der Informationen, die es von Einzeldingen gewonnen hat, bilden will, in Schwierigkeiten, ja in ausweglose Schwierigkeiten gerät, ist nicht nur oft festgestellt worden, man kann den Anspruch, das Reflexionsniveau einer Philosophie der ‚Moderne' erreicht zu haben, nur erheben, wenn man ein Bewußtsein von der bloßen Konstruktivität und Subjektivität jeder möglichen Erkenntnis beweist

und objektiv gültige Erkenntnisse nur im Sinne einer praktischen und intersubjektiven Bewährung anerkennt. Die möglichen Grundpositionen, die seit dem Nominalismus des ausgehenden Mittelalters erprobt worden sind, lassen sich in Kürze wie folgt schematisieren: Man kann
(1) eine rationalistische Position beziehen. Dann behauptet man, daß das, was wir von der Welt wissen können, nur in den Begriffen möglich ist, die wir durch Abstraktion von den Einzeldingen gewonnen haben. Diese Begriffe sind eben deshalb abstrakt, sie sagen nichts mehr über die Fülle der Erscheinungsformen der Einzeldinge aus, bieten aber dafür dasjenige Wissen, das einer methodischen Nachprüfung, wie es gebildet wurde, standhält und nicht auf bloße Erlebnisse und andere Formen subjektiver Unmittelbarkeit bauen muß, die einer Begründung nicht zugänglich und in vieler Hinsicht täuschend und unzuverlässig, weil immer wieder anders sind. Die Überzeugung, man könne die Unmittelbarkeit der sinnlichen Anschauung oder des sinnlichen Fühlens durch eine ‚dialektische' Überbietung des Begriffs in einer ‚intellektuellen Anschauung' wiederherstellen, gilt als ‚idealistisch'. Daß das, was die Ratio weiß, aber letztlich von ‚Einzeldingen', d.h., von etwas vorrational unmittelbar Rezipiertem stamme, diese Grundüberzeugung teilen auch die ‚Rationalisten'.

Eine Variante dieser Position ist
(2) die Position eines (meist natur-) wissenschaftlichen Empirismus. Auch er stützt sich auf das abstrakt Konstante in unseren Erfahrungen (von den Einzeldingen), sucht dies aber nicht in unseren Begriffen, sondern in den allen Dingen gemeinsamen, letzten Elementen, aus denen deren phänomenale Vielfalt aufgebaut ist. Auch dieses Wissen enthält nichts mehr von der bunten Erscheinungsvielfalt der sinnlichen Welt, und auch dieses Wissen ist ein subjektiv konstruktives Wissen, denn es ermöglicht eine beliebige Vielfalt schöpferisch technischer Herstellungen von Gegenständen, kann aber niemals den Anspruch erheben, die ursprüngliche Konkretheit der Einzeldinge, mit deren Elementen es ‚arbeitet', wieder herzustellen.

Kategorial verschieden von diesen Positionen, aber komplementär dazu sind
(3) die vielen, beinahe zugleich mit dem modernen Rationalitätsbegriff entstandenen Positionen, die der abstrakten Leere und Subjektivität des begrifflich rationalen Denkens Formen einer noch unmittelbaren, ursprünglichen Erfahrung (der Einzeldinge) entgegensetzen, die trotz der Tatsache, daß sie ganz und gar an das einzelne, je aktuelle subjektive Erlebnis gebundene Erfahrungen sind, noch objektiv sein sollen, weil sie noch frei sind von jedem zergliedernden und auf abstrakte Schemata und Konventionen reduzierenden Denken.

In diesem Sinn mißt bereits Petrarca die gehaltlose Gelehrsamkeit der Paduaner Aristoteliker (des 14. Jahrhunderts) an der Einfachheit der Empfindung des unverbildeten Menschen (man beachte, wie früh und wie nachdrücklich der Affekt gegen gelehrte Bildung in der Neuzeit einsetzt, nachdem ähnliche, aus bestimmten christlichen Kreisen – Beispiel ist etwa der berühmte Brief 60 des Hieronymus – kommende Tendenzen im christlichen Mittelalter zurückgedrängt worden waren). Der Florentiner Platonismus des 15. Jahrhunderts stellt den abstrakten Begriffsdistinktionen der spätmittelalterlichen Scholastik das anschaulich schöne Denken Platons entgegen. Giordano Bruno demonstriert die Einfältigkeit der aristotelischen Gelehrten an ihrer Unterlegenheit gegenüber dem leidenschaftlich ergriffenen ‚Heros'. Vom 16. bis ins 18. Jahrhundert gibt es eine breite Diskussion um Begriffe wie *ingenium, Geschmack, Urteilskraft, common sense* mit der These, daß diese unmittelbaren Vermögen schon vor der begrifflichen Erkenntnis, ja ganzheitlicher und zuverlässiger als diese die ethische Richtigkeit, die ästhetische Schönheit oder die wissenschaftliche Grundlage von etwas beurteilen könnten. Die ästhetische Wende um 1750, das Geniedenken, die ‚Annäherungen ans Unendliche' der Romantiker setzen diese Tradition fort, die über die Entdeckung des ‚leibhaften Sinns' im 19. Jahrhundert bis zur ‚leibphilosophischen Wende' des 20. Jahrhunderts führt.

Kommt man von diesen Traditionen her zu Platon, entsteht der Eindruck, es gebe für ihn noch ein konkretes Denken, das noch nicht auf die Abstraktheit der modernen Rationalität reduziert sei. Für diese Fähigkeit zu einem (‚noch') konkret anschaulichen Denken ist Platon seit dem Florentiner Platonismus immer wieder bewundert oder auch kritisiert worden.

Auch in den folgenden Untersuchungen möchte ich begründen, daß Platon und Aristoteles über einen Begriff von Denken verfügen, der das Prädikat ‚konkret' wirklich verdient. Diese These ist aber nicht identisch mit der These, bei Platon seien Anschauung und Verstand noch gleichsam ‚zusammengewachsen' (=konkret). Begründet werden soll vielmehr, daß Platon und Aristoteles in Reflexion auf das Denken selbst in klarer Abgrenzung gegen *das Andere der Vernunft*', gegen Anschauung, Gefühl, Intuition, zu der Lehre gekommen sind, daß das Denken aus sich selbst heraus konkret und keineswegs abstrakt und leer ist. Diese Lehre, die im Denken selbst eine schöpferische, kreative Potenz – und zwar eine Kreativität, die nicht von den ‚Dingen' wegführt, sondern im Gegenteil gerade einer Sacherklärung der Dinge dient – aufweist, ist von der modernen Rationalitätskritik nicht nur nicht betroffen, sie kann sogar zur Überwindung eines substantiellen Mangels dieser Kritik beitragen. Eine Fehlform von Rationalität kann schwerlich dadurch korrigiert werden, daß man sich von dem rationalen Denken überhaupt abwendet und Zuflucht in irgendwelchen irrationalen Erlebnisweisen sucht. Wer auch nur einige der vielen klugen Argumente verfolgt hat, die die negativen oder sogar verhängnisvollen Züge der modernen Rationalität aufdecken wollen, weiß, daß hier um das bessere Argument – und das muß heißen: das besser, d.h. rationaler, begründete Argument – gerungen wird. Eine Rationalitätskritik muß selbst rational sein, sie muß also um einen weniger eingeschränkten, korrekteren Begriff von Rationalität bemüht sein, nicht um das ‚Zusammenwachsen' der Vernunft mit ihrem ‚Anderen'. Genau zu dieser Problematik haben Platon und Aristoteles erstaunlich viel zu sagen.

5 Bewußtseins- und Unterscheidungsphilosophien. Über eine Grunddifferenz möglicher Erkenntnisbegründungen in der antiken und modernen Philosophie

Anders als es viele moderne Kritiker glauben machen wollen, ist die Erkenntnistheorie Platons und Aristoteles' nicht von einer Vermischung der ‚logischen' und ‚ontologischen' Dimension geprägt, ihr Ausgangspunkt ist kein naiver ‚Realismus', der ‚noch' überzeugt sein konnte (weil das Licht der griechischen Landschaft alle Dinge so klar konturiert gezeigt habe), in unseren Begriffen bilde sich die Welt so ab, wie sie von sich aus ist. Sie haben zwar, wie gesagt, keine Analyse der Verarbeitung von Einzeldingen in Formen des Bewußtseins vorgelegt. Dieser Ausgangspunkt wäre aber, wie ich in dieser Einführung in die Problematik schon einmal wahrscheinlich machen wollte, nicht nur selbst (erkenntnistheoretisch) naiv, er beginnt vor allem gegen seinen eigenen ausdrücklichen Anspruch nicht mit einer reflexiven Kritik der Erkenntnisvermögen selbst. Tut man dies aber, dann kann man das Denken nicht erst mit der Vergegenwärtigung oder Verarbeitung von Einzeldingen einsetzen lassen – wie dieser Einsatz der Ursprung des modernen Bewußtseinsbegriffs ist, werde ich unten ausführlicher zu zeigen versuchen.

Der zentrale Aspekt, den man beachten muß, wenn man einen richtigen Zugang zu dem erkenntnistheoretischen Ansatz Platons und Aristoteles' sucht, ist, daß bei ihnen die Erkenntnistheorie nicht mit einer Reflexion auf die Art und Weise, wie das Denken Inhalte, die es irgendwie in sich vorfindet, beginnt, sondern mit einer Reflexion auf den Akt des Denkens selbst. Dieser Akt kann nicht bereits selbst ein Akt der Reflexion sein, jedenfalls dann nicht, wenn die Gegenstände, auf die das Denken reflektieren kann, Inhalte des Denkens und nicht äußere Gegenstände sein sollen. Diese Inhalte muß das Denken erst einmal selbst erkannt haben, bevor es auf die Bedingungen und die Qualität dieser Inhalte reflektieren kann. Deshalb kann der Grundakt des Denkens nicht bereits die Reflexion sein. Das bedeutet nicht weniger, als daß die spezifische Differenz, die Denken von Anschauen, Fühlen usw. unterscheidet, nicht die Reflexion sein kann. Auch das Denken, und zwar das Denken von sich selbst her, hat eine nichtreflexive Komponente, Nichtreflexivität oder Vorreflexivität ist kein Indiz für nichtrationale Akte.

Um sich dieser vorreflexiven Akte des Denkens reflexiv zu vergewissern, müssen zuerst die möglicherweise unterschiedlichen Erkenntnisvorgänge analysiert werden, in denen sich die ‚bloße' Apprehension vollzieht, d.h., in denen das Denken die Inhalte herstellt, auf die es dann – als auf seine Gegenstände – reflektieren kann.

Ich beginne mit einer kurzen Einführung in die unten ausführlich besprochene Lehre Platons und Aristoteles', daß es sich bei diesen – im neuzeitlichen Sinn vermeintlich unmittelbaren, unbewußten, ‚gegebenen' – Erkenntnisvorgängen bereits um hochkomplexe und sorgfältiger Analyse bedürftige Vorgänge handelt.

Bereits einer anfänglichen Überlegung ist klar, daß das Wahrnehmungsvermögen des Sehens einen anderen ‚Gegenstand' hat als das Hören oder Schmecken. Allein die Verbindung dieser unterschiedlichen Wahrnehmungserkenntnisse ist eine synthetische Leistung, bei der viele Täuschungen möglich sind. Auch wenn man nur die Unterscheidungen eines Sinnes zusammensetzt, kann man leicht falsche (d.h. in sich widersprüchliche, nicht wirklich als ‚genau eine Sache' denkbare) Einheiten bilden, etwa wenn man das Hellgrün eines Vogels als hellen Fleck auf dem Dunkelgrün des Blattes und als Teil des Blattes zu ‚sehen' (und das heißt immer: unmittelbar wahrzunehmen) meint, auf dem der Vogel sitzt. Bei der Verbindung der Leistungen mehrerer Sinne ist die Gefahr, Nicht-Zusammengehörendes als Einheit aufzufassen, noch größer, die sogar noch zunehmen kann bei Wahrnehmungserkenntnissen, die mehrere Wahrnehmungen gemeinsam machen können – Bewegung z.B. kann man sehen, hören, fühlen. Anders als Descartes, der der Meinung war, diese von mehreren Sinnen ‚kontrollierbaren' Wahrnehmungen seien besonders sicher, setzt die moderne Technik das Wissen um diese Täuschbarkeit gezielt ein, etwa wenn uns in einem Film suggeriert wird, wir sähen und hörten, wie ein Zug sich immer weiter entfernt, und bestätigt damit die aristotelische Lehre, daß diese Art der Wahrnehmungen besonders täuschungsanfällig sind.

Die Vorstellung als ein freies Verfügen über Wahrnehmungen, die im Gedächtnis festgehalten sind, hat eben wegen dieser Freiheit noch viel mehr Möglichkeiten, Verbindungen aus eigenem Vermögen herzustellen, die in keiner Weise mehr an die Gegenstands- oder Sacheinheiten gebunden sind, auf die die direkten Wahrnehmungen bezogen waren.

Noch vor einer Beantwortung der Frage, wie es denn möglich ist, daß wir nicht nur irgendwie zu einer Einheit verbundene Sinnesdaten, sondern Gegenstände erkennen – wie kommt es denn, daß wir ein länglich silbriges, flaches, scharfes, bewegliches Gebilde als Schere erkennen? – ist daher klar, daß die Erkenntnis eines Einzeldings ein in vieler Hinsicht komplexes und vielfach beeinflußbares Zusammenwirken mehrerer Erkenntnisakte voraussetzt, das auf keinen Fall identisch ist mit dem, was die direkte Wahrnehmung erkennt. Wie das Auge keine Töne sieht und das Ohr keine Farben und Formen hört (bestenfalls kann der hörende Mensch aufgrund der Einheit seiner Erkenntnisfähigkeiten den grellen Ton ‚synästhetisch' als dunkelrot empfinden[52]), so sieht das Auge auch kein Flugzeug, und das Ohr hört kein Flugzeug. Der Gegenstand des Auges sind vielmehr die Farben und die durch die Farben abgegrenzten Formen des Flugzeugs, das Ohr hört die Geräusche, die das Flugzeug macht. Um zu begreifen, daß diese Farben,

---

52 S. Verf., Synästhesie im Urteil aristotelischer Philosophie, in Hans Adler u. Ulrike Zeuch (Hgg.), Synästhesie. Interferenz – Transfer – Synthese der Sinne, Würzburg 2002, 109-148.

Formen und Geräusche Erscheinungsformen eines Flugzeugs sind, ist eine andere Art von Erkenntnis erforderlich.

Der Anfang einer wissenschaftlichen Analyse der Erkenntnis muß also bei den Akten der Erkenntnisvermögen selbst einsetzen, und zwar sowohl bei dem, was jedes Vermögen gesondert leistet, wie auch bei der grundsätzlichen Frage, was in jedem Fall einen Erkenntnisakt zu einem Erkenntnisakt macht.

Platon und Aristoteles haben die Durchführung dieses Ansatzes, der zuerst nach den jeweiligen Leistungen der verschiedenen Erkenntnisvermögen fragt und dann nach den Produkten dieser Vermögen, von vielen Aspekten her in vielen ihrer Schriften durchdacht.

Darüber hinaus hat bereits Platon umfassende Reflexionen darüber vorgelegt, worin das Gemeinsame dieser Leistungen besteht, d.h., was ausmacht, daß sie alle Erkenntnisleistungen sind, über die das Denken dann in seinen reflexiven Akten (die auch Platon nicht bestreitet) urteilen kann. Eine von Platon oft angewendete Form der Hinführung auf diesen gemeinsamen Grundakt des Denkens ist zu prüfen, auf welche Voraussetzung jede Art von Erkennen und Denken nicht verzichten kann. Diese Prüfung kann so geschehen, daß man nachweist, daß das Denken sich grundsätzlich in Aporie befindet, d.h., seinen eigenen Akt gar nicht ausführen kann, wenn es über diese Voraussetzung nicht verfügt.

In dieser Absicht hat Platon in vielen Dialogen immer wieder demonstriert, daß eine Erkenntnis, die nicht in der Lage ist, etwas zu unterscheiden und das Unterschiedene festzuhalten, überhaupt keine Erkenntnis ist, ja nicht einmal einen eigenen Akt vollziehen kann. Ein Auge, das keine Farben unterscheidet, sieht nichts und sieht nicht. In allgemeiner Form heißt das, daß jeder Erkenntnisakt auf jeden Fall irgendwie etwas Bestimmtes erfassen muß. Axiomatisch formuliert: Nur das Bestimmte (an etwas) ist erkennbar. Das, was man an etwas, an einem Erkenntnisgegenstand erkennen kann, muß etwas Bestimmtes, ein bestimmter identischer, festhaltbarer Unterschied sein. Denken also ist (in seiner grundlegenden Funktion), so kann ein erstes Ergebnis formuliert werden: Unterscheiden. Unterscheiden kann man immer nur etwas, was sich unterscheiden läßt, etwas, was in irgendeinem Sinn etwas Bestimmtes ist, das in dieser Unterscheidung festgehalten werden kann. Das bedeutet, daß der eigentliche Gegenstand der Erkenntnis, d.h.: das, was man eigentlich erkennen kann und erkennen will, eben dieses Kriterium erfüllen muß: es muß etwas Bestimmtes sein.

‚Etwas Bestimmtes sein', heißt auf griechisch einfach ‚einai', ‚sein'. Unter diesem Aspekt kann man sagen, daß ‚Sein' ein Erkenntnisprinzip ist, oder richtiger: sein sollte, d.h., es ist der Maßstab jeder konsequenten Erkenntniskritik, weil die Reflexion auf diese Forderung, die das Denken selbst aufstellt – denn man kann keine Denkakte ausführen, ohne immer bereits vorausgesetzt haben zu müssen, daß das Gedachte etwas Bestimmtes ist – den Unterschied ausmacht zwischen einem bloßen Rezipieren von konfusen Informationen, die erst *nachträglich* zu einem ‚Gegenstand' zusammengesetzt werden, und einem Erkennen, das die Unterschiede *von vornherein* an dem Kriterium, ob sie etwas Bestimmtes und überhaupt ein Etwas sind, mißt. Die Spontaneität und der kritische Charakter liegen eben darin, daß die Kritik schon dort einsetzt, wo nach neuzeitlichem Verständnis das Denken noch gar nicht in den Erkenntnisprozeß eingegriffen hat, d.h. in der Phase, die noch rein rezeptiv und noch nicht vom Denken überformt sein soll. Ein Erkenntnisakt kann nur ein Erkenntnisakt sein, wenn das, was er erfaßt, den Bedingungen des Etwas-Seins genügt. Was in keiner Weise als ein Etwas gedacht, wahrgenommen, erinnert, vorgestellt usw. werden kann, kann überhaupt nicht erkannt werden.

Leider ist diese Orientierung des Denkens am Sein besonders vielen modernen Mißverständnissen ausgesetzt gewesen, so daß der intrinsische Charakter dieses Seinsbegriffs immer wieder verkannt worden ist. ‚Sein' ist bei Platon und Aristoteles ein inneres Kriterium des Denkens selbst. Wegen der vielfältigen Verstellungen dieser angeblichen Seinsphilosophie durch schon in der frühen Neuzeit gepflegte Vorurteile bedarf ihre sachliche Erklärung einer Rechtfertigung und Verteidigung, deren Argumentationsstrategie ich noch kurz vorstellen möchte:

Die Bedingungen, wann etwas etwas ist, kann das Denken nicht durch einen Blick nach außen auf die ‚wohlbestimmten' Dinge erkennen. Woher will man wissen, daß ein Ding ein bestimmtes Etwas ist, wenn nicht durch Anwendung von Erkenntniskriterien, an denen man prüft, ob dieses Ding überhaupt etwas Bestimmtes ist?

Der – aus dem Nominalismus der späten Mittelalters hervorgegangene – falsch verstandene Empirismus hat allerdings dazu geführt, daß wichtige Differenzierungen, die zur Klärung dieser Frage nötig sind, beinahe völlig verlorengegangen sind. Wenn der Grundakt des Denkens das Unterscheiden ist, dann ist die Frage, was ausmacht, daß etwas unterscheidbar ist, zuerst eine rationale Frage, d.h., eine Frage, die das Denken durch Reflexion auf seine eigenen Akte klären muß. Davon klar zu trennen ist die Frage, wann eine bestimmte Menge von Daten, die man durch irgendwelche Erkenntnisakte gewonnen hat, den Kriterien des Etwas-Seins genügt. Hier geht es nicht um die Ermittlung der Unterscheidungskriterien selbst, über die das Denken aus sich heraus verfügen kann, sondern um ihre Anwendung auf einzelne Erfahrungen.

Die begriffliche Überlastung des Einzeldings in der frühen Neuzeit hat dazu geführt, daß diese beiden Fragen meist miteinander vermischt werden. Ein typischer ‚kritischer' Ansatz – in der Philosophie wie in den Naturwissenschaften – geht in der Regel davon aus, daß uns zunächst das Ding, auf das wir uns mit Beobachtungen und anderen Wahrnehmungen beziehen, noch unbekannt ist. Um dieses unbekannte Ding zu erkennen, katalogisieren und ordnen wir unsere Wahrnehmungen, scheiden das Konstante vom Nichtkonstanten, zerlegen, ‚analysieren' das Ding in seine einzelnen, nicht mehr veränderlichen Elemente und setzen es in der Theorie oder in praktischer Konstruktion wieder zusammen. Gelingt diese ‚Synthese' – theoretisch oder experimentell – kann auch unser Wissen von diesen Dingen als einigermaßen gesichert gelten. Bei diesem Verfahren übernimmt das unbekannte Einzelding die Aufgabe, die im platonisch-aristotelischen Denken der Begriff des ‚Seins' einer Sache hatte: Obwohl wir ausdrücklich davon ausgehen, daß es uns unbekannt und vielleicht sogar grundsätzlich unerkennbar sei, prüfen wir alle die Erkenntnisse, die wir in eigener logischer Anstrengung gemacht haben, daran, ob sie sich diesem Ding und seinen Eigenschaften und möglichen Leistungen zuordnen lassen.

Das unbekannte X des Ausgangspunktes der Erkenntnis erhält damit eine wesentliche Kriterienfunktion. An ihm orientieren wir uns bei der Herstellung von Einheit unter der Vielheit unserer Erkenntnisse.

Die Überzeugung der Theoretiker des spätmittelalterlichen Nominalismus, jedes Einzelding sei selbst die Instanz *seines*, und das heißt: genau *eines*, Begriffs, ist bis heute Anlaß für viele erkenntnistheoretische Konfusionen. Es ist auch, ja gerade für ein empirisches Denken keineswegs gewiß, ob das, was der Wahrnehmung als Einzelding ‚erscheint', eben deshalb auch unter einen Begriff fällt, d.h. (als Ganzes) eine einzelne Instanz einer Sache ist. Das, was uns als Erscheinung eines ‚Dinges an sich', d.h., einer von sich her bestimmten Sache, erscheint, kann durchaus auch die Erscheinung von mehrerem sein, das trotz seiner einheitlichen Erscheinungsweise als ein Ding nicht in der Einheit eines Begriffs (einer ‚Vorstellung' sc. von etwas Einem) verbunden werden darf.

Wichtig ist zu beachten, daß die Frage, was zur Einheit einer Sache gehört, nicht nur eine schwierig zu beantwortende Frage ist – woran erkennt man eindeutig, daß ein bestimmtes Neuronenmuster tatsächlich zu einer Einheit, die etwa für die Steuerung eines Bewegungsablaufs zuständig ist, gehört? – die Frage ist vielmehr grundsätzlich, d.h., sie betrifft das Problem, ob ein – bekanntes oder unbekanntes – gegenständliches X, auf das wir uns mit Beobachtungen und anderen Erfahrungen beziehen, überhaupt die Einheit sein kann, auf die hin wir die an ihm gemachten Erfahrungen miteinander verbinden können.

Ein einfaches, von den Platonikern benutztes Beispiel kann diese grundsätzliche Schwierigkeit verdeutlichen:
Die gelbe Farbe eines ‚Kreises' kann überhaupt nicht als die Weise verstanden werden, wie ein Einzelgegenstand ‚Kreis' für uns erscheint. Denn sie ist etwas, das mit dem Kreis-Sein des Kreises gar nichts zu tun hat. Sie ist lediglich eine Qualität z.B. der gelben Kreide, mit der er gemalt wurde. Die gelbe Farbe genau dieses in konkreter Erfahrung gegebenen Kreises ist die Erscheinungsweise dieser Kreide, nicht dieses Kreises, es wäre deshalb irrational, die Eigenschaft ‚gelb' genauso dem Gegenstand ‚Kreis' zuzuordnen wie etwa die Eigenschaft ‚rund'. Die beiden Eigenschaften gehören in der Tat zu zwei verschiedenen Gegenständen, die lediglich in bestimmter Weise miteinander verbunden sind, ja bei denen in diesem Fall die Verbindung sogar ziemlich beliebig ist. Dieser empirische Kreis ist nicht eine Instanz des

Begriffs ‚Kreis', sondern er ist Instanz von mehrerem, u.a. von Kreis und Kreide.

Auch der ‚bunte Regen' beim Regenbogen, um noch ein Beispiel Kants aufzugreifen, ist nicht die Weise, wie für uns dieser Regen erscheint, sondern die Weise, wie gebrochenes Licht erscheint. Wenn Kant schreibt:

„Die Prädikate der Erscheinung können dem Objekte selbst (sc. unserer Erkenntnis, z.B. der Wahrnehmung) beigelegt werden, in Verhältnis auf unseren Sinn, z.B. der Rose die rote Farbe",

nicht aber „der Rose an sich" und „den äußeren Gegenständen" überhaupt,

„alsdenn allererst entspringt der Schein" (KrV B 71 Anm.),

dann ist die Ursache des falschen Scheins unkorrekt lokalisiert. Es ist natürlich meistens so, daß, was immer die rote Farbe dieser Rose sein mag (etwa eine bestimmte Oberflächenstruktur ihrer Blätter), die Farbe ‚Rot' die Weise ist, wie diese Rose unseren Sinnen erscheint. Wenn aber die Rose mit grellrotem Lack überzogen ist, handelt es sich bei diesem Rot eben nicht um eine Erscheinung der Rose – „in Verhältnis auf unseren Sinn", sondern um eine Erscheinungsform dieses Lacks, und die Täuschung geht nicht auf eine Grundverfassung unserer Sinne und unseres Erkenntnisvermögens überhaupt zurück, sondern auf eine unaufmerksame Synthese, die wir grundsätzlich korrigieren können, auch wenn dies manchmal schwer ist und rationaler Kriterien bedarf. Dem Ding, das wir vor uns haben, kommt die rote Farbe in beiden Fällen zu, ob die Rose oder ob der Lack grellrot ist, nicht aber dem Gegenstand ‚Rose', den uns die Sinne als Ganzes zu geben scheinen und den wir auch als Gegenstand unserer Anschauung benennen.

So ist es auch bei dem modernen Standardbeispiel für die Befangenheit im Augenschein, dem die Antike noch erlegen gewesen sei, wenn sie glaubte, die Sonne drehe sich um die Erde. Dieser Schein ist keineswegs dadurch zu beheben, daß die Bewegung der Sonne nicht der Sonne an sich, sondern nur ihrer Erscheinung für uns zugeschrieben wird:

„Was gar nicht am Objekte an sich selbst, jederzeit aber im Verhältnisse desselben zum Subjekt anzutreffen ist, ist Erscheinung, (...) und hierin ist kein Schein" (KrV B 71 Anm.).

Der Schein, die Sonne bewege sich, entsteht aber ohne Frage nicht, weil die Sonne wegen der Räumlichkeit unserer Anschauung für uns als bewegt ‚erscheint'. In Bezug auf die Formen unserer Anschauung könnte man vielleicht sagen, daß es jederzeit zum Sinn gehört, etwas als etwas Ausgedehntes zu erfassen. Es gehört aber nicht zu unseren Sinnesvermögen, ‚die Sonne' als etwas Ausgedehntes zu erfassen. Denn gesehen wird nichts anderes als die bestimmte Farbe und die durch den Unterschied von Licht und Abwesenheit von Licht markierte Kontur. Mit welchem Begriff diese bestimmte Farbe bzw. die durch die Farbunterschiede konstituierte Grenzlinie oder Form in Verbindung gebracht wird, darüber sagt das Auge nichts. Also muß nicht die Wahrnehmung von ihrer Fehlmeinung geheilt werden, die Sonne bewege sich, sondern man muß unterscheiden zwischen einem begrifflichen Vermögen, das Relationen erfassen und daher auch zwischen relativer Bewegung und Ruhe zweier Relate oder ‚Bezugssysteme' unterscheiden kann, und der Wahrnehmung, die über diesen Sachverhalt von sich selbst her überhaupt keine begründete Aussage machen kann. Das begriffliche Vermögen aber muß dann sein Urteil in dieser Sachfrage anhand von Kriterien treffen, die eben nicht bloß wahrnehmbar, sondern die wesentlich mathematischer Art sind.

Auch die Kleinheit des in bestimmter Ausdehnung gesehenen Farbflecks ist nichts, was zu der Sinneswahrnehmung als solcher und von ihr selbst her gehört. Das Urteil: ‚dies ist klein' ist erst Resultat eines Vergleiches mit anderen Objekten im Gesichtsfeld, und zwar eines Vergleiches, in den zur hinreichenden Beurteilung tatsächlich eine Vielzahl von Faktoren einbezogen werden muß, von denen das Auge gar nichts wissen kann. Das Analoge gilt für die Frage der Bewegung, die die Sonne zu vollziehen scheint: die Bewegung der Sonne ‚für uns' ist Resultat der Bewegung der Erde und nicht eine Folge der Natur unseres Erkenntnisvermögens. Man braucht sich nur, wie dies heute möglich ist, aus der Umlaufbahn der Erde hinauszubewegen, dann sehen wir mit eben denselben Anschauungsformen dieselbe Sonne in einer anderen Größe und vielleicht gar nicht mehr als Sonne. Es wäre jedenfalls nicht mehr mit anschaulicher Evidenz klar, daß dieser Himmelskörper ‚die Sonne' ist, sondern man müßte feststellen, daß diese Identifizierung erst das Resultat einer bestimmten Schlußfolgerung ist.

Die Voraussetzung dieser mangelhaften Differenzierung von Erscheinung und Schein ist immer die sog. nominalistische ‚Suppositionstheorie', d.h. die Voraussetzung (Supposition), daß das existierende Ding, auf das wir uns mit unseren Erkenntnisvermögen beziehen, für unseren Begriff ‚supponiert', d.h., unter unseren Begriff fällt, und daher in allen seinen Erscheinungsformen ein Eines ist.

„Ich werde also zuerst des Dinges als *Eines* gewahr und habe es in dieser wahren Bestimmung festzuhalten",

stellt etwa Hegel in seiner *Phänomenologie des Geistes* fest[53] und formuliert damit in einfacheren Worten dasselbe, was Kant lehrt: daß wir die Dinge selbst zwar nicht erkennen können, daß uns durch die *Empfindung* aber das Ding als ein X gegeben sei, auf das wir alle Begriffe, die wir in der Erfahrung von ihm bilden, anwenden müssen, wenn unseren Begriffen überhaupt ein Etwas in der Realität entsprechen soll und sie nicht bloß *schwärmerische* Spekulation sein sollen.

Einem unkritischen Alltagsdenken mag es selbstverständlich erscheinen, daß die Dinge, auf die wir uns mit unseren Sinnen beziehen, auch der einheitliche Bezugspunkt sind, auf den wir alle Erfahrungen von ihnen hinordnen müssen. Dem Buch, das vor mir liegt, müssen die Merkmale, die ich von

---

[53] Hegel, Phänomenologie des Geistes, 99.

ihm gesammelt habe, auch wieder zuzuordnen sein, bloße Vorstellungen, die sich in einer solchen Zuordnung nicht ‚verifizieren' lassen, scheiden als bloße Gedankenprodukte oder gar als Metaphysik aus.

Weder der ‚gesunde Menschenverstand', der dieser Erkenntnismaxime leicht zustimmt, noch die wissenschaftliche Praxis hält sich aber an diese Maxime. Wer bemerkt, daß die rote Farbe der Rose roter Lack ist, besteht nicht darauf, die Farbe der Rose zuzuweisen. Der Wissenschaftler, der weiß, daß die Buntheit beim Regenbogen ein Phänomen der Lichtbrechung ist, zwingt sich mitnichten, an der Einheit des Anschauungsgegenstands festzuhalten, er hält dieses Festhalten im Gegenteil für naiv. Er weiß, daß es keinen bunten Regen gibt. Ein kritischerer Umgang mit der vermeintlichen Dichotomie von noch objektiven, unmittelbaren Erfahrungen und unseren subjektiven Vorstellungen und Begriffen von ihnen, ist daher schon deshalb nötig, damit Theorie und Praxis nicht ständig auseinanderfallen.

Eine genauere Analyse der subjektiven Bedingungen, die nötig sind, damit überhaupt ein empfindbares Ding als Buch vor uns liegt, kann sich daher nicht auf die dem ‚kritischen' Denken so geläufige These zurückziehen, alle Dinge seien eben subjektive Konstrukte, nur in der unmittelbaren Apprehension – von der heute viele zugestehen würden, sie sei grundsätzlich unmöglich – könnten wir wahrhaften Kontakt mit ihnen haben. Sie muß vielmehr fragen, was denn eine solche unmittelbare Apprehension, z.B. die Empfindung, die nach Kant noch *dem Ding an sich korrespondiert*, überhaupt leisten kann. Ein kleines Kind, dessen Sinne gesund und ausgebildet sind, hat dennoch, wenn es den Gegenstand, den wir (zwar auch subjektiv, aber doch objektiv zurecht) als Buch beurteilen, sieht oder ertastet, seiner subjektiven Überzeugung nach kein Buch vor sich, sondern zuerst etwas Ertastbares oder Sichtbares, mit dem es dann vielleicht ihm bereits geläufige Begriffe, z.B. ‚etwas zum Spielen' verbindet. Aber diese beiden subjektiven ‚Empfindungen' sind keineswegs gleichwertig, und es ist nicht so, daß sich nicht entscheiden ließe, welcher von beiden der Vorzug und das Prädikat der größeren Objektivität zugesprochen werden muß. Denn das Kind erfaßt nicht einfach anderes, sondern es erfaßt *weniger*. Es trifft sein Urteil aufgrund von einfacheren, weniger konkret bestimmten Unterscheidungen. Es erkennt an dem Gegenstand seiner Empfindung weniger und hat dementsprechend auch noch eine nur ganz unbestimmte Vorstellung, die auf vieles paßt. Denn man kann zwar mit einem Buch, sofern es etwas Tastbares ist, auch irgendwie, so wie mit vielen anderen tastbaren Gegenständen, spielen, aber man kann nicht auch in der gleichen Weise in allen tastbaren Dingen lesen.

Die Empfindung empfindet also kein Ding an sich, sondern etwas Ertastbares, und die Unterschiede in den Deutungen (z.B. als Buch oder als Spielzeug usw.) sind etwas, was zu dieser Tastempfindung hinzukommt und der ‚Begegnung' mit dem Gegenstand erst ihre konkrete Bestimmtheit – ‚dies ist ein Spielzeug, Buch o.ä.' – gibt. Analog ist es mit anderen Auffassungs- und Erkenntnisvermögen.

Läßt man sich das ‚unbekannte Etwas', das unseren subjektiven Vorstellungen entsprechen soll, einfach von ‚den Dingen' vorgeben, heißt das nichts weniger, als daß man sich auf die einfachsten, rudimentärsten, in der Tat dunkelsten Unterscheidungen verläßt, die auf fast alles zutreffen und also keine wirkliche Handlungsorientierung in der Welt bieten können. Man wird nicht auf die gleiche Weise mit einem Buch umgehen wollen wie mit einem beliebigen anderen tastbaren Gegenstand.

Wenn man mehr von einem Ding wissen will, als daß es ein irgendwie empfindbares Etwas und damit etwas irgendwie Existierendes ist, wenn man also wissen will, was für ein bestimmtes Etwas das ist, auf das unsere Erkenntnis sich richtet, dann folgt schon aus der bloßen Fragestellung, daß ein sog. ‚konkretes' Einzelding niemals eine wohlbestimmte oder gar ‚einfache' Sache sein kann, bei der alle Teile Teile ein und desselben Ganzen sind und deshalb alle unter einen Begriff fallen. Es ist ja nicht nur in Sonderfällen wie bei der mit Lack besprühten Rose so, daß Erscheinungen desselben Anschauungsgegenstands mehreren Gegenständen, etwa der Rose und dem Lack, zugehören können, dieses Phänomen ist vielmehr für alle konkreten Einzeldinge charakteristisch. Sie alle sind Sachkomplexe, und noch genauer: Komplexe aus solchen Sachverbindungen, die zusammengehören, und aus Verbindungen, die mehr oder weniger zufällige Zutaten sind.

Auch wenn es so wäre, daß der Begriff ‚Kreis' nur ‚unser' Begriff ist, der als wirkliches Etwas nur dann verifiziert ist, wenn wir eine ‚existierende' Einzelinstanz aufzeigen können, die unter unseren Begriff fällt, so fällt doch niemals das Ganze, das man in einfacher Apprehension von dieser Instanz rezipiert hat, unter diesen Begriff. Um zu erkennen, was tatsächlich unter unseren Begriff fällt, muß man eine *Auswahl* treffen zwischen dem, was an diesem Kreis das Charakteristikum einer besonderen Instanz ist, etwa, daß er aus Kreide, Metall oder Wasser ist, was zufällige Zutat ist, wie z.B. eine gelbe oder grüne Farbe, die fühlbare Nässe, und was an ihm Kreis ist, etwa, daß das Wasser eine einförmige, geschlossene Linie bildet, die von einem Zentrum überall den gleichen Abstand einhält. Nur dies Letztere fällt unter der Begriff ‚Kreis'. Der konkrete ‚Kreis' als ganzer dagegen ist keine Instanz des Begriffs ‚Kreis', sondern er besteht aus einer Summe von vielen verschiedenen Bestimmtheiten und Unterschieden, die jeweils Instanzen bestimmter Begriffe sind und sich nicht zu einer einzigen bestimmten Einheit zusammenschließen können. Daß wir dies nach dem ersten Hinblicken als ‚Kreis' auffassen und benennen, macht nur eine Aussage über unseren subjektiv gebildeten Vorstellungsinhalt, nicht über das ‚Ding' selbst. Die äußere Dingeinheit bildet kein Kriterium zur Differenzierung der vielen einzelnen Erkenntnisse, die man an diesem Einzelding ablesen kann, und begründet auch nicht eine bestimmte Gegenstandsauffassung, z.B. die Auffassung dieses Dings als Kreis. Denn dieser ‚Kreis' ist ebenso eine Instanz des Begriffs eines bestimmten Metalls, einer Art von Kalk, einer oder mehrerer Farben. Auch unter diesem Aspekt ist das Etwas, das man empfinden, fühlen, apprehendieren kann, kein einfaches Etwas, sondern immer etwas Komplexes von größerer oder geringerer Einheitlichkeit. Als einfach erscheint die ‚Apprehension' nur, wenn beliebig, d.h. ohne kritisches, methodisches Bewußtsein, irgendein Unterschied an dem Einzelding herausgegriffen und mit dem Einzelding als ganzem identifiziert wird, ohne daß geklärt ist, ob dieser beliebig herausgegriffene Unterschied tatsächlich die Gegenständlichkeit dieses Einzeldings bedingt und sichert.

Daß dies grundsätzlich von jedem konkreten Einzelding gilt, haben Platon und Aristoteles von vielen, subtil durchdachten Aspekten her aufgewiesen. Auch aus den bisher besprochenen Beispielen geht dieser Sachverhalt schon deutlich genug hervor. Der Angler ist eben in seiner konkreten Ganzheit nicht nur ein Angler mit erstaunlich pluralen, ja widersprüchlichen Eigenschaften, sondern er ist zugleich Grieche oder Römer, Vater oder Junggeselle, Diener oder Herr und vieles anderes mehr, d.h., er ist immer zugleich Angler und Nicht-Angler. Und auch von den Eigenschaften, die ihm wirklich als Angler zukommen, etwa daß er eine bestimmte Technik ausübt und nicht aufs Geratewohl handelt, daß er nicht produktiv tätig ist, sondern eine Erwerbskunst betreibt, usw. – auch von diesen allgemeineren Bestimmungen gilt, daß er sie nicht einfach in sich verwirklicht, sondern mehr oder weniger gut und immer nur an einem bestimmten Ort und zu einem bestimmten Zeitpunkt (und den damit verbundenen Einschränkungen) und manchmal auch in großer Entstellung.

An der vermeintlich apprehendierten Ganzheit des Einzeldings kann man sich nicht orientieren, weder wenn man es in seiner individuellen Bestimmtheit, noch wenn man es in seinen allgemeineren Bestimmungen erkennen will. Anders als die spätmittelalterlichen und frühneuzeitlichen Denker noch glauben mochten, vertritt heute auch niemand mehr die Meinung, ein Einzelding sei der vollkommene Repräsentant aller seiner individuellen und allgemeinen Bestimmungen, und zwar auch nicht, wenn es sich um Gegenstände der Natur handelt. Auch hier ist der Glaube, die Natur sei ein mathematisch lesbares Buch, in dem von der kleinsten Einzelheit auf das Ganze geschlossen werden könne, weil alles einer präzisen Ordnung folge, geschwunden. Dieser Glaube, daß es solche einzelnen ‚substanzhaften' Entitäten gibt, die als etwas Vollkommenes und isoliert für sich ‚Fertiges' angenommen werden können, gilt (ausgerechnet) als ein Relikt antik-mittelalterlicher Metaphysik und ist ersetzt durch die Annahme, daß alle Dinge und Lebewesen sich in ständiger Anpassung an ihre Umwelt unentwegt änderten und so bisweilen sogar zu gänzlich neuen Dingen oder Arten mutierten[54].

---

54 In dieser ‚modernen' Annahme aber ist die Prämisse, daß jedes Einzelding wohlbestimmt sei, nur anders lokalisiert, nämlich dadurch, daß sich die Bestimmtheit des Einzeldings sogar noch organisierend auf seine Umwelt auswirkt. Man erkennt die Wohlbestimmtheit des Einzeldings eben dann erst aus seiner vollkommenen Anpassung an seine Umwelt, d.h. dadurch, daß es mit dieser in untrennbarer Wechselwirkung steht und dieser damit aber ebenso ‚einverleibt' ist wie die Umwelt – und Umwelt meint immer: eine bestimmte Summe anderer Einzeldinge – dem Einzelding.

Weil die Evidenz der Möglichkeit, sich unmittelbar auf einzelne Gegenstände beziehen zu können, so beeindruckend ist und jede weitere Kritik an dieser Gewißheit keinen konkreten Anlaß zu haben scheint, zieht man zu wenig die nötigen Folgerungen. Im Gegenteil, der Glaube, man müsse, ausgehend von den konkreten Einzeldingen, diejenigen Erscheinungsformen und Strukturen, die an ihnen von vielen Beobachtern unter vielen Bedingungen immer wieder konstant festgestellt werden können, katalogisieren und ordnen, ist in der Theorie fast unangetastet.

Der Laie mag, dem Augenschein folgend, meinen, man könne etwa Tannen an dem erkennen, was allen oder vielen einzelnen Tannen gemeinsam ist, z.B. an einer bestimmten Art von Nadeln. In dieser Überzeugung mischt sich aber Richtiges mit Falschem. Denn richtig getroffen ist in diesem Fall wohl, daß die Form der Nadeln etwas für bestimmte Nadelbäume Spezifisches ist. Falsch ist aber die Meinung, der methodische Weg, auf dem man diese Besonderheit bestimmter Nadelbäume herausfinde, bestehe einfach darin, daß man auf das achte, was allen Bäumen einer bestimmten Art gemeinsam sei. Das, was allen Bäumen einer bestimmten Art gemeinsam ist, muß aber keineswegs nur ihnen gemeinsam sein, im Gegenteil, das meiste Gemeinsame teilen sie mit vielen anderen Bäumen, ja mit Pflanzen überhaupt. Z.B. haben zwar alle Blautannen eine bestimmte Nadelform, sie haben aber auch alle einen Stamm, bestehen aus Zellulose usw., d.h., sie bestehen aus vielem, was nichts dazu beiträgt, sie als eine ganz bestimmte einzelne Art zu unterscheiden. Einfach das Gemeinsame von vielen beobachteten Einzeldingen zu abstrahieren, führt nicht auf die Sache hin, sondern von ihr weg – zuletzt auf das, was allen sinnlichen Einzeldingen gemeinsam ist, etwa auf atomare Elemente. Dieser Verlust an Konkretheit durch das abstrakte Denken ist oft genug beklagt worden. Die Frage ist aber möglich, ja notwendig, ob diese Entleerung tatsächlich ein Produkt des rationalen Denkens oder nicht vielmehr einer falsch verstandenen, reduzierten Rationalität ist.

In Wahrheit hält sich auch der moderne Naturwissenschaftler, wenn er Tannen ‚beobachtet' nicht an die methodischen Gebote dieser reduzierten Rationalität, d.h., er tut dies nicht in einem induktiven Sammeln von Gemeinsamkeiten, sondern in einem Auswahlvorgang. Erst wenn er das, was zur Tanne als Tanne gehört, unterschieden hat – und das darf dann weder etwas sein, was nur der Blau- oder der Rottanne eigentümlich ist, noch das, was spezifisch an allen Kieferngewächsen oder gar Nadelhölzern oder Bäumen insgesamt anzutreffen ist –, erst dann ‚sieht' er überhaupt, wenn er vor einer Tanne steht, ‚wirklich' eine Tanne, und dieses ‚Sehen' ist also eine bestimmte Art des Unterscheidens an dem äußeren Gegenstand und nicht ein einfaches Apprehendieren dieser vorgeblich gegebenen Dingeinheit.

Auch wenn das Überlegenheitsgefühl über die bloßen Begriffsdistinktionen der Aristoteliker nicht zuletzt in der Evidenz gründet, daß es keine Katzheit neben der Katze, keine Tannheit neben der Tanne gibt – wie massiv die Gegenstandsanschauung überfordert wird, wenn man ihr die Erfassung der Sacheinheit mit allen ihren Bestimmungselementen zutraut, kann auch dieses letzte Beispiel noch einmal klar machen. Wer behauptet, er brauche das Einzelding, das er in der Anschauung vor sich hat, nur begrifflich oder technisch auseinanderzunehmen, um es in seiner inneren Baustruktur zu erkennen, muß nicht nur voraussetzen, daß ihm das Einzelding vollständig und als es selbst durch die Anschauung sozusagen zur Vivisektion dargeboten ist, er muß auch voraussetzen, daß alle allgemeineren, konstanteren Elemente, die in diesem Einzelnen eine (möglicherweise einmalige) Verbindung eingegangen sind, realiter vollständig (wie z.B. in einer Uhr, deren Teile und Strukturen alle Elemente ein und desselben mechanischen Systems sind) in ihm repräsentiert sind. Wer diese zweite Voraussetzung (vernünftigerweise) ablehnt, weil man bei jedem Ding mit ständigen Mutationen und anderen Kontingenzen rechnen müsse, die eine dem Ding immanente feste Substantialität ausschließen, sollte auch beachten, daß diese Voraussetzung vor allem deshalb falsch ist, weil sie eine Verwechslung von Begriff und Ding, d.h., wie ich schon zu zeigen versucht habe, der logischen und ontologischen Dimension ist. Der Begriff der Kieferngewächse sollte, wenn er in korrekter Begriffsbildung zustande gekommen ist, möglichst alles enthalten, was zu Kieferngewächsen als Kieferngewächsen gehört. Die einzelne Tanne aber, als Exempel einer Art von Kieferngewächs, kann nicht alles enthalten, was Kieferngewächse insgesamt sein können. Sie hat nur soviel davon in sich, wie zum Aufbau ihrer besonderen Seinsweise nötig ist – und selbst davon hat nicht jede Tanne alles in gleicher Weise ‚realisiert'. Der Botaniker, der eine Tanne als Tanne ‚sehen' möchte, kann sein Wissen über den Anteil, den die Tanne an den Kieferngewächsen hat, daher nicht einfach durch Untersuchungen von Tannen gewinnen, sondern er muß alle verschiedenen Kieferngewächse untersuchen. Denn erst so kann er den Ausschnitt abgrenzen, der aus den verschiedenen Möglichkeiten von Kieferngewächsen nur bei der Tanne vorliegt.

Analoges gilt auch, wenn man Abweichungen, Irregularitäten, Mutationen ‚beobachten' möchte. Auch dazu kann man nicht einfach ‚die Tannen' untersuchen. Wenn z.B. durch irgendwelche Chemikalien aus der Umwelt eine Schädigung der Zellulose in der Tanne eingetreten ist, dann kann das nur der ‚beobachten', der etwas von der Zellulose und ihrem molekularen Aufbau versteht; was an einer Tanne gerade Tanne ist, ist für dieses Erkenntnisproblem weitgehend irrelevant. Obwohl eine Tanne zum größten Teil aus Zellulose besteht und ohne diesen Grundbaustoff überhaupt nicht existieren könnte, lernt man, was Zellulose ist, nicht von der Tanne als Tanne, sondern durch eine Untersuchung der Zellulose als Zellulose. Es bedarf also eines begrifflichen Kriteriums, um aus empirischen Dingeinheiten überhaupt erst den Gegenstand der Untersuchung herauszulösen, und dieses begriffliche Kriterium kann nicht ein Grenzwert von Abweichungen sein, weil ja Abweichungen *als* Abweichungen immer nur als Abweichungen von etwas Bestimmtem erkannt werden können: wenn man also kein bestimmtes Wissen von der Bestimmtheit des zu untersuchenden Gegen-stands hat, dann wird man auch keine Irregularitäten feststellen und also auch keinen Grenzwert bilden können.

Man kann, wie sich zeigt, von immer neuen Aspekten her (die auch unterschiedliche Konsequenzen nötig machen) begründen, daß das Einzelding weder ein Ausgangspunkt des Denkens noch ein Maß oder Kriterium für das Denken sein kann. Auch wenn das, was wir von dieser Tanne denken, exakt mit dem, was sich an ihr in Erfahrung bringen läßt, übereinstimmt, gibt es keine Sicherheit darüber, daß unter unser Begriffsmerkmal wirklich eine ‚reale' Eigenschaft der Tanne fällt, denn die beobachtete Eigenschaft kann eine Eigenschaft der Zellulose und nicht der Tanne sein. Nicht daß etwas in der ‚Wirklichkeit' eine Einheit bildet – die Einheit eines Dings (‚an sich') –, sondern daß etwas wirklich Etwas ist, daß Zellulose etwas ist, das sich unterscheiden und als Unterschied festhalten läßt, daß die Tanne etwas ist, das sich für sich unterscheiden läßt, und so auch die Farbe, der Ton, die Erinnerung, Vorstellung usw., das macht jedesmal, daß wir uns sicher sind, keine beliebig erfundenen Einheiten, sondern solche Einheiten unterschieden, verbunden oder getrennt zu haben, die ein bestimmtes, nachprüfbares, erkennbares Sein haben.

6 Bestimmtheit und Unterscheidbarkeit als philosophisches Grundprinzip bei Platon und Aristoteles

Die Überlegungen, die ich zur Einführung in die Grundthese dieses Buches vorgeführt habe, machen nur in einem negativen Sinn wahrscheinlich, daß Etwas-Sein ein inneres Maß des Denkens ist, das ihm nicht von außen dargeboten werden kann.

Selbst die Orientierung an den direkten Dingeinheiten, auf die wir uns mit unseren Sinnen beziehen können, garantiert dem Denken nicht, daß seine Handlungen einen einheitlichen Sachbezug haben. Im Gegenteil, diese Orientierung führt in ausweglose Schwierigkeiten, die zu einem – keineswegs legitimen, weil mangelhaft begründeten – Skeptizismus und Relativismus führen.

Dieser negative Aufweis ist aber nur gegenüber zweifelnden Einwendungen nötig – insbesondere gegen die Zweifel, die aus der langen empirischen Tradition der Neuzeit kommen –, von der Sache her kann die Erkenntnis, daß nur das, was sich unterscheiden und wenigstens in irgendeinem Sinn als ein Etwas erfassen läßt, erkennbar ist, nur vom Denken selbst, d.h. durch eine reflexive Rückwendung auf seine eigenen Akte, vollzogen werden. Die durch diese Wende des Denkens auf sich selbst gewonnene Einsicht wird schon von dem vorsokratischen Philosophen Parmenides, dann aber vor allem von Platon und Aristoteles als die evidenteste, sicherste und keinem Zweifel mehr unterliegende Einsicht bezeichnet: man könnte nicht einmal ansetzen, etwas zu bezweifeln, wenn der Zweifelsgrund nicht etwas Bestimmtes wäre, d.h. etwas, das nicht zugleich Zweifelsgrund und auch nicht Zweifelsgrund ist. Diesen oft mißverstandenen Anfang des Philosophierens werde ich unten ausführlich zu erläutern versuchen.

Besonders wichtig für einen ersten Grundbegriff von dieser Art der Auslegung des Denkens ist, zu beachten, daß die Einsicht, daß nur, was *etwas* ist, erkennbar ist, keine leere Einsicht ist. Vor allem Platon hat in subtilen Differenzierungen aufgewiesen, daß die Reflexion darauf, was denn gedacht werden muß, wenn etwas als *etwas* soll gedacht werden können, zu systematisch entwickelbaren, immer neuen Unterscheidungen führt. Es sind Begriffe wie Einheit, Vielheit, Identität, Verschiedenheit, Ganzheit, Teil, Anfang, Mitte, Ende, Gleichheit, Ähnlichkeit, Diskretheit, Kontinuierlichkeit usw., die man grundsätzlich benötigt, wenn nur überhaupt irgend etwas erkannt werden soll. Wie könnte etwas etwas sein, das nicht ein Eines wäre, das nicht etwas mit sich Identisches wäre, usw.?

Das Wissen über diese allgemeinen Erkenntnisbedingungen des Etwas-Seins ist, wie Platon betont, die Voraussetzung für die Wissenschaftlichkeit jeder Wissenschaft und jedes methodisch-technischen Vorgehens. Die wissenschaftstheoretische Disziplin, die sich mit diesem Wissen befaßt, nennt Platon deshalb eine Wissenschaft der gemeinsamen Erkenntnisbedingungen (,*koinê mathêmatikê epistêmê*'). Der Platonismus und Aristotelismus der Antike und des Mittelalters haben daraus eine bestimmte Form des Systems der sieben freien Künste (*artes liberales*) gemacht. An den Kriterien dieses Systems mußte überprüfbar sein, ob etwas, das man erkannt zu haben meinte, tatsächlich ein Etwas, und in welchem Sinn es ein Etwas – z.B. als etwas nur Additives oder als etwas kontinuierlich Verbundenes – ist.

Diese Verortung jeder Einzelerkenntnis in einem gemeinsamen Kriteriensystem machte die großartige Einheitlichkeit noch der hochmittelalterlichen Wissenschaften und Künste aus, und auch – soft man auch das Gegenteil liest – die enorme ,kreative' Potenz dieses Systems des Erkennens und der Vervollkommnung des Wissens bis in den künstlerischen Bereich. Die Architekten der gotischen Kathedralen waren gerühmt als ,Meister der Geometrie', nicht als Bautechniker mit genialen Gestaltungseinfällen. Es ist zugleich eben die kritische Überprüfung der Einzelerkenntnis, die seit dem beginnenden 14. Jahrhundert zunehmend als Einordnungszwang empfunden wurde. So entwickelte man Methoden, wie man die Einzeldinge direkt, ohne den Umweg über ,das System' befragen konnte. Der Erfolg dieser Methoden, z.B. die Einführung von Rechtecksdiagrammen, die unmittelbar die Gesetzmäßigkeiten zwischen eingetragenen Variablen aufzuzeigen schienen, war ein wichtiger Grund, die alte Wissenschaftstheorie für überflüssig zu halten, bis schließlich als Verstandesleistung nur noch die methodische Ordnung empirisch gewonnener Daten galt, so daß das alte Wissenschaftssystem als naive Spekulation erschien.

7 Die Renaissance: nicht die Wiedergeburt ‚der' Antike, sondern die Wiederbelebung der hellenistischen Antike

Wenn man nicht die schon von den Humanisten erfundenen Klischees, die Menschen des Mittelalters seien unfähig gewesen, ihre eigene Vernunft selbständig und methodisch reflektiert zu gebrauchen, und seien deshalb in Autoritätsgläubigkeit und sinnlicher Naivität befangen gewesen[55], einfach weitertradieren will, muß man zuerst das Problem lösen, weshalb eine hochentwickelte Wissenschaftstheorie und weshalb ein in Theorie und Praxis hochentwickeltes System der Künste so behandelt werden konnte, als hätten sie nie existiert. Diese Frage ist um so wichtiger, als die Verachtung des Mittelalters Folgen hat, die bis heute weiterwirken. Trotz einer erdrückend großen Zahl von Forschungen, die die Illegitimität des Selbstverständnisses belegen, das die Renaissance gegenüber dem Mittelalter ausgebildet hat, glaubt niemand die *Legitimität der Neuzeit* auch nur in Teilaspekten in Frage stellen zu dürfen.

Ein wichtiges Resultat des Projekts *Neuzeitliches Selbstverständnis und Deutung der Antike*, das sich von ganz verschiedenen Zugängen her aufweisen ließ, ist aber, daß sich in Mittelalter (bzw. ‚Antike') und Neuzeit nicht eine aufgeklärte Selbständigkeit im Denken, Fühlen und Handeln und eine naive Eingebundenheit des Denkens in Sinnenschein und Autoritäten gegenüberstehen, sondern zwei verschiedene und verschieden entwickelte Wissenschafts- und Wertesysteme.

Die wichtigsten Gründe und die Hauptlinien, die diese Forschungsthese rechtfertigen, habe ich auf den vorausgegangenen Seiten in grober Vereinfachung vorzustellen versucht. Noch auf einen weiteren, ungenügend ermittelten und selten richtig beurteilten Grund mit großer Wirkung, der für die Überzeugung verantwortlich ist, mit der Neuzeit seien Wissenschaften und Künste überhaupt erst wiedererstanden, möchte ich schon einmal hinweisen. Von der frühen Neuzeit an bis heute glaubten und glauben ja viele, die Wiedererstehung von Künsten und Wissenschaften in der Renaissance sei eine Renaissance der zuvor vergessenen oder verachteten Antike. Die Berufung auf das große und anerkannte Vorbild war dem eigenen Selbstverständnis eine legitimierende Stütze, so daß sich die Auseinandersetzung mit einer Zeit, in der diese Antike nicht mehr am Leben war, erübrigte.

Auch für dieses Bewußtsein, ‚die' Antike wiederentdeckt zu haben, ist dieselbe Verabsolutierung eines Teilaspekts verantwortlich, wie sie sich analog schon bei der Wiederentdeckung der Künste und Wissenschaften hat belegen lassen. Denn natürlich gab es im Mittelalter eine breite Antikerezeption. In Bezug auf die Philosophie ist dieser Sachverhalt ohnehin evident, in der Forschung der letzten fünfzig Jahre konnte von einer vermeintlichen Entdeckung der Renaissance nach der anderen auch in vielen anderen kulturellen Bereichen dokumentiert werden, daß sie sich nur auf Teilaspekte

---

[55] S. Jacob Burckhardt, Die Kultur der Renaissance in Italien, 123 (zitiert oben S. 18f.).

einer im ganzen auch im Mittelalter erhaltenen Tradition bezogen. Außerdem konnte die Renaissance ohnehin nur das entdecken, was das Mittelalter bewahrt hatte; sie konnte also bestenfalls eine neue Wertung unter dem Überlieferten einfordern und begründen. Das aber ist noch kein Berechtigungsgrund für ein derart prononciertes Entdeckungsbewußtsein.

Wenn man die Formen der Antikerezeption, die es in den verschiedenen kulturellen Bereichen der Renaissance gegeben hat, verfolgt, kann man allerdings feststellen, daß es tatsächlich eine wichtige Änderung gegeben hat. Diese Änderung ist aber nicht die Wiederentdeckung ‚der' Antike, sondern die verstärkte Hinwendung zu einer anderen Antike als derjenigen, die für das Mittelalter im Vordergrund stand. Es handelt sich also um eine massive Akzentverlagerung im Rezeptionsverhalten, nicht um eine grundsätzliche Neurezeption.

In der Philosophie stehen plötzlich die im Mittelalter zwar bekannten, aber wenig geschätzten hellenistischen Schulen der Stoa, der Skepsis und des Epikureismus[56] im Zentrum des Interesses. Die erste lateinische Übersetzung des Sextus Empiricus macht diesen Philosophiegeschichtsschreiber aus der zweiten Reihe zum ‚Vater der modernen Philosophie'. Aber nicht nur in der Philosophie, in beinahe allen kulturellen Bereichen beherrschen diese hellenistischen Schulen samt den von ihnen beeinflußten Autoren und Künstlern der Antike die neuen Diskurse: in den moralischen und theologischen Diskussionen, in der Staats- und Wirtschaftstheorie, in der Literatur und Literaturtheorie, in der Malerei und Architektur, in der Hinwendung zu empirischen Wissenschaftstraditionen der hellenistischen Antike in der Medizin, der Physik usw., in der Grammatik-, Sprachtheorie und Rhetorik: Überall begegnet man jetzt nicht nur neo-hellenistischen oder hellenistisch geprägten Texten und Dokumenten (meistens in der Phase ihrer römischen Rezeption), sie werden jetzt auch immer als maßgeblich und als Inbegriff der Antike verstanden. Montaigne ist Skeptiker, die meisten Dramatiker folgen dem Stoiker Seneca, die Rhetorik schließt sich an Cicero an, die Poetik an Horaz, die Architekten richten sich jetzt nach Vitruv, die von der Geometrie des Boethius beeinflußte Architekturtheorie des Mittelalters scheint es gar nicht gegeben zu haben, in der Malerei wird die aus hellenistisch römischen Berichten bekannte Illusionsmalerei eines Zeuxis und Parrhasios, die Platon und Aristoteles scharf kritisiert hatten, wieder salonfähig, um nur einige bekannte Beispiele zu nennen.

Auch für dieses neue Rezeptionsverhalten kann man ‚historische' Gründe namhaft machen, etwa das Interesse der Italiener, die eigene ‚große' Vergangenheit zu restaurieren. Daß derartige Gründe nicht ausreichen, kann man z.B. daran erkennen, daß es solche restaurativen Intentionen auch im Mittelalter gegeben hat, man braucht nur an den Translationsgedanken zu erinnern (*translatio imperii* – die Übertragung der Herrschaft Roms auf das

---

56 Zur Rezeption des Epikureismus in der Neuzeit s. Howard Jones, The Epicurean Tradition, London/New York 1989.

Deutsche Reich; *translatio artis, translatio sacerdotii* – die Übertragung der Künste, der Religion usw.), der möglich war, ohne daß man dabei gerade auf die hellenistischen Traditionen zurückgreifen mußte.

Ein maßgeblicher, wenn nicht gar *der* maßgebliche Grund für die Akzentverlagerung im Rezeptionsverhalten gegenüber dem Mittelalter scheint aber die beschriebene Abwendung des späten Mittelalters von dem neuplatonisch geprägten Aristotelismus und die Hinwendung zur Empirie zu sein. Eine solche Abwendung von den Schulsystemen des Platonismus und Aristotelismus hin zu einer rational empirischen Bewältigung der Lebenspraxis ist das zentrale Movens für die Entstehung der neuen hellenistischen Schulen um 300 v.Chr. Die neue Wende um 1300 n.Chr. konnte sich – angefangen vom Affekt gegen das aristotelische System – in vielen Hinsichten innerlich verwandt fühlen zu den Positionen, die diese hellenistischen Schulen entwickelt hatten. Die ‚Entdeckung' der Kongenialität des eigenen Denkens mit diesen Schulen hatte deren Aufwertung zur natürlichen Folge. Sie wurden jetzt zur eigentlichen, von keiner Scholastik und Gotik verfälschten Antike.

Im Licht *dieser* neu entdeckten Antike wurden nun auch Platon und Aristoteles neu gesehen. Der ‚echte' Aristoteles wird gegen den scholastisch entstellten Aristoteles ausgespielt, d.h. der den Einzeldingen zugewandte Empiriker Aristoteles gegen die Begriffsspaltereien des Mittelalters. Auch Platon dient als Zeuge für den Preis der irdischen Welt. Er ist es, der die erotische Kraft der Schönheit entdeckt hat, der die Schönheit als das Aufscheinen der Idee in den Dingen begriffen hat, usw. Ähnliches gilt von der Neurezeption der gesamten frühen und klassischen griechischen Literatur. Sie ist jetzt Inbegriff einer Bewußtseinsverfassung, für die die Welt noch nicht von der Blässe des Gedankens angekränkelt war, sondern sich ‚dem offenen Sinn' unmittelbar in ihrer anschaulichen Schönheit offenbarte. Das ist so im Urteil der Humanisten der Renaissance, aber ungebrochen in beinahe gleichem Sinn im Urteil der Humanisten des 20. Jahrhunderts:

> „Die Griechen waren ungewöhnlich offene Naturen, sie besaßen die Fähigkeit, das Sinnliche sehr unmittelbar und das Geistige wieder auf sehr sinnliche Weise zu erfahren"

– so etwa formuliert Wolfgang Schadewaldt sein Urteil über die ‚frühen Griechen'[57].

Die Bedeutung, die diese Hellenisierung der Antike für die Rezeption der Antike in der Moderne und damit auch für das Selbstverständnis der

---

[57] Wolfgang Schadewaldt, Homers Welt und Werk, Leipzig 1944, 85.

Moderne hat[58], ist bis heute nur in Einzelaspekten untersucht. Eine Analyse, die die systematische und den Horizont der Denk- und Gestaltungsmöglichkeiten steuernde Wirkmacht des Hellenismus in der Moderne verfolgt, gibt es gar nicht.

---

[58] Die von Thomas Hobbes begründete moderne Staatstheorie ist ihren wesentlichen Prinzipien nach ebenso stoisch wie auch die liberale Wirtschaftstheorie von Adam Smith. Die Überwindung des antik-mittelalterlichen Weltbildes in der neuen Kosmologie stützt sich auf die Lehre von der Unendlichkeit des Alls des Epikureismus, die neue Physik auf die Atomtheorie des Epikureismus, die v.a. Lukrez an die Neuzeit vermittelt. Die modernen Materialisten wählen Lukrez zu ihrem ‚Schutzpatron'; die Evolutionstheorie Darwins bedient sich (vermittelt durch die Lukrez-Interpretationen des Großvaters von Charles Darwin, Erasmus Darwin) des demokritisch- epikureischen Modells einer im Spiel von Notwendigkeit und Zufall sich vollziehenden Entwicklung. Die Philosophie ist von Pico della Mirandola über Descartes bis zu Kant wesentlich durch die direkte Auseinandersetzung mit der Skepsis geprägt. Die ‚edle Einfalt und stille Größe', die Winckelmann zum Ideal der Kunst erhebt, ist stoisch, und diese Reihe ließe sich in dieser Weise noch beliebig weit fortsetzen.

8 Zum Aufbau dieses Buches: Teil I

Wenn man die Entstehungsbedingungen des Selbstverständnisses der Moderne verstehen will, muß man zuerst die besondere Art der ‚Wiedergeburt' der Künste und Wissenschaften, der ‚Entdeckung' der Souveränität des Denkens und der Eigenverantwortlichkeit des Individuums durch die spätmittelalterliche Hinwendung zum empirisch Einzelnen beachten, dann aber auch die Wiederentdeckung der kongenialen Antike des Hellenismus und seiner römischen Rezeptionsphase (die etwa im 3. Jahrhundert n.Chr. endet). Die Antike-Moderne-Antithese ist daher in ihrem Affekt gegen das Mittelalter das Ausspielen einer Antike gegen eine andere, in ihrer Antithese von Anschauung und Verstand aber eine Übertragung einer typisch spätmittelalterlich nominalistischen, erkenntnistheoretischen Dichotomie auf die aus dem Bruch mit dem Mittelalter entstandenen Epochenbegriffe ‚Antike' und ‚Moderne', unter denen jetzt die Gegenwart als Moderne und in Wahrheit nur noch der Hellenismus als Antike verstanden wird.

Aufgrund dieses Befunds schien es sinnvoll, vor einer Darstellung einzelner Traditionslinien und Sachbereiche der Antike-Moderne-Antithese zunächst einmal – und dieser Aufgabe stellt sich dieses Buch – die Gründe gesondert vorzulegen, die überhaupt erst ein antithetisches Bewußtsein dieser Art möglich gemacht haben. Als zentral für beinahe alle weiteren Phänomene erwies sich das, was man wohl eine ‚Metaphysik des Empirischen' nennen muß. Die Moderne versteht sich als eine Abwendung von der Metaphysik – ‚Metaphysik' im Sinn einer Begründung des Diesseits in einem transzendenten Jenseits –, sie ist aber in der Tat hervorgegangen aus einer Übertragung der Theorieelemente der Metaphysik auf die Welt der empirischen Einzeldinge selbst. Unter diesem Gesichtspunkt ist das Fundament der ‚Moderne' eine erborgte (und noch dazu verfälschte, abstrakt gedeutete) Antike.

Die Überzeugung, allein die Auseinandersetzung mit der Welt der Einzeldinge garantiere die mögliche Wissenschaftlichkeit des Wissens und die künstlerische Produktion von Schönheit, ist abhängig von der Überzeugung, das Einzelding enthalte wie ein perfekter (sich selbst reproduzierender) Mechanismus alles, was es zu einer bestimmten Sache, zu Mensch, Baum, Tisch usw. mache, in durchgängiger Bestimmtheit in sich und sei damit die ausschließliche Grundlage für alle allgemeinen Begriffe, die von ihm gebildet werden können. Die durchgängige Bestimmtheit, die ‚Wohlbestimmtheit' des Einzeldings ist daher auch die Bedingung seiner Schönheit. Denn durchgängig bestimmt kann etwas nur sein, wenn alle seine Bestimmungsmomente untereinander und zum Ganzen in einem einheitlichen, genau dieses Einzelding konstituierenden Verhältnis stehen. Die direkte Analyse des Einzeldings als Bedingung seiner wissenschaftlichen Erfassung und die illusionierende Reproduktion des Einzeldings als Bedingung seiner künstlerischen Darstellung hängen damit davon ab, daß das Einzelding als unmittelbare Verkörperung einer absoluten Rationalität und Mathematizität betrachtet wurde. Diese Übertragung der Eigenschaften des begrifflich Allgemeinen auf das Einzelne und der Eigenschaften der Erkenntnisweise des Intellekts auf die direkte, unmittelbar intelligente Anschauung des Einzelnen war den Theoretikern des späten Mittelalters noch wohl bekannt, sie haben sie ja ausdrücklich durchgeführt. Das Wissen um diese Übertragung ist aber schon in der Renaissance erheblich gemindert, später gibt es kaum mehr ein Bewußtsein davon. Wenn das Einzelding alles, was man von ihm (durch ‚Analyse') wissen und (durch ‚Synthese') aus ihm machen kann, schon in sich enthält, bedarf es keiner Reflexion auf allgemeine Erkenntnisvoraussetzungen mehr. Da sie aber unvermerkt sehr wohl in vielen prägenden Positionen der Neuzeit und Moderne weitertransportiert werden, ist es berechtigt, von einer erborgten Antike als Entstehungsursache und Motor der Entwicklung der Moderne zu sprechen.

Diese Immanentisierung des Absoluten (die neben der Verabsolutierung der empirischen Welt auch eine Selbstvergöttlichung des Menschen als des ‚diesseitigen Herrschers' in dieser empirischen Welt ist, der aufgrund seiner vernünftigen Spontaneität sich über die Natur erheben und sie aus ‚objektiver Distanz' beurteilen kann) habe ich in ihren Hauptkonsequenzen im Vorhergehenden schon zu charakterisieren versucht, sie läßt sich aber an sehr vielen und verschiedenen Phänomenen der Moderne bis in die Gegenwart aufweisen. Diesem Problemkreis versuche ich mich im ersten Teil dieses Buches zu stellen und an einer signifikanten Auswahl die Bedeutung dieser Immanentisierung des Allgemeinen und Absoluten und die Entwicklung, die der Anspruch, eine Wende von einem abstrakten, nicht-realen Jenseits hin auf die konkrete diesseitige Wirklichkeit vollzogen zu haben, von der frühen Neuzeit bis in die Gegenwart nach sich gezogen hat, zu erläutern.

Daß in dieser Immanentisierung des Allgemeinen im Einzelnen und der damit verbundenen Aufwertung einer angeblich ursprünglichen Erfahrungsweise zur eigentlichen, ‚authentischen' Erfahrung der Außenwelt das wesentliche Problem vieler moderner Ansätze liegt, ja daß in ihr überhaupt ein kritisch zu überdenkendes Problem vorliegt, wird allerdings von vielen nicht gesehen.

Um daher nicht den Eindruck zu erzeugen, das Beweisergebnis schon vorweg zu besitzen und schon vorweg zu wissen, daß viele neuzeitlich moderne Theorien trotz der behaupteten Pluralität und der Diskrepanzen in den Details eine substantielle Einheitlichkeit aufweisen, weil sie gemeinsame Prämissen teilen, lege ich im folgenden die in dieser Einführung vorgestellte These bei der Betrachtung einzelner Diskussionen und Strömungen in der neuzeitlichen theoretischen und praktischen Philosophie jeweils nicht einfach zugrunde, sondern versuche, sie von den verschiedenen Ausgangspunkten selbst her neu zu entwickeln. Trotz der Tatsache, daß dabei einiges wiederholt werden muß, scheint mir dieses Verfahren auch deshalb notwendig, weil auf einen ersten Blick hin viele neuzeitlich moderne Positionen von den bisher diskutierten spätmittelalterlichen und frühneuzeitlichen

Problemkonstellationen so weit entfernt sind – und sich so weit entfernt fühlen –, daß es keineswegs auf der Hand liegt, sondern einer kritischen Analyse bedarf, um nachzuweisen, daß und in welchem Sinn auch sie von den gleichen erkenntnistheoretischen Voraussetzungen Gebrauch machen. Außerdem zeigen sich in historisch verschiedenen Situationen und bei verschiedenem sachlichem Gebrauch auch immer wieder neue Aspekte und Konsequenzen der gleichen Grundthese. Die scheinbare Wiederholung desselben dient daher auch dazu, das Spektrum an Entwicklungsmöglichkeiten, das die Berufung auf die Erfahrung des Einzelnen mit sich bringt, zu verdeutlichen. Das Verschiedene soll vor dem Hintergrund dessen, was gleich bleibt, herausgehoben werden, zugleich aber soll auch die wesentliche Verwandtschaft und Ähnlichkeit nicht durch die Fixierung des Blicks auf die Differenzen aus den Augen verloren werden.

Den Beginn bildet eine Diskussion der neuesten Form der Antithese von Natur und Kultur, wie sie für die gegenwärtigen Konzeptionen der sog. ‚Kulturwissenschaften' prägend ist. Die Kulturwissenschaften, die die von Dilthey begründete Form der modernen Geisteswissenschaften ablösen wollen, führen sich selbst vor allem auf Giambattista Vico, auf Herder und Cassirer zurück. Zum Kulturwesen und damit zum Gegenstand einer Kulturwissenschaft wird der Mensch im Sinn dieser Tradition, sofern er ein den Naturzwängen entnommenes, unbestimmtes, offenes Wesen ist, das sich eben wegen dieser Freiheit von äußerer Bestimmung selbst bestimmen kann. Schon Vico führt diesen Gegensatz von Natur und Kultur auf zwei Grundmöglichkeiten des Weltverhaltens des Menschen zurück: auf die Möglichkeit, sich passiv und rezeptiv durch die Sinne nach außen, oder sich spontan und reflexiv auf sich selbst zurück zu wenden, und deutet diesen Gegensatz zugleich historisch als Prinzip der allmählichen Entwicklung des menschlichen Geistes von primitiven, aber poetischen Anfängen bis zur Höhe moderner Reflexivität. Diese kulturgeschichtliche Deutung des Menschen läßt sich nicht nur über Herder und Cassirer bis in die gegenwärtigen Kulturwissenschaften in erstaunlicher Konstanz der Grundaussagen belegen, sie läßt sich auch in die Renaissance (z.B. zu Pico della Mirandola) zurückverfolgen, so daß sich – allen Entmetaphysizierungstendenzen, in denen dieses Konzept von ‚noch' christlichen oder dogmatisch scholastischen Erblasten gereinigt werden sollte, zum Trotz – von dort bis in die Gegenwart eine einheitliche, ‚moderne' Traditionslinie ziehen läßt.

Eine Analyse, wie die Annahme, es gebe eine scharfe Scheidung zwischen der Rezeptivität der Sinnlichkeit, die die Natur in uns repräsentiere, und der Spontaneität des Denkens, eine erhebliche Verengung des Begriffs der Rationalität mit sich bringt und deren Leistung primär nur noch unter praktischen Gesichtspunkten würdigt, bildet den Abschluß des ersten Kapitels von Teil I.

Das zweite Kapitel geht, auf der Basis der Ergebnisse des ersten Kapitels, der Frage nach, warum ausgerechnet die Vernunft seit der frühen Neuzeit und von vielen bis heute als diejenige Instanz in uns ausgegeben wird, durch die wir die ‚Wirklichkeit' überformen, zerreißen, reduzieren, entstellen, zu einem bloßen Konstrukt unserer eigenen Rationalität machen, und weshalb wir der Sinnlichkeit und anderen Formen unmittelbarer Erfahrung, dem Gefühl, der Intelligenz der Emotion, dem ästhetisch-synästhetischen Erleben, einen höheren Wahrheits- und Realitätsgehalt zuschreiben als dem mit Vernunft oder Verstand gefällten Urteil. Der zentrale 6. Abschnitt dieses Kapitels soll aufweisen, wie diese Zuschreibung authentischer Erfahrung an ein Vermögen reinen Empfangens zu einer Aufwertung der Sinneserkenntnis gegenüber dem Denken führt, und zwar sowohl in Ansätzen, die sich auf ästhetische Erfahrung, auf das Erlebnis oder andere nichtrationale Akte stützen, als auch in Ansätzen, die sich ausdrücklich als rationalistisch verstehen oder als eine methodisch rationale Rekonstruktion der direkten empirischen Erfahrung.

Die Überschrift des ganzen Kapitels „Die Erhebung des ‚gesunden Menschenverstands' zur Wissenschaft als Ursache der Natur-Kultur-Antithese" soll die These bezeichnen, daß die beschriebenen Positionen nicht nur Ausdruck einer bestimmten geistesgeschichtlichen Entwicklung in der Moderne sind, sondern aus grundsätzlich und immer wieder möglichen Erkenntnishaltungen erklärbar sind. Auf den Augenschein als Basis eines gesunden Denkens beruft man sich wiederholt im Lauf der Geschichte, den Versuch, diesen gesunden Menschenverstand zur Wissenschaft zu erheben, hat z.B. auch die Stoa der Antike unternommen.

Der abschließende siebte Abschnitt dieses Kapitels untersucht, wie in zwei klassischen Formen der modernen Erkenntnistheorie (bei Descartes und bei Kant) die Annahme, eine ‚kritische' Erkenntnisfindung müsse die (‚bloß') subjektiven begrifflichen Kategorien des Denkens immer auf ‚Einzeldinge' der Erfahrung anwenden, dem vermeintlich gegebenen Einzelding – und d.h. *de facto*: einer unkritisch hingenommenen sinnlich ‚intuitiven' Erkenntnis – eine erkenntnisleitende Funktion gibt, die nicht mehr kritisch reflektiert wird: Das ‚gegebene' Einzelding gibt, trotz der These, daß es uns inhaltlich unbekannt sei (und also sehr wohl eine Verbindung von Disparatem sein kann), die Einheit vor, der wir die Begriffe des Denkens zuordnen bzw. die wir zum Subjekt der Prädikate der Sprache machen. Der Nachweis, wie durch diese Erkenntnisauslegung eine Wirkung des Denkens – was wir klar und präzise unterschieden haben, ist uns mit besonderer Deutlichkeit und Evidenz gegenwärtig, ‚bewußt' –, d.h. also, wie ein sekundärer Aspekt des Denkens so ausgelegt wird, als sei er der eigentlich primäre Akt des erkennenden Unterscheidens selbst, und wie in dieser Restriktion des Denkens der Ursprung des neuzeitlich modernen Begriffs des Bewußtseins liegt, bildet den Abschluß der Auseinandersetzung mit dem Rationalitätsbegriff der Moderne.

9 Zum Aufbau dieses Buches: Teil II

Der Affekt gegen gelehrte Bildung und gegen ein ‚bloß' theoretisches Denken begleitet die Moderne von ihrer ersten Stunde an. Ziel des Denkens ist nicht die Erkenntnis, *was* die Dinge unserer Erfahrung sind – eine solche Erkenntnis gilt für grundsätzlich unmöglich –, sondern *wie* wir mit ihnen umgehen, wie wir sie unserem Gebrauch dienstbar machen:

> „Der moderne Theoretiker (...) ist an der Struktur des Vorgefundenen letztlich uninteressiert, wenn es ihm nur gelingt, eine gleichwertige Konstruktion, die sich als solche durch ihren Effekt auszuweisen hat, an die Stelle des Gegebenen zu setzen. (...) Die Sphäre der Mittel, der Instrumente, der Methoden, der Techniken verselbständigt sich, und zwar gerade deshalb, weil sie das eigentliche Thema des Wissenwollens geworden ist."[59]

Diese eminent praktische Ausrichtung der Moderne, die in der Tat beeindruckende Erfolge gezeitigt hat, ist für den Eindruck verantwortlich, als habe man zuvor eine methodisch-technisch begründete Praxis der Lebensbewältigung sträflich vernachlässigt. Auch das ist aber eine halbe Wahrheit und damit wie alle Halbwahrheiten eine gefährliche Unwahrheit. Denn wenn man von dem Bereich der äußeren Wohlfahrt absieht, auf den sich die moderne Praxis bezog und immer noch bezieht – und selbst in diesem Bereich bietet die Antike nicht nur Anlaß für Verlustbilanzen –, gibt es eine Form gelungener Praxis, für die man, beginnend mit Homer, in vielen Phasen und Gebieten der Antike eine reiche Dokumentation vorlegen kann. Bei dieser Art von Praxis geht es nicht um Strategien der (möglicherweise komfortablen) Selbsterhaltung und des Überlebens, sondern um Strategien des guten Lebens, d.h. einer Kultur der Lebensgestaltung des Einzelnen wie der Gemeinschaft, die ein höchstmögliches (auch wirtschaftlich gesichertes) Maß an Glück, an differenzierter und dauerhafter Lusterfahrung anstrebt. Für diese allgemeine Kultur der Lebensgestaltung hat man der Antike in der Moderne immer wieder höchste Bewunderung entgegengebracht.

Diese Bewunderung erfuhr aber dadurch eine erhebliche Beeinträchtigung, ja beinahe eine Verkehrung in ihr Gegenteil, daß man in dieser Kultur meinte einfach den Ausdruck einer sinnlich schönen Denkweise erkennen zu können, in der Natur und Kultur, Sinnlichkeit und Geist in einer noch ungeschiedenen, ursprünglichen Einheit gewesen seien. Im Unterschied zu diesem Vorurteil zeigen viele Texte der Literatur, der Geschichtsschreibung, der politischen und juristischen Reden usw., vor allem aber ausführlich begründete philosophische Reflexionen, daß diese kulturelle Praxis auf Wissen, Erziehung, d.h. auf einem in seinen Inhalten durchdachten Bildungssystem, und geübtem Können aufruhte.

Der zweite Teil dieses Buches ist ganz auf die theoretischen Voraussetzungen dieser Art von Praxis konzentriert. Diese Voraussetzungen bilden

---

[59] Hans Blumenberg, Die Legitimität der Neuzeit, 207.

die Grundlage einer theoretischen Anthropologie, d.h. einer Analyse der spezifischen, psychischen Fähigkeiten des Menschen und ihrer möglichen Formen des Zusammenwirkens, die dem Menschen ein ihm gemäßes, im eigentlichen Sinn ‚menschliches' Handeln möglich machen. Ausgangspunkt dieser Anthropologie ist ein Begriff der menschlichen Erkenntnisfähigkeit, der von dem in der Moderne zugrunde gelegten wesentlich und dimensional verschieden ist. Die Erläuterung dieses Denkbegriffs, den Platon und Aristoteles teils neu reflexiv aufgewiesen, teils aus den Traditionen ihrer Geschichte aufgenommen haben, bildet – nach einer kurzen Hinführung im Kapitel I – den Inhalt des zweiten Kapitels. Gezeigt werden soll vor allem, wie die Auslegung des Grundaktes des Denkens als eines Unterscheidungsaktes ein Verständnis des Widerspruchsaxioms mit sich bringt, das diesem Axiom nicht nur eine bloß tautologische Funktion zuweist, die nur zur Falsifikation befähigt, niemals aber positives Wahrheitskriterium sein kann.

Im Unterschied zu dieser seit der frühen Neuzeit (etwa von Petrus Ramus) bis in die Postmoderne vertretenen Einschätzung können Platon und Aristoteles in der Theorie, aber auch in praktischer Anwendung zeigen, daß das Widerspruchsprinzip ein schöpferisches, die Auffindung neuen Wissens ermöglichendes Prinzip ist. Wichtiger noch aber ist, daß sie darüber hinaus systematisch entwickeln können, wie aus den Begriffsbedingungen des Widerspruchsaxioms das ganze Wissenschaftssystem der ‚Freien Künste' (*artes liberales*) schrittweise abgeleitet werden kann, so daß dieses System als eine konkrete Entfaltung der spezifisch rationalen Aktmöglichkeiten des Menschen verstanden werden kann.

Die Kenntnis und Beherrschung dieser Aktmöglichkeiten befähigt den Menschen, sein Unterscheidungsvermögen souverän und selbstbestimmt – das nämlich ist der eigentliche Sachgrund dafür, daß die ‚Freien Künste' (*artes liberales*) ‚freie' Künste genannt werden – zu betätigen. Akte des Unterscheidens vollziehen wir aber auch bei Akten, die nicht in diesem strengen Sinn rational sind, z.B. beim Wahrnehmen. Im Sinn einer ‚Unterscheidungsphilosophie' gibt es also keine Kluft, keine Dichotomie zwischen rationalen und nicht rationalen seelischen Akten, sondern eine Differenzierung, die eine Fülle von Graden zuläßt. Dieser Erweiterung des Begriffs des Denkens gegenüber dem modernen Bewußtseinsbegriff gilt das Kapitel III des zweiten Teils, in dem deutlich werden soll, daß die viel bewunderte Einheit von Denken, Fühlen und Wollen, die der Antike ‚noch' möglich gewesen sein soll, nicht Resultat einer unreflektierten Naivität, sondern im Gegenteil einer schlüssigen Analyse ist.

Vor allem in seinem Dialog über den Staat hat Platon ausführlich erörtert, warum und in welchem Sinn das, was wir seit der Mitte des 18. Jahrhunderts Gefühl und Wille nennen und als eigenständige Grundkräfte der Seele verstehen, psychische Akte sind, die Erkenntnisakte begleiten oder von ihnen abhängen. Was es bedeutet, daß Verstand, Gefühl und Wille für Platon nicht selbständig und nur ‚interagierend' nebeneinander stehen, sondern in ihren Unterschieden aus den verschiedenen Erkenntnishaltungen des Menschen begriffen werden müssen, untersucht das Kapitel IV.

Von der Voraussetzung her, daß das Erkennen in sich selbst einen Gefühlsaspekt hat, kann Platon prüfen, in welcher Weise des Zusammenwirkens Erkenntnisse zum Anlaß eines Strebens und damit handlungsrelevant werden. Die unterschiedlichen Formen des Strebens oder Wollens, die Platon annimmt, sind Gegenstand der ersten Abschnitte des Kapitels V, die diese platonische Willens- und Handlungslehre zugleich von stoischen und modernen Willenskonzepten abzugrenzen suchen. In den restlichen Abschnitten dieses Kapitels geht es um eine genauere Analyse derjenigen Erkenntnisformen, die nicht rational im strengen Sinn sind, von denen aber die praktisch und politisch relevanten Willensformen abhängen: Dies sind die verschiedenen Formen des Wahrnehmens, der Anschauung und des Meinens.

Diese Erkenntnisformen ergänzen sozusagen von unten her die spezifisch rationalen Vermögen, die in methodischer Reflektiertheit vom Widerspruchsaxiom Gebrauch machen. Sie hätten daher auch im unmittelbaren Anschluß an die erkenntnistheoretischen Grundlagen bei Platon und Aristoteles (Kapitel II) behandelt werden können. Um zu dokumentieren, in welchem Sinn diese Erkenntnisformen bei Platon und Aristoteles Teil einer Analyse des ganzen Menschen sind, werden sie erst an der systematischen Stelle behandelt, von der aus ihre Funktion für die emotionale Motivation menschlichen Handelns deutlich gemacht werden kann. Was Platon und Aristoteles über die Formen der Wahrnehmung, der (Gegenstands-)Anschauung und des Meinens zu sagen haben, ist aber auch erkenntnistheoretisch von großer Relevanz und enthält Einsichten, die durch die moderne Scheidung in rezeptive und spontane Vermögen aus dem Blick geraten sind. Sie sind zugleich Grundlage für eine hochdifferenzierte Analyse der Gefühle und ihrer Kultur durch Kunst und Bildung, deren Hauptzüge im Kapitel VI dargestellt werden.

Die abschließenden Kapitel VII und VIII des zweiten Teils versuchen, in vereinfachter Form eine Art Summe des platonisch-aristotelischen Menschenbildes zu bieten. Die Analyse der verschiedenen erkennenden, der mit ihnen verbundenen Gefühls- und der von ihnen abhängigen Willensakte erweist den Menschen als ein Wesen, das auf verschiedenen Ebenen und in verschiedener Kombination dieser Ebenen tätig sein kann, d.h.: jeder Mensch ist der Anlage nach ein Staat im kleinen. Daraus ergibt sich die von Platon und Aristoteles theoretisch begründete, in konkreter Darstellung aber bereits bei Homer belegbare Auffassung, daß die vollendete Entfaltung und das in dieser Entfaltung erfahrene höchstmögliche Glück des einzelnen Individuums zugleich Bedingung der größtmöglichen Wohlfahrt aller sind. Der größtmögliche, d.h. auf das wirkliche Glück des Einzelnen bedachte, Egoismus und der größtmögliche Dienst für das Ganze fallen zusammen. Der für viele neuzeitliche Ethiken grundlegende Gegensatz von Egoismus und Altruismus existiert in dieser besten Form des Egoismus überhaupt nicht. Die Durchführung dieser These in der platonischen Staats- und in der aristotelischen Wirtschaftstheorie bildet den zentralen Inhalt dieses Kapitels, das diese These zugleich gegen antike und moderne Selbsterhaltungstheorien abgrenzt. Daß jedes Lebewesen in erster Linie und von Natur aus darauf bedacht sei, sich selbst zu erhalten, ist die Grundthese des antiken Stoizismus. Sie bildet aber auch das Rückgrat der Staatstheorien seit Thomas Hobbes und der Wirtschaftstheorien seit Adam Smith. Auch für die modernen Formen der Evolutionstheorie ist sie leitend. Im Sinn der platonisch-aristotelischen Anthropologie degradiert eine solche Theorie den Menschen auf eine primitive ‚Stufe der Evolution' und reduziert ihn auf die nicht-rationalen Aspekte an ihm, also auf die Vermögen, die er mit vielen Tieren gemeinsam hat und aus denen gerade nicht ein Begriff von dem, was dem Menschen spezifisch eigentümlich ist, gewonnen werden kann. Denn sie macht Strategien des (bloßen) Überlebens zur Grundlage der Erklärung allen menschlichen Handelns und verdrängt eine aus der Rationalität des Menschen kommende Vervollkommnung des Lebens zu einem guten Leben. Im Unterschied dazu zielt die platonisch-aristotelische Theorie auf eine rationale Selbstverwirklichung des Individuums. Wie die Bedingungen dieser Selbstverwirklichung durch die neuzeitlich moderne Teilung des Menschen in Natur und Kultur, in Rezeptivität und Spontaneität destruiert wurden, rekapituliert die Schlußbemerkung.

Die Rückbesinnung auf platonische und aristotelische Theorien, wie ich sie knapp skizziert habe, hat keine restaurativen Absichten. Die historisch konkreten Bedingungen im Athen des 5. und 4. Jahrhunderts v.Chr. sind ohnehin – wie alle geschichtlich kontingenten Bedingungen – nicht wiederherstellbar, sie bilden auch keinen Untersuchungsgegenstand des vorliegenden Buches. Entgegenwirken will diese Rückbesinnung aber einem verbreiteten geistigen Provinzialismus, für den das regional oder geschichtlich Andere immer nur als Fremdes, gegen das er sich abgrenzen und sich durch diese Abgrenzung in seinem (überlegenen) Eigensein bestätigen müsse, erfahrbar ist. Der Platonismus und Aristotelismus haben in geschichtlich und regional verschiedenen Bereichen über gut 1500 Jahre eine leitende Funktion für Wissenschaften und Künste, aber auch für das politische, wirtschaftliche und religiöse Leben ausgeübt und dabei über die Grenzen historischer Unterschiede, ja Gegensätze hinweg die Grundlage für eine Verständigung gelegt: in der Epoche der sog. Klassik in Griechenland, seit der Wiederentdeckung des Aristoteles im Rom des 1. Jahrhunderts v.Chr., vor allem aber in der griechisch-römischen Spätantike, in syrisch-arabisch-persischen Kulturräumen des frühen und hohen Mittelalters, in verschiedenen Phasen des lateinischen und jüdischen Mittelalters. Allein diese Rezeption in so weit voneinander divergierenden Phasen der Geschichte und der Kulturen ist ein Indiz dafür, daß die Auseinandersetzung mit diesen Theorien nicht die rückwärtsgewandte, konservative Aufbewahrung von geprägten Versatzstücken fordert, die an unwiederholbare geschichtliche Bedingungen gebunden waren, sondern daß diese Theorien ein Potential in sich enthalten, das zu schöpferisch neuen Einsichten und von diesen Einsichten gestalteter Praxis führen kann. Neben dem Potential an kritischem Wissen, das das Verständnis wichtiger Positionen der Moderne erst korrekt beurteilbar macht, möchte dieses Buch auch dieses kreative Potential des Platonismus und Aristotelismus wieder neu in den Blick rücken.

Dort, wo der Anspruch, das Entwicklungsniveau der Moderne erreicht zu haben, erhoben wird, ist dieser Anspruch meistens mit dem Gefühl einer prinzipiellen Überlegenheit gegenüber dem Noch-nicht-Modernen verbunden, ob dieses Nicht-Moderne nun an der Antike, am Mittelalter oder bei den an der westlichen Moderne noch nicht teilhabenden ‚unterentwickelten' Gesellschaften festgestellt wird. Anders ist es, wenn man sich von den nichtmodernen Positionen des antik-mittelalterlichen Platonismus und Aristotelismus her mit den Errungenschaften, die die Moderne erreicht hat oder (manchmal auch nur) haben will, auseinandersetzt. Auch wenn, wie ich schon anzudeuten versucht habe, in dieser Perspektive manche Entdeckungen der Moderne weniger absolut und durchaus einer Kritik zugänglich erscheinen, sie werden dadurch in ihrer Relevanz und Bedeutung nicht grundsätzlich in Frage gestellt, so daß sich – wie dies die Moderne gegenüber der Antike glaubt – eine direkte Auseinandersetzung um die Sache nicht lohnen würde. Im Gegenteil: Die negativen Folgen vieler Entwicklungen der Moderne, die inzwischen von vielen erkannt und von vielen Aspekten her sichtbar und fühlbar geworden sind, könnten durch die kritische Rückgewinnung eines rationalen Horizonts, in dem das Einzelne nicht einfach für sich, sondern in Bezug zu einer allen gleich zu Gebote stehenden Vernunft beurteilt werden kann, nicht unbedeutend gemildert, die bedeutenden neuen Erkenntnisse vor allem im naturwissenschaftlichen Bereich könnten durch eben diesen Bezug effizienter in den Dienst eines wirklichen Gemeinwohls gestellt werden.

Platon und Aristoteles werden in der Durchführung dieser Untersuchung oft im Blick auf das Gemeinsame, das ihre philosophischen Ansätze verbindet, behandelt. Diese Gemeinsamkeit besteht vor allem gegenüber Philosophien, die die nominalistische Wende zur Voraussetzung haben. Platon und Aristoteles vertreten eine Unterscheidungsphilosophie und orientieren sich nicht an Modellen, die Denken als ‚mentale Repräsentation' auslegen. Damit ist nicht bestritten, daß es außerhalb dieses Gemeinsamen Unterschiede und vielleicht bedeutsame Unterschiede zwischen ihnen gibt. Das verbreitete Vorurteil allerdings, Aristoteles habe die platonischen Ideen sozusagen von ihrem ‚Ideenhimmel' heruntergeholt und in den Dingen angesiedelt, möchte ich nicht teilen, es ergeben sich, so hoffe ich, aus der Behandlung ihrer Positionen genügend Argumente, die die Widersinnigkeit dieses Klischees belegen. Zu dem für die These dieses Buches entscheidenden Aspekt möchte ich aber schon hier kurz Stellung nehmen: Wenn man behauptet, Aristoteles habe geglaubt, das begrifflich Allgemeine sei ontologisch in den Einzeldingen verkörpert, der Begriff des Menschen existiere in den einzelnen Menschen, der Begriff des Kreises in den einzelnen Kreisen usw., und könne und müsse deshalb aus ihnen abstrahiert werden, unterstellt man Aristoteles eine Lehre, der er an vielen Stellen und in grundsätzlichem Sinn widerspricht. Denn das Einzelding müßte dann für ihn etwas Wohlbestimmtes sein, das seinen Begriff verkörpert. Nach Aristoteles ist das Einzelding aber ausdrücklich ein Kompositum aus Bestimmtem und Unbestimmtem, aus ‚Form' und ‚Materie', es hat in seiner konkreten Zusammengesetztheit also viele Momente der Unbestimmheit an sich, die überhaupt nicht von seinem *Eidos* geprägt sind und also auch nicht unter den Begriff dieses *Eidos* fallen. Der konkrete Kreis ist z.B. aus Erz. Auch wenn alle Kreise aus Erz wären, dürfte dieses Merkmal nicht von den einzelnen Kreisen abstrahiert und in den Begriff des Kreises aufgenommen werden. Die konkrete Gegenstandseinheit ‚Kreis aus Erz' muß vielmehr aufgelöst, ‚analysiert' werden in das, was zum Kreis als Kreis und zum Erz als Erz gehört. Sie ist keine ‚Verkörperung' des Kreisseins, sondern eine Materie, die in ihrer Organisationsform von den Eigenschaften des Kreisseins bestimmt ist, soweit diese Materie geeignet ist, diese Eigenschaften wiederzugeben. Das Allgemeine ist, wie Aristoteles ausdrücklich sagt, eine Qualität an einer Materie, es existiert nicht als gegenständliche ‚Substanz' (z.B. Aristoteles, *Metaphysik* VII, 13, 1039a1-2). Die dieser Aussage scheinbar entgegenstehende Lehre in der sog. Kategorienschrift, in der Aristoteles behauptet, das Einzelding sei die letzte, nicht weiter auflösbare Grundlage aller Prädikate, die ihm zugesprochen werden können (s. bes. *Categoriae*, Kap. 5, 2a11ff.), wird in der gesamten antiken und mittelalterlichen Auslegungstradition aus der besonderen Zielsetzung dieser Schrift erklärt: Sie will den Ausgangspunkt der Sprach- und Begriffsbildung erklären. Und der normale Sprachgebrauch geht eben davon aus, daß wir Eigenschaften von Einzeldingen ablesen und sie ihnen als Subjekten in Form von Prädikaten zusprechen[60]. Zu meinen, das Einzelding sei im Fortgang einer rationalen, wissenschaftlichen Erkenntnis für Aristoteles die nicht mehr auflösbare Einheit, auf die alle Begriffsmerkmale bezogen werden müssen, ist aber geradezu absurd. Aristoteles müßte den Unterschied von Form und Materie, an dem er in allen seinen Untersuchungen zu den verschiedensten Disziplinen, in denen dieser Unterschied relevant ist, festhält, und der außerdem das Zentrum der ihm wohlbekannten platonischen Lehre bildet, vergessen oder völlig ignoriert haben. Mit dieser Unterstellung wird vielmehr, wie ich im folgenden ausführlich zeigen möchte, Aristoteles ein spezifisch neuzeitliches Theorem untergeschoben, dessen sachlichen Gehalt er aber kennt und einer – scharfen – Kritik unterzieht.

---

[60] Siehe dazu: Rainer Thiel, Aristoteles' Kategorienschrift in ihrer antiken Kommentierung, Tübingen 2004, 11-29.

I. TEIL „Abstraktes Denken – Konkrete Sinnlichkeit": Zum Gegensatz von Kultur und Natur in der Moderne

I Machen Freiheit und Unbestimmtheit den Menschen zu einem Kulturwesen? oder: Warum die Antike antiquiert erscheint

1 Der Gegensatz von selbstgeschaffener Kultur und determinierter Natur im Menschen

1 a. bei Vico

Die gegenwärtigen Kulturwissenschaften, von deren Konzepten die traditionellen Geisteswissenschaften in zunehmendem Maß abgelöst werden, verstehen sich als eine anthropologische Erweiterung der bisher eher philologisch ausgerichteten Geisteswissenschaften mit einem doppelten Anspruch: Es soll die Kluft zwischen den Natur- und den Geisteswissenschaften durch den Rückgang auf eine gemeinsame Basis überbrückt werden, und es sollen die ‚logozen-trischen Identitätskonzepte' der cartesianischen Moderne, ihre formale Abstraktheit und ihr technischer Machtwille zurückgedrängt werden durch den Rückgang auf sinnlich fühlende, ‚ganzheitliche' Erfahrungsweisen des Menschen. Aus diesem letzteren Anspruch folgt die Wiederentdeckung früherer Formen eines ganzheitlich leibhaften Denkens. So sind es vor allem Giambattista Vico wegen seiner Abgrenzung gegen den Rationalismus Descartes', Johann Gottfried Herder durch seine Aufwertung des fühlenden Tastsinns als einer noch vorreflexiv ganzheitlichen Erfahrungsform und Ernst Cassirer durch seine systematische Rekonstruktion der Entwicklung menschlicher Kultur aus einer alle Kräfte des Menschen einbeziehenden Analyse, in denen sich die gegenwärtigen Kulturwissenschaften wiedererkennen und als deren Vollendung sie sich verstehen.

Verfolgt man diese Tradition bis in die Gegenwart, so bestätigt sich, daß in ihr tatsächlich ein Ansatz zu einer Überwindung der Kluft ‚der beiden Kulturen' enthalten ist. Der vermeintliche Gegensatz zwischen der cartesianischen Rationalität und einer ‚synästhetischen', leibhaft fühlenden Erfahrungsform erweist sich aber erstaunlicherweise als eine Scheinkonstruktion, der in Wahrheit nur eine unterschiedliche Akzentsetzung auf einer umfassenden gemeinsamen Grundlage entspricht. Diese Zusammenhänge versuche ich, beginnend mit Vico, im folgenden ersten Kapitel aufzudecken.

„In dieser Nacht voller Schatten (...) erscheint das ewige Licht, das nicht untergeht, von jener Wahrheit, die man in keiner Weise in Zweifel ziehen kann: daß diese historische Welt ganz gewiß von den Menschen gemacht worden ist: und darum können (denn sie müssen) in den Modifikationen unseres eigenen menschlichen Geistes ihre Prinzipien aufgefunden werden. Dieser Umstand muß jeden, der ihn bedenkt, mit Erstaunen erfüllen: wie alle Philosophen voll Ernst sich bemüht haben, die Wissenschaft von der Welt der Natur zu erringen; welche, da Gott sie geschaffen hat, von ihm allein erkannt wird; und vernachlässigt haben, nachzudenken über die Welt der Nationen, oder die historische Welt, die die Menschen erkennen können, weil sie die Menschen geschaffen haben. Diese erstaunliche Wirkung wird hervorgebracht von der Armut des menschlichen Geistes: daß er (...) von Natur geneigt ist, nur die körperlichen Dinge wahrzunehmen, und einer allzu großen Anstrengung und Mühe bedarf, um sich selbst zu begreifen; so wie das körperliche Auge zwar alle Gegenstände außer sich sieht, aber des Spiegels bedarf, um sich selbst zu erblicken."[61]

In diesen viel – wenn auch meist ohne Vicos Berufung auf das „ewige Licht der Wahrheit" – zitierten Sätzen entwirft Giambattista Vico 1725 das ganze Programm einer *Neuen Wissenschaft*, um dessentwillen er vielen als der Begründer oder jedenfalls Vorläufer einer sich historisch und anthropologisch verstehenden Kulturwissenschaft gilt. Die zwei Grundsätze, die Vico hier vertritt – daß der Mensch nur seine eigenen Entwürfe erkennen könne, und daß diese Erkenntnis eine selbstreflexive Erkenntnis sei – ‚können tatsächlich bis heute so etwas wie den Rang einer „ewigen Wahrheit" für sich in Anspruch nehmen. Natürlich würde niemand mehr den Begriff ‚ewige Wahrheit' gebrauchen. Daß in diesen Grundsätzen aber Positionen formuliert sind, hinter die ein Denken, das zeitgemäß sein will, nicht mehr zurückfallen darf, ist eine These, die *de facto* kaum mehr in Zweifel gezogen wird, ja die nur der, so scheint es, in Zweifel ziehen kann, der die Aufklärung des Denkens über sich selbst aufzugeben bereit ist. Immerhin diese Einsichten scheinen also jenen Bestand zu haben, den die seit der Auflösung der mittelalterlichen Einheitsstrukturen immer weiter fortschreitende Pluralisierung in allem Übrigen nicht mehr möglich macht.

Die bedeutende Wirkung, die Vico über insbesondere Herder und Cassirer auf die gegenwärtige Diskussion um die Neukonzeption einer Kulturwissenschaft ausübt, hat ihren Grund darin, daß die Prinzipien, die Vico seiner *Neuen Wissenschaft* voranstellt, einerseits gerade nicht neu sind, sondern einem allgemeinen Selbstverständnis der Neuzeit entsprechen – wenn es eine Neuzeit und Moderne gemeinsam prägende Grundüberzeugung gibt, dann ist es die Überzeugung, in einer Wende des Denkens auf sich selbst dessen (reflexiv aufweisbare) Selbständigkeit ‚entdeckt' zu haben[62] –,

---

[61] Giambattista Vico, Die neue Wissenschaft über die gemeinschaftliche Natur der Völker, nach der Ausgabe von 1744 übers. u. eingel. v. Erich Auerbach, München 1924, 51f. Vico ist inzwischen vollständiger und oft auch korrekter übersetzt durch Vittorio Hösle (Giambattista Vico, Prinzipien einer neuen Wissenschaft über die gemeinsame Natur der Völker. Übers. v. Vittorio Hösle, Hamburg 1990), die einleitenden Sätze hat Auerbach aber – wie auch sonst nicht selten – in einer Prägnanz formuliert, die seine Übersetzung immer noch wertvoll macht.

[62] S. exemplarisch etwa Gottfried Böhm, Bildnis und Individuum, 260: „Bei allem Streit darüber, ob und in welchem Sinn Antike und Mittelalter über die Kategorie (...) der Individualität verfügten, ein Kriterium der Unterscheidung dürfte unbestritten blei-

daß sie aber andererseits einen Aspekt herausheben, der dem gegen cartesianische Subjektivitätsbegriffe erhobenen Vorwurf entgeht, alle Gegenstände einer vereinheitlichenden Rationalität zu unterwerfen.

Auch wenn Vico noch an eine unwandelbare gemeinschaftliche Natur des Menschen glaubt und unter diesem Gesichtspunkt natürlich als überholt gilt, seine ‚Wende' von der Ausrichtung auf die Betrachtung der äußeren Dinge hin zur reflexiven Betrachtung des menschlichen Geistes selbst, zielt nicht auf einen *a priori* gegebenen Denkapparat, sondern auf die geistig seelischen Vermögen des Menschen im ganzen, die sich in historisch immer neuen Formen artikulieren und dadurch den Menschen als ein kulturschöpfendes Wesen ausweisen, das nicht den starren Kausalitätsgesetzen der Natur unterliegt. Ja, man kann im Blick darauf, daß auch die Wissenschaft von der Natur ein Produkt dieses historisch sich wandelnden menschlichen Geistes ist, in Vico den Ansatz zu einer Überwindung des Gegensatzes der ‚zwei Kulturen'[63] finden: Auch bei unserem Wissen von der Natur bewegen wir uns in der Domäne der von uns selbst entworfenen Hypothesen und nicht im Bereich der Natur selbst.

1 b.   bei Herder

In seinem Rückgriff auf Vico[64] hebt Herder vor allem den Aspekt der Freiheit von den Naturzwängen heraus. Mit Vico sieht er den Menschen in einem grundlegenden Sinn durch seine Befähigung zur Sprache als den Schöpfer einer bedeutungstragenden Welt. Der Mensch als Mensch lebt in einer von ihm mit Bedeutung versehenen, symbolischen Welt und ist dadurch ein Kultur- und kein bloßes Natur-Wesen.

---

    ben: das Subjekt als Fundament der Erkenntnis und der Wahrheitsprüfung ist ein moderner Gedanke."

63 Charles P. Snow hat aus der Opposition zwischen einer Wissenschaft, die sich in einer nach außen gerichteten Methode den objektiven Gegenständen der Wirklichkeit zuwendet, und einer Wissenschaft, die in Form einer Introspektion das Subjektive und vom Menschen selbst Hervorgebrachte, d.h. den menschlichen Geist und seine Produkte, zum Thema hat, den Gegensatz zweier Kulturen abgeleitet und Naturwissenschaften und Geisteswissenschaften auf diese Weise scharf voneinander abgegrenzt. S. Charles P. Snow, The Two Cultures and a Second Look. An Expanded Version of ‚The Two Cultures and the Scientific Revolution' (Cambridge 1959), Cambridge 1986. Zur Vorgeschichte der Theorie der ‚zwei Kulturen' s. Klaus Mainzer, Natur- und Geisteswissenschaften. Perspektiven und Erfahrungen mit fachübergreifenden Ausbildungsinhalten, Berlin (u.a.) 1990.

64 V.a. in der Suche nach Archetypen menschlichen Verhaltens in: „Ideen zur Philosophie der Geschichte der Menschheit (1784-91)", in: Herders Werke in 5 Bänden, hg. u. eingel. von Wilhelm Dobbek, Bd. 4: Ideen zur Philosophie der Geschichte der Menschheit, Berlin 4.1969. Zur stetig anwachsenden Herder-Forschung kann ich hier nicht Stellung nehmen. Einen guten Überblick über die Grundtendenzen gibt Ulrike Zeuch, Umkehr der Sinneshierarchie. Herder und die Aufwertung des Tastsinns seit der frühen Neuzeit, Tübingen 2000, v.a. 1-42.

Für diese Freiheit hat der Mensch freilich – im Sinn dieses Kulturbegriffs – einen Preis zu zahlen, dessen Einlösung im Lauf der Jahrhunderte als immer problematischer angesehen wurde, ja man kann sagen, daß die zunehmende Einsicht in die in dieser Freiheit eingeschlossenen radikalen Konsequenzen den Stachel der Entwicklung bildete, in der sich das Freiheitspathos der frühen Neuzeit auf das indifferente Kulturkonzept der Gegenwart zubewegte.

Herder steht mit seiner Idee vom Menschen als dem „ersten Freigelassenen der Schöpfung" auch seinerseits in einer Tradition, die, von ihren antiken Vorläufern abgesehen, bis in die Renaissance zurückreicht. In Pico della Mirandolas berühmter und exemplarischer Rede *Über die Würde des Menschen*, geschrieben in den achtziger Jahren des 15. Jahrhunderts, wird der Mensch zwar noch konventionell – konventionell im Sinn der neuplatonisch geprägten Scholastik – als ein Wesen in der Mitte zwischen Tier und Engel oder Gott gekennzeichnet, für Pico besteht die von ihm neu gesehene *Würde* des Menschen, die ihn über Tier wie Engel hinaushebt, aber in seiner Freiheit für alle diese Lebensformen[65].

Das ist in der Tat ein erheblicher Bruch mit der platonischen Tradition. In deren Horizont ist der Mensch nicht deshalb frei, weil er zwischen tierischem, menschlichem und göttlichem Leben wählen kann, frei ist er vielmehr nur, wenn er seine beste, nämlich: die rationale, Lebensweise verwirklicht, weil er nur in ihr er selbst ist und sich nicht zum Tier versklaven läßt (s. unten S. 503ff.). Für Pico dagegen ist es die (keinerlei inhaltliche Vorgaben oder Kriterien implizierende) Wahlmöglichkeit als solche, die die Größe und Freiheit des Menschen ausmacht.

Im Vergleich mit Herder ist der Mensch bei Pico aber trotz der neu entdeckten Freiheitswürde ein ‚metaphysisch' festgelegtes Wesen. Denn er ist zwar frei, verschiedene Lebensformen zu wählen, diese Lebensformen selbst aber sind ihm ‚ontologisch' vorgegeben, sie enthalten in sich selbst eine bestimmte Potenz, und nur die Art und Weise ihrer Verwirklichung ist dem Menschen überlassen[66].

Eine solche Einschränkung gibt es bei Herder nicht mehr. Herder versucht vielmehr, dem schon antiken Gedanken, daß der Mensch ein nur mangelhaft und ungenügend ausgestattetes Naturwesen ist, einen neuen positiven Sinn abzugewinnen, indem er diesen Mangel als einen Mangel an Festgelegtheit, und das heißt eben: als Ausdruck seiner Freiheit, begreift. Herder hält zwar an der verbreiteten, etwa schon in der antiken Stoa formulierten Vorstellung fest, daß der Mensch den besser ausgestatteten Naturwe-

---

[65] S. Paul Richard Blum, Aufklärung zwischen Humanismus und Scholastik (mit Verweis auf Charakterisierungen des Menschen in der Neuzeit als ‚Proteus' oder ‚Chamäleon').

[66] S. Reinhardt Heinrich, Freiheit zu Gott. Der Grundgedanke des Systematikers Giovanni Pico della Mirandola (1463-1494), Weinheim 1989; Paul Oskar Kristeller, Acht Philosophen der italienischen Renaissance, Weinheim 1986; Ernst Cassirer, Individuum und Kosmos in der Philosophie der Renaissance, Leipzig 1927.

sen durch seine Vernunft und damit primär durch seine Sprache als der ersten Äußerung dieser Vernunft überlegen sei. Für die Stoa aber ist der Mensch durch eben diese Vernunft Glied einer umfassenden Ordnung und eines alles durchwaltenden Schicksals. Herder dagegen zieht den (scheinbar) gerade gegenteiligen Schluß[67]:

Er beobachtet bereits unter den Tieren eine von Eingebundenheit und Freiheit bestimmte gegenläufige Hierarchie: Tiere, deren Fähigkeiten in einen kleinen Kreis eingeschlossen und nur auf Weniges gerichtet sind, müssen in diesen Fähigkeiten eine große Vollkommenheit erwerben.

„Die Spinne webt mit der Kunstfertigkeit der Minerva, aber alle ihre Kunst ist auch in diesem engen Spinnraum verwebet, das ist ihre Welt."[68]

Das heißt: diese Tiere verfügen trotz oder gerade wegen ihrer natürlichen Kunstfertigkeit nur über geringe Vorstellungskräfte, ja diese Vorstellungskräfte werden sozusagen zum bloßen Instinkt zusammengedrängt, wenn sie nur „auf einen Punkt gerichtet sind"[69]. Davon hebt sich die freie und dadurch allein wahrhaft vernünftige Vorstellungswelt des Menschen ab[70]:

---

[67] Man kann auch die stoische Lehre von dem Menschen als ‚Endzweck' der Natur so verstehen, daß der Mensch nicht ein Teil der göttlichen Vernunft unter vielen anderen ist, sondern daß er selbst der Inbegriff (und das Prinzip) dieser Vernunft überhaupt ist, und daher auch nicht ihren (Kausal-)Gesetzen unterworfen ist wie die kausal-determinierte Natur, sondern über dieser Gesetzlichkeit in absoluter Freiheit steht. Das wäre dann derselbe Gedanke wie bei Herder.

[68] Herder, Abhandlung über den Ursprung der Sprache, in: Johann Gottfried Herder, Herders Werke in 5 Bänden, hg. u. eingel. v. Wilhelm Dobbek, Bd. 2, ⁴Berlin (u.a.) (Bibliothek deutscher Klassiker) 1969, I, 1, 94 [die Seitenangaben im Haupttext auf den folgenden Seiten und in den folgenden Anmerkungen beziehen sich auf diese Ausgabe].

[69] Ebenda.

[70] Es ist exakt derselbe Gedanke, der der evolutionstheoretischen These zugrunde liegt, bei dem Menschen spiele im Gegensatz zu allen anderen Tieren der Faktor der ‚sekundären Heuristik' (diese Terminologie stammt von dem Psychologen Henry Plotkin (Darwins Machines and the Nature of Knowledge, Cambridge 1993, bes. 153f.)), also – im Unterschied zur ‚primären Heuristik', unter der die Gesamtheit der genetisch festgelegten artspezifischen Merkmale und Verhaltensmerkmale verstanden wird – alle die Verhaltensweisen des Menschen, die dieser im Lauf seines Lebens entwickelt, um unvorhergesehenen Umweltanforderungen durch Anpassung gerecht zu werden, eine ungleich größere Rolle, weil der Mensch anders als alle anderen Lebewesen von vornherein nicht auf einen bestimmten Lebensraum festgelegt war, der den Anpassungsdruck verringert hätte (Frank Wilson, Die Hand – Geniestreich der Evolution. Ihr Einfluß auf Gehirn, Sprache und Kultur des Menschen, Stuttgart 2000, 309): „Die relative Bedeutung der sekundären Heuristik wird für jede Art davon abhängen, wie groß die Gefahr ist, neuen Bedrohungen oder Möglichkeiten ausgesetzt zu sein. Für Haie ist diese Gefahr nicht sehr groß. Für Hominiden, die sich mit einem kaum erprobten Körper in eine völlig unvertraute Umwelt wagten, war das Risiko extrem. Für die Australopithecinen und für *Homo* ist daher das ‚Problem der ungewissen Zukunft' nie fernliegend oder abstrakt gewesen. Ganz im Gegenteil, es war immer der beherrschende Aspekt ihres Lebens. Wenn die Menschen auf die Welt kommen, sind sie nicht nur ge-

> „Der Mensch hat keine so einförmige und enge Sphäre, in der nur eine Arbeit auf
> ihn warte, eine Welt von Geschäften liegt um ihn. Seine Sinne und Organisation
> sind nicht auf eins geschärft, er hat Sinne für alles und natürlich also für jedes
> einzelne schwächere und stumpfere Sinne. Seine Seelenkräfte sind über die Welt
> verbreitet, also keine Richtung seiner Vorstellungen auf ein Eins, mithin kein
> Kunsttrieb, keine Kunstfertigkeit und (...) keine Tiersprache."[71]

Es ist also „der Vorzug der Freiheit" (98), der den Menschen vom Tier unterscheidet, er hat kein eigenes „Werk", wie Herder in einem letzten Anklang an Platon noch sagt[72], aber eben deshalb, weil er von Natur nicht zu einem eigenen Werk ausgestattet ist, kann alles „sein eigen Werk werden" *(98)*. Herder geht in dieser Hinsicht so weit, daß er eine begrenzte Bestimmtheit der menschlichen Fähigkeiten völlig bestreitet und die beinahe absolute Unbestimmtheit zur Voraussetzung seiner spezifisch menschlichen, sinnlichgeistigen Tätigkeit macht:

> „Die Biene summset, wie sie sauget, der Vogel singt, wie er nistet, aber wie
> spricht der Mensch von Natur? Gar nicht, so wie er wenig oder nichts durch völligen Instinkt als Tier tut."[73]

Aus der Freiheit der Wahl zu genau bestimmten Lebensformen bei Pico ist also bei Herder eine (beinahe) absolute Freiheit zu allem geworden, und zwar ausdrücklich und nachdrücklich nicht durch den Aufweis bestimmter positiver Fähigkeiten, durch die der Mensch seine Freiheit verwirklichen kann, sondern durch den Aufweis, daß das, was man die Natur des Menschen nennen kann, von Natur aus gänzlich unbestimmt ist.

Wenn man fragt, warum diese nur negative Freiheit den Menschen zum Menschen macht, ist die Antwort die, die auch Vico schon gegeben hat, und die mit gewissen Variationen von der frühesten Neuzeit bis heute gegeben

---

    zwungen, zu lernen und sich zu verändern, sondern besitzen auch einzigartige Voraussetzungen dafür."

[71] Herder, Über den Ursprung der Sprache, 95.

[72] Zum Begriff des ‚Werks' (*ergon*, ἔργον) im Kontext der platonischen und aristotelischen Erkenntnistheorie s. unten S. 324ff.; S. 333f. (u.ö.).

[73] Herder, Über den Ursprung der Sprache, 96. Die Tierbeispiele, die Herder bringt, stammen weitgehend aus schon in der Antike gemachten und dokumentierten Beobachtungen. Der argumentative Wert dieser Beispiele, die ja belegen sollen, daß Freiheit zwar bereits im Tierreich zunehme, aber erst beim Menschen wirklich zu sich selbst komme, ist in eben dem von Herder explizierten Sinn schon in der Stoa, v.a. bei Poseidonios zu finden. S. Max Pohlenz, Tierische und menschliche Intelligenz bei Poseidonios, in: Hermes 76, 1941, 117-123 (=zitiert nach: Kleine Schriften, hg. v. Heinrich Dörrie, Hildesheim 1965, (Bd. 1), 292-304), bes. 297f. – mit Belegen aus Texten von Nemesios, Seneca, Origenes, Galen. Dazu s. auch Urs Dierauer, Tier und Mensch im Denken der Antike. Studien zur Tierpsychologie, Anthropologie und Ethik, (Studien zur antiken Philosophie; 6), Diss. Amsterdam 1977; Verf., Verhaltensforschung als Psychologie. Aristoteles zum Verhältnis von Mensch und Tier, in: Wolfgang Kullmann u. Sabine Föllinger (Hgg.), Aristotelische Biologie. Intentionen, Methoden, Ergebnisse, Stuttgart 1997, 259-286.

wird: Weil der Mensch in seinen Vorstellungen nicht auf bestimmte „Werke" festgelegt, determiniert ist, kann er sich seiner selbst bewußt werden:

> „So wird er freistehend, kann sich eine Sphäre der Bespiegelung suchen, kann sich in sich bespiegeln. Nicht mehr eine unfehlbare Maschine in den Händen der Natur, wird er sich selbst Zweck und Ziel der Bearbeitung."[74]

Über dieses Vertrauen in die Kraft der Selbstbespiegelung wird später noch genauer zu handeln sein. Geistesgeschichtlich gesehen kann man sagen, daß Herder mit dieser Bestimmung des Menschen aus seiner Unbestimmtheit eine Zwischenstellung einnimmt zwischen dem sog. Logozentrismus der Moderne und der offenen Pluralität der anthropologischen Auffassungen der Postmoderne und der Gegenwart. Die freien Selbstentwürfe zeichnen für Herder den Menschen einerseits im Unterschied zum Tier aus, sie sind es, die ihm zum *homo sapiens*, zu einem vernünftigen, seiner selbst bewußten Wesen machen. Wenn Herder die „Disposition" der „Kräfte" des Menschen also „Verstand, Vernunft, Besinnung" *(98)* nennt, ist dies nicht beiläufig, sondern zentral für seine Anthropologie: Nur durch seine Vernunft ist der Mensch überhaupt Mensch. Andererseits ist der Mensch für Herder durch die Unbestimmtheit seiner Kräfte nicht nur in seinen rationalen Handlungen, sondern grundsätzlich ‚bestimmt':

> „Es ist die ganze Einrichtung aller menschlichen Kräfte, die ganze Haushaltung seiner sinnlichen und erkennenden (...) und wollenden Natur, oder vielmehr es ist die einzige positive Kraft seines Denkens, die, mit einer gewissen Organisation seines Körpers verbunden, bei den Menschen so Vernunft heißt, wie sie bei den Tieren (...) Instinkt wird."[75]

Was Herder Vernunft nennt, bezeichnet also nicht einen Teilaspekt des Menschen, seine rationale, logoszentrierte Seite, sondern das spezifisch menschliche, nicht-tierische Sein des Menschen in allen seinen Formen. Sie alle werden durch die Möglichkeit der *Selbstbespiegelung* oder des Selbstgefühls, sich in allen Sphären des Menschseins als er selbst zu erfahren, zum „Werk" der einen menschlichen Vernunft.

Obwohl Herder diese menschliche ‚Vernunft' auch, ja in eminentem Sinn im Gefühl und da wiederum vor allem im Tastgefühl wirksam sieht – durch diese Betonung ist er zu einer Gründergestalt der ‚leibphilosophischen Wende' geworden[76] –, belegt die Beibehaltung des einen Begriffs der Vernunft für das, was man heute ‚emotionale Intelligenz' nennen und der rationalen Vernunft entgegensetzen würde, daß er den auf der Einheit des Selbstbewußtseins gründenden modernen Subjektivitätsbegriff nur modifizieren, nicht aber aufgeben wollte.

Es ist aber klar, daß diese Modifikation eine erhebliche Entgrenzung des cartesianischen Subjektivitätsbegriffs bedeutete und so die Möglichkeit er-

---

[74] Herder, Über den Ursprung der Sprache, 98.
[75] Herder, Über den Ursprung der Sprache, 98f.
[76] S. Ulrike Zeuch, Umkehr der Sinneshierarchie.

öffnete, auch die unbewußten ‚Tiefenschichten', ja den Leib selbst mit seinem „leibhaften Sinn"[77] als anthropologische Potenzen, als Mitgestalter spezifisch menschlicher Selbstentwürfe einzustufen.

1 c. bei Cassirer und den gegenwärtigen Kulturwissenschaften

In der Erweiterung der Vernunft auf die fühlenden und wollenden Vermögen des Menschen sah z.B. Ernst Cassirer die Grundeinsicht formuliert, von der her er die Prinzipien von Kants Kritik der reinen und praktischen Vernunft auf eine Kritik des gesamten Kulturschaffens des Menschen erweitern konnte[78]. Die *Logiken*, nach denen der Mensch verschiedene Formen der Kultur aus sich hervorbringt, heißen *Logik* nicht mehr im Sinn der Verfahrensweisen des Verstandes, sondern sind symbolische Formen mit einer je eigenen Vernunft, je eigenen Sinn- und Strukturprinzipien, die sich nach Cassirer in Sprache, Mythos und Erkenntnis gliedern, wobei ‚Sprache' durchaus ähnlich wie bei Herder die elementare Bedeutungsgebung überhaupt, ‚Mythos' die religiös-anschauliche Denkweise und ‚Erkenntnis' das wissenschaftlich begriffliche Verstehen meint. In ihnen falten sich die „Werke des Geistes" aus, durch die der Mensch in einem Prozeß der Selbstbefreiung von allen Zwängen einer physisch oder metaphysisch vorgegebenen Natur zum Schöpfer seiner Kulturen wird.

Was Cassirers Vorstellung von einer wissenschaftlichen Erfassung der kulturschöpferischen Kräfte des Menschen von gegenwärtigen Konzepten einer Kulturwissenschaft trennt, ist seine Überzeugung, ohne die Voraussetzung allgemeiner Sinn- und Strukturprinzipien, nach denen sich die gesellschaftlich und geschichtlich verschiedenen Kulturschöpfungen des Menschen formen, sei es nicht möglich, zu einem Begreifen dieser immer wieder anderen Formen zu gelangen. In diesem Punkt macht auch Cassirer, so scheint es vielen, noch eine unhistorische Voraussetzung, durch die er der rationalistischen Philosophie Kants und des Neukantianismus verhaftet bleibt.

Sieht man davon ab, dann können Cassirer wie Herder aber als Wegbereiter einer neuen Kulturwissenschaft in einem substantiellen Sinn gelten. So stellen etwa Böhme, Matussek, Müller in ihrer Monographie „Orientierung Kulturwissenschaft" in Bezug auf Herder fest:

> „Die Diagnose des Menschen als eines konstitutionell unfertigen, unbestimmten und unspezialisierten Wesens aber gehört noch in unserem Jahrhundert zu den vielfältig variierten und fortgeschriebenen Grundeinsichten der Anthropologie. Es gibt ihr zufolge keine menschliche Natur, für die nicht zugleich der Begriff der

---

[77] S. Georg Braungart, Leibhafter Sinn. Der andere Diskurs der Moderne, Tübingen 1995; Dietmar Kamper (u.a.) (Hgg.), Die Wiederkehr des Körpers, Frankfurt a.M. 1982; Heinrich Schipperges, Kosmos Anthropos. Entwürfe zu einer Philosophie des Leibes, Stuttgart 1981.

[78] Ernst Cassirer, Philosophie der symbolischen Formen, (3 Bde.), Berlin 1923-1929 (=ND Darmstadt ²1953 (u.ö.)), Bd. 2: Das mythische Denken, 1923, 11.

Kultur zuständig wäre. Denn im natürlichen ‚Mangel' an Spezialisierung ist als dynamisierendes Element die Bedingung der Möglichkeit von ‚Kultur' enthalten."[79]

1 d. Brüche und Gemeinsamkeiten in den neuzeitlich-modernen Diskursen über den Menschen als Kulturwesen

Wenn man den bis hierher in einigen Grundzügen beschriebenen Weg der neuzeitlichen Diskurse über den Menschen als Kulturwesen überblickt, sieht man neben (1) einer Reihe bedeutender Änderungen, ja revolutionärer Umbrüche auch (2) eine fast erstaunliche Konstanz in der Grundauffassung:

(1) Die Änderungen beziehen sich auf die Frage, was man von diesem Kulturwesen ‚Mensch' wissen kann. Sofern es Wissen nur geben kann, wenn man etwas bestimmen und in dieser Bestimmtheit festhalten kann, hängt die Antwort von der Klärung des Problems ab, ob es so etwas wie eine feste Natur, ein bestimmbares Wesen des Menschen gibt. Im Blick auf diese Frage (bzw. mit Blick auf die verschiedene inhaltliche Füllung dessen, was unter diesem gesuchten ‚Identischen' verstanden wird) sind die Änderungen von der Renaissance bis zur Gegenwart radikal:

Die Freiheit des Menschen zur Wahl zwischen Engel und Tier hat bei Pico della Mirandola noch eine ‚metaphysische' Grundlage in den Potenzen des Menschseins überhaupt. Eine metaphysische Grundlage gibt es zwar auch bei Vico und sogar noch bei Herder, aber nur noch als eine ‚unerklärliche' Voraussetzung.

Mit den grundlegenden Tendenzen ihrer Zeit halten Vico und Herder immerhin noch an der Möglichkeit einer Erklärung des Wesens des Menschen fest. Bei aller Betonung der historisch-geographisch oder natürlich bedingten Variabilität des Menschen gibt es bei beiden ‚noch' den Glauben an eine Selbstbegründung des Subjekts in seiner autonomen Vernünftigkeit, auch wenn diese Vernünftigkeit in Opposition gegen cartesianisch bestimmte Traditionen in einem erweiterten Begriff gefaßt wird: bei Vico in den verschiedenen, über Völker und Zeiten verstreuten Hervorbringungen der gemeinsamen Natur der Menschen, bei Herder in der sich in allen sinnlichen, fühlenden, wollenden, geistigen ‚Werken' des Menschen äußernden einen Kraft der ‚Vernunft'.

Obwohl die Faszination des Gedankens von der Intelligenz auch der nicht-rationalen Kräfte des Menschen, die den neuzeitlichen ‚Logozentrismus' ja gleichsam von der ersten Stunde an als Komplement und Gegenkonzept begleitet, bis heute nicht nachgelassen, sondern im Gegenteil eine triumphale Renaissance erfahren hat, ist der Gedanke und mit ihm auch das ganze Pathos einer sich in dieser Vielfalt frei fühlenden autonomen Subjektivität in der Gegenwart so gut wie verschwunden. Wenn es noch eine an-

---

[79] Hartmut Böhme, Peter Matussek u. Lothar Müller, Orientierung Kulturwissenschaft: was sie kann, was sie will, Hamburg 2000, 133.

thropologisch allgemeine Aussage über den Menschen gibt, dann ist es die ‚Grundeinsicht' in die konstitutionelle, unbestimmte ‚Offenheit' seines Wesens, die unbegrenzte Handlungsspielräume zuläßt. Die konkrete Folge für die Kulturwissenschaften der Gegenwart ist, daß die „Kultur der Baustelle"[80] oder der balinesische Hahnenkampf[81] als gleichberechtigte Gegenstände neben die traditionellen Gegenstände aus Literatur und Kunst treten. Von dem metaphysischen Pathos in der Überzeugung von der Gottähnlichkeit des Menschen der Renaissance ist nichts übrig geblieben als die Überzeugung von der unabschließbaren Offenheit der menschlichen ‚Natur'. Daß der Mensch als das zu allem befähigte Kulturwesen dann auch zu einer ‚Kultur' der Trivialität oder Bosheit befähigt ist, wird bestenfalls beiläufig zum Gegenstand kulturwissenschaftlicher Diskussionen.

(2) Die Auffälligkeit der Änderungen im Selbstverständnis des Menschen seit der Renaissance – Änderungen, die in der Tat von einer den Menschen mit Gott verbindenden Geistigkeit bis hin zu einem Quasi-Nichts an Bestimmtheit, das bestenfalls noch durch die Leibgebundenheit des Menschen Kontur erfährt, reichen – hat die Blicke fast aller Beobachter so auf sich gezogen, daß die in diesen Änderungen sich durchhaltende Konstanz der Grundauffassung vom Menschen und damit auch die innere Konsequenz, mit der diese Entwicklung sich vollzog, beinahe unbeachtet und jedenfalls in ihrer historischen wie sachlichen Problematik undiskutiert blieb.

Schon bei Pico della Mirandola ist der Mensch, wie Pico in seinem Kommentar zum „Siebentagewerk"[82] im einzelnen durchführt, nicht durch die Qualitäten der drei Welten (der intelligiblen, der himmlischen und der sublunaren), die er in sich vereinigt, definiert, sondern durch die Indifferenz ihnen allen gegenüber: Er ist selbst nicht eine eigene, etwa zusammengesetzte Welt neben den drei anderen, sondern er ist das *Medium*, der Vermittler, der dadurch, daß er nichts von allem[83] ist, alles sein kann[84].

---

[80] Hartmut Böhme, Zur Gegenstandsfrage der Germanistik und Kulturwissenschaft, in: Jahrbuch der Deutschen Schillergesellschaft 42, 1998, 476-485.

[81] S. Clifford Geertz, The Interpretation of Cultures: Selected Essays, New York 1973, 412-453 (Kapitel 15: „Deep Play: Notes on the Balinese Cockfight").

[82] S. Pico della Mirandola, Heptaplus, in: Giovanni Pico della Mirandola, De hominis dignitate, heptaplus, de ente et uno e scritti vari, a cura di Eugenio Garin, Florenz 1942.

[83] Das Prädikat ‚nichts von allem' hatte in der abendländisch-christlichen Tradition eine ganz bestimmte Funktion, nämlich die einer Bezeichnung Gottes im Rahmen einer negativen Theologie (Cusanus' Schrift *De non-aliud* bietet in gewissem Sinn eine Zusammenfassung des Grundgedankens dieser Tradition: s. Nikolaus von Kues, Vom Nichtanderen. Übers. u. mit Einf. u. Anm. hg. v. Paul Wilpert, Hamburg ²1976; dazu auch Werner Beierwaltes, Identität und Differenz als Prinzip cusanischen Denkens, in: ders., Identität und Differenz, Frankfurt a.M. 1980, 105-143, bes. 114-117). Zur Tendenz der Vergöttlichung des (menschlichen) Individuums in der Neuzeit s. Jochen Schmidt, Die Geschichte des Genie-Gedankens in der deutschen Literatur, Philosophie und Politik, (2 Bde.), Darmstadt 1985, bes. 129ff. und 298ff.

Allen Abhängigkeiten von neuplatonisch-scholastischen Traditionen zum Trotz ist der Mensch für Pico nicht dadurch charakterisiert, daß er ein bestimmtes Glied einer universalen Ordnung ist, sondern durch seine Nichtbestimmtheit von allen diesen Ordnungen, wenn auch noch in einer relativen Hingeordnetheit auf genau diese Ordnungen.

Daß der Mensch von seiner (zunächst relativen) Nichtbestimmtheit her ‚bestimmt' wird, gehört also von der beginnenden Renaissance an zu den Grundzügen des ‚neuen', dem scholastischen *ordo*-Gedanken entgegengesetzten Menschenbildes. Es setzt voraus, daß der Mensch der für alles übrige geltenden Ordnung entnommen ist und ihr als ihr Zweck, weil einziges aus sich heraus Zwecke setzendes Wesen gegenübersteht.

Eben diesen Gedanken formuliert auch Vico, bei dem der Mensch bereits in eine radikale Antithese zwischen Natur und Kultur gestellt ist: Die Natur ist von Gott geschaffen und deshalb auch durch ihn in allem bestimmt und determiniert. Sofern der Mensch seiner Natur entsprechend lebt – und darunter versteht Vico, daß er seinen nach außen gerichteten Wahrnehmungen folgt – bleibt er dieser Determination unterworfen und fremdbestimmt. Nur wenn er sich reflexiv auf sich selbst zurückwendet, kann er sich selbst und das begreifen, was er aus diesem Wissen um sich selbst heraus hervorgebracht hat.

Und nur so, d.h. durch diesen scharfen Schnitt zwischen dem, was der Mensch allein aus sich selbst ist, und dem, wozu die Natur in ihm hinneigt, ist er ein in seinem Erkennen und Handeln sich selbst bestimmendes, freies Wesen, und er ist dies erst in einem mühevollen, langen Prozeß geworden, in dem er sich von einer archaischen, an eine anschaulich bildliche Vorstellung gebundenen, nach außen gerichteten Denkweise zu dem modernen, sich seiner Geschichtlichkeit und Freiheit bewußten Wesen entwickelt hat.

Die ‚Natur' Vicos ist nicht mehr die intelligible Ordnung des Universums wie bei Pico, sondern eher das, was der Common sense unter ‚Natur' versteht, sie ist Inbegriff alles nicht vom Menschen Gemachten, die äußere wie die innere, sinnliche ‚Natur' des Menschen, auch wenn Vico daran festhält, daß diese Natur die von Gott gemachte und geordnete Natur ist. Gerade durch diesen restringierten und popularisierten Naturbegriff wird aber der Grundgedanke Picos nicht aufgehoben, sondern sogar verstärkt: Auch bei Vico wird der Mensch in seinem Eigensein primär negativ bestimmt, sein ‚Wesen' ist seine Nicht-Natürlichkeit, positiv formuliert: seine nicht von der Natur determinierte schöpferische Freiheit der Vorstellungsgabe (seines *ingeniums*) und das durch sie mögliche spezifisch menschliche Handeln[85].

---

[84] S. dazu auch Ernst Cassirer, Giovanni Pico della Mirandola: A Study in the History of Renaissance Ideas, in: Journal of the History of Ideas 3, 1942, 123-144 u. 319-346; Avery Dulles, G. Pico della Mirandola and the Scholastic Tradition, Cambridge (Mass.) 1941.

[85] S. z.B. die Beschreibung des Herakles-Mythos in der Bilderklärung des Frontispiz (in der Ausgabe von Vittorio Hösle, 4f.).

Auf die Frage, weshalb sich Vico in der Lage fühlte, trotz dieser Entgegensetzung der schöpferischen Freiheit des menschlichen Geistes gegen seine natürliche Begrenztheit ein „sozial- und kulturwissenschaftliches Kategoriensystem"[86] zur gesetzmäßigen Erklärung menschlichen Handelns zu entwickeln, werde ich später in allgemeinerem Zusammenhang noch zurückkommen. Zunächst sollte nur noch einmal hervorgehoben sein, daß auch Vico die nichtphysische, mental-kulturelle Seite des Menschen in der „unbegrenzten Natur seines Geistes"[87], in seiner Variabilität und Unbestimmtheit gegründet sieht.

Daß Herder und die ihm folgende eher leibphilosophisch orientierte Kulturwissenschaft der Gegenwart in eben dieser Tradition stehen und die Konsequenz, daß das Wesen des menschlichen Geistes geradezu in dieser völligen Unbestimmtheit besteht, nur noch schärfer heraustreiben, braucht wohl keine Erläuterung mehr, aber vielleicht den Hinweis, daß selbst die äußerste Entleerung des ‚Kulturwesens' Mensch von aller inhaltlichen Bestimmtheit die Überzeugung nicht zerstört hat, in eben diesem Nichts seien die ‚dynamisierenden', schöpferischen Kräfte des Menschen angelegt[88].

Die Bestimmung des Menschen aus seiner Unbestimmtheit gehört also zu den Konstanten, die die in vielen anderen Hinsichten ganz verschiedenen neuzeitlich-modernen ‚Menschenbilder' als gemeinsame Basisannahme teilen.

Die zunehmende Radikalität, mit der die bloße Unbestimmtheit selbst zum einzigen Kriterium für das wird, was überhaupt noch als das Wesen oder die ‚Natur' des Menschen angesehen werden kann, verweist dabei selbst schon darauf, daß in dieser Tradition ein zum Verständnis dessen, was der Mensch ist, wichtiger Aspekt offenbar verabsolutiert und dadurch in seiner Erklärungsfähigkeit auch überfordert worden ist: Daß jemand weder Arzt noch Richter noch Musiker noch Theologe usw. ist, kann nicht der zureichende Grund dafür sein, daß er zum Politiker, der für die Probleme aller dieser Tätigkeiten offen sein muß, geeignet ist.

1 e.   Wirkungsgeschichtlich begründete Zweideutigkeiten in der
       Bestimmung des Kulturwesens ‚Mensch'

Allein die kleine Auswahl bisher besprochener Positionen hat schon deutlich machen können, daß auch die Gründe, die dazu geführt haben, den Menschen von seinem Wesen her als den „ersten Freigelassenen der Schöpfung" (Herder) zu verstehen, eine erhebliche, die Zeiten überdauernde Konstanz aufweisen, ja man kann zeigen, daß sie eine komplexe Begründungsstruktur

---

[86] Vittorio Hösle, Einleitung zur Ausgabe von Vicos „Prinzipien einer neuen Wissenschaft", C.
[87] Vico, Prinzipien einer neuen Wissenschaft, 1. Buch, 2. Abteilung, 1. Axiom.
[88] So Hartmut Böhme, Peter Matussek u. Lothar Müller, Orientierung Kulturwissenschaft, 133f.

bilden, die Unvereinbares zu vereinbaren sucht, und durch eben diese außergewöhnliche Konjunktion ihre Zusammengehörigkeit dokumentieren.

Wer den Menschen als das frei sich selbst bestimmende Kulturwesen der Natur entgegengesetzt, muß auf jeden Fall diesen Gegensatz mit einem zweiten Gegensatz, dem Gegensatz von Notwendigkeit und Freiheit gleichsetzen. Denn wer z.B. wie Platon oder Aristoteles glaubt, daß auch die Natur Freiräume hat, und daß der Mensch aufgrund seiner ihm eigenen Natur am meisten befähigt ist, diese Freiräume selbst zu gestalten, braucht den Menschen nicht der Natur entgegenzusetzen, sondern kann zu ermitteln versuchen, welche Stelle der Mensch aus seinen Vermögen heraus im Geflecht zufälliger, regelmäßiger und notwendiger Ursachen im Gesamt der Welt einnehmen kann. Daß der Mensch als reflexives Geistwesen nur in absoluter Unabhängigkeit von allen Ursachenzwängen der Natur er selbst sein kann, setzt also voraus, daß man die Natur für einen Kausalzusammenhang von strenger Notwendigkeit hält und den Menschen ausschließlich aus seinem *Verhältnis* zu dieser Naturkausalität definiert.

Und nicht nur dies: Man muß auch zwei klar unterscheidbare und in der antik-mittelalterlichen Philosophie klar geschiedene Naturbegriffe miteinander vermischen oder zumindest in unaufgelöster Ambivalenz belassen: (1) den Begriff der Natur als Inbegriff aller vom Menschen nicht gemachten, sondern aus eigener Ursächlichkeit daseienden Dinge und Lebewesen und (2) den Begriff von Natur im Sinn des Wesens einer Sache, so wie man von der Natur des Menschen als eines sich frei entwerfenden Kulturwesens spricht. In diesem zweiten Sinn meint ‚Natur' gerade nicht die natürliche, kausal-determinierte Natur. Man versucht mit diesem Naturbegriff vielmehr etwas zu benennen, was spezifisch auf den Menschen und auf sonst nichts anderes zutrifft und dadurch den Menschen in etwas, was für ihn wesentlich ist, erfaßt. Wer mit dem Argument, der Mensch bestimme sich selbst und sei nicht der Determiniertheit durch die Natur unterworfen, bestreitet, daß es so etwas wie eine Natur des Menschen gebe, hat diese beiden Naturbegriffe gleichgesetzt – und er hat sich selbst widersprochen, denn er hat ja einen Begriff von der Natur des Menschen im Sinn einer ein für allemal festgelegten Wesensaussage, von der er keine Abweichung mehr zuläßt. Von der Höhe der Einsicht, daß der Mensch das sich selbst entwerfende, unfertige, offene, d.h. keiner Bedingtheit unterworfene, nicht-determinierte Wesen ist, gibt es, wie man immer wieder hört, kein Zurück mehr zu ‚festen' Menschenbildern, die vorgeblich nur wieder ‚metaphysisch' oder ‚archaisch-mythisch' sein könnten.

1 f. Der ‚neue' Freiheitsbegriff: Resultat der Verabsolutierung der geschichtlichen Welt

Neben der Überzeugung, daß der Mensch das offene, sich ständig wandelnde Wesen ist (und darin seine eigentümliche ‚Natur' hat), gibt es bis heute die nicht weniger breit akzeptierte Überzeugung, daß die Freiheit des

Menschen ein bloßes Postulat ist, für das es keinen wirklichen Beweis gebe. Ein absoluter, rein aus uns selbst kommender Anfang des Wollens, Erkennens oder Handelns läßt sich nicht erweisen.

Bei der Suche nach Gründen für diese Vereinbarung des Unvereinbaren in den uns zu wirkungsgeschichtlicher Selbstverständlichkeit gewordenen Grundannahmen stößt man auf eine weitere Konstante neuzeitlich-modernen Denkens: auf die Überzeugung von der Absolutheit der empirisch geschichtlichen Welt.

Denn die Überzeugung, daß der Mensch das einzige sich selbst frei bestimmende Wesen ist, und die Überzeugung, daß die Natur ein notwendiger, kausal determinierter Zusammenhang ist, sind einander komplementär. Wer voraussetzt, daß die Natur absolut determiniert ist, muß auch eine absolute Freiheit suchen. Aber es gilt auch umgekehrt, ja es dürfte hier sogar der Ursprung dieser Aporie liegen: Wer eine absolute Freiheit sucht, d.h., wer Freiheit einfach als völlige Unbestimmtheit von *allen* Determinanten denkt[89] (für Platon und Aristoteles wäre dies ein unkritischer, dem Common sense verpflichteter Freiheitsbegriff), muß in jeder Art von inhaltlicher Beeinflussung und Determinierung (also auch in jeder Art von inhaltlichen Kriterien für Entscheidungen) eine völlige Vernichtung der Freiheit, d.h. eine absolute Fremdbestimmung, sehen.

Die Probleme, die in diesem aporetischen Verhältnis von Freiheit und Notwendigkeit liegen, sind oft genug diskutiert worden, die von Anfang an, d.h. schon in der Stoa der Antike, erwogenen Auswege, gehören auch zu den Denkhaltungen, die man zwar einer scharfen Metaphysikkritik unterzogen hat, deren Basisannahmen aber bis heute nicht aufgegeben sind.

Zunächst zur Erklärung, warum überhaupt die Behauptung, es gebe für jede einzelne Erscheinung einen zureichenden Grund, gerechtfertigt werden kann:

Die Behauptung, die von der antiken Stoa zuerst aufgestellt und die von der breiten Stoarezeption in der Neuzeit bis hin zu Wolff und Kant wiederholt wurde, alles sei aufgrund der kontinuierlichen Kette von Ursachen, aus denen es hervorgegangen ist, notwendig so, wie es ist, und könnte nicht anders sein, widerstreitet ja, wie schon viele antike Gegner der Stoa betont haben[90], den Phänomenen.

Kein Ding und kein Lebewesen hat nur Eigenschaften, die ihm notwendig zukommen. Ein Mensch muß notwendigerweise über Denkvermögen verfügen, wenn er überhaupt soll Mensch genannt werden können, die

---

[89] Einen Höhepunkt in der Formulierung und Begründung dieses Freiheitsbegriffs stellt Schopenhauers Preisschrift dar. „Alle Motive (...) sind Ursachen, und alle Kausalität führt Notwendigkeit mit sich" (Arthur Schopenhauer, Preisschrift über die Freiheit des Willens, hg. v. Hans Ebeling, Hamburg 1978, 71). Zu einer Kritik an dieser Position, die Freiheit nur in einem Dezisionsvermögen finden kann, das außerhalb jeder Kausalität liegt, s. unten (u.a.) S. 299ff.

[90] S. Alexander von Aphrodisias, Über das Schicksal, übers. u. komm. v. Andreas Zierl, Berlin 1995, 41ff.

schwarze oder weiße Hautfarbe stehen aber mit seinem Menschsein in keinem notwendigen Zusammenhang. Diesen Unterschied zwischen wesentlichen und unwesentlichen Eigenschaften und damit den gesamten Unterschied zwischen zufälligen, wahrscheinlichen und notwendigen Ursachen kann nicht gelten lassen, wer die Welt der Einzeldinge so, wie sie sind, für eine wohl und durchgängig bestimmte Welt hält.

Der Ausweg, der diesen Streit mit den Phänomenen beizulegen scheint, ist, daß man jede Art von Zufall und Regelabweichung für einen bloßen Schein erklärt, der dadurch entsteht, daß wir aufgrund der Endlichkeit unseres Denkens nicht die gesamte Ursachenkette überschauen.

Die Wohlbestimmtheit und (kausale) Notwendigkeit, die sich in der empirisch überprüfbaren Welt der Einzeldinge nicht nachweisen läßt, wird in das Gesamt der Welt (bzw. in eine potentiell unendlich weit entfernte Zukunft) verlegt, das dadurch in allen seinen Aspekten als ein rational durchgestaltetes Ganzes erscheint, dessen Rationalität aber in keinem Teilaspekt faßbar ist, sondern nur im Durchgang durch *alle* seine Teile am Ende erkennbar wäre.

Das hat zur Folge, daß kein Einzelding und auch keine beliebig große Anzahl von Einzeldingen eine rationale Bestimmung zuzulassen scheinen. Jede einzelne Bestimmung, jede Gesetzmäßigkeit muß dann als eine Fixierung erscheinen, die die Dinge auf bestimmte gemeinsame Bedingungen festlegt, sie ‚vergegenständlicht' und ihre Offenheit für eine – bestenfalls am Ende der Universalgeschichte faßbare – volle Bestimmtheit mißachtet. Wenn jede konkrete Erscheinung zwar notwendig so ist, wie sie ist, in dieser konkreten Form aber, die ja viele Zufälligkeiten und Pluralismen enthält, in ihrer Notwendigkeit nicht erkennbar ist, dann wird allerdings – und das ist das Signum dieser Verabsolutierung des Endlichen – Erkenntnis grundsätzlich zu einem metaphysischen Geschäft:

Man muß sich zutrauen, im Einzelnen dessen unendlich variierbaren Grund erfassen zu können – diese Überzeugung findet man von Ficino[91] und Giordano Brunos „Heroischen Leidenschaften" an, über etwa Schelling, Schleiermacher, Dilthey, Gadamer bis zur Differánce Derridas – oder man muß jede Erkenntnis als eine nur vorläufige, immer überholbare Festlegung ausgeben, wie es z.B. Popper als die grundlegende ‚Logik der Forschung' meint erkennen zu können.

Aber auch diese letztere Feststellung, die scheinbar Ernst mit der grundsätzlichen Endlichkeit menschlichen Denkens macht und deshalb damit

---

[91] S. z.B. Marsilio Ficino, Theologia Platonica de immortalitate animarum (Paris 1559), 2. ND Hildesheim (u.a.) 1995, VIII, 16, Bd. 1, 330 (auch in: Stephan Otto, Renaissance und frühe Neuzeit, (Geschichte der Philosophie in Text und Darstellung; 3), Stuttgart 1984, 283). Zum Gedanken, daß die einzelnen ‚Substanzen' nur jeweils vorübergehende Ausdrucksformen des geistig-seelischen Weltgrundes sind und deshalb auch nur durch ein Innewerden dieses unendlich produzierenden Grundes erfaßt werden können, s. z.B. auch Francesco Patrizi, Nova de universis philosophia (Ferrara 1591) (zitiert bei: Paul Richard Blum, Aufklärung zwischen Humanismus und Scholastik, 183).

rechnet, daß jede zu einer früheren widersprüchliche Erfahrung die frühere falsifizieren wird, ist nicht rational, jedenfalls nicht in dem Sinn, in dem Aristoteles das Widerspruchsprinzip gebraucht, sondern auch sie ist eine direkte Konsequenz der Verabsolutierung des empirisch Einzelnen.

Ich deute die Kritik, die aus aristotelischer Perspektive gegen diese ‚Logik der Forschung' vorzubringen wäre, nur kurz an, um zu demonstrieren, daß sie keineswegs leicht als antiquiert abweisbar ist. Diese ‚Logik der Forschung' unterscheidet nicht zwischen widersprechenden Erfahrungen, die unser Wissen von einem Gegenstand widerlegen, und solchen, die es erweitern, sondern hält alle Bedingungen eines Gegenstands für gleich notwendige Bedingungen dafür, daß er genau so ist, wie er ist. Wer aber etwa in allen seinen bisherigen Erfahrungen vom Menschen die Beobachtung gemacht hat, daß Menschen eine weiße Hautfarbe haben, wird nur dann durch die Beobachtung, daß Menschen auch eine schwarze Hautfarbe haben können, in seiner bisherigen Erfahrung vom Menschen widerlegt, wenn er aus diesen bisherigen Beobachtungen den Schluß gezogen hatte, daß der Mensch als Mensch eine weiße Hautfarbe hat, d.h., wenn er den Menschen an einer akzidentellen Äußerlichkeit und nicht an seinen wesentlichen Eigenschaften identifiziert, wenn er also einen an der Oberfläche haftenden Begriff verabsolutiert hatte. Ein zutreffender Begriff dagegen, etwa daß der Mensch die Fähigkeit zu sprechen und zu denken hat, wird durch diese widersprechende Erfahrung nicht falsifiziert und überholt, sondern erweitert, erweitert um das Wissen, in welchen Äußerlichkeiten diese Fähigkeit angetroffen werden kann.

Aber auch in dem Fall, in dem eine widersprechende Erfahrung tatsächlich zu unserem früheren Begriff vom Gegenstand in Widerspruch steht, handelt es sich nicht um eine Falsifikation eines in früheren Erfahrungen korrekt gebildeten Begriffs. Wenn etwa eine Erscheinung in weißer Farbe und der Form eines Menschen nicht sprechen und nicht denken kann, ist nicht die Erkenntnis widerlegt, daß sich das, was die spezifische Potenz des Menschen ausmacht, in einer solchen Erscheinungsform zeigen kann, sondern widerlegt ist, daß diese wahrnehmbaren Qualitäten allein ein zureichender Begriff des Menschen sind. Das heißt: Nur falsche, weil an verallgemeinerten Äußerlichkeiten gebildete Begriffe werden durch gegenteilige Erfahrungen falsifiziert, von richtig gebildeten Begriffen, bei denen die möglichen widersprüchlichen Erscheinungsformen einer Sache bereits bedacht sind, ist in der *Logik der Forschung* bei Popper überhaupt nicht die Rede. Wer aus vieler Erfahrung den Schluß gezogen hat, daß Zorn sich laut und heftig äußert, wird durch die Erfahrung eines kalt berechnenden Zorns widerlegt, nicht widerlegt aber wird der, der Zorn für die Empörung über ein Unrecht und die Suche nach Vergeltung hält.

Im Unterschied zu dieser in aristotelischem Sinn rationalen Beurteilung von Erfahrungen, auf die später noch genauer eingegangen werden muß, führt die Überzeugung, jeder Einzelgegenstand sei ‚wohlbestimmt', d.h. durch alle seine Ursachen in seiner jetzigen Gestalt notwendig hervorgebracht, zu der Tendenz, neue Erfahrungen grundsätzlich für die Erfahrung von Umbrüchen oder Wenden zu halten. Der Gedanke, daß alles, was man bisher von einem Gegenstand weiß, das Sein dieses Gegenstands ausmacht, führt zwingend dazu, jede Veränderung unseres Wissens für eine Ersetzung unseres bisherigen Begriffs des Gegenstands selbst zu halten. Das täuscht über die bestehenden Gemeinsamkeiten hinweg und läßt das Neue als etwas radikal Neues erscheinen.

Ich habe oben schon darauf verwiesen, daß z.B. Hans Blumenberg[92] am Beispiel der Deutung der ‚kopernikanischen Wende' gezeigt hat, wie diese Denkhaltung nahezu alle Veränderungserfahrungen in Neuzeit und Moderne prägt: Die tatsächliche Änderung, die Kopernikus am Konzept der traditionellen, ptolemäischen Astronomie vorgenommen hat, ist von der Sache her eher geringfügig und steht sogar im Dienst des Versuchs, die Prinzipien dieser traditionellen Astronomie effektiver und korrekter anwenden zu können, sie zu ‚retten'[93]. Nach außen, d.h. für die mit dem Wissenschaftskonzept nicht Vertrauten, erschien die Umkehr einer einzelnen Größe aber als Wende oder Bruch, der das ganze frühere Weltbild außer Kraft gesetzt hat.

Auch von diesem Aspekt her zeigt sich, daß der Glaube an die wohldeterminierte Natur aller Dinge dem Common sense und nicht einer rationalen Erfahrungsanalyse zugehört. Das muß später noch genauer geprüft werden. Für die bisher verfolgte Fragestellung kann man aber festhalten, daß auch die bis heute kaum gebrochen, ja eher verstärkt weiter wirkende Tradition, Veränderungen als Wenden, Umbrüche, Paradigmenwechsel usw. zu verstehen, auf erstaunlich konstanten Basisannahmen beruht, deren ‚longue durée' viel zu wenig beachtet wird.

1 g. Die Begründung des Gegensatzes von Natur und Kultur in der Entgegensetzung der rezeptiven und spontanen Vermögen des Menschen

Die wirkungsgeschichtliche Bedeutung der besprochenen neuzeitlichen Basisannahmen ist allerdings dadurch noch erheblich breiter und weiterreichend als in den bisher behandelten Aspekten, daß der Gegensatz von Natur und Kultur von Anfang an und – trotz vieler entgegenstehender Forschungsergebnisse in Einzelbereichen – im Grundansatz bis heute auch als ein Gegensatz ausgelegt wird, der durch den Menschen selbst hindurchgeht und auch dessen geschichtliche Entwicklung prägt.

---

[92] Hans Blumenberg, Die Genesis der kopernikanischen Welt, Frankfurt a.M. 1975.

[93] Jürgen Mittelstraß hat solche Versuche, die ‚Phänomene zu retten', als ein Grundmotiv antiker Naturwissenschaft erwiesen (Die Rettung der Phänomene. Ursprung und Geschichte eines antiken Forschungsprinzips, Berlin 1962 [zugl.: Diss. Erlangen-Nürnberg 1961); s. dazu auch Fritz Krafft, Die sogenannte Copernicanische Revolution. Das Entstehen einer neuen physikalischen Astronomie aus alter Astronomie und alter Physik, in: Physik und Didaktik 2, 1974, 276-290.

In der zu Beginn zitierten Passage aus Vicos *Neuer Wissenschaft* stellt Vico eine Verbindung zwischen einer systematischen und einer geschichtlichen Deutung des Menschen her, die keineswegs selbstverständlich, aber für das neuzeitliche Selbstverständnis in breitem Strom charakteristisch ist: Er behauptet ja, es gehöre zur Natur des Menschen, eine Neigung zur Wahrnehmung der äußeren Dinge zu haben und nur mit großer Mühe zu einer reflexiven Selbstgestaltung der eigenen Akte zu kommen. Er ist aber zugleich überzeugt, daß diese Selbstreflexivität von allen Philosophen vor ihm trotz großer Anstrengungen nicht erreicht worden war, da es erst seine Einsicht in den Unterschied zwischen einer (passiv) nach außen und einer (selbständig) auf sich selbst gerichteten Denkweise war, die dem Menschen das ihm eigentümliche und ihm allein zugängliche Feld des Wissens eröffnet habe.

Natur und Kultur bezeichnen im Sinn dieser Unterscheidung also eben die zwei „Stämme des Gemüts", die selbsttätige, selbstschöpferische, spontane Seite des reflexiven Denkens und die sinnlich wahrnehmende, passiv-rezeptive Seite, die das späte Mittelalter in neuer Aristotelesdeutung ‚entdeckt' zu haben meinte (siehe oben S. 27ff.). Zugleich liefert diese Unterscheidung für Vico genauso noch wie für die frühen Humanisten das Kriterium der geschichtlichen Abgrenzung des historisch denkenden ‚modernen' Menschen von allen vorhergehenden Epochen, die sich zu dieser Bewußtseinshöhe nicht haben erheben können.

1 h.   Die ‚Entdeckung' der Spontaneität des reflexiven Denkens und der Bruch mit der Geschichte

Die Beschreibung des Übergangs vom naturgebundenen zum historisch modern denkenden Menschen in Vicos *Neuer Wissenschaft* gibt ein typisches Beispiel für das in der Einführung behandelte Wendebewußtsein. So gut wie alles, was Vico als Wende in seinem Ansatz ausgibt, ist nicht neu:

Nicht nur die allgemeine, etwa schon von Parmenides oder Platon vertretene These, daß wahre Erkenntnis eine Wende von außen nach innen voraussetzt, ist nicht neu, neu ist auch nicht die besondere Form, in der Vico diese Wende versteht. Denn die These, daß wir über die wahrnehmbaren Dinge der äußeren Natur nicht wissen können, wie sie wirklich sind, da wir nur die Art, den Modus, wie wir sie in unserem Denken erfahren, erkennen können, ist die klassische skeptische Position, wie sie schon von der antiken Skepsis gegen den ‚Dogmatismus' der Stoa eingenommen worden war. Auch in der Skepsis setzt diese Einsicht einen Umsturz aller früheren Meinungen über die Welt voraus[94].

Neu ist bei Vico auch nicht, daß er aus seiner Einsicht in die „Armut unseres Geistes" keine radikal skeptischen, sondern eher konstruktive Konsequenzen zieht, in diesem Punkt war ihm gerade sein Hauptgegner Descartes vorhergegangen, der auch aufgrund einer „eversio omnium opinionum",

---

[94] S. dazu Friedo Ricken, Antike Skeptiker, München 1994, 69-85.

eines *Umsturzes aller früherer Meinungen*, den „archimedischen Punkt" aufzuweisen versucht hatte, von dem aus der Mensch die seinem eigenen Geist evidente Welt aufbauen konnte[95].

Tatsächlich neu gegenüber Descartes ist bei Vico also nur eine gewisse Änderung innerhalb der Tradition dieses skeptisch-kritischen Wendekonzepts: Vico möchte diese Wende auf den ganzen Bereich geschichtlich-kulturellen *Handelns* des Menschen und nicht nur auf seine rein rationale (d.h. theoretische) Seite bezogen wissen.

Gerade in der Auszeichnung des ganzen menschlichen Ingeniums, seiner schöpferisch freien, vom mythischen Bild bis zur gedanklichen Abstraktion reichenden Vorstellungsgabe, steht Vico aber nicht allein, sondern schließt sich an einen breiten zeitgenössischen Diskurs an, dessen Wirkung über mehrere Linien, vor allem über Herder, Schleiermacher, Dilthey, Cassirer bis in die Postmoderne und die Gegenwart reicht.

Erst auf der Grundlage dieser in der Forschung hinreichend bekannten, wenn auch selten im Zusammenhang bedachten Zusammenhänge wäre eine korrekte und differenzierte Einordnung der historisch besonderen Stellung der *Neuen Wissenschaft* Vicos möglich, ohne deren Neuheitspathos mit zu übernehmen. Das ist im einzelnen für unsere Fragestellung nicht von Belang, sondern gehört in die Vico-Forschung, wichtig ist aber, die Pauschalisierungstendenzen zu beachten, die die Übertragung des Verhältnisses von Natur und Kultur, d.h. von ‚Natürlichkeit' und ‚Kultürlichkeit' des Menschen, von sinnlicher Rezeptivität und spontaner Reflexivität auf die Bestimmung der Geschichte mit sich bringt. Die Folgen sind nicht nur für die korrekte Umgrenzung des eigenen, neuen Standpunktes schwerwiegend, sie sind dies auch, ja in massiv verstärkter Weise für die Beurteilung des geschichtlich Vergangenen, des ‚Antiken'.

Eine bedeutende, ja verhängnisvolle Folge für die Beurteilung der ‚antiken' Vergangenheit ist, daß sie insgesamt als eine ‚natürliche', d.h. nicht zur Reflexivität ihrer selbst gekommene, Zeit erscheint, in der man zwar eine Entwicklung von einer reflexionslosen Unmittelbarkeit etwa eines archaischen, mythisch bildlichen Denkens bis hin zu einer methodischen Einteilung und Ordnung der Welt nach rationalen Prinzipien zuläßt, zum Teil auch Aufstieg und Verfall, auf keinen Fall aber ein Vordringen zu einer Erfassung der Prinzipien des Denkens selbst. Daß das Denken die Prinzipien und Kriterien, die es bei allen seinen Erkenntnisakten anwendet, in sich selbst als ihrem autonomen Ursprung aufsuchen müsse – diese Einsicht soll allem vormodernen Denken grundsätzlich verwehrt gewesen sein.

---

[95] S. Descartes, Meditationes de prima philosophia, Meditatio II,1 [17].

2 Die Verengung des Begriffs der Rationalität durch den Gegensatz von ‚Sinnlichkeit' und ‚Verstand'

2 a. Die ‚neue' Rationalität als Abgrenzungskriterium gegen ‚die' Antike

Die Deutung, die ‚Moderne' habe ihren eigentlichen Ursprung in der kritischen Reflexion des Denkens auf sich selbst, ist von der frühen Neuzeit bis in neueste philosophiegeschichtliche Darstellungen hinein so oft vertreten worden, daß sie als bekannt und hinreichend beglaubigt zugrundegelegt werden kann. Die permanente Wiederholung, Reformulierung und je zeitgemäße Umformulierung dieser Deutung hat aber bisher kaum dazu geführt, daß sie selbst in ihren historischen Voraussetzungen und ihrem genauen sachlichen Gehalt wirklich aufgeklärt worden wäre. Was ist denn der Maßstab, an dem gemessen die ganze antike und mittelalterliche Welt als ein Zustand der Selbstvergessenheit des Denkens[96] erscheint?

Wäre es nur die Einsicht, daß das Denken nach rationalen Prinzipien nicht nur verfahren darf, sondern daß es sich dieser Prinzipien auch in einer Reflexion auf seine eigenen Akte vergewissern muß, dann könnte man zum Beleg, daß es diese Reflexion auch in Antike und Mittelalter gegeben habe, mindestens ebenso viele Texte aufbieten, wie es die Moderne zum Beweis des Gegenteils tut.

In der Einleitung zu seinem Kommentar zur aristotelischen Wissenschaftstheorie charakterisiert etwa Thomas von Aquin – in belegbarer Übereinstimmung mit der Auslegungstradition seit dem Beginn der antiken Aristoteles-Kommentierung – diese Theorie folgendermaßen:

„<Sie ist> eine rationale Wissenschaft, die nicht nur deshalb rational ist, weil sie der Ratio gemäß verfährt, das gehört zu jedem methodischen Vorgehen, sondern deshalb, weil sie sich auf den Akt der Vernunft als auf ihren eigenen Gegenstand zurückwendet."[97]

Historisch gesehen ist Vicos These, die Philosophen vor ihm hätten nicht bedacht, daß die Prinzipien der vom Menschen gemachten Welt „in den Modifikationen unseres eigenen menschlichen Geistes" gefunden werden können und müssen, einfach falsch. Dennoch ist die Frage wichtig und auf-

---

[96] Hans-Georg Gadamer, Wahrheit und Methode, 433, spricht etwa von der ‚großartigen Selbstvergessenheit' des antiken Denkens, findet diese Selbstvergessenheit aber selbst bei Hegel und Husserl noch wirksam, erst bei Heidegger und in seinen Reflexionen auf die Geschichtlichkeit unserer Erfahrung sei sie endlich überwunden. Die im Sinn der Bewußtseinsphilosophie maßgebliche Begründung für die vermeintliche Selbstvergessenheit der Antike gibt Gerhard Krüger, Die Herkunft des philosophischen Selbstbewußtseins, in: Logos 22, 1933, 225-272 (=in: Freiheit und Weltverwaltung. Aufsätze zur Philosophie der Geschichte, Freiburg/München 1958, 11-69).

[97] Thomas Aquinas in Aristotelis Analytica Posteriora, in: Thomas von Aquin: Prologe zu den Aristoteles-Kommentaren, hg., übers. u. eingel. v. Francis Cheneval u. Ruedi Imbach, Frankfurt a.M. 1992, 14.

schlußreich, weshalb nicht nur bei Vico, sondern in der Neuzeit überhaupt der Eindruck entstehen konnte, diese ganze Fülle zu einem guten Teil wohl bekannter Texte beweise keineswegs, daß die Aufgabe einer kritischen Prüfung des Vernunftvermögens selbst in Antike und Mittelalter geleistet worden sei.

Die Antwort auf diese Frage sollte die bisherige Nachzeichnung bestimmter Traditionsverläufe schon vorbereiten, die Analyse der Erkenntnisgrundlegung bei Platon und Aristoteles in den späteren Kapiteln soll sie noch absichern. Das Ergebnis, das dabei zu Tage tritt, ist allerdings frappierend, denn die gewohnte Geschichtsdeutung kehrt sich beinahe um. Zumindest wird deutlich, daß es ein eingeschränkter, einseitiger Rationalitätsbegriff ist, der dazu geführt hat, daß man den umfassenderen und differenzierteren Rationalitätsbegriff im Platonismus und Aristotelismus nur noch als eine Vorstufe und Vorform des eigenen Selbstverständnisses beurteilt hat.

Im Sinn des Gegensatzes der natürlichen oder, wie man heute zu formulieren pflegt, der ‚naturalen' und der reflexiven Denkweise erscheint die Aufgabe des ‚Denkens' als ein freies, spontanes Sich-Verhalten zu Eindrücken, die in sinnlich-rezeptiver Weise aus der Außenwelt von uns aufgenommen wurden. Das Denken ordnet die ihm gegebenen ‚Daten' und ist dadurch selbst Grund der Gegenständlichkeit der von ihm durch diese Ordnung erst hergestellten Gegenstände. Die Problematik, die mindestens seit Berkeley, verstärkt aber in der nachidealistischen Philosophie etwa bei Dilthey, Heidegger, Gadamer, Henrich[98], Derrida und vielen anderen diskutiert wird, ist intensiv auf die Frage konzentriert, wie sich denn das Denken seines spontanen Grundes, der es befähigt, Einheit und Ordnung unter den ihm gegebenen Daten zu stiften, vergewissern könne. Dies scheint in eine nicht auflösbare Aporie zu führen. Denn wenn das Denken das Vermögen ist, die Gegenständlichkeit einer Mannigfaltigkeit zu konstituieren, dann kann es selbst – als das Vermögen zu jeder Gegenstandskonstitution – nicht auch als Gegenstand, d.h. nicht auch als etwas, das wie alle anderen Gegenstände gedacht werden kann, in der Reflexion erfaßt werden.

Der Blick auf diese aporetische Fragestellung hat einen viel elementareren Defekt dieser Auslegung des Grundaktes gar nicht erst sichtbar werden lassen. Denn die Scheidung des Erkenntnisvermögens in einen rezeptiven, sinnliche Daten aufnehmenden, und einen spontan reflexiven ‚Stamm' erzwingt eine Einschränkung des Begriffs des Denkens, die gerade dessen eigentlich rationale Leistung nicht mehr mit umfaßt.

---

[98] Dieter Henrich, Selbstbewußtsein, kritische Einleitung in eine Theorie, in: Rüdiger Bubner, Konrad Cramer u. Rainer Wiehl (Hgg.), Hermeneutik und Dialektik. Festschrift für Hans-Georg Gadamer, Tübingen 1970, 257-284. Henrich gibt eine wichtige Analyse der Geschichte und des Sachgehalts dieser Problematik. S. ähnlich auch Hans-Georg Gadamer, Kant und die philosophische Hermeneutik, in: Kant-Studien 66, 1975, 395-403.

Die freie Anordnung und Verknüpfung von Sinnesdaten zu einer selbstgewählten Einheit kann, wenn man ihr nicht mehr unterstellt, als sie sein kann, nichts als eine Organisation von aus den Sinnen gewonnenen ‚Merkmalen', d.h. nur eine Leistung des Vorstellungsvermögens sein. Auch wenn die Vorstellung nicht mehr an die Präsenz des Wahrnehmungsgegenstandes gebunden ist, sondern mit den rezipierten Wahrnehmungseindrücken nach Willkür schalten und walten kann, ist es eine vielleicht nicht nur aus platonisch-aristotelischer Perspektive verfehlte Auslegung der Denkleistung, wenn man meint, eine wie immer geartete Ordnung von gegebenen Sinnesdaten sei mehr als eine Vorstellungseinheit. Eine von der Vorstellung reproduzierte und produktiv umgeformte Ordnung von Wahrnehmungsdaten bleibt eine – wenn auch vielleicht frei und neu organisierte – Ordnung von Wahrnehmungsdaten. Sie liefert nicht zugleich damit einen Begriff von dem, was in dieser Vorstellung vorgestellt wird, auch keine Meinung, nicht einmal den Ansatz zu einer Meinung darüber.

Die scharfe Unterscheidung von Meinung und Begriff auf der einen und Wahrnehmung und Vorstellung auf der anderen Seite, die bei Platon und Aristoteles die Stelle der Unterscheidung von Wahrnehmung (oder Empfindung) und bewußter Vorstellung einnimmt, hat nichts mit einer metaphysischen Überschreitung der Grenzen der Wahrnehmung zu tun, sondern bezieht sich auf das Begreifen ‚gegebener' Wahrnehmungen oder Vorstellungen selbst.

Beispiele für den Sinn und die Valenz dieser Unterscheidung, die auch ohne erkenntnistheoretische Einführung aussagekräftig sind, liefern gerade die ‚Beobachtungen' der modernen Naturwissenschaften, die ganz offenkundig keine (bloßen) Beobachtungen sind. Der Laie, der mit gesunden Sinnen und wachem Bewußtsein die Beobachtungen eines Arztes bei einer Ultraschalldiagnose verfolgt, der durch das Mikroskop eines Mikrobiologen blickt oder dem der Gehirnforscher ein Gewebeteil vorlegt, kann bei eben diesen Beobachtungen in Erfahrung bringen, was man beobachten und was man nicht beobachten kann. Was er tatsächlich sieht, sind Farbe und Form, eventuell in bestimmter Bewegtheit. Was er nicht sieht, ist, daß das grauschwarze Gebilde ein Teil des Hypothalamus ist oder etwa eine Störung einer Herzfunktion anzeigt.

Daß der Arzt oder Hirnforscher mehr ‚sieht' als der Laie, liegt nicht daran, daß er exaktere oder vollständigere Wahrnehmungen macht – in diesem Punkt könnte ihn der Laie auch übertreffen, man braucht nur etwa an die großartigen Illustrationen Tizians zu den anatomischen Studien Vesals zu denken. Es liegt vielmehr daran, daß der Fachmann eine sachrelevante Auswahl unter den wahrgenommenen Erscheinungen treffen kann und daran deren Bedeutung erkennt. Diese Auswahl trifft er aber nicht im Blick auf die Eigenschaften dieser Erscheinungen selbst, ob sie rot oder grün, länglich oder rund (usw.) sind, sondern im Blick auf eine Funktion, deren Erfüllung oder Nichterfüllung einzelne dieser Eigenschaften anzeigen, etwa ob die beobachteten Gewebeelemente eine Transmitter- oder Katalysatorleistung erbringen oder die Regelmäßigkeit der Bewegung eines Organs anzeigen.

Das ist der – später noch genauer zu erläuternde – Grundsinn der von Platon eingeführten und von Aristoteles übernommenen Unterscheidung, daß man eine Sache nicht an ihren Wahrnehmungsdaten, sondern an ihrem ‚Werk' (*ergon*), ihrer Leistung oder Funktion erkennt, und daß man dieses ‚Werk' nicht sieht, hört oder fühlt, sondern begreift.

Die Aufgabe, die damit dem Verstand – wenn Verstand das Vermögen, etwas zu begreifen, sein soll – zufällt, kann nicht die einer bloßen Organisation von aus der ‚Außenwelt' aufgenommenen Sinnesdaten sein. Im Sinn der Unterscheidung zwischen rezeptiver Wahrnehmung und spontaner Verarbeitung der Wahrnehmungsdaten durch das ‚Denken' wird ‚Denken' aber auf genau diese Leistung eingeschränkt. Über diese eingeschränkte Leistung gibt es im Platonismus und Aristotelismus der Antike und des Mittelalters keine Reflexion, die erkennen ließe, daß man in ihr die Prinzipien des Denkens gesucht habe, und so ist der Eindruck entstanden, vor der Moderne habe es überhaupt keine Reflexion des Denkens auf sich selbst gegeben.

Von Platon und Aristoteles her gesehen würde man umgekehrt sagen, daß der moderne Forscher, der wie selbstverständlich ‚Funktionen' seiner Gegenstände ‚beobachtet', sich über die begrifflichen Voraussetzungen der Erkenntnis von Funktionen zu wenig Rechenschaft ablegt, sondern seinerseits, wenn er etwa Funktionen als ‚Abbildungen' einer ‚Urbildmenge' auf eine ‚Abbildmenge' versteht, eine erkenntnistheoretische Naivität zeigt, die den Dimensionsunterschied zwischen Begrifflichem und Wahrnehm- oder Beobachtbarem nicht reflektiert. Auf dieses Problem werde ich später noch ausführlicher zurückkommen. (Siehe v.a. den Exkurs in Kapitel V. 3 e. (S. 333ff.)). In einem Vorgriff möchte ich aber schon einmal eine zentrale Stelle, an der Platon seine These von der Nichtwahrnehmbarkeit von Funktionen formuliert, vorstellen:

> „<Wenn ich erkennen will, was etwas kann>, achte ich weder auf irgendeine Farbe noch auf eine bestimmte Struktur und überhaupt auf nichts von all dem, woran man vieles andere erkennt (...) Bei einer Funktion [Anm. des Verf.: ‚Funktion' meint bei Platon die Ausführung des ‚Werks', des *ergon*, einer Sache] blicke ich allein auf das hin, auf das sie sich bezieht und was sie leistet. [Anm. des Verf.: Die Leistung einer Schere etwa bezieht sich allein auf den Aspekt an einem Gegenstand, unter dem er schneidbar ist, die Leistung, das ‚Werk' selbst ist der Vollzug des Aktes des Schneidens.] Allein danach definiere ich auch jede Funktion, diejenige, die auf dasselbe bezogen ist und dieselbe Leistung erbringt, ist auch ein und dieselbe Funktion, ist sie auf etwas anderes bezogen und leistet anderes, handelt es sich um eine andere Funktion" (Platon, *Politeia* 477c-d).

Für die Hinführung auf die Klärung der Frage, welchen Begriff von ‚Begriff' denn Platon und Aristoteles entwickelt hatten und welche Relevanz diesem noch zukommen kann, ist es nicht unwichtig, zu sehen, daß der neue, moderne Begriff des Denkens[99] nicht unabhängig von dem alten entstanden ist, sondern maßgebliche Bestimmungen des alten Konzepts beibehalten hat, auch wenn diese Bestimmungen sich dadurch, daß sie aus dem ursprünglichen Begründungszusammenhang gelöst waren, als zunehmend unhaltbar erwiesen.

Da es nicht nur historisch interessant, sondern für das Sachverständnis selbst von Bedeutung ist, möchte ich noch einmal darauf hinweisen, daß sich ein Umbruch von dem einen in das andere Konzept des Denkens in der europäischen Geistesgeschichte mehrfach auf so breiter Basis vollzogen hat, daß das jeweils andere Konzepte beinahe vollständig aus den allgemeinen Diskursen verschwunden ist.

Der erste Umbruch fällt in die Zeit um 300 vor Christus, in der die platonisch-aristotelische Tradition von den hellenistischen Philosophenschulen, vor allem von der Skepsis, der Stoa und dem Epikureismus an den Rand gedrängt und dort, wo sie formal weitergeführt wurden, von deren Positionen überformt wurden[100].

Nach einer mit der Aristoteles-Renaissance im ersten vorchristlichen Jahrhundert beginnenden Vorlaufphase werden vom 3. Jahrhundert n.Chr. an diese hellenistischen Philosophenschulen wieder von neuplatonisch-aristotelischen Schulrichtungen abgelöst. Erst mit Beginn des 14. Jahrhunderts führten dann die in der Einführung schon besprochenen Lehrveränderungen in der aristotelisch-scholastischen Schultradition selbst wieder zu

---

[99] Wenn ich hier verkürzt von ‚dem' neuen Begriff des Denkens spreche, so nicht, um ‚der' Moderne einen einheitlichen, immer gleichen Begriff des Denkens zu unterstellen. Es geht vielmehr um einen Begriff von Denken, wie er in vielen Texten von der frühen Neuzeit bis in die Gegenwart als Unterscheidungskategorie zur Antike gebraucht wurde. Dort, wo nicht Differenzen innerhalb eigener Entwicklungen behandelt werden, sondern wo das Besondere des Neuen gegenüber der Antike oder dem Mittelalter herausgehoben wird, vereinfachen sich die meisten Darstellungen. In vielen Kant-Interpretationen etwa kann man feststellen, daß mit größter Sorgfalt zwischen den verschiedenen Phasen einer angenommenen Entwicklung Kants differenziert wird. Der von Kant überwundene Gegner, ‚das metaphysische Denken', bildet dagegen für die meisten eine von Wolff bis Platon reichende Einheit. Es ist gemeinsam als ein nach außen gerichtetes, dogmatisch naives Denken charakterisiert, gegen das sich das neue Denken in seiner kritisch selbständigen Reflektiertheit abgrenzt. Im Sinn dieser Abgrenzung ist auch oben imText von ‚dem' neuen Denken die Rede.

[100] Zu diesem Umbruch s. v.a. die Gesamtdarstellungen mit ausführlicher Bibliographie: Grundriß der Geschichte der Philosophie. Begründet von Friedrich Überweg. Völlig neu bearbeitete Ausgabe. Die Philosophie der Antike, hg. v. Hellmut Flashar, Bd. 4: Hellenistische Philosophie, Basel 1994. Darin allgemein zur hellenistischen Philosophie: Erster Halbband (Einleitung): Hellmut Flashar u. Woldemar Görler, Die hellenistische Philosophie im allgemeinen; zum Epikureismus: Erster Halbband (1.-3. Kapitel): Michael Erler, 1. Kapitel: Epikur; 2. Kapitel: Die Schule Epikurs; 3. Kapitel: Lukrez; zur Stoa: Zweiter Halbband (4. Kapitel): Peter Steinmetz, Die Stoa; zur Skepsis: Zweiter Halbband (5. Kapitel): Woldemar Görler, Älterer Pyrrhonismus. Jüngere Akademie. Antiochos aus Askalon. Außerdem: Malte Hossenfelder, Stoa, Epikureismus und Skepsis, (Geschichte der Philosophie; 3. Die Philosophie der Antike; 3), München ²1995.

Positionen, die eine große sachliche Affinität zu den hellenistischen Philosophien aufwiesen[101]. In der Folge wurden diese Philosophenschulen tatsächlich ‚wiederentdeckt' und dominieren seitdem – ähnlich wie im Hellenismus – nicht nur die Neuformulierungen der Erkenntnistheorie, sondern auch aller von ihr abhängigen Bereiche: der Ethik, der Staats- und Wirtschaftstheorie, der Ästhetik usw.

Die Kenntnis der Analogie (nicht Gleichheit) der Umbrüche jeweils von einer platonisch-aristotelisch zu einer hellenistisch geprägten Tradition (um 300 v.Chr. und um etwa 1300 n.Chr.) kann auch vor einer allzu unkritischen Affirmation des Authentizitäts- und Neuheitsbewußtseins der Neuzeit bewahren. Sie enthält auch einen Hinweis darauf, daß in diesen historischen Prozessen neben Einmaligem auch viel traditionell Vorgeformtes, ja wohl auch allgemeine Tendenzen des Menschseins wirksam sind.

Von diesen Gemeinsamkeiten möchte ich zunächst nur die Aspekte herausheben, aus denen ein Aufschluß über den Unterschied von Anschauung und Begriff in der Neuzeit und in der von ihr ‚überwundenen' platonisch-aristotelischen Tradition zu gewinnen ist. Wenn die Behauptung überprüfbar sein soll, daß ‚die Antike' nicht überhaupt keinen, sondern lediglich einen anderen Begriff des Denkens hatte, muß ja zuerst geprüft werden, in welchem Bereich diese Andersheit überhaupt gesucht werden kann.

Eine substantielle Verschiedenheit haben die oben behandelten Beispiele schon erkennbar gemacht: Im Sinn der Unterscheidung der Rezeptivität der Sinnlichkeit von der Spontaneität des Verstandes ist die Leistung des Verstandes die Ordnung einer ‚Mannigfaltigkeit' von Sinneseindrücken zu einer (Vorstellungs-)Einheit. Bei Platon und Aristoteles ist die Leistung des Denkens nicht darauf beschränkt, sie ist vielmehr dadurch charakterisiert, daß sie sich *an demselben Gegenstand* auf etwas anderes richtet als Wahrnehmung und Vorstellung, nämlich auf das Begreifen des spezifischen Vermögens und des ‚Werks' einer Sache. Dieser Aspekt wird in so gut wie keiner mir bekannten Platon-Interpretation beachtet.

Der primäre Unterschied von Sinn und Verstand ergibt sich auch bei Platon nicht daraus, daß die Sinne sich auf die Objekte unserer Erfahrung beziehen, der Verstand dagegen auf metaphysische Objekte jenseits aller Erfahrung, sondern daraus, daß der Verstand in Bezug auf denselben Gegenstand nicht dasselbe unterscheidet wie die Sinne. Diese erfassen die wahrnehmbaren Eigenschaften dieses Gegenstands, der Verstand begreift, was dieser kann und leistet: Eine Schere schneidet, ein Haus schützt gegen Regen und Wind, ein Auge unterscheidet Farbe und Form, usw. Erst wenn

---

[101] S. Verf., Anschauung und Denken bei Duns Scotus. Über eine für die neuzeitliche Erkenntnistheorie folgenreiche Akzentverlagerung in der spätmittelalterlichen Aristoteles-Deutung, in: Enno Rudolph (Hg.), Die Renaissance und ihre Antike, Bd. 1: Die Renaissance als erste Aufklärung, Tübingen 1998, 17-34; s. jetzt auch Gyburg Radke, Der Umbruch in der Seinslehre der Spätscholastik und der Zusammenhang zwischen innerem Wandel und äußerer Kontinuität, in: Verf. u. Gyburg Radke (Hgg.), Philosophie im Umbruch.

der Verstand diese Unterscheidung gemacht hat, dienen ihm auch die Sinnesdaten zur Gegenstandserkenntnis, da er nur von dieser Unterscheidung her unter den vielfältigen Sinneseigenschaften auswählen kann, welche von ihnen zur Gegenstandskonstitution beitragen: Was schneiden können soll, muß hart, spitz sein, in einer Winkelbewegung gegeneinander verlaufen usw. Diese Eigenschaften muß ein Gegenstand haben, damit er als Schere erkannt werden kann. Viele andere Wahrnehmungseigenschaften, ob der Gegenstand silbrig oder weiß, aus Metall oder Kunststoff ist, sind beliebig und schaffen Konfusionen, wenn sie als ‚Merkmale' in den Begriff des Gegenstands ‚Schere' aufgenommen werden (siehe unten S. 324ff. und S. 411ff.).

2 b.   Der ‚Begriff' als Ordnungskriterium gegenständlicher Anschauungen – zum Ansatz einer Kritik am neuzeitlichen Rationalitätsverständnis

Die im Platonismus und Aristotelismus geforderte Abwendung der begrifflichen Erkenntnis vom Beobachtbaren und Wahrnehmbaren ist genau das, was seit dem Nominalismus des späten Mittelalters als das eigentlich Unhaltbare und Unkritische am antik-mittelalterlichen Denken gilt. Auch wenn die zur Hinführung besprochenen Beispiele schon eine Plausibilität dafür bringen konnten, daß mit dieser Abwendung gar nicht die Abwendung von dem empirischen Gegenstand gemeint ist, auf den sich ein Erkennender bezieht, sondern lediglich, daß man sich von den Wahrnehmungsdaten auf das ‚Werk' eben dieses Gegenstands hinwenden muß, wenn man nicht nur wissen will, ob er weiß oder hart ist, sondern auch, was er ist, muß wegen der Verbreitung und der Stärke dieses Vorurteils seine Berechtigung noch genauer untersucht werden.

Die bedeutendsten Konsequenzen ergeben sich oft aus scheinbar geringfügigen Abweichungen an den Basisannahmen. So ist es auch hier. Daher kommt es darauf an, daß man ähnliche Positionen nicht miteinander identifiziert, sondern die Aspekte der Differenz genau ermittelt:
Wenn Platon und Aristoteles lehren, daß bloße Sinnesdaten noch keinen Gegenstand zu erkennen geben, scheinen sie nichts anderes zu sagen als das, was auch die berühmte Formulierung Kants, daß Anschauungen ohne Begriffe blind sind, besagt. Man könnte sie daher, so scheint es, in eine gemeinsame Tradition des Rationalismus einordnen. Kant besteht ja an nicht wenigen Stellen darauf, daß uns die Sinne nur eine ‚Mannigfaltigkeit' von Daten geben, die erst durch den – vom Denken zugrunde gelegten – Begriff zu einem Gegenstand geeint werden müssen. Diese Ähnlichkeit der Aussage täuscht aber darüber, daß der von Kant gemeinte Sinn mit der erkenntnistheoretischen Analyse, die der platonisch-aristotelischen Position zugrunde liegt, nichts mehr zu tun hat.

Kant verschärft mit seiner Behauptung der Blindheit der Anschauung Aussagen der ihm voraufgehenden Schulphilosophie der Aufklärung, die die Wahrnehmung eine dunkle, verworrene oder unbewußte Vorstellung oder Erkenntnis genannt hatte. Diese Art der Erkenntnis meint seit Duns Scotus (siehe oben S. 28ff.) eine Erkenntnis, in der ein Gegenstand zwar bereits als dieser bestimmte, existierende Gegenstand vom Denken erfaßt ist, aber in einer noch unbestimmt undifferenzierten Weise (Modus), so daß das Denken noch keine bewußte Klarheit darüber hat, welchen Gegenstand es erfaßt hat, bzw. welches die einzelnen Eigenschaften sind, die es vorbewußt von diesem Gegenstand aufgenommen hat. Die Aufgabe des Denkens sollte dementsprechend darin bestehen, den noch undeutlich erfaßten Inhalt des zunächst nur in seiner noch undifferenzierten Ganzheit erkannten Gegenstandes schrittweise aufzuhellen, bis nicht nur klar ist, welcher Gegenstand dieser noch unbewußten Erkenntnis gegeben war, sondern auch, welche Eigenschaften in welcher Anordnung er hatte[102].

Gegen diese Position wendet Kant ein, daß eine solche unbewußte Erkenntnis noch überhaupt keine Erkenntnis ist, sondern eine bloße Anschauung. Er verschärft damit einerseits die Kluft zwischen der rezeptiven Wahrnehmung und dem spontanen Denken, indem er die undeutlich unbewußte ‚Erkenntnis' eines Gegenstands durch die Anschauung überhaupt keine Erkenntnis nennt[103], er bleibt dieser Tradition aber auch verhaftet, weil er die Anschauung auf Gegenstände, ja in der in ihr enthaltenen, noch ganz unmittelbaren „Empfindung" sogar auf „Dinge an sich" bezogen sein läßt[104]. Die Anschauung ist für Kant zwar keine Erkenntnis, weil sie unbewußt ist, sie hat aber denselben Gegenstand wie die bewußt gebildete Erkenntnis, der

> „gesunde Verstand" <enthält> eben dasselbe, was die subtileste Spekulation aus ihm entwickeln kann, nur daß man sich (...) dieser mannigfaltigen Vorstellungen in diesen Gedanken nicht bewußt ist." (Kant, KrV B 61)

Mit dieser Auffassung gesteht Kant dem „gesunden Verstand" erheblich mehr zu, als er ihm aufgrund seiner eigenen Lehre, daß erst der Verstand die Mannigfaltigkeit der Sinnesdaten zu einem Gegenstand macht, zugestehen dürfte. Denn es ist eben der gesunde Menschenverstand, der überzeugt ist, Bäume, Blumen, Tische zu sehen und nicht bloß eine undeutliche Vielheit von Sinnesdaten. So kommt Kant zu der vermittelnden Lösung, daß uns durch die Sinnlichkeit Gegenstände „gegeben" werden, indem diese Gegenstände „das Gemüt auf gewisse Weise affiziere(n)" und uns dadurch „Anschauungen liefer(n)" (Kant, KrV B 33), während sie durch den Verstand, aus dem die Begriffe entspringen, „gedacht" werden.

---

102 Ein *Locus classicus* für diese Stufenfolge der Erkenntnis ist Leibniz, Discours de Métaphysique (Gottfried Wilhelm Leibniz, Metaphysische Abhandlung, übers. u. mit Vorw. u. Anm. hg. v. Herbert Herring, Hamburg 1958) § 24.

103 Kant, KrV B 62: „Diese Rezeptivität unserer Erkenntnisfähigkeit heißt Sinnlichkeit, und bleibt von der Erkenntnis des Gegenstandes an sich selbst (...) himmelweit unterschieden."

104 S. z.B. Kant, KrV A 143/B 182 und B 751: [Die Materie ist] „der Gehalt, welcher ein Etwas bedeutet, das im Raume und der Zeit angetroffen wird, mithin ein Dasein enthält und der Empfindung korrespondiert."

Diese Vermittlung ist freilich keine sachliche Vermittlung, sondern eine Vermittlung zwischen der Lehre der (noch in der scotistischen Tradition stehenden) ‚Schule' von Leibniz und Wolff und der Überzeugung des gesunden Menschenverstands. Die Schule, genauer: die von Kant kritisierte Aufklärungsphilosophie, in der die platonisch-aristotelische Lehre von der Konfusion der Sinne (v.a.) durch den Scotismus des späten Mittelalters bereits massiv überformt war, sagt: Die Sinne liefern uns eine bloße, verworrene Mannigfaltigkeit von Daten (sc. von einem Gegenstand). Der gesunde Menschenverstand: Wir nehmen mit unseren Sinnen Gegenstände wahr.

Der historische Ursprung der Lehre der Schulphilosophie ist zwar Platon. Platons Lehre aber war, daß man mit den Sinnen das erfassen kann, was die Sinne von sich her erfassen können: Farben, Töne, Gerüche, Geschmäcke usw., aber keine Gegenstände[105]. Wer darüber Aufschluß von den Wahrnehmungen gewinnen möchte, werde mit immer wieder anderen, d.h. konfusen, verworrenen Daten von ein und demselben Gegenstand konfrontiert: Ein Tisch kann ebensogut viereckig wie rund, ebenso gut braun wie weiß sein usw. Erst der Begriff oder wenigstens eine Meinung über das ‚Werk' des Tisches sagt uns, daß er auf jeden Fall flach, fest, hoch usw. sein muß. Eine solche ‚gegenstandskonstitutive' Meinung, durch die eine Mannigfaltigkeit von Daten überhaupt erst als ein bestimmter Gegenstand aufgefaßt werden kann, kann aber natürlich auch falsch oder unzureichend sein, z.B. wenn man in ein allseitiges Dunkel blickt und meint, es sei Nacht, während nur ein Gewitter aufgezogen ist, oder wenn man eine Gehirnhälfte als Sitz des logischen Denkens deutet und bei der Untersuchung von Probanden aus anderen Kulturen feststellt, daß sie auch bei Ausfall dieser Hälfte logisch denken können.

Durch solche begriffsähnlichen Meinungen werden uns also in der Tat überhaupt erst Gegenstände ‚gegeben', diese Meinungen sind aber bereits subjektive Erkenntnisprodukte und sind daher nicht eine authentische Repräsentation der Wirklichkeit, sie sind nichts ‚Gegebenes', keine ‚Information', die wir nur noch bearbeiten müssen (um sie freilich durch eben diese rationale Verarbeitung zu überformen und zur bloßen Erscheinung für uns zu machen), sondern bedürfen der kritischen und – wo es nötig ist – der wissenschaftlichen, d.h. an rationalen Kriterien orientierten, Überprüfung.

Auf die Schulphilosophie der Aufklärung, mit der Kant sich auseinandersetzt, war diese Lehre allerdings in der durch die Spätscholasitk bereits wesentlich veränderten Form gekommen. Die Verworrenheit der Sinne sollte demnach ja darin liegen, daß wir uns in der unmittelbaren Anschauung

---

[105] Zu Platons Analyse der verschiedenen Leistungen der Wahrnehmung s. jetzt die wichtige Studie von Stefan Büttner, Die Literaturtheorie bei Platon und ihre anthropologische Begründung, Tübingen/Basel 2000, v.a. 66-85. Zur Konfusion von Wahrnehmungs- und Gegenstandserkenntnis, wie sie Platon v.a. der vorsokratischen Naturphilosophie und der Sophistik vorwirft, s. Verf., Die Bedeutung der sophistischen Logik für die mittlere Dialektik Platons, Würzburg 1974, 26-72; 132-240.

die verschiedenen sinnlichen Eigenschaften eines Gegenstands noch nicht bewußt gemacht haben, ja wegen ihrer Fülle noch gar nicht bewußt gemacht haben können.

> „Obgleich unsere Sinne sich auf alles beziehen, ist es nicht möglich, daß unsere Seele ihre bewußte Aufmerksamkeit auf alles im einzelnen richten kann. Deshalb sind unsere verworrenen Empfindungen das Ergebnis einer unendlichen Mannigfaltigkeit von Perzeptionen."[106]

Mit Sätzen dieser Art offenbart Leibniz, wie ungebrochen bei ihm die alte scotistische Lehre weiterlebt. Auch Kant stellt sie keineswegs infrage, er zieht lediglich die beschriebene Konsequenz, daß eine unbewußte Erkenntnis eines Gegenstands noch gar keine Erkenntnis ist.

Mit dieser Konsequenz bringt Kant zu deutlicher Ausdrücklichkeit, was in der Rede von den verworrenen Erkenntnissen schon gemeint war, und macht damit zugleich die Kluft zwischen natürlicher Sinnlichkeit und spontaner Reflexivität, die in ihr angelegt ist, noch klarer erkennbar.

Denn wenn Kant nun „Anschauungen ohne Begriffe" für „blind, Begriffe ohne Anschauungen" für „leer" (Kant, KrV B 76)[107] erklärt, radikalisiert er die Kluft zwischen Anschauung und Begriff und bringt sowohl die Anschauung um jeden ihr eigentümlichen Erkenntnischarakter als auch den Verstand um alle ihm eigentümlichen Inhalte.

Anlaß für diese Radikalisierung ist, daß er mit der Schultradition vor ihm die Anschauung grundsätzlich als Gegenstandsanschauung auffaßt. Denn nur aus dieser Auffassung ergibt sich der Schluß, daß die Anschauung blind (weil ohne Begriff von dem Gegenstand, den sie nur ‚anschaut') sei. Daß die Anschauung und die Wahrnehmungen insgesamt auch in ihrer eigenen Domäne blind sind, ist damit nicht nur nicht bewiesen, Kant hat dies nicht einmal zu beweisen versucht.

Die Entwertung der (Erkenntnisleistung der) Sinne ist damit auch bei Kant noch Resultat einer Überforderung der Sinne. Die Sinne müssen, genauer: wir müssen mit Hilfe der Sinne Farben, Töne, Gerüche, Geschmäcke, wir müssen heiß und kalt, trocken und feucht und dergleichen unterscheiden können – und das kann, wenn man etwa an die Differenzierung feiner Geruchs- und Geschmacksnuancen eines Weins, Tees oder Parfums denkt, eine subtile und komplexe Erkenntnisleistung sein. Zu unterscheiden, ob das Weiße und Trockene Kalk oder Kreide ist, ist nicht Sache der Sinne. In diesem Punkt wird man wohl nicht umhinkommen, Platon und Aristoteles eher zu folgen als Kant.

Diese Überschätzung der Erkenntnisleistung der Wahrnehmung bestimmt aber selbst das Verfahren der Naturwissenschaften bis in die Ge-

---

[106] Leibniz, Discours de Métaphysique, § 33.
[107] Das genaue Zitat in der ‚Einleitung' zur ‚transzendentalen Logik' lautet (Kant, KrV B 76): „Gedanken ohne Inhalt <aus der Sinnlichkeit> sind leer, Anschauungen ohne Begriffe sind blind."

genwart, die – im Gefolge einer langen Tradition, die zwischen ‚sensation' und ‚perception' unterschieden hatte – Wahrnehmungen bereits als ‚interpretierte Sinnesempfindungen' verstehen wollen und damit den Unterschied von Wahrnehmung und Begriff bereits in die Wahrnehmung verlegen. Die Folge ist dann, daß unsere gesamte Weltdeutung als Leistung des seine Reize organisierenden Gehirns und nicht als Aufgabe einer rationalen Begriffsbildung erscheint:

> „Eine Sinnesempfindung haben, ist lediglich automatisches sensorisches Rezipieren (...) Wahrnehmen hingegen bedeutet, eine Sinnesempfindung zu entziffern oder zu erkennen; etwa eine dunkle Gestalt am Himmel als Habicht zu sehen (...) Das Schema ist immer: *Tier x im Zustand y nimmt Objekt z als ein w wahr*. Da Wahrnehmungen stets ‚interpretierte' Sinnesempfindungen sind, bestimmen die Zustände des Gehirns (...), was als was wahrgenommen wird."[108]

Dieser Überschätzung der Sinne, die Gegenstände zwar nicht denken, aber anschauen können sollen, entspricht die Unterschätzung der Leistung des Verstands. Wenn der Kalk und die Kreide unsere Sinne bereits so affizieren, daß diese uns eine („blinde") ‚Anschauung' von Kalk oder Kreide liefern, dann bleibt dem ‚Denken' nur noch die Aufgabe, sich der mannigfaltigen Vorstellungen, die in diesen Anschauungen unauseinandergesetzt und deshalb ‚blind' enthalten sind, bewußt zu werden, d.h.: sie zu ‚denken'.

Denken wird für Kant aus diesem Grund zu einem reinen Funktionsbegriff, wobei er ‚Funktion' allerdings nicht im Wortsinn von *fungi* als ‚Verrichten eines Werks' versteht – in diesem Sinn kann man bei Platon von ‚Funktion' sprechen –, sondern analog zum Gebrauch des Begriffs in der neuzeitlichen Analytischen Geometrie oder der Logik als

> „die Einheit der Handlung, verschiedene Vorstellungen unter einer gemeinschaftlichen zu ordnen" (Kant, KrV B 93).

Kant hat diese Ordnungsleistung des ‚Verstandes' präziser zu ermitteln versucht als die neuzeitliche Philosophie vor ihm. Aber auch wenn man seine logisch subtilen Beschreibungen und nicht die weit unbestimmteren etwa von Descartes oder Vico prüft, bleibt unverkennbar, daß man durch die von ihm vorgeschlagenen Verfahren nicht über die Wahrnehmungsdaten hinaus zum Begriff einer Sache kommen kann, sondern daß er das, was er ausdrücklich sagt, auch meint und in der Durchführung beibehält: daß es ihm um eine Ordnung von Vorstellungselementen, und, da die Elemente der Vorstellung Wahrnehmungen sind, also von Wahrnehmungen zu einer neuen Vorstellung, zu einer Vorstellung von Vorstellungen geht.

Dieses Verbleiben des vorgeblich ‚Begrifflichen' in der Dimension der Vorstellung demonstrieren sehr ‚anschaulich' die von Kant gegebenen Bei-

---

[108] Martin Mahner u. Mario Bunge, Philosophische Grundlagen der Biologie, Berlin/New York u.a. 2000, 66f. Zur Geschichte der Unterscheidung von Empfindung und Wahrnehmung s. David Walter Hamlyn, Sensation and Perception. A History of the Philosophy of Perception, London 1961.

1 Der Mensch als Kulturwesen 2 Rationalität

spiele für die ‚Modi', in denen der Verstand seine Kategorien auf die Anschauung anwendet.

Wer etwa, so erläutert dies Kant im § 26 der *Transzendentalen Analytik* der *Kritik der reinen Vernunft*, das im äußeren Nebeneinander sich zeigende „Mannigfaltige" eines Hauses „apprehendiert", verfährt bei dieser bloßen Aufnahme äußerer Daten des Hauses notwendig so, daß er sie nach den allgemeinen Formen jeder Anschauung, d.h. räumlich, ordnet. Diese Ordnung der Anschauung aber verfährt ihrerseits notwendig so, wie es ihr die Kategorie der Größe – das ist das von der Raumform abstrahierte Prinzip dieser Ordnung, das „allein im Verstand seinen Sitz hat" – vorgibt.

Analog ist es, wenn man eine nacheinander sich zeigende Folge, etwa das Gefrieren eines Wassers apprehendiert: Man ordnet die Zustände der Flüssigkeit und Festigkeit „notwendig" im Nacheinander der inneren Anschauung der Zeit, die ihrerseits ihre abstrakte Regel „notwendig" in der Kategorie der Ursache, d.h. im Begriff des Verhältnisses der Folge von Ursache und Wirkung im Verstand, hat.

Das gleiche Verfahren wendet man nach Kant bei jeder ‚begrifflichen' Erfassung einer räumlichen Anschauung an, nicht nur beim Haus, sondern ebenso etwa bei Kreide und Kalk, und analog bei jeder zeitlichen Folge. Das heißt: dieses ‚Denken' ist gegenüber den Unterschieden der Gegenstände, auf die es seine Kategorien anwendet, völlig indifferent. Diese Kategorien benennen nur die abstraktesten Prinzipien, nach denen man Vorstellungselemente zur Einheit einer Vorstellung ordnet.

Es liegt hier offenkundig eine Diskrepanz zwischen dem ausdrücklich beschriebenen Verfahren der ‚Begriffs'-bildung und seiner Deutung vor. Das Verfahren, so, wie es theoretisch allgemein dargestellt ist, leistet eine Ordnung von (aus der Wahrnehmung stammenden) Vorstellungselementen zu einer neuen Vorstellungseinheit. Diese Leistung aber wird gedeutet als begriffliche Erfassung ursprünglich nur blind rezipierter Daten.

Daß auch Kant noch der Vorstellung ein solches begriffliches Können zuweist, braucht aber nicht aus dieser Diskrepanz erschlossen zu werden, er selbst ordnet mit dem Ziel, den Sprachgebrauch auf ein wissenschaftliches Niveau zu heben, alle Anschauungs- und Erkenntnisweisen der ‚Gattung' Vorstellung (*repraesentatio*) zu: Von der Empfindung über die Anschauung bis zu den empirischen und reinen Begriffen, ja den alle Erfahrung übersteigenden Ideen sind alles Arten und Unterarten der Vorstellung[109].

Das Kapitel „Von den Ideen überhaupt" schließt:

„Die Gattung <der Ideen> ist V o r s t e l l u n g überhaupt (repraesentatio). Unter ihr steht die Vorstellung mit Bewußtsein (perceptio). Eine Perzeption, die sich le-

---

[109] Kant, KrV („Von den Ideen überhaupt") B 377: „Der Begriff ist entweder ein e m p i r i s c h e r oder ein r e i n e r B e g r i f f, und der reine Begriff, sofern er lediglich im Verstande seinen Ursprung hat, (nicht im reinen Bilde der Sinnlichkeit) heißt Notio. Ein Begriff aus Notionen, der die Möglichkeit der Erfahrung übersteigt, ist die I d e e oder der Vernunftbegriff."

diglich auf das Subjekt, als die Modifikation seines Zustandes bezieht, ist **Empfindung** (sensatio), eine objektive Perzeption ist Erkenntnis. Diese ist entweder **Anschauung** oder **Begriff** (intuitus vel conceptus). Jene bezieht sich unmittelbar auf den Gegenstand und ist einzeln; dieser, vermittels eines Merkmals, was mehreren Dingen gemeinsam sein kann." (Kant, KrV B 377)

Diese Zentralstellung haben schon Theoretiker der Renaisssance, etwa Bruni, Valla, Nizolio, Pomponazzi, Zabarella (siehe oben S. 26f. und S. 33f.), der Vorstellung eingeräumt – auch dies, wie ich zu zeigen versucht habe, in Umdeutung aristotelischer Argumente: Weil Aristoteles lehrt, daß wir Begriffe nur schwer ohne eine zugehörige Vorstellung denken können, soll er angeblich gelehrt haben, Denken sei in erster Linie Vorstellung. Für Kant ist diese Auffassung schon wirkungsgeschichtliche Selbstverständlichkeit, zugleich gibt er ihr eine prägnante Schärfe: Alle Arten von Denken sind überhaupt nichts anderes als Unterarten der Gattung ‚Vorstellung'.

Die Probleme, die sich aus dieser Konzeption für die Kant-Interpretation ergeben, können hier nicht diskutiert werden, die bisher besprochenen Grundzüge seiner Erkenntnisauffassung rechtfertigen aber das Urteil, daß die Scheidung des Menschen in eine rezeptiv-natürliche und eine spontan- ‚geistige' Seite auch dann, wenn man sie so konsequent und subtil zu Ende denkt wie Kant, den Menschen notwendig auf sein Vorstellungsvermögen hin zentriert.

Den Prinzipien der Organisation von Vorstellungen unterliegen aber weder die sachlich und zeitlich der Vorstellung vorausgehenden Formen der Wahrnehmung noch die begrifflichen Leistungen, die nicht mehr an bestimmte Vorstellungsmerkmale gebunden sind (d.h. alles das nicht, was sich nicht in einer zeitlichen, diskursiven Sukzession vorstellen läßt). Mit diesen Erkenntnisformen und deren Prinzipien hat sich die platonisch-aristotelische Tradition in Antike und Mittelalter primär beschäftigt und die Vorstellung nur als ein, wenn auch wichtiges Vermittlungsglied zwischen den begrifflichen und wahrnehmenden Erkenntnisformen behandelt[110]. Nur durch die Verengung des Begriffs des Denkens auf eine bloße Ordnung von Vorstellungsmerkmalen ist verstehbar, daß trotz der Tatsache, daß von Parmenides bis Thomas von Aquin viele herausragende Philosophen Texte über Seele, Geist und Wissenschaft verfaßt haben, dennoch die Überzeugung entstehen konnte, alle diese Philosophen hätten sich nur mit einer Einteilung der Natur, nicht aber mit den Akten des Denkens selbst beschäftigt.

Die Konzentration auf die Organisationsprinzipien der Vorstellung bringt offenbar, und darauf vor allem wollte das Vorausgehende die Auf-

---

[110] Für diese Vermittlungsleistung zwischen Begriff und Anschauung läßt sich bereits bei Proklos der Begriff des ‚Schematismus' belegen, und zwar gerade im Bereich einer Wissenschaftstheorie der Geometrie, die ja auch für Kant das Vorbild seiner Kritik der Vernunft bildet. Zum Begriff ‚Schematismus' s. Proklos, Euklid-Kommentar, (Proclus Diadochus, In primum Euclidis elementorum librum commentarii, ed. Godofried Friedlein, Leipzig 1873) 195,13. Zur schematisierenden Leistung der Phantasie s. v.a. ebenda 50,10-56,22.

merksamkeit lenken, bestimmte Beschränkungen mit sich, die blind (und überheblich) machen für alles, was außerhalb dieser Domäne liegt.

Die für alles weitere grundlegende Nivellierung aller Erkenntnisweisen zu Arten der Vorstellung – von der ‚unmittelbaren Vorstellung' als ‚Empfindung' bis zum ‚reinen' Begriff und zur ‚Idee' – hat dazu geführt, daß die Eigenart und Eigenleistung der Wahrnehmung wie des rationalen Begreifens – und wenigstens von der Wahrnehmung sollte doch klar sein, daß sie weder selbst eine Vorstellung ist noch bereits eine Vorstellung ihrer selbst besitzt – überhaupt nicht mehr für sich selbst analysiert wurden. Die unmittelbar daraus folgende Fehleinschätzung, daß eine Selbstreflexion des Vorstellungsvermögens auf seine Organisationsprinzipien eine Kritik der Vernunft, ja aller „Stämme des menschlichen Gemüts" sei, verhindert bis heute die Einsicht, daß eine Theorie der bewußten ‚Verarbeitung' oder der ‚mentalen Repräsentation' von Wahrnehmungsinformationen eine Theorie der Vorstellungsleistung ist, und daß eine Bewußtseinsphilosophie daher (auch dem eigenen Anspruch nach, wie sich heute besonders in der Betonung zeigt, die Spontaneität des Menschen liege in seiner Fähigkeit zur Konstruktion von Repräsentationen von Wirklichkeiten: so in der Kulturwissenschaft, aber ebenso auch in der Kognitionswissenschaft und Neurobiologie) eine Vorstellungsphilosophie ist und keineswegs eine rationale oder ‚rationalistische' Philosophie.

2 c.   Die Wende zur Praxis

Der umfassende Anspruch, den die neue Vorstellungs- und Bewußtseinsphilosophie erhob, entwertete nicht nur die Erkenntnistheorie des antik-mittelalterlichen Aristotelismus und Platonismus, die Grundänderung, die er mit sich brachte, war eine Entwertung der Theorie insgesamt und eine Hinwendung zur Praxis.

Ich gebe zunächst nur eine kurze Charakterisierung der Bedingungen und Folgen dieser ‚Wende':

Trotz der mit dem Natur-Kultur-Gegensatz einhergehenden Entgegensetzung der geistigen Spontaneität gegen die sinnliche Rezeptivität bringt es gerade dieser Gegensatz mit sich, daß es weder beim Wahrnehmen noch beim Denken einen durch das Subjekt aktiv gestaltbaren Freiraum gibt.

Die Wahrnehmung gehört ausdrücklich zur natürlichen Seite des Menschen und unterliegt dem Determinismus der Natur. Die Wahrnehmung entsteht durch eine ‚Affizierung' durch die wahrnehmbaren Gegenstände und liegt daher nicht in unserer Gewalt[111].

Aber auch das Denken tut dies nicht. Wer ein Haus anschaut, wird dabei nach Kant nicht nur von der Mannigfaltigkeit seiner empfindbaren Eigenschaften affiziert, auch die Ordnungshandlungen (das sind (1) die bereits dem Subjekt angehörigen Anschauungsformen ‚Raum' und ‚Zeit', (2) die aus

---

[111] S. z.B. Kant, KrV A 19/B 33.

dem ‚Verstand' entspringenden ‚Kategorien' und (3) die mit beiden in Verbindung stehenden ‚Schematismen'), in denen er die unbewußt gegebene in eine bewußt gemachte Ordnung der ‚Vorstellungen' überführt, kann das Denken überhaupt nur so, wie sie sind, anwenden, ja sie liegen den Anschauungsformen schon unbewußt zugrunde und können nur als die in diesen schon wirksamen Prinzipien bewußt gemacht werden[112].

Beide, Anschauungs- und Denkakte, folgen damit einer strengen Notwendigkeit, und zwar nicht nur bei Kant, sondern genauso in der vorstellungsphilosophischen Tradition vor ihm.

Die ‚Modi', in denen das Denken sich eine Mannigfaltigkeit bewußt macht, sind bei jedem ‚Denkakt' die gleichen und können, sofern sie angewendet werden, nur immer gleich angewendet werden. Man macht sich etwas bewußt oder nicht bewußt. Macht man sich aber etwas bewußt, dann bedeutet das, daß man mehrere Vorstellungen zu einer einheitlichen Vorstellung verbindet, d.h. im Sinn der Kategorien der transzendentalen Einheit der Apperzeption ordnet. Das Bewußtsein ist dabei vorgestellt wie eine Art Lichtkegel, der seinen hellen Schein auf das Dunkel der konfus und unbewußt rezipierten Daten wirft und dadurch das so Erleuchtete zur Einheit eines deutlich herausgehobenen Gegenstands macht. Denken ist ‚Aufklärung', ‚Enlightenment', die es erst seit dem *siècle des lumières* gibt.

Worin liegt dann die Spontaneität, Autonomie und Freiheit des Denkens? – Sie liegt schon nach dem Urteil der antiken Stoa im Willen[113]. Man kann den Lichtkegel des Bewußtseins auf eine Anschauung richten, d.h., sich eine Anschauung, eine ‚gegebene Erkenntnis' (sc. in einem gewählten Ausschnitt) zu deutlicher Bewußtheit bringen oder nicht, in der Entscheidung darüber sind wir frei, sie steht in der Macht unseres Willens. Der Wille und ‚das Interesse' gehen damit der Erkenntnis voraus und bestimmen, was für sie überhaupt zum Gegenstand wird.

Grundsätzlich ist der Wille damit eine Freiheit, sich zum Denken (zur ‚Aufklärung' der ‚Nacht' des Unbewußten) zu entscheiden, das Denken zu wählen. Und nur in der Entscheidung für diese reflexive Aktivität kann er seine Freiheit beweisen, d.h.: er ist ein vernünftiger Wille. Das, was wir wollen können, ist zu denken oder nicht zu denken. Nicht denken aber heißt,

---

[112] S. z.B. Kant, KrV B 144: „Ein Mannigfaltiges, das in einer Anschauung (...) enthalten ist, wird durch die Synthesis des Verstandes als zur n o t w e n d i g e n Einheit des Selbstbewußtseins gehörig vorgestellt (...).“; B 145 Anm.: „Der Beweisgrund beruht auf der *vorgestellten* E i n h e i t d e r A n s c h a u u n g, dadurch ein *Gegenstand* gegeben wird, welche jederzeit eine Synthesis des Mannigfaltigen (...) in sich schließt, und *schon* die Beziehung dieses letzteren auf die Einheit der Apperzeption *enthält*.“ [Sperrungen von Kant, Kursive von mir].

[113] Zum stoischen Willenskonzept und zur Umdeutung der eigentümlichen Leistung der Ratio zu einem willentlichen Akt der Zustimmung zu etwas Gegebenem s. unten S. 294ff. (auch mit Verweis auf die Ähnlichkeiten und rezeptionsgeschichtlichen Zusammenhänge mit modernen Positionen).

sich dem Naturdeterminismus überlassen, also ist nur ein vernünftiger Wille wirklich Wille.

Das ist die klassische Position, wie sie in der antiken Stoa begründet wurde[114].

Nun hat die Fähigkeit, sich für das Denken – im Sinne einer Vergegenwärtigung, Aufklärung des Gegebenen – zu entscheiden, keinen Inhalt und ist auch nicht selbst Denken, sondern lediglich die Fähigkeit, das klar und deutlich Erkannte, d.h., das wirklich zu Bewußtheit Gebrachte, anzunehmen. Deshalb ist der primäre Akt dieses vernünftigen Willens ein Akt der Zustimmung (*adsensio, Synkatathesis*). Diesen hellenistischen Begriff hat noch Ockham übernommen (siehe oben S. 36ff.), seit dem Zeitalter der Aufklärung spricht man eher von einem Akt der ‚Setzung': Ich entscheide mich, eine mir als Gegenstand erscheinende Mannigfaltigkeit als Gegenstand zu setzen und sie so meinen bewußten Denkhandlungen zugrunde zu legen.

Da wir in der Wahrnehmung nicht selbst tätig sind, sondern von den Dingen affiziert werden, ist das klar und deutlich Erkannte nichts anderes als der zur bewußten Selbstanschauung gebrachte Wahrnehmungseindruck. Dieser Eindruck kam nicht von uns, sondern von der Natur der Dinge selbst, also entspricht das klar und deutlich Erkannte der Natur der Dinge, sie kommt in ihm gleichsam in ihrer Wahrheit zu einem Bewußtsein ihrer selbst.

Die Bildung dieser Wahrheit, die ja den Gesetzen der Natur und den Bedingungen der Klarheit und Deutlichkeit der Vorstellung unterliegt, steht freilich nicht in unserer Macht. Die Freiheit des Menschen besteht deshalb in dem Sich-Verhalten zu dieser Wahrheit, man kann, wie der stoische Weise, einer Wahrnehmung erst dann zustimmen, wenn sie mit deutlicher Evidenz im Bewußtsein gegenwärtig ist, dann ist die Erkenntnis dieses Wahrgenommenen ‚stark' und wahr, man kann aber auch voreilig, ohne die Evidenz im Bewußtsein abzuwarten, zustimmen, dann ist die Erkenntnis ‚schwach'

---

[114] S. Gisela Striker, Κριτήριον τῆς ἀληθείας, in: Nachrichten der Akademie der Wissenschaften in Göttingen, Philologisch-historische Klasse 2, 1974, 47-110 (auch in: dies., Essays on Hellenistic Epistemology and Ethics, Cambridge 1996); Julia Annas, Truth and Knowledge, in: Malcolm Schofield, Myles Burnyeat u. Jonathan Barnes (Hgg.), Doubt and Dogmatism, Oxford 1980, 84-104; George B. Kerferd, The Problem of Synkatathesis and Katalepsis in Stoic Doctrine, in: Jacques Brunschwig (Hg.), Les stoiciens et leur logique, Paris 1978, 251-272; Maximilian Forschner, Die stoische Ethik, Darmstadt ²1995, 114ff.; zentrale Texte für die Lehre von der ‚synkatathesis', d.h. für die Lehre, die das Zentrum der stoischen Erkenntnis- und Handlungstheorie ist und die darin ihr Spezifikum hat, daß der primäre Denkakt als Willensakt, eben als Akt der Zustimmung zu etwas Perzipiertem, beschrieben wird, sind: Cicero, *De fato* 42ff.; Cicero, *Academica Posteriora* 1, 40 (=in: Stoicorum veterum fragmenta, (3 Bde.), coll. Hans van Arnim, Leipzig (u.a.) 1908 (u.ö.) (=SVF) I,61). Speziell zur Willenstheorie der Stoa und dem Problem menschlicher Freiheit: Anthony A. Long, Freedom and Determinism in the Stoic Theory of Human Action, in: ders., Problems in Stoicism, London 1971, 173-199; Modestus van Straaten, Menschliche Freiheit in der stoischen Philosophie, in: Gymnasium 84, 1977, 501-518.

und falsch[115]. In jedem Fall ist der Erkenntnisakt ein praktischer, kein theoretischer Akt. Er ist ein Einstimmen in den das gesetzmäßige Ganze der Welt durchwaltenden Geist, der Wille, in Übereinstimmung mit der Natur zu leben, oder eine voreilige Verweigerung oder Mißachtung dieser Einstimmungspflicht[116].

An dieser ‚dogmatischen' Konzeption hat schon die antike Skepsis schneidende Kritik geübt. Zu offenkundig stimmen viele Wahrnehmungen, deren wir uns mit voller Klarheit und Deutlichkeit bewußt sind, nicht mit der Wirklichkeit überein. Auf dem Weg zwischen dem Eindruck, den wir von den Dingen empfangen, und dem Bewußtsein von diesem Eindruck scheint es vielfältige Möglichkeiten einer subjektiven Überformung und Verzerrung des ursprünglichen Eindrucks zu geben, so daß wir grundsätzlich nicht wissen können, wie die der Wahrnehmung gegebenen Dinge wirklich sind, sondern immer nur, wie sie uns – aufgrund der unterschiedlichen Art und Weise, wie wir sie uns bewußt machen – erscheinen[117].

---

[115] In der Terminologie der Stoiker: eine ‚schwache Zustimmung' (asthenês synkatathesis, ἀσθενὴς συγκατάθεσις): zu diesem Konzept s. z.B. Woldemar Görler, Ἀσθενὴς συγκατάθεσις. Zur stoischen Erkenntnistheorie, in: Würzburger Jahrbücher für die Altertumswissenschaft N.F. 3, 1977, 83-92.

[116] Wie sehr noch Kant diesem in der Stoa begründeten Begriff eines Willens, der nur ein vernünftiger Wille sein kann, verpflichtet ist, zeigt jetzt gut Christoph Horn, Wille, Willensbestimmung, Begehrungsvermögen, in: Otfried Höffe (Hg.), Kant. Kritik der praktischen Vernunft, (Klassiker auslegen; 26), Berlin 2002, 43-61. Horn selbst möchte nur einem von jeder Kausalität freien, ausschließlich in der subjektiven Willkür liegenden Dezisionsvermögen das Prädikat ‚Wille' zugestehen und glaubt daher, der Kantische Willensbegriff enthalte immer noch platonisch-aristotelische Elemente, d.h., eine Abhängigkeit von einem erkannten Gut als Voraussetzung der Willensentscheidung. Von einer solchen Abhängigkeit kann aber weder bei Kant noch in der Stoa die Rede sein. Das Gut, das den Willen leiten soll, ist bei Kant ausschließlich die Pflicht zur absoluten Selbstbestimmung. Zur Kritik an dem Versuch, Aristoteles' Willensbegriff von einem solchen dezisionistischen Willensverständnis her zu interpretieren, s. die Rezension von Rainer Thiel (Gnomon 74, 2002, 664-667) zu Christoph Jedan, Willensfreiheit bei Aristoteles?, (Neue Studien zur Philosophie; 15), Göttingen 2000.

[117] Das macht den (antiken) Skeptiker aber keineswegs zum Agnostiker; sondern der antike Skeptizismus ist (ähnlich wie auch der Stoizismus) eine Philosophie des gesunden Menschenverstandes, d.h. eine Philosophie, die das Common sense-Denken gegenüber einer (allzu subtilen) Verwissenschaftlichung bewahren und in sein genuines Recht einsetzen will (s. dazu auch Friedo Ricken, Antike Skeptiker, 114-128). In diesem Sinn unterscheidet z.B. die Pyrrhonische Skepsis zwischen Phänomen und Argument: Die Phänomene selbst werden nicht in Frage gestellt, bezweifelt werden nur die philosophischen Argumente und ‚Dogmen' über die Phänomene (vgl. z.B. Sextus Empiricus, Pyrrhoneiôn Hypotypôseôn (=Grundriß der pyrrhonischen Skepsis) I, 20: „Der Honig scheint uns süß zu schmecken. Das geben wir zu, denn wir werden in der Wahrnehmung von etwas Süßem affiziert; ob er aber auch, soweit es das philosophische Argument betrifft, süß ist, das fragen wir [sc. und ziehen wir in Zweifel]. Dies ist nämlich nicht eine empirische Erscheinung, sondern eine Aussage über eine <solche> empirische Erscheinung.").

Wenn man von den eben diskutierten Problemen der neuzeitlichen Bewußtseinsphilosophie her auf diese antike Diskussion zurückblickt, erkennt man besonders deutlich, daß sich die Skeptiker von den ‚dogmatischen' Stoikern eine Position haben vorgeben lassen, die kaum kritisch genannt werden kann und die sie besser nicht mitübernommen hätten. Sie bleiben nämlich mit den Stoikern (und dem gesunden Menschenverstand) dabei, daß wir Dinge ‚wahrnehmen', und korrigieren die Stoiker nur darin, daß unser bewußtes Wissen von den Dingen immer von subjektiven Bedingungen mitbeeinflußt ist, so daß dieses Wissen auf die Weise, wie die Dinge uns erscheinen, beschränkt bleibt. Die skeptische Kritik konzentriert sich auf diese Weise ausschließlich auf die Bedingungen, unter denen wir uns vermeintlich sinnlich gegebene Gegenstände bewußt machen.

Diese Bedingungen sind offenkundig subjektiv, sie kommen durch uns zur bloßen Wahrnehmung der Gegenstände hinzu oder überformen bereits diese Wahrnehmungen selbst. Da sie es sind, von denen abhängt, als was uns ein Gegenstand erscheint, ist die bewußte Gegenstandskonstitution also eine subjektive Leistung, die zur un- oder vorbewußten, präsemiotischen Gegebenheit des Gegenstands hinzukommt.

An diesem Punkt setzt die neuzeitlich kritische Überwindung der Skepsis an: Wenn das, was die Identität eines Gegenstands stiftet, das subjektive Bewußtsein ist, dann müssen die Prinzipien, nach denen diese Gegenstandsidentität gestaltet wird, in der Identität dieses Bewußtseins gesucht werden. Diese bei jeder Gegenstandserfahrung jedes Subjekts gleich vorauszusetzende Identität ‚übersteigt' jede empirische Einzelerfahrung und ist deshalb *transzendental*. Sie gilt für alle Erfahrungen und macht an jeder Erfahrung das aus, was von ihr sicher gewußt werden kann, sie ist also der – intersubjektive – Garant der Wissenschaftlichkeit unserer Erfahrung.

Auch wenn das Ergebnis dieser ‚kritischen' Sicherung der Erkenntnis identisch mit dem Ergebnis ist, zu dem schon die antike Skepsis gekommen war – nämlich daß wir Wissen nicht von Außendingen, sondern nur von den subjektiven Bedingungen, unter denen sie uns erscheinen, haben können –, war diese neuzeitliche Konzentration auf die Identität des erfahrenden Subjekts doch Anlaß für eine ‚kritische' Potenzierung des stoischen Dogmatismus (dessen Leistung wir freilich nur aus meist indirekten Fragmenten beurteilen können).

Exemplarisch einfach ist die Argumentation bei Descartes, mit der er eine seit dem späten Mittelalter geführte Diskussion zusammenfaßt und zwei extreme Deutungsmöglichkeiten zu einer einzigen verbindet[118].

Die Identitätshandlung, mit der das Denken eine Vielheit von Daten zu einer Einheit zusammenfaßt, ist, wie Descartes v.a. in seiner zweiten Meditation ausführt, von allen Inhalten, die wir denken können, verschieden, d.h., sie ist inhaltlich absolut leer. Daß wir sie aber vollziehen, ist das einzige

---

[118] S. Verf., Zur Erkenntnistheorie bei Platon und Descartes, in: Antike und Abendland 35, 1989, 54-82, bes. 56-63.

sichere Wissen, das wir besitzen, denn es erhält sich in seiner Identität und garantiert damit auch unsere eigene Identität, auch wenn die Gegenstände, die wir im Denken konstituieren, lauter chimärische Fehlbildungen sind. Dieses sichere Wissen machen wir zum Kriterium für alle unsere Erfahrungen. Wir selbst erfahren uns in unseren Denkhandlungen als identisch und können uns dadurch von allem anderen unterscheiden, wir haben also auf eine klare, unzweifelhafte Weise eine ‚distinkte' Erfahrung von uns selbst. An der Klarheit und Distinktheit – und Descartes selbst deutet die Distinktheit schon als Evidenz im Bewußtsein, d.h. als ‚Deutlichkeit' – haben wir demnach die Kriterien, an denen wir die Wahrheit unserer Gegenstandserfahrungen überprüfen können. Alles, was uns genauso wie wir uns selbst, d.h. klar und deutlich, bewußt ist, ist auch wahr.

Auf diese Weise wird ein ausdrücklich jedes Inhalts entleertes Wissen – alle Inhalte sollen ja bezweifelbar sein – zum Garant für die Wahrheit jedes Inhalts. Es enthält in den Bedingungen seines Bewußtseins das Kriterium für die Wahrheit jeder Erfahrung, die sich in ihm spiegelt.

Descartes hatte noch das Bedürfnis, die Gewagtheit seiner Konstruktion ‚metaphysisch' durch eine Begründung in Gott abzusichern (sc. in der dritten Meditation). Das wäre, wie Hegel kritisch anmerkt, nicht nötig gewesen, denn es ergibt sich auch ohne diese theologische Spekulation, daß wir in dem, was uns klar und deutlich bewußt ist, die Welt erfahren, wie sie ist, daß unser Geist also der Ort ist, an dem die gesetzmäßige Bestimmtheit der Welt zu sich selbst kommt und sich selbst anschaut[119].

Dieser Absolutheitsanspruch des Subjekts wird keineswegs gemindert durch die von und seit Vico vorangetriebene ‚Vergeschichtlichung' des Denkens. Gewiß, bei Descartes kann der Evidenzakt des Denkens als ein quasi naturgesetzlicher Mechanismus verstanden werden. Daß man ihn auch geschichtlich denken kann (und ihn dabei keineswegs mit dem ‚empirischen' Ich und seinen je privat-subjektiven Empfindungen und Meinungen vermischen muß), belegen Vicos ‚Beobachtungen' über „die gemeinschaftliche Natur der Völker".

Auch die klaren und deutlichen Wahrheiten sind ja offenkundig nicht für alle und überall dieselben. Sollen sie dennoch Ausdruck des einen identischen menschlichen Geistes sein, der in ihnen zu sich selbst kommt, muß dieser Geist selbst eine Geschichte haben, durch die er sich in immer wieder verschiedenen Formen manifestiert. Vico steht nicht an, aus dieser Überzeugung den radikalen Schluß zu ziehen, daß es Gott selbst ist, der in jedem einzelnen Subjekt und natürlich vor allem in ihm selbst denkt:

---

[119] Hegel, Vorlesungen über die Geschichte der Philosophie III (in: Theorie-Werkausgabe, Bd. 20, ³1998), 137; 143f.

„in deo igitur meam ipsius mentem cognosco"[120].

Mit dieser Verabsolutierung des menschlichen Denkens ordnet sich Vico keineswegs in eine christliche oder platonische Metaphysik ein. Daß die Metaphysik nicht vom Ich, sondern von Gott ausgehen müsse, ist zwar auch ein christlich-platonischer Gedanke[121], kaum aber die Distanzlosigkeit zwischen menschlichem und göttlichem Denken, durch die ein menschliches Wissen von der Welt zugleich ein Einblick in die Tätigkeit Gottes sein soll.

Die tatsächliche Botschaft Vicos ist denn auch (eine weitere Konsequenz, die er aus der Verabsolutierung des Einzeldings in der Spätscholastik zog, nämlich) eine Verabsolutierung der politischen Geschichte, in der sich der Geist in seinen verschiedenen Formen objektiviert. Auch wenn Vico dabei noch an bestimmten antiken Varianten von Zyklentheorien festhält, sein Grundschema ist das einer Entdeckungsgeschichte des (absoluten) Geistes, die mit einer unmittelbar naiven, ‚poetischen' Nach-außen-Gewandtheit des Menschen der ‚Frühzeit' beginnt und mit der reflektierten Geschichtserkenntnis des modernen Menschen endet, der endlich in der Lage ist, die von Anfang an vom Menschen gemachte Geschichte auch als seine eigene zu erkennen. Diese Entwicklungshypothese ist bis heute kaum ernsthaft in Frage gestellt, sie lebt über Herder, Cassirer, um mich auf die oben besprochenen Beispiele zu beschränken, bis in die Gegenwart, etwa in den ‚Bewußtseinstropen' in Hayden Whites *New Historicism,* weiter[122].

Welche Probleme mit ihr verbunden sind, kann man daran ablesen, daß es eben diese Entwicklungstheorie ist, die für Vico den Beweis für die unmittelbare Gottgelenktheit der menschlichen Geschichte liefert: Über das Bestreben der Einzelnen hinweg, ja gegen deren Wissen und Planen führt die „göttliche Vorsehung" den Prozeß des Geistes auf sein eigentliches Ziel hin weiter, und sorgt so „hinter dem Rücken der bewußten Intentionen der Menschen" für „eine ihnen selbst unbewußte Rationalität"[123]. Von Mandeville und Adam Smith bis zu Kant, Hegel, Droysen (u.a.) gehört Vico damit in eine Reihe von Denkern, die alles Zufällige und Böse in der Geschichte in einen Gesamtplan integrieren, der alles Negative zum bloßen Movens eines am Ende erreichbaren Gesamtwohls macht (zu einem Teil von jener „Kraft, die stets das Böse will und stets das Gute schafft"), in dem der Selbsterhaltungstrieb jedes einzelnen seine eigentliche Erfüllung findet (siehe dazu genauer unten S. 460ff.).

---

[120] Vico, Liber metaphysicus, in: Giambattista Vico, Opere, Bd. 1: Le Orazioni inaugurali, il 'De Italorum sapientia' e le polemiche, hg. v. Giovanni Gentile u. Benedetto Croce, Bari 1914, 174.
[121] S. Vittorio Hösle, Einleitung zu Vico, Prinzipien einer neuen Wissenschaft, LXX.
[122] S. Ulrike Zeuch, ...und die abstrakten Worte [...] zerfielen mir im Munde wie modrige Pilze. Zum Verlust des Gegenstandes in der Literaturtheorie seit 1966, in: Euphorion 95, 2001, 101-121.
[123] Vittorio Hösle, Einleitung zu: Vico, Prinzipien einer neuen Wissenschaft, CVf.

Die Erweiterung der Selbstidentitätsanspruchs des cartesischen *cogito* auf den ganzen geschichtlichen Menschen durch Vico – eine Erweiterung, die Dilthey noch einmal gegen Kant einklagen wird – ist daher keineswegs eine Verminderung der ‚logozentrischen' Rationalisierung der Welt, sondern eine Radikalisierung: die Notwendigkeit der Gesetze der Ratio und der Gesetze der Natur soll nun auch in der geschichtlichen Welt – all ihren Endlichkeiten und Unwägbarkeiten zum Trotz – gelten[124].

Die Gefahren, die in dieser Denkweise liegen, sind schon ein halbes Jahrhundert nach dem Erscheinen (dritte Auflage 1744) der *Prinzipien einer neuen Wissenschaft über die gemeinsame Natur der Völker* blutige Wirklichkeit geworden. Die Rechtfertigungsstrategie, mit der ein durchaus problematisches politisches Handeln mit eben dieser ‚Rationalisierung' der Geschichte zur objektiven Geschichtsnotwendigkeit stilisiert werden kann, hat Büchner (in seiner natürlich späteren, aber den Geist treffenden Interpretation) St. Just in einer Rede in *Dantons Tod* drastisch vorführen lassen. Auf die Frage eines Mitglieds des Nationalkonvents, ob denn das Schlachten der Deputierten nicht aufhören solle, führt St. Just aus:

> „Es scheint in dieser Versammlung einige empfindliche Ohren zu geben, die das Wort ‚Blut' nicht wohl vertragen können. Einige allgemeine Betrachtungen mögen sie überzeugen, daß wir nicht grausamer sind als die Natur und die Zeit. Die Natur folgt ruhig und unwiderstehlich ihren Gesetzen (...). Eine Änderung in den Bestandteilen der Luft (...) eine Seuche, ein vulkanischer Ausbruch, eine Überschwemmung begraben Tausende. Was ist das Resultat? Eine unbedeutende, im großen Ganzen der Natur kaum bemerkbare Veränderung der physischen Natur (...). Ich frage nun: soll die geistige Natur in ihren Revolutionen mehr Rücksicht nehmen als die physische? (...) Soll überhaupt ein Ereignis, was die ganze Gestaltung der moralischen Natur, das heißt der Menschheit, umändert, nicht durch Blut gehen dürfen? Der Weltgeist bedient sich in der geistigen Sphäre unserer Arme ebenso, wie er in der physischen Vulkane und Wasserfluten gebraucht (...)." (Dantons Tod, 2. Akt, Der Nationalkonvent)

Man sieht, daß man zur pauschalen, weder Personen noch Motive berücksichtigenden Rechtfertigung einer geschichtlichen ‚Bewegung' gar keiner ‚theologischen' Begründung bedarf, es genügt die zum Weltgeist erhobene geistige oder moralische ‚Natur', von den noch viel entsetzlicheren Objektivierungen der „gemeinschaftlichen Natur der Völker" in den Ideologien von Volksgemeinschaft, Nation oder Rasse ganz zu schweigen. Man sieht auch, welche Gefahr in der Verabsolutierung der Unbestimmtheit der menschlichen Natur liegt, und wie die Überzeugung von der unbegrenzten

---

[124] Das betrifft auch den einzelnen Menschen, der dann nicht nur als rationales Wesen, sondern in allen seinen seelischen Akten, im Fühlen, Spüren usw. intelligent ist. Dabei ist das Besondere dieser These nicht, daß auch Wahrnehmungen, Gefühlen usw. Intelligenz zugesprochen wird, das tun auch Platon und Aristoteles (s. S. 292f. u.ö.), sondern daß ihnen eine eigenständige, von der Rationalität scharf geschiedene Intelligenz zugesprochen wird, so daß sie gleichsam zu eigenständigen intelligenten Akteuren oder Subjekten im Menschen werden.

Freiheit zur Selbstbestimmung nicht nur (wenn überhaupt) einen humanistisch anmutenden, den Menschen aus konstruierten Zwängen befreienden Zug hat, sondern ebenso auch zur Begründung größter Menschenverachtung benutzt werden kann.

Aber auch wenn man ‚weichere' Formen des ‚Weltgeistes' in den Blick nimmt, den ‚Zeitgeist' (Barclay)[125], das ‚Leben' (Dilthey), die ‚Wirkungsgeschichte' (Gadamer), ‚Systeme' (Luhmann), ‚Diskurse' (Foucault) und dergleichen, sollte man beachten, daß sie alle spekulativ erschlossene allgemeine Subjekte sind, die sich „unserer Arme bedienen", für die wir nur Medien, nicht selbst Subjekte sind. Statt aber über den Tod des Subjekts zu klagen oder nach Rechtfertigungen ausgerechnet in der Tradition zu suchen, die das Subjekt von Anfang an zu einem jeder Bestimmbarkeit entnommenen ‚Absoluten' gemacht hat, sollte man prüfen, ob wir die affirmative Haltung zur kritischen Moderne nicht zu weit treiben, wenn wir selbst ihr völliges Scheitern noch für ein Zeichen ihrer geschichtlichen Überlegenheit halten, hinter die es kein Zurück geben könne.

---

[125] Zur Entstehung der Zeitgeisttheorie in der ersten Hälfte des 17. Jahrhunderts bei dem schottischen Humanisten John Barclay s. Erich Hassinger, Empirisch-rationaler Historismus. Seine Ausbildung in der Literatur Westeuropas von Guiccardini bis Saint-Evremond, Bern/München 1978, 38-40; 143-146. Zur geistesgeschichtlichen Einordnung dieser Zeitgeisttheorie in den neuzeitlichen Natur-Kultur-Gegensatz s. die wichtige Analyse bei Irene Polke, Selbstreflexion im Spiegel des Anderen. Eine wirkungsgeschichtliche Studie zum Hellenismusbild Heynes und Herders, Würzburg 1999, v.a. 119-216.

II Der ‚gesunde Menschenverstand' und die Natur-Kultur-Antithese

1 Zum Ansatz einer Kritik an der neuzeitlichen Natur-Kultur-Antithese

Vielleicht konnte der kurze Durchgang durch einige Stationen der Bestimmung des Kulturwesens ‚Mensch' aus seiner Unbestimmtheit den Ansatz zu einer Kritik schon plausibel machen: Es ist offenbar das Streben nach einer ‚Verwissenschaftlichung', d.h. wissenschaftlichen Begründung und Rechtfertigung der Perspektive des gesunden Menschenverstandes, das leitend war bei der Ausbildung der klassischen bewußtseinsphilosophischen Positionen[126] – und es ist dies bis in die Gegenwart. Die Verabsolutierung dieses Denkens im Sinn des Common sense schafft die eigentlichen Probleme in der Bestimmung des neuen Menschenbildes. Dabei erscheinen diese Aporien deshalb, als seien sie in der Sache begründet, weil sie (auch inhaltlich) das Ergebnis differenzierter, kritischer, wissenschaftlicher und begrifflicher Analysen sind und auf diese Weise einen Anspruch auf objektive Gültigkeit beanspruchen, der dem gesunden Menschenverstand selber nicht ohne weiteres zugestanden worden wäre.

Ich fasse die zentralen Aspekte dieses Denkens – sowohl des Common sense-Denkens als auch seiner in der Reflexion aufgearbeiteten Form – noch einmal so zusammen, daß deutlich wird, daß es sich dabei tatsächlich um geläufige und selbstverständliche Auffassungen handelt und nicht nur um historisch belegbare erkenntnistheoretische (also nicht die Alltagswelt, die Welt des praktischen Handelns betreffende) Thesen:

Der gesunde Menschenverstand ist es, der glaubt, daß er die Dinge der Welt mit seinen Sinnen wahrnimmt und aus dem Wahrgenommenen seine Begriffe bildet. Versucht man sich dieser Überzeugung reflexiv zu vergewissern, wird man zu einer ‚philosophischen' Theorie kommen, die den Eindruck aus der Wahrnehmung scharf von seiner Verarbeitung trennt. Nach C. I. Lewis etwa ist es „eine der ältesten und umfassendsten philosophischen Einsichten":

> „Es gibt in unseren kognitiven Erfahrungen zwei Elemente: die unmittelbaren Daten, wie etwa die der Sinne, die sich dem Bewußtsein präsentieren oder ihm gegeben sind, und eine Form, Konstruktion oder Interpretation, welche die Aktivität des Verstandes ausmacht."[127]

---

[126] Für die Aufklärungsphilosophie zeigt dies gut: Manfred Kühn, Scottish Common Sense in Germany, 1768- 1800: A Contribution to the History of Critical Philosophy, With a Preface by Lewis White Beck, Kingston/Montreal, 1987.

[127] Clarence Irving Lewis, Mind and the World Order, New York 1956, 38. Mit gutem Grund betont Richard Rorty, daß diese ‚Einsicht' in Wahrheit erst im Horizont neuzeitlicher Erkenntnistheorie als Basis philosophischer Erkenntnissicherung denkbar ist. S. Richard Rorty, Der Spiegel der Natur: Eine Kritik der Philosophie, Frankfurt a. M.

Das eine Element ist ein natürliches Geschehen (und also Gegenstand empirischer und naturwissenschaftlicher Forschung), das andere unsere Leistung (also etwas ‚Subjektives'). So ist das eine das, was es ist, von sich selbst her, das andere ist von uns gemacht. Da das, was wir selbst machen, (vorgeblich) nicht unsere (elementaren) Wahrnehmungen selbst sind, sondern unser Umgang mit ihnen, sind unsere selbständigen Akte Akte der Vergegenwärtigung und einheitlichen Vorstellung von Wahrnehmungseindrücken. Eine Reflexion auf diese Akte ergibt dementsprechend, daß eine Vorstellung darin das Kriterium ihrer Gewißheit hat, daß sie alle ihre Elemente optimal vergegenwärtigt, d.h.: es liegt in der Klarheit und Deutlichkeit oder *Evidenz*, mit der diese Elemente in einer Vorstellung oder einem Bewußtsein umfaßt sind. Die Erkenntnis dieses Kriteriums kann man selbstreflexiv nennen, denn es wird nur aus einer Rückwendung auf die Prinzipien oder formalen Mechanismen, nach denen wir unsere Vorstellungen bilden und beurteilen, gewonnen.

Diese Selbstreflexivität erscheint damit als der höchste Zustand, den der Mensch als selbsttätiges, nicht-naturgebundenes Wesen erreichen kann. Der Weg von der Naturgebundenheit zu dieser Selbstreflexivität erscheint eben dadurch als der Weg, den die Geschichte des menschlichen Geistes nehmen muß. Sie entspricht dem Weg, den die Vorstellung selbst durchmessen muß, wenn sie von der ersten noch undeutlich dunklen Umfassung des Gesamt von Wahrnehmungseindrücken eines Dinges zu einer schrittweise erfolgenden Aufklärung des ursprünglich Wahrgenommenen fortschreitet: von einer naiven, einheitlich-bildlichen Anschauung der Welt, bei der es noch überhaupt kein Wissen darum gibt, daß sie nur eine Vorstellung, nur eine symbolische Vergegenwärtigung, nicht die Welt selbst ist, bis hin zur ihrer selbst bewußten Konstruktion einer rein symbolischen Welt.

Die Anwendung dieses Schemas zur Deutung geschichtlicher Entwicklungen, und zwar nicht nur der Gesamtentwicklung der ‚abendländischen' Geschichte und Geistesgeschichte, sondern ebenso vieler einzelner Phasen in den verschiedensten Kulturbereichen, ist Legion, ja wir bedienen uns dieses Schemas auch bei der Abgrenzung der modernen westlichen Zivilisation gegenüber ‚unterentwickelten' Kulturen, etwa wenn wir die konkrete Archaik mündlicher Kulturen der abstrakten Verschriftlichtheit moderner Gesellschaften entgegenstellen.

Für die hier verfolgte Frage, wie sich das Verhältnis des philosophischen Nachdenkens über den Menschen im Platonismus und Aristotelismus der Antike und des Mittelalters zur modernen ‚Wende des Denkens auf sich selbst' sachlich korrekter bestimmen läßt, kommt es vor allem auf das zentrale Kriterium dieser Abgrenzung an.

1984, 168. Rortys eigener Versuch, die Analogie von Sehen und Erkennen, die er der nachcartesischen Philosophie zu Recht unterstellt, auf Platon zurückzuführen, steht nicht nur in Widerspruch zu seiner Kritik an Lewis, sie ist auch in sich selbst nicht haltbar. S. das Folgende, passim.

Der Prozeß des Wandels von der alten zur neuen Position wird offenbar als ein Prozeß der Aufklärung verstanden, der Aufklärung eines Denkens, das sich im Dunklen über seine eigenen Erkenntnisse und deren Konstitutionsbedingungen befindet und dieses Dunkel erst durch die bewußte Rekonstruktion des ihm unmittelbar Gegebenen lichten muß. Allein die Tatsache, daß dabei von einer ‚Aufklärung' ursprünglich dunkler und verworrener Anschauungen die Rede ist, die in klarer Deutlichkeit und Vollständigkeit aller ihrer Vorstellungsmerkmale bewußt gemacht werden müssen – und der Gegensatz des Unbewußten und Bewußten wird in der ganzen neuzeitlichen Philosophie bis Wolff und Kant als der Gegensatz der verworrenen, undeutlichen und dunklen gegen die klaren und deutlichen Vorstellungen beschrieben –, belegt noch einmal von einem weiteren Aspekt her, daß der Übergang von der Wahrnehmung zum Begriff in Kategorien dargestellt wird, die ihn als einen Übergang innerhalb der Dimension der Vorstellung erscheinen lassen. Daher kommt es, daß das Urteil darüber, ob eine Epoche oder ein Autor bereits als über sich selbst aufgeklärt gelten kann, davon abhängig gemacht wird, ob es bei ihnen ‚bereits' ein bewußtes Wissen um die Bedingungen der Klarheit und Deutlichkeit, d.h. der in einer Vorstellung, einem Bewußtsein einheitlich umfaßten Vielheit der Merkmale eines Gegenstands, gibt, die die Sinnlichkeit nur dunkel rezipiert hatte.

2 Über die Urschuld der Rationalität

Die Vorstellung, Aufklärung sei Aufklärung über etwas ‚undeutlich', ‚unbewußt' Rezipiertes, erklärt immerhin schon, warum es die Tendenz gibt, dort, wo es keine Reflexion auf die Bedingungen der Vergegenwärtigung im Bewußtsein gibt, überhaupt keine Reflexion des Denkens auf sich selbst zu erkennen. Das ist aber noch nicht genau genug. Denn die Überzeugung, die ganze Vormoderne sei eine Zeit der Unaufgeklärtheit des Denkens über sich selbst, würde nicht und könnte nicht entstanden sein, wenn der Mangel des anschaulichen Denkens nur darin gesehen worden wäre, daß dieses sich die Bedingungen nicht bewußt gemacht habe, in denen die Vorstellung die ihr zur Verfügung stehenden Gegenstandsmerkmale ordnet. Diese Überzeugung konnte vielmehr nur entstehen, wenn die Vergegenwärtigung von Vorstellungsmerkmalen in einer Vorstellungs- oder Bewußtseinseinheit als der ‚Grundakt' des Denkens, d.h. als die eigentlich ‚begriffliche' Erfassung der zuvor ‚bloß' anschaulich gegebenen Vorstellungsmerkmale, galt.

Diese Aufwertung einer Organisationsleistung der Vorstellung zum Begriff wird auch historisch erst aus ihrer Frontstellung gegen den Aristotelismus des Mittelalters richtig erklärbar, auf die ich später genauer eingehen werde. Ich möchte aber an dieser Stelle wenigstens soviel vorwegnehmen, wie sich aus dem bisher Besprochenen und aus der Verwandtschaft dieser ‚Vorstellung' von Denken mit dem ‚gesunden Menschenverstand' leicht verständlich machen läßt. Auf diese Weise soll der Bereich schärfer umgrenzt werden, in dem der Unterschied der platonisch-aristotelischen Erkenntnisanalyse von der ‚kritischen' Erkenntnistheorie, die sich ihr antithetisch als modern entgegenstellt, gesucht werden muß, und es soll auch wenigstens eine erste Erklärung dafür gesucht werden, wie es kommen konnte, daß eine beinahe zweitausendjährige einsichtsreiche Tradition des Nachdenkens über Seele und Geist und über die methodische Absicherung des Wissens in den verschiedenen Bereichen des Erkennens insgesamt als eine Epoche aufgefaßt wurde, in der das Denken ‚noch' nicht oder noch nicht wirklich zu sich selbst gekommen gewesen sei.

Für Platon und Aristoteles liegt der Unterschied zwischen den vorlogischen und den logischen Vermögen zwischen Wahrnehmung und Vorstellung auf der einen und Meinung und Verstand auf der anderen Seite. Grund für diese Unterteilung ist, wie ich schon angedeutet habe, daß sie in ihrer Analyse die Wahrnehmungen strikt in ihrer Leistung als Wahrnehmungen untersuchen und deshalb die Leistung des Denkens erst dort beginnen lassen, wo eine Ordnung von wahrgenommenen Merkmalen in keiner Weise mehr zur Erklärung ausreicht.

Wenn man freilich mit dem gewöhnlichen Denken und dem Sprachgebrauch davon ausgeht, daß man einen Tisch oder Baum ‚sieht', eine Flöte oder eine Nachtigall ‚hört', ein Parfum ‚riecht' usw., hat man der Wahrnehmung über die ihr eigene Erkenntnisleistung hinaus noch mindestens zwei weitere Leistungen zugeschrieben: Sie muß, (1) wenn auch noch unbewußt, die erfaßten Merkmale zu einer *einheit*lichen Vorstellung geordnet und (2) sie muß diese so gebildete Einheit als einen bestimmten Gegenstand *gedeutet* haben.

Daß beides Leistungen der Wahrnehmung sind, ist, auch wenn man nicht die strenge, am Widerspruchsprinzip orientierte Differenzierung Platons und Aristoteles' voraussetzt, mehr als unwahrscheinlich. Ein Grund ist, wie man sich leicht deutlich machen kann, daß Wahrnehmungsgegenstände (bis hinunter zu den einfachsten Materieelementen) nie einfache, sondern immer komplexe Gegenstände sind. Wenn ich noch einmal an den am Fluß sitzenden Angler erinnern darf: wer ihn ‚beobachtet', ‚sieht' in der von ihm wahrgenommenen Gegenstandseinheit nicht nur einen Angler, sondern etwa auch einen Menschen, einen Europäer, einen Deutschen, einen Mann, einen Vater, jemanden, der eine Kunst ausübt, einen Jäger, einen Fischer, einen Angler – und man kann diese Analyse auch noch (in eine andere Richtung) weiter treiben bis dahin, daß das, was da am Ufer sitzt, nichts als eine bestimmte Ansammlung von Genen, Atomen oder Quarks ist (so daß man in diesem Fall als Ergebnis die Gegenstandseinheit vollständig aufgelöst hätte).

Wer behauptet, er ‚sehe' den Angler, traut dem Sehen damit eine bemerkenswerte Unterscheidungsleistung zu: es muß aus der sichtbaren, von Farbe und Form umgrenzten konkreten Gestalt, die es in eben dieser Gesamteinheit vor sich sieht, zugleich genau die Anzeichen aussondern, die an dieser Gestalt nicht zum Schimpansen, Säugetier, Menschen, Mann, Vater usw. gehören, sondern genau und nur zu dem, was zu einem Angler gehört, und es muß auch noch erkennen, was dieses so Ausgesonderte zu einem Angler macht. Daß das Auge als Auge diese begriffliche Leistung erbringen kann, ist keineswegs wahrscheinlicher, als daß man durch ein Mikroskop auf ein Gewebe blicken und dabei sehen könne, was an ihm Transmitter, Synapse, Enzym, Protein, Aminosäure, Katalysator usw. ist. Für all diese Erkenntnisse ist die Wahrnehmung zwar eine notwendige, nicht aber eine zureichende Bedingung.

Gesteht man der Wahrnehmung aber diese intelligente Leistung zu, einen Gegenstand in seiner Unterschiedenheit zu erfassen – und auch dieses Zugeständnis entspricht einer Tendenz des ‚gesunden' Menschenverstandes, der glaubt, sich auf seine Sinne (und nur auf sie) verlassen zu können –, dann müssen alle Fehler in unseren Urteilen über die Dinge der Welt auf das ‚Denken', auf die Art, wie wir unsere direkten Erfahrungen ‚verarbeiten', zurückgeführt werden. Daraus ergibt sich der Glaube an eine Art Urschuld der Rationalität, deren Anwendung immer ein zerstörender Eingriff in die „unbefleckte Empfängnis"[128] unserer unmittelbaren Erfahrungen zu sein scheint. Eine noch authentische Wirklichkeitserfahrung scheint es demnach nur dort zu geben, wo diese Erfahrung noch von keinem Einbruch der Reflexion entstellt ist.

So erklärt sich die Tendenz, auch in Erfahrungsformen, die als vorreflexiv gelten, wie etwa in der Anschauung, noch Aspekte der Reflexivität aufzudecken und in ihr die Ursache für eine Verfälschung der Wirklichkeit zu sehen, so daß es nötig erscheint, auf noch unmittelbarere Erfahrungsformen, die erst wirklich ‚präsemiotisch', d.h. jeder subjektiv bewußten Deutung vorausliegend, sind, zurückzugehen. Schon bei Kant ist es daher nicht die Wahrnehmung, in der bereits die zur Vergegenwärtigung eines Gegenstands notwendigen Anschauungsformen des Raums und der Zeit wirksam sind, sondern die „Empfindung", die dem „Ding an sich korrespondiert". Die vielen Wenden auf die ‚Logik des Herzen', des ‚Gefühls', auf die ‚Intelligenz der Emotion', auf den ‚leibhaften Sinn', auf das ‚Gehirn im Bauch', auf die ‚synästhetische Erfahrung' von ‚Atmosphären, Räumen, Situationen', die ‚ikonologische Wende' usw. bezeugen die Relevanz dieser Denkweise in der Gegenwart[129].

---

[128] In dieser theologischen Begrifflichkeit beschreibt Merold Westphal die ‚sinnliche Gewißheit' in Hegels „Phänomenologie des Geistes" (Hegels Phänomenologie der Wahrnehmung, in: Hans Friedrich Fulda u. Dieter Henrich (Hgg.), Materialien zu Hegels ‚Phänomenologie des Geistes', Heidelberg 1973, 83-105, hier: 90): „Der Gegenstand ist da. Das wahrnehmende Bewußtsein hat ihn zu nehmen und sich als reines Auffassen zu verhalten (...). Sinnliche Gewißheit soll die unbefleckte Empfängnis des Gegebenen sein."

[129] S. dazu Verf., Synästhesie im Urteil aristotelischer Philosophie, in: Hans Adler u. Ulrike Zeuch (Hgg.), Synästhesie. Interferenz – Transfer – Synthese der Sinne, Würzburg 2002, 109-148.

Wenn aber die Philosophie, wie Platon und Aristoteles meinen, mit dem Staunen beginnt, und wenn auch für die Kulturwissenschaften der Gegenwart gelten soll, daß „das Staunen der Anfang der Anthropologie" ist[130], dann sollte vielleicht wenigstens diese exzessive Wendung zum Unmittelbaren ins Staunen darüber bringen, weshalb ausgerechnet das Denken dasjenige Vermögen in uns sein soll, das für unsere Fehldeutungen der Wirklichkeit verantwortlich ist, während die ‚Intelligenz' unserer ‚Gefühle', das ‚Hirn im Bauch', die ‚Intuition', das ‚Erspüren' von ‚Atmosphären' die eigentlich zuverlässigen, ‚authentischen' Zeugen sein sollen. Verlassen wir uns nicht alle auf den Verstand, wenn uns das Auge die Sonne klein zeigt? Und verlangen wir nicht alle von dem haßerfüllten Fanatiker, daß er seine Gefühle dem Fremden gegenüber aus einem ruhigen, abwägenden, vergleichenden Urteil heraus und nicht aus einem unmittelbaren Gefühl bilden soll, weil wir überzeugt sind, daß gerade dieses unmittelbare, nicht vom Verstand kontrollierte Gefühl die Wirklichkeit verzerrt und entstellt?

3 Das Neue der Neuzeit: Befreiung von der Anschauung oder von der Herrschaft des Begriffs?

Die im vorausgehenden Kapitel zuletzt gestellten Fragen verweisen auf ein weiteres für die Neuzeit insgesamt signifikantes Paradoxon.

Die Neuzeit ist ja in allen Bereichen – in der Philosophie, in den Wissenschaften, der Kunst, Literatur, in der Ethik, der Staats- und Wirtschaftstheorie – geprägt von einer starken Oppositionshaltung gegen die aristotelische Scholastik, d.h. gegen ein Denken in abstrakten Begriffen, aus denen Erfahrung ‚deduziert', statt ‚induktiv' gewonnen wird. Verbunden damit ist eine Hinwendung zu Anschauung und Gefühl und der in ihnen präsenten Erfahrung der empirisch konkreten Welt des Einzelnen. In diesem Sinn hat sich die Neuzeit selbst verstanden, und diesem Selbstverständnis entsprechen auch heute noch die meisten Darstellungen dieser Zeit in der Forschung, die mit dieser Deutung auch die Abwertung der dürren Gedankengespinste des Mittelalters und den Preis der Hinwendung zur Welt des Einzelnen und Individuellen mit übernommen haben. In diesem Sinn macht die ‚Entdeckung' des Erkenntniswerts und der Schönheit der Welt der Anschauung das eigentlich Neue der Neuzeit aus.

Diesem in tausenden von Abhandlungen bis heute verbreiteten Verständnis und Selbstverständnis der Neuzeit steht aber eine zweite, nicht weniger breit vertretene Überzeugung entgegen, die Überzeugung, daß

---

[130] S. Renate Schlesier, Das Staunen ist der Anfang der Anthropologie, in: Hartmut Böhme u. Klaus Scherpe (Hgg.), Literatur und Kulturwissenschaften. Positionen, Theorien, Modelle, Hamburg 1996, 47-59.

Antike und Mittelalter noch ganz in eine naive Welt der Anschauung eingebunden gewesen seien, aus der sich erst die Neuzeit und die Aufklärung in einer Wende des Denkens auf sich selbst befreit hätten.

Exemplarisch für dieses Selbstverständnis ist die schon von Giordano Bruno vorgenommene Auslegung der ‚kopernikanischen Wende': Durch Kopernikus sei klar geworden, daß die gesamten Konstruktionen des alten Weltbildes Konstruktionen des Augenscheins waren, die erst Kopernikus durch auf den Verstand gestützte Beweise widerlegt habe.

> „Noch vor einigen hundert Jahren schaute man im Aufgang der Sonne die Wirklichkeit an, wie sie ist; inzwischen hat sich das als Täuschung erwiesen, und wir können unseren Augen nicht länger trauen. Heute sind wir so weit, daß sich die gesamte wahrgenommene Welt in ein Meer von Täuschung verwandelt hat (...). Der rechnende Verstand hat hier das letzte Wort; aus dem Vordergrund der Wahrnehmung rückt die Welt in den Hintergrund des Gedankens."[131]

Überspitzt könnte man fragen, ob sich die Neuzeit denn nun von der Bevormundung der Anschauung durch das Denken oder von der Bevormundung des Denkens durch die Anschauung befreit habe.

Natürlich liegt hier kein eindeutiger Widerspruch vor, weil dasjenige – mittelalterliche – Denken, von dem sich die Neuzeit befreit, nicht dasselbe Denken ist, das in der neuzeitlichen Wende des Denkens auf sich selbst entdeckt wird. Immerhin wurde die Befreiung vom mittelalterlichen Denken als eine Befreiung zur Anschauung empfunden, auf die denn auch das neu entdeckte, über sich selbst aufgeklärte Denken strikt bezogen bleibt – und bleiben soll –, so daß als Resultat bestehen bleibt, daß nur ein auf Anschauung bezogenes, Anschauung mit seinen Mitteln organisierendes Denken ein um sich wissendes Denken sein kann, so daß jede Form einer Theorie, in der dem Denken eigene, der Erfahrung vorausgehende, also apriorische Inhalte (und nicht nur apriorische Ordnungsfunktionen) zugeschrieben werden, als ein unkritisches Denken abgelehnt wird, auf das dann tatsächlich beide Vorwürfe zutreffen: es sei noch der Anschauung und dem Augenschein verhaftet und es urteile aus einer metaphysischen Hinterwelt des Gedankens heraus. So läuft die Kritik darauf hinaus, die Antike und das Mittelalter hätten noch nicht in hinreichend reflektierter Weise zwischen Form und Inhalt unterschieden und diese noch nicht in korrekter Weise der Anschauung oder dem Verstand, dem Innen oder dem Außen zugewiesen. Mit anderen Worten: die Antike soll deshalb naiv sein, weil sie nicht in eben den Oppositionsschemata gedacht hat, an denen die Moderne leidet.

Bevor ich diesen Schluß ausführe, möchte ich darauf hinweisen, daß die Kritik, das antik-mittelalterliche Denken sei noch der Anschauung und damit einem erkenntnistheoretisch naiven Realismus verpflichtet gewesen,

---

[131] So erläutert Ernesto Grassi das ‚Naturbild der heutigen Physik' (in: Werner Heisenberg, Das Naturbild der heutigen Physik, hg. v. Ernesto Grassi, Hamburg 1955 (u.ö.), 137f.); S. ähnlich etwa auch Hans Blumenberg, Die Legitimität der Neuzeit, 433ff. (Kapitel: ‚Cusaner und Nolaner. Aspekte der Epochenschwelle', v.a. 556ff.).

sich nicht auf antike Texte bezieht, in denen die Lehre vertreten worden ist, in unseren Allgemeinbegriffen sei das intelligible Wesen der Dinge selbst enthalten, solche Texte hätte man, z.B. in der Stoa, durchaus finden können, diese Kritik beruht vielmehr auf einer Unterstellung gegenüber der aristotelisch-neuplatonisch geprägten Scholastik.

Man unterstellt bei dieser Kritik, die ‚platonische' Behauptung, bestimmte Begriffe unseres Denkens hätten eine eigene, von der Erfahrung unabhängige Realität, sei nur möglich, wenn man den subjektiven Ursprung unserer Begriffe noch nicht erkannt habe, sondern naiv davon ausgehe, das intelligible, im Begriff erfaßbare Wesen der Dinge zeige sich dem Denken ebenso unmittelbar und direkt, wie sich die Einzeldinge der Wahrnehmung präsentieren. – Das wäre dann allerdings metaphysisches und anschauliches Denken in einem.

Auch wenn wir uns angewöhnt haben, für diese vorkritische Denkhaltung nach Erklärungen zu suchen, die sie aus ihren besonderen historischen oder geographischen Bedingungen heraus verständlich machen – und eine typische Erklärung beruft sich etwa auf

„das Licht, in dem Landschaft und Dinge standen, die das Leben der Griechen umgaben"

und schließt daraus, daß

„die Klarheit und schon optisch unfragwürdige Präsenz"

der Dinge die Griechen verleitet habe zu glauben, die Dinge selbst böten sich dem Denken in ihrer wesentlichen Wahrheit dar, während der nordische Dunst offenbar eher dazu nötigte, sich von der Anschauung auf das Denken selbst zurückzuziehen. – Man braucht eine solche Erklärung nicht, denn die Unterstellung dieser naiven Denkhaltung kann mit großer Bestimmtheit als falsch bezeichnet werden.

Schon bei Parmenides beginnt die griechische Philosophie, wie Hans Blumenberg zu Recht feststellt, „mit der Entdeckung des Hiatus von Erscheinung und Sein, von Wahrnehmung und Denken"[132]. Und von Platon zu behaupten, er habe an eine anschauliche Präsenz des Wesens der Dinge geglaubt, ist geradezu absurd. Die Wahrnehmung wird ja ausdrücklich deshalb von Platon als *konfus* bezeichnet, weil das Denken aus ihren Daten keine Erkenntnis eines Dinges, geschweige denn seines Wesens gewinnen kann.

Diese Begründung soll später noch genauer erläutert werden, zunächst ging es mir darum zu zeigen, daß man bei der Suche nach einer Antwort auf die Frage, weshalb denn die vielen Abhandlungen über die menschlichen Erkenntnisvermögen in der Antike in der neuzeitlichen Aufklärung überhaupt nicht als Reflexionen des Denkens auf sich selbst und seine eigenen Akte erkannt und anerkannt worden sind, immer wieder auf dieselbe

---

[132] Hans Blumenberg, Die Legitimität der Neuzeit, 212.

Grundvoraussetzung stößt, an der wie an einem unumstößlichen Maßstab die antiken Texte gemessen und für unzureichend bewertet werden. Diese Voraussetzung ist die Überzeugung, der Grundakt des Denkens sei die Vergegenwärtigung der dieser Vergegenwärtigung vorhergehenden sinnlich unmittelbaren Gegenstandserfahrungen.

Daß diese Voraussetzung keineswegs unumstößlich ist, sollten die bisherigen Belege und Überlegungen schon plausibel machen und dadurch zugleich die Aufmerksamkeit auf die Aspekte lenken, die es möglich erscheinen lassen, daß das Denken auch noch ganz andere Aufgaben haben und zugeschrieben bekommen kann als die, die von dieser Voraussetzung her dem Denken zukommen.

4 Aporien im Verhältnis von Anschauung und Denken – in moderner und antiker Perspektive

Für einen möglichen Vergleich mit der platonisch-aristotelischen Tradition ist es wichtig, die Konsequenzen, die sich aus der beschriebenen Grundauffassung von Denken[133] ergeben, noch genauer auszufalten, damit die Unterschiede zwischen beiden Positionen sich präziser umgrenzen lassen.

Es hat sich ja schon gezeigt, daß die Überzeugung, daß wir in sinnlicher Erfahrung die Welt der Einzeldinge in uns aufnehmen (während Platon und Aristoteles lehren, daß wir uns mit unseren Sinnen auf die Einzeldinge nur beziehen und nur das von ihnen unterscheiden, was die jeweiligen Sinne erkennen können: Farbe, Form, Geräusche, Gerüche, Geschmäcke, Bewegung usw.), dazu geführt hat, daß der Unterschied zwischen Wahrnehmung und Denken auf den Unterschied zwischen der Wahrnehmung und der sie repräsentierenden Vorstellung reduziert wurde.

Daraus ergibt sich sowohl für die Deutung der sinnlich unmittelbaren wie der vorstellenden, vergegenwärtigenden ‚mentalen' Erfahrung eine Vielzahl von Problemen, die in immer neuen Anläufen und von unterschiedlichen Ausgangspunkten her in Neuzeit und Moderne diskutiert worden sind, immer aber so, als ob es sich dabei um Probleme oder sogar Ausweglosigkeiten handle, die mit geschichtlicher Notwendigkeit gegeben sind. Ganz anders nehmen sich diese Probleme aber aus, wenn man tatsächlich die historische wie sachliche Bedingtheit der Entstehung dieser Probleme in Rechnung stellt.

---

[133] Ich möchte noch einmal betonen, daß hier nicht der gesamten Neuzeit und Moderne diese Grundauffassung unterstellt werden soll. Sie ist allerdings in einer Vielzahl ganz unterschiedlicher Texte aus den verschiedensten Bereichen belegbar und kann daher sehr wohl als eine vorherrschende Grundtendenz bezeichnet werden. In nahezu völliger Einstimmigkeit wird sie immer dann vertreten, wenn begründet werden soll, warum das antik-mittelalterliche Denken ‚antiquiert' ist.

4 a. Zur Sinneserfahrung

Die Verlagerung der eigentlichen Wirklichkeitserfahrung in die Sinnlichkeit – sie soll es ja sein, die uns wahrnehmen, empfinden, fühlen, spüren läßt, womit wir es wirklich zu tun haben, die einen direkten Kontakt mit der ‚Realität' herstellt – verschafft der Sinnlichkeit einen ambivalenten Doppelaspekt von Rationalität und Irrationalität.

(1) Im Blick auf den Begriff des Denkens als der Vergegenwärtigung, Bewußtmachung eines Inhalts erscheint sie, da sie ja unmittelbar sein soll, als irrational, weil in ihr das ‚Denken' noch keinerlei vergegenwärtigende Vermittlung geleistet hat, und sie erscheint eben dadurch auch als etwas, das sich unserer freien Selbstbestimmung entzieht, als ein ‚Mechanismus', ‚Automatismus', als ‚System', in jedem Fall als bloße Rezeptivität, die von aller bewußten Erkenntnis „himmelweit verschieden ist" (Kant, KrV B62). Sie kann auch als verworren, dunkel, oder moderner: als unbewußt charakterisiert werden, weil das ihr ‚Gegebene', ihre ‚Daten', noch in keiner Weise klar und deutlich vorgestellt, bewußt gemacht sind.

Auch diese ‚Verworrenheit', ‚Dunkelheit', ‚Unbewußtheit' der unmittelbaren Sinneserfahrung kann in doppeltem Sinn gedeutet werden (und wurde auch so gedeutet). Man kann den Akzent darauf setzen, daß die von ihr erfaßten Daten noch in ununterschiedener Einheit sind und erst in ihren einzelnen Momenten zu klarer und deutlicher Bewußtheit gebracht werden müssen: unter diesem Aspekt, d.h. unter dem Aspekt, daß in einer solchen unmittelbaren Erfahrung eine Vielheit von Daten in einer einheitlichen Erfahrung umfaßt ist, kann man ihr auch eine eigene Intelligenz zubilligen; man kann den Akzent aber auch darauf setzen, daß uns die vom Verstand noch nicht beurteilte Sinneserfahrung oft verwirrt und täuscht, etwa wenn sie uns den Baum in der Dunkelheit als Feind, den viereckigen Turm rund, das gerade Ruder gebrochen erscheinen läßt, oder wenn sie bewirkt, daß wir die Sonne in der Bewegung des Auf- und Niedergangs oder die Bäume am Flußufer vom Schiff aus in Bewegung zu sehen meinen.

Wegen dieser und ähnlicher Täuschungen, die seit der antiken Skepsis immer wieder abgehandelt wurden, galt die Sinneserfahrung lange als „mater erroris" (Descartes), als ‚Mutter des Irrtums'. Man hat aber schon in der Antike gesehen und immer wieder neu entdeckt, daß diese Täuschungen nicht den Sinnen selbst, sondern unserem Urteil über das Wahrgenommene angelastet werden müssen. Sie betreffen außerdem nur Ausnahmefälle und können durch Reflexion auf die Wahrnehmungsbedingungen, d.h. durch Berücksichtigung des Beobachtungsstandpunkts, des Beobachtungsmediums und der Perspektive, korrigiert werden. Auf der (Wieder-)Entdeckung der methodischen Bedeutung der Beobachtungsperspektive beruht nicht zuletzt die Überzeugung der Neuzeit, erstmals reflexiv erfaßt zu haben, was Denken ‚eigentlich' ist (dazu gleich mehr).

(2) Der vorreflexive Charakter einer unmittelbaren Erfahrung kann aber nicht nur als Zeichen ihrer Irrationalität verstanden werden, er kann gerade

umgekehrt als Garant einer der bewußten Rationalität überlegenen, höheren ‚Intelligenz' gedeutet werden. Grund dafür ist einmal die Tendenz des ‚natürlichen Bewußtseins', eine Erfahrung, bei der es noch nicht eingegriffen hat, bei der es noch nicht durch eine bewußt eingenommene Perspektive ausgewählt hat, bei der noch nicht Aspekte isoliert und aus eigener Tätigkeit des Bewußtseins neu verbunden oder getrennt wurden, für eine einfache Erfahrung, ein bloßes Innesein der Sache selbst zu halten.

Eine *einfache* Erfahrung für eine wirkliche Sacherfahrung zu halten, ist aber nicht nur eine Tendenz des gewöhnlichen empirischen Denkens, es handelt sich dabei auch um eine These, die in der platonisch-aristotelischen Schultradition vertreten wurde, auf die sich Philosophen von Duns Scotus bis Christian Wolff (und in indirekter Beeinflussung auch die nachkantische Philosophie) berufen haben. Der Unterschied, der dabei verloren gegangen ist, und der deshalb im folgenden genauer herausgearbeitet werden muß, ist allerdings, daß eine einfache Sacherfahrung im Sinn dieser Schultradition niemals eine Erfahrung von etwas konkret Einzelnem sein kann. Eine sinnlich wahrnehmende, fühlende, spürende Erfahrung eines Einzeldings oder gar einer Situation, einer Atmosphäre kann niemals einfach sein, sondern enthält im Sinn der Analysen, wie sie etwa Aristoteles gegeben hat, immer bereits eine Vielheit subjektiver Syntheseakte, auch wenn das Bewußtsein diese Synthese als Einheit erfährt[134].

Für die These, daß einem einfachen Bewußtseinsakt keineswegs ein einfacher Erkenntnisakt zugrunde liegen muß, hat Aristoteles (wie schon Platon) gute Gründe. Ein nicht unbedeutendes Indiz für die Richtigkeit seiner Auffassung kann man darin sehen, daß die Suche nach einer einfachen, aller Reflexivität vorausgehenden Erfahrung bis heute nicht an ihr Ende gekommen ist. Auch die Aufgabe, die diesen einfachen, unmittelbaren Erfahrungen zugedacht ist, nämlich eine authentische, wirklichkeitsgetreue Erfahrung zu gewährleisten – etwa wenn (noch) Umberto Eco Erfahrungen rekonstruiert, in denen Menschen unbekannten Lebewesen begegnen, die in keines der ihnen vertrauten Erklärungsschemata passen, von denen sie daher eine in jeder Hinsicht ‚präsemiotische', jeder subjektiv bewußten Deutung vorausliegende Erfahrung machen[135] –, kann in keiner Weise als erfüllt gelten.

Ein Zeichen dafür ist, daß man noch von jeder angeblich unmittelbaren Erfahrung hat belegen können, daß sie irgendwelche bereits reflexiven Züge hat, so daß in immer neuen ‚Wenden' auf noch Ursprünglicheres zurückgegangen werden mußte. Auch von Ecos neuem Versuch läßt sich ja unschwer aufweisen, daß die von ihm ausgedachten präsemiotischen Erfahrungen nicht präsemiotisch sein können. Die Indianer etwa, die vor den Pferden der

---

[134] Zu dieser nivellierenden Tendenz des Bewußtseins s. unten S. 512ff.

[135] Umberto Eco, Kant e l'ornitorinco, Mailand 1997; s. dazu die Rezension von Reinhard Brandt, Der weltbekannte Sonderling watschelt auf dem Boden der Tatsachen. Zoospaziergang mit Kant: Umberto Eco verläßt auf der Spur des Schnabeltiers das Gehege der weltlosen Semiotik, in: FAZ vom 24.3.1998, L 26.

Spanier erschrecken, würden auch nicht für einen allerersten Augenblick Schrecken empfinden, wenn sie ihre vorgeblich unmittelbaren Erfahrungen nicht ‚bereits' irgendwelchen Deutungsschemata unterworfen und etwa die Selbstbewegtheit der Tiere als Zeichen dafür, daß sie Lebewesen sind, und andere Aspekte, etwa ihre Größe, ihr Wiehern und dergleichen als Zeichen dämonischer Macht o.ä. gewertet hätten. Präsemiotisch scheinen diese Erfahrungen nur deshalb, weil sie *andere* ‚Zeichen' und Deutungen verwenden als die uns geläufigen, abendländischen oder mitteleuropäischen. Es sind also nur relativ zu unseren Erfahrungen einfache, nämlich nicht durch dieselben Begriffe, wie wir sie verwenden, ‚überformte' Erfahrungen. In diesem Sinn ist die Suche nach präsemiotischen Erfahrungen bei sogenannten Naturvölkern oder überhaupt fremden Kulturen nichts anderes als Ausdruck eines unkritischen ‚Eurozentrismus' oder überhaupt einer Absolutsetzung des Eigenen, also einer egozentrischen, provinziellen Perspektive, die von einer offenen, postmodernen Gesellschaft mit ihrem kosmopolitischen, multikulturellen Anspruch nicht akzeptiert werden sollte.

Das Beispiel kann aber – stellvertretend für unzählige ähnliche – als ein Hinweis darauf genommen werden, daß hier das Problem grundsätzlich falsch gestellt ist. Offenbar ist die Besorgtheit wegen der subjektiven Überformungen präsemiotisch unmittelbarer Erfahrungen nur dann begründet, wenn diese präsemiotischen Erfahrungen tatsächlich bereits Gegenstandserfahrungen sein *könnten*, d.h., wenn sie der Garant dafür wären, daß das Pferd wirklich als Pferd und nicht nur als eine irgendwie in sich verbundene Ansammlung von Farben, Formen, Bewegungen, Geräuschen usw. wahrgenommen würde. Wenn die direkte, ‚unverfälschte' sinnliche Begegnung mit den Dingen aber noch gar nicht begrifflich ist, d.h., wenn sie noch gar keine *Dinge* erfaßt, sondern zwar zuverlässige Erkenntnis über Farbe und Form, Geräusche (usw.) liefert, aber tatsächlich blind ist in Bezug auf die Gegenständlichkeit der wahrgenommenen Vielheit, dann braucht das Denken als solches nicht schlechthin der Verfälschung der ‚Wirklichkeit' angeklagt zu werden.

4 b. Zur Vorstellung als ‚Verstand'

Die ‚präsemiotische' Erfahrung will eine noch nicht subjektiv verfälschte, authentische und vor allem vollständige Erfahrung der Wirklichkeit sein, wie sie an sich selbst ist. Beweggrund ist immer die Angst, es könnte durch das Denken etwas von dem Reichtum des ‚wohlbestimmten' Gegenstands verloren gehen. Wenn man diese Zielsetzung nicht auf den Aspekt beschränkt, der seit Jahrhunderten beinahe ausschließlich diskutiert wird, auf die Frage nämlich, ob es eine solche der Subjekt-Objekt-Spaltung vorausliegende Wirklichkeitserfahrung überhaupt geben könne, sondern das Problem selbst betrachtet, das mit ihrer Hilfe gelöst werden soll, wird offenbar, daß das zu lösende Sachproblem gar nicht ist, ob einer solchen Erfahrung auch wirklich ein objektiv existierender Gegenstand entspricht – natürlich entsprechen der Erfahrung der Indianer wirkliche Einzelgegenstände. Die eigentliche Frage ist nicht, ob die Erfahrung von einem wirklich existierenden Gegenstand ausgelöst ist, sondern ob das Erfahrene wirklich die eine Sache oder der eine Sachverhalt ist, als die man sie erfahren zu haben meint. Das ist ja das vielfach formulierte Motiv, um dessentwillen man eine unmittelbare Erfahrung sucht, daß man ohne subjektive Zusätze oder Wegnahmen, ohne selbst schon eine Verbindung oder Trennung vorgenommen zu haben, einfach nur den Gegenstand selbst rezipieren möchte. Aus platonisch-aristotelischer Perspektive heißt das aber nicht weniger, als daß von diesen Erfahrungen eine spezifisch begriffliche Leistung erwartet wird.

Dieser Begriff von ‚Begriff' muß später genauer erläutert werden. In einer vorläufigen Bestimmung kann man sagen, daß in einem Begriff die Eigenschaften erfaßt werden sollen, die genau und nur eine Sache ausmachen. Wer einen Begriff von dem haben will, was ein Angler ist, muß die Eigenschaften kennen, die immer zu einem Angler gehören, und die, die nur zu ihm gehören, und darf sie nicht mit Eigenschaften verwechseln, die an einzelnen Anglern vorfindbar sind, aber nicht zu ihnen gehören, sofern sie Angler sind, sondern die ihnen etwa zukommen, weil sie Bayern sind, die Lederhosen tragen. Ein Begriff hat deshalb nichts mit einer Vergegenwärtigung wahrgenommener Gegenstände im Bewußtsein zu tun, denn auch wenn die Vorstellungsmerkmale der von einem ‚wirklichen' Angler wahrgenommenen Eigenschaften genau den wirklichen Eigenschaften dieses ‚Anglers' entsprechen, bieten sie keine Gewähr dafür, daß sie auch zu ihm als Angler und nicht etwa zu ihm als Bayern gehören.

Ob man eine solche Erkenntnis, die genau eine Sache mit den ihr zugehörigen Momenten erfaßt, nun Begriff nennen will oder nicht, sobald man diese Erkenntnisleistung bereits der Wahrnehmung oder einer anderen Form sinnlicher Unmittelbarkeit zugesteht, ändert sich zwingend – und darauf sollten alle bisherigen Überlegungen hinführen – das Urteil über das, was eine rationale Leistung ist.

Denn wenn die unmittelbare Sinnes- oder Gefühlserfahrung bereits eine einfache Sacherfahrung ist, in der, wenn auch noch undifferenziert, alles, was zu einer Sache gehört, rezipiert ist, dann hat das Denken eben keine eigenen Inhalte mehr, sondern beschränkt sich in den ihm eigentümlichen Akten auf die bewußt differenzierende und das Differenzierte wieder zu einer Gegenstandsvorstellung verbindende ‚Verarbeitung' des unmittelbar Rezipierten.

Das ist aber nur die eine – negative – Seite dieses neuen Begriffs von Denken. Denn auch wenn eine unmittelbare Erfahrung eine einfache Sacherfahrung wäre, sie hat, da sie unbewußt und dunkel ist, keine bewußte, klare und deutliche Vorstellung von der ihr – in allen ihren Momenten – gegebenen Sache und hat in diesem Sinn noch keinen Begriff von ihrem Gegenstand. Das heißt, das Denken muß über die bloß funktionale, Gegebenes ordnende Leistung hinaus auch noch ins Bewußtsein erheben, was der ihm gegebene Gegenstand ist, und ihm so erst einen Begriff verschaffen.

In dieser Notwendigkeit zu einer doppelten Gegenstandserfassung, einer unmittelbar rezeptiven und einer bewußt ‚spontanen', liegt die Erklärung, warum Kant trotz der Tatsache, daß er ausdrücklich lehrt, die Sinnlichkeit „gebe" uns „Gegenstände", nachdrücklich darauf beharrt, erst durch den Verstand werde eine sinnlich „gegebene Mannigfaltigkeit" (die aber immer die Mannigfaltigkeit der Eigenschaften genau eines unmittelbar „empfundenen", d.h. auch bei Kant: noch ohne bewußte Formung aufgenommenen, Gegenstandes ist) als Gegenstand „gedacht"(KrV B 33).

Unter dem Aspekt dieser Gegenstandskonstitution durch das ‚Denken' muß man dem Denken aber mehr als eine bloß funktionale, Relationen unter Daten herstellende Leistung zubilligen. Es muß aus sich heraus zu Bewußtsein bringen, unter welchem Begriff die rezipierten Daten vergegenwärtigt werden sollen, es muß, wie die übliche Formel lautet, diesen Daten einen Begriff unterlegen.

Ähnlich wie die Wahrnehmung, wenn sie denn eine Gegenstandserfahrung sein soll, über das Vermögen, Wahrnehmungen zu machen, hinaus ein Begriffsvermögen haben muß, muß also auch die Vorstellung in der ihr möglichen freien Verbindung und Trennung von ihr gegebenen Vorstellungselementen mehr vermögen, als nur eine Ordnung dieser Elemente zuwege zu bringen, es muß ihr bei jeder dieser von ihr selbst gestifteten Ordnungen auch gegenwärtig sein, was der Sachbegriff ist, unter dem sie die geordneten Vorstellungselemente zu einem Gegenstand zusammenfaßt. Erst diese Vermischung einer bloßen Vorstellungsleistung mit einer begrifflichen Deutung des Vorgestellten macht die eigentliche Brisanz und auch die Vieldeutigkeit des Begriffs des Bewußtseins aus[136].

---

[136] Die Verwendungsmöglichkeiten von ‚Bewußtsein' ergeben sich aus den in dieser Vermischung isoliert oder miteinander verbunden denkbaren Elementen. Man kann, um nur auf die wichtigsten und häufigsten Verwendungen hinzuweisen, Bewußtsein strikt als Vorstellung, d.h. als Vergegenwärtigung einer Wahrnehmung, verstehen: „Ich bin mir bewußt, rot zu sehen" – dann ist ‚Bewußtsein' als reines Wahrnehmungsbewußtsein aufgefaßt. Man kann Bewußtsein auch als Formung von Wahrnehmungen verstehen, wenn man bei der Vorstellung v.a. auf den Aspekt achtet, daß man in einer Vorstellung sich Wahrnehmungen verdeutlicht, indem man Einzelaspekte nacheinander und nebeneinander differenzierend heraushebt. Man kann aber auch den mehr begrifflichen Charakter dieses Formaspekts betonen, indem man etwa das Verharren einer Vorstellung im Wechsel anderer als Substanz deutet oder das Nacheinander von Vorstellungen als Folge von Ursache und Wirkung. Die bei weitem häufigste, allerdings auch ihrerseits viele Varianten aufweisende Verwendung von ‚Bewußtsein' ergibt sich aus der Vermischung der Vorstellungsleistung mit auf den Inhalt bezogenen *begrifflichen* Leistungen, etwa wenn man sagt, man sei sich eines Gegenstands oder einer Atmosphäre oder auch der Feindseligkeit eines Blicks bewußt. In diesem Sinn kann man auch ein Bewußtsein von Träumen und Meinungen haben, oder schließlich Bewußtsein als Erkenntnis in streng rationalem Sinn auslegen, etwa wenn man davon spricht, sich den Satz des Pythagoras ‚bewußt' zu machen.

Was ist die besondere Leistung dieses bewußten Begriffs gegenüber dem in ursprünglich intelligenter Erfahrung aufgenommenen Begriff des ‚wirklichen' Gegenstands?

Zuerst die, daß er den in ursprünglicher Erfahrung oder Apprehension „gegebenen" Gegenstand zu einem bloßen X herabsetzt. Wir wissen von ihm trotz der Fülle der Momente, die wir unbewußt von ihm besitzen, nichts, als daß wir eine einfache Erfahrung, die Erfahrung von einem „Gegenstand überhaupt" (=X), haben.

Daraus ergibt sich die positive Aufgabe einer bewußten Begriffsbildung: einem jedes Inhalts entleerten Denken überhaupt erst seine Inhalte zu verschaffen. So ist das begriffliche Bewußtsein in einem doppelten Sinn leer:

Es ist nicht nur in sich selbst leer, weil seine Kategorien rein funktional oder ‚formal' sind, es bleibt auch, wenn ihm ein Inhalt durch die Sinnlichkeit gegeben ist, leer, weil dieser Inhalt, auf den es seine Kategorien anwenden soll, für es nichts als ein bloßes X ist.

Nichtsdestoweniger verstärkt gerade diese Inhaltsleere den (Fehl-)Eindruck, der Akt der Erhebung einer Anschauung, eines Gefühls usw. ins Bewußtsein sei ein begrifflicher Akt. Es bleibt ja von der Fülle der Momente des in unbewußt dunkler Erfahrung gegebenen Gegenstands nichts als das bloße Wissen, von einem Gegenstand ‚affiziert' zu sein, wenn das ‚Denken' anfängt, sich diesen Gegenstand in seinen einzelnen Aspekten bewußt zu vergegenwärtigen. Dieses Wissen ist also gänzlich abstrakt, frei von jeder konkreten Anschaulichkeit und in diesem Sinn rein ‚begrifflich', man könnte auch sagen: reine Form.

Als begrifflich kann es aber auch deshalb verstanden werden, weil es gerade wegen seiner Abstraktheit das zu leisten scheint, was man von einem Begriff erwartet: die Sacheinheit zu bezeichnen, mit Blick auf die alle Einzelmomente untereinander und in Bezug auf das Ganze eine Einheit bilden. So wie man von dem Subjekt eines Satzes viele Prädikate aussagen kann, es selbst aber nicht ein eigenes Prädikat neben den anderen ist, sondern gleichsam nur der Stellvertreter, das Symbol, das bedeutet, daß alle diese Prädikate auf ein und dasselbe bezogen sind, so kann man auch den Begriff als ein bloßes Symbol für die Einheit des Bewußtseins auffassen, auf die alle von einem Gegenstand rezipierten Merkmale bezogen werden sollen.

So plausibel dieser Begriff von ‚Begriff' zu sein scheint (und er hat von Duns Scotus bis in die Gegenwart sehr viele überzeugt) – er leistet keine Überwindung der Dimension der Anschauung auf etwas hin, das tatsächlich nur begreifbar und nicht anschaubar ist. Er bleibt ja gerade wegen seiner Abstraktheit als ein Rest des Anschauungsgegenstands (oder der Anschauungsgegenstände), von dem er abstrahiert ist, übrig und dient auch in völliger inhaltlicher Entleerung lediglich als ‚Regel', in der Weise des Bewußtseins genau den Gegenstand in all seinen Momenten wieder herzustellen, den die Anschauung schon erfaßt hatte.

Die Eingebundenheit auch des ‚abstrakten' Begriffs in die Anschauung demonstriert gerade diese ihm gestellte Aufgabe, die ihr Ideal darin hat, das, was die Anschauung, das Erlebnis usw. im Nu ganz umfaßt, am Ende des differenzierenden Verdeutlichungsvorgangs wieder in einem Bewußtsein zu besitzen. Der eigentliche Grund dafür, daß bei derartigen Abstraktionsverfahren der Begriff überhaupt nicht von der Anschauung gelöst werden kann, liegt im Sinn der platonisch-aristotelischen Analyse der Gegenstandsanschauung darin, daß diese selbst schon abstrakt ist. Diese scheinbar paradoxe These kann freilich erst nach der Behandlung der erkenntnistheoretischen Grundlagen des Platonismus und Aristotelismus erklärt werden (siehe S. 48f. und S. 315ff.).

Die immer neu wiederholte Behauptung, in der Antike habe man Begriffe noch für Abbilder der Wirklichkeit gehalten, während erst wir den symbolisch konstruktiven Charakter von Begriffen entdeckt hätten, ist jedenfalls eine Halbwahrheit, die wie alles Halbwahre eine besonders starke Verstellungswirkung hat. Natürlich beschreiben viele neuzeitlich moderne Begriffstheorien Begriffe als symbolische Konstruktionen. Diese Konstruktionen enthalten aber – wie die Gleichungen in der Algebra – in verkürzter Form lediglich die schematische Regel, wie ein abstraktes Symbol wieder mit anschaulich konkreten Inhalten gefüllt werden kann, sie überwinden die Dimension anschaulicher Merkmale nicht grundsätzlich (s. dazu unten Teil II, Kap. V 3 e. Exkurs). Im Unterschied dazu bezieht sich der Begriff nach platonischer und aristotelischer Lehre auf etwas tatsächlich nur Begreifbares, das selbst in keiner Weise möglicher Gegenstand von Wahrnehmungen ist.

5 Probleme der Begriffsbildung: Konstellationen und Lösungsansätze

Die Lösung der Aufgabe, etwas ‚ursprünglich Gegebenes' vor dem Bewußtsein zu rekonstruieren, ist in so vielen verschiedenen Anläufen versucht worden, daß es unmöglich ist, sie in einem noch überschaubaren Kontext auch nur aufzuzählen. Es ist aber sinnvoll und lohnend, die wichtigsten Problemkonstellationen durchzugehen, die keineswegs gleich ‚mannigfaltig' sind, sondern eher eine gewisse Gleichförmigkeit aufweisen. Denn man kann dabei sowohl verfolgen, wie sich die Deutung dessen, was Begriff und Begriffsbildung ist, auf genau diese Aufgabenstellung eingeschränkt hat, wie auch, daß die Probleme und Aporien, die im Verhältnis zwischen Begriff und Anschauung, zwischen Subjekt und Objekt der Erkenntnis gesehen und diskutiert worden sind, fast ausnahmslos darin ihren Grund haben, daß man die Formen der Erfahrung, die den Eindruck erwecken konnten, direkt und unmittelbar zu sein, die direkte Beobachtung, die Anschauung, das Gefühl, das Erlebnis und dergleichen zum letzten Maßstab und zum Kriterium der Qualität des Begriffs gemacht und deshalb jeden nicht auf eine solche Erfahrung zurückführbaren Inhalt eines Begriffs für ‚metaphysisch', weil angeblich außerhalb der Erfahrung liegend erklärt hat.

Daher meint die Tradition des Idealismus – aber auch schon Spinoza u.a. – auch, *wirklich* Begriffliches müsse in sich widersprüchlich sein. Der Grundsatz *omnis determinatio est negatio* gilt nur deshalb, weil die konfuse Einheit der Anschauung bzw. des sinnlichen Erlebnisses verabsolutiert wird und als unhintergehbar, also auch unkritisierbar zugrunde gelegt wird. Der Begriff muß dann die Widersprüche, die sich bei seiner ‚Aufklärungstätigkeit' ergeben, ‚ertragen' und ‚miteinander in sich dialektisch vermitteln'. Er hat damit gerade keine Ordnungs- und Wahrheitsfunktion, sondern ist Sklave der Evidenz der unmittelbaren Anschauung mit all ihren Widersprüchen und Zufälligkeiten.

Die Geschichte dieser Diskurse stellt sich in einer völlig anderen Perspektive dar, wenn man in ihr nicht die Geschichte der Aufarbeitung eines gleichsam naturnotwendigen Erkenntnisproblems sieht, sondern bereit ist, das Problem selbst für problematisch zu halten, d.h., in ihm das Ergebnis einer geschichtlich endlichen Denkweise und nicht einer geschichtlichen ‚Gegebenheit' zu erkennen.

Wenn es überhaupt eine Möglichkeit geben kann, im Begriff auf rationale, methodisch geprüfte Weise das wieder zu besitzen, was der Anschauung (usw.) vorbegrifflich gegeben war, dann nur, wenn die Voraussetzung berechtigt ist, daß in der vorbegrifflichen Erfahrung alles schon enthalten war, was der Begriff später aus ihr herausholt, d.h., wenn die unmittelbare Erfahrung ‚eigentlich', ‚an sich' schon begrifflich war, und wir uns diese Intelligenz unserer direkten Erfahrung nur noch bewußt machen müssen.

Obwohl die Faszination durch die Intelligenz präsemiotischer Erfahrungen bis heute kaum an Kraft eingebüßt hat, ist doch der Glaube an ihre Überführbarkeit in rationale Begriffe nicht nur geschwunden, man hält die Intention einer solchen Rationalisierung des Unmittelbaren geradezu für die Ursünde des ‚Logozentrismus' der Moderne. Dennoch ist die Kritik an dem hohen Anspruch, die Totalität der Anschauung in den Begriff zu überführen, wie ihn vor allem der deutsche Idealismus erhoben hat, nicht uneingeschränkt berechtigt. Denn wenn man überzeugt ist, daß unmittelbare Erfahrungen eine eigene Logik oder Intelligenz haben, dann muß man erklären können, weshalb man auf diese unmittelbaren Erfahrungen die gleichen Prädikate – Logik, Intelligenz usw. – anwendet wie auf begriffliche Erfahrungen. Möglich ist das nur, wenn es eine Gemeinsamkeit zwischen den beiden Formen der Intelligenz gibt, von der her dann auch eine gewisse Vermittlung gesucht werden kann.

Daß dem „Anderen der Vernunft" – „dem menschlichen Leib, der Phantasie, dem Begehren, den Gefühlen, dem Unbewußten"[137] – nicht nur in idealistischen, sondern auch in gegenwärtigen Positionen eine wirkliche Gemeinsamkeit mit der begrifflichen Erfahrung zugemutet wird, kann man schon an der Aufgabe ablesen, die dieses ‚Andere' immer noch erfüllen soll.

---

[137] Hartmut Böhme u. Gernot Böhme, Das Andere der Vernunft. Zur Entwicklung von Rationalitätsstrukturen am Beispiel Kants, Frankfurt a.M. 1992, 1 (=Umschlagseite).

Die unmittelbar unbewußten Formen der Erfahrung werden ja nicht thematisiert, um einer völligen Zerstreutheit der Erfahrung das Wort zu reden, sondern ganz im Gegenteil, um gegenüber einer Vernunft, die alles der Herrschaft ihrer zergliedernden Begriffe unterwirft, gerade in der Pluralität je gegenwärtiger Erfahrungen mögliche Formen noch einheitlicher und ganzheitlicher Erfahrung aufzuweisen. Das präsemiotische Moment einer solchen vorreflexiven Erfahrung ist also Grund der möglichen Einheit, Ganzheit und Authentizität dieser Erfahrung und ist nur deshalb, d.h. durch diese gleiche Systemfunktion, Konkurrent einer rationalen Herleitung der ‚Bedingungen der Möglichkeit von Erfahrung'.

Wenn man sich den Kontext vergegenwärtigt, in dem etwa Pascals viel zitierter Satz „Das Herz hat seine Gründe, die der Verstand nicht kennt" steht, erhält man einen wichtigen Hinweis auf den altehrwürdigen Traditionszusammenhang, von dem diese Gründung der Erfahrung in irgendeiner Form unmittelbaren Erlebens immer noch, wenn auch meist wirkungsgeschichtlich unreflektiert, abhängt. Die dem Verstand unbekannten Gründe des Herzens sind für Pascal nicht irgendwelche beliebigen Gefühle, sondern es sind die obersten, letzten und deshalb nicht mehr durch einen Beweis herleitbaren Prinzipien des Erkennens (z.B. der Widerspruchssatz). Für Pascal gehört es noch zu den Selbstverständlichkeiten philosophischer Bildung zu wissen, daß man diejenigen Prinzipien, auf die man sich bei jedem Beweisen stützt, nicht selbst beweisen kann. Wenn Pascal von der unmittelbaren Erkenntnis dieser Prinzipien abhängig macht, ob es Zusammenhang und Einheit unter unseren Erfahrungen gibt, folgt er Aristoteles, der seine Wissenschaftstheorie ja mit der Unterscheidung unmittelbarer und vermittelter Erkenntnisweisen beginnt[138].

Der Sinn dieser aristotelischen Unterscheidung muß später noch genauer untersucht werden, im augenblicklichen Zusammenhang kann daraus aber schon der Hinweis entnommen werden, daß der Grund, warum man von der Intelligenz unmittelbarer Erfahrungen spricht, offenbar der ist, daß auch solche Erfahrungen nicht völlig diffus sind, sondern in irgendeiner Form eine Einheit der Bedeutung in der Pluralität stiften.

Das heißt aber, daß diese vorgeblich unmittelbaren Erfahrungen der Sinne, des Gefühls, des Leibs usw. bereits von einem Subjekt getätigte Vereinheitlichungen von Diffusem sein müssen, so daß die Kritik an Hegel nicht darauf bezogen werden kann, daß er bereits der in seinem Sinn unmittelbarsten Erfahrung, der ‚sinnlichen Gewißheit', Geist zuspricht. Die Kritik muß sich vielmehr darauf richten, daß die schon in der ‚sinnlichen Gewiß-

---

[138] S. Blaise Pascal, Gedanken, übers. v. Heinrich Hesse, Leipzig 1881, 137 (2. Abt., Gedanken unmittelbar die Religion betreffend, 1. Art. 1. Abschn.). Zum Aufweis der Nichtbeweisbarkeit der Prinzipien des Beweisens s. Aristoteles, *Analytica Posteriora* I, 3, 72b18-25. Zum Unterschied vermittelter und unvermittelter Erkenntnis: Philoponus in APo. (Ioannis Philoponi in Aristotelis Analytica Posteriora commentaria cum anonymo in librum II, ed. Maximilian Wallies, (CAG XIII), Berlin 1909) 433,5ff.

heit' enthaltene geistige Aktivität nicht auf ihre tatsächliche, meist sehr beschränkte Leistung hin analysiert wird, sondern bereits der absolute Geist selbst, nur eben in vorbewußter, ‚an sich' seiender Form sein soll.

Wenn wir in einer ‚sinnlichen Gewißheit' überhaupt eine Erfahrung von etwas, einem Gegenstand, einer Atmosphäre usw. machen, dann muß diese Erfahrung eine Form subjektiver Erkenntnis sein. Fraglich, ja höchst fraglich ist aber, ob eine solche Anfangserkenntnis von etwas in noch unbewußter Form (‚an sich') bereits dasselbe enthalten kann wie das, was der Begriff von diesem Etwas enthält. Bei diesem Schluß, den Hegel tatsächlich zieht, wird daraus, daß eine Anfangserkenntnis bereits irgendetwas begreift, also eine Art Begriff ist, die Folgerung abgleitet, sie sei bereits Begriff, Geist im absoluten Sinn. Für Hegel enthält der Begriff dieselbe ‚Mannigfaltigkeit', die der Anschauung angehört, ja die zum Begriff ‚erhobene', weil bewußt gemachte Anschauung macht offenbar, daß die Zufälligkeiten, unter denen einem in der Anfangserkenntnis etwas erschien, keineswegs zufällig, sondern ‚Erscheinung des Wesens' waren,

> „weil der Begriff (...) Gefühl und Anschauung und Vorstellung, (...) welche als seine vorangehenden Bedingungen erschienen, sich unterworfen und sich als ihren unbedingten Grund erwiesen hat". [139]

Die Kritik, die von den Romantikern bis zur Postmoderne an dieser ‚Unterwerfung' der Anschauung unter den Begriff geübt wurde, bezieht sich nicht nur darauf, daß sie Anschauung und Gefühl um ihr Eigenrecht bringe, sie bezieht sich auch darauf, daß dann, wie Hegel ausdrücklich akzeptiert, die Welt in allen ihren Zufälligkeiten vernünftig sein müßte. (Unter diesem Aspekt ist Hegels Denken noch in indirekter wirkungsgeschichtlicher Abhängigkeit von den Positionen der Künstler und Wissenschafter der Renaissance. Siehe oben S. 33ff.) Die „sinnliche Gewißheit" steht bei Hegel wie die „Empfindung" bei Kant für dasjenige Vermögen in uns, das die Welt der Dinge an sich, ohne jede subjektive Überformung aufnimmt. Alle wie immer zufälligen und beiläufigen Eindrücke, die wir in ihr rezipieren, entsprechen damit „Dingen an sich", d.h. der Natur, die sich dadurch als Selbstobjektivation des Geistes erweist und so die Identität von Subjekt und Objekt des Erkennens möglich macht. Auch der Idealismus Hegels erweist sich damit als eine Konsequenz, die sich aus der spätmittelalterlichen und frühneuzeitlichen Absolutsetzung des Einzeldings im Verlauf ihrer geschichtlichen Entfaltung und mit sachlicher Stringenz ergeben hat. Das Einzelding der konkreten empirischen Welt ist jetzt mit klarem Wissen um den gemeinten Sinn als ‚Idee' oder ‚Geist' nur eben in seiner ‚an sich' seienden, d.h., noch unbewußt wirkenden Form, anerkannt, genauso wie die „sinnliche Gewißheit", in der wir dieser Dinge an sich inne sind, bereits absoluter Geist, Be-

---

[139] Hegel, *Wissenschaft der Logik*, (Georg Wilhelm Friedrich Hegel, Wissenschaft der Logik, hg. v. Georg Lasson, (2 Bde.), Hamburg 1934 (u.ö.)), II, 229.

griff und Idee in ihrer ‚in die Substanz versenkten' Gestalt, in der sie noch ganz bei den Dingen, nicht bei sich selbst sind, sein sollen.

Wenn man diese Selbstüberschätzung von Anschauung, Gefühl, Vorstellung nicht teilt, sollte man nicht den Fehlschluß begehen und Anschauung, Gefühl usw. dem verständigen Begreifen radikal entgegensetzen. Man kann auch damit rechnen, daß man in einer Anfangserkenntnis zwar bereits eine aktive, subjektive Erkenntnisleistung erbracht hat, aber vielleicht eine ungenügende. Sonst gäbe es für die Anstrengung des Denkens keinen Grund mehr, und man könnte sich mit Aristoteles[140] fragen, warum wir denn, wenn wir bereits eine umfassende und wahre Erkenntnis besitzen, überhaupt noch das Denken benötigen, das uns dann nur noch irreleiten könnte (auch wenn man tatsächlich nicht eine zergliedernde Bewußtmachung des Vorstellungsinhaltes braucht; darin liegt die Berechtigung des Kampfes gegen den Logozentrismus).

Die Tatsache, daß viele Kritiker des Totalitätsanspruchs der ‚Rationalität', wie ihn etwa Hegel vertritt, befürchten, durch das rationale Denken werde die Authentizität, die Vielfalt, Konkretheit, Vollständigkeit, Offenheit der unmittelbaren Erfahrung verfälscht, auf einen Identitätskern reduziert und fixiert, zeigt aber, daß sie die Prämisse, daß alles, was im Begriff rational erfaßt werden kann, auf jeden Fall in der ihm vorausgehenden Erfahrung schon enthalten gewesen sein muß, mit Hegel teilen und ihm lediglich darin widersprechen, daß sie das Vermögen der rationalen Methode bezweifeln, der eigenständigen Intelligenz dieser Erfahrung vollständig gerecht zu werden.

Mit der Übernahme dieser Prämisse wird aber 1. die Beurteilung der Leistung des Denkens, als bestehe sie in einer möglichst korrekten Wiedergabe des von der authentischen Erfahrung Dargebotenen in einem von der Ratio gebildeten Urteil, mitübernommen und zugleich damit 2. die unkritische Haltung gegenüber den angeblich unmittelbaren Erfahrungen, deren mögliche subjektive Defekte überhaupt nicht mitbedacht werden. Der Machtanspruch der Ratio, nicht aber der absolute Anspruch der Intelligenz der sinnlichen Gewißheit wird in seine Schranken gewiesen.

Da sich diese Kritiklosigkeit in der Propagierung eines „aisthetischen Denkens" (Welsch) in der Postmoderne und in der folgenden ‚zweiten' (oder wie immer man sie nennen will) Moderne der Gegenwart eher noch weiter ausgebreitet hat (und damit die Verdächtigung jedes rational begrifflichen Denkens), möchte ich auf einige der Gründe, die zu dieser Verstärkung eines ästhetisch-sinnlich-leiblichen ‚Denkens' geführt haben, etwas genauer eingehen.

---

[140] S. Aristoteles, *Analytica Posteriora* II, 18, 99b20-27; s. auch die aufschlußreiche Erklärung der Stelle durch Philoponos (ad 99b15): Philoponos in APo.433,5ff.

6 Der Vorrang der Sinneserkenntnis vor dem Denken

6 a. in der Erkenntnistheorie des antiken Empirismus – am Beispiel von Lukrez, *De rerum natura*

Die Überzeugung, daß alles, was das rationale Denken im Begriff erfassen kann, aus der Sinneserfahrung stammen muß, ist nicht ‚modern', sondern ist auch in der Antike immer wieder, mit besonderem Nachdruck in den Philosophenschulen des Hellenismus vertreten worden[141]. Eine Unterscheidung zwischen dem, was die Sinne als sie selbst an einem Gegenstand, auf den sie sich beziehen, erfassen können, und dem, was von eben demselben empirisch-konkreten Gegenstand durch das begriffliche Denken erfaßt werden muß, hielten auch sie nicht für nötig, sondern gingen wie viele – ihnen darin folgenden – Modernen davon aus, daß unser gesamtes Wissen über die Welt der Einzeldinge in der Sinneserfahrung, wenn auch noch ohne rationale Verarbeitung, schon enthalten sei, ja daß die rationale wissenschaftliche Verarbeitung darin ihr Wahrheitskriterium habe, daß sie der vollständigen Erfassung aller möglichen Sinnesdaten entspricht.

Von dieser Voraussetzung ausgehend demonstriert z.B. auch Lukrez (ganz im Geist Demokrits und Epikurs)[142], daß alle unsere vorgeblichen Täuschungen durch die Sinne – etwa wenn uns das Ruder im Wasser gebrochen erscheint – nicht den Sinnen, sondern dem rationalen Urteil anzulasten seien.

„Was verschafft uns denn", so fragt in diesem Sinn Lukrez, „eine Kenntnis des Wahren und Falschen und beglaubigt die Unterscheidung des Zweifelhaften vom Sicheren?" Und seine Antwort ist, daß „von den Sinnen ursprünglich die Kenntnis des Wahren hervorgebracht" werde, und daß man deshalb „das Zeugnis der Sinne nicht widerlegen" könne. Die Sinne nämlich könnten „aus eigenem Vermögen das Falsche widerlegen", während die Vernunft, die doch „von den Sinnen abstammt", nicht in der Lage sei – aus eigenem Vermögen – „gegen die Sinne zu reden", so wenig wie das Ohr oder die Zunge gegen die Wahrnehmungen des Auges zeugen können. (Lukrez, *De rerum natura* IV, 476ff.)

Erstaunlicherweise beruft sich Lukrez auf die Eigenständigkeit der Wahrnehmungen der verschiedenen Sinne, ohne die Einschränkung, die

---

[141] Ein wichtiger Quellentext dafür, daß dies z.B. auch die epikureische Position ist, ist: Diogenes Laertios, *Vitae* (Diogenes Laertius, De vitis clarorum philosophorum, (griech./dt.), übers. v. Otto Apelt, hg. v. Klaus Reich u. Hans Günter Zekl, Hamburg 1968) X 30; außerdem die Rede des Torquatus im ersten Buch von Cicero, *De finibus* (Marcus Tullius Cicero, De finibus bonorum et malorum. Über das höchste Gut und das größte Übel, (lat./dt.), übers. u. hg. v. Harald Merklin, Stuttgart 1989) I, 19, 63f.); s. dazu und zur hellenistischen Erkenntnistheorie und Erkenntnisbegründung insgesamt: Charles C. Taylor, All Perceptions are true, in: Doubt and Dogmatism, 105-124; Gisela Striker, Κριτήριον τῆς ἀληθείας (zu Epikur: 47-110).

[142] S. Michael Erler, Epikur 29ff.; zu Lukrez (und seiner Epikur-Rezeption): 381ff.

darin liegt, mitzubeachten, weil er, wie der Kontext deutlich macht, glaubt, die Korrektur der Einzelsinne hänge allein von der Summierung ihrer Einzelleistungen ab. Wenn die Sinne nur vollständig und von allen Seiten das ihnen sich Zeigende erfassen, dann sind sie gegen die Täuschungen gefeit, die etwa dem Auge widerfahren können, wenn es, um ein modernes Beispiel dazu zu bringen (Hermann Schmitz), die Cocktail-Tomate für eine Kirsche oder ein Radieschen hält. Auch in diesem Punkt entspricht Lukrez getreu der Lehre Epikurs, der die Wahrnehmung ein ‚Kriterium der Wahrheit' genannt hatte. Diese Kriterienfunktion erfüllt die Wahrnehmung dann, wenn der Wahrnehmende von dem Wahrnehmungsbild, das sich ihm als ganzes darbietet, nichts wegläßt, aber auch nichts hinzufügt. Ist dieses Kriterium erfüllt, ist die Wahrnehmung wirklichkeitsgetreu, sie entspricht dem realen Gegenstand. Auch Epikur geht wie selbstverständlich davon aus, daß ein Gegenstand mit der Summe seiner Wahrnehmungsdaten, d.h., seinem vollständigen Wahrnehmungsbild identisch sei. Von der platonisch- aristotelischen Einsicht, daß jemand, der einen Gegenstand, etwa einen Kreis oder einen Menschen, ‚beobachten' will, gar nicht den ganzen Gegenstand in seinen aus der Beobachtung gewonnenen Begriff aufnehmen darf, sondern erst das, was gar nicht zu ihm gehört – etwa den Kalk und die Kreide eines Kreises – ausscheiden, anderes dagegen hinzufügen muß, weil z.B. vieles, was zum individuellen oder allgemeinen Sein eines Menschen gehört, in vielen Beobachtungen gar nicht präsent ist – oder gar nicht beobachtbar ist, hat auch bei Epikur nichts mehr Eingang gefunden.

6 b.   in der ‚ästhetischen Moderne'[143] – am Beispiel Baumgartens

Für Alexander Gottlieb Baumgarten bietet die im letzten Abschnitt zitierte Lukrez-Stelle die erkenntnistheoretische Grundlage für seine Aufwertung der Sinneserkenntnis zu einer ästhetischen Erfahrung, die als *analogon rationis* eine eigenständige, der *Ratio* vergleichbare Erkenntnisleistung erbringe[144].

„Frage den Lukrez, ‚was uns von Natur aus mit dem Wahren und Falschen bekannt macht, und was den Beweis liefert, der den Zweifel von der Gewißheit scheidet' und er wird dir antworten: ‚das ästhetisch Wahre' (...) Und umgekehrt

---

[143] Zum Begriff der ‚ästhetischen Moderne' s. jetzt v.a. Silvio Vietta, Ästhetik der Moderne. Literatur und Bild, München 2001; s. auch Silvio Vietta u. Dirk Kemper (Hgg.), Ästhetische Moderne in Europa. Grundzüge und Problemzusammenhänge seit der Romantik, München 2001.

[144] Baumgarten bestimmt die Ästhetik im ersten Paragraphen seiner „Aesthetica" (Alexander Gottlieb Baumgarten, Theoretische Ästhetik: die grundlegenden Abschnitte aus der „Aesthetica" (1750/58), (lat./dt.), übers. u. hg. v. Hans Rudolf Schweizer, Hamburg ²1988) als „Wissenschaft der sinnlichen Erkenntnis" (scientia cognitionis sensitivae) und als „Theorie der freien Künste, untere Erkenntnislehre, Kunst des schönen Denkens, Kunst analogen Denkens" (theoria liberalium artium, gnoseologia inferior, ars pulchre cogitandi, ars analogi rationis); zur Abstützung seiner Neubewertung der Basisfunktion der Sinnes-‚Erkenntnis' durch Lukrez, s. § 449.

wird er dir zeigen, was ästhetisch falsch ist. Den Sinnen zu mißtrauen bedeutet: ‚der Hand das Manifeste entgleiten zu lassen und die ursprüngliche Gewißheit zu verletzen und alle Grundlagen zu untergraben'."[145] [Die Lukrez-Zitate von Baumgarten sind in einfache Anführungszeichen gesetzt]

Die Begründung der Ästhetik als Wissenschaft, die ihm deshalb zugeschrieben wird, durch die (auch) Baumgarten zur Ursache einer ‚Wende' gegenüber einer – angeblich – immer noch antiken Tradition, der Tradition der von rationalen Regeln geleiteten (‚aristotelischen') Nachahmungspoesie wurde, stützt sich maßgeblich auf den für Baumgarten durch Lukrez beglaubigten Zeugniswert der Sinne:

Sie zeigen uns die Dinge in ihrer einheitlichen Vollständigkeit und Wahrheit. Baumgartens Lehre, daß „die Sinneserkenntnis als solche", d.h. ohne Beeinflussung durch rationale Reduktionen und Abstraktionen, bewirke, daß wir die Dinge in ihrer Vollkommenheit und Schönheit erfahren, ist ein wichtiger Beleg für die Wirkungsgeschichte der frühneuzeitlichen Übertragung der theoretischen, aus der Proportionen- und Harmonielehre der Mathematik abgeleiteten Schönheitsauffassung des Mittelalters auf ‚die Dinge selbst' in der Renaissance. Jedes einzelne Ding hat auch für Baumgarten nicht nur irgendeinen Anteil an Zahl, Maß und Gewicht, sondern es verkörpert Zahl, Maß und Gewicht in und aus sich selbst, wenn auch mit der ‚modernen' Einschränkung, daß wir von dieser Vollkommenheit der Dinge selbst nur in der Weise unserer subjektiven Erfahrung von ihnen, d.h., in der reinen Sinneserkenntnis wissen: was für unsere Sinnlichkeit als schön erscheint, ‚korrespondiert' der uns unbekannten Vollkommenheit der Dinge selbst.

Baumgarten wehrt mit dieser Aufwertung der Sinneserfahrung zugleich das alte Schuldogma ab, aus den Sinnen könne man nur eine konfuse Gegenstandserkenntnis gewinnen. Dieses Dogma war freilich schon durch Duns Scotus, Descartes und Leibniz so verändert, daß bei Baumgarten nur zur Ausdrücklichkeit gebracht wird, was längst vorgedacht war[146]: daß die Sinne nicht deshalb konfus sind, weil sie von sich her keine Gegenstände als Gegenstände erkennen können, sondern nur deshalb, weil sie die in der sinnlichen Gegenstandserkenntnis erfaßten Merkmale nur dunkel und undeutlich (dafür aber vollständig und in ursprünglicher Einheit) besitzen.

Auch wenn Baumgarten mit dieser Aufwertung der Sinneserkenntnis zu einer ästhetischen Erfahrung eine ‚Wende zur Subjektivität' zugeschrieben werden kann, weil für ihn anders als etwa noch für die Aufklärungspoetik bei Gottsched nicht mehr die Dinge als an sich selber schön gelten, weil sie

---

[145] Baumgarten, Aesthetica, § 449.
[146] Wenn heute Baumgarten als ‚der' Begründer der neuen Ästhetik gilt, sollte nicht übergangen werden, daß die substantiellen Vorarbeiten dafür von Christian Wolff geleistet wurden, dessen Bedeutung auch im Verhältnis zu Kant immer noch unterbewertet wird. Zur Ästhetik bei Wolff s. Joachim Krueger, Christian Wolff und die Ästhetik, Berlin 1980.

von Gott nach Zahl, Maß und Gewicht geschaffen seien, sondern lediglich unsere subjektive, sinnliche Erfahrung von ihnen, so kommt es doch auch bei ihm nicht zu einer wirklich kritischen Wende auf die Subjektivität unserer Sinneserfahrungen, sondern er behält dieselbe moderne Überlastung der Anschauung bei, die bei Gottsched noch Grund dafür war, alle Dinge für schön zu erklären. Wenn in dem Glauben, alle – von Gott geschaffenen – Dinge seien schön, eine ‚metaphysische' Überhöhung der Wirklichkeit zu sehen ist, dann muß dies auch von der „cognitio sensitiva qua talis", von der ‚Sinneserkenntnis als solcher', gelten: Es ist nicht jede Sinneserkenntnis, auch nicht rein und nur als Sinneserkenntnis, prägnant, vielsagend, vollkommen und deshalb schön[147].

6 c.   in der Kunsttheorie des Naturalismus

Mit einer Kritik an der ‚noch' ‚metaphysischen', ‚ontologischen' Überbewertung der Sinneserkenntnis ist die Entwicklung der Kunst und Kunsttheorie auch über Baumgarten hinausgegangen und hat auch ihn wieder zu einem Vertreter einer noch ‚metaphysisch' oder ‚rationalistisch' überhöhten Vollkommenheitslehre erklärt.

Aus den vielen Stationen auf dem Weg zu einer immer radikaleren Destruktion jedes noch möglichen Glaubens an eine Art Einheitserfahrung möchte ich eine aufschlußreiche Übergangsphase zur sog. literarischen Moderne herausgreifen, in der sich noch einmal viele der bisher diskutierten Traditionslinien bündeln: den Naturalismus[148] im Berlin des ausgehenden 19. und beginnenden 20. Jahrhunderts.

Arno Holz, der theoretische Kopf dieser Bewegung, wendet sich in seiner ‚Neuen Wortkunsttheorie' gegen die gesamte Tradition der Ästhetik vor ihm:

„Sie drischt altes, leeres, metaphysisches Stroh" und „sitzt im tiefuntersten Fundament der Naivität des gesunden Menschenverstandes auf".

Mit der Verbindung der beiden Vorwürfe, die „sogenannte Wissenschaft des Schönen" vor ihm sei auf rein abstrakte Gedankengespinste und zugleich auf den bloßen, rational unkontrollierten Augenschein gegründet gewesen, reiht sich Holz – vermutlich ohne genaue historische Kenntnis – in die alte

---

[147] S. Verf., Das Schöne. Gegenstand von Anschauung oder Erkenntnis? Zur Theorie des Schönen im 18. Jahrhundert und bei Platon, in: Philosophia (Jahrbuch d. Akad. der Wiss. Athen) 17/18, 1987/88, 272-296; ders., Klassische und Platonische Schönheit.

[148] Arno Holz, der sich selbst als Kopf der ‚neuen' Kunstauffassung des Naturalismus in Deutschland verstanden hat, steht heute nicht gerade im Zentrum des Forschungsinteresses der Germanistik. Sein Ansatz ist aber nicht nur, wie das folgende zeigen soll, paradigmatisch für den Erlebnisbegriff des Naturalismus, er führt in direkter Konsequenz auf den Expressionismus hin und ist eine zwingende Verständnisvoraussetzung für die Grundanliegen, die im Expressionismus verfolgt werden. Für eine erste Einführung in den Gesamtkomplex der Theorie des Naturalismus s. Theo Meyer, Theorie des Naturalismus, Stuttgart 1984.

Tradition der Abgrenzung gegen das aristotelisch-scholastische Mittelalter ein und folgt ihr auch in der Abwendung von der Theorie: Er läßt die „alten Schweinslederscharteken" und „stäubt sich alle Theorie aus dem Schädel", um „mit Frühlingsbeginn auf die Reise" zu gehen, „um den Frühling zu erfahren".

Aber es ist nicht nur dieser Gestus, den Holz mitvollzieht, auch nicht nur, daß seine Hinwendung zur Anschauung natürlich ‚endlich' „kritisch und wissenschaftlich" sein will, es ist vor allem die Verbindung einer radikalen Subjektivierung der künstlerischen Erfahrung mit dem Anspruch einer strengen Verwissenschaftlichung der auf diese Erfahrung gegründeten künstlerischen Produktion, die Holz' Ansatz zu einem signifikanten Beispiel für die typisch neuzeitliche Reduktion des Rationalitätsbegriffs und die auf diese Reduktion gegründete Kritik an der gesamten Tradition vor der (sc. jeweiligen) Moderne (die bei Holz freilich erst um 1890 beginnt) macht.

Holz treibt einerseits die Subjektivierung der Kunst auf eine kaum mehr überbietbare Spitze:

> „Es gibt für uns Menschen keine Kunst an sich, wie es für uns Menschen keine Natur an sich gibt. Es existieren genauso viele Kunstauffassungen, als entsprechende Naturauffassungen existieren. Zwei sich völlig deckende sind unmöglich. Dasselbe Kunstwerk gesehen durch zwei Verschiedene ist nicht mehr dasselbe. Ja, es ist schon nicht mehr dasselbe, zu zwei Zeiten auch nur durch einen einzigen gesehen." [149]

Ähnlich wie Wilhelm Dilthey zu etwa der gleichen Zeit in Berlin die absolute Relativität jeder geschichtlichen Erscheinung betont und damit endgültig mit der traditionellen Wesensmetaphysik bricht, scheint auch bei Holz die kritische Reflexion darauf, daß alle unsere Erkenntnis- und Gefühlsakte Akte einer endlichen, an ihr Milieu, ihren Standort gebundenen Subjektivität sind, auch noch den letzten Weg abgeschnitten zu haben, auf dem sich der Mensch einen Zugang zur Welt, wie sie an sich selbst, in objektiver, fester Beständigkeit ist, hatte verschaffen wollen.

Trotz dieser ‚kritischen' Bewußtheit, daß unser „arrangierendes und alles umkrempelndes und zurechtbastelndes Ich"[150] bei jeder Wirklichkeitserfahrung in Rechnung gestellt werden müsse, verfolgt Holz das Ziel einer objektiven Naturdarstellung durch die Kunst, ja er ist überzeugt, in einer Zeit zu leben, in der dieses Ziel überhaupt erst erreichbar wurde. Es ist die seiner Meinung nach „erst heute mögliche Erkenntnis" der Naturwissenschaften, daß „es (...) ein Gesetz <ist>, daß jedes Ding ein Gesetz hat!"[151], es ist „die endliche, große Erkenntnis von der durchgängigen Gesetzmäßigkeit alles

---

[149] Holz, Die Kunst, ihr Wesen und ihre Gesetze, in: Die neue Wortkunst (Arno Holz, Das Werk, hg. v. Hans Werner Fischer, Berlin 1925, Bd. 10: Die neue Wortkunst, („Die Kunst, ihr Wesen und ihre Gesetze", 1-210)), 187.
[150] Ebenda, 45.
[151] Ebenda, 64 und 65.

Geschehens"[152], die endlich auch eine radikal neue, wissenschaftliche Form der Kunstdarstellung möglich macht.

Diese Wissenschaftlichkeit sucht Holz aber nicht in einer möglichst neutralen, auf genaue Recherche gegründeten Beschreibung der tatsächlichen Vorgänge. Diese Verfahrensweise, wie sie etwa Emil Zola angestrebt hat, erscheint Holz immer noch zu subjektiv. Aus Zolas Kunstauffassung

„une oeuvre d'art est un coin de la nature vu à travers un temperament"

möchte Holz auch noch den Anteil des ‚momentanen Temperaments' eliminiert wissen, um zu einer völlig objektiven, aus sich heraus notwendigen Darstellung zu kommen[153].

Garant für diese höchste, absolute Form der Sachlichkeit ist für Holz (vermutlich weitgehend ohne Wissen um die wirkungsgeschichtliche Vorgegebenheit dieses Gedankens) die Unmittelbarkeit der Erfahrung:

„Drücke aus, was du empfindest, unmittelbar wie du es empfindest, und du hast ihn [den notwendigen Ausdruck der Dinge]. Du greifst ihn, wenn du die Dinge greifst. Er ist allen immanent."[154]

„Ich gestalte und forme die Welt, sagte ich mir, wenn es mir gelingt, den Abglanz zu spiegeln, den sie mir in die ‚Seele' geworfen. Und je reicher, je mannigfaltiger, je vielfältiger ich das tue, um so treuer, um so tiefer, um so machtvoller wird mein Werk."[155]

„Bei der älteren Form liegt das Schwierige in der Form selbst. (...) Bei der neuen Form setzt die Schwierigkeit bereits früher ein und sitzt hier tiefer. Sie besteht im wesentlichen darin, daß man vor allem seine Vorstellung klar hat (...). Hat man aber diese, so fließt die Form aus ihr geradezu von selbst; sie ist nicht mehr in unser Belieben gestellt, sondern notwendig."[156]

Fast schon zum Klischee geworden verbindet Holz jahrhundertelang Vorgedachtes noch einmal neu.

Die Unmittelbarkeit der Empfindung korrespondiert dem Ding an sich. In dieser unmittelbaren Empfindung – Holz faßt sie im Begriff des Erlebnisses – erfahren wir, und zwar gerade in ihrer Mannigfaltigkeit und Vielfältigkeit, den den Dingen selbst immanenten notwendigen Grund ihrer Erscheinung. Deshalb kann Holz auch die Naturwissenschaftlichkeit seiner neuen Kunstform auf das Erlebnis gründen: Das Erlebnis *ist* Natur, in dem dop-

---

[152] Ebenda, 63.
[153] Ebenda, 44f.; 128.
[154] Holz, Evolution der Lyrik, 510; vgl. Holz, Evolution der Lyrik (in: Die neue Wortkunst), 485ff.
[155] Ebenda, 651.
[156] Ebenda, 547.

pelten Sinn, daß es das noch nicht kulturell Überformte in uns ist, und daß es die „durchgängige Gesetzmäßigkeit alles Geschehens"[157] in sich begreift.

Für Holz umfaßt diese durchgängige Gesetzlichkeit ähnlich wie schon für Vico nicht nur die Erscheinungen der äußeren Natur, sondern auch die Erscheinungen der inneren Natur des Menschen in der Geschichte, und das heißt auch für ihn nicht weniger, als daß im wirklichen, d.h. unmittelbaren, Erleben auch nur einer Erscheinung diese Erscheinung in ihrer Stelle im Gesamt (und als Inbegriff) aller Erscheinungen erfahren ist. Der Künstler, der zu einer derart unmittelbaren Erfahrung noch fähig ist, ist daher selbst Inbegriff eines gesteigerten Menschseins, in dem in höchster, zugespitzter Form die ganze Geschichte der Menschheit nicht nur zum Bewußtsein ihrer selbst kommt, sondern in dem sie in allen Facetten des Menschseins noch einmal erfahren wird.

In der Erläuterung seiner für die naturalistische Lyrik paradigmatisch gewordenen Phantasuskonzeption bezeichnet Holz seinen *Phantasus* als „Autobiographie einer Seele", und zwar der Seele „eines Schaffenden, Dichtenden, eines Künstlers", der für Holz „der letzte, gesteigerte Menschentyp" ist. Durch diesen gesteigerten Menschen

> „geht mit gleicher Intensität alles": „Alle Qual, alle Angst, alle Not, alle Klage, alle Plage, alle Wonnen, alle Verzücktheiten, aller Jubel, alle Beglücktheiten, alle Seligkeiten",

und zwar nicht nur des eigenen Lebens, sondern

> „die der ganzen Menschheit, in allen Formen, unter allen Verkleidungen, durch alle Zonen, aus allen Zeiten"

– und nicht nur der Menschheit, sondern aller Daseinsformen bis zurück zum „Protoplasmaklümpchen im Urmeer"[158].

Man darf sich von der exaltierten Redeweise Holz' nicht täuschen lassen. Die Überzeugung, die er hier vertritt, ist nicht nur alt, sie ist bei aller Kritik an den ‚metaphysischen' Einheits- und Totalitätsvorstellungen, an denen auch er noch festzuhalten scheint, bis heute nicht wirklich aufgegeben.

Den Gedanken der antiken Stoa, daß das Bewußtsein des Weisen Manifestationsort des allgemeinen Weltgeistes sei, hat ja schon Vico in die Geschichtsdeutung eingeführt, und er wurde, wenn man Vicos Position noch theologisch-metaphysisch nennen will, schon vor dem Naturalismus mehrfach säkularisiert (aber dadurch keinesfalls von allen irrationalen Momenten befreit). Aus der cartesisch-kantischen Maxime, daß etwas nur dann ‚wirklich' meine Erfahrung ist, wenn sie Teil der ‚alleinigen Erfahrung' (der *omnitudo realitatis*) ist, hatte (u.a.) schon Schelling den Schluß gezogen, daß das jeweils letzte Bewußtsein aus der ganzen Vergangenheit zusammengesetzt sei:

---

[157] Holz, Die Kunst, ihr Wesen und ihre Gesetze, 63.
[158] Holz, Evolution der Lyrik: Idee und Gestaltung des Phantasus (649ff.), 653.

„Wir behaupten, (...) daß was nur je in der Geschichte gewesen ist, auch wirklich mit dem individuellen Bewußtsein eines jeden, nur nicht eben unmittelbar, wohl aber durch unendlich viele Zwischenglieder hindurch, dergestalt zusammenhänge (...), daß, wenn man jene Zwischenglieder aufzeigen könnte, auch offenbar würde, daß um dieses Bewußtsein zusammenzusetzen, die ganze Vergangenheit notwendig war."[159]

Wie die alten Stoiker alles Regellose des Weltenlaufs zu bloßem Schein glaubten erklären zu können, der sich auflösen ließe, kennten wir nur alle uns verborgenen Ursachen, so glaubt Schelling, der offenkundige Mangel an geschichtlichem Wissen bei vielen späteren Generationen sei nur ein Mangel an der Oberfläche, weil in den Tiefen des Bewußtseins jedes Einzelnen alle ihm verborgenen Zwischenglieder aufbewahrt und deshalb grundsätzlich ‚aufzeigbar' seien.

Wie intensiv auch die gegenwärtige Naturwissenschaft, trotz aller Opposition gegen das traditionelle ‚teleologische Denken' und meist ohne jedes Wissen um die geistesgeschichtlichen Abhängigkeiten, von diesen transzendentalphilosophischen Konzepten beeinflußt sind, mag – in Parenthese – ein Zitat aus einer Arbeit belegen, in dem Merlin Donald Ergebnisse der gegenwärtigen evolutionsbiologischen Forschung zusammenfaßt:

„Sämtliche aufeinanderfolgenden Repräsentationssysteme sind innerhalb unserer heutigen mentalen Architektur vollständig erhalten geblieben, so daß der moderne Geist eine Mosaikstruktur aus kognitiven Rudimenten früherer Stadien der Entstehung des Menschen darstellt."[160]

So liegt der Schluß nahe, daß ein entwicklungsgeschichtliches, ‚historisches' Denken – in welcher Form auch immer – es zwangsläufig mit sich bringt, den Einzelnen, das einzelne Ereignis, das einzelne Erlebnis usw. in der Weise zu verabsolutieren, daß die Gesamtheit des geschichtlichen Prozesses in jedem Einzelnen vollständig, wenn auch noch in ‚konfuser, ungeschiedener Einheit' präsent ist.

Natürlich muß ein so absolutes Vertrauen in das Bewußtsein Zweifel erregen, und die gesamte nachidealistische Philosophie und Kunst zeugen von diesem Zweifel. In gewissem Sinn gehört Schelling selbst schon zu den Kritikern des Idealismus, die eine völlige Aufhebung der unmittelbaren Erfahrung in den philosophischen Begriff für unmöglich halten, und zwar schon im *System des transzendentalen Idealismus* von 1800. Schellings Kritik bezieht sich aber nicht auf die Frage, wie denn ein subjektives Erleben, und sei es noch so unbewußt, Inbegriff einer umfassenden Erfahrung der Wirklichkeit sein könne, sondern darauf, daß es unmöglich sei, diese umfassende Erfah-

---

[159] Schelling, System des transzendentalen Idealismus, (Friedrich Wilhelm Joseph von Schelling, System des transzendentalen Idealismus, hg. v. Horst D. Brandt (neubearbeitet auf der Grundlage der Erstausgabe von 1800), Hamburg 1992), 259f.

[160] Merlin Donald, Origins of the Modern Mind: Three Stages in the Evolution of Culture and Cognition, Cambridge (Mass.) 1991, 2f. (Übersetzung zitiert aus: Frank Wilson, Die Hand, 52).

rung in Sprache und Begriff ‚aufzuzeigen', d.h., vor das Bewußtsein zu bringen. Die Feststellung, die Schelling in der „Allgemeinen Anmerkung zu dem ganzen System" am Ende seines Idealismus-Buches von 1800 trifft, ist kennzeichnend für die zentrale Richtung der Kritik am ‚Logozentrismus', die sich in vielen Facetten bis in die Gegenwart erhalten hat.
Schelling schreibt:

> „Die Philosophie erreicht zwar das Höchste, aber sie bringt bis zu diesem Punkt nur gleichsam ein Bruchstück des Menschen. Die Kunst bringt den ganzen Menschen, wie er ist, dahin, nämlich zur Erkenntnis des Höchsten, und darauf beruht der ewige Unterschied und das Wunder der Kunst."[161]

Auch wenn sich Schelling den *Phantasus* von Holz kaum als die Erfüllung dieses „Wunders der Kunst" in der „höchsten Potenz der Selbstanschauung des Genies" vorgestellt haben dürfte, daß Holz sich in genau dieser Genie-Tradition fühlt, ist offenkundig. Im Blick auf die Entwicklung zur ‚Moderne' des 20. Jahrhunderts hin tut Holz aber einen wichtigen kritischen Schritt der Auflösung, indem er den Bruch, den Schelling zwischen Philosophie und Kunst ansetzt, in die Kunst selbst hineinträgt.

Holz diskutiert die Problematik, die in dem Anspruch liegt, daß wenigstens die Kunst noch die ganze Totalität der unmittelbaren Erfahrung wiedergeben soll, in dem Künstlerdrama *Sonnenfinsternis* (1908)[162]. Ich möchte die Art, wie Holz die Aporetik, in die der Künstler durch diesen Anspruch gerät, darstellt, etwas genauer vorführen, weil sich an der fast schon trivialen Behandlung dieses Themas durch Holz besonders deutlich der Aspekt der Subjektivität des Erlebens unterscheiden läßt, der in dem euphorischen neuzeitlichen Vertrauen in die unmittelbare Erfahrung weithin unbeachtet bleibt.

Der Maler Hollrieder, die Hauptfigur im Drama *Sonnenfinsternis*, stellt sich in Erinnerung an eine berühmte Sonnenfinsternis, die er miterlebt hatte, die Aufgabe, ein Bild davon zu malen:

> „Vor 15 Jahren...jene große Sonnenfinsternis...Berlin an jenem unvergessenen Augustmorgen...Hunderttausende, die...das ganze Tempelhofer Feld, unabsehbar, eine wimmelnde Masse...und dann langsam...das Grauen...Entsetzen...In diesem Moment stak alles! Alles!...eine Idee, eine Zusammenballung...eine Synthese, die Augen wie Hirn mit gleichem Zauber füllte,...die ein alles umfassendes...Symbol war...Das mal ich!"[163]

Aber die mit so viel Enthusiasmus vorgesetzte Aufgabe gelingt Hollrieder nicht:

---

[161] Schelling, System des transzendentalen Idealismus, 299.

[162] Im Folgenden zitiert nach: Werke von Arno Holz, hg. v. Wilhelm Emrich u. Anita Holz, (7 Bde.), Neuwied/Berlin 1961-64, Bd. 5: Sozialaristokraten, Sonnenfinsternis, 1962.

[163] Holz, Sonnenfinsternis, 203f. [Auslassungen gehören zum Text des Dramas].

„Das, worauf es ankommt, das, was Kunst erst zur Kunst macht...das...Unsagbare, Unnennbare, das Unbegreifbare...das Hinter-allen-Dingen..., weil sich das Aller-Allerletzte,...und Aller-Aller-Allereigentlichste... von uns aus...nicht mehr erreichen läßt."[164]

In seiner Interpretation dieses Dramas kommentiert Hans-Georg Rappl diese Stelle so:

„Die Totalität der gegenständlichen Momente ist dem Subjekt zugleich gegeben und entzogen; sie teilt sich ihm in ihrer anschaulichen Fülle mit und entzieht sich zugleich ihrer Bestimmung. Im ‚rätselhaften', ‚schillernd wechselnden Zittern der Seele' weiß das Subjekt um seinen Gegenstand, ohne daß die Reflexion auf das sich Mitteilende dessen Totalität zu bestimmen vermag."[165]

Auch wenn man das Pathos Hollrieders ebenso wie die wohl ein bißchen zu sehr ‚philosophisch' stilisierte Interpretation Rappls als unecht empfinden mag, sie sind nichts desto weniger Beleg für ein philosophisches und künstlerisches ‚Grundlagenproblem'.

Wie symptomatisch Hollrieders Entwicklung – im Grunde für die ganze bisher diskutierte Tradition – ist, zeigen auch die Konsequenzen, die er aus der Erkenntnis, daß das „Aller-Aller-Allereigentlichste" (sc. des erlebten Augenblicks) sich nicht mehr erreichen läßt, zieht:

Er entlarvt zunächst sein Bild von der Sonnenfinsternis, das er immerhin für das schönste Bild hält, das er je gemalt hat, ja für das vielleicht schönste Bild, das je gemalt wurde, als Lüge: Es täuscht durch die ihm eigene Vollendung eine Ganzheit vor, die es im Vergleich mit der Sinnfülle des Erlebnisses, das es darstellen soll, nicht hat.

Deshalb entschließt sich Hollrieder nach schweren inneren Kämpfen, das Bild zu zerstören, genauer: seine vollendete Schönheit zu zerstören, um durch den offenkundigen und nicht zu leugnenden Ausdruck der Disharmonie und Uneinheitlichkeit den immer nur fragmentarischen, notwendig unabgeschlossenen Charakter des Bildes auch im Bild selbst sichtbar zu machen. Dadurch soll aber nicht Häßlichkeit oder Uneinheitlichkeit um ihrer selbst willen dargestellt werden, ganz im Gegenteil: die Sichtbarkeit der Unabgeschlossenheit soll das Signum der zwar nicht darstellbaren, aber als Ursprung und Idee im Bild anwesenden Sinnfülle sein. Gerade durch seinen bloß fragmentarischen Charakter soll es über sich hinausweisen auf den ‚erfüllten Augenblick', dem es entstammt und in dem es seine unendliche, nur vom endlichen geschichtlichen Menschen nicht realisierbare, Vollkommenheit hat.

Damit aber wird dargestellte Schönheit zum Inbegriff der gewollten oder ungewollten Täuschung, zur einlullenden Fixierung in bloß endlichem, von der Sinnfülle wirklich ge- und erlebten Lebens immer schon überholter

---

[164] Ebenda, 286f.
[165] Hans-Georg Rappl, Die Wortkunsttheorie von Arno Holz, Köln 1957 (zugl.: Diss. Köln 1955), 56.

Pseudo- und Halbwahrheiten, zum Organon reaktionärer Verfestigung im Bestehenden usw.

Angesichts einer so massiven und zudem absoluten Kritik an den „herkömmlichen Überlieferungen" ist die Frage nach dem Rechtsgrund dieser Kritik schon allein deshalb nötig, weil die Verzweiflung des Malers Hollrieder die Frage nach ihrem Rechtsgrund geradezu provoziert.

Hollrieder lokalisiert das Problem des „schaffenden" Künstlers an der Übergangsstelle von dem Erlebnis, „in dem alles stak", zu seiner Darstellung, d.h., er läßt die Frage nach den möglichen subjektiven Entstehungsbedingungen des Erlebnisses selbst völlig unberührt, ja er blockiert diese Frage, wenn er das Erlebnis zu einem so absoluten Maß steigert, daß an ihm gemessen selbst die „aller-komplizierteste Präzisionsmaschinerie" beim Versuch einer rational kontrollierten Darstellung des Erlebten in ihrer völligen Unfähigkeit und Nichtigkeit offenbar wird[166].

Damit wird sein Künstlerproblem zum exemplarischen Fall, an dem deutlich wird, wie durch das Heraushaltenwollen von jeder Art von Reflexion aus dem, was im Menschen ‚Natur', d.h. reine Empfänglichkeit, sein soll, diese Art von Natur überhaupt erst erzeugt wird: das unmittelbar Erlebte wird jeder möglichen bestimmten Kritik entnommen und zu einem vom denkenden Subjekt unabhängigen, eigenständigen Akteur in ihm hypostasiert.

Wie weit diese Verselbständigung des dem rationalen Subjekt entzogenen Unmittelbaren geht, kann man an den vielen Versuchen erkennen, das, was an einer unmittelbaren Erfahrung nicht treu der vollen Wirklichkeit zu entsprechen, sondern bloß subjektiv im Sinn eines willkürlich gebildeten Fehleindrucks zu sein scheint, immer wieder neu darauf zurückzuführen, daß diese Erfahrung eben noch nicht wirklich unmittelbar, authentisch, in jeder Hinsicht „unbefleckte Empfängnis" sei.

Wenn Hollrieder das Erlebnis auf dem Tempelhofer Feld

> „eine Idee, eine Zusammenballung...eine Synthese, die Augen wie Hirn mit gleichem Zauber füllte"

nennt, spricht er dabei nicht nur von einer Einheit von Anschauung und Denken, wie sie die reflexiv gewordene Moderne nur in der ‚Antike' noch für möglich hielt, er spricht dieser noch einheitlichen Erfahrung eben auch ausdrücklich einen synthetisch-ideellen Charakter zu. Und er tut das, auch wenn er es ausdrücklich gerade nicht so meint, mit gutem Recht, ja mit einem Recht, um das man ihn auch dann nicht bringen kann, wenn man bestreitet, daß sein Erlebnis bereits das „Aller-Aller-Aller-Eigentlichste" war, und es – im Sinn der leibphilosophischen Wende der Gegenwart – auf noch elementarere Erfahrungen, etwa auf das leiblich-tastend-fühlende, synästhetische Spüren einer Atmosphäre zurückführt.

---

[166] Holz, Sonnenfinsternis, 175.

Offenbar hat Hollrieder ja nicht einfach das Schwarz des Himmels (‚synästhetisch') als schrill empfunden oder bei seinem Anblick ein Ziehen im Bauch ‚gespürt', sondern er hat, wie er selbst sagt, mit den anderen gemeinsam Grauen und Entsetzen ‚empfunden'. Diese sog. Empfindung ist aber durch einen einfachen Akt nicht möglich, sondern setzt bereits eine Vielzahl unterscheidbarer Aktivitäten voraus: Wahrnehmen, Vorstellen, Erinnern, Vergleichen, Schlußfolgern usw. Ein ‚unsensibler' Mensch oder ein Kleinkind hätte den Anblick der verdunkelten Sonne nicht als grauenhaft und entsetzlich empfunden. Dazu war es vielmehr nötig, aus dem Vergleich mit dem Normalen heraus das Außergewöhnliche dieses Ereignisses zu erfassen, und man mußte diese Finsternis – im Unterschied etwa zur Finsternis der Nacht – für etwas Unerklärliches und Bedrohliches halten, sonst hätte man – wie vielleicht die anwesenden Astronomen – kein Gefühl des Entsetzens entwickelt.

Das heißt: auch wenn der, der gerade Entsetzen empfindet, sich nicht bewußt ist, daß die Entstehung dieses Gefühls in ihm davon abhängt, daß er glaubt, das, was er wahrnimmt, sei in seinen Gründen und Wirkungen für ihn unerklärlich und bedrohlich – wenn er diese oder ähnliche Aspekte an dem Wahrgenommenen nicht unterschieden hätte, hätte er kein Entsetzen ‚empfunden'. Es ist zwar etwas anderes, das Bewußtsein zu haben, ‚Unerklärliches ist bedrohlich', und Bedrohliches zu unterscheiden und zu bemerken. Beides aber ist offenkundig eine, wenn auch verschiedene Form einer psychischen Aktivität.

Wenn dies richtig ist – und dafür spricht allein die Tatsache, daß jeder, der die wahrgenommene Finsternis nicht in einem ähnlichen Sinn beurteilt, wie etwa Kleinkinder und überhaupt ahnungslose Menschen, die die Bedeutung des Phänomens gar nicht begreifen, oder Wissenschaftler, die über eine Erklärung des Phänomens verfügen, auch von keinem Entsetzen ‚gepackt' würde –, dann folgt daraus, daß das Bewußtsein, etwas einfach erlebt zu haben, keineswegs bedeutet, man sei dabei subjektiv durch Unterscheiden, Vergleichen, Verbinden und Trennen im Urteil noch gar nicht tätig gewesen, es heißt lediglich, daß man dabei zwar auf die zu unterscheidende Sache, aber nicht in einem zweiten Schritt auch auf die Akte, mit denen der jeweilige Gegenstand in irgendeiner Form erfaßt worden ist, seine Aufmerksamkeit gerichtet hat, daß man also bei diesen Akten Unterscheidungen gemacht hat; diese Akte selbst aber noch nicht rein für sich unterschieden hat. Wir sagen ja auch „Ich sehe, daß es Nacht ist", obwohl noch niemand ‚die Nacht' gesehen hat, sondern wir gebrauchen diese Rede nur abkürzend und dadurch aber auch unaufmerksam, um zu bezeichnen, daß wir aus dem gesehenen Dunkel auf den Zustand der Nacht, d.h. die täglich wiederkehrende Abwesenheit der Sonne o.ä., einen Schluß gezogen haben.

Es gibt also auch Denkakte, Akte des Unterscheidens, Urteilens oder Schließens, die dem Bewußtsein vorausgehen und die von ihm nicht bemerkt werden, bzw. über die es leicht hinweggeht, und die es deshalb für Akte hält, die gar nicht Denken sind, ja die, weil Denken das einzig Spontane und Selbsttätige in uns zu sein scheint, gar keine eigenen subjektiv zu verantwortenden Akte zu sein scheinen, sondern etwas, was in uns geschieht, was uns widerfährt.

Auf die Einsicht in die Subjektivität dieser Akte, für die es noch weit zwingendere Gründe gibt, haben Platon und Aristoteles ihre Analyse des Denkens gegründet und haben deshalb eine Erkenntnistheorie entwickelt, in der eine Analyse der Modi des Bewußtseins nur eine untergeordnete Rolle spielt. Das soll später genauer dargestellt werden (siehe vor allem Teil II, Kapitel III).

Für die Antwort auf die Frage, was denn die spezifische Leistung der Vorstellung als Verstand, d.h. der Vorstellung, wenn ihr die Funktion des ordnenden und Wahrnehmungsdaten repräsentierenden Verstandes zugeschrieben wird, ist, lehrt auch das ‚Künstlerproblem' bei Holz noch einmal, daß es immer wieder die Unantastbarkeit der unmittelbaren Erfahrung ist, die dem ‚Verstand' seine Aufgabe vorgibt. Die Funktion seiner „Präzisionsmaschinerie" ist, die ‚Natur' zu begreifen, d.h., das Erlebnis vor der – bewußten – Vorstellung zu rekonstruieren. In diesem Sinn ist das Präsemiotische und die emotionale Intelligenz nicht eine andere Form des Begrifflichen, ‚das Andere der Vernunft', sondern das Rationale eine andere, und zwar defiziente Form des Nicht-Begrifflichen:

„‚Kunst' ist immer ‚Natur – x''",

wie Holz' ‚neue' Einsicht lautet.

Der Verstand hat seine Besonderheit als Verstand gerade darin, daß er eine defiziente „Präzisionsmaschinerie" ist, die den unendlichen Reichtum der unmittelbaren Erfahrung niemals mit ihren Mitteln zurückgewinnen kann. Eine solche Rückgewinnung erscheint nur möglich, wenn der Verstand sich zur Vernunft erheben, d.h.: wenn er in einer ‚intellektuellen Anschauung' eine unendliche Vielheit im Nu umfassen könnte. Das heißt aber auch, daß auch die Vernunft eine andere Form der Anschauung ist, nämlich eine in ein unendliches Bewußtsein verwandelte Anschauung.

6 d. im logischen Empirismus der ‚Wiener Schule' – am Beispiel Rudolf Carnaps

Um dem Einwand zu begegnen, daß man eine weit reichende Folgerung nicht aus einer Position ableiten sollte, die sich nicht auf der Höhe einer dem Problem wirklich angemessenen wissenschaftlich philosophischen Diskussion bewegt – zu leicht ist ja durchschaubar, daß Hollrieders Unfähigkeit, das unendlich reiche Erlebnis bewußt darzustellen, auch darin ihren Grund haben könnte, daß das Erlebnis selbst in seinen subjektiven Entstehungsbedingungen gar nicht reich, sondern eher abstrakt und klischeeartig war. Welche Unendlichkeit der Gefühle soll denn in ihm erlebt sein? Die Gefühle einer zum Himmel gaffenden Menge, die entsetzt ist, weil ihr das ‚verworrene' Gesamt einer Himmelserscheinung unerklärlich scheint, das dem, der dieses Gesamt in seiner Ordnung und Funktion wirklich differenzieren kann, in keiner Weise mehr entsetzlich und grauenhaft ist? -, möchte ich noch einmal an einigen Beispielen belegen, daß Holz' Identifizierung des Erlebnisses mit der Natur und der daraus sich ergebenden Problematik der bewußten, ‚präzisen' Wiedergabe dieser Natur wirklich symptomatisch ist. Der Grund, Holz etwas ausführlicher zu behandeln, lag lediglich darin, daß seine Auslegung des Erlebnisses besonders deutlich machte, daß ein Erlebnis dieser Art keine „unzerlegbare Einheit" (Carnap), kein „Aller-Aller-Allereigentlichstes" (Holz) ist.

Ein „eigenpsychisches Elementarerlebnis", das „im Augenblick des Erlebten unzerlegbar ist"[167], bildet nicht nur für den fühlenden Künstler Holz die „Basis" der bewußten Arbeit, die gleiche Basis-Funktion wird ihm auch im logischen Empirismus des Wiener Kreises, etwa von Carnap, zugeschrieben. Auch bei Carnap, und das heißt: in einer Grundlagendtheorie der modernen ‚exakten' Naturwissenschaften, findet man, wenn auch in gewandelter Begrifflichkeit, noch einmal alle Elemente in der traditionellen Verbindung.

Für Carnap sind die Elementarerlebnisse „merkmalslos"[168]. Den Begriff des Merkmals hat Carnap von seinem Lehrer Frege übernommen. Merkmal ist für Frege – wie analog schon für Kant – die Repräsentation einer Gegenstandseigenschaft im bewußten Begriff: Gegenstände haben ‚Eigenschaften', z.B. die Eigenschaft, spitz zu sein, Begriffe (wenn sie als Begriffe fungieren und nicht auch selbst wieder als Gegenstände aufgefaßt werden) ‚Merkmale', z.B. die Vorstellung von etwas Spitzem, an der man sich im Unterschied zur Eigenschaft nicht stechen kann. Wenn Eigenschaften und Merkmale sich entsprechen, gilt ein Urteil als wahr. Wenn Carnap die Elementarerlebnisse merkmalslos nennt, ist damit also nichts anderes gemeint, als wenn man von unbewußten oder verworrenen und dunklen Erlebnissen spricht. Sie haben es mit einer (Gegenstands-)Einheit zu tun, die für das Bewußtsein nichts als ein bloßes X ist. Denn der Begriff ohne Merkmale, d.h. ohne Dinge, die unter ihn subsumiert werden, ist völlig leer.

Der *logische Aufbau der Welt* aus diesen Elementarerlebnissen geschieht in einer „Quasianalyse", d.h. in einer Analyse, die angesichts einer ihr gegebenen unauflösbaren Totalität so tut, als ob sie in einzelne Merkmale auflösbar und aus einer logischen Ordnung der (durch Abstraktion von Gemeinsamkeiten und Ähnlichkeiten herstellbaren) Relationen unter diesen Merkmalen erklärbar sei.

Der Begriff der „Quasianalyse", der ja für die logisch rationale Arbeit des Verstandes steht, bringt dabei die innere Aporetik des Verhältnisses von Erlebnis und Darstellung, wie sie Holz diskutiert, von einem anderen Aspekt her zum Vorschein: Ein Erlebnis hat in der Form der unteilbaren Ganzheit, in der sich das Bewußtsein auf es bezieht, keine Merkmale, die das

---

167 Rudolf Carnap, Der logische Aufbau der Welt, Hamburg 1998 (=Berlin ¹1928 mit dem Vorwort zur zweiten Auflage (1961)), 91-94.
168 Rudolf Carnap, Der logische Aufbau der Welt, 94-104.

bewußte Denken differenzieren könnte, so daß das rationale Denken eigentlich keinen Ansatzpunkt für seine logischen Operationen hat. Wenn das Angeschaute, das Erlebnis das absolut Andere gegenüber der Totalität einer begrifflichen Merkmalssammlung ist und schlechthin mit dieser nichts Gemeinsames hat, sondern ‚kategorial' verschieden ist, dann gibt es von der absoluten Vollkommenheit des Erlebnisses keinen Weg zu der begrifflichen Vollständigkeit, die durch die logische Analyse erreicht werden kann: das Erlebnis ist vom Begriff her betrachtet vollkommen unbestimmt, für sich selbst aber, d.h. ‚an sich' oder ‚eigentlich', vollkommen bestimmt; der Begriff dagegen gegenüber der Einheit und Ganzheit des Erlebnisses vollkommen leer.

Das lehrt, daß auch im ‚logischen' Empirismus eine (vorgeblich) in jeder Hinsicht nicht-begriffliche Erfahrung zwar einerseits das gesuchte Unbekannte ist, das durch die Analyse erst ermittelt werden soll und von dem noch keine Merkmale bekannt sind, daß sie aber andererseits zugleich als das gegebene Ganze das Bekannte sein soll, aus dem durch Analyse das Unbekannte gefunden werden kann. Auf die Verdrehungen des in der antiken Mathematik ausgebildeten Methodenverständnisses von Analyse und Synthese, die in diesem Analysebegriff liegen, kann ich hier nicht eingehen[169], die neuere Empirismusdebatte hat aber selbst das Ergebnis gebracht, daß ein Ansatz wie der vom logischen Positivismus vorgeschlagene nicht durchführbar ist.

Aufschlußreich für die von uns verfolgte Traditionslinie aber ist, daß auch diese neuere Debatte den Defekt dieser ‚Konstitutionstheorie' nicht in der vielleicht ungenügenden Begrifflichkeit des ‚Erlebnisses' oder der ‚Beobachtung' sucht, sondern in der in ihnen enthaltenen Begrifflichkeit überhaupt, die sich aus der direkten Erfahrung nicht eindeutig herauslösen lasse. Weil man – mit guten Gründen – zeigen kann, daß eine semantisch klare Trennung zwischen einer bloßen Beobachtungssprache, in der rein und nur die direkte Erfahrung zum Ausdruck käme, und einer Theoriesprache sich nicht durchführen läßt, scheint die sichere Basis, der die ‚Theorie' korrespondieren soll, in Frage gestellt. Dieser Zweifel bezieht sich allerdings bis in die neuesten Forschungen hinein – und das zeigt die Parallelität zu der Suche nach unmittelbaren, ‚präsemiotischen' Wirklichkeitskontakten in den Geistes- und Kulturwissenschaften – nicht auf die Frage, ob in dieser Basis überhaupt ‚die Welt' oder ‚die Natur' gegeben sein könne, im Gegenteil, selbst ein Kenner der Empirismusforschung wie Burian ist überzeugt, daß

---

[169] S. aber bei Markus Schmitz, Euklids Geometrie und ihre mathematiktheoretische Grundlegung in der neuplatonischen Philosophie des Proklos, Würzburg 1997, 108ff. und s. außerdem ders., Die Methode der Analysis bei Pappos von Alexandria und ihre Rezeption im neuzeitlichen Denken bei René Descartes, in: Wolfgang Bernard u. Hans Jürgen Wendel (Hgg.), Antike Philosophie und Moderne Wissenschaft, (Rostocker Studien zur Kulturwissenschaft; 2), Rostock 1998, 97-134.

selbst dann, wenn die wichtigsten Lehren des logischen Empirismus ganz abgelehnt würden, das den

> „grundlegenden Einsichten des Empirismus nicht den Boden entziehen <würde> – nämlich, daß die Welt, nicht die menschliche Vernunft der Schiedsrichter über alle substantiellen Aussagen mit Wahrheitsanspruch ist, und daß die Erfahrung die vorrangige Quelle des Wissens über die Welt ist".[170]

Wer sich mit der modernen Kritik an der Philosophie der Antike und des Mittelalters beschäftigt hat, kann solche Sätze nur mit Verwunderung lesen, denn sie machen sich eine Position zu eigen, die in Bezug auf die Antike als erkenntnistheoretisch naiv gilt, ja die als der immer wieder neu wiederholte Grund angeführt wird, warum die Antike noch keine Naturwissenschaft habe entwickeln können. Die ‚Neue Wissenschaft', wie sie etwa Bacon propagiert, soll sich gerade dadurch von der alten unterscheiden, daß sie sich nicht mehr auf Beobachtungen *ex occursu rerum tantum*, wie die Wahrnehmung gerade auf die Dinge trifft, stützt, sondern auf eine von der Vernunft kontrollierte und ihre subjektive Perspektive reflektierende Erfahrung[171]. Die Welt kann kein Schiedsrichter über Wahrheit und Irrtum sein. Denn auch dem Empiriker steht ‚die Welt' nur durch das zur Verfügung, was er mit Hilfe der Wahrnehmung und anderen Erkenntnisvermögen unterschieden hat.

Wenn man sich fragt, warum solche offenkundigen Widersprüche nicht beachtet werden, stößt man wieder auf dieselbe Grundüberzeugung: Natürlich soll die Erfahrung von der Vernunft kontrolliert werden, diese Vernunft soll aber die Erfahrung nur verarbeiten, mit ihr umgehen usw., sie soll nicht schon in der Erfahrung selbst enthalten sein, bzw. genauer: es soll nicht die Vernunft des beobachtenden *Subjekts* in der Erfahrung wirksam sein, sondern eine eigenständige vorbegriffliche Vernunft, die die Sache selbst in ihrer Wahrheit erfaßt hat, schon bevor menschliche Reflexion sie entstellen konnte. Statt einer methodisch kritischen Kontrolle der unterscheidenden und verbindenden Erkenntnisakte, durch die wir überhaupt erst – auf eine sehr wohl selbständige Weise – zur ‚Empfängnis' eines Gegenstands kommen, sucht auch der Empiriker eine von jeder Vernunft und Reflexion freie Rezeptionsform, um sie zum eigentlich rationalen Erkenntniskriterium zu machen.

Im Grunde führt die neuzeitliche Forderung nach einer Kritik an der Subjektivität des Erkennens paradoxerweise gerade zu einem unkritischen Absolutsetzen des ‚ersten Subjektiven'. Denn wenn Erkennen ein subjektiver Akt ist, dann ist schlechthin auch jeder einzelne Erkenntnisakt ‚subjektiv kontaminiert', und man muß bei jedem einzelnen versuchen, dieses subjek-

---

[170] Richard M. Burian, Artikel ‚Empirismus', in: Josef Speck (Hg.), Handbuch wissenschaftstheoretischer Begriffe, Bd. 1, Göttingen 1980, 157.

[171] S. dazu Verf., Antike Bildung und moderne Wissenschaft. Von den *artes liberales* zu den Geistes- und Naturwissenschaften der Gegenwart. Historisch-kritische Anmerkungen zu einer problematischen Entwicklung, in: Gymnasium 108, 2001, 311-344.

tive Moment für sich zu erfassen und zu isolieren. Das muß aber dann auch bereits für den ersten und den scheinbar einfachsten Akt, mit dem sich das Subjekt den Dingen, die es erkennen will, zuwendet, gelten. Auch an diesem ersten Akt müssen sich subjektive Momente von sachlich-objektiven unterscheiden lassen. Setzt man hingegen (wegen der Evidenz der Einfachheit) ausgerechnet den ersten Anfang jeder Erkenntnis in der Weise absolut, daß er als die objektive Basis aller weiteren Analyse gelten können soll, kann die kritische Kontrolliertheit, die das Überlegenheitsgefühl der Moderne begründet, nur noch eine immanente, interne Stimmigkeit und Rationalität bewirken, nicht aber einen objektiven Wahrheitsanspruch rechtfertigen.

Daß auch bei Carnap eine Reflexion auf die der Vorstellung eigene Perspektive der ‚kritische' Ausgangspunkt seiner „Konstitutionstheorie" ist, belegt besonders deutlich seine Auseinandersetzung mit Ernst Mach. Im Sinn der – nicht ganz korrekten – Auslegung Carnaps lehrt Mach, daß sich unsere Gegenstandserfahrungen aus einfachen Sinnesempfindungen (rot, grün, hart, weich usw.) zu einem sich ständig neu formierenden „Bündel" aufbauen (‚konstituieren'), so daß die ‚metaphysischen' Annahmen, man müsse zur Erklärung der Einheit eines Gegenstands so etwas wie ‚Dinge an sich' oder gar Wesenheiten oder Substanzen voraussetzen, überflüssig sind[172]. Dem hält Carnap die „Totalität" und „geschlossene Einheit" des „im Augenblick Erlebten" entgegen[173], aus dem die einzelnen Elemente dieses Erlebnisses erst durch Abstraktion und (Quasi-)Analyse gewonnen werden müßten.

Grundlage dieser Kritik ist die (auch nicht ganz neue) These von der wesentlichen Abstraktheit des Begrifflichen, durch dessen bloße Zusammensetzungsaktivität (die als einfache Addition gedacht wird) sich bei an sich unbestimmtem Material (i.e. bloßen, abstrakten Einheiten) noch keine sachliche Einheit und kein wirkliches Ganzes ergeben könne. Damit bietet Carnaps Kritik wiederum ein gutes Beispiel für die fundierende Rolle, die dem Irrationalen, dem bloßen Gefühl, dem nicht begründbaren genialischen Einfall usw. gerade von den mathematischen und logischen Wissenschaften (sc. und nicht etwa nur von den interpretierenden Geisteswissenschaften), also von den im eigentlichen Sinn rationalistischen Disziplinen zugesprochen

---

[172] Mit dieser antisubstantialistischen, antimetaphysischen These hat Mach v.a. Hugo von Hofmannsthal und Robert Musil, der 1908 mit einer Arbeit über Mach in Berlin promovierte, nachhaltig beeinflußt. *Der Mann ohne Eigenschaften* ist ein solches Bündel ohne ‚metaphysischen' Kern. In Bezug auf die Kritik von Carnap ist allerdings wichtig zu beachten, daß auch bei Mach (und so auch bei Musil) die jeweils neu sich formierende Gegenstandserfahrung eine *Gegenstands*erfahrung, d.h. eine einheitliche Erfahrung von ‚gebündelten' Empfindungen, ist, auch wenn ein substantieller Grund dieser Einheit, der ihre dauerhafte Selbigkeit garantierte, von Mach bestritten wird. Dazu s. Friedrich Stadler, Vom Positivismus zur „Wissenschaftlichen Weltauffassung". Am Beispiel der Wirkungsgeschichte von Ernst Mach in Österreich von 1895-1934, Wien/München 1982.

[173] Carnap, Der logische Aufbau der Welt, 92.

wird. Das Prinzip der rationalen Wissenschaften ist demnach selbst wesentlich nicht-rational, und das heißt in diesem Erkenntnismodell zugleich: irrational.

Auch für Carnap ist also ein gegebenes Gesamt von Sinneseindrücken, dessen sich die Vorstellung als Einheit bewußt wird, d.h. das der Vorstellung in einem Augenblick Gegenwärtige, das, was er für das im Erkenntnisvorgang Erste, Ursprüngliche, Authentische hält. Auf es beziehen sich alle späteren geistigen, bewußten Akte, es ist im eigentlichen Sinn die Welt, aus der wir dann durch Abstraktion „Ähnlichkeitskreise" oder „Abstraktionsklassen" gewinnen[174], aus denen die rationale Analyse ihre logische Welt aufbaut.

Im Sinn der Kritik, die sich ergibt, wenn man nicht nur von der hohen Warte einer nachkantischen Philosophie auf die Antike kritisch zurückblickt, sondern auch einmal eine moderne Position in der Perspektive einer antiken Erkenntniskritik überprüft, muß man auch bei Carnap zu dem Urteil kommen, daß er die Subjektivität der dem Bewußtsein ‚ursprünglich' ‚gegebenen' Welt nicht hinreichend in Rechnung stellt. Selbst dann nämlich, wenn die sog. *Qualia*, d.h. die einfachen Sinneswahrnehmungen: rot, grün, hart, weich usw., nichts als Produkt eines rein passiven, physiologischen Rezeptionsvorgangs wären – so denkt Carnap noch, heute ‚weiß' man, daß selbst die einfachsten Sinnes-‚Eindrücke' ‚Konstruktionen' des Gehirns sind (und zieht daraus allerdings auch nur solche Schlüsse, die über die Carnaps nicht wesentlich hinausgehen, sondern die dieselbe Unterscheidung, die Carnap vornimmt, nur anders lokalisieren) – selbst wenn also die einzelnen perzipierten Qualitäten je für sich nicht bereits subjektiv ‚überformt' wären, selbst dann kann die in dem Elementarerlebnis geeinte Mannigfaltigkeit von Quasimerkmalen nicht ‚ursprünglich', d.h. ohne subjektive Synthese, zustande gekommen sein.

Sofern in unserem ‚eigenpsychischen Erlebnis' nicht ‚die Welt' enthalten sein kann, auch nicht die Welt eines Gegenstands, sondern nur das, was wir von ihr erfaßt haben, müssen alle Elemente, die im Elementarerlebnis eine ‚geschlossene Einheit' bilden, ‚eigenpsychische' Elemente sein, und sie müssen vom Erlebenden bereits (auch als unterschiedene und unterscheidbare Elemente) erfaßt sein, bevor er sie sich in der Vorstellung in geeinter Form vergegenwärtigen kann. Auch wenn sich die Vorstellung des Erlebten in *einem* Augenblick und *als* Einheit bewußt wird – zu glauben, diese Einheit sei eine rein kausal-mechanische Wirkung der Dinge der Welt auf unser ‚Gemüt', ist naiv.

Die Verwechslung, die hier vorliegt, läßt sich gut an der Grundthese der Gestaltpsychologie[175] aufdecken, auf die sich Carnap zum Zeugnis gegen

---

[174] Ebenda, 104-115.
[175] S. v.a. Alfred Adler, Studie über Minderwertigkeit von Organen, München 1927; Werner Köhler, Über unbemerkte Empfindungen und Urteilstäuschungen, in: Zeitschrift für Psychologie 66, 1913, 51-80; ders., Gestalt-Psychology, New York 1947; Max

Mach beruft. Ausgehend von der richtigen Einsicht, daß das Ganze etwas anderes ist als die Summe seiner Teile, geht die Gestaltpsychologie davon aus, daß das umfassende Ganze mit seinen Teilen uns auch zuerst bekannt werde, ja daß die Teile erst von dieser Bekanntschaft mit dem Ganzen her in ihrer Eigentümlichkeit bestimmbar werden. Es ist ein Dachbalken eben etwas anderes als ein Schiffsbalken, und kann in dieser Eigenschaft nur aus seiner Beziehung zum Ganzen ‚Dach' erfaßt werden.

Für die in diesem Buch verfolgte Traditionslinie ist die Verwechslung, und damit sozusagen der ‚Leitfehler', der hier vorliegt, besonders signifikant: auch für die Gestaltpsychologie ist eine Erkenntnisform, in der noch keine Differenzierung von uns vorgenommen wurde und nur in diesem Sinn irgendwie ein Ganzes umfaßt wurde, zugleich bereits die Erkenntnisform, in der das Ganze in der funktionalen Ordnung seiner Teile erkannt ist. Diese Verwechslung aber ist eine direkte Folge der ausdrücklichen Identifizierung der ersten Ganzheitserfahrung der Dinge in der sinnlich erlebenden Anschauung mit der Einheitsstiftung der Vernunft, wie man sie schon bei Duns Scotus und Wilhelm von Ockham findet. Auch dort lautet die Erklärung: Weil die Sinne das Einzelding als ein „simul totum", zugleich als ein Ganzes, erfassen, deshalb erfassen sie auch den inneren Bezug aller Teile dieses Ganzen untereinander und zum Ganzen in ihrer begrifflichen Ordnung. Ein Wissen um diese wirkungsgeschichtliche Abhängigkeit läßt sich bei den Gestaltpsychologen nicht belegen. Die neue Form der Gewinnung dieser ‚Einsicht' aus der psychologischen Analyse des unmittelbaren Ganzheitserlebnisses scheint eine solche historische Reflexion ja auch überflüssig zu machen. Auf diese Weise verschwindet freilich auch jedes Wissen um historische Abängigkeiten und macht eine kritische Auseinandersetzung mit dem eigenen Ansatz von vornherein unmöglich.

Wegen der Bedeutung, die dieses ‚holistische' Denken[176] bis in die Gegenwart hat, möchte ich wenigstens darauf hinweisen, daß der eben besprochene ‚Leitfehler' auch der sprachanalytischen These zugrunde liegt, man lerne die Bedeutung von Wörtern nur aus ihrem Gebrauch, d.h., man müsse zuerst den ganzen Satz verstehen, bevor man aus dieser konkreten Anwendung die Bedeutung eines einzelnen Begriffs herauslösen könne. Auch wenn man von dem Problem absieht, wie es möglich sein soll, daß jemand den (der emprisch gegebenen Situation entsprechenden) Satz ‚Auf dem Tisch liegt ein Kuchen' soll begreifen können, wenn er überhaupt noch keinen Bgriff von Tisch und Kuchen hat, bleibt immer noch die unkritische Verwechslung undiskutiert, daß ein erstes, noch unreflektiertes Verständnis

---

Wertheimer, Drei Abhandlungen zur Gestalttheorie, Erlangen 1925 (ND Darmstadt 1967).

[176] Zur Bedeutung dieses holistischen Denkens für die sprachanalytische Philosophie s. v.a. Willard Van Orman Quine, Two Dogmas of Empiricism, in: ders., From a Logical Point of View, New York 1961, 20-46. S. dazu die kritische Interpretation von Hans Jürgen Wendel, Moderner Relativismus. Zur Kritik antirealistischer Sichtweisen des Erkenntnisproblems, Tübingen 1990, 69-125.

eines Satzganzen für das Kriterium zum Verständnis seiner Teile genommen wird.

Wie in dieser Erklärung Begriff und Anschauung durcheinander gehen, kann man sich an den in der Gestaltpsychologie zum Beweis des Vorrangs der Gestalt, d.h. des unmittelbar erlebten Ganzen, viel bemühten Kippbildern verdeutlichen[177].

Wer etwa das von dem dänischen Psychologen Edgar Rubin entworfene Bild eines Pokals vor sich hat, auf dem man in Schwarz-Weiß-Zeichnung sowohl zwei Gesichter als auch eine Vase ‚sehen' kann, kann natürlich die Teile ‚Boden' und ‚Wand' der Vase erst identifizieren, wenn er überhaupt eine Vase und nicht etwa zwei Gesichter ‚sieht'. Die Tatsache, daß man für dieses ‚Sehen' Zeit braucht, ja daß bestimmte Kippbilder für manche Betrachter überhaupt nicht ‚kippen', macht aber schon darauf aufmerksam, daß es sich bei diesem Betrachten nicht um ein im Nu vollzogenes Elementarerlebnis handeln kann. Dazu kommt, daß außer Frage steht, daß der Grund dafür, warum für manche Betrachter solche Bilder nicht kippen, oder warum sie überhaupt keine Gegenstände identifizieren können, nicht darin gesucht werden kann, daß sie eine Sehschwäche haben oder die Farben und Formen nicht genau und vollständig erfassen. Sehen im prägnanten Sinn des Wortes können und müssen offenbar alle Betrachter dasselbe: Schwarz und Weiß in bestimmtem Umriß gegeneinander.

Die Erfassung von Weiß und Schwarz und ihrer Grenzen gegeneinander geht allen anderen Erkenntnisformen voraus. Erst danach kann das Gesehene in einer Vorstellung rekapituliert werden. Verschieden von beidem, vom Sehen und Vorstellen, ist die begriffliche Deutung, die, wie gerade derartige schematische Kippbilder beweisen, keineswegs von der vollständigen Vergegenwärtigung aller Vorstellungsmerkmale absolut determiniert und auch nicht von dieser abhängig ist – es gibt ja verschiedene Möglichkeiten der ‚Deutung' und vielen genügt die Identifizierung von Nase oder Mund, um das Ganze als Gesicht zu erkennen –, sondern davon, daß man begreift, zu welcher Sache die vorgestellten Farben und Formen gehören, d.h., wie ich vorläufig schon zu umgrenzen versucht habe, davon, daß man die Funktion einer bestimmten – ruhenden oder bewegten – Gestalt erkennt: „Diese Form verweist auf die Fähigkeit, Flüssigkeit aufzunehmen, also auf ein Gefäß, diese auf die Fähigkeit, Laute zu artikulieren, also auf einen Mund" usw.

Von dieser, aber eben erst von dieser Erkenntnis hängt auch die Erkenntnis der Teile eines Ganzen, wenn unter dem Ganzen nicht die Totalität der Vorstellungsmerkmale, sondern die Sache gemeint ist, ab: Zum Gefäßboden oder zur Gefäßwand und nicht zum Kinn oder zur Nase werden bestimmte Teile des Gesehenen erst von der Erkenntnis ihrer Funktion innerhalb einer Sache her.

---

[177] S. dazu z.B. Derek W. Corcoran, Patterns Recognition, London 1971.

Das belegt auch von dieser Seite her noch einmal, daß der Eindruck der einheitlichen Ganzheit, den das ‚ursprüngliche', ‚genetisch primäre' (wie z.B. auch die Leipziger Schule der Psychologie formuliert)[178] Erlebnis erweckt, Folge einer, wenn auch oft oberflächlichen und unmethodischen, begrifflichen Erkenntnis ist. Von dieser Erkenntnis allein hängt auch der Eindruck ab, daß sich diese vorgeblich noch ungegliederte Ganzheit differenzieren lasse. Schieferplatten, Tonziegel, Strohbündel, Schneeblöcke werden erst dann zu Teilen des Daches, wenn sie in ihrer Dachfunktion, etwa Schutz gegen Regen und Wind zu gewähren, erkannt sind.

Für diese Erkenntnis benötigt man allerdings weder die vollständige Rezeption aller Sinnesqualitäten noch deren Vergegenwärtigung in einer Vorstellung oder einem Bewußtsein – man braucht nicht alle Ziegel unterschieden, gezählt und in ihrer ursprünglichen Anordnung wieder in der Vorstellung zusammengesetzt zu haben, um zu wissen, daß etwas ein Dach ist, aber man braucht einen gewissen Begriff von dem, was ein Dach zu einem Dach macht, der erst befähigt, aus einer sachrelevanten Auswahl aus den Wahrnehmungen auf die Sache ‚Dach' zu schließen.

Solche Schlüsse tätigt man in der Regel leicht und schnell und ohne sich Genauigkeit in den vorausgesetzten Begriffen abzuverlangen. Die Leichtigkeit, mit der man erfaßt, daß etwas etwas ist, auf das man sich setzt, also ein Stuhl, und nicht etwas, an das man sich setzt, also ein Tisch, oder etwas, auf das man steigt, also eine Treppe, verführt das ‚natürliche Bewußtsein' und mit ihm den Sprachgebrauch zu meinen, man nehme Gegenstände wahr, man könne ‚beobachten', wie etwas funktioniert oder welcher Funktion es dient, fühle Atmosphären, erlebe Situationen usw.

Es bedarf aber keines Hinweises, daß das, was man im Zuge der Wahrnehmung oder des Erlebnisses schnell und wie von selbst miterfaßt, weit entfernt von einem korrekt gebildeten Begriff ist, und man braucht die Bedingungen ja nur geringfügig zu erschweren, um zu bemerken, wie leicht man auf diese Weise falsche Begriffe bildet oder – wie etwa bei dem Beispiel des Gehirngewebes – gar keinen Begriff mit dem Wahrgenommenen zu verbinden in der Lage ist.

Das heißt: Die Sacherkenntnis wird von dem, der glaubt, Gegenstände oder ganze Situationen, Atmosphären usw. würden ihm in einem unmittelbaren Erlebnis, im direkten Hinsehen in ihrer Totalität und geschlossenen Einheit ‚gegeben', oder die ‚ordinary language' oder die bloße ‚Beobachtungssprache' böten dem verarbeitenden Denken diese Totalität einfach dar,

---

[178] Hauptvertreter dieser Schule ist Wilhelm Wundt, der als Begründer der experimentellen Psychologie gilt. Zu seiner Wahrnehmungslehre s. z.B. Wilhelm Wundt, Beiträge zur Psychologie der Sinneswahrnehmung, Leipzig/Heidelberg 1862 (ND Ann Arbor/London 1980); ders., Einführung in die Psychologie, Leipzig 1911. S. außerdem z.B. Albert Wellek, Ganzheitspsychologie und Strukturtheorie, Bern/München ²1969, passim.

ohne Kontrolle und allein im Vertrauen auf den gesunden Blick des gesunden Menschenverstandes geleistet.

Das immer wieder beklagte Problem, daß wir durch den ‚Einbruch des Denkens' unsere unmittelbaren, authentischen Erlebnisse verfälschen, hat seinen wirklichen Grund also darin, daß dieses Denken sich nicht auf sich selbst zurückwendet und aus einem Wissen um seine Kriterien heraus seine Begriffe bildet, sondern unreflektiert und unmethodisch verfährt, daß es sich auf bloße Meinungen, nicht auf rational geprüfte Begriffe und Urteile stützt – und daß es damit grundsätzlich die Ebene des Vorstellbaren nicht übersteigt.

In einem anderen Sinn hat dieser Vorbehalt gegen den ‚Einbruch des Denkens' aber auch seine Berechtigung. Die erste, anfängliche begriffliche Deutung des Ganzen (die am Anfang zumeist auf der Grundlage eines besonders prägnanten wahrgenommenen Merkmals, anhand dessen man meint, eine Sache identifizieren zu können, stattfindet) führt bei der ‚Beobachtung' der einzelnen Teile dieses ‚vorläufig' gedeuteten Ganzen leicht dazu, daß die Beobachtungen an diesem Ganzen nun immer bereits unter der Prämisse gemacht werden, daß das, was wahrgenommen werden wird, ein bestimmter Teil von dem Ganzen ist, den man als Teil eines solchen Ganzen erwartet.

So erwartet man vielleicht, wenn man ein Dach meint identifiziert zu haben, daß man an diesem Dach Ziegel wird unterscheiden können. Daher kommt es, daß die Genauigkeit der Überprüfung der Übereinstimmung des Wahrgenommenen mit der Erwartung, die man an diese hat, oft relativ zu der Genauigkeit bei der Wahrnehmung von Merkmalen des Ganzen sogar noch geringer wird, und daß man eine gewisse Tendenz hat, ‚resistent' zu sein gegen Unterscheidungen, die der eigenen Deutung widersprechen, weil alles sofort unter den erwarteten Begriff geordnet wird. Tatsächlich müssen und können aber diese weiteren Unterscheidungen an dem Ganzen nicht als solche bloß als Analyse des Ganzen, d.h. des bereits (mehr oder weniger oberflächlich gedeuteten) Gegenstandes, vorgenommen werden, sondern als mögliche Kontrollinstanzen, die die zunächst vorgenommene Deutung korrigieren oder bestätigen können. Insofern darf das Ganze als subjektive Deutung zwar als ein Vorschlag verstanden werden, der die Erfassung der Teile erleichtert und einen Leitfaden für diese an die Hand gibt, es darf aber nicht als ein axiomatisch gesetztes Prinzip für die weiteren Erkenntnisse gelten. Denn nicht die weiteren Unterscheidungen bringen in Wirklichkeit die Gefahr der subjektiven Verfälschungen mit sich, sondern im Gegenteil gerade das absolute und gegen alle Widerlegungen resistente Festhalten an dem eigenen ersten ‚unmittelbaren' Erfassungsakt, von dem man sich einbildet, er sei noch mit dem Ding selbst, mit der ‚Welt', identisch[179].

---

[179] Daß diese Gleichsetzung der Ganzheitserfahrung mit ‚der Welt' oder ‚der Natur' auch für die Naturwissenschaften der Gegenwart ein Problem darstellt, kann man jetzt sehr deutlich bei Wolf Singer („Der Beobachter im Gehirn") sehen, der im Zuge einer Dar-

Die Angst vor dem ‚Einfall der Reflexion' hätte also dann und nur dann auch einen guten Sinn und heuristischen Wert, wenn sie konsequent ist und nicht die erste Ganzheitserfassung von ihrer Kritik ausnimmt, sondern gerade dieser gegenüber die größte Skepsis walten läßt. Die weiteren Wahrnehmungen müssen zur Kritik an dieser dienen. Die erste Deutung darf nicht absolut gesetzt werden, als sei sie etwas noch nicht subjektiv ‚Kontaminiertes', auf das man eine ganze ‚logische Welt' meint aufbauen zu können, die sozusagen, um ein Bild aus dem Platonischen Dialog *Phaidon* zu benutzen, als die „Zweite Fahrt" (im Sinn der zweitbesten Möglichkeit) des Zugangs zur Wirklichkeit verstanden werden müßte.

Für den *logischen Aufbau der Welt*, wie ihn Carnap für die ‚exakten Wissenschaften' anstrebt, hat dies nicht unerhebliche Konsequenzen. Denn es bedeutet, daß unreflektiert gebildete Meinungen über die Sachfunktion bestimmter wahrgenommener Eigenschaften die Basis und das Wahrheitskriterium der logischen Analyse der in diesen (als Elementarerlebnisse gedeuteten) Meinungen enthaltenen ‚Elemente' darstellen. Die Anwendung der logischen Analyse auf diese Meinungen hat daher niemals eine Infragestellung dieser ‚Erlebnisse' zur Folge, sie deckt lediglich den in diesen Meinungen schon enthaltenen logischen Charakter auf und erzeugt dadurch den Eindruck, eine bloße Meinung sei, weil sie sich formal in logische Elemente auflösen läßt, ein logisch gebildetes Argument.

Man kann sogar sagen – und ich möchte wenigstens einen Hinweis darauf geben –, daß jede Anwendung formaler Logik im modernen Sinn des Wortes (und ganz besonders die der *ordinary language philosophy*) (im Unterschied zur aristotelischen Logik) vor dem beschriebenen Problem steht. Wenn etwa ein philosophisches Argument formallogisch analysiert wird, kann die formale Darstellung dieses Arguments in seinen einzelnen Schritten, Konjunktionen, Disjunktionen, Folgerungen usw. nur das zur Darstellung bringen, was der Analysierende von diesem Argument schon, d.h. vor der Analyse, verstanden hat. Hat er es nicht oder nicht korrekt verstanden, wird auch die Formalisierung diesem Verständnis folgen. Das Ergebnis kann dann höchstens eine nicht-konfuse Vorstellung von etwas Konfusem sein, niemals aber ein distinkter Begriff. Ein formallogisch korrekt analysierter Fehler ist zwar ein richtig analysierter (allerdings nicht auf seine Fehlerhaftigkeit hin richtig analysierter) Fehler, aber eben immer noch ein Fehler. Der aus der logischen Analyse folgende Beweis, daß das Argument logisch richtig oder falsch ist, bezieht sich auf dieses Vorverständnis, keineswegs auf das Argument und die in ihm liegenden Deutungsmöglichkeiten.

Diese Wahrheitsfunktion des unmittelbaren Erlebnisses ist aber nicht nur wissenschaftsfeindlich – weil sie es der Logik, z.B. dem Widerspruchssatz,

---

stellung der Ergebnisse der neuesten Gehirnforschung sich paradigmatisch auf die Kippbilder der Ganzheitspsychologie stützt, um die Vorgeprägtheit des menschlichen Denkens durch neuronale Zustände zu beweisen.

nicht möglich macht, die im ‚Erlebnis' enthaltene Urteilseinheit in Frage zu stellen –, sie macht auch feindselig gegen fremde Kulturen, ja gegen Kultur überhaupt.

Ein scheinbar harmloses, in der Gestaltpsychologie immer wieder verwendetes Beispiel kann das verdeutlichen: Eine Melodie ist, so erfährt man zu Recht, mehr als die Summe ihrer Teile, ja diese Teile erhalten ihre Eigentümlichkeit erst von der Melodie her, die also zuerst als ganze erlebt werden muß, bevor die Analyse feststellen kann, welcher Teil etwa den triumphalen Aufstieg und welcher den ruhigen Ausklang bildet.

Wenn es aber das ‚genetisch primäre' Erlebnis ist, an dem sich die Analyse orientiert, dann wird zwingend die leicht eingängige, dem ‚Ohr' vertraute Melodie zum Maßstab des Urteils – mit der Folge, daß die beim ersten Hören nicht durchschaubare Tonfolge, die sich erst dem in der Analyse geschulten und geübten Hörer erschließt, vor der ‚Kritik' nicht standhält.

Beispiele bietet die Musikgeschichte in Fülle. Schon eine etwas komplizierter gebaute Sonatensatzform, etwa der Kopfsatz der ‚Eroica' Beethovens mit seinen zwölf Themen in der Durchführung, führt leicht dazu, daß die Themen nicht einmal von den Überleitungspartien unterschieden werden können und das Ganze als konfus und unmelodisch erscheint. Wenn wir uns heute über solche Urteile der Zeitgenossen erheben, so ist das zugleich ein Zeugnis gegen die Maßstäblichkeit des primären Ganzheitserlebnisses, an der man auch nicht festhalten kann, wenn man ein sachgerechtes Urteil über nichtvertraute Musik aus fremden Kulturen finden will.

Beide gleichermaßen verbreiteten Tendenzen bei der Begegnung mit dem Fremden – sowohl die totale und absolute Ablehnung bzw. die Abwertung des Fremden, weil es in unreflektierter Naivität ‚unser' Niveau nicht erreicht habe, als auch die schlechthinnige Idealisierung des nichtmodernen Fremden wegen seiner Ganzheitlichkeit, Konkretheit usw. – lassen sich von dieser Perspektive aus erklären. Man kann sehen, daß beide denselben Ursprung haben.

Die Tatsache, daß das Fremde, z.B. fremde Musik, einer Subsumtion unter die uns gewohnten Ordnungs- und Begriffskategorien nicht immer gleich zugänglich ist, weil z.B. die Kompositionsprinzipien andere sind, oder das Tonsystem oder die Mischung der Klangfarben, erweckt zunächst den Eindruck, die Gegenstände selber seien an sich nicht analysierbar. Das wird dann entweder als Zeichen einer noch nicht begrifflich reflektierten Kulturstufe, und also als primitiv und konfus gedeutet, oder als noch unmittelbare Ganzheit, die nicht ‚anfällig' ist für begriffliche Überformungen, sondern noch eine ursprüngliche Verwirklichung des Nicht-Bewußten, Nicht-Zergliedernden usw. darstellt.

Beide Interpretationen werden sich oft (wenn auch freilich nicht immer, denn es gibt ja tatsächlich auch primitive Musik – darunter nicht zuletzt auch ein großer Teil ‚unserer' Musik) als fehlerhaft und selbst konfus erweisen, etwa wenn man lernt, daß die Komposition dieses bestimmten Musikstückes ein künstlerisches Produkt ist, das am Ende einer langen und differenzierten Kompositionstradition steht, das zwar auch in bestimmter Weise durch bestimmte Verhältnisse von Gleichheit und Ungleichheit, durch Proportionen und Analogien usw. geordnet ist, bei dem sich aber diese begrifflichen Prinzipien in anderen wahrnehmbaren Merkmalen niederschlagen als den uns gewohnten.

Das heißt: die Subsumtion unter unsere Begriffskriterien gelingt nicht deshalb nicht, weil die fremde oder vergangene Kultur das ‚ganz Andere' gegenüber unseren begrifflichen Maßstäben und unseren schon durch die Tradition überformten Wahrnehmungen ist, sondern weil die eigenen Kriterien überhaupt nichts Begriffliches, sondern bloße, oberflächlich gebildete Vorstellungs-Abstrakta waren, die man nur zu leicht für ‚Gefühle', Intuitionen und dergleichen hält.

6 e. Die Bedeutung der Zeit für die Begriffsbildung in der Philosophie seit der Aufklärung

Die Zeit hat in der neueren Philosophie nicht nur Bedeutung, weil sie ein elementarer ‚Modus' ist, in der wir unsere Erfahrungen machen, sie ist vielmehr zum Inbegriff, von dem her überhaupt erst und allein menschliche Erfahrung verstanden werden könne, geworden. Heideggers Analyse des Seins aus der Analyse der Zeiterfahrung ist nur das berühmteste Beispiel für diese ‚Neuentdeckung' der Zeitlichkeit menschlicher Existenz. Und nicht nur in der Philosophie, auch in Interpretationen ‚moderner' Formen des Erzählens oder anderer Weisen künstlerischer Darstellung gibt es die verbreitete Tendenz, die Weise, wie Zeit erlebt und dargestellt ist, nicht nur für einen für das Verständnis wichtigen Aspekt neben anderen weiteren zu halten, sondern in ihr den eigentlichen Schlüssel zu finden, von dem her überhaupt erst der besondere Kunstcharakter und die Aussageintention dieser Werke erklärt werden könne.

Geht man der Frage nach, was die Gründe sind, die der Zeit eine so herausragende und dominierende Funktion für das Verständnis des Menschen geben, kann man zunächst feststellen, daß diese Aufwertung der Zeit (von ihren Entstehungsbedingungen in der frühen Neuzeit abgesehen) schon in der Aufklärungs- und in der Transzendentalphilosophie begrifflich durchgeführt ist. Die genauere Prüfung dokumentiert, daß diese begriffliche Durchführung sich aus der Aufgabenstellung ergibt, eine unmittelbare Ganzheitserfahrung vor dem nachvollziehenden Bewußtsein zu rekonstruieren, d.h., sie ergibt sich aus eben der spätmittelalterlichen Aufwertung der direkten Dingerfahrung, deren Wirkungsgeschichte ich bisher schon in verschiedenen Stationen verfolgt habe. Der folgende Abschnitt soll belegen, wie diese Argumentationsfigur für die erkenntnistheoretischen Ansätze bei Christian Wolff und vor allem bei Kant leitend ist, und dabei zugleich die Aufmerksamkeit auf ein wirkungsgeschichtliches Erbe verstärken, von dem wir immer noch substantiell getragen sind.

Christian Wolff spricht in Bezug auf den unmittelbar einfachen Erfassungsakt, in dem wir eine Mannigfaltigkeit von Wahrnehmungseindrücken (z.B. von Seh-, Hör- oder Tasteindrücken) als einen ganzen Gegenstand rezipieren, von einem „undeutlichen Unterscheiden"[180] und hält damit in der Sprache einen Sinn fest, den er ausdrücklich nicht mehr meint, daß es sich nämlich bei diesen ‚genetisch primären' Erfassungen oder, wie der Terminus in der Aufklärung noch heißt, ‚Apprehensionen' in der Tat um noch undeutliche, d.h., dem lateinischen Begriff *in-distincte* entsprechend, um noch un-differenzierte, im schnellen ‚Blick' des gesunden Denkens – und deshalb scheinbar ohne Reflexion – getroffene Unterscheidungen handelt.

Schon die Übersetzung des lateinischen Terminus *indistincte* durch das deutsche ‚undeutlich' belegt aber, daß Wolff den primären Apprehensionsakt bereits von einer Vorstellungsperspektive aus beurteilt. Maßgebend ist der Grad, in dem das (subjektiv) Apprehendierte in seine Elemente zergliedert ist: Je zergliederter, als desto bestimmter gilt der Erkenntnismodus, und diese Einschätzung ist vollkommen unabhängig von dem Inhalt, d.h. von dem Erkenntnisinhalt, der dabei zergliedert wird.

Inhaltlich ist der einfache Auffassungsakt für ihn sehr wohl differenziert, er enthält auch bei Wolff, wie in der spätmittelalterlich-neuzeitlichen Aristoteles-Tradition seit Duns Scotus, das ganze Einzelding in der Vielheit seiner sinnlichen Erscheinungen ‚zugleich ganz' (*simul totum*), aber er ist noch ‚undeutlich', d.h. so, wie der Vorstellung ein Gesamteindruck erscheint, den sie sich noch nicht in ihren einzelnen Momenten vergegenwärtigt hat.

Diese Vorstellungsperspektive kommt bei Wolff auch darin zum Ausdruck, daß er den Übergang von diesem „undeutlichen Unterscheiden" zu einem „bewußten Denken" als einen Akt von „Gedächtnis und Überdenken" charakterisiert, der ermöglicht wird durch das Festhalten des in der Verschiedenheit der Zeit als etwas Identisches (eigentlich: auf identische Weise) Erfaßten. Erst dadurch, daß wir die Identität dieses unmittelbaren Gedankens in der von seinem Erfassungsakt verschiedenen Zeit festhalten, wird uns sein Besitz bewußt, so daß Bewußtsein also ein Produkt von „Gedächtnis und Überdenken" ist[181].

Wie häufig in Texten, in denen eine Neuerung noch nicht voll ausgebildet, sondern noch in einem Stadium des Übergangs ist, findet man auch bei Wolff noch viele explizite Belege für die Bedeutung des Alten für das Neue, die in der späteren Entwicklung immer mehr aus dem allgemeinen Bewußtsein verschwunden sind. So ist es auch hier mit der Erläuterung, daß Bewußtsein ein Produkt von „Gedächtnis und Überdenken" sei. In dieser Cha-

---

[180] Wolff, Vernünfftige Gedanken von Gott, der Welt und der Seele des Menschen, auch allen Dingen überhaupt (in: Christian Wolff, Gesammelte Werke, Bd. 2: Vernünfftige Gedanken von Gott, der Welt und der Seele des Menschen, auch allen Dingen überhaupt, hg. v. Jean Ecole. Mit einer Einleit. u. einem krit. Apparat v. Charles A. Corr, 2. ND der Ausgabe Halle 1751, Hildesheim (u.a.) 1997), § 735.
[181] Ebenda.

rakterisierung ist noch ausgesprochen, was später vergessen wurde: daß Bewußtsein ein nachträglicher, sekundärer und kein primärer Denkakt ist, ein Akt des Über-denkens, der Ver-gegenwärtigung, in dem das Bewußtsein das reflektiert, d.h., sich zur Vorstellung bringt, was in einem ihm notwendig vorausgehenden psychischen Erkenntnis-akt unterschieden wurde.

Erst dadurch, daß die Unterscheidungsakte selbst wegen ihrer ‚Undeutlichkeit' als etwas schlechthin Einfaches, noch gar nicht Zergliedertes ausgelegt wurden, wurde das Bewußtsein zum eigentlichen, primären Denkakt aufgewertet. Und es ist gerade Wolff, der für die deutliche und klare Vorstellung den Terminus ‚Bewußtsein' geprägt und in die philosophische Diskussion eingeführt hat[182].

Bei Wolff sind auch die Gründe noch sehr gut verfolgbar, die dazu geführt haben, daß die Zeit, genauer: die subjektive Zeiterfahrung, eine, ja *die* zentrale Rolle in der Erkenntnistheorie und in der Reflexion auf Subjektivität überhaupt in der Moderne erhalten hat.

Es ist erst die Kombination aus der Überzeugung, das in der ‚Apprehension' Erfaßte sei eine absolute Einheit und es sei unbewußt, die die Auffassung dieser Einheiten im Nacheinander der Zeit zum alleinigen Grund dafür macht, daß sie vom Bewußtsein überhaupt unterschieden werden können. Von eben diesen Voraussetzungen ausgehend sagt auch Kant:

> „Jede Anschauung enthält ein Mannigfaltiges in sich, welches doch nicht als ein solches *vorgestellt* würde, wenn das Gemüt nicht die *Zeit*, in der Folge der Eindrücke aufeinander unterschiede: denn als in einem Augenblick enthalten, kann jede Vorstellung niemals etwas anderes, als absolute Einheit sein." (Kant, KrV A 99)

Daß diese nacheinander aufgefaßten Eindrücke dennoch nicht eine zusammenhanglose Folge bilden, liegt auch nach Kant (wie bei Wolff) daran, daß sie in einer einheitlichen Vorstellung vorgestellt werden, in der die Identität des ursprünglich als Einheit Apprehendierten „durch Gedächtnis und Überdenken" festgehalten wird:

> „Ohne Bewußtsein, daß das, was wir denken, eben dasselbe sei, was wir einen Augenblick zuvor dachten, würde alle Reproduktion in der Reihe der Vorstellungen vergeblich sein (...) und das Mannigfaltige derselben würde immer kein Ganzes ausmachen, weil es der Einheit ermangelte, die ihm nur das Bewußtsein verschaffen kann." (Kant, KrV A 103)

Die Reflexion auf die Zeitlichkeit, die Kant und Wolff vollziehen, meint nicht ein subjektiv immer wieder anderes Zeitgefühl, auch keine sog. ‚objektive' Zeit (richtiger: etwas Äußeres, z.B. den Sonnenumlauf, dessen Bewegung zeitlich gegliedert ist), gesucht ist aber auch nicht ein ‚Begriff' von Zeit. Als Zeit gilt vielmehr die durch die einfache (indifferente) Gleichheit jedes Vorstellungsaktes erzeugte Folge untereinander ununterschiedener Einheiten, die in der Aufeinanderfolge der Vorstellungsakte und durch ihre abso-

---

[182] Ebenda, § 194.

lute Homogenität sich zu einem Ganzen zusammenschließen, das die Zeit ist[183].

Als diese ‚transzendentale' Zeit ist die ‚Zeit' sowohl Ursache für Unterschied wie für Einheit unter den ‚Eindrücken' und Vorstellungen. Dieser Aspekt aber, daß die in jeder konkreten, gegenständlichen Erfahrung mitenthaltene Erfahrung der (bloßen, leeren, ‚formalen') Zeitfolge einerseits Unterschiede unter den apprehendierten Einheiten hervorbringt (sc. dadurch, daß sie das Ununterscheidbare, Indifferent-Unbestimmte sozusagen mit Indizes versieht und als numerisch verschiedene Einheiten markiert), andererseits diese Unterschiede auch wieder verbindet, da diese ‚Zeit' die Weise ist, wie *ein* erfahrendes Bewußtsein die Mannigfaltigkeit *eines* Gegenstandes vorstellt (sc. weil die ‚indizierten' Einheiten Elemente ein und derselben Menge sind), läßt die transzendentale Zeit als eine Form der Erfahrung erscheinen, die bereits unter einer ‚kategorialen' Ordnung steht, d.h. unter einer Ordnung, die eine Verbindung und Trennung im Urteil stiftende Struktur voraussetzt: In der formalen Aufeinanderfolge der Eindrücke im ‚inneren Sinn' findet das Bewußtsein die formalen Kriterien seiner Urteilsverbindungen, d.h. seiner ‚Kategorien'.

In der Folge des Einen auf das Andere deckt das Bewußtsein die ‚Regel' auf für die Urteilsverbindung im Sinn der ‚Kategorie der Kausalität', die diese Folge als die Folge von Ursache und Wirkung deutet und von einer bloßen Verknüpfung der Wahrnehmungen (genauer: der reinen Apprehensionen) durch die ‚Einbildungskraft' unterscheidet. Im einheitlichen Festhalten des in der ‚Zeit' Unterschiedenen in einer Vorstellung erweist sich die ‚Kategorie der Substanz' als Bedingung der Möglichkeit, das in der Zeit Beharrende von seinen wechselnden Akzidenzien zu trennen, usw.

Als ‚transzendentale', d.h. allen Einzelerfahrungen schon zugrundeliegende, nicht aus ihnen abgeleitete ‚Zeit' stiftet die ‚Zeit' im Sinn dieses Konzepts also einen Strukturzusammenhang unter den Erfahrungen, und sie ist ihrerseits etwas, das unmittelbar durch die abstrakt-unbestimmte Einheit des Bewußtseins, d.h. von der transzendentalen Einheit der Apperzeption, verursacht ist und diese in die Vielheit vermittelt.

Da der Gedanke, das Bewußtsein sei – als Subjekt oder als „Verkehrsknotenpunkt"[184] von allgemeinen Diskursen – wesentlich durch die virtuelle

---

[183] Die Auseinandersetzung mit Kants Zeitbegriff beginnt unmittelbar mit der ersten Rezeption der „Kritik der reinen Vernunft", sie hat inzwischen zu einer nicht mehr überschaubaren Masse an Interpretationen geführt. Zur Diskussion von Kants Zeitbegriff in der neueren Forschung s. z.B. Walter Patt, Kants Raum- und Zeitargumente unter besonderer Rücksicht auf den Briefwechsel zwischen Leibniz und Clarke, in: Hariolf Oberer u. Gerhard Seel (Hgg.), Kant: Analysen – Probleme – Kritik, (3 Bde.), Bd. 1, Würzburg 1988, 27-38; Marcus Willaschek, Der transzendentale Idealismus und die Idealität von Raum und Zeit, in: Zeitschrift für philosophische Forschung 51, 1977, 537-564. Für die in diesem Buch verfolgte Fragestellung konnte ich in der von mir eingesehenen Kant-Forschung kaum eine Hilfestellung finden, weshalb ich auf eine breitere Diskussion verzichte.

Zeitlichkeit der Struktur seiner Erfahrungen geprägt (von Dilthey über Heidegger, Gadamer, von Lévi-Strauss über Lacan, Althusser, Foucault, Derrida, Deleuze läßt sich, um nur einige wichtige Namen zu nennen, eine stringente Traditionslinie bis in die Gegenwart ziehen), für das neuzeitliche Erkenntniskonzept von zentraler Bedeutung ist, ist es wichtig, nicht aus den Augen zu verlieren, daß die strukturierende Kraft dieser Zeitlichkeit, die ja auch bei Kant dem bewußten Denken als dessen strukturierendes Prinzip vorhergeht – sie ist *a priori* –, überhaupt nur aus ihrer Beziehung auf die Einheit der ‚ursprünglichen' Erfahrung erklärbar wird.

Daß die bloße Abfolge in der ‚Zeit' keine Struktur begründet, bedarf keines Beweises, gerade die innere Zeiterfahrung schützt in keiner Weise gegen die Beliebigkeit von Assoziationen, in denen in keiner Weise Zusammengehöriges verbunden wird. Man braucht auch nicht auf Aristoteles zurückzugreifen, der nachdrücklich betont, daß es „einen großen Unterschied ausmacht, ob etwas nach etwas oder wegen etwas geschieht" (Aristoteles, *Poetik*, Kap. 10, 1452a20-21), Kants Aufdeckung der kategorialen Bedingungen der transzendentalen Zeiterfahrung steht selbst ausdrücklich im Dienst der Lösung des Problems, wie aus bloß assoziativen Vorstellungsverbindungen eine objektiv gültige Urteilsverbindung wird. Die bloße Sukzession, in der wir erst etwas, dann etwas anderes wahrnehmen, nennt Kant ‚bloß subjektiv', weil sie nichts darüber sage, ob „auf ein A ein B im Objekte selbst folgt" (Kant, KrV B 237f. [Zweite Analogie der Erfahrung]).

Die Lösung dieses Problems gewinnt Kant aus seiner Unterscheidung zwischen Apprehension und Erscheinung. In einer Apprehension werden die Merkmale eines Gegenstands unbewußt, undeutlich, verworren aufgenommen. Ihre Aufeinanderfolge und Ordnung ist also ‚bloß subjektiv', weil ohne Eingriff des ordnenden Bewußtseins entstanden. Zur Erscheinung wird ein in seiner Mannigfaltigkeit nur apprehendierter Gegenstand aber dadurch, daß seine Merkmale vorgestellt werden. Sie könnten aber nicht vorgestellt werden, wenn sie nicht in *einer* Vorstellung vorgestellt werden. Diese Einheit gewinnt die Vorstellung – nach Kant – dadurch, daß sie alle ihre Merkmale auf ein Objekt, ein X, einen Gegenstand, bezieht. Und erst die durch nichts unterbrochene, ‚kontinuierliche' Beziehung der Vorstellungen auf einen Gegenstand macht die Verbindung dieser Vorstellungen ‚notwendig', indem sie sie einer ‚Regel der Synthesis unterwirft':

> „Wenn wir untersuchen, was denn die Beziehung auf einen Gegenstand unseren Vorstellungen für eine neue Beschaffenheit gebe, (...) so finden wir, daß sie nichts weiter tue, als die Verbindung der Vorstellungen auf eine gewisse Art notwendig zu machen und sie einer Regel zu unterwerfen; daß umgekehrt nur dadurch, daß eine gewisse Ordnung in dem Zeitverhältnisse unserer Vorstellungen notwendig

---

[184] S. schon Adorno/Horkheimer, Die Dialektik der Aufklärung, Frankfurt a.M. ¹²2000, 164: „Nur dadurch, daß die Individuen gar keine sind, sondern bloße Verkehrsknotenpunkte der Tendenzen des Allgemeinen, ist es möglich, sie bruchlos in die Allgemeinheit zurückzunehmen."

ist, ihnen objektive Bedeutung (=Beziehung auf einen Gegenstand) erteilt wird." (Kant, KrV B 242f./A 197)

In dieser Lösung verbindet Kant eben die inneren Widersprüche, die sich auch in den bisher besprochenen Beispielen als signifikant für die Ausrichtung des ‚Begriffs' an der unmittelbaren Erfahrung erwiesen haben. Sie belegen damit, daß auch die zentrale Funktion, die Kant und die Philosophie seit Kant der Zeitlichkeit der Erfahrung zuweisen, daher kommt, daß sie vom Blick auf die eigentümliche Leistung der Vorstellung her zu bestimmen versuchen, was der Begriff von etwas ist, genauer: wie die Vorstellung sich einen ‚Begriff' von einem ihr (nur) ‚gegebenen' Gegenstand macht.

Nur von dieser Perspektive her wird verstehbar, wie Kant sowohl sagen kann, das durch Empfindung Apprehendierte sei das „Reale" (Kant, KrV B 210) oder „die Realität" in der Erscheinung – und das heißt bei Kant nicht wenig, denn ‚Realität' meint bei Kant noch wie in der platonisch-aristotelischen Tradition ‚Sachheit', d.h. das, wodurch „allein und so weit sie reichet, Gegenstände Etwas (Dinge) sind" (Kant, KrV B 603), und was die „durchgängige Bestimmung" eines Dinges ausmachen soll, von der „der vollständige Begriff von einem Dinge" abhängt (Kant, KrV B 601); als auch, „Apprehension" sei nur „eine Zusammenstellung des Mannigfaltigen der empirischen Anschauung, aber keine Vorstellung von der Notwendigkeit der verbundenen Existenz der Erscheinungen" (Kant, KrV B 219), sie sei also immer nur empirisch, zufällig, subjektiv. Ist die Apprehension also für beides verantwortlich: für die Beziehung auf das an einem Gegenstand, was an ihm das ‚Ding an sich' ist, und dafür, daß wir mit einer bloßen Mannigfaltigkeit ohne jeden Gegenstandsbezug konfrontiert sind?

Und nur von dieser Perspektive her wird auch erklärbar, wie zugleich behauptet werden kann, es sei erst die Beziehung auf einen Gegenstand, die die Verbindung der Vorstellungen in der Zeitfolge notwendig mache, und: es sei erst die Ordnung der Zeitverhältnisse unserer Vorstellungen, die diesen Vorstellungen Objektivität, d.h. Beziehung auf einen Gegenstand, verschaffen könne. Ist es also die Ordnung der Zeit, die die Beziehung auf einen Gegenstand herstellt, oder ist es die Beziehung auf einen Gegenstand, die die Ordnung in der Zeit schafft?

Man löst diese Diskrepanzen nicht auf, aber man kann sie sich begreiflich machen, wenn man sich die Bedeutung der Ausgangsprämisse dieser Erkenntnistheorie für die Begriffsbildung in allen Argumentationsphasen präsent hält. Wenn in der unmittelbaren Empfindung der Gegenstand in seiner ‚Realität', d.h. in seiner durchgängigen Bestimmtheit und Einheit, ‚apprehendiert' ist, dann bleibt der ‚begreifenden' Vorstellung nur noch die Aufgabe, bei der schrittweisen Vergegenwärtigung der verschiedenen Merkmale dieses ihr gegebenen Gegenstands deren durchgängigen Bezug auf diesen (ihr im Modus der Sinnlichkeit gegenwärtigen) Gegenstand festzuhalten.

Genau diese Leistung beschreibt Kant als die Leistung der Zeit. Die ‚Zeit', d.h. der Modus der Erfahrung eines vorstellenden Subjekts, ist ja bei allen Erfahrungen dieselbe, sie „bleibt und wechselt nicht" (Kant, KrV B 255). Diese Eigenschaft der Zeit könnte man, wie Kant betont, gar nicht feststellen, wenn man nicht etwas Bleibendes vom Wechselnden unterschiede, denn ohne diese Unterscheidung könnte man „niemals bestimmen, ob dieses Mannigfaltige, als Gegenstand der Erfahrung, zugleich sei, oder nach einander folge" (Kant, KrV B 226). Eine zeitliche Erfahrung ist also nur möglich, wenn diese Erfahrung auf einen beharrlichen Gegenstand bezogen ist. Da das Bewußtsein aber von der Beharrlichkeit dieses Gegenstands als eines ‚Dinges an sich' nichts weiß, kann das Beharrliche nur in der durchgängigen Kontinuität, in der sich das Bewußtsein auf den Gegenstand bezieht, d.h. in der Zeitlichkeit seiner Erfahrungsweise, in der stetigen, nicht unterbrochenen Reihe der Erfassungsakte liegen:

> „Nur in dem Beharrlichen sind also Zeitverhältnisse möglich (...), d.i. das Beharrliche ist das Substratum der empirischen Vorstellung der Zeit selbst, an welchem alle Zeitbestimmung allein möglich ist." (Kant, KrV B 226f.)

Das Bewußtsein der Zeitlichkeit der Erfahrung beruht also auf dem Bewußtsein, „daß das, was wir denken, eben dasselbe sei, was wir einen Augenblick zuvor dachten" (Kant, KrV A 104), d.h. auf der Erfahrung von Identität im bloßen Wechsel der Apprehensionen. Dieses Identische hat zwei Aspekte:

Es ist einmal das, was aus einer ‚bloßen Zusammenstellung' von Apprehensionen einen Gegenstand in der Erscheinung (*substantia phaenomenon*) macht. Dadurch daß man mehrere Apprehensionen als Apprehensionen ein und desselben vorstellt, hat eben nicht nur die Apprehension einen (unbewußten) Gegenstand, sondern es bildet sich auch die (bewußte) Vorstellung von einem (erscheinenden) Gegenstand. So kann man also erklären, daß die Apprehension einerseits als unmittelbare, unbewußte Erfahrung die Beziehung auf den Gegenstand in seinem vollständigen Begriff herstellt, daß die Vorstellung andererseits aber als bewußte Erfahrung erst durch das Festhalten dieser Beziehung im Wechsel der Apprehensionen überhaupt zu einem Gegenstand kommt.

Obwohl dieser Aspekt für Kants Erklärung der Erfahrung unverzichtbar ist, da ja nur durch die Erfassung der Identität eines Gegenstands dieser Gegenstand von anderen Gegenständen oder von bloß wechselnden Akzidenzien unterschieden werden kann, wird er von Kant nicht thematisiert und kann auch nicht thematisiert werden, weil die Voraussetzung, daß das Bewußtsein von dem ihm gegebenen Gegenstand nur weiß, daß er ein gegebenes X, d.h. etwas Existierendes, Daseiendes (mit einer intensiven Größe, die niemals gleich null, d.h. nicht existent, sein kann) ist, keinen Bezug auf ein bestimmtes Beharrliches, auf eine bestimmte ‚Substanz' zuläßt. Deshalb kommt für Kant als Erklärung, wie das, was wir denken, eben dasselbe ist, was wir im Augenblick zuvor dachten, nur der Aspekt in Frage, daß das Bleibende im Wechsel die ‚Zeit' selbst sei.

Denn wenn man in einer Folge von Vorstellungen nicht etwas Identisches im Wechsel festhält, hat man kein Bewußtsein, d.h. keine geeinte Vorstellung, von der Aufeinanderfolge dieser Vorstellungen. Es wären einfach mehrere Vorstellungen ohne Beziehung aufeinander. Also ist das Zeitbewußtsein Produkt des ‚Überdenkens' des Identischen im Verschiedenen. Daß es so etwas wie eine zeitliche Folge unserer Erfahrungen gibt, hängt von dieser Beziehung auf etwas Beharrliches ab. Beziehung auf etwas Beharrliches ist für Kant aber nur möglich als Beharrlichkeit der Beziehung. Deshalb gilt für ihn (weil eben eine Zeitfolge nur Zeitfolge durch diese Stetigkeit der Beziehung ist), daß unsere Vorstellungen nur durch die ‚Zeit', d.h. durch die geordnete Aufeinanderfolge, objektive Bedeutung, d.h. Beziehung auf einen Gegenstand haben. Es ist die Kontinuität, die Stetigkeit der Beziehung auf etwas, die den Wechsel als Folge und die Mannigfaltigkeit als Gegenstand, als Substanz in der Erscheinung bewußt macht.

Diese Beziehung ist nichts, was das Denken durch Anwendung rationaler Kriterien erst hervorbringt, etwa indem es prüft, ob das von ihm Apprehendierte überhaupt oder in welcher Hinsicht es etwas Identisches ist, die Identität des ‚Gegenstands' ist ihm vielmehr (zugleich mit der numerischen Einheit) durch die Apprehension bereits gegeben und muß in reflexiver Vergegenwärtigung nur noch festgehalten, sie darf nicht ‚vergessen' werden, wie Kant auch formuliert (Kant, KrV A 103). Das heißt: nicht vergessen werden darf, daß dem einen jeweils aktuellen Auffassungsakt ein ebensolcher, ebenfalls einfacher Auffassungsakt vorausgeht, so daß aus der (unterschiedslosen) Gleichheit die Einheit und Identität in der Zeiterfahrung konstruiert werden kann.

Deshalb ist die Rede von der subjektiven Zufälligkeit der Apprehensionen oder von der bloßen Mannigfaltigkeit des Gegebenen in Wahrheit nur „hypothetisch": es *wäre* nur so, wenn unsere Vorstellungen durch die Beziehung auf einen (ihnen ‚gegebenen') Gegenstand nicht immer schon ‚einer Regel unterworfen' *wären* und deshalb in einer notwendigen Verbindung stünden (z.B. Kant, KrV B 242f.)[185].

---

[185] Dieser hypothetische Charakter drückt sich auch in der Verwendung der irrealen Konjunktive aus, mit denen Kant die Einheit, Identität und Konstanz von Erfahrungserkenntnissen erläutert: s. z.B. Kant, KrV A 100: „Würde der Zinnober bald rot bald schwarz, bald leicht, bald schwer sein, der Mensch bald in diese, bald in jene tierische Gestalt verändert werden, am längsten Tage bald das Land mit Früchten, bald mit Eis und Schnee bedeckt sein, so könnte meine empirische Einbildungskraft nicht einmal Gelegenheit bekommen, bei der Vorstellung der roten Farbe den schweren Zinnober in die Gedanken zu bekommen, oder würde ein gewisses Wort bald diesem, bald jenem Dinge beigeleget, oder auch eben dasselbe Ding bald so, bald anders benannt, ohne daß hierin eine gewisse Regel, der die Erscheinungen schon von selbst unterworfen sind, herrschete, so könnte keine empirische Synthesis der Reproduktion stattfinden." Das bedeutet aber, daß es tatsächlich nicht so ist, daß der Zinnober bald rot ist, bald schwarz, sondern daß es ‚schon von selbst' eine gewisse Konstanz, und zwar eine Konstanz der Gegenständlichkeit in unseren Erfahrungen gibt. Und diese Konstanzleistung werde von der Zeit erbracht, die also diesem Gedanken nach ge-

In diesem Sinn sagt Kant in der zweiten Analogie der Erfahrung:

> „Man setze, es gehe einer Begebenheit nichts vorher, worauf dieselbe nach einer Regel folgen müßte, so wäre alle Folge der Wahrnehmungen nur lediglich in der Apprehension, d.i. bloß subjektiv (...). Wir würden auf solche Weise nur ein Spiel der Vorstellungen haben, das sich auf gar kein Objekt bezöge, (...). Wenn wir also erfahren, daß etwas geschiehet, so setzen wir dabei jederzeit voraus, daß irgendetwas vorausgehe, worauf es nach einer Regel folge (...). Also geschieht es immer in Rücksicht auf eine Regel, nach welcher die Erscheinungen in ihrer Folge, d.i. so wie sie geschehen, durch den vorigen Zustand bestimmt sind (...)." (Kant, KrV B 239f.)

Die irrealen Konjunktive, die Kant gebraucht, verweisen darauf, daß für ihn das bloß subjektive „Spiel der Vorstellungen" nur ein Schein ist, der nicht der Wirklichkeit unserer Erfahrungen entspricht. Dieser Schein besteht nur für das über die transzendentalen Bedingungen der Erfahrung nicht aufgeklärte Bewußtsein, während dieses – erst durch Kant möglich gewordene – Bewußtsein weiß, daß alle Erfahrung „in der Zeit" geschieht und damit letztlich auf dem „unbeweglichen Felsen des Absolutnotwendigen ruht" (Kant, KrV B 612), d.h. auf der in allem Wechsel beharrenden Identität des erfahrenden Bewußtseins.

Kants Zeitanalyse wiederholt damit auf ‚transzendentaler' Ebene genau die Denkfigur, in der die antike Stoa Zufall und Notwendigkeit unterschieden hatte, ja er wiederholt sie nicht nur, er legt sie ausdrücklich seiner Erfahrungsanalyse zu Grunde. Für die Stoa ist der Zufall – ich habe oben (S. 94ff.) schon darauf hingewiesen – nur ein Schein für die Unwissenden, d.h. für die, die nicht wissen, daß es nur unsere begrenzte Perspektive ist, die uns einzelne Ereignisse als zufällig erscheinen läßt, während die begriffliche Analyse weiß, daß jede Wirkung ihre Ursache hat, so daß für den das Ganze überblickenden Geist alle Wirkungen in ihrer durchgängigen und damit notwendigen Bestimmtheit erkennbar sind. Auf dieser Einsicht beruht auch der Rückschluß auf einen das Ganze der Welt durchwaltenden und in seiner durchgängigen Verkettung der Ursachen begründenden Logos.

Der gleichen Argumentation bedient sich auch Kant:

> „...eine jede Begebenheit, folglich auch jede Handlung, die in einem Zeitpunkte vorhergeht, <ist> unter der Bedingung dessen, was in der vorhergehenden Zeit war, notwendig." (Kant, KpV A 170)

Aus dieser durchgängigen kausalen Bestimmtheit jedes Ereignisses in der Zeit schließt auch Kant:

> „Wenn etwas, was es auch sei, existiert, so muß auch eingeräumt werden, daß irgend etwas n o t w e n d i g e r w e i s e existiere. Denn das Zufällige existiert nur unter der Bedingung eines anderen, als seiner Ursache, und von dieser gilt der Schluß fernerhin, bis zu einer Ursache, die nicht zufällig und eben darum ohne

---

genstandskonstituierend ist und aus der Mannigfaltigkeit der Erscheinungen bestimmte Einheiten herstellt. Zu dieser einheitsstiftenden Funktion der Zeit s. auch den Haupttext oben.

Bedingung notwendigerweise da ist. Das ist das Argument, worauf die Vernunft ihren Fortschritt zum Urwesen gründet." (Kant, KrV B 613)[186]

Auch von diesem Aspekt her wird deutlich, daß die Aufwertung der Vorstellung zum Verstand gar keinen Raum mehr läßt für eine rational unterscheidende Urteilsleistung des Verstandes. Die Aufgabe des Verstandes beschränkt sich auf die Vergegenwärtigung, Verdeutlichung und in diesem Sinn auf die Reflexion der Inhalte, die die der Vorstellung vorhergehenden Erkenntnisformen gebildet haben. Da Verdeutlichung, Bewußtmachung dabei so viel heißt wie: die immer gleichen Weisen, in denen sich die Vorstellung etwas vergegenwärtigt, auf die ‚gegebenen' Inhalte anwenden, und da diese Weisen, d.h. ‚Modi', als ‚Konstitution' objektiver, begrifflicher Gegenständlichkeit gelten, bedeutet dies nichts anderes, als daß einem tatsächlich nur subjektiven Erkenntnisinhalt das Siegel objektiver Wissenschaftlichkeit aufgedrückt wird: er wird aus einem Zufälligen und Mannigfaltigen zu etwas Notwendigem und Identischem, und zwar zwingend und immer, sobald nur gedacht, d.h. etwas bewußt gemacht, wird.

Hält man sich dabei wirklich konsequent und nur an das in dieser Theorie explizit Gesagte, dann müßte man zu dem Ergebnis kommen, daß man *jede* (willkürliche) Folge von einzelnen Vorstellungen als notwendige und einen einheitlichen und bestimmten Gegenstand konstituierende Folge erweisen könnte. Daß man diese Folgerung nicht zieht und deshalb auch die Kantische Theorie der Erfahrungseinheit durch die zeitliche Sukzession akzeptieren zu können meint, liegt nur an der auch von Kant vorausgesetzten, aber nicht explizit gemachten Prämisse, die der ‚gesunde Menschenverstand' vorgibt: nämlich an dem Vertrauen darauf, daß es tatsächlich gar kein Problem der Konstitution von Gegenstandseinheiten in der Erfahrung gibt, sondern daß diese Gegenstandseinheiten immer schon gegeben sind und nur noch bewußt nachvollzogen werden müssen. Überzeugungskraft

---

[186] Über diese Verabsolutierung des Faktischen ist man auch im 20. Jahrhundert und bis heute nicht hinausgekommen: das bloße Gegebensein, die bloße (an sich angeblich doch kontingente) Realität eines Dinges oder Ereignisses soll hinreichend sein für die Nobilitierung dieses Dinges oder Ereignisses zu etwas Notwendigem, an und für sich Bestimmtem und dementsprechend auch des Ursachenzusammenhangs, dessen Produkt dieses Einzelne ist, zu einer notwendigen Folge von notwendigen Ursachen. Das Argument lautet dann : „weil etwas so und so ist, d.h., als ein Sobestimmtes existiert, war es notwendig, daß es in dieser Weise entstanden, zur Existenz gekommen ist" – und: „weil etwas als dieses so bestimmte Einzelne existiert, ist es gut und besser als alles andere, was sich daneben auch noch denken (=vorstellen) ließe". – So lautet auch der Grundgedanke der darwinistischen Idee des ‚surviving of the fittest'. Das ‚Beste' ist eben einfach immer das, was überlebt *hat*, und zwar deshalb, *weil* es überlebt hat. Indem auf diese Weise Faktizität und Notwendigkeit gleichgesetzt werden, muß jede Art von Zufälligkeit in der (empirischen) Welt bestritten werden, bzw. der Zufall selbst zur Notwendigkeit gemacht werden. S. unten S. 460ff. – Die Prinzipienfunktion, die dabei dem empirischen Einzelding zugesprochen wird, hat so auch zur unmittelbaren Konsequenz, daß der Satz vom Grund zum ersten Erkenntnisprinzip aufgewertet wird.

hat die Kantische Theorie also nur unter Zuhilfenahme des gesunden Menschenverstandes. Bekanntlich räumt Kant dem gesunden Menschenverstand auch einen hohen Beglaubigungswert ein: wenn er gezeigt zu haben glaubt, selbst der gesunde Menschenverstand müsse einem von ihm vorgelegten Lehrstück zustimmen, nimmt er diese Zustimmung als fundamentalen Beweis für seine These. Belege für diese Hochschätzung des gesunden Menschenverstands gibt es in jeder Schrift Kants, besonders viele in der *Kritik der Urteilskraft*[187].

Die Notwendigkeit und Unanalysierbarkeit, die dadurch einer ‚undeutlichen Unterscheidungsleistung' zuerkannt wird, ist damit Anlaß und Rechtfertigungsgrund einer gewagten (pseudo-)metaphysischen Spekulation: Weil die unmittelbare Erfahrung als eine absolute oder einfache Einheit aus vielen Sinneseindrücken erscheint, als eine Einheit, die ‚noch' in keiner Weise eine Zusammensetzung oder ‚Synthesis' (sc. eines Mannigfaltigen) ist, unterscheidet sie Kant von jeder Form einer *compositio*. Unter *compositio* versteht Kant – in einem letzten Anklang an die ganz anders begründete Unterscheidung der antiken Mathematik von *plêthos* (Vielheit) und *megethos* (Größe), von arithmetischer *Vielheit* oder Menge und geometrisch kontinuierlicher *Größe* – eine „Synthesis des Gleichartigen", also etwa die bloße Aneinanderreihung von Zahlen oder die Anhäufung von Sandkörnern und dergleichen, und nennt diese Art der Verbindung ‚mathematisch'. Von dieser ‚mathematischen' Verbindung hebt sich die „dynamische Verbindung" dadurch ab, daß sie „eine Synthesis des Mannigfaltigen, sofern es notwendig zueinander gehört, ist", die deshalb „nicht willkürlich" ist und „die Verbindung des Daseins des Mannigfaltigen betrifft" (Kant, KrV B 202 Anm.). Sie ist im Unterschied zu der Verbindung, die das Bewußtsein in der „Synthesis der Rekognition im Begriffe" herstellt, indem es die Einheiten, die ihm „vor Sinnen schweben", nach und nach zueinander hinzutut (Kant, KrV A 103), nicht ein bloßes ‚Aggregat' oder eine ‚Koalition', sondern sie ist ‚kontinuierlich', notwendig in allen ihren Momenten zusammenhängend und durchgängig bestimmt.

Diese kontinuierlich dynamische Verbindung des Daseins des Mannigfaltigen ist der unmittelbaren Erfahrung „durch Empfindung", oder durch eine „durch Empfindung vermittelte Apprehension gegeben" (Kant, KrV B 209).

Ihre sachliche Kontinuität, in der alles Mannigfaltige notwendig zueinander gehört, bildet das bewußte Vorstellen durch die Kontinuierlichkeit der Abfolge der Bewußtseinsakte, d.h. durch die Zeitlichkeit der Erfahrung, nach. Zeitlichkeit der Erfahrung meint (wie gesehen): ein identisches Be-

---

[187] Zur Aufwertung des Common sense zu einer axiomatischen Grundlage des Denkens (im Unterschied zu den auf das Widerspruchsprinzip gegründeten Axiomen des Aristotelismus) in der schottischen Aufklärungsphilosophie und zur Bedeutung dieser Art der Erkenntnisfundierung für Kant s. Manfred Kühn, Scottish Common Sense in Germany.

wußtsein erfährt durch das Festhalten der Beziehung auf einen (gegebenen) Gegenstand eine Mannigfaltigkeit als (‚dynamische') Einheit.

Aus diesen Bestimmungsstücken schließt auch Kant, daß die Anwendung der formalen apriorischen Bedingungen (Raum, Zeit, Kategorien) auf empirisch gegebene Gegenstände dem Denken überhaupt nur dann möglich ist, wenn es über seine jeweils empirischen Akte hinaus Denken in einem absoluten Sinn, d.h. als „einige allbefassende Erfahrung" (Kant, KrV B 610), ist, und wenn diesem ‚transzendentalen' Denken nicht nur dieser oder jener sinnlich rezipierte Gegenstand gegeben ist, sondern in ihm zugleich „der Inbegriff aller empirischen Realität als Bedingung seiner Möglichkeit" (ebenda). Und dieses transzendentale Denken ist primär das Denken des Ich, also das Selbstbewußtsein. Das heißt: in dem Begriff des Ich ist die ganze Welt enthalten, alle möglichen Gegenstände der Erkenntnis sind bereits umfaßt. Kant kommt damit zu demselben Ergebnis, für das Descartes (in seiner dritten Meditation) noch die Gewährleistung Gottes benötigt, in Form einer als sicher angenommenen Hypothese.

Kant selbst faßt die Begründung für diese spekulative These in wenigen Sätzen prägnant zusammen:

> „Die Möglichkeit der Gegenstände der Sinne ist ein Verhältnis derselben zu unserm Denken, worin etwas (nämlich die empirische Form) a priori gedacht werden kann, dasjenige aber, was die *Materie* ausmacht, die *Realität* in der Erscheinung *(was der* Empfindung *entspricht),* gegeben sein muß, ohne welche es auch gar nicht gedacht und mithin seine Möglichkeit nicht vorgestellt werden könnte. Nun kann ein Gegenstand der Sinne nur durchgängig bestimmt werden, wenn er mit allen Prädikaten der Erscheinung verglichen und durch dieselbe bejahend oder verneinend vorgestellet wird. Weil aber darin dasjenige, was das Ding selbst (in der Erscheinung) ausmacht, nämlich das Reale, gegeben sein muß (...), dasjenige aber, worin das Reale aller Erscheinungen gegeben ist, die einige allbefassende Erfahrung ist: so muß die *Materie zur Möglichkeit aller Gegenstände,* als in einem Inbegriff gegeben, *vorausgesetzt* werden, auf dessen Einschränkung allein alle Möglichkeit empirischer Gegenstände, ihr Unterschied voneinander und ihre durchgängige Bestimmung, beruhen kann. Nun können uns in der Tat keine andere Gegenstände als die der Sinne, und nirgend als in dem Kontext einer möglichen Erfahrung gegeben werden, folglich ist nichts f ü r u n s ein Gegenstand, wenn es nicht den Inbegriff aller empirischen Realität als Bedingung seiner Möglichkeit voraussetzt." (Kant, KrV B 609f. [Kursive von mir, Sperrung von Kant])

Diese Sätze Kants sind nicht nur deshalb von Bedeutung, weil sie zeigen, daß es nicht eines Übergangs der Philosophie in die Kunst wie bei Schelling bedarf oder gar des Ausschlusses aller Rationalität aus dem dichterischen Erlebnis wie bei Holz und auch nicht einer phänomenologischen oder strukturalistischen Wende, um zu der Überzeugung zu gelangen, daß jedes einzelne Bewußtsein als Bedingung seiner Möglichkeit den Inbegriff aller empirischen Realität voraussetzt. Eben diese Voraussetzung ergibt sich aus dem – scheinbar – streng rational-formalen Konzept Kants, und zwar wegen derselben Aufwertung des (vermeintlich) unmittelbar Gegebenen, dem ‚Realen', zum obersten Einheitskriterium aller Erfahrung.

Zugleich folgt aus diesen Sätzen Kants mit großer Klarheit, daß sich diese ‚metaphysischen' Konsequenzen im Sinn von Kants ausdrücklich dargelegter Überzeugung gerade aus seinem kritischen Ansatz ergeben. Paradox könnte man formulieren: die Metaphysik der *Kritik der reinen Vernunft* ergibt sich aus ihrer Antimetaphysik: Sie ergibt sich aus der Beschränkung der Gegenstände des Denkens auf die Gegenstände der Sinne, und aus der Beschränkung der Leistung der Kategorien und Formen des Denkens auf die Anwendung auf eben diese Gegenstände. Die damit gestellte Aufgabe, nämlich: die rational-formale Rekonstruktion oder ‚Konstitution' ‚gegebener' Gegenstände mit den Mitteln einheitlicher Vorstellung, ist, wie Kant schlüssig ausführt, nur lösbar, wenn der „einigen allbefassenden Erfahrung" „die Möglichkeit aller Gegenstände der Sinne" in „einem Inbegriff" gegeben ist. Diese Voraussetzung muß das ‚kritische' Denken machen, wenn es überhaupt die Möglichkeit geben soll, den Unterschied der empirischen Gegenstände voneinander zu denken, d.h., wenn es mehr als konfus undeutliche Verworrenheit geben soll. Die Einschränkung, daß dieser Inbegriff nicht zu einem transzendenten Wesen hypostasiert werden darf, sondern nur „zum Behuf der systematischen Einheit der Sinnenwelt gedacht" (Kant, KrV B 707) werden müsse, ist keine Einschränkung, die die ‚objektive Gültigkeit' dieser Voraussetzung betrifft, im Gegenteil: sie ist „der Vernunft unentbehrlich, der empirischen Verstandeserkenntnis aber auf alle Weise beförderlich und ihr gleichwohl niemals hinderlich" (Kant, KrV B 710).

Auch unter dem Aspekt der Zeitlichkeit der Erfahrung und unter Berücksichtigung des Anspruchs, diese Erfahrungsform auf rational kritische Weise zu analysieren, bestätigt sich damit das Ergebnis, das schon unter vielen anderen Aspekten zu gewinnen war: Der Versuch, aus der spezifischen Leistung der bewußten Vorstellung zu erschließen, was begriffliches Denken ist, führt immer wieder dazu, Denken für eine Art unendlicher Vorstellung zu halten. Es muß immer ein „Einschlag des Unendlichen im Endlichen" (Gadamer) für möglich gehalten werden, wenn das Denken überhaupt auch nur zu irgendeinem Begriff von einem Gegenstand kommen soll.

7 Zusammenfassende Beurteilung und Überleitung

7 a. Die Erfahrung von Einzeldingen als Bezugspunkt aller Erkenntnis bei Kant und der Anfang des Erkennens bei Aristoteles

Der Durchgang durch ganz verschiedene Ansätze, in denen die neuzeitlich-moderne Wende des Menschen auf sich selbst begründet und expliziert wurde, hat deutlich gemacht, daß sie – aller internen Richtungsverschiedenheit zum Trotz – von ein und derselben als evident betrachteten Grundsituation ausgehen und in der Reflexion auf diese Situation die Aufgabe einer ‚kritischen' Begründung menschlichen Erkennens und Handelns sehen.
Kant hat diese Grundsituation und die sich aus ihr ergebende Aufgabe für das Denken ausdrücklich zum Ausgangspunkt seiner *Kritik der reinen Vernunft* genommen:

„Daß alle unsere Erkenntnis mit der Erfahrung anfange, daran ist gar kein Zweifel; denn wodurch sollte das Erkenntnisvermögen sonst zur Ausübung erweckt werden, geschähe es nicht durch Gegenstände, die unsere Sinne rühren und teils von selbst Vorstellungen bewirken, teils unsere Verstandestätigkeit in Bewegung bringen, diese zu vergleichen, sie zu verknüpfen oder zu trennen, und so den rohen Stoff sinnlicher Eindrücke zu einer Erkenntnis der Gegenstände zu verarbeiten, die Erfahrung heißt?" (Kant, KrV B 1)

So evident diese Basisüberzeugung zu sein scheint: Wir befinden uns in einer Welt von Einzeldingen, von denen wir bestimmte Informationen bekommen, die wir dann rational verarbeiten können – sie enthält, wie sich gezeigt hat, eine Reihe naiver, nicht kritisch geprüfter, ja hochspekulativer Annahmen. Dieses Problematische liegt natürlich nicht in der Überzeugung als solcher, daß wir in einer Welt von Einzeldingen leben, sondern darin, daß die empirische Erfahrung von Einzeldingen zur Basis einer Erkenntnistheorie gemacht wird. Das heißt: Problematisch ist, daß diese Überzeugung nicht auf eine rationale Analyse, wie wir zu einer ersten Erfassung von Einzeldingen kommen, gegründet ist, sondern daß sie den nicht mehr weiter auflösbaren Evidenzgrund für den methodischen Aufbau sicherer Erkenntnis bilden soll. Denn in dieser Funktion besagt die These, daß alle Erkenntnis mit der Erfahrung von Einzeldingen anfange, daß diese Erfahrung jedem anderen Erkenntnisakt vorausgeht und ihm zugrunde liegt. Sie muß deshalb unmittelbar sein und der Bezugspunkt, auf den sich alles Denken mittelbar bezieht:

„Auf welche Art und durch welche Mittel sich auch immer eine Erkenntnis auf Gegenstände beziehen mag, so ist doch diejenige, wodurch sie sich auf dieselben *unmittelbar* bezieht, und worauf alles Denken *als Mittel* abzweckt, die A n s c h a u u n g ." (Kant, KrV B 33 [Kursive von mir; Sperrung von Kant])

Von der unmittelbaren Erfahrung des Einzelnen wird damit einerseits behauptet, nicht Denken zu sein, andererseits wird sie zum Materiallieferanten des Denkens erklärt, das diesem seine Inhalte gibt. Diese Basisleistung der unmittelbaren Erfahrung reduziert zugleich die Leistung des Denkens auf eine rein formale Tätigkeit: sie beschränkt sie auf das Vergleichen, Verbinden und Trennen von Hinsichten, die mehreren Einzelerfahrungen gemeinsam sein können.

Durch diese Ausgerichtetheit auf das Gemeinsame bleibt das Denken kategorisch von der Erkenntnis der konkreten Individualität des Einzeldings ausgeschlossen, während umgekehrt die unmittelbare Erfahrung kein (bewußtes) Wissen hat von dem, was ihr auf eine konkret individuelle Weise gegeben ist.

Nun macht Kant selbst unmittelbar im Anschluß an die Feststellung, daß die Erfahrung der Anfang unserer Erkenntnis sei, auf eine Unterscheidung aufmerksam, die für einen möglichen Vergleich mit antiker Philosophie besonders aufschlußreich ist: Er differenziert zwischen dem zeitlichen „Anheben" einer Erkenntnis und den Bestimmungsgründen, aus denen sie „entspringt" (Kant, KrV B 1), und verweist darauf, daß der zeitlich erste Erkenntnisakt keineswegs deshalb auch einfach sein muß, er könne sehr wohl bereits „ein Zusammengesetztes" (ebenda) sein aus verschiedenen Erkenntniskomponenten – auch wenn es langer Übung bedürfe, diesen synthetischen Charakter der Erfahrung zu bemerken und korrekt zu analysieren (Kant, KrV B 2).

Ohne direkte historische Kenntnis kommt Kant damit aus sachlichen Erwägungen heraus neu zu einer Unterscheidung, die terminologisch von Aristoteles eingeführt und bis ins hohe Mittelalter weiter tradiert worden war: zur Unterscheidung einer Erkenntnis, die ‚früher für uns' ist, von einer ‚der Sache nach früheren' Erkenntnis. Kant gibt dieser Unterscheidung zwar einen anderen Sinn als Aristoteles, die Begründung, mit der er die Notwendigkeit ihrer Einführung erklärt, zeigt aber, daß das grundsätzliche Erkenntnisanliegen dasselbe ist.

Die Gründe, die Aristoteles zu dieser Unterscheidung geführt haben, sollen später ausführlicher dargelegt werden. Das Entscheidende ist, daß für ihn zwar die Art, wie wir uns in einem ersten Erkenntnisakt (in einer Mischung aus Meinung und Wahrnehmung) auf Gegenstände beziehen, den – für ein empirisch endliches Denken notwendigen – Ausgangspunkt unseres Wissens vom Gegenstand bildet, daß aber, wie er immer wieder einschärft, in diesem Ausgangs-‚Wissen' noch nicht der Sachgrund erkannt ist, der den Inhalt eines wirklichen Wissens vom Gegenstand enthält. Der Inhalt einer unmittelbaren empirischen Erfahrung umfaßt ja, wie auch Kant noch betont, viel Zufälliges, das immer wieder anders und möglicherweise sogar ein anderer Gegenstand (als der in der Ersterfahrung gemeinte)[188] sein kann, während sich ein Wissen auf das an einem Gegenstand beziehen muß, was ausmacht, daß er er selbst und nicht zugleich etwas anderes ist.

Das Kriterium, daß nur das, was ein bestimmtes Etwas ist, das nicht zugleich es selbst und etwas anderes als es selbst ist, erkennbar ist, ist nach Platon und Aristoteles das innere Kriterium des Denkens, an dem es alle seine Akte orientiert. Es gilt für sie daher als das eigentliche Prinzip aller Rationalität. Für Kant existiert dieses Prinzip nur noch in einer bestimmten Auslegung des Widerspruchssatzes, den er für einen nur negativen Probierstein der Wahrheit erklärt (Kant, KrV B 190-192). Was wir denken, muß zwar widerspruchsfrei sein, die Widerspruchsfreiheit ist aber kein positives Kriterium der Wahrheit. Das ist so, wie Kant den Widerspruchssatz versteht (nämlich nur als Analyseprinzip einer selbst nicht in Frage gestellten, weil ‚unmittelbar' erfahrenen Gegenstandseinheit) und wie er weitgehend bis heute verstanden wird, auch korrekt. Weshalb Platon und Aristoteles dem

---

[188] Aristoteles' Standardbeispiel ist, daß die kleinen Kinder alle Männer Vater nennen. Der Inhalt ihrer Anfangserkenntnis von ihrem Vater ist also so unspezifisch und unindividuell, daß er auf alle Männer paßt, etwa wenn ihr erster Eindruck vom Vater seine tiefe Stimme ist, an der sie dann immer wieder den ‚Vater' identifizieren. S. genauer unten S. 407ff.

Widerspruchsprinzip eine so viel weiter gehende Bedeutung zugemessen haben, werde ich in Teil II ausführlicher zu begründen versuchen.

Die Art, wie Kant die zeitlich erste Erfahrung auf eine sie begründende apriorische Erfahrung zurückführt, gibt aber bereits wichtige Hinweise darauf, warum es zu diesem Wandel in der Auslegung des Grundprinzips der Rationalität gekommen ist. Sie ist deshalb gut geeignet, auf die Besonderheit der Erkenntnistheorie bei Platon und Aristoteles hinzuführen.

Bei dem Versuch zu demonstrieren, daß der zeitliche Anfang unserer Erfahrung unterschieden werden müsse von ihrem apriorischen (d.h. auch nicht von der ‚Zeit' abhängigen) Ursprung, kommt es Kant vor allem auf den Nachweis an, daß jede konkrete Einzelerfahrung ‚immer schon' zusammengesetzt ist aus einem objektiven, vom konkreten Einzelgegenstand stammenden, und einem subjektiven Moment, das das Denken bei jedem Gegenstand, d.h. allgemein von sich aus, hinzubringt.

Erkannt wird diese Zusammengesetztheit (aus dem synthetischen Apriori und dem empirischen Aposteriori) unserer Erfahrung daran, daß es ohne diese subjektive Zutat gar kein Wissen von einem Gegenstand geben könnte. Denn aus dem, was uns in jeweils konkreten Einzelerfahrungen gegeben werden kann, werde man nur über zufällige Zustände eines Gegenstands belehrt, nicht aber darüber, „daß es nicht anders sein könne" (Kant, KrV B 4). Das, was einen Gegenstand als Gegenstand erkennbar macht, kann aber nicht etwas immer wieder Anderes sein, sondern muß etwas sein, auf das man als auf ein Selbes immer wieder zurückkommen kann. Da sich aber offenbar selbst der „gemeine Verstand" (ebenda) in der Lage sieht, Gegenstände voneinander und von ihren wechselnden Akzidenzien zu unterscheiden, besteht unsere Erfahrung nicht nur aus einer „Rhapsodie" wechselnder Eindrücke, sondern enthält zugleich ein diese Eindrücke organisierendes, subjektives Moment.

Dieses organisierende Moment versucht Kant durch einen Abstraktionsprozeß aufzuweisen, bei dem er von einem „Erfahrungsbegriff" von einem bestimmten Gegenstand ausgeht und von all dem abstrahiert, was an diesem Begriff „empirisch ist", d.h., was sich auf diesen konkreten Einzelgegenstand bezieht. Ist dieser Prozeß vollständig durchgeführt, indem man alles „weggelassen" hat, was zur Einzelheit dieses konkreten Gegenstands gehörte, so daß er als dieser besondere Gegenstand ganz „verschwunden" ist, wird man feststellen, daß es Begriffselemente gibt, die in diesem Sonderungsprozeß „übrigbleiben":

> „Lasset von eurem Erfahrungsbegriffe eines K ö r p e r s alles, was daran empirisch ist, nach und nach weg: die Farbe, die Härte oder Weiche, die Schwere, selbst die Undurchdringlichkeit, so bleibt doch der R a u m übrig, den er (welcher nun ganz verschwunden ist) einnahm, und den könnt ihr nicht weglassen." (Kant, KrV B 6)

Kants Hinweis darauf, daß man Begriffselemente wie ‚Raum' oder ‚Substanz' nicht „weglassen" könne, bedeutet, daß diese Elemente in dem ursprünglichen Erfahrungsbegriff schon enthalten waren, aber offenkundig nicht aus der Erfahrung dieses Einzelgegenstands stammten, da sie ja noch da sind, selbst wenn dieser konkrete Gegenstand aus unserem Begriff ganz „verschwunden" ist. Daß sie nach der Abstraktion alles Empirischen übrigbleiben, heißt also, daß sie von Anfang an als subjektive Zutat bei der Bildung des Erfahrungsbegriffs mitwirkten. Da sie nicht aus den konkreten Eigenschaften eines Gegenstands gewonnen sind, bilden sie das subjektive Element, durch das wir Gegenständlichkeit überhaupt begreifen.

Die Subjektivität wird also aus der Nicht-Konkretheit eines Begriffsmerkmals abgeleitet, d.h. aus den Merkmalen, die jedem Gegenstand unabhängig von seinen Einzeleigenschaften konstant zukommen. Da wir in einer Welt von Einzeldingen leben und nur von ihnen eine unmittelbare Erfahrung haben können, bedeutet die Allgemeinheit der Raum- und Zeiterfahrung sowie der allgemeinen Gegenständlichkeitskategorien, daß diese subjektiv sind, ja, da sie schlechthin allgemein sind, daß sie rein und nur subjektiv sind. (In dieser Einsicht besteht die ‚Zertrümmerung' der Leibniz-Wolffschen Metaphysik und die kopernikanische Wende Kants.)

Es dürfte wohl schon deutlich geworden sein, ich möchte aber doch auch darauf aufmerksam machen, daß bereits die einleitende Unterscheidung zwischen dem „Anheben" der Erkenntnis und dem Ursprung ihrer Wissenschaftlichkeit, durch die Kant seine revolutionäre Entdeckung des subjektiven Apriori in aller Erfahrung einführt, eben jene Ambivalenzen aufweist, die sich als charakteristisch nicht nur für Kant, sondern für alle bisher diskutierten modernen Erkenntnisauffassungen erwiesen haben.

Diese Ambivalenzen äußern sich auch in Kants Sprachgebrauch, etwa wenn er die Erfahrung den Ausgangspunkt aller Erkenntnis nennt, wenige Zeilen später aber diese Ausgangserfahrung zu einem „rohen Stoff" degradiert, aus dem erst durch das Denken Erfahrung werden müsse. Ähnlich beschreibt er die unmittelbare Erfahrung, die Empfindung, als bloß subjektive Modifikation des Gemüts, bezeichnet sie aber zugleich als „das Reale der Anschauungen" (Kant, Prol. § 24, A 91) und setzt diesem von den Gegenständen selbst herrührenden und in diesem Sinn objektiven Eindruck die Subjektivität der Anschauungsformen und der Kategorien entgegen, durch die allein aber eine objektive Erkenntnis des Gegenstands möglich werde.

Natürlich kann man diese Zweideutigkeiten durch die Unterscheidung von Hinsichten zum Teil auflösen. Allein die Flut von Sekundärliteratur zu diesen Themen belegt aber, daß es sich dabei nicht um eindeutige Lösungen handelt. Von der Sache her ist klar, daß es einen Mangel in der Erfahrung geben muß, mit der die Erkenntnis „anhebt", sonst gäbe es keinen Grund für das Denken, über sie hinauszugehen, und dieser Mangel muß, wie Kant auch betont, in einem Mangel an Sicherheit des Wissens über den objektiven Gegenstand, also in etwas Subjektivem liegen, darin daß der Inhalt dieser Erfahrung mehr oder weniger „zufällig, bloß empirisch", bestenfalls Ergebnis einer nur „komparativen Induktion" (Kant, KrV B 4) usw. ist.

Gerade die Tatsache, daß Kant unter das ‚bloß' Subjektive nicht nur die unmittelbare Empfindung, sondern sogar noch die komparative Allgemeinheit, die aus einem induktiven Beweisverfahren, durch vergleichendes Herausheben des vielen Einzeldingen Gemeinsamen gewonnen sein kann, einrechnet, macht besonders klar, daß er den Mangel der Anfangserfahrung darin sieht, daß sie noch nicht zu verstehen gibt, weshalb ihr Gegenstand

> „in der allgemeinen Erfahrung (...) so und nicht anders bestimmt ist" (Kant, KrV B 63).

Den Grund für dieses So-und-nicht-anders-sein-Können (Kant, KrV B 6 Anm.) erfaßt auch die Naturwissenschaft noch nicht. Sie eliminiert zwar alles Zufällige aus der Anschauung, das, was nur in Bezug

> „auf eine besondere Stellung oder Organisation dieses oder jenes Sinnes gültig ist" (Kant, KrV B 63)

und geht auf das zurück, was

> „in der allgemeinen Erfahrung, unter allen verschiedenen Lagen zu den Sinnen, doch in der Anschauung so und nicht anders bestimmt ist" (ebenda),

aber sie weiß nicht, warum diesem ihrem Wissen streng notwendige Allgemeinheit zukommt, ihr Wissen ist immer noch ‚nur' empirisch, bezogen auf die Art, wie ein bestimmter Gegenstand jedem „Menschensinn überhaupt" (ebenda) erscheint, nicht auf die Bedingungen, die notwendig und immer ausmachen, daß uns überhaupt Gegenstände erscheinen können.

An dieser Argumentation Kants kann und muß man zwei Aspekte unterscheiden. Der eine betrifft das Erkenntnisziel, das eine im Sinn der vorgetragenen Argumentation wissenschaftliche Erkenntnis erreichen muß. Dieses Ziel ist, den der empirischen Erfahrung ‚gegebenen' Gegenstand nicht unter irgendwelchen zufälligen Merkmalen, von denen unser Vorstellungsvermögen affiziert wurde, zu erfassen, sondern unter den Merkmalen, die die Notwendigkeit erkennbar machen, warum er so und nicht anders bestimmt ist.

Dabei geht es Kant freilich nicht darum, irgendwelche Merkmale als nicht zum Gegenstand gehörig auszuschließen, sondern ausschließlich um den Modus unserer Erfahrung: Er soll so sein, daß wir uns der notwendigen Zusammengehörigkeit aller Merkmale zu einer Vorstellung vergewissert haben. In diesem Sinn geht es um ‚das Beharrliche im Wechsel', um ‚die Substanz in der Erscheinung', d.h. um das, was die Sachidentität eines Gegenstands ist, die ausmacht, daß er in dem, was er selbst ist, erkannt ist, und nicht in etwas, was auch etwas anderes sein kann.

Der andere Aspekt betrifft die Methode, durch die Kant dieses Erkenntnisziel zu erreichen sucht und – damit verbunden – die Frage, wie auch das Ziel selbst dadurch in einer veränderten Perspektive erscheint.

Wie Kant ausdrücklich beschreibt, und wie auch die Analogie zum Verfahren der Physik zeigt, geht er als selbstverständlich davon aus, daß uns die Erfahrung zwar

„sagt, was da sei, aber nicht, daß es notwendigerweise, so und nicht anders, sein müsse" (Kant, KrV A 1f. Anm.),

und daß das So-und-nicht-anders-Sein eines Gegenstands daher dadurch gefunden werde, daß alles Zufällige, alles, was auch anders sein kann und deshalb nur empirisch ist, „weggelassen", d.h. bei der Gegenstandskonstitution zunächst nicht berücksichtigt, wird, und auf diese Weise das ermittelt wird, was in allem Wechsel konstant bleibt.

So wie der Naturwissenschaftler den Regen selbst als das „in allen verschiedenen Lagen zu den Sinnen" identisch Bestimmte gegenüber dem Regenbogen als einer „bloße<n> Erscheinung bei einem Sonnregen" festhält (Kant, KrV B 63), so hält der Transzendentalphilosoph das in allen Erfahrungen identisch bleibende erfahrende Ich auch noch gegenüber den vermeintlich sicher erkannten Gegenständen der Physik fest und hat erst darin den „unbeweglichen Felsen des Absolutnotwendigen" (Kant, KrV B 612), auf dem alle Sicherheit der Erkenntnis gründet.

Kant glaubt also, daß die Sachidentität eines Erfahrungsgegenstands eben das sei, was im Prozeß der Erfahrung identisch bleibt.

Wie er selbst feststellt, „verschwindet" bei diesem Verfahren aus dem anfänglichen „Erfahrungsbegriffe" nicht nur „alles, was daran empirisch ist", sondern schließlich der ‚Gegenstand', genauer: der gesamte auf einen Gegenstand bezogene Inhalt selbst ganz, und es bleibt nur die Raum- und die Zeitstelle, die er in dem erfahrenden Bewußtsein „einnahm" (Kant, KrV B 6). Sie bildet damit dasjenige X, die Subjektstelle, auf die alle aposteriorische Erfahrung (von diesem *für das* Bewußtsein zunächst ganz verschwundenen Gegenstand) bezogen und der alle Prädikate zugesprochen werden müssen.

Eine Reihe der schwerwiegenden Probleme, die sich aus dieser Eliminierung jeglichen Sachgehalts ergeben, habe ich oben bereits aufzuweisen versucht. Für die erkenntnistheoretische Beurteilung der revolutionären Wende Kants auf das Denken selbst vielleicht noch wichtiger ist, daß dabei auch das Denken selbst in seiner ihm eigentümlichen Leistung aus dem Blick gerät.

7 b. Die Erhebung von bewiesenen Gegenständen (Ich, Raum, Zeit usw.) zu Beweiskriterien

– bei Kant

Erkenntnistheorie ist nach Kants eigener Lehre: Auffindung der Urteilsprinzipien, die das Denken aus sich selbst hat und von deren korrekter Anwendung abhängt, ob eine Erkenntnis dem Anspruch, Wissen zu sein, genügt. Die subjektiv apriorischen Bedingungen der Möglichkeit von Erfahrung, die Kant aufweist, Raum, Zeit, Kategorien, sind aber nicht selbst Urteilsprinzipien, sondern sie sind mit Hilfe von Urteilsprinzipien bewiesene ‚ideale' Erkenntnisgegenstände. Von dem Urteilsprinzip ausgehend, daß nur das So-und-nicht-anders-Bestimmte Gegenstand sicheren Wissens sein kann, wendet Kant Methoden an, die er zwar ausdrücklich formuliert, in ihrem Rechtsgrund aber nicht thematisiert, um dieses identisch Bestimmte von allen anderen Erfahrungsinhalten abzusondern. Er läßt in gedanklicher Hypothese alles an einem Gegenstand, was auch anders sein könnte, weg, um das in diesem Verfahren übrig Bleibende, z.B. die Raumstelle, als dasjenige Sichere zu erweisen, das sich auf keine Weise mehr wegdenken läßt. Das heißt: die Raumstelle ist für Kant zwar keine Eigenschaft eines konkret empirischen Gegenstands wie rot, grün, schwer usw., aber sie ist in strikter Analogie dazu eine ‚ideale' Gegenstandseigenschaft, die ihre Existenz im erfahrenden Subjekt hat.

Analog verfährt er beim Beweis der Idealität der Zeit. Da alles, was wir in gleicher oder verschiedener Zeit vorstellen, einen Begriff von Zeit ‚voraussetzt', ist die Zeit kein empirisch gewonnener, nur komparativ sicherer Allgemeinbegriff, sondern etwas, von dem wir ein apriorisches, apodiktisch notwendiges Wissen haben. Man könne alle Erscheinungen in der Zeit ‚wegnehmen', ohne daß dadurch die Zeit ‚aufgehoben' würde. Höbe man umgekehrt die Zeit auf, wären auch die Erscheinungen in ihr mitaufgehoben, also sei die Zeit a priori gegeben und liege allen Anschauungen „zum Grunde" (Kant, KrV B 47). Ähnlich hatte Kant bereits in der Dissertation argumentiert:

„tempus a sensibus non oritur, sed supponitur" („die Zeit entspringt nicht aus der Sinneserfahrung", d.h., sie wird nicht durch einzelne Sinneswahrnehmungen in Erfahrung gebracht, wie man erfahren kann, daß etwas grün oder schwer ist, „sondern wird von ihr vorausgesetzt") (Kant, De mundi sensibilis atque intelligibilis forma et principiis, A_2 15 (§ 14))

Die Zeit ist also etwas, von dem wir aufgrund eines auf Kriterien gegründeten Beweises wissen. Sie ist eine ‚ideale', d.h. im Subjekt liegende, Gegenstandseigenschaft, ein Merkmal, das das Subjekt mit jedem Gegenstand verbindet, sie ist kein Beweisprinzip oder -kriterium. Das Beweiskriterium selbst, mit dessen Hilfe Kant die ideale Existenz der Zeit beweist, und die aus ihm abgeleiteten Methoden seiner Anwendung, auf die sich Kant stützt, werden von ihm weder in ihrer historischen Herkunft noch in ihrem sachlichen Gehalt reflektiert.

Die Methoden, um die es hier geht, die sog. ‚*Hypothesis*'- (=‚Voraussetzungs'-) und *Anhairesis*- (=‚Aufhebungs'-)*Methode*, wurden im Platonismus und Aristotelismus formuliert. Sie gehören zum Verfahren der *Analyse*, d.h. einem Verfahren, in dem versucht wird, aus einem konkreten Gegenstand das ‚herauszulösen', was an ihm zu genau und nur einem Etwas, einer Sache gehört, was ihn also zu einem erkennbaren Gegenstand macht. Ihr formales Procedere ist aus genau diesem Beweisziel abgeleitet (zum Folgenden siehe genauer unten S. 411ff.).

Der Geometer etwa, der ermitteln möchte, welche Begriffe genau und nur zu einem Dreieck als Dreieck gehören, kann sich nicht auf das stützen, was allen konkreten Dreiecken, die er empirisch ermitteln oder die er sich ausdenken kann, gemeinsam ist. Allen Dreiecken gemeinsam ist etwa, daß sie von Geraden umschlossen sind, daß ihre Außenwinkel vier Rechten gleich sind, daß ihre Fläche eben ist. In solchen abstrahierbaren Gemeinsamkeiten den Begriff des Dreiecks zu suchen, kann nicht erfolgreicher sein, als wenn man sich einen Begriff von einem Geometer bilden möchte, in dem man die Gemeinsamkeiten induktiv ermittelt, die sich an konkreten Geometern bestimmen lassen. Dabei ist das tatsächliche Problem offenbar keineswegs, ob das auf diesem Weg Ermittelte wirklich von allen und nicht nur von sehr vielen Geometern gilt. Das eigentliche Problem besteht darin, daß das meiste von dem, was tatsächlich für alle einzelnen konkreten Geometer gilt, nicht für sie *als Geometer* gilt. Denn auch wenn es richtig ist, daß sie alle Menschen sind, zwei Hände, zwei Füße, einen Kopf haben usw., so sagen doch alle diese Prädikate nichts darüber aus, ob die Gegenstände, denen sie zukommen, Geometer sind.

Wenn man wirklich wissen will, was zum Dreieck als Dreieck gehört, kann man also nicht auf das vielen oder allen Einzeldreiecken Gemeinsame zurückgehen, sondern man muß das ermitteln, was die in allen Dreiecken identische Sache ‚Dreieck' ist. Im Blick auf dieses sachliche Gemeinsame wird man vielmehr diejenigen Aspekte an Einzelerfahrungen ‚weglassen', d.h. gedanklich ‚aufheben', die man aufheben kann, ohne daß dieses Identische davon mitbetroffen wird. Oder man kann umgekehrt prüfen, welche Bestimmung man im Wechsel und Wandel der Erscheinungen auf jeden Fall ‚voraussetzen' muß, damit überhaupt noch von einer Sache in den verschiedenen Erscheinungsformen gesprochen werden kann.

So wird man etwa bei verschiedenen Dreiecken das jeweilige Material oder dessen Farbe nicht in den Begriff mit aufnehmen, weil beides auch anders sein, d.h. weggedacht werden, kann, ohne daß die für die Sache Dreieck relevanten Bestimmungen *mitaufgehoben* würden. Aber auch die Gleich- oder Ungleichseitigkeit oder Rechtwinkligkeit einzelner Dreiecke gehören nicht in den Begriff, denn es sind eben nicht nur gleichseitige, sondern auch ungleichseitige von drei Geraden umschlossene Figuren Dreiecke. Gleichseitigkeit und Ungleichseitigkeit kann man also *aufheben*, ohne die Sachbestimmungen, die ein Dreieck zu einem Dreieck machen, mitaufzuheben. Der Begriff, der aufgrund dieser Methoden als der für alle Dreiecke gültige Begriff gefunden wird, ist daher ein Begriff, der die in allen verschiedenen Dreiecken gleich *vorausgesetzte* Sache erfaßt. Deshalb ist im Sinn der euklidischen Geometrie der Begriff des Dreiecks nicht: „von drei Geraden umgrenzte Figur", sondern „diejenige geradlinige, ebene Figur, deren Innenwinkelsumme gleich zwei Rechten ist". Die Bestimmungsmomente, die in diesem Begriff umfaßt sind, gelten wirklich in jeder Art von Dreieck und in jedem einzelnen Dreieck und werden je nach der konkreten Form, die die drei Geraden jeweils einnehmen können, in unterschiedlicher Weise verwirklicht.

In analogem Sinn würde der Geometer, der bestimmt, was ein Parallelogramm zu einem Parallelogramm macht, nicht einen abstrakten Begriff bilden, der das allen Parallelogrammen Gemeinsame enthält. Denn dieses Gemeinsame gehört in vieler Hinsicht gerade nicht zum Parallelogramm als

Parallelogramm, sondern zum Parallelogramm, sofern es zugleich Rechteck, geradlinige Figur oder Figur überhaupt ist. Der Begriff des Parallelogramms muß vielmehr genau die Merkmalskombination enthalten, die im Parallelogramm nur, sofern es Parallelogramm ist, zusammentrifft (also etwa, daß in einem Parallelogramm die gegenüberliegenden Seiten und Winkel einander gleich sind, und daß die Diagonale das Parallelogramm halbiert).

Das Verfahren, das vermittels der Hypothesis- und Anhairesis-Kriterien aus etwas Komplexem diese einfache, einheitliche Sachidentität herauslöst, ist Analysis im antiken Sinn. Diese Sachidentität ist ein Allgemeines in dem Sinn, daß sie an jedem konkreten Einzelding diejenigen Aspekte bezeichnet und unter einem gemeinsamen Begriff zusammenfaßt, die wirklich zu einer Sache gehören. Daß das ein völlig anderer Allgemeinbegriff ist als der Begriff eines von vielen konkreten Einzeldingen abstrahierten, von allen in gleicher Weise aussagbaren Merkmals, ist, so hoffe ich, schon deutlich geworden. Auf seine genauere Bestimmung durch Aristoteles werde ich unten genauer einzugehen versuchen (siehe unten S. 407ff.).

Ich habe etwas ausführlicher auf diese Methoden verwiesen, um deutlich zu machen, daß es sich dabei um explizit formulierte und erprobte Verfahrensweisen handelt, die in kritischer Reflexion auf die rationalen Bedingungen von (Sach-)Erfahrung entwickelt worden waren. Kant hält an ihnen nicht nur durch den Gebrauch der Begriffe Analysis und Synthesis und der großen Bedeutung, die er diesen Methoden in seinem System zuweist, fest, er macht von ihnen auch in der konkreten Argumentation Gebrauch, und zwar in dem traditionellen Sinn, daß ihm die Erfüllung ihrer Kriterien als Beweis für das (So-und-nicht-anders-)Sein von etwas gelten.

Es gibt allerdings keine Stelle im Oeuvre Kants (jedenfalls keine, die ich ermitteln konnte), an der Kant diese Methoden thematisiert oder gar aus rationalen Kriterien herzuleiten versucht. Dieser Mangel zeigt sich auch an der Art, wie er von ihnen Gebrauch macht. Denn er stützt sich im konkreten Argument auf sie, behandelt das mit ihrer Hilfe Bewiesene aber so, als ob es sein eigener Beweisgrund, d.h. einfach selbstevident, sei. Kants ausdrückliche Argumentation lautet:

Weil die Zeit aus der Erfahrung nicht entspringt, sondern von ihr „vorausgesetzt wird", hat die Zeit eine von der Erfahrung unabhängige subjektiv ideale Existenz; weil der Raum „übrigbleibt", wenn man alles Empirische an einem Gegenstand „wegläßt", hat der Raum eine eigenständige subjektive Seinsweise; weil die Substanz das ist, „ohne das" aller Wechsel und alle Veränderungen überhaupt nicht „gedacht werden" könnten, ist die Substanz eine aller Erfahrung vorhergehende eigenständige Kategorie des Denkens; usw.

Es sind also bestimmte Kriterien, von deren Erfüllung Kant abhängig macht, ob es von etwas ein sicheres Wissen gibt, das die Täuschungsanfälligkeit des Wissens, mit der die Erfahrung ‚anhob', zu korrigieren in der Lage ist und uns so die Garantie gibt, daß dieses Etwas auch wirklich existiert.

Wenn eine Erkenntnistheorie deshalb kritisch heißt, weil sie nach den Kriterien fragt, die das Denken in reflexiver Prüfung aus sich selbst gewinnt, und die deshalb die rationale Legitimität geben, einen Gegenstand für sicher erkannt zu halten, eben weil seine Erkenntnis diesen Kriterien genügt und er nicht einfach aus ‚rhapsodischer Erfahrung' aufgenommen oder in spekulativem Überschwang geschaut ist, dann sind es diese Kriterien, die den eigentlichen Gegenstand einer Erkenntnistheorie ausmachen: Sie liefern die Bedingungen der Möglichkeit einer rational geprüften Erfahrung. Was ihnen genügt, kann als erkannt gelten, was ihnen nicht oder nur mehr oder weniger genügt, ist einem größeren oder geringeren Zweifel, bloßer Schein zu sein, ausgesetzt.

Genauso verfährt Kant, wie wir gesehen haben, in der Tat beim konkret argumentativen Aufweis der ‚transzendentalen Idealität' von ‚Raum' und ‚Zeit'. Anders als die Gegenstände empirischer Erfahrung, die immer nur Erscheinung für uns sind, sind Raum und Zeit etwas, dessen subjektives Sein keinem Zweifel unterliegt. Sie allein unter allen Inhalten empirischer Erkenntnis halten den Kriterien: ist es in aller Erfahrung vorausgesetzt?, kann es ohne alles aus ihm Folgende gedacht werden?, kann es in keiner Erfahrung weggelassen werden? usw. stand.

Diese Beweisgründe werden von Kant aber, wie man sieht, nur angewendet, er thematisiert sie nicht, und das heißt auch (abgesehen davon, daß er sie nur in einem sehr rudimentären, vereinfachten Sinn anwendet): Er fragt nicht nach ihrem Rechtsgrund. Woher weiß man, daß gerade diese Kriterien Voraussetzung sicheren Wissens sind, daß das, was diesen Kriterien genügt, tatsächlich etwas sicher Erkanntes ist? oder: Woher weiß man, wie diese Kriterien methodisch richtig angewendet werden müssen?

Inzwischen weiß man z.B. – und das ist auch oft genug gesagt worden –, daß der dreidimensionale Anschauungsraum offenbar nicht in aller Erfahrung vorausgesetzt wird. Das bedeutet, wenn es richtig ist, daß Kant die analytischen Methoden zur Auffindung der Bedingungen aller Erfahrung nicht korrekt durchgeführt hat. Offenbar ist der Raum (im Sinne Kants) nicht das, was ein denkendes Subjekt in *jeder* Erfahrung *voraussetzt*.

Es ist also nicht wissenschaftlich begründet, sondern eine – vom gesunden Menschenverstand nahegelegte – Fehleinschätzung, daß der (dreidimensionale) Raum etwas in aller Erfahrung Vorausgesetztes ist.

Allein dieses eine Beispiel demonstriert hinreichend, daß in einer Erkenntnistheorie der Auffindung der richtigen Kriterien und ihrer richtigen Anwendung die primäre Bedeutung zukommt. Kant dagegen spricht diese Priorität den mit Hilfe dieser Kriterien ermittelten ‚idealen' Gegenständen, dem ‚Raum' und der ‚Zeit', zu und macht diese zum Erkenntnisprinzip.

Natürlich hat es eine gewisse Plausibilität zu meinen, daß alle empirische (Gegenstands-)Erfahrung räumlich strukturiert ist, so daß die Räumlichkeit also als Strukturelement empirischer Erfahrung angesehen werden kann. Sie ist dann aber eben ein Element, ein nachweisbar existierendes Element in aller räumlichen Erfahrung, nicht aber ein Erkenntnisprinzip, das uns befähigt, angesichts einer ‚Mannigfaltigkeit' empirischer Daten zu erkennen, ob und wie sie zur Einheit eines Gegenstands gehören. Würfel, Pyramide oder Kugel sind in dreidimensionaler Räumlichkeit strukturierte Figuren (das gilt bekanntlich nicht von ebenen Figuren, von Dreiecken, Quadraten usw., die also auch nicht der Räumlichkeit der Anschauung unterliegen). Das aber, was aus der Vielheit ihrer Elemente die Einheit eines Gegenstands, eines Würfels oder einer Kugel oder Pyramide, macht oder sie als einen geometrischen Gegenstand konstruierbar macht, ist nicht ihre Räumlichkeit. Diese ist in allen Figuren identisch. Genauso, ja mit mehr Recht könnte man Punkt und Linie zur Bedingung der Möglichkeit der Erkenntnis jedes anschaubaren Körpers machen, denn er besteht aus ihnen und könnte ohne sie nicht sein oder gedacht werden. Um aber erkennen zu können, was eine Vielheit von Punkten und Linien zur Einheit eines Gegenstands ‚Würfel' oder ‚Kugel' macht, braucht man wirklich begriffliche Kriterien, etwa die *Identität* der Abstände und die *Gleichheit* der Seiten.

Die vielfältigen Folgen für die ‚kritische' Analyse des Vernunftvermögens selbst durch Kant, die diese Verwechslung eines Strukturelements, und zwar eines völlig abstrakten, jedes besonderen Inhalts entleerten und (nur) deshalb in der Erfahrung jedes beliebigen (empirischen) Gegenstands antreffbaren Elements, mit einem Kriterium oder Prinzip des Urteils mit sich bringt, können hier nicht weiter verfolgt werden. Die Bedeutung dieser Verwechslung selbst für die Erkenntnistheorie aber möchte ich noch etwas genauer beleuchten.

– bei Descartes

Kant steht mit der Erhebung eines vermeintlich sicher bewiesenen ‚existierenden' Strukturelements jeder Erfahrung zu einem Beweisprinzip in der langen, schon in der Antike beginnenden Tradition der Skepsisüberwindung. In der Neuzeit ist es natürlich vor allem Descartes, von dessen ‚Wende des Denkens auf sich selbst' Kants Ansatz geprägt ist. Descartes' Argumentation weicht von ihrem antik-mittelalterlichen Vorbild weniger weit ab als Kant (bei dem die wirkungsgeschichtlichen Zusammenhänge fast nur für den erkennbar sind, der das Verhältnis Kants zur sog. Schulphilosophie der Aufklärung, vor allem zu Baumgarten und Wolff verfolgt), so daß sich Abhängigkeit und Abweichung genauer und deutlicher bestimmen lassen[189].

---

[189] S. zur Methode des universalen Zweifels bei Descartes insgesamt Verf., Zur Erkenntnistheorie bei Platon und Descartes. Die Descartes-Forschung stand lange unter der Alternative, ob man Descartes, bei dem man für fast jedes Wort eine scholastische oder nachscholastische Quelle benennen kann, noch dem traditionell mittelalterlichen ‚Substanzen-Denken' zuordnen müsse oder ob er schon ‚transzendental' gedeutet werden sollte. Wichtige Vertreter sind immer noch: Leslie J. Beck, The Metaphysics of Descartes. A Study of the ‚Meditations', Oxford 1965 und Gerhart Schmidt, Aufklärung und Metaphysik. Die Neubegründung des Wissens durch Descartes, Tübingen 1965. Aber auch in neuerer Sekundärliteratur, in der häufiger die Argumente selbst und für sich im Zentrum der Interpretation stehen, bleibt die Grundfrage meist, wie weit Des-

Descartes sucht die Begründung der Sicherheit des Erkennens bekanntlich auch in einer Wende des Denkens auf sich selbst. Nur das Denken selbst könne sich seiner selbst gewiß sein, die Erkenntnis aller äußeren Gegenstände sei möglicherweise nur Schein und deshalb bezweifelbar.
Descartes gibt, erläutert durch viele Beispiele aus dem Arsenal der Skeptiker, eine Begründung für den Scheincharakter aller äußeren Gegenstände: Von ihnen wisse man grundsätzlich nicht, ob sie wirklich genau das seien, als was man sie erkannt zu haben meine. Der Turm, von dem man meint, gesehen zu haben, daß er rund ist, erweise sich für die Wahrnehmung aus der Nähe als quadratisch, der weiße Schnee erscheine dem Kranken gelb, die Menschen vor dem Fenster könnten auch Automaten sein.
Einzig beim Denken selbst könne der Fall, daß es auch als etwas anderes als es selbst erscheinen könne, niemals eintreten. Denn wenn man auch von allen *Inhalten* des Denkens nie wissen könne, ob man sie wirklich klar in ihrer bestimmten Unterschiedenheit (*distincte*) erkannt habe, sie müssen notwendig immer von einem denkenden Ich gedacht werden. Von diesem denkenden Ich weiß man also, was man von keinem seiner Inhalte weiß: Es ist in allen seinen ‚Modifikationen' (d.h. gleichgültig, welche Inhalte es gerade denkt, falsche oder richtige, sinnliche oder geistige , und gleichgültig, wie es gerade denkt oder tätig ist, ob es wahrnimmt oder vorstellt oder will) immer ein und dasselbe. Von ihm allein weiß man daher, daß es etwas Bestimmtes (ein *aliquid*) und nicht möglicherweise immer wieder etwas anderes ist.
Der berühmte Satz „cogito ergo sum"[190] meint daher in korrekter Auslegung: „cogito, ergo sum aliquid": „Ich denke, also bin ich etwas Bestimmtes":

„fieri plane non potest, (...) ut ego ipse cogitans non aliquid sim"

„Es ist offenkundig unmöglich, daß ich als Denker nicht etwas Bestimmtes bin." (Descartes, Med. II, 30)

Aus diesem Befund zieht Descartes bekanntlich die Folgerung, daß das Denken allein *clare et distincte*, d.h. in korrekter Übersetzung: *klar und unterschieden*, denkbar sei. Auch für Descartes ist das Denken also ein besonders sicher erkennbarer Gegenstand, von dem er deshalb auch allein wisse, daß es ihn wirklich gibt. Descartes zeigt aber immerhin noch eine gewisse Ein-

---

cartes schon zu den Einsichten vorgedrungen ist, die nach Kant Allgemeingut geworden sind. Besonders aufschlußreich scheinen mir in dieser Hinsicht der von Andreas Kemmerling und Hans Peter Schütt herausgegebene Sammelband „Descartes nachgedacht", Frankfurt a.M. 1996 und Andreas Kemmerling, Ideen des Ichs. Studien zu Descartes' Philosophie, Frankfurt a.M. 1996 zu sein. Eine umfassende Einführung in Descartes' Denken und zugleich einen Überblick über die ‚Diskurse', in denen Descartes heute noch gegenwärtig ist, gibt Dominik Perler, René Descartes, München 1998.

[190] Einen Überblick über die neueren Deutungen dieses Satzes (die von der hier vorgelegten allerdings erheblich abweichen) gibt Monika Hofmann-Riedinger, Das Rätsel des ‚Cogito ergo sum', in: Studia Philosophica 55, 1996, 115-135.

sicht in die Notwendigkeit, daß erklärt werden muß, weshalb die Kenntnis eines sicher existierenden Gegenstands zugleich ein Erkenntniskriterium sein soll. Descartes gibt diese Erklärung einfach in Form einer Analogie: Alles das, was er genauso klar und distinkt erkenne, wie das Denken selbst, das sei ebenso sicher erkannt, d.h., es sei wahr und existiere wirklich[191].

Die Folge dieses ‚genauso' ist die Entstehung einer bis heute beklagten Aporie des Cartesianismus: die Entstehung der Kluft zwischen der Welt des subjektiven Denkens und der Welt der objektiven Dinge. Denn wenn man diese Analogie ausführt, kann man nur dazu kommen, Inhalte des Denkens allein innerhalb der subjektiven Dimension des Denkens selbst für sicher zu halten, jede Beziehung dieser Denkinhalte auf ‚äußere' Gegenstände aber für zweifelhaft. Denn nur von reinen oder bloßen Denkinhalten gilt ja das Gleiche wie vom Denken selbst: man weiß von ihnen, daß sie genau das sind, was sie sind. Wenn ich die Empfindung ‚kalt' habe – mag es draußen kalt oder nicht kalt sein –, bleibt, wie Descartes betont, diese Empfindung als bloß subjektive Empfindung doch „ein und dieselbe". Beschränke ich die Extension meiner Erkenntnis also auf die Dimension der Subjektivität, ist alles, was unter meinen ‚Begriff' fällt, auch wahr, spreche ich meiner Empfindung aber eine Aussage über die objektive Kälte ‚draußen' zu, bewege ich mich in einer Welt bloßen Scheins. Die Kälte ist eben nur ‚für mich' Kälte.

Descartes selbst formuliert, was ich eben, dem uns geläufigen nach-cartesianischen Sprachgebrauch folgend, mit ‚subjektiv' und ‚objektiv' beschrieben habe, gerade umgekehrt: Die Kälte als meine Empfindung ist etwas ‚Objektives' – das meint bei ihm noch: etwas Vorgestelltes. Die Kälte ‚draußen', also das, was Kälte ‚wirklich' ist, ist dagegen etwas ‚Subjektives' – und das meint hier noch: etwas, das wirklich eine bestimmte Sache ist, die meiner Vorstellung ‚zugrunde liegt' (*subiectum* heißt ja: das Zugrundegelegte).

Die eben referierte Argumentation Descartes' ist aber einer der historischen Wendepunkte, an dem die antik-mittelalterliche Bedeutung dieser Begriffe ihre moderne Umkehrung erfahren hat. Descartes folgert nämlich daraus, daß allein die ‚Kälte' in der Dimension der Vorstellung (des ‚Objektiven') ein „distinktes Sein" hat, daß sie allein in ihr etwas ‚Subjektives' (=real Zugrundeliegendes) sei, genauso wie auch das Denken und das Empfindungsvermögen selbst, ‚wahrhaft subjektiv' seien – eben weil sie, gleichgültig, was das Gedachte oder Empfundene draußen, ‚objektiv' (im modernen Sinn) ist, immer als dasselbe gedacht werden.

‚Subjektiv' heißt also: etwas Bestimmtes, Distinktes, eine so und nicht anders bestimmte Sache sein. Da es ein ‚so-und-nicht-anders-bestimmtes Sein' nur in der Dimension des Denkens, also des ‚Objektiven' (=Vorgestellten) im alten Sinn gibt, ist dieses Objektive (=Vorgestellte) in Wahrheit das einzig wirklich Subjektive (=reale, identische Sache), und das Objektive (im alten Sinn) wird zu dem bloßen Bezugspunkt, auf den sich das (im neuen Sinn) subjektive Denken und Empfinden bezieht: Es ist der von

---

[191] So z.B. Descartes, Med. III, 4 [33].

meinem (aktiven) Denken zu unterscheidende ('gegebene') Inhalt meiner Vorstellungen.

Ich bin auf diese ,Subjektivierung' des Denkens und die aus ihr entstandene ,Kluft zwischen Subjekt und Objekt' etwas ausführlicher eingegangen, um zu zeigen, daß die Grundaporie der modernen ,Rationalität' nicht undifferenziert als eine Folge der ,Wende des Denkens auf sich selbst' bezeichnet werden kann. Sie ist vielmehr Folge einer unreflektierten Anwendung von Beweiskriterien und der daraus resultierenden Konfusion eines bewiesenen Inhalts mit den Kriterien, an denen der Beweis orientiert war.

Denn wenn Descartes als Erkenntnisregel aufstellt: „Alles das, was ich genauso klar und distinkt erkenne wie mein eigenes Denken, ist wahr", sagt er selbst[192], daß es das Verhältnis, in dem ein Inhalt zur Klarheit und Distinktheit seiner Erkenntnis steht, ist, von dem her wir urteilen, ob er wahr oder falsch ist. Klarheit und Distinktheit sind also die eigentlichen Erkenntniskriterien und nicht die Inhalte, die diesen Kriterien mehr oder weniger genügen. Die inzwischen übliche Übersetzung von *clare et distincte* durch *klar und deutlich*, also durch Begriffe, die die innere Evidenz im Denken bezeichnen (denn ,klar und deutlich' ist die Antwort auf die Frage „*wie* habe ich etwas erkannt?" und nicht auf die Frage „*was* habe ich erkannt?"), folgt einer Suggestion Descartes' selbst, der ja von der Erkenntnis des Denkens selbst behauptet, sie sei unmittelbar evident, d.h. auf keinerlei Beweis oder Schluß gestützt.

Akzeptiert man diese Suggestion, dann gerät man in eine bis heute nicht aufgelöste Zweideutigkeit der Descartes-Deutung. Denn Descartes gibt selbst Kriterien an, die erfüllt sein müssen, wenn eine Erkenntnis distinkt sein soll: Etwas muß von allem anderen so getrennt und abgegrenzt (*seiuncta et praecisa*) sein, daß es nicht mehr mit etwas anderem verwechselt werden kann (Descartes, *Principia philosophiae*, I, 45-46).

Im Sinn dieser Definitionen ist die Evidenz eine Folge der Distinktheit einer Erkenntnis, im Sinn der unmittelbaren Evidenz, in der sich das Denken selbst gegenwärtig sein soll, müßte die Distinktheit seiner Erkenntnis aber eine Folge dieser Evidenz sein.

Angesichts des Nachdrucks, mit dem Descartes in immer neuen Anläufen einer im wesentlichen gleichen Argumentation aufzuweisen versucht, daß allein das Denken bzw. seine jeweiligen Inhalte in allem Wandel sie selbst bleiben und deshalb wirklich *etwas (aliquid)* sind, braucht man sich nicht zu wundern, daß diese Ambivalenz nicht aus ihr selbst auflösbar ist. Sie ist aber erklärbar, denn sie ist eine direkte Folge davon, daß Descartes seine Aufmerksamkeit nicht (mehr) auf das richtet, was dem Denken von ihm selbst her evident ist, sondern auf etwas, was er im Licht dieser Evidenz erkannt zu haben meint.

---

[192] Descartes, Med. z.B. III, 4 [33]; V, 6 [78]; V, 17 [86]; Erwiderung auf die fünfte Einwendung 386.

Descartes geht in allen für die Zweifelsüberwindung relevanten Argumentationen von der fraglosen Evidenz aus, daß nur das, was sich als ein Etwas festhalten läßt, erkennbar ist. Deshalb widmet er dieser Voraussetzung gar keine eigene Reflexion und thematisiert sie an keiner Stelle. Er stützt sich einfach auf sie, wenn er alles, was ihr nicht genügt, in Zweifel zieht – die Sinne, die dasselbe immer wieder anders zeigen, die Meinungen und Vorurteile, die von demselben zu anderer Zeit oder an anderen Orten anderes behaupten usw. – und allein das als wahr und wirklich gelten läßt, was sie ihm zu erfüllen scheint.

Descartes stützt sich aber nicht nur auf sie, er macht sie – in eben dem unreflektierten Vorverständnis, in dem er sie für evident gegeben hält – zum Inhalt dessen, was er mit ihrer Hilfe bewiesen hat. Da das Denken das einzige ist, was in aller Diversität seiner Inhalte, identisch es selbst bleibt, und da nur dieses Identische klar und deutlich erkennbar und deshalb dem Denken evident ist, gibt er dem Denken genau diese Prädikate, in denen ausgedrückt sein soll, was Denken seinem Wesen nach ist:

Es ist das, was eine Vielheit (=eine ‚Mannigfaltigkeit') zu einer Einheit macht und diese Einheit als unmittelbar evident und gewiß erfährt. Denken ist einfach und allein das, was Etwas-Sein und damit Gegenständlichkeit stiftet.

Die spezifische Eigentümlichkeit des Denkens als eines rationalen Urteils- oder Schlußaktes gerät dabei nicht nur aus dem Blick, Descartes bestreitet diese Differenz des Denkens im rationalen Sinn gegenüber anderen ‚mentalen' Akten ausdrücklich: Auch das Wahrnehmen, das Vorstellen, das Meinen, das Träumen, alle die Akte, die ihm als Beispiele für dunkle und konfuse Erfahrungen gedient hatten, die keine Evidenz im Denken haben (und daher von ihm „streng geschieden werden" müssen), werden nun zu Denkakten erklärt, sofern wir auch in ihnen Erfahrungen machen, die uns unmittelbar evident sind, weil sie als eine klar und deutlich unterschiedene Einheit erfahren werden.

In dieser Gleichsetzung des Denkens mit Erfahrungen, die eine unmittelbare Evidenz und Gewißheit für uns haben, liegt der Ursprung des modernen Bewußtseinsbegriffs.

Denn Bewußtsein heißt eben dies: sich der Gegenwärtigkeit eines Inhalts im ‚Denken' unmittelbar gewiß sein, und, sofern unmittelbare Gewißheit ‚evident erkannt sein' meint: sich der Distinktheit dieses Inhalts gewiß sein. Bewußtsein ist in diesem Sinn primär Gegenstandskonstitution: aktiv reflexiver Nachvollzug der Erfahrung einer identisch bleibenden Einheit in der Vielheit ihrer Daten.

Gewonnen ist dieses ‚kritische' Wissen um die Identität und damit die Gegenstandseinheit stiftende Leistung des ‚Denkens' aber nicht aus einer Analyse der spezifischen Akte, die das Denken vollziehen muß, um etwas als etwas Identisches erkennen zu können, sondern aus dem bloßen Faktum, daß das Denken etwas, ja das einzig Identische ist, das wir sicher erkennen können.

Der Inhalt dieses Faktums ergibt sich, wie gezeigt, aus dem Weg, der ‚Methode', in der es im Prozeß der ‚Analyse' gewonnen wurde.

Daß es das gegenüber jedem Zweifel Sichere ist, weiß ‚ich' ja daher, daß mein ‚Gedanke' als Gedanke genauso wie das Denken selbst, etwas immer Identisches ist. Wenn ich die ‚Idee' oder die Empfindung ‚kalt' habe, ist diese Idee als Idee etwas identisch Bestimmtes, d.h., in ihr sind die verschiedenen Momente, die – zu Recht oder zu Unrecht – zu der Empfindung ‚kalt' in mir beitragen, in einer einheitlichen Vorstellung oder Empfindung geeint.

Diese zu einer Einheit verbundene Vorstellung (Empfindung, Idee usw.) finde ich im analytischen Rückgang auf das ‚Denken selbst' in mir vor und weiß deshalb, daß der einzige Grund dieser Einheit nur mein Denken selbst sein kann.

Dies ist das Faktum, das mir ‚klar und deutlich' bekannt ist. Ist man der Argumentation Descartes' bis hierher gefolgt und hat akzeptiert, daß in diesem Faktum das Denken als es selbst erfaßt ist, dann ist Denken nichts anderes, als sich bei einer ‚gegebenen', d.h. irgendwie zustande gekommenen Vorstellungseinheit, bewußt zu werden, daß ich sie als etwas Identisches erfahren habe, und daß daher alles, was von ihr ‚rational', d.h. bewußt, erkannt werden kann, in der Reproduktion dieser Identität liegt.

7 c. Die Erhebung des Bewußtseins zum Inbegriff der Rationalität des Menschen: Die Folge einer Verwechslung einer Wirkung des Denkens mit dem Denken selbst

In der im letzten Kapitel beschriebenen Auffassung von dem, was Denken, genauer: was Bewußtsein ist, haben die meisten der Probleme, die im Vorausgehenden zu diskutieren waren und die vielfach bis heute der sog. Identitätsphilosophie oder dem Logozentrismus der Moderne angelastet werden, ihren Grund: Die Identitätsstiftung durch das Bewußtsein ist grundsätzlich eine bloße Setzung (‚Konstitution'). Sie ist durch eine Ab-straktion von allen inhaltlichen Aspekten eines Gedankens (Gefühls, einer Empfindung usw.) zustande gekommen und hat ihren Rechtsgrund in nichts als in der Überzeugung, daß das, was in einem solchen Abstraktionsprozeß übrig bleibt, das einzig sichere Wissen von diesem Gedanken bildet. Da dieses ‚Wissen' als eine unmittelbar evidente Gewißheit gilt, muß das Bewußtsein die diese Gewißheit implizit tragende Überzeugung „das, was ich eben erfahren (wahrgenommen, gefühlt, gedacht) habe, ist etwas Identisches" als Basis seines Wissens anerkennen und sich durch diese Zustimmung überhaupt erst einen Gegenstand verschaffen.

Das ist aber nicht nur eine bloße Setzung, ‚Konstitution', es ist zugleich eine fixierende Festlegung dieser Erfahrung. Sie wird in der Form, in der ich sie gerade als gegebenen Inhalt meines Bewußtseins vorfinde, zu etwas I-dentischem erklärt.

Nun ist aber keine Erfahrung, so, wie ‚ich' sie jetzt habe, ein in sich identisches Etwas: Die Kälte, die ich jetzt empfinde, ist nicht dieselbe, die ich zu anderer Zeit, an anderer Stelle empfinde. Der Zorn, die Liebe, das Wohlwollen und andere Gefühle, die jemand fühlt, sind nicht eine identisch beharrende Substanz, sondern sind immer wieder neuer Füllungen durch neue Erfahrungen fähig. Sie sind meist nicht einmal in der unmittelbaren Form, in der sie in einer bestimmten Zeit erfahren werden, etwas Identisches. Wer sich ‚unmittelbar bewußt ist', Wohlwollen oder Liebe zu empfinden, hat sehr oft in Wahrheit gemischte Empfindungen. Der Fan, der einen Star ‚liebt', kann trotz der unschuldigsten Gewißheit seiner Liebesgefühle in Wahrheit eine Gefühlsmischung aus Stolz, Gefallsucht, Liebe usw. haben.

Descartes' Regel: „Was immer die Liebe in Wirklichkeit sein mag, von meinem Gefühl der Liebe weiß ich ganz sicher, daß es eben das ist, was es ist", ist nichts als ein Sophismus. Diese Regel wäre nur dann zutreffend, wenn es bei Gefühlen gar nicht darauf ankäme, daß man tatsächlich ein bestimmtes Gefühl hat, sondern wenn es genug wäre, sich derartiges einzubilden.

Die Folge wäre dann freilich, daß das Zeugnis unseres unmittelbaren Bewußtseins von einem Gefühl selbst dann untrüglich wäre, wenn wir gerade dieses Gefühl überhaupt nicht haben. Genau dies aber kommt – und hier wäre den Philosophen und Psychologen vielleicht eine gewisse Literaturkenntnis sehr hilfreich – keineswegs selten vor. Wenn Manfred Frank die Untrüglichkeit, in der wir uns eines unmittelbaren Gefühlserlebnisses sicher seien, gerade am Beispiel des Verliebtseins exemplifiziert, so kann und muß man darauf hinweisen, daß gerade dieses Gefühl oft eine reine Illusion ist, deren tatsächliche Gefühlsbasis z.B. ein sinnliches Begehren, ein Bedürfnis nach Anerkennung und Schutz und vieles andere mehr sein kann, das aber ganz als ‚Liebe' empfunden wird[193].

Dazu, wie derartige Verwechslungen zustande kommen, hat die Analyse der Gefühle durch Platon und Aristoteles Einleuchtendes zu sagen. Einige wichtige Aspekte dieser Analyse werde ich unten darzulegen versuchen. Die eben genannten Beispiele genügen aber wohl schon, um klar zu machen, daß die Frage, wann wir uns sicher sein können, ein bestimmtes Gefühl oder gar eine bestimmte ‚Idee' zu haben, nicht einfach durch die Beschränkung auf die subjektive Dimension gelöst werden kann.

‚Irrtumsimmun' ist das ‚unmittelbare Bewußtsein' von einem Gefühl nur in dem trivialen Sinn, daß das Bewußtsein von einem Gefühl in dem Augenblick, in dem man es hat, eben das Bewußtsein von diesem Gefühl ist. Da das Bewußtsein von etwas aber ebenso gut Wissen, Wahrnehmung wie Traum, Wahn, Einbildung usw. sein kann, kann das Bewußtsein von der Identität eines Gefühls mit sich selbst eben auch die Identität einer Einbildung mit sich selbst meinen. Wenn ich mir einbilde, verliebt zu sein, bilde

---

[193] Manfred Frank, Theorie des Selbstbewußtseins, in: ders., Selbstbewußtsein und Selbsterkenntnis. Essays zur analytischen Philosophie der Subjektivität, Stuttgart 1991, 205: „Wenn ich in V. verliebt bin, (...) habe (ich) davon Bewußtsein auf eine irrtumsimmune Weise".

ich mir ein, verliebt zu sein. Diese allem Zweifel enthobene Wahrheit hat mit der Frage, ob mein – in der Dimension der Subjektivität erfahrenes - Gefühl wirklich das ist, was – in der Dimension der Subjektivität – zu Recht als ein Gefühl der Verliebtheit erfahren werden kann, nichts zu tun.
Kants Formulierung

> „Ich bin mir doch meiner Vorstellungen bewußt; also existieren diese und ich selbst, der ich diese Vorstellungen habe. Nun sind aber äußere Gegenstände (die Körper) bloß Erscheinungen, mithin auch nicht anders, als eine Art meiner Vorstellungen, deren Gegenstände nur durch diese Vorstellungen etwas sind..." (Kant, KrV A 370)

enthält eine für die neuzeitliche Erkenntnistheorie verhängnisvolle Zweideutigkeit: Logisch korrekt ausgelegt ist damit nichts weiter gesagt, als daß man eine Vorstellung, die man hat, hat. Auch daß diese Vorstellung *existiert*, heißt nicht mehr, als daß sie als eben diese Vorstellung existiert. Im Sinn der subjektivistischen Erkenntnistheorie soll dieser Satz aber besagen:
„Meine Vorstellung von mir selbst ist wirklich eine Vorstellung von mir selbst, meine Vorstellung ‚Kälte' ist – für mich – wirklich eine Vorstellung ‚Kälte', meine Vorstellung ‚Mensch' ist – für mich – wirklich eine Vorstellung ‚Mensch' usw., auch wenn ich nicht weiß, was dieser Vorstellung ‚objektiv' entspricht."

Die ‚kritische' Einschränkung ‚für mich' hat für die Prüfung einer Erkenntnis keinerlei Kriterienfunktion. Nach außen ist sie nichts als ein subjektives Diktat, das demjenigen, der gute Gründe hat, mein ‚Wohlwollen' für Neid zu halten, rationale Argumente verweigert, nach innen ist sie Anlaß zu vielfältiger Selbsttäuschung.

Allein dies, daß diese unmittelbare Identitätsevidenz Sicherheitskriterium für Wahrnehmungen, Vorstellungen, Gefühle so gut wie für Begriffe sein soll, ist hinreichender Grund, sie für unzureichend zu halten.

Sie hat aber, und das ist es, worauf ich hier vor allem die Aufmerksamkeit lenken möchte, ihre Überzeugungskraft von etwas, was von und seit Descartes nicht mehr reflexiv thematisiert wird: Die untrügliche Gewißheit, die ‚ich' von etwas habe, hängt ab von der Überzeugung, daß ich mir eines Etwas, das genau es selbst und nichts anderes ist, gewiß bin.

Im Sinn der von Descartes bis Manfred Frank (und vielen anderen) immer wieder vorgebrachten Argumentation soll es dagegen die Unmittelbarkeit der Selbstgewißheit von einer inneren, ‚mentalen' Erfahrung sein, die uns ihre Sicherheit garantiert.

Diese Überzeugung hat aber nicht nur dazu geführt, daß heute das, was Bewußtsein zu Bewußtsein macht und den Menschen von einem bloß physikalisch-physiologisch bestimmten System abhebt, von Geistes- wie Naturwissenschaftlern in dem gesucht wird, was sich schlechthin jeder rationalen, ‚wissenschaftlichen' Erklärung entzieht, d.h. in ganz privat intimen Erlebnissen, mit der Folge, daß der Widerspruch, oft ohne auch nur bemerkt zu werden, hingenommen wird, daß das, was die Rationalität des ‚homo sapiens' ausmachen soll, ausgerechnet in dem Irrationalsten in ihm lokalisiert wird. Diese Überzeugung steht vor allem in direktem Widerspruch zu dem erkenntniskritischen Impetus, aus dem sie gewonnen wurde.

Denn die Erfahrung, daß man von den falschesten Einbildungen, Träumen, Wahnvorstellungen dieselbe klare und deutliche Evidenzgewißheit haben kann wie von wahren Erkenntnissen, bildet den Ausgangspunkt der kritischen Zweifelsreflexion (sc. in der ersten Meditation Descartes'). Ziel dieser Reflexion oder „Meditation"[194] ist die Überwindung dieser Ununterschiedenheit von Wahrem und Falschem durch „gültige und meditierte", d.h. theoretisch geprüfte, „Gründe" (*propter validas et meditatas rationes*) (Descartes, Med. I, 14).

Diese ‚rationalen Gründe', die Descartes an vielen, immer wieder wiederholten ‚Beispielen' erläutert, sind nicht Evidenzgründe, und sie könnten dies auch nicht sein, denn die Evidenz ist im Falschen und Wahren gleich möglich. Sie bestehen vielmehr in dem Nachweis, daß die Evidenz abhängig ist davon, ob etwas als etwas Identisches unterscheidbar und festhaltbar ist. Diesen Nachweis führt Descartes, indem er von der populären Vorstellung[195] ausgeht, die Sachidentität von etwas liege in dem, was in allen Wandlungs- und Veränderungsprozessen eines Dings gleich bleibt und ihm in diesem Sinn ‚zugrunde liegt', d.h. in dem ‚*subiectum*' aller Akzidenzien dieses Dings.

Auf diesem Weg kommt Descartes zu dem Schluß, ein Ding werde an dem in allem Wandel seiner sinnlichen Erscheinungsformen Gleichbleibenden erkannt und deshalb nicht mehr an etwas, das in einer konkreten Wahrnehmung anschaubar ist, sondern an etwas, das nur noch in einem „rein geistigen Einblick" erfaßt werden kann (Descartes, Med. II, 27).

Von all dem, was auf diese Weise gleich bleibt, sei aber „das Denken selbst" das am meisten, ja absolut Gleichbleibende, weil es als die Möglichkeit zu allen erkennbaren ‚Einblicken' nichts von ihnen allen und daher ganz sicher immer dasselbe sei. Das menschliche Denken sei deshalb „reine Substanz", denn

> „wenn auch alle seine Akzidentien sich ändern, so daß es anderes einsieht, anderes will, anderes empfindet usw., der menschliche Geist wird dadurch niemals ein anderer [sc. sondern bleibt immer er selbst]." (Descartes, Med. Synopsis 4)

Die ‚analytische' Methode, so wie sie Descartes als Suche nach dem in allem Identischen durchführt, bringt also das Ergebnis, daß das Identische das ist,

---

[194] ‚*Meditatio*' ist die lateinische Übersetzung von griechisch ‚*theôria*' (θεωρία).

[195] Es ist genau diese populäre, ‚für uns frühere', d.h. aus einem anschaulichen Denken gewonnene, Vorstellung vom Wesen einer Sache, die Aristoteles in seiner Abhandlung über die begriffliche Bestimmung von Einzeldingen (im 7. Buch seiner *Metaphysik*) als völlig unzureichend ausschließt. Das ‚in allem Wandel Gleichbleiben' ist etwas, was das wesentliche Sein einer Sache mit der Materie einer Sache gemeinsam hat. S. genauer unten S. 491ff.

was nichts von allem Einzelnen ist, das sein und gedacht werden kann, sondern das absolut unbestimmt ist.

Die Bestimmung des Menschen durch seine Unbestimmtheit ist daher nicht erst Folge der Wende der Postmoderne gegen die Identitätskonzepte der Moderne. Sie ist eine direkte Konsequenz aus der Art und Weise, wie sich das Subjekt der Moderne in seiner Identität erfährt. Wie sich gezeigt hat, führt die Erkenntnissicherung in der Identitätsgewißheit des ‚Ich denke' bereits Descartes selbst dazu, den Unterschied zwischen rationalen und nicht-rationalen Inhalten des Denkens wieder aufzuheben. Wahrnehmen, Meinen, Träumen sind, sofern ich mir ihrer subjektiv gewiß bin, ebenso meine Denkakte wie das rationale Denken selbst. Daß damit die Geschichte der Rationalität des modernen Subjekts zugleich eine Geschichte des Wahnsinns ist, hat Derrida in einer scharfsinnigen Descartes-Interpretation gegen Foucault aufgedeckt[196].

Das eigentliche Evidenz- und Gewißheitskriterium ist für Descartes also unzweifelhaft, ob etwas sich als ein identisches Etwas unterscheiden läßt. Aus der Erfüllung dieses Kriteriums gewinnt das Denken erst die Gewißheit, etwas mit völliger Sicherheit und Evidenz erkannt zu haben. Das heißt: das, was als etwas Bestimmtes präzise unterschieden ist, ist dem Denken mit klarer Deutlichkeit gegenwärtig.

Diese Abhängigkeit der ‚Evidenz im Bewußtsein' von der präzisen, weil an Bestimmtheitskriterien orientierten Unterscheidung ist für Descartes' Beweisabsicht wesentlich. Denn er sucht ausdrücklich nicht die bloße, ungeprüft zustande gekommene Evidenz im Bewußtsein, die sich auch bei Träumen, Einbildungen, ja im Wahn einstellen kann, sondern möchte in einer radikalen Umwendung von bloßen Meinungen und Phantasien hin zum Denken selbst eine Evidenz aufdecken, die nicht mehr wahr oder falsch sein kann, sondern die absolut wahr ist.

Dieser Weg könnte in aristotelischen Begriffen durchaus noch als ein Weg von dem, was ‚früher für uns' ist, zu dem, was ‚der Sache nach früher' ist, beschrieben werden. ‚Früher für uns' sind die Sinneswahrnehmungen, Meinungen usw., die uns ohne Prüfung klar und deutlich zu sein scheinen. ‚Früher der Sache nach' ist der ‚Einblick des Denkens', der etwas, z.B. ein Stück Wachs, nicht so hinnimmt, wie es ihm die Sinne darbieten, sondern der die Sache ‚Wachs' selbst aufgrund eines kritischen analytischen Rückgangs von der ‚Mannigfaltigkeit' ihrer Erscheinungen auf ihre wesentliche Identität erfaßt. Dieser geistige Einblick ist, wie auch Descartes betont, zwar dem Weg der Erkenntnis nach später, er ist aber der Grund, warum wir bereits mit den Sinnen das Wachs überhaupt als einen Gegenstand erkennen konnten. Es ist „eben dasselbe Wachs, welches wir früher", mit den Sinnen, „unvollkommen und konfus, jetzt aber klar und distinkt erkennen" (Descartes, Med. II, 28).

---

[196] Jacques Derrida, Cogito und die Geschichte des Wahnsinns, in: ders., Die Schrift und die Differenz, Frankfurt a.M. ⁶1994, 53-101.

Auf der Höhe dieser Argumentation angekommen, schiebt Descartes das Resultat seiner Wende von der konfusen zur distinkten, von einer immer wieder anderen zu einer klar unterschiedenen Evidenz gleichsam beiseite und kehrt das Abhängigkeitsverhältnis von Bestimmtheit und Evidenz wieder um.

Er hält nicht daran fest, daß nur dasjenige Klare und Deutliche als sicher erkannt gelten kann, das als etwas bestimmt Unterschiedenes erkannt ist, sondern er behauptet, alles das, was klar erkannt sei, das sei auch etwas Bestimmtes und wahr.

„Quae <ideae> sane omnes sunt verae, quandoquidem a me clare cognoscuntur, ideoque aliquid sunt, non merum nihil: patet enim illud omne, quod verum est esse aliquid; et iam fuse demonstravi illa omnia, quae clare cognosco, esse vera."

„Alle diese Ideen sind wahr, eben weil sie von mir klar erkannt sind. Deshalb sind sie etwas Bestimmtes, kein bloßes Nichts: es ist nämlich evident, daß alles das, was wahr ist, etwas Bestimmtes ist; und ich habe schon ausführlich bewiesen, daß alles das, was ich klar erkenne, wahr ist." (Descartes, Med. V, 78)

In der französischen Ausgabe umschreibt Descartes den Begriff des *aliquid* mit: *quelque chose de réel, et de positif* und macht damit auch in Bezug auf die traditionelle scholastische Begrifflichkeit deutlicher, was er unter einem ‚bestimmten Etwas' verstanden wissen will: ‚realis' ist in der scholastischen Tradition, auf die Descartes hier Bezug nimmt, nicht Bezeichnung für die äußere Wirklichkeit, sondern als Adjektivbildung zu ‚res', ‚Sache' Bezeichnung für das, was zu einer bestimmten Sache selbst und nicht nur zu einem Akzidens gehört.

Descartes verwechselt, ‚konfundiert' ganz offenkundig die Wirkung richtigen Denkens, daß nämlich das richtig Gedachte besondere Überzeugungskraft und Evidenz für uns hat, mit dem richtigen Denken selbst und läßt ganz unbeachtet, wie nachdrücklich er selbst dargelegt hatte, daß dieselbe Wirkung auch von falschem, ja wahnhaftem Denken ausgehen kann.

Da diese Wirkung auf der Überzeugung beruht, eine Vielheit von Erfahrungsaspekten als eine Einheit erfahren zu haben, die wirklich ein Etwas ist, konzentriert sich die auf Descartes folgende Philosophie der Moderne in vielen ihrer Schulen und Richtungen auf die reflexive Vergewisserung des Vorgangs, wie das ‚Denken' eine ihm ‚gegebene' Vielheit von Daten als eine Einheit erfährt. Auch die Opposition gegen diese ‚rationalistischen', ‚transzendentalen', ‚idealistischen' Konzeptionen von Philosophie bezieht sich fast durchweg auf diesen entleerten Denkbegriff, dem sie die Überzeugung entgegensetzt, daß die in unmittelbarer Evidenz erfahrene Einheit eine ‚rationale' Identitätsrekonstruktion nicht nötig hat, ja, daß sie durch sie nur entstellt und ‚vergegenständlicht' werden kann.

Deshalb ist es für ein Verständnis des sog. Logozentrismus der Moderne wie seines irrationalistischen (postmodernen) Gegenparts von elementarer Wichtigkeit, zu beachten, daß der verteidigte wie der angegriffene Rationalitätsbegriff auf der Verwechslung einer Wirkung des Denkens mit seinen eigentlichen Erkenntnisakten beruht. Die ‚Entdeckung' des ‚Denkens selbst' durch die Moderne ist eben nicht die Entdeckung des Denkens überhaupt, sondern eine Richtungsänderung in der Analyse des Denkens.

Diese Richtungsänderung ist, dies sollte die etwas ausführlichere Behandlung des Verhältnisses von Beweiskriterien und Bewiesenem bei Kant und Descartes zumindest plausibel machen, nicht ein unvermittelter Neueinsatz, sondern ist Resultat eines neuen, oder vielleicht muß man korrekter sagen: eines erstaunlich nachlässigen und vereinfachenden Umgangs mit einer hochdifferenzierten Schultradition, aus der einige rudimentäre Prinzipien und Methoden herausgebrochen und im Sinne eines Common sense-Denkens zu einem neuen Ganzen verbunden werden.

Die Vereinfachung besteht vor allem darin, daß das sachlich leitende Kriterium der begrifflichen Analysen nicht mehr verstanden und als solches beachtet wird. So kommt es zu der (unmethodisch-unkontrollierten) vollständigen Abstraktion bei der Analysis und dadurch zu dem Eindruck, rationales ‚Zergliedern' und begriffliches Denken seien als solche von sich selbst her absolut leer und verlören sich in völliger Unbestimmtheit.

Zugleich entsteht damit der Eindruck – und die auf diesen Eindruck sich gründende Überheblichkeit gegenüber Mittelalter und Antike besteht bis heute weiter –, als sei jede Einsicht in die Natur des menschlichen Denkens, die sich nicht auf der ‚Höhe' des neuen Begriffs von Denken bewegt, nicht nur ein vielleicht der Korrektur und Ergänzung bedürftiges, sondern überhaupt noch kein Verständnis von dem, was Denken ist.

In Wahrheit stützt sich dieses neue Denken – wie sich bei Descartes noch ganz konkret belegen läßt – auf genau die Prinzipien, Begriffe und Methoden des alten Denkens, dessen Irrelevanz es beweisen will.

Der Unterschied zwischen den beiden Denkformen wird sich in differenzierter Weise erst darstellen lassen, wenn die platonisch-aristotelische Erkenntnisbegründung etwas ausführlicher behandelt ist. Die Grundzüge dieses Unterschieds möchte ich aber doch vorweg andeuten, um die Richtung der folgenden Argumentation klarer verfolgbar zu machen.

Wenn man nicht davon ausgeht, daß sich das Denken seiner selbst und seiner Vorstellungen doch gewiß sei, weil diese Vorstellungen als Vorstellungen jedenfalls eine als Einheit erfahrene Mannigfaltigkeit sind, sondern sich kritisch fragt, an welchen Kriterien man sich orientieren muß, um sicher sein zu können, daß man die richtige Auswahl aus der Vielheit des Unterscheidbaren zu einer Einheit verbunden hat, wird schon einer noch anfänglichen Reflexion klar, daß eine Vorstellungseinheit, ein Gefühl usw. niemals etwas unmittelbar Gegebenes sein kann, dessen sich das Denken nur noch nachträglich zu vergewissern brauchte. Wer einen Ton, einen Akkord, eine Melodie hört, muß bereits eine Vielzahl verschiedener Erkenntnisakte geleistet haben, um sich überhaupt eines gehörten ‚Gegenstands' bewußt werden zu können. Auf die Notwendigkeit, beim einzelnen Ton Anfang und Ende, Gleichheit und Verschiedenheit usw. zu unterscheiden, habe ich schon hingewiesen. Beim Hören *eines* Akkords oder *einer* Melodie ist die Erkenntnisaufgabe noch komplexer. Ungeübte können oft nicht einmal bei einer klassischen Sonatenhauptsatzform, (die ihrerseits schon die in der vorangehenden Tradition verwendeten Bauprinzipen von Kompositionen, vor allem die Fuge, wegen deren ‚scholastischer' Unanschaulichkeit ersetzen und damit das unmittelbar als schön Erfahrbare zum Prinzip erheben wollte) zwischen Themen und Überleitungspartien unterscheiden. Ihnen wird durch die Sinnlichkeit also weder in dunkel-verworrener, d.h. unbewußter, Weise noch in klar bewußter Weise ein Gegenstand gegeben, denn sie haben überhaupt keine zu einer Einheit verbundene Vorstellung, sondern in der Tat nur eine ‚Mannigfaltigkeit' von Tönen unterschieden, die es ihnen völlig unmöglich macht, sich einer gehörten Melodie als einer Melodie bewußt zu werden – sie haben eben keine Melodie, sondern nur Töne gehört. Von einer Vorgängigkeit der Erfahrung des Ganzen vor den Teilen kann hier keine Rede sein.

Daß dasselbe auch für Anschauungsgegenstände gilt, hat sich schon von vielen Aspekten her gezeigt. Es gibt weder eine sinnliche noch eine geistige Anschauung, durch die dem Denken ein Gegenstand gegeben werden könnte, dessen unmittelbare, vorbewußte Gegebenheit das Denken durch Anwendung seiner bewußten Einheitsakte ‚rational' rekonstruieren könnte. Wer Farbe und Form der Synapse (sc. in einem Gehirngewebe) nicht mit ihrer Funktion als Verbindungs- und Übertragungsorgan zusammendenken, d.h. begrifflich auf diese Funktion beziehen und als etwas, das die Ausübung dieser Funktion ermöglicht, erkennen kann, hat nicht nur keinen Begriff von einer Synapse, er ‚sieht' auch keine Synapse.

Dieses Zusammendenken und Verbinden einer Mannigfaltigkeit zu einer Einheit kann dabei im Licht ganz verschiedener Einheitsbegriffe geschehen. Wer etwa den Begriff einer Mannigfaltigkeit von Sandkörnern, also den Begriff eines Haufens bilden will, muß einen anderen Einheitsbegriff zum Kriterium nehmen als der, der die mannigfaltigen Elemente eines Heeres oder eines Freundeskreises in ihrer Einheit erkennen will. Während bei einem Haufen die Einheit der Elemente allein in der Einheit des Ortes, in dem beliebig geordnete, diskrete Elemente nebeneinander sind, liegt, besteht die Einheit eines Heeres in einer differenzierten Ordnung der Beziehung aller diskreten Elemente auf ein gemeinsames Zentrum, die eines Freundeskreises dagegen in der Identität der Beziehung aller auf eine gemeinsame Mitte (entweder auf einen einzelnen Menschen oder auf eine gemeinsame Lebenseinstellung oder ein gemeinsam verfolgtes Ziel o.ä.). Im Unterschied zu diesen aus diskreten Elementen gebildeten Einheiten besteht die Einheit einer Linie oder eines Körpers, etwa eines Hauses, überhaupt nicht aus der Verbindung einzelner diskreter, d.h. getrennt für sich existierender, Elemente, sondern hat ihren Grund in der (sc. von der Bestimmtheit der Sache geforderten) Kontinuität des Zusammenhangs.[197]

Entscheidend ist, daß im Sinn dieser ‚alten' erkenntnistheoretischen Analyse keine Erfahrung der Einheit einer Mannigfaltigkeit unmittelbar sein kann, sondern immer von der Anwendung von Einheitskriterien abhängig ist. Geht man dagegen, weil wir uns unserer Vorstellungen doch gewiß seien, von der unmittelbaren Gegebenheit einer (in sich differenzierten) Einheitserfahrung aus und läßt die Syntheseleistung des Denkens erst danach, d.h. in der vermittelnden Vergegenwärtigung dieser Einheit, einsetzen, ist die Leistung des Denkens auf die Erklärung des abstraktesten, weil jeder Einheit zukommenden Aspekts, auf das blanke Faktum der Identität einer Vorstellungseinheit mit sich selbst und damit auf einen bloß quantitativen Aspekt eingeschränkt. Denn das, was ich vorstelle, ist, was immer sein Inhalt sein mag, ein Eines der Zahl nach. ‚Der Zahl nach' meint: Es ist unter ‚rationalem' Aspekt von allen anderen Vorstellungen nur durch seine homogene numerische Identität unterschieden, alle anderen Unterschiede sind ‚materiale' Unterschiede, die jeweils aus der Empirie kommen. Die ‚rationalen' Syntheseleistungen, über die das Denken *a priori* verfügt, können daher nur in der Erklärung eines einheitlichen Erfahrungsquantums bestehen.

Das Nebeneinander des (Vorstellungs-)Raums und das Nacheinander der (Vorstellungs-)Zeit, die Beharrlichkeit und Relationalität der Einzelvorstellungen sind nichts als Weisen, ‚Modi', wie eine solche numerische Identität einer Vielheit erfahren wird. Sie bringen zu ausdrücklichem Bewußtsein, worin die abstrakteste, bei jeder Vorstellung gleiche Unterscheidungsleistung besteht.

Sie sind also in der Tat nichts als die Beschreibung der Wirkung einer Identitätsleistung des Denkens – eben des Bewußtseins von einem Unterschied überhaupt –, nicht etwa eine Analyse der diese Identität stiftenden Erkenntnisakte selbst.

So kann es nicht wunder nehmen, daß die antik-mittelalterliche Erkenntnisanalyse überhaupt nicht mehr als Beitrag zu einer kritischen Erkenntnistheorie gewürdigt wurde, ja daß das Grundprinzip dieser ‚alten' Erkenntnistheorie, das Postulat der Identität und Bestimmtheit des Erkannten, zum Erzfeind der neuen Philosophie wurde, und zwar sowohl in ihren rationalen wie in ihrer irrationalen Varianten. Wenn die unendlichen Variationen möglicher Identität und möglicher Abweichungen von Identität in ihrer Vielfalt nicht vom Denken erkannt und beurteilt werden, sondern dem Denken in einer unmittelbaren Gewißheit gegeben sind, kann und darf diese variable Identitätserfahrung nicht in die Ketten ein für alle Mal festgelegter Identitätskategorien gelegt werden.

Wäre Denken nichts anderes als die Anwendung abstrakter, immer gleicher Identitätskategorien auf eine plurale Erfahrungswelt, dann wäre in der

---

[197] Zur Diskussion der erkenntniskritischen Bedeutung der verschiedenen Begriffe von Einheit s. v.a. die Analysen bei Plotin: Enneade V,5,4,31ff.; VI,9,1,4,32; VI,6,13,18.

Tat die Priorität, die Platon und Aristoteles dem Denken über jede andere Erfahrungsform einräumen, ein Beleg für ihre Mißachtung der Welt des empirisch und historisch Einzelnen und für ihre Unfähigkeit, eine dieser empirisch wandelbaren Welt angemessene Rationalität zu entwickeln.

Es gibt aber sehr gute Gründe – und ich hoffe wenigstens einige im folgenden ihrer Differenziertheit entsprechend vorstellen zu können –, daß nicht nur Aristoteles, sondern bereits Platon eine überzeugende Konzeption einer rationalen Analyse gerade des empirisch Einzelnen vorgelegt haben.

Der gegen sie gerichtete Vorwurf trifft dagegen auf die von Descartes entleerten Identitätskategorien zu, deren Anwendung auf das Einzelne nicht nur eine rigorose Reduzierung auf das rein quantitativ Identische bedeutet, sondern zugleich eine willkürliche Machtausübung:

„Die Anwendung von z.B. naturwissenschaftlichen Gesetzen auf die Natur ist der Natur selbst immer äußerlich; es ist ein Akt der Machtausübung, der geistigen Beherrschung, der der Natur die Formel aufprägt. Hinter der vorgeblich wertfreien Theoria – das Wort im griechischen Sinne verstanden – steht ein ‚Wille zur Macht'."[198]

Auch wenn hinter dem Begriff der ‚Theoria' „im griechischen Sinne verstanden" gerade kein Wille zur Macht steht, da die ‚Theoria' Ermöglichungsgrund der ‚freien Künste' ist – in Bezug auf die von Nietzsche bis Foucault immer neu thematisierte Verbindung von Wissen und Macht ist die Behauptung richtig, daß sie eine Eigentümlichkeit der neuzeitlichen ‚Rationalität' von Anfang an ist. Sie ist es aber eben deshalb, weil diese sog. Rationalität nicht aus ihrem eigentümlichen ‚Werk' heraus analysiert, sondern von ihrem Effekt her betrachtet ist.

Über die Gründe, die diese Art der ‚Rationalität' zu einer Sache des Willens werden läßt, habe ich schon einiges mir wichtig Erscheinende zu zeigen versucht, auf einen weiteren Aspekt, der sich aus dem zuletzt verfolgten Zusammenhang ergibt, möchte ich noch kurz eingehen, indem ich das Verhältnis der Evidenz im Bewußtsein zu den Kriterien, durch deren Anwendung diese Evidenz erst zustande kommt, an einem analogen Beispiel verdeutliche:

Eines der zentralen Themen, die Kierkegaard immer wieder intensiv durchdacht hat, ist das Problem der Wiederholung, etwa von Stimmungen. Wenn man in einer bestimmten Stimmung war und den Versuch macht, in späterer Situation diese Stimmung wieder zu gewinnen, hat man zwei Möglichkeiten, von denen eine von Kierkegaard überhaupt nicht ins Auge gefaßt wird. Wenn man eine bestimmte Musik gehört hat oder im Freundeskreis ein bestimmtes Thema diskutiert hat und dadurch in eine sehr angenehme Stimmung gekommen war, die man wiederholen möchte, kann man versuchen, sich an das Erlebte zu erinnern, sich in die gleiche Gefühlslage hinein zu versetzen, d.h.: man kann seine Aufmerksamkeit auf die Stimmung kon-

---

[198] Manfred Frank, Was ist Neostrukturalismus?, Frankfurt a.M. 1983, 35.

zentrieren, in der man sich befunden hatte, und man wird sich, wie Kierkegaard einleuchtend vorführt, vergeblich bemühen, das unwiederbringlich Einmalige wieder herzustellen.

Man kann sich aber, anders als Kiekegaard, auch darauf besinnen, daß diese Stimmung nicht aus dem Nichts entstanden, sondern ein Effekt war. War dieser Effekt in der Sache begründet, z.B. weil man von einer Passion Bachs deshalb ergriffen war, weil man die in ihr intendierte Aussage wirklich begriffen hatte, oder weil die richtig erkannte Bedeutung des gemeinsam erörterten Themas Ursache der begeisterten Gestimmtheit unter den Freunden war, dann braucht man sich nicht in die damalige Stimmung zurück zu versetzen, sondern man muß sich mit gleicher Konzentration mit derselben Sache beschäftigen und die gleiche Stimmung wird sich – wie auch beim ersten Mal – als Folge oder Begleitmoment dieser seelischen Aktivität von selbst einstellen.

War die frühere Stimmung aber Folge eher abstrakt unbestimmbarer Gründe, etwa weil man den ersten Eindruck von einer fremden Musik oder von einem fremden Menschen aus einem noch ganz oberflächlichen Eindruck gewonnen hatte, wird man sich vergeblich bemühen, die frühere Stimmung zu wiederholen, bzw. man wird nur in dem Maß und mit den Abstrichen Erfolg haben, in dem die Gründe nicht beliebig waren. Auch dies letztere aber wird nur gelingen, wenn man sich tatsächlich wieder auf diese Gründe konzentriert, d.h. genauer, die (seelische) Tätigkeit wieder aktiviert, mit der die entsprechende Stimmung verbunden ist.

Dieser Unterschied zwischen einer aus bestimmbaren und einer aus (mehr oder weniger) beliebigen Gründen entstandenen Stimmung fällt völlig weg und verliert jede Relevanz, wenn man sich auf die Stimmung als solche konzentriert, ihre Eigenart und Stärke nachzuempfinden versucht und dergleichen. Die Erzeugung oder Wiederholung der Stimmung wird grundsätzlich zu einer Sache bloßen Wollens, einer Sehnsucht, eines Wunsches oder auch der Abscheu werden.

Die Analogie zwischen der seelischen Aktivität und der von ihr erzeugten Stimmung zur Evidenz im Bewußtsein und den erkennenden Akten, aus denen sie hervorgeht, ist, wie sich später zeigen wird, nicht zufällig. Die Analogie als solche kann aber schon zur konkreten Verdeutlichung des Problems beitragen, das sich ergibt, wenn man das ‚Werk' des Denkens von dem her zu begreifen versucht, was ihm aufgrund dieses ‚Werks' bewußt ist.

Da die Gründe für die Evidenz eines (vermeintlich) evident Erkannten bei dieser Betrachtungsweise aus dem Blick geraten, wird die seelisch geistige Aktivität, deren Resultat eine Erkenntnis ist, genauso wie eine scheinbar einfach empfundene Stimmung zu etwas ‚Naturalem', zu etwas, was scheinbar ohne unser Zutun in uns geschieht. Versucht man, sich eine solche ‚gegebene' Erkenntnis oder Stimmung bewußt zu machen, ist der Grundakt, den man dabei notwendig vollziehen muß, daß man sich bewußt wird, eine bestimmte Erkenntnis oder Stimmung (auch wenn man sie nicht benennen kann) zu haben. Das heißt: man macht das gerade Erkannte oder Empfundene zu einem Etwas, einem Gegenstand – gleichgültig ob man Heterogenes und nicht Zusammengehöriges oder sachlich miteinander Verbundenes zu einer Einheit gemacht und als solche empfunden oder ‚gedacht' hat.

Trotz der Untrüglichkeit, in der wir uns der Identität eines Gedankens oder Gefühls sicher zu sein meinen, erscheinen damit die Identitätsakte, in denen wir uns der Einheit eines Gedankens oder eines Gefühl in einem immer nachträglichen Bewußtsein vergewissern, in vieler Hinsicht als unangemessen und illegitim, ja, als die ‚Ursünde' des Denkens überhaupt.

Der Ausweg, den der neuzeitliche ‚Rationalismus' aus diesem Dilemma gesucht hat, unterscheidet sich von dem Ausweg, den die Vertreter des ‚Anderen der Vernunft' vorschlagen, nur in der Akzentsetzung, keineswegs im Grundsätzlichen.

Schon Descartes war überzeugt, die bloße Identitätsgewißheit des ‚geistigen Einblicks' in das von allen seinen äußeren Kleidern entblößte Wesen einer Sache enthalte „eben dasselbe" wie die ursprüngliche Anschauung oder die Empfindung von ihr. Traut man diese Leistung einer ‚intellektuellen Anschauung' oder einer rationalen Rekonstruktion des ursprünglich ‚Gegebenen', ‚Erlebten' usw. nicht zu und verlegt sie in die ‚unmittelbare' Gewißheit einer Intuition, eines Gefühls, eines Geschmacksurteils, einer Stimmung und dergleichen, hat man zwar anstelle einer rationalen eine irrationale Erklärung des Zustandekommens dieser Identitätsgewißheit gegeben; ihr Inhalt ist aber derselbe, denn auch er beruht auf der Überzeugung, in der authentisch gefühlten Gewißheit das unendliche Ganze eines Gegenstands, ja des Realitätszusammenhangs überhaupt zu besitzen – wenn auch auf eine rational nicht explizierbare Weise.

In beiden Fällen aber ist es eine doppelte Unbestimmtheit, die die ‚Natur' der seelisch geistigen Akte des Menschen charakterisiert: die Unbestimmtheit der unendlichen Variabilität der im geistigen Einblick oder im Gefühl umfaßten Ganzheit eines ‚Gegenstands' und die Unbestimmtheit der Willkür, in der ‚wir' etwas jeweils Empfundenes oder Gedachtes als etwas für uns in dieser jeweiligen Identität Gegebenes festsetzen.

Die Überzeugung, der Mensch sei als ‚Kulturwesen' primär durch seine der determinierten Bestimmtheit der Natur entgegengesetzte Unbestimmtheit charakterisiert, erweist sich damit nicht als eine quasi-absolute Letzterkenntnis, zu der wir durch die Selbstreflektiertheit der geschichtlichen Wandelbarkeit unseres Wesens gekommen sind, sondern sie erweist sich als ein selbst von bestimmten geschichtlichen Bedingungen abhängiges Produkt: Es ist die im späten Mittelalter und der frühen Neuzeit vollzogene Umkehr der Erkenntnisanalyse von der Analyse der Erkenntnisprinzipien selbst zu einem reflexiven Nachvollzug der Evidenz, die das Bewußtsein hat, wenn es einen irgendwie erkannten, geschauten, gefühlten Inhalt in sich vorfindet.

Entscheidend für den Vergleich mit der auf diese Weise überwundenen Erkenntnistheorie ist, daß das, was in dieser Umkehr aus dem Blick geraten ist, immer noch die implizite Basis bildet, auf der die Sicherheit und Überlegenheit des neuen Selbstverständnisses des Denkens (im weitesten Sinn) von sich selbst beruht. Wenn aber kein Weg daran vorbei führt, daß alles, was wir erkennen, anschauen, fühlen, irgendwie *etwas* sein muß, wenn wir überhaupt eine Erfahrung davon haben wollen, dann macht es nicht nur Sinn, sondern ist um einer kritischen Aufklärung der eigenen Grundlagen geboten, sich endlich wieder der langen, einsichtsreichen Tradition, die sich intensiv mit dem Problem auseinandergesetzt hat, wie und warum die begrifflichen Bedingungen des Etwas-Seins die Bedingungen der Möglichkeit von Erkenntnis und damit immanente Bedingungen der Erkenntnis selbst und nicht äußere Seinsvorgegebenheiten sind, zuzuwenden und nicht nur das gelten zu lassen, wo sie mit uns ‚schon' übereinstimmt, sondern im Gegenteil genau das einer sorgfältigen Prüfung zu würdigen, wo sie Argumente liefert, die uns fremd und unplausibel geworden sind.

II. TEIL „Konkretes Denken" als Voraussetzung einer Kultur der Ethik, der Politik und der Ökonomie bei Platon und Aristoteles

I Zur Deutung der ‚Antike' aus der Perspektive neuzeitlicher Rationalität

Aus der Perspektive des sich selbst frei bestimmenden und entwerfenden Subjekts, deren Geschichte die Kapitel des ersten Teils an einigen wichtigen Traditionslinien nachzeichnen sollten, ergibt sich eine Reihe von Grundurteilen über die Antike, die ich noch einmal kurz zusammenfassen und rekapitulieren möchte.

In dieser Perspektive erscheint die gesamte Antike als eine Zeit, die von einem ungetrübten Glauben an eine umfassende, ‚natürliche' Ordnung der Welt geprägt gewesen sei. Dieser ‚naive' Glaube ist der Gegner, der in den verschiedensten Bereichen und von unterschiedlichen Ausgangspunkten her in der Neuzeit kritisiert wird.

Ausgangspunkt dieser Oppositionshaltung ist die Auffassung, mit diesem Ordnungsgedanken sei eine unkritische Haltung gegenüber der Subjektivität des Erkennens und eine Entfremdung des Individuums von sich selbst verbunden gewesen. Das Individuum der Antike scheint sich – man denke nur an das Vico-Zitat zu Beginn des ersten Teils (S. 81) – aus der Abhängigkeit von einem äußerlichen Sein noch gar nicht gelöst zu haben, und es scheint noch nicht zur Erkenntnis der Autonomie der eigenen Innerlichkeit und der Wechselwirkung zwischen Subjekt und Objekt, zwischen Innen und Außen, zwischen Ich und Welt gekommen zu sein. Daher formuliert die Neuzeit in immer neuen Anläufen als ihr wesentliches Ziel, den Einzelnen aus dieser naiven Abhängigkeit von einer äußeren Ordnung zu befreien, und sucht immer neu die Einsicht in die Absolutheit des subjektiven Konstruktcharakters von Sein und Erkennen zu legitimieren.

Damit diese (jedem Einzelnen gleichsam von Natur mitgegebene) Freiheit des Subjekts gegenüber der Außenwelt – und Außenwelt ist sowohl die äußere Ordnung der Natur, des Kosmos usw., als auch die gesetzte Ordnung, also Autoritäten, gesellschaftliche Konventionen, staatliche Institutionen usw. – durchgesetzt werden kann, muß vor allem die These zurückgewiesen werden, es gebe eine in der Natur des Menschen und der Dinge begründete Ordnung, in der jedem Einzelnen und jeder einzelnen Sache ein bestimmter Platz zugewiesen ist.

Eine der ersten (und noch bis in die Gegenwart reichenden) Konsequenzen dieser Tendenz war die Auflösung des antik-mittelalterlichen hierarchisch gegliederten Wissenschaftssystems und die Betonung der Autonomie jeder einzelnen Wissenschaft.

Dies gilt besonders für die praktischen Wissenschaften, die von dem Joch der Herrschaft der Theorie befreit werden sollten und ohne diesen unnötigen Ballast sich konkret der Gestaltung der Lebenswirklichkeit zuwenden können sollten. Ebenso wie jedes einzelne Individuum der Gemeinschaft gegenüber mit dem Anspruch persönlicher Freiheit und Selbstbestimmtheit auftreten können müsse, so habe die praktische Philosophie gegenüber der Erkenntnistheorie und Theologie ihr eigenes Recht und ihre eigenen Gesetzmäßigkeiten.

Auch innerhalb der Wissenschaft vom konkreten Handeln können sich einzelne funktional unterschiedene selbständige Bereiche etablieren: Die Wissenschaft von der Ökonomie, d.h. vom Menschen, sofern er ein wirtschaftlich Handelnder ist, wird jetzt getrennt von der Wissenschaft vom Staat und diese wiederum von der Wissenschaft vom ethischen Handeln usw.; eine jede soll ihre eigene Daseinsberechtigung haben und mit den anderen auch nicht kommensurabel sein.

Auch in Antike und Mittelalter hat es freilich eine Unterscheidung – und zwar eine eindeutige und beachtete und eingehaltene Unterscheidung – zwischen einzelnen nach ihrem jeweiligen Gegenstand bestimmten Wissenschaften gegeben. Auch in Antike und Mittelalter gab es nicht einfach eine ursprüngliche und unzergliederte Einheit der Gesamtheit des Wissens (sc. zu der man in einer nostalgischen Rückwendung aus dem Leiden an der modernen Partikularisierung wieder zurückkehren wollen könnte). Die Einheit dieses Wissenschaftssystem ist alles andere als ‚ursprünglich' und ‚unzergliedert', im Gegenteil, sie ist, dafür soll das folgende wenigstens einige elementare Gründe beibringen, hoch differenziert und reflektiert.

Der Unterschied zur Abgrenzung der Disziplinen im antik-mittelalterlichen *ordo* der Wissenschaften liegt in der ‚modernen' Behauptung der absoluten Autonomie und Eigenursprünglichkeit, d.h. in der Behauptung, eine jede einzelne Disziplin trage ihre sie begründenden Prinzipien in sich selbst und könne daher an den Maßstäben einer anderen Wissenschaft gar nicht gemessen werden. Deshalb geht es in der heute immer wieder geforderten und versuchten Vernetzung unter den einzelnen Disziplinen auch lediglich darum, verschiedene ‚Zugänge zur Wirklichkeit' und ‚Perspektiven der Wirklichkeitsrepräsentation' vergleichend nebeneinanderzustellen. Da es kein sachliches, verschiedene Wissenschaften verbindendes und von diesen unabhängiges Prinzip gibt, können zusammenstimmende Ergebnisse nur zur Kenntnis genommen, aber nicht auf den Grund ihrer Parallelität hin analysiert werden, außerdem kann nur darauf vertraut werden, daß aus der Summe des Zusammengestellten auf irgendeine, selbst nicht rational zu erklärende Weise irgendein Fortschritt ‚emergiert'. Abgeleitet und ‚vorausgesagt' werden kann ein solcher Zuwachs und Fortschritt aus dem Ganzen nicht. Sogenannte ganzheitliche, ‚holistische' Wissenschaftsansätze bleiben so immer irrational, d.h. unwissenschaftlich.

Das Beispiel der neoklassischen Wirtschaftstheorie

Ein Beispiel für eine solche Abgrenzungsstrategie der Neuzeit auf dem Gebiet der praktischen Philosophie und Wissenschaft ist die (explizit anti-aristotelische) Formulierung der klassischen und neoklassischen Wirtschaftstheorie, deren Prinzipien und Grundthesen Scott Meikle in einer wichtigen Studien über die Ökonomik bei Aristoteles zusammengestellt hat[199].

Die Prinzipien, die Scott Meikle ermittelt hat, sind:
1. die Bestreitung des ‚natürlichen' Eigenwerts der verschiedenen Produkte. Der Wert eines Produktes ergibt sich aus Marktmechanismen, aus Relationen zwischen Angebot und Nachfrage usw., jedenfalls handelt es sich dabei um einen rein faktischen Wert, einen davon unabhängigen festliegenden Sach- oder Gebrauchswert, den die Produkte allgemeinen Ordnungen oder Zusammenhängen verdanken, gibt es nicht.
2. die Ablehnung jeder Art allgemein verbindlicher Normen, Ideen, Maximen, Prinzipien usw.
3. die Trennung von Vernunft und Ethik. Daß das Wahre auch gut sei, ist letztlich ein Platonismus, der der Wertfreiheit moderner Rationalität strikt zuwiderläuft.
4. die ausschließliche Bindung der wissenschaftlichen Erkenntnis an empirische Beobachtung. Was für Aristoteles nur – zu korrigierender – Ausgangspunkt der Erkenntnis war, wird zur alleinigen Dimension der Wissenschaft.
5. die Auflösung der Begriffe von Substanz und Natur. Es gibt keine Natur der Dinge, es gibt nur die richtige oder falsche methodische Herstellung von Erkenntnis.

Es handelt sich bei diesen auch noch für die moderne Ökonomik verbindlichen Theorieelementen keineswegs um ein bloß zusammenhangloses Aggregat von Einzelaspekten, sondern sie finden, wie ich zu zeigen versucht habe, ihren einenden Gesichtspunkt in dem die gesamte neuzeitliche Philosophie und Wissenschaftstradition in ihrem Selbstverständnis prägenden Willen, den antiken Ordnungsgedanken aufzuheben, durch den die subjektive Freiheit einem äußeren Zwang unterworfen gewesen sei. Damit soll zugleich jeder Gedanke an eine Ordnung destruiert werden, die mit dem Wesen der Dinge auch den Wert, den diese Dinge für den Gebrauch des Menschen haben können, festlegt.

Die Bestreitung eines natürlichen Wertes und Gebrauchswertes der Dinge wiederum ist ein Resultat der Metaphysikkritik. Denn Metaphysikkritik meint ja: Bestreitung eines für sich seienden, unabhängig von der konkreten Einzelexistenz bestehenden Wesens der Dinge. Es soll keine ‚Katzheit' neben der konkreten einzelnen Katze geben. Die Auflösung der Be-griffe Substanz, Natur, Wesen ist eine Folge der Metaphysikkritik. Als der historische Ur-

---

[199] Scott Meikle, Aristotle's Economic Thought, Oxford 1995, 181.

sprung dieser Auflösung gilt zu Recht die nominalistische Kritik an für sich subsistierenden Allgemeinbegriffen[200], die im Sinn dieser Kritik kein unabhängiges Sein haben, sondern Produkt des Denkprozesses sind, in dem sie erst gebildet werden.

Auch im Nominalismus ist die Voraussetzung dieser Auslegung des Allgemeinen die Überzeugung, daß das Denken primär Urteilsfunktionen hat: es verbindet und trennt ihm gegebene Daten. Diese Verbindungen und Trennungen sind daher ausschließlich eigene Produkte des Denkens, Anspruch auf denkunabhängige Wirklichkeit haben nur die dem Denken gegebenen, von ihm noch nicht überformten Sinnesdaten selbst. Das in unmittelbarer Wahrnehmung empirisch gegebene Einzelne ist so seit dem Scotismus und Ockhamismus des späten Mittelalters Ausgangspunkt des Denkens und zugleich sein einzig zuverlässiges Kriterium. Alle vom Denken hergestellten Allgemeinbegriffe müssen an ihm zuletzt wieder überprüfbar sein.

Eine Reihe der Probleme, die sich aus diesem Ansatz ergeben, habe ich schon darzulegen versucht, im Folgenden kommt es mir darauf an, den Blick auf Konsequenzen, die man in der Gegenwart aus diesen Problemen zieht, zu lenken, um dabei die Schwierigkeiten aufzuweisen, die eine bestimmte Art des Rückgriffs auf antike Lösungen, wie sie neuerdings immer wieder gesucht wird, mit sich bringt.

Der unmittelbare Eindruck, der sich aus der nominalistischen Gegenbewegung gegen die antike hierarchische Wissenschaftskonzeption ergibt, war zunächst der einer Befreiung: der Befreiung von Zwang und von einer Beschränkung, die die freie Entfaltung des Einzelnen, aber auch einzelner Forschungen und die Erzielung konkreter Ergebnisse zuvor verhindert und zu einer Erstarrung der Gesellschaft, des Staatswesen sowie auch der theoretischen Naturwissenschaften geführt hatte.

Trotz der unbestreitbaren – und auch gegenüber der Antike wichtigen – äußeren Fortschritte in Technik und Wissenschaft und auch der direkt ablesbaren Konsequenzen dieses neuen Selbstbewußtseins der praktischen Wissenschaften für die Neuorganisation des gesellschaftlichen und politischen Lebens sind aber gerade heute auch die negativen Auswirkungen dieses Befreiungsschlages nicht zu leugnen und zu übersehen.

So konstatiert man heute nahezu in allen Bereichen, in der Strafrechtslehre, in der Ökonomie oder in der Bestimmung des Verhältnisses des Einzelnen zu den staatlichen Institutionen usw., und in jüngster Zeit besonders in den Biowissenschaften und der Biotechnologie, immer wieder eklatante Defizite in der Möglichkeit der Begründung und Rechtfertigung zentraler und praktisch relevanter Konzepte und weist auf Gefahren und Mißstände hin, die unmittelbar zurückführbar sind auf den Autonomieanspruch der einzelnen Disziplinen. Man braucht nur an die vielen gegenwärtigen Diskussionen über die Berechtigung der Anwendung ethischer Maßstäbe im

---

[200] S. z.B. Günther Mensching, Das Allgemeine und das Besondere. Der Ursprung des modernen Denkens im Mittelalter, Stuttgart 1992.

Umgang mit den Ergebnissen naturwissenschaftlicher Forschungen oder technischer Möglichkeiten und über die Inhalte der Maßstäbe und die Frage, wem die Kompetenz zugesprochen wird, diese Maßstäbe festzulegen, zu erinnern.

War für den Ökonomen Finley (d.h. für die 70er Jahre) z.B. die Tatsache, daß Aristoteles' Vorstellungen über die Regelung von Wirtschaftsabläufen vor allem aus ethischen Prinzipien abgeleitet sind, noch Grund genug, diese Vorstellungen für unökonomisch zu halten, zeugen viele Abhandlungen, Kongresse, Symposien, Kommissionen zur Wirtschaftsethik heute von der Relevanz, die man ethischen Steuerungselementen in der Wirtschaft wieder zuerkennt[201].

Das aktuelle Interesse an den ökonomischen Analysen des Aristoteles und des von der aristotelischen Theorie geprägten Mittelalters ist Ausdruck des zunehmenden Bedürfnisses, wirtschaftspolitische Entscheidungen wieder an moralische Wertmaßstäbe zu binden. Es ist aber auch Ausdruck des Ressentiments gegen eine Reduzierung des Menschen auf einen bloßen Funktionsträger im Marktgeschehen und des Zweifels an der angeblich ‚rationalen', autonomen Eigengesetzlichkeit des Marktgeschehens.

Problematisch an dem neuen Interesse ist aber zweifellos, wenn dadurch eine gerechte Würdigung des sachlichen Wertes der antik-aristotelischen Theorien ermöglicht werden können soll, daß dieses neue, aktuelle Interesse noch immer unter dem Vorbehalt steht, der Glaube an die Möglichkeit, zwischen rationaler Wissenschaft und Moral einen begründeten Zusammenhang herzustellen, könne einer kritischen Analyse nicht standhalten, sondern sei letztlich eine Illusion, die sich in der Realität – zumindest in der modernen Welt, in der wir heute leben – nicht verifizieren lasse. Solange die Prämisse, der Grundfehler antiken Denkens sei eine unkritische, passive Haltung gegenüber unserem Erkennen, nicht in Frage gestellt wird, muß das Interesse an Aristoteles als nur nostalgische Wendung zurück zu einer in der Entwicklung der abendländischen Rationalität längst erschütterten Einheit und Ganzheit gelten.

Aber trotzdem: Es gibt heute offenbar wieder eine Sensibilität und Offenheit gegenüber Alternativen in der Grenzziehung zwischen den Wissenschaften, zwischen Ethik, Wirtschaftstheorie, Naturwissenschaften, und insbesondere auch den Wunsch nach einem neuen Konzept, in dem die vereinzelten Wissenschaften nach einem gemeinsamen Maßstab und nach gemeinsamen Prinzipien miteinander kommunizieren und zusammenarbeiten.

Die Situation scheint also günstig, den Blick auf eine Konzeption von Wissenschaft und gesellschaftlicher Praxis zu wenden, die nicht mit den im Eingangsteil ausführlich diskutierten Hypotheken und Aporien des neuzeitlichen Rationalitätsbegriffs belastet ist.

---

[201] S. dazu unten S. 434ff. mit Diskussion der einschlägigen Forschungen zu dieser Frage.

Die These des Folgenden ist, daß die antik-platonische und aristotelische praktische Philosophie grundlegende und hoch differenzierte Ansätze zu einem solchen Konzept bietet. Dabei muß der erste Schritt sein, die Frage zu stellen, ob die Abwendung von dieser Konzeption, die die Neuzeit vollzogen hat, in der Sache begründet war, und ob die Antike tatsächlich unkritisch, naiv, d.h. zum Beispiel: ohne Wissen um die Bedeutung des Individuellen, war.

Nur wenn dieser Vorwurf entkräftet oder in Frage gestellt werden kann, kann ernsthaft darüber nachgedacht werden, ob die Ansätze der platonisch-aristotelischen Tradition eine sachliche Alternative auch für die heutige Gesellschaft sein können, ob also dieser Blick zurück nicht nur einem historischen Interesse entspringen, sondern zugleich auch ein Blick in die Zukunft sein kann.

Angesichts der vielen Versuche, eine mögliche Relevanz antiker Positionen für die Gegenwart dadurch zu erweisen, daß man ihnen bestätigt, moderne Ansätze bereits vorweggenommen zu haben, möchte ich allerdings feststellen, daß eine ganze Reihe der Überzeugungen, die der Neuzeit befremdlich sind, so gut belegt und in einer Vielzahl von Texten so klar (und ausdrücklich) begründet sind, daß sie eine solche Aneignung nicht zulassen. Sie müssen in ihrer Andersheit gegenüber dem uns Vertrauten also zunächst einmal anerkannt werden, auch wenn dann – in einem zweiten Schritt – geprüft werden kann, ja muß, ob dieses uns nicht Vertraute nicht dennoch verbindlich und relevant für uns sein und durch diese Erkenntnis von einem Fremden zu einem Vertrauten werden kann.

In diesem Sinn muß auf jeden Fall festgehalten werden: Die platonisch-aristotelisch geprägte Wissenschaftstradition versteht tatsächlich die einzelnen Disziplinen als Teile *eines* Gesamtsystems des Wissens – als Entfaltungsmöglichkeiten einer Vernunft in verschiedenen Anwendungsbereichen –, die jeweils ihre ganz bestimmte Funktion für das Ganze erfüllen und die auch einen ganz bestimmten Platz innerhalb dieses Systems haben. Sie können nicht alle gleichberechtigt und unabhängig voneinander gedacht werden, sondern es gibt über- und untergeordnete Wissenschaften, und die niedrigeren leiten ihre Prinzipien aus den ihnen vorgeordneten ab und können sich zu ihrer Begründung auch auf diese berufen.

Außerdem gilt, daß jeweils das, was allgemeiner ist, dem Besonderen und Spezifischeren vorgeordnet ist und dieses begründet. Das bedeutet für die praktischen Wissenschaften, daß sie abgeleitet werden aus den theoretischen Disziplinen.

Es gibt keine absolute Autonomie der einzelnen Disziplinen, sondern eine jede hat ihr eigenes (relativ unabhängiges) Recht nur innerhalb ihres genuinen Gegenstandsbereichs: Das, was z.B. die Dimension der Arithmetik innerhalb der mathematischen Wissenschaften ausmacht, ist die diskrete Vielheit. Alle Einheiten der Arithmetik, d.h. alle Zahlen, sind diskrete Vielheiten. Die Gegenstände der Geometrie dagegen sind kontinuierliche Größen. Kontinuierliche Größen können deshalb nicht, wie es die Architekten der Renaissance versucht haben (und an diesem Versuch gescheitert sind), unmittelbar nach Zahlenproportionen geordnet werden. Bereits die Diagonale im Quadrat ist ja z.B. schon (arithmetisch) inkommensurabel.

Die erkenntnistheoretischen Grundlagen gelten als Prinzipien der praktischen Philosophie daher nicht in dem Sinn, daß es deren Aufgabe wäre, diese unmittelbar zu begründen, die Praxis vollzieht sich aber in der Orientierung an diesen Prinzipien und als Konsequenz aus diesen.

Festgehalten werden muß außerdem, daß sich diese Wissenschaftstheorie nach Kriterien richtet, die dem Anspruch dieser Theorien nach nicht bloß subjektive oder temporäre Gültigkeit, sondern apriorischen Charakter haben.

Ebenso wie sich das Denken überhaupt von sich selbst her nach bestimmten Begriffen und Maßstäben richten müsse, die gegenüber dem einzelnen Erkenntnisakt das logische *Prius* haben, und die intersubjektiv und unabhängig von dem Einzelnen, der erkennt, gelten, so könne sich auch nicht jede einzelne Wissenschaft in absoluter Autonomie als unabhängiges System oder Erklärungsmodell ausbilden, sondern sei an bestimmte, durch andere Wissenschaften begründete ‚Vorgaben' gebunden, die sie berücksichtigen und umsetzen müsse.

Insgesamt steht hinter diesen Theorien über das Verhältnis von Theorie und Praxis die Auffassung, daß ein Einzelner keineswegs von sich aus und von Anfang an absolut frei und (im positiven Sinn) selbstbestimmt sein kann. Das Handeln des Einzelnen ist immer Resultat einer bestimmten (unterschiedlich differenzierten) Erkenntnisleistung und in seinem konkreten Charakter abhängig von dieser vorgängigen Erkenntnis. Ein Einzelner ist in seinem Handeln also immer als Teil eines Ganzen bestimmten Bedingungen unterworfen und an bestimmte Prämissen und Grenzen (auch an subjektive Grenzen, sofern es die Erkenntnis betrifft – und (bestimmtes) Handeln ohne eine vorausgehende Erkenntnis kann es nicht geben – gebunden.

Das stellt zweifellos gegenüber der These der absoluten Selbstbestimmtheit des Individuums und des selbständigen Eigenrechts des praktischen Handelns gegenüber der Theorie eine Einschränkung dar. Die Frage ist allerdings, ob diese Beschränkung bzw. die Einsicht in diese relative Bedingtheit des Einzelnen Ergebnis einer naiven Seinsabhängigkeit, des Mangels an Einsicht in den Unterschied zwischen Subjekt und Objekt, zwischen Innen und Außen, zwischen Individuum und Gesellschaft ist und ob sie eine Einschränkung der individuellen Freiheit des Einzelnen ist, oder ob nicht im Gegenteil gerade die These, es gebe eine absolute Selbstbestimmung des Einzelnen und seines Handelns, eine Vielzahl an nicht begründbaren und deshalb spekulativen Prämissen voraussetzt, deren Stichhaltigkeit und Widerspruchslosigkeit geprüft werden muß, ja, ob nicht der Anspruch der Absolutheit der Selbstbestimmung in anderer Hinsicht zur größten individuellen Unfreiheit führen muß.

In diesem Sinn will ich im Folgenden den Versuch machen, zunächst den kritischen Charakter der platonischen und aristotelischen Erkenntnistheorie in ihren Grundzügen herauszuarbeiten und dabei zugleich den Blick darauf zu richten, wie diese Erkenntnistheorie Grundlage für die Entwicklung einer Theorie ethischen, politischen und wirtschaftlichen Handelns ist, wie sie (z.B.) bei Platon in dem großen Dialog *Politeia* und bei Aristoteles in der *Politik* dargestellt werden.

Danach sollen diese staats- und gesellschaftspolitischen Konzepte selbst behandelt und dabei auch die von Platon und Aristoteles vorgelegten Analysen des Verfalls von Staat und Gesellschaft miteinbezogen werden – mit Parallelen zu heutigen Verhältnissen, die oft nicht zu bestreiten sind.

II Die erkenntnistheoretischen Grundlagen einer Unterscheidungsphilosophie

1 Das Widerspruchsaxiom als Grundkriterium der Rationalität bei Aristoteles

Die Grundüberzeugung, die den Glauben an eine Möglichkeit, das Wesen oder die Substanz von etwas oder gar eine ‚Seinsordnung' zu erkennen, destruiert, ist, wie sich von vielen Aspekten her gezeigt hat, die Überzeugung, daß unserer Erkenntnis nur die Welt der Einzeldinge zugänglich ist, deren Eigenschaften wir uns in Vorstellungsmerkmalen vergegenwärtigen können, deren substantielles Ansichsein aber nur in Begriffen, die wir selbst konstruieren, objektivierbar ist.

Denn: ‚real' gegeben soll dem Denken nur eine Pluralität immer neuer Erscheinungsformen sein, die erkennbar identische Einheit dieser diversen ‚Daten' gilt nur als eine jeweilige Einheitshinsicht des Denkens. Das ‚Wesen' von etwas kann demnach in sich selbst gar nicht erfaßt werden. Allein die Rekonstruktion und Offenlegung des Zustandekommens dieser Einheitshinsicht kann eine gewisse intersubjektive Verbindlichkeit in der Erkenntnis von Dingen schaffen. Ein Erkenntnisobjekt wird nur verstanden durch die Analyse der prozessualen Bedingungen, aus denen es entstanden ist bzw. in denen es ‚gemacht' ist.

Diese Lösung dieses Erkenntnisproblems, oder genauer: der Versuch, sich der Lösung in einem noch erreichbaren Maß anzunähern, steht, wie ich zu zeigen versucht habe, in ihren historischen Anfängen direkt, indirekt und der Sache nach bis heute in Konkurrenz zu der aristotelischen Unterscheidung einer Erkenntnis, die das, was ‚für uns früher' ist, erfaßt, von derjenigen Erkenntnis, die das ‚der Sache oder auch: der Natur nach Frühere' begreift.

Mit ‚früher für uns' meint Aristoteles, um noch einmal daran zu erinnern, die Gegenstände der Empirie, wie sie uns in sinnlicher Erfahrung oder im praktischen oder poietischen Umgang mit ihnen zugänglich werden[202], mit ‚der Natur oder Sache nach früher' wird das Ergebnis bezeichnet, auf das die methodische, d.h. an rationalen Kriterien orientierte, Erschließung der Sache führt. Damit ist es das für den methodischen Erkenntnisweg Spätere und wird deshalb ‚der Sache nach früher' genannt, weil es als Erkenntniskriterium, als Orientierungsmaßstab, dem Erkenntnisprozeß vorausgehen muß.

---

[202] Zu der Unterscheidung des ‚der Natur nach Früheren' und des ‚für uns Früheren' und ihrer Herleitung aus der aristotelischen Erkenntnistheorie s. die präzisen Untersuchungen von Christian Pietsch, Prinzipienfindung bei Aristoteles. Methoden und erkenntnistheoretische Grundlagen, (Beiträge zur Altertumskunde; 22), Stuttgart 1992.

Diese Unterscheidung scheint nach dem Urteil der skizzierten neuzeitlich-modernen Erkenntnisauffassungen, unmöglich zu sein. Wenn kein Gegenstand des Denkens von sich selbst her sicher erkennbar ist, dann fällt das mögliche Wissen vom Gegenstand mit der Methode seiner Erschließung zusammen. Ist diese Methode, weil auf die Evidenz z.B. des ‚Ich denke' gegründet und von ihr abgeleitet, sicher, ist es in eben dem Maße auch das Wissen vom Gegenstand. Der Glaube an die von der Methode zu unterscheidende Sache selbst muß deshalb als naiv gelten. Er scheint – ich habe auf dieses Vorurteil schon hingewiesen – abgeleitet aus griechischer Alltagserfahrung. Die Klarheit und lichterfüllte Konturiertheit der griechischen Landschaft habe dem griechischen Menschen das Gefühl vermittelt, die Dinge seien genau so, wie sie sich zeigten und offenbarten dem unbefangenen Blick ihr identisches Wesen unmittelbar, so daß der Glaube an eine Verfälschung durch die theoretischen oder praktischen Handlungen, durch die wir uns die Dinge erst zugänglich oder ‚zuhanden' machen, gar nicht habe aufkommen können[203].

Dennoch wird diese selbst von ausgewiesenen Kennern der griechischen Philosophie geteilte Einschätzung schon durch den Anfang der griechischen Philosophie in Frage gestellt: Heraklit geht von einem chaotischen ‚Fluß aller Erfahrung' aus[204], Parmenides traut dem Auge und dem Ohr gerade keine klare und distinkte Erfassung ihrer Gegenstände zu, „das Auge erblickt nichts, das Ohr rauscht nur", wie er formuliert[205].

Auch Aristoteles ist durch sie keinesfalls korrekt beurteilt, denn er trifft die eben referierte Unterscheidung nicht, weil er davon überzeugt wäre, der distinkte, identische Kern einer Sache offenbare sich irgendwie einer die sinnliche Erfahrung übersteigenden spekulativen intellektuellen Anschauung. Aristoteles führt diese Unterscheidung vielmehr ein, weil er glaubt, aufweisen zu können, daß es eine axiomatische Grundlegung des Erkennens gibt, und daß man daher unterscheiden kann zwischen einer Erkenntnis, die einfach aus der Empirie aufgenommen, und einer Erkenntnis, die an den Prinzipien des Erkennens geprüft ist. Und anders als die neuzeitlichen Analysen (wie z.B. bei Frege, Popper oder auch etwa bei Reichenbach[206]) ist Ari-

---

[203] Der These von der Abhängigkeit der Denk- und Empfindungsweise der Menschen von den geographischen Bedingungen hat v.a. Herder zu großer Verbreitung verholfen, mit bestimmten Relativierungen lebt sie immer noch weiter, z.B. sogar bei Hans Blumenberg, Die Legitimität der Neuzeit, 210.

[204] Heraklit, in: Die Fragmente der Vorsokratiker, griech. u. dt. v. Hermann Diels, hg. v. Walther Kranz, (3 Bde.), Zürich (u.a.) ^{11}1964 (u.ö.), Bd. 1, Fragment B 49a (S. 161), 91 (S. 171).

[205] Parmenides, Fragmente der Vorsokratiker, Fragment B 7, (bes. Vers 3f.) (S. 234).

[206] Hans Reichenbach unterscheidet in seinem Zwei-Phasen-Modell der Wissenschaft zwischen dem ‚Rechtfertigungszusammenhang' und dem ‚Entdeckungszusammenhang' von Theorien; letztere seien, so Reichenbach, nicht diskursiv, sondern intuitiv: d.h. Sache des ‚Gefühls', des ‚Gespürs', der ‚Phantasie' usw. Und sie sind daher, d.h. wegen ihrer ‚Eigenursprünglichkeit' gegenüber dem (sc. rational-begrifflich-diskursi-

stoteles der Auffassung, daß es sich bei diesen beiden Erkenntnisweisen nicht um miteinander überhaupt nicht mehr vergleichbare Arten des Erkennens handelt, sondern daß beides Arten schlußfolgernden Denkens sind, die sich nur in dem Grad der kritischen Reflektiertheit in Bezug auf die Kriterien dieses Schlußfolgerns unterscheiden.

Die axiomatische Grundlage aller begründbaren rationalen Erkenntnis ist, um zunächst einfach Aristoteles' These zu benennen, das Widerspruchsprinzip[207]. Dieses Prinzip ist, wie er sagt, das letzte Kriterium, auf das wir alle unsere Beweise (auch die empirisch fundierten) zurückführen, und es ist ein von sich selbst her erkennbares Prinzip, über das wir schon vor aller Erfahrung verfügen und das wir als Bedingung von Erfahrung immer schon ‚mitbringen'[208]. Es ist dieses Prinzip, auf das wir die methodische Korrektur unserer anfänglichen Erfahrungen, die wir durch die Beziehung der Wahrnehmung auf Einzeldinge gemacht haben, stützen.

Ein zutreffendes Verständnis der Aufgabe, die das Widerspruchsprinzip bei Aristoteles hat, ist allerdings aus vielen Gründen erschwert. Die Evidenz

---

ven) Rechtfertigungszusammenhang, rational nicht mehr vollständig einhol- und rekonstruierbar; s. Erfahrung und Prognose. Eine Analyse der Grundlagen und der Struktur der Erkenntnis (1938), in: Hans Reichenbach, Gesammelte Werke, hg. v. Andreas Kamlah u. Maria Reichenbach, (9 Bde.), Bd. 4: Erfahrung und Prognose, Braunschweig/Wiesbaden 1983. Die gleiche Grundthese kann man auch bei Karl Popper in der Einleitung zu seiner „Logik der Forschung", Wien 1934 formuliert finden, aber auch Frege beginnt seine „Begriffsschrift" von 1879 mit der gleichen Unterscheidung.

[207] Aristoteles, *Metaphysik* IV, 3, 1005b8-34; s. dazu v.a. Herbert A. Zwergel, Principium contradictionis. Die aristotelische Begründung des Prinzips vom zu vermeidenden Widerspruch und die Einheit der ersten Philosophie, Meisenheim a.Glan 1972; Jan Lukasiéwicz, Über den Satz des Widerspruchs bei Aristoteles, in: Bulletin international de l'Academie des sciences de Cracovie, Classe de Philosophie et d' Histoire 1909, Krakau 1910, 15-38 (wieder abgedruckt in: Niels Öffenberger (Hg.), Zur modernen Deutung der aristotelischen Logik; Bd. 1: Über den Folgerungsbegriff in der aristotelischen Logik, Hildesheim ²1995, 5-28). S. z.B. auch Michael J. Loux, Ousia: A Prolegomenon to Metaphysics Z and H, in: History of Philosophy Quaterly 1, 1984, 241-65 (=Aufgenommen als Teil von Kapitel 4 in: ders., Primary „ousia". An Essay on Aristotle´s „Metaphysics" Z and H, Ithaca 1991), der in seiner Interpretation zum 7. Buch der *Metaphysik* gut herausarbeitet, daß das Kriterium dafür, daß etwas etwas Bestimmtes, eine *ousia* oder ein *eidos* ist, für Aristoteles ist, daß seine begriffliche Einheit nicht aufgelöst werden kann, ohne daß dadurch die Sache selbst eine andere würde. Sein und Substanz sind nach Loux daher durch ihre „unanalyzability" charakterisiert. Leider verzerrt Loux diese richtige Interpretation wieder mit der modernen Vorstellung, dieses begrifflich nicht Analysierbare sei das existierende Einzelne. Korrekt interpretiert wird Aristoteles von Thomas von Aquin, der zu der aristotelischen Feststellung in *Metaphysik* VII 3, daß das ‚für uns Frühere' nur wenig vom Sein, d.h. eben wenig sachliche Bestimmtheit, enthalte, feststellt (S. Thomae Aquinatis In duodecim libros metaphysicorum Aristotelis expositio, ed. iam (...) exarata retractatur cura et studio Raymundi M. Spiazzi, Turin (u.a.) 1950): „Secundum enim quod aliquid est ens, secundum hoc est cognoscibile." („Genau in dem Maß, in dem etwas ein bestimmtes Sein hat, ist es erkennbar.")

[208] Aristoteles, *Metaphysik* IV 3, 1005a8-34.

der unmittelbaren Erfahrung scheint ja – von Descartes über Nietzsche bis zur Postmoderne – vielen ein unwiderlegliches Zeugnis dafür zu bieten, daß die Wirklichkeit widersprüchlich ist und nicht an den Einheitsforderungen der Widerspruchsfreiheit gemessen werden kann.

Auf die Widersprüche, Diskrepanzen und Aporien, die man um dieser Evidenz willen in Kauf zu nehmen bereit ist, habe ich im ersten Teil schon hingewiesen. Ich ziehe nur knapp noch einige Konsequenzen, die sich daraus für die Kritik daran ergeben, daß von Aristoteles das Widerspruchsaxiom zum obersten Axiom des Erkennens gemacht wird.

Descartes z.B. wird deshalb als einer der Gründerväter der modernen Identitätsphilosophie kritisiert, weil er den Zeugniswert der Sinne für die Erkenntnis der Dinge mit dem ‚rationalistischen' Argument bestritten habe, die Informationen der Sinne seien widersprüchlich, allein der rationale Begriff könne die Dinge in ihrer Identität erfassen. Es scheint deshalb so, als stehe Descartes noch in einer aristotelisch scholastischen Tradition, die eine rational begriffliche Deutung nur dort für zulässig hält, wo sich von etwas zeigen lasse, daß von ihm gilt: Es ist entweder es selbst oder nicht es selbst.

De facto findet man bei Descartes aber ein aufschlußreiches Zwischenstadium zwischen dem aristotelischen und dem modernen Rationalitätsverständnis. Descartes nennt das Zeugnis der Sinne deshalb widersprüchlich, weil er aus ihm unmittelbar erkennen will, welche Gegenstände er vor sich hat. Sein berühmtes Demonstrationsbeispiel (zu Beginn der zweiten Meditation) ist ein frisch aus der Wabe gewonnenes Wachs: Es ist gelb, fest, glatt, gibt, wenn man daran klopft, einen Ton von sich und duftet. Das also müßten die Merkmale sein, an denen wir einen Gegenstand mit Hilfe unserer Sinne als Wachs identifizieren. Dasselbe Wachs braucht man aber nur ein wenig dem Ofen zu nähern, und es liefert den Sinnen ganz andere, ja gegenteilige Merkmale, die jetzt dafür zeugen müssen, daß wir es mit einem Stück Wachs zu tun haben. Daraus zieht Descartes den Schluß, nicht die Sinne, nur die Ratio gebe die Dinge in ihrer Identität zu erkennen.

Das Unaristotelische dieses Vorgehens dürfte inzwischen deutlich sein. Descartes will einfach an den Sinnesdaten selbst (noch genauer: an allen beliebigen sinnlichen Erscheinungsformen, die das Wachs haben kann) ablesen, was Wachs ist. Die direkte Folge dieser Intention ist die Entwertung der Leistung der Sinne ebenso wie der Leistung der Ratio. Von der Erwartung her, alles, was man mit Hilfe der Sinne am Gegenstand Wachs unterscheiden könne, müsse dazu beitragen (und genüge auch dazu), diesen Gegenstand zu identifizieren, ihn in seinem identischen, wesentlichen Sein zu erfassen, werden die Sinne radikal um ihre Erkenntnisleistung gebracht, denn ihre immer wieder anderen, ja gegensätzlichen Informationen machen es unmöglich, das Wachs an etwas identisch Bleibendem zu erkennen.

Darauf, daß Descartes' Wahrnehmungskritik auf einer Konfusion der Wahrnehmungsleistungen mit der Gegenstandserkenntnis beruhen, möchte ich wenigstens einen Hinweis geben. Wenn Descartes sagt: ‚die Sinne täuschen uns, denn sie zeigen ein und dasselbe immer wieder anders', handelt es sich um einen Fehlschluß, der aus der Zweideutigkeit, in der er den Sinn von ‚ein und dasselbe' gebraucht, resultiert. Daß nämlich die Sinne Rotes immer wieder als rot, Braunes als braun, Hartes als hart zeigen, das widerlegt Descartes nicht nur nicht, er setzt es für seinen Beweis zwingend voraus. Nur weil er es für sicher hält, daß er das Wachs zuerst wirklich als gelb, hart, duftend, dann aber als braun und weich wahrgenommen hat, kann er überhaupt den Schluß für zutreffend halten, die Sinne zeigten *ein und dasselbe* – und damit meint er eben gar nicht das, was ihm die Sinne, das Seh-, Hör-, Geruchs- und Tastvermögen, zeigen, sondern das Wachs – als etwas immer wieder anderes. Nicht der je eigene Erkenntnisinhalt der Sinne also ändert sich, sondern der Bezug auf den Gegenstand, an dem er wahrgenommen werden kann. Was Descartes zurecht beweist, ist also, daß die Sinne nicht ausreichen, das Wachs als Wachs eindeutig zu identifizieren, was er nicht bewiesen hat, ist, daß die Sinne ihn getäuscht haben, sie haben ihm vielmehr korrekt gezeigt, was sie – als jeweiliger Sinn – erfassen können: rot, gelb, hart, weich usw.

Bei dieser Anwendung des Prinzips, daß etwas nicht zugleich es selbst und nicht es selbst sein kann, muß der Eindruck entstehen, als ob es eine Realität, die diesem Prinzip genüge, gar nicht geben könne. Denn natürlich kann das Wachs sowohl tönend wie tonlos, fest wie biegsam sein. Der Schluß, den Descartes aus diesem Befund gezogen hat, ist bereits eine Art Vorwegnahme der idealistischen These von der Identität von Affirmation und Negation, auf jeden Fall aber beweist er mit ihm die postmoderne Offenheit seines Rationalitätsbegriffs: Er behauptet nämlich, der rationale Begriff erfasse das Wachs deshalb in seiner wesentlichen Identität, weil er auf einem unmittelbaren *intuitus mentis*, einer geistigen Schau beruhe, die das Wachs in der Widersprüchlichkeit *aller* seiner möglichen Erscheinungsformen umfasse. Nicht nur bei der Sinnes-, auch nicht bei der geistigen Erfahrung darf sich der, der einen Gegenstand in seinem wahren, identischen Sein erkennen will, am Widerspruchsprinzip orientieren, weshalb es bereits Descartes für ‚völlig überflüssig' erklärt.

Die Differenz zu Aristoteles ermißt man, wenn man Descartes' beispielhafte Argumentation zu Ende denkt. Weil nämlich das Wachs nicht nur hart und weich, gelb und braun usw. sein könne, sondern unendlich viele Veränderungen erleiden und so z.B. auch in seiner Ausdehnung größer und immer größer werden könne, deshalb könne man sich von seinen Veränderungen überhaupt keine konkrete Vorstellung mehr machen, sondern sie nur noch in einem Begriff umfassen, der in ihnen allen die Identität des Wachses festhalte, denn daran, daß das Wachs in all den möglichen Veränderungen es selbst bleibe, sei kein Zweifel (wie Descartes in der zweiten Meditation sagt) (siehe auch S. 189ff.).

Diese Zuversicht ist fast ein wenig verwunderlich, denn Descartes hätte sein Stück Wachs ja nur noch ein wenig weiter auf den Ofen, an dem er bei seinem Experiment saß, hin bewegen müssen, um festzustellen, daß es sich ab einer bestimmten Erwärmung nicht weiter als Wachs ausdehnt, sondern aufhört, Wachs zu sein. Die Veränderungen des Wachses, die Descartes beschreibt, gehören gerade nicht zu den beliebig änderbaren, akzidentellen Eigenschaften des Wachses – wie etwa die rote oder schwarze Farbe, die man einem Wachs geben kann –, daß das Wachs schon bei der Annäherung an den Ofen weich wird, gehört zu der Grundeigenschaft, die das Wachs als Wachs hat, daß es nämlich ab etwa 40 Grad schmilzt und zwischen 50 und 100 Grad schmelzflüssig wird. Descartes' Beispiele der möglichen Qualitäten, die das Wachs annehmen kann, umgrenzen den möglichen Veränderungsraum des Wachses, innerhalb dessen es immer Wachs bleibt. Hätte er das Wachs dagegen in den Ofen hineingeworfen oder es angezündet, hätte es allen geistigen Einblicken zum Trotz diesen Veränderungsprozeß nicht als Wachs überstanden.

Es ist bei der Identifikation des Wachses eben nicht anders als bei anderen konkreten Gegenständen, etwa einem Kreis. Nicht alles, was die Sinne von diesem ‚Kreis' zeigen, ist Kreis – das Erz etwa und die gelbe Farbe kann man durch Kreide und eine weiße Farbe ersetzen, ohne das Kreissein dabei zu verändern, nicht aber kann man die geschlossene Linie und die Gleichheit der Abstände der Peripheriepunkte zum Mittelpunkt verändern, ohne daß dieser Kreis seine Identität als Kreis verlöre. Um festzustellen, daß ‚dies hier' ein Kreis ist, benötigt man also sehr wohl die Sinne, die etwa feststellen müssen, daß die Umfassungslinie gleichförmig gebogen und geschlossen ist, man braucht sie aber nicht, um festzustellen, daß die Linie weiß oder schwarz ist. Die Sinne erfüllen ihre Aufgabe (zur Identifikation eines Gegenstands) also erst im Dienst des Begriffs: Wer weiß, was ein Kreis ist, kann aus der Vielzahl der Sinneswahrnehmungen diejenigen auswählen, an denen er überprüfen kann, ob das Gebilde vor ihm wirklich ein Kreis ist. Genauso ist es beim Wachs: Wer weiß, daß Wachs ein bestimmtes Gemisch organischer Verbindungen mit diesen oder jenen Eigenschaften ist, kann dieses Wissen benutzen, um mit Hilfe seiner Sinne zu überprüfen, ob etwa das Stück, das er in der Hand hält, tatsächlich bei ca. 40 Grad weich zu werden beginnt. Und nur der Widerspruch gegen diese Eigenschaften beweist, daß die Identität des Gegenstands nicht festgehalten werden kann, Widersprüche, die sich gar nicht auf das identische Sein des Wachses beziehen, dienen weder der Erkenntnis des Wachses noch heben sie sie auf.

Daß Platon und Aristoteles das identische Sein eines Gegenstands in seinem ‚Werk' lokalisieren, habe ich schon anzudeuten versucht, eine konsequente Nachzeichnung der Begründung für diese Ansicht und dafür, wie denn das ‚Werk' von etwas erkannt werden kann, setzte vor allem eine Interpretation des 7. Buches der aristotelischen *Metaphysik* voraus, die ich in einer späteren Monographie vorlegen möchte. Für unseren Zusammenhang aber kann wohl schon festgehalten werden, daß weder die Behauptung, die Sinne zeigten uns ein und denselben Gegenstand in widersprüchlichen Erscheinungsformen, diese dürften deshalb nicht in den Begriff aufgenommen werden, noch die modernere These, jeder Gegenstand zeige widersprüchliche Eigenschaften und Zustände und entziehe sich deshalb einer rational

II Erkenntnistheoretische Grundlagen   1 Das Widerspruchsaxiom

begrifflichen Fixierung, auf einer korrekten Anwendung des Widerspruchsprinzips beruhen.

Außerdem können auch die neuzeitlichen und modernen bzw. postmodernen Gegner widerspruchsfreier Begriffe nicht auf das Postulat der Widerspruchsfreiheit verzichten. Auch wenn es etwa – im Sinn der sog. ‚Fuzzy Logic' – unbestimmt bleiben muß, ob etwa ein Vortrag gut oder schlecht war, da sich die Alternative: ‚er ist entweder gut oder nicht gut' auf keinen konkreten Vortrag anwenden lasse[209] (dieser Vorwurf gegen die sog. ‚zweiwertige Logik' trifft Aristoteles in keiner Weise, denn er würde mit Grund darauf bestehen, daß diese Logik lediglich fordert, daß der Vortrag unter den Hinsichten, unter denen er gut war, gut war), wenn diese Unbestimmtheit auch vom Gegenstand, dem Vortrag selbst gelten und es unbestimmt bleiben soll, ob jemand einen Vortrag hält oder ein Mittagessen einnimmt, dann ist von überhaupt nichts mehr die Rede. Auch wer die offenste Pluralität für alle Erscheinungen der ‚Wirklichkeit' einfordert und jeder Erscheinung unendliche, nur ‚aisthetisch' erfahrbare Variationen zubilligt, muß sich in der Lage fühlen, die eine gegen die andere Erscheinung abzugrenzen, da er sonst nicht von Variationen *einer* Erscheinung, sondern nur von absolut unbestimmbarer Vielheit sprechen könnte.

Die Mißverständnisse bei der Anwendung des Widerspruchsaxioms auf konkret Einzelnes, von denen ich nur das wichtigste Defizit zu benennen versucht habe, haben zu einer gegenüber Platon und Aristoteles erheblich veränderten Beurteilung der logischen Valenz des Widerspruchssatzes geführt. Der Widerspruchssatz scheint im Sinn etwa seiner Anwendung durch Descartes ja inhaltlich absolut leer zu sein. Das, was im Unterschied zu allen konkreten Erscheinungsformen der Dinge und in ihnen allen identisch bleibt, ist selbst eben in keiner Weise konkret, sondern bezeichnet nichts als den abstrakten Sachverhalt, daß etwas es selbst und nicht zugleich nicht es selbst ist.

Für Aristoteles ist dagegen das Widerspruchsprinzip kein nur formales, negatives Prinzip, sondern enthält ein ganzes System von Wahrheitskriterien in sich. Es hat eine heuristische, d.h. Erkenntnis erweiternde, Bedeutung, und es hängt in seiner Geltung nicht davon ab, daß es irgendeinen Gegenstand gibt, in dem es ‚realisiert' ist (von dem also gelten würde: er ist genau er selbst und nicht zugleich auch nicht er selbst), sonst könnten wir es im gesamten empirischen Bereich unserer Erfahrung gar nicht anwenden, obwohl wir genau dies tun und tun müssen, wenn nicht alle Rationalität der Erkenntnis und Möglichkeit der Verständigung aufgehoben werden soll.

---

[209] Solche Argumente für die Unanwendbarkeit der ‚klassischen' aristotelischen Logik auf empirische Einzeldinge oder einzelne empirische Sachverhalte trägt z.B. Ernst Peter Fischer, Aristoteles, Einstein & Co. Eine kleine Geschichte der Wissenschaft in Porträts, München (u.a.) 2000, 15f. vor, um mit ihnen den Sinn von sog. Unbestimmtheitslogiken anschaulich zu machen.

Die von der modernen erheblich abweichende Deutung des Widerspruchsaxioms durch Aristoteles kann aber gerade aus der Entstehungsgeschichte der Unterscheidung zwischen dem, was ‚für uns früher' und dem, was ‚der Sache nach früher' ist, die auf Platon zurückgeht, rekonstruiert werden.

2 Rationales Denken und geschichtliches Verstehen bei Platon

Bevor ich die im letzten Abschnitt angekündigte Rekonstruktion nachzuzeichnen versuche, möchte ich am Beispiel eines besonders hartnäckig gegen Platon vorgebrachten Vorwurfs den Grundsinn erläutern, von dem her das Widerspruchsaxiom als Prinzip einer empirischen Erfahrungsanalyse verstanden werden kann, d.h., wie es möglich sein kann, daß wir das Widerspruchsprinzip auf die Erkenntnis empirischer Gegenstände anwenden und dabei voraussetzen, daß nur, was von sich selbst her etwas Bestimmtes ist, das nicht zugleich es selbst und nicht es selbst ist, überhaupt erkannt werden kann, ohne daß dabei die empirischen Gegenstände selbst als etwas fixiert würden, das in unveränderlicher Notwendigkeit immer nur gerade das ist, was es gerade ist.

Platon wird ja immer wieder vorgehalten, er habe sich das Faktum der Geschichtlichkeit des Menschen, die unendliche Variabilität verschiedener Menschenbilder in verschiedenen Zeiten und Räumen ‚noch' nicht bewußt gemacht und habe nur deshalb noch an die objektive Erkennbarkeit einer unveränderlich feststehenden, idealen ‚Natur' des Menschen glauben können.

Dieses Vorurteil kann schon einer oberflächlichen Überprüfung nicht standhalten, weil sich vielfältig belegen läßt, daß Platon gerade aufgrund der individuellen Vielfalt und Wandelbarkeit der einzelnen Erscheinungsformen und nicht, weil er diese nicht zur Kenntnis genommen hätte, zu der Einsicht gekommen ist, es sei erforderlich, so etwas, wie eine allgemeine Natur des Menschen ‚vor' diesen konkreten Formen anzunehmen. Bestimmte, ein für alle Mal festgelegte, genormte Ausprägungen, gesellschaftliche Konventionen, historisch bedingte Mentalitätsmoden usw. als Maß oder Ideal zu fixieren, an denen sich alle anderen Erscheinungsformen messen lassen müssen, verwirft Platon mit reflektierten Gründen und mit Nachdruck.

Er hält es nämlich für grundsätzlich verfehlt, menschliches Handeln auf historisch konkrete Verhaltensmuster festzulegen, und lehnt genau dies nicht nur in der *Politeia*, sondern auch in vielen anderen Dialogen ab. Wenn z.B. menschliches Handeln analysiert wird und gefragt wird, was gutes, böses, gerechtes, besonnenes, tapferes, frommes, tugendhaftes oder kluges Handeln sei, dann ist es meistens Sokrates, der die Antworten seiner Gesprächspartner, wenn sie menschliche Handlungsweisen auf bestimmte konventionelle Formen fixieren wollen, relativiert[210]. Wenn Tapferkeit das Standhalten im Kampf sein soll, zeigt Sokrates, daß es auch Situationen gibt, in denen das Fliehen tapfer ist (*Laches* 190e-192b). Wenn Tugend die Fähigkeit, Menschen zu leiten, sein soll, verweist Sokrates darauf, daß dies auch eine Herrenmoral sein kann und auch in deren Horizont nicht als Tugend des Kindes oder des Dieners gilt (*Menon* 73c-d). Wenn der geschmackvoll Gebildete nur Elegantes und Wertvolles als schön anerkennen will, insistiert Sokrates darauf, daß auch ein Tontopf, wenn er ebenmäßig gedreht und funktionsgerecht gemacht ist, das Prädikat ‚schön' verdient (*Hippias I* 287e-291c) usw.

Gerade dieses letzte Beispiel, die Diskussion des Sokrates mit dem kultivierten Hippias, der nur das in der ‚feinen Gesellschaft' Anerkannte als schön gelten lassen will, also vor allem schöne Frauen, schöne Pferde, schöne Kunst, während Sokrates die Legitimität des Prädikats ‚schön' auch für etwas einklagt, das gänzlich außerhalb der geltenden Ästhetik liegt (und damit zugleich der Meinung entgegentritt, Kunstschönheit und ‚praktischer Nutzen' müßten kategorial getrennt werden), verweist darauf, daß Platon bei der Frage nach der *einen* Natur von etwas, z.B. nach der Natur des Schönen oder der Natur des Menschen, eine Antwort sucht, die die Unterschiedlichkeit historischer Erscheinungsformen in Rechnung stellt und für diese zugleich das Kriterium ermittelt.

Nach unterschiedlichen Erscheinungsformen (z.B.) des Schönen, des Gerechten, des Menschen in historisch immer wieder anderen Situationen und Entwicklungsphasen zu fragen, ist aber – und das erst führt auf den eigentlich platonischen Ansatz hin – nur möglich, wenn man sich in der Lage sieht, unterschiedliche Erscheinungsformen einer Sache, etwa des Menschen, überhaupt, als Erscheinungsformen dieser mit sich identischen Sache zu identifizieren. Auch wenn es so ist, daß wir in geschichtlich verschiedener Perspektive immer wieder anderes für schön halten, könnte diese Feststellung nicht einmal gemacht werden, wenn diese immer wieder anderen Erscheinungsformen nicht als Erscheinungsformen gerade von Schönem und nicht etwa von Gerechtem, Zornigem, Tugendhaftem usw. aufgefaßt würden. Ein sinnvoller Relativitätsbegriff, auch von historischer Relativität, daran sollte nach der von Platon geführten und der Sache nach zu einem Abschluß gebrachten Diskussion einer radikalen Relativität im *Theaitetos* eigentlich kein Zweifel mehr sein[211], ist ohne Bezug auf etwas Identisches

---

[210] S. zu dieser Argumentationsmethode Verf., Sokratisches Fragen im Platonischen Dialog, in: Karl Pestalozzi (Hg.), Der fragende Sokrates, (Colloquia Raurica; VI), Stuttgart/Leipzig 1999, 30-49.

[211] S. *Theaitet* 161b-186e. Eine aufschlußreiche Auswertung der Relativismus-Kritik im platonischen *Theaitetos* für die gegenwärtige Relativismus-Debatte gibt Hans Jürgen Wendel, Moderner Relativismus, v.a. 32-36; 42-46; 49-51. Zur *Theaitetos*-Interpretation s. Ernst Heitsch, Überlegungen Platons im Theätet, (Akademie der Wissenschaften und der Literatur in Mainz, Abhandlungen der geistes- und sozialwissenschaftlichen Klasse; 1988, 9), Stuttgart 1988, 92-101; Kenneth M. Sayre, Plato's Analytical Method, Chi-

nicht möglich. Wie könnte man von immer neuen und anderen Formen von Tischen sprechen, wenn man nicht in der Lage ist, Tisch von Nicht-Tisch zu unterscheiden?

Auch wenn der Mensch unter historisch anderen Bedingungen immer wieder ein anderer ist, muß er in diesen verschiedenen Erscheinungsformen jedenfalls irgendwie Mensch bleiben, sonst könnte man nicht von einer Geschichte des Menschen, sondern müßte von einer Geschichte von Tieren, Pflanzen, Steinen oder beliebigem anderen sprechen.

Wenn man die Naivität der Skeptiker nicht teilen will, die sich in der Lage sehen, die verschiedensten Formen und Gestalten als immer neue Varianten ein und derselben Sache zu identifizieren, um aus diesem Befund den Schluß zu ziehen, daß es so etwas wie eine Sachidentität nicht gebe, muß man nach einem Kriterium suchen, das von der Variabilität der Erscheinungsformen nicht mitbetroffen wird.

Es muß also ein Kriterium – und als Erkenntniskriterium muß dies ein begriffliches Kriterium sein – vor diesen verschiedenen Erscheinungsformen und unabhängig von allen historisch-zeitlich-situativen Bedingungen geben, damit etwas als Mensch erkennbar ist. Und dies gilt nicht nur für den besonderen – und im Zentrum des Interesses bei Platon und Aristoteles stehenden – Begriff des Menschen und seiner Vermögen und Handlungsmöglichkeiten, sondern überhaupt für alles, was als etwas Bestimmtes erkannt werden soll: Wie kann etwas etwas Bestimmtes sein, obwohl es sich in empirisch immer wieder anderen und neuen Formen zeigt?

Der Ansatzpunkt für die Suche nach einer begrifflichen Bestimmung der erkennbaren Bestimmtheit von etwas ist bei Platon (und in ähnlicher Weise auch bei Aristoteles) also eine empirische Analyse, d.h. eine Analyse, die die Vielfalt der Erscheinungsformen der Gegenstände der Erfahrung auf die Bedingungen der Möglichkeit von Erfahrung und Wissen prüft.

---

cago 1969; ders. Belief and Knowledge: Mapping the Cognitive Landscape, Lanham (u.a.) 1997.

3 Das ‚Sein' als Erkenntniskriterium bei Platon

Die Problemstellung, von der Platon bei seiner Erfahrungsanalyse ausgeht[212], gleicht durchaus der, wie sie von Descartes bis in den modernen Pragmatismus hinein immer wieder ähnlich formuliert worden ist. Wenn z.B. C. I. Lewis von einem ursprünglich chaotischen Fluß unserer Erfahrung spricht, der begrifflich interpretiert werden muß, weil uns sonst keine auch nur einigermaßen stabilen Deutungen möglich wären[213], unterscheidet er sich dem Wortlaut nach in Problemstellung und Lösungsziel nicht von Platon, der tatsächlich gravierende inhaltliche Unterschied beginnt mit der Frage, woher denn die relativ stabile Identität dieser Deutungshinsichten kommen soll.

Lewis' Antwort, hier handle es sich um der Erfahrung zwar vorauslaufende, und in diesem Sinn apriorische Setzungen, diese Setzungen seien aber eben definitorische Setzungen und nicht apriorisch transzendente Inhalte (kein ‚materiales' Apriori), verkennt in ihrer anti-platonischen Tendenz die viel radikalere Fragestellung Platons. Denn Platon fragt nicht zuerst: „Wie bringen wir Identität in das Chaos der Erfahrungen?", er geht nicht davon aus, daß wir identische Gegenstandswahrnehmungen machen und sucht nur noch nach den Bedingungen, die es uns möglich machen, diese noch unverstandenen und in diesem Sinn chaotischen Erfahrungen in eine ‚rationale', d.h. in einem einheitlichen Bewußtsein geordnete, Form zu bringen, sondern er fragt: „Was veranlaßt uns überhaupt, die sich so klar und deutlich präsentierenden Dinge der empirischen Welt für etwas Konfuses, ein Chaos zu halten, das das Denken bewegt, nach etwas Identischem in diesem Chaos zu suchen?"[214]

Platons Frage richtet sich also nicht auf die Bedingungen, wie man aus (unbewußt) schon vorhandenen Einheiten neue (bewußte) Einheiten macht, sondern er fragt, warum wir überhaupt nach (bestimmter, als etwas Identisches festhaltbarer) Einheit als Bedingung der Möglichkeit von Erfahrung suchen müssen.

Seine Antwort ist: wir suchen deshalb nach Identität in unseren Erfahrungen (und kommen daher überhaupt erst dazu, diese sich scheinbar so stabil präsentierende Welt für etwas zu halten, dessen Identität wir uns noch nicht sicher sein können, da diese Präsentationen noch viel Konfuses enthalten), weil Identität und Bestimmtheit des Erkannten eine axiomatische Forderung des Denkens selbst sind. Identität ist weder ein Begriff, den wir (aposteriorisch) aus der Erfahrung aufnehmen, noch eine Kategorie, die *a priori* alle unsere Erfahrungen strukturiert, sondern ein aus dem, was Denken selbst ist, kommendes Kriterium, an dem wir alle Erfahrung messen und

---

[212] S. zum folgenden ausführlicher Verf., Zur Erkenntnistheorie bei Platon und Descartes.
[213] S. C. I. Lewis, Mind and the World Order.
[214] S. dazu v.a. Platon, *Politeia* 475d-480a und 523b-524d.

sogar korrigieren. Nur unter dem Aspekt, unter dem etwas etwas Bestimmtes, mit sich Identisches ist, ist es überhaupt erkennbar. Solange dieser Aspekt nicht gefunden ist, gibt es keine Erkenntnis[215].
Daß dies so ist, weist Platon an der Denkerfahrung auf, daß man sich immer dann in Aporie befindet, d.h., daß man genau dann weiß, daß man (von etwas) nichts weiß, wenn man etwas in der Erfahrung nicht als ein bestimmtes Etwas festhalten kann.

Eben diese aporetische Denkerfahrung ist, wie ich zu belegen versucht habe, in indirekter, vielfach überformter Platon-Nachahmung auch für Descartes Grund, die Sinneserfahrung in Zweifel zu ziehen. Weil die Sinne ein und dasselbe Wachs bald gelb, duftend, hart und tönend, bald braun, nicht duftend, weich und tonlos zeigen können, kann man sich nach Descartes auf ihr Zeugnis nicht verlassen, wenn man sicheres Wissen vom Wachs haben will. Daß dieses ihm empirisch vorliegende Wachs trotz all seiner Nicht-Identitäten in seinen sinnlichen Erscheinungsformen eine identische Natur hat, davon ist Descartes aber überzeugt: „nemo dubitat, nemo negat" – „Das bezweifelt und bestreitet doch niemand", meint er. Descartes' darauf aufbauende Lehre ist: da wir diese identische Natur nicht durch die Sinne erfassen, erfassen wir sie nur durch den Geist als eine Idee, über die dieser schon *a priori* in sich selbst verfügt[216].

Die zwingend nötige Voraussetzung dieser widersprüchlichen Position ist, um es noch einmal herauszuheben, daß die ganze Vielfalt der vielen und widersprüchlichen Erscheinungsformen eines ‚Dings', mit dem uns die Sinne konfrontieren, in dieser Sinneserfahrung selbst schon von einem intelligenten Einblick in die wahre Identität dieses ‚Verworrenen' geleitet ist, der uns sicher macht, es in allen verschiedenen Erfahrungen mit demselben ‚wohlbestimmten' Ding zu tun zu haben. Descartes zögert nicht, diese sinnliche Gewißheit, durch die wir z.B. überzeugt sind, in allen widersprüchli-

---

[215] In diesem Sinn korrigiert auch der Neuplatoniker Syrian die schon in der Antike vertretene (Fehl-)Deutung der platonischen Ideenlehre, die besagt, Platon habe mit der Entwicklung der Ideenlehre die Lehren seiner beiden Lehrer – Heraklit und Sokrates – verbunden und er habe die Annahme von Ideen für nötig gehalten, um mit dem Faktum des permanenten Wandels der empirischen Welt erkenntnistheoretisch fertig zu werden (Syrian. in Metaph. (Syriani in Metaphysica commentaria, in: Commentaria in Aristotelem Graeca (=CAG), VI,1, ed. Wilhelm Kroll, Berlin 1902) 104,10-14): „Und auch nicht sind sie (sc. die Platoniker) wegen des Flusses <der Erscheinungen> zur <Annahme> dieser bestimmten Ursachen (=der Ideen) gekommen, sondern sie haben im Gegenteil das, was <an und für sich bloß> konfus ist und wandelbar und unbeständig und vielgestaltig, <erst> aus der Unterscheidung dieser Substanz (=den Ideen) (sc. von den wahrnehmbaren Einzeldingen) und daraus, daß es an der Identität und an bleibendem Sein und Ordnung Anteil hat, erfaßt (=erfassen können)." Mit anderen Worten: Eine Erkenntnis der wahrnehmbaren Welt und auch eine Erkenntnis der Wandelbarkeit und Unbeständigkeit der wahrnehmbaren Welt wird überhaupt nur dann möglich, wenn dieses Wandelbare als etwas Bestimmtes und Identisches gedacht wird bzw. als etwas, das *in gewisser Hinsicht* etwas festhaltbar Identisches ist.
[216] Descartes, Med. III, 16-22, (lat./dt. Ausgabe: 76-82) [44-48].

chen Erscheinungsformen immer ein und dasselbe Wachs zu erfassen, einen Einblick in die „Idee des Wachses" zu nennen und zu behaupten, über diese Idee verfügten wir *a priori* (mit der ausdrücklich zugestandenen Konsequenz, daß dies auch schon die Kinder im Mutterleib tun).

Die ziemlich oberflächliche, aber verbreitete Gleichsetzung dieser cartesianischen Lehre von den „eingeborenen Ideen" (*ideae innatae*) mit Platons eigener Wiedererinnerungslehre hat dem Verständnis Platons sehr geschadet[217]. Denn Platons Position ist nicht, daß einem immer wieder anders erscheinenden empirischen Gegenstand auf jeden Fall eine identische Wesenheit zugrunde liegen müsse, und daß wir diese Wesenheit trotz der ‚Mannigfaltigkeit' ihrer Erscheinungsformen mit dem in der Sinnlichkeit mitwirkenden Geist erschauen – er führt im Gegenteil ähnlich wie Aristoteles viele Beispiele vor, die zeigen, daß es sich bei der Annahme solcher zugrundeliegender identischer Wesenheiten oft nur um vorschnelle Verallgemeinerungen handelt.

Wenn jemand z.B. in der Ferne etwas Aufrechtes, sich Bewegendes sieht, das Aufrechte und sich Bewegende zu der Vorstellungseinheit ‚Mensch' verbindet und deshalb denkt „das ist ein Mensch", dann wird er – und hier sind Platon und Aristoteles gegenüber Descartes offenkundig im Recht –, wenn er näherkommen sieht, daß dieser (vermeintliche) Mensch Äste, Zweige und Blätter hat, nicht denken, dieser Mannigfaltigkeit von Erscheinungen müsse auf jeden Fall das ihm unbekannte Wesen ‚Mensch' zugrunde liegen, von dem ihm leider nur seine Erscheinungsweise empirisch zugänglich sei, sondern er wird seine vorschnelle Verallgemeinerung, die aus einem akzidentellen Merkmal, das Mensch und Baum gemeinsam sein kann, auf ‚Mensch' geschlossen hat, korrigieren.

Aber – und dies ist die tatsächlich platonische Position – diese Korrektur geht von der für jedes Erkennen notwendigen Voraussetzung (‚Hypothesis'[218]) aus, daß etwas, das zugleich Erkennungsmerkmal für Baum und Erkennungsmerkmal für Mensch sein kann, nicht das sein kann, woran man den Menschen als Menschen oder den Baum als Baum erkennt. Diese Voraussetzung macht implizit jeder, der eine Korrektur seines Erfahrungsurteils vornimmt, nicht jeder aber verschafft sich reflexive Klarheit über den genauen Sinn dieser Voraussetzung. Schon dies wird von vielen nicht mehr beachtet: daß die Bestimmtheit des als Unterschied Festgehaltenen und die Widerspruchslosigkeit dieses Erkannten selbst überhaupt eine Voraussetzung des Denkens, ein inneres Kriterium ist, an dem es sich orientieren kann und muß, sofern es nicht nur Meinungen, sondern wirkliches Wissen haben will.

---

[217] S. zur platonischen Wiedererinnerungslehre jetzt Sang-In Lee, Anamnesis im Menon, Frankfurt a.M. 2001.
[218] Zur platonischen Hypothesis-Lehre s. Verf., Die Bedeutung der sophistischen Logik, 207ff.

Diese Grundeinsicht Platons ist durch die von Descartes mitinaugurierte und vor allem verbreitete Überzeugung, Ideen seien ewig in unserem Geist vorhandene Allgemeinhinsichten, unter denen wir je eine Vielheit von Sinneserscheinungen zusammenfassen, so gut wie verlorengegangen.

Während diese Überzeugung Descartes' aber wohl wirklich kaum mehr als Spekulation und Illusion ist, die die Überholbarkeit menschlicher Erkenntnis verkennt und zudem jeden Fortschritt des Erkennens verhindert, gilt dies von der platonischen ‚Hypothesis', die besagt, daß jedes Denken bei jedem Erkenntnisakt die Voraussetzung (‚Hypothesis') machen muß, daß etwas nur erkennbar ist, sofern es bestimmt ist, keineswegs.

Im Gegenteil: Man kann sich zwar einbilden oder behaupten, daß sie falsch sei, man kann eine solche Behauptung aber nicht beweisen, nicht einmal darlegen, d.h. verstehbar aussprechen. Denn schon wenn man etwa sagen wollte: „Es gibt keine bestimmte Erkenntnis. Alles, was wir erkennen, ist mehr oder weniger unbestimmt. Deshalb ist die Annahme, nur das Bestimmte sei erkennbar, unsinnig und unanwendbar", dann müßte man mit den Begriffen ‚Erkenntnis', ‚Annahme', ‚bestimmt', ‚unbestimmt', ‚unsinnig', ‚unanwendbar' irgend etwas Bestimmtes meinen, auch wenn der Inhalt dieses Gemeinten ziemlich unpräzise ist – sonst hätte man nichts gesagt.

Sofern dieser Einwand gegen die platonische ‚Hypothesis' also ein Argument ist, enthält es eine, zudem korrekte Anwendung dieser ‚Hypothesis', bestätigt sie dadurch und hebt sich selbst auf. Denn auch wenn der, der den Einwand vorbringt, sehr unbestimmte Begriffe von ‚unsinnig' oder ‚unanwendbar' hat, nur sofern er dieses ungenau Bestimmte in einem Begriff zusammengefaßt und diesen (in sich konfusen) Begriff als etwas Identisches festgehalten hat, hat er überhaupt etwas gesagt. Das absolut Unbestimmte hat keine Sprache und keinen Begriff. Deshalb ist die richtige Auslegung der platonischen ‚Hypothesis' nicht: „Nur das absolut Bestimmte ist erkennbar", sondern: „Etwas ist nur, sofern und in dem Ausmaß, in dem es bestimmt ist, erkennbar". Sie behauptet also nicht wie die nachnominalistische Erkenntnistheorie: „Jedes Einzelding ist wohlbestimmt", sondern sie verlangt die Unterscheidung von Aspekten und behauptet: „Alles ist nur unter den Aspekten, unter denen es bestimmt ist, erkennbar". Diese Denkvoraussetzung, die Platon selbst „vielleicht simpel", aber „sicher" nennt (Platon, *Phaidon* 100b-e), hat, wenn ich das kolloquial sagen darf, ihre Tücken.

Das Prinzip, daß nur das Bestimmte erkennbar ist, ist bereits von Parmenides formuliert worden[219]. Es bedurfte aber der ganzen subtilen Argumentationskraft Platons, um den logischen Mißbrauch, den die über dieses Instrumentarium ihres Denkens ‚aufgeklärten' Sophisten mit diesem Prinzip getrieben haben, mit Gründen und nicht nur wegen seiner absurden und perniziösen Folgen abzustellen[220].

---

[219] Parmenides, Fragment B 3 (S. 231).
[220] S. Verf., Die Bedeutung der sophistischen Logik, 19-69.

Die erste, grundlegende Einsicht war: Dieses Prinzip ist eine Voraussetzung des Denkens, keine Aussage über die Welt. Der Nachweis, daß das Widerspruchsprinzip, das nach Platon eine rationale Explikation des Prinzips ist, daß nur Bestimmtes erkennbar ist, gar keinen Gegenstand hat, auf den es angewendet werden könnte, brauchte nicht auf die Kritik am abendländischen Logozentrismus zu warten, die Absurditäten einer Anwendung des Widerspruchsprinzips auf die Erfahrung haben die Sophisten des 5. Jahrhunderts v.Chr. bis in ihre letzten Konsequenzen vorgeführt.

Die Sophisten haben sich freilich keinen ‚weichen' Skeptizismus gestattet, sondern haben die Konsequenzen aus der Überzeugung der Unmöglichkeit, etwas in seiner Bestimmtheit zu erkennen, bis zum Äußersten ausgezogen. So haben sie z.B. verlangt, man müsse die Kopula ‚ist' aus dem Satz eliminieren, damit auf keine Weise etwas auf ein bestimmtes ‚Sein' festgelegt werden könne (Aristoteles, *Physik* 185b25-33).

Da man aber auch, wenn man statt „Es ist hell" sagt „Es hellt" etwas Bestimmtes behauptet, haben einige sogar verlangt, ganz auf sprachliche Bezeichnung und Beschreibung zu verzichten und nur noch zu deuten[221]. Auch durch das Deuten aber findet noch eine Festlegung statt, so daß gerade durch die Konsequenz, mit der die sophistische ‚Aufklärung' das Widerspruchsaxiom zu eliminieren suchte, die Unmöglichkeit, dies zu tun, offenbar und zum Anlaß für Platon wurde, den Sinn des Widerspruchsaxioms als eines inneren Kriteriums des Denkens in subtiler Analyse aufzudecken.

Leider wird man schwerlich behaupten können, daß die platonische Einsicht, daß das Widerspruchsprinzip ein inneres Kriterium des Denkens ist, von der nachcartesianischen Philosophie festgehalten worden sei. Der Widerspruchssatz wird vielmehr verstanden wie irgendein anderer beliebiger abstrakter Allgemeinbegriff, der sein Wahrheitskriterium darin hat, daß er sich ‚verifizieren' läßt, d.h., daß empirisch nachgewiesen werden kann, daß es Gegenstände gibt, auf die er zutrifft, die unter ihn subsumiert werden können.

Von dieser Voraussetzung her hat das Widerspruchsaxiom allerdings in der Erfahrungsanalyse überhaupt keine analytische Funktion mehr. Wenn von Descartes über Locke, Hume und Kant bis zu Nietzsche, Lewis, Derrida und vielen anderen immer wieder von einer Konfusion, einem Chaos, der Mannigfaltigkeit oder Pluralität empirischer Erscheinungsformen gesprochen wird, denen das Denken Begriffe unterlegen müsse, um überhaupt erst – und dann mit dem ‚Nachteil', daß die Frage, welche oder ob dieser konstruierten Ordnung eine Wirklichkeit entspricht, unentscheidbar wird – eine gewisse Stabilität zur Orientierung in der Erfahrungswelt zu schaffen, dann wird dabei eine platonische Voraussetzung benutzt, ohne daß ihre erkenntniskritische Funktion noch bekannt (oder anerkannt) wäre.

---

[221] Von dieser extremen ‚heraklitischen' Position des Herakliteers Kratylos (und anderer) berichtet Aristoteles: *Metaphysik* IV, 5, 1010a10-15.

Denn das natürliche Bewußtsein hat keine Probleme mit der sinnlichen Erscheinungsvielfalt der Welt. Wenn ein Baum erst grüne, dann bunte, dann braune Blätter hat, irritiert das die gewöhnliche Erfahrung wenig. Auch die neuzeitliche erkenntniskritische Analyse hat sich von der Mannigfaltigkeit der Sinneseindrücke nicht beeindrucken lassen. So betont Descartes sogar nachdrücklich, daß die sinnliche Veränderlichkeit des Wachses niemand zu einem Zweifel an seiner Identität treibt (Wahrnehmungskritik ist daher in der Neuzeit – und so bereits im Hellenismus – immer vor allem eine Pathologie der Sinnesorgane). Wenn Descartes dennoch behauptet, die wahrnehmbaren Gegenstände böten sich den Sinnen als etwas Konfuses, als etwas immer wieder anderes dar, tut er das unreflektiert auf der Basis einer rationalen Erfahrungsanalyse, die er nicht mehr thematisiert – mit der Konsequenz, daß er die Sinneserkenntnis zugleich *klar und deutlich* und *konfus* nennt (siehe oben S. 189ff.).

Erst im Licht der Forderung, daß etwas als etwas Bestimmtes, das nicht zugleich es selbst und nicht es selbst ist, erfaßt sein müsse, wenn seine Erkenntnis als sicher gelten können soll, erscheint das bald weiche, bald harte Wachs dann, wenn man das Widerspruchsprinzip wie Descartes falsch, d.h., ohne zwischen Sache und Instanz zu unterscheiden, anwendet, als Konfusum, als ein erst vom Denken zu ordnendes Mannigfaltiges.

Die methodisch unkorrekte Anwendung des Widerspruchssatzes durch Descartes erkennt man daran, daß er ausgerechnet das für widersprüchlich erklärt, was im Sinn seiner Argumentation gerade mit sich identisch bleibt. Er sagt ja – und gilt deshalb als der Gründervater des neuzeitlichen ‚Rationalismus' –, wir könnten uns auf unsere Sinneserkenntnisse nicht verlassen, weil diese uns ein und dasselbe so zeigten, als sei es immer wieder anders. Der Beweis für diese Unzuverlässigkeit der Sinne ist die Unbeständigkeit ihrer Informationen: was uns das Auge als gelb zeigt, zeigt es auch als braun. Es ist aber keine Frage, daß Descartes diese ‚Unbeständigkeit' der Sinne überhaupt nur deshalb feststellen konnte, weil er sich auf die Beständigkeit ihrer jeweiligen Informationen fest verlassen hat. Wäre er sich nicht völlig sicher, daß das, was er zuerst gesehen hat, wirklich etwas Gelbes und nicht möglicherweise auch schon etwas Braunes war, und daß umgekehrt das danach gesehene Braune auch wirklich braun war, hätte er nicht einmal feststellen können, daß sich das Gelbe in etwas Braunes verwandelt hat. Das, was das Auge sieht, ist also nichts Widersprüchliches, sondern es sieht etwas Gelbes gelb und etwas Braunes braun. Widersprüchlich ist aber auch nicht das Wachs, denn es ist nicht zur selben Zeit und im selben Sinn gelb und braun. Das heißt: im Sinn einer korrekten Anwendung des Widerspruchssatzes hat Descartes überhaupt nichts Widersprüchliches festgestellt. Seine Behauptung, die Wahrnehmungen zeigten uns das Wachs als etwas Konfuses, das zugleich es selbst und nicht es selbst sei, hat ihren eigentlichen Grund daher in einer Konfusion, die sich Descartes nicht ‚bewußt' gemacht hat: Er hat das Wachs mit seinen sinnlichen Erscheinungsformen, und zwar mit allen möglichen Erscheinungsformen, auch den bloß akzidentellen, identifiziert. Dann allerdings ergibt sich, wenn Wachs etwa das Gelbe und Harte sein soll, daß es nicht zugleich das Weiche und Braune sein kann.

Auf diese Verwechslung geht wohl auch noch eine zweite Widersprüchlichkeit in Descartes' Argumentation zurück. Denn er ist ja zugleich von der Widersprüchlichkeit der ‚vorkritischen' Sinneserfahrungen überzeugt und behauptet, wir könnten durch sie niemals das identische Sein von etwas erkennen, und behauptet dennoch, daß niemand die Unbeständigkeit der Sinne, von der er berichtet hatte, zum Anlaß nehme, die Identität des Wachses in Zweifel zu ziehen: niemand behaupte das, niemand leugne, daß das Wachs in all diesen Veränderungen identisch geblieben sei.

Auch dieser Widerspruch verweist noch einmal darauf, daß die Behauptung, wir fühlten uns in unseren Erfahrungen mit einem chaotischen Fluß von Erscheinungen, mit einem ‚bloßen Mannigfaltigen' konfrontiert und müßten deshalb mit Hilfe des Denkens versuchen, mit unseren Begriffen eine gewisse Stabilität und Identität in dieses konfuse Chaos zu bringen, den Phänomenen widerstreitet. Die Welt der Dinge erscheint dem anschaulichen Denken gerade nicht konfus, die Überzeugung, die Dinge, die wir wahrnehmen können, seien identisch bleibende Gegenstände, die von sich selbst her sind, was sie sind, ist vielmehr so stark, daß sogar viele ‚kritische' Erkenntnistheorien der Neuzeit die Evidenz dieser Überzeugung über das Widerspruchsaxiom gesetzt haben. ‚Chaos' und ‚Mannigfaltigkeit' stehen hier immer nur für eine noch nicht geleistete begriffliche ‚Klärung', nicht für einen Zweifel an der Einheitlichkeit der ‚gegebenen' Gegenstände. Die These, unsere Erkenntnis beginne mit der Erfahrung eines Chaos der Erscheinungen, ist in der Neuzeit daher nur abgeleitet, sie ist ein Traditionsrest aus einer nicht mehr bekannten oder umgedeuteten Lehre des Platonismus und Aristotelismus. Dort ist sie tatsächlich prägnant gemeint. Dies aber ist nur deshalb möglich, weil Platon die Aporetik der Sinneserfahrung am Kriterium des bestimmten Seins überhaupt erst aufgedeckt hat.

Descartes ahmt in seiner Darstellung die ursprünglich platonische Argumentationsfigur immer noch nach, deutet sie aber, nicht zuletzt weil sie ihm nur noch in vielfach vermittelter Weise bekannt geworden war, um. Denn Descartes wußte selbst und mußte sich von scholastisch gebildeten Gegnern auch darauf aufmerksam machen lassen, daß seine These, alle Inhalte des Denkens seien, weil konfus, bezweifelbar, allein sicher erkennbar sei das ‚Ich denke' (cogito), weil nur es allein immer als dasselbe gedacht werden müsse, von der Anwendung des Satzes vom Widerspruch abhänge, so daß eigentlich dieses Prinzip das erste Prinzip des Denkens genannt werden müsse.

Descartes aber glaubte, diesen Einwand abweisen zu können mit dem Argument, das Widerspruchsprinzip hätte gar keine Existenz, wenn es nicht von einem Denken gedacht würde. Also sei das Denken das wirkliche *Prius*, das ‚Früheste'²²². Auch Descartes bezweifelte nicht, daß man sich auf das Widerspruchsaxiom stützt, wenn man sich vergewissert, daß man als Denkender ein Etwas ist. Man muß aber selbstverständlich erst einmal diese ‚ewige Wahrheit' erkennen, bevor sie einem einleuchten kann. Und in diesem Sinn bin ‚Ich' – als Nachdenkender, Bewußtsein überhaupt usw. – das absolute *Prius*. Erst wenn ich eine ‚ewige Wahrheit' zum Inhalt meiner Gewißheit gemacht habe, ist sie auch ‚für mich' wahr. Sie erhält ihre Wahrheit noch einmal verliehen von Gnaden meines Bewußtseins. Ich habe ihr zur Existenz verholfen. Daß diese Art der Selbstbegründung des Denkens tatsächlich der Uranfang der „inneren Vergeschichtlichung des Denkens"²²³ ist, ist kaum zweifelhaft: Es kommt jeder Gedanke mit jedem Denkenden immer neu auf die Welt.

Hier stößt man wieder auf eine wesentliche Ursache des Zusammenfalls des Unterschieds des für uns und des der Sache nach Früheren: Weil man zuerst, d.h. der Zeit nach früher, einen Denkakt ausführen muß, bevor man etwas gedacht hat, glaubt man, der begreifbare Inhalt selbst, der vom Denken begriffen oder nicht begriffen werden kann und ihm also sachlich vorausgeht, sei etwas Späteres, etwas vom Denken überhaupt erst Hervorgebrachtes.

Erst die Orientierung am Widerspruchsprinzip ist es aber, die die Denkhandlung des Zweifels möglich macht und in ihrer Form bestimmt, ohne diese Orientierung gäbe es keinen Zweifel. Diese Orientierung ist also formbestimmend für die Handlung des Denkens, nicht das Denken für das Widerspruchsprinzip.

4 Das Unterscheiden als Grundakt des Denkens und das Wissenschaftssystem der ‚Freien Künste'

Der ganze Verlust, der dadurch entstanden ist, daß Descartes die Kriterien, an denen man sich beim Erkennen orientiert, nicht mehr thematisiert, sondern statt dessen den Handlungsprozeß, in dem eine Erkenntnis entsteht,

---

[222] Descartes, *Principia philosophiae* I, 7 (in Adam/Tannery, Bd. 8,1: Principia philosophiae, Paris 1905) und Descartes' Antwort auf die 2. Einwände gegen seine Meditationen, ebenda, Bd. 7, 140.
[223] Wolfgang Röd, Descartes' Erste Philosophie. Versuch einer Analyse mit besonderer Berücksichtigung der cartesianischen Methodologie, (Kantstudien, Ergänzungshefte; 103), Bonn 1971, 110.

analysiert, wird erst sichtbar, wenn man verfolgt, welches Ausmaß an Einsicht die Thematisierung dieser Orientierungskriterien mit sich bringt.

Schon vor den heftigen Attacken Nietzsches gegen das Widerspruchsprinzip waren ja Descartes, Kant, Fichte, Hegel und viele andere überzeugt, daß das Widerspruchsprinzip inhaltsleer sei und zu nichts als zur Feststellung selbstverständlicher Tautologien tauge. Für Platon dagegen ist das Widerspruchsprinzip Ausgangspunkt der rationalen Erschließung eines ganzen Wissenschaftssystems, der sog. *communis mathematica scientia*[224]. Diese *communis mathematica scientia* gliederte sich in die Fächer Arithmetik, Geometrie, Musik(theorie) und Astronomie und bildete unter dem von Boethius geprägten Begriff *Quadrivium*[225] die Basis der sog. sieben freien Künste (*septem artes liberales*).

Der keineswegs beliebige, sondern denknotwendige Grund, warum für Platon das Widerspruchsprinzip nicht inhaltsleer, sondern Ausgangspunkt der rationalen Erschließung eines (ständig erweiterbaren) Wissenschaftssystems ist, ist die reflexiv kritische Aufklärung des Denkens über seinen eigenen primären Urteilsmaßstab[226]. Denn erst die Einsicht, daß das Widerspruchsprinzip ein Kriterium ist, an dem sich das Denken bei seinen Handlungen orientiert, wendet den Blick von der je eigenen privat-subjektiven Denkhandlung auf die begrifflichen Kriterien der Bestimmtheit dieser einzelnen Denkakte.

Ist die Reflexion aber erst einmal auf diese allgemein vorauszusetzenden Kriterien gerichtet, dann zielt die Frage nicht mehr auf den formalen Aspekt der Denkhandlungen und dessen Folgen, sondern auf den begrifflichen Inhalt dieser Voraussetzung. Wenn die Voraussetzung ist: nur das Bestimmte ist erkennbar, dann muß man zuerst wissen, was man meint, wenn man von Bestimmtheit spricht, bevor man fragen kann, ob und in welcher Weise etwas unter den Begriff der Bestimmtheit fällt, ob es also tatsächlich bestimmt ist.

Mit dieser Wende der Fragerichtung auf die Voraussetzungen, die den sachlichen Gehalt und die Gültigkeit des Widerspruchsprinzips ausmachen, wurde Platon zum Begründer einer langen und bedeutenden philosophi-

---

[224] Diese *communis mathematica scientia* entwickelt Platon v.a. im 7. Buch der *Politeia*.

[225] Zum ersten Mal läßt sich dieser Begriff in dieser Bedeutung nachweisen in dem Eingangskapitel der *Institutio arithmetica* des Boethius (Boethius, Inst.arith.I,1).

[226] Der platonische Grundtext für diese erkenntnistheoretische Position ist der 2. Teil des Dialogs *Parmenides*. Die Auslegung dieses Dialogs ist sehr umstritten. Die folgenden Ausführungen stützen sich v.a. auf den Nachweis, daß die neuplatonische *Parmenides*-Kommentierung eine philosophisch wie philologisch adäquate Platoninterpretation ist. S. v.a. Jens Halfwassen, Der Aufstieg zum Einen. Untersuchungen zu Platon und Plotin, Stuttgart 1992, 265-405. Für eine korrekte Ableitung der mathematischen Wissenschaften aus dem Axiom, daß nur Bestimmtes erkennbar ist, s. jetzt die konsequent dem platonischen Gedanken folgenden, sorgfältigen Untersuchungen von Gyburg Radke, Die Theorie der Zahl im Platonismus. Ein systematisches Lehrbuch. Tübingen/Basel 2003, bes. Teil II, Kapitel II u. V.

schen Tradition in Antike und Mittelalter (bis hin zu Nicolaus Cusanus). Das rationale Denken folgt – in der Deutung dieser Tradition – in allen seinen Akten dem Widerspruchsprinzip und hat in ihm daher das letzte, selbst nicht mehr beweisbare Prinzip aller seiner Akte. Dies heißt aber nicht, daß das Widerspruchsprinzip als das letzte, keiner weiteren Begründung zugängliche Erkenntnisprinzip gilt. Den Status des Letzten, Voraussetzungslosen hat es nur innerhalb der Dimension der Rationalität, nicht aber innerhalb der Dimension, in der die begrifflichen Voraussetzungen seiner Gültigkeit gesucht werden müssen. Diese Dimension gilt als die Dimension des ‚Nûs' oder ‚Intellekts'.

Bereits Aristoteles hat (anders als es eine bestimmte Tradition der Philosophiegeschichtsschreibung behauptet, die ihn ausschließlich als den Philosophen der Rationalität sehen möchte) in seiner Wissenschaftstheorie, in den sog. *Analytica Posteriora*, gezeigt, daß die Prinzipien des Erkennens Gegenstand einer ‚noetischen' Erkenntnisweise sein müssen (s. v.a. *Analytica Posteriora* I, 4-5; II, 19). Diesen Gedanken haben die antiken Platon- und Aristoteles-Kommentatoren aufgegriffen und weiter entfaltet, über die Vermittlung der Scholastik (etwa den Analytik-Kommentar des Thomas von Aquin) hat Nicolaus Cusanus, angeregt von Heymericus de Campo, in differenzierter Weise dieses Anliegen sich noch einmal zu eigen gemacht und in differenzierter Weise das Verhältnis zwischen Rationalität und Intellektualität bestimmt[227].

Platon selbst hat den Weg, wie eine Begründung des Widerspruchsprinzips gesucht werden muß, in allen wesentlichen Aspekten bereits vorgezeichnet und viele Konsequenzen, die sich daraus ergeben, ausgeführt. Der Ansatz, von dem her diese Frage nach ‚den Bedingungen der Möglichkeit' des rationalen Denkens überhaupt erst korrekt gestellt werden konnte, war, daß Platon der reflexiven Klärung des Begriffs der Bestimmtheit größte Aufmerksamkeit gewidmet hat. Insbesondere in seinem Dialog *Parmenides* hat er aufgewiesen, daß der Begriff der Bestimmtheit viele Implikationen hat. Da die platonische Argumentation sehr komplex und auch immer noch sehr umstritten ist, erläutere ich nur das Prinzip, dem folgend Platon diese begrifflichen Implikationen entwickelt.

Der Ausgangspunkt ist – ähnlich wie noch bei Kant (siehe oben S. 187ff.), aber mit einer viel radikaleren Konsequenz in der Durchführung – die Frage nach dem, was in jeder Erfahrung vorausgesetzt wird und ohne das alles Spätere nicht gedacht werden könnte, weil mit ihm zusammen alles Spätere mit aufgehoben würde.

Wenn man die Frage darauf konzentriert, wann etwas als etwas Bestimmtes begriffen werden kann, kann man davon absehen, ob etwas Mensch oder Tier, Punkt oder Linie ist usw., aber man kann in keiner Weise

---

[227] S. dazu Ruedi Imbach, Der Wandel in der Auslegung des Widerspruchsprinzips von der Hochscholastik bis zu Cusanus, in: Verf. u. Gyburg Radke, Philosophie im Umbruch.

davon absehen, ob es ein Eines ist. Was sich nicht irgendwie als Einheit denken läßt, kann auch nicht bestimmt sein. Also ist der Begriff der Einheit eine Verständnisvoraussetzung des Begriffs der Bestimmtheit, die in diesem schon enthalten ist. Denn würde im Begriff der Bestimmtheit nicht Einheit mitgedacht, hätte man diesen Begriff überhaupt nicht gedacht.

Man kann aber Bestimmtheit und Einheit nicht in einem Begriff denken, ohne sie einerseits voneinander zu unterscheiden und andererseits miteinander – eben im Begriff eines bestimmten Einen – zu verbinden. Bestimmtheit und Einheit sind also Teile des Begriffs des bestimmten Einen, die als Teile eben dieses Ganzen einander gleichen, als je für sich seiende Teile aber voneinander verschieden, mit sich selbst aber identisch sind. Also sind Begriffe wie Einheit, Vielheit, Ganzes, Teil, Identität, Verschiedenheit und Gleichheit Elemente des Begriffs der Bestimmtheit, die in einer ganz bestimmten Konstellation seine rationale Struktur ausmachen.

So belegt schon diese ganz an der Oberfläche bleibende Überlegung, daß der Begriff der Bestimmtheit, wenn man ihn als ihn selbst, d.h. als etwas Denkbares, und nicht als das, was subjektiv in jeder Art von Erkenntnis selbst schon enthalten ist, thematisiert, tatsächlich nicht formal leer ist, sondern unterscheidbare Inhalte aufweist. Platon hat die methodische Erschließung dieser Inhalte sehr weit vorangetrieben. Von dieser Analyse können hier leider nur einige Resultate knapp erläutert werden: Aus der skizzierten Begriffskombination im Begriff des Bestimmten ergibt sich schon nach wenigen weiteren Schritten, daß im Begriff der Bestimmtheit auch ein Begriff von Einheit enthalten ist, der nicht identisch mit dem Begriff der Einheit selbst ist, sondern in dem der Sachgehalt begriffen wird, daß jede unterschiedene Begriffsbestimmung (Ganzheit, Teil, Verschiedenheit usw.) auch jeweils eine (bestimmte) Einheit ist. Diesen Begriff von Einheit nennt Platon *Monas* und sieht in ihm das Prinzip von Zahl. Zahl ist mit anderen Worten für Platon nichts als der Begriff einer je bestimmten Einheit.

Da dieser Begriff einerseits vom Begriff der Einheit selbst unterschieden ist, diesem Begriff aber als eine Form der Einheit gleicht, muß man beim genaueren Begreifen dieses Begriffs den Unterschied erfassen und beachten, daß der in ihm gemeinte Begriff von Einheit Aspekte von Gleichheit und Ungleichheit enthält, also muß man an einem synthetischen Begriff von Einheit gleiche und ungleiche Aspekte beachten. So ergibt sich die Möglichkeit, Einheiten auf gleiche und ungleiche Weise zusammenzusetzen, und genau das ist es, was in einfachster Form den Unterschied von ungerader und gerader Zahl ‚hervorbringt'. So wird bei Platon die Zahltheorie nicht aus irgendwelchen Mengenrelationen abgeleitet, sondern aus den begrifflichen Verständnisbedingungen der Zahl: Was meint man eigentlich, d.h., was muß man begreifen, wenn man verstehen will, was man eigentlich meint, wenn man etwas eine Zahl nennt?

In dieser Weise fortschreitend zeigt Platon und zeigen vor allem die antiken Mathematiker, die sich dem platonischen Konzept angeschlossen haben²²⁸, wie auf diesem Wege nicht nur die Arten und Klassen von Zahlen entwickelt werden können, sondern auch die verschiedenen Relationsmöglichkeiten unter Zahlen, die möglichen Zahlproportionen usw. Es entstehen dabei immer komplexere Begriffe, die nicht mehr wie Einheit oder Identität für alles gelten, sondern in ganz spezifischer Begriffskombination bis an die Grenze vorstellbarer Konkretheit reichen.

So wichtig es wäre, diese Theoriebildung weiter zu erläutern²²⁹, in dem hier gesetzten Rahmen konnte es nur darum gehen, erst einmal plausibel zu machen, daß es sich hier nicht um irgendwelche ‚metaphysischen' Spekulationen oder Illusionen handelt, sondern um den Versuch einer reflexiv-kritischen Aufklärung über das, was nach platonisch-aristotelischem Verständnis überhaupt Rationalität ist.

Die Grundthese ist: Alles rationale Argumentieren hat sein letztes Kriterium (nicht etwa an der Klarheit und Deutlichkeit der Evidenz, sondern) an der konkreten inhaltlichen Bestimmtheit einer Erkenntnis. Die Begriffsbedingungen der Bestimmtheit bilden ein System von Begriffen, die dem rationalen Denken als Kriterien des Urteils, ob und in welcher Weise etwas etwas Bestimmtes ist, dienen.

Fragt man nach dem ontologischen Status dieser begrifflichen Voraussetzungen von Bestimmtheit, so ist zu sagen, daß sie einerseits keine gegenständliche Existenz, auch nicht als ideale Gegenstände (wie das Ich, der Raum oder die Zeit in der Neuzeit) haben können, sondern ausschließlich innere Kriterien, Orientierungsmaßstäbe des Denkens selbst sind; andererseits gilt aber im Unterschied zu neuzeitlichen erkenntnistheoretischen Ansätzen: diese Kriterien sind nicht identisch mit den je subjektiven Denkakten, die jemand ausführt. Denn bei den einzelnen Denkakten richtet man sich jeweils immer nur mehr oder weniger nach diesen Kriterien und wendet sie nur mehr oder weniger korrekt an. Sie sind aber auch nicht deren Form oder deren Produkt, weil auch deren Bestimmtheit von individuellen, historischen Determinanten der einzelnen Denkakte abhängen, also in genau derselben Weise nur mehr oder weniger den allgemeinen Kriterien des Denkens genügen. Sondern sie sind etwas diesen subjektiven Akten gegenüber

---

228 Wichtig sind v.a. Theon von Smyrna und Nikomachos von Gerasa. Die *Einführung in die Arithmetik* des Nikomachos hat Boethius fast wörtlich ins Lateinische übertragen. Boethius' *Institutio arithmetica* wiederum ist ein Grundbuch des Mittelalters geworden.

229 Obwohl über dem Eingang der platonischen Akademie stand: „Wer nicht mathematisch gebildet ist, soll hier nicht eintreten", gibt es bis heute kaum einen systematischen Versuch, die platonische Mathematiktheorie zu rekonstruieren, d.h., sie, wie Platon dies (sc. nach der differenziert begründeten neuplatonischen Lesart) in seinem Dialog *Parmenides* vorgibt, aus den allgemeinsten Begriffsbedingungen des (Etwas-)Seins abzuleiten. Die dazu sehr wohl vorhandenen Texte aus der Antike (außer den in der vorigen Anmerkung genannten sind vor allem Partien der antiken Platon- und Aristoteles-Kommentare, v.a. des Syrian, Simplikios und Philoponos sowie Schriften von Jamblich und Proklos relevant) hat jetzt umfassend und in strikter Anlehnung an den systematischen Duktus Gyburg Radke aufgearbeitet (Die Theorie der Zahl im Platonismus, passim).

Objektives, von diesen einzelnen Vorausgesetztes, diejenigen gemeinsamen Maßstäbe, an die sich alles rationale Denken, sofern es rational ist, halten muß.

Platon stellt sich damit der berühmten Kritik Heraklits:

„Obwohl die Vernunft allen gemeinsam ist, lebt die Masse so, als hätte jeder seine Privatvernunft"[230]

und erklärt, wie die Erfüllung der in dieser Kritik liegenden Forderung möglich ist, indem er zwischen dem, was tatsächlich gemeinsam, und dem, was je privat ist, zu unterscheiden lehrt.

Platon selbst bezeichnet dieses Gemeinsame als ein allen Arten von praktischem, technischem und theoretischem Wissen „gemeinsames mathêma", als einen „gemeinsamen Gegenstand des Wissens", von dem die meisten keinen richtigen Gebrauch machten, obwohl es zwingend nötig sei, daß es vor jeder Einzelerkenntnis erworben werden müsse[231]. Das heißt: Platon selbst weist nachdrücklich auf den Unterschied zwischen einer bloßen Anwendung von Erkenntniskriterien und der reflexiven Erschließung dieser Kriterien selbst hin.

Das von Platon im 7. Buch der *Politeia* entwickelte Konzept einer „gemeinsamen mathematischen Wissenschaft" (κοινὴ μαθηματικὴ ἐπιστήμη (koinê mathêmatikê epistêmê), *communis mathematica scientia*), das bis heute unsere Vorstellungen von der Notwendigkeit eines *studium generale* beeinflußt, wurde in der frühen Neuzeit weitgehend ohne direkte Kenntnis des platonischen Konzepts als sog. *mathesis universalis* aufgenommen und umgeformt. Obwohl fast keiner der Gründerväter der Neuzeit versäumt, die Antike wegen ihrer angeblich nur rudimentären und primitiven Vorstellungen von Mathematik und Geometrie lächerlich zu machen[232] und auf jeden Fall den eigentlichen Beginn der Mathematik als Wissenschaft in die eigene Zeit zu setzen[233], verläuft nicht nur die Ausbildung des ‚neuen' Mathematikver-

---

[230] Heraklit, Fragment B 2 (S. 151) und B 114 (S. 176).

[231] Platon, *Politeia* 522e–523a.

[232] Diesen Spott findet man in den neueren Arbeiten zur Mathematikgeschichte nicht mehr (oder nur noch in einer weniger polemisch gefärbten, weniger explizit be- oder verurteilenden Form). Geblieben ist die Überzeugung, diese antike Arithmetik habe nur die elementaren Anfänge für die inzwischen hochkomplex gewordene Mathematik der Gegenwart zu bieten. Verkannt wird dabei, daß die Arithmetik in der Antike eine Theorie der Zahl war, d.h. eine erkenntnistheoretische Herleitung der Grundbegriffe der Mathematik. Sie hatte deshalb mit bewußter Absicht elementaren Charakter, ähnlich wie dies die Mengenlehre in analoger Begründungsfunktion für die gegenwärtige Mathematik hat. Allgemeine Rechenverfahren betrieb man in der Antike in der Disziplin der ‚Logistik'.

[233] Der in Auseinandersetzung mit der Diophant- und Pappos-Tradition sich vollziehende Entwicklungsprozeß der neuzeitlichen Mathematik ist philologisch-historisch wie philosophisch mustergültig nachgezeichnet bei Jakob Klein, Die griechische Logistik und die Entstehung der Algebra, in: Quellen und Studien zur Geschichte der Mathematik, Astronomie und Physik, B 3, 1936, 18-105 und 122-235 (in engl. Übersetzung, Cam-

ständnisses in den Bahnen der Diophant- und Pappos-Tradition. Gerade die Idee einer auf alle Erkenntnisbereiche ausdehnbaren universalen Mathematik ist nicht originär, sondern ist ein aus der Tradition der *artes liberales* übernommener Anspruch. Die Erfüllung dieses Anspruchs aber wird, da sie in nahezu völliger Unkenntnis der alten platonischen Begründungskonzeption geschieht, auf neue Weise gesucht.

Für Platon war die ‚Universalmathematik' eine für alles praktische und theoretische Erkennen grundlegende Wissenschaft, weil in ihr die Erkenntniskriterien von Bestimmtheit entfaltet wurden, und weil jeder Gegenstand nur unter dem Aspekt und in der Weise und in dem Maß, in dem er etwas Bestimmtes ist, erkennbar ist. Die Arithmetik im Sinn einer Theorie der Zahl bildet nur einen Ausschnitt der *mathesis universalis*, sofern in der Analyse der Begriffsbedingungen der Zahl in reiner Form die allgemeinen Bedingungen, wie etwas *Monas*, d.h. eine je bestimmte Einheit, sein kann, darlegbar sind. Die Mathematik als anwendbarer Rechenkalkül ist eine von der Arithmetik verschiedene Disziplin und heißt bei Platon und in der Antike im allgemeinen ‚Logistik'.

Die ‚neue' Mathematik, wie sie vor allem von Stevin, Vieta und Descartes entwickelt wird, entsteht bereits im Gefolge der erkenntnistheoretischen Einebnung des der Sache nach und des für uns Früheren. In einer mustergültigen Untersuchung hat Jakob Klein schon 1936[234] aufgewiesen, daß in der ‚neuen' Mathematik der Begriff der *Monas* (als Erkenntnisprinzip der Zahl) in einen Zahlbegriff verwandelt wird, für den Zahl nichts als symbolische Repräsentation von Zählhandlungen ist. Zahl wird, in der auch von Stevin, Vieta und Descartes noch verwendeten scholastischen Terminologie aus einer ‚*intentio prima*', einer inhaltlich bestimmten Erkenntnisbedingung, zu einem Produkt einer ‚*operatio intellectus*', einer Denkhandlung. Im Begriff der Zahl wird ihre methodische Konstitution in symbolischer Weise vergegenständlicht.

Es gehört zu den Konsequenzen dieses neuen symbolisch repräsentativen Zahlbegriffs, daß die Allgemeinheit der Mathematik nicht mehr in ihrer Kriterienfunktion für die Beurteilung von Bestimmtheit gesucht wird, sondern in ihrer allgemeinen Anwendbarkeit: *mathesis universalis* wird zu einem allgemeinen, d.h. auf möglichst alles anwendbaren, ‚formalen' Rechenkalkül.

Die praktische Effizienz dieser neuen Mathematik überdeckte für Jahrhunderte ihre Begründungsdefizite[235] und ihre unausdrücklichen, aber

---

bridge (Mass.) 1968). Diese viel gelobte Arbeit hat bis heute nicht die ihr zukommende Beachtung gefunden.

[234] Wie die vorige Anmerkung.

[235] Es dauerte bekanntlich bis ins 19. Jh., bis dieses Begründungsdefizit bemerkt und bis mit der sog. Mengenlehre versucht wurde, Abhilfe zu schaffen. S. z.B. Hans Hermes, Zur Geschichte der mathematischen Logik und Grundlagen-Forschung in den letzten 75 Jahren, in: Jahresbericht der deutschen Mathematiker-Vereinigung 68, 1966, 75ff. Ein Vergleich zwischen der Mengenlehre und der antiken Arithmetik als Metatheorie der

höchst spekulativen Basisannahmen: Denn wenn alle Realitätsbereiche durch, ja, nur durch diese Mathematik wissenschaftlich zugänglich werden, dann ist mit dieser Überzeugung vorausgesetzt:
1., daß in der Berechnung rein quantitativer Verhältnisse die Realität tatsächlich erfaßt werden kann, und
2., daß die Welt mathematisch berechenbar ist, d.h., daß sie immanent mathematisch strukturiert und von dieser Strukturiertheit vollständig und durchgängig geprägt ist[236].

Diese Annahmen enthalten (wenn auch nicht intendiert) erheblich mehr Metaphysik als die platonische Ideenlehre. Denn Platon behauptet zwar, Begriffe wie Einheit, Identität, Gleichheit, Linie, Kreis, Fläche, Dreieck, Würfel seien nicht nur subjektive Denkprodukte, sondern hätten eine einsehbare Realität, er behauptet aber nicht (wie z.B. Galilei), diese konkrete empirische Welt sei wie eine Art Uhrwerk eine exakte Verkörperung dieser intelligiblen Realitäten, so daß man diese Körper gleichsam nur aufschneiden müsse, um ihren immanenten Regelmechanismus zu entdecken.

Das einsehbar Wirkliche ist im Bezug auf die empirische ‚Realität' vielmehr etwas nur Mögliches, es sind Vorgaben für mögliche Prozesse, die mehr oder weniger von diesen Vorgaben bestimmt sein können. Es gibt nach platonischer Lehre keine konkreten Einheiten, die exakt und nur zwei sind, keine exakten Relationen oder Proportionen unter konkreten Einheiten, es gibt keine Punkte, Geraden, Ebenen, keine rechten Winkel, keine Dreiecke mit der Innenwinkelsumme von 180 Grad, keine platonischen Körper usw. Die euphorische Überbewertung der ‚Wirklichkeit', als sei sie ganz und gar von Regel und Gesetz durchdrungen und daher – prinzipiell – ohne Rest mathematisch berechen- und rational erklärbar, könnte Platon nicht teilen. Er denkt unter diesem Aspekt erheblich moderner.

Im Sinn eines modernen empirischen Existenzbegriffs *gibt* es die ganze euklidische Geometrie nicht. Diese Geometrie gewinnt im Sinn der platonischen Konzeption ihre Legitimität nicht durch den Nachweis, daß z.B. tatsächlich so etwas wie ein Dreieck existiert, etwa weil es mit Zirkel und Lineal konstruiert werden kann. Das Wissen darum, daß es die euklidische Geometrie gibt, kommt aus ihrer Ableitbarkeit aus dem Widerspruchsprin-

---

Zahl steht noch aus. Für die Geometrie ist dieser Vergleich inzwischen in sorgfältiger und logisch klarer Analyse geleistet von Markus Schmitz, Euklids Geometrie.

[236] Die berühmteste Formulierung dieser Überzeugung hat sicher Galilei gegeben, wenn er davon spricht, das ‚Buch der Natur' sei in der Sprache der Mathematik geschrieben. S. Galileo Galilei, Il Saggiatore, in: Le opere di Galileo Galilei, ed. Eugenio Albèri (1. ed. completa condotta sugli autentici manoscritti Palatini), Bd. 6: Commercio epistolare, Florenz ¹1847, 32; s. dazu Ernst Robert Curtius, Europäische Literatur und Lateinisches Mittelalter, Bern ⁶1967, 323-329; Erich Rothacker, Das ‚Buch der ‚Natur'. Materialien und Grundsätzliches zur Metapherngeschichte, aus dem Nachl. hg. u. bearb. v. Wilhelm Perpeet, Bonn 1979.

zip[237]. Die Sicherheit des Wissens, die dadurch über bestimmte, begrifflich faßbare (und empirisch mögliche) Verhältnisse unter Größen gewonnen werden kann, dient der Erkenntnis und Beurteilung empirischer Phänomene.

Wenn man z.B. eine weitgehend ohne Abweichungen oder Umwege verlaufende Verbindung zwischen zwei Punkten vor sich hat, dann erkennt man dieses Phänomen als Gerade, wenn man zeigen kann, daß die zwischen diesen Punkten gezogene Linie identisch mit dem quantitativen, durch Einheiten meßbaren Abstand zwischen diesen Punkten ist. Weist ein Phänomen dieses Merkmal in hoher Annäherung auf, nennen wir es aufgrund dieser unterscheidbaren Bestimmtheit, die eben die begriffliche Bestimmtheit der Gerade ist, eine Gerade. Der Begriff der Gerade ist in diesem Sinn ein Beurteilungskriterium dafür, ob ein konkretes Phänomen – eine vorgestellte oder gezeichnete Linie, eine Kante usw. – ‚wirklich' gerade ist, und vor allem, *was* an einem konkreten Einzelding wirklich ‚gerade' ist und was mit dieser Eigenschaft nur akzidentell in Verbindung steht.

Dieser Begriff enthält in sich bereits eine hochkomplexe Begriffsstruktur. Man benötigt zu seinem Verständnis nicht nur die für jede bestimmte Einheit konstitutiven Begriffe wie Einheit, Vielheit, Identität, Verschiedenheit, Ganzheit, Teil usw., sondern darüber hinaus spezifischere Begriffe wie Lage, Abstand, Richtung, aus deren richtiger Kombination erst sich der Begriff der einfachsten Form einer kontinuierlichen Erstreckung, ohne Abweichung in der Richtung (usw.), also der Begriff der Geraden, ergibt. An den Inhalten dieses Begriffs und ihrer Verbindung miteinander aber gewinnt man die Kriterien, um zu prüfen, ob etwas ‚Konkretes' die Eigenschaft ‚gerade' hat, bzw. um ihm diese Eigenschaft auf methodisch-technische Weise zu verschaffen: weicht etwa dieser Kreidestrich in keiner Weise nach rechts, links, oben oder unten ab, ist der Abstand zwischen den Endpunkten der quantitativ geringste?

4 a. ‚Wahrheit ist Übereinstimmung von Denken und Gegenstand' – in platonischer und nachcartesianischer Deutung

Aus der Orientierung des Denkens an den aus dem Widerspruchsprinzip abgeleiteten Kriterien ergibt sich eine scheinbar paradoxe Umkehr der neuzeitlichen Anwendung des Kriteriums der Adäquatheit von Erkenntnis und Gegenstand. Wir pflegen die Wahrheit oder Richtigkeit eines Gedankens an seiner Übereinstimmung mit der ‚Realität' zu überprüfen: „Wenn meiner

---

[237] Zum Zusammenhang der Geometrie Euklids mit der platonischen Erkenntnistheorie s. jetzt die präzise Aufarbeitung dieser Problematik bei Gyburg Radke, Die Theorie der Zahl im Platonismus, bes. Teil II, Kapitel VI.

Vorstellung von einer Gerade eine wirklich beobachtbare, tastbare Gerade entspricht, dann ist meine Vorstellung keine bloße Fiktion, sondern wahr oder jedenfalls im Rahmen meiner Verifikationsmöglichkeiten zutreffend."

Bei diesem Verfahren scheint es gar keine Probleme mit einer korrekten Begriffsbildung zu geben, das Problem liegt allein in der ‚Verifikation' des Begriffs, d.h. in der Frage, ob irgend etwas Einzelnes unter ‚meinen' Begriff fällt. Für die Beantwortung dieser Frage aber hat man kein anderes Kriterium als die ‚blinde' Anschauung oder Empfindung. Sie soll, ohne selbst ein Erkenntnisvermögen zu sein, bestätigen, was das Denken gedacht hat.

Bei Platon prüft man dagegen das, was man mit der Wahrnehmung feststellen kann, z.B. eine in bestimmter Weise ausgedehnte weiße Form, darauf hin, ob sie den Begriffsbedingungen der Gerade entspricht. Das heißt, der Begriff ist der Maßstab, der ‚Kanon', an dem man ‚mißt', was man in der ‚Realität', d.h. richtiger: im Bereich des mit Wahrnehmungen Feststellbaren, vorfindet. Was mit ihm übereinstimmt, hat ‚wirklich' die Eigenschaft, gerade zu sein. Daß die alte Wahrheitsformel:

„Wahrheit ist die Übereinstimmung von Intellekt und Sache" (veritas est adaequatio intellectus et rei)

nur in dieser Auslegung Sinn macht, dürfte inzwischen deutlich geworden sein. Die unlösbaren Aporien, in die die neuzeitliche Auslegung dieses Satzes, die ihn auf das Verhältnis von Vorstellung und Gegenstand reduziert, geführt hat, bedeuten jedenfalls nicht von sich aus, daß es überhaupt keine Form der Wahrheit geben könne, sie können auch nur bedeuten, daß wir die – einem endlichen Denken mögliche – Wahrheit in einer nicht mehr angemessenen Weise zu ermitteln versuchen.

4 b.   Die methodische Bedeutung des Widerspruchsaxioms und die ‚nichtklassischen' Logiken der Gegenwart

Nimmt man die im vorletzten und letzten Kapitel besprochenen Charakteristika des platonisch-aristotelischen Verständnisses des Widerspruchsaxioms zusammen, kann man seine Besonderheit und seine Differenz zu einem neuzeitlichen, etwa cartesianischen Umgang mit dem Widerspruchsaxiom etwa so formulieren: Ausgangspunkt für den Aufweis, daß das Widerspruchsaxiom dasjenige Beweisfundament ist, auf das alle anderen Beweise zurückgeführt werden können, ist bei Platon ähnlich wie noch bei Descartes, aber mit anderer Funktion, eine ‚Meditatio' über die Gründe des Zweifels (griechisch: ‚Aporia'). An vielen Einzelbeispielen und in grundsätzlicher Argumentation zeigt Platon, daß sich das Denken immer dann im Zweifel befindet, wenn es etwas nicht als ein Etwas festhalten kann, sondern mit dem Anschein konfrontiert ist, etwas sei zugleich es selbst und nicht es selbst. Anders als Descartes sucht Platon aber nicht einfach nach einem Gegenstand, der irgendwie dieser axiomatischen Forderung zu genügen scheint, um dann von ihm zu behaupten, er allein sei das einzig sicher Erkennbare, von dem allein er deshalb auch wisse, daß er existiere. Platon nimmt vielmehr das Wissen um die Bezweifelbarkeit einer Erkenntnis oder Erfahrung für das, was es ist: für die Bezweifelbarkeit einer *Erkenntnis*. Wenn uns ein Gegenstand, z.B. ein Sinnesgegenstand, sowohl er selbst wie nicht er selbst zu sein scheint, dann folgt daraus nicht, daß die Sinnesgegenstände widersprüchlich sind, widersprüchlich ist vielmehr das, was wir von ihnen zu wissen meinen. Nicht der äußere, sondern der innere Gegenstand, d.h., der Inhalt unseres Meinens, ist widersprüchlich.

Deshalb ist die Folgerung, die man nach Platon aus der Feststellung eines Widerspruchs zu ziehen hat, nicht ein Urteil über den (äußeren) Gegenstand, sondern über unser Wissen von ihm.

Wenn etwas – in derselben Hinsicht, Relation oder Zeit – zugleich es selbst und nicht es selbst zu sein *scheint*, dann *wissen* wir, daß es nicht eines, sondern mehreres war (Platon, *Politeia* 436b-c).

Der Ausdruck ‚wissen' ist in dieser Formulierung nicht beiläufig, sondern hat prägnante Bedeutung. Wenn wir einen Widerspruch in den Inhalten unseres Denkens erkennen, dann verschafft uns diese Erkenntnis ein Wissen, und zwar nicht nur darüber, daß überhaupt ein Fehler in unserem Denken enthalten war, sondern auch, welcher Art dieser Fehler war: Wir haben etwas identifiziert, zu einer Einheit zusammengefaßt, was differenziert werden muß, und der Widerspruch zeigt genau die Stelle und die Hinsicht an, bei denen die Differenzierung ansetzen muß.

Da Platon zur Erläuterung des von ihm Gemeinten meist sehr einfache Beispiele benutzt, werden sie von den meisten Interpreten in ihrer methodischen Relevanz kaum beachtet, als wisse heute – nach der längst überwundenen Anfangsphase der Logik bei Platon – jeder, wie die von Platon angeführten Fehler aufzulösen sind. Tatsächlich macht Platon an ihnen zwei Konsequenzen klar, von denen die eine in der Neuzeit explizit bestritten wird, die andere kann kaum anders als vergessen bezeichnet werden.

Die bestrittene Konsequenz ist, daß der Widerspruchssatz erkenntniserweiternde Funktion hat, daß er zu den ‚heuristischen' Methoden, zur ‚Inventio', also zu den Weisen, wie neues Wissen auf methodischem Weg gefunden, ‚entdeckt' wird, gehört und nicht zu einer bloß feststellenden, tautologischen Logik. Die vergessene Konsequenz ist, daß erst aus der Anwendung des Widerspruchssatzes auf die inneren Gegenstände des Denkens logisch korrekt erklärbar wird, wie man den Widerspruch durch die Unterscheidung von Aspekten vermeidet.

Ich beginne mit der zweiten Konsequenz: Wenn ein Mensch – ich variiere ein simples Beispiel, das Platon verwendet, etwas – an einer Stelle steht und Hände und Kopf bewegt, dann haben wir keinen existierenden Widerspruch, kein Ruhend-Bewegtes vor uns, sondern wir müssen an diesem uns scheinbar als etwas Eines gegebenen Gegenstand eine Differenzierung vornehmen und zwischen den Aspekten, von denen her er als etwas sich Bewegendes erkannt wird, und denen, von denen her er ruhend erscheint, unterscheiden.

Voraussetzung dieser Differenzierung ist, daß wir uns dabei nicht an der Identität des ‚gegebenen' Gegenstands orientieren, denn dann müßten wir aus unseren Beobachtungen den Schluß ziehen, daß ein und dasselbe ruhe und sich bewege.

Wenn wir ‚ruhend' und ‚bewegt' nicht auseinanderhalten könnten, hätten wir nicht einmal einen Ansatz zur Feststellung eines Widerspruchs, also ist die Voraussetzung für den Zweifel an der Identität des Wahrgenommenen, daß wir unter ‚ruhend' etwas Bestimmtes verstehen und unter ‚bewegt' etwas anderes Bestimmtes. Diese Identität des jeweils Gemeinten und nicht die Identität dessen, was wir gerade in Bewegung oder Ruhe sehen, machen wir, wie Platon formuliert, zur Grundlage, zur ‚Hypothesis' unseres Urteils, und zwar gleichgültig, ob wir dabei auf den ganzen Gegenstand hinsehen oder nur auf einen Teil oder Aspekt von ihm. Denn auch von den sich bewegenden Händen eines (stehenden) Menschen könnte man zeigen, daß die ‚zweiwertige Logik' mit ihrer Forderung, ‚A ist entweder B oder nicht B', nicht auf die Hände anwendbar ist, bei denen es natürlich auch Aspekte von beidem gibt.

Wäre die Gültigkeit des Widerspruchsaxioms, d.h. die Möglichkeit, etwas in seiner Identität als ein bestimmtes Etwas zu erfassen, davon abhängig, daß man einzelne Gegenstände findet, auf die die Forderung dieses Axioms zutrifft, dann müßte man nicht nur die gewöhnlichen Gegenstände der Erfahrung, den Menschen, das Wachs usw. als mögliche Instanzen ausscheiden. Um zu beweisen, daß das Widerspruchsaxiom mit seiner ‚Bivalenzforderung' nichts als ein leerer Mythos sei („this age-old self-evident axiom of science and philosophy is only a hollow myth"), hat Krishna Daya[238] auf die Geschichte der neuzeitlichen Wissenschaften verwiesen mit ihrer intensiven Suche nach Erfahrungskonstanten, von denen anders als von den normalen Sinnesgegenständen nicht gelten sollte, daß das Urteil ‚x ist A' und ‚x ist nicht A' zugleich wahr sein könne. Gleichgültig, worin man eine Instanz des Widerspruchssatzes zu haben meinte, es ließ sich immer zeigen, daß jeder solche ‚Felsen' nicht den Anforderungen des Widerspruchssatzes genügt: weder das ‚Ich denke' der Transzendentalphilosophie noch die Konstanten der Naturwissenschaften: Raum, Zeit, Elemente, Atom, Energie, mathematische Formeln usw. Es gibt nichts Einzelnes – kein Einzelding und auch keine einzelne Formel oder abstrakte Größe – das in diesem Sinn etwas Festes ist. Rein ‚formal' kann man den Widerspruchssatz natürlich formulieren, aber man kann in der Formel ‚A kann nicht beides sein: B und Nicht-B', nicht die erforderlichen Zusätze anbringen, die nötig sind, damit diese Formel überhaupt für irgendetwas Einzelnes valent ist.

Die Konsequenz, die Daya aus seinem Nachweis zieht, ist freilich auch für seine eigene Argumentation verhängnisvoll. Ist es etwa dasselbe, ob das Widerspruchsaxiom „a hollow myth" oder ob seine Argumentation „radi-

---

[238] S. Krishna Daya, The Law of Contradiction and Empirical Reality, in: Mind 66, 1957, 250-57.

cally wrong" ist, oder muß nicht gelten, daß nicht beides sein kann, sondern entweder ist seine Argumentation unter irgendwelchen Hinsichten falsch oder das Widerspruchsaxiom ist falsch? Auch Dayas Widerlegung der Gültigkeit des Widerspruchsaxioms setzt voraus, was sie bestreitet. Der Sinn, in dem Daya das Widerspruchsaxiom – unvermerkt – voraussetzt, ist allerdings nicht identisch mit dem Sinn, den Daya dem Widerspruchsaxiom gibt, um es zu widerlegen. Denn das, was er, ohne es zu thematisieren, als Grund für die Gültigkeit des Widerspruchsaxioms voraussetzt, ist nicht die Existenz eines widerspruchsfreien Gegenstands (was immer damit gemeint sein soll). Von der Existenz eines derartigen wohlbestimmten Gegenstands glaubt zwar auch Daya sei die Gültigkeit des Widerspruchsaxioms abhängig, aber er beachtet nicht, daß er mit dem Anspruch, eine gültige Argumentation vorzulegen, selbst eben die Voraussetzung macht, die man im Sinn des Widerspruchsaxioms allein machen muß: daß das, was er meint, etwas Bestimmtes ist, das nicht zugleich es selbst und nicht es selbst ist. Wäre das, was er unter ‚Mythos' versteht, für ihn dasselbe wie das, was er mit ‚Wissenschaft' meint, hätte er die Wissenschaftlichkeit des Widerspruchsaxioms nicht destruiert. Damit muß also jeder, der etwas beweisen oder widerlegen will, anfangen, daß er vorausetzt, daß das, was er meint, etwas Bestimmtes ist.

Diese methodische Grundlegung des Wissens setzt nicht bereits eine inhaltlich exakte Kenntnis der Bestimmtheit der zu erkennenden Sache voraus, so als ob man nur dann etwas als Mensch, Wachs, als Großes oder Kleines, Gerechtes oder Ungerechtes, als Mythos oder Vernunft erkennen könnte, wenn einem bereits eine ‚Schau' des Menschen selbst, des Gerechten selbst usw. zu Gebote stünde, sie bildet aber die Basis dafür, daß man die Frage, was der Mensch als Mensch, das Gerechte als Gerechtes ist, auf eine rationale, nicht von einer bloßen ‚Intuition' abhängige Weise erschließen kann.

Diese Basis ist, daß man das, was man meint, als etwas auffaßt, das für sich selbst unterscheidbar sein muß, und nicht naiv davon ausgeht, es werde einem in seiner Sachidentität von irgendeinem Einzelnen, auf das man sich beziehen kann, einfach schon deshalb dargeboten, weil man es ja mit einem einzelnen Ding oder einer einzelnen Eigenschaft oder Relation zu tun habe.

Eines der signifikantesten Beispiele, das Platon zur Illustration benutzt, bietet das Verhältnis der Zahl Zwei zum Doppeltsein[239]. Die Zwei ist zwar in einem exakten Sinn etwas Doppeltes. Sie ist als diese konkrete Zahl aber noch vieles mehr als etwas Doppeltes, z.B. Einheit, Vielheit, ein Ganzes aus Teilen, etwas Gerades, ja sie ist auch ein Halbes, nämlich die Hälfte der Vier.

Wenn man beweisen oder widerlegen will, daß die Zwei ein Doppeltes ist, kann man sich also nicht an der gegebenen Einheit ‚Zwei' orientieren,

---

[239] Auf die Bedeutung dieses Beispiels für die Platonische Begründung der Ideenlehre hat zuerst Justin Gosling, Republic Book V: τὰ πολλὰ καλά etc., in: Phronesis 5, 1960, 116-128 aufmerksam gemacht. S. Platon, *Politeia* 479b3f.; Aristoteles, *Metaphysik* I, 5, 987 a20-27; *Sophistici Elenchi* 167 a29f.

um zu prüfen, ob von ihr gilt: ‚sie ist nicht zugleich doppelt und nicht doppelt'. Denn die Zwei ist trotz der exakten Verkörperung des Doppeltseins beides, doppelt und nicht doppelt.

Korrekt können Beweis oder Widerlegung vielmehr nur sein, wenn man zunächst nach dem Doppeltsein als etwas für sich Unterscheidbarem fragt. Selbst wenn man bei der Beantwortung dieser Frage noch unmethodisch vorgeht, indem man etwa nur ‚beobachtet', daß man irgendeine Einheit mit sich selbst zusammensetzen kann, und dieser bestimmten, einen Möglichkeit einen vorläufigen Begriff, etwa ‚Doppeltsein', zuordnet, erlaubt die Beziehung auf diesen Begriff eine methodisch korrektere Anwendung des Widerspruchsaxioms: Man wird nämlich jetzt dem ‚Beweis', daß man an der Zwei einen realen Widerspruch vor sich habe: ein Doppeltes, das zugleich halb sei, dadurch etwas entgegensetzen, daß man, wie Platon sagt, ‚den (sc. in diesem besonderen Fall bzw. jeweils) stärksten Logos zugrunde legt' (Platon, *Phaidon* 100a): Doppeltsein ist etwas Bestimmtes. Nur auf das, was an der Zwei mit diesem Bestimmten (also etwa: daß die Zwei eine Synthesis einer Einheit mit einer weiteren Einheit bzw. mit sich selbst ist) übereinstimmt, bezieht sich der (mögliche) Beweis, daß die Zwei doppelt ist, und nur in Bezug auf das, was nicht mit diesem Bestimmten übereinstimmt, gilt die Widerlegung, die zeigen will, daß die Zwei nicht doppelt ist (Platon, *Phaidon* 99e-102a). Alle anderen Aspekte der Zwei sind für Beweis oder Widerlegung ihres Doppeltseins irrelevant.

Ohne die Voraussetzung, daß das in einem Beweis oder in irgendeinem Denkvorgang Gemeinte etwas Bestimmtes ist, das für sich unterschieden werden muß, gibt es keine Möglichkeit, den Widerspruchssatz korrekt, d.h. durch die Unterscheidung von Aspekten, anzuwenden. Deshalb kann man sagen, daß die sog. ‚Hypothesis' eines ‚Seins', das in Bezug auf sich selbst ist, was es ist, durch Platon nicht auf einer spekulativen Ideenschau gründet, sondern als Voraussetzung der Möglichkeit, rational, d.h. dem Widerspruchsprinzip gemäß, zu denken, erschlossen ist.

Um die Bedeutung des platonischen Umgangs mit dem Widerspruchsaxiom, die sie auch heute noch beanspruchen kann, richtig sichtbar machen zu können, müßte man eine – noch nicht geschriebene – Geschichte des negativen Umgangs mit dem Widerspruchsaxiom in der Neuzeit vorlegen können. Immerhin können auch typische Aporien und Antinomien, die in gegenwärtigen ‚nichtklassischen' Logiken (mehrwertigen Logiken, intuitionistischen Logiken, Fuzzy Logiken, Sprachlogiken, Relevanz-Logiken, parakonsistenten Logiken usw.) diskutiert werden, zum Zeugnis dafür genommen werden, wie weit sich die Logik – nicht zu ihrem Vorteil – von ihren platonisch-aristotelischen Anfängen entfernt hat. Die konstruierten Widersprüche von Logik und Wirklichkeit, die vorgeblichen Antinomien der Logik, die systemfundierenden ‚wahren Widersprüche' lassen sich als Ergebnis mangelnder Reflexion auf den rationalen Charakter des Widerspruchsaxioms erweisen.

Wenigstens auf die grundlegende und elementare Differenz zwischen einem rationalen und einem ‚nichtklassischen' Gebrauch des Widerspruchsaxioms, die auch ohne Kenntnis der komplexen ‚formalen' Strukturen moderner Logiken mitverfolgt und beurteilt werden kann, möchte ich hier eingehen. Das ist auch deshalb wichtig, weil sich dabei noch einmal von einer anderen Seite her der bis in die Gegenwart weiterwirkende Einfluß der spätmittelalterlichen Aufwertung des Einzeldings zur wohlbestimmten Instanz seines Begriffs dokumentiert.

Die Hauptdifferenz zwischen modernen Logikformen – klassischer wie nichtklassischer – und der platonisch-aristotelischen Logik liegt darin, daß diese Logiken ihr Fundament in möglichen Verhältnissen von Aussagen zueinander suchen, während die platonisch-aristotelische Logik eine Begriffslogik ist. ‚Begriffslogik' meint dabei, daß ihr Fundament der Begriff ist, d.h.: das, was als genau eine bestimmte Sache gedacht werden kann, und daß sie dementsprechend (auf das Quantitative beschränkte) mögliche Verhältnisse von Begriffen bzw. Begriffsinhalten zueinander untersucht. Basis einer Aussagenlogik[240] ist dagegen der ‚Sachverhalt', der ‚der Fall oder nicht der Fall sein' kann. Diesem ‚der Fall sein oder nicht der Fall sein' entspricht der sog. Wahrheitswert einer Aussage. Ein Wahrheitswert sagt aus, daß der Sachverhalt, den der Satz ausdrückt, wirklich besteht. Der Wahrheitswert wird deshalb der Extension eines Begriffs zugerechnet. Zur Extension gehört das, was ‚unter einen Begriff fällt', also das existierende Einzelding, soweit es vom Begriff getroffen ist, also in der einheitlichen Vorstellung seiner Merkmale, die der Begriff verbunden hat und die der Satz als Wiedergabe dieses komplexen Sachverhalts ausdrückt.

Von Platon und Aristoteles her könnte man sich fragen, was das Bestehen von Sachverhalten mit den ‚Wahrheitswerten', die auf formallogischem Weg als Indices möglicher Verhältnisse von Aussagen zueinander gewonnen werden, zu tun haben soll – bei Aristoteles gibt es eine solche Bedeutung der Urteils-‚materie' jedenfalls nicht. Aristoteles unterscheidet konsequent zwischen der logischen ‚Form', also den abstrakten, quantitativ bestimmten Verhältnissen zwischen Begriffen, die durch Variable repräsentiert werden können, und dem Inhalt der Begriffe, deren Verhältnisse betrachtet und klassifiziert werden sollen. Er vertritt die Auffassung, daß von dem einen Bereich nicht auf den anderen geschlossen werden kann. Was ihm möglich erscheint, und was auch der eigentliche Zweck der formalen Klassifizierungen ist, ist, daß an einzelnen Sätzen, in denen die Inhalte und die Form, d.h. die Inhalte der Begriffe und deren formale Verhältnisse, die in einem Satz hergestellt werden, zusammengesetzt sind, die Prüfung auf ihre Wahrheit in zwei Teile unterschieden werden kann:

---

[240] Das im folgenden Gezeigte gilt natürlich in gleichem Sinn auch für die Prädikatenlogik, die als eine verfeinerte Form der Aussagenlogik mit dieser gemeinsam die gleichen Grundprämissen teilt.

1.) in eine Prüfung der formalen Richtigkeit des Schlusses (bzw. des in dem Begriff implizierten Schlusses) – dies leistet die Logik – und
2.) in eine Untersuchung der inhaltlichen Wahrheit (im Syllogismus also der Wahrheit der Prämissen) – dies ist Aufgabe der Dialektik bzw. der jeweiligen Wissenschaft, in deren Gegenstandsbereich diese bestimmten begrifflichen Inhalte fallen.
Insofern ist die Betrachtung der formalen Struktur eine Vorarbeit für die eigentliche Wahrheitssuche und darf mit ihr nicht verwechselt werden.

Wer etwa folgert: ‚Dichter- und Denkersein kommt einigen Deutschen zu, Deutschsein kommt allen Weimarern zu, also sind alle Weimarer Dichter und Denker' könnte in diesen Satz ohne weiteres auch den – vor allem in der Sprachlogik – vielbemühten ‚Kaiser von China im Jahr 1995'[241] einsetzen. Der Wahrheitswert der Anordnung dieser Begriffsverhältnisse bleibt immer derselbe, weshalb Aristoteles ihn auch an Variablen demonstriert: ‚Einigen A kommt B zu, usw.', denn in jedem Fall ist die Conclusio falsch, während der Schluß: „Wenn A (Deutschsein) allen B (Weimarern) zukommt, B (Weimarersein) allen C (Dichtern in Weimar: Schiller, Goethe, Wieland usw.) zukommt , kommt allen C A zu" richtig ist. –

Das eigentliche Problem dieser Logiken liegt darin, daß sie davon ausgehen, daß das X, das unter einen Begriff fällt, ein Einzelding oder Einzelfaktum sein müsse, und deshalb versuchen, die Widerspruchsfreiheit oder den Ausschluß eines Dritten, also die beiden Kriterien, anhand derer nach Aristoteles entschieden werden kann, ob ein (subjektiv gebildeter) Begriff(s- bzw. Vorstellungskomplex) wirklich einen denkbaren Sachunterschied enthält oder ob er ein Konfusum von einer Vielzahl von Vorstellungsinhalten ist, das nicht als ein mit sich identischer Sachgehalt gedacht werden kann, an der Extension von Begriffen zu beurteilen.

Erst durch diese Ausrichtung der ‚klassischen' modernen Aussagenlogik am Wahrheitswert entsteht der Anschein, eine ‚zweiwertige Logik' , d.h. eine Logik, die behauptet, etwas könne nicht beides sein, es selbst und nicht es selbst, gerate notwendig in Konflikt mit der ‚Wirklichkeit', der niemals eindeutig eine der beiden ‚logisch geforderten' Alternativen zugeordnet werden könne. Und erst so entsteht die Notwendigkeit, neue Formen der Logik zu entwickeln, in denen das von der ‚Standardlogik' geforderte Bivalenzprinzip überwunden wird.

In nur schwer verständlicher Oberflächlichkeit wird behauptet, ausgerechnet Aristoteles habe eine solche eindeutige Alternative begründet. Von der Gültigkeit des Widerspruchsprinzips und des Prinzips vom ausgeschlossenen Dritten überzeugt (das ist Aristoteles in der Tat), habe Aristoteles zuerst eine zweiwertige Logik vertreten, nach der eine Aussage immer entweder wahr oder falsch sei, ein dritter Wahrheitswert existiere nicht. Da der Wahrheitswert die Extension einer Aussage betreffen soll, wird das sog. Bivalenzprinzip daher so formuliert:

---

[241] S. Ulrich Blau, Die dreiwertige Logik der Sprache, Berlin/New York 1978.

„Für alle Objekte x gilt: x ist F oder x ist nicht F, wobei F ein beliebiges Prädikat ist. Eine dritte Möglichkeit gibt es nicht."

Kennzeichnend für die ‚klassische' Logik sei daher die ‚idealisierende' Annahme, daß Begriffe bzw. Prädikate insofern klar umgrenzt sind, als für jeden Gegenstand eindeutig bestimmt ist, ob er unter einen dieser Begriffe fällt oder nicht.

„Man sagt, daß etwa das Prädikat „Mensch" (oder „x ist ein Mensch") die Menge aller Menschen bezeichne; auf jedes Element dieser klar bestimmten Menge trifft dieses Prädikat zu, auf jedes Objekt außerhalb dieser Menge nicht".

Von Platon und Aristoteles her gesehen, braucht man allerdings zur Hilfe gegen diesen ‚Logozentrismus' nicht den Mythos zu „revitalisieren", weil er „sich dem allzu eifrigen und gerade wirklichkeitsfremden Bemühen" widersetze, „alles logisch unter einen Hut zu bringen"[242], denn im Sinn des Widerspruchsaxioms ist nach Platon und Aristoteles keineswegs gefordert, daß jeder Gegenstand eindeutig unter einen Begriff fällt. Das eigentliche Problem dieser sog. zweiwertigen Logik liegt nicht im Widerspruchsprinzip, sondern im Begriff des Wahrheitswerts. Fällt ein Gegenstand tatsächlich unter einen Begriff, dann hat die Aussage, die ihn dem vom Prädikat bezeichneten Begriff zuordnet, den Wahrheitswert ‚wahr', tut er dies nicht, hat diese Aussage den Wahrheitswert ‚falsch'. Wer den Begriff ‚Wahrheitswert' gebraucht, setzt also voraus, daß jeder Gegenstand einer ‚klar bestimmten Menge' entweder einen bestimmten Begriff verkörpert oder nicht.

Um zu erkennen, daß diese „idealisierende Annahme" problematisch ist, bedarf es nicht des Hinweises auf bestimmte Ausnahmen, etwa darauf, daß es noch unbekannte zukünftige Gegenstände oder Ereignisse gebe, für die neben den Wahrheitswerten „wahr" und „falsch" auch noch ein dritter Wahrheitswert „unbestimmt" angenommen werden müsse[243], oder darauf, daß die Begriffe des täglichen Sprachgebrauchs oft unscharf sind und deshalb nicht immer präzise auf ein Objekt zutreffen (Fuzzy Logic, Sprachlogik, usw.), sie ist dies bei jedem emprischen Objekt.

In diesem Punkt war schon die sophistische Logik konsequent, denn sie hat bereits aus dem scheinbaren Befund, daß keine Aussage über einen empirischen Gegenstand entweder wahr oder falsch ist, die Konsequenz gezogen und das gesunde Meinen und Empfinden des Common sense dem logisch-rationalen Denken vorgeordnet[244]. Der grundsätzliche Affekt der Post- und Zweiten Moderne gegen den Logozentrismus und das Identitätsdenken der Neuzeit zeugt von einer gleichen Einstellung.

Der von vielen Aspekten her geführte Nachweis bei Platon und bei Aristoteles, daß diese grundsätzliche Verdächtigung der Rationalität illegitim ist, weil sie von einer falschen Auslegung und Anwendung des Wider-

---

[242] Kurt Hübner, Die Wahrheit des Mythos, München 1985, 357
[243] Das ist die Grundthese von Jan Lukasiéwicz, Aristotle's Syllogistic, Oxford ²1957.
[244] S. z.B. Walter Bröcker, Gorgias contra Parmenides, in: Hermes 86, 1958, 425-440.

spruchsaxioms abhängt, hat von daher eine ungebrochene Aktualität. Ich erlaube mir, eine Passage aus einer neueren Einführung in die Geschichte der Wissenschaft zu zitieren, an der man die Fehlperspektive sehr gut deutlich machen kann, von der aus diese Rationalitätskritik selbst kritisierbar ist:

„Aristoteles hält uns also geistig in Bewegung, und erst in diesen Tagen wird der ernsthafte Versuch unternommen, seine scharfe Logik mit ihren vier Axiomen – dem Satz von der Identität, dem Satz vom Widerspruch, dem Satz vom ausgeschlossenen Dritten und dem Satz vom zureichenden Grund[245] – durch eine neue Form abzulösen, die zwar unscharf heißt (‚fuzzy logic' auf Englisch), die aber genauso klar denken will wie ihr antikes Vorbild und dabei sogar meint, besser mit der Wirklichkeit zurechtzukommen. Die vage (‚fuzzy') Logik hebt das berühmte Verbot des Aristoteles auf, demzufolge eine Aussage entweder zutrifft oder nicht: Tertium non datur, wie ich es noch in lateinischer Sprache auf der Schule erfahren habe. Ein Drittes scheint es tatsächlich nicht zu geben, denn entweder ist man verheiratet oder nicht, entweder kauft man ein Buch oder nicht, und entweder liest man es oder nicht. Ein Drittes gibt es inzwischen aber doch, wie sich leicht klarmachen kann, wer überlegt, ob er mit dem gelesenen Text – etwa dieses Kapitels – zufrieden ist oder nicht. Bei Aristoteles kann jeder nur entweder völlig zufrieden oder völlig unzufrieden sein. Ein Drittes gibt es nicht. Damit läßt sich logisch zwar leichter umgehen, doch die Wirklichkeit fügt sich dem Denken nicht so einfach, wie jeder ohne Mühe selber weiß, der einige Abschnitte gelungen und andere überflüssig findet. Wir sind selten entweder völlig einverstanden oder vollkommen entsetzt. Wir sind viel häufiger zufrieden und unzufrieden zugleich. In der sogenannten Wirklichkeit gibt es die scharfen Mengen nicht, mit denen jeder Logiker seit Aristoteles umgeht, und wir müssen lernen, mit ungenauen und sich verändernden Größen – etwa Pünktlichkeit, Reinheit, Zufriedenheit – so genau umzugehen, daß weiterhin für den Ausdruck ‚Logik' berechtigt bleibt und die ‚fuzzy logic' tatsächlich eine ist. ‚Sein oder Nichtsein', das ist die falsche Frage…"

„Sein oder Nichtsein?". Diese pointiert falsch formulierte Frage legt genau den Aspekt offen, von dem her eine am Widerspruchsprinzip orientierte Logik als zweiwertig und damit mit der ‚Wirklichkeit' unvereinbar erscheint. Es ist die Erwartung, daß ein ‚Seiendes', also etwas Bestimmtes, eine „scharf umgrenzte Menge" sein müsse. Wäre es so, dann wäre in der Tat die ‚zweiwertige Logik' widerlegt, und zwar auch bei ‚scharf umgrenzten Mengen'. Denn auch auf die klar umgrenzte Menge von (einzelnen) Menschen trifft das Postulat, etwas ist nicht zugleich es selbst und nicht es selbst, nicht zu. Auch ‚dieser einzelne Mensch', der klar unter die Menge der Menschen fällt, ist unter vielen Aspekten Mensch und nicht Mensch zugleich.

Aristoteles dagegen wird nicht müde zu betonen, daß man ‚sein' in mehrfacher Bedeutung gebraucht, und daß es dabei vor allem darauf ankomme, ob man vom Sein dessen spricht, das selbst etwas Bestimmtes ist, oder ob ‚(dies oder jenes-)sein' nur einen Aspekt an etwas bezeichnet, das

---

[245] Diesen Satz vertritt Aristoteles keineswegs. Er ist vielmehr eine stoische Erfindung und verdankt seine Verbreitung in der neueren Philosophie vor allem Leibniz. S. unten S. 464ff.

von sich her etwas anderes ist. Das ‚Sein' des Kreises ist von sich her durch die Identität der Abstände vom Mittelpunkt bestimmt. Das ‚Sein' eines kreisrunden Kreidestrichs hat nicht von sich her diese Bestimmtheit, sondern ist nur Kreis, sofern Kreissein ein Aspekt an ihm ist. Von diesem ‚konkreten', ‚wirklichen' Kreis gilt daher nicht: ‚Er ist entweder Kreis oder nicht Kreis', denn er ist in vieler Hinsicht etwas anderes als Kreis und selbst sein Kreis-sein ist, je genauer man mit dem Mikroskop prüft, desto anschaulicher erkennbar, etwas Unbestimmtes.

Gegen diese Einsicht verstößt das Konzept einer zweiwertigen Logik, wie es hier Ernst Peter Fischer Aristoteles unterstellt, gleich in mehrfacher Hinsicht. Denn nur dann, wenn man nicht zwischen Sache und Instanz unterscheidet, gewinnt die gegen Aristoteles gerichtete Argumentation Fischers den Schein von Schlüssigkeit.

Nimmt man den Satz ‚Ich bin mit diesem Text zufrieden' und formuliert ihn, damit das Verhältnis von Subjekt und Prädikat deutlicher heraustritt, um in ‚Dieser Text gefällt (mir)', dann soll im Sinn der ‚scharfen Logik' des Aristoteles gefordert sein, daß nur entweder die Aussage ‚Dieser Text gefällt (mir)' oder die Aussage ‚Dieser Text gefällt (mir) nicht' wahr ist, ein Drittes oder gar Viertes oder sogar beliebige andere Möglichkeiten sollen nicht zugelassen sein. Daraus folgert Fischer, dieser Text könne (mir) nach Aristoteles nur entweder in jeder Hinsicht oder gar nicht gefallen.

Daß das nicht aristotelisch ist, ist aber evident. Denn von Aristoteles her gesehen ist ein Widerspruch zwischen zwei Aussagen erst dann nachgewiesen, wenn die Hinsichten, Aspekte, Relationen usw. genau spezifiziert sind. Damit, daß die Aussage ‚Dieser Text gefällt (mir)' nicht, erst widerlegt ist, wenn behauptet werden kann, daß er überhaupt nicht gefällt, hat Aristoteles keine Probleme.

Fischer behauptet, der Satz ‚Dieser Text gefällt' könne nach aristotelischer Logik nur bedeuten, ‚er gefällt in jeder Hinsicht oder gar nicht'. Er glaubt also, der Satz vom Widerspruch und vom ausgeschlossenen Dritten beruhe auf einer Logik, die nicht in der Lage sei, uns jederzeit geläufige, im Alltag sicher angewandte begriffliche Differenzierungen zu erfassen, geschweige denn, sie in einer logisch korrekten Form darzustellen. Diese zweiwertige Logik dagegen lasse nur die Möglichkeit zu, daß der Text bzw. meine Rezeption des von mir gelesenen Textes ganz und in jeder Hinsicht unter den Begriff des Gefallens falle oder nicht. Der Text (sc. so, wie ich ihn ‚wahrnehme') müßte in diesem Sinn tatsächlich ein vollständiger Repräsentant des Begriffs des Gefallens sein, wenn überhaupt von ihm gesagt werden darf, ‚er gefällt'.

Damit erst gerät das am Widerspruchsprinzip sich orientierende rationale Denken mit der ‚Wirklichkeit' in Konflikt. Diese Wirklichkeit (bzw. meine subjektive Perspektive auf die Wirklichkeit) müßte aus lauter idealen

Entitäten, aus reinen Repräsentanten des Begriffs bestehen, wenn sie rational begreifbar sein sollte[246].

Die Fuzzy Logic, auf die sich Ernst Peter Fischer bezieht, zieht aus der Aufdeckung dieses metaphysischen Rests in der Klassischen Logik die Konsequenz und erkennt an, daß die Dinge, die unter unsere Begriffe fallen, unbestimmt sind oder sein können.

Meine Lesart und meine Auffassung von dem Text, den Fischer geschrieben hat, ist eben nur eine unbestimmte Instanz des Begriffs des Zufriedenseins mit einem wissenschaftlichen Text. Das ist der Sachverhalt, den dieser Satz ausdrückt. Dieser Sachverhalt fällt nur mehr oder weniger, nicht ganz oder gar nicht unter diesen Begriff. Der Text erfüllt den Begriff, wie die Fuzzy-Logiker sagen, nur in einem bestimmten Grad.

Dieser Begriff des Grades der Erfüllung eines Begriffs liefert eine sinnvolle Berechnungsvorgabe, wenn es um ein quantitatives Mehr oder Weniger geht, etwa um die optimale Regelung der Wärme einer Heizung oder um die Zuordnung eines Begriffs der Größe zu den Menschen einer bestimmten Zeit oder Region in einer sozialwissenschaftlichen demographisch statistischen Untersuchung.

Die Effektivität der Fuzzy Logic in diesen Fällen beruht darauf, daß bei ihnen Einigkeit darüber besteht, was unter der Wärme einer Heizung oder der Größe als der quantitativ meßbaren Ausgedehntheit bestimmter Menschen verstanden werden soll. Die Aufgabe ist lediglich, innerhalb einer bestimmten Schwankungsbreite, etwa dem unterschiedlichen Wärmeempfinden bestimmter Menschen, einen optimal zutreffenden Wertebereich zu finden. Die Bestimmung der Hinsicht hängt in diesen Fällen nur an der quantitativen Unbestimmtheit. Läßt sich diese durch Grade eingrenzen, wird gerade die angeblich akzeptierte Unbestimmtheit in ein lediglich statistisches Problem umformuliert.

Diese Beispiele sind nicht Fälle, in denen das Problem in den Begriffsverhältnissen liegt, in denen also fraglich und zu prüfen ist, ob etwas von etwas anderem ausgesagt werden kann, sondern in denen nur fraglich ist, in welchem quantitativen Maß etwas von etwas ausgesagt werden kann. Daß es einen Zusammenhang zwischen Heizungswärme und (subjektivem) Wohlbefinden gibt, ist nicht strittig. Das ist auch keine Aufgabenstellung, die einen ‚Sitz im Leben' hat. Die ‚neue' Erkenntnis, die die Fuzzy-Logiker theoretisch begründen wollen, ist lediglich die – vielleicht doch nicht ganz so neue und aufregende – Erkenntnis, daß es (z.B.) nicht nur eine bestimmte

---

[246] Das müßte zudem zu einer unendlichen Vervielfältigung der Welt führen, weil es ja nicht nur den einen Text gibt, sondern nur unendlich viele, untereinander gleichwertige, d.h. gleich wahre bzw. gleich berechtigte Lesarten eines Textes, von denen jede einzelne aber vollkommen ‚wohlbestimmt', von denen jede einzelne also ein idealer Repräsentant des Begriffs sein müßte – eine Konsequenz, die in der Tat, wie man in der postmodernen Literaturwissenschaft und in der gegenwärtigen Philologie und Textkritik in besonderer Deutlichkeit vorgeführt bekommt, gravierende Folgen für die Möglichkeit und Praxis der Wissenschaften hat.

in Graden angebbare Temperatur gibt, sondern einen bestimmten Bereich auf der Temperaturskala, innerhalb dessen von einer ‚Wohlfühltemperatur' gesprochen werden kann.

Dabei ist es, wenn man an die intensive Auseinandersetzung Platons und Aristoteles' mit dem sophistischen Homo-Mensura-Satz denkt, absurd, annehmen zu wollen, Aristoteles (oder Platon) habe bestrittten, daß es individuelle und von vielerlei Umständen abhängige Unterschiede im Wärmeempfinden einzelner Menschen gebe. Man kann sehr wohl wissen, daß man im Bereich des empirisch Wahrnehmbaren keine absoluten, sondern nur relative bzw. statistisch unbestimmte Aussagen über Wahrscheinlichkeitswerte machen könne, und dennoch mit dem Begriff ‚Wärme' einen bestimmten Inhalt verbinden, der einen (überhaupt erst) in die Lage versetzt, festzustellen, daß er nirgends exakt ‚erfüllt' ist. Daß ein möglichst genaues und konkretes Wissen von dem, was Wärme ist, eine unzulässige Reduktion der konkret bestimmten und wunderbaren Variabilität der Realität und eine Unterwerfung des Konkreten unter abstrakte Begriffe zur Folge hat, muß bei nüchterner Betrachtung unplausibel erscheinen. – Lediglich auf dieser These aber beruht der Anspruch der neuen Logiken, den Logozentrismus der klassischen Logik überwunden und durch einen realitätsnäheren Beschreibungsmodus ersetzt zu haben. Stufenlose Wärmeregulation und die Begründung von deren technischer Machbarkeit ist sicher etwas praktisch und ökonomisch außerordentlich Nützliches – die Aporien neuzeitlicher, formaler Logiken lösen solche ‚Entdeckungen' aber keineswegs.

Die vorausgesetzte Einigkeit im Begriffsverständnis ist es, die das eigentliche Begründungs-Problem dieser ‚verschwommenen' Logik enthält. Im Verhältnis zu Aristoteles räumt sie der Unbestimmtheit *unserer* Begriffe nicht zuviel, sondern zu wenig Raum ein und lokalisiert die Unbestimmtheit auch noch an der systematisch falschen Stelle, nämlich bei den angeblich unscharfen Mengen in der ‚Wirklichkeit', zu deren Erfassung der Begriff (grundsätzlich) nicht geeignet sein soll, statt in der Unterbestimmtheit unserer Begriffe.

Anders als bei der Heizungswärme geht es bei den meisten Begriffen, die wir gebrauchen, nicht nur darum , ob sie mehr oder weniger zutreffen, sondern auch darum, ob sie mehr oder weniger etwas Begreifbares sind, ob der Begriffsinhalt selbst wohlbestimmt ist. Ein Kind, das noch keinen Begriff von Hund hat, ordnet jeden Vierbeiner dem Begriff ‚Hund' zu, obwohl es zwischen den Mengen von Hund, Katze, Rind in der ‚Wirklichkeit' durchaus scharfe Grenzen gibt. Das Problem der Kinder ist nicht, daß sie erst lernen müßten, den Begriff ‚Hund' zu ‚gebrauchen'. Das Problem ist vielmehr, daß sie nur einen vagen, abstrakten Begriff von ‚Hund' haben, etwa den eines Vierbeiners, der selbst erst noch mit einem bestimmten Inhalt, mit bestimmten Kriterien, die bei der Zuordnung einzelner Dinge zu einem bestimmen Begriff den Maßstab bieten, gefüllt, spezifiziert werden muß. Wenn also für das Kind auch eine Katze unter den Begriff ‚Hund' fällt, so nicht, weil Katzen unscharfe Mengen sind, sondern weil es einen unbestimmten Begriff von dem, was ein Hund ist, hat.

Es ist, wie wenn man nur einen Begriff von Figur – etwa: ‚von Linien umgrenzte Fläche' – hat, aber keinen Begriff von Kreis, Dreieck usw., aber zufällig gehört hätte, wie jemand eine Figur ‚Kreis' nennt. Dann würde man unterschiedslos jede Figur Kreis nennen.

Wenn Ernst Peter Fischer zu Recht feststellt, daß es in Bezug auf einen Text immer nur ein mehr oder weniger Zufriedensein gibt, behandelt er bestimmte Eigenschaften eines Textes als verschwommene Instanzen *eines* Begriffs von Zufriedensein mit diesem Text. Es dürfte aber unschwer zu zeigen sein, daß auch in seinem Beispiel diejenige Unbestimmtheit, die ausmacht, daß man seinem Vortrag nicht eindeutig das Prädikat ‚zufrieden' oder ‚nicht zufrieden' zuordnen kann, dem Begriff und nicht dem Gegenstand zukommt. Es gibt ja ganz verschiedene Begriffe des Zufriedenseinkönnens mit einem Text, die man kennen, unterscheiden und auf die man sich beziehen muß, wenn man wissen will, welcher Qualität dieses Vortrags es zu verdanken ist, daß er gefällt. Man kann etwa mit einem Text zufrieden sein, weil er (a) witzig und anschaulich ist, oder weil er (b) logisch konsequent und sachlich zutreffend ist, oder auch, weil er (c) bösartig und menschenverachtend ist. Je nach dem angewandten Begriff erscheint nicht etwa der Text als ganzer mehr oder weniger als etwas, was tatsächlich zufrieden stellt, sondern es sind jeweils andere, zu unterscheidende Aspekte des Textes, auf die der jeweilige Begriff zutrifft. So könnten z.B. viele Aspekte des Textes von Ernst Peter Fischer unter den Begriff (a) fallen, weniger unter den Begriff (b) und so gut wie gar keine unter den Begriff (c). Davon, daß ‚der' Begriff des Zufriedenseins nur mehr oder weniger zutrifft, kann keine Rede sein.

Daß man Aspekte unterscheidet, statt Begriffe verschwommen zuordnet, ist natürlich nur möglich, wenn der Maßstab für eine Sache ihr Begriff und nicht das Einzelne ist, an dem sie sich zeigt. Wenn man also mit Platon davon ausgeht, daß etwas nur etwas ist, wenn es etwas ist, dann wird man prüfen, ob z.B. ‚logische Konsequenz' ein möglicher Grund für die Zufriedenheit mit einem wissenschaftlichen Text sein kann. Findet man dafür Gründe, dann wird der Sachverhalt ‚logische Konsequenz' als ausschließliche Urteilsbasis für die Prüfung, ob dieser Text zufriedenstellend ist, zugrunde gelegt. Die Prüfung, ob der Text zufrieden stellt oder nicht, geschieht dann nicht in Bezug auf den Gesamtsachverhalt ‚dieser gehaltene Vortrag', sondern ausschließlich in Bezug auf die Aspekte, die an ihm mit dem Sachverhalt ‚logische Konsequenz' übereinstimmen (wie Platon sich ausdrückt). Für diese und nur für diese Aspekte gilt: sie sind (sofern sie dem vorausgesetzten Begriff von logischer Konsequenz entsprechen) nicht zugleich logisch konsequent und logisch inkonsequent. Wenn deshalb jemand die Behauptung „ich bin mit diesem Vortrag nicht zufrieden, weil er logisch nicht konsequent ist" angreifen möchte, muß er sich auf den Begriff von logischer Konsequenz beziehen, den wir zugrunde gelegt haben, und von ihm zeigen, daß er ungenügend ist und in welcher Weise er nicht mit der *Logik* des Vortrags (und das ist etwas begrifflich Feststellbares - das Lautgebilde ‚Vortrag' wird *gehört*, aber in seiner Logik *verstanden*) übereinstimmt. Alle anderen Aspekte, unter denen man noch mit dem Vortrag zufrieden oder nicht zufrieden sein könnte, spielen keine Rolle.

Sollte aber jemand behaupten, etwas sei genau unter dem Aspekt, unter dem es logisch konsequent ist, auch logisch inkonsequent, hat er keinen Beweis geführt, er hat nicht einmal etwas gesagt. Einen Ausweg aus der ‚zweiwertigen' Logik gibt es unter diesem Gesichtspunkt nicht. Dieser Ausweg ist nur nötig, wenn die Wertigkeit einer Aussage an die Begriffsextension, die ‚unter' sich, d.h., in der Seinsweise der Existenz, genau das enthalten muß, was der Begriff aussagt, gebunden wird.

Die Versuche moderner Logiker, einen Ausweg aus der Unterwerfung der Wirklichkeit unter eindeutige Begriffe zu finden, macht durch die logische Thematisierung dieser Problematik in besonderer Klarheit den erkenntnistheoretischen Fehlschluß offenbar, der dem neuzeitlichen Empirismus weithin zugrunde liegt. Weil man glaubt, alles, was sich nicht durch eine Untersuchung der Einzeldinge selbst beglaubigen lasse, beruhe auf bloßen Spekulationen, die alle Erfahrung übersteigen, stellt man die Frage, wie man denn die Einzeldinge selbst zur Grundlage seiner begrifflichen Arbeit machen könne, überhaupt nicht. Wenn man wissen will, wie man das Widerspruchsaxiom anwenden will, ist die Klärung dieser Frage aber eine zwingende methodische Forderung. Verfolgt man die Anstrengungen der Unbestimmtheitslogiker, scheinen sie die idealisierende Überzeugung, die Gegenstände der Wirklichkeit entsprächen genau unseren Begriffen, endgültig überwunden zu haben: Die Gegenstände der Wirklichkeit sind unbestimmt, sie fallen nicht unter unsere Begriffe.

An dieser Stelle findet die Überwindung der Tradition allerdings auch schon wieder ihre Grenze: Unbestimmt soll nur der Grad sein, in dem die Gegenstände unseren Begriffen entsprechen. Niemand ist entweder ein Dummkopf oder kein Dummkopf, sondern immer beides in gewissen Graden. Diesem Befund hätte freilich selbst Wilhelm von Ockham zugestimmt. Aber auch wenn er absolut neu wäre, würde er mit Ockham die erkenntnistheoretische Naivität teilen, die bei den Fuzzy-Logikern sogar noch gesteigert ist. Denn sie glauben ja sogar die Unbestimmtheit der konkreten Wirklichkeit so genau kennen zu können, daß sie die Logik dieser Unbestimmtheit anpassen, im Blick auf sie organisieren können. Wer sagt:

> „Der Sachverhalt ‚x ist F' ist nur dann der Fall (hat den Wahrheitswert ‚wahr'), wenn es mindestens ein x gibt, von dem gilt: x ist F",

vermischt die Sphäre des Formallogischen, ja des Subjektiven überhaupt mit der Sphäre der konkret existierenden Einzeldinge, ja es ist erst diese Vermischung, die für die Feststellung der Unbestimmtheit der ‚Wirklichkeit' verantwortlich ist. Ein logisch einwandfrei durchgeführtes Argument verdient unter diesem Aspekt das Prädikat ‚zufriedenstellend'. Sollte es langweilig vorgetragen sein, ist dasselbe Argument unter diesem Aspekt nicht zufriedenstellend. Genau die Möglichkeit zu diesen Unterscheidungen ‚verfusselt' die ‚fusselige' Logik, wenn sie den ganzen Vortrag zur Instanz, die als ganze unter den Begriff ‚zufriedenstellend' fallen soll, macht.

An den äußeren Gegenstand ‚Vortrag' reicht kein Begriff heran. Die Klage, die Wirklichkeit entziehe sich unseren Begriffen, ist dabei aber unangebracht. Sie zeugt lediglich von einem Unwissen über das, was sich an ‚wirklichen' Dingen überhaupt erkennen läßt.

Als ein äußeres Ding ist ein Vortrag, wenn wir das Beispiel Ernst Peter Fischers beibehalten, niemandem ‚gegeben'. Bestenfalls existiert er als eine bestimmte Organisiertheit von Luftdruckschwankungen, die ans Ohr dringen. Diese äußere Form des Vortrags steht dem erkennenden Subjekt aber erst zur Verfügung, wenn die vom Trommelfell übernommenen und schließlich in elektrische Impulse verwandelten Schwankungen gehört werden. Daß das bedeutet, daß dabei aus dem physikalisch gegebenen Äußeren, etwa den Neuronenimpulsen, deren Bewegungsform gleichsam vom Hörenden abgelesen werden muß, versuche ich später noch genauer zu zeigen. Dabei kann dann auch deutlich werden, daß bereits die elementare Wahrnehmung – wie das Hören – gar nichts Äußeres ist, sondern die Erfassung einer Organisationsform, die für sich unterschieden – das ist das Hören –, die aber auch begriffen werden kann – das müssen mathematische Begriffe leisten.

Mit dem gehörten ‚Vortrag' ist dem erkennenden Subjekt aber noch lange nicht der Vortrag als Vortrag gegeben, sondern nichts als ein Lautgebilde. Bis dieses Gebilde für jemanden zum Vortrag oder gar zu einem Vortrag über die verschwommene Logik wird, müssen noch viele Unterscheidungen dazu kommen, zumindest eine Unterscheidung, auf die schon die antiken Stoiker großen Wert gelegt haben: Ein des Deutschen nicht mächtiger Ausländer hört die gleichen Worte wie der Deutsche, aber er hört tatsächlich nur Laute, keine Worte oder Argumente. Beachtet man diesen Unterschied, kann man erkennen, was eine physikalische Übermittlung von Tönen grundsätzlich nicht leisten kann. Der Werbeslogan einer Telekommunikationsfirma „For a better understanding" zeigt die Zweideutigkeit, die man auflösen muß: die durch das physikalische Netzwerk gewährleistete gute Verständlichkeit der Laute ist verschieden von dem Verstehen des in ihnen vermittelten Inhalts, etwa des Inhalts einer logischen Formel.

Es ist jedenfalls klar, und nur darauf kommt es für die Beurteilung der ‚verschwommenen' Logik an, daß überhaupt nur für den, der die gehörten Laute eines Vortrags verstanden hat, der Vortrag als Vortrag ‚existiert', und zwar genau in dem Umfang, in der Extension, in der er ihn verstanden hat. Sofern ein Vortrag verstanden ist, ist er nichts Unbestimmtes, sondern hat genau die Bestimmtheit, die der Verstehende erkannt hat (dies gilt selbst dann, wenn der Vortrag unbestimmt und vage war, denn dann hat der Verstehende ein bestimmtes Wissen genau darüber).

Die Unbestimmtheit des äußeren Gegenstands ‚dieser Vortrag', die Ursache dafür sein soll, daß er nicht exakt unter einen Begriff fällt, hat ihren Grund also darin, daß er in diesem Zustand für den Hörer überhaupt noch nicht als Vortrag, sondern lediglich als ein beliebig deutbares Lautgebilde existiert, das in der Tat unbestimmt vielen Begriffen in unbestimmter Weise zugeordnet werden kann. Für ein kleines Kind, das mit dem gleichen, anschaulich dargebotenen Logikvortrag konfrontiert wird, fällt er vielleicht unter den Begriff ‚Zauberkunststück'. Das heißt also: der Gegenstand ‚dieser Vortrag' existiert nur als etwas Begreifbares an dem äußeren Gesamt, in dem er sich als ganzer der Wahrnehmung darstellt. Alles, was man von diesem Vortrag in Begriffe fassen und in Sätzen sagen möchte, bezieht sich ausschließlich auf den Erkenntnisgegenstand ‚dieser Vortrag'. Die Luftdruckschwankungen, in denen dieser Vortrag (als Vortrag) transportiert wird, und die dafür verantwortlich sind, daß er in einem singulären Zeitverlauf und in einer singulären Räumlichkeit existiert und dadurch eine materiale Individualität hat, haben für die individuelle Gestalt, die dieser Vortrag als (versteh- und begreifbarer) Vortrag hat, keine Bedeutung. Für sie interessiert sich auch niemand, der den Vortrag zu seinem Erkenntnisgegenstand gemacht hat (bestenfalls unter dem sekundären Aspekt, daß sie die Art seiner Hörbarkeit beeinflussen), genauso wie umgekehrt niemand, der die Luftdruckschwankungen untersuchen möchte, ein Interesse an dem Vortrag als Vortrag hat.

Sofern man sich also auf einen (äußeren, d.h. unabhängig von uns vorhandenen) Gegenstand als Erkenntnisgegenstand bezieht, gibt es die sogenannte Subjekt-Objekt-Kluft überhaupt nicht. Das, was jemand von einem Vortrag richtig erkannt hat, z.B. die Logik seiner Argumentation, ist etwas Begriffliches. Das, was die Logik der Argumentation des Vortrags selbst ausmacht, ist aber nur dann etwas von diesem subjektiv Begriffenen Verschiedenes, wenn sie falsch verstanden ist. Sofern und in dem Ausmaß, in dem sie richtig verstanden ist, ist aber die Logik des Vortrags selbst und der Begriff von dieser Logik im Denken des Verstehenden identisch.

Daß das von Ernst Peter Fischer übernommene Beispiel kein Ausnahmefall ist, muß inzwischen vielleicht nicht mehr betont werden. Der Mensch etwa ist als Erkenntnisgegenstand, d.h., wenn man nicht einfach das Ganze aus Vegetativem, Animalischem und Menschlichem, das in einem konkret existierenden ‚Menschen' vereint ist, zum Gegenstand nimmt, sondern wirklich das, was dieses Ganze erst zum Menschen macht, etwas Begreifbares an diesem Ganzen, z.B. seine Fähigkeit, in freiem Wissen über sein Unterscheidungsvermögen zu verfügen. Diese Fähigkeit kann man im subjektiven Begriff begreifen, sie ist aber zugleich das, was im konkreten Menschen sein Menschsein ausmacht.

Das ist der Grund, weshalb Aristoteles sagt, daß das begrifflich unterscheidbare Sein eines Menschen (dafür hat Aristoteles die Formel geprägt: τὸ τί ἦν εἶναι (*to ti ên einai*)) identisch mit seinem (eigentlichen, nicht nur materiellen) inviduellen Sein ist (Aristoteles, *Metaphysik* VII, 4, 1029b11ff.).

Diese Aussage verweist noch einmal darauf, daß der Unterschied zwischen einem Denken, das sich direkt an der Erfahrung orientiert, und einem Denken, das das Widerspruchsaxiom zur Kontrolle der Erfahrung benutzt, kein Unterschied ist zwischen einem Denken, das sich auf das Erfahrbare beschränkt, und einem Denken, das alle Erfahrung ‚schwärmerisch' übersteigt. In beiden Denkrichtungen, im ‚platonischen Idealismus' und im modernen Empirismus, geht es um die Erkenntnis der Einzeldinge. Der Unterschied ist aber, daß seit der Wende zur Erfahrung in der frühen Neuzeit viele meinen, man habe einen allem Denken vorausgehenden unmittelbaren Kontakt zur Welt der Dinge selbst, während die platonisch-aristotelische Philosophie bereits bei der Erfassung der Einzeldinge selbst die Anstrengung des Begriffs für nötig hält.

Den Eingang der frühneuzeitlichen Wende zur Erfahrung in die Logik kann man am besten daran erkennen, daß in der neueren Aussagen- und Prädikatenlogik die möglichen quantitativen Verhältnisse, die nach Aristoteles zwischen Begriffen bestehen können, in Quantifikationen umgeschrieben werden, die zuletzt vollständig auf Existenzquantoren zurückgeführt werden. Wenn also Aristoleles formuliert: ‚Allen A kommt B zu', dann wird das in der Prädikatenlogik ausgelegt als:

‚Für alle x gilt: wenn x Mensch ist, d.h., wenn es ein x gibt, für das zutrifft, daß x Mensch ist, dann ist x sterblich.'

Man kann allein an dieser Umformulierung den sachlichen Grund erkennen, weshalb die ‚Wende zur Erfahrung' den Eindruck erzeugt hat, die ganze aristotelische Syllogistik sei überflüssig und bringe überhaupt keinen Erkenntnisfortschritt mit sich[247]. Denn bei Aristoteles braucht man den Syllogismus etwa der Form ‚Barbara':

‚Sterblichkeit kommt allen Menschen zu, Menschsein kommt Sokrates zu, also kommt Sokrates Sterblichkeit zu',

um sich überhaupt erst zu vergewissern, daß Sokrates sterblich ist. Diese Vergewisserung bringt der *Mittelbegriff* ‚Mensch'. Wenn man von Sokrates weiß, daß er ein Mensch ist, und weiß, daß jedem Menschen Sterblichkeit zukommt, dann weiß man eben dadurch, aber auch erst dadurch, daß man weiß, daß Sokrates ein Mensch ist, daß er sterblich ist. Das quantitative Verhältnis, in dem der Begriff des Menschen einerseits zum Begriff der Sterblichkeit und andererseits zu dem Begriff steht, unter dem Sokrates verstan-

---

[247] Zu diesem Vorwurf s. etwa Descartes, *Regulae ad directionem ingenii*, Adam/Tannery Bd. X, 406; den gleichen Vorwurf hatten schon die antiken Skeptiker – auf der Basis einer gleichen, naiven Gegenstandsauffassung – gegen Aristoteles vorgebracht. S. Sextus Empiricus, Grundriß der pyrrhonischen Skepsis, übers. v. Malte Hossenfelder, Frankfurt a.M. 1968, Bd. 2, 196. Seit der ‚Wiederentdeckung' des Skepizismus in der Renaissance gehört dieser Vorwurf zum Standardrepertoire der Rezeption der aristotelischen Logik. S. Stephen Gaukroger, Cartesian Logic. An Essay on Descartes' Conception of Inference, Oxford 1989.

den werden muß, macht sichtbar, daß auch in den Begriff des Sokrates der Begriff der Sterblichkeit aufgenommen werden muß.

In der prädikatenlogischen Umformulierung der allgemeinen Prämisse „Alle Menschen sind sterblich" in „Für alle x gilt, wenn x Mensch ist, ist x sterblich", wird dieser ganze Erkenntnisprozeß als bereits abgeschlossen vorausgesetzt. Die allgemeine Aussage ist bereits in eine konditionale Folge von Aussagen überführt, deren Wahrheitsbedingung nun aber ausschließlich davon abhängig gemacht ist, ob von Sokrates tatsächlich gilt, daß er ein Mensch ist. Diese Prüfung ist zweifelsohne keine logische Prüfung mehr, es geht nicht mehr wie in der aristotelischen Syllogistik um die Überprüfung der Quantität von Begriffsverhältnissen – ist A in B ganz oder teilweise enthalten oder nicht enthalten? –, sondern um eine empirische Verifikationsmöglichkeit. Das Erkenntnisinteresse richtet sich auf die Frage, ob es der Fall ist, daß Sokrates ein Mensch ist. Daß er sterblich ist, scheint eben damit gegeben. Das ist aber nur in einem faktischen, ‚ontologischen' Sinn der Fall, nicht aber in einem erkenntnisrelevanten Sinn. Denn auch wenn es bei wirklichen Menschen wirklich der Fall ist, daß sie sterblich sind, heißt das nicht, daß der, der weiß, daß Sokrates ein Mensch ist, auch schon alle Eigenschaften oder Prädikate kennt, die Sokrates auf Grund seines Menschseins zukommen. Wer z.B. in der Lage ist, empirisch zu verifizieren, daß eine bestimmte sichtbare Figur ein Pralellogramm ist, weiß deshalb keineswegs bereits, daß es dieser Figur zukommt, daß in ihr nicht nur die gegenüberliegenden Seiten und Winkel einander gleich sind, sondern auch daß sie von der Diagonale halbiert wird. Das muß ihm durch die entsprechenden Mittelbegriffe erst ‚vermittelt' werden.

Für die Frage, ob diese Vermittlung logisch korrekt oder nicht korrekt ist, spielt die Frage, ob es existierende Paralellogramme gibt, keine Rolle. Dieses Problem hat man bei der Diskussion, wie die Logik auf mathematische Gegenstände angewendet werden könne, intensiv diskutiert. Die entscheidende Frage ist aber gar nicht, ob man auch von mathematischen Gegenständen irgendeine Form ihrer Existenz aufweisen könne, indem man den Existenzbegriff weiter faßt. Das sieht man daran, daß die logische Frage nach der Relevanz einer Schlußform auch bei Gegenständen, die nicht existieren, sinnvoll gestellt werden kann.

Wenn z.B. ein Professor der Mythologie von einem Schüler, der einen Text vor sich hat, in dem von bestimmten Wesen, die Chimären genannt sind, die Rede ist, wissen will, um was für Wesen es sich bei diesen Chimären handelt, muß der Schüler folgenden Schluß vollziehen:

> ‚Aus Löwe, Ziege und Drache zusammengesetzt zu sein, kommt allen Chimären zu, diese Wesen hier sind Chimären, also sind sie aus Löwe, Ziege und Drache zusammengesetzt.'

Dieser Schluß befähigt den Schüler zur richtigen Antwort auf die ihm gestellte Frage, obwohl es in der realen Welt keine Chimären gibt. Umgekehrt wäre ein Schluß: Alle Chimären sind aus Löwe, Ziege und Drache zusammengesetzt, diese Wesen sind aus Löwe, Ziege und Drache zusammengesetzt, also sind sie Chimären, nicht deshalb falsch, weil es Chimären gar nicht gibt, sondern weil er einer falschen Schlußform folgt, die genauso falsch bleibt, wenn man etwas einsetzt, von dem gilt, ‚es gibt ein x...'. Der Schluß etwa:

> ‚Alle Griechen sind Menschen, alle Schweizer sind Menschen, also sind alle Schweizer Griechen',

ist falsch, obwohl von allen Termen dieses Schlusses die Existenz empirisch aufgewiesen werden kann.

Die Gültigkeit einer Schlußform hat mit der Frage, ob bestimmte Terme dieses Schlusses in dem Sinn ‚unter den Begriff fallen', daß das unter den Begriff Fallende unabhängig von seinem begrifflichen Sein real existiert, nichts zu tun, und zwar weder in einer modernen formalen Logik noch in der aristotelischen Logik. Wer den Wahrheitswert einer logischen Form von der empirischen Verifikationsmöglichkeit, daß das Subjekt einer Aussage wirklich existiert, abhängig macht, vermischt also die logische und die ontologische Dimension.

Außerdem ist die Prüfung, ob etwas existiert, auch von ihr selbst her logisch unpräzise. Denn in einem weiten Sinn von Existenz existiert alles, was man irgendwie denken oder wovon man sprechen kann. Wenn es die Chimären nicht als Produkt einer dichterischen Phantasie gäbe, könnte man auch nicht von ihnen Aussagen machen. Die Frage ist also nicht, ob etwas überhaupt existiert, sondern als was es existiert: als etwas Wahrnehmbares, als etwas Vorstellbares, als etwas mit Bestimmtheit Erkennbares usw. Für die Klärung der Frage, ob etwas mit erkennbarer Bestimmtheit das ist, als was es wahrgenommen oder gedacht wurde, hat die platonisch aristotelische Erkenntnistheorie Beachtliches zu sagen. Bei der Behandlung der Unterschiede zwischen Wahrnehmung, Anschauung, Meinung und Wissen möchte ich wenigstens einige dieser Kriterien noch genauer darstellen.

Als vorläufiges Ergebnis möchte ich festhalten: Wenn man sich mit Einzeldingen beschäftigt, ohne an ihnen zwischen verschiedenen Aspekten zu unterscheiden, d.h., wenn man zur Materialbasis seiner Logik das macht, was man im einfachen Hinsehen als eine emprisch existierende Einheit auffaßt, dann spielt es gar keine Rolle, welche ‚Logik' man auf diese Gegenstände anwendet. Aus den Schwierigkeiten, die sich bei einem ‚logischen' Umgang mit diesen Gegenständen ergeben, kann man keine Schlüsse auf die Gültigkeit oder den sachlichen Wert der Logik ziehen, weil man, so könnte man sagen, ‚ex confusione vel indeterminato quodlibet' (‚aus einer Konfusion [oder: aus Unbestimmtem] folgt Beliebiges') schließen kann. Das heißt, die Aporien haben ihren primären Grund nicht in der Logik, sondern in der konfusen Materie, auf die man die Logik anwendet.

Erst dadurch entsteht der Anschein, der Satz vom Widerspruch sei ein ‚bloß logisches' Prinzip, eine bloße Gedankenwahrheit, kein Wahrheitsprinzip, sondern lediglich Korrektiv für eine ‚bloß logische' Konsistenz. – Dieser Befund ist kritisch betrachtet erstaunlich und geradezu paradox: In der Entwicklung der Logik in der Neuzeit ist die Ursache für den Affekt und den Kampf gegen den Anspruch der sog. zweiwertigen, aristotelischen Logik die Nicht-Beachtung des Unterschieds zwischen dem formal Logischen, der Sphäre des Subjektiven, und der ‚Realität' der sinnlich wahrnehmbaren Einzeldinge. Nur durch die Nivellierung dieses Unterschieds kommt es zur direkten Anwendung des grundlegenden Axioms des (rationalen) Denkens auf einzelne, existierende Instanzen und erst dadurch zur Restriktion der Gültigkeit des Satzes vom Widerspruch auf die ‚reine Logik'.

Daß eine Aussagenlogik, d.h. eine Logik, in der es um bestehende oder nicht bestehende Sachverhalte geht, auf der Vermischung zwischen der Logik, d.h. der Sphäre des Begrifflichen (=‚subjektiver', in der Seele gebildeter und im Gedächtnis repräsentierter Konzepte), und der ‚äußeren Realität', der Welt der real existierenden Einzeldinge, aufgebaut ist, bedeutet, daß nicht Begriffe, nicht gedankliche Konzepte zueinander in Beziehung gesetzt werden, sondern Subjektives wird mit (angeblich) Objektivem, Begriffe mit ‚Sein' (=mit existierenden Dingeinheiten) in Beziehung gesetzt. Auch wenn die formale Gestalt dieser Logik den Eindruck vollkommener Abstraktheit, und d.h. des ‚rein Logischen', erweckt, ist ihre tatsächliche Grundlage die Vermischung zwischen Logik und Ontologie. Genauer und damit schärfer müßte man sagen: zwischen singulären, wahrnehmbar existierenden Dingeinheiten und subjektiven Vorstellungsinhalten.

Die ‚Einsicht', daß das Prinzip des ausgeschlossenen Dritten auf die ‚Wirklichkeit' nicht anwendbar ist, so daß die zweiwertige Logik durch Formen einer Logik des Unbestimmten ersetzt werden müsse, ist damit der Sache nach eine Bestätigung der Illegitimität der Übertragung der allgemeinen begrifflichen Bestimmungen auf das Einzelding selbst, die zuerst (sc. mit Vorläufern in der griechischen Sophistik und im Hellenismus) im Nominalismus des späten Mittelalters vorgenommen wurde. Empirische Einzeldinge sind keine Repräsentanten begrifflicher Einheiten mit einer einfachen Sachidentität – selbst dann nicht, wenn wir unsere Logik so unbestimmt machen, daß sie die ganze reiche und variable Bestimmtheit der konkreten Dinge aufnehmen kann.

Daß Platon sich bei seiner Einführung der ‚Hypothesis der Idee' mit einer Logik auseinandersetzt, die – man braucht nur an den sophistischen ‚Beweis', daß jedes Doppelte auch ein Halbes sei, zu denken – auf einer analogen Verwechslung von Einzelinstanz und Sache beruht, gibt dieser ‚Hypothesismethode' einen hohen Wert auch für die Beurteilung der gegenwärtigen Logikdiskussionen.

Platon schließt seine Kritik an der sophistischen Logik in seinem Dialog ‚Phaidon' (99d– 100b) mit der Feststellung, er habe es – nachdem er erkannt habe, daß es grundsätzlich und aus methodischen Gründen nicht möglich sei, mit der sophistischen Logik zu einer widerspruchsfreien Erkenntnis der wahrnehmbaren Dinge zu kommen – aufgegeben, mit den Augen und den anderen Wahrnehmungen direkt auf die Dinge zu blicken, sondern habe in einer ‚zweiten Fahrt' die Dinge im Begriff zu erfassen versucht. Sein neuer Ansatz bestehe darin, daß er in jedem Fall den ‚Logos', dasjenige begriffliche Kriterium ‚zugrunde lege', das er für das allerstärkste halte, und nur, was mit diesem übereinstimme, als wahr, und nur, was mit diesem nicht übereinstimme, als nicht wahr, beurteile. Mit ‚der allerstärkste Logos' aber meine er die Voraussetzung (‚Hypothesis'),

> „daß schön selbst für sich selbst etwas Bestimmtes ist, und gut und groß und alles andere ebenso" (Platon, *Phaidon* 100b).

Prinzip dieser Logik ist also (1), daß man die begrifflichen Voraussetzungen eines Urteils offenlegt, indem man sich bemüht, diesen Voraussetzungen auch den Status des Begrifflichen zu geben, d.h., etwas Bestimmtes in ihnen zu meinen; erst dann ist es möglich, in einem zweiten Schritt (2) die vorausgesetzten Begriffe selbst zu prüfen, ob und in welchem Maß ihnen Bestimmtheit zukommt.

Für eine kritische Diskussion mit ‚nichtklassischen' Logiken genügt die Beachtung der Prämisse (1). Das läßt sich auch an derjenigen extremen Form ‚nichtklassischer' Logiken aufweisen, die glauben, „wahre Widersprüche"[248] konstatieren und beweisen zu können, wie man mit ihnen – innerhalb größerer Systeme – arbeiten müsse. Ähnlich wie bei der eben diskutierten Form einer Fuzzy Logic ist auch hier das eigentliche Problem nicht das Problem, das ausdrücklich untersucht wird. Das, was das eigentliche Erkenntnisproblem und die Ursache der Konfusionen und Paralogismen ist, wird überhaupt nicht zum Gegenstand der ‚logisch-rationalen' Untersuchung gemacht.

Das Problem, dem sich die parakonsistente Logik ausdrücklich stellt, ist, wie man mit Widersprüchen innerhalb von Argumentationsfolgen umgehen muß. Es gibt ja so gut wie keine, von wem auch immer vorgetragene Theorie, in die sich nicht irgendwelche Widersprüche einschleichen. Nach Auffassung der parakonsistenten Logiker müßten diese Widersprüche – sc. im Sinn der klassischen Logik – notwendig zu einer ‚Explosion' eines Systems führen. Die Vorstellung, daß in einer ‚Prämissenmenge' das Vorkommen eines Satzes und seiner Negation (A und Nicht-A) zu einer ‚Explosion' führen müsse, wird im Sinn der Klassischen Logik abgeleitet aus dem Prinzip ‚ex contradictione quodlibet' (‚aus einer Kontradiktion folgt Beliebiges'). Dieser Explosionstheorie möchte die parakonsistente Logik entgegentreten und zeigen, daß es gewisse systemfundierende Widersprüche gibt, die ‚wahr' sind, d.h., die unvermeidlich sind und eben deshalb auch keine perniziösen Folgen für das System haben.

---

[248] So der Titel einer Einführung in nichtklassische Logiken: Manuel E. Bremer, Wahre Widersprüche: eine Einführung in die parakonsistente Logik, Sankt Augustin 1998.

Allein diese Aufgabenstellung zeugt schon von einer elementaren Fehldeutung des Widerspruchsaxioms, von der Verwechslung von Widerspruchsfreiheit und Konsistenz.

Das Prinzip ‚ex contradictione quodlibet' enthält keine Aussage darüber, wie ein Widerspruch innerhalb einer Prämissenmenge wirkt – das kann ja je nach Art des Widerspruchs sehr unterschiedlich sein –, sondern sagt etwas über die logische Bedeutung des (kontradiktorischen) Widerspruchs zu einer Aussage. Wenn es zugleich wahr ist, daß etwas Mensch und Nicht-Mensch ist, Nicht-Mensch(sein) aber die bloße Negation von Menschsein ist, also alles, was etwas anderes als Mensch ist, einschließt, dann bedeutet diese kontradiktorische Aussage, daß in ihr alles Beliebige gemeint sein kann: Mensch und ‚alles andere als Mensch'.

Dieses Prinzip besagt also nicht etwas über eine Theorie, d.h. über ein System von Prämissen und Folgerungen, sondern es macht eine Aussage über den Gegenstand, von dem Widersprüchliches prädiziert werden kann: es besagt nämlich, daß etwas, von dem Gegensätzliches gilt, kein denkbarer Sachverhalt ist, von dem man etwas Bestimmtes aussagen kann, sondern daß es etwas Konfuses ist, etwas an sich Unbestimmtes, das von sich her keine Vorgaben darüber macht, was von ihm, wenn es zum Subjekt einer Aussage genommen wird, prädiziert werden kann. Es ist an sich unbestimmt und bietet daher die Möglichkeit, unbestimmt Vieles von ihm zu prädizieren. Wenn also innerhalb einer Argumentationsfolge ein solcher unbestimmter ‚Gegenstand' vorkommt, dann folgt daraus primär nicht etwas für die ganze Folge von Argumenten, sondern primär etwas für diesen einen ‚Gegenstand', d.h. für einen bestimmten (subjektiven) Begriff, der Teil der Schlußfolgerungen ist. Je nachdem, welche Funktion dieser eine Begriff innerhalb dieses Systems hat, kann sich aus diesem Mangel Unterschiedliches für den Wert der ganzen Argumentation ergeben. Der Eindruck, daß jeder Widerspruch das ganze System in jedem Fall zum explodieren bringen müßte, ergibt sich nur daher, daß die logische Regel, ‚ex contradictione quodlibet' unmittelbar auf das System von Schlüssen als ganzes bezogen wird. Jeder Begriff innerhalb dieses Systems, von dem Widersprüchliches ausgesagt wird, erscheint dadurch unmittelbar als (sc. wesentlicher) Teil dieses Systems. Das hat zur Folge, daß, wenn von einem wesentlichen Teil F und Nicht-F gilt, dies unmittelbar auch von dem ganzen System gesagt werden müßte. Eine differenzierte Unterscheidung zwischen dem, was an der Folgerung richtig und was unbestimmt oder widersprüchlich ist, ist dann nicht mehr möglich[249].

---

[249] Dieses Problem ist eine Instanz des Problems einer Aussagenlogik im Unterschied zu einer Begriffslogik (im aristotelischen Sinn) überhaupt und schließlich ein Problem eines Kritizismus, der sich (lediglich) mit dem ‚Verstand' im Kantischen Sinn, also mit den Verknüpfungs- und Zergliederungsakten, die der (an sich leere) Verstand an als gegeben betrachteten Gegenstandseinheiten vollzieht, beschäftigt und die Einheiten selbst nicht ebenfalls einer konsequenten Kritik unterwirft. In der Logik führt nämlich dieselbe gedankliche Prämisse dazu, Sätze und komplexe Sachverhalte und nicht Be-

Bekanntlich entgeht einem in fast jeder umfangreicheren Argumentation, daß man sich irgendeinen kleineren oder größeren Widerspruch und damit irgendeinen Mangel an Bestimmtheit hat zuschulden kommen lassen. Daß deshalb jedesmal das ganze Argumentationssystem ‚explodiere', nimmt dennoch kaum jemand an. Aus diesem Bewußtsein haben die Parakonsistenzlogiker das sogenannte „Paradox des Vorworts" abgeleitet:

„Gewöhnlich versichern nüchterne Autoren im Vorwort, daß sicher nicht alles, was sie im folgenden darlegen werden, stimmen wird. Also muß mindestens eine der Aussagen, die sie machen, falsch sein. Dennoch behaupten sie diese! Scheinen sie also nicht von mindestens einer Aussage zu sagen, daß sie zugleich wahr und falsch ist?"

Dieses ‚Vorwortparadox' ist, wie man leicht sieht, eine Variante des sog. ‚Lügners', einer logischen ‚Antinomie', die schon die antiken Stoiker konstruiert haben. In seiner modernen, parakonsistenten Form wird diese ‚Antinomie' so formuliert:

(1) Satz (1) ist falsch.

Wenn Satz (1) wahr wäre, dann wäre (1) falsch, weil dann dem Satzsubjekt das Prädikat zukäme. Wenn (1) falsch wäre, dann wäre (1) wahr, da (1) gerade behauptet, falsch zu sein. Das heißt, es gilt:

Wahr (1) =Falsch (1)

bzw., da die Standardlogik zweiwertig ist, es also jenseits des Wahren keinen anderen Wahrheitswert als das Falsche gibt:

Wahr (1) = Nicht-Wahr (1)[250].

Leider sind logische Fehler immer schwer zu identifizieren, weil das Richtige zwar eindeutig, das Falsche aber vieldeutig ist. Der Hauptfehler dieser Argumentation liegt aber ohne Frage darin, daß die Kriterien, in Bezug auf die von diesem Satz Wahrheit und Nicht-Wahrheit ausgesagt werden, nicht offengelegt sind, sondern wegen der äußerlichen Gleichheit der Worte ununterschieden bleiben.

In einem normalsprachlichen Sinn würde der Satz (1) eine Aussage über einen anderen Satz machen, der durch das Demonstrativpronomen bezeichnet ist, z.B., über den Satz (I) ‚Logik ist verschwommen'. ‚Falsch' meint dann: in diesem Satz ist dem Subjekt ein Prädikat zugesprochen, das ihm nicht zukommt, ‚Logik ist nichts Verschwommenes, sondern etwas Exaktes'. Die Aussage, ‚Satz (I) ist wahr', behauptet aber nicht, daß diesem Subjekt

---

griffe und Sachunterschiede (bzw. Begriffe nur, insofern sie Teile einer Aussage oder eines Schlusses sind) zum Gegenstand der Betrachtungen und zum Objekt der Kritik zu machen.

250 S. Manuel E. Bremer, Wahre Widersprüche. Einführung in die parakonsistente Logik, 3 und 12; s. auch Richard Routley u. Jean Norman (Hgg.), Paraconsistent Logic, München (u.a.) 1989; und v.a. Ayda Arruda u. Newton da Costa, On the Relevant Systems P and P* and Some Related Systems, in: Studia Logica 43, 1984, 33-49.

dieses Prädikat zugesprochen werden und der Logik das Prädikat ‚verschwommen' doch zukommen soll, sondern sie bestätigt die Richtigkeit der Feststellung, daß dieser Satz falsch ist, weil in ihm eine falsche Verbindung vorliegt.

‚Es ist wahr, daß Logik nicht verschwommen ist, der Satz (I), der ihr das zuspricht, ist falsch.'

Wenn also der Satz ‚Satz (1) ist falsch' wahr ist, dann kommt in ihm das Prädikat tatsächlich dem Satzsubjekt nicht zu. Ein Widerspruch liegt nicht vor, weil das vorausgesetzte Kriterium, in Bezug auf das von diesem Satz gesagt wird, er sei falsch, nicht dasselbe ist wie das Kriterium, in Bezug auf das seine Wahrheit bestätigt wird.

Dasselbe gilt aber auch, wenn man sich nur auf das bezieht, was in einem Logikbuch steht, d.h. ausschließlich auf die sprachliche oder logische Formulierung ‚Satz (1) ist falsch', wenn also der Satz nur für sich selbst ‚supponieren' soll – sofern man noch den Anspruch erhebt, daß die geschriebenen Worte irgend einen verstehbaren und damit eine logische Folgerung möglich machenden Inhalt haben und in diesem Sinn *etwas* bedeuten sollen.

Die These des Lügnerarguments lautet:

„Wenn Satz (1) wahr wäre, dann wäre (1) falsch, weil dann dem Satzsubjekt das Prädikat zukäme".

Die Folgerung, die hier gezogen wird, setzt ausdrücklich voraus, daß ‚wahr' bedeutet: ‚das Prädikat kommt dem Satzsubjekt zu'. ‚Falsch' meint dementsprechend: ‚das Prädikat kommt dem Satzsubjekt nicht zu'. Die Falschheit, die in Satz (1) behauptet sein müßte, müßte also meinen: „In diesem Satz ist das Prädikat ‚falsch' dem Satzsubjekt ‚dieser Satz' zu unrecht zugesprochen." Das ist aber nicht der Sinn, den Satz (1) als Satz hat, sondern den nur eine Aussage über diesen Satz haben kann. Denn Satz (1) lautet im Sinn eben der hier vorausgesetzten Logik: „Dem Satzsubjekt ‚dieser Satz' kommt das Prädikat ‚falsch' zu". Wenn Satz (1) also zum Inhalt hat, daß dem Satzsubjekt das Prädikat ‚falsch' zukommt, dann liegt nicht der geringste Widerspruch vor, wenn man die Behauptung aufstellt: ‚dem Satzsubjekt kommt das Prädikat zu', das genau besagt der Satz ja.

Die Aussage, ‚Satz (1) ist falsch' und die Folgerung ‚Satz (1) ist wahr', stehen außerdem im Sinn der benutzten Logik wie Prämisse und Folgerung zueinander. Eine Folgerung ist aber etwas anderes als eine Prämisse. Der zweite Satz zieht also eine Folgerung aus Satz (1), und zwar hinsichtlich seines Wahrheitsgehalts. Wahr soll der in der Prämisse genannte Satz genau dann sein, wenn seinem Subjekt (‚Satz (1)') das Prädikat (‚falsch') zukommt. Genau das ist der Inhalt des Behauptungssatzes, der Proposition, ‚Satz (1) ist falsch'. Darin besteht die logische Funktion der Kopula ‚ist', daß sie die Verbindung von Subjekt und Prädikat anzeigt.

Die angebliche ‚Antinomie' besteht also in nichts anderem als in unaufgelösten Zweideutigkeiten. Hauptgrund für diese ‚Verschwommenheit' ist ohne Frage, daß der Sprachkomplex ‚Satz (1) ist falsch' einfach als ein gegebenes Ganzes genommen wird.

Der ‚wahre Widerspruch' resultiert also ganz analog wie bei der Fuzzy Logic darauf, daß nicht zwischen Inhalt und Form einer Aussage unterschieden wird, und daß ein Einzelding – bei den parakonsistenten Logiken ein einzelner Satz, bei dem oben referierten Beispiel ein wahrnehmbarer Sachverhalt bzw. ein empirisches Einzelding – wie eine Sacheinheit behandelt wird, d.h. wie etwas, das etwas an sich und von sich selbst her Bestimmtes ist. Nur in diesem Fall, d.h., wenn er eine Aussage über sich als ganzen macht, folgt ja, daß er behaupte, seinem Subjekt sei das Prädikat zu Unrecht zugesprochen, und nur in diesem Fall würde die Behauptung, ‚in diesem Satz kommt das Prädikat dem Satzsubjekt zu' einen Widerspruch bedeuten.

Also: sagt man, die Aussage ‚Satz (1) ist falsch' hat die logische Bedeutung, daß dem Subjekt ‚Satz' das Prädikat ‚falsch' zukommt, und ‚Satz (1) ist wahr' hat die Bedeutung, daß ‚dem Satzsubjekt das Prädikat zukommt', dann liegt kein Widerspruch vor. Macht man es dagegen wie die ‚parakonsistenten' Konstrukteure des Lügnerarguments und nimmt ‚wahr' in der Folgerung für eine Aussage über das Verhältnis des Prädikats zum Satzsubjekt, gebraucht ‚falsch' in der Prämisse aber als Aussage über das Satzganze (und behauptet damit in Wahrheit: ‚falsch' kommt dem Subjekt ‚Satz' nicht zu), dann erst entsteht der Schein, als ob der Satz ‚Satz (1) ist falsch' genau dann, wenn und insofern er falsch ist, wahr ist. Es ist aber in der Tat nur ein Schein. Denn setzt man den in der Folgerung zwingend vorausgesetzten Sinn von ‚wahr' in die Prämisse ein, dann ist nicht der Satz (1) falsch, sondern es wird lediglich das Wort ‚falsch' mit dem an die Subjektstelle gesetzten Wort ‚Satz' verbunden. Behauptet man, diese Verbindung, die der Satz zum Ausdruck bringt, sei falsch, dann ist der Satz (1) gerade nicht wahr. Wahr ist er nur, wenn die Verbindung zurecht vorgenommen ist. Logisch korrekt folgt also aus der Aussage, daß der Satz ‚Satz (1) ist falsch' falsch ist, nichts anderes, als daß er falsch ist, d.h., daß dem Satzsubjekt das Prädikat nicht zukommt. Die Folgerung,

> ‚Wenn ‚Satz (1) ist falsch' wahr wäre, dann wäre (1) falsch, weil dann dem Satzsubjekt das Prädikat zukommt',

ist dann falsch, denn genau dann, wenn dem Satzsubjekt das Prädikat ‚falsch' zukommt, ist der Satz (1) wahr und nicht falsch – genauso wie der Satz des Elektromeisters zu seinem Lehrling ‚diese Verbindung (von Kabeln) ist falsch' genau dann wahr ist, wenn die Verbindung falsch ist.

Damit ist klar: Der „wahre Widerspruch" entsteht aus einer nicht beachteten Homonymie. ‚Homonymie' meint als logischer Terminus: Ein und dasselbe Lautgebilde wird logisch, d.h. als Prämisse, in zweifachem Sinn eingesetzt. ‚Satz (1)' ist ein solches Lautgebilde, das als Prämisse in zwei verschiedenen Bedeutungen fungiert:
1. als Subjekt der Aussage ‚Satz (1) ist falsch', also als Subjekt, von dem das Prädikat ‚falsch' ausgesagt wird; und

2. als das Satzganze ‚Satz (1) ist falsch', von dem als ganzem dann wieder das Prädikat wahr bzw. falsch ausgesagt werden kann.

Klären kann man das Problem also durch eine Unterscheidung zwischen diesen beiden Bedeutungen von ‚Satz (1)', die man z.B. durch eine Indizierung markieren könnte: also dadurch, daß man zwischen ‚Satz (1_a)' (=das Subjekt, von dem in der Aussage ‚Satz (1) ist falsch' der Begriff ‚falsch' prädiziert wird) und Satz (1_b) (=diese ganze Aussage (1): ‚Satz (1) ist falsch'). Somit hätte der Schluß die folgenden Prämissen:

(1) (=Satz 1b): ‚Satz (1_a) ist falsch'

(2) Satz (1_b) ist wahr

Daraus folgt aber kein Widerspruch, sondern nichts anderes, als daß dem Subjekt Satz (1_a) das Prädikat falsch zukommt, was ein bloß tautologischer, die erste Prämisse wiederholender und die zweite Prämisse bestätigender Schluß ist.

Ich habe mich mit dieser Paralogik etwas umständlicher auseinandergesetzt, weil der eigentlich offenkundige Fehler von so vielen nicht gesehen wird, und weil sich an den parakonsistenten Logiken noch deutlicher als bei den mehrwertigen Logiken zeigen läßt, daß die Gegenstände, mit denen diese Logiker ‚umgehen', tatsächlich bestimmte subjektive Konstrukte, d.h. nicht Tatsachen, Sachverhalte, (unbezweifelbar) Objektives, Gegebenes, sondern Vorstellungseinheiten sind. Die auftretenden Widersprüche sind daher keine Widersprüche, die Rückschlüsse auf die (relative) Unbestimmtheit des ‚Seins', der ‚Welt', ‚der Wirklichkeit' zulassen, ja, es sind überhaupt keine Widersprüche, sondern bloße innerlogische, d.h. innerhalb der Sphäre der subjektiven Vorstellungseinheiten zu lokalisierende, Inkonsistenzen. Sie rechtfertigen weder Zweifel an der Widerspruchslosigkeit der Wirklichkeit, noch an der Erkennbarkeit der Wirklichkeit, noch an der Gültigkeit des Axioms, das besagt, daß Widersprüchliches nicht gedacht werden kann. Der Schluß, der gezogen werden müßte, ist vielmehr, daß an der Differenziertheit der eigenen Prämissen und vorausgesetzten Begriffe gearbeitet werden sollte.

Denn Grund der Aporien ist immer, daß man sein Urteil an dem gegebenen Ganzen orientiert, das man vor sich hat, daß etwas Subjektives als etwas objektiv Gegebenes angenommen und in seiner Begrifflichkeit nicht kritisch geprüft wird. In diesem Fall ist dies das sprachliche Gebilde ‚Satz (1) ist falsch'. Diesem Gebilde kommen – um dies noch einmal zusammenzufassen und als Ergebnis festzuhalten – tatsächlich die Prädikate ‚wahr' und ‚falsch' zu. Das gemeinte Subjekt, dem man die Prädikate ‚wahr' oder ‚falsch' zuspricht, ist aber keineswegs dieses eine und selbe Sprachgebilde. ‚Wahr' sagt man vielmehr aus, wenn man Bezug nimmt auf die behauptete Richtigkeit der Verbindung von Satzsubjekt und Prädikat, diese Verbindung ist das Subjekt, der das Prädikat ‚wahr' zukommt. Es ist die Übereinstimmung von Subjekt und Prädikat, Gegenstand und Eigenschaft, die ausmacht, daß wir die Aussage für wahr erklären. Bei der Anwendung der Aussage ‚falsch' wurde dagegen das Satzsubjekt ‚Satz (1)' nicht als Subjekt, sondern als ganzer Satz genommen und von ihm behauptet, er sei falsch. Daß das bedeuten würde, daß dann dem Satzsubjekt das Prädikat nicht zukommen dürfte, daß also damit die erste Behauptung (=‚Satz (1) ist falsch') nur wiederholt wird, wird nicht zur Kenntnis genommen. Nichtsdestoweniger liegt diese Unterscheidung diesem Fehlschluß zugrunde, denn man muß ja unvermerkt von dem einen zu dem anderen Subjekt übergehen, wenn er zustande kommen soll. Das heißt aber nichts weniger, als daß der, der möchte, daß man seiner Argumentation folgt, sich auf den Satz vom Widerspruch stützt, gerade indem er ihn – mit einem Argument – bestreitet.

Vielleicht ist es nicht unwichtig, darauf zu verweisen, daß die Anwendung des Widerspruchsaxioms immer konkret sein muß. Man prüft in Bezug auf dieses Prädikat, ob es diesem Subjekt zukommt. Und wenn man diese Behauptung zum Gegenstand der Prüfung macht, prüft man, ob diese behauptete Verbindung zutrifft oder nicht. Beides geschieht in ein und derselben Sprache. Genauso wie auch der Elektrikerlehrling, der etwas verbindet, und der Meister, der die Verbindung beurteilt, keine verschiedenen Sprachen sprechen, so als ob der eine sich auf die Ebene der Objekte selbst, der andere auf eine Metaebene bezöge. Zu Recht bestreiten die parakonsistenten Logiker, man könne durch eine solche Hierarchisierung der Sprachebenen das Lügnerargument auflösen.

Es ist also immer der – im Denken – gemachte Unterschied, auf den man sich beziehen muß, wenn man prüfen will, ob ein Widerspruch vorliegt. Wer davon spricht, daß eine der Aussagen seines Buches falsch sein könne, ist nur widerlegt, wenn diese Möglichkeit bestritten werden kann, die faktische Falschheit einer seiner Aussagen ist kein ‚Vorwortparadox', kein Widerspruch gegen diese Behauptung, sondern gerade eine mögliche Folge. Wer behauptet, im Unendlichen seien die Mengen natürlicher und gerader Zahlen ‚gleich mächtig', muß beachten, ob er von der bloßen Möglichkeit, immer weiter zu zählen (von Hegels „schlechter Unendlichkeit") spricht, dann stimmt das Argument nicht, denn an jeder beliebigen aktual gezählten Stelle sind die beiden Mengen nicht gleich mächtig, als bloße Möglichkeit, gezählt zu werden, stehen sie in keinem irgendwie bestimmbaren Widerspruch zueinander. Legt er dagegen einen Begriff von Unendlichkeit zugrunde, in dem Endlichkeit negiert ist, kann es keinen Begriff von abzählbaren Mengen mehr geben – und auch keinen Zusammenfall des Unterschieds zwischen doppelt so vielen und halb so vielen Einzelgliedern einer Menge.

Das methodische Grundprinzip der Anwendung des Widerspruchsaxioms, daß etwas nicht zugleich es selbst und nicht es selbst sein kann, ist also, daß ein Widerspruch immer exakt auf den Aspekt bezogen sein muß, unter dem dieses Etwas genau ein bestimmtes Etwas ist.

Die Frage, wie man über diese Grundlegung der Erkenntnis hinaus zu einem sicheren Wissen, wann etwas wirklich etwas ist, d.h. zu einem Wissen von dem, was Platon unter der Erkenntnis der Idee, Aristoteles als die Erkenntnis des in primärem und eigentlichem Sinn Allgemeinen versteht, vordringt, muß in einer eigenen Monographie behandelt werden[251]. Wenigstens die elementaren Unterschiede, ob man etwas nur wahrnimmt, ob man bereits eine Anschauung von einem Gegenstand hat oder darüber hinaus eine Meinung, einen diskursiv rationalen oder einen in seiner reinen Sacheinheit von der Vernunft erkannten Begriff – Erkenntnisformen, die von Platon und Aristoteles unterschieden worden und durch die Zunahme an Bestimmtheit charakterisiert sind –, sollen später (in den Kapiteln V 3 u. VII 4 a.) noch in ihrem Begründungsverhältnis knapp erläutert werden. Das grundsätzliche Procedere im Fortschritt der Erkenntnis benennt Platon unmittelbar nach der Einführung der ‚Hypothesis-Methode' selbst: Man wendet das Prinzip der ‚Hypothesis-Bildung' auf diese selbst an, und zwar so lange, bis man ‚bei etwas Zureichendem' angekommen ist, d.h., wenn man die exakte Bestimmtheit von etwas, das, was ausmacht, daß etwas genau und nur es selbst ist, ermittelt hat. Man muß über die meist relativ leicht auffindbaren notwendigen Bedingungen hinaus nicht früher in der Ermittlung der Sachbestimmungen aufhören, als bis man nachgewiesen hat, welches die zureichenden Bestimmungen sind und wie sie zur Einheit einer Sache zusammengehören (Platon, *Phaidon* 101c-102a).

Die Art, wie Platon das Widerspruchsprinzip analysiert hat, ist aber nicht nur geeignet, die vielen Angriffe auf die ‚Rationalität', als lege sie die Wirklichkeit auf fixierte Eindeutigkeiten fest, zu entkräften – denn bestimmt muß nach Platon nur das in einem Begriff Gemeinte sein, die ‚wirklichen' Dinge können in Bezug darauf in den Aspekten, Relationen, in dem Ausmaß usw., in dem sie daran ‚teilhaben', erfahren werden, d.h., sie können in vieler Hinsicht unbestimmt sein, ohne daß dadurch die ‚zweiwertige Logik' in Frage gestellt werden müßte.

Da der Widerspruch nach Platon nicht das Ding, auf das man ihn anwendet, festlegt (auf die Verwechslung von logischer und ontologischer Dimension, die der damit ausgesprochene Verdacht des ‚Logozentrimus' impliziert, sollte man vielleicht noch einmal hinweisen), sondern lediglich ein Postulat an unsere Begriffe ist, dient die Ermittlung von Widersprüchen dazu, den Gesichtspunkt zu finden, unter dem ungenügend differenzierte Meinungen (über etwas) differenziert werden müssen.

Platon konnte dadurch das Widerspruchsprinzip auch als ein Prinzip schöpferischer Erweiterung des Wissens aufweisen.

Beispiele für dieses Vorgehen bieten die Platonischen Dialoge in Fülle, in denen Platon demonstriert, wie die Widersprüche in unseren Meinungen über die Tapferkeit, die Besonnenheit, die Frömmigkeit, die Gerechtigkeit usw. dazu nötigen, nicht zum Begriff Gehörendes auszuscheiden und

---

[251] Zum grundsätzlichen Zusammenhang von Hypothesis-Methode und Ideenlehre bei Platon s. Gyburg Radke, Platons Ideenlehre, in: Franz Gniffke u. Norbert Herold (Hgg.), Klassische Fragen der Philosophiegeschichte I: Antike bis Renaissance, 17-64.

scheinbar nicht dazu Gehörendes, das von der Identität des Sachbegriffs gefordert ist, hinzu zu nehmen[252].

Aristoteles verfährt nicht nur in allen seinen Pragmatien so, daß er aus den Widersprüchen früherer Ansichten, aus dem, was man aufgrund eines anschaulichen Denkens zu meinen pflegt, usw. den Gesichtspunkt herausholt, unter dem die Sache offenbar geprüft werden muß, er hat ein ganzes ‚Aporienbuch' – das 3. Buch der *Metaphysik* – mit der Sammlung aller möglichen Widersprüche über seinen Gegenstand, die Metaphysik, geschrieben und zur Begründung, warum er so vorgehe, auf die Regel verwiesen, daß man nur ‚durch die Aporie zur Euporie', nur durch die Feststellung der Widersprüche zur korrekten Auflösung der Widersprüche kommen könne.

Die ganze Scholastik hat in Anschluß an die aristotelische Methodik ihre Quaestionen und Summen nach dem Prinzip der Feststellung und Auflösung von Widersprüchen aufgebaut, und – im Widerspruch zur theoretischen Kritik an der bloß tautologischen Logik des Widerspruchssatzes und der auf ihm aufgebauten Syllogistik – gehen in dieser Weise wohl auch die meisten Wissenschaftler bis heute vor, wenn sie aus vorhandenem Wissen oder selbst getätigten ‚Beobachtungen' die wissenschaftlich möglichen und nötigen neuen Schritte entwickeln wollen.

---

[252] S. Verf., Sokratisches Fragen im Platonischen Dialog.

III Abstraktes Bewußtsein – Konkretes Denken: Zur Überwindung des Gegensatzes von Gefühl und Verstand in einer Unterscheidungsphilosophie

1 Zur Erweiterung des Begriffs des Denkens

Nach platonisch-aristotelischer Auffassung ist, wie in den letzten Kapiteln gezeigt werden sollte, der Grundakt des Denkens nicht das Repräsentieren rezipierter Anschauungsdaten, sondern das Unterscheiden von etwas Bestimmtem[253]. Nimmt man dieses Verständnis von Denken zur Grundlage des Urteils, so wird deutlich, daß das Wissenschaftssystem, das Platon aus der Reflexion auf die begrifflichen Inhalte des Begriffs der Bestimmtheit abgeleitet hat, seine Bedeutung nicht nur darin hat, daß es die Kriterien rationalen Urteilens explizit macht und dadurch das rational methodische Denken begründet, das Wissen um diese Urteilskriterien des rationalen Denkens ermöglicht auch eine adäquatere Beurteilung der im neuzeitlichen Sinn ‚nicht-rationalen' psychischen Akte.

Auch die Wahrnehmung wäre gar nicht möglich, wenn sie nicht, wenn auch noch auf eine unkontrollierte und unreflektierte Weise, bereits von den Urteilskriterien der Ratio Gebrauch machte. Erst dann aber, wenn man die ‚für uns spätere' Erkenntnis dieser Urteilskriterien selbst besitzt, kann man wirklich wissenschaftlich begreifen, was denn Wahrnehmen genau ist.

Wer etwa einen Ton hört, könnte diesen einen Ton gar nicht als diesen einen Ton hören, wenn er nicht darauf achten würde, daß er genau diesen *einen* Ton hört, der also mit sich *identisch*, aber *verschieden* von allen anderen Tönen ist, dessen (aus der Art seiner Bewegungsform sich ergebende) Bestimmtheit sich im Wechsel der immer wieder anderen Materieteile *gleich* durchhält, der, wie man am Wechsel seiner Bestimmtheit erkennen kann, *Anfang* und *Ende* hat, usw.

---

[253] Zur Auslegung des Denkens als ‚Unterscheiden' (*krinein*, κρίνειν) auch bei Aristoteles s. z.B. *De Anima* II, 11, 424a5f.; III, 2, 426b10 u. 14; III, 3, 427a19-21; III, 3, 428a3-5; III, 4, 429b13 u. 17. In 424a5-6 etwa wird das Vermögen der Wahrnehmung als ein „Unterscheiden des Wahrnehmbaren" beschrieben, ähnlich 426b10 u. 14. In 427a19-21 sagt Aristoteles, die Seele unterscheide durch Wahrnehmen und (intellektives) Denken und erkenne so das (Etwas-)Seiende. 428a3-5 zählt Aristoteles die Vermögen der Wahrnehmung, des Meinens (*doxa*), das rationale Wissen und den Intellekt als diejenigen Vermögen auf, „gemäß denen wir unterscheiden und Wahres oder Falsches erkennen". Da dieser Begriff von Denken sich aus dem von neuzeitlichen Vorstellungen erheblich abweichenden Seinsbegriff ableitet, ist, wenn gesagt wird, daß Denken Unterscheiden ist, nicht gemeint, daß Denken primär schon Urteilen sei, also das Setzen eines Daseins durch einen freien Willensakt, sondern, wie die letzten Kapitel deutlich machen sollten, daß es das unterscheidende Erfassen von etwas ist, von etwas, das nicht – zugleich und in derselben Hinsicht usw. – eben dieses Etwas ist und nicht ist. S. dazu auch Verf., Zur Erkenntnistheorie bei Platon und Descartes, passim; s. auch ders., Die Bedeutung der sophistischen Logik, 207ff.

Bereits beim Hören eines einzigen Tons orientiert man sich also an Konzepten von Einheit, Vielheit, Identität, Verschiedenheit, Gleichheit, Ganzheit, Teil, Anfang, Ende usw. Dadurch zerstört man auch keineswegs die Einheit des ‚Hörerlebnisses', sondern macht dieses als bestimmtes ‚Erlebnis' erst möglich. Die implizite, aber noch viel weniger die reflektierte Orientierung an diesen begrifflichen Kriterien bedeutet nicht den ‚Einfall der zergliedernden und die Einheit zerstörenden Reflexion' in das ursprünglich als Ganzes Angeschaute, Gehörte (usw.), sondern ist dessen inhaltlich bestimmende Voraussetzung. Daß der grundlegende Akt, der Denken zum Denken macht, das Unterscheiden von Bestimmtheit, d.h. von Unterscheidbarem, ist, gilt also nicht nur im Bereich der obersten, allgemeinsten Begriffe und für den Bereich der Prinzipien des Erkennens von Etwas überhaupt, für das begriffliche Denken im spezifischen Sinn, sondern auch für alle anderen kognitiven Akte, für Wahrnehmen, Vorstellen und Meinen.

2 Die eigentümliche Leistung des Denkens. Ihre Unabhängigkeit vom Gegensatz des Bewußten und Unbewußten

Die Beurteilung des Denkens von seinen Unterscheidungsleistungen her führt im Vergleich zu einem am Bewußtsein orientierten Rationalitätsbegriff zu einer erheblichen Erweiterung des Bereichs, in dem bereits von Denken gesprochen werden kann. Zwar ist Rationalität im methodisch strengen Sinn an den auf Wissen gegründeten Gebrauch der Urteilskriterien des Denkens gebunden. Da wir aber auch in allen anderen psychischen Akten Formen des Unterscheidens vollziehen, kann man auch diesen Akten eine je eigene Form der Rationalität zusprechen. Platon erörtert die Differenzen zwischen diesen unterschiedlichen Formen von Rationalität sehr genau, es entsteht in seiner Analyse aber keine Kluft zwischen rationalen und (vorgeblich gänzlich) irrationalen psychischen Akten, sondern er macht deutlich, daß es immer eine und dieselbe Unterscheidungsgabe in uns ist, die wir in unterschiedlicher Weise aktivieren können. Die Bedingungen, die es ermöglichen, daß der Mensch in diesen differierenden Aktivitäten ganz zu sich selbst kommt und ‚ein Einer' wird, stehen im Zentrum seiner Staatskonzeption.

Die Einsicht, von der Platon ausgeht, wenn er sogar elementaren psychischen Akten einen Anteil an Rationalität zugesteht, ist auch uns nicht unvertraut.

Auch wer sich z.B. aus einer liegenden Position aufrichtet, muß eine Fülle von Unterschieden erfassen und auseinanderhalten können – oben, unten, gebeugt, gerade, Kopf, Bein, Rumpf usw. –, sonst könnte er niemals Erfolg bei seiner Tätigkeit haben. Daß das eine wirkliche gedankliche Leistung ist, kann man daran erkennen, daß Kinder sie mühsam und gegen vielerlei Verwechslungen erst erlernen müssen. Umgekehrt sieht man, daß der Verlust der Fähigkeit zu unterscheiden – etwa durch Rausch, Krankheit, Alter – unmittelbar zu einer Unfähigkeit zu handeln führt. Wer rechts, links, oben, unten, Teller, Löffel und dergleichen nicht mehr auseinanderhalten und in richtiger Weise aufeinander beziehen kann, kann nicht einmal mehr den Löffel zum Mund führen. Dabei hilft gerade der Einsatz des Bewußtseins nicht. Der Betrunkene, der in sicherem Selbstbewußtsein glaubt, er sei Herr seiner Sinne und seines Verstandes, versagt bei den einfachsten beim Handeln geforderten Unterscheidungen.

Daß wir vom Vollzug dieser Unterscheidungsakte oft kein Bewußtsein haben, beweist überhaupt nicht, daß wir dabei nicht denken, und zwar in subjektiv kontrollierter Aktivität denken. Es gibt zwar eine breite, in langer neuzeitlicher Tradition verfestigte Tendenz, das Unbewußte mit Vorgängen in uns zu verbinden, die gleichsam automatisch und mechanisch ablaufen, die, auch wenn sie eine eigene Aktivität haben, jedenfalls nicht von einer rational gesteuerten Aktivität abhängen, sondern in uns da sind, ob wir uns ihrer bewußt sind oder sie mit Bewußtsein wollen oder nicht[254]. Diese Bindung der rationalen Aktivität an die bewußt vollzogenen Akte widerspricht aber in vielfältiger Weise Erfahrungen, die jeder beim Denken macht oder zumindest bei kritischer Prüfung seiner Denktätigkeiten machen kann.

Plotin hat in einer berühmten und viel zitierten Passage darauf verwiesen, daß wir uns nicht einmal unserer eigentlichen Denkakte bewußt sind, wenn wir sie besonders intensiv und konzentriert ausführen, weil wir dann einfach keine Zeit und keinen Anlaß haben, uns auch noch eine Vorstellung von dem zu machen, was wir gerade tun.

Und das heißt: Gerade beim eigentlichen Denken gibt es kein begleitendes Akt-Bewußtsein. Wer etwa ganz konzentriert rechnet oder liest, wird, je konzentrierter er ist, desto weniger Bewußtsein von seinem Tun haben[255].

---

[254] Der generelle Ausschluß einer logisch rationalen Aktivität aus dem Unbewußten geht historisch bekanntlich darauf zurück, daß sich der Begriff des Unbewußten aus dem Begriff dunkler, undeutlicher Vorstellungen entwickelt hat. S. z.B. Kant, KrV A 41: „Bin ich mir der Vorstellung bewußt: so ist sie klar; bin ich mir derselben nicht bewußt, dunkel. Da das Bewußtsein die wesentliche Bedingung aller logischen Form der Erkenntnisse ist: so kann und darf sich die Logik auch nur mit klaren, nicht aber mit dunkeln Vorstellungen beschäftigen."

[255] Plotin kann diesen Sachverhalt auch in einer für die Differenz zwischen neuzeitlichen Vorstellungsphilosophien und antik-platonischer Unterscheidungsphilosophie charakteristischen Weise auf seine sachlichen Ursachen zurückführen: Ursächlich für die ‚Trübung' des eigentlichen Denkens durch ein begleitendes Bewußtsein ist, daß diese begleitende Vorstellung eine Verschiedenheit zwischen Denkendem und Gedachtem voraussetzt; denn das Subjekt wendet sich auf seinen Denkakt als auf etwas anderes zurück, wodurch es ihm möglich wird, den Denkakt oder das von einem solchen hervorgebrachte Vorstellungsbild zu seinem Objekt zu machen. Dies gilt im übrigen auch für das Ich- oder Selbstbewußtsein, die Selbstvergewisserung des Subjekts: nach Plotin (so besonders deutlich: Plotin, Enneade IV,4,2 u. 4) verfehlt das Subjekt in der ‚kritischen Wende' auf sich selbst notwendig sein Ziel, sich seiner selbst bewußt und gewiß zu werden, d.h.: ein wirkliches Wissen von sich selbst zu gewinnen, und zwar deshalb, weil Bewußtsein immer ein Vorstellungsbild einer Sache zum Gegenstand hat, immer ein Abbild eines Sachverhalts oder einer Entität in der Seele, und nicht die Sache selbst ist; daher kann das hinreichende Kriterium für wahre, umfassende Erkenntnis durch

Aber er denkt sehr wohl dabei, denn er unterscheidet, vergleicht, verbindet, trennt das Unterschiedene, und er tut dies aktiv und spontan, es geschieht nicht einfach etwas in ihm, im Gegenteil: je konzentrierter er ist, desto mehr eigene Aktivität leistet er[256].

Aus der Erfahrung der möglichen Intelligenz unbewußter Denkakte hat man allerdings in der neuzeitlichen Bewußtseinstradition häufig ganz andere Folgerungen gezogen, als sie Plotin beabsichtigte. Heute gelten sie als Beweis, wie wichtig und richtig die Entdeckung einer eigenen, vom Denken (noch) unabhängigen ‚emotionalen Intelligenz' sei.

Die Erfahrung mit intelligenten, unterhalb der Schwelle des Bewußtseins verlaufenden ‚Reflexionen' ist allerdings im Unterschied zu diesem Entdeckungsbewußtsein sogar in der Aufklärungsphilosophie bereits bekannt und ausgewertet. Selbst Kant spricht davon, daß

> „in dunklen (d.h. unbewußten) Vorstellungen der Verstand am wirksamsten <sei>, und alle klaren (d.h. bewußten) Vorstellungen mehrenteils Resultate von langen (...) dunklen Reflexionen <seien>"[257].

Auch wenn Kant nicht von ‚emotionaler Intelligenz' spricht, kennt er die Sache, die damit gemeint ist: die von der bewußten Aktivität gänzlich verschiedene und ihr überhaupt nicht zugängliche Wirksamkeit des Verstandes in unseren unbewußten seelischen Regungen.

Für ein korrektes Verständnis des Sachverhalts, auf den Plotin verweisen möchte, ist es wichtig, den Unterschied dieser von Kant und vielen neueren Psychologen vertretenen Position gegenüber Plotin klar zu umgrenzen. Für Kant gibt es zwar eine Wirksamkeit des Verstandes im Unbewußten, diese Wirksamkeit ist aber „ein Spiel dunkler Vorstellungen" mit uns, d.h. mit dem klar und bewußt denkenden Ich. Sie sind etwas mehr oder weniger Passives, Unkontrolliertes:

> „So ist das Feld dunkler Vorstellungen das größte im Menschen. – Weil es aber diesen nur in seinem passiven Teile als Spiel der Empfindungen wahrnehmen läßt, so gehört die Theorie derselben doch nur zur physiologischen Anthropologie (...)" [d.h. zu einer animalischen Tiefenschicht im Menschen] (Kant, *Anthropologie in pragmatischer Hinsicht*, BA 18)

Anders als bei Plotin, für den die Unbewußtheit beim Denken Zeichen der völligen Konzentriertheit der Ausführung der geistigen Akte selbst ist bzw.

Bewußtmachung nie erfüllt werden: die Bewußtmachung kann die Identität von Erkennendem und Erkanntem nicht herstellen.

[256] S. dazu Plotin, Enn. I,4,10,19-33 und Verf., Das Bewußte und das Unbewußte in der Deutung durch die griechische Philosophie (Platon, Aristoteles, Plotin), in: Antike und Abendland 40, 1994, 59-85.

[257] Reinhard Brandt, Kritischer Kommentar zu Kants Anthropologie in pragmatischer Hinsicht (1798), (Kant-Forschungen; 10), Hamburg 1999, 142 (dort auch das Zitat aus Philippi 6v). Zur Bedeutung des Unbewußten bei Kant und in der Aufklärungsphilosophie s. v.a. ebenda 142-190.

auch sein kann, ist für Kant die Unbewußtheit der Wirksamkeit des Verstandes in den dunklen Vorstellungen und Empfindungen eindeutiges Zeichen (oder sogar Kriterium) dafür, daß in ihnen gerade nicht der Verstand in seiner eigentlichen, d.h. logisch klaren, Aktivität wirksam ist, sondern daß er in einer Form wirksam ist, die noch gar kein Denken ist, die dem bewußten Denken lediglich die, wenn auch unbedingt nötige, Materialbasis bietet.

Deshalb ist die Wirksamkeit des Verstandes im Unbewußten, seine ‚emotionale Intelligenz', nicht nur in dem Sinn von dem verschieden, was Plotin meint, weil sie vom Subjekt nicht gesteuert werden kann – während Plotin genau das und mit Nachdruck behauptet –, sondern mehr oder weniger sein Spiel mit ihm treibt. Sie ist auch in ihr selbst, in der Art ihrer Wirksamkeit anders. Plotin denkt an die möglichst exakte Ausführung rationaler Erkenntnisakte wie Unterscheiden, Urteilen, Schließen usw. (sc. die dadurch ermöglicht werde, daß der Denkende bei seinen Unterscheidungsakten nicht durch eine nachvollziehende Reflexion auf die bereits getätigten Akte abgelenkt wird), während Kant an eine Tätigkeit denkt, die diese Akte nur vorbereitet, ihnen das Feld, das sie bearbeiten sollen, bestellt:

> „Wenn nun aber sehr vieles, was man empfinden nennet, nichts als dunkle Reflexionen sind; so steht dem Philosophen ein großes Feld zu bearbeiten offen, um diese dunklen Reflexionen zu entwickeln."[258]

Es ist ganz klar: die intelligente Aktivität in den Empfindungen ist nicht das, was der Philosoph als Philosoph tut, sondern das, worauf er seine eigentlich rationalen Handlungen anwendet, das er ‚bearbeitet', mit dem er ‚umgeht', indem er es „entwickelt", d.h., aus einer undeutlichen in eine deutliche Form überführt.

Dabei ist das Feld der dunklen Reflexionen bei Kant ganz sicher kein Bereich, in dem eine unterscheidende Erkenntnis geleistet würde, in dem etwas als etwas Bestimmtes erfaßt und aus einem davon abgegrenzten Ganzen herausgehoben würde, dieses dunkle Feld ist vielmehr gerade der Bereich, in dem diese distinkten Denkleistungen noch nicht stattfinden oder sogar ausdrücklich vermieden werden[259]. Kants Rede vom „Spiel der Empfindun-

---

[258] S. das Zitat und seine Deutung bei Reinhard Brandt, Kritischer Kommentar zu Kants Anthropologie in pragmatischer Hinsicht, 156.

[259] Voraussetzung für diese Ästhetik des ‚Zurückhaltens des Unterscheidens' ist die erkenntnistheoretische Prämisse, daß die ‚Wirklichkeit' in ihrer ‚Mannigfaltigkeit der endlichen Dinge' etwas ursprünglich und immer bereits Gegebenes ist, sozusagen, wie Kant sich in einer Reflexion (Reflexion 5270) ausdrückt, eine allgemeine Helligkeit, ein Lichtmeer, in das durch das erkennende Subjekt Schatten gesetzt werden, wodurch die einzelnen Gegenstände ‚herausmodelliert' werden, oder, wie Kant an dieser Stelle ebenfalls sagt, eine allgemeine Finsternis, in die einzelne Lichter gesetzt werden. (Der Hinweis auf diese Stelle stammt von Anneliese Maier, Kants Qualitätskategorien, Diss. Berlin 1930, 41.) In beiden Fällen ist der Gedanke, daß etwas bereits Vorhandenes nur durch die Tätigkeit des Subjekts aufgedeckt werden muß, daß Denken darin besteht, auf etwas bereits Erkanntes die bewußte Aufmerksamkeit zu lenken. Nur unter dieser Voraussetzung kann eine Vermeidung bewußter Denkakte die Grundlage einer Theo-

gen" ist nicht beiläufig, sondern verweist auf den Geschehnischarakter dieser dunklen Vorstellungen. In diesem Geschehnischarakter wird aber nicht nur ein Mangel – der Mangel an klarer Unterscheidung –, sondern (und zwar auch von Kant selbst) ein Vorzug gesehen. Denn er garantiert, daß

> „das Feld unserer Sinnenanschauungen und Empfindungen, deren wir uns nicht bewußt sind",

noch ohne Begrenzung durch eine subjektive Perspektive das Ganze der Gegenstände und Situationen, auf die wir uns richten, in einer gleichsam ‚unbefleckten Empfängnis' unmittelbar enthält. Kant ist überzeugt, daß das bloße Auge beim Blick zum Mond oder auf irgendein „Infusionstierchen" alles das bereits aufgenommen hat, was das durch Teleskop oder Mikroskop bewaffnete Auge später im einzelnen entdecken kann:

> „Eine höhere Macht dürfte nur rufen: es werde Licht! so würde auch ohne Zutun des mindesten (...) gleichsam eine halbe Welt ihm vor Augen liegen." (Kant, Anthropologie in pragmatischer Hinsicht, BA 16f.)

Bei diesem unmittelbaren Anschauen oder Empfinden denkt Kant keineswegs an ein starres Beeinflußtwerden, sondern tatsächlich an ein in uns geschehendes Spiel. Das bezeugt insbesondere sein Hinweis auf den

> „Musiker, der mit zehn Fingern und beiden Füßen auf der Orgel spielt (...), wo so eine Menge Vorstellungen in wenigen Augenblicken in der Seele erweckt werden, (...) daß der frei phantasierende Musiker oft wünschen möchte, manches von ihm glücklich ausgeführte Stück, dergleichen er vielleicht sonst mit allem Fleiß nicht so gut zu Stande zu bringen hofft, in Noten aufbehalten zu haben." (Kant, Anthropologie in pragmatischer Hinsicht, BA 17).

Die Postmodernität dieses Lobliedes Kants auf die kreative Offenheit ästhetischen Denkens ist viel zu wenig beachtet worden – genauer: die Postmoderne hat zu wenig beachtet, daß auch sie nur einen Akzent etwas stärker betont, der bereits in der Aufklärung gesetzt worden ist[260]. Dieser Akzent ist, daß das ästhetische, emotionale, präsemiotische Denken eine eigene intelligente Kreativität habe, die – das ist der Akzent der Aufklärung – dem Denken erst seinen Anwendungsbereich verschafft, oder die – das betont die Postmoderne – von der logozentrischen Dominanz fixierenden Denkens befreit. In keinem Fall aber ist dieses unbewußte Denken als Denken im eigentlichen Sinn verstanden, sondern es steht immer in Konkurrenz zu ihm.

Gegen diese ‚Annäherung' Kants an die Postmoderne könnte man einwenden, daß doch die Anfang des 20. Jahrhunderts entwickelten Theorien des Pragmatismus und des Sprachspiels (Wittgenstein) mit der Einbezie-

---

rie des Schönen bilden, und nur unter dieser Voraussetzung kann man zu der These kommen, etwas ‚Wohlbestimmtes' ausgerechnet im (sc. aktiv) Nicht-Bestimmten ausmachen zu wollen.

[260] S. die wichtigen Analysen und Hinweise bei Reinhard Brandt, Historisches zum Selbstbewußtsein, in: Burkhard Tuschling (Hg.), Probleme der ‚Kritik der reinen Vernunft' (Klaus Reich zum 75. Geburtstag am 1. Dezember 1981), Berlin 1984, 1-14.

hung des Aspekts des Handlungsvollzugs und der kommunikativen Interaktion zwischen den in der konkreten Lebenswirklichkeit agierenden Individuen etwas gegenüber der klassischen Bewußtseinsphilosophie wesentlich Neues eingeführt haben und dem modernen Logozentrismus (der nun als Relikt einer vorkritischen Substanzenmetaphysik gedeutet wird) dadurch entgehen konnten, daß sie das einzelne Subjekt aus seiner Isolierung befreit und als Teil eines vielfach vernetzten Ganzen verstanden haben[261].

Dieser Anspruch kann allerdings einer kritischen Betrachtung nicht standhalten. Denn auch in den Sprachspieltheorien findet sich die gleiche Opposition zwischen ordnender Vernunft und freiem Fließen unbewußter und damit ‚naturaler' Vorstellungstätigkeit – die Agenten werden lediglich anders benannt und anders lokalisiert[262]:

---

[261] S. z.B. James S. Hans, The Play of the World, Amherst 1981.

[262] Stefan Matuschek versucht hingegen in seiner Monographie, die sich mit den literarischen Verwendungen des Spiel-Begriffs von der Renaissance bis in die Frühromantik befaßt (Literarische Spieltheorie – von Petrarca bis zu den Brüdern Schlegel, Heidelberg 1998), herauszuarbeiten, daß es einen wesentlichen Unterschied sowohl zwischen den literarischen Adaptionen des Kantischen Spielbegriffs und den poetischen und poetologischen Theorien Schillers sowie der ‚Dichter-Philosophen' der Frühromantik – v.a. Herder, Novalis, den Brüdern Schlegel – als auch zwischen diesen frühromantischen Spieltheorien und den Verwendungen dieses Paradigmas in der Postmoderne und insbesondere im Dekonstruktivismus gibt (besonders Kapitel 9: „Zwischen kritischer Universalität und Süffisanz. Die frühromantische Spieltheorie und ihre wissenschaftliche Aktualität", 215-250; und Kapitel 8: „Coincidentia oppositorum und transzendentale Muße. Spiel als ästhetische Autonomie bei Schiller und Kant", 183-214). Der Unterschied zu Kant besteht nach Matuschek v.a. darin, daß bei Kant das Paradigma des freien oder auch: „bloßen" Spiels der Vorstellungen als Grundlage einer neuen Ästhetik, die Kant als eine Verinnerlichung der klassischen Schönheitstheorien entwickelt habe, indem die traditionelle objektbezogene Proportionenlehre zu einer Theorie des inneren Zustands des menschlichen Bewußtseins subjektiviert (und inhaltlich entleert) worden sei (bes. 187), wesentlich und ausschließlich transzendental und theoretisch konzipiert sei und Kant grundsätzlich eine Übertragung auf die Praxis, d.h. auf die Ethik, ablehne. Demgegenüber verwandle Schiller dieses transzendentale Konzept in eine Theorie des menschlichen Glücks überhaupt – und zwar, wie Matuschek feststellt, unter erheblichem Verlust an theoretischer Substanz mit dem Ergebnis, daß das höchste menschliche Glück als eine Art „Nullpunkt" der ästhetischen Neutralisierung von Gegensätzen bestimmt wird (198f.). Bei Schiller werde der Kantische Ansatz damit sowohl ins Ethisch-Praktische als auch ins Rhetorische übertragen. Dieser Tendenz folgten auch die Romantiker: deren Stärke liege dabei in der „literarischen Form" (247) und darin, daß ursprünglich philosophische Konzepte als „problemgeschichtliche Ansprüche" aufgenommen und in eine „literarische Praxis des Theoretisierens" übersetzt werden (246). Trotz der begrifflichen Affinität mit poststrukturalistischen Ansätzen gehe es aber nicht an, diese literarisch-poetologischen Theorien der Romantik mit diesen gleichzusetzen, weil dies eine inhaltliche Entleerung und v.a. eine Entleerung von dem rezeptionsgeschichtlichen Gehalt bedeutete (z.B. 248f.). Auch wenn es natürlich grundsätzlich berechtigt ist, jeden Theoretiker differenziert in seinem spezifischen Eigenwert zu berücksichtigen, so dürfen darüber doch ebenfalls vorhandene substantielle Gemeinsamkeiten nicht ausgeblendet werden: dies gilt bei Matuscheks Kritik v.a. für den sprachlich-rhetorischen Kern aller von ihm vorgeführten Spieltheorien. Im

So ist es nun nicht mehr die transzendentale Einheit der Apperzeption, die letztlich die Einheit und damit Erkennbarkeit der von sich her konfusen Vielheit mannigfacher Vorstellungsinhalte herstellt und diese Vielheit durch diese Bewußtmachung fixiert und einem starren Regelkanon unterwirft. Sondern es ist die Struktur des Gesamtsystems der Sprachgemeinschaft, die zurückwirkt auf das freie Fließen der einzelnen Sprechakte der Individuen und den interagierenden Subjekten die ‚Spielregeln' an die Hand gibt, die die Voraussetzung für das Gelingen der Kommunikation sind.

Wenn man aber – unabhängig von allen tatsächlich vorhandenen Unterschieden (z.B. der verschiedenen Bestimmung der sachlichen Priorität der beiden Komponenten Bewußtes-Unbewußtes) – auf den Kern des Gemeinten blickt, der in allen Begriffsbestimmungen von ‚Denken' enthalten ist: nämlich darauf, daß Denken etwas ist, das etwas Eines, Ganzes, von anderem Abgrenzbares usw. erfaßt, dann sind auch in diesen Theorien die einzelnen Sprechakte nicht im eigentlichen Sinn als Denken verstanden, sondern ebenso wie das dunkle Spiel der Vorstellungen bei Kant als noch ungeordnete Vielheit, die von sich selbst her weder Einheit noch Ganzheit noch abgrenzbares Etwas sein kann, sondern die lediglich das Material für das eigentliche Denken bietet und diesem damit als etwas grundsätzlich Verschiedenes gegenübergestellt bleibt[263].

Hinblick auf die ‚Wende auf die sprachlich-formale Struktur' fügt sich nicht nur Kants Konzept mit dem der Frühromantiker in eine Traditionslinie ein, sondern mit diesen eben auch die neuesten literaturtheoretischen Ansätze der Postmoderne. Als folgenreich erweist sich für Matuscheks Beschäftigung mit dem Paradigma des Spiels seine in vielerlei Hinsicht zu undifferenzierte Skizze der Rolle des Spielbegriffs bei Platon und Aristoteles (s. ebenda Kapitel 2: „Müßig, wortgewandt, sokratisch. Platonische und Aristotelische Leitlinien zum literarischen Spiel", 25-32). Daß insbesondere der Humanismus bei den antik-platonischen und aristotelischen ‚Spieltheorien' – wenn man denn bei den Verwendungen des Begriffs oder Bildes des Spiels bei Platon (und Aristoteles) überhaupt von einer Theorie sprechen kann – nicht „an den Ideen, sondern an der Form der Texte" (247) interessiert war und lediglich eine Art „literarischen Platonismus" (ebenda) ausgebildet hat, ist Zeichen einer grundsätzlichen Formalisierung und inhaltlichen Abstraktion, die sich in der gesamten neuzeitlichen Rezeption nicht nur auf die literarischen Adaptionen des Paradigmas des Spiels beschränkt, sondern eben auch wesentlich die Grundlegung der ästhetischen Theorie (z.B. bei Kant) als reiner Innerlichkeitslehre bestimmt. Interessant an Matuscheks Zurückweisung der Vereinnahmung der frühromantischen Theorien zum Spiel ist, daß er seinerseits die frühromantischen Verwendungen des Spiel-Paradigmas wiederum nur als „Denkanstoß" und „Leitfaden", nicht aber als ausgearbeitete Theorie verstehen will (221) und daß er gerade in dieser Offenheit des Umgangs mit dem Spielbegriff den Vorrang des romantischen Spielbegriffs gegenüber den ‚systematisierenden', d.h. festlegenden, Verwendungen dieses Paradigmas in den dekonstruktivistischen und generell in den postmodernen Literaturtheorien sieht. Er verzichtet aber auch hier so wie bei seinen Textanalysen darauf, die Prämissen für diese Bevorzugung aufzudecken und kritisch zu reflektieren.

263 Zu einer Verbindung der Kantischen Spieltheorie (und den Spieltheorien bei Schlegel, Fichte usw.) mit postmoderner Literaturtheorie und Sprachphilosophie s. z.B. Winfried

In einem ähnlichen Sinn hat auch die moderne Ökonomik versucht, die Starrheit früherer Ansätze zu überwinden und dem ‚freien Spiel' der Kräfte in der ökonomischen Wirklichkeit Rechnung zu tragen. Damit soll eine neue Perspektive für die Bedeutung des intersubjektiven und kommunikativen Momentes im wirtschaftlichen Verhalten der einzelnen Marktteilnehmer gewonnen werden gegenüber der für die klassischen liberalistischen Theorien behaupteten isolierten Konzentration auf den *homo oeconomicus*. Auch bei den Theorien der klassischen Wirtschaftstheorie kann man aber feststellen – darauf möchte ich später noch genauer eingehen –, daß ihre spieltheoretischen Modifikationen keine wesentlichen Neuerungen gegenüber den Theoretikern der Aufklärung darstellen, und es den behaupteten substantiellen Unterschied zwischen einer ‚noch' substanzenmetaphysischen, ‚rationalistisch-abstrakten' Wirtschaftsauffassung und der ‚modernen' Ökonomik, die endlich die Lebenswirklichkeit in ihrer ganzen Komplexität einbeziehe, gar nicht gibt (dazu siehe unten S. 278f.).

Erst wenn man das moderne Lob des unbewußten Denkens, das eben wegen seiner Unbewußtheit als überlegen gilt, unterscheidet von der Betonung des Vorzugs der Unbewußtheit, sofern sie eine Folge der konzentrierten Aktivität des Denkens selbst ist, durch Plotin, der dabei vor allem an die ungehinderte Ausführung von begrifflichen Unterscheidungsakten denkt, und sich von der gewissen Ähnlichkeit des Wortlauts nicht täuschen läßt, wird sichtbar, daß Plotin, wenn er von einer unbewußten Aktivität des Denkens spricht, etwas substantiell anderes meint als die meisten neuzeitlichen Vertreter einer ‚emotionalen Intelligenz'. Plotins Hinweis auf die Erfahrung, daß wir bei konzentrierter geistiger Tätigkeit oft kein Bewußtsein von dieser Tätigkeit haben, will zeigen, daß das Bewußtsein überhaupt kein wesentliches Moment des Denkens ist. Es kann dabei sein oder auch nicht. Die eigentliche Tätigkeit des Denkens ist nicht, sich einer Sache bewußt zu sein oder zu werden, sondern etwas Bestimmtes unterscheidend zu erfassen und so dem Bewußtsein überhaupt erst einen möglichen Inhalt zu verschaffen. Dieses unterscheidende Erfassen steht daher nicht in Konkurrenz zum Denken, sondern es ist Denken im eigentlichen Sinn, dessen Akte und Inhalte nur – zeitlich und sachlich nachträglich – im Bewußtsein repräsentiert werden können[264].

Auch von diesem Aspekt her bestätigt sich, daß die Aufwertung des Bewußtseins zum Denken im eigentlichen Sinn auf der Mißachtung der primä-

---

Menninghaus, Unendliche Verdopplung. Die frühromantische Grundlegung der Kunsttheorie im Begriff absoluter Selbstreflexion, Frankfurt a.M. 1987, bes. 131ff.

[264] Zu der Bestimmung des Bewußtseins als Abbild des eigentlichen Denkgegenstandes (*Noêma*, νόημα) in die Ebene der Vorstellung (*phantastikon*, φανταστικόν) hinein s. Plotin, Enn. IV,3,30,5-13: das diskursive Denkvermögen (dessen Aktivität im Vergleich mit dem intellektiven Denken bereits eine Defizienz darstellt: s. dazu z.B. Plotin, Enn. IV,3,18,1-7) ‚faltet' die Einheit des *Noêma*, d.h. des für sich begriffenen und begreifbaren Unterschieds, in das Medium der Vorstellung aus, in welchem es wie in einem Spiegel betrachtet werden kann.

ren subjektiven Denkakte, d.h. der direkten Unterscheidungsakte, beruht. Nur wenn in einem rezeptiven Akt sinnlicher Beeindruckung dem Denken ein Gegenstand als Gegenstand schon gegeben sein könnte, kann das Denken als Vergegenwärtigung, Repräsentation, Bewußtmachung verstanden und auf diese Funktion eingeschränkt werden. Nur unter der Voraussetzung der These, Anschauung sei wesentlich rezeptiv, kann behauptet werden, alles Denken sei primär und immer zuerst Gegenstandsbewußtsein.

Auch wenn aber in der Überzeugung, dem Denken würden durch die Sinne Gegenstände gegeben, die primäre Unterscheidungs- und Einungsleistung des Denkens unbeachtet bleibt, ja als spontane subjektive Leistung bestritten wird: daß dem rationalen, bewußten Denken eine Denkleistung mit eigener Intelligenz vorhergeht, wird auch in den am Bewußtsein orientierten Ansätzen immer wieder neu entdeckt[265].

Auf dieser Vorgängigkeit der Unterscheidungsleistungen des Denkens beruht in Wahrheit die Faszination, die vom sog. Unbewußten ausgeht. Denn das Unbewußte ist ja nicht wegen seiner Unbewußtheit interessant, sondern nur dann, wenn, und nur deshalb, weil es durch das aufmerksame Erfassen von Unterschieden das Bewußtsein mit Inhalten versorgt und dadurch als eine eigene, eigenständig Form der Intelligenz erscheint.

Es ist ja auch bei dem frei phantasierenden Musiker nicht die Menge der dabei in ihm „erweckten" Vorstellungen, die dieses „unbewußt" geschehende Phantasieren der „mit Fleiß", d.h. in bewußter Konstruktion, aus Regeln verfertigten Komposition überlegen macht, sondern es ist die konkrete, nicht-abstrakte Vielfalt der Ausgestaltung eines Themas, die allein aus der Anwendung abstrakter Regeln und Kriterien nicht zu erreichen ist, die eine solche Überlegenheit verschaffen kann. Daraus allein ist klar, daß die kreative Überlegenheit des Phantasierens nicht aus der Unbewußtheit kommt, diese könnte genauso Ursache des völligen Mißlingens sein, son-

---

[265] Inzwischen sind es vor allem die neurophysiologischen Gehirnforscher, die die Intelligenz der Emotionen und Gefühle neu entdecken und ‚das Rätsel des Bewußtseins' aus den ‚stammesgeschichtlich älteren' emotionssteuernden Teilen des Gehirns erklären. Eine Auseinandersetzung mit der langen und bedeutenden geistesgeschichtlichen Tradition, von der die – meist popularisierten – eigenen Vorstellungen über Bewußtsein und Emotion abhängen, findet so gut wie nicht statt. Bisweilen hat man den Eindruck, daß das Wissen um diese wirkungsgeschichtlichen Zusammenhänge völlig abhanden gekommen ist. In Antonio R. Damasios neuestem Buch „Ich fühle, also bin ich. Die Entschlüsselung des Bewußtseins" gibt es außer einem bloßen Hinweis auf Hume (52), Kant, Locke, Brentano und Freud (155) keine Bezugnahme auf die moderne Bewußtseinsphilosophie. Der Sache nach hängt auch Damasio ganz von der spätmittelalterlichen These, es gebe eine unmittelbare Ganzheitserfassung aller Erscheinungsformen eines Gegenstands, ab. S. z.B. 155, wo Damasio beschreibt, wie die Erkenntnis ‚sich materialisiert', wenn wir ‚einem Objekt begegnen': „Sie kommen augenblicklich zu dieser Erkenntnis, dieser Entdeckung, wie ich sie lieber nennen möchte. Es gibt keinen erkennbaren schlußfolgernden Prozeß, keinen beobachtbaren logischen Vorgang, der sie dorthin führt, (...) es gibt die Vorstellung dieses Objekts und gleich darauf das Empfinden, daß sie es besitzen".

dern aus der aufmerksamen Konzentration auf die im Thema angelegten und bereits aus ihm entwickelten Möglichkeiten, die ihrerseits nur dem gegeben ist, der in gründlicher, auf vieler Erfahrung beruhender Kenntnis bestimmter Kompositionsprinzipien deren Anwendungsmöglichkeiten unmittelbar bei der Entfaltung eines Themas *erkennen* kann. Die Unbewußtheit ist eine Folge dieser Konzentration auf die Sachmöglichkeiten selbst, nicht etwa deren Ursache oder Grund.

Es ist offenbar verfehlt, Denken als einen Akt des Bewußtseins auszulegen. Denn weder ist es berechtigt, Denken und Bewußtsein-von-etwas-Haben einfach zu identifizieren, noch liefert die Bestimmung als Bewußtsein die Möglichkeit, das, was Denken ist, als solches zu erkennen und von allem, was nicht Denken ist, abzugrenzen. Genauso wie bei allen anderen seelischen Aktivitäten: beim Wahrnehmen, Wollen, Träumen usw. kann man zwar auch ein Bewußtsein beim Denken haben, aber Bewußtsein ist nicht Denken, sondern, wie Kant zu Recht sagt, „eine Vorstellung, daß eine andere Vorstellung in mir da ist" (Kant, KrV A 41).

Dieser Hinweis Kants auf die grundsätzliche Vermitteltheit jedes Bewußtseinsaktes ist wichtig und gilt nicht nur für seinen spezifischen systematischen Ansatz, sondern für jeden Versuch, ‚mentale Zustände' vom Bewußtsein her zu verstehen. Es gibt kein unmittelbares Bewußtsein, das – im Unterschied zu einem reflektierten Selbstbewußtsein – direkt auf die Erfassung eines Gegenstands gerichtet ist. Bewußtsein ist immer Bewußtsein von einem anderen ‚mentalen' Akt, genauer: von einem Unterschied, den man in einem solchen Akt gemacht hat. Man hat ja nicht den Stein in der Seele, sondern immer nur *das, was wir* von ihm bereits begriffen haben. (Bewußtsein ist – wenn man scholastische Termini anwenden wollte – seinem Begriff nach nie eine *intentio recta* bzw. *prima*, d.h. nie ein direkt auf das Erkennbare gerichteter Akt, sondern wesentlich eine *intentio obliqua* bzw. *secunda*, die nachträgliche Vergegenwärtigung eines primären Erkenntnisaktes.)

Die Unterscheidung des Bewußten vom Unbewußten liefert daher weder ein Kriterium, ob etwas rational oder irrational ist, noch dafür, ob es vermittelt oder unmittelbar ist. Wer etwas, was er als dunkel, braun, grün und hoch wahrgenommen hat, als Baum oder Feind ‚sieht' und sich dessen bewußt wird, hat einen vermittelten Inhalt im Bewußtsein, aber nicht weil er sich dessen bewußt ist, sondern weil die Akte, die dem Bewußtsein ‚Baum' oder ‚Feind' überhaupt erst seinen Inhalt verschafft haben, bereits vermittelt waren. Es mußten ja die Wahrnehmungen ‚dunkel', ‚braun', ‚grün', ‚hoch' erst zu einer Einheit verbunden und als Baum oder Feind gedeutet sein, bevor es so etwas wie ein Bewußtsein ‚Feind' geben konnte.

Sobald etwas vor dem Bewußtsein repräsentiert ist, fällt allerdings der Unterschied zwischen den primären Wahrnehmungsakten und den vermittelten, d.h. zusammengesetzten, weg, weil beide, sofern sie vor dem Bewußtsein repräsentiert werden, etwas Vermitteltes sind. Das Bewußtsein nivelliert also diese Unterschiede und nimmt daher auch die Möglichkeit, zwischen unmittelbar gewissen Erkenntnissen und täuschungsanfälligen zu unterscheiden. So bleibt nur die Möglichkeit des ‚universalen Zweifels'.

Die Wahrnehmung von grün oder braun würden Platon und Aristoteles dagegen im Unterschied zu den sog. Gegenstands*wahrnehmungen* als einen einfachen Sachunterschied begreifen, den man daher auch unmittelbar erfassen kann – und dessen man sich dann mittelbar auch bewußt werden kann (siehe genauer unten S. 309ff.).

Am Gegensatz des Bewußten und Unbewußten kann man sich also nicht orientieren, wenn man prüfen will, ob ein Inhalt unmittelbar oder vermittelt erfaßt ist. Der Rekurs auf das Unbewußte gibt keine Garantie für einen noch unmittelbaren, nicht von irgendeiner Reflexion überformten Kontakt mit der Sache. Andererseits schließt die Vermitteltheit des Bewußtseins nicht aus, daß ein Inhalt, dessen man sich bewußt ist, auf unmittelbare Weise erfaßt und deshalb tatsächlich noch durch keinen synthetischen Akt des Denkens ‚verarbeitet' ist.

Da man ein Bewußtsein außerdem sowohl von einem Wahrnehmungsakt wie von einem komplexen, rationalen Urteils- und Schlußakt haben kann, liefert das Bewußtsein auch kein Kriterium dafür, ob etwas rational oder nicht-rational ist. Etwas kann unbewußt und dennoch streng rational sein, es kann unbewußt und völlig irrational sein. Dasselbe gilt vom Bewußtsein. Etwas kann klar bewußt und dennoch völlig irrational sein, es gibt aber auch das klare Bewußtsein bei der streng rationalen geistigen Tätigkeit.

Die Einsicht, daß Denken im primären Sinn nicht die bewußte Vergegenwärtigung eines Inhalts ist, den irgendeine unbewußte Intelligenz dem Bewußtsein ‚gegeben' hat, sondern ein Erfassen von Bestimmtheit, also Unterscheiden, Verbinden, Trennen usw., läßt eine Kluft zwischen dem Unbewußten und dem Bewußten, dem Irrationalen und dem Rationalen, dem Passiven und dem Spontanen, dem Natürlichen und dem ‚Kultürlichen' im Menschen gar nicht entstehen.

Auch Gefühle sind dann nicht per se dadurch charakterisiert, daß sie unbewußt und ohne Kontrolle oder ohne unser Zutun in uns entstehen. Auch bei ihnen trifft die Frage, ob sie unbewußt oder bewußt sind, nur einen akzidentellen Aspekt und auch sie können rational oder nicht-rational bzw. mehr oder weniger rational sein. Um Gefühle überhaupt und einzelne Gefühle im besonderen zu verstehen, muß man nach Platon vielmehr darauf achten, daß auch sie auf Unterscheidungsakten beruhen, ja daß sie in ihrer Art und Intensität von – oft nicht mit Bewußtsein vollzogenen – Unterscheidungsleistungen bestimmt sind (siehe dazu genauer unten S. 362ff.). Wer zum Beispiel einem bedrohlichen Blick begegnet, hat schon Angst, bevor er sich dessen bewußt ist, aber er hätte nicht Angst, wenn er Bedrohliches von Nicht-Bedrohlichem gar nicht unterscheiden könnte, wie zum Beispiel ein Laie, der die Gefährlichkeit eines Tierblicks noch nicht einzuschätzen weiß, oder ein Draufgänger, der seine Grenzen nicht kennt oder die Gefährlichkeit einer Situation nicht beurteilen kann.

Daß auch unsere ‚Gefühle', die aus der Perspektive des Bewußtseins betrachtet wie von selbst in uns zu entstehen scheinen, von Unterscheidungsakten und in diesem prägnanten Sinn von Denkakten abhängen, ist bereits ein wichtiges Zeugnis dafür, daß letztlich alle Akte, die wir ausführen, Unterscheidungsakte sind.

Sofern der Mensch aber ein endliches und von seiner materiellen Verfassung abhängiges Wesen ist, verfügt er nicht einheitlich und nicht absolut über dieses Unterscheidungsvermögen, sondern er muß und kann bemerken, daß er dieses Vermögen in unterschiedlich entwickelter Weise betätigt, und daß diese Vermögen an unterschiedliche Medien (Auge, Ohr usw.) gebunden sein können, ja daß es davon, wie er dieses Unterscheidungsvermögen beherrscht, – ob er seine Kriterien kennt und frei über sie verfügt oder ob er seine Unterscheidungen nur in jeweils konkreter Beschränkung tätigt – abhängt, welche Qualität die Inhalte seines Bewußtseins haben.

Wenn man zum Beispiel Farben sieht oder Töne hört, dann sieht zwar nicht irgendein Regelsystem ‚Wahrnehmung' in uns, sondern wir sind es selbst, die kraft unserer eigenen Unterscheidungsfähigkeit Farben oder Töne unterscheiden. Aber wenn wir diese Unterscheidungsfähigkeit über das Auge betätigen, binden wir uns an die Möglichkeiten des Auges. Wir können bei dieser Art von Unterscheidung eben nur Farben und nicht etwa Töne oder gar Begriffe unterscheiden (sc. wenn man konsequent danach fragt, was das Auge als Auge von sich selbst her erfassen kann), und wir sind auch den Defekten des Auges ausgeliefert, das z.B. die Sonne immer klein zeigen wird.

Trotz der Tatsache, daß auch das Sehen eine Art Denken ist, macht es deshalb Sinn, das Sehen vom Denken im eigentlichen Sinn zu unterscheiden und seine Leistungen spezifisch für sich zu untersuchen.

IV Die Seele in bewußtseinsphilosophischer und unterscheidungsphilosophischer Analyse

1 Verstand, Gefühl und Wille und ihr Zusammenwirken beim Handeln

Geht man im Unterschied zur neuzeitlichen Bewußtseinsphilosophie nicht vom Bewußtsein und der Gewißheit des ‚Ich denke' als Fundament des Erkennens aus, sondern erkennt dieses Fundament im Akt des Unterscheidens, ergibt sich auch ein gänzlich anderes Bild der verschiedenen seelischen Aktivitäten. Sie werden von Platon nicht als bloß unterschiedliche Zustände, ‚Modifikationen' an einem Bewußtsein verstanden, das ihnen allen in unterschiedslos gleicher Weise zugrunde liegt, sondern entweder als Arten des Unterscheidens oder als komplexe, auf einem oder mehreren bestimmten Unterscheidungsakten aufbauende Aktivitäten der einen Seele des Menschen. So ergibt sich eine grundlegend andere Möglichkeit, die Einheit dieser Vielfalt an Betätigungsarten zu begreifen und in ihr die Einheit der Persönlichkeit, die Kontinuität des menschlichen Ich oder Selbst und die spezifische Individualität eines einzelnen Menschen zu definieren.

Es zeigt sich dabei auch eine begründete und nachvollziehbare Möglichkeit, die radikale Zweiteilung in einen rationalen, bewußt kalkulierenden Verstand und ein subjektives, unbewußt agierendes Gefühl zu überwinden.

Wenn wir von Denken im Sinn von Bewußtsein sprechen, dann meinen wir ein Vermögen, das nicht selbst Wahrnehmen, Fühlen, Wollen ist, sondern das sich dieser Akte nur bewußt wird und zu ihnen Stellung nimmt. Jemand, der sich auf dieses bewußte Denken konzentriert, ist daher und gilt auch als einseitig, als jemand, der die fühlende und wollende Seite seiner Psyche vernachlässigt, der ‚kopflastig' ist oder dergleichen.

Die Denkakte, die Platon beschreibt, sind dagegen nicht rein ‚kognitiv', sie sind nicht abstrakt und distanziert. Sie entfernen sich nicht durch Zergliederung oder Abstraktion von dem eigentlichen Gegenstand, der erkannt werden soll, sondern zeichnen sich durch besondere Nähe zur ‚Realität' aus. Im Sinne Platons und Aristoteles' enthalten Denkakte in sich selbst Aspekte der Gefühle von Lust und Unlust und führen aus sich heraus zu Willensstrebungen. Denn wenn man mit Platon die direkte Wahrnehmung selbst und nicht erst das bewußte Wissen davon, daß man wahrnimmt, für einen – etwa Gerüche oder Geschmäcke – unterscheidenden Erkenntnisakt hält, dann folgt zwingend, daß dieser kognitive Akt unmittelbar von Lust oder Unlust begleitet ist.

Man kann einen Wein nicht riechen oder schmecken, ohne daß er einem auch schmeckt oder nicht schmeckt, ja es gilt sogar: je genauer, erfahrener, differenzierter man die Geschmacks- und Geruchsnuancen eines Weins durch die Wahrnehmung zu erkennen vermag, desto besser wird er einem, und zwar unmittelbar aufgrund dieses Unterscheidungsakts, schmecken, und desto mehr wird man auch, wenn man sich den gekosteten Genuß, der als Lusterfahrung noch keinen Zukunftsaspekt hat, in der Vorstellung zu bewahren weiß, ein Streben entwickeln, diesen Genuß wiederhaben bzw. erhalten zu wollen.

Schon diese Beobachtungen reichen hin, um deutlich zu machen, daß die uns gewohnte Dreiteilung der Seele in Verstand, Wille und Gefühl nicht identisch sein kann mit der Dreiteilung, die Platon in seiner *Politeia* vorschlägt – die Teilung der Seele in das Begehrliche (*Epithymêtikon*, ἐπιθυμητικόν), das Sich-Eifernde (*Thymoeides*, θυμοειδές) und das Vernünftige (*Logistikon*, λογιστικόν) –, so oft man eine solche Identifizierung oder Analogiebildung auch versucht hat.

Die Verfehltheit einer solchen Gleichsetzung hat man in der neueren Forschung durchaus gesehen. Man muß dabei z.B. den *Thymos* (θυμός) auf den Aspekt des ‚Muthaften'[266] festlegen, und dieses Muthafte als eine Art Vorform unseres Willensbegriffs auslegen, das *Epithymêtikon* dagegen, das Begehrliche, müßte unserem Gefühlsbegriff entsprechen[267], obwohl doch gerade der Begriff der Begierde einen Willensaspekt ausdrückt, während umgekehrt für Platon zentrale Akte des *Thymos* wie Zorngefühle und andere Ehrgefühle starke Gefühlsaspekte haben.

Der eindeutigste Textbeleg dafür, daß die drei Seelenteile bei Platon nicht dem, was in der neueren Psychologie Verstand, Wille und Gefühl heißt, entsprechen, ist aber, daß Platon – und sogar mehrfach – allen seinen drei Seelenteilen Akte des Erkennens, Fühlens und Wollens, genauer: des Unterscheidens, der Lusterfahrung und des Strebens zuspricht[268]. Etwas der neuzeitlichen Dreiteilung Entsprechendes gibt es bei Platon also innerhalb jedes einzelnen Seelenteils, sie ist nicht konstitutiv für die Abgrenzung der Teile gegeneinander[269].

---

[266] So jetzt wieder Wolfgang Kersting, Platons Staat, Darmstadt 1999, 164f.

[267] Es gibt aber natürlich auch gute Gründe, das *Epithymêtikon* als ‚Begehrungsvermögen', d.h. als Willen, zu verstehen. Dann kann man sich darauf einigen, den *Thymos* als ‚Selbstwertgefühl' zu deuten. S. z.B. Andreas Schubert, Platon. Der Staat, Paderborn (u.a.) 1995, 75. Die Beliebigkeit dieser Deutungen und Umdeutungen zeigt selbst ihre Problematik.

[268] Die ganze Problematik der platonischen Seelenteilungslehre im Unterschied zu der im 18. Jahrhundert inaugurierten Dreivermögen-Psychologie ist jetzt umfassend und mit sorgfältigen Textanalysen aufgearbeitet bei: Stefan Büttner, Die Literaturtheorie bei Platon, 18-170 (mit ausführlicher Diskussion der Forschung).

[269] Die Schwierigkeiten, in die man mit dem platonischen Text gerät, wenn man moderne Einteilungen (Verstand, Wille, Gefühl, oder: rationale vs. irrationale Akte) anwendet, sind immer wieder konstatiert worden. Ein Problem ist z.B., daß dann die Analogie zwischen den Teilen der Einzelseele und des Staats nicht richtig konstruiert zu sein scheint. So fragt Bernard Williams, The Analogy of City and Soul in Plato's Republic, in: Edward N. Lee u. Alexander P. D. Mourelatos (Hgg.), Exegesis and Argument: Studies in Greek Philosophy presented to Gregory Vlastos, Assen 1973, 196-206 von dieser Perspektive her zu Recht, ob Platon dem Stand, den er dem *Epithymêtikon*, dem Begehrlichen, zuordnet, alle Vernunft absprechen wolle, obwohl er doch selbst zumindest

IV Analysen der Seele 1 Verstand, Gefühl, Wille und Handeln 285

Daß bei Platon alle Seelenteile eine Einheit aus Denken, Fühlen und Wollen bilden, liegt nicht an einem mythischen Archaismus oder an der Unfähigkeit, eine ‚ursprüngliche', ‚plastische' Einheit des menschlichen Inneren zu analysieren, sondern es liegt vielmehr an seinem mit guten Gründen erläuterten und eben skizzierten unterschiedlichen Begriff des Denkens. Im Sinn dieses Denkbegriffs ist das Primäre immer die (oft noch unbewußt vollzogene) Erfassung eines Unterschieds, also die Erkenntnisleistung. Da diese Erkenntnisleistung aber nicht die Bewußtmachung eines Inhalts, sondern seine direkte Erfassung ist, ist sie von sich her von Lust oder Unlust begleitet. Die Lust ist also kein zur Erkenntnis hinzukommendes, eigenursprüngliches Vermögen, sondern sie ist ein Begleitphänomen der Tätigkeit des Erkennens selbst; auf diesen vor allem von Aristoteles subtil ausgearbeiteten Lustbegriff werde ich später noch genauer eingehen (siehe genauer unten S. 290ff.).

Die direkte Erfassung eines Inhalts und die dabei empfundene Lust können aber von sich her noch nicht Ursprung eines Wollens oder Strebens sein, denn die direkte Erkenntnis hat keinen Zukunftsaspekt, und die Lust ist, wie Aristoteles wohl zu Recht sagt, sich selbst genug (Aristoteles, *Nikomachische Ethik* X, 4-5, bes. X, 4, 1174a14-17). Erst wenn Erinnerung und Vorstellung die erfahrene Lust in die Zukunft projizieren und festhalten oder wiederhaben wollen, entsteht so etwas wie ein Begehren oder ein Wille[270].

Im Unterschied zur Lust ist der Wille daher nicht zugleich mit der Erkenntnis gegeben, er ist aber auch kein gänzlich eigenständiges, allein aus sich tätiges Vermögen, sondern er entsteht aus einem komplexen Zusammenwirken mehrerer seelischer Aktivitäten.

Aber erst dieses Zusammenwirken macht eine reine Erkenntnis handlungsrelevant. Da es Platon in der *Politeia* um das richtige Handeln des Einzelnen im Staat zu tun ist, nimmt er diese unterschiedlichen Strebeformen, dieses je unterschiedliche Wollen zu unterschiedlichem Handeln zum Grund seiner Einteilung der Seele. Die Teile der Seele sind für Platon also die von ihm erschlossenen unterschiedlichen Möglichkeiten, auf welche Art und Weise ein Mensch etwas erstreben kann. Sie entsprechen auch der aristotelischen Differenzierung der Willensformen (*Orexis*, ὄρεξις = Streben) in *Epithymia* (ἐπιθυμία = Begierde), *Thymos* (θυμός = Eifer) und *bûlesis* (βούλησις = vernünftiger Wille)[271], sind also alle Formen des Willens – auf ihre

---

fordere, daß dieser Stand so viel Vernunft haben solle, daß er die Berechtigung der Herrschaft der Philosophenkönige anerkenne. Das Problem löst sich, wenn man beachtet, daß das Begehrliche bei Platon nicht schlechthin irrational ist, wie wir zu denken gewohnt sind, sondern Teil der einen Vernunft des Menschen, wenn es auch eine eigene, weil gebundene Form der Vernunft ist.

270 S. Platon, *Philebos* 34eff.; dazu: Stefan Büttner, Die Literaturtheorie bei Platon, 94ff.
271 Zur Interpretation der Strebevermögen bei Aristoteles und ihrer Herleitung aus den unterschiedlichen Erkenntnisformen und den unterschiedlichen Weisen der Lusterfahrung s. die grundlegende Analyse bei Viviana Cessi, Erkennen und Handeln in der Theorie des Tragischen bei Aristoteles, Frankfurt a.M. 1987, 127-161.

Ableitung aus unterschiedlichen Formen des Erkennens müssen wir gleich zurückkommen, denn aus ihren unterschiedlichen Gegenständen ergeben sich auch die unterschiedlichen Ziele und Zwecksetzungen der verschiedenen Strebeformen, die deshalb nach Platon eine je eigene und oft gegeneinander gerichtete Aktivität haben.

Diese relative Selbständigkeit, über die die drei Seelenteile nach Platon verfügen, hat bis in die neueste Forschung immer wieder dazu geführt, zu behaupten, Platon sei

> „die für die neuzeitliche Philosophie so wichtige Vorstellung von der Subjekteinheit und personalen Identität" noch gänzlich fremd gewesen. „An die Stelle der einen handelnden Seele tritt",

so formuliert es z.B. jetzt wieder Wolfgang Kersting,

> „eine Trias von distinkten Seelenteilen, die als selbständige dramatis personae spannungsvoll interagieren".[272]

Wenn man an die unendliche Mühe denkt, mit der Platon die Einheit der Seele trotz ihrer verschiedenen Strebemöglichkeiten und damit auch die Einheit des Staats trotz der Unterschiedlichkeit seiner Bürger als etwas zwar schwer zu Erreichendes, aber als etwas grundsätzlich Mögliches zu erweisen versucht[273], ist dieses Urteil vernichtend. Gleichermaßen vernichtend hatten bereits die antiken Stoiker über die platonische Seelenteilung geurteilt, sahen sich aber schließlich – die Wende liegt in der sog. ‚mittleren Stoa', v.a. bei Poseidonios[274] – doch gezwungen, zur Erklärung innerseelischer Konflikte neben der rationalen Einheitsseele[275] (und diese wird substantiell von

---

[272] Wolfgang Kersting, Platons ‚Staat', 162.

[273] S. v.a. Platon, Politeia 443c9-444a2 und s. dazu z.B. die die Einheit der Seele erläuternden Erklärungen im Parmenides-Kommentar des Proklos (Procli Philosophi Platonici opera inedita, pars III continens Procli commentarium in Platonis Parmenidem, ed. Victor Cousin, Paris 1864 (ND Hildesheim/New York 1980)) 957,28-958,11.

[274] Über Poseidonios' modifizierte Theorie von Gefühl und Affekt wissen wir relativ gut Bescheid durch ein Referat in Galens Schrift ‚Über die Lehren des Hippokrates und Platons' (Galen, De placitis Hippocratis et Platonis (=plac.), 448,15ff. S. in: Willy Theiler, Posidonius. Die Fragmente, Berlin/New York 1982 (Bd. 1 Texte, Bd. 2 Erläuterungen) (die Fragmente zur Affektenlehre: F 405-422 (sämtlich aus: Galen, plac.); dazu die Erläuterungen von Theiler, Bd. 2, 350ff.); außerdem Ian Gray Kidd, Posidonius, Volume II. The Commentary, Cambridge (u.a.) 1988, 553-683; sowie allgemein zur poseidonischen Ethik: Karl Reinhardt, Posidonios, München 1921 (=ND Hildesheim/New York 1976), 262ff; Ian Gray Kidd, Posidonius on Emotions, in: Anthony A. Long (Hg.), Problems in Stoicism, London 1971, 200-215; s. auch Paul A. VanderWaerdt, Peripatetic Soul-Division, Posidonius and Middle-Platonic Psychology, in: Greek, Roman and Byzantine Studies 16, 1985, 375-91.

[275] Zum stoischen Konzept der Einheitsseele und seiner Abgrenzung gegenüber – einem mißverstandenen – Platonismus und Aristotelismus s. die wichtigen Ausführungen bei Maximilian Forschner, Die stoische Ethik, 114-141. Forschner schließt sich allerdings – neuzeitlichen Denkgewohnheiten folgend – weitgehend dem stoischen Urteil über Pla-

dem Akt der Zustimmung zu bewußt gemachten Vorstellungen her gedacht) auch andere, irrationale Kräfte in der Seele anzunehmen.

Der gleiche Vorgang wiederholt sich (nicht ganz zufällig) in der Neuzeit, die etwa in der Mitte des 18. Jahrhunderts in Auseinandersetzung mit dem cartesianischen Einheitsbegriff des Bewußtseins wieder eine Lehre von drei Seelenvermögen, eben von Verstand, Wille und Gefühl, ausbildet[276].

Interessanterweise gilt gerade von diesen drei Vermögen, daß sie ‚eigenursprünglich', d.h. mit einer je eigenen Aktivität und unabhängig voneinander, in uns da sein sollen. Und es ist erst diese Idee, daß die verschiedenen Seelenvermögen nicht voneinander abhängig, sondern je aus sich selbst heraus aktiv sein sollen, die den Anschein erzeugt, als ob die platonischen Seelenteile drei „selbständige dramatis personae" seien. Davon kann aber nach dem klaren Wortlaut der Texte bei Platon keine Rede sein. Die drei Seelenteile sind bei Platon drei verschiedene Formen des Willens. Der Wille entsteht bei Platon aber nicht aus sich selbst, sondern ist Resultat des Zusammenspiels verschiedener Erkenntnisformen mit unterschiedlichen Lusterfahrungen, der Projektion dieser Erfahrungen in die Zukunft durch die Vorstellung usw.

---

ton und Aristoteles an. S. auch Anthony A. Long, Hellenistic Philosophy. Stoics, Epicureans, Sceptics, London 1974, 170ff.

[276] Das Bewußtsein der Neuzeit, Gefühl und Wille als eigene ‚Grundkräfte' der Seele zu allererst entdeckt zu haben, artikuliert z.B. auch Kant in seiner Preisschrift von 1763 „Untersuchung über die Deutlichkeit der Grundsätze der natürlichen Theologie und der Moral", IV, § 2. Zur Bedeutung von Shaftesbury für die Neuentdeckung des ‚Gefühls' in der deutschen Aufklärung (v.a. bei Wieland, Mendelssohn, Herder) s. jetzt Angelica Baum, Selbstgefühl und reflektierte Neigung, Stuttgart-Bad Cannstatt 2001.

2 Die Intelligenz von Emotionen und Motivationen in der Moderne und in der platonisch-aristotelischen Psychologie

Die Einsicht, daß emotionale, voluntative und kognitive Momente nicht voneinander gelöst werden können, sondern in komplexer Weise miteinander verbunden sind, ist eine Einsicht, die heute in vielen neurophysiologischen[277], psychologischen[278] und philosophischen[279] Forschungen (wieder einmal) neu zurückgewonnen und gegen den (angeblich platonischen) Gegensatz von Verstand und Gefühl ausgespielt wird[280].

Die hier vorgelegte Interpretation nähert Platon in gewisser Hinsicht diesen gegenwärtigen Ansätzen an. Platons Analyse der menschlichen Psyche ist von diesen modernen Ansätzen ab
  er auch in nicht beiläufiger, sondern substantieller Weise verschieden. Auf diese Differenzen möchte ich wenigstens kurz eingehen, teils um nicht den Eindruck zu erwecken, Platon in falscher Weise für gegenwärtige Positionen zu vereinnahmen, teils um das Eigenrecht und Eigengewicht der platonischen Argumente deutlicher zu machen.

Gemeinsam mit den gegenwärtigen Konzepten von ‚emotionaler Intelligenz' ist Platon, daß er im Unterschied zu dem ihm traditionell (und gerade von den meisten Vertretern der ‚emotionalen Intelligenz') unterstellten Gegensatz von Verstand und Gefühl auch dem, was heute Verstand heißt, As-

---

[277] S. z.B. die Beiträge in dem Sammelband: Richard D. Lane (Hg.), Cognitive Neuroscience of Emotion, Oxford 2000, bes. ebenda Antonio R. Damasio, A Second Chance for Emotion, 12-23.

[278] S. z.B. Daniel M. Farrell, Recent Work on the Emotions, in: Zeitschrift für Analyse und Kritik 10, 1988, 71-102; Daniel Goleman, Emotionale Intelligenz, München 1996 (=Emotional Intelligence: Why it can matter more than IQ, New York 1995); Luc Ciompi, Die emotionalen Grundlagen des Denkens. Entwurf einer fraktalen Affektlogik, Göttingen 1997.

[279] S. z.B. Hinrich Fink-Eitel, Affekte. Versuch einer philosophischen Bestandsaufnahme, in: Zeitschrift für philosophische Forschung 40, 1986, 520-542; Ernst Tugendhat, Selbstbewußtsein und Selbstbestimmung, Frankfurt a.M. 1979, 200ff.; Gerd Kahle (Hg.), Logik des Herzens. Die soziale Dimension der Gefühle, Frankfurt a.M. 1981.

[280] S. z.B. Ronald de Sousa, The Rationality of Emotion, Cambridge 1997. Wenn de Sousa – mit vielen anderen – Aristoteles gegen Platon ausspielt, wird er weder Platon noch Aristoteles gerecht: Platon nicht, da er ihm ohne die bedeutenden sachlichen und historischen Differenzen auch nur zu beachten, den stoischen Dualismus von (passiver) Anschauung und (spontan-freiem) Denken unterstellt, aber auch Aristoteles nicht, wenn er ihm in postmoderner Tendenz (s. z.B. Wolfgang Welsch, Unsere postmoderne Moderne, Berlin ⁴1993, 277-284) eine emotionale Rationalität zuspricht. Natürlich haben Gefühle bei Aristoteles in gewissem Sinn eine eigene Rationalität, aber sie haben dies nicht deshalb, weil ‚das Gefühl' seine eigene Logik hat – ‚das' Gefühl gibt es bei Aristoteles gar nicht –, sondern weil Lustgefühle von Unterscheidungsakten mit unterschiedlicher Rationalität abhängen. Zu einem korrekten Verständnis emotionaler Rationalität bei Aristoteles s. v.a. Viviana Cessi, Erkennen und Handeln, 127ff.; und s. unten S. 362ff.

pekte des Fühlens, und dem, was wir Gefühl nennen, Aspekte des Denkens zuschreibt. Platon geht in der Verbindung von kognitiven und emotionalen Aspekten aber erheblich weiter, als es die gegenwärtige Emotionspsychologie tut.

Wenn Richard E. Cytowic etwa schreibt, daß die motivierenden Kräfte des limbischen Systems und die analytischen des Kortex zwei „Systeme" seien, die erst gemeinsam in vollem Umfang die neurologische Befindlichkeit des Menschen ausmachen[281], dann spricht er von Gefühl und Verstand ausdrücklich als von zwei (eigenen) Systemen, und er spricht nicht unabsichtlich davon, sondern weil er mit vielen anderen überzeugt ist, das Gefühl habe eine eigene Logik, sei eine eigene „Quelle der Weisheit", „zu der der kognitive Geist keinen Zugang"[282] habe.

Aller Rede von der Einheit und Zusammengehörigkeit von Verstand und Gefühl und auch aller Rede von der Multifunktionalität der Gehirngewebe, die eine eindeutige Lokalisierung bestimmter Funktionen nicht zulasse[283], zum Trotz, werden hier also Verstand und Gefühl unterschiedlich im Gehirn lokalisiert und als Systeme mit unterschiedlicher Eigenaktivität charakterisiert.

Das Prädikat der Einheitlichkeit bezieht sich lediglich auf die Annahme einer permanenten Interaktion zwischen diesen Systemen, sie überwindet die alte Antithese, wie sie im 18. Jahrhundert ausgebildet wurde, keineswegs. Denn deren Sinn war niemals, ein wechselseitiges Zusammenwirken der Seelenvermögen zu bestreiten – wenn Cytowic davon spricht, diejenigen Menschen hätten ihr Menschsein am weitesten entwickelt, die Verstand und Gefühl gegeneinander aufwiegen und sich beider Systeme bedienen[284], hat diese Rede ihren Glanz immer noch von dem

„erleichterten Spiele beider durch wechselseitige Zusammenstimmung belebten Gemütskräfte" (Kant, KU B 32/A 32)

Kants –, sondern es ging gerade um die Eigenständigkeit und Gleichwertigkeit auch der nicht bewußt-rationalen Vermögen des Menschen[285]. Genau an diesem Aspekt halten aber auch die meisten gegenwärtigen Emotionspsychologen fest, ja, sie verstärken ihn eher noch, wenn sie den Gefühlen eine selbständig steuernde Funktion zusprechen, mit deren Auswirkungen wir

---

[281] Richard E. Cytowic, Farben hören, Töne schmecken. Die bizarre Welt der Sinne, Berlin 1995 (und München 1996) (englische Originalausgabe: The Man who Tasted Shapes: A Bizarre Medical Mystery Offers Revolutionary Insights into Emotions, Reasoning and Consciousness, New York 1993), 204.
[282] Ebenda, 259.
[283] Ebenda, 28-36; 186-197.
[284] Ebenda, 204.
[285] S. z.B. Harry N. Gardiner, Ruth Clark Metcalf u. John G. Beebe-Center (Hgg.), Feeling and Emotion: A History of Theories, New York 1970.

umgehen können, deren Entstehung und (damit) Vorhandensein in uns aber nicht in unserer Macht stehe[286].

Überboten wird diese neuzeitliche Vorstellung von Gefühlen als selbständigen Akteuren in uns noch durch die Ansichten heutiger Neurologen, die diejenigen ‚Systeme', die im Gehirn den Gefühlen zugeordnet werden, zu den eigentlichen Subjekten des emotionalen Handelns machen.

„Das Gehirn kann Hände und Körper dazu bringen, daß sie Klavier spielen, malen (...) oder in anderer Weise kreativ agieren. Diese nicht-linguistischen motorischen Hervorbringungen <beruhen> auf der Emotionalität und nicht auf den Verstandeskräften",

belehrt uns z.B. Richard E. Cytowic. Es ist klar, daß diese „nicht-linguistischen motorischen Hervorbringungen", wenn sie nicht einfach ‚Gefühle', sondern ein komplexes Zusammenspiel aus kognitiven Akten unterschiedlicher Art, ihnen entsprechenden Lusterfahrungen und erst durch ihre je verschiedene Verbindung ausgelösten Strebeweisen sind, dann auch nicht einfach in einem System, etwa dem limbischen System lokalisiert werden können, sondern daß gerade bei sog. Gefühlen die Erkenntnisse der neueren Gehirnforschung berücksichtigt werden müssen, die belegen, daß bei Gefühlen, Wahrnehmungen usw. immer viele Teile des Gehirns in gemeinsamer Vernetzung tätig sind. Diesem Befund entspricht die platonische Analyse weit genauer als die Psychologie der ‚emotionalen Intelligenz'.

Obwohl auch Platon und Aristoteles Gefühlen eine steuernde Macht zuerkennen, durch die diese auch kognitive Akte stärken oder schwächen, glauben sie nicht an eine eigenständige, vom Subjekt gar nicht steuer- und kontrollierbare Entstehung von Gefühlen. Gefühle sind vielmehr, wie ich schon angedeutet habe, Begleitphänomene, und zwar Begleitphänomene von (Erkenntnis-)Aktivität. Es ist die ungehinderte und vollendete Ausführung einer Tätigkeit, die von sich her mit Lust verbunden ist, genauso wie die behinderte und defiziente Tätigkeit keine oder weniger Lust macht. Die Lust stellt sich ein, wie Aristoteles sagt, wie die Schönheit in der Blüte der Jahre[287], d.h., sie kommt nicht in irgendeiner Weise oder von irgendwoher zur Blüte des Körpers hinzu, sondern ist ein unmittelbares Moment dieser Blüte, der Ausdruck ihrer Vollendung.

Daraus folgt, daß sich Gefühle nach der Art der Aktivität unterscheiden, zu der sie gehören, und davon sowohl in ihrer Art wie ihrer Intensität abhängen[288]. Die Lust, die man beim Schmecken des Weins, beim Gedanken an

---

[286] Z.B. Richard E. Cytowic, Farben hören, Töne schmecken, 258.

[287] Aristoteles, Nikomachische Ethik X, 4, 1174b31-33. Zum Verständnis wichtig und grundlegend ist immer noch Friedo Ricken, Der Lustbegriff in der Nikomachischen Ethik des Aristoteles, Göttingen 1976. Allerdings grenzt auch Ricken Aristoteles zu wenig gegen stoische und neuzeitliche Emotionsbegriffe ab.

[288] Dazu, daß bereits die Darstellung des Verhältnisses von Erkennen und Fühlen bei Homer ähnliche Grundvorstellungen verrät, s. Verf., Selbständigkeit und Abhängigkeit menschlichen Handelns bei Homer. Hermeneutische Untersuchungen zur Psychologie

eine gelungene Rache, beim Flötenspielen, bei der Erkenntnis der Schönheit eines Kunstwerks empfindet, ist jeweils eine andere, und sie ist anders, weil die Tätigkeit, der sie folgt, eine andere ist.

Das bedeutet, daß auch die selbständige Macht, mit der Gefühle in uns zu entstehen scheinen, eine breite Skala unterschiedlicher Stärke haben kann, und daß es eine viel zu undifferenzierte Begrifflichkeit ist, wenn wir Gefühlen insgesamt (bzw. den ‚Systemen', von denen sie angeblich gesteuert werden) eine eigenursprüngliche Aktivität zuschreiben. Da alle Tätigkeit letztlich in Unterscheidungsakten gründet – auch wer geht, muß ständig unterscheiden: beugen, strecken, vorne, hinten, rechts, links, schnell, langsam usw. –, hängt von der größeren oder geringeren Gebundenheit oder Freiheit und von der größeren oder geringeren Vollkommenheit und Genauigkeit, mit der wir diese Unterscheidungen treffen, auch die größere oder geringere Macht ab, die die jeweils spezifische, mit diesen Tätigkeiten verbundene Lust über uns ausübt. Wer gut Flöte spielt, hat durch diese Kompetenz auch die Fähigkeit, sich die damit verbundene Lust selbst zu verschaffen, aber er wird der Macht dieser Lust auch unterliegen können, etwa wenn er beim Lösen einer Mathematikaufgabe ein Flötenstück hört, während der begeisterte Mathematiker in seinen Lustgefühlen überhaupt nicht beeinträchtigt wird von den äußeren Reizen, die für den Flötenspieler eine so große Anziehungskraft haben.

Die Tatsache, daß Gefühle für Platon und Aristoteles verstärkende oder abschwächende Begleitmomente der verschiedenen Tätigkeiten sind, macht klar, daß man den Begriff des ‚Gefühls', wenn man ihn auf ihre Texte anwenden will, in einem anderen Sinn gebrauchen muß, als er ihn in der Psychologie des 18. Jahrhunderts hat. ‚Das Gefühl' als einen eigenständigen Akteur der Seele oder bestimmter funktionaler ‚Systeme' des Körpers gibt es hier überhaupt nicht. Die scheinbare Eigenaktivität der Gefühle ist vielmehr Folge der Aktivität des Erkennens und Unterscheidens und hat von daher auch überhaupt erst den Charakter einer eigenen Aktivität des Subjekts.

Dennoch scheint es mir falsch, den Begriff des Gefühls gar nicht auf platonische oder aristotelische Texte anzuwenden. Der sachlich zentrale Aspekt, der in der Formulierung Kants lautet, daß ein Gefühl immer „ein Gefühl der Lust und Unlust" (Kant, KpV A 102f.) ist, ist dem platonisch-aristotelischen und dem neuzeitlichen Gefühlsbegriff gemeinsam. Erst wenn man sich auf diesen gemeinsamen Aspekt bezieht, kann man erkennen, daß ‚das Gefühl' nicht etwa erst in der Neuzeit ‚entdeckt' wurde, sondern daß diese ‚Entdeckung' lediglich Ausdruck der Tatsache ist, daß man die Erfahrung von Lust und Unlust in der Neuzeit auf einen anderen Ursprung zurückführt, als es Platon und Aristoteles getan haben.

Die Konsequenzen aus dieser Umdeutung sind freilich erheblich. Nicht nur, daß das Gefühl jetzt zu etwas (nicht nur mehr oder weniger schwer

---

Homers, (Akademie der Wissenschaften und der Literatur in Mainz, Abhandlungen der geistes- und sozialwissenschaftlichen Klasse; 1990, 5), Stuttgart 1990, 157ff.

Erklärbarem, sondern schlechthin) Unerklärlichem, Irrationalem wird, dieses verselbständigte, dem (auf den Bewußtseinsbegriff reduzierten) Verstand gegenübergestellte Gefühl zieht nun vieles an sich, was gar nicht Gefühl im Sinn einer reinen Erfahrung von Lust und Unlust sein kann. So spricht man nicht nur in der Alltagssprache, sondern auch in wissenschaftlichen psychologischen Texten von einem Gefühl der Liebe, des Zorns, der Scham usw., obwohl diese sog. Gefühle neben einem Gefühls- und Erkenntnisaspekt einen starken voluntativen Aspekt haben, der noch dazu von unterschiedlicher Art ist. Während erotische Liebe eher ein sinnliches Begehren ist, ist der Zorn keine Begierde, sondern eine Form der Empörung oder des Sich-Ereiferns. Auch die Scham ist keine Begierde, aber sie ist auch kein bloßes Gefühl, denn sie will etwas, z.B. die Vermeidung einer Blamage. Die meisten sog. Gefühle sind also eigentlich Strebeformen, die zwar ein Gefühl der Lust oder Unlust in sich enthalten, aber erst durch die besondere Weise ihres Strebens ihren eigentümlichen Charakter erhalten.

Auf diese komplexe Binnenstruktur der Gefühle werde ich bei der zusammenfassenden Behandlung des platonisch-aristotelischen Gefühlskonzepts noch einmal zurückkommen. Sie ist allerdings erst möglich, wenn zuvor noch einige wichtige Bauelemente besprochen sind.

Als wichtiges Ergebnis kann aber schon gelten, daß die mögliche Intelligenz der Gefühle für Platon und Aristoteles ihren Grund nicht in einer eigenständigen, vom Denken im eigentlichen Sinn gar nicht kontrollierbaren Intelligenz hat, die in irgendeiner unerklärlichen Weise in unseren Gefühlen da ist. Diese neuzeitlich modernen Formen einer ‚Logik des Herzens' oder einer ‚emotionalen Intelligenz' erlauben als mögliche Aktivität des Subjekts immer nur einen Umgang mit den Gefühlen, ein ‚Arbeiten' mit ihnen und dergleichen. Auf die mögliche Intelligenz in einem Gefühl selbst scheint im Sinn dieser Auffassungen der Einzelne dagegen keinen Einfluß nehmen zu können. Grund dafür ist, wie schon deutlich geworden ist, daß die Leistung des Denkens im rationalen Sinn auf eine bewußte Vergegenwärtigung und damit auf eine bloße Stellungnahme und Bewertung zu einer in der Wahrnehmung oder im Gefühl quasi schon vorliegenden Intelligenz beschränkt wird. Vom platonisch-aristotelischen Unterscheidungskonzept her können aber alle Formen unterscheidenden Erkennens als Denken, wenn auch in einem Zustand freierer oder gebundenerer Verfügung über sich selbst, verstanden werden. Damit kann und muß auch die Intelligenz der Gefühle als eine besondere Aktivitätsform der einen Intelligenz des Menschen gelten. Die selbständige Macht, die Gefühle oft über uns und auch über unseren ‚Verstand' ausüben, wird durch diesen Deutungsansatz nicht etwa unerklärlich, sie erhält so überhaupt erst, wie die eingehendere Behandlung der Gefühle unten zeigen soll, eine zureichende Erklärung.

Wer ganz auf die verschiedenen Aspekte des Unrechts, das ihm von jemandem widerfahren ist, konzentriert ist, ist dabei einerseits mit Akten des Denkens beschäftigt. Er tut dies meistens sogar sehr systematisch, indem er alles, was er von seinem Beleidiger in Erfahrung bringt, unter der Perspektive des gegen ihn gerichteten Urteils betrachtet. Dieses Denken hat aber durch die mit ihm verbundene Unlust (bzw. der Lust – im Gedanken an die gelingende Vergeltung) einen großen selbständigen Einfluß auf die übrigen Erkenntnistätigkeiten dieses Menschen und insbesondere auf sein rationales Denken im eigentlichen Sinn. Wer so sehr mit einem Unrecht beschäftigt ist, vergißt nicht nur zu essen und zu trinken, er wird auch kaum in der Lage sein, sich der konzentrierten Lösung einer mathematischen Aufgabe zu widmen. Diese Unfähigkeit ist aber in platonisch-aristotelischer Analyse nicht dem Wirken einer unerklärlichen Macht im eigenen Inneren zuzuschreiben, sondern ist selbst Produkt einer intensiven ‚kognitiven' Aktivität, eben des Durchdenkens des Unrechts. Die Therapie muß in ihrem Sinn daher auch beim Erkennen selbst ansetzen. Die dafür schon von Homer gebrauchte Metapher ist: man müsse die Fähigkeit, den Kopf zu drehen, zurückgewinnen. So löst sich etwa der Zorn des Menelaos (der *Ilias*) auf einen jungen Konkurrenten, der ihn im Wagenrennen übervorteilt hat, indem er den Kopf wendet und an die vielen anderen guten Eigenschaften dieses jungen Mannes denkt, und wenn er zugleich an die Unterstützung, die ihm von dessen Vater und Brüdern oft zuteil geworden war, denkt. Indem der Mensch in dieser Deutung nicht in Gefühl und Verstand auseinanderfällt, bleibt begreifbar, wie er die Möglichkeit und das Vermögen haben kann, auch in seinen nicht bewußten Aktivitäten und Zuständen er selbst zu sein (siehe genauer unten S. 341 ff.).

V Die verschiedenen Formen des Wollens und ihre Abhängigkeit vom Erkennen

1 Der unabhängige, ‚freie' Wille in der Stoa

Aus der Hinführung auf die Stellung, die dem Gefühl in der platonisch-aristotelischen Erkenntnislehre und Psychologie zugesprochen wird, wie ich sie im letzten Kapitel zu geben versucht habe, kann man bereits entnehmen, daß das Streben und der Wille ein komplexes Zusammenspiel verschiedener seelischer Akte voraussetzen. Nach dieser Auffassung ist Begehren oder Wollen kein absolut eigenursprüngliches seelisches Prinzip, das dem Erkennen gegenübergestellt werden könnte und das mit diesem in irgendeiner Weise in Konkurrenz tritt, weil man glaubt, nur durch eine solche Konkurrenz selbständiger Agenten in uns erklären zu können, wieso Handeln bald aus dem Überwiegen des Willens über das Denken, bald aber auch aus dem Überwiegen des Denkens über den Willen und hin und wieder auch aus dem harmonischen Zusammenwirken beider zustande kommt.

Diese uns als fundamentale Problemstellung neuzeitlicher Philosophie geläufige Opposition findet sich hingegen, formuliert im Rahmen eines philosophischen Systems, bereits im Hellenismus, in der Stoa, und läßt sich sowohl in der antiken Stoa als auch in der Neuzeit nur aus dem Kontext einer Lehre verstehen, die davon ausgeht, das Bewußtsein bzw. die deutliche Repräsentation gegebener Vorstellungen sei das im Erkenntnisprozeß Primäre und Einheitsstiftende.

In der antiken Stoa wird diese fundamentale Lehre unter dem Begriff der ‚Oikeiôsis' (‚Selbstaneignung') diskutiert. Sie soll begründen, wie es möglich ist, die Einheit und das Zusammenstimmen der ‚Triebe' und Bestrebungen im vorrationalen Verhalten eines Subjekts mit bewußten, rationalen Handlungen dieses selben Subjekts zu erklären. Es geht also um eine Theorie der Einheit des Ich bzw. des Subjekts[289] angesichts des Faktums, daß es sowohl bewußte als auch unbewußte seelische Phänomene und Verhaltensweisen gibt[290].

Zugleich geht es damit auch um eine Theorie der Einheit des Kosmos, der nach stoischer Auffassung von einem göttlichen Logos vollständig und in allen Teilen durchwaltet sein soll. Die Einheit des Kosmos muß deshalb zum Thema gemacht werden, weil nicht nur menschliche Handlungen, son-

---

[289] Zu diesem Zusammenhang zwischen Oikeiôsis-Lehre und Ich-Identität als Lebensziel in der Stoa s. auch Maximilian Forschner, Über das Glück des Menschen, Darmstadt 1993, 47-50; und George B. Kerferd, The Search for Personal Identity in Stoic Thought, in: Bulletin of the John Rylands University Library of Manchester 55, 1972, 177-196.

[290] Die hellenistischen Schulen haben ihre Lehre von der Einheit der Seele dabei auch explizit in Opposition zur platonischen Seelenlehre und deren Unterscheidung zwischen drei seelischen ‚Zentren' entwickelt, s. z.B. SVF III 462 (=Galen, plac. IV,4) und SVF II 823.

dern auch das Verhalten von Tieren und Naturereignisse in Abhängigkeit von dieser universalen Göttlichkeit (man könnte auch sagen: als Teile eines in sich harmonischen Kosmos) gedacht werden können sollen.

Es ist gerade im Hinblick auf die anthropologischen Grundlagen der neuzeitlichen praktischen Philosophie, besonders der Staats- und Wirtschaftstheorie, wichtig, sowohl auf den psychologischen als auch auf den kosmologischen Aspekt dieser Konzeption hinzuweisen. Sie ist, wie gleich gezeigt werden soll, tatsächlich insgesamt eine Willenskonzeption. Noch genauer: Sie ist eine erkenntnistheoretische Konzeption, die den Willen oder einen primären Akt der ‚Wahl' zur ersten Instanz von Spontaneität und Subjektivität, d.h. der eigentlichen Aktivität des Ich, macht.

Die Stoa legt mit der *Oikeiôsis*-Lehre eine Theorie vor, die alles menschliche Handeln (und letztlich überhaupt alle Arten von Aktivität im Kosmos) auf ein allem gemeinsames Motiv bzw. Ziel zurückführen will: nämlich auf das Streben nach Selbsterhaltung. Alle anderen Arten des Verhaltens zur Welt seien aus diesem Grundtrieb (*prôtê hormê*, πρώτη ὁρμή) ableitbar[291].

Damit wird die Idee, jedes Einzelwesen sei allein aus sich selbst und um seiner selbst willen da, zur gegeben Ausgangsbasis philosophischer Theorien genommen. Denn das Streben nach der Erhaltung des eigenen Lebens ist immer etwas, das einzelnen existierenden Individuen zugesprochen wird. Die Behauptung, ein solches Streben habe eine alle Aktivitäten eines Individuums leitende Funktion, ist nur von dieser Ausgangsbasis her überhaupt sinnvoll. Außerdem kann man das Streben nach Selbsterhaltung als Grundfaktum jeder Existenz nur dann feststellen, wenn man jedem einzelnen Lebewesen ein Verhältnis zu sich selbst und zur (äußeren) Welt zugesteht. Denn nach der Erhaltung der eigenen Existenz kann etwas nur dann streben, wenn es ein Selbstverhältnis ausbildet und das ‚Eigene' (*oikeion*, οἰκεῖον) von dem, was nicht zu ihm selbst gehört, abgrenzt, wenn es also seiner selbst – zunächst als eines in der Welt existierenden Körpers – (in irgendeiner Weise) bewußt ist und zwischen Ich und Welt unterscheidet[292].

Dieses Selbstverhältnis ist von Natur aus ein affirmatives Verhältnis, d.h., das einzelne Individuum bzw. Lebewesen ‚will' von Natur aus seine Existenz, wählt sich also oder hat sich immer schon als Existierendes gewählt.

---

[291] Das heißt: 1. logisch ableitbar und 2. auch der Genese nach später als dieser erste Trieb jedes Lebewesens: des Menschen, jedes einzelnen nicht-rationalen Lebewesens und der Natur, die ebenfalls als Lebewesen gedacht wird.

[292] Seneca, epistulae (Seneca, Briefe an Lucilius über Ethik. 20. Buch, übers. u. hg. v. Franz Loretto, Stuttgart 2000), ep. 121, § 10 [Die Übersetzung von Loretto ist an dieser Stelle zu unpräzise, ich gebe deshalb eine eigene Übersetzung]: „Die Selbstbestimmung ist das leitende Organ der Seele, sofern es sich in einer bestimmten Weise auf den Körper bezieht (oder: sofern es eine bestimmte Haltung gegenüber dem Körper einnimmt)." („constitutio (...) est (...) principale animi quodam modo se habens erga corpus.").

Diese erste ‚Wahl' oder dieser genuine Akt der Zustimmung (adsensio, synkatathesis) zu der eigenen Existenz ist also

1. Konstitution des Ich gegenüber dem ‚Fremden', der Welt, dem ‚Außen', und bedeutet,
2. , daß alles Äußere unter dem Aspekt betrachtet wird, ob es der eigenen Existenz nützt oder schadet, ob es eine Bedrohung für die eigene Existenz darstellt oder Schutz bietet. Mit anderen Worten: die primäre Wahl impliziert zugleich ein naturgemäßes Streben[293] nach Bewahrung der Existenz, nach dem, was dieser zuträglich ist, und danach, alles, was ihr nicht zuträglich ist, zu meiden.

Grundlegend für das ‚Verhalten des Ich zur Welt' ist demnach nicht eine erkennende Disposition, also die Frage nach der Bestimmtheit der Dinge, sondern eine wollende Disposition. Das Ich ‚konstituiert' die Dinge für sich, nämlich als etwas Erstrebenswertes (Güter) oder zu Vermeidendes (Übel)[294]. Ähnlich wie in vielen gegenwärtigen philosophischen Positionen – oder auch in Positionen der Evolutionstheorie – im Verhältnis von *Erkenntnis und Interesse* dem Interesse die leitende Funktion zugesprochen wird, ist es auch in der Stoa: Wie etwas von uns erkannt wird, wie es uns *erscheint*, ist abhängig von dem Vorteil oder Nachteil, um dessentwillen wir es erstreben oder meiden.

Was das als Gut oder Übel Beurteilte tatsächlich ist, wird demgegenüber nebensächlich, relevant ist nur der Wert für das Individuum, insofern es sich seiner selbst bewußt wird und sich selbst und seine Existenz bestätigt, ‚affirmiert'. Für die irrationalen, weil nicht mit Selbstbewußtsein begabten Tiere und für die Natur überhaupt übernimmt der in allem immanente Logos[295], von dem auch das einzelne Bewußtsein des Individuums ein (quantitativer) Teil ist, diese für den Selbsterhaltungstrieb vorausgesetzte Selbstbestätigung (‚Affirmation').

Darauf beruht die ‚metaphysische' These der Stoa von der vollkommenen und *a priori* notwendigen Harmonie des Ganzen, sowohl der Gemeinschaft der Menschen als auch des wahrnehmbaren Kosmos[296]: Sie wird garantiert durch die Allgegenwart des göttlichen Logos. Sie ist das Prinzip nicht nur der äußeren Ordnung, sondern auch der Ordnung der spontanen Akte des Einzelnen, und ist auf diese Weise der Garant dafür, daß das Ver-

---

[293] Zu dem Zusammenhang zwischen dem primären ‚Wahlakt' (in stoischer Terminologie kann man auch von der ‚Synkatathesis' sprechen) und dem Begehren von etwas oder Streben nach etwas (*hormê*, όρμή): SVF III 175; Alexander von Aphrodisias, *De fato*, Kapitel 14 (=SVF II 980 und 981).

[294] S. dazu Maximilian Forschner, Die stoische Ethik, 116f.

[295] Die Stoa denkt diesen in der Welt immanenten und diese transzendierenden Logos materiell: SVF II 310; 439; 440; Peter Steinmetz, Die Stoa, 537-539; Maximilian Forschner, Die stoische Ethik, 54ff. Er wirkt über die ‚*logoi spermatikoi*', die ‚Genprogramme', als das natürliche Organisationsprinzip der Lebewesen: SVF I, 98-100; II, 574-584.

[296] S. SVF II 528.

folgen der Einzelinteressen schließlich zum größten Glück für das Ganze führen kann, ohne daß dieses ‚Gemeinwohl' von den einzelnen Akteuren bewußt intendiert worden wäre. Auf den ‚metaphysischen' Glauben an die alles durchwirkende Kraft eines göttlichen Logos hat die aufgeklärte Neuzeit entschieden Verzicht geleistet, die vermeintliche Wirkung dieses Logos, der die vielen Einzelegoismen bewegen soll, sich so zu verhalten, daß am Ende die Wohlfahrt aller zustande kommt, bildet aber eine Grundüberzeugung auch vieler gegenwärtiger Theorieansätze – in der Staats- oder Wirtschaftstheorie, aber auch in der Evolutionstheorie u.a. Ich werde später diesen Aspekt noch ausführlicher zu erklären versuchen (in Kapitel VII 6).

Der Wille in seiner primären Gestalt, d.h. als Setzungsakt oder Wahlakt, von dem sich das Wollen im Sinne eines Strebens nach etwas, das als gut bzw. schlecht beurteilt wird, unmittelbar (und nicht erst vermittelt über ein vom Willen unabhängiges Unterscheiden) ableitet, erhält also in diesem stoisch-neuzeitlichen Konzept einen grundsätzlich anderen Status als in der platonisch-aristotelischen Unterscheidungsphilosophie: Hinter der ‚Evidenz des Faktischen' verbergen sich aber offenbar substantielle Begründungsdefizite, die (nicht nur, aber auch) verantwortlich sind für Aporien in den von dieser Erkenntnistheorie abgeleiteten praktischen Einzelwissenschaften[297].

---

[297] Diese Feststellung hat schon allein deshalb große Bedeutung, weil das Konzept, das das Erkennen auf einen primären Wahlakt und die reflektierende Bewußtmachung des unmittelbar erfaßten Inhalts gründet, sowohl im Hellenismus als auch in der frühen Neuzeit ausdrücklich im Zug der Wende von der Theorie auf die Praxis, d.h. im Zug der Überwindung einer Unterwerfung der praktischen Philosophie unter theoretische Spekulationen, entwickelt wurde: der primäre Willensakt ist unmittelbar handlungsbezogen. In der Stoa ist der Wille der Logos (=die Vernunft), sofern er den Menschen zum Handeln bestimmt (SVF III 175), d.h., der (reine) Wille ist in demselben Sinn wie für die Neuzeit (z.B. Kant, Kritik der praktischen Vernunft, passim) mit der ‚praktischen Vernunft' identisch. Daher können Defizite in den auf diese Willenslehre zurückgehenden praktischen Wissenschaften der ‚eigentlichen' Theorie nicht bloß akzidentell oder bei deren Bewertung vernachlässigbar sein.

2 Begehren, Sich-Ereifern und vernünftiges Wollen als Grundmöglichkeiten psychischen Verhaltens bei Platon

Im Unterschied zu stoischen oder zu neuzeitlichen Willenskonzepten ist für Platon der Wille nicht einfach ein inhalts- und grundloses Sich-selbst-Wollen, sondern ein aus Erkenntnis-, Gefühls- und Strebemomenten gebildeter Akt, in dem psychisches Verhalten erst die Konkretheit gewinnt, die es handlungsrelevant macht.

Wenn man erklären will, warum es innerseelische Konflikte gibt, warum wir uns wider besseres Wissen für das Schlechtere entscheiden, warum wir manchmal das allgemein als richtig Erkannte tun, manchmal dagegen das, was uns im Augenblick lust- oder unlustvoller erscheint, warum wir etwas als unlustvoll empfinden, obwohl wir zu wissen meinen, daß es lustvoll ist, muß man nicht nach einem Antagonismus von Verstand und Gefühl oder Verstand und Wille suchen, sondern man muß sich reflexive Klarheit darüber verschaffen, wie verschiedene Strebe- oder Willensformen in uns entstehen und wie sie sich zueinander verhalten. Diese verschiedenen Strebeformen sind bei Platon ganzheitliche psychische Akte, die am ehesten noch in dem, was wir ‚emotionale Intelligenz' nennen, eine gewisse Entsprechung haben, die aber im Unterschied zur emotionalen Intelligenz weder im Gegensatz zum Denken stehen noch eine eigenständige Intelligenz aufweisen. Sie sind vielmehr gerade dadurch voneinander verschieden, daß sie von je verschiedenen Erkenntnisformen der einen Intelligenz des Menschen geprägt sind. Denn prinzipiell ist für die Unterschiedlichkeit der Willensformen nach Platon die Art der Erkenntnis verantwortlich, von der ein Wille abhängt.

Da Erkenntnisse als Unterscheidungsleistungen in verschiedener Form möglich sind, hängt von ihrer Eigenart auch die Eigenart der Willensformen ab. Die grundsätzlichen Arten unter den Erkenntnisformen sind nach Platon – das möchte ich zunächst nur thesenhaft vorstellen und erst später genauer begründen (siehe S. 324ff.) – dadurch charakterisiert, daß man mit der Wahrnehmung Einzelnes, mit der *doxa* (δόξα), der Meinung, Allgemeines an Einzelnem, und mit dem Verstand oder der Vernunft Allgemeines für sich selbst erfaßt.

Die drei Grundarten der Erkenntnishaltung vollziehen so eine zunehmende ‚Loslösung' von einem konkreten Einzelding, wenn auch nicht in dem Sinn, daß dadurch die Konkretheit des erkannten Inhalts gemindert würde. Im Gegenteil: der Grad an Freiheit dessen, der erkennt, nimmt zu und mit dieser Zunahme an Freiheit des Erkennens nimmt auch die Bestimmtheit des Erkannten zu und ‚befreit' sich zunehmend von den Beschränkungen durch bestimmte einzelne Realisationsformen, in denen etwas nie ganz und in allen seinen Aspekten verkörpert sein kann.

Deshalb unterscheidet Platon Strebeformen, die von Wahrnehmungen ausgelöst sind, von Strebeformen, die auf einem Meinen, z.B. über Recht und Unrecht, Ansehen und Schande, beruhen, und beide von einem Willen, der aus dem Denken im primären Sinn, aus Ratio oder Intellekt, kommt, und weist diesen Strebeformen entsprechend den Erkenntnishaltungen, von denen sie ausgehen, einen unterschiedlichen Grad an ‚mündiger Aufgeklärtheit' zu. Das heißt: je nach der Gebundenheit des erfaßten Inhalts ist auch der Wille, das Streben nach etwas als Folgerung aus dieser Erkenntnis mehr oder weniger gebunden, weil der Überblick über alle in der jeweiligen Situation, auf die sich das Streben bezieht, zu berücksichtigenden Aspekte größer oder geringer ist.

Zunächst zu den Strebeformen, die von Wahrnehmungen[298] abhängen. Platon benennt, wie gesagt, die verschiedenen, sich nach den drei Grundarten der Erkenntnishaltung unterscheidenden psychischen Aktivitätszentren in der *Politeia* nach den diesen Erkenntnishaltungen zugehörigen Strebeformen. (Das hängt mit der praktischen Ausrichtung der *Politeia* zusammen. Die *Politeia* ist kein ‚Lehrbuch' der Erkenntnistheorie; es geht nicht um logische Probleme oder um die Analyse des ‚reinen' Erkennens als Selbstzweck, sondern Erkenntnistheorie ist in Platons staatstheoretischem Hauptwerk nur Thema, insofern die Prinzipien erläutert werden, von denen die Ordnung einer Gemeinschaft ausgehen muß, und von denen man ein Wissen haben muß, wenn man ein Konzept entwickeln will, das zu der Freiheit erzieht, in seinem Handeln in optimaler Weise seine Fähigkeiten zu aktualisieren und sein Wollen stets auf ‚das Seine' auszurichten und darin sein größtes individuelles Glück zu erreichen.)

Dasjenige Zentrum, das Wahrnehmungsaktivitäten zur Grundlage hat, nennt er das ‚Begehrliche' (*Epithymêtikon*) im Menschen. Es hat eine eigene Art zu erkennen, nämlich Wahrnehmbares zu erfassen, eine eigene Art zu fühlen, nämlich die sinnliche Lust oder Unlust des erfaßten Wahrnehmungsunterschieds zu erfahren, und ist davon auch in seiner eigenen Art zu wollen bestimmt, nämlich nach dieser sinnlichen Lust zu streben bzw. die sinnliche Unlust zu meiden.

Dieses Begehrliche umfaßt nach Platon alle sinnlichen Bedürfnisse des Menschen und alles, was im Dienst der Befriedigung dieser Bedürfnisse geschieht, und bildet so im differenzierten Gefüge der menschlichen Seele eine eigene Klasse ganz spezifischer Aktivitäten.

Das allgemeine Kriterium der Beurteilung der verschiedenen seelischen Aktmöglichkeiten des Menschen ist für Platon die größere oder geringere Gebundenheit dieser Akte bzw., positiv formuliert, das Maß der Selbständigkeit und Freiheit, in der wir diese Akte ausführen. Die Unterscheidungsleistungen der Wahrnehmung, z.B. die Unterscheidung von Rot und Grün

---

[298] Zur Wahrnehmungstheorie bei Platon s. Stefan Büttner, Die Literaturtheorie bei Platon, 66-88, bei Aristoteles s. Wolfgang Bernard, Rezeptivität und Spontaneität der Wahrnehmung bei Aristoteles. Versuch einer Bestimmung der spontanen Erkenntnisleistung der Wahrnehmung bei Aristoteles in Abgrenzung gegen die rezeptive Auslegung der Sinnlichkeit bei Descartes und Kant, Baden-Baden 1988, passim.

durch das Sehvermögen, ist streng an die materiellen Möglichkeiten des Auges gebunden – mit dem Auge kann man nur Farben und Formen, also eigentlich nur zwischen Anwesenheit und Abwesenheit von Licht unterscheiden –, genauso die Unterscheidung von Süß und Bitter an die Möglichkeiten des Geschmackssinns usw.

Wahrnehmungsakte sind deswegen von allen Erkenntnisakten diejenigen, die am wenigsten Spielraum bei ihrer Tätigkeit haben, weil sie nur mittels bestimmter körperlicher Organe ausgeführt werden können und an die Möglichkeiten der konkreten Verfaßtheit dieser Materie gebunden sind (und eine bestimmte materielle Struktur bietet eben auch nur die Bedingungen dafür, bestimmte, diesen Strukturen entsprechende Unterschiede an etwas zu erfassen).

Es gibt nach Platon aber am anderen Ende der Skala von Freiheit und Gebundenheit des Erkennens auch die Möglichkeit, sich reflexiv kritisch auf das Unterscheidungsvermögen selbst zurückzuwenden und nach den Prinzipien und Kriterien zu fragen, denen man bei jedem Unterscheiden folgt, und auf diese Weise ein Wissen über die Bedingungen des Unterscheidens, des Grundaktes des Denkens, selbst zu erlangen, das dazu befähigt, die Akte des Unterscheidens selbständig und kritisch durchzuführen.

Diese Tätigkeit ist keinerlei Beschränkungen mehr unterworfen,
1. weil wir dabei unsere Unterscheidungsfähigkeit nicht an ein bestimmtes materielles Organ binden und uns also nicht nur nach den Möglichkeiten dieses Organs richten müssen, sondern uns flexibel, je nach zu unterscheidendem Aspekt verschiedener Medien bedienen können,
2. weil das, was unterschieden werden soll, nicht ein Unterschied bzw. eine Eigenschaft an einem bestimmten (materiellen oder vorstellbaren) Gegenstand ist, sondern selbst für sich selbst als unterscheidbare Bestimmtheit erkennbar und in diesem Sinn auch als es selbst vorhanden, existent ist.

Wer sich mit dem befaßt, was an einem Gegenstand ‚Kreis' ist und rein und nur als Kreissein gedacht werden kann, braucht sich nicht mit dem Wasser, der Kreide oder dem Erz zu befassen, aus dem dieser einzelne Kreis ‚besteht', und damit auch nicht mit der Frage, ob das Bestehen eines Kreises etwas Dauerhaftes oder Vergängliches ist, ob es mit seinem eigenen Widerspruch, dem Geradesein durchsetzt ist, usw. Er kann sich vielmehr allein auf begreifbare Sachverhalte beziehen, z.B., wenn man die Dimension der Geometrie, d.h. die Kontinuierlichkeit, mit bedenkt, daß ein Kreis eine Figur ist, bei der alle Punkte der Peripherie denselben Abstand zum Mittelpunkt haben. Sieht man von diesem Aspekt ab, kann man als begriffliche Voraussetzung der Sache ‚Kreis' erschließen, daß Kreissein die Selbigkeit des Verhältnisses aller Teile eines Selben zu einem Selben meint. Dieser Sachverhalt ist rein für sich selbst denkbar und besteht in genau dieser (und keiner möglichen anderen) Denkbarkeit. Am Bestand dieser Denkmöglichkeit gibt es keinen Zweifel mehr, sofern ihre so und nicht anders bestimmte Denkmöglichkeit wirklich reflexiv als widerspruchsfrei aufgewiesen ist.

Dementsprechend erreicht diese Wendung auf die Ratio selbst auch den höchsten Grad an kritischer Reflexion und besteht in der umfassenden Beherrschung des Vermögens des Unterscheidens selbst.

Die elementarste und auch in praktischer Hinsicht grundlegende Einsicht ist dabei, daß alles Denken und Handeln von der Bestimmtheit des Unterscheidbaren (in griechischer Begrifflichkeit also: des ‚Seins') ausgeht, und sich deshalb nicht nur rational-wissenschaftliches Denken nach dem Widerspruchssatz richtet und methodisch-syllogistisch, d.h. in einem Urteils- und Schlußverfahren, vorgeht, sondern auch jede einzelne praktische Handlung, die daher auch, weil das Ausführen einer Handlung als Resultat eines Denkaktes, Aristoteles spricht von einem praktischen Syllogismus, aufgefaßt wird[299], rational analysiert werden kann.

Mit der Wende des Denkens auf die ihm genuinen Inhalte und der Orientierung an dem (allgemeinsten) Kanon begrifflicher Unterschiede selber, wie sie im Sinn von Platon und Aristoteles vollzogen werden muß, brauchen wir uns hier nicht noch einmal zu beschäftigen. Wichtig für die Konzeption praktischer Philosophie, also für eine Theorie über Kriterien und Arten menschlichen Handelns ist, daß man nach Platon wie Aristoteles den Widerspruchssatz auch benutzt, um die Irritationen, Täuschungen und Konfusionen der Wahrnehmung, d.h. die aus der Bindung des Erkennens an die Wahrnehmung kommenden perspektivischen Verzerrungen, zu korrigieren und sich von ihnen zu befreien, und daß diese Befreiung von einer Verzerrung des Blicks auf eine Sache und das Abwägen aller relevanten Aspekte zur Beurteilung einer Situation unmittelbare Konsequenzen für die Qualität der Handlung in dieser Situation haben, weil nur gemäß dem ‚Erkenntnishorizont', den man überblickt, Möglichkeiten und Chancen des Handelns in dem jeweiligen Einzelfall für den Einzelnen präsent sein können.

Wer etwa, um ein beliebtes Beispiel Platons zu benutzen[300], einen Kreisel sieht, der fest an einer Stelle stehen bleibt und sich dabei zugleich dreht, der wird sich im Sinn des Widerspruchsaxioms sagen: Dasselbe kann nicht zugleich und in derselben Hinsicht stehen und sich bewegen, also kann ich der Wahrnehmung, die mir zu zeigen scheint, daß hier ein Ding, das sich bewegt, zugleich ruht, nicht trauen, sondern muß über die Wahrnehmung hinaus zu unterscheiden versuchen und herausfinden, ob es wirklich das ganze sich drehende Ding ist, das zugleich steht, oder ob man unterscheiden kann, was am Kreisel steht und was sich bewegt. Wer in dieser Weise Höhe und Peripherie unterscheiden lernt, hat sich erstens von einer Irritation durch den Sinneseindruck befreit, zweitens den empirischen Gegenstand richtiger gedeutet als die Wahrnehmung, der der Gegenstand vor ihr als eben dieser eine ihr gegebene Gegenstand zugleich zu stehen und sich zu bewegen schien, und hat drittens einen Anfang in der Auffindung der Geo-

---

[299] Zum praktischen Syllogismus bei Aristoteles s. Viviana Cessi, Erkennen und Handeln, 234ff.
[300] Z.B. Platon, Politeia 436d4-437a2.

metrie als Wissenschaft gemacht – jedenfalls wenn man der Argumentation des *Menon* folgt, daß das sorgfältige Durchgehen der Widersprüche der Anfang der Verwandlung von Meinen in Wissen ist. Bei dieser Anwendung erweist sich das Widerspruchsprinzip sehr wohl als ein heuristisches, der ‚Invention', der schöpferischen Findung neuen Wissens dienendes Prinzip, denn es bricht aus der Anschauung übernommene, oberflächlich gebildete Meinungen gleichsam auf und öffnet den Blick für die begrifflich nötigen Differenzierungen[301].

Für den Zusammenhang von Theorie und Praxis, d.h., für die Bedeutung, die die *Theoria* bei Platon für ethisches und politisches Handeln hat, ist dieses Aufbrechen des an die Wahrnehmung gebundenen Denkens durch das Widerspruchsprinzip vor allem unter zwei Aspekten wichtig:
1., weil Platon in diesem sog. *Logistikon* (λογιστικόν) ein Befreiungsvermögen sieht, etwas, das befähigt, sich gegen die Übermacht unmittelbarer Sinneseindrücke zu wehren, sofern uns diese etwas Falsches, d.h. etwas, das für den ganzen Menschen kein Gut ist, als gut suggerieren, und
2., weil auch dieses *Logistikon* für Platon kein reines Denkvermögen in unserem Sinn ist.

So wie man schon bei Homer im *Noos* (νόος), dem höchsten Erkenntnisvermögen des Menschen, sich auch freut oder trauert, und wie der *Noos* Pläne schmiedet, so ist es auch bei Platon: Auch der von ihm sog. *Nûs* (νοῦς =Intellekt) denkt, fühlt und will.

Auch dann, wenn man etwas, z.B. die Situation eines Menschen, nicht durch einen momentanen Hinblick (d.h. dadurch, daß man auf eine einzelne Wahrnehmung bzw. Vorstellung oder Erinnerung fixiert ist und nicht in der Lage ist, auch alle anderen diese Situation bestimmenden wahrnehmbaren, vorstellbaren und auch denkend begreifbaren Aspekte mit in die Beurteilung einzubeziehen) perspektivisch verzerrt wahrnimmt, sondern wenn man sie zutreffend und von allen Seiten her erfaßt – in den Worten Homers: wenn man den Blick umwendet und mit seinem *Noos* nach vorne und nach hinten blickt –, hat man ja Empfindungen für diesen Menschen, eben angemessene, zutreffende Empfindungen. Daß Platon von Gefühlen, die direkt aus dem Denken kommen, spricht, liegt daran, daß er sehr klar und scharf auch bei Gefühlen zwischen dem, was man von ihnen wahrnimmt, und dem, was man von ihnen begreift, unterscheidet.

Wenn wir zum Beispiel sagen, ich sehe, daß jemand mir feindlich entgegenkommt, mir zürnt, vor mir erschrickt, sich schämt usw., dann ist dies nur ein ungenauer Sprachgebrauch. Denn man sieht natürlich etwa glänzende, stechend-starre Augen, rote, heftig bewegte oder fahle, erstarrte Haut usw. (und dabei sieht man in Wahrheit noch nicht einmal Auge und Haut, son-

---

[301] Platon, *Menon* 85b8-d1. Zur Methode des platonischen Dialogs, durch Wahrnehmung und Meinung falsch gebildete Einheiten durch den Aufweis von Widersprüchen aufzubrechen und wirklichem Wissen anzunähern s. Verf., Sokratisches Fragen im Platonischen Dialog.

dern auch davon nur Farbe und Form); daß jemand über ein Unrecht empört ist, daß er sich in seinem Ansehen beeinträchtigt glaubt usw., das muß man aus den äußeren Zeichen syllogistisch erschließen und richtig begreifen.

Daß dieses Begreifen emotional nicht unbewegt läßt und daß es auch unmittelbare, ursächliche (d.h. bestimmende) Bedeutung dafür hat, einen bestimmten Willen oder Wunsch zu entwickeln und eine bestimmte Handlung auszuführen, weiß jeder, der etwa an ein ihm widerfahrenes Unrecht denkt: Genau in dem Maß, in dem man das einem Angetane für ein Unrecht hält, ärgert man sich auch, ja der Ärger besteht gerade in diesem Durchdenken des Unrechts, und er verstärkt sich meistens eben dadurch, daß einem bei diesem Durchdenken immer neue Aspekte des Unrechts vor Augen kommen. Diese Fixierung auf das erlittene Unrecht kann sich schließlich so zu einem Habitus verfestigen, daß sie zu dem alleinigen, alles Handeln überhaupt oder alles auf eine bestimmte Person bezogene Handeln bestimmenden Motiv wird. Durch eine solche Verfestigung und Fixierung verwandelt sich ein der Vernunft folgendes Gefühl in ein leidenschaftliches Gefühl (im modernen Sinn des Wortes).

Ein schönes Beispiel aus der klassischen griechischen Literatur für die Art, wie man dadurch, daß man an etwas denkt, in heftige Gefühlserregung gerät, bietet die Medea des Euripides. Anders als etwa ihr Gegenstück bei Seneca braucht diese Medea keinen Willensakt, der sie in ihrem Gefühl bestärkt. Euripides genügt es vorzuführen, woran seine Medea denkt[302]: an die unerschütterte Treue, mit der sie immer nur auf Jasons Vorteil bedacht war; an die Schwüre und den Bund der Hände, die Jason verraten hat; daran, daß Jason für sie allein alles ist, worauf sie ihr Leben noch gründen kann, daß sie ohne ihn heimatlos und völlig verlassen ist, usw. Das genügt auch dem Zuschauer oder Leser, um zu begreifen, welches Ausmaß von Wut und Verzweiflung Medea ergriffen hat, wie sie sich immer weiter auf diese konzentriert und hineinsteigert, und wie der Wunsch nach Vergeltung des erlittenen Unrechts schließlich zum über alle anderen Wünsche und Rücksichten triumphierenden und diese unterdrückenden Handlungsmovens wird[303].

Bei Homer verweist Achill selbst auf diese Wirkung, die ein Gedanke haben kann. Als Aias ihm die schlimme Situation des griechischen Heeres geschildert hat, sagt er:

„Alles scheinst du mir aus der Seele gesprochen zu haben."

Aber obwohl er sich innerlich ganz verstanden fühlt und mit den anderen mitfühlt, haben diese Gefühle nicht genug Kraft über ihn, denn – so fährt er fort –

---

[302] Euripides, Medea vv. 20-39; 96f.; 111-114; 144-146; 160-167; 255-258; 465-519.
[303] S. dazu Verf., Leidenschaft in der Senecanischen und Euripideischen Medea; in: U. Albini (u.a.) (Hgg.), Storia, poesia e pensiero nel mondo antico, Studi in onore di Marcello Gigante, Neapel 1994, 573-599.

„wenn ich daran denke, wie er [sc. Agamemnon] mich ohne jede Achtung vor dem ganzen Heer behandelt hat, schwillt mir das Herz vor Zorn" (Homer, *Ilias* IX, 643-647).

Und er bleibt bei seinem Entschluß, nicht an den Kämpfen teilzunehmen, weil die Erkenntnis des Unrechts, das ihm widerfahren ist, und die Unlust, die sich einstellt, wenn er an diese Erfahrung zurückdenkt, sein Denken gefangen hält und es ihm unmöglich macht, auch andere Momente in ihrem Gewicht für ihn zu begreifen und aus einer weiteren Perspektive heraus sein Handeln zu bestimmen.

Nun sind die Beispiele, auf die ich eben zur Veranschaulichung des emotionalen Aspekts des Denkens selbst verwiesen habe, keine rein rationalen oder intellektiven Denkakte im Sinn Platons, weil bei ihnen das Denken gerade nicht ‚den Kopf wendet', d.h., seine ihm eigenen Urteilskriterien umfassend anwendet. Ein solcher Denkakt wäre etwa die Erkenntnis der Schönheit eines griechischen Tempels oder einer gotischen Kathedrale oder auch der Schönheit mathematischer Gegenstände[304] – auch bei einer solchen Erkenntnis kann man aber wohl mit Grund davon ausgehen, daß sie von Freude und Genuß begleitet ist[305].

Das Durchdenken eines Unrechts ist aber ein geläufigeres und nachdrücklicheres Beispiel für die Möglichkeit, daß man auch von einem ‚Gedanken' emotional gefangengenommen werden und auf ihn fixiert werden kann. Außerdem sind auch Erkenntnisakte des Intellekts selber, also die Erkenntnishaltung, die sich auf einen erkennbaren Sachverhalt richtet, wie er für sich selbst ist und nicht, wie er als Eigenschaft an etwas anderem sein kann, in einem Sinn handlungsrelevant, der den genannten Fällen analog ist: wenn man bei dem Umgang mit mathematischen Zahlen z.B., also beim Ausführen bestimmter Rechenoperationen, Zusammenhänge zwischen einzelnen Zahlen und Zahlarten erkennt und einsieht, wie sich aus diesen von den Zahlen in besonders reiner Form verwirklichten Möglichkeiten komplexere, in sich harmonische Ganzheiten aus untereinander in Beziehung stehenden Teilen ableiten lassen usw., und wenn diese Erkenntnis mit einer spezifischen Lust verbunden ist, dann entwickelt man auch den Wunsch, sich weiterhin und noch intensiver mit solchen Gegenständen zu befassen, und wird sich selbst keinen Zwang auferlegen müssen, um sich nicht z.B. von dem Gedanken an die Möglichkeit, sich durch einen Kinobesuch zu unterhalten, ablenken zu lassen.

---

[304] S. dazu Verf., Zahl und Schönheit in Augustins De musica, VI, in: Würzburger Jahrbücher für die Altertumswissenschaft N.F. 16, 1990, 221-237.

[305] Dies ist nach Aristoteles hier sogar in höherem Maß der Fall als bei sinnlicher oder meinungshafter Freude und Lust: die höchste Lust korrespondiert der höchsten Erkenntnisweise (Aristoteles, *Metaphysik* XII, 7, 1072b16ff und *Nikomachische Ethik* VII 15, 1154b24-28). Auch bei einer ‚meinungshaften' Lust gilt: Der gute und tugendhafte Mensch hat Lust am guten Handeln (Aristoteles, *Nikomachische Ethik* IX, 4, 1166a24f.).

Der Unterschied zu der Art und Weise, wie wahrnehmende oder meinende Erkenntnisse handlungsrelevant sein können, ist aber der, daß diese ganz und gar rationalen Handlungen nicht eigentlich ‚politische' Handlungen sind, also keine Handlungen, die ein Mensch, insofern er Teil einer Gemeinschaft ist, ausführt. In spezifischem Sinn politisches oder gesellschaftliches Handeln erfolgt (zumeist) als Ergebnis bzw. Anwendung einer meinungshaften Erkenntnis, d.h. einer Erkenntnis, die vor allem auf die Beurteilung von Recht und Unrecht, das einzelnen Menschen in einzelnen Situationen geschieht, ausgerichtet ist und die überhaupt Einzelne und einzelne Ereignisse und Situationen unter dem Aspekt, daß sie bestimmte allgemeine Sachverhalte verwirklichen, betrachtet und unter solchen allgemeinen (d.h. nicht primär auf das wahrnehmbare Erscheinungsbild bezogenen) Gesichtspunkten beurteilt.

Fälle dieser Art, für die etwa Medeas Denken charakteristisch ist, führen uns zu dem dritten Stand, den Platon in der Einzelseele und im Staat unterscheidet.

Platon glaubt nämlich wie Homer[306], daß es so etwas wie einen *Thymos* (θυμ®φ), ein Sich-Ereiferndes, im Menschen gibt[307]. Der Begriff des *Thymos* bei Platon müßte dringend zum Gegenstand einer monographischen Behandlung gemacht werden[308], ich muß mich in diesem Rahmen darauf beschränken, wenigstens seine Unterscheidung plausibel zu machen.

---

[306] S. v.a. Platon, *Politeia* 441a5ff. und besonders – mit Berufung auf Homer – 441b3-c3.

[307] Die Gruppe im Staat, die besonders eng dem *Thymos* gemäß lebt, nennt Platon die Gruppe oder den Stand der Wächter. Platon hat der Ausbildung dieses Standes in seiner *Politeia* deshalb besondere Aufmerksamkeit gewidmet, weil, wie eben bereits angedeutet, es der Erkenntnishabitus, aus dem sich thymetisches Streben ableitet, ist, der besondere gesellschaftliche Bedeutung hat. Daher muß es in einer staatstheoretischen Schrift, will man die Erkenntnistheorie und auch die Psychologie nur insofern behandeln, als sie Prinzipien liefern für eine auf eine staatliche Gemeinschaft bezogene Handlungstheorie und will man nicht die Grenzen, die diese praktische Disziplin der Untersuchung setzt, überschreiten, v.a. um die Analyse der Bedingungen gehen, die gegeben sein bzw. geschaffen werden müssen, damit das Handeln von Individuen in der Gemeinschaft, sofern es auf die Gemeinschaft bezogen ist (d.h. das Handeln von Individuen, die handeln, sofern sie Teile des Staatsganzen sind und sich in ihrem Tun und Können gegenseitig ergänzen), für alle Einzelnen und – als Ergebnis dieser Ausrichtung – auch für die Gemeinschaft zu wirklichem Glück führt. Eine solche Analyse betrifft daher zentral meinendes Erkennen, meinendes, d.i. ‚thymetisches', Streben und Menschen, für die dieser meinende Erkenntnishabitus zu ihrem Wesenskern gehört.

[308] Die meisten der bisherigen Deutungen, die in Analogie zum modernen Willensbegriff im *Thymos* so etwas wie ‚Mut', Tatkraft', also eine unpräzise Vorform des Willens sehen wollen, kommen immer wieder mit Textaussagen der *Politeia* in Konflikt – mit der Konsequenz, daß sie die auftretenden Widersprüche auf eine ungenügende Differenzierung durch Platon zurückführen. Otfried Höffe z.B., der *Thymos* als ‚Tatkraft' deutet, glaubt, daß ausgerechnet durch den *Thymos* das „schlichte Begehren" der „gesunden Polis" in das maßlose Begehren der „üppigen Polis" verwandelt werde, obwohl Platon in der *Politeia* selbst (Platon, *Politeia* 439e2-441c3), aber etwa auch im *Phaidros*, wo er den *Thymos* mit dem guten, der Vernunft folgenden Pferd gleichsetzt, den richtig

Die Tatsache, daß es in modernen westlichen Sprachen nicht einmal mehr ein Wort für diesen seelischen Habitus gibt, belegt zwar, wie fremd uns diese platonische Unterscheidung geworden ist. Das gilt aber nur für unsere psychologische Theorie (d.h. für die heute nicht vorhandene Einsicht in die Notwendigkeit einer solchen Differenzierung) und für den von ihr über Jahrhunderte hin geprägten Sprachgebrauch. Denn für die Sache, die Platon mit dem Terminus ‚Thymos' bezeichnet, verfügen auch wir über viele Indizien aus der persönlichen Erfahrung und aus Belegen der modernen Forschung über die Geschichte der gesellschaftlichen Entwicklung in der Neuzeit. Sie zeigen, daß es nicht nur im ‚antiken', noch ständisch, in eine (Adels-)Gesellschaft eingebundenen, in einer festgelegten Ordnung, in der Gesinnung „substantieller Sittlichkeit" (Hegel) lebenden Menschen, sondern im Menschen überhaupt Bestrebungen gibt, die weder aus reiner Vernunft kommen, noch einem sinnlichen Bedürfnis entsprechen, und also als einer Art Willensregung zugehörig verstanden werden müssen, die von beidem, vom rationalen Wollen und vom sinnlichen Begehren, verschieden ist.

So verzichten zum Beispiel viele aus gekränkter Ehre auf etwas, was sie sinnlich sehr begehren. Aus Empörung über Ehrverletzungen haben in den Duellen früherer Jahrhunderte viele ihr Leben, d.h. das ganze Interesse ihrer Sinnlichkeit, aufs Spiel gesetzt, ohne daß man dieses Verhalten vernünftig hätte nennen können. Um der Ehre einer Gemeinschaft willen opfern viele ihr Leben, auch wenn dieses Opfer von der Vernunft in keiner Weise gefordert ist und nicht mit vernünftigen Maßstäben gutgeheißen werden kann, etwa wenn bei einem Selbstmordattentat jemand viele Unschuldige mit in den Tod reißt.

Es macht also durchaus Sinn zu fragen, welche seelischen Akte im Menschen eigentlich zusammenwirken müssen, damit er Bestrebungen entwickeln kann, durch die er sowohl von dem von der Vernunft Gewollten wie auch von dem, was er sinnlich begehrt, abweicht, die also verschieden sind von rein sinnlichen und rein intellektuellen Bestrebungen und sich in spezifischer Weise auf die Rolle beziehen, die der einzelne Mensch anderen gegenüber, d.h. in der Gemeinschaft, einnimmt oder für sich beansprucht.

Für Platon ist das Zentrum, das solche Bestrebungen steuert und deren Aktualisierung ermöglicht, das *Sich-Empörende, Sich-Ereifernde* (*Thymoeides*) in der Seele. Er siedelt es erkenntnistheoretisch vor allem im Bereich des Meinens – im Unterschied zu den Bereichen des Wahrnehmens und des rational begrifflich begründeten Wissens – an.

---

erzogenen *Thymos* gerade im Dienst der Vernunft zur Beherrschung des Ausuferns der Begierden sieht. S. dagegen Otfried Höffe, Zur Analogie von Individuum und Polis. in: ders. (Hg.), Platon. Politeia, (Klassiker auslegen; 7), Berlin 1997, 69-94.

3 Die Erkenntnisbedingungen des Begehrens und Sich-Ereiferns: Wahrnehmung, Gegenstandsanschauung und Meinung

Die Wende der Renaissance zur Antike des Hellenismus, zu Stoa, Epikur und zur Skepsis, brachte auch die Wende dieser Schulen zur Praxis mit sich. Die Bevorzugung der Praxis vor der Theorie, ja die Bevorzugung des Pragmatischen innerhalb der ‚theoretischen' Wissenschaften selbst, bildet bis heute einen Grundzug nicht nur der Philosophie, sondern des gesamten Kulturverständnisses. Die Theorie gerät in diesem Horizont grundsätzlich in Verdacht, ‚das Konkrete' unter dem Zwang des Systems irgendeiner allgemeinen Typik unterzuordnen[309]. Dies gilt in besonderem Maß für die systematisch differenzierte Hierarchie der Erkenntnisvermögen, die von Platon und Aristoteles grundlegend erörtert und bis ins hohe Mittelalter, z.T. begrifflich noch verfeinert, tradiert wurde. Wenn die Scholastik mit Aristoteles von der unmittelbaren Wahrnehmung bis zum Intellekt eine Vielzahl von Erkenntnisformen unterscheidet: die ‚eigentümliche' Wahrnehmung, die Wahrnehmung des Gemeinsamen (d.i. von Qualitäten, die von mehreren Sinnen erkannt werden können), die gemeinsame Wahrnehmung (*sensus communis*), die akzidentelle Wahrnehmung, die sinnliche und die rationale Vorstellung, das Meinen oder Vermuten, die Ratio, den Intellekt - um nur auf die wichtigsten Differenzierungen zu verweisen –, dann erscheint das im Urteil der frühen Neuzeit nicht nur als sinnwidrige Aufspaltung der konkreten Erfahrungswirklichkeit in unelegante, leere und trockene Begriffshülsen, es erscheint auch als ein Verkennen der wesentlichen Einheit des Menschen.

Um dieser immer noch wirksamen Verdächtigung begegnen zu können, habe ich die Behandlung der verschiedenen Erkenntnisformen, die Platon und Aristoteles unterscheiden, nicht unmittelbar an die Darstellung der Grundlegung der Erkenntnis in den Unterscheidungsprinzipien angeschlossen, sondern füge sie erst an dieser Stelle ein, d.h. nach der elementaren Behandlung der emotionalen und voluntativen Relevanz des Erkennens in der platonisch- aristotelischen Unterscheidungsphilosophie, und ich beschränke mich auch auf diejenigen Erkenntnisformen, die für das Verständnis der Gefühls- und Willensanalyse in ihrem ethisch-politischen Aspekt relevant sind. Von diesen ‚theoretischen' Bedingungen der Praxis kann man aber, so glaube ich, sehr gut zeigen, daß sie in keiner Weise ‚scholastisch' in einem negativen Sinn sind. Im Gegenteil: die Differenzierungen, die Platon und Aristoteles vornehmen, um das, was die Wahrnehmung unmittelbar

---

[309] Wie dieser Verdacht (und der Versuch, ihn zu entkräften) die Aristoteles-Deutung der politischen Philosophie des Aristoteles auch im 20. Jahrhundert, angeführt von Heidegger, beinahe durchgängig prägt, zeigt jetzt in umfassender, referierender Darstellung: Thomas Gutschker, Aristotelische Diskurse. Aristoteles in der politischen Philosophie des 20. Jahrhunderts, Stuttgart/Weimar 2002 (mit Bezugnahme v.a. auf Heidegger, Voegelin, Leo Strauss, Hannah Arendt, Hans-Georg Gadamer, Joachim Ritter, Dolf Sternberger, Alasdair MacIntyre, Martha Nussbaum).

aus sich selbst oder in Zusammenwirken mit anderen Erkenntnisformen leistet, getrennt für sich begreifen zu können, machen nicht nur das Verständnis dafür, wie man die Einzeldinge der Empirie adäquat erkennt, leichter und sicherer, sie sind auch in dem Sinn konkret und nicht bloße Begriffsabstrakta, daß sie überhaupt erst möglich machen, das Zustandekommen von Gefühlen in reflexiver Analyse kritisch aufzuklären.

Bei dem Versuch zu erklären, was Platon unter dem Vermögen des *Thymos* meint, hat es sich bereits als unvermeidlich erwiesen, zu prüfen, in welchem Sinn der Mensch Prinzip von Handlungen sein kann, die weder als rational noch als sinnlich gelten können. Den Ursprung der Gefühle, Strebungen und Handlungen, die aus dem *Thymos* kommen, sieht Platon tatsächlich in einem Zwischenbereich zwischen Verstand und Sinnlichkeit, der für ihn durch die Fähigkeit des ‚Meinens' charakterisiert ist.

Anders als beim Begriff des *Thymos*, für den wir in modernen (westlichen) Sprachen nicht einmal mehr ein Äquivalent haben, gibt es für die Erkenntnistätigkeit in diesem Zwischenbereich, nämlich die *doxa*, in den meisten Gegenwartssprachen einen sprachlichen Ausdruck, und er wird auch in philosophischer Reflexion thematisiert. Allein die Tatsache aber, daß wir eine Emotionalität, die in besonderer Weise mit dem Meinen verbunden ist, überhaupt nicht kennen, verweist schon darauf, daß es im Sachverständnis zwischen modernen Positionen und der antik platonisch-aristotelischen Position erhebliche Differenzen gibt. Ihren deutlichen Ausdruck finden diese Differenzen in einer kontroversen Forschungsdiskussion, deren Einzelheiten hier nicht nachgezeichnet werden können[310].

Auch bei der Deutung dessen, was Platon ‚Meinung' (*doxa*) nennt, stößt ein modernes Denken auf ungewohnte Auffassungen. Die Folge ist auch hier, daß selten die Möglichkeit ins Auge gefaßt wird, daß Platon für diese uns unvertraute Auffassung rationale, und das heißt: auch von uns nachvollziehbare, Gründe haben könnte. Statt dessen sind sich die meisten Interpreten sicher, daß Platon das uns inzwischen selbstverständlich gewordene Reflexionsniveau noch nicht erreicht habe und in Konfusionen befangen sei.

Den eigentlichen Anstoß für die meisten Deutungsprobleme bildet die von Platon aufgestellte und von Aristoteles übernommene These, daß Wahrnehmung, Meinung und Wissen je unterschiedliche Gegenstände haben. Das leuchtet den meisten Interpreten nicht ein. Kann man nicht ein und denselben Gegenstand mit der Wahrnehmung erfassen und über ihn eine Meinung oder ein Wissen haben? Ein vorbeifliegendes Flugzeug etwa kann man sehen und man kann meinen oder wissen, daß es sich um das Flugzeug eines bestimmten Landes handelt. Wahrnehmung, Meinung und Wissen

---

[310] Eine gute Übersicht über die wichtigsten Forschungspositionen gibt Andreas Graeser, Probleme der platonischen Seelenteilungslehre. Überlegungen zur Frage der Kontinuität in Platons Denken, (Zetemata; 47), München 1969, 21ff.; und auch Christoph Horn, Platons epistêmê-doxa-Unterscheidung und die Ideentheorie (Buch V 474b-480a und Buch X 595c-597e), in: Otfried Höffe (Hg.), Platon. Politeia, 292-312.

sind also, so lautet die Kritik an der erkenntnistheoretisch naiven Antike, unterschiedliche subjektive Weisen, in denen wir uns erkennend zu Gegenständen verhalten, es sind nicht unterschiedliche Gegenstände, die in uns Wahrnehmung oder Meinung oder Wissen ‚hervorrufen'.

Wie sich nun schon von vielen Aspekten her hat zeigen lassen, ist diese Kritik selbst Ergebnis einer Fehlkonstruktion der Erkenntnistheorie, und zwar gerade, weil in ihr die Subjektivität des Erkennens in nur mangelhafter Weise in Rechnung gestellt ist. Wer behauptet, Wahrnehmung, Meinung und Wissen hätten denselben Gegenstand, kann mit dieser Behauptung nur den äußeren Gegenstand meinen, auf den sich diese unterschiedlichen subjektiven Erkenntnisweisen beziehen. Dieser äußere Gegenstand kann aber auf keine Weise zu einem inneren Gegenstand der Wahrnehmung oder des Denkens werden. Wir haben, wie Aristoteles betont, ja nicht den Stein in der Seele, wenn wir etwas *von ihm* wahrnehmen oder denken.

Diese Einsicht versucht die Erkenntnistheorie seit dem Nominalismus des späten Mittelalters zu unterlaufen, indem sie davon ausgeht, man erfasse bereits mit der Anschauung irgendwie den ganzen Gegenstand, wenn auch auf noch rezeptive und unbewußt ungegliederte Weise, so daß in dieser unmittelbaren Erfahrungsform innerer und äußerer Gegenstand noch identisch seien. Diese Überzeugung verstößt aber aus platonisch-aristotelischer Perspektive gegen elementare Resultate einer kritischen Analyse der Erkenntnisakte, und zwar bereits der Wahrnehmung. Auch wenn Auge und Ohr sich auf denselben äußeren Gegenstand beziehen können, der subjektive Erkenntnisgegenstand, den das Auge hat, ist ein anderer als der, den das Ohr hat. Denn das Auge sieht nicht ‚das Flugzeug', sondern es sieht Farben und von Farben abgegrenzte Formen, und das Ohr hört nicht ‚das Flugzeug', sondern Töne und Geräusche. In diesem, die subjektive Erkenntnisleistung der verschiedenen Sinne mitbedenkenden Sinn haben Auge und Ohr also verschiedene Gegenstände, und erst wenn man diesen Aspekt der subjektiven Leistung beim Erkennen von dem Ganzen unterscheidet, das die Wahrnehmung lediglich vor sich hat, kann man verstehen, was verschiedene Erkenntnisformen, also etwa Wahrnehmung, Meinung und Wissen voneinander unterscheidet.

3 a.   Die eigentümliche Leistung der Wahrnehmung als Wahrnehmung

Bevor man nach dem spezifischen Gegenstand des Meinens fragen kann, muß also zuerst geklärt sein, was der Meinung bereits vorliegt, weil es von anderen Erkenntnisformen schon unterschieden ist, und das heißt, es muß zu allererst nach der eigentümlichen Leistung der Wahrnehmung gefragt werden.

Wenn man sich darauf verständigt hat, daß die Wahrnehmung ihre eigenen Gegenstände hat, und daß diese Gegenstände nicht der ganze Bereich, der uns vermittels unserer Sinne zugänglich ist, sein kann, sondern nur das aus diesem Bereich, was wir tatsächlich durch unsere Sinne unterscheiden und erkennen – und das ist eine Position, die eigentlich auch dem ‚gesunden Menschenverstand' nicht fremd ist –, dann ergibt sich allerdings eine dem Common sense fremde, ja paradox erscheinende Folge: daß nämlich auch der Gegenstand der Wahrnehmung, also das Wahrnehmbare, überhaupt nichts Äußeres, sondern etwas Inneres, etwas Subjektives ist. Dieses Subjektive erweist sich dabei aber als etwas, was in seiner eigenen Dimension, in der Dimension des Subjektiven, nicht etwa nur Übereinstimmung, sondern Identität von Innen und Außen, Subjektivem und Objektivem herstellt – und dadurch eine Erkenntnis von größter Sicherheit ist. Auf dieser Sicherheit beruht in Wahrheit das Vertrauen des empirischen Denkens, ihm allein sei die ‚wirkliche' Wirklichkeit zugänglich. Die Naivität dieses Vertrauens liegt in seiner Selbstüberschätzung. Es beschränkt sich nicht auf das, was der sinnlichen Erfahrung zugänglich ist, sondern meint, die Sinne seien es, die uns die Gegenstände für die denkende Verarbeitung liefern.

Ausgangspunkt ist also (bei Platon und Aristoteles), daß wahrnehmbar das ist, was eine Wahrnehmung unterscheiden kann. Daraus ist sofort klar, daß das Auge keine Schere ‚sieht', denn um zu erkennen, daß das Gesehene eine Schere ist, braucht man über das vom Auge Erfaßte hinaus Erkenntnisse, die nicht durch das Sehen, sondern durch Erinnerung, Urteilen, Schließen usw. gewonnen werden. Von diesen mentalen Akten haben wir aber ein mögliches reflexives Wissen und können sie deshalb vom Sehen unterscheiden.

Der Unterscheidungsvorgang der reinen Seh- oder Hörleistung von allem, was nicht reines Wahrnehmen ist, ist aber mit dieser ersten Differenzierung noch nicht hinreichend bestimmt. Denn wenn man die Erkenntnis ‚dies ist ein Cello' von der Hörerkenntnis etwa eines ‚a' unterscheidet, weil die erstere mehr mentale Leistungen umfaßt als eine reine Hörleistung, dann muß man analog verfahren bei dem, was wir einem ungenauen Sprachgebrauch folgend Töne nennen.

Auch vom ‚Ton' zeigt eine Reflexion, die sich auf den eigenen Erkenntnisakt beim Hören zurückwendet, daß der ‚Ton' als das, was wir hören können, nicht einfach das Ganze dessen sein kann, was von außen das Ohr ‚affiziert'. Die periodische Luftdruckschwankung etwa, die von der schwingenden Cellosaite hervorgebracht wird, bewegt, ‚affiziert' das Trommelfell. Das Trommelfell erleidet diese Affektion aber nicht vom Ton als Ton, sondern von der Luftbewegung, und es hört auch nicht, sondern gerät seinerseits in eine mit der Luftdruckperiode identische Schwingung. Daß man zwischen Luftdruck und Ton unterscheiden muß, hat man in der Antike experimentell etwa daran erwiesen, daß bei sehr lauten Tönen, etwa beim Donner, das Trommelfell platzt, wenn man den Mund geschlossen hält, nicht aber, wenn man ihn öffnet. Da man in beiden Fällen, bei geöffnetem wie bei geschlossenem Mund, denselben Ton gehört hat, ist das Trommelfell offenkundig nicht von einer Eigenschaft des Tones selbst, nämlich von der Lautstärke des Tons, sondern von der Luftbewegung, die den Ton ‚transportiert', geplatzt. Offenbar beeinflußt uns die Luft mit ihrem spezifischen Druck in anderer

Weise und beeinflußt etwas anderes an uns als das, was man als Ton unterscheidet, und wir nehmen sie auch anders wahr. Wir könnten sie auch für sich wahrnehmen: dann aber nicht durch den Hörsinn, sondern mit dem Tastsinn.

Wenn der Wind ‚heult', unterscheiden wir ja auch zwischen der Heftigkeit der Luftbewegung, die die Bäume biegt und die wir etwa als kalt empfinden, und dem dabei miterzeugten Geräusch, das also eine Qualität an der Luftbewegung und nicht diese selbst ist.

Solche experimentellen ‚Beweise' sind für die erkenntnistheoretische Reflexion, um die es Platon und Aristoteles geht, aber nicht entscheidend, auch wenn sie eine konkret erfahrbare Evidenz hinzubringen. Entscheidend ist vielmehr, daß das, was gehört wird, ein Unterschied sein muß. Wenn es so etwas wie Hören, d.h. die Fähigkeit, Hörbares zu erfassen, überhaupt gibt, dann muß das, was das Hören erfaßt, etwas Bestimmtes sein. Die schwingende Cellosaite, die periodische Luftdruckschwankung, die Bewegung des Trommelfells, die Nervenimpulsfrequenzen oder bestimmte weitere neuronale Codes auf dem Weg des Tons vom Innenohr zum Großhirn usw. sind aber etwas immer wieder anderes.

Allein die Tatsache, daß wir bei der Beschreibung eines Hörvorgangs vom ‚Weg des Tons' von einer Station zur anderen sprechen können, verweist darauf, daß wir den Ton selbst von allen Medien, in denen er transportiert wird, unterscheiden.

Daraus wird deutlich, daß Hören ein Akt ist, in dem etwas erfaßt wird, das in verschiedenen Materien: der schwingenden Saite, dem schwankenden Luftdruck, dem schwingenden Trommelfell, den schwankenden Nervenimpulsfrequenzen usw. identisch bleibt.

Und man kann ergänzen, daß dies nicht nur für einen konkreten Einzelhörvorgang gilt, sondern man hört immer wieder, wenn man etwa ein ‚a' hört, dieses Identische, und jeder, der ein ‚a' hört, hört dieses Identische. Es ist im Unterschied zu allen Materien und deren eigentümlichen Bewegungsformen das einzige, was in diesen Prozessen überhaupt als es selbst erhalten bleibt. Die Schwingung der Saite oder die Membranvibration des Lautsprechers wird abgelöst von der Luftdruckschwankung, diese von der Schwingung des Trommelfells, diese wird über Vermittlungsstufen schließlich in Nervenimpulsfrequenzen verwandelt und bis zur Großhirnrinde mehrfach neu auf neue Nervenzellen übertragen. Die einzig mögliche Instanz für das, was ein Ton sein kann, ist also die immer gleiche Bestimmtheit der Bewegung dieser unterschiedlichen Materien.

Dabei hält sich diese Bestimmtheit nicht als ein fest bleibendes Materieelement mit bestimmter Struktur durch, sie wird vielmehr immer wieder neu erzeugt und ‚übersteht' dadurch z.B. sogar die Wandlung von einer mechanischen Schwingung zu einer elektrischen Frequenz. Auch ein Ton ist also eine bestimmte Anordnungsmöglichkeit, die ihre – rational erkennbare – Bestimmtheit von Zahlen und Zahlverhältnissen hat.

Wer die Fähigkeit zu Hören hat, muß also die Fähigkeit haben, eine zahlhaft bestimmte Bewegtheit an einer Materie, die von dieser Bewegungsform organisiert ist, zu unterscheiden und als sie selbst zu erfassen, so wie man etwa in analoger Weise einen Kreidestrich oder eine Welle im Wasser als Kreis an der Bestimmtheit ihrer geschlossenen Form erkennt, auch wenn man das Organisationsprinzip des Kreises, daß hier alle Punkte der Linie gleich weit von einem Mittelpunkt entfernt sind, noch nicht ‚bewußt' durchschaut hat.

Daraus wird auch klar – und ich möchte noch einmal darauf hinweisen –, daß das Hören eines Tons auch kein Bewußtseinserlebnis und auch keine andere Art von Bewußtseinsvorgang ist. In einem Bewußtseinsvorgang müßte ja ein äußerer Gegenstand oder ein äußeres Ereignis ‚mental' vergegenwärtigt werden. Die Problematik dieser Vergegenwärtigung sieht die neuzeitliche Kritik in der subjektiven Überformung, Partialisierung usw. des sich ihr darbietenden äußeren Gegenstands. Mit seiner möglichst unbeeinflußten Rezeption muß alle bewußte Spontaneität übereinstimmen, wenn ihre Produkte nicht bloße Fiktion sein, sondern ‚Realitätsgehalt' haben sollen. Der Defekt dieser Bewußtseinstheorie wird bereits und zugleich in ganzer Schärfe bei der Wahrnehmung sichtbar. Denn wenn Erkenntnis ein bewußtes Sich-Verhalten zu äußeren Gegenständen wäre, müßte das Hören durch Vergegenwärtigung des äußeren Gegenstands, von dem das Bewußtsein affiziert wird, zustande kommen. Dieser äußere Gegenstand müßte dann die periodische Luftdruckschwankung sein – und in der Tat kann man in vielen sinnesphysiologischen Erklärungen lesen, daß Töne genau diese Luftdruckschwankungen seien.

Diese gegenüber dem Bewußtsein äußeren Ereignisse: die Membranvibration, die Schallwelle und zuletzt – vielleicht – irgendein chemoelektrischer Vorgang in der Großhirnrinde sind aber nicht Ton, sondern mehr als Ton, sie sind immer ein konkretes Ganzes aus Ton und Nicht-Ton, z.B. zugleich eine Luftdruckschwankung, die man fühlt, aber nicht hört. Um zu hören, muß man aber zwischen dem Medium und seiner Bewegtheit unterscheiden und diese für sich erfassen können. Also ist Hören kein Prozeß, in dem uns etwas Äußeres bewußt wird, sondern in dem wir etwas an einem Äußeren unterscheiden.

Es ist also keineswegs ein unerklärliches Wunder der Parallelität physikalischer und mentaler Zustände, wenn wir elektromagnetische Strahlung als Farbe, Schallwellen als Ton ‚erleben'. Die Schallwelle ist eben nicht Ton. Dennoch ist der Ton keine subjektive Erfindung oder Errechnung des Gehirns, durch die wir Schallwellen als Töne erleben (weil dies für die Evolution vorteilhafter war), sondern er ist eine bestimmte Organisationsform der Teile der Luft zu einer Schallwelle, die allerdings erst für den zum Ton wird, der diese Qualität rein als sie selbst erfassen kann.

In diesem Sinn gilt tatsächlich, daß es Töne nur für Wesen gibt, die hören können. Da die bestimmte Bewegungsform der Luftdruckschwankung genau das ist, was schließlich gehört wird, kann man aber sagen, daß im aktuellen Hörakt Innen und Außen identisch sind. Das, was gehört wird, ist genau das, was die Luftdruckschwankung hörbar macht. Wie Aristoteles sagt, ist die Luftdruckschwankung nur ‚der Potenz nach' Ton, den Ton als Ton gibt es nur im Hörakt[311].

Wenn Aristoteles davon spricht, daß Ton, Farbe usw. ‚in der Wirklichkeit' nur ‚potentiell' Ton und Farbe sind, beschreibt er einerseits nichts anderes als das, was uns moderne Sinnesphysiologen, Konstruktivisten und viele andere demonstrieren, wenn sie aufweisen, daß es ‚draußen' nur elektromagnetische Wellen, Luftdruckschwankungen usw. gebe. Wenn diese andererseits daraus schließen, allein diese Wellen und Schwankungen seien ‚wirklich' Farbe und Ton, weil wir derartiges physikalisch beweisen könnten, das, was wir für Farbe und Ton halten und empfinden, seien dagegen nichts als subjektive Erlebnisse oder Konstruktionen, weichen sie in charakteristisch neuzeitlicher Manier von Aristoteles ab, indem sie einfach das von außen auf die Sinne Treffende als ganzes zu Ton und Farbe machen, ohne reflexiv zu prüfen, was Gegenstand des Hörens oder Sehens sein kann. Von Aristoteles her gesehen, beweist die Tatsache, daß elektromagnetische Wellen und Luftdruckschwankungen nicht Farbe und Ton sind, keineswegs, daß zwischen diesen ‚äußeren', physikalischen Vorgängen und Farbe und Ton gar kein Zusammenhang bestünde. Wenn er sagt, diese äußeren Vorgänge seien der ‚Potenz nach' Farbe oder Ton, dann meint dies, daß in ihnen Ton und Farbe nicht als sie selbst, sondern vermischt mit ihrem Medium da sind. Von diesem Medium können sie aber durch die Wahrnehmungserkenntnis unterschieden und so als Ton oder Farbe erfaßt, d.h. gehört bzw. gesehen, werden. Erst in diesem Wahrnehmungsakt existieren sie wirklich als Ton oder Farbe, zuvor war es – aufgrund der besonderen Organisiertheit der elektromagnetischen Wellen oder der Luftdruckschwankung – nur *möglich*, sie als Ton oder Farbe zu erfassen. Wie ein Buch nur ‚potentiell' lesbar ist, nämlich für den, der wirklich lesen kann, so sind elektromagnetische Wellen und Luftdruckschwankungen nur potentiell Farben oder Töne, nämlich für Lebewesen, die wirklich die Fähigkeit haben, deren sie bestimmende Bewegungsform an diesen Medien abzulesen.

Im Verhältnis zu Behauptungen, die Anschauung sei blind, alles Wahrnehmen sei nichts als ein passiv-rezeptives Geschehen in uns und derglei-

---

[311] Im 8. Kapitel des 2. Buches seiner Psychologie (Aristoteles, De anima II, 8, 419b4ff.) entwickelt Aristoteles eine differenzierte Theorie der Hörwahrnehmung, die klar unterscheidet zwischen dem für Hörwahrnehmungen und Töne notwendigen materialen Substrat und dessen Qualitäten auf der einen Seite und dem Strukturprinzip, das diesem Substrat die Form gibt, auf der anderen Seite. Das diesem Prinzip zugrundeliegende Material ist nach Aristoteles nur ‚der Potenz nach' (*dynamei*, δυνάμει) Ton. Damit es zu dem Erklingen eines wirklichen (*energeiâ*, ἐνεργείᾳ) Tones und der entsprechenden Hörwahrnehmung kommen könne, bedürfe es aber nicht nur des geeigneten Materiesubstrats, sondern ein Ton sei immer Ton von etwas (*tinos*, τινός), in Bezug auf etwas (*pros ti*, πρός τι) und an etwas (*en tini*, ἔν τινι), setze sich also aus drei zu unterscheidenden Momenten zusammen (ebenda 419b9f. und 419b18ff.).

chen, bedeutet die aristotelische Analyse eine substantielle Aufwertung der Wahrnehmung: Sie wird in ihrem aktiven Erkenntnischarakter erkannt und anerkannt, und sie wird von dem Vorwurf befreit, sie sei als *mater erroris* Anlaß und Ursache für jede Art von Täuschung. Dieser Vorwurf erweist sich als Resultat eines Mangels an erkenntnistheoretischer Analyse. Statt einer kritischen Reflexion auf die spezifische Erkenntnisleistung der Wahrnehmung begnügt man sich mit der ‚kritischen' Feststellung, daß diejenigen Gegenstände, die uns durch Wahrnehmung zugänglich werden, von uns häufig oder grundsätzlich nicht so, wie sie wirklich, ‚an sich' sind, repräsentiert werden, sondern in allen möglichen Überformungen, Entstellungen, Verzerrungen, Partialisierungen usw. Alle Formen möglicher Täuschungen über Gegenstände, Situationen usw., auf die wir uns mit unseren Sinnen beziehen können, werden damit unserem Urteil über das, was wir vermeintlich wahrgenommen oder auf anderem Weg direkt von den Dingen ‚selbst' rezipiert haben, zugeschlagen. Die Frage, ob dieses ‚unmittelbar' Wahrgenommene, Empfundene, Gefühlte usw. nicht vielleicht selbst schon eine subjektive Fehlkonstruktion war, wird nicht einmal mehr gestellt.

Von Aristoteles her gesehen muß man zuerst wissen, was man überhaupt wahrnimmt, bevor man subjektive Reflexionen darüber anstellen kann, wie man mit diesem Wahrgenommenen umgehen, über es urteilen soll usw. Wenn das Auge Farben sieht und das Ohr Töne hört, muß das Urteil darüber, ob uns die Wahrnehmung korrekt über *die äußere Wirklichkeit* informiert, auf diese Leistung bezogen sein. Wer dagegen Himmel und Erde, Fichten und Ulmen, Bayern und Preußen, Ängstliche und Zornige, Computer und Enzyme, Dämonen und Gespenster ‚sieht', der muß dieses ‚Gesehene', d.h. das, was er in diesem vorgeblich unmittelbaren Akt empfangen zu haben *meint*, zum unverrückbaren Maß für jede ‚mentale Verarbeitung' machen.

Angesichts der vielen Fehlauffassungen, die in einem derartigen ersten Erfassungsakt enthalten sein können, muß jede Art von ‚Verarbeitung', ob man den ersten Erfassungsakt wiederholt, vergleicht, unter präzisere Bedingungen bringt, ob man ihn unter allgemeine Hinsichten stellt o.ä., damit rechnen, daß sie verzerrt, ungenau, überholbar, ergänzbar, widerlegbar ist, d.h., daß sie als eine immer nur vorläufige subjektive Setzung erscheint.

Die *experientia ordinata*, die methodisch geleitete Beobachtung, durch die Bacon die vorgebliche *experientia vaga*, die unkontrollierte, nicht am ‚Experiment' geprüfte Beobachtung der ‚Alten' ersetzen wollte, kann ihr Ziel, Sicherheit der Erkenntnis zu bringen, grundsätzlich nicht erreichen, weil sie auf methodische Weise bloße Akzidenzien zusammensetzt – von dem Problem, daß bei dieser aller Metaphysik absagenden Beschränkung unserer Erfahrungen auf das ‚Wahrnehmbare' etwas zum Maß aller möglichen Erkenntnis gemacht wird, von dem wir zugleich behaupten, es sei gänzlich unerkennbar, ganz zu schweigen. Denn wenn wir behaupten, wir könnten niemals erkennen, wie ‚die Dinge an sich selbst' sind und wie sie uns in ursprünglicher Empfindung gegeben sind, sondern immer nur, wie sie unter unseren subjektiven Bedingungen erscheinen, fühlen wir uns offensichtlich in der Lage, unsere subjektiven Hinsichten von den wirklichen Dingen zu unterscheiden, und das heißt eben, wir nehmen zur Feststellung der Subjektivität unserer mentalen Akte an einem Wissen Maß, über das wir gar nicht verfügen können sollen. Wie kann jemand behaupten, ein Spiegel verzerre die Gestalt eines Menschen, wenn er zugleich behauptet, er könne die wahre Gestalt gar nicht kennen?

Wenn es aus derartigen Konfusionen einen Ausweg geben soll, dann muß also zuerst der vorgebliche Wahrnehmungsvorgang auseinandergelegt und geprüft werden, was an ihm Wahrnehmung in ihren möglichen verschiedenen Leistungen ist, was an ihm Erinnerung, Vorstellung, Meinung, Urteil oder Schlußfolgerung ist. Diejenige Leistung, durch die wir nach Platon und Aristoteles zuerst einen Gegenstand als Gegenstand erkennen, sind die von ihm sog. ‚akzidentelle Wahrnehmung' und die Meinung. Der subjektive Inhalt, d.h. der ‚Gegenstand', der das Produkt der Erkenntnisleistung des akzidentellen Wahrnehmens oder des Meinens ist, muß also auf jeden Fall untersucht werden, wenn die tatsächlichen subjektiven Bedingungen, durch die aus einer Rezeption von Sinnesdaten für uns ein Gegenstand wird, kritisch aufgeklärt werden sollen.

Im Blick auf diesen subjektiven Gegenstand, d.h. auf den Inhalt, den die akzidentelle Wahrnehmung und die Meinung durch ihre spezifische Leistung aus der Beschäftigung mit einem äußeren Gegenstand gewinnen, versuche ich die platonisch-aristotelische Lehre in den Grundzügen zu charakterisieren.

3 b. Die ‚Wahrnehmung' von Gegenständen, Situationen und ‚Gefühlen'

Unterscheidet man wie Platon und Aristoteles Wahrnehmung, Meinung und Wissen von den verschiedenen Erkenntnisgegenständen (sc. und nicht von angeblich gegebenen Dingeinheiten) her, die sie aufgrund ihrer spezifischen Aktivität unterscheiden, ergibt sich ein erheblich anderes Verständnis des Verhältnisses von Einzelnem und Allgemeinem als in nachnominalistischen Ansätzen. Allgemeinbegriffe gelten den meisten – rationalistischen wie empiristischen – Theorien der Neuzeit und Moderne als Abstraktionsprodukte von Einzeldingen. Wenn man aber wie Platon und Aristoteles davon ausgeht, daß unser Erkennen keineswegs bereits ‚gegebene' Einzeldinge voraussetzen kann, sondern sich diese in einem Weg vom Wahrnehmen zum Begreifen erst erschließen muß, kehrt sich das Verhältnis von ‚abstrakt' und ‚konkret' zwischen Wahrnehmung und Denken gleichsam um. Für ein modernes Verständnis beginnt die Erkenntnis mit der Konkretheit des unmittelbar rezipierten Einzelnen, die Abstraktion ist ein methodisch späterer Schritt, der erst auf der Basis vieler Einzelerfahrungen möglich ist. Aristoteles beschreibt diesen Weg – zur vielfachen Verwunderung seiner modernen Kommentatoren – in genau umgekehrter Reihenfolge.

Er beginnt das 1. Kapitel des 1. Buchs der *Physik* (184a16ff.) – also des Buchs, das die empirische Erkenntnis natürlicher Gegenstände erklären will – mit der Feststellung[312], man gehe bei jeder Suche nach Erkenntnis zunächst einmal von dem aus, was unserem Denken näher liegt. Das sei das, was wir ohne methodisch geleitete begriffliche Arbeit zugleich mit der Wahrnehmung begreifen könnten. Ein solches Wahrnehmungswissen erscheine klar und deutlich, bei einer kritischen Prüfung durch das Denken erweise sich dieses ‚Wissen' aber als konfus und abstrakt allgemein. Es ist gar kein Wissen, nur ein – sinnliches – Meinen. Erst im Prozeß begrifflicher Differenzierung könne dieses abstrakte Meinen in ein distinktes Wissen von genau einer einzelnen Sache überführt werden. Dieses begriffliche Wissen sei dann nicht nur für uns, sondern tatsächlich von der Sache her konkret bestimmt und erkennbar – und in Folge davon auch klar und deutlich[313].

Die Aussage, das, was man von den Gegenständen, auf die man sich mit den Sinnen beziehen kann, mit Hilfe der Wahrnehmung erkennen könne, sei allgemein, steht hier also im Zusammenhang mit einer grundsätzlichen Charakterisierung des Erkenntnisprozesses und soll den methodischen Anfang des Erkennens erklären. Ausgangspunkt des Erkennens der Einzeldinge, von denen wir umgeben sind, kann nicht eine bereits differenzierte Detailkenntnis einer Sache sein, Ausgangspunkt ist vielmehr, wie Aristoteles sagt, „das für uns leichter Erkennbare" (*ta hêmin gnôrimôtera*, τὰ ἡμῖν γνωριμώτερα), das, was auch ohne methodische Analyse leicht und schnell erfaßt werden kann. Das ist das, was wir unmittelbar mit der Wahrnehmung zusammen begreifen. Der Erkenntniswert dieses unmittelbar Begriffenen ist nach Aristoteles eine konfuse Allgemeinheit.

Mit der Behauptung, die Sinnesinformationen böten uns die Gegenstände als etwas Konfuses, Mannigfaltiges dar, befindet sich Aristoteles – zumindest dem Wortlaut nach – in breiter Übereinstimmung mit neuzeitlichen Erkenntnistheorien. Mit der Behauptung dagegen, der Gegenstand der Sinneserkenntnis sei allgemein, stellt Aristoteles eine These auf, mit der er

---

[312] S. zu diesem Eingangskapitel der *Physik* v.a. Franz Brentano, Über Aristoteles. Nachgelassene Aufsätze, hg. v. Rolf George, Hamburg 1986, 131-133; Rudolf Eucken, Die Methode der Aristotelischen Forschung, Berlin 1872, 53; Aristotle´s Physics books I and II. Translated with introduction and notes by William Charlton, Oxford 1970, 42-52; Wolfgang Wieland, Die Aristotelische Physik, Göttingen 1962, 52-100; Hans Wagner, Aristoteles, Physikvorlesung, in: Aristoteles. Werke in deutscher Übersetzung, begr. v. Ernst Grumach, hg. v. Hellmut Flashar, Bd. 11, Darmstadt 1967, zur Stelle; Johannes Fritsche, Methode und Beweisziel im ersten Buch der ‚Physikvorlesung' des Aristoteles, Frankfurt a.M. 1986. Zur Begründung der im folgenden vorgetragenen, von der bisher genannten Forschung abweichenden Deutung s. v.a. Christian Pietsch, Prinzipienfindung bei Aristoteles, 62-77 und Verf., Kritische Anmerkungen zum neuzeitlichen Wissenschaftsbegriff aus der Sicht des Altphilologen, in: Gymnasium 98, 1991, 232-254, v.a. 248-52.

[313] Zur Unterscheidung des für uns und des von der Sache her Deutlicheren s. auch Aristoteles, *Topik* VII 4, 141b3-14; *Analytica Posteriora* I 2, 71b33-72a5, *Metaphysik* VII 3, 1029b3-12.

die Evidenz der nahezu in der gesamten Philosophie seit Duns Scotus[314] und Ockham zugrunde gelegten Prämisse, das unmittelbar ‚Apprehendierte' gehe der Subjekt-Objekt-Spaltung noch voraus und ‚korrespondiere' noch den ‚Dingen an sich', bestreitet. Statt dessen macht er dieses erste Erfassen selbst zu einem Gegenstand begrifflicher Kritik.

Prüft man, warum Aristoteles die Form der Gegenstandserkenntnis, die man zugleich mit der Hinwendung der Wahrnehmung auf ein konkretes Einzelding gewinnen kann, allgemein nennt – der Schlüsselsatz dafür steht im Schlußkapitel der *Analytica Posteriora*:

„Die Wahrnehmung richtet sich auf ein Einzelnes, der Wahrnehmungsinhalt aber ist allgemein."(Aristoteles, *Analytica Posteriora*, II, 19, 100a16-b1)[315] –

dann sieht man, daß Aristoteles mit der These, die (Gegenstands-)Wahrnehmung sei allgemein, genau den Fehler vermeidet, der im Sinn der von Kant sog. kopernikanischen Wende des Denkens auf sich selbst gerade die antike Philosophie charakterisieren soll: Er vermeidet die Nichtunterscheidung der subjektiven Konstitutionsbedingungen von Gegenständlichkeit von der objektiven Realität der Gegenstände selbst.

Wir erkennen ja nach Kant die Dinge nicht, wie sie an sich sind, sondern nur, wie sie von unserem Denken konstituiert werden. Nun ist es aber gerade das Grundpostulat des spätmittelalterlichen und neuzeitlichen Nominalismus, das in der Sinneserfahrung erfaßte Einzelding für die ‚gegebene', unantastbare Basis der Erkenntnis zu nehmen und das Allgemeine nur als

---

[314] Zur Umdeutung der Leistung der Wahrnehmungserkenntnis durch Duns Scotus s. Verf., Anschauung und Denken bei Duns Scotus.

[315] Bei der Behauptung dieser Art von Allgemeinheit der Wahrnehmung muß man beachten, daß Aristoteles damit die unter Beiziehung der Wahrnehmung und zugleich mit ihr geleistete Sacherkenntnis meint, nicht etwa die spezifische Leistung der Wahrnehmungserkenntnis selbst. Diese präzisierende Erläuterung ist notwendig, weil Aristoteles auch den spezifischen Wahrnehmungsinhalt selbst, d.h. die wahrgenommene Farbe durch das Sehvermögen, des Tons durch das Gehör usw., ein ‚Eidos ohne Materie' (ein *ahylon eidos*, ἄυλον εἶδος) nennt. Das heißt: der subjektive Wahrnehmungsinhalt ‚Rot' ist für Aristoteles etwas Allgemeines. S. dazu. Wolfgang Bernard, Rezeptivität und Spontaneität der Wahrnehmung bei Aristoteles, 87-112. Nur so ist die Wahrnehmung von ‚Rot' überhaupt eine mögliche Erkenntnis von ‚Rot'. Wäre jedes ‚Rot' immer wieder anders, d.h. gar nicht dasselbe ‚Rot', sondern eine immer wieder neue Farbe, gäbe es keine Möglichkeit, ‚Rot' zu identifizieren. Es wäre noch im Akt des Sehens verschwunden, da man es nicht einmal in seiner Identität gegenüber der sich ändernden Materie festhalten könnte, und würde nie wieder in Erscheinung treten. Die Allgemeinheit der Wahrnehmungserkenntnis, von der Aristoteles im 1. Kapitel der *Physik* und im Schlußkapitel der *Analytica Posteriora* spricht, ist aber nicht diese spezifische Leistung der Wahrnehmung selbst, diese Leistung ist nach Aristoteles distinkt und nicht konfus, es geht hier vielmehr um die Gegenstands- und Sacherkenntnis, die man in der Wahrnehmung schon mittätigt, d.h., wenn man nicht nur das Weiß oder Rot an etwas auffaßt, sondern wenn man eine z.B. vom Auge erfaßte bestimmte farbige Form als Etwas, als diesen oder jenen Gegenstand deutet. Dazu s. im Haupttext S. 162ff. u.ö.

(potentiell verfälschendes, ‚unwahres') Abstraktionsprodukt von diesen der Wahrnehmung ‚gegebenen' Inhalten gelten zu lassen[316].

Von Aristoteles her gesehen müßte, wenn denn die bisherigen Analysen etwas Richtiges erbracht haben, die Überzeugung, der Wahrnehmung seien Gegenstände gegeben, als eine Dimensionsverwechslung bezeichnet werden, die die subjektiv konstituierten Erkenntnisinhalte vom äußeren, ‚ontischen' Gegenstand nicht unterscheidet. Das heißt, sie müßte als erkenntnistheoretisch naiv bezeichnet werden.

Der spätantike Aristoteles-Kommentator Johannes Philoponos verweist zur Betonung des Dimensionsunterschiedes zwischen dem äußeren Einzelgegenstand in der ‚Realität' und der Weise, wie er von uns – zunächst noch unbestimmt – gedacht wird, ausdrücklich darauf, daß die Natur ihre Gegenstände anders herstelle als das menschliche Denken die seinen. Während die Natur nämlich von Anfang an immer auf die Erzeugung eines je Einzelnen hinstrebe, beginne das menschliche Denken die Konstitution seiner Gegenstände im Ausgang von einem Allgemeinen[317].

Die Tatsache, daß Aristoteles den Inhalt der (Gegenstands-)Wahrnehmung allgemein nennt, ist also ein Beweis dafür, daß er diesen Inhalt gerade nicht für den äußeren Gegenstand, den die Wahrnehmung vor sich hat, hält, sondern daß er kritisch auf den Modus reflektiert, in dem das Denken seinen Gegenstand bildet.

Daß sich bei dieser Art der Reflexion auf die Subjektivität der Gegenstandswahrnehmung deren Inhalt als allgemein erweist, ist eine klare Folge aus Aristoteles' Erkenntnisbegriff.

Da Denken nach Aristoteles Unterscheiden ist, das am Leitfaden des Satzes vom Widerspruch fortschreitet (s. oben S. 215ff., S. 233f. und S. 268f.),

---

[316] Wenn bisweilen behauptet wird, bei Ockham gebe es noch keinen Nominalismus, so hat das seine Berechtigung darin, daß Ockham in der Tat nirgends das Allgemeine für einen bloßen Namen ausgibt. Es sind allerdings auch moderne Nominalisten keine Nominalisten in diesem eher oberflächlichen Sinn. Die ausschließliche Anerkennung von Singulärem als Basis des Wissens und die Bewertung des Wissens aus seinem (Zeichen-)Verhältnis zu dieser Basis gehört aber sowohl zum Nominalismus Ockhams wie zu dessen modernen Spielarten. S. z.B. Philotheus Boehner, Collected Articles on Ockham, hg. v. Eligius M. Buytaert, St. Bonaventura (u.a.) 1958, 156-174 und z.B. Guido Küng, Nominalistische Logik heute, in: Allgemeine Zeitschrift für Philosophie 2, 1977, 29-52.

[317] S. Philoponos, Kommentar zur aristotelischen Physik, (Ioannis Philoponi in Aristotelis Physicorum libros tres priores commentaria, (Commentaria in Aristotelem Graeca (=CAG) XVI), ed. Hermann Vitelli, Berlin 1887) 14,3ff., wo Philoponos betont, daß die Natur niemals ein vielem Gemeinsames und Konfuses bildet, sondern immer ein Einzelnes und Distinktes. Denn während wir die unbestimmte sinnliche Vorstellung, in der wir z.B. ein Entgegenkommendes gerade als Körper unterscheiden, ebenso gut auf etwas Beseeltes wie auf etwas Unbeseeltes, auf einen Baum wie auf einen Menschenkörper applizieren können, ist dies bei den Produkten der Natur unmöglich. Die Entstehung eines Menschen geschieht nicht so, daß im natürlichen Prozeß erst ein ‚Körper überhaupt' entsteht, der ebensogut Stein oder Pferd werden könnte, sondern der Prozeß läuft von Anfang an auf ein bestimmtes Individuum zu.

heißt das, daß man am Anfang eines Erkenntnisprozesses zwar bereits eine Unterscheidung tätigt, daß diese Unterscheidung aber noch nicht differenziert sein kann, sondern nichts als ein erster, von uns selbst gemachter Unterschied, von dem die weitere Erkenntnis ausgehen, an dem sie sich aber nicht orientieren kann, gleichgültig ob sie diesen ersten Unterschied in der Anschauung, dem Gefühl oder in der noch unverbildeten Alltagssprache sucht.

Hätte Richard Rorty seine Kritik an der Philosophie nicht nur auf allgemeine Urteile über Platon und Aristoteles, sondern auf eine Auseinandersetzung mit der in ihren Texten niedergelegten Sachargumentation gegründet, hätte er die „ganze Unterscheidung von Anschauung und Begriff" nicht deshalb für falsch erklären können, weil sie (sc. die Philosophie seit Platon und Aristoteles, besonders aber seit Descartes und Locke) „das Erkennen nach dem Modell der Wahrnehmung" gedacht habe.

„Woher wissen wir aber, wenn wir Locke und Hume nicht gelesen haben, daß dem Bewußtsein ein Mannigfaltiges gegeben ist? (...) Daß dem so sei, können wir nicht durch Introspektion erkennen, da wir uns zu keiner Zeit unsynthetisierter Anschauungen bewußt werden (...)"[318]

Ohne sich darüber Rechenschaft abzulegen, hält Rorty selbst an genau dem Wahrnehmungsmodell fest, das er kritisiert. Auch für Locke und Hume ist das Mannigfaltige, das dem Begriff vorausliegt, kein absolutes Mannigfaltiges, sondern wie in allen nachnominalistischen Erkenntnistheorien lediglich das vom bewußten Begriff noch nicht gesonderte Mannigfaltige, also ein bereits zu einer Gegenstandseinheit synthetisiertes Mannigfaltiges. Verlegt man mit Rorty diese vorbegriffliche Syntheseleistung von der Anschauung in die Sprache, in die ‚Proposition', ändert sich an der erkenntnistheoretischen Grundkonstellation nichts. Jetzt ist es eben die Sprache, in der die ‚Natur', d.h. die Gegenstände, gegeben sind, die unser bewußtes Denken nur noch ‚spiegeln' kann. Eine wirklich kritische Reflexion auf die synthetisierten Anschauungen, die das Bewußtsein immer schon in sich vorfindet, hätte zu einer Analyse der subjektiven Denkleistung, die in dieser Synthese enthalten ist, führen müssen. Vollzieht man diese Reflexion, dann zeigt sich, daß wir schon bei unserem ersten Zugang zu den Gegenständen Gegenstandseinheiten konstruieren. Diese ‚Synthese' erfolgt aber so, daß der Eindruck erweckt wird, wir fänden diese synthetisierten Gegenstandseinheiten immer schon in uns vor. Außerdem bilden wir diese Gegenstandseinheiten (auch aus praktischen Gründen: Wer wird denn die Gräser einer Wiese zählen, wenn er erkennen will, daß eine grüne Fläche eine Wiese ist?) aufgrund so weniger Unterscheidungen und an bloßen ins Auge stechenden Besonderheiten und Gemeinsamkeiten mit anderem, daß diese Syntheseleistung nicht den Anspruch einer wirklich rationalen und reflektierten Erkenntnistätigkeit erheben kann. Bei diesen ersten Einheitskonstruktionen

---

[318] S. Richard Rorty, Der Spiegel der Natur, 172f.

handelt es sich aber trotzdem nicht um etwas ‚immer schon Gegebenes' in dem Sinn, daß es als Basis der Erkenntnissuche gelten könnte. Die Nicht-Begrifflichkeit oder Vorbegrifflichkeit ist vielmehr Zeichen eines Mangels an Nähe zur Wirklichkeit, d.h. zu dem, was die Dinge ‚tatsächlich' sind. Sie ist Resultat der Abstraktheit und Undifferenziertheit des ‚ersten Hinsehens'.

Gemacht ist dieser undifferenzierte und daher noch unbestimmte Unterschied aber in Bezug auf ein Einzelnes und an einem Einzelnen, auf das wir unsere Wahrnehmung gerichtet haben. Der Inhalt einer Ersterkenntnis ist also eine unbestimmte, weil noch nicht hinreichend unterschiedene Einzelheit, die wegen ihrer Unbestimmtheit nicht spezifisch einem Einzelnen zukommt, sondern vielem zukommen, von vielem prädiziert werden kann. Wegen eben dieser Eigenschaft nennt sie Aristoteles ein „eher konfuses Allgemeines".

Wer zum ersten Mal einen Wald sieht, sieht nicht Buche, Eibe, Fichte, Kiefer, sondern Bäume, und genauso ist es, wenn man zum ersten Mal fremde Musik hört, fremde Menschen, fremde Gegenden wahrnimmt, man erkennt zuerst nur Allgemeinheiten.

Diese Allgemeinheiten haben es aber an sich, daß sie nur Verallgemeinerungen markanter Einzelerscheinungen sind[319]. Es sind ‚Gemeinsamkeiten', von denen keineswegs sicher ist, daß sie wirklich charakteristische Eigenheiten sind, die allgemein auf diese Menschen, diese Musik usw. zutreffen[320].

Aristoteles erläutert die Defizienz des *konfusen Allgemeinen* der Anfangserkenntnis an dem elementaren anfänglichen Prozeß, in dem Kinder lernen, Unterscheidungen zu machen und zu benennen[321]. Kinder nennten z.B. zu-

---

[319] Zur These, daß das Allgemeine der Wahrnehmung immer ein Phänomen an einem (raum-zeitlichen) Einzelnen ist, s. v.a. Aristoteles, *Analytica Posteriora* I, 31, 87b28-32; 28-30: „Wenn auch die Wahrnehmung Wahrnehmung einer (allgemeinen) Qualität und nicht eines Diesen ist, so nimmt man doch notwendigerweise ein Dieses wahr, und zwar irgendwo und jetzt."

[320] In der antiken Aristoteles-Kommentierung gibt es daher die Tendenz, diese konfusen Allgemeinbegriffe als Begriffe von *koina* (κοινά), von Gemeinsamkeiten, zu bezeichnen, und den Begriff des Allgemeinen (*katholou*, καθόλου) für das primäre Allgemeine (s. das folgende) zu reservieren. Eine strikte terminologische Fixierung gibt es aber im antiken und mittelalterlichen Platonismus und Aristotelismus nicht (im Unterschied etwa zur Sophistik oder zum Stoizismus der Antike). Präzise muß der durch die Sprache vermittelte Sachunterschied sein, nicht die sprachliche Form.

[321] Aristoteles, *Physik* I, 1, 184b2-5. S. dazu auch den Kommentar des Themistios (Themistii in Aristotelis Physicam paraphrasis, (Commentaria in Aristotelem Graeca (=CAG) V,2), ed. Heinrich Schenkl, Berlin 1900) 2,15-26, der noch einmal darauf verweist, daß sich immer zuerst und am leichtesten unartikulierte und allgemeine Vorstellungen in uns bilden – ‚allgemein' allerdings in dem Sinn, daß es sich in gleicher Weise an allen Exemplaren einer Klasse vorfinde –, bevor wir etwas Eigentümliches unterscheiden lernen. Deshalb sei der Grund, warum die Kinder zuerst alle Männer ‚Vater' und alle Frauen ‚Mutter' nennen, daß ‚männlich' und ‚weiblich' die allgemeinsten an Vater und Mutter erfahrbaren Unterschiede sind. Es ist natürlich nicht so – und dies meint Themistios auch nicht –, daß die Kinder zuerst begreifen, was ‚männ-

nächst alle Männer ‚Vater', alle Frauen ‚Mutter'. Dies beweist, daß sie den Vater, auf den sich ihre wahrnehmende Erkenntnis richtet, weder an individuellen Merkmalen noch gar an etwas, was dem Vater vom Begriff ‚Vater' her zukommt, sondern an irgendwelchen markanten Eigenschaften erkennen, durch die er sich von der Mutter oder von anderen Personen unterscheidet, z.B. an seiner tiefen Stimme. ‚Tiefe Stimme' kommt aber nicht nur diesem Vater, sondern vielen Vätern, ja sogar Nicht-Vätern zu. Also ist der subjektive Wahrnehmungsinhalt des Kindes einerseits allgemein – das in der faktischen Einzelerkenntnis aufgenommene Merkmal kommt zugleich vielen Einzelnen zu, ist also ‚prädizierbar von vielen' *(praedicabile de pluribus)* –, andererseits ist er konfus, denn er gibt kein bestimmtes Etwas zu erkennen, sondern er verwirrt die Erkenntnis, die sich an ihm orientiert, weil er ein Erkennungsmerkmal für ‚mein Vater' enthält, das zugleich auch Erkennungsmerkmal für ‚nicht mein Vater' ist, nicht aber etwas, das immer und nur für ‚mein Vater' zutrifft[322].

Gerade dieses Beispiel vom Sprechenlernen der Kinder hat allerdings – jedoch nicht in der langen Tradition der Aristoteles-Auslegung in den griechischen, lateinischen und arabisch-jüdischen Kommentaren der Antike und des Mittelalters, wohl aber im späten Mittelalter und seither – viele verführt, die aristotelische Lehre, die (Gegenstands-)Wahrnehmung sei abstrakt und konfus, ausschließlich auf den zeitlichen Anfang eines *Wahrnehmungs*vorgangs (und nicht auf den zeitlichen Anfang des *ganzen* Erkenntnisvorgangs), sozusagen auf den ersten Blick, den man auf etwas wirft (sc. im Unterschied zu dem ‚zweiten Blick' im Wortsinn, d.h. zu weiteren wahrnehmenden Erkenntnisakten), zu beziehen. Aristoteles meint aber mit dem Unterschied zwischen einer Erkenntnis, die ‚früher für uns' ist, und einer Erkenntnis, die ‚für uns später, der Sache nach aber früher' ist, nicht nur einen zeitlichen, sondern vor allem einen sachlichen Unterschied, nämlich den zwischen in verschiedener Weise differenzierenden Vermögen und den ihnen entsprechenden Erkenntnisgegenständen. Darüber gibt es eigentlich auch in der modernen Forschung keine Kontroverse. Da Aristoteles diesen Unterschied aber an der Weise, wie ein Erkenntnis- oder ein Sprachvorgang überhaupt beginnt, zu veranschaulichen sucht – aus didaktischen Gründen, wie die antiken und mittelalterlichen Kommentatoren erläutern –, glauben viele, die

---

lich', dann, was ‚Vater' ist, von solchen begrifflichen Unterschieden haben sie ja noch nicht einmal eine Vorstellung, sondern sie unterscheiden den Vater von der Mutter eben z.B. an seiner tieferen Stimme, und die hat er allerdings mit allen Männern im Unterschied zur nicht-mutierten Stimme der Frauen gemeinsam. S. dazu noch einmal unten S. 409f.

322 Da Wolfgang Stegmüller (Das Universalienproblem einst und jetzt, Darmstadt ²1965, 66) diese aristotelische Analyse der Konfusion des abstrakt Allgemeinen nicht beachtet, glaubt er, Abaelard habe mit seiner Charakterisierung von allgemeinen Bezeichnungen als ‚confusae imagines' „eine völlige Umkehrung der platonisch-aristotelischen Auffassung" erwirkt. In Wahrheit bezeugt diese Charakterisierung von einem genuinen Aristotelismus bei Abaelard.

,sachlich frühere' Erkenntnis ergebe sich einfach aus einem methodischen Fortschreiten der *Wahrnehmungs*erkenntnis selbst.

In diesem Sinn hat schon Duns Scotus Aristoteles' allgemeine Aussage, die Wahrnehmung sei abstrakt und konfus, zu korrigieren und auf eine noch unkontrollierte, unvollständige Wahrnehmung einzuschränken versucht. Diese Behauptung gelte nämlich, so deutet er Aristoteles und dessen arabischen Kommentator Avicenna um, nur für ungenaue Ersterfahrungen, die man unter ungünstigen äußeren Umständen macht[323].

Wenn man einen Wahrnehmungsgegenstand dagegen in der richtigen Position, im richtigen Licht und der nötigen Zeit betrachte, sei die Wahrnehmung nicht mehr abstrakt und konfus, sondern bestimmt und konkret.

Daß genau diese, schon von der antiken Stoa vertretene Ansicht der zentrale Grund ist, das eigentliche Erkenntniskriterium in der inneren Evidenz im Bewußtsein zu suchen, möchte ich wegen der Bedeutung, die diese scotistische Wende für die gesamte Neuzeit hat, wenigstens anmerken. Man darf sich, so scheint es im Sinn dieses Wahrnehmungsverständnisses, nur nicht auf vorschnelle, ungenaue, undeutliche Wahrnehmungen einlassen. Wenn dagegen die äußeren Umstände günstig und ohne Behinderungen für die Wahrnehmung sind, und wenn der Wahrnehmende nicht krank, im Affekt, wahnsinnig oder ungeduldig ist, sondern abwartet, bis der Wahrnehmungseindruck ihm in voller Deutlichkeit evident geworden ist, oder wenn sich die Wahrnehmung sogar wiederholen und von mehreren ,Beobachtern' bestätigen läßt, dann stimmen Wahrnehmungserkenntnis und äußerer Gegenstand, so weit dies menschliche Subjektivität zuläßt, überein.

Daß Aristoteles ein solches Vertrauen nicht teilen könnte, ist eindeutig. Denn man braucht im Sinn seiner Theorie einen Begriff, und zwar einen Begriff von dem Vermögen und der Leistung einer Sache, wenn man eine Vielfalt von Sinnesdaten in ihrer tatsächlichen gegenständlichen Einheit erkennen will. Nur wer wenigstens einen vorläufigen, noch meinungshaften Begriff von ,Vater' hat, etwa daß Vater ist, wer ein Kind gezeugt hat und für seine Ernährung und Erziehung sorgt, kann aus den vielfältigen Erscheinungsformen, in denen ihm ein Gegenstand, der das Prädikat ,Vater' verdient, entgegentritt, diejenigen Merkmale – auch mit Hilfe der Beobachtung – auswählen, die wirklich zu ihm als Vater gehören und sie von dem unterscheiden, was an diesem Gegenstand nicht Vater, sondern etwa Lehrer, Grieche, Musiker usw. ist.

Versucht man dagegen, die Gegenständlichkeit eines Gegenstands unmittelbar durch Beobachtung, also nur mit Hilfe seiner Wahrnehmungsvermögen, zu begreifen, heißt das ja nichts anderes, als daß man den Begriff dieses Gegenstands in der Wahrnehmung miterfassen will. Da ,Begriff' aber auf jeden Fall meinen muß, daß man etwas in seiner Identität mit sich selbst erkennt, die gewährleistet, daß man es nicht mit immer wieder anderen Gegenständen zu tun hat, oder mit Eigenschaften, die zu immer wieder

---

[323] S. dazu Verf., Anschauung und Denken bei Duns Scotus, bes. 17-21.

anderen Gegenständen gehören, kann man unmittelbar mit der Wahrnehmung etwas nur begreifen, indem man sich auf das zu beziehen sucht, was in aller ‚Mannigfaltigkeit' der Erscheinungsformen gleich bleibt. Genau so sind die meisten neuzeitlich modernen Erkenntnistheorien auch verfahren, und man braucht ihre Ergebnisse nur zu überprüfen, um zu sehen, daß jede noch so methodisch kontrollierte Wahrnehmung immer nur abstrakte, d.h. inhaltlich unbestimmte, leere und konfuse Gegenstände hervorbringt, deren Merkmale ebensogut für diesen wie für einen anderen Gegenstand zeugen.

Daß die Gegenstandswahrnehmung auch bei dem von Duns Scotus vorgeschlagenen Verfahren, d.h. bei einer Beobachtung von allen Seiten, in, wie Kant formuliert,

„der allgemeinen Erfahrung unter allen verschiedenen Lagen zu den Sinnen" (Kant, KrV B 63)

und was immer noch zur Sicherung der Beobachtung dient, abstrakt und konfus bleibt, das bestätigen die nachnominalistischen Erkenntnistheorien in vielfältiger Weise. Man kann einen Gegenstand eben nur beobachten, wenn man in der ‚Mannigfaltigkeit' der sinnlichen Erscheinungsformen irgendwie die Zusammengehörigkeit dieser Sinnesdaten zu einem identischen Gegenstand erfaßt. Wie immer man dabei vorgeht, und die Neuzeit hat viele Möglichkeiten erprobt, das Ergebnis wird immer abstrakt sein.

Geht man davon aus, daß die Wahrnehmung bereits Gegenstände gibt, dann muß entweder die Wahrnehmung selbst die dazu nötige Einungsleistung schon enthalten, und dann zerstört, wie wir ja oft genug hören, jeder reflexive Eingriff die nur in ihrer Unmittelbarkeit sich erhaltende offene Unendlichkeit des Ganzen, das heißt aber: die Wahrnehmung bleibt im besten Fall unmittelbar, ohne jede unterscheidbare Kontur, und damit für ein sich überschätzendes Gefühl vielleicht von unendlich reichem Inhalt, für jede Art denkender Erfassung aber ein abstrakter Schemen, ein, wie Kant sagt, bloßes X.

Dasselbe gilt für einen Rationalismus im Sinn Descartes'. Denn wenn der unendliche Variationenreichtum sinnlicher Erscheinungsformen eines Gegenstands, wie es Descartes etwa in der Zweiten Meditation am Beispiel eines Stückes Wachs demonstriert, in seiner Identität nur durch einen *intuitus mentis* erfaßt werden kann, während die sinnliche Vorstellung etwa schon bei einem Tausendeck überfordert sei, dann handelt es sich bei diesem vorgeblichen *intuitus mentis* um eine ‚geistige' Anschauung von Sinnesdaten, die den Charakter des Geistigen nur hat, weil sie in einem *simul totum* die unendliche Fülle aller Sinnesdaten eines Gegenstands und damit mehr, als je in einer einzelnen Anschauung gegeben sein könnte, umfaßt. Und das heißt: auch sie ist im besten Fall symbolisch abstrakt.

Von dieser Abstraktheit kommt aber, darin besteht ja bis heute die Kritik am Rationalismus, auch ein ‚kritisch' rationales Verfahren nicht los, das die Gegenstandsidentität analytisch-synthetisch aus den allgemeinen Bedingungen von Gegenständlichkeit überhaupt gewinnen will. Denn Gegenständlichkeit überhaupt trifft eben für jeden Gegenstand zu und gibt ihn nicht in seiner Besonderheit zu erkennen.

Wenn man unter einem Wahrnehmungsgegenstand also das versteht, was Aristoteles meint, d.h. nicht den äußeren ‚Gegenstand', sondern den Gegenstand, den man als Betrachter eines Gegenstands aus den Wahrnehmungsdaten bilden kann, dann muß seine These, daß diese Gegenstände abstrakt seien, als wohl geprüft und begründet gelten, und daß man die Individualität eines Einzelgegenstands durch die Wahrnehmung überhaupt nicht, sondern erst über den Begriff erreicht, als eine bedenkenswerte Vermutung.

Diese Einsicht wird nicht widerlegt, sondern bestätigt durch die Erfahrung, daß der Fachmann von einem Gegenstand seines Gebiets erheblich mehr ‚sieht', ‚hört' und insgesamt ‚wahrnimmt' als der Laie. Der Botaniker etwa, der im Blick auf eine Blume erheblich mehr Unterschiede ‚sieht' als ein Laie, tut dies nicht, weil er die besseren Augen hat oder weil er die Blume von allen Seiten und mit allen Sinnen wahrnimmt, sondern weil er die Funktionen, die die verschiedenen Teile erfüllen, kennt und deshalb aus dem einheitlich ganzen Gegenstand herausgreifen kann, was davon zum Blütenstempel, zum Fruchtknoten und den anderen funktional bestimmten Teilen gehört. Das reichere Sehen hat seinen Reichtum nicht aus der Wahrnehmung, sondern aus der Leitung der Wahrnehmung durch den Begriff. Es ist erst das Wissen um die verschiedenen Funktionen, die das einheitlich sich darbietende Wahrnehmungsganze differenzierbar macht: ‚dies gehört dazu, dies dazu, dies dazu (...)'. Das Gleiche gilt auch vom Künstler. Der Maler, der ein Bild von einer Pflanze malt, ‚sieht' nicht deshalb mehr als der Laie, weil er bessere Augen hat, sondern weil er z.B. etwas von den Funktionen der Teile für die Bildung der Gestalt des Ganzen versteht.

3 c. Die erkenntnistheoretische Analyse des Meinens *(doxa, opinio)* durch Platon und Aristoteles

Das Meinen hat nach Platon und Aristoteles vieles mit der Gegenstandsanschauung (die Aristoteles ‚akzidentelle Wahrnehmung' nennt) gemeinsam. Ich beschreibe zunächst diese Gemeinsamkeiten, wenn auch nun mit Blick darauf, was an ihnen zur spezifischen Funktion des Meinens gehört, um dann am Ende auch die grundsätzlichen Unterschiede noch herauszuarbeiten[324].

---

[324] Einschlägige Texte zur Analyse des (‚sinnlichen', d.h. an wahrnehmbaren bzw. vorstellbaren, Merkmalen orientierten) Meinens im Unterschied zu einer kontrollierten, begrifflichen Gegenstandserkenntnis bei Platon und Aristoteles sind das oben erwähnte 1. Kapitel des 1. Buchs der aristotelischen *Physik*; außerdem in der platonischen *Politeia* das sog. Fingerbeispiel im 7. Buch (Platon, *Politeia* 523b-524d), sowie im 5. Buch der *Politeia* die Gegenüberstellung der ‚Freunde des Wahrnehmens', d.h. von Menschen, die vornehmlich die Vorstellung zur Erkenntnis benutzen, und den ‚Freunden der Weisheit', den Philosophen, d.h. von Menschen, die sich um begrifflich-allgemeine Erkenntnisse der Dinge bemühen und nicht auf einzelne Instanzen fixiert sind (Platon,

Das Meinen gehört bereits zu den rationalen Akten des Menschen, d.h., es setzt nicht einfach Sinnesmerkmale zusammen, sondern erfaßt etwas Einzelnes von seiner nur begrifflich erschließbaren Funktion her. Von einer Schere etwa erfaßt die Wahrnehmung als Wahrnehmung, daß sie silbrig, hart, scharf ist. Das Meinen setzt aber nicht einfach diese Daten zusammen, sondern erfaßt, was diese Schere ist, daran, daß es ihre Funktion erkennt.

Nach platonischer (und auch aristotelischer) Auffassung muß man das Meinen sowohl gegen die Erkenntnisweise der Wahrnehmung und Vorstellung wie gegen ein rein begrifflich rationales Denken abgrenzen. Seine Besonderheit liegt darin, daß sich Meinen zwar in Akten des rationalen Schlußfolgerns vollzieht, aber in Akten, die sich immer auf Einzeldinge richten. Der spätantike Aristoteles-Kommentator Johannes Philoponos sagt[325], es handle sich um ein Erschließen eines Allgemeinen an Wahrnehmbarem (*to en tois aisthêtois katholou syllogisasthai*, τὸ ἐν τοῖς αἰσθητοῖς καθόλου συλλογίσασθαι). Es soll unmittelbar an einem Einzelnen selbst dessen allgemeines Wesen, das, was in der Terminologie des Aristotelismus das immanente Allgemeine (das *enhylon eidos*, ἔνυλον εἶδος)[326] heißt, erfaßt werden. Das Meinen muß also eine Verbindung herstellen zwischen wahrnehmungshaft-vorstellendem Denken und rationalem Denken: es bezieht sich auf empirische Einzeldinge und Einzelhandlungen, betrachtet diese aber unter einem allgemeinen Aspekt.

Ausgangspunkt für solche meinenden Schlüsse sind dabei immer einzelne Wahrnehmungen, z.B. die Wahrnehmung, daß ein bestimmter wahrnehmbarer Gegenstand silbrig, scharfkantig, glatt, mit dieser oder jener Ausdehnung (usw.) ist, oder daß ein bestimmter Gegenstand Töne mit einer bestimmten Klangfarbe von sich gibt, denen man eine bestimmte Bezeichnung, etwa ‚Wiehern' geben kann.

Das Spezifische für die meinende Erkenntnishaltung ist, daß sie sich nicht mit der Erkenntnis zufrieden gibt „dieses Ding ist silbrig und hat diese oder jene weiteren wahrnehmbaren Qualitäten an sich" oder „dieses Ding wiehert", sondern daß sie ein bestimmtes allgemeines Wissen auf diesen wahrgenommenen Einzelfall bezieht und daraus eine allgemeine Aussage über diesen wahrgenommenen Einzelfall ableitet bzw. etwas an einem Einzelfall Erkanntes auf gleichartige andere Einzelfälle hin verallgemeinert.

Politeia 475d-480a). Außerdem relevant sind die Unterscheidungen zwischen dem, was eine Sache selbst für sich ist, und den vielen partikulären Instanzen dieser einen Sache im Rahmen der Dichterkritik des 10. Buches der *Politeia* (Platon, *Politeia* 595c-597e).

[325] Philoponos, Kommentar zu *De anima* (Ioannis Philoponi in Aristotelis De anima tres libros commentaria, (Commentaria in Aristotelem Graeca (=CAG) XV), ed. Michael Hayduck, Berlin 1897) 4,21.

[326] Eine detaillierte Analyse dieses das begriffliche Wesen von Einzeldingen bestimmenden Begrifflichen bzw. dieser den Einzeldingen als substantielles Konstituens immanenten Form bietet Aristoteles in den sog. Substanzbüchern seiner *Metaphysik* (=Bücher VII-IX). Ich hoffe, zu dem zentralen Buch VII in Kürze eine monographische Untersuchung vorlegen zu können.

Ein solcher Schluß der ersten Art könnte z.B. sein:

> ‚Dieses Ding ist silbrig, glatt und scharfkantig. Alles, was silbrig, glatt und scharfkantig ist, kann schneiden. Alles, was schneiden kann, ist eine Schere; also ist dieses silbrige, glatte, scharfkantige Ding eine Schere.'

oder, um ein anderes Beispiel zu geben:

> ‚An diesem Ort kann man Rauch wahrnehmen. Rauch wird immer von einem Feuer verursacht; also gibt es hier ein Feuer.'

Diese Art des meinungshaften Schlußfolgerns erfaßt also etwas Allgemeines an etwas Einzelnem, nämlich das, was ein einzelnes Ding seinem Wesen nach ist, z.B., daß dieses silbrige Ding eine Schere ist.

Eine zweite Art, bei der das Meinen ebenfalls Allgemeines auf Einzelnes bezieht und Einzelnes durch rationale Schlüsse begrifflich erkennt, ist die Verallgemeinerung einer wahrgenommenen Gemeinsamkeit an mehreren Einzeldingen, z.B.:

> ‚Fury und Black Beauty sind Pferde. Fury und Black Beauty haben vier Beine. Also haben alle Pferde vier Beine.'

oder

> ‚Platon und Aristoteles sind Philosophen. Platon und Aristoteles sind Griechen. Also sind alle Griechen Philosophen, oder auch: Also sind alle Philosophen Griechen.'

Das für diese beiden Schlüsse vorausgesetzte Allgemeine, aus dem die *Conclusio* gewonnen wird, lautet etwa:

> ‚Bei allem, was von gleicher Art ist, gilt das, was von einem Einzelnen gilt, auch von allem anderen dieser Art' oder ‚von Gleichartigem kann man Gleiches aussagen.'

An dem letzten Beispiel sieht man aber gleich, worin das Problematische des meinungshaften Schließens liegt.

Man formuliert das Allgemeine, auf das man sich stützt, nicht nur nicht aus, man prüft es gar nicht in seinem eigenen Sachgehalt, sondern beachtet es nur in der Form, in der man es an einem konkreten Einzelfall erkennt, d.h. in einer Konfusion von Einzelnem und Allgemeinem: Es ist diese Gleichheit der vier Beine an diesen gleichen Lebewesen, aus der man den Rechtsgrund der Übertragung gewinnt. Oder: Es sind diese Personen, Goethe, Schiller, Kant und Hegel, die Dichter und Denker sind. Diese Dichter und Denker aber sind Deutsche, also sind die Deutschen ein Volk der Dichter und Denker.

Die schon von Platon formulierte, von Aristoteles und seinen Kommentatoren noch weiter ausgebaute Lehre, daß eine Meinung der Abschluß einer Gedankenbewegung, d.h. logisch: eine *Conclusio*, ein Schlußsatz sei, ist also keineswegs eine akademische Theorie, sondern sie expliziert die gewöhnliche Weise, wie gedacht und (dieser Art zu denken entsprechend) gesprochen wird, d.h., sie stimmt mit den Phänomenen überein, beruht auf guten ‚Beobachtungen'.

Wer aus dem Fenster blickt und sagt: „Es ist Tag", äußert das Ergebnis einer Schlußfolgerung, deren Prämissen (etwa: „Wenn die Sonne scheint, ist es Tag; die Sonne scheint") so klar zu sein scheinen, daß sie gleichsam unmittelbar in ihrer Wirkung („es ist Tag") mitumfaßt werden und nicht für sich bedacht und ausgesprochen werden müssen.

Auch wenn jemand sagt: „Du bist zornig", handelt es sich um eine Schlußfolgerung. Der Zorn präsentiert sich ja nicht als er selbst. Zu erkennen, daß jemand zornig ist, hängt vielmehr von einer Kenntnis der Merkmale des Zornigseins ab. Je nachdem, wie genau und vollständig diese Merkmale begriffen sind, wird auch die Meinung ausfallen. Wer bereits mit einer lauten Stimme Zorn verbindet, dem wird ein lautes Wort genügen, um jemandem Zorn vorzuwerfen. Sein unausgesprochener und nicht gut durchdachter Syllogismus lautet also: „Wer laut ist, ist zornig; du bist laut, also bist du zornig". Diese Art von Meinen ist – darauf möchte ich schon einmal hinweisen –, obwohl sie sich auf etwas Funktionales und nicht bloß auf etwas Wahrnehmbares bezieht, nach Aristoteles noch nicht Meinung im spezifischen Sinn, weil sie noch zu fixiert mit dem Wahrnehmbaren vermischt ist, an dem sie die Funktion zu erkennen meint, sie ist also eine akzidentelle Wahrnehmung.

Ein Kenner der inneren, psychischen Natur des Zorns dagegen, wie etwa Euripides, der weiß, daß Zorn daher kommt, daß jemand seine Gedanken ausschließlich auf ein ihm widerfahrenes Unrecht und die Ungehörigkeit, gerade ihm dieses Unrecht anzutun, richtet, wird dieses Wissen als allgemeine Prämisse benutzen, um zu prüfen, welche Äußerungen, etwa die Aufzählung der Gemeinheiten, die Jason Medea angetan hat, unter diese Prämisse fallen, um aus ihnen und nicht aus bloß äußeren Symptomen den Schluß zu gewinnen (bzw. dem Zuschauer nahezulegen): „Medea ist voll Zorn".

Eine Meinung kann daher sehr unterschiedliche Qualität haben, und zwar je nach der Qualität der Prämissen, d.h. des gedanklichen Vorgangs, dessen Abschluß sie darstellt. Das Spezifische einer Meinung aber, das sie von rationalem Denken in strengem Sinn unterscheidet, ist, daß sich die Meinung immer auf das Ergebnis, den Effekt eines gedanklichen Prozesses konzentriert und diesen Effekt sozusagen direkt an etwas Einzelnem, einem Gegenstand, einer Handlung usw. ‚abliest'. Das ist für das praktische Leben sinnvoll, eben ‚effizient'. Unkontrollierte und nicht an Kriterien geprüfte Prämissen, die oft sogar nur unbestimmt mitgemeint werden, können aber auch Anlaß zu vielfältigen Täuschungen sein und zu mit diesen Täuschungen verbundenen unangemessenen Gefühlen führen.

Deshalb sagt Aristoteles, die Meinung erkenne nur das ‚Daß', die faktische Bestimmtheit, während die Ratio außerdem auch das ‚Warum', die Gründe dieser Bestimmtheit, zu erkennen in der Lage sei[327].

Ähnlich wie das ‚Gefühl' der Empörung über ein Unrecht (der *Thymos*) einerseits nicht eine aus der Sinnlichkeit gewonnene Unlust ist – ob etwas ein Unrecht ist, sieht man nicht, sondern man begreift es –, andererseits aber auch keinem vernünftigen, alle Aspekte bedenkenden Urteil entspringt, so steht also auch die Meinung zwischen Sinnlichkeit und Verstand.

Wenn man sagt: „Ich sehe eine Schere", hat man sich in bestimmter Weise bereits von der Begrenzung des Sehens gelöst, denn strikt bei der Sehleistung verbleibend hätte man sagen müssen: „Ich sehe etwas länglich Silbriges" oder dergleichen. Daß man überhaupt von einer Schere spricht, beweist, daß man bereits auf die Funktion geachtet hat, sich über diese Richtung der Aufmerksamkeit aber keine Rechenschaft abgelegt hat. Deshalb kann es sein, daß das ‚Gesehene' keine Schere, sondern z.B. eine ähnlich geformte Zange war. Dabei hat dann aber nicht die Wahrnehmung getäuscht, die korrekt etwas länglich Silbriges gezeigt hat, sondern die Beurteilung des Wahrgenommenen. Diese Beurteilung orientiert sich an der Funktion und sie wird umso genauer und zutreffender sein, je besser jemand über die verschiedenen Begriffsbedingungen von Schere und Zange verfügt und an ihnen prüfen kann, in welcher Weise das Wahrgenommene unter den einen oder anderen Begriff fällt.

Im Unterschied zum rationalen Denken konzentriert sich das Meinen aber nicht auf die Funktion als solche – was die Bedingungen des Schneidenkönnens überhaupt sind –, sondern es liest diese Bedingungen unmittelbar an dem silbrig harten Ding, das die Wahrnehmung vor sich hat, ab, bezieht sie konkret auf dieses bestimmte Einzelding (denn es geht in der Erkenntnishaltung des Meinens gerade um die Erkenntnis einzelner, empirischer Gegenstände) und erfaßt die an dem Einzelding bestimmende Funktion. Das Meinen ist dadurch eingeschränkt und kann seine Erkenntnisse nicht aus sich selbst heraus begründen, sondern bedarf der Leitung durch die um ihre Kriterien wissende und den Widerspruchssatz in reflektierter Weise benutzende Vernunft.

Man braucht also zur Erkenntnis einer Schere drei verschiedene Unterscheidungen:
1. die Unterscheidung des Wahrnehmbaren: silbrig, länglich, spitz, hart usw.,
2. die Unterscheidung der in diesem Wahrnehmbaren sich realisierenden Funktion,
3. die Unterscheidung der Funktion rein für sich selbst[328].

---

[327] S. Aristoteles, *Analytica Posteriora* II, 1, 89b23-35.
[328] Die hier von der Sache her entwickelten Unterscheidungen waren in den großen Aristoteles-Kommentaren und den von Aristoteles beeinflußten Wahrnehmungs- und Erkenntnistheorien des Mittelalters, etwa bei Avicenna, Albertus Magnus, Thomas von

Es führt zu einem Fehlurteil, wenn man aus dem Wahrnehmungsinhalt selber ablesen können will, ob man eine Schere, einen Tisch, ein Protein vor sich hat. Darüber kann die Wahrnehmung keine Auskunft geben, sie weiß nur, ob das ihr Vorliegende weiß oder grün, hart oder glatt ist.

Die Meinung übertrifft die Wahrnehmung, weil sie weiß, mit welcher Sache sie es zu tun hat, sie ist aber im Unterschied zum rationalen Denken nicht in der Lage, diese Funktion in der Bestimmtheit ihrer Möglichkeiten rein für sich selbst zu erkennen. Sie weiß, daß dies hier eine Schere, ein Haus usw. ist, und glaubt deshalb nur zu leicht, alles, was Schere und Haus ist, müsse die gleichen beobachtbaren Eigenschaften haben – daher hat das Meinen für sich genommen auch eine starke Tendenz zur Intoleranz gegenüber allem Fremden und Neuen.

Denn die Fremdheit des Fremden und die Neuheit des Neuen bzw. auch der Eindruck der absoluten Fremdheit oder absoluten Neuheit liegt nicht an dem begrifflichen Gehalt dieses Fremden oder Neuen, sondern an der Verschiedenheit der Verwirklichung eines allgemeinen (und daher ‚bekannten') Inhalts durch von dem Gewohnten verschiedene wahrnehmbare oder vorstellbare Merkmale. Das gilt z.B. für alle Arten von Sitten oder gesellschaftliche Konventionen oder auch für religiöse Riten und Kulte. Diese sind immer in der einen oder anderen Weise Resultat oder Verwirklichungen allgemeiner Werte und als gut erachteter seelischer Dispositionen, z.B. von Gerechtigkeit, des Strebens nach Ehre und Ansehen usw. Blickt man auf diesen allgemeinen Aspekt, relativiert sich der (erste) Eindruck der absoluten Fremdheit zumindest und die Erkenntnis der Gleichheit oder auch die Erkenntnis der größeren oder geringeren Abweichung von dem Gleichen tritt in den Vordergrund.

3 d. Zur Differenz der Gegenstände von Wahrnehmung und Meinung

Als Ergebnis der vorangegangenen Analysen kann man festhalten: Wahrnehmung, Meinung und Wissen haben verschiedene Gegenstände. Zwar haben auch die Wahrnehmungen untereinander verschiedene Gegenstände, Farben, Töne, Gerüche usw. Diese gleichen sich aber alle darin, daß sie wahrnehmbar sind. Bereits die Gegenstände des Meinens (und nicht erst die des Wissens) aber sind nicht wahrnehmbar, d.h. nicht mit Hilfe der Leistungen der verschiedenen Wahrnehmungssinne erkennbar.

Wer in einem archäologischen Museum oder in einem naturwissenschaftlichen Labor einen ihm unbekannten Gegenstand sieht, kann seine

---

Aquin noch in ihrer traditionellen Begründung präsent. In vielen philosophiegeschichtlichen Darstellungen wird diese Theorie durch die falsche Übersetzung von ‚species' als ‚Erkenntnisbild', ‚intellectual image' u.ä. in einer vorstellungsphilosophischen Perspektive verfremdet. Eine sorgfältig den Textsinn ermittelnde Interpretation der species-Theorie bei Thomas von Aquin gibt jetzt Dominik Perler, Theorien der Intentionalität im Mittelalter, Frankfurt a.M. 2002, v.a. 61 ff. Der Aktcharakter des species-Begriffs bei Thomas müßte aber wohl noch klarer herausgearbeitet werden.

Sinne betätigen, wie er will, er wird nicht einmal eine Meinung darüber gewinnen können, was dieser Gegenstand sein könnte. Und er wird auch dann nicht Erfolg haben, wenn er viele ‚Beobachter' beizieht und sich nur auf das in vielen Beobachtungen Gleiche, das sich wiederholen läßt, stützt. Auf diese Weise ‚methodischer Beobachtung' könnte man nicht einmal erkennen, was ein Tisch ist. Denn das, was gleich bleiben muß, damit ein Tisch ein Tisch sein und als Tisch erkannt werden kann, ist nichts Beobachtbares, nicht einmal etwas abstrakt Vorstellbares, ein Schema oder dergleichen. Ein Tisch muß nicht braun oder weiß, rund oder viereckig sein, er muß auch nicht ein bestimmtes Strukturschema variieren, er muß lediglich solche Eigenschaften haben, die ihm ermöglichen, eine bestimmte Funktion zu erfüllen, die man eben nicht sieht, sondern begreift.

Die Unterscheidung der verschiedenen Gegenstände von Wahrnehmung, Meinung und Wissen hat also einen hohen methodischen Wert für die Erkenntnisleitung. Sie ermöglicht überhaupt erst, die Wahrnehmung nicht ständig zu überfordern und von ihr Erkenntnisse zu erwarten, die sie nicht gewinnen kann. Das Auge sieht eben kein Flugzeug, sondern Farben, und das Ohr hört kein Cello, sondern Töne.

Indem aber so der Wahrnehmung bleibt, was zur Wahrnehmung gehört, wird der Blick überhaupt erst frei für die Einsicht, daß es einer Änderung der Aufmerksamkeitsrichtung bedarf, um einen Gegenstand, auf den man sich z.B. mit der Wahrnehmung bezieht, als einen bestimmten Gegenstand zu erkennen. Diese Erkenntnisleistung erbringt man im Umgang mit den alltäglich gewohnten Gegenständen sehr leicht und wie von selbst, so daß der Eindruck entsteht, als sei sie im Wahrnehmen schon mitenthalten. Dieser Eindruck mag für das ‚natürliche Bewußtsein' ganz natürlich sein, Grundlage einer wissenschaftlich kritischen Erkenntnisanalyse sollte er nicht sein.

Nimmt man ihn, wie in vielen neuzeitlichen erkenntnistheoretischen Ansätzen, zur Grundlage, entstehen verhängnisvolle Fehleinschätzungen. Die folgenreichste ist, daß die subjektiven Deutungsakte, die überhaupt erst dazu führen, daß man einen Gegenstand nicht nur als ein Aggregat von Sinneseindrücken, sondern als Gegenstand ‚wahrnimmt', in ihrer besonderen Aktivität gar nicht bemerkt werden.

Dabei ist der Grund, der dazu führt, daß man diese subjektive Aktivität nicht bemerkt, zugleich der, der für den Mangel an Verläßlichkeit und die Täuschbarkeit dieser sog. Wahrnehmungen, Beobachtungen, Anschauungen verantwortlich ist: es ist die oberflächliche Ungenauigkeit, die in den meisten Fällen ausreicht, einen Gegenstand zu identifizieren. Wer einen Stuhl ‚sieht', glaubt eben schon im bloßen Hinsehen zu erkennen, daß das Gebilde, das er sieht, etwas ist, auf das man sich setzen kann, ohne daß es dazu eines Begriffs (z.B. „alles, worauf man sich setzen kann, ist ein Stuhl") bedürfte. Daß die angebliche Untauglichkeit des abstrakten Denkens für die Praxis auf eben diese Oberflächlichkeit der Begriffsbildung zurück geht, wird selten bedacht.

Man braucht aber die Erkenntnisbedingungen nur geringfügig zu erschweren, um zu bemerken, wie abhängig die Praxis von der Theorie ist. Wer aus dem Fenster blickt und ‚sieht', daß es Tag oder Nacht ist, kann sich nicht auf die in diesem ‚intelligenten' Schauen scheinbar schon enthaltene allgemeine Prämisse „Immer wenn es hell ist, ist es Tag", oder: „Wenn es dunkel ist, ist es Nacht" stützen, ohne vielfältige Täuschungen in Kauf zu nehmen. Von einer Sicherheit der Erkenntnis von Tag und Nacht (z.B. von ihrem genauen Beginn) kann erst nach einer wissenschaftlichen Erschließung, d.h., wenn der Tag nicht einfach an der gesehenen Helligkeit identifiziert, sondern aus dem Gesamt seiner astronomischen Bedingungen erklärt ist, die Rede sein.

Analoges gilt natürlich in noch größerem Maß, wenn es nicht um alltägliche, sondern um wissenschaftliche ‚Beobachtungen' geht, also etwa, wenn ein Hirnforscher ‚beobachten' möchte, wo das Sprach- oder das Sehzentrum lokalisiert ist. Geht er davon aus, daß man Sprechen oder Sehen einfach beobachten könne, wird er – wenn er glaubt, schon zu wissen, was Sprechen oder Sehen ist, und auf einen nicht aus der Beobachtung stammenden Begriff nicht angewiesen zu sein – einen Probanden sprechen oder sehen lassen und den Vorgang im Gehirn verfolgen, der dabei abläuft. Wenn aber das ‚Sehen' eines Gegenstands gar kein reines Sehen ist, sondern ein mit dem Sehen verbundenes Zusammensetzen von Wahrnehmungen, ein Sich-Erinnern, Meinen, Urteilen, Schlußfolgern usw., wird er vergeblich nach einem Sehzentrum suchen, sondern verwundert feststellen, daß an diesem scheinbar homogenen Vorgang mehrere, ja immer wieder unterschiedliche Gehirnareale beteiligt sind.

Eine solche Verwunderung ist aber keineswegs angebracht, solche Ergebnisse verweisen lediglich darauf, daß bei dieser Art empirischer Forschung der Genauigkeit und Sorgfalt in der methodisch durchgeführten Ermittlung der Beobachtungsdaten keine gleiche Genauigkeit in der Ermittlung der spezifischen Aufgabe oder Funktion, der die verschiedenen beobachtbaren Elemente dienen, entspricht. Was der Erkenntnisakt ist, auf den hin eine bestimmte Gehirnmaterie strukturell und motorisch organisiert ist, das entnimmt auch der Forscher in der Regel vielmehr seinem Alltagswissen, d.h., er entnimmt es einem unwissenschaftlichen Einverständnis mit einem naiv der Anschauung vertrauenden Denken.

3 e.   Zum Unterschied von ‚Anschauung' und Meinung

Im 10. Buch der *Politeia* trifft Platon eine Unterscheidung zwischen (1) einer ‚nachahmenden', kopierenden Erkenntnisweise, die meint, etwas durch bloße Abspiegelung zu erkennen, (2) einer Erkenntnisweise, die sich auf das ‚Werk' einer Sache richtet, und (3) einer dritten Erkenntnisform, die sich auch noch um die begrifflichen Bedingungen bemüht, die gegeben sein müssen, damit ein bestimmtes ‚Werk' möglich ist[329]. Aus der Unterscheidung der ersten beiden Erkenntnisweisen fällt auch ein Licht auf den Unterschied zwischen dem, was eine Gegenstandsanschauung oder die ‚Wahrnehmung' von Situationen, Gefühlen usw. ist, und dem Meinen im engeren Sinn. Die Beachtung dieses Unterschieds kann lehren, daß bereits die Abwendung von einem gänzlich anschauungsbezogenen Meinen, wie es bei dem, was wir als ‚Wahrnehmung' von Gegenständen, Gefühlen oder Atmosphären bezeichnen, der Fall ist, und die Ausrichtung auf etwas, was wirklich Gegenstand einer Meinung sein kann, eine beachtliche methodische Verbesserung in der Erkenntnissicherung mit sich bringt.

In einer Hinsicht haben Anschauung und Meinung dieselbe Leistung: Beide erkennen das ‚Werk' oder die Funktion von etwas. Sie tun dies aber nicht auf dieselbe Weise. Die Anschauung versucht, die Funktion anzuschauen, d.h. mit der Wahrnehmung zu unterscheiden. Sie wird also etwa beobachten, daß jemand einen roten Kopf hat, laut schreit, Schaum vor dem Mund hat, mit den Füßen stampft usw., und diesen Beobachtungen einen Begriff unterlegen, etwa, daß diese Merkmale Merkmale des Zorns sind. (In dieser Weise und anhand dieser Kriterien erklärt z.B. Seneca auf ‚philosophische' Weise, was Zorn ist[330].) Bei diesem Verfahren kann man sich besonders leicht täuschen. Es kann jemand auch ganz blaß, ruhig und leise sein und dennoch in heftigem Zorn sein, weil er in seinen Gedanken ganz auf die Unverschämtheiten und Grobheiten konzentriert ist, die ihm angetan worden sind.

Dieser Gefahr ist derjenige nicht ausgesetzt, der sich nicht auf die wahrnehmbaren Äußerungsformen des Zorns beschränkt, die eben sehr verschieden und manchmal sogar gegensätzlich sein können, sondern der sich auf dasjenige Identische bezieht, das alle diese Äußerungsformen überhaupt erst zu (konkreten) Äußerungsformen von Zorn macht, etwa darauf, daß jemand sich durch dies und jenes ungerecht und ungehörig behandelt fühlt. Darin jedenfalls besteht nach Aristoteles das ‚Werk', der psychische Akt, des Zorns, das andere, das, was man ‚beobachten' kann, sind mögliche Äußerungs- und ‚Realisations'-formen.

Platon vergleicht diesen Unterschied mit der Art, wie ein kopierender Maler oder Handwerker etwas, z.B. ein Bett, herstellt. Der eine spiegelt einfach ab, was er sieht, der andere richtet sich nach dem ‚Werk' eines Bettes, d.h., er orientiert sich zuerst daran, daß man in einem Bett (etwa) be-

---

[329] S. zu dieser Differenzierung des Mimesis-Begriffs bei Platon Verf., Der Philosoph als Maler – der Maler als Philosoph. Zur Relevanz der platonischen Kunsttheorie, in: Gottfried Boehm (Hg.), Homo Pictor, (Colloquia Raurica; VII), München/Leipzig 2001, 32-54; außerdem Stefan Büttner, Die Literaturtheorie bei Platon, 131ff.

[330] S. Seneca, Über den Zorn (Lucius Annaeus Seneca, Die kleinen Dialoge (lat./dt.), hg., übers. u. mit einer Einf. vers. von Gerhard Fink, München (u.a.) 1992) I,1; dazu Verf., Leidenschaft in der Senecanischen und Euripideischen Medea.

quem und entspannt liegen können muß, und gestaltet erst von dieser gewünschten Leistung her das Äußere des Bettes.

In dieser Spanne zwischen einer völligen Fixiertheit auf die wahrnehmbaren Erscheinungsformen und der Ausrichtung der Aufmerksamkeit auf die Funktion, die sich in etwas realisiert, gibt es viele Grade, von denen abhängt, ob eine Meinung ‚bloß subjektiv' ist oder ‚objektiv'– und dies gilt auch für den ‚beobachtenden' Wissenschaftler, der sich mehr oder weniger von den Wahrnehmungsdaten und deren Struktur lösen und auf die in ihnen sich realisierende Funktion richten kann.

Exkurs: Funktion und Funktionalismus

Für ein wirklich zureichendes Verständnis, warum bei Platon und Aristoteles das, was eine Sache ausmacht, ihre ‚Substanz' oder ihr Wesen, nichts im modernen Sinn des Wortes Gegenständliches ist, sondern als ‚Werk' (*ergon*), Akt (*energeia*) oder – in Annäherung an unseren Sprachgebrauch – ‚Funktion' begriffen wird, genügt das bisher Dargelegte, das lediglich auf die Verständnisvoraussetzungen bezogen war, nicht. Die differenzierte Theorie, wie Einzeldinge – und in welchem Ausmaß sie – einer rationalen Erkenntnis zugänglich sein können, die im Platonismus und Aristotelismus der Spätantike und des Mittelalters unter vielen Aspekten weiter ausgebaut wurde, müssen in einer eigenen Monographie behandelt werden. Wegen der z.T. erheblichen Abweichungen, in denen der Begriff der Funktion seit der Neuzeit gebraucht wird, möchte ich aber wenigstens auf einige zentrale Differenzpunkte noch zu sprechen kommen.

‚Funktion' meint bei Platon und Aristoteles, wie ich zu zeigen versucht habe, das *innere* Ziel, auf das hin alle materiellen Teile eines Ganzen untereinander und im Verhältnis zum Ganzen zusammenwirken müssen, damit sie einen bestimmten Akt, eine bestimmte Wirksamkeit ausüben können. Holz, Darmsaiten usw. werden dadurch zur Laute, daß sie in genau solcher Stärke, Qualität, Länge, Dicke usw. und in einer genau solchen Formung (‚Struktur') miteinander verbunden werden, daß sie Töne eines bestimmten Umfangs und einer bestimmten Tonqualität hervorbringen.

Damit eine solche Funktion zustande kommen kann, braucht man also nicht nur Materialkenntnisse – etwa daß Darmsaiten regelmäßige Schwingungen haben können –, man benötigt darüber hinaus ein Wissen über Töne und Tonverhältnisse, und zwar nicht nur im allgemeinen, sondern auch darüber, worin die Geeignetheit eines ganz bestimmten Teilbereichs daraus für die Organisation genau dieses Materials liegt, so daß aus ihr ein Klangkörper mit einem einheitlichen Wirkspektrum entstehen kann.

Diese unbedingt nötigen Differenzierungen werden vielleicht an einem einfacheren Fall noch deutlicher erfaßbar: Wer ein Rad ‚erfinden' will, muß über mögliche Eigenschaften bestimmter Materialien Bescheid wissen, etwa, daß man Holz mit bestimmten Methoden biegen kann. Er braucht außerdem ein allgemeines Wissen über die Bedingungen und Eigenschaften der Kreislinie. Darüber hinaus aber muß er die Möglichkeiten der beiden Bereiche miteinander in Beziehung setzen und zu erkennen versuchen, ob sie sich und in welcher Auswahl sie sich miteinander verbinden lassen. Kann dann etwa das Holz in der Weise gebogen und von einem Zentrum aus gestützt werden, daß es eine einförmige, geschlossene Linie bildet, profitiert das Holz sozusagen von einigen Möglichkeiten des Kreisseins, etwa davon, daß die Einförmigkeit der Kreislinie dem Holz das Vermögen gibt, gleichmäßig abzurollen. Dieses Vermögen ist die ‚Funktion' des Rads, das, was ein Rad zu einem Rad macht.

Eine Funktion ergibt sich also aus einer Kombination begrifflich allgemeiner Möglichkeiten mit allgemeinen Möglichkeiten bestimmter Materien, die in einem bestimmten einzelnen Material realisiert ist.

Die begrifflichen Möglichkeiten (etwa der begreifbare Sachverhalt, daß alle Teile eines Selben im selben Verhältnis zu einem Selben stehen können), aber ebenso die Möglichkeit einer bestimmten Elementverbindung, etwa die Anordnung bestimmter Atome und Moleküle, die ausmacht, daß aus ihnen ein bestimmtes Material, etwa Holz, entsteht, gibt es natürlich auch dann, wenn sie nirgends für sich oder in Kombination miteinander realisiert sind. Sie existieren dann aber nicht in irgendeiner konkreten, vereinzelten Form, sondern sind nichts als begreifbare Sachgehalte. Von ihnen aber hängt ab, ob so etwas wie ‚Kreis' erkannt werden kann, ja auch, wie die möglichen Eigenschaften des Kreisseins in etwas Bestimmtem, z.B. in Holz als dessen qualitative Bestimmtheit realisiert werden können. Das heißt: das, was eine Funktion zu einer ganz bestimmten Funktion, etwa der Funktion des Schneidens, des Rollens usw. macht, ist nicht von irgendwelchen Materien abhängig, sondern geht diesen als allgemein erkennbare Bedingung ihrer Formung und Strukturierung voraus.

Diese Vorordnung der Funktion vor ihre materielle Realisierung – sie ist ja die Bedingung der Möglichkeit, daß eine bestimmte Materie überhaupt so organisiert werden kann, daß sie eine je konkrete Funktion erfüllt – ist es vor allem, die den Hauptunterschied des platonisch-aristotelischen Begriffs des Werks oder des Akts von fast allen neuzeitlich modernen Gebrauchsweisen des Begriffs ‚Funktion' unterscheidet.

Der geschichtliche Ursprungsort vieler dieser neuen Verwendungsweisen liegt im ausgehenden Mittelalter, in der scholastischen Naturphilosophie des 14. Jahrhunderts. Der Begriff ‚*functio*' jedenfalls, wie ihn Leibniz in einem Briefwechsel mit Bernoulli (1694) wohl als erster gebraucht, steht in demselben Kontext einer mathematischen Beschreibung beobachtbarer Naturphänomene und erfüllt darin dieselbe methodische Aufgabe, wie sie in der nominalistisch geprägten Naturwissenschaft des 14. Jahrhunderts formuliert worden ist. Anneliese Maier hat die Bedeutung dieser Vorläufer-

phase für die Formierung der modernen Naturwissenschaft in mehreren Untersuchungen herausgearbeitet[331].
Eine der wirkungsgeschichtlich folgenreichsten Neuerungen dieser Zeit war die Erfindung sog. Literalkalküle und Formlatituden. Dabei handelt es sich um Vorformen der Algebra und der analytischen Geometrie. In den ‚Kalkülen' rechnet man statt mit konkreten Einzelzahlen mit Buchstaben, die Klassen von quantitativen Variablen bezeichnen. ‚Formlatituden' sind graphische Darstellungen in Rechtecksdiagrammen. In die Horizontale und Vertikale solcher Diagramme (*longitudo, latitudo*) kann man verschiedene Wertevariable, etwa die Variablen räumlicher Ausdehnung in der ‚longitudo' und die Variablen von Qualitätsgraden (z.B. der Erhitzung von Wasser) in der ‚latitudo' eintragen. Die auf diese Weise erzeugte ‚Figur' (Kurve) scheint in exakter geometrischer Proportion die Abhängigkeitsverhältnisse der gemessenen Größen voneinander in symbolischer Form abzubilden.

Die Verfahren dieser ‚calculatores' des 14. Jahrhunderts enthalten einige Besonderheiten, die sie von typisch ‚modernen' Verfahren unterscheiden, z.B. daß man Qualitatives unvermittelt, ohne Versuch, das eine auf das andere zurückzuführen, mit Quantitativem in Beziehung setzte oder daß man die Kurven der Diagramme primär als Figuren deutete, an denen eine Funktion in anschaulicher Entsprechung sichtbar werden sollte. Diese Besonderheiten sind aber in Bezug auf die methodischen Neuerungen eher sekundär. Die beiden Grundgedanken, daß man nach allgemeinen Verfahren für die Berechnung beliebig einsetzbarer Variablen und nach der symbolischen Darstellung der Abhängigkeitsverhältnisse aufeinander bezogener (‚abbildbarer') ‚Größen' suchte, gehören zu dem Basisbestand, an dem seither viele innere Umbesetzungsmöglichkeiten untersucht worden sind, der aber als er selbst so gut wie nicht mehr in Frage gestellt wurde.

Der Sache nach ist das, was etwa bei Nikolaus Oresme noch ‚Figur' heißt, eine ‚Funktion', in dem Sinn, wie der Begriff ‚Funktion' seit Leibniz in der Philosophie, Mathematik und Logik am häufigsten verwendet wird: Sie macht in abstrakt schematischer, symbolischer Form einen gesetzmäßigen Zuordnungszusammenhang zwischen zwei veränderlichen Größen sichtbar und ist in einem formalen Kalkül ausdrückbar und berechenbar.

Man kann allein an diesem Funktionskonzept noch einmal die konstanten Grundprobleme aufzeigen, die im Vorausgehenden am Verhältnis von Anschauung und Begriff in verschiedenen neuzeitlichen Ansätzen zu diskutieren waren.

Zunächst: die als Funktion (‚Gleichung') berechenbare Kurve im Diagramm leistet der Fehleinschätzung Vorschub, die Natur liefere dem, der seinen Verstand nur mit den richtigen – experimentellen – Fragestellungen zu gebrauchen wisse, von selbst ihre Gesetze, mehr noch, sie erweise sich

---

[331] S. zusammenfassend Anneliese Maier, ‚Ergebnisse' der spätscholastischen Naturphilosophie, in: dies., Ausgehendes Mittelalter. Gesammelte Aufsätze zur Geistesgeschichte des 14. Jahrhunderts, Bd. 1, Rom 1964, 425-457.

dabei selbst als ein in mathematischen Formeln ausdrückbarer gesetzlicher Zusammenhang. Kontingenz, geschichtliche Veränderung *scheint* es demgemäß in der Natur nur zu geben, in Wahrheit lasse sich dieser Schein schrittweise in Wissen um Gesetz und Regel auflösen. Wer die gesamte Ursachenkette durchschauen könnte, würde die durchgängige Bestimmtheit des Ganzen erkennen.

Diese methodische Befragung der Natur befreit aber nicht nur von dem lästigen (scholastischen) Zwang, jedes neue Wissen an rationalen Kriterien zu kontrollieren und in das System der Wissenschaften einzugliedern, sie setzt zugleich den Anfang einer fortschreitenden Zersplitterung der Wissenschaften und der Subjektivierung ihrer Erkenntnisse.

Denn die Kurve auf dem Diagramm macht zwar einen gesetzmäßigen Zusammenhang zwischen verschiedenen beobachtbaren Werten sichtbar, dieser Zusammenhang ist aber abhängig von der Fragestellung und der von ihr bestimmten Auswahl der beobachteten Werte. Die Folge des ‚methodischen Gebrauchs des Verstandes' ist daher, daß das entdeckte Gesetz nur im Rahmen der Auswahl aus den Gesamtgesetzen der Natur gilt, die der Beobachter von irgendeinem Ausgangspunkt her getroffen hat. Diese Auswahl ist ein willkürlicher Eingriff in das einheitliche komplexe Ganze der Natur und damit immer eine mögliche perspektivische Verzerrung – so wie wenn man mit der Lupe aus einem konkreten Ganzen einen Teilabschnitt heraushebt und diesen dadurch sowohl dem Ganzen entfremdet, mit dem er den Zusammenhang verliert, als auch in seiner eigenen Struktur überkonturiert. Das so methodisch entdeckte ‚Naturgesetz' kann daher nur noch als Antwort auf Vorerwartungen des ‚Beobachters' gelten und hat seine Bewährung nur an pragmatischen Folgen, die sich im Sinn der erwarteten oder nicht bestätigten Folgen ergeben[332]. Aus einem theoretischen wird ein praktisches Wissenskonzept.

Im Unterschied zu dem enthusiastischen Glauben an die mathematische Erkennbarkeit der Natur, mit dem etwa Galilei die ‚Fortschritte' Oresmes aufgenommen und in ein rein kausal-mechanisches Weltbild umgeformt hatte, entwickelt sich in der Neuzeit zunehmend ein Mißtrauen in die Allgemeingültigkeit der auf diesem ‚funktionalen' Weg gefundenen Gesetze und Begriffe, indem man den Aspekt, daß sie selbst nur Funktionen der jeweils eingenommenen Beobachterperspektive repräsentieren, schärfer betont: Nicht mehr die größere oder geringere Allgemeinheit der gefundenen Gesetze, d.h. nicht mehr der objektive, ‚ontologische' Zusammenhang unter ihnen, sondern die Identität der Verstandeshandlung, die die Relationen unter den beobachteten Werten stiftet, gilt jetzt als der eigentliche Ge-

---

[332] S. Karl Popper, Die Logik der Forschung, Tübingen 1934 (u.ö.), bes. 14ff. (Methode der Überprüfung einer Theorie an ihrer Falsifizierbarkeit als Teil der Lösung des Abgrenzungsproblems (sc. des Problems der Abgrenzung gegenüber ‚metaphysischen' Wissenschaftsmethoden)).

halt, der in der Funktion als dem gesetzlichen Ergebnis des Experiments sichtbar oder verfügbar gemacht werden kann:

> „Die Identität dieser erzeugenden Relation, die bei aller Veränderlichkeit der Einzelinhalte festgehalten wird, ist es, die die spezifische Form des Begriffs ausmacht."[333]

So faßt etwa Ernst Cassirer das Ergebnis dieser neuzeitlichen Methodendiskussion zusammen und gründet auf ihm eine rein an den Bewußtseinsformen, unter denen etwas vergegenwärtigt wird, orientierte Erkenntnistheorie (siehe oben S. 88ff.).

Man wird nicht bestreiten, daß im Blick zurück auf die Anfänge im 14. Jahrhundert dieser ‚neue' funktionale Begriff von ‚Begriff' als eine radikale Abkehr von jeder Art abbildhaften Verständnisses von ‚Begriff' erscheint: Der Begriff bildet nicht die Welt ab, wie sie ist, sondern ist eine methodische Konstruktion von Welt, deren Wahrheitswert nur an seiner je unterschiedlichen praktischen Bewährung beurteilt werden kann.

In der Tat waren Oresme und viele andere sog. Naturphilosophen des 14. Jahrhunderts wohl überzeugt, daß in den Figuren auf den Formlatituden die Zuordnungsgesetze der beobachteten Phänomene in ihrem ‚ontologischen' Gehalt abgebildet sind. Zur Verteidigung Oresmes muß man aber darauf bestehen, daß diese Abbildung kein naiver Realismus ist. Die ‚Figur' der Formlatitude ist vielmehr eine lediglich symbolisch abstrakte Repräsentation eines mit verschiedenen Werten füllbaren Gesetzes – auch wenn dessen objektive Gültigkeit noch nicht in Zweifel gezogen ist.

Dieser Zweifel aber reicht, selbst wenn er universal ist, nicht aus, um den Rest eindimensionaler Abbildhaftigkeit, der bei Oresme noch vorhanden ist, zu beseitigen. Die Figur auf dem Diagramm ist zwar kein naiver Spiegel der wahrgenommenen Welt. Denn sie ist abstrakt, weil sie auf viele Einzelfälle anwendbar ist, und sie ist symbolisch, weil sie nicht den Gegenstand, sondern nur mögliche Relationen seiner Eigenschaften repräsentiert. Aber diese symbolische Repräsentation bleibt strikt auf beobachtbare Werte bezogen, sie faßt sie und ihre Relationen in einer symbolischen Form zusammen und ist in diesem Sinn eine Abbreviatur, ein abgekürztes Zeichen für einen bestimmten Beobachtungsbereich. Sie verläßt dabei die Dimension der Anschaulichkeit nur im Sinn einer Abstraktion von konkreten Einzelausformungen des Wahrgenommenen, nicht aber im Sinn einer begrifflichen Deutung des Wahrgenommenen. Sie erfüllt damit eben die Aufgabe, die Descartes dem ‚rein mentalen' Begriff zuweist: Weil man sich ein Tausendeck nicht mehr vorstellen könne, der Begriff von Figur aber alle möglichen Varianten von Figuren umfassen müsse, deshalb sei das, was die Figur ‚selbst' ist, nicht anschaubar, sondern nur durch einen geistigen Begriff faßbar. Der Begriff wird so zu einer (potentiell) unendlichen Vorstellung, wie ich oben zu zeigen versucht habe (siehe oben S. 218ff.).

---

[333] S. Ernst Cassirer, Substanzbegriff und Funktionsbegriff, Berlin 1910, 18.

Die These, daß eine derartige, schematisierte, für immer neue Varianten offene, ‚unendliche' Vorstellung immer eine subjektive Konstruktion, ein Modell, keine Abbildung sei, ist daher nicht geeignet, den grundsätzlichen Abbildcharakter dieses Begriffs von ‚Begriff' zu überwinden: er bleibt eine zeichenhafte Anweisung, wie man bestimmte Anschauungsresiduen wieder mit konkreten Anschauungen füllen kann, und in welchen Relationen man sie anzuordnen habe, und ist kein Begriff, der mit Blick auf die Sachidentität eine Auswahl unter konkreten Eigenschaften möglich macht, die diese zu einem Gegenstand zusammenschließt.

Die Vereinnahmung des Aristoteles durch amerikanische Funktionalisten, als sei er der ‚Proto-Funktionalist' der europäischen Geistesgeschichte, kann daher kein Recht in der Sache beanspruchen. Hilary Putnam, der in einer früheren Phase glaubte, Aristoteles zum Zeugen gegen einen ‚eliminativen', d.h. jeden mentalen Status eindeutig einem bestimmten physischen Status zuordnenden, Materialismus nehmen zu können[334], hat sich daher später wieder gegen Aristoteles gewandt, weil er – aus seiner Perspektive zu Recht – dem Funktionalismus vorwarf, er bleibe letztlich der Annahme von Abbildrelationen verpflichtet[335]. Aristoteles' Lehre sollte es ja nach Putnam gewesen sein, daß mentale und physische Zustände im Sinn einer Art Turing-Maschine einander funktional (und nicht strikt materiell-kausal und linear) zugeordnet seien.

Im Unterschied zu diesen letztlich der Wahrnehmung und ihrer Verarbeitung zu funktional geordneten Repräsentationen verpflichteten Denkhaltungen bietet die tatsächlich von Aristoteles geleistete Unterscheidung von Wahrnehmung und begrifflicher Erfassung des ‚Werks', der Funktion, einer Sache einen entscheidenden Ansatzpunkt zur Überführung einer bloßen, dem jeweiligen Sinneseindruck ausgelieferten Wahrnehmung in eine kontrollierte Empirie. Denn sie erzieht dazu, auch das leicht und schnell Erfaßte auf seine subjektiven Entstehungsgründe zu durchschauen, statt es als eine scheinbar unmittelbar gegebene Erkenntnis der Wahrnehmung, dem Gefühl, der Intuition und dergleichen zuzurechnen. Sie lenkt dabei zugleich den Blick auf die die Wahrnehmung übersteigenden begrifflichen Voraussetzungen der Sacherkenntnis und lehrt unter diesen begrifflichen Akten zu unterscheiden zwischen ungeprüften, am jeweiligen Einzelfall fixierten Erkenntnissen und Erkenntnissen, die bereits in der Dimension des Begrifflichen gemacht werden und deshalb an rationalen Kriterien im eigentlichen Sinn überprüft werden können.

---

[334] S. v.a. Hilary Putnam, Mind and Machines (1960), in: ders., Mind, Language and Reality. Philosophical Papers, Vol. 2, Cambridge (Mass.) 1975, 362-385.

[335] S. ebenda: The Meaning of Meaning.

4 Meinung und Emotionalität

Obwohl die Meinung im Sinn der im letzten Kapitel besprochenen Analyse durch Platon und Aristoteles nicht von sich selbst her ein Kriterium hat, nach dem sie zu einer sicheren Erkenntnis von Einzeldingen kommen kann, richtet sie sich immerhin im Unterschied zur Wahrnehmung primär auf die Leistung, das ‚Werk' einer Sache oder Person, und ist daher auch diejenige geistige Tätigkeit, von der das Engagement für den Schutz einer Sache oder Person ausgeht.

Es entstehen ganz andere Gefühle der Lust und Unlust, wenn man sich auf das an einer Person richtet, was man an ihr wahrnehmen kann, als wenn man sich dem zuwendet, was nur durch Meinung oder Begriff erfaßt werden kann. Das Ohr hört den Wohllaut, das Leise oder Heftige der Stimme, das Auge sieht die durch Farben gegliederte Gestalt, der Tastsinn erfaßt das Glatte oder Rauhe, Trockene oder Feuchte usw. Die Wahrnehmung erfährt das so Erfaßte als angenehm oder unangenehm, aber sie ist von sich aus nicht in der Lage, zu erfassen, ob der Wechsel von Rot und Weiß Ausdruck von Zorn oder Erschrecken oder Begeisterung ist, und folglich auch nicht dazu, die mit diesen psychischen Akten verbundene Lust oder Unlust zu empfinden.

Um so etwas wie Zorn zu empfinden oder auch an anderen zu erkennen, muß man von einer Vielzahl von Aspekten bemerken, daß und in welcher Weise sie einem bestimmten ‚Werk', etwa der Empörung über ein Unrecht, dienen: das heftige Schlagen des Herzens, der rote Kopf, die Adrenalinausschüttung, aber auch das angestrengte, scheinbar ‚rationale' Nachdenken über Mittel der Vergeltung usw. Für sich genommen könnte jedes dieser Momente auch Zeichen für etwas anderes sein, Ausdruck sportlicher Anstrengung, von Beschämung, des Wunsches nach gerechtem Ausgleich o. ä. Erst die Erkenntnis der Hinordnung auf die eine ‚Aufgabe', der sie alle dienen bzw. deren körperlicher Ausdruck sie sind, befähigt dazu, in ihnen genau den Ausdruck von Zorn zu erkennen.

Das ‚Gefühl' des Zorns ist dabei im Blick auf das Meinen kein beliebiges Gefühl. Denn wenn sich das Meinen auf das ‚Werk' eines Dings oder einer einzelnen Person richtet, und wenn mit jeder Erkenntnis auch eine ihrer Tätigkeit entsprechende Lust oder Unlust verbunden ist, dann ist das Meinen, wenn es sich auf einen bestimmten Menschen selbst richtet, diejenige Fähigkeit, die sein ‚Werk' erfaßt und die Lust, die die Ausführung dieses Werks bedeutet, genießt und erhalten möchte, und die die Unlust, die die Behinderung dieses Werks mit sich bringt, als unangenehm empfindet und vermeiden möchte.

Sofern ein Mensch die Verwirklichung seiner Vermögen nur in der Gemeinschaft mit anderen vollziehen kann – das ist für Platon und Aristoteles der Grund, warum der Mensch ein ‚politisches Lebewesen' (*zôon politikón*, ζῷον πολιτικόν) ist –, hängt die Lust, seine Vermögen ungehindert verwirklichen zu können, davon ab, daß einem das zugestanden wird, was einem gebührt, d.h., daß man gerecht behandelt wird. Das Gefühl, das sich einstellt, wenn man sein ‚Werk' angemessen, seinem Wert entsprechend verwirklichen kann, ist kein sinnliches Gefühl, da man ja auf viele sinnliche Lüste verzichtet, um etwa als Sportler, Krieger, Künstler die einem gebührende Stellung einnehmen zu können. Das diesem Streben entsprechende Gefühl ist das Ehrgefühl. Umgekehrt ist der Zorn – als Ausdruck der Unlust, die ungerechte Behandlung verursacht – genau das Gefühl, das entsteht, wenn man um diese Ehre, d.h. um die Fähigkeit, sich selbst optimal in der Gemeinschaft zu verwirklichen, gebracht ist und man sich über diese Behinderung empört. Freude über die Ehre, die einem entgegengebracht wird, und Zorn über die Verweigerung der einem zustehenden Ehre sind also diejenigen Gefühle, die entstehen, wenn ein Mensch bemüht ist, das ihm gemäße ‚Werk' zu vollbringen. Da man das ‚Werk' eines Menschen nicht durch Wahrnehmungen, sondern erst durch Akte des Meinens erkennen kann, sind die auf die Ehre bezogenen Gefühle also Gefühle, die spezifisch zum Meinen und nicht zur Wahrnehmung gehören. Sie sind Formen des Sich-Ereiferns für etwas, keine Begierden.

VI Die ästhetische, ethische und politische Bedeutung einer Kultur der Gefühle bei Platon und Aristoteles

1 Reduziert Aristoteles Gefühle auf abstrakte Lusterfahrungen?

Um die platonisch-aristotelische Analyse dessen, was im modernen Sprachgebrauch Gefühl oder Emotion genannt wird, korrekt darzustellen, wären noch erheblich mehr als die bisher behandelten Aspekte zu bedenken. Eine grundsätzliche Auswertung der bisher nebeneinander behandelten Einzelaspekte ist aber bereits möglich, die, wie ich hoffe, auch den Einwand entkräften kann, eine rationale Analyse, wie sie Platon und Aristoteles vorschlagen, könne dem Reichtum der Welt der Gefühle niemals gerecht werden.

Geht man die aristotelischen Argumente (und analog könnte man bei Platon verfahren), wie er sie z.B. in den zentralen, der Lust gewidmeten Kapiteln im 10. Buch der *Nikomachischen Ethik* vorträgt, von der Perspektive aus durch, daß Gefühle wesentlich nicht-rationale, psychische Komplexe seien, dann scheint es so, als ob Aristoteles einen sehr verkürzten Begriff von Gefühl habe. Er scheint Gefühle nur unter dem Aspekt zu betrachten, unter dem beliebige Tätigkeiten als lust- oder unlustvoll, angenehm oder unangenehm erfahren werden.

Die ganze Komplexität und innere Disparatheit und insbesondere die ganze konkrete ‚Intelligenz' der Gefühle scheint dabei nicht einmal in den Blick genommen.

Gegen diesen Einwand kann aber gesagt werden, daß es nicht Aristoteles ist, der die Gefühle um ihre Differenziertheit und ihre Intelligenz bringt, sondern daß dies lediglich ein Eindruck ist, der bei der Lektüre seiner Texte entstehen kann, wenn man die Voraussetzung für selbstverständlich gegeben hält, daß Gefühle eine grundsätzlich eigenständige und von der bewußten Rationalität unabhängige Existenzweise haben. Von dieser ‚Intelligenz' hört man tatsächlich nichts bei Aristoteles.

Denn natürlich: Stellt man dem Gefühl den Verstand direkt gegenüber, dann ist das, was bei Aristoteles als das Eigentümliche der Gefühle übrig bleibt, die blanke Lust- oder Unlusterfahrung. Der Rest ist ‚Intellektualismus'. Das ganze 2. Buch der aristotelischen *Rhetorik* erklärt ja ein ‚Pathos' nach dem anderen aus den Urteilen, von denen seine Entstehung abhängen soll, und macht alles, was in diesen Urteilen an Gefühlsempfindung enthalten ist – die Ängstlichkeit oder Furcht bei dem Urteil ‚das ist in unbestimmter oder bestimmter Weise bedrohlich', das Gefühl der Scham bei dem Urteil ‚das gefährdet mein Ansehen bei jemandem, bei dem mir das wichtig ist', und analog die Gefühle des Zorns oder der Sanftmut, des Wohlwollens oder der Mißgunst, der Liebe und des Hasses, der Eifersucht usw. – zu einer Sache bloß ‚rationaler' Schlußfolgerung.

In derartigen – modernen – Aristoteles-Deutungen ist aber nicht nur verkannt, daß es bei Aristoteles eine Einsicht in die innere Rationalität und Intelligenz der Gefühle selbst und nicht die pauschale Gegenüberstellung von Gefühl und Verstand gibt, es ist vor allem verkannt, daß Aristoteles etwas über das Eigentümliche und Besondere der Intelligenz der Gefühle zu sagen hat. Dieses Eigentümliche liegt für ihn lediglich nicht in der bloßen Behauptung, die Intelligenz der Gefühle habe einen vom Verstand unabhängigen, eigenständigen Ursprung – der Glaube an eine solche ohne jedes subjektive Zutun in uns vorhandene Intelligenz, mit der unsere bewußte Intelligenz nur noch ‚umgehen' und ‚arbeiten' könne, müßte aus seiner Sicht als bloßer ‚Mythos' gelten. Aristoteles versucht statt dessen, möglichst genau zu umgrenzen, worin dieses Besondere besteht und wie es zustande kommt.

Warum denken wir anders, wenn wir fühlen, als wenn wir in rationaler Weise denken? – Obwohl die Antwort aus dem bisher Dargelegten schon weitgehend klar ist, möchte ich doch einige Konsequenzen noch verdeutlichen.

Ausgangspunkt muß auch hier sein, daß es nur *eine* Intelligenz im Menschen gibt. Es ist das eine Unterscheidungsvermögen, das wir in allen unseren psychischen Akten betätigen und das Grund aller unserer freien, selbstkontrollierten Akte ist. Ursache der Verschiedenheit ist, daß wir endliche Wesen sind und deshalb die Möglichkeiten des Unterscheidens niemals alle zugleich voll ausschöpfen, sondern immer nur in mehr oder weniger starker Bindung an bestimmte Medien und Gegenstände realisieren können. So wie aber dann, wenn wir unsere Unterscheidungsgabe über das Auge verwirklichen, unsere Erkenntnis von der Beschränktheit dieses Mediums mitbetroffen ist, so ist es auch bei der dabei empfundenen Lust oder Unlust. Die erste und wichtigste Quelle der Differenzierung der Lüste ist also die Unterschiedlichkeit der möglichen Erkenntnisweisen.

Trifft man diese Differenzierung nicht in der pauschalen Gegenüberstellung des Bewußt-Rationalen gegen das Unbewußt-Irrationale, erscheint auch die Lust nicht als eine bloße Erfahrung von angenehm oder unangenehm, die sich rationalen Distinktionen entzieht. Erst aus dieser Perspektive herausgenommen, kann der Ursprung der Lust- und Unlusterfahrungen bestimmt werden und mit ihm die ganze Skala der verschiedenartigsten Lust- und Unlustformen.

Für den, der Denken mit der Erhebung von etwas ins Bewußtsein beginnen läßt, hat die Lust den Charakter von etwas dem Denken Äußerlichen. Wer einen Ton hört und meint, die ‚mentale Verarbeitung' setze erst ein, wenn er sich dieses ihm irgendwie ‚gegebenen' Tons bewußt werde, für den ist das Tonbewußtsein und die angenehme oder unangenehme Empfindung, die der Ton ‚hervorruft', etwas Verschiedenes. Er hat ein Wissen von dieser angenehmen Hörerfahrung, er verhält sich mit diesem Wissen zu seiner Erfahrung, dieses bewußte Wissen ist nicht selbst angenehm, bzw. wenn es als Wissen angenehm ist, ist die Angenehmheit dieses Wissens etwas völlig anderes als das Angenehme der Lusterfahrung beim Hören selbst. Es ist ja etwas anderes zu wissen, daß Oliven gut schmecken, oder zu wissen, daß das Hören Bachscher Musik höchst angenehm ist, und eben dieses Angenehme auch beim Schmecken oder Hören zu empfinden.

Ganz anders muß das Urteil über das Verhältnis von Erkenntnis und Lust ausfallen, wenn man der aristotelischen Analyse folgt. Aristoteles hat ja, wie ich zu zeigen versucht habe, gute Gründe, bereits die unmittelbare Wahrnehmung für einen Erkenntnisakt zu halten, und zwar für einen Erkenntnisakt, in dem der subjektive Wahrnehmungsakt mit seinem Gegenstand identisch wird. Zu diesen guten Gründen gehört sicher auch, daß man auf andere Weise gar nicht erklären könnte, warum wir, wenn der den Ton transportierende physiologische Vorgang in uns abläuft, nicht ein Wissen oder Bewußtsein von diesem Vorgang bekommen, sondern hören. Das Hören ist eben das unterscheidende Erfassen des Tons (als Ton) selbst und damit seine direkte Erfahrung und nicht ein Urteil über ihn, genauso wie etwa die Unterscheidung eines süßsauren Geschmacks oder eines würzigen Duftes, kein Urteil über diesen Geschmack oder diesen Duft ist, eines solchen Urteils ist mancher vielleicht gar nicht fähig, sondern der direkte Vollzug dieser Geschmacks- oder Dufterfahrung.

Auch wenn es nicht möglich ist, die ganze Reihe der Argumente von Platon und Aristoteles hier durchzugehen, warum und in welchem Sinn etwas als angenehm und lustvoll erfahren wird, so viel kann festgehalten werden, daß es die Direktheit der unterscheidenden Erfassung im Unterschied zur bloßen Vergegenwärtigung einer Sache ist, durch die das Subjekt die Sache auch in ihrem ganzen Gewicht, das sie für es haben kann, und damit in den Aspekten, in denen sie für es gut oder schlecht, angenehm oder unangenehm ist, mit umfaßt. (In dieser Direktheit der Sachunterscheidung ist auch der Ansatz zur Widerlegung des sogenannten ‚naturalistischen Fehlschlusses', der vom ‚Sein' einer Sache auf ihren ‚Wert' schließen möchte[336], zu suchen. Das bewußte Wissen ist immer neutral, distanziert, wertfrei. Das erkennende ‚Schmecken' einer Sache niemals.)

Dieses Mitumfassen kann freilich schon bei den einfachsten Sinneserfahrungen oberflächlicher oder konkreter sein, und entsprechend wird es die

---

[336] Eine solche ‚naturalistic fallacy' lassen sich nach Auffassung George E. Moore's (Principia Ethica, Cambridge ²1993) alle ‚metaphysisch' begründeteten Ethiken zuschulden kommen. Weil sie glauben, daß jedes Ding einen natürlichen Wert habe, schließen sie von den Eigenschaften der Dinge auf ihren moralischen Wert. Daß Aristoteles diesen Fehlschluß nicht begeht, sondern präzise erklären kann, wann und wodurch die Erkenntnis einer Eigenschaft einen moralisch relevanten Wert bekommt, ist aber, so hoffe ich, aus seiner unterscheidungsphilosophischen Erkenntnisauslegung inzwischen geklärt. Bei der Behandlung seiner Wirtschaftstheorie (die sich ja um eine Erklärung des Gebrauchswerts der Dinge bemühen muß) wird noch genauer belegt werden können, daß Aristoteles den naturalistischen Fehlschluß nicht nur nicht begeht, sondern über kritische Analysen zur Herstellung der Verbindung von natürlichem und moralischen Wert verfügt. S. unten S. 373ff. Zum Verständnis dessen, was unter ‚naturalistic fallacy' verstanden wird, s. v.a. William K. Frankena, The Naturalistic Fallacy, in: Mind 48, 1939, 464-477.

sich daraus ergebende (oder richtiger: die darin bestehende) Lust- oder Unlusterfahrung sein. Wer bereits bei der Unterscheidung des Sauren eines Weins oder des Bitteren einer Olive seine Wahrnehmungsaktivität beendet, wird selbst mit vorzüglichen Weinen oder Oliven nur Unlusterfahrungen machen, während der, der alle Geschmacks- und Geruchsnuancen in ihrem Verhältnis zueinander auszukosten versteht, nicht nur zu einem Kenner wird, sondern mit der Kennerschaft zugleich mit der größten und differenziertesten Lust belohnt wird.

Lust und Unlust ist also nichts, was einfach in uns da ist, und mit dem wir dann irgendwie umgehen müssen, ihr Entstehen liegt vielmehr zu einem guten Teil in unserer Hand, denn es liegt an uns, wieviel Intelligenz wir bei unseren Erfahrungen einzusetzen bereit sind.

Daß dies nicht vollständig in unserer Hand liegt, ist dagegen kein Einwand. Denn die Abhängigkeit bezieht sich nicht auf das, was wir von uns aus leisten können und müssen, sondern auf das, was gegeben sein muß, damit wir überhaupt erkennend tätig werden können. Sie ist deshalb auch am größten bei sinnlichen Lüsten. Wo kein Ton erklingt, kann auch kein Ton gehört werden, wer dem Geräuschpegel einer Baustelle ausgesetzt ist, kann keine differenzierten Unterscheidungen treffen und deshalb auch nicht die dem Hörvermögen in seiner optimalen Vollzugsform eigene Lust genießen. Die Lust, die Aristoteles die angenehmste und die beste nennt, die Lust der Erkenntnis der inneren Differenziertheit und der Symmetrie des ‚Seins, sofern es seiend ist', ist von derartigen Abhängigkeiten weitgehend frei, denn sie benötigt nicht die konkrete Anwesenheit eines Objekts, obwohl natürlich auch sie darauf angewiesen ist, daß der Erkennende lebt und gesund genug ist, um denken zu können.

Trotz der Tatsache, daß zu dieser Lust an der Theorie nach Platon wie Aristoteles Begabung und Fleiß gehören, ist es wichtig zu beachten, daß die für die meisten Formen der Lusterfahrung nötige Intelligenz nicht eine akademische Intelligenz ist, die den Ungebildeten ausschließt. Es ist nicht der, der viele Lehrbücher über den Wein gelesen hat und alle Genußvarianten beschreiben und sich vorstellen kann, sondern es ist der, der seine Zunge richtig zu gebrauchen, d.h. die dem Geschmackssinn immanente Intelligenz zu betätigen, versteht, der die größte Lust am Weintrinken hat.

2 Die Entstehung und das Bewußtsein von Gefühlen

Daß ein Leben nach der Lust nicht einfach ein Leben ist, das auf das bloße Empfinden irgendwelcher körperlicher Erregungen eingeschränkt ist, sondern daß die Lust vielmehr ein Begleitphänomen psychischer Aktivität ist und deshalb so viele und solche Formen aufweist, wie die psychischen Akte, deren vollendeter Vollzug in der Lust zum Ausdruck kommt, dürfte als grundsätzliche These durch die genannten Aspekte genug belegt sein. Das, was im modernen Sinn des Wortes ‚Gefühl' genannt wird, umfaßt aber –

auch bei Kant, der immerhin Gefühle noch als „Gefühle der Lust und Unlust" definiert – mehr als die bloße Erfahrung von Lust und Unlust.

Wer ein ‚Gefühl' der Angst, der Scham, der Liebe, des Hasses, des Zorns, der Eifersucht, des Neids usw. ‚empfindet', empfindet ja nicht einfach etwas, sondern er will zugleich etwas. Er will den Ehrverlust vermeiden, begehrt das geliebte Objekt oder will ihm Gutes tun, will Vergeltung für das Unrecht, will das Glück eines anderen nicht usw.

Platon und Aristoteles reduzieren deshalb – darin der gegenwärtigen Motivationsforschung verwandt – Gefühle nicht auf den Lust- und Unlustaspekt, so differenziert dieser in sich sein kann, sondern verstehen Gefühle als komplexe psychische Akte (die mit dem griechischen Terminus ‚Pathos' bezeichnet werden), die sich zwar als Einheit präsentieren, in denen aber verschiedene psychische Akte erst auf ein einheitliches Ziel hin verbunden sein müssen.

Die Lust ist sich selbst genug, und niemand würde über sie hinausgehen wollen, der sich nicht vorstellen kann, daß es noch stärkere, höhere Formen der Lust als die gegenwärtig empfundene gibt, oder, daß die Lust des Augenblicks erhalten werden oder, wenn sie vorbei ist, wieder gewonnen werden kann oder muß. Das Vorstellungsvermögen, das die Gegenwart mit dem schönen Bild zukünftiger Erfüllung konfrontieren kann, ist also ein notwendiges, unverzichtbares Moment, damit aus der reinen Lust Wille werden kann. So jedenfalls lautet die Analyse, die Aristoteles vorlegt[337].

Zu dem, was wir im täglichen wie wissenschaftlichen Sprachgebrauch Gefühle oder Emotionen nennen, gehört aber für Platon wie Aristoteles vor allem ein Moment des Meinens. Der emphatische Gebrauch, den wir häufig vom Begriff des Gefühls machen, demonstriert, daß auch wir unter Gefühlen in der Regel nicht das Streben nach sinnlichen Lüsten, Hunger, Durst, Genußsucht beim Essen und Trinken, ‚Lieben' usw., meinen, obwohl es sich dem modernen Lustbegriff entsprechend gerade dabei um Gefühle der Lust und Unlust handelt, sondern wir weisen dem Gefühl und insbesondere dem ‚großen' Gefühl einen höheren Rang zu.

Die Erklärungsversuche für diesen höheren Rang sind divergierend und uneinheitlich, die häufigste Erklärung, die zugleich fast allen anderen implizit zugrunde liegt, ist, daß es sich dabei um ‚authentische' Erfahrungen handle. ‚Authentizität' ist eine Auszeichnung in doppeltem Sinn: Sie adelt das jeweilige Gefühl selbst und macht es erst zu einem ‚wirklichen' Gefühl: nur die authentisch empfundene Liebe ist wirklich Liebe und nicht nur Klischee, Illusion oder bloßer Trieb, und sie adelt das Gefühl im allgemeinen und grenzt es gegen andere, vor allem bewußte Erfahrungsweisen ab. Das authentische Gefühl ist zugleich eine echte Erfahrung der Wirklichkeit, nicht nur eine mehr oder weniger fiktionale Konstruktion.

Beide Auszeichnungen können Gefühlen allerdings keineswegs eindeutig zuerkannt werden, im Gegenteil, es gibt viele Gegeninstanzen, die oft

---

[337] S. Viviana Cessi, Erkennen und Handeln, 136-183.

gesehen worden sind. Das Ergebnis ist, daß man entweder auf der Subjektivität aller Gefühle beharrt und ihrem Wirklichkeitsgehalt grundsätzlich mißtraut, oder daß man die Möglichkeit authentischer Gefühle grundsätzlich bestreitet: Es gibt überhaupt keine echten, unmittelbaren Gefühle, alles ist subjektiv – von Interessen, Klischees, Konventionen usw. – überformt.

Bei Platon und Aristoteles gibt es weder das exzessive Mißtrauen noch das exzessive Vertrauen in Gefühle, sondern eine differenzierte Analyse. Im Unterschied zu gegenwärtigen Emotionstheorien (etwa den ‚klassischen' Theorien von James-Lange, Cannon-Bard oder Lazarus-Schachter) werden für sie Gefühle nicht von ‚Reizen' ‚ausgelöst', sondern sind Begleitformen von Meinungen. Sofern Meinungen sich auf Begreifbares und nicht auf Wahrnehmbares beziehen, unterscheiden sich Gefühle von bloß sinnlichen Trieben, Gelüsten oder Begierden und haben daher auch einen höheren Rang als diese. Sofern Meinungen aber von bloßer Einbildung bis zu wahrer Überzeugung eine breite Palette unterschiedlicher Deutungen von Wirklichkeit aufweisen können, gibt es auch entsprechende Unterschiede unter den mit ihnen verbundenen Gefühlen.

Wegen der Verwandtschaft, die diese platonisch-aristotelischen Gefühlstheorien mit scheinbar ähnlichen modernen Emotionstheorien haben, die der ‚Kognition' (wieder) eine bedeutende Rolle bei der Entstehung von Emotionen zuweisen, möchte ich allerdings, bevor ich auf die Differenzierung der Gefühle etwas genauer eingehe, über das schon Besprochene hinaus noch ein Wort zu dem Unterschied dieser gegenwärtigen Theorien zu ihren antiken Vorgängern sagen, der sich aus dem andersartigen Meinungsbegriff bei Platon und Aristoteles ergibt.

Typisch für gegenwärtige Emotionstheorien ist, daß sie, auch wenn sie in der ‚kognitiven Bewertung' eine notwendige Bedingung der Entstehung einer Emotion sehen, dieser Bewertung den sog. ‚auslösenden Reiz' und die von ihm verursachte ‚physiologische Erregung' vorhergehen lassen und der kognitiven Bewertung nur die Aufgabe zuweisen, eine noch unspezifische, unbestimmte Erregung, die z.B. sowohl in Freude wie Trauer umschlagen könnte, in eine bestimmte Emotion zu überführen.

Gegen diese ‚Überbewertung' der Kognition für die Emotion konnten die ‚traditionalistischen' Gegner dieser von der modernen Seelenteilung abweichenden Theorie leicht viele Gegenexperimente anführen, die auf jeden Fall belegen können, daß die Kognition keine notwendige Bedingung einer Emotion ist. Es gibt eben viele Emotionen, die man hat, ohne zu wissen, warum, also scheinbar ganz ohne kognitiven Anteil, weil es kein Bewußtsein über die Art ihrer Entstehung gibt. Außerdem konnten die Physiologen nachweisen, daß das Gehirn alles schon veranlaßt hat, was zur Entwicklung eines Gefühls notwendig ist, bevor überhaupt das Bewußtsein eines Gefühls eintritt.

Für Platon und Aristoteles ist die Kognition dagegen nicht eine nachträgliche Bewertung eines emotionsrelevanten ‚Reizes', sondern sie selbst ist der einzig mögliche ‚auslösende Reiz' eines Gefühls. Wenn Laios an dem

Dreiweg zwischen Theben und Delphi nicht Ödipus mit seinem ausgeprägten Selbstbewußtsein begegnet wäre, sondern einem einfachen Hirten, wäre er nicht auslösender Reiz einer Emotion ‚Zorn' geworden, denn der Hirte hätte ihm sicher bereitwillig Platz gemacht und hätte nicht mit Empörung auf die Aufforderung auszuweichen reagiert.

Daß viele gegenwärtige Psychologen davon ausgehen, es gebe auslösende Reize für Gefühle, unterliegt derselben Unterschätzung der Subjektivität, die für so viele neuzeitliche Denkhaltungen charakteristisch ist. Die Aufforderung ‚Platz dem König' ist noch kein Stimulus für eine bestimmte Gefühlsreaktion, dazu wird sie erst durch eine bestimmte Meinung, z.B. dadurch, daß ihr die Absicht, den Entgegenkommenden zu erniedrigen, zugeschrieben wird.

Das für viele so vexierende Problem, daß Gefühle Kognitionen vorhergehen und also scheinbar unabhängig von ihnen entstehen können, besteht überhaupt nicht, wenn man das Erkennen selbst nicht mit dem nachträglichen Bewußtsein von etwas Erkanntem gleichsetzt. Denn natürlich kann man Angst haben, ohne bereits ein Wissen davon zu haben, und insbesondere ohne bereits zu wissen, warum man Angst hat. Daß aber irgend jemand Angst empfinden könnte, ohne an einem ‚auslösenden Reiz' einen Aspekt des Bedrohlichen, also etwas, was für die Verwirklichung seiner selbst irgendeine Gefahr bedeutet, unterschieden zu haben, ist absurd. Deshalb führt ein unausgebildeter oder beschädigter Verstand – etwa bei kleinen Kindern, bei Betrunkenen, bei psychisch Kranken, bei Menschen, die in einer euphorischen Stimmung sind, usw. – dazu, daß man keine Angst empfindet, weil man die Gefahr überhaupt nicht zu erkennen in der Lage ist oder weil man sie unterschätzt.

Daß gerade die Angst immer wieder als Beispiel für ein grundloses, jeder rationalen Deutung vorausgehendes Gefühl angeführt wird, liegt daran, daß die Angst oft keinen konkreten, sondern einen unbestimmt abstrakten Gegenstand hat. Aus platonisch-aristotelischer Perspektive ist das aber kein Zeichen dafür, daß die Angst ein untypisches Gefühl ist, im Gegenteil: gerade an der Angst zeigt sich die charakteristische Problematik der ‚Gefühle'. Es ist gerade die Einsicht in diese Problematik, die Platon und Aristoteles veranlaßt haben, über die Möglichkeit einer Erziehung des Gefühls, die ihrer Überzeugung nach vor allem durch Kunst und Literatur geleistet werden muß, nachzudenken.

Das, was das auf das konkret Einzelne bezogene Meinen von rationaler Argumentation unterscheidet, ist ja, daß es seine Gründe nicht kennt. Im Meinen erfaßt man den aus den Gründen hervorgegangenen Effekt. So wie man in der Meinung ‚Es ist Tag' das Resultat ins Auge faßt, das sich aus der Beobachtung, daß die Sonne scheint, und aus der selbstverständlich für allgemeingültig gehaltenen Meinung, daß Sonnenschein Indiz des Tagseins ist, ergibt, so ist auch das sog. Bewußtseinserlebnis ‚Ich bin zornig' oder ‚Ich bin verliebt' keine ‚irrtumsimmune' unmittelbare Gewißheit (siehe oben S. 194ff. und Anm. 193 (zu Manfred Frank)), sondern eine *conclusio*. Eine unmittelbare Gewißheit kann es nur von etwas geben, mit dem man auf direkte Weise konfrontiert ist. Zorn oder Verliebtheit sind aber weder äußere noch innere Gegenstände. Man sieht sie nicht und hört sie nicht und kann sich auch keine Vorstellung von ihnen machen. Zorn ist eine jeweils konkrete Unlustempfindung, die das Durchdenken eines konkreten Unrechts begleitet und die zugleich vermischt ist mit der Lust, die die Vorstellung der Vergeltung mit sich bringt. Erst die Feststellung, daß man diese Art von gemischter Unlust- und Lustempfindung hat, und die Subsumtion dieser Empfindung unter diejenige Empfindung, die man immer dann hat, wenn man über ein Unrecht nachdenkt, schafft das Bewußtsein ‚Ich bin zornig'.

Darauf, daß man sich dabei leicht täuschen kann, habe ich schon hingewiesen (S. 196f.). Wie viele sind (z.B.) ganz von einem ‚echten' Gefühl tiefen Mitleids durchdrungen, obwohl sie sich, wie es etwa Stephan Zweig in seinem Roman *Verwirrung der Gefühle* darstellt, nur in sentimentaler Selbstgefälligkeit genießen. Die Unechtheit ihres Mitleidgefühls trotz der Echtheit ihres Mitleidbewußtseins kann daran beurteilt werden, daß sie aufrichtig und keineswegs zum Schein empört wären, wenn ihnen jemand die Wahrheit über ihre ‚tiefen' Gefühle offenbaren würde.

Die Gründe dieser Täuschbarkeit können inzwischen, nach der Behandlung der für die Entstehung der Gefühle wichtigen Erkenntnisformen, etwas genauer diagnostiziert werden.

Das, was wir Gefühle nennen und in psychologischen Handbüchern unter dem Titel ‚Emotionen' und ‚Motivationen' abhandeln, sind konkrete, aus kognitiven, emotiven und voluntativen Akten gemischte psychische Akte, die sich unmittelbar auf Einzelnes, einzelne Personen, Situationen, Atmosphären u.ä. beziehen. Ihre Basis ist daher ein sinnliches Meinen, und das heißt: ihre Inhalte sind trotz ihrer Beziehung auf konkret Einzelnes unbestimmt abstrakt. Wer an einem abweisenden Ton Erniedrigung erkennt und mit Zorn reagiert, oder wer einen anerkennenden Blick für Liebe nimmt und mit Verliebtheit reagiert, hat eine Gefühlsbasis, die statt auf Zorn und Liebe genauso gut auf vieles andere zutreffen könnte.

Über die bereits besprochenen Argumente hinaus, die den Charakter desjenigen Wissens, das ‚früher für uns' ist und das wir deshalb für unmittelbar gewiß und evident halten, klarlegen sollten, kann man eine Bestätigung dieser These durch die ‚Phänomene' in der vielfach bestätigten paradoxen Erfahrung sehen, daß man von Gefühlen glaubt, man umfasse in ihnen das Ganze einer Situation, einer Atmosphäre, eines Menschen usw., sich aber nicht in der Lage fühlt, dieses Gefühl zu artikulieren, d.h. in seinen einzelnen Momenten und Bezügen auseinanderzulegen. Eine typische Erfahrung mit dieser Abstraktheit von Gefühlen kann man immer dann machen, wenn Menschen von ihren Gefühlen bei außergewöhnlichen, z.B. außergewöhnlich schrecklichen Ereignissen berichten. Diese Berichte, gleichgültig, ob sie von direkt Beteiligten gegeben werden oder von Journalisten, von Politikern oder auch von Schriftstellern, die man um ihre ‚Gefühlseindrücke' befragt, zeichnen sich fast immer durch eine außergewöhnliche

Armut an – zudem immer gleich wiederholten – abstrakt allgemeinen Ausdrücken und Bildern aus.

Die verbreitete Vorstellung, die Artikulationsunfähigkeit bei Gefühlen zeuge von ihrer Größe und dem Reichtum ihrer Gehalte, kann in ihrem Scheincharakter aber nicht nur durch die erkenntniskritische Einsicht aufgedeckt werden, daß die Meinungsbasis der Gefühle diese Differenziertheit gar nicht möglich macht, sondern beglaubigter noch dadurch, daß große Gefühle erheblich mehr an subjektiver Leistung voraussetzen als eine unmittelbar heftige, scheinbar alle Ratio ausschaltende Empfindung. Besonders in seiner Analyse der Erfahrung von Dichtung und Musik hat Aristoteles zur Klärung dieser Frage wichtige Hinweise gegeben.

3 Abstrakte Gefühle – mit Beispielen aus Euripides und Sophokles

Es gibt vielleicht keinen Dichter, der die Eigentümlichkeit von Gefühlen, daß sie oft hoch abstrakt sind, schärfer durchdrungen hat als Euripides. Von vielen modernen Philologen (angeführt von Schlegel, Burckhardt und Nietzsche) muß er sich deshalb sagen lassen, er sei zur Empfindung und Darstellung wahrer Gefühle unfähig, ja seine Gefühlsdarstellungen werden oft nicht einmal als solche erkannt. Wenn z.B. der Hippolytos in dem *Hippolytos* des Euripides in einer Situation höchster Empörung in eine Sammlung systematisch geordneter Gemeinplätze über den Unwert der Frauen ausbricht, sehen viele einen in knöcherner Gelehrtheit erstarrten Hagestolz am Werk, dem ‚echte' Leidenschaft fremd ist, obwohl Euripides alles getan hat, um Hippolytos' tiefe, alles durchdringende Lust am Artemisischen (d.h. an einem jungmännlichen, kameradschaftlichen Leben in unversehrter Natur) und seine ganz und gar emotionale Abscheu vor allem Aphrodisischen in vielen Facetten darzustellen[338].

Euripides könnte sich aber zu seiner Verteidigung auf seinen späteren Bewunderer Aristoteles stützen. Denn so wie die Kinder die markante Stimme des Vaters auf alle Männer übertragen, und wie dem, der den Baum in der Dunkelheit als Feind gedeutet hat, alles an dieser Erscheinung feindlich und bedrohlich wird, so verfahren – in aristotelischer Deutung – auch Gefühle, die häufig auf vorschnell fixierten Meinungen beruhen.

Der Hippolytos bei Euripides hat emotional eine so unüberwindliche Abneigung gegen alles Weibliche und Aphrodisische, daß sein Haß auf die Frauen gar nicht konkret sein kann. Er kennt den Gegenstand seiner Abneigung überhaupt nicht, sondern ordnet alles, was ihm davon begegnet, dem immer gleichen Schema unter: Frauen sind etwas Unreines, seiner Lust an einem der Göttin Artemis, der Göttin jungfräulicher Unversehrtheit, entgegengesetzte und deren Verwirklichung entgegenstehende Wesen. Diese Art

---

[338] S. Verf., Zur Charakterdarstellung des Hippolytos im ‚Hippolytos' von Euripides, in: Würzburger Jahrbücher für die Altertumswissenschaft N.F. 3, 1977, 17-42.

der Abstraktheit ist bei Haßgefühlen sicher besonders häufig, weshalb sich der Haß oft gar nicht auf Individuen, sondern auf ganze Gruppen von Personen bezieht.

Auch Zorngefühle sind oft abstrakt, wenn die Abstraktheit hier auch anders entsteht.

Wer sich etwa von jemandem wegen einer abweisenden Geste ungerecht erniedrigt fühlt, wird geneigt sein, eine Vielzahl von Verhaltensweisen dieses Menschen geradezu systematisch dieser Erniedrigungstendenz zuzuordnen und in ihnen allen, ohne ihre wirkliche Absicht zur Kenntnis zu nehmen, immer nur Indizien, die sein Gefühl bestätigen, zu sehen. Ödipus etwa, der bei Sophokles von der traumatischen Furcht getrieben wird, erniedrigt zu werden, kann in allem immer nur dieses Eine erkennen: als der Herold ihn auffordert, dem Wagen des Königs Platz zu machen, als der Seher Teiresias ihn bittet, nicht weiter zu fragen, damit er ihn nicht ins Unglück stürzen müsse, als seine Frau ihn anfleht, nicht weiter nach seiner Herkunft zu forschen – in allen ganz unterschiedlich motivierten Verhaltensweisen sieht Ödipus dasselbe Motiv am Werk und macht aufgrund dieser affektischen Fehldeutungen jedesmal verhängnisvolle Fehler. Auch seine Gefühle sind abstrakt und konfus[339].

Bei derartigen, die Wirklichkeit subjektiv überformenden und verzerrenden Gefühlen zeigt sich die Begrenztheit der angeblichen Überlegenheit der Weisheit der ‚emotionalen Intelligenz' über den Verstand, der sich mühsam zusammensuchen müsse, was ‚der Bauch' unmittelbar begreift.

Über die Aufgabe, die dem Verstand in solchen Situationen zukommt, hat Aristoteles allerdings ganz andere Vorstellungen, als man sie bei gegenwärtigen Psychologen lesen kann.

Wenn etwa Richard E. Cytowic davon spricht, diejenigen Menschen hätten ihr Menschsein am weitesten entwickelt, die Verstand und Gefühl gegeneinander aufwiegen und sich beider Systeme bedienen (siehe oben S. 289f.), so ist leicht erkennbar, daß er mit diesem Rat Ödipus nicht vor seinen verhängnisvollen Fehlentscheidungen bewahren könnte. Denn Ödipus bedient sich, gerade wenn er in höchster Gefühlsaufwallung ist, einer hohen Intelligenz und ist sich dessen auch bewußt. Er glaubt, den Seher auf seine wahren Absichten hin zu durchschauen und blickt auch bei seiner Frau hinter die besorgte Fassade und entdeckt den weiblichen Hochmut als den ‚wahren' Grund, warum sie ihn von der Aufdeckung seiner Herkunft abhalten möchte.

Kaum weniger deutlich ist das Zusammenwirken der beiden ‚Systeme' Verstand und Gefühl bei Medea. Medea führt, während sie innerlich aufs heftigste über das ihr widerfahrene entehrende Unrecht empört ist, mit kühler Intelligenz einen raffiniert ausgedachten und ins Werk gesetzten Mordplan durch und verhält sich dabei im Umgang mit den befreundeten adligen

---

[339] S. Verf., Menschliches Fehlen und tragisches Scheitern. Zur Handlungsmotivation im Sophokleischen ‚König Ödipus', in: Rheinisches Museum 131, 1988, 8-30.

Frauen von Korinth, mit dem König Kreon, mit ihrem Mann Jason so beherrscht und berechnend, daß manche Interpreten in der Euripideischen *Medea*, die während der ganzen Antike als *das* klassische Leidenschaftsdrama angesehen wurde, überhaupt keine Darstellung von Leidenschaft mehr erkennen können.

Der Rat, sich nicht nur auf seine Gefühle zu verlassen, sondern auch seinen Verstand einzusetzen, ist bei Medea ebenso überflüssig, wie wenn man Ödipus raten wollte, er solle bei seinen Verstandesurteilen auch auf sein Gefühl hören. Beides tun beide ganz offensichtlich.

Dennoch scheitern beide auf tragische Weise. Ödipus, weil er die Wirklichkeit im Licht seiner vorauslaufenden Verängstigtheit beurteilt, Medea, weil bei ihr, wie sie selbst formuliert, die Leidenschaft „Herr ihrer planenden Intelligenz" ist[340].

In beiden Fällen handelt es sich um eine dienende, unfreie Intelligenz. Bei Ödipus führt diese Unfreiheit dazu, daß er mit großem Scharfblick jedes Verhalten auf die Indizien hin, die seine traumatische Verängstigtheit bestätigen könnten, durchschaut, aber eben durch diese scharfe Zielgerichtetheit seines Blicks blind wird für die tatsächlichen konkreten Intentionen der Personen seiner Umgebung, obwohl diese Intentionen bei einer freieren Denkweise, die auch andere als die von ihm allein vermuteten Motive in Betracht gezogen hätte, für ihn erkennbar, ja größtenteils leicht erkennbar gewesen wären. Statt dessen wird ihm alles zur immer gleichen – abstrakten – Bestätigung für seine Gefühle, die die Wirklichkeit nur in ihrem Licht sehen.

Medea sieht weiter als Ödipus und erkennt die Konsequenzen ihres Tuns umfassender, insbesondere als sie es auf sich nimmt, die eigenen Kinder zu töten. Ihr Schmerz über die ihr genommene Ehre ist aber, sobald sie ihre Gedanken den Schamlosigkeiten Jasons zuwendet, so groß, daß sie das Gewicht, das der Verlust dieser Güter für sie haben wird, nicht in seiner wahren Bedeutung für sie begreifen kann, da sie allein in der Wiederherstellung ihrer Ehre das einzige für sie noch erstrebenswerte Gut erkennt.

Medea und Ödipus bieten zwei aussagekräftige Beispiele dafür, daß Gefühle sich vom Verstand nicht dadurch unterscheiden, daß wir beim Fühlen keine aktive, spontane Denktätigkeit ausüben, sondern dadurch, daß diese Art zu denken verschieden ist von einer rationalen Denktätigkeit im strikten Sinn, und daß diese Verschiedenheit wesentlich durch die Abstraktheit der Gefühlsperspektiven bestimmt ist.

Rational denken heißt, die Kriterien des Unterscheidens kennen und sie in der ihnen gemäßen Weise anzuwenden. Das ist nicht möglich, wenn man sich mit ihnen nur in anwendungsgebundenen Formen befaßt. Wer begreifen will, was Doppeltsein ist, und verschiedene Gegenstände hinsichtlich ihres Doppeltseins korrekt beurteilen will, kann sich nicht an einzelnen,

---

[340] Euripides, *Medea* v. 1079; s. dazu Verf., Leidenschaft in der Senecanischen und Euripideischen Medea.

konkreten Instanzen des Doppeltseins orientieren, um an ihnen Maß zu nehmen. In analoger Weise kann man auch nicht einzelne Instanzen etwa gerechten Handelns zum Maß nehmen, an denen man sein Erkennen und Fühlen ausrichtet. Wenn der rationale Begriff des Gerechtseins ist: ‚Jedem das Seine geben', kann es auch einmal gerecht sein, jemandem etwas Geschuldetes nicht zurückzugeben, dann nämlich, wenn diese Rückgabe dazu führen würde, daß jemandem das Seine, etwa sein Leben, genommen würde. Die zornige Empörung dessen, der sich in einem solchen Fall ungerecht behandelt fühlt, ist keineswegs berechtigt, weil er sich nicht an einem rationalen Maßstab des Gerechten orientiert, sondern an einer daraus nur abgeleiteten Einzelfallregelung, in der eben nicht erfaßt ist, was gerecht sein grundsätzlich meint, sondern die nur das, was in den meisten – aber eben nicht in allen – gerechten Handlungen gleich ist, zusammenfaßt und (unberechtigterweise) zu einem Sachkriterium erhebt.

Rationales Denken ist also ein von der Bindung an den Einzelfall freies Denken. Die Gefühle, die mit dieser Art von Denken verbunden sind, können im Sinn der bisherigen Ergebnisse folgendermaßen charakterisiert werden: Rationales Denken richtet sich auf das unterscheidbar Identische an etwas. Dieses Identische ist nach platonischer und aristotelischer Lehre das ‚Werk', die Funktion von etwas. Eine Funktion erfüllt etwas nur dann in korrekter Form, wenn es sie optimal erfüllt. Eine Schere schneidet nur dann wirklich und ist deshalb nur dann wirklich Schere, wenn sie gut schneidet. Schlechtere Formen des Schneidens sind immer zugleich Abarten des Schneidens. Rationales Denken richtet sich also immer auf den besten Zustand einer Sache und zieht seinen Lustgewinn aus diesem besten Zustand.

Erst wenn man sich diese erkenntniskritischen Zusammenhänge in Erinnerung hält, wird einleuchtend, daß keineswegs jedes intelligente Handeln rational ist. Die intelligente Planung einer Tötungsmaschinerie wie etwa in Auschwitz ist vielleicht ein Zeichen dafür, wohin die abstrakt inhaltsleere ‚Rationalität' der Moderne führen konnte, mit einem erkenntniskritisch kontrollierbaren Begriff von Rationalität hat dies nichts mehr zu tun. Daß man an einer solchen Pseudo-Rationalität auch noch Lust empfinden kann, zeigt nicht die teuflische Seite der Rationalität, sondern verweist auf die Wichtigkeit, rationales Denken in seiner spezifischen Aktivität streng von der spontanen Ausübung beliebiger Denkakte zu unterscheiden. Ein Denken, das sich in Abhängigkeit von Trieben, Begierden, Gelüsten, Wahnvorstellungen und dergleichen begibt, ist eben kein Denken im wahren Sinn mehr, sondern ist auf diejenigen Möglichkeiten seiner Leistungsfähigkeit eingeschränkt, die derartigen Akten immanent sein können. Wer sein Denken ausschließlich auf die konstruktiven Mittel und Schritte konzentriert, die er braucht, um sich als Herr genießen zu können, hat sein Denken eben damit zum Knecht seiner Machtbegierde gemacht. Macht – im Sinn von Unterdrückung, Reglementierung, Ausschließung – und Rationalität gehören nicht zusammen (wie etwa für Foucault)³⁴¹, sondern befinden sich in einem substantiellen Gegensatz.

Trotz der Tatsache, daß man gegenüber neuzeitlichen Mißverständnissen betonen muß, daß auch Begierden und Gefühle Formen des Denkens sind, muß man im Blick auf derartige Mißbräuche des Denkens betonen, daß ein unfreies Denken in eben dem Ausmaß, in dem es unfrei ist, ein Denken ist, das seine Urteilsfähigkeit verloren hat und nur noch eine Verfallsform des Denkens ist. Es ist irrational nicht in dem Sinn, daß es gänzlich außerhalb jeder Rationalität wäre, sondern im Sinn eines Mißbrauchs der Rationalität.

Alles, was bei einem solchen Mißbrauch gut oder effektiv ist, kommt zwar aus der Rationalität. Wer einen guten Wein nicht trinken will, weil er zu sauer schmeckt, hat durchaus eine richtige Wahrnehmungsunterscheidung gemacht, er hat aber sein Wahrnehmungsvermögen nicht mit der ihm möglichen Kompetenz betätigt, sondern hat sich von der mit der ersten Unterscheidung verbundenen Unlust völlig gefangen nehmen lassen.

Medeas konsequente Planung, ihre Begriffs-, Urteils- und Schlußfähigkeit ist etwas Rationales. So wie aber die Rationalität beim Sehen auf die Unterscheidung von Farbe eingeschränkt ist, so sind die rationalen Kompetenzen Medeas daran gehindert, das umfassende Gute, das ihr eigentlicher Gegenstand ist, zu ermitteln, weil Medea vom Bild des Triumphs über ihre Feinde wie gebannt ist.

Platon und Aristoteles machen richtiges ethisches Verhalten von der Befolgung des ‚orthos logos' (ὀρθὸς λόγος), der ‚recta ratio'³⁴² (=des richtigen Denkens) abhängig. Wegen dieser Lehre hat man ihnen oft eine naive Unkenntnis der Mißbrauchsmöglichkeiten gerade des (formal) richtigen Denkens zugeschrieben. Ja, man könnte behaupten und hat behauptet, Tötungsmaschinerien wie die der Guillotine oder der Konzentrationslager hätten in der funktionalen Stimmigkeit ihrer Abläufe ihre eigene Logik und Ästhetik, durch die erst die ganze Gefährlichkeit der platonischen Spekulation über die Einheit des Wahren, Guten und Schönen zum Ausdruck komme (so Popper und andere).

Gegenüber derartigen Fehlauslegungen des Platonismus ist aber, so hoffe ich, inzwischen deutlich geworden, daß jede Form eines gebundenen Zweckrationalismus den Ehrentitel eines richtigen Denkens, auch in einem korrekten Sinn von ‚formal richtig', nicht in Anspruch nehmen kann. Richtiges, d.h. das ‚Werk' einer Sache korrekt unterscheidendes Denken führt notwendig dazu, etwas unbeeinflußt von partikulären Interessen in seiner optimalen Verfassung zu erkennen und zu genießen. Das ‚Werk' des Menschen bei Platon oder Aristoteles ist aber, darauf werde ich gleich noch ge-

---

[341] S. v.a. Michel Foucault, Überwachen und Strafen. Die Geburt des Gefängnisses, Frankfurt a.M. 1976 (=Surveiller et punir. La naissance de la prison, Paris 1975).

[342] Zur Bedeutung des richtigen ‚Logos' für das antike Ethikkonzept im allgemeinen s. Christoph Horn, Antike Lebenskunst. Glück und Moral von Sokrates bis zu den Neuplatonikern, München 1998, 121ff.

nauer eingehen, sich selbst in der Gemeinschaft mit den anderen, die ihrer dazu gegenseitig bedürfen, zu verwirklichen. Nur der perspektivisch unverzerrte Blick auf dieses ‚Werk' und die (logisch richtige) Zuordnung aller anderen Akte des Menschen auf dieses ‚Werk' kann daher als rational gelten.

4 Rationale Gefühle. Ein Beispiel: Aristoteles' Analyse der Selbstliebe

Gefühle, die zu einem rational richtigen Denken gehören, rechnen wir in der Regel nicht zu dem, was wir unter ‚Gefühl' verstehen. Gefühle sind für uns immer durch ein gewisses Maß an Irrationalität gekennzeichnet. Diese vermeintliche Irrationalität ist bei Platon und Aristoteles auf den Begriff gebracht und als (mehr oder weniger) unbestimmte Abstraktheit erkannt.

An einem Beispiel, das Aristoteles ausführlich behandelt, möchte ich aber demonstrieren, daß auch Gefühle, die nicht den bisher besprochenen Einschränkungen der Rationalität unterliegen, wie sie für die meisten Gefühle typisch sind, mit gutem Grund unter diesem Begriff gefaßt werden können. Sie zeugen für die höchste Form möglicher Gefühle und geben damit zugleich ein Maß für die innere Differenzierung dessen, was der Sprachgebrauch ‚Gefühl' nennt. Das Beispiel, um das es geht, ist die Selbstliebe (*philautia*, φιλαυτία). Die Art, wie Aristoteles dieses Gefühl verteidigt (im Kapitel IX, 8 der *Nikomachischen Ethik*), zeugt zugleich von der ganz und gar nicht kleinlichen oder moralistischen Denkweise des Aristoteles.

Selbstliebe ist etwas, was der gute Bürger für unmoralisch, weil für ein Zeichen eines bloßen Egoismus hält. Mit dieser Feststellung beginnt auch Aristoteles seine ethische Bewertung der Selbstliebe und gibt dem gewöhnlichen Denken recht, soweit es sich auf eine minderwertige Form der Selbstliebe bezieht. Wenn ‚nur sich selbst lieben' heißt, ‚alles nur um des eigenen Ich willen tun', und wenn dies meint ‚Geld, Ehre und sinnliche Lust nur für sich selbst zu beanspruchen', dann ist Selbstliebe verwerflich und asozial.

Ein richtiger Begriff von Liebe muß aber meinen, dem Geliebten nur das wirklich Gute zu wünschen und zuteil werden zu lassen, und zwar um seiner selbst willen und auch, wenn niemand etwas davon erfährt. Genau so verhält man sich aber zu allererst sich selbst gegenüber. Man will das Beste für sich selbst und will dies auch dann, wenn niemand etwas davon erfährt.

Wenn der gute Bürger meint, dieses Bestreben verbergen zu müssen und den, der es offenbart, der Selbstliebe zeihen zu sollen, offenbart er eben damit, daß er keinen Begriff hat von dem, was ein sittlich gutes Leben ausmacht. Denn sich selbst wie dem besten Freund wirklich wohl gesonnen zu sein und sich nur das Beste zuzuteilen, heißt ja, daß man sich um das umfassend Gute für sich selbst bemüht.

Voraussetzung für ein solches Bemühen ist zuerst, daß man aus sich selbst heraus, d.h. frei und selbstverantwortlich, lebt. Das ist ein Leben nach dem *Nûs (Intellekt, Vernunft)*, dem höchsten geistigen Vermögen in uns,

„denn der Nûs ist das, was jeder einzelne wirklich ist", wie Aristoteles sagt[343]. Ein Leben nach dem *Nûs* aber heißt nicht nur, über die eigene Unterscheidungspotenz kritisch und selbständig verfügen und die Lust an der Erkenntnis der im eigentlichen Sinn unterscheidbaren, geistigen Inhalte ‚schmecken' – nach Aristoteles ist dies die höchste dem Menschen zugängliche Lusterfahrung[344] –, sondern so zu leben, daß sich alle seelischen Akte, die wir ausführen, auch das Wahrnehmen und Meinen und die mit ihnen verbundenen Gefühle und Strebungen, nach dieser Unterscheidungspotenz richten:

> „So teilt er sich selbst das Schönste und im höchsten Sinn Gute zu und ist dem eigentlichen Selbst in ihm liebend zugetan, und alles richtet sich nach diesem." (Aristoteles, *Nikomachische Ethik* IX, 8, 1168b29-31).

Es ist keine Frage, daß jemand, der sich auf diese Weise das Beste selbst zuteilt, sich etwas zuteilt, wofür ihn niemand tadelt. Denn die rationale Sorge um den besten Vollzug des eigenen ‚Werks' führt zu einem tugendgemäßen Leben: es ist weise, weil es Einsicht in das (für sein ‚Werk') Gute hat; es ist gerecht, weil es – aus dieser Einsicht heraus – sich selbst und den anderen, auf die es angewiesen ist, das Seine gewährt; es ist besonnen, weil alles in ihm sich nach der Einsicht richtet; usw. (Aristoteles, *Nikomachische Ethik* IX, 8, 1168b20ff.).

Auch die Freude an diesen Handlungen und das liebende Wohlwollen ihnen gegenüber ist in keiner Weise sittlich minderwertig. Sie sind ja keine eitle Selbstbespiegelung, sondern eine Hinwendung zu dem, was wirklich gut und bejahenswert in einem Menschen ist. Das soll der Mensch lieben, und soll also, sofern dies sein eigentliches Selbst ist, sich selbst lieben.

Die Meinung, jede Form der Selbstliebe sei verwerflich und nicht ‚sozialverträglich', ist nach Aristoteles das Ergebnis einer unzureichenden Differenzierung zwischen dem, was für den Menschen in einem umfassenden und reflektierten Sinn wirklich gut ist, und den zwar unmittelbarer erkennbaren, aber tatsächlich nur scheinbaren Vorteilen.

Aristoteles folgt in dieser Analyse ganz dem Staatskonzept Platons, das seinerseits nicht aus dem Nichts entstanden ist, sondern auf eine kulturelle Selbsterfahrung des Menschen zurück greifen kann, die sich bis zu Homer verfolgen läßt. Einige wichtige Aspekte dieser Tradition sollen in den nächsten Kapiteln vorgestellt und dadurch das scheinbare Paradoxon, wie man den größten Egoismus zugleich für die beste Form des sittlichen Lebens in der Gemeinschaft halten kann, aufgelöst werden. [345].

---

[343] Aristoteles, *Nikomachische Ethik* IX, 8, 1168b35, s. ähnlich IX, 4, 1166a22f.; X, 7, 1178a2f.

[344] Aristoteles, *Nikomachische Ethik* X, 7, 1177a12ff.

[345] Diese Differenzierung zwischen dem, was für den Einzelnen wirklich gut und für ihn individuell wirklich erstrebenswert ist, und einem nur scheinbaren Gut, das der Einzelne aufgrund einer unzureichenden und perspektivisch verzerrten Beurteilung erstrebt, spielt auch für die Oppositionshaltung gegenüber der aristotelischen Wirtschaftslehre, durch die sich die neuzeitliche Ökonomik konstituiert, bis in die gegen-

wärtigen Methodendiskussionen hinein eine wichtige Rolle. Dabei ist es für die Neuzeit überhaupt charakteristisch, daß – bei allen Unterschieden in der Auffassung, welche normativen Setzungen für die Ökonomik gerechtfertigt und erforderlich sind – an der Autonomie des Einzelindividuums in Bezug auf die eigenen Bedürfnisse, Wünsche und Zwecksetzungen festgehalten wird. So vertritt z.B. die moderne Wohlfahrtsökonomik zwar die These, es gebe ein wahres Gemeininteresse im Unterschied zu einem nur vermeintlichen – und grenzt sich mit dieser These von früheren politischen Theorien ab –, stimmt aber 1. mit der Tradition darin überein, daß die Prädikate ‚wahr'/‚unwahr' bzw. ‚wirkliche Interessen'/‚scheinbare Interessen' auf Individuen und ihre Zwecke und Handlungen schlechthin unanwendbar seien; 2. bezieht sich diese Unterscheidung nicht auf ein wirkliches, nach einem objektiven, sachlichen Kriterium beurteilbares Interesse, sondern es geht um die methodisch richtige Ermittlung des von den Einzelinteressen der Individuen vorgegebenen Gemeinschaftsinteresses, nicht aber um die Möglichkeit einer Korrektur dessen, was die Individuen für gut und erstrebenswert halten. Auch dafür wird die ‚Unfehlbarkeit' des Einzelnen im Hinblick auf die Bestimmung des für ihn individuell Guten vorausgesetzt und nur auf eine höhere Ebene übertragen. (s. z.B. Gerald D. Feldman, Welfare Economics, in: The New Palgrave 4, 1987, 889-895). (Zu der dazu vorausgesetzten Absolutsetzung der Freiheit des Einzelnen und der These der Unhintergehbarkeit und begrifflichen Nicht-Erfaßbarkeit des Individuums s. unten S. 403ff.) In ähnlicher Weise wird auch in der Spieltheorie zwischen wahren Präferenzen der Individuen und falschen Präferenzen unterschieden: gemeint ist damit wiederum kein auf eine objektive, außerhalb des momentanen Horizonts des einzelnen Akteurs liegende Beurteilung verweisender Unterschied, sondern ‚falsche Präferenzen' sind solche Präferenzen, die von den Individuen in Täuschungsabsicht geäußert werden. Demnach geht es in der Formulierung eines Modells darum, solche Täuschungen mit einzukalkulieren bzw. den Mechanismus so zu konstruieren, daß ausgeschlossen wird, „daß Konsumenten einen Anreiz haben können, falsche Präferenzen anzugeben." (Wolfgang Leininger, Artikel ‚Mikroökonomik', in: Springers Handbuch der Volkswirtschaftslehre, 1996, 1-42, hier: 15). Direkt auf die ‚platonische' Konzeption der *Politeia* bezogen ist die Kritik, die Kenneth J. Arrow an Theorien übt, die sich die Gesellschaft als einheitliches Gebilde, quasi als ein Lebewesen, mit homogenen Wertvorstellungen denken, dessen ‚soziale Wohlfahrtsfunktion' von einem allwissenden, neutralen, ausschließlich an dem Wohl der Gemeinschaft interessierten Philosophenkönig festgelegt wird (Social Choice and Individual Values, New York 1951/1963): eine solche Annahme sei nicht nur unrealistisch, sondern nivelliere alle Unterschiede zwischen den Individuen und unterwerfe die Einzelnen einem äußeren Zwang und entmündige sie gänzlich. Arrow setzt einem solchen Konzept eine Theorie entgegen, die auf der Annahme beruht, jedem Individuum könnten zwei verschiedene Präferenzordnungen zugeordnet werden, eine sozusagen egoistische, die nur auf die privaten Eigeninteressen bezogen ist, und eine soziale, auf die Gemeinschaft bezogene, mit Hilfe derer das Individuum den größten Nutzen bestimmt, den es *innerhalb der sozialen Ordnung* erreichen kann. Die eigentliche soziale Wohlfahrtsfunktion der Gesellschaft insgesamt bestimmt sich dann als Summe aller einzelnen sozialen Präferenzordnungen der Individuen.

5 Éducation sentimentale – aristotelisch

Das Gefühl der Selbstliebe in ihrem positiven Sinn unterscheidet sich von dem, was üblicherweise unter Selbstliebe verstanden wird, auch dadurch, daß es konkret und nicht abstrakt ist. Abstraktheit und Konkretheit liegen bei diesen beiden Formen der Selbstliebe sogar besonders weit auseinander. Auch die Angst ist oft ein sehr unbestimmtes Gefühl, bei der negativen Selbstliebe aber sind nicht nur die Gegenstände, auf die sie sich richtet, unbestimmt, weil sie anders als etwa die Wein- oder Musikliebhaberei, deren Vorliebe auf bestimmte Gegenstände bezogen ist, als einziges Auswahlkriterium sich selbst hat und daher unterschiedslos Vieles begehrt, sie ist auch in ihrer Reflexivität abstrakt, weil die eitle Selbstgefälligkeit sich in allem gefällt und nur die Identität des immer gleichen Selbstbezugs als Haltepunkt hat. Die positive Selbstliebe dagegen, über die in neueren Ethik- oder Psychologiekonzeptionen so gut wie nichts mehr zu lesen ist, geschweige denn, daß sie als eine der wichtigsten Tugenden erkannt wäre, ist immer konkret. Das Charakteristikum des Unterscheidungsvermögens ist ja, daß es Bestimmtes erfaßt. Die Aufgabe dessen, der sich in richtiger Weise selbst lieben möchte, ist dementsprechend, sich in jeder einzelnen Situation um das zu bemühen, was in ihr als das, was für die optimale Selbstverwirklichung wichtig ist, unterschieden werden kann.

Die Selbstliebe ist in vielerlei Hinsicht, besonders wenn man den Vergleich zwischen neuzeitlichen Erkenntnis- und Ethikkonzepten und dem platonisch-aristotelischen sucht, keineswegs ein beliebiges Beispiel unter vielen. In der neuzeitlichen Beschränkung dieses Begriffs auf den negativen, gewinnsüchtigen und neidischen Egoismus in ethischen Theorien wie in der allgemeinen Verabsolutierung des egoistischen Selbsterhaltungsstrebens spiegelt sich die ganze Aporetik und Unentschiedenheit der Erkenntnisbegründung in dem unmittelbaren (gewahrenden) Selbstbewußtsein. Die aristotelische Unterscheidung zwischen einer richtigen und einer falschen und verwerflichen Selbstliebe beruht auf der (begründeten) Meinung, es könne so etwas wie eine wirkliche begriffliche Erkenntnis des eigenen Selbst geben, und man könne folglich an dieser – nach neuzeitlicher Auffassung – angeblich nicht weiter analysierbaren Einheit des Selbst oder Ich unterscheiden zwischen Aspekten, die für die eigene Individualität bedeutend und leitend sind, und untergeordneten und nur (dem Ganzen) ‚dienenden' Aspekten. Die bewußtseinsphilosophische Absolutsetzung des Ich ist eine direkte Folge der inhaltlichen Entleerung des ‚Begriffs' des Selbst und der Prämisse, das Selbst müsse absoluter Inbegriff aller Bestimmtheit überhaupt sein.

Eine solche Form der Selbstliebe auszubilden ist nach Aristoteles nicht Sache eines lehrbaren Wissens, sondern setzt lange und intelligente Erfahrung voraus. Der Weg, der dahin führt, muß die Spanne zwischen abstrakt leeren und inhaltlich gefüllten, konkreten Gefühlen überwinden. Wichtige

Aussagen darüber macht Aristoteles bei seiner Analyse der Gefühle, die bei dem Miterleben einer tragischen Handlung entstehen.

Obwohl Gefühle, auch wenn sie unartikuliert sind, immer auf Einzelnes bezogen sind – man fürchtet ja nicht *die* Gefahr, sondern jeweils einzelne, konkrete, hier und jetzt oder in einer bestimmten Zukunft mögliche Gefahren, man ist nicht über *die* Ungerechtigkeit erzürnt, sondern über solches Unrecht, das jemandem widerfährt, usw. –, müssen sie nicht als etwas jeweils absolut Einmaliges erfahren werden – auch wenn die Gefühlstheorien der Neuzeit zu dieser Auffassung eine starke Tendenz haben. Wäre dies Letztere der Fall, wären alle Gefühle abstrakt und konfus, denn man könnte sie nicht von den Erscheinungsformen ablösen, in denen sie in der jeweils einmaligen Situation erlebt werden.

Eine solche absolute Historisierung der Gefühle muß zwingend, wie ich zu zeigen versucht habe, zu einem ambivalenten Schwanken zwischen völligem Vertrauen in die (jeweilige) Objektivität der Gefühle und einem ebenso radikalen Mißtrauen gegenüber der bloßen Subjektivität der Gefühle führen.

Dadurch, daß Gefühle erkennende Akte oder eine Kombination aus erkennenden Akten – etwa aus Wahrnehmung, Vorstellung, Meinung – begleiten, ergibt sich die Möglichkeit einer Vermittlung zwischen der jeweils gebundenen Aktualisierung des Erkenntnisvermögens und der dem Individuum allgemein zu Gebote stehenden Erkenntnisfähigkeit. Wenn das Auge die Sonne immer klein sieht, heißt das ja, daß der Unterscheidende bei der Betätigung seines Unterscheidungsvermögens über das Auge an die Leistungsfähigkeit des Auges gebunden ist. Es heißt aber nicht, daß ihm seine darüber hinaus reichenden Erkenntnismöglichkeiten in dieser Situation nicht zu Gebote stehen, sie bleiben nur dann unwirksam, wenn er von der Überzeugung nicht lassen will, man müsse die Größe der Sonne mit Mitteln der Beobachtung bestimmen können. Das Auge selbst kann sich gegen die Wirkung der Perspektive nicht wehren, wohl aber der berechnende, die Ursachen von etwas erschließende Verstand.

Analoges gilt bei Gefühlen. Die Frage ist aber, welche Rolle der Verstand als der angeblich ‚feindliche Bruder' bei Gefühlen spielen kann und: wie er sie spielt. Die meisten Voraussetzungen zum Verständnis dieser Frage sind inzwischen geklärt. Ich weise nur noch auf das Grundsätzliche hin und ziehe gleich die Folgerungen.

Ausgeschlossen ist, daß man die abstrakte Konfusion von Gefühlen überwinden könnte, indem man sie ins Bewußtsein erhebt, sie bewußt ‚verarbeitet'. Bereits ein sog. unmittelbares Bewußtsein eines Gefühl ist – ich habe das oben bei der Behandlung des Problems der Wiederholung von Stimmungen schon einmal zu zeigen versucht (S. 203ff. (bei Kierkegaard)) – eine Abwendung von der fühlenden Erkenntnis selbst. Wer sich seines Zorns bewußt wird, konzentriert sich ja auf den Effekt, den seine Beschäftigung mit dem ihm widerfahrenen Unrecht hervorgebracht hat. Die Gefühle, die das Durchdenken dieses Unrechts selbst mit sich bringt, sind aber nicht dieselben wie die, die man hat, wenn man sich seines Zorns bewußt wird. Ein typisches Gefühl, das entsteht, wenn man an ein Unrecht denkt, ist Empörung. Das Bewußtsein, daß ich empört bin, kann dagegen ganz andere Gefühle, etwa des Beschämtseins, auslösen. Dieses Bewußtsein ist also eine Subsumtion konkreter Gedanken unter einen allgemeinen Titel. So ist es abstrakt, weil es von einem konkreten Gedanken nur den Aspekt aufnimmt, unter dem er auf vieles andere übertragbar ist, und es ist konfus, weil es trotz seiner abstrakten Unbestimmtheit aus Einzelmerkmalen einer Einzelsituation abgeleitet ist, z.B. aus der lauten Stimme, die dann ‚der Bauch' immer wieder als Zorn identifizieren wird, gleichgültig, ob ihre Ursache Zorn oder etwas anderes war. Analog ist es bei vielen Gefühlen, etwa wenn bei der Begegnung mit etwas Fremdem ein ungewohntes Merkmal als bedrohlich empfunden wird, und nun ‚der Bauch' jedesmal, wenn er dieses Merkmal sieht, mit Angst reagiert; oder wenn irgendein Zug an etwas Fremdem als etwas empfunden wird, das einen schädigt, und man deshalb auf alles Fremde ‚spontan' mit Haßgefühlen reagiert.

Die Methoden, mit denen die gegenwärtige Psychotherapie im Unterschied zur Psychoanalyse, die ähnlich wie die Erlebnislyrik der deutschen Klassik mit dem bewußten Ausdruck des Unbewußten heilen wollte – derartige Gefühlsfixierungen zu therapieren versucht, haben eine gewisse Ähnlichkeit mit dem aristotelischen Konzept der ‚Katharsis', der ‚Reinigung', das meint: der Erziehung oder Kultivierung von Gefühlen. Der Unterschied ist allerdings, daß Aristoteles nicht einfach die statistisch nachprüfbare empirische Wirksamkeit zum Maß nimmt, sondern die Therapie aus seiner theoretischen Analyse der Gefühle entwickelt.

Das, was man heute vielfach – und mit Erfolg – macht, ist, daß man Patienten in den Umgang mit eben den Situationen einübt, gegen die sie Gefühlsbarrieren haben. Wer Höhenangst hat, muß sich schrittweise an die Höhe gewöhnen, Ekel und Angst vor Spinnen wird durch Beschäftigung mit diesen Tieren abgebaut.

Ein dem Therapieerfolg keineswegs förderlicher Irrtum ist freilich, daß viele überzeugt sind, diese Therapiemethoden seien rein praktischer Natur. Wenn das richtig wäre, müßte es sich dabei vor allem um Formen der bloßen Gewöhnung oder Konditionierung handeln.

Für Aristoteles ist Lernen durch Gewöhnung die signifikante Weise, wie sich das Lernen bei Tieren (und kleinen Kindern) von spezifisch menschlichen Lernvorgängen unterscheidet, die seiner Lehre nach erst mit dem Gebrauch des Meinungsvermögens beginnen[346].

Bei einem Lernen im konkreten Vollzug hat das Begreifen, das ja mit dem Meinen beginnt, nur eine akzidentelle Rolle. Es stellt sich sozusagen im Vorgang, daß man den Blick von der Höhe übersteht, oder daß man den Platz (bei einer Agoraphobie) ohne Zusammenbruch überquert, von selbst

---

[346] S. Aristoteles, *De anima* III, 3, 427a17ff.; dazu Philoponos, Kommentar zu *De anima* 488,8ff.

ein. So lernen in der Tat Tiere, etwa wenn das Pferd mit der erhobenen Peitsche Furcht verbindet, oder wenn in anderen Formen sog. Konditionierung etwa dem Hund schon bei einem Klingelzeichen der Speichelfluß zunimmt. So lernen auch Kinder, die auf die sanfte Stimme der Mutter mit freudiger Zustimmung, auf die härtere Stimme des Vaters mit Abwendung reagieren. Erst später lernen sie, daß Fürsorglichkeit nicht an eine bestimmte wahrnehmbare Geste gebunden ist und lösen die strikte Verbindung von Vorstellung und Meinung auf, indem sie das Fürsorgliche auch in ganz anderen Verhaltensformen identifizieren lernen.

Bei Fällen konditionierten Lernens pflegen wir von einem Reiz-Reaktions-*Mechanismus* zu sprechen. Dieser Begriff ist schon in einem modernen Theorie-Umfeld unsinnig. Denn Lernen ist immer ein Veränderungsvorgang, während ein Mechanismus gerade darin seine Besonderheit hat, daß er unveränderlich ist. Deshalb versucht der Wissenschaftler ja einen Mechanismus zu ermitteln, weil er glaubt, in ihm dasjenige unveränderlich Identische zu erfassen, auf das er immer wieder als Bezugspunkt seiner Forschungen zurückkommen kann. Lernen ist aber kein Mechanismus. Wenn der Hund das Klingelzeichen als Fütterungsbeginn erkennen lernt, bringt er den Klingellaut in einen für ihn neuen, bisher unbekannten Zusammenhang, d.h., er ändert sein bisheriges ‚Reizbeantwortungsverhalten'. Bei der Herstellung dieses neuen Zusammenhangs folgt der Hund aber keinem Zwangsschema. Denn selbst wenn er bereits konditioniert ist, das Klingelzeichen mit dem Fütterungsbeginn zu verbinden, kann man durch hinreichend klare und andauernde Gegenexperimente, d.h. eben durch Gewöhnung, erreichen, daß er mit dem Klingelzeichen etwas anderes, z.B. das Ende der Fütterung verbinden lernt. Das zeigt, daß selbst der Hund nicht auf einen Reiz reagiert, sondern auf einen Schluß, den er selbst gezogen hat. Die allgemeine Voraussetzung ist, daß ihm Fressen angenehm ist. Die besondere Voraussetzung ist, daß das Klingelzeichen den Fütterungsbeginn bedeutet. Die Zunahme des Speichelflusses ist das körperliche Anzeichen dafür, daß der Hund den Zusammenhang zwischen dem Klingelzeichen (jetzt) und dem (allgemein) erstrebten Angenehmen (‚Fressen') begriffen hat.

Das Zwanghafte und Unfreie bei derartigen Konditionierungsvorgängen kommt nicht daher, daß es sich um Mechanismen handelt, sondern daß das Lernen dabei auf das äußere Zeichen so fixiert ist, daß das äußere Zeichen für die Sache selbst genommen wird.

Diese Fixiertheit haftet auch vielen ‚menschlichen' Gefühlen an, etwa wenn man den ersten positiven oder negativen Eindruck von einem Menschen nicht loswerden kann, noch stärker natürlich in pathologischen Fällen, etwa in sog. Zwangsneurosen, z.B. wenn jemand, immer wenn er ‚Ka...' liest oder hört, Todesfurcht bekommt, weil er jedes ‚Ka...' mit ‚Karzinom' verbindet.

Kunst als Erziehung der Gefühle – das Beispiel der Tragödie

Die eigentlich menschliche Bildung der Gefühle, und zwar sowohl was die Erziehung der Jugend, die Heilung krankhafter Fehlformen als auch die Entwicklung großer, kultivierter Gefühle betrifft, ist für Platon wie Aristoteles eine Sache des ‚Musischen‘, d.h. eines verstehenden Sich-Einübens und begreifenden Nachempfindens von künstlerischer Gestaltung. Die bedeutende ethische und politische Rolle, die sie der Kunst zuerkennen, hat viele Gründe und Aspekte. Ich beschränke mich auf Aristoteles' Behandlung der Gefühle, die der Zuschauer beim Miterleben einer tragischen Handlung empfinden soll, auf die Gefühle der Furcht und des Mitleids.

Aristoteles schließt seine Tragödiendefinition mit der Feststellung, die Tragödie solle

„durch Mitleid und Furcht eine Reinigung eben dieser Gefühle zuwege bringen" (Aristoteles, Poetik, Kap. 6, 1449b27f.)

Von den vielen Rätseln, die diese Bestimmung aufgibt, ist das vielleicht merkwürdigste, daß Aristoteles hier behauptet, man könne durch die Empfindung von Mitleid und Furcht eben diese Empfindungen in irgendeinem Sinn reinigen. Vorstellbar scheint bestenfalls, daß er an eine Reinigung (sc. im Sinn einer Befreiung) *von* diesen Gefühlen gedacht hat. Diese Deutung hat die neuere Forschung lange beherrscht[347]. Der Grundgedanke, der dabei Aristoteles zugeschrieben wird, ist: Das Miterleben großen Unglücks erregt heftiges ‚Schaudern‘ und ‚tränenreichen Jammer‘. Ist das Zittern und die Tränenflut aber vorbei, fühlt man sich psychisch und – wie die griechische Medizin ‚schon‘ wußte – auch körperlich erleichtert, gleichsam befreit. ‚Katharsis‘ scheint für Aristoteles also zumindest auch einen starken somatischen Aspekt gehabt zu haben. Deshalb wollte man die modernen Gefühlsbegriffe ‚Mitleid‘ und ‚Furcht‘, von denen her vor allem Lessing noch die griechische Tragödie zu verstehen versucht hatte, ganz aus Aristoteles heraus halten und ‚eleos‘ (ἔλεος) und ‚phobos‘ (φόβος) statt mit ‚Mitleid‘ und ‚Furcht‘ durch ‚Jammer‘ und ‚Schauder‘, die als sog. Elementaraffekte aufgefaßt werden sollten, wiedergeben.

Eine Deutung der Wirkung tragischen Geschehens wie die eben skizzierte gab es bereits in der Antike vor Aristoteles, etwa bei dem Sophisten Gorgias[348]. Das Literaturverständnis der Sophisten wird von Aristoteles allerdings mit Schärfe abgelehnt[349].

---

[347] Einen Überblick über die in der Forschung vertretenen Interpretationsansätze bietet der Sammelband: Matthias Luserke (Hg.), Die Aristotelische Katharsis: Dokumente ihrer Deutung im 19. und 20. Jahrhundert, Hildesheim (u.a.) 1991.

[348] S. Gorgias, Enkomion der Helena (Gorgias, Encomium of Helen, ed. with introd., notes and transl. by Douglas M. MacDowell, Bristol 1982), bes. §§ 8-9.

[349] Aristoteles, Poetik, Kap. 1, 1447b13ff. (hier argumentiert Aristoteles gegen ein (auch von den Sophisten vertretenes – s. auch den § 9 aus dem Enkomion der Helena des Gorgias (wie die vorige Anm.)) formales Dichtungskonzept). S. dazu auch Verf., Die Literatur und ihr Gegenstand in der Poetik des Aristoteles, in: Thomas Buchheim (Hg.), Poieti-

Zur Verteidigung von Lessings vorgeblich unhistorischer Übertragung der ‚modernen' Begriffe ‚Mitleid' und ‚Furcht' hat aber die neueste Forschung schlüssige Argumente beibringen können[350]. Das wichtigste ist, daß die Annahme, es gebe so etwas wie einen ‚elementaren' Affekt, der einen einfach schockartig überkommt und der ganz und gar körperlich erfahren werde, in deutlichem Widerspruch zu der ausdrücklich und ausführlich gegebenen Analyse der ‚Affekte' im allgemeinen und der ‚Affekte' der Furcht und des Mitleids im besonderen steht, wie sie Aristoteles im 2. Buch seiner *Rhetorik* durchführt.

Die zentrale Aussage dieses Buches, daß Gefühle in ihrer Art und Intensität von den – mehr oder weniger auf bestimmte Vorstellungen fixierten – Urteilen geprägt sind, die sie begleiten, wird allerdings immer noch deshalb mißverstanden, weil man im Urteil einen Akt vermutet, der sich vom konkreten Erleben distanziert und es unter allgemeinen Aspekten beurteilt. Das ist aber, wie jetzt schon klar ist, ein unaristotelischer Urteilsbegriff. Der Urteilsbegriff, der in Bezug auf die in der *Rhetorik* behandelten Gefühle ein meinungshafter Urteilsbegriff ist, hat seine Besonderheit vielmehr darin, daß er die für die jeweiligen Gefühle spezifischen Unterscheidungsleistungen beschreibt. Wer ein bestimmtes Gefühl hat, hat dies ja nicht allem und jedem gegenüber – vor einem Stein etwa schämt man sich, jedenfalls in der Regel, nicht. Es muß also etwas als der mögliche Gegenstand eines Gefühls unterschieden sein, bevor es überhaupt entstehen kann. Außerdem ist nicht jeder in jeder Situation zu einem Gefühl fähig oder bereit, sondern es hängt von seiner allgemeinen oder augenblicklichen Unterscheidungsfähigkeit ab, ob er in ein bestimmtes Gefühl ‚gerät'. Auch die Art und Weise und wie intensiv man ein Gefühl empfindet, hängt von Einschätzungen ab, etwa ob man in einem Unglücklichen eine verwandte Seele erkennt oder ob man das Unglück für mehr oder weniger unverdient hält.

Alle diese Urteile können mehr oder weniger angemessen sein. Wer es für eine niederträchtige Schamlosigkeit hält, daß ihn jemand beim Würfelspiel besiegt und deshalb in einen mörderischen Zorn gerät, hat ein Gefühl, bei dem zwischen Gegenstand und Empfindung ein krasses Mißverhältnis besteht. Wegen dieser Unangemessenheit ist es ein blindes, kein rationales Gefühl, das trotz seiner emotionalen Heftigkeit von Aristoteles nicht als ein großes Gefühl anerkannt würde, selbst wenn es ein despotischer Herrscher ist, der es sich erlaubt. Sein großes Gefühl kann nach Platon und Aristoteles nicht einmal Zorn genannt werden, es ist nichts als eine kleinliche Sentimentalität. Auf Platons Bild von derartigen melancholischen Tyrannen werde ich gleich noch zu sprechen kommen.

---

sche Philosophie: Grundlagen der Ästhetik und Literaturwissenschaft, 184-219 (im Erscheinen).
[350] S. jetzt die neue Studie von Eun-Ae Kim, Lessings Tragödientheorie im Licht der neueren Aristoteles-Forschung, Würzburg 2002.

Die Rationalität eines Gefühls liegt nach Aristoteles also in seiner Angemessenheit. Daß man ein Gefühl einem entsprechenden Gegenstand gegenüber, in der richtigen Weise, in der richtigen Situation, mit der richtigen Haltung usw. entwickelt, das macht aus, daß man ein rationales Gefühl hat. Noch kürzer: die Rationalität eines Gefühls liegt in seiner Bestimmtheit, es ist um so rationaler, je weniger es unbestimmt ist, und das heißt zugleich: je weniger unbestimmt, um so größer ist ein Gefühl.

Die platonisch-aristotelische Bestimmung des Gefühls als Begleitphänomen von Erkenntnisakten ermöglicht eine sachlich begründete Unterscheidung zwischen ‚großen' Gefühlen und ‚heftigen' Gefühlen oder Affekten, und damit zugleich die Unterscheidung zwischen angemessenen und unangemessenen emotionalen Einstellungen gegenüber Personen oder Situationen: Im Sinn dieser Position ist es nicht dasselbe, ob man ein großes Gefühl hat oder ob man nur einen heftigen Affekt, eine intensive Gefühlsaufwallung o.ä. hat. Denn die Heftigkeit von Gefühlen steht im Unterschied zur Größe von Gefühlen nur in einem relativ beliebigen Verhältnis zu dem Gefühl, das man hat – genauer: zu dem, was ein bestimmtes Gefühl der Lust bzw. Unlust zu genau diesem Gefühl macht. Dies ist nichts anderes als die Art und der Inhalt der Erkenntnis, die von der Lust bzw. Unlust begleitet wird. Je mehr zu einer Einheit zusammenstimmende Unterschiede in der jeweiligen Erkenntnis erfaßt sind, d.h., je vollendeter das Unterscheidungsvermögen betätigt wird, desto größer ist die Lust an dieser Tätigkeit.

Viele Unterschiede und viele zu einer sachlichen Einheit zusammenstimmende Unterschiede können aber nur an etwas erfaßt werden, das auch eine in dieser Weise konkret und differenzierte Einheit und nicht ein bloßes Konglomerat von disparaten Merkmalen ist. Wenn das Unterscheidungsvermögen sich aber nur dann in vollendeter Weise betätigen kann, wenn der Gegenstand, an dem Unterschiede erfaßt werden, eine wirkliche konkrete Sacheinheit ist, dann bedeutet das, daß es wirklich große Gefühle auch nur bei wirklich bestimmten Gegenständen und vor allem gegenüber Menschen, die einen wirklich als eine erkennbare Einheit bestimmten Charakter haben. Weil ein bestimmter Charakter, der eine in sich zusammenstimmende Charaktereinheit ist, immer auch ein guter Charakter sein muß – denn die Schlechtigkeit von Charakteren liegt gerade in der relativen Unbestimmtheit, Unberechenbarkeit und Abstraktheit dessen, was das Handeln eines Menschen bestimmt –, muß man zu dem Ergebnis kommen, daß es wirklich große Gefühle nur gegenüber guten Menschen geben kann. Eine wirklich große Liebe kann – diese etwas elitär klingende Schlußfolgerung kann man dann wohl nicht umgehen – nicht jeder und nicht jedem gegenüber empfinden, sondern wirkliche Liebe und Freundschaft gibt es, wie Aristoteles sagt (Aristoteles, *Nikomachische Ethik* VIII, 3, 1156b7-19 und VIII, 4, 1157b1-11), nur zwischen guten und ‚kultivierten' Menschen.

Das Problem, wie man nach diesem Ansatz große negative Gefühle erklären könnte, läßt sich dadurch lösen, daß man charakterliche Schlechtigkeit oder Unbestimmtheit von Dingen als Mangel an Gutheit und Bestimmtheit versteht und Unlust als das Leiden an der Diskrepanz zwischen dem Zustand, den etwas (sc. sofern es eine Instanz von einer Sache ist) haben könnte, d.h. zwischen dem, was etwas seinem Wesen nach sein *könnte*, und dem, was es tatsächlich *ist*. Große Haßgefühle oder große Rachegefühle haben dann also mittelbar auch wieder etwas in höchstem Maß Bestimmtes zu ihrem Gegenstand.

Im Unterschied zu der Abhängigkeit der Größe eines Gefühls von der Bestimmtheit des Gegenstandes, auf den sich ein Gefühl richtet, gibt es bei bloß heftigen und nur scheinbar großen Gefühlen diese Verbindung nicht, sondern mit der Bestimmung der Heftigkeit eines Gefühls ist nur eine Aussage über die Art und Weise gemacht, wie ein Gefühl sich äußert, d.h., wie es subjektiv und auch von anderen von außen erfahren und wahrgenommen wird. Heftig oder intensiv ist demnach also eigentlich gar nicht das Gefühl, sondern sozusagen die Materie des Gefühls, nämlich die Affektionen, in denen eine Lust oder Unlust auf den Menschen, der dieses Gefühl hat, (seelisch und vor allem körperlich) wirkt.

Daher rührt auch der Eindruck, Gefühle seien etwas, das uns einfach von außen widerfahre. Spricht man so, meint man nicht in erster Linie das Gefühl selber, sondern seine materialen Äußerungsformen, die zwar nicht unabhängig sind von dem Gefühl, das man empfindet, die aber doch etwas von diesem Verschiedenes und von noch einer Vielzahl weiterer Faktoren Beeinflußbares sind. Denn im Unterschied zur Größe von Gefühlen kann man die Heftigkeit der Gefühlsäußerung z.B. auch selber, und zwar auch nachträglich und in einem bewußten Reflexionsakt subjektiv steuern. Aber auch körperliche Faktoren und äußere Umstände spielen offenbar oft eine wichtige Rolle, so daß es keinen notwendigen und eindeutigen oder gar ausschließlichen Verursachungszusammenhang zu dem Gefühl selbst gibt, und damit dann aber auch keinen notwendigen und eindeutigen Zusammenhang zu dem handelnden und empfindenden Individuum und auch nicht zu dem Gegenstand, auf den sich die Empfindung bezieht. Wie heute auch psychologisch-physiologische Untersuchungen gezeigt haben, können zwar bestimmte Konzentrationen von Hormonen, z.B. Adrenalin, die Intensität eines emotionalen Zustands steigern, die Art des auf diese Weise hervorgerufenen Gefühls aber – also ob es sich um Angst, Zorn, Verliebtheit o.a. handelt – wird offenbar nicht selbst von diesen Substanzen bestimmt, d.h., solche Stoffe wirken auf die materiale, physiologische Basis des Gefühls, nicht aber auf die Form und stehen mit dieser Form in keinem notwendigen Verhältnis.

Furcht und Mitleid sind für Aristoteles besonders rationale, oder eben: besonders intelligente Gefühle, und die Tragödie ist es, die die diesen Gefühlen immanente Rationalität stärkt und kultiviert.

– Die Furcht:

Furchtbar ist nach Aristoteles das, was eine große zerstörerische und äußeren oder inneren Schmerz verursachende Macht hat[351]. Wahrgenommen wird die Furchtbarkeit einer solchen Macht daher nur von Menschen, die fähig sind, die Gefährlichkeit einer solchen Macht zu begreifen, also z.B. nicht von dummen oder unerfahrenen Menschen, auch nicht von Menschen, die aus irgendeinem verblendeten, etwa euphorischen Affekt heraus meinen, ihnen könne etwas Bestimmtes gar nicht gefährlich werden, sondern nur von Leuten, die meinen, daß ihnen etwas widerfahren könne, genauer: etwas Bestimmtes, zu bestimmter Zeit (und das heißt im Blick auf die Furcht: entweder in naher Zeit oder jederzeit)[352].

Außerdem wird man auch nur dann die Furchtbarkeit einer solchen Macht noch empfinden können, wenn man nicht meint, alles Schreckliche schon erlitten zu haben und daher überhaupt keine Hoffnung mehr hat. Nur wenn man angesichts des Furchtbaren noch zu überlegen in der Lage ist, wie man sich retten könnte, und die Erkenntnisfähigkeit durch die Größe und Wucht der Gefahr nicht gelähmt ist, kann das Furchtbare in seiner Furchtbarkeit noch aufgefaßt, empfunden werden.

Deshalb empfiehlt Aristoteles dem Redner, der seine Zuhörer in einen Zustand der Furcht versetzen möchte, in ihnen die Meinung zu erzeugen, ihnen selbst stehe Furchtbares bevor[353]. Das gelingt aber nicht nur durch – in unserem Sinn – rein emotionale Mittel, durch bedrohlichen Tonfall, Gestik und dergleichen, sondern v.a. dadurch, daß er aus dem Schicksal anderer Menschen diejenigen Aspekte unterscheidend herauskristallisiert, an denen den Zuhörern sofort einleuchtet und durch die sie daher sofort zu begreifen meinen, daß das Gefahren sind, die ihnen selbst drohen. So muß man ihnen, wenn man sie z.B. von der Übernahme einer Aufgabe abhalten möchte, zeigen, daß an dieser Aufgabe andere, die stärker, mächtiger, klüger als sie waren, schon furchtbar gescheitert sind. Oder man muß ihnen klarmachen, daß es genau Leute ihrer Art, in ihrer Situation und dergleichen sind, die einer bestimmten Gefahr ausgesetzt sind oder ausgesetzt waren, und zwar Gefahren, mit denen man nicht gerechnet hatte, nicht von diesen Personen, nicht von dieser Sache, nicht zu diesem Zeitpunkt[354].

Was der Redner mit seinen Mitteln und auf seine Weise tut und oft so, daß er nur scheinbar furchtbare, dem wirklich Bedrohlichen nur ähnliche Situationen vorführt, das tut die Tragödie auf ihre Weise und mit ihren Mitteln. Im Unterschied zum Redner aber stellt die Tragödie durch die besondere Art ihrer Konstruktion immer etwas dar, was man wirklich und grundsätzlich (sc. und nicht nur in einer bestimmten einzelnen Situation)

---

[351] S. Aristoteles, *Rhetorik* II, 5, 1382a27-30.
[352] S. Aristoteles, *Rhetorik* II, 5, 1382b27-34.
[353] S. Aristoteles, *Rhetorik* II, 5, 1383a2-12.
[354] S. Aristoteles, *Rhetorik* II, 5, 1383a9-12.

fürchten sollte, und zwar dadurch, daß sie zeigt, wie jemand, der an sich das Gute weiß und will, in einer augenblicklichen Fixiertheit seines Denkens sein Glück verfehlt.

Allein dadurch erzieht die Tragödie dazu, in angemessener Weise Furcht zu empfinden. Daß ‚angemessen' nicht meint, nur mit gemessener, mäßiger Furcht zu reagieren, wird angesichts einer tragischen Handlung ganz besonders offenkundig: Denn es gibt ja in nahezu jeder Tragödie ein zum Teil erhebliches Mißverhältnis zwischen dem inneren und äußeren Schmerz, den die handelnden Personen in ihrer augenblicklichen Situation über alles fürchten, und dem wirklich großen Schmerz, den sie am Ende tatsächlich in seiner ganzen Kraft zu fühlen bekommen (oder dem sie nur im letzten Augenblick noch entgehen, seine ganze Bedrohlichkeit aber noch haben erfahren müssen), vor dem ihre frühere Furcht daher verblaßt, zu einer kleinen, unbedeutenden Furcht herabsinkt, die ihnen aber den Blick für das wirklich Furchtbare genommen und eine wirklich große, die Größe der Gefahr angemessen einschätzende Furchtempfindung verhindert hatte.

Die Bindung der griechischen Tragödie an aus der Tradition bekannte Inhalte und die vielfältig festgelegten Konventionen ihres Ablaufs brachten es zudem mit sich, daß jeder Zuschauer dieses Mißverhältnis an jeder Stelle sofort diagnostizieren konnte und das ganze Ausmaß an Konsequenzen vor Augen hatte, das sich aus der unangemessenen Furchtempfindung der Personen auf der Bühne ergab.

Kreon in der *Antigone* des Sophokles etwa hat übertriebene Furcht davor, die Stadt könne, wie im Streit der Söhne des Ödipus (Polyneikes und Eteokles) um das Erbe der Macht, erneut durch die Verfolgung rein privater Interessen in Gefahr geraten. Der (durchaus berechtigte) Blick auf diese Gefahr verstellt ihm den Blick auf die andere, viel größere Gefahr, die er selbst für sich und die Stadt heraufbeschwört, indem er sich von seinem Plan nicht abbringen läßt, zur Demonstration seiner auf das Gemeinwohl bedachten Regierungsprinzipien selbst seinem eigenen Neffen Polyneikes die Bestattung zu verweigern und ihn zur Abschreckung offen vor der Stadt liegen zu lassen. Wenn Kreon alle Einwände, alle Warnungen überhört, weil er überall nur die Jagd nach dem privaten Vorteil befürchtet, dann konnte, ja mußte der Zuschauer von Anfang an und im Verlauf des Dramas zunehmend klarer das Mißverhältnis zwischen der wirklich großen und der nur subjektiv als groß empfundenen Gefahr für Kreon und die Stadt wahrnehmen[355].

Nicht anders ist es, wenn in den *Trachinierinnen* des Sophokles Herakles' Frau Deianeira ihren Mann mit einer neuen Frau aus dem Krieg zurückkehren sieht und über der Sorge, ihr Mann könne sich von ihr abwenden, die Gefahr für sein Leben nicht bedenkt, die ihm ein Liebesmittel, das sie einst von Herakles' größtem Feind erhalten hatte, bringen könnte[356]; wenn im *Aias*

---

[355] S. Verf., Bemerkungen zu Charakter und Schicksal der tragischen Hauptpersonen in der ‚Antigone', in: Antike und Abendland 94, 1988, 1-16.
[356] S. Sophokles, *Trachinierinnen* vv. 531ff.

des Sophokles Aias, nach Achill der größte Held vor Troja, deshalb, weil nicht ihm, sondern dem raffinierteren Odysseus die Waffen Achills zugesprochen worden waren, über der Furcht vor dem Verlust der persönlichen Würde die Tat nicht fürchtet (er tötet im Wahn, seine Feinde vor sich zu haben, seine Rinder), durch die er sie endgültig verspielt[357]; wenn Philoktet im *Philoktet* mehr fürchtet, Odysseus und den Atriden, die ihn mit einer eiternden Wunde einfach auf einer einsamen Insel ausgesetzt hatten, nicht schaden zu können, als den Verlust von Gesundheit, Leben und Ehre[358]; wenn Ödipus, als er vom Orakel in Delphi hört, der Mörder des Laios müsse gefaßt werden, aus der Befürchtung, seine Anordnungen zur Rettung der Stadt könnten trotz ihrer Milde mißachtet werden, Drohungen und schließlich einen schrecklichen Fluch über den gesuchten Täter und seine Mitwisser ausspricht, durch die er sich selbst trifft[359]: immer liegt dasselbe Mißverhältnis zwischen einem scheinbaren und einem wirklich großen Furchtbaren vor, das der Zuschauer zu durchschauen und in seinem Umfang und seiner Auswirkung zu überblicken in der Lage ist.

Die Wirkung dieser den handelnden Personen gegenüber überlegenen Gabe des Zuschauers, die wahre Gefahr zu erkennen, ist aber gewiß nicht das Gefühl einer moralischen Überlegenheit beim Zuschauer, um wieviel klüger er zu handeln verstünde, ganz im Gegenteil: er gerät gerade dadurch in Furcht um seinen ‚Helden'. Es wird ja niemand den belehrenden Finger heben, wenn er hört, wie Deianeira den Entschluß faßt, Herakles das Gewand mit dem ‚Zauber' des von Herakles getöteten Nessos zu schicken, sondern er wird hier schon in Schrecken geraten, da er an das Entsetzen denken muß, in das Deianeira schon bei der Ahnung der furchtbaren Gefahr geraten wird; und wer Ödipus den gesuchten Täter verfluchen hört, wird hier schon die furchtbare Situation vor Augen haben, in der Ödipus bemerken muß, daß er den Fluch gegen sich selbst gerichtet hat.

Die Furcht des Zuschauers ist so immer auf das wirklich Bedrohliche, auf das, was einen Menschen oder eine Gemeinschaft ganz zugrunde richten kann, gerichtet. Sofern er diese Gefährdung richtig erfaßt, wird die ihr gegenüber empfundene Furcht daher keine mäßige, sondern eine intensive, starke Empfindung sein.

So erreicht die Tragödie gerade durch die Erzeugung einer angemessenen Affektempfindung starke, große Affekte und verschafft dem Zuschauer reiche und anschauliche Erfahrung über die vielfältigen Anlässe, die aus einer falschen (weil z.B. zu schnell, zu ungenau gebildeten, aber für bestimmt genommenen) Einschätzung einer Gefahr heraus dazu führen, daß sich der Blick für die tatsächlich großen Gefahren trübt und man sich zu verhängnisvollen Fehlschlüssen und daraus folgenden Fehlhandlungen treiben läßt.

---

[357] S. Sophokles, *Aias* vv. 201ff.
[358] S. Sophokles, *Philoktet* vv. 927ff.
[359] S. Sophokles, *König Ödipus* vv. 216-275.

Die Situation im Theater bringt es mit sich, daß der Zuschauer die Gefahr nicht auf sich selbst, sondern auf seinen Helden auf der Bühne zukommen sieht. Eine solche Situation könnte auch nur Mitleid im Zuschauer wecken, in Furcht wird sie ihn nur dann versetzen, wenn er die Gefahr als etwas beurteilt, was auch ihm drohen kann, und zwar als etwas, was auch ihm unmittelbar, nicht erst in weiter Zukunft, nicht nur unter außergewöhnlichen Umständen und dergleichen drohen kann. Voraussetzung dafür aber ist, daß der Zuschauer zwischen sich und der handelnden Person eine Ähnlichkeit, eine partielle Gleichheit erkennt. Auf der griechischen Bühne bedeutet das, daß der Zuschauer trotz der in weiter zeitlicher Ferne sich abspielenden Ereignisse, trotz der ganz anderen sozialen Situation der handelnden Personen (im Theater sitzen demokratische Bürger, auf der Bühne sehen sie Könige, Fürsten, Adelige) und trotz der meist ganz außergewöhnlichen Schicksale, von denen die tragischen Personen getroffen werden – wer im Publikum wird je in die Gefahr kommen, den Vater zu erschlagen und die Mutter zu heiraten, auf eine einsame Insel ausgesetzt zu werden? –, erfassen, und zwar unmittelbar beim Miterleben der Handlung selbst erfassen muß, daß die Gefahren, in die sie geraten, auch seine eigenen sind oder leicht und schnell sein könnten.

Diese durch das griechische Theater gegebene Grundform, daß die Gleichheit (meistens) in etwas ganz anderem, dem Zuschauer in vieler Hinsicht Unähnlichem, erkannt werden muß, schließt die Deutung, Aristoteles habe der Tragödie das Mittelmaß der ‚Vernünftigkeit' des Durchschnittsbürgers verordnet, aus. Außerdem gehört die Kategorie der Ähnlichkeit für Aristoteles zu denjenigen Kategorien, die ein ‚Mehr' oder ein ‚Weniger' aufnehmen[360]. ‚Ähnlich' bleibt eine tragische Handlung also auch dann, wenn eine junge Frau im Theater ihre viel kleinere, weniger leidenschaftliche, aber auch unglückliche Liebe mit der Phaidras, wenn eine verstoßene Frau sich mit Medea vergleicht, wenn jemand wegen eines unverschuldeten Mangels um seine Position gebracht wird und an Philoktet, wenn jemand die ihm zustehende Ehre einem anderen überlassen muß und an Aias denkt.

Daß eine solche Vergleichbarkeit zwischen dem Zuschauer und der tragischen Person nicht nur von Aristoteles angenommen, sondern von den tragischen Dichtern selbst gewollt war, sieht man vor allem an den Chören, die schon ihrer Rolle nach - als junge Frauen, Mädchen, junge Schiffsleute, als Rat der Ältesten usw. – den tragischen Personen durch die Gleichheit der Situation, des Lebensalters, der Funktion im Staat, der Gesinnung usw. ähnlich sind[361] und die zudem fast immer den Entscheidungen, die die tragi-

---

[360] S. Aristoteles, *Metaphysik* X, 3, 1054b3-14.

[361] Man vergleiche z.B., wie Medea bei den Frauen von Korinth um Verständnis wirbt und Verständnis erhält dadurch, daß sie die Besonderheit ihrer Situation aus der Situation der ‚Frau im allgemeinen', in der sie sich alle befinden, zu erklären sucht. S. Euripides, *Medea* vv. 214-266 (Rede der Medea); vv. 267f. (Verständnisbekundung des Chors);

schen Hauptpersonen treffen, zustimmen und sich mit ihnen anfreunden können[362], weil sie trotz der Tatsache, daß sie weit entfernt von der großen Gefährdung ihrer ‚Helden' sind und sich auch weit davon entfernt fühlen, eine ähnliche Gesinnung wie ihre tragischen Partner hegen[363] und deshalb auch ihrerseits schon auf der Bühne häufig die tragischen Affekte der Furcht und des Mitleids zeigen, nur daß sie es - im Verein mit den tragischen Hauptpersonen, aber anders als der mitdenkende Zuschauer - oft an der falschen Stelle und in der falschen Weise tun. Es bleibt also bei aller quantitativen Differenz zwischen Zuschauer, den Chören und den tragischen Personen eine qualitative Gleichheit bestehen, die überhaupt erst die Bedingung dafür schafft, daß der tragische Affekt der Furcht entstehen kann.

– Das Mitleid

Dies gilt in ausgezeichneter Weise auch für die Bedingungen der Entstehung von Mitleid, das ja nach Aristoteles ein zur Furcht reziproker Affekt ist: man bemitleidet an einem anderen das, was man für sich selbst fürchtet, und man fürchtet für sich selbst eben das, was man an einem anderen bemitleiden würde[364].

Deshalb betont Aristoteles, daß neben dem Urteil, daß das Unheil den anderen in einem unverdienten Maß trifft[365], die Meinung, auch selbst Ähnliches erleiden zu können, Voraussetzung dafür ist, daß jemand dem Gefühl des Mitleids zugänglich ist[366]. Zu dieser Gruppe gehören daher vor allem die Älteren wegen ihrer Erfahrung und der daraus gewonnenen Klugheit, die Gebildeten und überhaupt alle, die in einem Zustand sind, der *eulogistos* (εὐλόγιστος), d.h. verständig, urteils- und schlußfähig macht, also z.B. auch schwache oder eher feige Leute, die zu Umsicht und Vorsicht neigen. Im Unterschied dazu disponieren heftige Affekte wie Zorn oder Übermut nicht zum Mitleid, weil sie unfähig machen, an ein Übel, das einen treffen könnte, vorauszudenken. Auch Leute, die gerade große Furcht vor etwas haben, entwickeln kaum Mitgefühl mit jemandem, weil ihr Blick ganz auf das eigene Unglück fixiert ist[367].

Mitleid ist in diesem Sinn in der Tat eher ein Affekt von gebildeten Menschen, von Menschen, deren „Auge der Seele" (Aristoteles, *Nikomachische*

ähnlich etwa die Übereinstimmung zwischen Elektra und den Mädchen aus Mykene: Sophokles, *Elektra* vv. 77-327.
[362] S. z.B. das 2. Strophenpaar des 1. Chorlieds in Sophokles, *König Ödipus* vv. 483-511, in dem Ödipus' Kronrat eindeutig Partei für seinen König und gegen Teiresias einnimmt.
[363] S. z.B. Ödipus' Reaktion auf die Befürchtung, er könne ‚unrein' sein (vv. 813-834) mit der Bitte des Chors um Reinheit vv. 863-872; s. dazu Verf., Menschliches Fehlen und tragisches Scheitern. Zur Handlungsmotivation im Sophokleischen ‚König Ödipus'.
[364] S. Aristoteles, *Rhetorik* II, 5, 1382b25f.; II, 8, 1386a27-29.
[365] S. Aristoteles, *Rhetorik* II, 8, 1385b12-16.
[366] S. Aristoteles, *Rhetorik* II, 8, 1385b16-24.
[367] S. Aristoteles, *Rhetorik* II, 8, 1385b29-33.

Ethik VI, 12, 1144a29f.) freier, nicht durch das fixierte Hinblicken auf ein augenblicklich als groß erscheinendes Gut oder Übel verdunkelt und in diesem Sinn zu affektisch ist und deren (geistiges) Auge auch nicht durch Jugend, Unbildung, Unverstand u.ä. kurzsichtig ist.

Wenn Aristoteles Lessing auch nicht zustimmen könnte, wenn dieser sagt, der mitleidigste Mensch sei der beste Mensch[368]: daß das Mitleid ein Gefühl ist, das in besonderer Weise Erkenntnisfähigkeit voraussetzt und fördert, macht das Mitleid auch nach Aristoteles zu einem besonders menschlichen, menschenspezifischen Gefühl.

Da die Grundbedingung und Aufgabe von Erkenntnis überhaupt ist, in dem immer wieder Anderen das Gleiche erfassen zu können, gehört Mitleid schon in einem elementaren Sinn zu Verhaltensweisen, die auf der Erkenntnisfähigkeit des Menschen basieren. Diese aristotelische Position wird auch vielfach durch die Erfahrung bestätigt. Denn es sind tatsächlich die Gebildeteren, Klügeren, die im Fremden - ob es sich um den Angehörigen anderer Völker, Rassen, oder um geistig oder körperlich anders geartete Menschen handelt – den Gleichen erkennen können, den, mit dem sie die Lebenssituation, Charaktereigenschaften, Denkhaltungen, Lebensalter und dergleichen gemeinsam haben[369] und dessen Leid sie deshalb wie das ihre (mit-)empfinden können.

Diese Abhängigkeit des Mitleids von einer freieren, für die Erkenntnis des Anderen offenen Denkweise wird nach Aristoteles auch daran deutlich, daß Leute, die grundsätzlich von niemandem gut denken, auch nicht mitleidsfähig sind[370]. Von niemandem gut denken, heißt eben, unfähig oder unwillig sein, im Anderen etwas Gleiches zu erkennen und anzuerkennen.

Für die Frage, ob Aristoteles' Forderung, der tragische Held solle dem Zuschauer ähnlich sein, die tragischen Personen auf ein spießbürgerliches Niveau heruntergedrückt, ist diese Bemerkung des Aristoteles, daß man nur Mitleid hat, wenn man den Anderen grundsätzlich für gut hält, besonders aufschlußreich. Denn das negative Denken ist ja gerade ein signifikantes Merkmal des Spießbürgers, der sich für klug und überlegen hält, wenn er von niemandem etwas Gutes erwartet, und der meint, daß es den Leuten nur recht geschieht, wenn ihnen Schlechtes widerfährt[371].

In Wahrheit ist diese Denkhaltung also Resultat einer aus mangelnder Bildung und Erziehung kommenden Beschränktheit des freien Blicks auf den Anderen, ein Verhaftetsein in Vorurteilen, verbreiteten Denkschablonen und dergleichem, von denen das Mitleid gerade befreien kann und soll.

---

[368] S. Lessings Briefwechsel mit Mendelssohn und Nicolai über das Trauerspiel; nebst verwandten Schriften Nicolais und Mendelssohns, hg. u. erl. von Robert Petsch, Leipzig 1910 (ND Darmstadt 1967), 54.
[369] S. Aristoteles, *Rhetorik* II, 8, 1386a25f.
[370] S. Aristoteles, *Rhetorik* II, 8, 1385b33-86a1.
[371] S. Aristoteles, *Rhetorik* II, 8, 1386a1.

Richtig ist diese Rede von der befreienden, reinigenden Wirkung des Mitleids natürlich nur – und hierin unterscheidet sich Aristoteles in gewisser Weise von Lessing –, wenn es sich um ein angemessenes Mitleid handelt. Denn die Meinung, daß ein uns Gleicher unverdient leidet, kann auch ein rhetorisch geschickter Demagoge erzeugen und damit z.B. erreichen, daß gerade der seine Opfer peinigende Fanatiker und nicht die Opfer bemitleidet werden. Erzeugt werden kann eine solche Meinung aber auch durch die Machweise des Kitschromans, der z.B. den schönsten, tapfersten, edelsten jungen Mann durch eine Kette von Schicksalsschlägen, Verführungen, bösartigen Intrigen usw. in scheinbar ausweisloses Leid stürzen läßt und durch das Ausmalen von soviel Unglück bei jemandem, der zu soviel Glück bestimmt schien, in der Tat eher sentimentale Tränenseligkeit statt eines für das wirkliche Leiden geschärften Mitleides erwirkt[372].

Im Unterschied dazu ist es das Auszeichnende der griechischen Tragödie, daß sie alle diese (und ähnliche) Fehlformen von Mitleid vermeidet. Sie stellt weder eine Scheingleichheit zwischen dem Helden und dem Zuschauer her noch führt sie ein Unglück vor Augen, das nur zum Schein unverdient oder sogar nur zum Schein ein Unglück ist, sondern sie hält auch hier die genaue Mitte ein, indem sie es vermeidet, den Menschen (und schon gar nicht den guten) einfach von außen getroffen werden oder den mit Absicht und Vorsatz Bösen einfach ins Unglück stürzen zu lassen, sondern sie macht den Handelnden zwar zur entscheidenden, die Wende ins Unglück herbeiführenden Ursache, aber sie zeigt ihn als jemanden, der an sich das Richtige und Gute weiß und will, es aber aus verständlichen (aber vermeidbaren) Gründen und Motiven verfehlt. Von diesen Motiven kann sich der Zuschauer oder Leser nicht distanzieren, sondern sieht sich durch sie auch selbst in der Gefahr, um das von ihm erstrebte Heil, das er durch sein Handeln zu erreichen sucht, gebracht zu werden.

Deshalb ist die wichtigste Charaktereigenschaft, auf die ein Tragödiendichter bei der Konstruktion seiner Personen achten soll, nach Aristoteles, daß sie *chrêstoi* (χρηστοί), gut und redlich gesinnt sind[373]. Nur dann liegt die

---

[372] Die Beachtung der Wirkung des Kitschromans kann noch einmal den Blick für den Unterschied zwischen heftigen und großen Gefühlen schärfen. Oberflächlich gesehen scheint ja das sentimental heftige Gefühl mit dem ästhetisch und moralisch untadeligen Helden viel größer zu sein, den Leser viel stärker zu packen, als etwa das Mitleid mit einem Menschen wie z.B. Shakespeares' König Lear, den selbst Schiller einen „törichten Alten" nennt, weil er „seine Krone so leichtfertig dahingab" (s. Friedrich Schiller, Über die tragische Kunst (in: Friedrich Schiller, Sämtliche Werke in 20 Bänden, hg. v. Gerhard Fricke, Herbert G. Göpfert u. H. Stubenrauch, München 1964, Bd. 17), 146f.). Bei genauerer Betrachtung kehren sich aber die Gewichte um: Das Mitleid mit dem leuchtenden Helden bedarf nicht nur keiner tätigen Anteilnahme, sondern fällt jedem ganz von selbst in den Schoß, es macht auch geradezu stumpf für die Forderungen wirklichen Mitleids. Wer sich nur noch im Mitgefühl mit dem ‚blendend weißen' Helden genießen will, wird kaum mehr die Fähigkeiten zu differenziertem Urteil und tätiger Anteilnahme entwickeln, die das echte Mitleid fordert.

[373] S. Aristoteles, *Poetik*, Kap. 15, 1454a16f.

Bedingung des angemessenen Mitleids, daß das Unglück unverdient sein muß, auch tatsächlich vor.

Von dieser Grundanlage der tragischen Handlung her wird auch verständlich, warum Aristoteles aus der Vielzahl möglicher Emotionen im Theater gerade Furcht und Mitleid als die einzigen tragödienspezifischen Gefühle auswählt. Natürlich kommen auch auf der griechischen Bühne viele andere Emotionen vor, in die der Zuschauer irgendwie mithineingezogen wird: Zorn, Rachsucht, Ehrgeiz, Liebe, Haß usw. In der Tragödie hat die Darstellung aller dieser Leidenschaften aber immer ein und dasselbe Ziel: sie will demonstrieren, wie sie Anlaß und Ursache des Scheiterns einer Handlung geworden sind. Unter diesem Aspekt muß der Zuschauer in jeder von ihnen eine Bedrohung erkennen, die auch ihn leicht treffen kann, und das heißt eben: er wird in jedem Fall in Furcht geraten, wenn er im Handelnden sich selbst sieht, und es wird sein Mitgefühl wecken, wenn er an das unverdiente Leid des Handelnden denkt.

Man kann wohl nicht zu Unrecht sagen, daß das ‚klassische Maß', das die griechische Bühne einhält – auf der ja in der Tat niemals verbrecherische Exzesse gezeigt werden, niemals willkürliche Schicksalsschläge blind auf einen Menschen hereinbrechen, wo niemals Schreckliches offen und schon gar nicht nur um seiner aufreizenden Wirkung willen vorgeführt wird und dergleichen –, gerade darin seinen Grund hat, daß sie genau solche Handlungen ausgewählt und sich auf sie beschränkt hat, die den Zuschauer, der den Ablauf des Geschehens zu begreifen vermag, in die der Größe der Gefahr und des Unglücks entsprechenden Gefühle der Furcht und des Mitleids versetzen müssen.

Wieviel Aristoteles an der Angemessenheit dieser Gefühle gelegen ist, erkennt man auch daran, daß er die Tragödie, in der der Eintritt des Unglücks für den Handelnden gerade noch verhindert werden kann, für die beste Form der Tragödie hält[374]. Das zeugt nicht von einer Annäherung der Tragödie an die Komödie oder von einem ‚bürgerlichen' Ausweichen vor der Größe des Affekts, sondern von einem Wissen um die Bedingungen der Reinheit und spezifischen Intensität eines Gefühls. Furcht kommt aus der Erfassung der Größe einer Bedrohung, Mitleid aus dem Begreifen der Unverdientheit eines Unglücks; in der Konzentration der Aufmerksamkeit auf diese Aspekte einer Handlung entwickeln sich diese Affekte zu ihrer eigentlichen Stärke. Durch die anschauliche Darstellung von entsetzlich sich verwirklichendem Unglück auf der Bühne entstehen zwar auch heftige Emotionen, aber eben nicht die von Furcht und Mitleid, so daß der Anblick des Entsetzlichen eher von der Empfindung dieser Affekte ablenkt, als daß er sie steigerte.

Auch von daher wird noch einmal deutlich, daß das eigentliche Ziel, das Aristoteles in der griechischen Tragödie verwirklicht sieht, eine ‚Kultur des Affekts' ist. Diese erreicht sie nicht durch erzieherische Mittel im eigentli-

---

[374] S. Aristoteles, *Poetik*, Kap. 14, 1453b27ff., v.a. 1454a4-9.

chen Sinn, also z.B. durch ‚schulmäßige' Belehrung, sondern eben durch den Affekt selbst, genauer: durch Steigerung des im Affekt selbst wirksamen Moments der Rationalität. Nicht durch abstrakte Belehrung, sondern durch die Erregung angemessener Affekte lehrt die Tragödie Furcht und Mitleid zu empfinden, und zwar dort, wo es angemessen ist, so, wie es angemessen ist, und angesichts von Personen, bei denen es angemessen ist. Indem sie dies in der Ausrichtung der Aufmerksamkeit auf die konkreten Einzelfälle tut, verschafft sie dem Zuschauer eine Fülle anschaulich exemplarischer Erfahrungen über die unterschiedlichen, aber immer verhängnisvollen Gründe des Scheiterns menschlichen Handelns.

– Die staatspolitische Bedeutung von Mitleid und Furcht

Die eminente ethische und staatspolitische Bedeutung, die der Erziehung gerade der Gefühle von Furcht und Mitleid zukommt, hat eben darin ihren Grund, daß sie diejenigen Gefühle sind, die aus dem Miterleben des Scheiterns einer Handlung entstehen. Daß man in seinem Handeln nicht scheitert, ist ja ein Ziel, das grundsätzlich, bei jedem Handeln verfolgt wird. Da die Menschen aufgrund der Komplexität ihrer Handlungsmöglichkeiten die Verwirklichung ihrer jeweils spezifischen Möglichkeiten nur in Gemeinschaft mit vielen anderen erreichen können, ist dieses Ziel niemals nur individuell, sondern betrifft die Gemeinschaft mit, d.h., es ist zugleich politisch.

Dabei ist es keineswegs nebensächlich, sondern wesentlich, daß Aristoteles von einer Reinigung der Gefühle durch sie selbst spricht. Wären es nur allgemeine Lehren, die die Tragödie den Zuschauern vermitteln sollte – ‚Hochmut kommt vor dem Fall', ‚unrecht Gut gedeiht nicht', ‚Leichtsinn führt ins Unglück' usw. –, wie es nach Vorläufern in der Renaissance vor allem die Poetik der Aufklärung von der Tragödie erwartete, wäre nicht nur der Gewinn an Einsicht ziemlich dürftig, im Unterschied zu den konkret differenzierten Einblicken, die die Tragödie gewähren kann, es wäre vor allem überhaupt nicht gewährleistet, daß jemand aus derartigen Lehren auch die entsprechenden Folgerungen zieht.

Eine Einsicht, die man beim Durchleben eines Gefühls gewinnt, hat dagegen immer ein Strebemoment. Wer sich nicht nur vorstellt, sondern meint, daß eine Gefahr, die einem anderen droht, auch auf ihn zukommt, wird nicht nur Furcht vor der Bedrohung empfinden, er wird auch sich unmittelbar und konkret gedrängt fühlen, der Gefahr zu entgehen. Der so gebildete Wille ist aber eben aufgrund seiner Entstehungsweise kein bloßer Wille, es ist nicht ein imperativischer Ruck, mit dem sich das Individuum von der Erkenntnis zur Tat treibt, sondern es ist die in der Erkenntnis der Bedrohung enthaltene Unlustempfindung und das daraus entstehende und ganz konkrete Streben, dieses Unangenehme zu vermeiden.

Natürlich flachen auch solche Gefühle wieder ab oder werden vergessen, weshalb es der Wiederholung und insgesamt der Erziehung und Einübung bedarf, um sie zu festigen, darauf hat vor allem Platon in seiner Staatskonzeption größten Wert gelegt. Grundsätzlich aber ist eine *Katharsis*, eine Erziehung der Gefühle selbst durch sie selbst, ein unverzichtbarer Teil der Bildung des Menschen, durch die er erst im eigentlichen Sinn zu sich selbst kommt. In diesem Sinn ist die musische Erziehung auch Teil der Einübung in die ‚Freien Künste', die *artes liberales*, und dient der Vorbereitung auf die eigentlich theoretischen Wissenschaften. Denn die Kultur der Gefühle, wie sie nach Aristoteles z.B. von der Kunst zuwege gebracht werden kann, ist ein Vorgang, der durch eine Zunahme an Freiheit, und zwar an innerer, individueller Freiheit gekennzeichnet ist. Die Tendenz, sich von dem unmittelbar Erlebten ganz einnehmen zu lassen, die in pathologischen Fällen zu einem wie von selbst ablaufenden Reiz-Beantwortungs-Mechanismus verkümmern kann, wird durch die von der Kunst kultivierten Gefühle gleichsam aufgebrochen und in eine Fähigkeit zu freierem Handeln verwandelt.

Grund für diese Zunahme an Freiheit ist die Weitung der Perspektive. In der Auseinandersetzung mit tragisch scheiterndem Handeln lernt man eine Vielzahl von Gründen, die für dieses Scheitern verantwortlich sein können, kennen, und zwar nicht in abstrakter Form, sondern in der Form, in der sie sich je konkret auf das einzelne Handeln auswirken. So entsteht in Bezug auf das Einzelne zugleich eine Erhebung über dieses Einzelne, und zwar in einer handlungsrelevanten, emotiven Weise. Da Handlungen immer konkrete Einzelvorgänge sind, können nur solche Ziele handlungsrelevant werden, die in konkreter Vorstellung präsent sind. Wer etwa, um ein berühmtes Beispiel aus der Tradition der Aristoteles-Erklärung zu benutzen, auf einer Straße Speer wirft, muß damit rechnen, daß ihm jemand in die Flugbahn laufen könnte. Wenn jemand kein Verbrecher ist, möchte er das nicht, d.h., er hat an sich, im allgemeinen, das Handlungsziel, niemanden zu verletzen oder zu töten. Solange dieses Ziel aber ein abstrakter Gedanke bleibt, während die Verlockung, auf dieser gut geeigneten Strecke zu werfen, anschaulich präsent ist, wird es keine konkrete Motivation bieten, diesen Wurf zu unterlassen. Wird die nur abstrakt vorgestellte Möglichkeit aber konsequent in ihren Details zu Ende gedacht, d.h., wird die nur mögliche Konsequenz in ihrer grausamen Verwirklichung vor Augen gestellt, wird ihre motivierende Kraft, die geplante Handlung nicht auszuführen, erheblich verstärkt.

In diesem Sinn lehrt die Tragödie, das Allgemeine im Einzelnen zu erkennen und in seinem emotionalen und voluntativen Wert richtig, d.h. sachentsprechend, zu erfahren. Aristoteles hat für diese Fähigkeit die Metapher vom „Auge der Seele" (Aristoteles, *Nikomachische Ethik* VI, 11, 1143b14) geprägt. Gemeint ist damit eben die Fähigkeit, ein Einzelnes nicht als etwas absolut Einzelnes zu erfahren, sondern von einem aus vieler Erfahrung gewonnenen, im Augenblick der Erfahrung gegenwärtigen allgemeinen Wissen heraus. So verhält sich z.B. der tapfere Krieger, der einem Gegner nicht etwa aus einem bloßen Willen, standzuhalten, unerschrocken entgegentritt, sondern weil er aus vielfachem Umgang mit feindlichen Kämpfern ein erfahrenes Auge dafür erworben hat, ob und wie er der augenblicklichen Gefahr standhalten kann oder ihr ausweichen muß. Dieses Wissen, das tatsächlich tapfer macht, ist also ein aus der Erfahrung gewonnenes und an ihr bewährtes Wissen, nicht ein aus Büchern gelernter abstrakter Begriff, durch den man (vermeintlich) in der Lage sein soll, angesichts eines konkreten tapferen Verhaltens zu beurteilen, ob und in welcher Hinsicht es tapfer ist. Daß dieses ‚begriffliche' Wissen keine Auswirkung auf das praktische Verhalten hat, bedarf keiner Begründung, diese ‚intellektuelle Durchdringung der Tapferkeit' braucht der Tapfere nicht[375]; das konkrete Wissen, wann, in welcher Weise, wo, usw. jemand bedrohlich ist, braucht er aber, da sonst gerade sein konkret praktisches Verhalten völlig blind und also niemals tapfer, sondern bestenfalls draufgängerisch sein könnte.

Auf dem Besitz eines solchen *Auges der Seele* beruht der berechtigte Aspekt der Erfahrung, daß oft das Gefühl dem (abstrakten) Verstand überlegen ist. Man darf diese Erfahrung aber nicht in undifferenzierter Weise verallgemeinern. Dem Vertrauen auf die Tiefe und Wahrheit unserer Gefühle stehen die vielen Erfahrungen gegenüber, in denen gerade Gefühle oberflächlich, abstrakt und unwahr, weil subjektiv verzerrt sind – die Blindheit des Hasses, der Eifersucht, des Neids, der Verliebtheit usw. sind typische Beispiele dafür. Gefühl und Verstand können nicht einfach einander gegenübergestellt werden. Der Abstraktheit des Verstandes, der nicht mehr weiß, als daß man Selbstbestimmung verteidigen muß, kann eine ebensolche Abstraktheit des Gefühls entsprechen, die jeden Schein, jemandem werde seine freie Verfügung über sich selbst beschnitten, zum Anlaß nimmt, mit Empörung einzuschreiten, selbst wenn die vermeintliche Beschneidung der Vermeidung körperlicher oder seelischer Zerstörung dient. Steht der abstrakten Regel, die der Verstand kennt, aber ein Gefühl mit differenzierter innerer Rationalität entgegen, ein Gefühl etwa, das aus psychologisch gebildeter Erfahrung und aus vielfältigem Umgang ein ‚Auge' dafür hat, wer, in welcher Situation und in welchem Maß Mitleid verdient, und sieht und empfindet der mit diesem Auge Begabte unmittelbar, ohne eines langen Nachdenkens zu bedürfen, wie sehr und auf welche Weise der unverschuldet in Not Geratene tatsächlich seiner psychischen oder physischen Hilfe bedarf, dann ist dieses Gefühl ohne Frage der abstrakten Anwendung und Befolgung von Verstandesregeln überlegen – überlegen, weil es in Wahrheit rationaler ist als dieser leere Verstand, nicht als ein ‚Anderes der Vernunft'.

Man kann keinen einfachen Gegensatz, der Verstand sei abstrakt, das Gefühl aber konkret und dem Reichtum der Erfahrung und der Lebenswirklichkeit angemessen, konstruieren. Abstrakt und konkret sind Prädikate, die sowohl einem sogenannten Verstandesurteil als auch einem sogenannten irrationalen Gefühl zukommen können. Zum Beispiel ist es keineswegs ausgemacht, daß die abstrakte Regel ‚das Recht der Selbstbestimmung ist ein Gut, das auf jeden Fall und in jedem Fall gewahrt und geschützt werden

---

[375] Zu diesem Einwand und seiner Begründung s. Christoph Horn, Antike Lebenskunst, 127f.

muß' eine ab-strakte Regel des Verstandes ist, dem man den Reichtum der Emotionalität und der emotional-intelligenten Beurteilung der realen Situation, auf die diese Regel angewendet werden soll, entgegensetzen könnte. Es läßt sich mit demselben Recht auch die Auffassung vertreten, daß die Rigorosität im Umgang mit dieser Überzeugung gerade eine wesentlich emotionale Note hat. Gefühle oder Affekte haben es häufig an sich, daß sie die Differenzierungsleistung, die erforderlich wäre, um aus einer abstrakten Überzeugung eine Handlungsvorgabe für verschiedene konkrete Situationen abzuleiten, gerade nicht erbringen können, sondern auf ihr subjektives Gefühlsurteil unbedingt pochen und für keinerlei Argumente, die neue Perspektiven auf die jeweilige Sitation eröffnen könnten, zugänglich sind. Ein solches fixiertes Gefühl ist dann ebenso abstrakt wie es ein abstraktes Verstandesurteil sein kann, das nur den kleinsten gemeinsamen Nenner von einer Vielzahl von Einzelfällen abstrahiert. Sowohl ein subjektiv fixiertes, ‚blindes' Gefühl als auch ein rigoros abstraktes Verstandesurteil, das keine individuellen Differenzen zu berücksichtigen in der Lage und bereit ist, wird sich einer ‚lebenspraktisch vernünftigen' oder ‚emotional klugen' differenzierten Sicht einer konkreten Sitation verschließen. Dieser Mangel an ‚Lebensklugheit' läßt sich dem einfachen Schema von abstraktem Verstand und konkretem Gefühl daher nicht zuordnen[376], sondern liegt dieser Einteilung voraus bzw. unterläuft sie. Die Überlegenheit liegt nach diesem Schema weder auf der Seite des Verstandes noch auf der Seite des Gefühls, sondern es ist eine Überlegenheit der größeren Differenzierungsleistung.

Die Fähigkeiten, über die ein Dichter oder Redner verfügen muß, der seinen Lesern, Zuhörern oder Zuschauern Kenntnisse in dieser emotional wirksamen Form vermitteln will, hat Platon z.B. am Ende seines Dialogs *Phaidros* erörtert. Er muß wissen, so lautet das zusammenfassende Ergebnis, welche Seele in welchem Zustand durch welche Mittel zu welchem Ziel bewegt werden kann. Soll dieses Wissen rational sein, setzt es eine Reflexion auf die dem Menschen zu Gebote stehenden psychischen Fähigkeiten als solche voraus. Erst das aus einer solchen Reflexion abgeleitete Wissen über menschliche Verhaltensformen kann als Wissen im eigentlichen Sinn gelten. ‚Besonnenheit' würde bei diesem Verfahren etwa nicht einfach als ein ruhiges, bedächtiges, beherrschtes Verhalten, das in dieser und jener Regel durchzuführen ist, verstanden, sondern als der psychische Habitus, in dem die gebundeneren, unfreieren Unterscheidungskompetenzen des Menschen sich von sich aus in einer, wie Platon sagt, Übereinstimmung des Meinens (*homodoxia*, ὁμοδοξία) (Platon, *Politeia* 442d1) mit der frei und wissend über sich verfügenden allgemeinen Unterscheidungsfähigkeit des Menschen befinden.

---

[376] Dies hat mit besonderem journalistischem Geschick Daniel Goleman in seinen Büchern über die emotionale Intelligenz zu begründen versucht, ohne daß die offenkundige Abhängigkeit von der angeblich revolutionär überwundenen Dichotomie von Verstand und Gefühl auch nur bemerkt würde.

Obwohl dieses Wissen, wie ich zu zeigen versucht habe, hoch differenziert, komplex und schöpferisch ist, ist es doch insofern ein reines Wissen, als es die psychischen Aktmöglichkeiten als solche untersucht: Was ist Wahrnehmen, Vorstellen, Meinen, Denken? Was sind die ihnen gemäßen Formen der Lust und des Strebens? Was sind ihre jeweiligen Inhalte? Welche unterschiedlichen Möglichkeiten gibt es, wie sie sich zueinander verhalten und in Übereinstimmung oder Differenz miteinander sein können?

Platon betont aber ausdrücklich, daß ein Wissen um die allgemeinen Verhaltensmöglichkeiten des Menschen nicht genügt. Wer sie kennt, muß auch ‚verfolgen' können (Platon, *Phaidros* 271e), welche Gestalt sie annehmen, wenn sie von einzelnen Handelnden in einzelnen Handlungen verwirklicht werden. Dazu bedürfe es auch einer aufmerksamen Wahrnehmung, die, geleitet vom Begriff, feststellen kann, daß sie jetzt einen solchen Menschen vor sich hat, der von Natur aus mit diesen oder jenen Möglichkeiten ausgestattet ist, die in der rationalen Analyse des Menschen unterschieden worden waren.

Die Aufgabe, die Platon damit stellt, ist keineswegs so problemlos, wie sie im Sinn einer nachnominalistischen Begriffsbildung erscheint. Wenn der Begriff einfach eine Zusammenfassung vieler Einzeldinge unter gemeinsamen Merkmalen ist, gibt es keine Schwierigkeit, dem Begriff wieder die unter ihn fallenden Einzeldinge zuzuordnen. Die Einzeldinge sind ja das ursprünglich Gegebene. Erst wenn man bereits mit der Wahrnehmung eine Vielzahl von Menschen erfaßt hat, kann man den Begriff, sie alle sind aufrecht gehende, zweibeinige Lebewesen, bilden. Probleme hat man nicht damit, ob dieser Begriff auf die einzelnen Menschen angewendet werden kann, natürlich kann er das, er enthält nichts als ein ihnen allen gemeinsames Merkmal. Probleme hat man vielmehr mit dem Begriff selbst, ob er überhaupt erfaßt, was die einzelnen Menschen sind, und ob er nicht viel zu leer ist, um über diese einzelnen Menschen überhaupt etwas zu verstehen zu geben, was man nicht viel besser und konkreter in direkter empirischer Wahrnehmung von den einzelnen Menschen selbst in Erfahrung bringen könnte.

Das ist bei dem platonisch-aristotelischen Begriff von ‚Begriff' radikal anders. Wenn man nicht davon ausgeht, daß jedes Ding seinen Begriff gleichsam mit sich herumträgt und der Wahrnehmung direkt darbietet, von der ihn das Denken nur noch – in immer vergeblichen Versuchen – ablösen muß, dann ist die Anwendung eines Begriffs auf die Realität selbst eine aktive Urteilsleistung.

Ein Dichter, der handelnde Menschen beobachtet, findet ja keine Handlungen vor, die die Prädikate ‚gerecht', ‚besonnen', ‚tapfer', ‚eifersüchtig' von selbst zeigen. Darin besteht vielmehr die Aufgabe, zu begreifen, welche bestimmten Handlungen, etwa wenn jemand geschuldetes Gut zurückgibt, auf eine Provokation bedächtig reagiert, einem Feind standhält, überhaupt zu einem bestimmten Begriff gehören. Vorausgesetzt also, man hat bereits einen Begriff von Gerechtigkeit und weiß, daß gerecht handeln meint, jedem das Seine zukommen zu lassen, und vorausgesetzt, man hat diesen Begriff rational gebildet, d.h., man versteht ihn nicht als eine – notwendig ambivalente – Regel, aus der man auch ableiten könnte, daß es einem Dieb zukommt zu stehlen, dem Dieb also dann Gerechtigkeit widerfährt, wenn er stehlen darf –, sondern man hat ihn aus einem konkreten Wissen um die Fähigkeiten des Menschen gebildet und weiß daher, daß jemandem nur dann das Seine zukommt, wenn er diese Fähigkeiten so ausübt, daß er sein ihm mögliches höchstes Glück erreicht, dann muß von jeder einzelnen Handlung immer noch geprüft werden, ob sie den Bedingungen des Begriffs genügt oder ob sie ihnen nur mangelhaft oder gar nicht genügt.

Bei diesem Verfahren kann es sehr wohl vorkommen, und gute Kunst hat dies immer getan, daß man die geltenden Konventionen der Zeit oder Gesellschaft aufbricht und Gerechtigkeit als ein Handeln darstellt, das wider die geltenden Regeln der Gerechtigkeit geschuldetes Gut nicht zurückgibt, daß man einen Besonnenen auf eine Provokation nicht bedächtig und maßvoll, sondern schnell und kräftig reagieren, ihn aber gerade darin seine Besonnenheit beweisen läßt, daß man jemanden als tapfer charakterisiert, der dem Feind nicht standhält, sondern flieht.

Die konkrete ‚Wirklichkeit', z.B. eine bestimmte einzelne Handlung, erscheint aus dieser Perspektive als etwas, das man nicht verallgemeinern kann. Denn auch wenn es in einem Fall oder in vielen Fällen gerecht ist, geschuldetes Gut zurückzugeben, eben diese selbe konkrete Handlung kann auch einmal weniger oder sogar ganz und gar nicht gerecht sein.

Im Blick auf den identischen Begriff des Gerechten ist die einzelne gerechte Handlung daher ambivalent, ja widersprüchlich.

Diese oft mißverstandene Lehre Platons hat Aristoteles übernommen und daraus die Folgerung gezogen, daß eine künstlerische Darstellung, die die Wirklichkeit, einzelne Handlungen einzelner Personen, einfach wiedergibt, verfehlt ist[377]. In dieses konkrete Handeln ist immer vieles eingemischt, was gar nicht signifikant für gerade dieses Handeln dieser Person ist. Der Leser oder Zuschauer, dem es vorgeführt wird, würde daher durch eine derartige Darstellung in vielfältiger Weise irritiert und unfähig, daraus eine bestimmte Erkenntnis zu gewinnen, etwa daß das Handeln eines zornigen, gerechten, mitleidigen Menschen sich in der dargestellten Weise vollzieht. Deshalb stellt Aristoteles dem Dichter die Aufgabe, nicht wirklich geschehenes Handeln darzustellen, sondern allgemeine Handlungsmöglichkeiten eines Menschen, und zu zeigen, wie diese Handlungsmöglichkeiten dieses Menschen Ursache dafür sind, daß er gerade dieses sagt oder tut.

Da ein Mensch nach Aristoteles dadurch einen Charakter bekommt, daß er seine bloßen Fähigkeiten zu festen Grundhaltungen ausgebildet hat, die

---

[377] Zum Verhältnis der Dichtung zur Wirklichkeit s. Aristoteles, *Poetik*, Kap. 8 und 9; dazu Verf., Teleologie und Geschichte bei Aristoteles. Wie kommen nach Aristoteles Anfang, Mitte und Ende in die Geschichte?, in: Rainer Warning u. Karlheinz Stierle (Hgg.), Das Ende. Figuren einer Denkform, (Poetik und Hermeneutik; 15), München 1995, 528-563.

dann sozusagen den Möglichkeitsraum darstellen, in dem sich das Handeln dieses Menschen, sofern er aus sich selbst heraus handelt, bewegt, kann man verkürzt sagen, daß Aristoteles dem Dichter die Aufgabe stellt, nur solche Handlungen darzustellen, die unmittelbare Äußerungen eines bestimmten Charakters sind.

Die Aufgabe des Dichters ist es daher, die einzelne Handlung aus ihrem allgemeinen Grund heraus, d.h. aus den allgemeinen Handlungstendenzen eines Charakters heraus, zu konstruieren, die Aufgabe des Lesers oder Zuschauers, die einzelne Handlung auf ihre Begründetheit im Charakter des Handelnden zu durchschauen. Für diese Erkenntnisaufgabe leistet ihm die Dichtung eine wesentliche Hilfe, weil sie die Wirklichkeit mit ihrer Mischung aus vielfältigen Einflüssen gewissermaßen reinigt und auf das konzentriert, was wirklich Äußerung eines bestimmten Charakters ist. Auch in diesem Sinn ist die Dichtung eine *Katharsis*, sie lenkt die Aufmerksamkeit durch die – von sich her zweideutigen – Äußerlichkeiten hindurch auf das ‚Werk' eines Menschen und konzentriert die emotionale Teilnahme auf diese wesentliche Seite dieses Menschen. Sie schafft damit eine Haltung, die das bloß äußerliche Wahrnehmen zu einem Verständnis hinauf führt, das der Leistung des Vermögens der Meinung in ihrer vollkommensten Form entspricht. Diese Art der *Katharsis* kann auch als ein Übergang von abstrakten zu konkreten Gefühlen beschrieben werden. Das abstrakte Gefühl ist nach Aristoteles das Gefühl, das zu einer oberflächlichen, meist an die Wahrnehmung gebundenen, eher pauschalen Unterscheidungsform gehört. Wer im Gesamtkomplex einer Situation einen Zug von Bedrohlichkeit entdeckt und deshalb auf die ganze Situation mit Angst reagiert, wer an einem anderen einen Zug von unverdientem Leid bemerkt und deshalb dessen ganzes Verhalten mit einem Gefühl des Mitleids übergießt, hat abstrakte Gefühle. Diese Abstraktheit ist es, die durch die Erziehung durch die Kunst, Furcht und Mitleid dort zu empfinden, wo es angemessen ist, wie es angemessen ist, in welchem Ausmaß es angemessen ist (usw.), ‚gereinigt' und zu einer konkreten Empfindungsfähigkeit verwandelt wird. Diese Konkretheit besteht nicht zuletzt darin, daß solche Gefühle dem ‚Werk' des Menschen, dem sie gelten, gerecht werden, d.h., sie werden seinem Handeln und Verhalten gerade dort gerecht, wo sich in ihnen sein Charakter offenbart.

Dieses Meinen, das das Gesamt des Äußeren eines Menschen auf sein ‚Werk' hin durchschaut, ist diejenige Erkenntnishaltung, die unmittelbar gesellschaftlich relevant ist. Deshalb ist es für eine staatstheoretische und auch für eine anthropologische Untersuchung von großer Bedeutung, die Bedingungen zu ermitteln, die gegeben sein müssen, damit solche Meinungen ausgebildet werden können, die der Aufgabe gerecht werden, eine Situation, einen Mitmenschen, eine gesellschaftliche Gruppe usw. in allen Aspekten, die sich auf das praktische Handeln in der Gemeinschaft beziehen, in ihrem spezifischen Charakter und Wert zu beurteilen. Denn nur auf dieser Grundlage kann es gelingen, ein Zusammenleben zu organisieren, in dem jeder sein ihm individuell, seinen Anlagen und Möglichkeiten entsprechendes Leben führen und dadurch zugleich sein persönliches Glück und den glücklichsten Zustand des Ganzen verwirklichen kann.

VII Theorie und Praxis: Zur Grundlegung der Staats- und Gesellschaftstheorie in einer Theorie des Menschen durch Platon und Aristoteles

Der Übergang zu Staats- und Wirtschaftstheorie ist in der Unterscheidung zwischen verschiedenen und in verschiedenem Maß freien Arten des Strebens nach etwas, das der Einzelne als Gut für sich beurteilt, bereits vorgezeichnet. Es ergibt sich daraus eine völlig andere Begründung für die Notwendigkeit, menschliches Handeln in Formen staatlicher Gemeinschaft zu organisieren, als sie in den großen, vor allem mit Hobbes beginnenden Staatstheorien der Neuzeit gegeben worden sind. Auf diesen unterschiedlichen Ausgangspunkt soll zuerst das Augenmerk gerichtet werden.

1 Der Staat als Bedingung der Möglichkeit der Verwirklichung von Freiheit und Individualität

Die meisten neuzeitlich-modernen Staatskonzeptionen teilen bei aller Unterschiedlichkeit im einzelnen eine Voraussetzung, die nicht von Platon, sondern aus der Rezeption hellenistisch-römischer Staatskonzepte kommt, die Voraussetzung nämlich, daß das Grundprinzip des Staats die souveräne Freiheit der einzelnen Bürger ist, und daß der Staat diejenige Organisationsform ist, die notwendig ist, damit die vielen Einzelsouveräne sich nicht wechselseitig beeinträchtigen oder gar vernichten, sondern in einem Optimum an praktischem Vollzug ihrer Freiheit miteinander leben können[378].

---

[378] Zur Differenz, die sich aus diesen Voraussetzungen zu einem platonisch-aristotelischen Staatsverständnis ergibt, s. die wichtige Analyse bei Reinhard Brandt, Institution – Institution in Antike und Neuzeit – Institution bei Kant, in: Petra Kolmer u. Harald Korten (Hgg.), Recht – Staat – Gesellschaft. Facetten der politischen Philosophie, Freiburg/München 1999, 69-111. Es scheint mir nicht unwichtig, schon an dieser Stelle darauf hinzuweisen, daß das in diesen neueren Staatstheorien vorausgesetzte Menschenbild nach Platon unnötig schlecht ist. Die vertragliche Übertragung eines Zwangsrechts auf den Staat zur Eindämmung der Übergriffe der ‚freien' Individuen gegeneinander, ist nur nötig, wenn diese Individuen von unermesslichen und egoistisch-asozialen Begierden getrieben werden (s. Thomas Hobbes, Leviathan oder Stoff, Form und Gewalt eines kirchlichen und bürgerlichen Staates, hg. u. eingel. von Iring Fetscher, übers. v. Walter Euchner, Frankfurt a.M. ⁹1999, 11. Kapitel: ‚Von der Verschiedenheit der Sitten', 75-81), d.h., wenn sie – in platonischem Sinn – nicht frei sind. Begierden sind – von sich her – bei Platon deshalb nicht unermeßlich, chaotisch oder gar bösartig, weil sie, wie eben dargestellt, nicht gänzlich irrational sind, sondern einen, wenn auch begrenzten, aber inneren Anteil an Vernunft haben. Wer das Richtige, zum richtigen Zeitpunkt, in der richtigen Weise usw. begehrt, hat nicht nur einen sozusagen ‚rationalen Affekt', sondern erfährt in ihm auch das für ihn mögliche Höchstmaß an Lust. Die platonische Kritik an den Begierden beginnt und steigert sich mit der Verringerung dieses rationalen Moments in Begierde und Gefühl. S. oben S. 344f.

Diese Grundannahmen gibt es bei Platon nicht bzw. nur mit einer erheblichen Einschränkung. Nach Platon ist der Mensch zwar zur Freiheit geboren, auf sie seiner Potenz nach angelegt, aber er ist nicht von sich aus und immer schon frei und souverän. Die Freiheit der Einzelnen ist keine Gegebenheit, auf die der Staat Rücksicht nehmen und die er durch geeignete Maßnahmen so weit wie möglich erhalten muß. Platon könnte nicht mit Rousseau sagen: „Der Mensch ist frei geboren und liegt überall in Ketten." Daß es diese Ketten gibt oder geben kann, liegt nach Platon daran, daß Freiheit eine Aufgabe ist, der der Staat sich stellen und die er durch Formen der Erziehung erst verwirklichen muß und die er deshalb leicht auch verfehlen kann. Unter Vernachlässigung wichtiger Detaildifferenzen kann man sagen, daß in einem modernen Staatsverständnis die Freiheit und Individualität vieler souveräner Subjekte als quasi naturgegebenes Faktum, in einem platonischen Staatsverständnis dagegen als Aufgabe des Einzelnen wie der Gemeinschaft vorausgesetzt wird[379]. Solange diese Aufgabe als Aufgabe nicht gesehen ist und daher die Frage nach den Bedingungen ihrer Erfüllung gar nicht gestellt wird, ist der Staat wie der Einzelne einer Tendenz zur Unfreiheit ausgesetzt, die im Schein einer Freiheit zu allem zu einer Diktatur aller gegen alle führen kann, wie Platon in seiner Verfallsanalyse von Staat und Individuum in anschaulicher Konkretheit darstellt (siehe unten S. 514ff.).

Außerdem haben viele neuzeitliche Staatstheorien, die den Staat aus einem Vertrag freier Bürger entstehen lassen, die Tendenz, die Durchführung eines solchen Vertrags von einer gemeinsamen Willensäußerung aller abhängig zu machen und deshalb den Einzelwillen nur als Teil des Gesamtwillens zuzulassen[380].

Platons Konzept dagegen ist nicht, wie etwa Kant dies formuliert, daß die größtmögliche Freiheit des Einzelnen dann besteht, wenn es Gesetze gibt

„welche machen, daß jedes Freiheit mit der andern ihrer zusammen bestehen kann" (Kant, KrV B 373f.).

---

[379] Wenn man an die „Wogen des Hohngelächters" (Platon, Politeia 457b-c; 472a3ff.) über den platonischen Staat wegen seiner spekulativen Voraussetzungen denkt, ist es nicht unberechtigt festzustellen, daß auch Freiheit, Individualität, Selbstbestimmung keine empirisch beobachtbaren Fakten sind. Die Begründung, daß jede Person ‚von Natur aus' frei ist und sich selbst zu bestimmen vermag, bedarf wohl kaum in geringerem Umfang irgendwelcher spekulativen Prämissen als die platonische Analyse der ‚Natur des Menschen'. S. oben S. 207ff.

[380] Vertragstheorien sind in der Antike v.a. in hellenistischen Staatsmodellen ausgearbeitet worden. Wie der Rückgriff auf diese Modelle, v.a. aus dem Epikureismus, den theoretischen Ansatz Hobbes' prägt und ihm die substantiellen Vorgaben liefert, belegt umfassend Bernd Ludwig, Die Wiederentdeckung des Epikureischen Naturrechts. Zu Thomas Hobbes' philosophischer Entwicklung von, ‚De Cive' zum ‚Leviathan' im Pariser Exil 1640-1651, Frankfurt a.M. 1998. Zu einer ‚Renaissance' vertragstheoretischer Ansätze in der gegenwärtigen staatstheoretischen und gesellschaftswissenschaftlichen Diskussion (v.a. John Rawls') s. Otfried Höffe (Hg.), John Rawls. Eine Theorie der Gerechtigkeit, (Klassiker auslegen; 15), Berlin 1998.

Hier würde nach Platon der Einzelne nur in seinem Elementsein für das Ganze berücksichtigt[381], nur in der Übereinstimmung seines Willens mit dem Willen des Ganzen[382].

Platon geht es im Sinn seines Gerechtigkeitsprinzips, das jedem das ihm Gemäße zuzuteilen fordert, um die vollendete Entfaltung des jeweils Einzelnen. Das, was der Staat von seinen Bürgern verlangen muß und wozu er ihnen dienen muß, ist, daß sie sich selbst, ihre je eigenen Anlagen, optimal verwirklichen; der Nutzen für den Staat ergibt sich daraus als konsequente Folge[383]. Die Übereinstimmung des Wohls des Einzelnen mit dem Wohl des Ganzen ist natürlich auch für Platon das Ziel, auf das ein Staat hin angelegt sein muß. Dieses Ziel wird aber nicht dadurch erreicht, daß der Einzelne mehr oder weniger radikal sein Streben nach seinem eigenen Glück einschränkt und dem Wohl des Ganzen unterordnet, so daß das Glück des Einzelnen immer nur ein (nur quantitativ bemeßbarer) Grenzwert des Ausgleichs in der Summe der einzelnen persönlichen Vorteile ist, in den als Kompromiß die Individualvorteile konvergieren, sondern dadurch, daß der Einzelne, und zwar der Einzelne, lernt, seinen *wahren* individuellen Vorteil zu verfolgen.

Der politisch und ethisch relevante Gegensatz ist für Platon ebenso wenig wie für Aristoteles[384] der Gegensatz von Egoismus und Altruismus, von bloßer Selbstliebe und (potentiell selbstzerstörerischem) Aufgehen für die Anderen, es geht auch nicht um die Alternative zwischen einem schrankenlosen (die eigenen subjektiven, unmittelbaren Begierden und Wünsche absolut setzenden) Egoismus einerseits und einer vernünftigen Selbstein-

---

[381] Das Titelblatt des Leviathan von Thomas Hobbes bringt diesen Gedanken konsequent ins Bild, wenn es den Regenten des Staats aus dessen einzelnen Bürgern zusammengesetzt sein läßt. S. dazu Reinhard Brandt, Das Titelblatt des Leviathan und Goyas El Gigante, in: Udo Bermbach (Hg.), Furcht und Freiheit. Leviathan-Diskussion 300 Jahre nach Thomas Hobbes, Opladen 1978, 203-231. Die ungenügende Differenzierung dieses Konzepts von dem platonischen führt immer wieder dazu, Platons Staatsverständnis für ‚organologisch' zu halten und es deshalb zu kritisieren. S. z.B. Jerome Neu, Plato's Analogy of State and Individual: The *Republic* and the Organic Theory of the State, in: Philosophy 46, 1971, 238-254.

[382] Hier genau liegt der Grund, warum die Ordnung des Staats und im Staat für Platon zuerst von der Erziehung und nicht von mit Zwangsrechten ausgestatteten Institutionen abhängt. Natürlich braucht der Staat auch nach Platon Institutionen. Ihr Recht und ihre Reichweite erhalten sie aber erst aus der Ausbildung der allen gemeinsamen Vernunft. S. das folgende. Zur unterschiedlichen Konzeption bei Kant s. Reinhard Brandt, Die politische Institution bei Kant, in: Gerhard Göhler (u.a.) (Hgg.), Politische Institutionen im gesellschaftlichen Umbruch. Ideengeschichtliche Beiträge zur Theorie politischer Institutionen, Opladen 1990, 335-357.

[383] Dazu, daß dies auch die Aufgabe ist, die Aristoteles dem Staat gestellt sieht, s. Martha Nussbaum, Aristotle on Political Distribution, in: Oxford Studies in Ancient Philosophy, Suppl. Vol. 1988, 145-184. Bei Aristoteles s. z.B. *Politik* VII 2, 1324a5ff.

[384] Wie man an seiner differenzierten Analyse der Selbstliebe sehen kann: dazu s. oben S. 354ff.

schränkung auf das, was als in der Gemeinschaft tatsächlich realisierbar angenommen wird, andererseits[385]. Für Platon ist vielmehr entscheidend, daß überhaupt nicht jeder Vorteil, den jemand verfolgt, tatsächlich ein Vorteil für ihn ist, so daß die wirklich entscheidende Frage ist, ob jemand seinen wahren oder nur einen scheinbaren Vorteil erstrebt. Nur dies Letztere, wenn jemand in perspektivischer Verzerrung täuschenden Augenblicksvorteilen nachjagt, ist Egoismus in negativem Sinn; negativ nicht in erster Linie, weil er sozial unverträglich ist, sondern weil er auf die Selbstzerstörung des Individuums hinausläuft, wenn dieses sich der Herrschaft der eigenen Begierden unterwirft und es auf diese Weise zuläßt, daß die Identität und Einheit des eigenen Ich in eine disparate, in sich zerstrittene Vielheit von momentanen oder partikularen Interessen und Tendenzen zerfällt.

Daß „private vices public benefits" erzeugen[386] oder daß das beliebige Verfolgen subjektiver Privatinteressen – am Ende auch noch von Gottes geheimnisvoller Hand gesteuert – auf das wirtschaftliche und politische Wohl aller hinausläuft, ist ganz sicher nicht die Meinung Platons. Versteht man unter Egoismus aber das wohl verstandene Streben nach dem, was einem wirklich, und d.h. auch: in seinem eigenen individuellen Menschsein zuträglich ist, dann kann man entgegen einem verbreiteten Vorurteil über die Vernachlässigung des Individuellen bei Platon und entgegen der allgemeinen These, in der Antike habe man das Individuum noch gar nicht in seinem Eigenwert erkennen können, im Sinn Platons das Paradoxon formulieren, daß der größte Egoismus zugleich der beste Dienst für das Ganze ist.

Diese These widerspricht – wenngleich sie sich, wie zu zeigen sein wird, durch eine Fülle von Textzeugnissen bei Platon und auch bei Aristoteles belegen läßt und wenn auch diese Texte Argumentationen enthalten, die auch für einen kritischen, modernen Leser sachlich überzeugend und nachvollziehbar sind – so sehr unseren Denkgewohnheiten und Vorstellungen von ‚dem antiken Denken', daß es sinnvoll erscheint, vor der eigentlich wissenschaftlich erkenntnistheoretischen Begründung einen kurzen Blick auf Homer zu werfen und zu prüfen, wie ‚schon' bei Homer das Verhältnis des Einzelnen zur Gemeinschaft dargestellt ist.

Das Beispiel Homers eignet sich deshalb besonders gut als Hinführung auf die hier vertretene These: weil dieselbe Behauptung in Bezug auf die von Homer beschriebene Gesellschaft noch unwahrscheinlicher klingt, scheint sie doch in jeder Hinsicht jedem historischen Denken und dem Bild von den archaischen Anfängen menschlicher Gemeinschaftsbildung und Gesellschaftsformen zu widersprechen. Da sie sich aber sehr gut bei Homer bele-

---

[385] Das entspräche dem ‚sozialdemokratischen' Deutungsansatz, wie ihn Martha Nussbaum („Aristotle on Political Distribution") verfolgt.
[386] S. Bernard de Mandeville, The Fable of the Bees, or Private Vices, Public Benefits, hg. v. Irwin Primer, New York 1963. S. dazu Wolfgang Schrader, Ethik und Anthropologie in der englischen Aufklärung. Der Wandel der Moral-sense-Theorie von Shaftesbury bis Hume, (Studien zum achtzehnten Jahrhundert; 6), Hamburg 1984 und s. unten S. 460ff.

gen läßt, zeigt das, daß sie nicht aus bloßer theoretischer Spekulation abgeleitet ist, sondern auf guter Beobachtung menschlichen Handelns beruht. Weil sich Dichtung aber erade dadurch von philosophischen Texten unterscheidet, daß sie in anschaulicher Weise an Einzelfällen mit allen ihren individuellen und spezifischen Besonderheiten einen allgemeinen, vielleicht zunächst abstrakt erscheinenden Gedanken vorstellt, kann sie eine gewisse Beglaubigung bewirken. Freilich sollen die homerischen Beispiele keine einlullende Wirkung haben und auf diese Weise von etwaigen Begründungsdefiziten ablenken, sondern sie sollen im Gegenteil zur Klarheit und Konturiertheit des Gemeinten beitragen.

2 Der Vorrang des Individuums vor der Gemeinschaft in der von Homer geschilderten Gesellschaft

2 a. Konventionelle oder postkonventionelle Ethik bei Homer?[387]

Wer sich mit einer staatstheoretischen Fragestellung an Homer wendet, tut dies in der Regel nicht aus einem sachlichen, sondern aus einem historischen Interesse. Wir erwarten von Homer keinen Aufschluß über Probleme, die uns auch heute noch bewegen. Im Blick auf Fragen der Staatstheorie und vor allem in Bezug auf die Frage, wie der Einzelne in der staatlichen Gemeinschaft seine Individualität behaupten kann, würden wohl viele geneigt sein, bereits die Problemstellung für verfehlt zu halten. Denn einen Staat im modernen Sinn des Wortes gibt es im homerischen Epos offenkundig noch gar nicht, also kann es dort auch keine Antworten auf Fragen der richtigen oder falschen Organisation eines Staates geben oder gar Lösungsansätze für Konflikte, die die Existenz eines Staates in seiner modernen Gestalt voraussetzen. Bestenfalls finden wir in der frühgriechischen Epik Vorformen, von denen die spätere Entwicklung zwar ausgegangen ist, über die sie aber inzwischen in so vielfältiger Weise hinweggegangen ist, daß eine rückwärts gewandte Orientierung an den Ursprüngen nicht mehr als sinnvoll gelten kann.

---

[387] Zur Unterscheidung konventioneller und postkonventioneller Phasen in der Ethik s. Jürgen Habermas, Moralbewußtsein und kommunikatives Handeln, Frankfurt a.M. ⁷1999, v.a. 172ff; s. auch ders., Erläuterungen zur Diskursethik, Frankfurt a.M. 1991, v.a. 209ff.; zur Anwendung der analogen Unterscheidung von *Shame-Culture* und *Guilt-Culture* auf Homer s. Ernst Robert Dodds, The Greeks and the Irrational, Los Angeles 1951, 10ff. Eine fundierte Kritik an der Anwendung dieser Deutungsschemata auf Homer gibt Douglas L. Cairns, Aidôs: The Psychology and Ethics of Honour and Shame in Ancient Greek Literature, Oxford 1993. Durch die Untersuchungen Cairns' sind auch die Thesen Bernard Williams' (Shame and Necessity, Berkeley (u.a.) 1993) bereits widerlegt. Williams möchte die große Rolle, die die Scham in der homerischen Kultur spielt, zum Indiz für eine Indifferenz dieser Kultur gegenüber der Unterscheidung von ‚moralisch' und ‚nicht-moralisch' nehmen. Eine philosophisch differenzierte Auseinandersetzung mit Williams gibt Christof Rapp, Die Moralität des antiken Menschen, in: Zeitschrift für philosophische Forschung 49, 1995, 259-273.

Daß wir so denken, hat sowohl allgemeine geistesgeschichtliche Gründe als auch Gründe, die aus der besonderen Art der Darstellung des Gemeinschaftslebens in *Ilias* und *Odyssee* kommen.

Die allgemeinen geistesgeschichtlichen Gründe haben ihren Ursprung vor allem in der Überzeugung, daß wir Geschichte als Prozeß der „Entdeckung des Geistes"[388] verstehen, deren Anfang das homerische Epos bilde. In ihm ist im Sinn der wirkmächtigen, der Geschichtsphilosophie Schellings und Hegels[389] verpflichteten Untersuchungen Bruno Snells[390] der Anfang zu dem, was wir seit Descartes Geist, d.h. Bewußtsein und Selbstbewußtsein, nennen, überhaupt erst entdeckt worden. Der Blick auf diesen ‚epischen Weltzustand' gilt als der Blick zurück auf einen Ursprung, in dem noch in ungeschiedener Einheit verbunden ist, was erst in langer Entwicklung die heutige Differenzierung gefunden hat. Bei aller Bewunderung für Homer, für die ästhetisch schönen, einfachen ‚Modelle', die wir bei ihm finden, die uns gewissermaßen an unsere eigene Kindheit erinnern, muß einem historisch korrekten und kritisch reflektierten Denken, so scheint es, klar sein, daß es eine unserem Problemhorizont angemessene Diskussion nicht erwarten darf.

Dieses Bild von dem archaisch ursprünglichen Naturzustand im Epos, dessen geschichtliche Herkunft sich v.a. aus dem im ersten Teil beschriebenen modernen Gegensatz von Natur und Kultur ergibt, ist freilich, darauf möchte ich wenigstens hinweisen, durch die neuere Forschung erheblich erschüttert[391]. Archäologische, philologische, vor- und frühgeschichtliche[392]

---

[388] S. Bruno Snell, Die Entdeckung des Geistes. Studien zur Entstehung des europäischen Denkens bei den Griechen, Göttingen ⁷1993, 13-29 und 30-44.

[389] Z.B. Hegel, Vorlesungen über die Ästhetik III (in: Theorie-Werkausgabe Bd. 15, ²1989), 333; 340-44; 367; 373-393.

[390] So schon Bruno Snell, Aischylos und das Handeln im Drama, (Philologus Suppl.; 20,1), Leipzig 1928; dort auf S. 32 mit Anm. 55 und 56 begründet Snell seine entwicklungsgeschichtliche Position unter ausdrücklicher (und einschlägiger) Berufung auf Schelling und Hegel. Zur Kritik an dieser entwicklungsgeschichtlichen Homerinterpretation s. das Kapitel ‚Historische Methode und Homerinterpretation', in: Verf., Selbständigkeit und Abhängigkeit menschlichen Handelns bei Homer, 12-71.

[391] Eine fundierte Einführung in die neuere Forschungssituation bietet Joachim Latacz, Homer. Der erste Dichter des Abendlands, Düsseldorf/Zürich ³1997, v.a. Einleitung, Kap. I und II. Einen repräsentativen Querschnitt der verschiedenen Forschungsgebiete zu Homer gibt der Band: Zweihundert Jahre Homer-Forschung. Rückblick und Ausblick, hg. v. Joachim Latacz, (Colloquia Raurica; II), Stuttgart/Leipzig 1991. S. auch Ian Morris u. Barry B. Powell (Hgg.), A New Companion to Homer, Leiden (u.a.) 1997.

[392] S. v.a. Joachim Latacz, Troja und Homer. Neue Erkenntnisse und Perspektiven, in: Hannes D. Galter (Hg.), Troja. Mythen und Archäologie, Graz 1997, 1-42; ders., Neues von Troja, in: Gymnasium 95, 1988, 385-413; ders., Troia und Homer. Der Weg zur Lösung eines alten Rätsels, München/Berlin 2001; s. auch Manfred Korfmann, Troia: A Residential and Trading City at the Dardanelles, in: Robert Laffineur u. Wolf-Dietrich Niemeier (Hgg.), Politeia: Society and State in the Aegean Bronce Age, Eupen 1995, 173-183; ders., Hisarlik und das Troja Homers – Ein Beispiel zur kontroversen Einschätzung der Möglichkeiten der Archäologie, in: Beate Pongratz-Leisten (u.a.) (Hgg.),

und sprachgeschichtliche[393] Untersuchungen zeigen, daß die homerische Gesellschaft eingeordnet werden muß in eine lange Tradition hochentwickelter Staaten mit komplexen politischen und ökonomischen Strukturen, mit ausgebildeten Institutionen im Bereich des privaten wie öffentlichen Rechts, der Religionen usw.[394]

Was die homerische Dichtung im besonderen angeht, so kann, nach allem, was wir inzwischen über ihre Vorgeschichte wissen, keine Rede mehr sein von der Hervorbringung eines Original- oder Naturgenies oder von einer Volksdichtung im Sinn der Romantik. Homer steht als Dichter am Ende einer langen Dichtungstradition, mit deren Inhalten und Techniken er auf reflektierte Weise souverän umgeht und diese so zu ihrer höchsten Vollendung und Vollkommenheit führt[395].

Unabhängig von der Problematik des Antike-Moderne-Gegensatzes, für den die homerische Dichtung den äußersten Gegenpol eines reflexiven, zu sich selbst gekommenen Denkens bildet und eine Welt abbildet, in der Natur und Geist noch in ursprünglicher Einheit sind, die wir schon ausführlich diskutiert haben[396], kann man also allein aufgrund dessen, was wir aus neuerer historischer Forschung über diese homerische Welt wissen, begründete Zweifel an ihrer angeblich archaisch-mythischen Naivität vorbringen.

Ähnliche Zweifel sind, das wird eine These des folgenden sein, auch in Bezug auf die Darstellung politisch relevanten Handelns und seiner Beurteilung in der Dichtung Homers berechtigt, auch wenn ein erster Blick in den homerischen Text solche Zweifel keineswegs nahezulegen, sondern im Gegenteil zu bestätigen scheint, daß wir bei Homer tatsächlich ein Gemeinschaftsverständnis vorfinden, das nicht nur in einzelnen Aspekten, sondern in seiner Gesamtkonzeption in einem Gegensatz zu modernen Staatsvorstellungen überhaupt steht.

Denn bei Homer scheint es die für jeden modernen Staatsbegriff fundamentale Differenz zwischen dem Einzelnen und der Gemeinschaft noch gar nicht zu geben, der Einzelne scheint als ein in freier Selbstbestimmung sich der Gemeinschaft zuordnendes Glied des Ganzen überhaupt nicht in den

---

Ana sadî Labnani lu allik. Beiträge zu altorientalischen und mittelmeerischen Kulturen. Festschrift Wolfgang Rölling, Neukirchen/Vluyn 1997, 171-184.

[393] S. v.a. Frank Starke, Troia im Kontext des historisch-politischen Umfeldes Kleinasiens im 2. Jahrtausend, in: Studia Troica 7, 1997, 447-487.

[394] S. dazu das umsichtig erarbeitete Bild über die Vermittlung orientalischen Geistesgutes an die griechische Welt bei Martin L. West, The East Face of Helicon: West Asiatic Elements in Greek Poetry and Myth, Oxford 1997, v.a. 334-401 und 402-437 (zu *Ilias* und *Odyssee*) und 586-630 (,The Question of Transmission').

[395] Zu Geschichte und Stand der Oral-Poetry-Theory s. Joachim Latacz (Hg.), Homer. Tradition und Neuerung, Darmstadt 1979, v.a. 1-46. Zur Position gegenwärtiger Homerforschung s. Jan Maarten Bremer u. Irene De Jong (Hgg.), Homer beyond Oral Poetry, Amsterdam 1987.

[396] S. dazu auch Verf., Selbständigkeit und Abhängigkeit menschlichen Handelns bei Homer.

Blick genommen, er scheint vielmehr noch völlig in die Gemeinschaft aller eingebunden zu sein, die Normen der Gemeinschaft scheinen ungebrochen für jeden einzelnen zu gelten, ohne daß ein Akt subjektiver Zustimmung nötig ist. Es gibt nicht nur keine Differenz zwischen dem Einzelwillen und dem Willen des Ganzen, es gibt nicht einmal eine echte Wirkharmonie, da der Einzelne nicht von sich aus in den allgemeinen Willen einstimmt, sondern sich unreflektiert quasi von Geburt an schon in einer Übereinstimmung mit dem Ganzen befindet.

Dieses von mir der Deutlichkeit halber ein wenig überzeichnete Bild[397] der traditionellen Homer-Deutung prägt nicht nur bereits Hegels Vorstellung von der sog. ‚Epischen Welt' Homers, es ist auch noch leitend – wenn auch oft wirkungsgeschichtlich unreflektiert – für die allerneuesten Untersuchungen über sog. mündliche Kulturen[398].

Wenn man einfach die Mehrzahl der in Ilias und Odyssee dargestellten Szenen zur Grundlage des Urteils macht, scheint sich dieses Bild tatsächlich zu bestätigen:

Wenn z.B. Odysseus im Kampf gegen eine gefährliche Übermacht überlegt, ob er standhalten oder sich in Sicherheit bringen soll, denkt er nicht an sich selbst und seine Rettung, sondern er sagt sich: Die Ideale unserer Gesellschaft verlangen von einem guten Mann, daß er standhält, und – ohne noch weiter zu überlegen – hält Odysseus stand[399].

Was hier in einer Einzelszene geschieht, läßt sich nicht nur in vielen gleichen oder analogen anderen Szenen beobachten, Homer hat für dieses Sich-Ausrichten des Einzelnen an den Qualitätsnormen der Gemeinschaft eine eigene Formel, die er in vielen verschiedenen Entscheidungssituationen einzelner in gleicher Weise benutzt, und er verleiht so diesen Situationen den Charakter von etwas Typischem, Allgemeinem.

Alle diese sog. Entscheidungsszenen[400] verlaufen so, daß ein Handelnder zwei oder mehrere Möglichkeiten erwägt. Von diesen Möglichkeiten ist eine

---

[397] In einflußreichen Untersuchungen ist dieses Homer-Bild aber in genau dieser Überzeichnung gegeben worden. S. z.B. Hermann Fränkel, Dichtung und Philosophie des frühen Griechentums, München ²1962, 83ff.; Arthur W. H. Adkins, Merit and Responsibility: A Study in Greek Values, Oxford 1960; ders., Homeric Gods and the Values of Homeric Society, in: Journal of Hellenic Studies 92, 1972, 1-19.

[398] S. z.B. Eric A. Havelock, The Greek Concept of Justice: From its Shadow in Homer to its Substance in Plato, Cambridge (Mass.)/London 1978; ders., The Muses Learn to Write: Reflections on Orality and Literacy from Antiquity to the Present, New Haven/London 1986; s. v.a. die grundlegende Darstellung der Bedeutung der *oralità* für die griechische Literatur durch Bruno Gentili, Poesia e pubblico nella Grecia antica, Rom ²1989; s. auch Bruno Gentili u. G. Paioni (Hgg.), Oralità, Cultura, Letteratura, Discorso: Atti del Convegno Internazionale Urbino, Rom 1985; Walter J. Ong, Orality and Literacy: The Technologizing of the World, London/New York 1982.

[399] Homer, *Ilias* XI, 401-410.

[400] Zum Verständnis der homerischen Entscheidungsszenen immer noch wichtig ist: Christian Voigt, Überlegung und Entscheidung. Studien zur Selbstauffassung des Menschen bei Homer, Meisenheim a. Glan 1972 (=Diss. Hamburg 1932). Zur Kritik an

meist subjektiv geprägt – von Angst, Wut, Mitleid, Scham oder dergleichen; die zuletzt genannte entscheidende enthält dagegen das objektiv Richtige, Bessere, und außerdem auch den Gesellschaftsnormen Gemäßere. Sobald dieses Bessere dem Handelnden in den Blick kommt, erscheint im Text der Formelvers: „Während er überlegte, erschien es ihm vorteilhafter...", und der Überlegende tut daraufhin in aller Regel tatsächlich genau das, was er als das objektiv Bessere, das sittlich von ihm Geforderte, erkannt hat.

Dieses Verhalten erschien den meisten Homer-Erklärern überaus merkwürdig: 1. Es scheint bei Homer gar keinen Platz für den subjektiven Willen des Einzelnen zu geben, statt dessen sieht es so aus, als folge für Homer aus dem Erkennen unmittelbar auch schon das Handeln. Wer das Richtige weiß, tut es auch. 2. Homer scheint nicht einmal an die Möglichkeit zu denken, daß jemand sich auch gegen das von der Gemeinschaft Gebotene, Vorteilhaftere, Bessere entscheiden kann. Das allgemein Richtige scheint immer auch das für den Einzelnen Richtige zu sein. Denn ‚richtig' meine bei Homer immer eine objektive Richtigkeit. Die Relativität und perspektivische Abhängigkeit dessen, was für gut erachtet wird, scheint noch gar nicht entdeckt zu sein. Das allgemein Richtige scheint also so sehr das eigene Innere jedes Einzelnen zu bestimmen, daß diesem ein Abweichen davon gar nicht in den Sinn kommt. Wenn Odysseus im Kampf standhält, sind das, was sich gehört, und das, was er selbst will, fraglos identisch.

An diesen Folgerungen aus dem Textbefund bei Homer ist vieles richtig, eines aber geht an der Darstellungsintention Homers vorbei: Das ist die Meinung, es sei für Homer etwas gleichsam Naturgegebenes, daß der Einzelne das allgemein Richtige auch für sich für richtig und vorteilhaft hält. Daß diese Übereinstimmung bei Homer vorkommt und sogar ziemlich oft vorkommt, schließt nicht aus, und das soll das folgende etwas genauer belegen, daß Homer darin eine wirkliche subjektive Leistung des Einzelnen sieht.

Entschieden falsch ist aber die Folgerung, Homer habe am einzelnen Individuum als Individuum noch gar kein Interesse[401].

Gewiß nicht als Beweis, wohl aber als ein schwerwiegendes Indiz gegen die angebliche Unterbewertung des Individuellen durch Homer kann man schon die Gegenstände und Themen selbst, über die er schreibt, anführen: Der Gegenstand der *Ilias* ist nicht einfach der Trojanische Krieg, sondern es geht darum, daß ein Mann, Menelaos, ganz Griechenland mobil macht, um seine einmalig schöne Frau, die ihm ein einmalig schöner Prinz aus Troja entführt hat, zurückzugewinnen. Die eigentliche Iliashandlung, die ja nur

---

Voigt s. Verf., Selbständigkeit und Abhängigkeit menschlichen Handelns bei Homer, 21 ff.

[401] Eine durch viele literarische Beispiele – von Homer an – gestützte und durch sorgfältige Analyse theoretischer Texte erarbeitete Widerlegung des Vorurteils, es gebe in der Antike kein Interesse an und kein Wissen um Individualität gibt Cornelia de Vogel, The Concept of Personality in Greek and Christian Thought, in: John Kenneth Ryan (Hg.), Studies in Philosophy and the History of Philosophy, Washington 1963, 20-60.

einige wenige Tage im zehnten Kriegsjahr umfaßt, dreht sich wieder um zwei außergewöhnliche Frauen, die zwei Männer nicht missen wollen: Agamemnon, der oberste Heerführer, will auf die Tochter eines Apollonpriesters, die ihm, wie er sagt, sogar lieber ist als seine schöne und kluge Frau Klytämnestra, nicht verzichten, und Achill zürnt Agamemnon dafür, daß dieser ihm zum Ersatz seine Geliebte wegnimmt, so sehr (verbunden damit ist freilich, daß Achill darin zugleich eine Entehrung und eine Mißachtung seines uneigennützigen Einsatzes für die Gemeinschaft sieht), daß ihm darüber beinahe der Untergang der ganzen Heeresgemeinschaft gleichgültig wird. Er ist erst wieder offen, auf die Bedürfnisse der Gemeinschaft Rücksicht zu nehmen, nachdem er wegen seiner Unbeugsamkeit den über alles geliebten Freund Patroklos verloren hat.

Noch deutlicher und aussagekräftiger ist die Bedeutung und Bewertung des Individuellen in der *Odyssee:* Odysseus wird von Göttinnen umschwärmt, er könnte eine wundervolle, junge, schöne Königstochter zur Frau haben, aber er hat nur Gedanken an die eine Frau, die er vor zwanzig Jahren zu Hause zurückgelassen hat. Genauso ist es bei Penelope, die von dem gesamten jugendlichen Adel ihrer Umgebung umworben wird, die aber wider alle vernünftige Hoffnung nur auf den einen, ihr allein charakterlich gleichen und gewachsenen Odysseus wartet.

Ein Beispiel für die Darstellung des hohen Werts, den Individuen bei Homer für einander haben, bietet auch die Abschiedsszene zwischen Hektor und Andromache. In Trauer und Mitgefühl versichert Hektor seiner Frau, daß sie ihm ein höherer und wichtigerer Wert ist als selbst das Schicksal des Landes, als Eltern und Familie, d.h.: er relativiert die allgemeine Werteordnung seiner Gesellschaft an dem individuellen Wert, den seine Frau für ihn hat[402].

Daß dabei der Blick nicht auf die äußere Oberfläche beschränkt ist, die Homer angeblich noch nicht vom Inneren des Menschen zu unterscheiden wußte, belegt mit besonders klarem Ausdruck des Wissens um die innerliche Charakterbestimmtheit des Menschen Antenors Bericht über den Eindruck, den die Trojaner von Odysseus gewonnen hatten, als er zusammen mit Menelaos zu Beginn des Krieges gekommen war, um über die Rückgabe Helenas zu verhandeln[403]. Odysseus, so berichtet er, wirkte von seinem äußeren Erscheinen her dumpf, linkisch, blöde, als er aber seine Stimme erhob und seine Worte daherkamen wie Schneegestöber im Winter, da habe man keinen mehr mit Odysseus vergleichen können und sich nicht mehr über sein Äußeres gewundert[404].

---

[402] Homer, *Ilias* VI, 440ff.
[403] Homer, *Ilias* III, 203-227.
[404] Zur Frage, ob es ein ‚wirkliches' Wissen Homers um die Differenz von innen und außen ‚schon' habe geben können, s. Verf., Selbständigkeit und Abhängigkeit menschlichen Handelns bei Homer, 141-156.

Auch was die Verwirklichung der gesellschaftlichen Werte durch den Einzelnen angeht, gibt es durchaus eine individuelle Differenzierung im Umgang mit diesen Werten bei Homer. Bei Odysseus genügt in gefährlicher Situation die Erinnerung an die für alle gültigen Werte, sie reicht aus, um ihn augenblicklich dazu zu bewegen, sich selbst auch in dieser besonderen Situation an diese Werte zu halten[405]. Ganz anders geht in einer analogen Situation Menelaos mit den Normen seiner Gesellschaft um. Zwar stellt er sie nicht in Frage, aber er arrangiert diese Werte geschickt so, daß sie für ihn günstig sind. (Das heißt zunächst einmal auch, daß es einen Konflikt zwischen verschiedenen Werten und Normen geben kann und gibt, der eine Wertung und ein in Relation Setzen durch den, der nach diesen Werten handeln will, erforderlich macht.) Als nämlich auch er einmal einer Übermacht von Feinden gegenübersteht, da entzieht er sich der Verpflichtung, daß der ‚gute Mann' nicht flieht, und sogar mit einer Überlegung, mit der auch Schlechtere eine Flucht rechtfertigen könnten, mit der Überlegung nämlich, daß die anderen wohl nicht in der Übermacht wären, wenn sie nicht von einem Gott unterstützt würden, einem Gott aber könne und dürfe man sich nicht widersetzen[406].

Menelaos ist durchaus als tapfer gekennzeichnet bei Homer[407], aber er ist nicht von der gleichen Entschlossenheit wie Odysseus, der „wie ein Widder das Heer durchstreift" (Homer, Ilias III, 196), d.h., die Art, wie Menelaos in einer besonderen Situation mit den Maßstäben seiner Gesellschaft umgeht und sie ‚subjektiv' umdeutet, stellt eine individuelle, genau auf die besondere Art Mensch, die er ist, zugeschnittene Charakterisierung dar.

Es gibt aber nicht nur die Umdeutung allgemeiner Maßstäbe aus individueller Perspektive bei Homer, es gibt auch die gänzliche Mißachtung dieser Maßstäbe durch Einzelne. In extremer Situation – und das zeigt, wie wenig Homers Charakterdarstellung auf eine einsträngige Typologie festgelegt ist – läßt dies Homer sogar seinen Odysseus tun, der trotz eines für ihn beschämenden Anrufs durch Diomedes davon läuft „wie ein Schlechter im Haufen" (Homer, Ilias VIII, 94).

Ein markantes und auch für die Zeichnung der Person signifikantes Beispiel für die Mißachtung gesellschaftlich-religiöser Normen durch den Einzelnen bietet der Trojaner Pandaros. Er bricht aus Ruhmgier und aus einer Besitzgier heraus, die ihn schon verleitet hatte, elf Kampfwagen und wohlgenährte Pferde zu Hause zu lassen (eine Nachlässigkeit, die er mit dem Tod bezahlen muß)[408], heilig geschworene und von allen bekräftigte Eide, eine Dreistigkeit, von der der neuplatonische Kommentator Proklos bemerkt, daß

---

[405] Homer, Ilias XI, 401-410.
[406] Homer, Ilias V, 600-606.
[407] Menelaos war sogar bereit, gegen Hektor anzutreten und mußte mit Gewalt von diesem Vorhaben abgehalten werden, s. Homer, Ilias VII, 103-119.
[408] Homer, Ilias V, 192-205; 290-96.

zu ihr wohl kein zweiter mehr unter den Griechen und Trojanern fähig gewesen wäre[409].

Nun wird Pandaros von Athene zu seinem Verbrechen verführt, weshalb ihn viele moderne Interpreten – obwohl Zeus selbst zweimal davon spricht, Athene solle Pandaros ‚versuchen', nicht etwa zwingen – für gänzlich schuldlos halten.

Eine solche Entschuldigung gilt aber sicher nicht für die Mißachtung der Normen seiner Gesellschaft, die sich Aigisthos zuschulden kommen läßt. Denn er verführt die Frau des Königs und tötet diesen, obwohl Zeus eigens seinen Boten Hermes zu ihm geschickt hatte, ihn vor den schrecklichen Folgen dieser Mißachtung des Rechts zu warnen[410].

2 b.   Die Schädigung der Gemeinschaft: Eine Folge der Verfehlung des privaten Glücks

Noch wichtiger als die im letzten Abschnitt besprochenen Einzelfälle ist etwas anderes: Die immer wieder beobachtete Übereinstimmung der Einzelnen mit den Werten der Gesellschaft ist keineswegs das zentrale Thema Homers, er beschreibt sie zwar in der Tat an vielen Einzelfällen und entwirft damit ein insgesamt positives Bild dieser Gemeinschaft, aber sein Hauptinteresse, seine eigentliche Darstellungsintention ist auf das genaue Gegenteil gerichtet:

Das, wovon Homer in erster Linie und am meisten erzählt, ist, daß seine großen Figuren – Agamemnon, Achill, Hektor, Patroklos – sich in ihrem Verhalten gerade nicht an den Werten der Gemeinschaft und an deren Zielen ausrichten: Agamemnon setzt seinen persönlichen Eros und sein Streben nach persönlicher Ehre über das Wohl der Gemeinschaft. Achill opfert seiner Rachelust viele an dem Unrecht, das ihm widerfahren ist, gar nicht schuldige und sogar befreundete Mitstreiter usw.; und sie alle werden aus diesen Gründen zum Unglück zugleich für die Gemeinschaft und zugleich für sich selbst.

Dies zeigt immerhin, daß es ein subjektives Abweichen von den Konventionen und Normen der Gesellschaft für Homer gibt, ja daß gerade dieses Abweichen, dessen Ursachen und Folgen seine besondere Aufmerksamkeit haben.

Die Meinung, Homer wolle mit einer solchen Darstellungsweise im Grunde nur vor einem Abweichen von den gemeinsamen Werten warnen, trifft sicher einen richtigen Aspekt, sie widerlegt aber nicht den Befund, daß es für Homer eben keine natürliche, prästabilierte Harmonie zwischen Einzelnem und Gemeinschaft gibt. Im Gegenteil: Homer hält dieses Verhältnis

---

[409] S. Homer, *Ilias* IV, 64-104; s. in der Traktatsammlung des Proklos zur *Politeia* (Procli Diadochi in Platonis Rem publicam commentarii, ed. Wilhelm Kroll, (2 Bde.), Leipzig 1899/1901), (I), 104,7-16; s. dazu Verf., Selbständigkeit und Abhängigkeit menschlichen Handelns bei Homer, 82-84.

[410] Homer, *Odyssee* I, 28-47.

für sehr leicht störbar und sieht die Ursachen dafür gerade in der Konzentration auf subjektiv-individuelle Privatinteressen in der führenden Schicht der Gesellschaft[411].

Homers Darstellungsintention wäre freilich nicht getroffen, wenn man meinte, er wolle nur vorführen: „Wer seine Privatinteressen über die Gemeinschaft stellt, muß am Ende dafür büßen", denn seine Darstellung, wie es zu diesem Scheitern seiner Hauptfiguren kommt, und welche Folgen sich daraus ergeben, ist nicht nur differenzierter und genauer als eine solche simple Moralisierung. Die Moral, um die es ihm tatsächlich geht, ist eine ganz andere, nämlich: daß diese großen Figuren in Wahrheit an und durch sich selbst scheitern. Ihr Unglück resultiert nicht daraus, daß sie die in ihrer Gemeinschaft codierten Werte verletzen, sondern daß sie dem, was sie selbst eigentlich wollen, ihren tatsächlichen eigenen Interessen, untreu werden[412]. Erst sekundär ergibt sich daraus, daß sie zugleich mit sich selbst auch die Gemeinschaft gefährden, und daß sie umgekehrt auch das Wohl der Gemeinschaft gefördert hätten, wenn sie ihren eigenen Vorteil nicht verspielt hätten.

Das kann man von jeder der großen Figuren Homers zeigen, ich beschränke mich auf Hektor:

Hektor weiß seit zehn leidvollen Kriegsjahren, daß die Griechen nur, wenn Achill nicht dabei ist, angreifbar sind. Gegen Achill dagegen hilft nur der Schutz der Stadtmauer. Die erfolgreiche Umsetzung dieses Wissens durch Hektor hat Troja zehn Jahre vor der Zerstörung bewahrt. Nun hat Hektor, da Achill sich wegen des Streits mit Agamemnon aus dem Kampf zurückgezogen hat, große Siege über die Griechen errungen. Deshalb will er trotz des dringenden und klugen Rats seines Freundes Polydamas nicht hinter die Mauern zurück, als Achill, empört darüber, daß Hektor seinen geliebten Freund Patroklos getötet hat, wieder mitzukämpfen bereit ist. Dies sagt Hektor deutlich: „Ich will nicht, den völligen Sieg über die Griechen schon greifbar vor Augen, zurück hinter die engen Mauern. Auch Achill ist nur ein Mensch."[413]

---

[411] Zu dieser Homer offenbar besonders wichtigen Darstellungsabsicht s. Walter Nicolai, Rezeptionssteuerung in der Ilias, in: Philologus 127, 1983, 1-12; ders., Zu den politischen Wirkungsabsichten des Odysseedichters, in: Grazer Beiträge 11, 1984, 1-20.

[412] Damit stimmt die Darstellungsintention Homers wesentlich mit dem überein, was Aristoteles im 9. Buch der *Nikomachischen Ethik* über den Zusammenhang von Selbsterkenntnis und richtigem Verhalten gegenüber Freunden (das 9. Buch enthält auch eine für sich bedenkenswerte Analyse der Bedeutung der Freundschaft – (auch) für den Zusammenhalt und die Einheit einer (staatlichen) Gemeinschaft) und überhaupt in der Gemeinschaft ermittelt: nur der, der in kritisch reflektierter Weise um sich selbst weiß und für dieses eigentliche Selbst das wahrhaft Gute zu erstreben in der Lage ist, kann auch ein richtiges ‚soziales' Verhalten ausüben und wird so auf diese Weise immer zum Wohl der Gemeinschaft handeln. Dazu s. auch oben S. 383ff.

[413] Homer, *Ilias* XVIII, 243-309.

Wenige Zeit später steht Hektor tatsächlich vor der Mauer. Während er auf den Kampf mit Achill wartet, hält er ein langes Gespräch mit sich selbst. Dabei macht er sich klar, daß sein Wille, nicht in die Stadt zurückzukehren, Folge einer Verblendung war. Das schöne Bild der Hoffnung auf den nahen Sieg hatte ihn verführt, etwas zu wollen, was er in Wahrheit nicht, ja niemals wollte. Denn sein wirklicher Wille war immer darauf gerichtet, daß er, der kampferfahrene und tapfere Hektor, Retter der Stadt Troja sei[414].

Dies wollte er natürlich auch damals, als er auf Polydamas nicht hören wollte. Das heißt: das, was ihn ins Verderben geführt hat, war nicht, daß er seinen privaten, persönlichen Willen über den Willen der Gemeinschaft gestellt hatte. (Eine solche Deutung ist auch deshalb nicht richtig, weil die ganze Gemeinschaft ihm jubelnd zugestimmt hatte, sie wollten in diesem Moment alle dasselbe wie Hektor, sahen allein in seinem Wunsch das Wohl der Gemeinschaft, Polydamas war der Abweichler.) Zum Verderben wurde für Hektor, daß er sich von sich selbst hatte abbringen lassen.

Es war nicht nur eine verblendete Fehleinschätzung der militärischen Lage, vor der Stadt bleiben zu wollen, es war vor allem ein falsches Bewußtsein, daß Hektor sich damals eingebildet hatte, er wolle dies überhaupt. Zugleich ist klar: Hätte Hektor seinen wahren Vorteil festgehalten und hätte sich nicht vom Schein eines Vorteils verblenden, abhängig machen lassen, hätte er nicht nur sich selbst, sondern alle gerettet, sein wahrer persönlicher Vorteil wäre zugleich der Vorteil der Gemeinschaft gewesen.

Es wäre leicht zu zeigen, daß auch auf das Schicksal der anderen großen Personen bei Homer zutrifft, was wir für Hektor ermittelt haben. Für Achill etwa sieht man besonders leicht, daß für ihn der Satz Demokrits zutrifft, daß der Zorn, da er nur auf die Schädigung des Gegners hinblickt, seinen eigenen Vorteil aus den Augen verliert[415]. So hat Achill zuerst sich selbst schwer geschädigt, zugleich damit aber die ganze Gemeinschaft in höchste Not gebracht.

Feststellen kann man jedenfalls, daß es bei Homer einen Zusammenhang zwischen dem eigenen Vorteil und dem Wohl des Ganzen gibt.

2 c. Die homerische Psychologie und die Unterscheidung von wahren und scheinbaren Vorteilen

Die Plausibilität des Gedankens, daß das Wohl des Ganzen davon abhängt, daß jeder Einzelne seinen eigenen Vorteil zu wahren versteht, beruht auf der Unterscheidung zwischen einem wirklichen Vorteil, den man deshalb auch wirklich will, und einem nur scheinbaren Vorteil, den man deshalb nur zu

---

[414] Homer, Ilias XXII, 96-107.
[415] S. Demokrit, Fragmente der Vorsokratiker, Fragment B 237. Die gleiche Ansicht „von Affecten, die sich selbst in Ansehung ihres Zwecks schwächen" finden wir, vermittelt v.a. über Seneca und Rousseau, noch bei Kant, wenn auch dort in einer neostoisch überformten Affekttheorie. S. Reinhard Brandt, Kritischer Kommentar zu Kants Anthropologie in pragmatischer Hinsicht, 253.

wollen sich einbildet, während man in Wahrheit bei diesem Willen mehr oder weniger abhängig, mehr oder weniger unfrei ist.

Anders als in der uns geläufigen Unterscheidung zwischen Egoismus und Altruismus gibt es bei Homer die Unterscheidung zwischen einem gesunden, richtigen und erwünschten Egoismus, durch den man für sich selbst und für das Ganze sorgt, von einem falschen Egoismus, in dem man mehr oder weniger unfreiwillig etwas will, was einem gar nicht guttut, und von dem man, sobald man es hat, weiß, daß man es gar nicht gewollt hat.

Dabei ist auch deutlich – und das lehrt ja schon das Beispiel Hektors –, daß der richtige Egoismus etwas mit der richtigen Erkenntnis des eigenen Vorteils zu tun hat. Hätte Hektor seinen Blick vom Glanz der Hoffnung auf den nahen Sieg lösen können und seinen Kopf sozusagen gedreht und auch die anderen wichtigen Bedingungen des Siegs, nicht nur die Überzeugungskraft des augenblicklichen Erfolges berücksichtigt, dann hätte er sich nicht auf den falschen Willen, vor der Stadt zu bleiben, versteift, sondern hätte gehandelt, wie er in analogen Situationen ja immer schon gehandelt hatte.

Hektors falscher Egoismus hat also etwas mit einer Täuschung, ‚Verblendung', wie er selbst sagt, zu tun, in die er sich treiben hat lassen, weil er, wie wir sagen würden, emotional zu heftig erregt war.

Homer hat für diese zwei verschiedenen Verhaltensformen auch eine entsprechende Psychologie[416] zu bieten: Er führt die Verschiedenheit des Verhaltens auf die Verschiedenheit psychischer Aktivitätszentren zurück: Wenn jemand sein Wollen und Streben von einem – meist erfahrenen – Blick auf das umfassende Ganze leiten läßt, wenn einer seinen Blick nicht fixiert, sondern, wie Homer sagt, nach vorne und nach hinten schaut, wenn etwa Menelaos sich über einen jungen Mitkämpfer ärgert, weil dieser ihn zu übervorteilen sucht, dann aber bedenkt, wie vernünftig dieser junge Mann sonst war, wie oft er ihm uneigennützig schon geholfen hat und wie auch sein Vater, seine Brüder treu zu ihm gestanden haben, dann spricht Homer davon, daß ein solcher Mensch, hier also Menelaos, sich von seinem *Noos* (νόος) leiten läßt, und daß ihm davon auch das Herz (der *Thymos*) wieder warm wird und sein Zorn sich legt[417].

Der *Noos* ist also das vernünftigste Vermögen im Menschen bei Homer, das durch die freie Weite seines Blicks charakterisiert ist.

Aber es ist kein bloßes Verstandesvermögen in unserem Sinn. Denn dieses freie Denken schafft bei Homer auch bestimmte Stimmungen – man freut sich oder trauert in seinem *Noos* – er setzt dem Menschen Ziele – Menelaos hat wieder Lust und das Streben, freundlich versöhnt zu sein –, man faßt oft Pläne in seinem *Noos* (usw.)[418].

---

[416] S. zum folgenden Verf., Selbständigkeit und Abhängigkeit menschlichen Handelns bei Homer, 115ff.
[417] Homer, *Ilias* XXIII, 566-611.
[418] Den umfassenden und gelungenen Nachweis, daß bei Homer alle Seelenteile erkennen, fühlen und wollen, führt Thomas Jahn, Zum Wortfeld ‚Seele-Geist' in der Sprache

Die andere Verhaltensweise, daß man sich von einem momentanen Eindruck fesseln und heftig bewegen läßt, führt Homer auf ein anderes psychisches Aktivitätszentrum zurück, für das er vor allem die Bezeichnung ‚Thymos' hat.

‚Thymos' meint schon bei Homer dasselbe wie bei Platon: ein heftiges Sich-Ereifern für etwas, vor allem für den Gewinn oder Verlust von Ehre. Auch der *Thymos* denkt, fühlt und will, genauso wie der *Noos*, aber eben in einer fixierten, eingeschränkten, unfreieren und deshalb leicht täuschbaren Weise. Der *Thymos* täuscht sich keineswegs immer, aber eben sehr leicht. Platon und Aristoteles vergleichen ihn später mit dem Verhalten von Hunden, die auf ein kaum geprüftes Indiz hin losschlagen und gar nicht erst abwarten, ob einer wirklich Feind oder Freund ist[419].

Über *Noos* verfügen bei Homer nur wenige: besonders erfahrene und kluge Ältere, etwa Nestor, oder einzelne Hochbegabte, die ständig ihren *Noos* aktiv halten wie Odysseus auf griechischer und Polydamas auf trojanischer Seite. Dem Rat dieser Leute folgt die Gemeinschaft oft und fährt dabei gut, auch die Führer Agamemnon und Hektor lassen sich gar nicht selten von ihnen beeinflussen, daß sie aber selbst zu wenig eigenen *Noos* haben, ja daß sie manchmal nicht einmal dem *Noos* der anderen folgen, wenn sie schon selbst nicht in der Lage waren, das Richtige zu erkennen, schlägt immer zum Nachteil der Gemeinschaft aus.

Wenn es um die umfassende Ermittlung des politischen Denkens bei Homer geht, müßten erheblich mehr Aspekte bedacht werden als diejenigen, die im vorausgehenden verfolgt wurden. Ziel des bisherigen war aber herauszuarbeiten, daß Homer bei der Darstellung des Gelingens oder Scheiterns menschlichen Handelns offenbar die Absicht verfolgt, klar zu machen, daß das wahre Wohl des Einzelnen mit dem Wohl des Ganzen zusammenfällt, und daß der falsche Egoismus des Einzelnen nicht nur die Gemeinschaft schädigt, sondern zugleich zu einem Scheitern der wirklichen Ziele des Einzelnen führt.

Aufschlußreich für den Vergleich mit der platonischen Staatstheorie ist dabei, daß auch Homer unterscheidet zwischen einem wahren Vorteil für den Einzelnen, der ihm auf Dauer und wirklich nützt, und einem nur scheinbaren Vorteil, den der Einzelne zwar aufgrund einer an den Augenblick gebundenen perspektivischen Verzerrung seines gesunden Blicks intensiv erstrebt, den er aber, wie sich später herausstellt, gar nicht wirklich wollte, weil er in Widerspruch steht zu den eigentlichen, grundsätzlichen

---

Homers, (Zetemata; 83), München 1987. Daß dies aber nicht bedeuten muß, Homer habe unter den inneren Vermögen des Menschen noch gar nicht der Sache nach, sondern nur aus sprachlich-metrischen Gründen differenziert, kann der folgende Vergleich mit Platon lehren, bei dem auch alle Seelenteile Verstand, d.i. Unterscheidungsfähigkeit, Wille, d.i. eine bestimmte Art und Fähigkeit, etwas zu erstreben, und Gefühl (sc. der Lust und Unlust) haben, aber dies in je verschiedener Weise. S. das folgende im Haupttext.

[419] S. z.B. Aristoteles, *Nikomachische Ethik* VII, 6, 1149a25-32.

Handlungszielen, d.h. aristotelisch: dem Charakter des jeweiligen Einzelnen. Diesen Unterschied zwischen einem vermeintlichen, nur momentanen und einem wirklichen, weiter blickenden und einen größeren Überblick über die ganze Situation wahrenden Wollen führt auch Homer auf verschiedene psychische Strebezentren, auf *Noos* und *Thymos*, zurück.

In dieser Anschauung über das richtige und erfolgreiche ethisch-politische Handeln sind nicht nur wesentliche Elemente, sondern auch der Zusammenhang zwischen ihnen, wie ihn Platon in seiner Staatstheorie verfolgt, bereits ausgebildet. Sie können daher nicht wenig zu einem adäquaten Verständnis des Verhältnisses von Einzelnem und Staat bei Platon beitragen.

Wenn man sieht, wie Homer bereits richtiges ethisches und politisches Handeln auf eine Unterscheidung komplexer Strukturen in der Psyche der Individuen gründet und gerechtes Handeln daran mißt, ob etwas dem Einzelnen wirklich zu seinem Wohl gereicht, und wenn man zudem beachtet, wie differenziert bei Homer der Umgang mit den allgemeinen Konventionen der Gesellschaft dargestellt ist, wird man die schablonenhafte Unterscheidung konventioneller und postkonventioneller Ethik-Phasen nicht einmal bei Homer für gültig halten können. Nach Habermas müßte der Übergang von einer konventionellen zu einer postkonventionellen Ethik davon abhängen, daß die „verinnerlichte Autorität überindividueller Willkür" in eine „autonome Orientierung an Gerechtigkeitsprinzipien" überführt wird – ein Übergang, der nach Habermas „ein vollständig dezentriertes Weltbild" und das „Bodenlos-Werden" aller Wertsysteme voraussetzt (s. Jürgen Habermas, Moralbewußtsein und kommunikatives Handeln, 173-177). Die Tatsache, daß Homer auch ohne diesen radikalen cartesianischen Zweifel in signifikanter Weise Züge konventioneller mit Zügen postkonventioneller Ethik zu verbinden versteht, macht seine Darstellung zu einem wichtigen Vorläufer des platonischen Ethik- und Staatsverständnisses, in dem der energische Versuch gemacht ist, ethische und politische Normen auf subjektive „Verfahren der Normenbegründung" zu stützen, ohne diese Normen zu bloßen Produkten subjektiver oder intersubjektiver Konstruktion zu machen (s. das folgende).

3 Der Vorrang des Individuums vor dem Staatsganzen bei Platon

Wenn Kant Platons Begründung der Staatstheorie in seiner Lehre von transzendenten Ideen mit dem von Aristoteles[420] an bis heute oft benutzen Argument verteidigt, er habe – der sokratischen Abkehr von der Naturphilosophie folgend – Ideen aus primär ethisch-praktischen Gründen angenommen, denn im Bereich des Moralischen, d.h.,

„in allem, was praktisch ist, das ist auf Freiheit beruht" (Kant, KrV B 371),

brauche man Begriffe, die die Erfahrung übersteigen, nimmt er damit Platon wohlmeinend in Schutz, aber er suggeriert ihm nicht nur eine metaphysische Herleitung von Moral und Politik, die gar nicht platonisch, sondern neostoisch ist[421], er unterstellt ihm vor allem ein von ihm nicht angenommenes Prinzip der Staatsgründung. Es ist nicht eine Idee der Freiheit und auch nicht ein empirisch irgendwie gewonnenes Faktum der Freiheit, aus der oder aus dem heraus Platon sein Staatskonzept entwickelt, und das heißt, es ist von Anfang an eine falsche Perspektive, wenn man bei Platon nach einem solchen Prinzip der Staatskonstitution sucht.

Denn Ursache, einen Staat zu gründen, ist für Platon nicht die als gegeben vorausgesetzte Freiheit und Souveränität der Einzelindividuen, zu deren bestmöglichem Schutz sich die Einzelnen durch irgendeinen (hypothetisch angenommenen oder als historisches Faktum behaupteten) Vertrag[422] in einer institutionell geregelten Gemeinschaft zusammengeschlossen haben, sondern die Überzeugung, daß der Einzelne seine mögliche Souveränität überhaupt erst im Staat und nur durch den Staat erlangen kann.

Ausgangspunkt ist die Einsicht in die Bedürftigkeit und Endlichkeit des Menschen[423]. Keiner kann für sich selbst existieren. Angesichts der Beschränktheit der (bei jedem einzelnen Menschen individuell verschiedenen) Fähigkeiten und Fertigkeiten, die ein jeder im Lauf seines Lebens entwickeln kann, reichen nicht einmal Familie, Verwandtschaft, Gruppe oder Dorfgemeinschaft aus, jedem Einzelnen eine optimale Chance zur Vollendung des ihm Möglichen zu gewähren: Wer zum Bauern, Lehrer, Musiker, Arzt usw.

---

[420] S. Aristoteles, *Metaphysik* I, 6, 987b1-7.
[421] S. z.B. Justus Lipsius, De constantia (hg. v. Felix Neumann, Mainz 1998) I, 7ff und II, 11 und 17; s. auch ders., Politicorum sive civilis doctrinae libri sex (Antwerpen ³1604); S. dazu Gerhard Oestreich, Neostoicism and the Early Modern State, Cambridge 1982; Jason L. Saunders, Justus Lipsius: The Philosophy of Renaissance Stoicism, New York 1955; Günter Abel, Stoizismus und frühe Neuzeit, Berlin 1978; Mark Morford, Stoics and Neostoics, Princeton 1991, v.a. 207-210.
[422] Es gehört auch zu den geläufigen neuzeitlichen Vorurteilen zu meinen, Aristoteles habe eine Vertragstheorie noch gar nicht gekannt. Er kennt die Möglichkeit, einen Staat auf Vertragsbasis zu gründen, lehnt sie aber als eine zureichende Bedingung echter Staatlichkeit ab. S. v.a. Aristoteles, *Politik* III, 9, 1280b5-15.
[423] Platon, *Politeia* 369b5-7.

geeignet ist, braucht schon eine ziemlich große Zahl an Mitbürgern, die ihm zur Gesamtorganisation seiner Lebensbedürfnisse soviel abnehmen, daß er der einen, ihm naheliegenden Beschäftigung etwa als Musiker oder Arzt konsequent und mit Erfolg nachgehen kann. Ein ‚staatliches Wesen' ist der Mensch in diesem Sinn auch deshalb, weil sich die Aktualisierung seiner Anlagen auf die Gemeinschaft bezieht und nur in dieser ihre Objekte findet: so kann z.B. ein Arzt sich eigentlich nur als Arzt betätigen, wenn es Objekte für seine Heilkunst gibt.

Aristoteles, der wie Platon von der Bedürftigkeit des Menschen als Ursache der Staatsgründung ausgeht, nennt den Menschen deshalb ausdrücklich – also weil der Mensch nur im Staat sich selbst verwirklichen kann – ein *zôon politikon* (ζῷον πολιτικόν), ein auf den Staat hingeordnetes Wesen[424], und stellt die These auf, der Staat sei der Natur und der Sache nach früher, d.h. grundlegender, primärer als der Einzelne[425].

Ähnlich wie bei Platon scheint es also auch bei Aristoteles noch eine Vorordnung des Staats vor den Einzelnen zu geben, der Einzelne kommt, so wird behauptet, auch bei Aristoteles nur als Glied der staatlichen Gemeinschaft in den Blick, ist in seiner individuellen Würde und Autonomie noch gar nicht erfaßt[426]. Selbst in differenzierteren Interpretationen, die nicht übersehen, daß Aristoteles die Bedeutung individueller Freiheit und Verantwortung für den Staat anerkennt, fehlt selten der Hinweis, daß der Einzelne und daß vor allem die grundsätzliche Freiheit des Einzelnen von Aristoteles nicht zum Prinzip des Staats gemacht sei[427].

Das ist in gewissem Sinn auch richtig, denn Aristoteles macht den Einzelnen in dem Sinn, den er etwa für Hobbes, Rousseau oder Kant und ebenso auch – in Abhängigkeit von diesen klassischen Konzeptionen – für gegenwärtige staatstheoretische Entwürfe hat[428], tatsächlich nicht zum Prinzip

---

[424] Aristoteles, *Politik* I, 2, 1253a2f.

[425] Aristoteles, *Politik* I, 2, 1253a18-29.

[426] Besonders radikal ist diese Idee eines angeblich ‚griechischen' Staatsverständnisses („Der Einzelne ist nichts, das Volk bzw. der Staat ist alles"), dessen klassische Formulierung etwa bei Hegel zu lokalisieren ist, durchgeführt bei Kurt Hildebrandt, Plato. Der Kampf des Geistes um die Macht, Berlin 1933. Weniger radikal, aber in diesem grundsätzlichen Aspekt gleich versucht Werner Jaeger (Paideia. Die Formung des griechischen Menschen, (3 Bde.), Berlin 1934-47) dieses Staatsverständnis als das die gesamte griechische Kultur prägende Element aufzuweisen. Eine aktuelle Variante dieser Unterstellung eines ‚kommunitaristischen' Politikverständnisses bei Aristoteles bietet Alasdair MacIntyre, After Virtue. A Study in Moral Theory, London 1981. In kluger und textnaher Interpretation gibt Christof Rapp (War Aristoteles ein Kommunitarist?, in: Internationale Zeitschrift für Philosophie 6, 1997, 57-75) eine stringente Widerlegung dieser These.

[427] Eine der besten Einführungen in die politische Philosophie des Aristoteles gibt Andreas Kamp, Die politische Philosophie des Aristoteles und ihre metaphysischen Grundlagen. Wesenstheorie und Polisordnung, Freiburg/München 1985.

[428] Z.B. solche, die eine Vertragstheorie auf der Grundlage der Kantischen Moralphilosophie entwerfen, d.h., die das in einem hypothetisch postulierten Vertrag Niedergelegte

der Staatsgründung, und zwar aus demselben Grund, den auch Platon angibt: weil er den Einzelnen nicht für grundsätzlich frei und souverän (auch der aristotelische Begriff ist: autark), sondern für abhängig und endlich, nur auf Freiheit hin angelegt, zur Freiheit befähigt hält.

Diese Anlage kann der Einzelne nur im Staat verwirklichen. Nun ist es, wie wir gesehen haben, gerade Platon gewesen, der – zum Beispiel im ersten Buch der *Politeia* – demonstriert hat, daß man jede Sache an ihrer Verwirklichung, d.h. an ihrem ‚Werk', ihrem *ergon*, erkennt[429]. Das *ergon*, nicht die Materie zeigt, was eine Sache wirklich, von ihr selbst her ist. Auch nach Aristoteles ist eine Sache durch ihr Vermögen und dessen Verwirklichung definiert[430]. Wenn man wissen will, was etwas ist, fragt man: was kann und leistet es. So ist nicht nur ein künstlicher Gegenstand an dem, was er leistet, erkennbar, auch Pflanzen und Lebewesen werden so bestimmt. Ein Auge ist dann ein Auge, wenn es Farben und Formen unterscheidet, d.h. sehen, kann. Ein Auge etwa eines toten Körpers dagegen ist nur der Bezeichnung nach noch ein Auge, in Wirklichkeit ist es nach Aristoteles nur ein Stück Fleisch, Sehnen usw.[431], weil in einem toten Körper nicht mehr alle Teile auf eine Leistung hin organisiert sind. Durch den Verlust dieses Organisationsprinzips hat die verbliebene Struktur der Materie nicht nur ihr inneres Ziel, die Leistung des Sehens, verloren, dem sie die Einheitlichkeit ihrer Form verdankte, sie kann sich auch nicht mehr erhalten und erneuern und verfällt.

In genau gleichem Sinn ist für Platon und Aristoteles der Mensch nur dann Mensch, wenn er seine Anlagen und Fähigkeiten, d.h. eben die Fähigkeiten, die er hat, sofern er ein ‚politisches Lebewesen' (*zôon politikon*) ist, verwirklicht, und deshalb ist der Staat in der Tat das, woraufhin der Einzelne angelegt ist, so wie Fleisch, Sehnen, Neuronenzäpfchen usw. des Auges auf das Sehen hin angelegt sind. In diesem Sinn ist der Staat dem Einzelnen vorgeordnet, nicht als etwas, was ihn von außen oder gar entgegen

---

als regulative Idee auffassen: dies trifft v.a. auf die Theorien von John Rawls (Eine Theorie der Gerechtigkeit, Frankfurt a.M. ⁹1996) zu.

[429] Platon, *Politeia* 477c1-d6; 352d8-353d12.

[430] Z.B. Aristoteles, *Politik* I,2,1253a23; *Meteorologica* 390a10-15; *Metaphysik* IX, 8, 1049b29ff.; *De anima* I, 1, 403a29ff.; II, 1, 412a19-b9. Zu dem Zusammenhang, daß für jedes Einzelne sein *ergon*, genauer gesagt, die Verwirklichung seines spezifischen *ergon*, sein *Telos* und sein höchstes Gute ist, und damit auch das für ihn Vorteilhafteste s. Aristoteles, *Metaphysik* IX 8, 1050a21. S. auch die folgende Anmerkung.

[431] Dieser funktionalistische Aspekt des aristotelischen *eidos*-Begriffs hat v.a. in der englischsprachigen Forschung viel Beachtung gefunden und die These evoziert, Aristoteles sei ‚der erste Funktionalist'. S. Christopher Shields, The First Functionalist, in: John-Christian Smith (Hg.), Historical Foundations of Cognitive Science, Dordrecht (u.a.) 1990, 19-34. S. auch S. Marc Cohen, Hylemorphism and Functionalism, in: Martha C. Nussbaum u. Amélie Oksenberg-Rorty (Hgg.), Essays on Aristotle´s ‚De anima', Oxford 1992, 57-74; s. bei Shields und Cohen auch weitere Literatur. Eine kritische Auseinandersetzung mit dieser materialistisch-funktionalistischen Aristoteles-Deutung versuche ich in Verf., Verhaltensforschung als Psychologie. Zur funktionalistischen Aristoteles-Deutung s. auch oben der Exkurs zum Begriff der Funktion S. 333ff.

seinen eigenen Tendenzen und Neigungen lenkt und leitet[432], sondern als ein inneres Ziel[433]. Die Vermögen des Einzelnen sind so angelegt, daß sie ihre Verwirklichung nur im Staat finden können. So ist der Staat die Voraussetzung dafür, daß der Einzelne überhaupt zu sich selbst finden kann, und wird als diese Voraussetzung von Aristoteles daher als sachlich früher als der Einzelne bezeichnet.

Über den *Telos*-Begriff bei Aristoteles gibt es viel Uneinigkeit in der Forschung, nicht zuletzt deshalb, weil ihm häufig ein stoischer *Telos*-Begriff unterlegt wird. Im Sinn dieses stoisch-modernen *Telos*-Begriffs ist das Ziel einer Sache oder einer Handlung die geplante oder ungeplante, bewußte oder unbewußte Absicht, um derentwillen sie da ist, so wie etwa das Gehen sein *Telos* in der Erreichung der Gesundheit haben kann. Diesen *Telos*-Begriff kennt Aristoteles auch, er ist aber nicht primär[434]. Primär ist vielmehr bei Aristoteles der *Telos*-Begriff, der mit dem Begriff des Wesens einer Sache zusammenfällt[435]. Wenn man das Wesen einer Sache an ihrem ‚Werk' erkennt, heißt das, daß das innere *Telos* einer Sache die Hinordnung aller ihrer Momente auf die Erzielung dieses ‚Werks' ist. So ist etwa das Schneidenkönnen das wesentliche *Telos* aller Teile einer Schere, auf das hin diese organisiert sein müssen, wenn das Ganze, das sie bilden, überhaupt so etwas wie eine Schere sein soll. Davon sind klar zu unterscheiden alle diejenigen Ziele, für die man eine Schere braucht, etwa zur Ausführung des Schneiderhandwerks, zum Beschneiden von Bäumen usw.

Wenn vom Staat als dem *Telos* des Menschen die Rede ist, ist das wesentliche, innere Ziel des Menschseins gemeint, d.h. die Hinordnung aller Anlagen und Vermögen des Menschen auf die Ausübung desjenigen ‚Werks', derjenigen Akte, die ihn zum Menschen machen.

In der Neuzeit wird der Unterschied zwischen innerem und äußerem Zweck demgegenüber in sein Gegenteil verkehrt: das innere *Telos* eines (Erkenntnis-)Gegenstands im aristotelischen Sinn, also das Zusammenstimmen der Teile einer Sache zu einem einheitlichen funktionalen Ganzen, gilt nun

---

[432] Aristoteles unterscheidet „das, was gegen den eigenen Antrieb und mit Gewalt erzwungen wird," von den Voraussetzungen, ohne welche das Gute, die vollendete Verwirklichung einer Sache oder Person, nicht sein kann. S. Aristoteles, *Metaphysik* XII, 7, 1072b11-12.

[433] Vgl. die Unterscheidung zwischen einem *telos hou* (τέλος οὗ) und einem *telos hô* (τέλος ᾧ): z.B. Aristoteles, *Physik* II, 2, 194a35-36 und II, 3, 194b9ff. und aus dem *Physik*-Kommentar des Philoponos: in Ph. 230,5ff.

[434] Wenn Aristoteles in der *Metaphysik* und in der *Physik* bei dem Referat der Vier-Ursachenlehre als *causa finalis* seines Beispielobjekts, der Erzstatue, die Ehrung des Dargestellten nennt, so ist dies eigentlich ebenso eine ungenaue Redeweise (die er sich in dem Kontext erlauben kann und die man daher nicht absolut setzen darf), wie wenn er an anderer Stelle (Aristoteles, *Metaphysik* VII, 3, 1029a2ff.) die äußere Gestalt der Statue mit dem *eidos* (=*causa formalis*) identifiziert.

[435] S. dazu Konrad Gaiser, Das zweifache Telos bei Aristoteles, in: Ingemar Düring (Hg.), Naturphilosophie bei Aristoteles und Theophrast, Heidelberg 1969, 97-113.

als äußerlich, nämlich in Bezug auf das erkennende Subjekt, und insofern als Einschränkung individueller, subjektiver Freiheit; äußere Zwecksetzungen bzw. die Erfassung von (hypothetisch unterstellter) Zweckmäßigkeit hingegen als eigentlich spontaner Akt der autonomen Vernunft des Einzelnen.

Als Ziel – in dem beschriebenen, inneren Sinn – ist für Aristoteles der Staat also schon vor den Einzelnen da, entwicklungsgeschichtlich entsteht der Staat natürlich auch nach Aristoteles später als die Einzelmenschen[436]. Er preist die Erfindung des Staates sogar als eine Kulturleistung ersten Ranges[437]. Sie hat ihren Rang eben daher, daß es einem oder mehreren Einzelnen gelungen ist, in Reflexion auf die Bedingungen der Verwirklichung ihrer eigenen Vermögen zu erkennen, daß diese Verwirklichung nur in der Organisationsform eines Staates, nicht etwa in isoliertem Eremitendasein oder im Rückzug auf die Familie, Sippe oder Gruppe möglich ist.

Wenn der Staat in diesem Sinn Bedingung der Möglichkeit der Selbstverwirklichung des Einzelnen ist, dann ist der Staat nicht einfach dazu da, das Überleben der Einzelnen zu sichern – das können zur Not der Einzelne selbst, die Familie oder die Sippe auch leisten –, der Staat ist vielmehr nötig für die Vollendung der je besonderen Vermögen und Fähigkeiten seiner einzelnen Glieder. Das heißt für die Vollendung des Menschen als Menschen, für die Vollendung der jeweiligen eigentlich menschlichen Individualität, zu welcher nur die Aspekte gehören, die die Individualität des einzelnen rationalen Lebewesens ausmachen – im Unterschied zur bloßen Erhaltung einer physischen Existenz, die der Mensch mit allen Tieren gemeinsam hat. Dafür soll er die Basis, die Rahmenbedingungen und, wenn seine Verfassung gut ist, die Zielsetzung bieten. Das heißt – und das können wir als eine erste Definition des Staats bei Aristoteles und Platon festhalten – der Staat ist, oder besser, soll sein, soll bieten: die Bedingung der Möglichkeit des guten Lebens seiner Einzelglieder[438].

Zu diesen Bedingungen gehört für Platon und Aristoteles zwingend auch die Gewährleistung der Freiheit des Einzelnen, diese Freiheit ist aber nicht das einzige und auch nicht das höchste Ziel des Staats, dieses Ziel ist vielmehr: alle Bedingungen, die zum guten, und das heißt: glücklichen, Leben des Einzelnen nötig sind, bereitzustellen. Unter dem für Platon und Aristoteles typischen Deutungsaspekt von Freiheit, daß nämlich das einzige, was jeder in jeder Hinsicht aus sich selbst heraus frei will, der vollendete Zu-

---

[436] S. zu diesem Verhältnis von ‚sachlich früher' – ‚historisch später' auch Aristoteles, *Metaphysik* I 1, 981b13ff., wo Aristoteles zeigt, daß die ‚Auffindung' der Wissenschaften und Künste nur möglich ist, weil diese sachlich diesen ‚Entdeckungen' vorausgehen und von diesen unabhängig sind. Deshalb ist Aristoteles auch überzeugt, daß die verschiedenen Künste und Wissenschaften unter verschiedenen historischen Bedingungen immer wieder neu, unabhängig von früheren Formen erfunden werden können. S. Aristoteles, *Metaphysik* XII, 8, 1074b10ff.
[437] Aristoteles, *Politik* I, 2, 1253b29-33.
[438] Z.B. Aristoteles, *Politik* I, 1, 1252a1-7 und I, 2, 1252b28-39.

stand des Glücks ist, kann man auch diese ideale Freiheit als dasjenige Ziel bezeichnen, das jeder Einzelne und der Staat als das höchst Gut anstrebt.

4 Individualität als gegebenes Faktum oder als Aufgabe

Der Staat ist – als Inbegriff spezifisch menschlicher Verhaltensmöglichkeiten, nicht als reale Institution – wie ich im letzten Kapitel zu begründen versucht habe, das, woraufhin die einzelnen Menschen angelegt sind, er ist das *Telos* jedes Einzelnen, sofern er nach der Verwirklichung der eigenen Freiheit und individuellen Persönlichkeit strebt. Begründet ist diese Stellung des Staates im Faktum der Bedürftigkeit des Einzelnen, der als Handelnder nicht in der Lage ist, allein aus sich selbst heraus wirklich selbstbestimmte Handlungen auszuführen, sondern der Gemeinschaft als Bedingung der Möglichkeit individueller Freiheit bedarf.

Inwiefern Freiheit, freie Selbstbestimmung eine erst zu leistende Aufgabe für jeden einzelnen Menschen ist, zu der die Organisationsform des Staates die notwendigen Voraussetzungen schaffen soll, d.h., wie individuelle (relative) Autonomie des Einzelnen erreicht werden kann, soll im folgenden noch genauer bestimmt werden. Dazu ist allerdings, obwohl es sich um eine genuin praktische und anthropologische Fragestellung handelt, noch ein Exkurs erforderlich zu den scheinbar rein theoretischen und ‚scholastischen' Differenzierungen zwischen verschiedenen Arten von Allgemeinbegriffen, die bei Platon und Aristoteles in einer grundlegend anderen Weise getroffen werden, als es seit dem sog. Universalienstreit des späten Mittelalters üblich geworden ist. Das Verhältnis des Individuums zur staatlichen Gemeinschaft stellt ja einen Sonderfall des Verhältnisses des Einzelnen zum Allgemeinen dar. Die Deutung dieses Verhältnisses hat daher eine hohe Relevanz für die Weise, wie man glaubt, individuelles und staatliches Verhalten aufeinander beziehen zu sollen.

Von etwas Allgemeinem zu behaupten, es habe eine eigene intelligible Realität, gilt seit dem Nominalismus als Signum einer metaphysischen Schwärmerei. Wenn z.B. Charles Sanders Peirce feststellt:

„all modern philosophy is built upon Ockhamism",

dann verweist er mit dieser Aussage auf die gemeinsame Basis, die seiner Meinung nach Realisten und Idealisten, Rationalisten und Empiriker verbindet. Daran jedenfalls scheint es für ein nachmittelalterliches Denken keinen Zweifel mehr zu geben, daß das Allgemeine ‚nur' ein Begriff sei, der – unabhängig von der Frage, welche Objektivität wir ihm zubilligen – immer eine nachträgliche Abstraktion ist, die wir aus der Beobachtung von Gemeinsamkeiten an mehreren Einzeldingen bilden.

Begriffe enthalten von dieser Voraussetzung ihrer Bildung her grundsätzlich weniger Bestimmungen oder ‚Merkmale' als einzelne Dinge, ja die Einzelheit oder Individualität eines Dinges oder einer Person ist gerade dadurch charakterisiert, daß sie niemals vom Begriff erreichbar ist. Es soll das

‚Mehr' gegenüber allem Begrifflichen sein, das Individualität ausmacht. Ich zitiere als (relativ beliebig ausgewähltes) Beispiel für diese allgemeine, bis heute wirksame und unhinterfragte Grundposition noch einmal eine Äußerung Manfred Franks:

> „Das Individuelle ist vom Allgemeinen aus niemals in einer Kette methodischer Ableitungen als ‚unterstes Glied' zu erreichen. Individuen lassen sich nicht aus einem Konzept (einer Struktur, einer symbolischen Ordnung, einem Kategorienapparat, einem Diskurs, einer Universalpragmatik, einem Luhmannschen System usw.) deduzieren (...). Die Bedeutung des Ganzen existiert nirgendwo anders als in den Bewußtseinen der Individuen, die das Allgemeine auf eine jedesmal eigentümliche Weise verinnerlichen (...) <so> existiert der Begriff des Universellen nicht nur in einer, sondern in unkontrollierbar vielen Interpretationen."[439]

Abgesehen von dem typischen Vorgehen, auf das ich wenigstens noch einmal hinweisen möchte, daß Frank eine Reihe aktueller Positionen – De Saussure, Kant, Foucault, Leibniz, Peirce, Apel, Luhmann u.a. – durch eine ‚neue' (‚nachromantische') Einsicht überwindet, die in einem unvermerkten Rückgriff auf das allen diesen Positionen seit Duns Scotus Gemeinsame gewonnen wird, reformuliert hier Frank eine Konsequenz, die sich zwingend aus einem nachnominalistischen Begriffsverständnis für die Erfassung von Individualität ergibt. Die ‚philosophische' Analyse, die schon Duns Scotus in anti-aristotelischer Tendenz vorgenommen hatte mit dem Ergebnis, daß das Einzelne und Individuelle nicht als eine letzte, unterste ‚Art' begreifbar ist, weil alle denkbaren Allgemeinheiten in einem Einzelnen auf eine unnachahmlich eigene Weise verwirklicht sind, die mit nichts anderem vergleichbar ist, ruht ja auf der Überzeugung, daß unsere Begriffe (angeblich) immer nur das mehreren Einzelnen Gemeinsame und also niemals ein Einzelnes rein für sich selbst erfassen. Das ist der Grund, warum das eigentlich Individuelle schlechthin irrational, ‚unkontrollierbar' sein soll. Es ist niemals begrifflich, sondern nur in ‚ganzheitlichen' Rezeptionsformen, in Anschauung, Gefühl, Intuition usw. erfaßbar.

Im Sinn dieser Auslegung des Verhältnisses des Allgemeinen zum Einzelnen ist das Individuelle nur in dem umfassenden Ganzen aller seiner Lebensäußerungen irgendwie erfahrbar. Alles, was jemand denkt, fühlt, will, tut, muß von seiner Individualität durchdrungen sein, eine ‚analysierende' Unterscheidung zwischen dem, was an einem einzelnen Menschen tatsächlich individuell ist und was er mit vielen anderen gemeinsam hat, ist grundsätzlich unmöglich.

Die Möglichkeit einer solchen Unterscheidung ist aber gerade in praktischer Hinsicht in höchstem Maß relevant, wenn es darum geht, die Bedingungen für selbstbestimmte Individualität im Staat und für die Freiheit des Einzelnen zu garantieren. Denn dazu sollte zumindest vorher geklärt sein, was an einem einzelnen Menschen tatsächlich zu der individuell bestimmten Einheit seiner Persönlichkeit und nicht nur einfach zu seiner empiri-

---

[439] Manfred Frank, Selbstbewußtsein und Selbsterkenntnis, 69.

schen, körperlichen Existenz dazugehört, oder wo er nur ‚Verkehrsknotenpunkt' allgemeiner Klischees, Moden, Diskurse usw. ist.

Eine solche, in sich homogene, ohne Brüche durchgeführte Erkenntnisanalyse ist auf der Grundlage des neuzeitlichen Rationalitätsverständnisses grundsätzlich unmöglich und wird folglich in der neuzeitlichen praktischen Philosophie auch nirgends so durchgeführt, daß zwischen verschiedenen ‚Lebensäußerungen', die man von einem Menschen empirisch feststellen kann, unterschieden und eine Auswahl getroffen würde. Alle Handlungen eines Menschen, alles, was er tut oder sagt, soll als (unendliche) Summe seine Individualität, d.h. das, was ‚gegenüber dem Staat' unbedingt bewahrens- und schützenswert ist, begründen.

Im Sinn des platonisch-aristotelischen Unterscheidungskonzepts muß es aber auch bei der Bestimmung der Individualität eines einzelnen Menschen um das gehen, was man wissen muß, um diesen bestimmten Menschen von allen anderen unterscheiden zu können (bzw. daß man, wenn sich kein derartiges Moment ermitteln läßt, weiß, daß dieser bestimmte Mensch keinen im eigentlichen Sinn individuellen Charakter ausgebildet hat).

So wie aber nicht alles z.B. an einem einzelnen Tisch auch Tisch ist und das Tisch-Sein dieses Gegenstands ausmacht, da dieser einzelne Tisch außerdem noch aus Holz ist, vier Beine hat, braun ist usw., aber genauso auch dann Tisch wäre, wenn er aus Metall wäre, zwei Stützen hätte und rot wäre, so gehört auch nicht alles, was ein einzelner Mensch tut oder sagt, zu seinem individuellen Charakter und läßt Rückschlüsse auf diesen zu, sondern jeder einzelne Mensch wird durch vielfache äußere Einflüsse und Bedingungen bestimmt, so daß es erforderlich ist, unter den beobachtbaren Handlungen und an diesen das Moment zu ermitteln, das auf eine charakterliche, spezifische, individuelle Bestimmtheit schließen läßt und nicht nur Ausdruck z.B. der Zugehörigkeit zu einer bestimmten Berufsgruppe oder Ausdruck eines allgemeinen Zeitgeschmacks o.ä. (oder auch die bloße, nicht weniger abstrakt-allgemeine Opposition gegen einen vorherrschenden Zeitgeschmack oder das Sich-Distanzieren von der Zugehörigkeit zu irgendeiner gesellschaftlichen Gruppe) ist. Man muß also unterscheiden zwischen Handlungen, bei denen und in welcher Hinsicht dieser bestimmte Mensch wirklich selbstbestimmt und seiner Individualität gemäß handelt und als Individuum erkennbar wird, und solchen, die keine bestimmte Individualität erkennen lassen, d.h., wo sich kein notwendiger oder wahrscheinlicher Zusammenhang zwischen einzelner Handlung und allgemeiner charakterlicher Disposition ermitteln läßt.

Offenbar gibt es auch im Individuum ein Verhältnis zwischen seinen allgemeinen Charaktertendenzen und seinen einzelnen Handlungen. (Für Aristoteles ist dieses Verhältnis z.B. auch Grundlage der Bestimmung des Verhältnisses einer dichterischen und einer bloß geschichtlich faktischen Darstellung. Siehe oben S. 377f.) Und nur dort, wo ein solches Verhältnis besteht, kann man von einer Handlung sprechen, die aus diesem Individuum selbst kommt. Das meiste von dem, was ein Mensch tut, ist ja bestenfalls in einem sehr beiläufigen Sinn von ihm selbst bestimmt. Wenn aber ein Mensch bestimmte Charakterzüge in sich ausgebildet hat, z.B. bestimmte Arten von Hilfsbereitschaft, Mitleidigkeit, Gerechtigkeitssinn, Tapferkeit, dann wird er sich bei Handlungen, die von diesen Zügen beeinflußt sind, nicht beliebig, den Eingebungen des jeweiligen Augenblicks folgend, verhalten, sondern diese seine allgemeinen Tendenzen auch in dieser einzelnen Situation zu verwirklichen suchen und etwa einem unverdient Leidenden tapfer beistehen.

In diesem Sinn ist das Individuelle eines Menschen etwas Allgemeines – als allgemeine Charaktertendenz gegenüber den je verschiedenen, aber von diesem Allgemeinen geprägten Einzelhandlungen – und zugleich Erkenntnismaßstab zur Beurteilung seiner einzelnen Handlungen („Hat er dieses oder jenes als er selbst, d.h. seinen selbst gebildeten und gewollten allgemeinen Charaktertendenzen folgend, frei und selbstbestimmt getan?") und Ergebnis der empirischen Betrachtung einzelner Handlungen.

Diese doppelte Funktion im Erkenntnisprozeß weist bereits darauf hin, daß hier eine Differenzierung erforderlich ist, denn man kann ja in einer Untersuchung nicht das schon als methodisches Kriterium verwenden, was in eben demselben Verfahren erst ermittelt werden soll. Auch führt es offensichtlich nicht zu einer spezifischen und konkreten Erkenntnis, wenn man bei den einzelnen Handlungen einfach von allen Unterschieden absieht und glaubt, das, was bei allem, was jemand denkt, fühlt, will und tut, unverändert gleich bleibt, das sei das individuelle Wesen dieses Handelnden. Dieses Gleichbleibende wäre zwingend ohne jeden Gehalt und ohne jede Kontur.

Die gleiche, beinahe völlige Unbestimmtheit ergibt sich aber auch, wenn man in das andere Extrem verfällt und Individualität mit dem bloßen Aggregat *aller* einzelnen ‚Lebensäußerungen' als der unendlichen Summe *aller* einzelnen Instanzen, die in irgendeiner Weise eine Verbindung zu diesem bestimmten Menschen aufweisen, identifiziert.

Die aporetische Spannung zwischen abstrakter Leere und nicht mehr erfaßbarer Fülle, die das Verhältnis des Allgemeinen zum Einzelnen in der Neuzeit so oft charakterisiert, überträgt sich also auch auf das Verhältnis von Allgemeinem und Einzelnem im Individuum und macht ein rationales Begreifen dessen, was einen einzelnen Menschen in seiner Einzelheit wesentlich charakterisiert, unmöglich.

Von Aristoteles her gesehen ist diese Aporie Folge einer ungenügenden Bestimmung der verschiedenen Möglichkeiten, unter denen etwas allgemein sein kann. Derjenige Allgemeinbegriff, aus dem die beschriebene Aporie entsteht, d.h., der Begriff, der mehrere Einzelmerkmale unter einem gemeinsamen Begriff zusammenfaßt, ist auch für Aristoteles nichts als ein nachträgliches Produkt unseres Denkens und nicht geeignet zu bezeichnen, worin die Individualität eines Individuums besteht. Aristoteles hält diesen abstrakten Allgemeinbegriff deshalb nur für vorläufig. Er ist auch als Begriff noch zu unbestimmt und bedarf vieler Erweiterungen und Differenzierungen, bevor er nach Aristoteles Begriff im eigentlichen, d.h. rationalen, Sinn genannt werden kann. Von diesem rationalen Allgemeinbegriff her läßt sich dann allerdings auch Individualität in einer wesentlich prägnanteren Weise fassen. Ich versuche daher, den methodischen Weg von einem abstrakten zu einem rationalen Allgemeinbegriff wenigstens in einigen Hauptstationen nachzuzeichnen.

4 a. Kriterien der Ermittlung des sog. ‚primären' und ‚immanenten' Allgemeinen

Wenn Aristoteles in dem oben besprochenen (S. 315ff.) 1. Kapitel seiner *Physik* vom Ausgangspunkt (*archê*, αρχή) der Erkenntnis spricht, dann meint er nicht den unverrückbaren Bezugspunkt aller weiteren methodischen Erkenntnis, auf den diese immer bezogen bleiben und von dem zuletzt die Richtigkeit ihrer Hypothesen bestätigt werden muß, sondern die besondere Art des Erfassens, mit der das menschliche Erkennen beginnt. Und wir beginnen eben nicht nur in einem zeitlichen, sondern auch in einem sachlichen Sinn mit der Wahrnehmung – genauer: mit einer ganz an die Wahrnehmung gebundenen Erkenntnis, mit dem, was wir eine Anschauung nennen. Wer vor einem Baum steht, sucht nicht ‚Grün' – ‚Braun' – ‚Hoch' zu erkennen, sondern den Baum. Mit ‚Grün' – ‚Braun' – ‚Hoch' dürfte aber ungefähr das bezeichnet sein, was den meisten ausreicht, um dieses einzelne Gebilde schon als Baum zu identifizieren. Dieser Anfang der Erkenntnis ist jedoch nicht Anfang im Sinn einer unverrückbaren Basis, sondern im Sinn des Beginns einer erst noch zu vervollständigenden und zu korrigierenden Erkenntnis.

Die Aspekte, die Aristoteles an diesem anfänglichen Erfassen aufdeckt, und die er als problematisch bzw. unzureichend in Bezug auf eine konkrete Gegenstandserkenntnis herausstellt, gelten auch nicht generell von (menschlicher) Erkenntnis und ihrem Verhältnis zu den zu erkennenden Gegenständen, zu deren (bestimmtem) ‚Sein', sondern charakterisieren eine bestimmte, wegen der immanenten Aporien zu überwindende Stufe des Erkennens. Entsprechend ist auch das konfuse Allgemeine, das der Inhalt derartiger anfänglicher Erkenntnisversuche ist, die in der Wahrnehmung selbst das Begriffliche zu ‚erjagen' versuchen, nicht das Allgemeine überhaupt, sondern eine bestimmte (und zwar mangelhaft bestimmte) Form von etwas Allgemeinem, die lediglich ein begrifflich unmethodisch gewonnenes Unterscheidungsprodukt an Einzeldingen ist. Sie ist der inhaltlich konkreten Bestimmtheit der zu erfassenden Einzeldinge gegenüber defizient.

Es ist dieses abstrakt-konfuse Allgemeine, das Allgemeine, das im Prozeß der Erkenntnis ‚früher für uns' ist, auf das sich auch die Kritik, die Aristoteles an einer Ontologisierung des Allgemeinen übt, bezieht (z.B. im 7. Buch der *Metaphysik*, vor allem Kapitel 13, oder ebenso auch im Zuge der Diskussion der platonischen Ideenlehre im 1. Buch derselben Schrift). Unter einer ‚Ontologisierung' des Allgemeinen versteht man ja, daß ‚bloße' Begriffe als selbständig existierende Wesenheiten, ideale Gegenstände und dergleichen aufgefaßt werden. Das Allgemeine, das den Inhalt unserer Erkenntnis ausmacht, wenn wir mit dem Unterscheiden beginnen, kann nur ein subjektives Produkt unseres Denkens sein. Ihm eine eigenständige, vom subjektiven Denken unabhängige Seinsweise zuzusprechen, wäre absurd.

Diese aristotelische Kritik bezieht sich aber nicht auf die Form des Allgemeinen, von der Aristoteles sagt, sie sei ‚der Sache nach früher', im methodischen Fortschreiten der Erkenntnis aber erst (im zeitlichen Sinn) später, d.h. schwieriger, für uns zu ermitteln. Aristoteles' Kritik bezieht sich lediglich auf dasjenige Allgemeine, das wir bilden, wenn wir in einer vorläufigen anschaulichen Begriffsbildung Einzeldinge an markanten Eigenschaften in einer Art unbestimmtem Umfassen identifizieren. Diese so gebildeten Begriffe von Einzeldingen geben in Wahrheit überhaupt noch nicht das Einzelding in seiner Besonderheit wieder, sondern identifizieren es an etwas, das es mit vielem anderen gemeinsam hat. Die Allgemeinheit dieser Anschauungsbegriffe ist daher bloß subjektiv, es sind jeweilige Hinsichten, die weder über die Individualität des wahrgenommenen Einzeldings noch darüber etwas aussagen, ob dieses Einzelding etwas absolut Singuläres ist oder etwas, das in seiner Besonderheit auch von allgemeinen Bestimmungen geprägt ist.

Daß Aristoteles der Meinung ist, die Gemeinsamkeiten, die sich von vielen Dingen abstrahieren lassen, existierten weder vor noch in den Dingen, ist eindeutig. Dies ist aber nicht gleichbedeutend damit, Aristoteles habe behauptet, es gebe gar nichts Allgemeines, das man korrekt an Einzelnem unterscheiden könne. Er behauptet nicht, man könne an Sokrates nicht unterscheiden zwischen dem, was an ihm Mensch und dem, was an ihm Sokrates ist, und man könne das Menschsein des Sokrates nicht vom Menschsein überhaupt unterscheiden. Er behauptet lediglich, das in einer abstrakten Unterscheidung gewonnene Allgemeine existiere als genau dieses Allgemeine lediglich im Denken dessen, der es unterschieden hat. Daß sich durch genaueres Unterscheiden ein Allgemeines ermitteln läßt, das tatsächlich für ein Einzelnes sachlich konstitutiv ist, und das es in diesem Sinn auch ‚wirklich' gibt, bestreitet er nicht nur nicht, er legt die Möglichkeitsbedingungen eines solchen ‚der Sache nach früheren' Allgemeinen ausdrücklich dar.

Für den methodischen Weg, der von einem unbestimmt abstrakten zu einem rationalen Allgemeinbegriff führt, ist charakteristisch, daß Aristoteles dabei mit einer Analyse des Sprachgebrauchs einsetzt. Im Unterschied zur modernen Sprachanalyse glaubt Aristoteles aber nicht, es genüge, die im gewöhnlichen Sprachgebrauch schon vorhandenen Inhalte begrifflich zu analysieren. Die meisten für den Begriff einer einzelnen Sache notwendigen Inhalte sind nach Aristoteles im Sprachgebrauch noch gar nicht bedacht. Das, was Aristoteles dem Sprachgebrauch nachweist, ist dagegen, daß er immer bereits auf das Etwas-Sein einer Sache gerichtet ist, auch wenn er meint, sich allein an beobachtbarem Äußeren zu orientieren.

Es ist deshalb kein Zufall, sondern sagt etwas über das aristotelische Erkenntniskonzept überhaupt aus, daß Aristoteles den Anfang des Spracherwerbs als einen Fall des Beginns der Begriffsbildung charakterisiert.

Wenn die Kinder eine tiefe Stimme hören, benennen sie nicht, was sie wahrnehmen, sondern sie sagen ‚Papa', genauso wie man, wenn man etwas sieht, das grün, braun und hoch ist, sagt: „Ich sehe einen Baum". Das heißt: man benennt nicht das, was man wahrnimmt, sondern was der Gegenstand unserer Meinung über das Wahrgenommene ist, und damit genau das, was das Eine im Vielen zu sein scheint, das sich als ein Etwas festhalten läßt.

So verrät schon der Sprachgebrauch, der bei einem kreisrunden Kreidestrich sagt „das ist ein Kreis" und nicht „das ist ein kreisförmiger Kreidestrich", daß der Akt des Denkens eigentlich auf den präzisen Sachunterschied zielt. Das kann man phänomenologisch schon bei der Unterscheidung des Vaters durch die Kinder sehen, die offenkundig – wenn auch ohne auf diesen vorausgesetzten heuristischen Maßstab selber die Aufmerksamkeit zu richten – durch eine Anwendung des Widerspruchsaxioms in der Erkenntnis des Vaters fortschreiten. Denn wenn sie feststellen, daß eine bestimmte tiefe Stimme, die sie hören, nicht der Vater ist, fangen sie an zu ‚fremdeln', d.h., sie hören auf, ‚tiefe Stimme' und ‚Vater' gleichzusetzen, sondern unterscheiden zwischen ‚tiefe Stimme' und ‚Vater', und gelangen so allmählich, wenn auch nicht zu einer wissenschaftlichen, so doch zu einer in der Alltagspraxis brauchbaren Unterscheidung des Vaters.

Daß nicht nur die Kinder so verfahren, sondern daß das tägliche Meinen gewöhnlich in dieser Weise fortschreitet, kann man leicht feststellen, wenn man überprüft, wie man seine empirischen Begriffe bildet. Wer vor einem einzelnen Tisch steht, nimmt z.B. ‚Braun', ‚Rot', ‚Viereckig', ‚Flach' wahr. Dennoch fühlt sich niemand irritiert, wenn er einen weißen, runden Tisch wahrnimmt, und behauptet nicht, das sei gar kein Tisch. Das heißt: wir korrigieren unsere zunächst aufgrund von Anschauungen gebildeten Begriffe ständig im Blick auf die Einheit, die wir durch sie erkannt zu haben meinen, und können uns auf diese Weise immer genauer auf das beziehen, was wirklich zu einem Tisch gehören muß, damit er ein Tisch sein kann, und was nur – nicht-spezifische – äußerliche Merkmale an ihm sind.

Wissenschaftlich kann diese Unterscheidung aber erst sein, wenn sie durch sichere Kriterien gewonnen und an ihnen geprüft ist, wenn sie Rechenschaft über die eigenen Akte geben kann und vollständig auf die sachlich leitende Einheit der zu erkennenden Sache gegründet ist. Das nach Aristoteles sicherste Kriterium aber, über das eine Täuschung nicht möglich ist, das *a priori* vor jeder Erfahrung schon mitgebracht wird und auf das alle Beweise als auf die letzte axiomatische Grundlage zurückgeführt werden, ist das Wissen, daß etwas nicht zugleich es selbst und nicht es selbst sein kann. Wenn man dieses Kriterium positiv formuliert, dann lautet es: nur was genau und nur ein Etwas ist, ist erkennbar, und zwar wissenschaftlich exakt erkennbar[440].

Der wissenschaftliche Nachweis, daß es einen Unterschied, den man durch Wahrnehmung oder Denken an etwas gemacht hat, wirklich gibt, ist also der Nachweis, daß dieser Unterschied wirklich *ein* Etwas ist. Und es ist die Aufgabe eines aufgeklärten Denkens, zwischen dem, was als Etwas unterschieden wurde, und den äußeren Erscheinungsformen, an denen dieser Unterschied erfaßt wurde, zu unterscheiden und eine Tendenz des anfänglichen Erkennens, die sich auch im Sprachgebrauch ausdrückt, zu korrigieren: nämlich die Tendenz, den äußeren Gegenstand, an dem Unterscheidungen gemacht werden, mit dem präzisen und als ein bestimmtes Etwas festhaltbaren Sachunterschied, auf den das Erkenntnisstreben sich richtet, zu identifizieren.

Aristoteles beschränkt sich in den *Analytica Posteriora* auf die elementare Frage, wie man von den Einzelunterscheidungen, die man gemacht hat, wissen kann, daß sie wirklich alle ausnahmslos Unterscheidungen sind, die ein und derselben Sache zugehören, diese sachliche Einheit in ihren wesentlichen Momenten explizieren und als Einheit von anderen einsehbaren Sachgehalten abgrenzen[441]. Er bietet also ein Verfahren an, das es ermöglicht, an einzelnen Instanzen die Momente herauszulösen, die zu der zu erkennenden sachlichen Einheit gehören, und von all dem zu abstrahieren und alles das außer acht zu lassen, d.h. nicht mit in den zu ermittelnden Begriff aufzunehmen, was den einzelnen Gegenständen zukommt, sofern sie auch noch in ganz anderen Begriffen erfaßt oder erfaßbar sind.

Wenn man wissen will, was Vater ist, kann man diesen Begriff nur durch das bereichern, was zur Sache ,Vatersein' gehört, nicht aber durch das, was an konkreten Vätern zu ihrem Menschsein, zu ihrem Beruf, ihrer Nationalität usw. gehört. Der Reichtum (oder man müßte eigentlich sagen: die bloße Vielheit in) der Anschauungseinheit ,Vater' hat mit dem Reichtum des Begriffs ,Vaters' nur unter wenigen Aspekten zu tun, das meiste gehört zu ganz anderen Begriffen.

Auf die Frage nach der Möglichkeit der Ermittlung des ,Individualitätskerns' eines Menschen übertragen, heißt das: das Verfahren, das Aristoteles in den *Analytica Posteriora* vorstellt, ist diejenige wissenschaftliche Methode, die für die Auswahl aus den diversen ,Lebensäußerungen' und Handlungen eines Menschen in Hinsicht auf das, was tatsächlich Ausdruck individueller Wesensbestimmung und freier Selbstbestimmung ist, leitend sein kann.

Aristoteles gewinnt den Maßstab der Ermittlung einer konkreten Sacheinheit, indem er den Sinn von ,einer Sache zugehören' expliziert: Etwas

---

[440] S. dazu Verf., Zur Erkenntnistheorie bei Platon und Descartes.
[441] S. auch Aristoteles, *Metaphysik* VII, 17: wo Aristoteles klar erläutert, warum die Grundfrage jeder *Zêtêsis*, jeder Erkenntnissuche, die Frage ist, warum etwas gerade einem bestimmten Etwas zugehört.

wird dann ein Etwas bilden, wenn alle seine Elemente ihm (1) ‚von ihm selbst her', (2) ‚als ihm selbst' und (3) ‚ihm als erstem' zugehören[442].

Diese berühmte Definition des Allgemeinen aus den *Analytica Posteriora*, das man im Unterschied zu dem ‚konfusen Allgemeinen' der Anfangserkenntnis, das Aristoteles im Eingangskapitel der *Physik* beschreibt, vielleicht das ‚primäre Allgemeine' nennen sollte, formuliert in der Tat das Erkenntnisziel, auf das ein Unterscheidungsprozeß als Unterscheidungsprozeß angelegt ist: das Unterschiedene muß wirklich ein Unterschied sein, und das ist nur gegeben, wenn in diesen Unterschied nur das aufgenommen ist, was ihn als ihn selbst ausmacht, d.h., wenn der Unterschied in und von sich selbst her ist, was er ist[443].

Wer ein Dreieck aus Erz oder ein Dreieck in Kreide jeweils als Dreieck unterscheidet, sieht am Kriterium des Etwas-Seins, daß er keine wirklichen sachlichen Einheiten unterschieden hat: Erz und Kreide gehören nicht zum Unterschied, den man machen muß, um ‚Dreieck' zu erfassen, sonst müßte man, wenn man zuerst ein Dreieck aus Erz wahrgenommen hat, bei der

---

[442] S. Aristoteles, *Analytica Posteriora* I, 4, 73b25-33. Zur Deutung dieses Kapitels s. v.a. Wolfgang Detel, Aristoteles, Analytica Posteriora, übers. u. erl., Berlin 1993, Bd. 2, Kommentar zur Stelle, insbes. 109ff. mit der ausführlichen Diskussion des Forschungsstands. Detel bestreitet allerdings trotz der Tatsache, daß er auch die antiken Kommentare ausführlich beizieht, gerade das, was von Aristoteles und seinen Kommentatoren am nachdrücklichsten und explizit behauptet wird: daß das primäre Allgemeine das ist, auf das sich der wissenschaftliche Beweis gründet. Sehr lehrreich und richtig ist der kritische Bericht über die wichtigste moderne Sekundärliteratur zum Wissenschaftsbegriff der *Analytiken* im allgemeinen (Bd. 1, 263-288) mit dem Nachweis, daß nahezu alle Deutungen einem cartesianischen Erkenntnismodell folgen. Detels Feststellung, diese Evidenzgewißheit sei nicht das von Aristoteles angestrebte Ziel des Wissens, ist ohne Frage zutreffend, denn eine auf dieser Evidenzgewißheit basierende Wissenschaftstheorie verwandelt jedes, auch das empirische Wissen in ein notwendiges Wissen und läßt eine andere Art von Wissen überhaupt nicht zu, und das heißt, sie scheitert grundsätzlich an der Empirie. Daraus folgt aber nicht, daß Aristoteles nur ein ‚weiches' Wissen angestrebt habe, sondern es folgt, daß er einen anderen Begriff von Wissen hatte. Das, was man von einem primären Allgemeinen weiß, hat und beansprucht niemals empirische Gültigkeit, dieses Wissen liefert aber die Erkenntniskriterien, an denen man empirisch gewonnenes Wissen überprüft. Was man vom Begriff der Sache ‚Kreis' selbst weiß, existiert in keiner Wirklichkeit, aber wir orientieren uns an diesem Wissen, wenn wir prüfen, ob und in welcher Hinsicht etwas Empirisches mehr oder weniger Kreis ist. S. zu dieser Problematik (wenn auch in von der hier vorgeschlagenen abweichender Deutung) insbesondere auch Baruch A. Brody, Toward an Aristotelian Theory of Scientific Explanation, in: Philosophy of Science 39, 1972, 20-31; ders., Why Settle for Anything Less than Good Oldfashioned Aristotelian Essentialism?, in: Nous 7, 1973, 351-364; Anthony C. Lloyd, Necessity and Essence in the Posterior Analytics, in: Enrico Berti (Hg.), Aristotle on Science: The Posterior Analytics, Padua 1981, 157-171; Richard Sorabji, Definitions: Why Necessary and in What Way, in: ebenda (Berti), 205-244; S. auch die Kommentare von Jonathan Barnes, Aristotle´s Posterior Analytics, Oxford 1984 und von Horst Seidl, Zweite Analytiken, mit Einl., Übers. u. Komm. hg. v Horst Seidl, Würzburg 1984, zur Stelle.

[443] S. zum folgenden Aristoteles, *Analytica Posteriora* I, 5, 74a4-74b4.

Wahrnehmung eines Dreiecks aus Kreide den Schluß ziehen, diese Kreidefigur sei gar kein Dreieck. ‚Dreieck aus Erz' oder ‚Kreidedreieck' sind (so wie auch ‚weißer Mensch', um das aristotelische Beispiel (Aristoteles, *Metaphysik* VII, 4, 1029b22ff.) zu verwenden) konfuse, Heterogenes zusammenfassende Begriffseinheiten, die wieder aufgelöst werden müssen, weil Erz und Kreide nicht begriffsrelevant für ‚Dreieck' sind.

Daß das nicht nur für Erz und Kreide, sondern für alle empirisch konkreten Erscheinungsformen des Dreiecks gilt, ist leicht einsichtig, Aristoteles demonstriert darüber hinaus, daß es auch für vorgestellte, und zwar auch für völlig exakt vorgestellte Dreiecke („Ideatoren")[444] gilt. Wer sich ein Dreieck vorstellt, muß sich *ein* (bestimmtes einzelnes) Dreieck vorstellen, d.h. eine Instanz von Dreieck, ein gleichseitiges oder ein ungleichseitiges, das rechtwinklig oder spitzwinklig ist (usw.), d.h., er hat mehr unterschieden als nur genau einen Sachunterschied. Spitzwinkligkeit und Gleichseitigkeit gehören nicht zu dem Unterschied, den man machen muß, wenn man Dreiecksein als einen Sachunterschied erfassen will, dessen Elemente notwendig und nur auf ihn bezogen sind. Ein gleichseitiges Dreieck hat Eigenschaften, die ein spitzwinkliges Dreieck nicht haben muß. Auch wenn es ein absolut exakt konstruiertes Dreieck ist, in dem alle Merkmale seiner Art des Dreiecksseins perfekt realisiert sind, kann man sich nicht an ihm orientieren, wenn man die Merkmale, die in den Begriff des Dreiecks aufgenommen werden müssen, ermitteln will. Ein Merkmal dieses Dreiecks ist z.B., daß die Höhe die Basis halbiert. Diese Festlegung auf eine bestimmte Möglichkeit, in der eine Verbindung zwischen Höhe und Grundlinie in einem Dreieck bestehen kann, gehört aber nur zum Begriff dieser Dreiecksart, nicht zum Begriff des Dreiecks, sofern es rein und nur Dreieck ist. Zum Begriff ‚Dreieck' gehört vielmehr ebenso auch die Möglichkeit, daß die Hypotenuse in einem ungleichen Verhältnis geteilt werden kann. Eine Beschränkung auf die eine von diesen Möglichkeiten widerspricht dem allgemeinen Begriff des Dreiecks[445].

---

[444] Der Begriff ‚Ideator' ist eingeführt und in seiner Verwendung für ein Ideationsverfahren erklärt worden von Peter Janich, Die Protophysik der Zeit, Mannheim (u.a.) 1969, v.a. 31ff. und 44ff. Auf Platon angewendet wird dieser Begriff von Jürgen Mittelstraß, Die geometrischen Wurzeln der platonischen Ideenlehre, in: Gymnasium 92, 1985, 399-418, v.a. 405-406 mit Anm. 16.

[445] Aus der konsequent durchgeführten wissenschaftlichen Beurteilung des Unterschieds zwischen dem Begriff, der im Sinn des Aristoteles primär ist, der also Begriff genau und nur der Sache selbst ist, und den Begriffen, die von je einzelnen Instanzen der Sache gebildet werden können – vom gleichseitigen, ungleichseitigen Dreieck, vom Dreieck in bestimmter Größe, vom Dreieck aus Erz usw. – ergibt sich, daß im primären Begriff die Gegensätze der Begriffe, die auf bestimmte Instanzen zutreffen, ‚zusammenfallen': Im Begriff des ‚Dreiecks selbst' ist sowohl das gleichseitige wie das ungleichseitige Dreieck erfaßt, denn beide im Sinn eines rein rationalen Begriffs streng zu unterscheidende Dreiecksformen sind aus den Begriffsbedingungen des Dreiecksseins selbst, aus den in ihnen enthaltenen Möglichkeiten, wie Geraden in der Ebene die Innenwinkelsumme von zwei Rechten bilden können, ableit- und konstruierbar, sie sind

Ein analoges Problem gibt es aber auch noch bei Unterscheidungen im begrifflich allgemeinen Bereich, d.h. bei Unterscheidungen, die nicht mehr auf Einzelinstanzen oder -arten bezogen sind, sondern die wirklich von allen Dreiecken unterschiedslos gelten, z.B., daß die Außenwinkelsumme jedes Dreiecks der Summe von vier rechten Winkeln gleich ist. Auch bei solchen Unterscheidungen gibt es noch ein Zuviel und Zuwenig, Früher und Später. Denn die Außenwinkelsumme von 360° gehört nicht zu dem, was man unterscheiden muß, um das Dreieck als Dreieck zu erfassen, da sie ein Unterschied ist, den man bei jeder ebenen Figur machen kann. So ist ja auch jeder Vater zugleich Mann und Mensch, aber wenn man wissen will, was Vater ist, will man eben nicht wissen, was Mensch ist[446].

Deshalb sagt Aristoteles, der Unterschied, in den wirklich nur Elemente eines Etwas-Seins eingehen sollen, müsse diesem Etwas primär, also: ihm als erstem zukommen[447]. Das ist beim Dreieck im Sinn der antiken Geometrie die Innenwinkelsumme von 180°, die keiner anderen ebenen Figur als dem Dreieck zukommt und allen Arten und Instanzen von Dreiecken nur, sofern sie gerade Dreieck und nicht zusätzlich spitzwinklig, aus Erz usw. sind[448].

Obwohl auch angesichts der Forschungssituation zum Verständnis der Gewinnung dieses primären Allgemeinen noch viel zu klären wäre, können wir uns mit Blick darauf, daß es an dieser Stelle um die erkenntnistheoreti-

---

in diesem Sinn im primären Begriff enthalten. Hier liegt der Ansatzpunkt bei Aristoteles selbst, von dem her die spätantiken Aristoteles- und Platonkommentatoren, von denen noch Nicolaus Cusanus das Sachkonzept einer ‚coincidentia oppositorum' übernommen hat, die Unterscheidung entwickelt haben, wie in verschiedenen Erkenntnisdimensionen das Widerspruchsprinzip unterschiedlich angewendet werden muß. Im primären Begriff des Dreiecks fällt der Unterschied zwischen dem gleichseitigen und ungleichseitigen Dreieck zusammen, an dem eine rationale Analyse der verschiedenen Dreiecksarten festhalten muß. Dieser Zusammenfall bedeutet aber nicht etwa eine Aufhebung des Widerspruchsprinzips, es bedeutet lediglich, daß es einen anderen Anwendungsbereich hat, wenn es auf einzelne Dreiecke oder Dreiecksarten angewendet wird, als wenn es auf die Sache ‚Dreieck' selbst angewendet wird. Die Sache ‚Dreieck' meint: die Summe der genau bestimmten Möglichkeiten, wie etwas Dreieck sein kann. Ihr widerspricht das, was nicht Dreieck sein kann, und nicht einzelne Realisationsformen des Dreiecksseins, die untereinander, nicht aber zum Sachbegriff ‚Dreieck' in Widerspruch stehen können. Das oft vorgetragene Urteil, die spätantiken Neuplatoniker, v.a. Proklos, und insbesondere Nicolaus Cusanus hätten die von Aristoteles an das Widerspruchsprinzip gebundenen Grenzen der Rationalität gesprengt, beachtet die von Aristoteles selbst durchgeführte Unterscheidung zwischen dem reinen Sachbegriff (*Analytica Posteriora* I, 4-5), der Gegenstand einer noetischen Erkenntnis ist, und einer auf die dianoetische Dimension bezogenen Anwendung des Widerspruchsprinzips nicht.

446 Zur Unterscheidung dieser Art von Begriffsbildung von bewußtseinsphilosophischen Begriffskonzeptionen s. auch das Kapitel ‚Zum Verhältnis von Sache und Begriff' in: Verf., Selbständigkeit und Abhängigkeit menschlichen Handelns bei Homer, 117-125.
447 Aristoteles, *Analytica Posteriora* I, 5, 74a35-38.
448 Zur Bedeutung des Innenwinkelsummensatzes für die Analyse des primären Allgemeinen in der platonisch-aristotelischen Erkenntnistheorie s. die grundlegende Arbeit von Markus Schmitz, Euklids Geometrie, v.a. 137-192.

schen Prinzipien in erster Linie nur, sofern sie bestimmenden Charakter für die Ausbildung des Konzeptes einer praktischen Philosophie haben, geht, darauf beschränken, die wichtigsten über diesen spezifischen Skopos hinausgehenden Folgerungen wenigstens einmal anzudeuten:

1. Dieses primäre Allgemeine ist nicht durch Abstraktion in einem nachkantischen Sinn gewonnen, sondern durch einen am Begriff des Etwas-Seins orientierten Unterscheidungsprozeß (sonst müßten auch die bestimmte Summe der Außenwinkel zum Allgemeinbegriff ‚Dreieck' gehören und der Mensch zum Begriff des Vaters, obwohl auch Nicht-Väter Menschen sind). Es ist also kein abstrakter Allgemeinbegriff.
2. Dieses primäre Allgemeine existiert nicht als ein, wie Aristoteles sagt ἓν τὰ πολλὰ καλά (hen para ta polla), als ein Einzelding neben anderen Einzeldingen[449], es ist also kein Gegenstand, auch kein idealer Gegenstand, kein ‚Standard' wie z.B. der Urmeter in Paris, denn der in ihm unterschiedene Sachgehalt umfaßt alle Realisierungsmöglichkeiten der Sache, des gleichseitigen z.B. genauso wie des ungleichseitigen Dreiecks[450]. Es ist Inbegriff der exakt bestimmbaren Möglichkeiten, wie etwas Dreieck sein kann.
3. Da dem primären Allgemeinen keinerlei Instanzcharakter zukommt, ist seine Seinsweise ausschließlich die eines einsehbaren Sachgehalts, es existiert nirgends als etwas konkret Einzelnes. Die methodisch richtige Erschließung dieses Sachgehalts vorausgesetzt, gibt es bei ihm im Unterschied zu allen anderen mehr oder weniger subjektiv überformten Denkakten keine Differenz zwischen dem, was er ist, und dem, als was er gedacht wird. Denken und bestimmtes Sein sind im Akt, in dem sie gedacht werden, identisch. Diese berühmte und wirkungsgeschichtlich mächtige Lehre des Aristoteles, die bei rein intellektiven Erkenntnissen die Identität des erkennenden Denkens mit dem gedachten Gegenstand behauptet, meint freilich nicht, die menschliche Vernunft sei identisch mit der allgemeinen Vernunft[451], sondern ist auf genau den Aspekt eingeschränkt, den Aristoteles in kritischer Analyse herausgearbeitet hat: daß es bei rein begrifflichen Sachgehalten, wenn sie richtig erkannt sind, keine Differenz zwischen Erkenntnis und Erkanntem geben kann. Diese Erkenntnis des primären Allgemeinen kann daher, wenn sie im Gang der Methode erreicht ist, täuschungsfreie, d.h.

---

[449] S. Aristoteles, *Metaphysik* VII, 8, 1033b19-21; VII 13, 1038b33 u.ö.
[450] Das Konzept des primären Allgemeinen impliziert in der Tat bei Aristoteles ein ‚Prinzip der Fülle', das auch modallogische Folgen hat, in sich selbst aber gerade nicht modallogisch begründet ist. S. dazu Jaakko Hintikka, Time and Necessity: Studies in Aristotle's Theory of Modality, Oxford 1973; und die vorzügliche Untersuchung von Sarah Waterlow, Passage and Possibility, Oxford 1982.
[451] Das ist die Lehre, die im Mittelalter (fälschlich) als Averroismus diskutiert wird.

wissenschaftliche, Sicherheit beanspruchen. Die für neuzeitliche Erkenntnistheorien fundamentale Kluft zwischen den Dimensionen des Subjektiven und Objektiven ist hier auf eine reflektierte und rational kontrollierbare Weise überwunden.

4. Deshalb kann Aristoteles sagen, daß das primäre Allgemeine trotz der Tatsache, daß es nicht existiert, d.h. keine gegenständliche Existenzweise hat, mehr Realität, mehr bestimmtes Sein habe als konkret existierende Sachinstanzen. Es gibt die Sache ‚Dreieck' zwar nicht als einen einzelnen, existierenden idealen Gegenstand, aber als die Summe der Sachbestimmungen, die immer und nur genau den einen einsehbaren Sachgehalt ‚Dreieck' bilden.

5. Das primäre Allgemeine ist genau *ein* Sachgehalt und auch in diesem Sinn nicht abstrakt allgemein, aber es ist der immer gleiche Sachgehalt, im Blick auf den alle Instanzen von Dreieck, das gleichseitige, ungleichseitige, erzene Dreieck usw., Dreieck genannt werden. Das heißt: alle diese Instanzen werden nur in dem Maß und in der Hinsicht, in der sie neben anderem auch Dreieck sind, in dem sie die Innenwinkelsumme von zwei Rechten haben, Dreieck genannt. Es ist also Orientierungskriterium der nicht-konfusen Prädikation und Ursache des immanenten Allgemeinen. Es ist Ermöglichungsgrund der Prädikation, nicht aber als es selbst Prädikat[452].

Dies erklärt auch, daß das diese verschiedenen Instanzen jeweils einzeln bestimmende Allgemeine, also das sog. immanente Allgemeine, weder mit dem primären Allgemeinen identisch ist, denn es realisiert immer nur eine der Möglichkeiten des primären Allgemeinen, es ist aber auch seinerseits kein prädikatives Allgemeines, denn die Hinsicht des primären allgemeinen Dreiecks, die z.B. im gleichseitigen Dreieck realisiert ist, ist nicht aussagbar von der Möglichkeit, Dreieck zu sein, die etwa für das ungleichseitige Dreieck bestimmend ist.

4 b   Das wissenschaftliche Allgemeine bei Aristoteles und die platonische Idee

Der Begriff des ‚primären', im eigentlichen Sinn wissenschaftlichen Allgemeinen, wie ihn Aristoteles entwickelt, steht nicht in Gegensatz zu dem, was Platon unter ‚Idee' versteht, sondern entspricht genau dem Aspekt, unter dem Platon die ‚Hypothesis des Eidos' zur Grundlage wissenschaftlicher

---

[452] Wie fest die Bindung des Allgemeinen an das abstrakt Allgemeine der Prädikation im philosophischen Denken bis heute verankert ist, sieht man auch daran, daß viele diesen reinen Sachgehalt selbst, den Aristoteles das primäre Allgemeine nennt, gar nicht als ein Allgemeines, als ein Universale gelten lassen wollen. So macht es z.B. Georg Wieland (Untersuchungen zum Metaphysikkommentar Alberts des Großen, München 1972, 45ff.) Albert sogar zum Vorwurf, daß er den Bezug zur Aussagbarkeit nicht zum Kriterium des Status des Universale gemacht habe, wenn er neben dem ‚praedicabile de pluribus' noch ein Universale unterscheide, das nichts als das, was eine Sache von ihr selbst her ist, bezeichne. Hier handele es sich überhaupt nicht um ein Universale.

Erkenntnis nimmt. Das verbreitete Vorurteil, das den Empiriker Aristoteles dem Idealisten Platon entgegensetzt, erweist sich, wenn man die sorgfältige Differenzierung der Allgemeinbegriffe bei Aristoteles berücksichtigt, als eine grobe Vermischung von Unterschieden, die Aristoteles wichtig waren. Anspruch, als Ergebnis einer wirklichen Textinterpretation zu gelten, hat es schon deshalb nicht, weil es einfach den Gegensatz, in dem sich die frühe Neuzeit gegenüber den ‚Universalienrealisten' des Mittelalters gesehen hat, auf den Unterschied von Aristoteles und Platon zurücküberträgt. Platon soll demnach abstrakten Begriffen den Status idealer Gegenständlichkeit gegeben haben, während Aristoteles darauf bestanden habe, das Allgemeine könne immer nur in den Einzeldingen selbst angetroffen werden, von dem wir es erst abstrahieren müssen.

Der Allgemeinbegriff, von dem dieses Vorurteil Gebrauch macht, ist nicht das wissenschaftliche, primäre Allgemeine, sondern das aus der Wahrnehmung gewonnene konfus-abstrakte Allgemeine, das auch nach Aristoteles keine Realität außerhalb unseres Denkens, und auch nicht in den Dingen hat. Es ist lediglich ein gemeinsamer Aspekt, unter dem wir mehreres zusammenfassen. Die Behauptung, daß dieses abstrakte Allgemeine nicht existiere, hat deshalb einen völlig anderen Sinn als die Behauptung, das primäre Allgemeine existiere nicht.

Daß dem abstrakt Allgemeinen keine ‚Realität' zukommt, heißt, daß es keinen Bezug auf genau eine Sache hat. Es hat keinen ‚Sachgehalt', denn eine Einheitshinsicht, unter der man mehreres zusammenfaßt, gilt eben deshalb für mehreres, sie unterscheidet nicht Individuen voneinander, sie garantiert nicht einmal, daß man überhaupt eine Individuengruppe und nicht zugleich viele Gruppen zusammengefaßt hat. Das ‚Aufrecht sich Bewegende' kann eben Mensch, Baum oder Telefonmast sein.

Die Behauptung, das primäre Allgemeine existiere nicht, hat einen anderen Sinn. Hier ist gemeint, daß das, was eine Sache von ihr selbst her ist, nicht zugleich (nur) eine einzelne existierende Instanz dieser Sache sein kann. Das gleichseitige Dreieck oder gar ein bestimmtes existierendes gleichseitiges Dreieck kann nicht alle Möglichkeiten, die in dem Sachbegriff ‚Dreieck' unterschieden sind, ‚realisieren'. Dieser Sachbegriff existiert also nicht im Sinn einer Verwirklichung in einer konkreten Einzelexistenz. Er ist aber, wie Aristoteles ausdrücklich hervorhebt, ‚wirklicher', d.h., er hat mehr Realitätsgehalt als jede Einzelinstanz (Aristoteles, *Analytica Posteriora* 1, 24), weil er nicht irgendeine Hinsicht ist, die sich jemand einfallen lassen kann. Durch den Nachweis, daß und wie alle seine Begriffsmomente genau und nur einen Sachunterschied konstituieren, hat er vielmehr den Charakter einer Denknotwendigkeit. Jeder, der diesen Unterschied erkennen will, muß ihn in genau dieser Bestimmtheit denken. Es ‚gibt' das primäre Allgemeine also im Sinn einer exakt unterscheidbaren Möglichkeit, wie verschiedene Momente eine Sache ausmachen können. Es hat, wie Platon sagt, eine ‚intelligible', eine einsehbare Realität und ‚existiert' auch nur in dieser Weise.

Dieser Unterschied zwischen der Sache selbst und ihren möglichen Instanzen ist aber, das hoffe ich wenigstens im wesentlichen belegt zu haben, genau der Unterschied, den Platon mit seiner ‚Hypothesis des Eidos' einführen wollte. Die vielen Beispiele, daß jedes einzelne immer zugleich es selbst und nicht es selbst sei, die Platon in vielen Dialogen diskutiert, zielen immer spezifisch auf die Differenz von Sache und Instanz. Daß jedes Doppelte zugleich ein Halbes sei, heißt ja, daß man an keinem konkret existierenden Doppelten – selbst wenn es in der Existenzform einer exakt gedachten Zahl besteht – erkennen kann, was die Sache ‚Doppeltsein' von ihr selbst her und nur als sie selbst ist. Doppeltsein ist überhaupt nur dann als etwas Bestimmtes – und damit ‚Reales' – denkbar, wenn es sich als ein bestimmter Sachunterschied erkennen läßt. Ist die gedankliche Möglichkeit, etwas als Synthese einer Einheit mit sich selbst zu begreifen, präzise unterscheidbar, dann ‚gibt' es die Sache, das ‚Eidos' des Doppeltseins. Aber es gibt sie dann natürlich nicht als eine konkrete Existenz, sondern als etwas Einsehbares, Begreifbares.

Aristoteles' Ausführungen über den Begriff des primären Allgemeinen in seiner Wissenschaftstheorie der *Analytica Posteriora* stehen also nicht nur nicht in Gegensatz zur platonischen Ideenlehre, sie entfalten vielmehr den Aspekt dieser Ideenlehre, von dem her sie Grundlage der rationalen Absicherung unserer (auf vielen möglichen Wegen, durch Wahrnehmungen, Meinungen usw. gewonnenen) Erkenntnisse ist.

4 c Das wissenschaftliche Allgemeine und die Bestimmung von Individualität

Die Unterscheidung zwischen immanentem und primärem Allgemeinen bietet eine gute Gelegenheit, auf einen weiteren möglichen Einwand in Bezug auf die heuristische Valenz dieser Verfahrensweise bei der Bestimmung von Individualität und des individuellen Charakters von einzelnen Menschen einzugehen.

Man könnte ja geltend machen, daß das verwendete Beispiel (und damit auch die ganze Methodik) bezogen ist auf die Möglichkeit der Erkenntnis eines allgemeinen Sachverhalts (Dreiecksein) und nicht erklärt, wie über die Ebene der Definition von Gattungen und Arten hinaus das für eine individuelle Instanz Wesentliche vollständig ermittelt werden kann.

Da diese Aufgabe komplex und langwierig ist (– allerdings nicht deswegen, weil das individuelle Einzelne im Unterschied zur Art in einer schier unermeßlichen Weise höher bestimmt wäre als die ‚noch nur begriffliche' Art, sondern viel eher deswegen, weil bei Einzeldingen die individuell-spezifische Sachbestimmtheit sozusagen unter vielerlei Sachfremdem begraben und verborgen ist, weshalb der Prozeß der Aussonderung aller sachfremden Elemente langwieriger ist als bei der – sich nur und von vornherein im rein Begrifflichen bewegenden – Bestimmung der Art), können hier nur einige Grundlinien angedeutet werden:

Wie die im letzten Kapitel besprochene Textstelle aus den *Analytica Posteriora* zeigt, ist die Erschließung der sachlichen Einheit, auf die einzelne Instanzen als auf das sie bestimmende Allgemeine zurückgeführt werden, kein Verfahren, das zu einer kontinuierlichen Abnahme des inhaltlichen Gehalts des erkannten Begriffs bis hin zu einer vollkommen unbestimmten Abstraktheit führt. Im Gegenteil, im Lauf der Analyse nimmt die Bestimmtheit der Sache, die der in den einzelnen Instanzen auf verschiedene Weise verwirklichte Wesenskern ist, zu. Das Ergebnis ist ein Begriff, der gegenüber den Instanzen, von denen die Erkenntnissuche ausgegangen war, konkreter, mehr bestimmt ist, mehr zu einer Einheit zusammenstimmende Inhalte in sich umfaßt.

Das wirkliche oder primäre Allgemeine wird ja nicht in einem Abstraktions-, sondern in einem Unterscheidungsprozeß gewonnen. Wenn man auf diese Weise etwa alles ausgeschlossen hat, was der Mensch mit anderem, etwa mit Pflanzen und Tieren, gemeinsam hat, und als das für ihn als Menschen Spezifische seine Rationalität erfaßt hat, bildet dieser Begriff ein Kriterium, mit dessen Hilfe man in immer neuen Erfahrungen mit Menschen alles das sammeln kann, was an ihnen wirklich menschlich ist: daß sie Arithmetik, Geometrie[453], Musik, Astronomie treiben, daß sie Staaten gründen, Gerechtigkeit üben, Dichtung und Künste hervorbringen usw. Alles dies gehört wirklich zu einem Begriff und ist nicht der Gefahr der Konfusion ausgesetzt, mit der man beim Abstrahieren von Einzelgegenständen rechnen muß. Denn wer einfach das sucht, was er an vielen konkreten Einzelmenschen als etwas ihnen allen Gemeinsames findet, wird Merkmale finden, die ebensogut dem Menschsein wie dem Pflanzen- oder Tiersein dieser Menschen zugehören. Unsere Gene haben wir, wie wir inzwischen belehrt sind, sogar zu 98% mit den uns am nächsten verwandten Affenarten gemeinsam. Begriffe, die man in dieser Weise durch Abstraktion gewonnen hat, müssen also zwingend dazu führen, daß man überhaupt nicht mehr in der Lage ist, Menschsein und Nicht-Menschsein zu unterscheiden.

Daß der primäre Allgemeinbegriff des Menschen kein leerer, sondern ein komplex bestimmter Begriff ist, gibt zugleich einen Hinweis darauf, daß kein einzelner Mensch alle Möglichkeiten, die im Menschsein in allgemeinen angelegt sind, zu verwirklichen in der Lage sein kann.

---

[453] Die Beschäftigung mit der Mathematik als Wissenschaft galt in der Antike in paradigmatischer Weise als Zeichen des Menschlichen im Menschen. Man kann etwa an die Anekdote erinnern, die Vitruv von dem Philosophen Aristipp überliefert. Als er nach einem Schiffbruch an ein unbekanntes Ufer geworfen worden sei, dort aber geometrische Figuren im Sand entdeckt habe, die ein geometrisches Beweisverfahren veranschaulichten, habe er ausgerufen: „bene speremus. Hominum enim vestigia video." („Laßt uns guter Hoffnung sein, denn ich sehe die Spuren von Menschen.") In ähnlichem Sinn sagt Platon in der *Politeia*, daß, wenn jemand überhaupt ein Mensch sein soll, er Kenntnisse in Arithmetik besitzen müsse, (Platon, *Politeia* 522e). S. dazu die schöne Erläuterung bei Reinhard Brandt, Philosophie in Bildern, Köln 2000, 194-200.

Individuen sind also gegenüber den Arten, deren Instanzen sie sind, Konkretisationen, d.h. wörtlich genommen: Einschränkungen der inhaltlichen Bestimmtheit und ‚realisieren' nur einen ‚Teilausschnitt' des Begriffsinhalts des Allgemeinbegriffs.

Dieser bestimmende Teilausschnitt ist im Unterschied zu dem Ganzen der Sacheinheit, das als primäres Allgemeines bezeichnet werden kann, das immanente, d.h. in einem Einzelnen realisierte Allgemeine.

Wichtig ist dabei, daß ‚Teilausschnitt' nicht in rein quantitativem Sinn verstanden werden darf, in dem Sinn, daß sich dieser Teilausschnitt zu dem Ganzen der Möglichkeiten der Sacheinheit verhält wie ein Stück eines Kuchens zum ganzen Kuchen. Denn die sachliche Einheit ist, wie sich auch aus der Beschreibung der Ermittlung des primären Allgemeinen ergeben hat, nicht einfach eine Summe nebeneinander gesetzter Momente, sondern eine Einheit, in der ein jeder Teil in einer bestimmten Relation zu den anderen Teilen und zu dem Ganzen steht. Nur unter dieser Voraussetzung kann das unterscheidende Erfassen eines einzelnen Aspekts dieser Sacheinheit in methodisch geordneter Weise den Ansatzpunkt zur Erschließung der Einheit der Sache bilden.

Die individuelle Bestimmtheit eines jeden Menschen ist also immer ein bestimmter Ausschnitt aus den in der sachlichen Einheit des Begriffs ‚Mensch' umfaßten menschlichen Möglichkeiten, und der individuelle Charakter (=das immanente Allgemeine eines einzelnen Menschen) wird dementsprechend durch eine Reflexion auf die allgemeinen menschlichen Möglichkeiten ermittelt. Bei der Analyse der einzelnen Verhaltensweisen eines Menschen ist diese Sacheinheit menschlicher Möglichkeiten überhaupt der leitende Maßstab. Dies kann sie deshalb sein, weil jeder einzelne Aspekt, der an ihr unterschieden wird, in bestimmter Weise auf das Ganze bezogen ist, einen bestimmten Platz in dem aus Teilen synthetisierten Ganzen hat, und weil von dieser spezifischen Relation ausgehend mit Notwendigkeit in rationaler Weise auf das Ganze geschlossen werden kann.

Dabei ist es die eigene Leistung des Einzelnen, seine Anlagen in der Weise auszubilden, daß er dem, was im eigentlichen Sinn ausmacht, ein Mensch zu sein und was den Menschen vom Tier unterscheidet, möglichst nahe kommt. Das bedeutet nichts anderes, als eine in höchstem Maß differenzierte charakterliche Einheit zu formen und diese zu dem zu machen, was die eigenen Handlungen prägt, soweit das einem Wesen möglich ist, das sich handelnd in der Erfahrungswelt und einem gesellschaftlichen Kontext bewegt.

In diesem Sinn ist wirkliche Freiheit nichts, was dem Einzelnen immer schon als unveräußerbares (und das muß ja auch meinen: weder erwerbbares noch verlierbares) Grundrecht ‚gebrauchsfertig' zur Verfügung steht, sondern eine Aufgabe, die erst in eigener Anstrengung bewältigt werden muß. Individualität und individueller Charakter müssen von dem einzelnen Menschen ausgebildet und vervollkommnet werden.

Eine staatliche Gemeinschaft soll für die Bewältigung dieser Aufgabe nicht nur die äußeren Bedingungen schaffen, sondern der Staat ist, wenn man darunter die geordnete Einheit aller dem Menschen spezifischen Möglichkeiten in ihrem einander ergänzenden, auf ein gemeinsames Zentrum gerichteten Zusammenwirken versteht, zugleich auch das Kriterium, an dem sich die Betätigungen der einzelnen Individuen bei der Bewältigung der ihnen gestellten Aufgabe der ‚Selbstverwirklichung' und der Verwirklichung der eigenen individuellen Freiheit orientieren können.

Sieht man von unserem geläufigen Verständnis ab, das im Staat nichts anderes sieht als die Konkretisation vernünftiger Ideen zur Regelung des Zusammenlebens in Institutionen und politischen wie rechtlichen Instanzen, ist eine derartige Identifizierung mit dem ‚allgemeinen Menschsein' oder der ‚Idee des Menschen' rational nachvollziehbar: Beides, ‚Staat' und ‚Idee des Menschen', meint nämlich dann eine Ordnung, ein geordnetes Miteinander der Aktualisierung von sachlichen Möglichkeiten, die für den Menschen als einem mit Ratio und Intellekt begabten Lebewesen spezifisch sind.

Legt man einen derartigen primären Allgemeinbegriff zugrunde und unterscheidet diesen von einem abstrakten Allgemeinbegriff – also einem Begriff, den wir aus der Beobachtung einzelner Menschen und ihrer Verhaltensweisen durch Abstraktion gewinnen und nach dem wir in Verfassungen, positivem Recht, Verwaltungsinstanzen, politischen Entscheidungs- und Exekutiv-Institutionen, Gerichten (usw.) die äußeren formalen Strukturen des Zusammenlebens organisieren –, dann ist es kein Widerspruch oder Paradox zu behaupten, der Staat sei für jeden Einzelnen das Ziel seines egoistischen Strebens nach Selbstverwirklichung und außerdem die ‚Materie', also das, was die *conditio sine qua non* für die Erreichung des individuellen Glücks des Einzelnen ist, die sich der Einzelne zunutze machen kann und die für ihn und um seinetwillen da ist. In dieser zweiten Bedeutung ist das Ganze für die einzelnen Teile da und später als diese, in der ersten Bedeutung hingegen ist das Ganze Prinzip und Ziel der Teile, auf das diese hin angelegt sind und das das Zentrum ihrer Ordnung ist, zu dem die einzelnen Teile in ihren unterschiedlichen Aktivitäten tendieren, das sie also – als Möglichkeitsraum ihres Handelns – voraussetzen müssen.

Die Auffassung, es gebe nur die Alternative, zwischen einer ‚atomistischen' (‚das Recht des Einzelnen hat Vorrang') und einer ‚holistischen' (‚das Recht des Ganzen hat Vorrang') Staatskonzeption zu wählen, ist also für die platonische und aristotelische Staatstheorie zu undifferenziert. Denn in ihrem Sinn ermöglicht das Ausgehen vom Ganzen, die spezifische Verschiedenheit jedes Einzelnen in den Blick zu bekommen und die Vielfalt der Möglichkeiten, wie ‚Mensch-Sein' verwirklicht werden kann, in ihrem jeweiligen Eigenwert zu berücksichtigen und zu schützen. Weit entfernt davon, die subjektive Besonderheit als potentielle Ursache des „Verderben[s] der gesellschaftlichen Ordnung" aus dem Staat eliminieren zu wollen[454] oder die subjektive Freiheit der Individuen für nichts geachtet zu haben[455], betrachten Platon und Aristoteles die Freiheit und Individualität der einzelnen Bürger nicht als unterschiedslos gleiche ‚Massepunkte' und ihr Verhältnis und Interagieren untereinander dementsprechend nicht als berechenbare Wechselwirkungen zwischen Massepunkten, sondern entwickeln ein Konzept eines ‚geordneten Pluralismus', eines Staates, wie er ein in sich vielgestaltiges, aber harmonisch geordnetes Ganzes sein kann.

Wenn unter dem Recht des Einzelnen und dem Recht des Ganzen die Verwirklichung der spezifischen Möglichkeiten und damit des größtmöglichen und ‚individuellsten' Glückes des Einzelnen bzw. des Ganzen verstanden wird, dann fällt die Verfolgung dieser Ziele – das ist die platonische These – nicht auseinander und kann untereinander nicht in Konflikt geraten. ‚Totalitär' ist das Einfordern des Rechts des Ganzen bzw. ‚partikularistisch' oder ‚lobbyistisch', d.h. egoistisch und letztlich gemeinschaftsschädigend, ist das Einfordern des Rechts des Einzelnen nur dann, wenn diese Bestrebungen selbst fehlgeleitet sind und nicht in einem umfassenden und reflektierten Sinn dem Erreichen ihrer Ziele dienen.

5   Individuelles Glück und Gerechtigkeit im Staat

Aus den psychologischen und anthropologischen Analysen Platons lassen sich folgende Konsequenzen für das Verhältnis der drei Teile in der Einzelseele und im Staat zueinander ableiten:
1. Jeder Mensch hat nach Platon grundsätzlich die Möglichkeit, in allen drei seelischen Ebenen und in allen Staatsklassen aktiv zu sein. Er ist dabei zwar gewiß durch Anlage, Vererbung, Gewohnheiten, Erziehung usw. vorgeprägt, prinzipiell aber hat jeder dasselbe eine Unterscheidungsvermögen in sich und damit auch die Befähigung, dieses Vermögen in allen seinen Aspekten auszubilden – soweit es dem Menschen möglich ist.
2. Dem grundsätzlichen Staatsziel entsprechend, daß der Staat diejenige Organisationsform sein soll, die allen eine optimale Verwirklichung und Betätigung ihrer Vermögen ermöglicht, ist derjenige Zustand der menschlichen Seele bzw. des Staats der beste, in dem alle drei Stände bzw. alle Grundmöglichkeiten menschlichen Erkennens so zusammenwirken, daß jeder seine eigenen Kompetenzen voll entfaltet und dort, wo er nicht kompetent ist, aus freier Einsicht die Kompetenz an die anderen abgibt.

---

[454] Hegel, Grundlinien der Philosophie des Rechts (in: Theorie-Werkausgabe, Bd. 7, 6.2000), § 206.
[455] Hegel, Grundlinien der Philosophie des Rechts, § 262.

Dieser Zustand ist nach Platon ein Zustand, der das Prädikat ‚Gerechtigkeit' verdient. Denn Gerechtigkeit heißt für Platon einfach, daß jeder das ihm Gemäße tut. Dieses ‚Tun des Seinen' versteht Platon ausdrücklich nicht äußerlich, so als ob ein Schuster immer nur Schuhe machen, ein Lehrer immer nur lehren, ein Arzt nur heilen dürfe (daraus könnte man ja auch, wenn man in sophistischer Weise nur den Wortlaut beachtet, folgern, daß ein Dieb immer nur stehlen dürfe und dadurch nach Platon auch noch gerecht sei), sondern er versteht es innerlich:

> „In Wahrheit war aber die Gerechtigkeit, wie sich zeigte, zwar etwas dieser Art, aber nicht an den äußeren Handlungen in Bezug auf das, was dem Menschen gehört, sondern an der wahrhaft inneren Tätigkeit in Absicht auf sich selbst und das Seinige, indem einer nämlich jegliches in ihm nicht Fremdes verrichten läßt, noch die verschiedenen Kräfte seiner Seele sich gegenseitig in ihre Geschäfte einmischen, sondern jeglichem sein wahrhaft Angehöriges beilegt und sich selbst beherrscht und ordnet und Freund seiner selbst ist und die drei in Zusammenstimmung bringt (...) und auf alle Weise einer wird aus vielen." (Platon, *Politeia* 443c9-e3 [Übersetzung von Friedrich Schleiermacher])

3. Im Sinn dieses Gerechtigkeitsprinzips gibt es Aspekte der Gleichberechtigung (der Gleichheit *per analogiam*) und Aspekte einer hierarchischen Ordnung unter den Ständen.

Das gleiche Recht für alle besteht eben darin, daß jeder, bzw. in der Psyche: daß jedes Vermögen das Recht hat, sich in dem, was es kann und wofür es zuständig ist, uneingeschränkt zu entfalten. Ob der Wein rot oder weiß, süß oder sauer ist, harmonisch oder disharmonisch schmeckt, und ob er ein Genuß für den, der ihn schmeckt, ist oder nicht, darüber belehrt nicht die Vernunft die Wahrnehmung, sondern hier ist die Wahrnehmung ganz in ihrem Recht. Diese Kompetenz und dieses volle Daseinsrecht wird vom Platon der Sinnlichkeit nirgends bestritten, so oft man auch das Gegenteil liest.

Es ist gerade diese Zuordnung auch der Wahrnehmung zu den, wenn auch nicht in jeder Hinsicht, so doch in beschränkter Weise freien und aus sich selbst aktiven Erkenntnisvermögen, die Platons Verhältnis zu Sinnlichkeit und Gefühl erheblich differenzierter und milder macht, als es die Radikalität auf abstrakten Dichotomien beruhender stoisch-neostoischer Positionen zuläßt. Insbesondere gibt es durch die Erfassung und Bewertung der aktiven Erkenntnisleistung auch von Wahrnehmung und Gefühl bei Platon nicht das Verhältnis einer willkürlichen Herrschaft des Verstandes (bzw. der Regierenden) über die Sinnlichkeit (bzw. über die unteren Klassen).

Ganz anders lautet das Urteil etwa bei Kant:

> „Das Passive in der Sinnlichkeit (...) ist eigentlich die Ursache alles des Übels, was man ihr nachsagt. Die innere Vollkommenheit des Menschen besteht darin: daß er den Gebrauch aller seiner Vermögen in seiner Gewalt habe, um ihn seiner f r e i - e n   W i l l k ü r zu unterwerfen." (Kant, *Anthropologie in pragmatischer Hinsicht* B 32)

Die gewisse, äußerliche Ähnlichkeit dieser Position zu der Platons hat leider bis heute die substantiellen Differenzen verdeckt, die sie von Platon trennen und ist nicht zuletzt für den Totalitarismusvorwurf, den Popper gegen Platon erhebt, verantwortlich[456].

Im Unterschied zu dieser Anmutung einer völligen Entrechtung der blinden Sinnlichkeit durch den allein urteilenden Verstand geht es bei Platon um eine gerechte Aufteilung der Kompetenzen. Denn Probleme mit der Sinnlichkeit entstehen für Platon nur dann, wenn die Sinnlichkeit den Bereich ihrer Kompetenz überschreitet und auch dort mitbestimmen will, wo sie tatsächlich blind ist. In diesen Fällen gibt es nach Platon wirklich eine Pflicht zur Unterordnung und (in diesem Sinn) auch die Notwendigkeit der Ungleichheit im Staat[457]. Wenn die Zunge nicht nur sagen will, daß der weiße Wein süß und angenehm schmeckt, sondern auch, daß dieses Angenehme in jeder Weise und vor allem anderen zu erstreben sei, dann überschreitet sie ihre Kompetenzen und wird – aber eben auch erst jetzt – zum möglichen Unglück des Ganzen. Denn über gesund und ungesund entscheidet der Arzt oder der vom Arzt Belehrte, d.h., hier entscheidet der, der das Ganze überblickt, und nicht der, der nur für einen Einzelaspekt kompetent ist. Kompetent und deshalb entscheidungsbefugt ist derjenige, der das wirklich Beste (βέλτιστον, *beltiston*) erkennt und danach strebt. So ist es nicht der Koch, der das für den Körper wirklich Zuträgliche empfiehlt, weil er nur auf das momentan Angenehme blickt, sondern der heranzuziehende Ratgeber ist der Arzt, wie Platon im *Gorgias* sagt (Platon, *Gorgias* 464d3ff.).

Dasselbe gilt im Staat, wenn der General anordnen will, wie die Staatsfinanzen zu gestalten sind, wenn der Fahrzeughersteller bestimmt, wie viele Straßen gebaut werden sollen, oder wenn die Unternehmer oder Aufsichtsräte von Wirtschaftskonzernen sagen, wieviel Geld für die Bildung ausgegeben werden soll. In allen diesen Fällen hat nach Platon die Vernunft das letzte Wort, weil sie die einzige Instanz ist, die von allen anderen Belehrung empfangen, d.h., die die Unterscheidungsakte aller anderen Vermögen erfassen und zueinander in Beziehung setzen, zwischen ihnen unterscheiden und werten kann, und die über die Bedürfnisse des Ganzen umfassend, weil frei und ungebunden, urteilen kann. Das Auge dagegen läßt sich nicht von der Vernunft belehren, sondern sieht zum Beispiel die Sonne immer klein,

---

[456] S. Karl Popper, Die offene Gesellschaft und ihr Feinde, Bd. 1, Der Zauber Platos, Tübingen ²1992. Eine fundierte Kritik an Poppers Totalitarismusvorwurf gegen Platon gibt Wolfgang Bernard, Vorüberlegungen zu einer Neuinterpretation der Platonischen Staatstheorie, in: Barbara Bauer u. Wolfgang G. Müller (Hgg.), Staatstheoretische Diskurse im Spiegel der Nationalliteraturen von 1500 bis 1800, Wiesbaden 1998, 23-39.

[457] Ebenso um die Abgrenzung von Kompetenzbereichen, aber bezogen auf die Unterscheidungsakte selber, geht es im sog. Fingerbeispiel (Platon, *Politeia* 523c4-524d1): dort ist es die Seele, die wegen der Widersprüchlichkeit der von der Wahrnehmung gelieferten ‚Daten' die *Noêsis*, den Intellekt, zur Hilfe ruft (z.B. Platon, *Politeia* 524b4f.), ohne daß dadurch die Wahrnehmung in ihrem Wert oder der Freiheit der Ausübung ihrer Potenzen eingeschränkt würde.

und das tut auch nicht der Unternehmer oder Bankier, bei dem, wie Platon formuliert, die Besitzbegierde auf dem Thron und die Vernunft zu ihren Füßen sitzt, und die Vernunft nun nur noch dafür gut ist zu erkennen, wie aus wenig Geld mehr wird (Platon, *Politeia* 553cf.).

Unter der Voraussetzung, daß jeder Seelenteil seine eigenen Aktivitätsmöglichkeiten nicht defizitär, sondern vollendet entfaltet, macht diese Unterordnung und dieses gegenseitige Aufeinander-Hören nach Platon keine Probleme. Die Seelenteile, die ja alle erkennen können, tun dies dann in freier Übereinstimmung (*homodoxia*, ὁμοδοξία). Die optimal ausgebildete Zunge etwa, die ihre Erkenntnisfähigkeiten differenziert entwickelt hat, wird auch die vollendete Lust zum Beispiel am differenzierten Schmecken des Weins empfinden. Sie hat also im Bezug auf sich selbst höchste Lust und ist darin zufrieden. Sie hat aber auch keine Probleme, auf die Vernunft zu hören. Denn die Grenze, die sie sich selbst setzt, ist, daß sie zu trinken aufhört, wenn sie Geschmack und Geruch des Weins nicht mehr gut unterscheiden kann und deshalb ihr Genuß verringert wird. Diese Grenze macht es ihr leicht, auf die Vernunft zu hören und nur soviel zu trinken, wie der Gesundheit des Ganzen zuträglich ist. Aufgabe der Erziehung ist es deshalb nicht, an die Pflicht, das sinnliche Angenehme überhaupt gering zu schätzen, zu appellieren, sondern daran, nur das wirklich Angenehme zu genießen.

So finden wir auch hier – wie bei Homer – dieses scheinbare Paradoxon, daß der tatsächlich größte Egoismus, d.h. das Streben nach der höchsten und differenziertesten Eigenlust, zugleich der beste Dienst am Ganzen ist, denn es ist die Verwirklichung der einen Unterscheidungsfähigkeit und in diesem Sinn der einen Vernunft in einer bestimmten Verwirklichung, ‚Instanziierung'.

Dafür, daß Platon mit der These, daß jeder dann, wenn er das Seine tut, auch für das Ganze am besten sorgt, etwas Wichtiges gesehen hat, kann man noch viele Argumente aus dem platonischen Text anführen, ebenso wie dafür, daß ein Abweichen von diesem ‚das Seine Tun' immer eine Einbuße an Lust und Glück bedeutet, so daß in der Tat niemand freiwillig abweicht, sondern nur – wie Platon formuliert (Platon, *Politeia* 413b1-c4) – *bestohlen* (sc. durch Überredung oder Vergessen), *bezaubert* (sc. durch Lust oder Angst) oder *gezwungen* (sc. durch von außen verursachten Schmerz und Leid).

Den Unterschied dieser platonischen Einstellung zur Sinnlichkeit erkennt man besonders deutlich, wenn man die uns gewohnte Platon-Deutung dagegen hält. Reinhart Maurer[458] geht z.B. mit der *communis opinio* davon aus, daß „die drei hauptsächlichen Seelenkräfte" bei Platon die „begehrliche

---

[458] Reinhart Maurer, Innere Verfassung und Black Box. Thesen über das moderne Interesse an Platons ‚Staat', in: Günter Abel u. Jörg Salaquarda (Hgg.), Krisis der Metaphysik, Berlin/New York 1989, 469-480.

Triebsphäre", der „affektive Wille" und die „dialektisch synoptische Vernunft"[459] seien. Von dieser Deutung her schließt Maurer zu Recht, daß

> „nach Platon allein die Vernunft in der Lage <sei>, das immer drohende Chaos der begehrlichen Antriebe (...) lenkend zu ordnen (...). Denn allein Vernunft kann die menschlichen Antriebskräfte überschauen und hinweisen auf einen nicht bloß aus deren Geschiebe heraus gesetzten Normgrund, der zugleich Seinsgrund ist: Metaphysik als zugleich ontologische und axiologische Bemühung um die Idee...".[460]

Die Tatsache, daß diese in Wahrheit einem stoischen Dogmatismus verpflichtete Interpretation wegen ihrer scheinbaren Ähnlichkeit mit der platonischen Position und des scheinbar gemeinsamen Abwehrkampfes der Metaphysik gegen einen skeptischen Relativismus vielen inzwischen als die klassische Auslegung des Platonismus gilt, hat nicht wenig dazu beigetragen, daß der Platonismus für einen sinnenfeindlichen und naiv ontologischen Idealismus gehalten wird.

Dagegen ist aber zu sagen, daß diese Auslegung erstens die Sinne um den ihnen von Platon mit guten Gründen zugesprochenen Anteil an Vernunft bringt, und Sinne und Gefühl damit in einen abstrakten und kategorischen Gegensatz zur Vernunft setzt. Die Folge davon ist, daß die Sinne grundsätzlich als chaotisch und blind erscheinen und von Wille und Verstand bekämpft werden müssen.

Bei Platon dagegen sind die Sinne, wenn sie die ihnen gemäßen Qualitäten erfassen, nicht blind, sondern erkennen zuverlässig. Die dabei erfahrene Lust ist förderlich und erwünscht und muß nur dann begrenzt werden, wenn sie, d.h. der Mensch, der sich auf sie fixiert, ihre Kompetenzen überschreitet. Die Begrenzung dieses verzerrenden Anspruchs der Sinnlichkeit geschieht aber in dem Fall, den Platon für den idealen und richtigen hält, nicht durch einen bloßen Willensakt, sondern durch die Erfahrung einer höheren Lust. Das Kind, das die Puppe nicht mit der Freundin teilen will, muß nicht zur Erfüllung seiner *Pflicht* zu teilen, erzogen werden, sondern es muß ihm die Erfahrung vermittelt werden, daß es schöner, lustvoller ist, die Puppe mit der Freundin gemeinsam zu haben, als allein mit der Puppe zu sein. Erziehung heißt, das wirklich Angenehme schmecken zu lehren, wie Aristoteles in der *Nikomachischen Ethik* (X, 1, 1172a16-b2) gut platonisch sagt.

Die ‚Entrationalisierung' der Sinnlichkeit ist aber nur die eine Seite dieser stoisch-neostoischen Platon-Auslegung. Sie teilt mit der Stoa auch einen naiven Dogmatismus. Denn es ist zwar richtig, daß die Vernunft für Platon ein ‚Normgrund' ist. Dieser Normgrund wird aber nicht spekulativ erschlossen als ein die ganze Welt durchwaltender Logos (ob er ihr immanent zugrunde liegt, wie die antike Stoa denkt, oder ob er sie von einer äußerlichen Transzendenz her ganz durchdringt, wie es dem Christentum – kaum

---

[459] Ebenda, 472.
[460] Ebenda, 472f.

zu Recht – zugeschrieben wird), sondern er wird erschlossen durch eine reflexive Aufklärung der Prinzipien und Kriterien, nach denen sich das Denken bei seinen Akten richtet. Es ist erst die Einsicht in die Tatsache, daß wir diese Kriterien nicht erfinden, sondern finden, und daß sie nicht nur für eine jeweils subjektive Vernunft, sondern für jede Vernunft, sofern sie vernünftig tätig ist, gelten, die dazu führt, in diesen in jeder Vernunft vorausgesetzten Kriterien (etwa von Einheit, Vielheit, Ganzheit, Teil, Verschiedenheit, Identität, Zahl usw.) etwas zu sehen, was seine Bestimmtheit in und aus sich selbst hat und in diesem Sinn ein eigenes, rein intelligibles, d.h. allein in seiner Einsehbarkeit bestehendes, Sein hat.

Von diesem ‚Sein' kann dann nicht gedacht werden, es durchdringe die ‚Wirklichkeit' in all ihren Erscheinungen. Warum sollte denn alles in vollkommener Weise Einheit, Ganzheit, Identität, Gerade, Kreis usw. sein, wo wir doch sehen, daß die ‚Wirklichkeit' in aller Regel nur aus größeren oder geringeren Abweichungen davon besteht? Das heißt: das intelligible Sein ist bei Platon kein Weltenlogos, sondern eine ‚Welt des Einsehbaren'. Diese ‚Welt' wird beim Erkennen aber tatsächlich immer vorausgesetzt. Woran etwa wollte man erkennen, was eine Spirale oder andere noch unregelmäßigere Figuren sind, wenn man nicht wüßte, was Kreis und Gerade als (rational) einsehbare Sachgehalte sind?

6 Selbsterhaltung und individuelles Glück: zum Unterschied zwischen Überleben und gutem Leben – Einführung in einen Grundunterschied der Staats- und Wirtschaftstheorie bei Platon und Aristoteles und in der Neuzeit

6 a. „Das Interesse bestimmt die Theorie": Das stoisch-neostoische Willenskonzept und seine Bedeutung für die Wirtschaftstheorie bei Adam Smith und die Staatstheorie bei Thomas Hobbes

Wegen der vielen Verstellungen und Verzerrungen, denen die platonische Staats- und Gesellschaftsauffassung – immer noch – ausgesetzt ist, weil sie immer wieder in einer Perspektive gedeutet wird, deren Ursprung das stoisch-neostoische Willenskonzept ist, möchte ich noch einmal auf einige Folgen eingehen, die sich aus diesem Konzept für das Menschenbild in der neueren Staats- und Wirtschaftstheorie ergeben. Erst in Abgrenzung gegen dieses ‚Gegenbild' kann das Eigentümliche der platonischen Auffassung vor ständigen Vermischungen oder unberechtigten Entgegensetzungen bewahrt werden.

Der sich selbst bestimmende Mensch der Neuzeit bildet ja angeblich den Gegensatz zu einer Anthropologie, die glaubt, den Menschen noch aus einer ihm wesentlichen, eigenen Natur heraus verstehen zu können. Der Aufweis der unbestimmten Offenheit des Menschen erscheint von dieser Opposition her als der selbstkritische Verzicht auf den Entwurf eines universalen Begriffs vom Menschen in allen seinen Aspekten und Möglichkeiten. Berechtigt scheint bestenfalls noch, den Menschen in den Zugangsweisen der verschiedenen wissenschaftlichen Disziplinen jeweils unter einem bestimmten funktionalen Gesichtspunkt zu betrachten, so daß sich in der Summe das Gesamtbild des Menschen als Aggregat verschiedener Funktionen oder gesellschaftlicher Rollen zusammensetzen läßt, immer aber unter der Bedingung, daß sie ihre Aussagen und Schlußfolgerungen auf den ihnen eigentümlichen Gegenstandsbereich beschränken.

Bei dieser alle Metaphysik abwehrenden Beschränkung auf das empirisch Zugängliche bleiben die eigenen Basisannahmen ohne kritische Reflexion, sie werden vielfach überhaupt nicht wahrgenommen.

An zwei Beispielen möchte ich versuchen, die Abhängigkeit der ‚Anthropologie der Unbestimmtheit und Offenheit' von den erkenntnistheoretischen Prämissen, die sich aus der stoisch-neostoischen Vorordnung der Interessen und des Willens vor das theoretische Erkennen ergeben, zu explizieren: am Beispiel des klassischen Wirtschaftsliberalismus Adam Smiths und, als Ergänzung dazu, am Beispiel der Rolle, die das Streben nach Selbsterhaltung als Grundcharakteristikum des Menschen in der Staatstheorie Thomas Hobbes' hat.

Ich beginne mit Adam Smith[461]. Adam Smith vertritt bekanntlich die These, das eigentlich bewegende Motiv menschlichen Handelns sei, nach dem ei-

---

[461] Ich entwickle den Gedanken zu diesem Konzept dabei im wesentlichen in Auseinandersetzung mit einer These von Reiner Manstetten. Manstetten hat in einer interessanten Studie (Das Menschenbild der Ökonomie. Der homo oeconomicus und die Anthropologie von Adam Smith, Freiburg/München 2000) die Begrenztheit einer rein ökonomischen Betrachtung des Menschen zu sprengen versucht und der funktional eingeschränkten Theorie der gegenwärtigen Ökonomie das umfassendere Menschenbild Adam Smiths entgegengestellt. Ähnlich widerspricht auch Elias L. Khalil der Auffassung, die moderne Ökonomik und das Modell des Marktmechanismus ließen sich unmittelbar auf Adam Smith und seine Theorie von der ‚unsichtbaren Hand' zurückführen (Beyond Natural Selection and Divine Intervention: The Lamarckian Implication of Adam Smith´s Invisible Hand, in: Journal of Evolutionary Economics 10, 2000, 373-393 – s. außerdem ders., Making Sense of Adam Smith´s Invisible Hand: Beyond Pareto Optimality and Unintended Consequences, in: Journal of the History of Economic Thought 22, März 2000, 49-63). Die Ablehnung einer solchen Filiation der heutigen Ökonomik und des Konzepts von dem sich durch den Mechanismus des Marktes ‚wie von selbst' einstellenden Wettbewerbsgleichgewichts und damit auch einer effizienten Verteilung von Ressourcen, also des Konzepts des sog. Pareto-Optimums, hat bei Khalil ihren Grund in der These, Adam Smith hänge mit seiner Theorie von der ‚unsichtbaren Hand' noch ganz einem teleologischen und substanzenmetaphysischen Weltbild an, und gehe von dem Gegebensein einer vollkommenen Ordnung der Natur aus, die von einer vernünftigen, und das heißt, eine bestimmte Absicht verfolgenden, Macht hergestellt und garantiert werde: „The main concern (sc. of this paper) is to show that Smith's ICH, contrary to its current usage, envisions a purposeful causality between the far-reaching, invisible benefit and the immediate gratification which actually motivates the agent." (Beyond Natural Selection, 377) In jedem einzelnen ‚Marktteilnehmer' wirke diese (metaphysische) Kraft einer Zwecke verfolgenden Vernunft, so daß das wirtschaftliche und gesellschaftliche Handeln jedes einzelnen In-

genen (wirtschaftlich-materiellen) Vorteil zu streben. Gerade dieses ausschließlich egoistische Streben führe aber ‚auf wunderbare Weise', ohne daß es von den einzelnen wirtschaftlich Handelnden beabsichtigt worden wäre, durch das Lenken der ‚Hand Gottes' notwendiger Weise zum Wohl des Ganzen, d.h. der ganzen Gemeinschaft.

Die neostoische Prägung dieser Wirtschaftskonzeption Adam Smiths kann heute zumindest im Grundsätzlichen zwar als hinreichend belegt gelten. Dies trifft allerdings in einer wichtigen Hinsicht noch nicht zu: Kaum geklärt ist nämlich die Herkunft des ‚geschlossenen Weltbildes' und des Gedankens der ‚universalen Sympathie', die von Smith vorausgesetzt werden und vorausgesetzt werden müssen, um seine Theorie, daß das egoistische Streben jedes Einzelnen auf wunderbare Weise auch das Beste für das Ganze zur Konsequenz hat, durchführen zu können.

Diese metaphysische Einbettung der eigentlichen Wirtschaftstheorie bei Adam Smith ist nämlich keineswegs ein zu vernachlässigender noch ‚substanzenmetaphysischer Rest' (sc. aus der ‚antiken', eigentlich: stoischen Vorlage) oder eine ‚Konzession an die Tradition' oder ein bloßes, leicht zu entfernendes Akzidens der ‚eigentlichen' wissenschaftlichen Theorie, sondern sie weist auf die Konsequenzen hin, die sich aus seinen Prämissen, die bis in die gegenwärtige Wirtschaftswissenschaft nicht in Frage gestellt wurden, mit Notwendigkeit ergeben. Sie zeigen, daß die Behauptung, man kön-

---

dividuums, ohne daß es dem Einzelnen bewußt wäre, anders als es die *communis opinio* über die Theorie Adam Smith´s glauben machen wolle, keineswegs nicht-intentional, sondern lediglich ‚unbewußt-intentional' genannt werden müsse. Diese Theorie der unbewußten Intentionalität will Khalil durch eine Interpretation der „Theory of Moral Sentiments" belegen, die auch Manstetten heranzieht, um die These von dem umfassenden Menschenbild, das Smith vertrete, zu stützen. Das Ergebnis dieser Interpretation entspricht genau dem, was auch Kant in der „Anthropologie" vorträgt: nämlich der Behauptung der immanenten Intelligenz – man könnte auch sagen: der emotionalen Intelligenz – des unbewußten Treibens der noch dunklen Vorstellungen oder – nach Khalil – der natürlichen Instinkte, die wie von selbst zum Wohl des Ganzen führten, weil die Natur ihnen das Streben nach Selbsterhaltung und Erhaltung der Art zum primären, wenn auch unbewußten, Motor ihres Handelns eingepflanzt habe (Beyond Natural Selection, 387: „Thus self-preservation, and the propagation of the species, are the great ends which nature seems to have proposed in the formation of all animals. Mankind are endowed with a desire of those ends, and an aversion to the contrary.") Es ist sicher zutreffend, Smith diese genuin stoische *Oikeiôsis*-Lehre nachzuweisen (auch wenn Khalil auf diese stoischen Ursprünge nicht explizit verweist) und an die antik-hellenistischen und – sc. in dem negativen Sinn, den die Neuzeit mit diesem Wort verbindet – metaphysischen Prämissen dieses aufklärungsphilosophischen Wirtschaftsliberalismus zu erinnern. Unzutreffend scheint mir allerdings die Schlußfolgerung zu sein, in dieser Hinsicht gebe es keine Gemeinsamkeit zwischen dem klassischen Wirtschaftsliberalismus Adam Smith's und dem modernen Marktmechanismus-Konzept. Zu den (bei bloß verändertem Vokabular) ebenso wesentlich ‚metaphysischen' Prämissen der modernen Ökonomik s. das folgende im Haupttext. Einen ähnlichen Skopos verfolgt auch Toni Vogel Carey in seinem Vergleich zwischen Darwin und Smith: The Invisible Hand of Natural Selection and Vice Versa, in: Biology and Philosophy 13, 1998, 427-442.

ne die ‚Lebenswelt' auf den in der Ökonomik betrachteten Aspekt gesellschaftlicher Wirklichkeit reduzieren und auf weitergehende metaphysische Annahmen und Theorien verzichten, *de facto* nicht durchgehalten werden kann. Diese Prämissen sind etwa: die absolute Autonomie des Einzelnen, das Selbsterhaltungsstreben als Grundmotiv des Handelns, die Annahme, es gebe so etwas wie die Bedingungen der Möglichkeit, ein allgemeines Gleichgewicht zu erreichen, der Möglichkeit der allgemeinen Nutzenmaximierung, der Wohlfahrt aller usw., die als steuernde Kräfte im Marktgeschehen ermittelt und dann regulierend eingesetzt werden können. Im Zentrum dieses Problemkreises steht – darauf habe ich im ersten Teil schon aufmerksam zu machen versucht (S. 93f.) – ein konfuser oder zumindest ambivalenter, weil in mehrfachem Sinn ohne explizite Unterscheidung verwendeter Natur-Begriff.

Ich will versuchen, die in dieser Grundkonzeption verbundenen Motive etwas genauer miteinander in Beziehung zu setzen und auseinander – aus der Markttheorie Smiths und aus der Staatstheorie Hobbes' – zu erklären:

Das, was Adam Smith behauptet, ist nichts weniger, als daß es einen notwendigen Zusammenfall der zufälligen Einzelhandlungen und -ereignisse, aus denen sich in der Summe der ‚Weltenlauf' zusammensetzt, mit der vollkommenen Ordnung einer allgemeinen Naturgesetzlichkeit (die als immanenter Steuerungsmechanismus die Einzelegoismen zum allgemeinen Wohl führe) gebe.

Die Grundvoraussetzung, die man machen muß, um ein solches Zusammenfallen für denkbar halten zu können, ist, daß man als die Bestimmungs- und die (von Smith mit dieser identifizierte) Wirkursache aller Einzelhandlungen jedes einzelnen Menschen eben diese eine und selbige allgemeine Natur annimmt, und daß diese eine und selbige Natur das Prinzip ist, das alle einzelnen Handlungen jedes Einzelnen motiviert – es soll ja jeder Einzelne von gar nichts anderem angetrieben sein als von dem Wunsch sich selbst als der Organismus, der er ist, zu erhalten.

Dieser Motivationsaspekt ist wesentlich für die Bestimmung der Menschennatur in der Ökonomie. Die allgemeine, in den einzelnen Menschen präsente Natur ist nicht (übrigens auch nicht in der antiken Stoa) ein bloßes, untätig zugrundeliegendes Substrat, keine starre Wesenssubstanz, sondern sie ist ein allgemeiner Wille, ein voluntatives Bewegungsprinzip. Dieses Prinzip muß derart basal und damit von seinem Begriff her abstrakt und unbestimmt sein, daß es schlechthin allem Natürlichen, d.h. allem, was Teil des Kosmos ist, zukommen kann: Es ist – wie gesagt – der Trieb nach Erhaltung der eigenen (körperlich-materiellen) Existenz.

Erst wenn man diese beiden Aspekte, also die Behauptung einer in allem präsenten allgemeinen Natur und die Auffassung, diese allgemeine Natur sei etwas Voluntatives, zueinander in Beziehung setzt, kann man (wenigstens) nachvollziehen, wie man den Menschen zugleich als das (absolut) sich selbst bestimmende und zugleich als das (ebenso absolut) unbestimmte Wesen verstehen konnte. Denn der Wille wird deshalb als das oberste Prinzip vorgestellt, weil er von nichts anderem bestimmt wird und abhängig ist, sondern sich selber setzt und bestimmt, ohne aber von sich selbst her diese Bestimmung schon ‚mitzubringen'. Er ist das Oberste und Allgemeinste und zugleich die unmittelbare Ursache des Einzelnen, die das Einzelne setzt und in spezifisch individueller Weise bestimmt. Auf diese Weise soll die Immanenz der allgemeinen Natur als wirkmächtiges Prinzip in allem Einzelnen und in allen einzelnen Menschen gedacht werden können, indem nur noch unterschieden wird zwischen einem bewußten und einem unbewußten ‚Vollziehen' dieses allgemeinen Willens durch das einzelne Subjekt.

Dabei hat die Bewertung dieses Unterschieds, der nur noch ein Unterschied in der Art und Weise des Vollzugs, ein bloßer Unterschied des ‚Modus' ist, ebenfalls eine für diese Konzeption charakteristische Ambivalenz an sich, die in der Theorie der Staatsentstehung bei Thomas Hobbes besonders scharf zum Ausdruck kommt.

Auch für Hobbes ist der Mensch grundsätzlich und wesentlich von dem Streben nach Erhalt und Förderung der eigenen Existenz gelenkt. Hobbes glaubt dadurch den antiken, aristotelischen Gedanken, der Mensch sei von Natur aus auf das Leben als Gemeinschaftswesen (*zôon politikon*) angelegt (und festgelegt), zu überwinden, daß er die Ausrichtung auf sich selbst, auf die eigene individuelle Existenz gegenüber diesem scholastischen Fehlglauben wieder in ihr Recht einsetzt und ihr die absolute Priorität gibt[462].

Der Mensch sei, so Hobbes, wesentlich ein Wollen seiner selbst. Erst die willentliche Zustimmung zur eigenen Existenz ermögliche die bewußte Selbstaffirmation oder Selbstaneignung durch die reflexive Bezugnahme auf sich selbst. In der Allgemeinheit und Unbestimmtheit des Wollens – das Wollen an sich ist für Hobbes indifferent gegenüber den besonderen Inhalten, auf die es sich richtet bzw. die es durch Affirmation (für sich) konstituiert, es gibt kein objektives Gut, das den menschlichen Willen bestimmt – ist für Hobbes auch eine hypothetisch erschlossene *volonté générale* begründet.

Aus der ‚vernünftigen' Einsicht (eigentlich: aus blanker Todesfurcht), es sei im Dienst der Selbsterhaltung, zu einem einvernehmlichen Miteinander zu kommen, entschließen sich die Individuen zur Gründung einer staatlichen Gemeinschaft. Die Staatsgründung wird vorgestellt als ein Schöpfungsakt einer Vielzahl eigenständiger Einzelindividuen. Dabei spielt Hobbes mit diesem „*Fiat*" der Staatsgründung nicht nur auf die göttliche Schöpfung des Menschen an[463], es ist vor allem eine Wiederholung der willentli-

---

[462] So auch Samuel Pufendorf, De officio hominis et civis iuxta legem naturalem libri duo, Lund 1673 (dt. Übers. v. Klaus Luig, Frankfurt a.M. 1994), 159 (II, 5, § 2): „Da der Mensch vielmehr ganz offensichtlich ein Lebewesen ist, das sich selbst am meisten liebt und auf seinen Vorteil bedacht ist, ist es notwendig so, daß er irgendeinen Vorteil für sich im Auge hat, wenn er sich freiwillig für das Leben in der Gemeinschaft des Staates entscheidet."

[463] Thomas Hobbes, Leviathan (ed. Richard Tuck, Cambridge 1996), 9f.: „Lastly the Pacts and Convenants, by which the parts of the Body Politique were at first made, set to-

chen Selbstaneignung der einzelnen Individuen auf einer höheren bzw. allgemeineren Ebene. Mit dem Konstrukt eines Entschlusses zur Staatsgründung ist der Sache nach nichts anderes gemeint als eine in Erzählform gegebene Beschreibung des Sachverhalts, daß die einzelnen Willensakte der einzelnen Individuen in dem allgemeinen Aspekt übereinstimmen, daß ein jedes nach Erhaltung der eigenen Existenz strebt. Dabei wird von dem besonderen Inhalt dieses Willens abstrahiert.

In der Form des Willens, die ja indifferent gegenüber dem Inhalt und daher bei allen unterschiedslos gleich sein soll – und so entsteht erst das moderne Gleichheitsprinzip –, kommen die Individuen wesentlich miteinander überein und setzen in der Summe ihrer einzelnen Willensakte so, wie jeder Einzelne durch seinen primären Willensakt sich selbst setzt, affirmiert und sich aneignet, mit dem Staat eine Art ‚Über-Individuum' und affirmieren dieses in der gleichen Weise.

In diesem Sinn gibt es keinen besonderen Setzungsakt des Staates und daher auch keine besondere Intention der Staatsgründung, die von dem egoistischen Streben unterschieden wäre, sondern Individualwille und allgemeiner Wille fallen diesem Konstrukt nach unmittelbar zusammen.

Damit liegt aber auch bei Thomas Hobbes wie bei Adam Smith eine ambivalente Haltung gegenüber der Bewußtmachung dieser eigenen Willensakte vor. Man darf sich, denke ich, hier nicht durch die Formulierung täuschen lassen, die Staatsgründung sei ein Akt der Vernunft. Gemeint ist damit nicht (zuerst) eine bewußte Intention, sondern die der reflexiven Bewußtmachung vorausgehende subjektive Setzung in einem freien Akt der Vernunft, d.h. in einem Akt des Willens.

Nach Hobbes muß, damit ein Staat entsteht, gar nichts über das ‚dem Selbsterhaltungstrieb gemäß Handeln', dem (stoischen) *secundum naturam agere*, hinaus hinzukommen, also auch keine besondere Zielsetzung, sondern ‚naturgemäß' ist eine Staatsgründung nur dann und dadurch, daß sie unmittelbar eine Folge des Grundtriebs nach Existenzerhaltung ist, die den Kern der allgemeinen ebenso wie der besonderen Natur von allem ausmacht. Diese Unmittelbarkeit und Koinzidenz mit der allgemeinen Natur würde deshalb nur gestört oder verfälscht werden, wenn es zu einer bewußten Reflexion über diese Ziele und dieses Streben käme.

Das meint auch Adam Smith, wenn er in *The Wealth of Nations* seine berühmte Theorie von der „unsichtbaren Hand" formuliert:

„He [sc. der einzelne Marktteilnehmer] generally, indeed, neither intends to promote the public interest, nor knows how much he is promoting it. (...) He intends only his own gain, and he is in this, as in many other cases, led by an invisible hand to promote an end which was no part of his intention. Nor is it always the worse for the society that it was no part of it. *By pursuing his own interest he fre-*

---

gether, and united, resemble that Fiat, or the Let us make man, pronounced by God in the Creation."

quently promotes that of the society more effectually than when he really intends to promote it." [Hervorhebung von mir]⁴⁶⁴

Man braucht sich nur an die oben diskutierten Probleme des Verhältnisses von Anschauung und Verstand zu erinnern (s. oben S. 130ff.), um zu verstehen, welche Probleme hier mit der Reflexivität verbunden werden. Die Bewußtmachung des in der Anschauung unmittelbar Gegebenen gilt in diesem dichotomischen Erkenntnismodell als etwas, das die vollkommene Einheit des in „unbefleckter Empfängnis" Gewahrten zerstört. Das „Einfallen der Reflexion" muß daher, wie Hegel sagt, „zurückgehalten werden". Genau in diesem Sinn ist auch für Smith und Hobbes das (subjektive, individuelle) Bewußtsein problematisch. Es bedeutet eine Gefahr für die postulierte natürliche Übereinstimmung der allgemeinen Naturgesetzlichkeit mit der menschlichen Natur und den einzelnen Handlungen der Menschen. Diese Übereinstimmung muß aber unbedingt vorausgesetzt werden können, wenn auf der Grundlage des inhaltsleeren voluntativen Prinzips der Selbsterhaltung eine Anthropologie und Theorie wirtschaftlichen und politischen Handelns soll aufgebaut werden können.

Andererseits scheint es aber doch die spezifisch menschliche Natur auszumachen und den Menschen vom Tier zu unterscheiden, daß er sich über den Kausalnexus des Naturgeschehens, also auch über sein bloß empirisches Ich erheben und eine Außenperspektive gegenüber diesem Weltgeschehen einnehmen kann, indem er sich auf sich selbst und auf seine eigenen Erkenntnis- und Willensakte reflexiv zurückwendet. Erst dadurch macht er diese Vorstellungen sich in freier Aktivität zum Objekt und unterliegt nur noch der Bestimmung durch sich selbst. Sofern er aber zum Zweck der Sicherung der eigenen körperlichen Existenz handelt, muß er allerdings ein Teil des Naturgeschehens und der Gemeinschaft mit anderen menschlichen Individuen sein und muß sich auch als solchen auffassen.

Aus all dem ergibt sich, daß die Lehre von der ‚universalen Sympathie' und der allgemeinen vollkommenen Ordnung der äußeren Natur, die unmittelbar identifiziert wird mit einer allgemeinen Gesetzlichkeit der Natur, kein Akzidens an den neuzeitlichen Konzepten der Wirtschaftstheorie und Staatstheorie ist, sondern den Kern des Konzepts selber betrifft. Die Sympathie im Kosmos und unter den Menschen ist daher nicht ein zweites Motiv *neben* dem Streben nach dem eigenen Vorteil. Es ist keine Erweiterung einer bloß ‚ökonomisch' (sc. im modernen Sinn) ausgerichteten Beschreibung des Menschen, so daß es nicht geeignet ist, einer Reduktion des Menschen auf die Funktion eines Wirtschaftssubjekts wirklich entgegenzuwirken. (Dazu siehe die folgende Auseinandersetzung mit den Thesen von Reiner Manstetten.)

---

⁴⁶⁴ Adam Smith, The Wealth of Nations, IV.ii.9 (dt.: Der Wohlstand der Nationen: eine Untersuchung seiner Natur und seiner Ursachen. Aus dem engl. übertr. u. mit einer umfassenden Würdigung des Gesamtwerks hg. v. Horst Claus Recktenwald, München ⁶1993).

Die Sympathie aller mit allen als Korrektiv gegen die Egoismen des ‚Marktes'? – Zur Verbindung von Ökonomie und Ethik in der liberalistischen Markttheorie bei Adam Smith

Die Basisannahmen von Adam Smiths klassischem Wirtschaftsliberalismus sind, um das eben Gesagte noch einmal zusammenzufassen, das Ergebnis der Anwendung und Anpassung des stoischen *Oikeiôsis*-Konzepts auf das Verhältnis wirtschaftlich handelnder Menschen zum Markt.

Motiv zum Handeln sei in einer ökonomischen Gemeinschaft für jeden einzelnen das Streben nach Selbsterhaltung, individuellem (sinnlich-materiellem) Glück und persönlichem Wohlstand. Das Verfolgen partikulärer Interessen führe aber dank des in allen gleich wirksamen Naturtriebs der Selbsterhaltung nicht zum Chaos oder zur Auflösung der Gemeinschaft, sondern zu einem optimalen Zustand des Wohlstands und Glücks aller[465].

Formuliert ist damit die für die gesamte neuzeitliche Ökonomik charakteristische Trennung von Handlungsmotivation und Handlungsfolgen. Der Einzelne als wirtschaftlich Handelnder, d.h. als Individuum, der seinem Trieb nach Selbsterhaltung folgt, ist, sofern er diese egoistischen Interessen verfolgt, nicht verantwortlich für die sich aus diesem Handeln ergebenden Folgen, weil sich kein kausaler Zusammenhang zwischen Handlungsabsichten des Einzelnen und den Konsequenzen dieses Handelns für die Gemeinschaft ermitteln läßt.

Die Kluft, die hier festgestellt wird, ist keine andere als die Kluft zwischen der Zufälligkeit des Einzelgeschehens und der Notwendigkeit des Ganzen, die sich aus der stoischen Annahme ergibt, daß alles Geschehen in der Welt im Sinn des Satzes vom Grund, d.h. nach durchgängig bestimmten Ursachen, verläuft.

Die Kluft zwischen den Handlungsmotiven des Einzelnen und den allgemeinen Handlungsfolgen ist damit nicht geringer als die Differenz zwischen dem Wissen des Einzelnen und dem göttlichen Geist, der das Ganze überblickt. Was dem einen als ungenügend begründete Folge oder gar als bloßer Zufall erscheint, soll für den, aber eben auch nur für den, der den Zusammenhang aller Ursachen miteinander kennt, in seiner notwendigen Bestimmtheit erkennbar sein.

Analog steht es mit der Ordnung der Einzelinteressen. Die vielen Einzelnen verfolgen Ziele, die gegeneinander beliebig oder zufällig, ja wechselseitig hinderlich zu sein scheinen, im Ganzen ergibt sich aus ihnen, da alle diese Privatinteressen demselben alles durchdringenden Prinzip der in der Natur des Menschen angelegten Selbsterhaltung folgen sollen, ein das Ganze erhaltendes System. Heute kann man seine Hoffnung auf den Computer

---

[465] Adam Smith, The Theory of Moral Sentiments, VI.ii.2.4 (dt.: Theorie der ethischen Gefühle, nach der Aufl. letzter Hand übers. u. mit Einl., Anm. u. Reg. hg. v. Walther Eckstein, Hamburg 1994, 38f.); dazu auch Olaf Hottinger, Eigeninteresse und individuelles Nutzenkalkül in der Theorie der Gesellschaft und Ökonomie von Adam Smith, Jeremy Bentham und John Stuart Mill, Marburg 1998, 157f.

setzen, der in Stellvertretung Gottes aus dem Chaos des Marktgeschehens berechenbare (und irgendwann einmal vollständig berechenbare) Mathematik machen soll.

Die Uneinlösbarkeit dieser Aufgabe zeigt sich im Konkreten daran, daß die Wirtschaftstheorie die Erklärung der allgemeinen Handlungsfolgen von sich weg auf eine andere Ebene, auf die Ebene der Politik und der Wohlfahrtstheorie verschiebt.

Ergebnis dieser ursprünglich stoischen Theorien ist also die Trennung von Ökonomie und Wirtschaftspolitik, wobei es der Politik bzw. der Wohlfahrtstheorie zugewiesen wird, sich mit den Möglichkeiten oder der Notwendigkeit zu befassen, auf einer über dem individuellen (wirtschaftlichen) Handeln liegenden Ebene regulierend einzugreifen.

Reiner Manstetten deckt in diesem Zusammenhang ein grundsätzliches Problem der modernen Ökonomie auf, die sich am Menschenbild des *homo oeconomicus* orientiere:

Sie nehme nämlich den Menschen ausschließlich als wirtschaftlich Handelnden, d.h. den Menschen, sofern er seine egoistischen Interessen nach Erhaltung und Verbesserung des eigenen Wohlstands verfolgt, zum Gegenstand, und könne deshalb ihrem eigenen Anspruch einer umfassenden Gesellschaftstheorie nicht gerecht werden, weil sie keine Erklärungsmöglichkeit biete für das Erreichen oder Verfehlen einer allgemeinen Wohlfahrt.

Eine solche allgemeine, sich tatsächlich auf das Ganze erstreckende Wohlfahrt könne es erst dann geben, wenn man das menschliche Handeln nicht ausschließlich auf das Streben nach Selbsterhaltung und persönlichem Vorteil zurückführe, sondern ein zweites Grundmotiv gelten lasse: nämlich eine Art des Wohlwollens und der Sympathie der Menschen untereinander, eine Bereitschaft zur unparteiischen Beurteilung von Situationen und Handlungsweisen.

Eine solche Erweiterung des Menschenbildes finde sich – und dies ist die Hauptthese in Manstettens Monographie – in dem wirtschaftstheoretischen Konzept Adam Smiths, der deshalb auch nicht Begründer der Restriktion des Menschen auf einen *homo oeconomicus* genannt werden dürfe. Bei Smith finde sich anders als in der gegenwärtigen Ökonomik neben dem Selbsterhaltungstrieb des Einzelnen als zweites irreduzibles Prinzip[466] der Gedanke einer naturgegebenen Sympathie der Menschen füreinander[467], die Quelle der Gerechtigkeit und der Überwindung einer ausschließlich egozentrischen Perspektive sei.

Es scheint also bei Smith nicht nur eine doppelte Bestimmung der Natur des Menschen – nämlich durch den egoistischen Selbsterhaltungstrieb und durch eine ‚soziale', am Mitmenschen interessierte Anlage zum Empfinden

---

[466] Adam Smith, The Theory of Moral Sentiments, I.i.2.1. (dt. 10): Sympathiegefühle stellten sich z.T. so plötzlich ein, daß man sie nicht als Reflexionsakte und Ergebnisse eines Nutzenkalküls auffassen könne.

[467] Adam Smith, The Theory of Moral Sentiments, I.i.1.1. (dt. 1).

von Sympathie zu geben –, sondern die Theorie bei Smith scheint auch den einzelnen Menschen ‚nicht mehr' nur als isoliertes Individuum zu betrachten, sondern wesentlich als in einen dialogischen Zusammenhang mit ‚dem Anderen' oder mit ‚den Anderen' gestellt. Die Verfolgung der Eigeninteressen in der Gesellschaft für den Einzelnen ist für Smith in optimaler Weise nur mit und durch die Gemeinschaft, d.h. mit und durch das Gegenüber der Mitmenschen, möglich.

Damit wäre die Smith gewöhnlich zugeschriebene Reduktion des Menschen auf ein isoliertes, von egoistischen Interessen beherrschtes Wesen als angemessene Interpretation in Frage gestellt, weil ‚schon' Adam Smith den Menschen wesentlich als Dialogpartner, als schon immer im Gespräch mit anderen befindlich und nur in dem Kontext einer solchen Dialogsituation verstehbar gedacht hätte.

Aufgrund solcher Überlegungen schätzt Gloria Vivenza[468] den Einfluß stoischer Philosophie auf die Moralkonzeption Smiths gering ein und betont demgegenüber die Bedeutung christlicher sowie auch aristotelischer Momente. Abgesehen aber von der Frage, ob die These, die Stoa verstehe im Gegensatz zu Smith die reflexive Selbstkonstitution des Menschen und die Reflexion des Menschen auf sein Handeln im Sinn einer reinen Innerlichkeitskonzeption und rein monologisch, also ‚noch nicht' als dialektische Vermittlung von Innen und Außen[469], der stoische Weise akzeptiere als Autorität zur Beurteilung von Handlungen ausschließlich das eigene Gewissen, in diesem absoluten Sinn aufrecht erhalten werden kann (vor allem wenn man dies als Gegensatz zu dem Sympathiekonzept bei Smith verstehen will), läßt diese Interpretation es außer acht, daß es für Smith der innere Mensch, der „Halbgott in der Brust des Menschen", d.h. die subjektive Instanz des eigenen Gewissens (sc. letztlich legitimiert durch den Schöpfergott selbst), ist, der die Instanz des unparteiischen Beobachters ist, die Handeln überhaupt, sowohl das eigene als auch das der anderen, beurteilt.

Entscheidend ist zwar dabei die Distanz, die dieser „unparteiische Beobachter" zu dem konkreten Geschehen hat, und daß er nicht identisch ist mit dem von Affektionen, Empfindungen, Affekten usw. betroffenen unmittelbar handelnden Subjekt. Diese Distanz und der Unterschied zu diesem ‚empirischen Ich' ist aber bereits in dem eigenen Gewissen durch seine reflexive, ‚vernünftige' Struktur gewährleistet, so daß bereits hier ein Bezug von einem handelnden Ich auf einen anderen, nämlich auf das beobachtende, distanzierte, innere Ich hergestellt wird und nicht mehr eine unmittelbare Identität zwischen dem Richter und der Person, über die das Urteil gefällt wird, vorliegt.

Mit anderen Worten: bereits im Gespräch, im Monolog mit sich selbst – und das entspricht genau dem stoischen Gewissenskonzept – gibt es ein Ich

---

[468] Gloria Vivenza, Ancora sullo stoicismo di Adam Smith, in: Studi Storici 49, 1999, 97-126.
[469] Ebenda, 102.

und ein Du. Das einzelne Subjekt kann allein durch Rückzug in die eigene Innerlichkeit die zur Beurteilung nötige Distanz erreichen. Damit kann die These von der notwendigen Bezogenheit des Einzelnen auf seine Mitmenschen höchstens in einem relativen Sinn Berechtigung beanspruchen. Die Zurückweisung des essentiellen stoischen Einflusses läßt sich nicht, zumindest nicht auf der Grundlage dieser Argumente, aufrechterhalten.

Um ein vollständiges Bild des Smithschen Konzepts zu gewinnen, hält es Manstetten vor allem für erforderlich, *beide* Hauptschriften Smiths – *The Wealth of Nations* und *The Theory of Moral Sentiments* – zu berücksichtigen, die das gesellschaftliche Handeln unter einander ergänzenden Perspektiven beleuchten. Die vor allem in der zweiten Hauptschrift (*The Theory of Moral Sentiments*) explizierte Annahme der Naturanlage zur Sympathie[470] – in jedem einzelnen Menschen und analog in der ganzen Natur[471] – biete die Möglichkeit zu erklären, wie ein für die ganze Gemeinschaft optimaler Zustand des Wohlstands und Glücks erreicht werden könne, ohne daß es von dem Einzelnen bewußt intendiert werden müsse[472].

Freilich enthalte dieser Gedanke bei Smith noch metaphysische Prämissen, die eine heutige Wissenschaft nicht mehr teilen könne, nämlich den Gedanken von dem Schöpfergott, der die zweckmäßige Organisation der Gesellschaft und der Natur begründe und garantiere. Smith glaube ja noch an das Gewissen in jedem Einzelnen, ja er sehe in ihm den „Halbgott in seiner [sc. des einzelnen Menschen] Brust"[473]. Es sei die Instanz, die die Rolle eines „unparteiischen Zuschauers" („impartial observer")[474] übernehme und den Ausgleich zwischen den partikulären Interessen herstellen könne.

Manstetten geht es allerdings darum, den sachlichen Wert der Gedanken bei Smith zu ermitteln und zu zeigen, daß er auch unabhängig von diesen ‚metaphysischen Prämissen' Bestand haben könne. Man könne die Instanz des unparteiischen Gewissens als ein maßgebendes Korrektiv und ein regulatives Prinzip für die Ordnung der partikulären Bestrebungen in der Ge-

---

[470] Auch diese *Sympatheia*-Lehre ist stoischen Ursprungs: s. v.a. Cicero, De finibus III,19-20, 62-68. Zum Einfluß dieses stoischen Konzepts auf Adam Smith s. Norbert Waszek, Two Concepts of Morality: A Distinction of Adam Smith's Ethics and its Stoic Origin, in: Journal of the History of Ideas 45, 1984, 591-606.

[471] Adam Smith, The Theory of Moral Sentiments III.5.7 (dt. 251).

[472] Wie bei Adam Smith so ist auch in der modernen Wohlfahrtsökonomie die Prämisse nicht das Vertrauen auf bewußtes gemeinschaftsförderndes Verhalten der Einzelnen, sondern das Vertrauen auf die Selbstregulierungsmechanismen des Marktes, die von den Einzelnen unbeabsichtigte positive Resultate hervorbringen: Adam Smith, The Wealth of Nations, IV.ii.9 (Theorie der ‚unsichtbaren Hand'); Gerald D. Feldman, Welfare Economics, 890.

[473] Adam Smith, The Theory of Moral Sentiments, (dt. 195).

[474] Ebenda, 196 u.ö.

meinschaft ansetzen, aber dabei in Rechnung stellen, daß es letztlich ein subjektiv bedingtes und daher nur vorläufiges Prinzip sei[475].

Damit folgt Manstetten einem Rezeptionsverhalten, das für die Übernahme stoischer Theorieelemente in viele neuzeitliche Theorien typisch ist. Bei dieser Aufnahme werden die stoischen Lehren von ihrem ‚metaphysischen Ballast' befreit. Die Bindung der Subjektivität an ein dieser Innerlichkeit äußeres Prinzip (den göttlichen Logos) wird für überflüssig erklärt und eliminiert[476].

Daß das aber nur dadurch möglich ist, daß entweder die auf diese Weise gereinigte Theorie in ihrem eigentlichen Bestand aufgehoben wird oder daß die metaphysischen Prämissen trotzdem, nun aber unter anderem Namen (sozusagen im Hintergrund) weiter beibehalten werden, habe ich im Vorangehenden aufzuweisen versucht.

Nicht beachtet wird bei dieser ‚Reinigung' und ‚Entmetaphysizierung' außerdem, daß die These von der Nutzenmaximierung durch das egoistische Verhalten aller einzelnen Teilnehmer am Wirtschaftsgeschehen eine weitere problematische und spekulative Annahme einschließt, die übrigens nicht nur der klassischen Ökonomie bei Smith (u.a.) wesentlich ist, sondern auch vielen modernen Ökonomie-Konzeptionen (dort findet sie sich unter dem Stichwort ‚Konsumentensouveränität')[477].

Es geht um die vorausgesetzte substantielle Rationalität des Strebens nach dem persönlichen Vorteil, d.h. um die These, daß vermeinter Nutzen immer identisch sei mit wirklichem Nutzen[478]. Aufgrund dieser Prämisse

---

[475] Ebenda, 194ff.: Adam Smith beschreibt eine Stufung dreier Instanzen: der äußere Mensch, der als direkter Zuschauer das Verhalten seiner Mitmenschen unmittelbar als lobens- oder tadelnswert beurteilt, der innere Mensch, der als die nächst höhere Instanz als ‚unparteiischer und wohlunterrichteter Zuschauer' vorgestellt wird, der nach dem Gefühl dafür, was objektiv lobenswert ist, urteilt bzw. urteilen soll, und schließlich die letzte Instanz, der Schöpfergott selbst, als „alles sehender Richter der Welt, dessen Augen niemals getäuscht und dessen Urteil niemals verkehrt werden können" (195f.).

[476] S. dazu Dieter Henrich, Die Grundstruktur der modernen Philosophie, in: Hans Ebeling (Hg.), Subjektivität und Selbsterhaltung. Beiträge zur Diagnose der Moderne, Frankfurt a.M. 1996, 97-121, 108 (=wieder abgedruckt in: Dieter Henrich, Selbstverhältnisse, Stuttgart 1993, 83ff.).

[477] S. z.B. Tibor Scitovsky, The Joyless Economy. An Inquiry in Human Satisfaction and Consumer Dissatisfaction, Oxford 1976, XI: „Instead the economists assume that the consumer is rational; in other words, they assume that whatever he does must be the best thing for him to do, given his tastes, market opportunities, and circumstances, since otherwise he would not have done it."

[478] Auch wenn diese Prämisse normativ aufgefaßt wird und zugestanden wird, daß das faktische Verhalten der Menschen diesem methodischen Postulat nicht immer gerecht wird (z.B. Lionel C. Robbins, An Essay on the Nature and Significance of Economic Science, London 1932, 141: Ökonomik beruhe nicht auf der Annahme „that individuals act rationally. But it does depend for its practical raison d'être that it is desirable that they should do so. And thus in the last analysis Economics does depend, if not for its existence, at least for its significance, on an ultimate valuation – the affirmation that ra-

und nur unter ihrer Zuhilfenahme kann die ‚antike' Seinsordnung und objektive Wertehierarchie ersetzt werden durch eine Ordnung des (absoluten oder relativen) Nutzens oder durch eine Präferenzordnung (z.B. bei Robbins).

Spekulativ und problematisch an dieser Prämisse ist nicht nur die Reduktion menschlichen Verhaltens auf kalkulierbare Verhaltenstypen im Kosten-Nutzen-Schema, die in der Tat eine Verzerrung des Menschenbildes bis zur Karikatur bedeutet[479]. Solche Einwände setzen auch ihrerseits wieder eine Prämisse voraus, die wesentlich für den neuzeitlichen Nominalismus ist: Sie alle setzen voraus, daß wir in einer Welt wohlbestimmter Einzeldinge leben, die in ihrer vollkommenen und reichen Bestimmtheit rational nicht einholbar ist. Im Licht dieser Prämisse erscheint die ‚Lebenswelt' des Menschen als ein unendlich reicher Verstehenszusammenhang, von dem wissenschaftliche Analysen immer nur einen abstrakten Aspekt zu erfassen in der Lage sind.

Das eigentlich Problematische, ja Gefährliche an der These der unbedingten Rationalität menschlichen Verhaltens sind dabei die ungeprüft vorausgesetzten Annahmen, (1) daß jeder einzelne Mensch Vernunft als gege-

---

tionality and the ability to choose with knowledge is desirable."), muß grundsätzlich doch die Rationalität auch als positives Moment, als Faktum der wirtschaftswissenschaftlichen Analyse betrachtet werden. Die Behauptung der normativen Gültigkeit (im Unterschied zu einer positiven Gültigkeit) wird in diesen Fällen lediglich als graduelle Einschränkung aufgefaßt und Rationalität allen Verhaltens als Grenzwert des tatsächlich empirisch beobachtbaren Verhaltens behandelt (in diesem Sinn verteidigt Milton Friedman den Realismus ökonomischer Postulate: Milton Friedman, The Methodology of Modern Economics, in: ders., Essays in Positive Economics, Chicago 1953, 1-43, 14: „The relevant question to ask about the ‚assumptions' of a theory is not whether they are descriptively ‚realistic', for they never are, but whether they are sufficiently good approximations for the purpose at hand."). Auch bei dieser Einschränkung und Relativierung, die der Tendenz des logischen Empirismus der Ersetzung absoluter Berechnungen durch stochastische entspricht, wird keineswegs das Grundpostulat, das einzelne Individuum sei grundsätzlich vollkommen, selbstbestimmt, autonom, selbstverantwortlich usw. aufgegeben. (Man kann leicht sehen, daß diese ‚Idealisierung' menschlichen Verhaltens im Dienst der wissenschaftlichen Erfaßbarkeit ein Verfahren der Substitution und Abstraktion erfordert: Es wird ein ‚Normalwert' menschlicher Verhaltensweisen als abstraktes Gemeinsames aus empirisch beobachteten einzelnen Handlungen gebildet; dieser abstrakte ‚Typus' wird als homogenes Medium den wissenschaftlichen Berechnungen zugrunde gelegt; schließlich wird er aber in der Anwendung wieder substituiert durch einzelne Individuen und zur Beschreibung von deren konkreten Handlungsweisen benutzt. Die Probleme des ‚Realismus-Postulats' sind also Konsequenzen einer substituierend arbeitenden symbolischen Methode.).

[479] Z.B. Robert A. Gordon, Rigor and Relevance in a Changing Institutional Setting, in: American Economic Review 66, 1976, 1-14, hier: 3: „There is a lamentable tendency among scholars (...) to rely upon a caricature of human beings who continuously and consciously balance costs and benefits at the margin, whether in deciding on another year of schooling, whether and when to marry or to be divorced, how many children to have and when, or whether and when to commit a crime."

benes ‚Erkenntnismittel' jederzeit zur Verfügung hat, und (2) daß jede einzelne Verhaltensweise jedes einzelnen Menschen immer zugleich Ausdruck seiner gegebenen rationalen Natur und seines substantiellen Wesens ist. Kontingenz und abweichendes Verhalten, fehlerhaftes Verhalten und Irrtümer sind in diese Theorie nicht zu integrieren[480].

Von diesem Gesichtspunkt her ist die These von der unbedingten Rationalität des *homo oeconomicus*, d.h. jedes Menschen, sofern er wirtschaftlich handelt, auch nicht nur dann bedenklich, wenn dieses Menschenbild ‚entgrenzt' und der Anspruch erhoben wird, damit den Menschen und menschliches Verhalten überhaupt zu beschreiben. Sie ist auch bei der Beschränkung auf den Gegenstand der Wirtschaftswissenschaft selber, auf ökonomisches Verhalten von Individuen, in hohem Maß spekulativ und enthält erkenntnistheoretische Prämissen, die zumindest nicht Notwendigkeit und z.T. nicht einmal Evidenz an sich haben.

Aufschlußreich für unseren Kontext ist die Hauptthese Manstettens vor allem dadurch, daß daraus noch einmal deutlich werden kann, daß die wesentliche Grundlage auch der modernen Wirtschaftstheorie (und aller Theorien selbstregulativer Systeme, z.B. auch der Evolutionstheorie Darwins) eine Innerlichkeitsphilosophie ist, deren Hauptelemente ein genuiner naturgegebener Willensakt einerseits und mit diesem zugleich eine reflektierende, eine distanzierte Position einnehmende[481] Stellungnahme zu diesem Wollen andererseits ist:

---

[480] Man sieht z.B. auch an Gordons Position, daß der Einwand, der *homo oeconomicus* sei eine Karikatur des Menschen, nicht die ‚Idealisierung' und ‚Vergöttlichung' des Menschen zu einem wesentlich und kontinuierlich rational handelnden Wesen betrifft und eine ‚realistische' Einschätzung der begrenzten Fähigkeiten und eine Berücksichtigung der die Rationalität und Richtigkeit menschlichen Verhaltens behindernden psychologischen Faktoren einfordert, sondern im Gegenteil in der Annahme der uneingeschränkten Rationalität und Berechenbarkeit der Handlungsweisen von Individuen eine Verarmung gegenüber dem faktisch existierenden Menschen mit allen seinen (nicht nur rationalen) Facetten ausmacht: der Mensch, so wird dabei vorausgesetzt, ist nicht weniger als es das Menschenbild des *homo oeconomicus* fordert, sondern unendlich viel mehr und eben einer wissenschaftlichen Analyse grundsätzlich als ganzer verschlossen – eine Einschätzung, die im übrigen bereits der ‚kühle Rationalismus' der Aufklärung teilt und die nicht erst eine Entdeckung der Postmoderne ist. Dieselbe Tendenz zeigt sich auch in Manstettens Auseinandersetzung mit dem *homo oeconomicus*: die beiden Kapitel, in denen er sich ausführlicher mit der Adäquatheit und den Problemen eines solchen Menschenbilds befaßt, sind überschrieben: „Über das Verstehen in der Lebenswelt und seine Grenzen" (=Kapitel 6) (hier geht Manstetten explizit von phänomenologischen, existenzialistischen und hermeneutischen Ansätzen (Husserl, Heidegger, Gadamer usw.) aus) und „Der homo-oeconomicus-Ansatz und die Lebenswelt" (=Kapitel 7); s. dort auch besonders 122.

[481] Die zunehmende Distanz macht den spezifischen Unterschied zwischen den drei von Adam Smith unterschiedenen Richter-Instanzen aus. Im Hinblick auf die bereits beschriebene Opposition zwischen Gefühl und Verstand, die in der Neuzeit ausgebildet wird, ist es interessant festzuhalten, daß mit zunehmender Distanz zwar einerseits eine Zunahme an Objektivität und Wahrheit(-sfähigkeit) und Abnahme parteiisch be-

Diesen Aspekt, in welchem Sinn Selbstwahl und willentliche Setzung ein ursprüngliches Selbstbewußtsein einschließen, will ich noch einmal etwas genauer verfolgen.

Das Verhältnis dieser beiden Momente (Selbstwahl und Affirmation der Selbstwahl) wird – in der antiken Stoa ebenso wie in der neuzeitlichen Rezeption dieser Lehre – offensichtlich so gedacht, daß der Akt der ‚Selbstwahl' und die Selbstwahrnehmung und Selbstaffirmation einander wechselseitig so implizieren, daß nicht das eine auf das andere als auf sein Prinzip zurückgeführt werden kann, daß aber der Wille oder die primäre Wahl Priorität gegenüber der Bezugnahme auf sich selbst hat, weil er es ist, der den Inhalt liefert. Das heißt: die ‚Selbst*wahl*', der Wille, hat Priorität, weil er dem Bewußtsein seinen Gegenstand gibt, während der Akt des (Selbst-) Bewußtseins zu diesem Inhalt nur die Form hinzubringt und dadurch das Ich konstituiert[482].

Diese Konzeption setzt voraus, man sei von Anfang an jemand (und habe auch ein ‚ursprüngliches' Wissen von diesem Eigen-Sein), der in der Lage ist, sich selbst zu wählen, sich zu sich selbst zu verhalten und als Ich zu konstituieren. Das heißt: sie setzt das Gegebensein der Kompetenz, sich selbst

---

dingter Verzerrungen einhergehen soll, andererseits aber zugleich auch eine Schwächung der Intensität des ‚Engagements' oder des Interesses an dem zu beurteilenden Gegenstand: in diesem Sinn unterscheidet Smith z.B. zwischen der Sorge für sich selbst und der Sorge für andere; erstere sei notwendig stärker und werde mit größerem Interesse betrieben, weil man in Bezug auf sich selbst ‚ursprüngliche Gefühle' („original sensations"), den anderen gegenüber aber nur reflektierte Empfindungen habe, die nur ein Schatten jener originären seien (The Theory of Moral Sentiments, VI.ii.1.1. (dt. 371); und II.ii.2.1. (dt. 122f.). (Ebenso beruhe auf dem Unterschied zwischen undistanzierter Unmittelbarkeit und emotional weniger engagiertem Miterleben aus einem gewissen Abstand die relative Schwäche des Mitgefühls gegenüber direkten Lust- und Unlustererfahrungen (The Theory of Moral Sentiments, I.i.1.1. (dt. 2) und I.i.4.7. (dt. 23f.)). Wenn Denken primär als Reflexionsakt des Bewußtseins auf rezipierte Vorstellungen oder Empfindungen aufgefaßt wird, dann ergibt sich, daß dem (rationalen) Denken das Prädikat der kalten, kühl-distanzierten Rationalität im Unterschied zu dem unmittelbarem affektiven Interesse des Gefühls zugesprochen und dem Gefühl die Fähigkeit zu objektiver Wahrheit und Allgemeingültigkeit abgesprochen wird. Der Grundgegensatz, den Smith verwendet, ist der zwischen aktivem Beteiligtsein, Betroffensein im Handeln und distanzierter Betrachtung des Geschehens von dem Standpunkt eines unbeteiligten Zuschauers, zwischen ‚actor' und ‚spectator' (s. dazu: Charles L. Grisworld, Adam Smith and the Virtues of Enlightenment, Cambridge 1999; darin besonders die Kapitel ‚Sympathy, Separateness, Self-Love and Spectatorial Imagination' und ‚Spectatorship, Mirroring and Duality of Self', 83ff. und 99ff.).

[482] Insgesamt zu dem Zusammenhang zwischen Selbsterhaltung und Bewußtsein: Dieter Henrich, Grundstruktur, passim; und ders. Selbstbewußtsein, in: Rüdiger Bubner (u.a.) (Hgg.), Hermeneutik und Dialektik: wenn auch nicht explizit ausgesprochen ist auch dort offensichtlich, daß das von Henrich herausgestellte Prinzip, das Bedingung der Möglichkeit der Herstellung eines Bezuges auf sich selbst sein soll und das Henrich als ein unmittelbares immer bereits vorauszusetzendes einfaches ‚Gewahren des Ich' beschreibt, letztlich nichts anderes ist als der auch in dem Prinzip der Selbsterhaltung gemeinte primäre Akt der Selbstwahl.

zu wählen, einfach voraus, und ebenso das Gegebensein der Kompetenz, die Welt, d.h. das, was das gegenüber diesem Ich Äußere ist, in ihrer Abgrenzung gegen das Ich von Anfang an genau zu kennen. All dies gilt ungefragt als evident.

Dieses Begründungsdefizit und das Spekulative dieser Prämisse macht sich in der Wirtschaftstheorie (spätestens) darin bemerkbar, daß es nicht gelingt, die vorausgesetzte Autonomie des Individuums, das sich allein aus sich selbst heraus durch einen autonomen Willensakt als Ich konstituiert, mit einer Gesellschaftstheorie, für die der Mensch ein soziales Wesen ist, zu vermitteln, ohne eine universale kosmische, göttlich garantierte Sympathie anzunehmen.

Denn die Meinung, man gewinne seine Begriffe durch Abstraktion von ‚empirisch' unmittelbar gegebenen Einzeldingen, weist ja, wie sich von vielen Aspekten her gezeigt hat, die eigentliche inhaltliche Erkenntnisleistung einem vorbewußten Erkenntnisakt zu und macht die bewußte Erkenntnis abhängig von einer willentlichen Setzung, die den Ausschnitt (samt der in ihm mitgegebenen Inhalte) festlegt, den sie sich zum Gegenstand machen will.

Dadurch erhält der ‚freie' Wille, das Interesse, der Nutzen (usw.) die Priorität gegenüber dem unterscheidenden Erfassen. Die Unabhängigkeit dieser Setzung durch den Willen von einer vorgängigen Erkenntnis verfehlt aber zwingend die Intention, die Einheit des Ganzen – des einzelnen Ich und der Natur zu begründen[483] –, weil das Einzelne dadurch, daß dem Denken nur noch die Funktion einer von sich selbst her inhaltsleeren Bewußtmachung von Inhalten, die durch den Willen gegeben sind (siehe Anm. 297 und S. 294ff.) zugesprochen wird, absolut gesetzt und untereinander inkommensurabel gemacht wird[484].

---

[483] Und sie verfehlt auch die Intention, eine Begründung zu ermöglichen, wie es zu einem stabilen und optimalen Zustand für ein gesellschaftliches System kommen kann; die Voraussetzung, daß Individuen mit bestimmten (in der Theorie nicht zur Disposition stehenden) Interessen und dem Recht auf (und der Fähigkeit zu) absolute(r) Freiheit und Selbstbestimmung etwas immer bereits Gegebenes sind, macht alle Versuche der theoretischen Erklärung und praktischen Erreichung einer Nutzenmaximierung innerhalb dieses Systems ohne die Annahme spekulativer Zusätze unmöglich: das gilt z.B. auch für die Theorie von Pareto. Denn in dieser geht es darum, ein Optimum zu erreichen „in which no reallocation of resources of a simple individual may take so that no other participant will be diminished, thereby increasing the welfare of a group as a whole." (Oskar Morgenstern, Pareto-Optimum and Economic Organization, in: Norbert Kloten (u.a.) (Hgg.), Systeme und Methoden in den Wirtschafts- und Sozialwissenschaften. Festschrift für Erwin von Beckerath, Tübingen 1964, 573-586, hier: 574): die Voraussetzungen sind also die gleichen wie z.B. für die Staatstheorie Hobbes': jede gesellschaftliche Organisationsform bedeutet eine Beschränkung der individuellen Freiheit und erfordert ein Kalkül für einen optimalen Interessenausgleich zwischen an sich autonomen Individuen.

[484] Die Existenz von Einzeldingen zur Basis der Erkenntnis zu machen, macht, wie oben ausgeführt (s. S. 28ff.) die zentrale Wende, die im späten Mittelalter durch den Nomi-

6 b. Das *bonum privatum* als axiomatische Grundlage ethischen und ökonomischen Handelns bei Aristoteles

Aristoteles, der in vorgeblich unkritischer Spekulation noch von einer (festen) Natur des Menschen überzeugt ist, ist im Unterschied zur empirischen Metaphysik der liberalen und neoliberalen Markttheorie erheblich realistischer: Seine Prämisse ist nicht, daß jeder zuerst und in allem nach Selbsterhaltung strebt. Eine solche Annahme würde nach Aristoteles aller Erfahrung und vor allem der Endlichkeit und Täuschbarkeit des Menschen widersprechen. Außerdem würde es die körperliche Existenz in einer Weise absolut setzen, die den Menschen auf bloß ‚tierische' Instinkte und Triebe festlegt und damit das eigentliche Wesen bzw. die eigentliche Aufgabe des Menschseins grundsätzlich verfehlt und eine Verfolgung solcher übergeordneter Ziele von vornherein ausschließt. Dazu gleich mehr.

„Ein Drittel von dem, was die Menschen essen, essen sie, um selbst zu leben, zwei Drittel, damit die Ärzte zu leben haben" sagt ein altägyptisches Sprichwort. Allein diese auf den Elementarbereich menschlicher Bedürfnisse bezogene Erfahrung reicht aus, um Aristoteles Recht zu geben, ein Recht, das wohl auch durch den Glauben an ein Gesamtsystem, in dem am Ende als Resultat aller dieser der Selbsterhaltung abträglichen Verhaltensformen die tatsächlich Besten übrig bleiben, nicht widerlegt ist.

Aristoteles' axiomatischer Ausgangspunkt ist demgegenüber: Jeder tut alles, was er tut, weil er dadurch etwas für sich Gutes erreichen möchte, und weil und wenn dieses Gute als lustvoll, angenehm oder Glück empfunden wird[485].

Dieses Axiom wird nicht widerlegt, wenn jemand sich selbst vernichtet oder absichtlich das Böse als Böses will. Denn beides würde er nicht wollen oder tun, wenn er es nicht für besser für sich halten würde zu sterben als zu leben oder böse als gut zu sein. Aristoteles behauptet keineswegs, wie oft mißdeutet wird, man könne nur nach einem objektiv Guten streben, seine These ist nur, man strebe nicht nach etwas, was einem nicht etwas Gutes für einen selbst zu sein *scheint*.

In diesem Sinn aber bildet die These „man strebt nur nach etwas Gutem" das Grundaxiom der Ethik in analoger Weise wie die These „nur das Bestimmte ist erkennbar" das Grundaxiom der Erkenntnistheorie bildet. Beide Axiome sind nicht beweisbar, weil sie selbst die letzten Kriterien liefern, auf

---

nalismus vollzogen wurde, aus: sie bedeutet die Bestreitung eines von den Dingen unabhängigen Allgemeinen und gesteht diesem nur noch den Status abstrahierter Begriffe zu. In der Wirtschaftstheorie zeigt sich diese nominalistische Basis in dem ‚methodologischen Individualismus', d.h. in der Bemühung um eine „‚Mikrofundierung' makroökonomischer Theorien": s. Reiner Manstetten, Das Menschenbild der Ökonomie, 57; zu diesem methodischen Dogma der neuzeitlichen Ökonomik s. auch: Wolfgang Leininger, Mikroökonomik und Fritz Machlup, Der Wettstreit zwischen Mikro- und Makrotheorien in der Nationalökonomie, Tübingen 1960).

[485] Aristoteles, *Nikomachische Ethik* I, 1.

die sich jeder einzelne Erkenntnisakt bzw. jede einzelne Handlung(sentscheidung) stützt. Aber sie sind aufweisbar, d.h. rational erschließbar, als Voraussetzungen, die man selbst dann für wahr halten muß, wenn man sie widerlegen bzw. wenn man sich nicht daran halten möchte.

Dadurch unterscheidet sich Aristoteles grundlegend von allen Selbsterhaltungstheorien. Wenn man die Selbsterhaltung zum Grundmotiv allen Handelns macht, gerät man in Schwierigkeiten mit den Phänomenen. Warum weichen denn so viele in ihrem konkreten Verhalten von diesem Prinzip ab? Man muß dann Erklärungen suchen – ist es vielleicht nur unser mangelnder Einblick in das Gesamte, das uns etwas als Abweichung erscheinen läßt, was am Ende doch dem Ganzen dient? – und man muß Schuldige finden. Da ist es denn von der Stoa der Antike bis zu Rousseau und den postmodernen Rousseauisten die Kultur, die den natürlichen Gang der Entwicklung stört, und es ist in der Wirtschaftstheorie der staatliche Steuerungseingriff, der das freie Spiel der Kräfte nicht zu ihrem – naturgemäßen – Ziel kommen läßt.

Der sinnlose Streit, der dadurch über den Vorzug von Natur und Kultur, von natürlich freiem oder ‚kultürlich' gelenktem Verhalten, entstanden ist, ist bis heute unendlich. (Faktisch gegebene) Natur und Kultur sind keine letzten Ziele. Das, was man sucht, ist das Richtige und Fördernde. Weicht die empirische Natur (nach dem, was wir erkennen können) davon ab, dann greifen wir ein und versuchen dem Zerstörerischen zu wehren und das Verwildernde zu kultivieren. Analog verfahren wir mit der Kultur.

Das jedenfalls ist das aristotelische Prinzip. Seine Axiome des Erkennens und Handelns sind keine immanenten Steuerungsmechanismen, sondern sie sind reflexiv aufweisbare Kriterien, die der Mensch gebrauchen oder auch nicht gebrauchen kann, d.h., zu deren Gebrauch er – und das ist alles, was er ‚von Natur' hat – die Fähigkeit, das Vermögen, hat.

Das Gute, das nach Aristoteles das Ziel des Einzelnen und der Gemeinschaft bildet, ist nicht ein ‚ontologisch' festgelegter Sachverhalt, kein objektiver Tugendkanon, der sich aus konventionellen Regeln und Normen zusammensetzt, sondern es ist der optimale und damit zugleich lustvollste Vollzug der Vermögen des Menschen. Die Fähigkeit dazu haben wir, weil wir uns die Souveränität über diese unsere Vermögen verschaffen können, indem wir die Bedingungen ihrer Ausübung in kritischer Reflexion erschließen.

Auf diese Bedeutung des Guten bei Aristoteles möchte ich ausdrücklich noch einmal hinweisen. Denn es ist die Verkennung dieses Begriffs des Guten und das Vorurteil, das Gute sei eine normative, ontologische Vorgabe, an die nur glauben könne, wer noch unaufgeklärt an Augenschein, Tradition und Religion festhalte, die den Charakter der Wende, den die Neuzeit auch in der Staats- und Wirtschaftstheorie vollzogen haben will, in völlig falschem Licht erscheinen läßt.

c. Die neuzeitliche ‚Wende' zur Wohlfahrt des Einzelindividuums und ihre Aporien

– Hobbes' ‚neue' Theorie und ihr Verhältnis zur Tradition

Reinhard Brandt hat das neuzeitliche Wendeverständnis in prägnanter Zusammenfassung der Argumentation, aus der heraus Hobbes seine neue Staatstheorie entwickelt, beschrieben:

> „Hobbes verwirklicht einen neuen Theorietyp, in dem weder das *bonum commune* ein inhaltlich gefüllter Leitbegriff ist noch entsprechend eine besondere Bildung des Fürsten verlangt wird, das Staatswohl zu verwirklichen und gerechte Gesetze zu erlassen (...). Das Gute und mit ihm die politischen Tugenden entziehen sich einer genauen und allgemeinverbindlichen Bestimmung; was gut ist, kann nur jeder für sich privatim entscheiden, mit dieser Entscheidung jedoch keinen anderen verpflichten. Die Wende von der Gerechtigkeits- zur Rechtsphilosophie vollzieht sich in der Weise, daß das Gute und Gerechte des Ganzen kein Thema mehr bildet, sondern die Metabedingungen gesucht werden, unter denen der Einzelne nach außen gesichert und im Innern konfliktfrei das verwirklichen kann, was er für gut hält. Das Gemeinwesen wird dadurch zur abstrakten, aber zwangsbewehrten Bedingung der Möglichkeit, unter der jeder sein ‚bonum privatum' realisiert".[486]

Bevor ich dieses Neue bei Hobbes noch etwas differenzierter zu bestimmen und zu bewerten versuche, muß etwas zu der Frage gesagt werden, wie ‚modern' Hobbes eigentlich ist:

In der Durchführung des Programms seiner Neufundierung des Verhältnisses von Individuum und Staat hat Hobbes einige Besonderheiten, derentwegen er häufig kritisiert und als noch nicht ‚eigentlich' modern bezeichnet wird. Angelastet wird ihm vor allem, daß er die aus der Voraussetzung, daß jeder Mensch von Natur aus nach Selbsterhaltung strebe, sich ergebenden Konsequenzen stringenter festhält, als dies die meisten neueren Staats-, aber auch Wirtschaftstheorien tun. Hobbes geht nämlich – im Sinn der *Oikeiôsis*-Lehre zu Recht – von der völligen Identität des Einzelwillens mit dem Gesamtwillen aus und verlegt diesen Gesamtwillen in den Staatslenker, der in strikter Auslegung der Vertragstheorie den ihm *freiwillig* abgetretenen Willen aller verkörpert. Hobbes' Staatstheorie scheint damit an die Herrschaftsform des Absolutismus gebunden und in einem Gegensatz zu stehen zur freien Selbstbestimmung des Individuums in demokratischen Staatsformen. Daß dieser vermeintliche Gegensatz nur einen zweitrangigen Aspekt betrifft, kann man daran erkennen, daß die größere Selbstbestimmung in Organisationsformen, die den Einzelnen äußerlich in keiner Weise an der Ausübung seiner Selbstbestimmung hindern, für die meisten neueren Staats- und Wirtschaftstheoretiker nur ein äußerer Schein ist, der von hinter dem Rücken der Individuen wirkenden Steuerungsmechanismen desavouiert wird.

---

[486] Reinhard Brandt, Das Titelblatt des Leviathan, in: ders., Philosophie in Bildern, 312f.

Adam Smiths ‚liberale' Markttheorie etwa scheint der Selbstbestimmung des Individuums gerechter zu werden. Auch bei ihm folgt jedes Individuum dem ihm von Natur eigenen Selbsterhaltungstrieb und bejaht sich in diesem Trieb. Smith verzichtet aber auf die Behauptung, dieser in allen gleiche Trieb realisiere sich in einer bestimmten äußeren, institutionalisierten Ordnung, die am Ende auch noch in einem einzigen Regenten personalisiert ist, sondern läßt diese Ordnung auf geheimnisvoll wunderbare Art am Ende ohne Beziehung zu dem, was die Individuen ‚in freier Selbstbestimmung' angestrebt hatten, einfach eintreten. ‚Entmetaphysiziert' man Smith, verzichtet auf die Annahme eines inneren Dämons als Stellvertreter der ‚Hand Gottes' im Individuum und ersetzt ihn durch die äußeren und objektiven (und ‚objektiv' berechenbaren) ‚Selbstregulierungskräfte des Marktes', kann Smiths Position als hochmodern gelten.

Ob freilich die Willensfreiheit mehr beeinträchtigt ist, wenn sich alle unsere scheinbar freien Entscheidungen am Ende als von göttlicher Hand oder ‚vom Markt' gesteuert erweisen, als wenn man davon ausgeht, daß wir diese Freiheit freiwillig an eine Staatsinstitution abgeben, die ausdrücklich nur den Auftrag hat, unsere Freiheit dort zu beschneiden, wo sie zum Übergriff auf die Freiheit der anderen ansetzt, mag dahingestellt bleiben.

Von dem Unterschied abgesehen, daß bei Hobbes der Einzelwille ausdrücklich, bei Smith unausdrücklich der Souveränität der Individuen entzogen ist, kann Hobbes' „Wende von der Gerechtigkeits- zur Rechtsphilosophie" als paradigmatisch für die neuzeitliche Abkehr vom mittelalterlichen *ordo*-Denken gelten. Auch daß diese Wende eine Wende zur Staatstheorie und damit zur praktischen Philosophie ist, ist nicht beiläufig, sondern charakterisiert, wie sich gezeigt hat, diese Wende von ihren wesentlichen Intentionen her.

Besonders bemerkenswert ist auch, daß das Neuheitsbewußtsein, das Hobbes gegenüber dem scholastischen Aristotelismus hat, auch noch von den meisten seiner gegenwärtigen Interpreten geteilt wird: die Absage an allgemeine Ordnungsvorgaben, an eine für die Gemeinschaft objektiv geltende Gerechtigkeit usw. und die Erhebung des einzelnen Subjekts zum Maßstab für das, was gut und schlecht für es ist, das sind ‚Errungenschaften', die zum modernen Denken überhaupt gehören. Man kann sie nicht aufgeben, so scheint es, ohne in ein voraufgeklärtes Verhältnis des Menschen zu sich selbst zurückzufallen.

Die pauschale Oberflächlichkeit dieses modernen Überlegenheitsgefühls gegenüber dem aristotelischen Mittelalter läßt sich an den Argumenten, in denen Hobbes sein neues Selbstverständnis artikuliert, gut demonstrieren. Sie beginnt bereits damit, daß Hobbes den Gegner, den er attackiert, nur in den Umrissen von Vorurteilen kennt[487]. Außer Frage steht, daß bei Hobbes wie bei den meisten frühneuzeitlichen Kritikern des Mittelalters der emotionalen Heftigkeit der Ablehnung keine gleich intensive, differenzierte Sach-

---

[487] S. dazu Bernd Ludwig, Die Wiederentdeckung des Epikureischen Naturrechts.

auseinandersetzung entspricht. Kaum verständlich ist allerdings, daß die materialreiche Dokumentation, durch die die neuere Forschung die eigentlichen Intentionen der mittelalterlichen Scholastik wieder aufgedeckt oder zumindest die Belege für ein korrekteres Verständnis beigebracht hat, bis heute nicht zu einer kritischen Überprüfung der offenkundigen Fehlkonstruktionen über das Mittelalter, die sich die Renaissance (insgesamt) erlaubt hat, geführt hat. Im Gegenteil, der Kampf gegen die ‚Metaphysik', gegen den scholastischen *ordo* der Wissenschaften und Künste, gegen die scholastischen Methoden und Begriffsdistinktionen und die auf diesen theoretischen Grundlagen basierenden Gesellschafts- und Wirtschaftskonzepte des Mittelalters wurde in der Neuzeit immer wieder erneuert, indem die jeweils kritisierte Position der eigenen Gegenwart eines noch dogmatisch-metaphysischen Denkens verdächtigt wurde. Die Überwindungsfiguren, in denen der Poststrukturalismus der Postmoderne die Moderne selbst als eine metaphysische Epoche destruiert, gehört zur gleichen Tradition.

Um so nötiger ist es, endlich einmal die Sachargumente selbst und ihr Verhältnis zueinander einer – im Licht der neueren Erkenntnisse möglichen – Überprüfung zu unterziehen. Dabei ist das Wichtigste und Auffälligste, daß die ‚neue' Wende des Subjekts auf sich selbst die eigentliche Kraft ihrer Argumente aus der von ihr vorgeblich überwundenen Position zieht. Man darf sich nicht von der Karikatur der alten Lehre der ‚Schule' täuschen lassen, die Hobbes mit vielen Zeitgenossen und neuzeitlichen Vorgängern zeichnet. Dieses Zerrbild des Aristotelismus, das in seinen Hauptzügen vom Scotismus und Nominalismus des späten Mittelalters entworfen wurde und das zur Zeit Hobbes' noch weiter auf einfache Striche reduziert war (sc. im Vergleich mit dem Bild, das schon Humanisten wie Bruni, Valla, Nizolio, aber auch etwa Luther, Bacon, Galilei, Descartes von Scholastik und Aristotelismus gezeichnet hatten), bedurfte in der Tat einer radikalen Revision.

Im Unterschied zu diesem Zerrbild ist nicht nur die erkenntnistheoretische Wende des Denkens – weg von den überkommenen Meinungen und dem unkritischen Vertrauen auf den Augenschein – auf sich selbst und seine ihm eigenen Urteilsprinzipien schon im 5. vorchristlichen Jahrhundert von Parmenides vollzogen und im Platonismus und Aristotelismus (auch des Mittelalters) samt ihrer komplexen Konsequenzen durchgeführt, es ist auch – und gerade in der aristotelischen Scholastik – die freie Selbstbestimmung des Menschen über sich selbst auf diese Wende gegründet. Das Gute, das jeder anstrebt, ist das für ihn selbst Beste, und zwar im Sinn des optimalen Vollzugs der eigenen Akte. Es ist also ein *bonum privatum*, kein *bonum commune*, zu dem das richtig verfolgte private Gute zwar beiträgt, mit dem es aber keineswegs zusammenfällt. Es gibt bei Aristoteles keinen Allgemeinwillen, der sich in jedem privaten Willen verkörpert. Die Gerechtigkeit des Staates besteht darin, daß jedem die ihm gemäße Selbstverwirklichung ermöglicht wird, von einer Dominanz allgemeiner gesellschaftlicher Vorstellungen von dem, was gerecht ist, über das jeweils für den einzelnen Beste kann keine Rede sein.

Die ‚subjektive Wende' war also lange schon vorbereitet und in ihren konkreten Folgen durchdacht, bevor die Neuzeit meinte, sie noch einmal nachvollziehen zu müssen, ja es dürfte kaum übertrieben sein, wenn man sagt, daß das, was an der neuen Wende einleuchtend ist, sich diesen ‚alten' Konzepten verdankt. Man erkennt dies, wenn man das, was an der neuen Wende tatsächlich neu ist, nicht in der umfassenden Pauschalität bestimmt, wie es dem zeitgenössischen Selbstverständnis entspricht, sondern wenn man die Differenz gegenüber dem Gemeinsamen zwischen der alten und der neuen Position ermittelt.

Hält man daran fest, daß die Herleitung der Souveränität des Einzelnen in Theorie und Praxis aus einer Wende auf die Urteilsprinzipien des Denkens selbst nicht neu ist, dann bleibt – auch im Sinn der *communis opinio* – als markanteste Differenz, daß die neue Wende eine allgemeine epistemische Verunsicherung zur Voraussetzung und zur Folge hat.

Die Untersuchung des eigenen Verstandes als des Werkzeugs, mit dem wir die Welt beurteilen, führt nicht mehr zu einem Wissen über diejenigen Gegenstände, die dem Verstand sicher zugänglich sind, wie z.B. die Gegenstände der Mathematik, und ihrer Unterscheidung von Gegenständen, über die es nur eine richtige oder falsche Meinung geben kann, wie z.B. darüber, ob dies hier ein Tisch ist, und von Gegenständen, die bloße Vorstellungsgebilde sind, wie etwa der vielzitierten Chimäre. Schon an der neuen Terminologie, die die Chimäre nicht mehr als ein *ens imaginationis*, d.h. als eine Fiktion der Vorstellung, sondern als ein *ens rationis*, als eine (willkürlich verknüpfende) Fiktion des Verstandes (was es nach platonisch-aristotelischer Lehre grundsätzlich nicht geben kann, weil es die spezifische Tätigkeit des Verstandes ist, begrifflich allgemeine Unterschiede zu erfassen, und nicht wahrgenommene Vorstellungsdaten (neu) und in subjektiver Willkür, ohne objektives Kriterium zu ordnen), bezeichnet, erkennt man, daß an diesen Differenzierungen niemand mehr interessiert ist. Derartiges, d.h. die kritische Unterscheidung verschiedener Erkenntnisvermögen und Erkenntnisarten, gilt jetzt als lebensfremde scholastische Begriffsspalterei, gegen die man sich als etwas bloß Spekulatives, Metaphysisches oder auch abstrakt Leeres auflehnt. Alles Denken gilt jetzt als ein ‚bloßes' Denken, *ens rationis* und *ens imaginationis* fallen zusammen, d.h., alles Gedachte erhält ohne Unterschied das gleiche Stigma der grundlosen, subjektiv willkürlichen, nichtwirklichen Fiktion. Nur wer um die ‚Subjektivität' dieses Denkens ‚weiß', gilt als aufgeklärt über sich selbst. Es geht nicht mehr um die Unterscheidung eines mehr oder weniger sicheren Wissens von einem wirklich gesicherten Wissen, sondern um den Aufweis der Subjektivität, und d.h. eben der Unsicherheit, *jedes* Wissens.

Daß die ‚alten' Begriffsdistinktionen keineswegs lebensfremde Gedankengespinste und auch nicht von einem naiven Vertrauen in die dem Denken offene Zugänglichkeit der Welt geprägt waren, sondern Resultat einer Reflexion auf diejenigen Kriterien, die jeder bei jedem theoretischen wie praktischen Akt anwendet, findet eben deshalb keine Beachtung mehr, weil man sich jetzt endlich der Welt der Einzeldinge zuwenden will. Bei konkreten Erkenntnis- Gefühls- oder Willensakten werden diese Kriterien als sie selbst nicht mehr zum Gegenstand der Reflexion gemacht. Man wendet sie einfach an, so wie man etwa, wenn man die Gleichheit eines Tons über eine bestimmte Dauer verfolgt, oder wenn man beim Ziehen einer Linie, die gerade werden soll, jede Richtungsabweichung vermeidet, bei diesen konkreten Akten sich über die Funktion, die den allgemeinen Kriterien in diesem Wahrnehmungsvorgang zukommt, keine Gedanken macht.

Auf die Folgen der ungeprüften Anwendung dieser Kriterien, ohne Kenntnis ihrer komplexen Inhalte, weisen antike und mittelalterliche Theoretiker immer wieder hin. Augustinus und Boethius z.B. – um bei dem einfachen Beispiel des Hörens zu bleiben – betonen, daß das Ohr noch nicht einmal in der Lage ist, Rhythmen überhaupt noch als Rhythmen wahrzunehmen, wenn sie nicht in einer überschaubaren Zeit ablaufen, oder die Symmetrie von Tonverhältnissen zu erkennen, wenn diese Symmetrien sich nicht auf leicht wiederholbare Strukturen beschränken[488].

Solche Einsichten, die keineswegs die Erfahrung vernachlässigen, sondern im Gegenteil einen rationalen und auch einen gebildeten Umgang mit den Gegenständen der Erfahrung möglich machen, werden nicht nur bis heute in der Musikwissenschaft als Beleg für die angebliche Unterordnung der sinnlich hörbaren Musik unter eine bloß abstrakte Musiktheorie bewertet, man findet in allen Bereichen der Kultur die gleiche Verdächtigung einer angeblich übersinnlichen, weil rein begrifflichen Welt.

Im Jahr 1440 hatte Nicolaus Cusanus in zwei Schriften, *Von der belehrten Unwissenheit (De docta ignorantia)* und *Von der Vermutungskunst (De coniecturis)*, noch einmal die Verschiedenheit der Inhalte der verschiedenen Erkenntnisformen: Wahrnehmung, Meinung, Verstand, Intellekt in eigenständiger Argumentation und in einer für seine Zeit modernen Sprache entwickelt. Die Antwort, die er von dem Heidelberger Theologieprofessor Johann Wenck von Herrenberg erhält, ist symptomatisch: Wenck wirft ihm vor, er bewege sich in einer nebulösen Finsternis, habe sich von aller Schönheit der Gestalt der kreatürlichen Welt abgewendet und sei in eine reine Gedankenwelt entschwunden, ja er bilde sich ein, er könne die Sachen selbst, unabhängig von ihrer anschaulichen Bildlichkeit, rein im Intellekt erkennen[489].

---

[488] S. Boethius, *Institutio musica* I,9 und V,2 (dt. Übersetzung: Anicius Manlius Severinus Boethius, Fünf Bücher über die Musik, aus dem lateinischen in die deutsche Sprache übertr. u. (...) erkl. von Oscar Paul, 2. ND der Ausg. Leipzig 1872, Hildesheim (u.a.) 1985); Augustinus, *De musica*, VI,8,21.

[489] S. Edmond Vansteenberghe, Le ‚De ignota litteratura' de Jean Wenck de Herrenberg contre Nicolaus de Cuse. Texte inédit et étude, Münster 1910 (Beiträge zur Geschichte der Philosophie und Theologie des Mittelalters; VIII, H.6, v.a. 24-28). Ich zitiere einige signifikante Formulierungen: „(...) scriba doctae ignorantiae, intrans caliginem tenebrarum linquens omnem speciem et decorum creaturarum, evanescit in cogitationibus (...) sequestrata omni similitudine <vult> rem in sua puritate intelligere." („(...) der Verfasser der „Gelehrten Unwissenheit" tritt ein in dunklen Nebel und läßt die ganze Schön-

Es ist, wie man sieht, mitnichten der Mangel an Reflexivität auf die subjektiven Erkenntnisakte, der der alten Metaphysik zum Vorwurf gemacht wird, es ist vielmehr – immer wieder – der Unwille ihrer Kritiker, Anschauung und Begriff zu trennen, der dieser Metaphysik zum Verhängnis wird; und er erst ist es, der den Charakter der Wende des Denkens auf sich selbst so verändert, daß alle Inhalte und Werte vollständig und schlechthin vom Subjekt, das sie denkt und will, abhängig erscheinen, und der die Überzeugung, es gebe verbindlich erkennbare Inhalte des Denkens, zum bloßen Glauben macht.

– Die Reduktion des Menschen auf den Selbsterhaltungstrieb und die Verwissenschaftlichung dieses Menschenbildes

Obwohl das Bisherige bereits gezeigt haben dürfte, daß es die ungenügende, weil auf ein duales Modell beschränkte Differenzierung der verschiedenen Erkenntnisformen ist, die dazu führt, daß die Überzeugung sich durchsetzt, jeder könne nur noch für sich selbst entscheiden, was (für ihn) gut ist, möchte ich den Zusammenhang zwischen diesem erkenntnistheoretischen Ausgangspunkt und der neuen Staatstheorie doch noch einmal darstellen, um dabei noch deutlicher herauszubringen, welche Art von – reduziertem – Selbstverständnis dem neuen Begriff des Menschen zugrunde liegt.

Bei Wenck von Herrenberg hat die Beschränkung der menschlichen Erkenntnis auf die Anschauung und deren Beurteilung noch eine theologische Einkleidung. Wenn er Nicolaus Cusanus vorwirft, er beachte die ganze Schönheit der Welt nicht, so meint das zugleich die Schönheit der von Gott geschaffenen Welt, in der allein alle wahre Gotteserkenntnis enthalten sein könne. Mit seinem Hinweis, daß dem Menschen als *homo viator*, als Wanderer, der erst auf dem Weg zur Ewigkeit ist, eine andere als die sinnliche Erkenntnisform auch gar nicht zur Verfügung stehe, entspricht er dem Grundgedanken, mit dem schon Duns Scotus im späten Mittelalter seine Revision des Aristotelismus begründet hatte. Der Hauptinhalt dieses Gedankens, mit dem Duns Scotus versucht hatte, ,das Wissen zu beseitigen, um dem Glauben Platz zu machen', lautet: Da wir in dieser empirisch endlichen Welt alles Wissen nur aus unserer sinnlichen Erfahrung gewinnen können, ist das, was wir wissen können, auf die Gegenstände dieser Erfahrung, d.h. auf die Welt der Einzeldinge, beschränkt.

Daß dieser Gedanke in Wahrheit eine anti-religiöse Stoßrichtung hat, hat sich nicht nur daran gezeigt, daß die theologische Begründung dieser Wissensbeschränkung bald überflüssig wurde, man berief sich und beruft sich bis heute statt dessen auf die ,Anerkennung' der Endlichkeit und Empiriegebundenheit unseres Denkens, spätestens in der Aufklärung schlug der

---

heit und Gestalt der Schöpfung hinter sich; er verschwindet in (sc. bloßen) Gedanken und will ohne jede Anschaulichkeit die Dinge in ihrer (sc. abstrakten) Reinheit (sc. des Begriffs) erkennen.")

Preis der Schöpfung Gottes in die Überzeugung um, daß Gott überflüssig sei.

Um 1800 dichtet Schelling in einem ‚*epikureischen Glaubensbekenntnis*':

„Halte nichts vom Unsichtbaren,/ halt mich allein am Offenbaren,/ was ich kann riechen, schmecken, fühlen,/ mit allen Sinnen drinnen wühlen./ (...) drum hab ich aller Religion entsagt,/ keine mir jetzt mehr behagt,/ geh weder zur Kirch noch Predigt,/ bin alles Glaubens rein erledigt (...)."[490]

Die für die ganze anti-scholastische Bewegung charakteristische Verwechslung des Unsichtbaren mit dem Jenseitigen, das alle Erfahrung übersteigt, und des Offenbaren mit dem Sicht- und überhaupt Wahrnehmbaren kommt in diesen jugendlichen Versen Schellings (die immerhin gleichzeitig mit dem *System des transzendentalen Idealismus* von 1800 geschrieben sind) besonders prägnant zum Vorschein. Davon, daß man das meiste von dem, worauf sich unsere Sinne beziehen, d.h. von den Gegenständen der Empirie, nicht sehen, schmecken, riechen kann, sondern begreifen muß, und daß dieses Begreifen zwar die Wahrnehmung übersteigt, ‚transzendiert', sehr wohl aber auf den ‚emprischen' Gegenstand bezogen bleibt, auf den auch die Sinne sich richten, ist jedes Wissen verschwunden.

Das Eigentümliche dieser modernen Form der Aufklärung kommt aber erst zum Vorschein, wenn man beachtet, daß sie sich nicht einfach mit derartigen Prinzipien das Alltagsdenken und den gewöhnlichen Sprachgebrauch zur Basis macht, sondern daß sie diese Basis, die ja nicht nur zeit- oder epochentypische Merkmale hat, mit Hilfe der Wissenschaftsprinzipien der überwundenen Schulmetaphysik selbst zu verwissenschaftlichen sucht.

Völlig neu ist diese Verwissenschaftlichung des gesunden Menschenverstands – darauf habe ich schon hingewiesen – nicht, sie schließt sich vielmehr an eine Tradition der Auseinandersetzung mit der ‚Seinsphilosophie' an, die bis ins 5. Jahrhundert v.Chr. zurückreicht. Denn es war zuerst die sophistische ‚Aufklärung', die mit Hilfe der erkenntnistheoretischen Prinzipien des Parmenides dem gesunden Menschenverstand eine neue wissenschaftliche Dignität verlieh[491]. Nach der Zurückweisung der skeptischen und relativistischen Konsequenzen, die die Sophisten aus dem ‚kritisch' durchleuchteten Verhältnis von Verstandesmethode und Erfahrung meinten ziehen zu müssen, durch Platon und Aristoteles waren es die hellenistischen Philosophenschulen, die wieder in die alten Schläuche, d.h. in die jetzt aus den platonisch-aristotelischen Schulen genommenen Methoden und Begriffe, den ‚neuen' Geist des gesunden Menschenverstands gossen und mit diesem neuen Geist alle kulturellen Bereiche der antiken Welt bis etwa ins 3. Jahrhundert n.Chr. dominierten. Dem von da an (ca. 1000 Jahre)

---

[490] Schelling, Epikureisches Glaubensbekenntnis Heinz Widerporstens, zit. nach Manfred Frank, Unendliche Annäherung. Die Anfänge der philosophischen Frühromantik, Frankfurt a.M. 1997, 19.

[491] S. dazu den immer noch grundlegenden Beitrag von Walter Bröcker, Gorgias contra Parmenides.

vorherrschenden aristotelisch geprägten Neuplatonismus folgte die scotistisch-ockhamistische Wende um 1300, die zu einer erneuten intensiven Rezeption der dann wieder die gesamte kulturelle ‚Szene' beherrschenden Philosophenschulen der Stoa, des Epikureismus und der Skepsis führte.

Es ist daher historisch wie sachlich korrekt, ja nötig, die Verwissenschaftlichung des Common sense aus ihrem Verhältnis zum scholastischen Aristotelismus zu erklären. Aus dieser Perspektive gesehen bedeutet diese Verwissenschaftlichung, daß das ‚für uns Frühere', der Common sense, mit dem ‚der Sache nach Früheren', seiner wissenschaftlichen Reinigung, identifiziert wird. Dies bestätigt von einem weiteren Aspekt her, daß der neue Empirismus sich im Gegensatz zu seinem ausdrücklichen Selbstverständnis keineswegs auf das stützt, was man „sehen, riechen, schmecken, fühlen" kann, sondern auf das abstrakt Allgemeine als Inhalt der Wahrnehmungserkenntnis, und zwar in der Form, in der es in bewußter Reflexion methodischer Ausgangspunkt der Rekonstruktion dessen ist, was in ihm ‚immer schon' gewußt wird.

Daß das bedeutet, daß die subjektiven Bedingungen des Zustandekommens dieser Wahrnehmungserkenntnis keiner wissenschaftlichen Analyse mehr gewürdigt werden, habe ich schon ausführlich zu begründen versucht, es bedeutet aber auch, und das ist es, worauf es mit Blick auf das Neue in der Staats- und Wirtschaftstheorie ankommt, daß die menschliche Erkenntnis, die mit ihr verbundenen Gefühle und die von ihr ausgelösten Willensakte auf diese Ausgangsbasis fixiert, ja mit wissenschaftlich-dogmatischer Strenge an sie gebunden werden.

Erst diese Basisfunktion des sinnlich Unmittelbaren macht überhaupt verstehbar, wie man dem Konzept der Selbsterhaltung, wie es in der Stoa formuliert und in der Neuzeit wieder rezipiert ist, die fundamentale Rolle zuweisen konnte, wie ich sie oben zu charakterisieren versucht habe.

Der Gedanke, daß jedes Leben sich selbst erhalten will, ist als solcher ein plausibler und vernünftiger Gedanke, den es in vielen Kulturen und auch im Platonismus und Aristotelismus gibt. In der Auslegung aber, die er bekommt, wenn man den zur Wissenschaft erhobenen gesunden Menschenverstand zum Maßstab macht, führt er zu einem Rückfall in primitive Anfänge, ja zu einer Enthumanisierung des Menschen.

Denn die Meinung, jedes Lebewesen strebe von Natur aus – und das heißt: bereits ohne vernünftige Belehrung und Erziehung – vom ersten Augenblick seines Lebens an danach, sich das ihm Zuträgliche anzueignen und das ihm Abträgliche zu meiden, macht in Wahrheit diejenige Erkenntnisform, die jedem Lebewesen zugleich mit der Geburt zu Gebote steht, d.h. einfache Formen der Wahrnehmung, zum Prinzip der Verhaltensweisen aller Lebewesen. Die mit diesen unmittelbaren Wahrnehmungsformen verbundenen Lüste und Unlüste werden zu dem Gut schlechthin, das das Lebewesen als das ihm vorgeblich Vorteilhafte will, bzw. zu dem Übel, das es als das für ihn vorgeblich Nachteilige ablehnt. (Denn ein anderes Urteil über gut und schlecht steht ihm in diesem Stadium gar nicht zu Gebote.)

Diese Bindung an das unmittelbar in der Sinnlichkeit erlebte Gute und Schlechte wird nicht aufgebrochen, sondern verfestigt, wenn man dem Menschen als dem durch seine ‚Vernunft' ausgezeichneten Ausnahmewesen ein Bewußtsein seiner selbst zuspricht und ihm die Aufgabe stellt, eben dasselbe, was als ein ‚Naturtrieb' in ihm angelegt ist, in seiner Logik zu durchschauen und in methodisch bewußter und frei gewollter Organisation anzustreben, statt sich einfach Naturmechanismen zu überlassen.

Gerade diese Lokalisierung der Besonderheit des Menschen in seiner Reflexivität ist, auch wenn das in der Forschung immer wieder verkannt wird, nicht erst modern, sondern genuin stoisch und beschreibt die Aufgabenstellung, die dem Weisen zugewiesen wird, die ihn zu einem völlig selbstbestimmten Leben führen soll. Hans Blumenbergs Kritik an Wilhelm Dilthey, der gerade in der Herausarbeitung der Bedeutung des Begriffs der Selbsterhaltung seit der Renaissance die enorme Weiterwirkung der Stoa in der Moderne belegen wollte[492], trifft deshalb keineswegs zu. Blumenberg glaubt nämlich, die Loslösung des Selbsterhaltungskonzepts von einem bloßen, im *status naturalis* begründeten Trieb habe erst Hobbes zuwege gebracht und dadurch die Höhe moderner Reflexivität erreicht:

> „Die Überschreitung des status naturalis im Unterwerfungsvertrag [sc. bei Hobbes] ist nicht mehr vergleichbar einem Verhalten aus triebhafter Selbsterhaltung, sondern ist die Konsequenz aus der formalen Bestimmung der Vernunft..."[493]

Gerade die Formalisierung der Vernunft ist eine der großen ‚Leistungen' der Stoa, die in strikter Konsequenz zu ihrem Ansatz gehört. Wenn man der Sinnlichkeit in mechanischer Rezeption bereits die ganze Welt der Einzeldinge zugänglich macht, bleibt der Vernunft auch keine andere als eine ‚formale' Funktion.

Die Beschränkung freilich, die im Sinn der Stoa der möglichen Leistung der Vernunft dadurch auferlegt ist, ist es, die in der Forschung meist übersehen wird. Der Unterschied zwischen dem ‚naturalen' Selbsterhaltungstrieb und dem vernünftigen Streben nach der ‚Tugend' kann und darf gar nicht im Inhalt liegen: Der Trieb, das für die Selbsterhaltung des eigenen Lebens Förderliche anzustreben, ist bereits in seiner ersten Aktualisierung ein Ausdruck des allgemeinen Weltenlogos, der ‚wunderbaren Ordnung und Eintracht der Natur'. Solange dieser Trieb ein bloßer Trieb ist, fehlt ihm aber die bewußte Einsicht in die Allgemeinheit der Ordnung, der er in sei-

---

[492] Wilhelm Dilthey, Weltanschauung und Analyse des Menschen seit Renaissance und Reformation, (in: Wilhelm Dilthey, Ges. Schriften, Stuttgart/Göttingen, Bd. 2, [11]1977), 283-292 (‚Der konstruktive Rationalismus und der pantheistische Monismus. Spinoza und die stoische Tradition').

[493] Hans Blumenberg, Selbsterhaltung und Beharrung. Zur Konstitution der neuzeitlichen Rationalität, in: Hans Ebeling (Hg.), Subjektivität und Selbsterhaltung, 144-207, 157. Nicht nur der Beitrag Blumenbergs, sondern alle Beiträge dieses wichtigen Bandes sind wegen einer ungenügenden Differenzierung platonisch-aristotelischer und mittelalterlicher Positionen von denen der hellenistischen Philosophien problematisch.

nem naturalen Streben einfach und scheinbar ausschließlich auf das jeweilig Einzelne, ihm gerade Förderliche und Angenehme folgt. Der Unterschied zwischen dem ersten Trieb und dem vernünftigen Streben ist also ausschließlich der Unterschied zwischen der Beschränkung auf das jetzt gerade (scheinbar) Förderliche und der reflexiven Einsicht in die allgemeine Ordnung, der wir in jedem dieser Strebeakte verpflichtet sind. Er ergibt sich aus dem Übergang von einem naiven Sich- in- der- Welt-Fühlen und dem reflexiven Bewußtsein von der Ordnung des Ganzen, von der der erste Trieb immer schon geleitet war. Aus liebender Hinneigung wird Hochschätzung, aus dem Verfolgen der Lust um der Selbsterhaltung willen wird das allgemeine Pflichtbewußtsein zur Erhaltung der Ordnung des Ganzen.

> „Zuerst eignet sich der Mensch das an, was naturgemäß ist. Sobald er aber eine Einsicht oder besser einen Begriff, den die <Stoiker> ein reflexives Innewerden nennen, davon gewinnt und die Ordnung unter den Handlungspflichten und gewissermaßen ihre Eintracht (concordia) sieht, schätzt er jene weit höher als alle jene Dinge, die er zuvor geliebt hatte."[494]

Der Unterschied zwischen dem naturalen und dem vernünftigen Streben ist, wie Cicero hier schön formuliert, der Unterschied zwischen dem Einzelnen und dem Ganzen und damit ein Unterschied zwischen einem bloßen Angezogenwerden von den Dingen und einer bewußten Schätzung der Welt in Bewunderung ihres großen Zusammenhangs. Es dürfte leicht zu zeigen sein, daß auf dieser Unterscheidung (noch) der Unterschied von (je einzelner, im bloßen Gefühl gegenwärtiger) *Neigung* und (allgemeinverbindlicher) *Pflicht* ebenso beruht wie der Unterschied zwischen dem bloßen *Gefühl des Wohlgefallens am Schönen* und dem *Gefühl des Erhabenen* bei Kant. Eine über das Allgemeinheitspostulat hinausgehende konkrete inhaltliche Differenz zwischen dem unmittelbar natürlichen Wollen oder Fühlen und der allgemeinen Pflicht und der Bewunderung der Erhabenheit des Ganzen gibt es auch hier kaum.

Eben diese formale Funktion der Vernunft aber ist es, die sie zu einem bloßen Bewußtsein und die ihre spontanen Akte tatsächlich zu freiwilligen Unterwerfungsakten macht, zur Unterwerfung unter das, was die ‚Natur', und das heißt: was ein unkontrolliert ‚natural' zustande gekommenes Wahrnehmungserlebnis an innerer ‚Logik' in sich enthält. Foucaults in bewußter Anlehnung an Seneca gewähltes Bild vom Menschen (der Moderne) als seinem eigenen Gefängniswärter entspricht dieser formalen Unterwerfungslogik[495].

---

[494] Cicero, De finibus III, 21 : „prima est enim conciliatio hominis ad ea, quae sunt secundum naturam. simul autem cepit intellegentiam vel notionem potius, quam appellant ἔννοιαν illi, viditque rerum agendarum ordinem et, ut ita dicam, concordiam, multo eam pluris astimavit quam omnia illa, quae prima dilexerat."

[495] Michel Foucault, Le souci de soi. Histoire de la sexualité III, Paris 1984 (dt.: Die Sorge um sich, (Sexualität und Wahrheit; 3), Frankfurt a.M. 1986).

Alexander von Aphrodisias, der um die Wende zum 3. Jahrhundert n.Chr. in Athen lehrte, in einer Zeit, in der sich der Aristotelismus noch mit einer noch lebendigen Stoa auseinandersetzen mußte, und der in Spätantike und Mittelalter als der erste große, ja als *der* (griechische) Aristoteles-Kommentator galt, macht in seiner Psychologie den Versuch, gegeneinander abzugrenzen, was Selbstaneignung (*Oikeiôsis*) in stoischem und in aristotelischem Sinn bedeutet[496].

Er verweist zunächst auf das, was ich eben auch zu zeigen versucht habe, daß Selbsterhaltung als ein ‚natürlicher' Trieb nichts anderes sein kann als diejenige Form des Begehrens oder Meidens, die dem elementarsten psychischen Akt, d.h. der Wahrnehmung, zugehört[497]. In solchen elementaren Trieben aber die Weise zu sehen, in der ein Mensch sich in Anpassung an die Umwelt selbst verwirklicht, gehe, so betont Alexander, in grober Weise an dem vorbei, was der Mensch aufgrund seiner menschlichen Fähigkeiten sein kann. Mit der Wahrnehmung fängt das menschliche Leben ja nicht nur in einem zeitlichen Sinn an, alle unsere Erkenntnisse, Gefühle, Willensregungen beginnen mit Wahrnehmungen und müssen erst durch höhere psychische Akte vervollkommnet werden. Im Sinn der stoischen *Oikeiôsis* bleibt der Mensch immer bei den Anfängen des Menschseins stehen, gleichgültig, ob er diese Anfänge ‚natural' erstrebt, oder ob er sie reflexiv als vermeintliche Ordnung des Weltganzen aufdeckt und ihnen in bewußtem Pflichtgefühl Folge leistet und so aus Natur Kultur macht[498].

Aus aristotelischer Sicht muß es aber geradezu absurd erscheinen, mit diesen Anfängen überhaupt den Begriff ‚Natur des Menschen' zu verbinden – nicht nur, weil der Mensch diese Anfänge mit den Tieren gemeinsam hat, so daß er sich auf dieser Stufe als (nicht-rationales) Lebewesen und nicht als Mensch verhält, sondern vor allem deshalb, weil man die Natur einer Sache grundsätzlich nur an ihrem vollkommensten Zustand erkennen kann. Man kann, was eine Schere zur Schere macht, nicht an etwas erkennen, das irgendwie reißt oder quetscht, sondern nur an etwas, das die Funktion des Schneidens spezifisch und optimal ausführt. In gleichem Sinn erkennt man

---

[496] Alexander von Aphrodisias, *De anima liber cum Mantissa* (=*De anima liber alter*) (in: Suppl.Aristot.II,1, ed. Ivo Bruns, Berlin 1887), 150,19-153,27. Die Aktualität dieser Kritik Alexanders an der stoischen Reduzierung des Menschen auf seine kindlichen oder animalischen Anfänge belegen viele in den letzten Jahren von Evolutionsbiologen und empirisch vorgehenden Psychologen geschriebene Abhandlungen über die Entwicklung des menschlichen Denkens und der menschlichen Kultur. Ein signifikantes Beispiel bietet Michael Tomasello, Die kulturelle Entwicklung des menschlichen Denkens, Frankfurt a.M. 2002, v.a. 189ff. Tomasello ‚vermutet', die Art, wie Kinder ihre ersten Erfahrungen mit der Welt verarbeiteten, sei universal und zugleich das ‚Rohmaterial', aus dem „die menschliche Kognition ihre eindrucksvolle und einzigartige Macht" gewinnt (ebenda 190).

[497] Alexander von Aphrodisias, *De anima liber cum Mantissa*, 152,13-14; 153,2-5.

[498] Ebenda, 151,34-152,15 (zum Unterschied zwischen dem, was jeder Mensch der Potenz nach ist, und der Möglichkeit, diese Potenz zu etwas Wirklichem und Bestimmendem zu entwickeln und zu vollenden).

den Menschen als Menschen an der freien Verfügung über sein rationales Unterscheidungsvermögen, d.h. an den Akten seiner Vernunft, und nicht an Akten, in denen er diese Vermögen nur in eingeschränkter, materiell geteilter und gebundener Form betätigt.

Ein Mensch, der sich sich selbst aneignen will, muß also nach dieser Form der Selbstverwirklichung streben. Erst diese Selbstverwirklichung ist *Oikeiôsis* in einem dem Menschen gemäßen Sinn. Der Versuch, die Selbstwerdung des Menschen auf Selbstbewußtsein und Selbstfürsorge zu begründen – etwa wenn John Locke die Prädikate ‚conscious of myself' und ‚concerned for myself' für die Bedingung sogar einer personalen Identität erklärt – muß nach Aristoteles allein wegen seiner Abstraktheit scheitern[499].

Vielleicht sollte man darauf hinweisen, daß die aristotelische Auffassung nicht nur Resultat einer differenzierteren theoretischen Analyse des Menschen ist, sondern daß sie auch weit mehr mit den Phänomenen übereinstimmt. Daß nicht das möglichst beste und glücklichste Leben, sondern der blanke Erhalt der Existenz das höchste Gut, das *summum bonum* sei, das alle ‚von Natur aus' anstreben, muß als eine nicht an der Erfahrung geprüfte ‚bloße Theorie' gelten.

Es gibt ja schon bei Tieren tausende von Beispielen, daß sie viele Bestrebungen über den Selbsterhaltungstrieb stellen – und zu solchen Bestrebungen gehört nicht nur die ‚altruistische' Aufopferung für die Gemeinschaft oder einen anderen Artgenossen, es gehören dazu auch etwa die reine Jagdlust, Neugierde und insbesondere das Streben nach höherer Anerkennung. Beim Menschen stehen dem Selbsterhaltungs-,Trieb' viele stärkere Strebeformen entgegen: Lust an vielem oder ungesundem Essen, Arbeitseifer, Abenteuerlust usw., und auch hier das Streben nach Anerkennung und Ehre und die Angst vor dem Ehrverlust, aber auch viele Strebeformen, bei denen sich ein Begriff von Ehre mit dem Begriff eines Guten verbindet, das höher als das Leben eingeschätzt wird, etwa wenn jemand einem in Not Geratenen hilft, obwohl er weiß, daß er dabei sein Leben gefährdet, wenn jemand die Gemeinschaft, der er sich zugehörig fühlt, verteidigt, wenn jemand für seinen Glauben eintritt.

---

[499] S. John Locke, Two Treatises of Government, hg. v. Peter Laslett, Cambridge 1970, v.a. 341ff.; s. dazu Reinhard Brandt, Zu Lockes Lehre vom Privateigentum, in: Kant-Studien 63, 1981, 426-435; Jörg Thomas Peters, Der Arbeitsbegriff bei John Locke, Münster 1997. Brandt und Peters belegen nicht nur die Herkunft von Lockes Eigentumstheorien (der Zueignung der Person an sich selbst und der Aneignung äußerer Güter für sich selbst) aus den Stoa-Referaten Ciceros, sie zeigen auch, daß aus diesem Konzept von Selbstbewußtsein und Selbstfürsorge der moderne Eigentums- und Arbeitsbegriff entsteht. Man sollte bei diesen Nachweisen aber vielleicht bedenken, daß es sich bei diesen Entwicklungen nicht einfach um gegebene geschichtliche Rezeptionsbedingungen der Moderne handelt, sondern um durchdachte Konzepte, die auf der Überzeugungskraft der stoischen Selbsterhaltungsvorstellungen (für Locke) beruhten, - damit aber auch auf den Aporien und Zirkeln, die diese ‚Philosophien des Augenscheins' enthalten.

Die Argumente, mit denen (z.B. in der Evolutionsbiologie) die Relevanz derartiger Beispiele bestritten wird, Argumente, die alle aufdecken wollen, daß solchen Formen eines angeblich nur scheinbar nicht der Selbsterhaltung dienenden Verhaltens letztlich kraft der „Allmacht der natürlichen Auslese"[500] doch der Selbsterhaltungstrieb zugrunde liege, sollten eigentlich nach den Erfahrungen mit dem Rassenerhaltungswahn des 20. Jahrhunderts ihre Überzeugungskraft eingebüßt haben.

Die Rassenideologien des 19. und 20. Jahrhunderts machen aber, auch wenn es sich dabei um ins Extrem gesteigerte und intellektuell defizitäre, ja oft primitive Formen von Selbsterhaltungskonzepten gehandelt hat, auf eine grundsätzliche Problematik jeder Selbsterhaltungstheorie aufmerksam: Sie alle haben die Tendenz, den Menschen nur von seinen primitiven Aspekten her zu betrachten.

Dies lehrt bereits die ‚Wende', in der Hobbes sich von allgemein erkennbaren Werten abkehrt und den Selbsterhaltungswillen des Einzelnen zu dessen Privat-Gut macht. Hobbes' Annahme, daß die Durchsetzung dieser Privatinteressen zu einem Krieg aller gegen alle führen müsse, ist keine Abkehr vom stoischen Optimismus; denn es ist ja derselbe Selbsterhaltungswille, der auch bei Hobbes die vielen Einzelnen dazu führt, ihre Privatinteressen freiwillig dem Staat unterzuordnen, in dem diese Privatinteressen mit dem allgemeinen Guten wieder zusammenfallen. Der bei Hobbes nur hypothetisch erschlossene Krieg aller gegen alle ist aber ein Zustand, den Hobbes mit guten Gründen angenommen hat: Er würde zwingend eintreten, wenn der Selbsterhaltungstrieb der Einzelnen nicht unter eine allgemeine, rationale Kontrolle gebracht würde.

Das heißt aber eben, daß dieser Selbsterhaltungstrieb in sich selbst nicht rational ist – weshalb sollte er sonst – in einem freiwilligen Vertrag aller mit allen – korrigiert werden müssen? Die Zwecksetzungen, in denen er vorgeblich nur der Vernunft der Natur folgt, folgen einer begrenzten und durch diese Begrenztheit (sc. auf das, was dem Einzelnen jeweils das zu verfolgende Gut, sein Lebenszweck zu sein scheint) zerstörerischen Logik.

Der innere Widerspruch in der stoischen Selbsterhaltungstheorie kommt bei Hobbes besonders eklatant zum Vorschein: Der Selbsterhaltungswille, das *bonum privatum* jedes Einzelnen, würde sich selbst vernichten, wenn nicht eben dieser selbe Selbsterhaltungswille den Einzelnen dazu führen würde, freiwillig auf ihn zu verzichten. Das macht darauf aufmerksam, daß man nicht durch reflexive Bewußtmachung etwas, das in sich selbst nicht rational ist, rational machen kann. Ein Affe, der in den Spiegel sieht, sieht einen Affen und keinen Friedensfürsten.

---

[500] So zitiert Ernst Mayr den Selektionisten August Weismann (der in seinem Essay „Über die Vererbung" (1883) jeden anderen Einfluß auf die Entstehung der Arten neben dem Selektionsprinzip bestritten hatte und damit schließlich zu einem der Begründer des Neodarwinismus geworden war): in: Ernst Mayr, ...und Darwin hat doch recht: Charles Darwin, seine Lehre und die moderne Evolutionsbiologie, München 1994, 148.

Man kann daher nicht einfach sagen, Hobbes habe eine neue Form der Theorie eingeführt. Das, was er tatsächlich mit eingeführt hat, ist die Verwissenschaftlichung des vorrationalen Denkens auch in der Lehre vom Staat. Das *bonum privatum*, das in einer ‚natürlichen' Form der *Oikeiôsis* angestrebt werden kann, muß einerseits schon eine gewisse Rationalität in sich enthalten, d.h., es muß von jemandem als etwas für ihn Gutes unterschieden worden sein, sonst könnte es nicht Gegenstand seines Willens sein. Ein leerer Wille will nichts. Diese Unterscheidungsleistung kann aber deshalb nicht den Ehrentitel einer ‚natürlichen' Rationalität beanspruchen, die man nur noch auf den Begriff bringen müßte, um aus der ‚Natur' in uns Wissenschaft und aus dem privaten Gut ein allgemeines Gut zu machen. In dieser Fehlkonstruktion, die man in der Neuzeit häufig findet, ist übersehen, daß der Gegenstand, den sich ein anfängliches Selbsterhaltungsstreben zum Zweck setzen kann, Produkt einer anfänglichen Erkenntnis sein und daher mit allen Mängeln dieser Anfänglichkeit behaftet sein muß. Daß diese Anfänglichkeit nicht nur eine erkenntnistheoretische, sondern zugleich eine enorme praktische Bedeutung hat, lehrt gerade die Staatstheorie.

Erkenntnistheoretisch gesehen ist ein anfängliches Wissen konfus und abstrakt, d.h., es enthält auffällige Oberflächenmerkmale einer Sache, an denen man diese Sache aber nicht identifizieren kann, weil sie auch zu vielen anderen Sachen gehören können[501]. Sofern in einer Erkenntnis das Erkannte aber immer zugleich als angenehm oder unangenehm, gut oder schlecht erfahren wird, sind auch die Gefühlsaspekte, die mit einer solchen anfänglichen Erkenntnis verbunden sind, von den Defiziten dieser Erkenntnisweise mitbetroffen – und in gleicher Weise die Willensakte, die von einer solchen von Gefühlen begleiteten Anfangserkenntnis ausgehen.

Für die potentielle Gefährlichkeit dieser unmittelbaren Gefühle gibt es viele Erfahrungsbelege[502], man braucht nur etwa an den Fremdenhaß zu denken, der fast immer aus der Gefühlsbewertung unbestimmt abstrakter Unterscheidungen entsteht. Daher ist es auch eine selbst konfuse Interpretation, wenn die Beobachtung, daß im persönlichen Kontakt mit Ausländern so etwas wie Fremdenhaß nicht aufkommt oder kuriert werden kann, als Beleg für den Vorrang der konkreten Erfahrung gegenüber der abstrakten Theorie und einem begrifflichen Wissen aufgefaßt wird. Denn es ist gerade die Abstraktheit der Erfahrung und des Emotionalen, die zu solchen irrationalen Ängsten und Verhaltensweisen führt, die im persönlichen Umgang nicht einfach ‚unmittelbar' und durch ‚emotionale Intelligenz', sondern durch differenziertere Unterscheidungen und durch die daraus mögliche Erkenntnis des Gleichen im Verschiedenen überwunden werden. Auch in diesem praktischen Bereich erweist sich die platonisch-aristotelische Gefühlstheorie als hilfreicher als Theorien, die der vermeintlichen Konkretheit

---

[501] S. oben zur Aristotelischen Analyse im 1. Kapitel der *Physik*: S. 315ff. und 409f.
[502] Auf einige habe ich oben bereits verwiesen, z.B. auf die ‚Lehre', die Büchner Saint Just in „Dantons Tod" vertreten läßt: oben S. 120.

jedes Gefühls die Abstraktheit jedes Gedankens entgegensetzen. Der persönliche Kontakt räumt (nur), wenn er zu einer differenzierteren und konkreteren Rationalität führt, Irrationalismen und Vorurteile dauerhaft aus, wohingegen die bloße ‚Political correctness' immer oberflächlich und daher auch sehr anfällig dafür ist, durch ebenso oberflächliche, aber gefährlich radikale Ideologien ersetzt zu werden.

Die konfuse Abstraktheit dieser ‚Motivationen' wird aber radikalisiert, wenn man dem Selbsterhaltungstrieb nicht nur in dieser oder jener Situation erlaubt, das Movens zum Handeln zu sein, sondern wenn man ihn auf reflektierte und institutionalisierte Weise zum Prinzip ethischen, politischen und wirtschaftlichen Handelns macht.

Eine Staatstheorie wie die von Hobbes oder eine Wirtschaftstheorie wie die von Adam Smith erlauben den Mitgliedern der Staats- oder Marktgemeinschaft ja nicht nur, sich ihrem Selbsterhaltungstrieb gemäß zu verhalten, sie fordern ausdrücklich seine ‚naturale' Durchsetzung und liefern ‚wissenschaftliche' Theorien, die die deutlich gesehenen und wohlbekannten negativen Folgen eines solchen Verhaltens durch Verweis auf einen von niemandem kontrollierbaren Endzustand zu einer notwendigen Bedingung des Wohlergehens aller erklären.

In dieser prinzipiellen Gestalt entspricht der Selbsterhaltungstrieb aber der negativen Selbstliebe, die bei Aristoteles den Gegenpol zu der für den Menschen heilsamen Selbstliebe bildet. Denn als ein Trieb, der das Verhalten eines Individuums in allem, was es will und tut, bestimmen soll, hat dieser Trieb keinen besonderen Inhalt, sondern ist genauso abstrakt wie das cartesische *cogito*: sein einziger Bezugspunkt ist eine dunkle – vorreflexive – Empfindung seiner selbst. Ausschließlich dieses dunkle Identitätsgefühl gibt das Maß ab für das, was jeweils erhalten werden soll – und das kann alles sein, was in dem Gefühl ‚das scheint mir für mich zuträglich zu sein' getan ist.

Platon vermochte in einem solchen Verhalten, wenn es sich erst einmal in einem einzelnen Menschen oder in einer ganzen Gesellschaft eingebürgert hat, nicht einmal mehr eine demokratische Liberalität zu erkennen, sondern sah in ihm das Verhalten von Menschen, die zu ‚manischen' oder ‚melancholischen Tyrannen' geworden sind[503]. Ich werde darauf gleich noch einmal zurück kommen. Zuvor möchte ich die Bedeutung des Unterschieds zwischen der stoischen und der aristotelischen Auffassung von Selbsterhaltung und Selbstliebe für das wirtschaftliche Leben noch etwas konziser herausarbeiten. Es geht dabei um nichts weniger als um den Unterschied zwischen dem, was ein Subjekt zu einem guten Leben wirklich braucht, also um das,

---

[503] Dafür, daß eine solche, sich selbst verkennende Absolutsetzung des eigenen Ich zu einem sowohl für das Individuum selbst als auch für die Gemeinschaft zerstörerischen Scheitern führen kann, und wie die kausalen Zusammenhänge dieses Scheiterns im Einzelfall sein können, finden sich z.B. in der griechischen Geschichtsschreibung, konkrete und eindringliche Beispiele und Analysen. S. dazu jetzt die Studie von Jörg Schulte-Altedorneburg (Geschichtliches Handeln und tragisches Scheitern. Herodots Konzept historiographischer Mimesis, Frankfurt a.M. 2001).

was man seine objektiven Bedürfnisse nennen kann, und einem reinen Wünschen, bei dem jeder seinem subjektiven Belieben folgen kann. Trotz des Scheins der freien Verfügbarkeit über die eigenen Wünsche geht es dabei um den Unterschied zwischen einer Selbsterhaltung, deren Formen fast ausschließlich durch Ziele eines biologisch geprägten Überlebenstriebs festgelegt sind, und einer Selbstverwirklichung, die auf eine wirklich freie, weil wissende Verfügung über die eigene Rationalität gegründet ist.

VIII Evolutionsbiologische Bedingungen der Selbsterhaltung und rationale Bedingungen der Selbstverwirklichung des Menschen – Plädoyer für eine Neubewertung der Rationalität

1 Zur Uminterpretation von Zufall, Scheitern, Bosheit und Vernichtung des Einzelnen in einen Dienst für die Entwicklung des Ganzen

Wer Bernard de Mandevilles berühmte, 1705 zum ersten Mal erschienene Bienenfabel (sie ist berühmt, weil Mandeville ihretwegen als einer der ersten radikalen Vertreter eines amoralischen Egoismus gilt) liest, wird mit Grund die Schilderung der lasterhaften Schurken, die alle nur ihrem privaten Vorteil nachgehen und eben dadurch ein blühendes Ganzes zustande bringen, mit mehr Vergnügen und Zustimmung lesen als die Schilderung, wie ein übereifriger Moralist das lustige Bienenleben in ein Leben braver, anständiger, aufrichtiger und enthaltsamer Bürger verwandelt, deren Staat in einen Zustand vorzivilisatorischer Primitivität zurückfällt.

Diese eindeutige Verteilung der Zustimmung hat ihren Hauptgrund ohne Frage darin, daß man sieht, wie die ‚Schurken' das, was sie tun, wirklich wollen, weil es ihnen angenehm ist – und Mandeville tut das Seine dazu, um das Amusement des Lesers an diesem Leben zu steigern –, während die braven Bürger ein lustloses Leben führen, das der Pflicht, statt dem eigenen Antrieb folgt.

Auch Mandeville zieht also letztlich die Überzeugungskraft seiner Argumentation aus dem, was er ablehnt. Mandeville hat in der mißverstandenen Form der aristotelisch-scholastischen Ethik, wie er sie darstellt, lediglich die Seiten umbesetzt. Das lustlose Leben der braven Bürger soll die Seite der Moralität verkörpern. Ein solches Leben wäre nach Aristoteles eine bloße Konstruktion, die niemals ‚real' werden könnte. Gäbe es ein solches Leben, wäre es ein moral-*freies* Leben, weil das Gebiet der Moral grundsätzlich der Bereich von Lust und Unlust ist[504]. Das lustvolle Leben der Schurken erscheint dagegen nur deshalb als unmoralisch, weil Mandeville die Erfahrung von Lust auf die Erfüllung der jeweiligen sinnlich motivierten Privategoismen verkürzt.

Damit bestätigt Mandeville einerseits den axiomatischen Ausgangspunkt der aristotelischen Ethik – und gewinnt daraus auch die Zustimmung seiner Leser: Jeder tut alles, was er tut, um eines bestimmten Vorteils willen, der ihm damit verbunden zu sein scheint. Indem er die Qualität des Moralischen aber nicht mehr in dem Unterschied zwischen dem, was für jemanden nur

---

[504] Zum Zusammenhang zwischen Ethik und Lust s. oben S. 341ff. (Teil II, Kapitel VI passim). Daß der Bereich sittlich relevanten Handelns grundsätzlich der Bereich von Lust und Unlust ist, betont Aristoteles in der *Nikomachischen Ethik* II, 3, 1104b8-1105a16, v.a. 1105a13f.

scheinbar und dem, was wirklich gut für ihn ist, sucht, sondern im Unterschied zwischen Lust und Pflicht, entsteht überhaupt erst die paradoxe und widersprüchliche Situation, die er darstellt: Jedes einzelne, konkrete Streben nach Lust ist unmoralisch. Da die Motivation dieses Strebens aber die bei jedem und in jeder Handlung gleiche Selbstliebe ist, macht dieses im Einzelfall unberechenbare Streben die Individuen zugleich – in Bezug auf das Gesamtwohl – berechen- und manipulierbar. Da das, was jeder anstrebt, ja immer nur ein Scheingutes ist, genügt es, ihm den Schein eines privaten Vorteils, „imaginäre Belohnungen", vorzugaukeln, um ihn so in Wahrheit zum Nutzen der Allgemeinheit tätig sein zu lassen. So wird aus Unmoral Moral, aus der Selbstliebe als dem eigentlich Bösen das (jetzt neu auferstandene) allgemeine Gute. Ganz im Sinn von Goethes späterem Faustzitat ist die Selbstliebe damit für Mandeville jene „Kraft, die stets das Böse will und stets das Gute schafft".

Trotz der angeblich neuen Betonung der Selbstliebe, durch die er sich etwa von Hobbes, Spinoza oder Pufendorf unterscheide, geht es auch Mandeville um ein Leben *secundum naturam*, um ein Leben ‚in Übereinstimmung mit der Natur', d.h. um das ‚Naturgesetz' der Selbsterhaltung, das sich die Selbstliebe nur zum Vehikel macht. Wie der Privatwille bei Hobbes hat bei Mandeville die Selbstliebe ihr eigentliches Ziel in ihrer Selbstverleugnung.

Das lustige Schurkenleben ist daher keineswegs das letzte moralische Wort Mandevilles. Es ist lediglich der Schein, durch den sich die absolute Manipulation des Privategoismus durchsetzt.

Daß Mandeville bei seiner Sozialanalyse von der Selbstliebe statt vom Selbsterhaltungstrieb den Ausgang nimmt, bedeutet daher lediglich eine geringfügige Verschiebung der Binnendifferenzen in einem grundsätzlich neostoischen Kontext, der keine systematische Bedeutung zukommt.

In genuin stoischer Lehre wird zwar nachdrücklich ein Gegensatz zwischen der Pflicht, der Natur gemäß nach seiner Selbsterhaltung zu streben, und der Lust hergestellt. Darin soll der Unterschied zum Epikureismus und einem (falsch verstandenen) Aristotelismus liegen, daß das Lebewesen – vom ersten Augenblick seines Lebens an – dem, was der Erhaltung seines Lebens dient, folgen soll und nicht der Lust. Diese Art der Vorordnung des ‚Guten' vor die Lust wird aber im Sinn der Stoa, das hat Mandeville korrekt aufgenommen, gerade durch die Selbstliebe bewirkt:

„Die Natur aller Dinge, die uns erzeugt hat, hat uns im Augenblick unserer Geburt selbst sogleich die Liebe und die Hochschätzung unserer selbst mitgegeben und eingepflanzt, und zwar gerade deshalb, damit uns nichts teurer und wichtiger sei als wir uns selbst, weil sie das als das Fundament ansah, das zur kontinuierlichen Erhaltung der Menschen nötig ist, (...) daß der Mensch an allem Vergnügen empfinde, was zum Vorteil seines Körpers ist, von allem, was zu seinem Nachteil ist, dagegen zurückschrecke...".[505]

- so lautet etwa eine klassische Formulierung der stoischen Position.

Selbsterhaltungstrieb, Selbstliebe und Vergnügen am eigenen Vorteil – das gehört alles ‚von Natur aus' zusammen und dient auch nur ‚der Natur', d.h. dem blanken Überleben von Individuum und Gattung, gleichgültig, wie man in diesem Beziehungsgefüge die Akzente setzt. Sie werden – und auch das gehört zum Grundbestand dieser Lehre – beim Menschen, sobald er vernunftfähig ist, ersetzt durch die Ratio. An die Stelle der Anziehung durch das Angenehme und die Abschreckung durch den Schmerz tritt die Einsicht in die Notwendigkeit, ‚der Natur gemäß' zu leben. Alles private Empfinden wandelt sich dadurch in eine Sympathie aller mit allen, Lust und Schmerz werden dadurch zugleich zu Dienern und Feinden der Vernunft.

Die vielen inneren Widersprüche dieses Systems, die schon in der Antike als die ‚Paradoxa der Stoiker' berühmt waren, sind nicht zuletzt für die vielen Gesichter verantwortlich, die diese Lehre im Lauf der Geschichte angenommen hat, sie haben auch immer wieder verhindert, daß ihre Zusammengehörigkeit über die auffälligen Differenzen hinweg erkannt wurde.

Wirklich deutlich kann der gemeinsame Boden, aus dem diese unterschiedlichen Gewächse hervorgehen, erst umgrenzt werden, wenn man sich nicht nur immanent zwischen den verschiedenen Systemvarianten bewegt, sondern eine kritische Distanz zu dem Ganzen einnimmt.

Aus dieser Perspektive hat sich schon hinreichend gezeigt, daß der Ausgangspunkt immer die Überzeugung ist, ein Lebewesen wisse unmittelbar mit seiner Geburt bereits auf eine vorreflexive (und täuschungsimmune) Weise Bescheid über das, was ihm zuträglich und abträglich ist. Dieses Wissen kann angeblich in der Sicherheit und Vollständigkeit, in der es natural gegeben ist, durch auf einzelne Teilaspekte bezogene Reflexionsakte nur zerstört werden, wiedergewonnen werden kann es nur durch gleich ursprüngliche, unmittelbare Erfahrungen oder durch eine Reflexion auf das unendliche Ganze der ‚Natur'.

Als Grund für diese Aneinanderreihung von Unmöglichkeiten – bis heute konnte niemand nachweisen, daß es so etwas wie eine von aller subjektiven Aktivität freie reine Rezeptivität der Wirklichkeit gebe, noch gar, daß sich das Ganze der Wirklichkeit spekulativ oder rechnerisch umfassen lasse – hat sich die Unbegründetheit dieser Ausgangsbasis selbst erwiesen.

Das angeblich naturale Wissen des Lebewesens über das ihm Zu- oder Abträgliche ist in Wahrheit vielen Täuschungen ausgesetzt und braucht Erfahrung und Übung, um aus anfänglicher Unsicherheit zu einer praktisch brauchbaren Form zu gelangen, und zwar sowohl im Bereich der Erkenntnis selbst wie auch der mit ihr verbundenen Gefühle und Strebungen.

---

[505] S. SVF III 181 (=Aulus Gellius, Die attischen Nächte XII, 5,7); s. ähnlich SVF III 187 (=Cicero, De finibus III, 17).

Da dieses vielfältige Fehlgeleitetsein im Denken, Fühlen und Wollen von niemandem geleugnet werden kann, und in der Regel auch nicht geleugnet wird, wird es in nahezu allen Richtungen dieser Tradition in einen notwendigen Dienst am Ganzen uminterpretiert.

Genau in dieser Interpretation besteht aber das, was man wohl zu Recht eine Verwissenschaftlichung des Alltagsdenkens nennen muß. Daß jeder selbst einen Sinn für das, was gut und nicht gut für ihn ist, hat, ist Alltagsüberzeugung, aber ebenso, daß wir uns dabei oft täuschen. Dieses Nichtzusammenpassende verbindet und erklärt die ‚wissenschaftliche' Theorie, deren neuzeitliche Form meist eine Geschichtsphilosophie oder Evolutionstheorie ist. Das heißt: es handelt sich um Erklärungsversuche, die das Faktum geschichtlicher Prozesse in der Natur oder beim Menschen zum Beweis dafür nehmen wollen, daß gescheiterte Vorgänge oder Handlungen deshalb dennoch positiv waren, weil sie eine Funktion im Fortgang der Geschichte oder Evolution hatten. Auch wenn es über das Ziel dieses Fortgangs viele Differenzen gibt und so gut wie niemand mehr den Fortschrittsoptimismus der Aufklärung teilt, sind, wie sich schon von vielen Aspekten gezeigt hat, alle Basisannahmen bis heute weitgehend unangetastet.

1 a. Über das Gemeinsame im stoischen Dogmatismus und in der Evolutionstheorie bei der Beurteilung des Verhältnisses von Zufall und Notwendigkeit

Die Uminterpretation des Zufalls, des Scheiterns, ja der Vernichtung des einzelnen in ein für die Entwicklung des Ganzen notwendiges Geschehen haben die stoischen Selbsterhaltungstheorien auch mit den nachdarwinistischen Evolutionstheorien gemeinsam. Anders als die meist für ‚christlich' ausgegebene, in Wahrheit aber stoisch-neostoische Überzeugung, die ganze uns über die Sinne zugängliche Welt sei von einem fürsorglichen Gott in strenger Gesetzmäßigkeit geordnet (und damit selbst die Verkörperung einer göttlichen Rationalität)[506], geht die Evolutionstheorie (in Verbund mit den antiken Demokriteern und Epikureern) davon aus, daß nicht eine festgelegte Ordnung, sondern der Zufall und seine (bloße) Begrenzung durch die ‚Notwendigkeiten' der ‚Umwelt' das Prinzip der Evolution seien. Wie schon Darwin selbst versäumen es auch gegenwärtige Evolutionsbiologen selten, darauf hinzuweisen, daß sie in ihrer Jugend selbst Anhänger des alten theologisch begründeten Ordnungsgedankens gewesen seien. Die wissenschaftliche Beobachtung der Auflösung der Arten, der Übergänge,

---

[506] Daß diese Lehre nicht genuin christlich ist, kann man allein daran ablesen, daß es von der Spätantike bis zum hohen Mittelalter keinen bedeutenden christlichen Philosophen gibt, der nicht an der Partizipationstheorie festgehalten hätte, d.h. an der (auch genuin platonischen) Überzeugung, daß die Welt nur teilhat an der in einer göttlichen Vernunft vorauszusetzenden Mathematizität und Geometrizität, niemals aber selbst unmittelbarer Ausdruck einer absoluten mathematischen Vernunft sein kann.

der zufälligen Mutationen usw. aber habe sie zur Anerkennung der Endlichkeit und Zufälligkeit natürlicher Prozesse gebracht[507].

So steht also scheinbar der alte metaphysische Glaube an den alles durchwaltenden Schöpfergott in Antithese zu einer aufgeklärt wissenschaftlichen Weltdeutung[508]. Dieser Gegensatz hat viele so sehr beeindruckt, daß sie sich einen zweiten Blick auf die von ihnen vertretene und die bekämpfte Position erspart haben. Dieser zweite Blick könnte nämlich zeigen, daß die beiden gegnerischen Positionen nur in unwesentlichen Lehrstücken verschieden sind. Für die Stoiker ist ohne Zweifel die Welt von einer strengen Notwendigkeit zum besten der einzelnen Lebewesen bestimmt. Es ist aber ebenso klar, daß die Stoiker den Zufall, das Negative, Zerstörerische in der Welt nicht einfach leugnen, sie gestehen seine Existenz vielmehr ausdrücklich zu, behaupten lediglich, diese Zufälle stünden in Wahrheit im Dienst der Selbsterhaltung des Ganzen und hätten daher den Charakter des Zufalls und des Negativen nur für den Betrachter im jeweiligen Augenblick.

Im Unterschied dazu interpretieren die Evolutionstheoretiker den Zufall nicht um, sondern bestehen darauf, daß ein Zufall nichts als Zufall sei. Nichts desto weniger ist auch für sie der Zufall ein bloßer Diener, er ist das Werkzeug der „Allmacht der Auslese" (August Weismann) durch die der Zufall zum eigentlichen Movens der Evolution wird. Die „Allmacht der Auslese" hat den jetzigen Weltzustand insgesamt so organisiert, daß alles Zufällige, das in der Geschichte der Evolution der ‚Notwendigkeit' standgehalten hat, zum Nutzen der erhalten gebliebenen ‚Biosysteme' ist. In der Überzeugung, der Zufall könne zugleich Zufall und ein immanenter Steuerungsmechanismus sein, konvergieren also das stoische und das Evolutionssystem.

Sofern der Zufall das Prinzip der (wissenschaftlichen) Naturgeschichte, d.h. der Evolution, ist, diese aber (der darwinschen Theorie nach) dennoch berechenbaren Prinzipien folge, ist der Zufall selbst zugleich das an und für sich Notwendige. Unter diesem Aspekt kann man sogar sagen, daß die modernen Evolutionsbiologen weniger Problembewußtsein zeigen als die antike Stoa, wenn sie gar nicht mehr den Versuch machen, den Zufall in ein als Ganzes notwendiges System einzupassen, sondern ihn unreflektiert selbst zum eigentlich Notwendigen erklären. Daß diese Gleichsetzung allerdings etwas genuin Neues und Spezifisches für die Evolutionstheorie ist, kann man schon deshalb nicht sagen, weil sie nur eine bestimmte, wenn auch

---

[507] Solch ein autobiographischer Bericht findet sich z.B. in Edward O. Wilsons Monographie „Die Einheit des Wissens", (dt.: Berlin 1998) 9ff., hier: 10: „Dann [sc. nach einer noch religiös bestimmten „linnaeischen Periode"] entdeckte ich die Evolution. Urplötzlich – und das ist nicht übertrieben – sah ich die Welt aus einer völlig neuen Perspektive. (...) Ich war derart fasziniert, daß ich gar nicht aufhören konnte, mir die Auswirkungen der Evolution auf das Klassifizierungsprinzip und den ganzen Rest der Biologie auszumalen. Und auf die Philosophie. Und auf einfach alles. Das statische Muster verwandelte sich in einen fließenden Prozeß."

[508] Ebenda: „Naturgeschichte war zu einer wirklichen Wissenschaft geworden."

extreme Konsequenz der Erhebung des Satzes vom Grund zum eigentlichen (auch: zum eigentlich wissenschaftlichen) Erkenntnisprinzip ist. So wie der Satz vom Grund nur dann Prinzip des Erkennens sein kann, wenn jede Ursache-Wirkung-Relation nicht nur als faktische Relation notwendig ist, sondern zugleich der Ursache das Prädikat der Notwendigkeit verleiht, so kann auch der Zufall nur dann ‚Ordnungsprinzip' der Evolution sein, wenn er selbst ein ‚notwendiger Zufall' ist.

Der Hinweis auf den Satz vom Grund hat hier nicht nur eine gelehrte Bedeutung. Die Dominanz des Satzes vom Grund über den Widerspruchssatz in der Philosophie der Neuzeit hat einen erheblichen Einfluß gerade auf die naturwissenschaftliche Forschung, auch wenn dem einzelnen Wissenschaftler die geistesgeschichtliche Herkunft seiner Beweisprinzipien, die er meist unreflektiert und als seien sie selbstverständlich gegeben, anwendet, selten noch bekannt ist. Im Sinn der Philosophiegeschichtsschreibung ist es erst Leibniz, der die ‚Wende' von der auf den Satz vom Widerspruch gegründeten aristotelischen Philosophie zu einer Philsophie, die den Satz vom zureichenden Grund zu ihrer Basis hat, vollzogen hat. Die klassische Formulierung gibt Leibniz in seiner *Monadologie*:

> „Unsere Schlüsse gründen sich auf zwei große Prinzipien. Das erste ist das Prinzip des Widerspruchs (...) Das zweite ist das Prinzip des zureichenden Grundes, in Kraft dessen wir der Ansicht sind, daß keine Tatsache wirklich oder existierend und auch keine Aussage wahr sein könne, ohne daß es einen zureichenden Grund dafür gäbe, daß jene so und nicht anders seien."[509]

Auch wenn es richtig sein mag, daß Leibniz mit diesen prägnanten Formulierungen Ausgangspunkt für die systematische (Re-)Formulierung des Satzes vom Grund als Erkenntnisprinzip in der Transzendentalphilosophie wurde, eine gedankliche Wende im Sinn einer gänzlichen Neuentdeckung oder Neubewertung der prinzipiellen Bedeutung des *principium rationis sufficientis* liegt hier nicht vor. Das muß an dieser Stelle vielleicht nicht mehr begründet werden. Leibniz' Äußerungen zeigen ja selbst, daß er das, was wirklich ist und existiert, eben deshalb für etwas hält, was genauso ist, wie es ist, und nicht anders sein kann, d.h.: für etwas Notwendiges. Daß das Einzelne notwendig so ist, wie es ist, weil es die genaue Verkörperung seines Begriffs und damit aller allgemeinen Bestimmungen in ihm ist, war die Lehre der Scotisten und Nominalisten des späten Mittelalters. Versöhnt mit der immer aus vielen Zufällen und Regelabweichungen verursachten Existenzweise der Einzeldinge wurde diese Aufwertung des Einzeldings zur Instanz seines Begriffs, zum ‚Ding an sich' schon lange vor Leibniz durch die Vergeschichtlichung seiner Entstehungsbedingungen. Was sich aktuell als Abweichung oder Zufall zeigt, ist in der Summe seiner Entwicklungsursachen dennoch notwendig so, daß es nicht anders sein könnte.

---

[509] Leibniz, Monadologie § 31f.; s. ähnlich Essays de théodicée, II, § 44; s. auch Christian Wolff, Vernünftige Gedanken von Gott, I, § 30.

Die philosophische Bedeutung des Satzes vom Grund ist also, daß er es möglich macht, durch den ‚prinzipiellen' (d.h. eigentlich: spekulativen) Einbezug des Ganzen möglicher Ursachen selbst eine völlig willkürlich zustandegekommene Faktizität in ihrer ‚Notwendigkeit' aufzuweisen.

Den logischen Fehler dieser Spekulation hat schon Alexander von Aphrodisias in seiner Auseinandersetzung mit der stoischen Formulierung dieses neuzeitlichen Satzes vom Grund benannt: Er liegt in der Verwechslung eines tatsächlich axiomatischen Prinzips, daß es nämlich notwendig ist, daß alles einen Grund hat, mit der Annahme, alles habe einen notwendigen Grund, der bewirke, daß es nur so und nicht anders sein könne. Der Fehler resultiert also aus einer falschen Lokalisierung der Systemstelle des modalen Prädikats der Notwendigkeit. Notwendigkeit wird dem Satz ‚alles hat einen Grund', nicht aber der Art der Gründe selbst zugesprochen. Sonst könnte man auch schließen: ‚Es ist notwendig, daß echtes Handeln frei ist, deshalb ist notwendiges Handeln frei.'

Daß ein so elementarer logischer Fehler von so vielen nicht bemerkt wird, hat wohl seinen sachlichen Grund darin, daß der Wunsch, Erkenntnis durch direkte Beobachtung der ‚Dinge selbst' zu gewinnen, beinahe zwingend dazu führt, Ursachen nur als eine der Reihe nach verfolgbare Kette wahrzunehmen und dadurch die qualitative Verschiedenheit möglicher Ursachen, wie Aristoteles sie in kritischer Reflexion unterschieden hatte – ob etwas (1) Grund in dem Sinn ist, daß er es notwendig macht, daß etwas unmöglich anders sein kann, so wie es notwendig ist, daß die Diagonale ein Quadrat in zwei gleiche Dreiecke teilt; oder (2) ob etwas Ursache im Sinn des Regelmäßigen oder Häufigen ist wie bei den meisten Naturprozessen; oder (3) ob etwas Ursache im Sinn des Möglichen ist, so daß etwas auch anders sein kann, z.B. wenn etwas ein Vermögen hat, das es ihm möglich macht, es zu betätigen oder nicht zu betätigen, oder (4) ob etwas Ursache im Sinn des bloß Zufälligen ist –, gar nicht mehr erkennen zu können. An die Stelle einer vom Widerspruchsprinzip geleiteten Unterscheidung von Ursachenarten tritt die Eindimensionalität der Ursachenkette der jeweils nächsten, ‚wirkenden' Ursachen, die nur noch die Unterscheidung zwischen den Einzelgliedern und dem Gesamt der Kette erlaubt.

Auch die Erhebung des Satzes vom ‚zureichenden' Grund zum Erkenntnisprinzip in der Aufklärungsphilosophie der Neuzeit ist also eine direkte Folge der Überbewertung der Seinsweise des Einzeldings in der Spätscholastik. Einige Folgen dieser Überforderung des Empirischen, die bis in die Gegenwart reichen, soll die Auseinandersetzung mit der Interpretation geschichtlicher und naturgeschichtlicher Entwicklung bei Kant und in der Evolutionsbiologie noch deutlicher machen.

1 b. **Würden Teufel, um zu überleben, eine Republik gründen? Zum Ansatz einer Differenzierung zwischen natürlichem Selbsterhaltungstrieb und einem rational begründeten Streben nach Selbsterhaltung**

Die offenkundigen und auch von vielen erkannten Absurditäten der Versuche, Zufall und Fehlhandeln als einen erst am Ende erkennbaren Dienst am Ganzen zu deuten, haben kaum je dazu geführt, die Absurdität dieser Erklärungsversuche selbst kritisch zu durchleuchten, die Folgerung ist im Gegenteil fast immer, einen neuen, eigenen Erklärungsversuch vorzulegen, der geeignet ist, selbst von evident negativen oder willkürlichen Gründen nachzuweisen, daß sie in der Gesamtkette der Ursachen ihren notwendigen Platz haben. Auch sie wurden gebraucht, damit etwas genauso entstehen konnte, wie es entstanden ist, und haben darin ihren guten Sinn. An einem klassischen Beispiel, an Kants Erklärung, wie die politische Geschichte der Menschheit ‚notwendig' und selbst wenn wir alle Teufel wären, auf einen ‚ewigen Frieden' hinstrebt, will ich deshalb noch einmal zu begründen versuchen, daß hier nicht diese oder jene Form der Erklärung das eigentlich Problematische ist, sondern der Versuch als solcher, eine Erklärung für etwas zu finden, was gar nicht erklärt werden kann.

Die „innere Mißhelligkeit", die „selbstsüchtigen Neigungen", die „unfriedlichen Gesinnungen" der Bürger eines Volks sind nach Kant selbst der Grund, warum diese sich freiwillig unter Zwangsgesetze begeben, durch die sie zwar nicht moralisch gute Menschen, wohl aber gute Bürger werden. Reicht die „innere Mißhelligkeit" nicht aus, dann ist es „der Krieg von außen", der die Bürger dazu bringt, sich „unter den Zwang öffentlicher Gesetze zu begeben" (Kant, *Zum ewigen Frieden* B 59f.).

Die „Gewähr (Garantie)" dafür, daß aus all dem Bösen und Schlimmen so viel Gutes wird,

> „ist nichts Geringeres, als die große Künstlerin Natur (natura daedala rerum), aus deren mechanischem Laufe sichtbarlich Zweckmäßigkeit hervorleuchtet, durch die Zwietracht der Menschen Eintracht selbst wider ihren Willen emporkommen zu lassen, gleich als Nötigung einer ihren Wirkgesetzen nach uns unbekannten Ursache, (...) die wir zwar nicht eigentlich erkennen, (...) sondern (...) hinzudenken müssen, (...) die (...) eine Idee ist, die zwar in theoretischer Absicht überschwenglich, in praktischer aber (...) dogmatisch und ihrer Realität nach wohl gegründet ist." (Kant, *Zum ewigen Frieden* BA 47-52)

Ein Beispiel dieser Böses in Gutes verwandelnden Naturzweckmäßigkeit ist der Krieg. Die „Vorsorge der Natur" benutzt ihn nämlich als Zwang von außen, (u.a.) um die Menschen zur Besiedelung der ganzen Erde anzutreiben, selbst der entlegensten Gebiete, die sie mit allem für den Menschen Nötigen versorgt, sogar mit

> „Treibholz (...), was sie (ohne daß man recht weiß, wo es herkommt) diesen gewächslosen Gegenden zubringt, ohne welches Material sie weder ihre Fahrzeuge und Waffen, noch ihre Hütten zum Aufenthalt zurichten könnten; (...) Was sie a-

ber dahin getrieben hat, ist vermutlich nichts anderes als der Krieg gewesen."
(Kant, *Zum ewigen Frieden* BA 53f.)

Wer an der Lächerlichkeit dieser Beispiele (zu denen man von der antiken Stoa bis zur *Kritik der Urteilskraft* noch eine gewichtige Masse hinzubringen könnte, die aber auch in moderneren Formen, etwa zur Beglaubigung der „Allmacht der natürlichen Auslese" kaum plausibler ausfallen) Anstoß nimmt, sollte bedenken, daß sie alle ihren Grund in einer Rechtfertigungsstrategie für unsere unmittelbaren Gewißheiten und die von ihnen bestimmten Neigungen haben. Auch unsere „selbstsüchtigen Neigungen", ja selbst die Kriege, die wir gegeneinander führen, finden ihre Legitimation in der „Vorsorge der Natur".

Daß diese Legitimation eigentlich illegitim ist, sehen die Selbsterhaltungstheoretiker selbst. Denn eine ‚vorsorgende Natur' müßte uns mit Neigungen für das Zuträgliche und Abneigungen gegen das Abträgliche ausgestattet haben. Nur weil diese Annahme den Phänomenen widerspricht, bedarf es der Legitimation, die das im einzelnen Abträgliche in ein für das Ganze Zuträgliches umdeutet.

Gesehen – wenn auch von nur eher wenigen – wird auch, daß derartige Legitimationsstrategien in gefährlicher Weise mißbraucht werden können. An der Rede, die Büchner St. Just in den Mund gelegt hat, habe ich wenigstens ein Beispiel dafür zu geben versucht (S. 120f.).

Auf zwei weitere hochproblematische Konsequenzen dieses Glaubens an die Fürsorglichkeit der natürlichen Auslese möchte ich aus aktuellem Anlaß noch hinweisen. Sie enthält nämlich (1) eine ‚Generalabsolution' jeglichen menschlichen Fehlverhaltens. Die grundsätzliche Undurchschaubarkeit der komplexen Zusammenhänge und der ‚Weitblick' der (zum Subjekt hypostasierten) Evolution stellen uns scheinbar vor die Alternative, uns selbst in dem Glauben zu betrügen, wir hätten Einfluß auf den Lauf der Dinge, oder uns unsere absolute Ohnmacht grundsätzlich einzugestehen. Außerdem (2) verfestigt sie Tendenzen zu (auch kollektivem) Fehlverhalten dadurch, daß es als eine notwendige Folge bestimmter Anpassungsprozesse erklärt wird, die wegen der veränderten Umweltbedingungen durchlaufen werden müssen.

Ein besonders charakteristisches Beispiel bietet dafür der Diskussionsbeitrag des Hirnforschers Wolf Singer zu den Terroranschlägen vom 11.9.2001[510]. Dort nennt Singer als Motive der Selbstmordattentäter, die die Anschläge auf das World-Trade-Center in New York und andere amerikanische Einrichtungen ausgeführt haben, psychologisch aus irrationalen Ängsten entstehende Feindbilder. Sie entstünden aus bestimmten Rechtfertigungsmechanismen, die ihren eigentlichen (und – weil nicht in unserer Macht stehenden – persönlich nicht zu verantwortenden) Grund darin hät-

---

[510] Wolf Singer, „Wir versammeln unwillkürlich Haß und Wut auf uns", in: FAZ vom 5.10.2001.

ten, daß wir in einer Umbruchsphase lebten, die bestimmte Anpassungsprozesse auch unserer ‚kognitiven Schemata' nötig machten.

> „Solche Konflikte müssen durchlebt und durchlitten werden, weil sie zu ihrer Überwindung der eigenen Veränderung und Anpassung bedürfen."

Woraus sich auch immer, nach Singer, diese Umbrüche erklären lassen – Singers Hauptthese besagt, daß wir grundsätzlich auf diese keinen wirklichen Einfluß nehmen können (er spricht von „evolutionärer Eigendynamik" und von „unserer prinzipiellen Blindheit gegenüber zukünftigen Entwicklungen"; weshalb unsere Handlungen nichts weiter sein könnten als „Reaktionen auf Prozesse, die wir nicht beherrschen"). Konsequenterweise lautet daher sein Rat, was die vernünftigste Reaktion auf diese Anschläge und auf das Phänomen des Terrorismus sei, nicht, daß es jetzt darauf ankommt, diese falschen und irrationalen Feindbilder zu beseitigen zu versuchen. Man müsse sich vielmehr um eine andere Art der Selbst*darstellung* bemühen. Man müsse den Versuch, sich selbst zu täuschen und die eigene Machtlosigkeit gegenüber der „Allmacht der Evolution" zu kaschieren, wie er besonders für unsere westlichen Kulturen (und besonders die amerikanische) typisch sei, aufgeben und unser ‚ignorabimus' eingestehen. Nur so könnten wir denen, die unter dieser Umbruchssituation genauso leiden, wie wir im Grunde auch darunter leiden, den Eindruck vermitteln, wir teilten ein gemeinsames Schicksal: das gemeinsame Schicksal der Ohnmacht gegenüber allem äußeren Geschehen – und auch weitgehend gegenüber dem eigenen Handeln bzw. dem Handeln, das unser Gehirn uns vorschreibt.

> „Jedes Gehirn bildet seine eigenen kognitiven Schemata, Wertmaßstäbe und Denkstrategien aus, weshalb verschiedene Gehirne zu verschiedenen Schlüssen und Handlungsentwürfen kommen."

Die Vergleichbarkeit dieser verschiedenen Entwürfe könne allerdings dadurch wenigstens erhöht werden, daß unbewußte Prozesse ins Bewußtsein gehoben werden. Gemäß dieser – nicht ganz neuen – Therapie (davon wußten schon die stoischen Ethiker) ist es dann auch folgerichtig, wenn Singer feststellt, daß die Grenze zwischen Gut und Böse praktisch nicht mehr eindeutig gezogen werden kann.

> „Das Böse ist vom Guten weniger denn je zu trennen, topographisch und vielleicht auch begrifflich."

Kaum Beachtung findet, daß sich all diese Legitimations- und ‚*Selbstdarstellungs*'-Strategien in ständigem Konflikt mit dem Widerspruchsaxiom befinden. Wer aus der Summe einzelner zwieträchtiger, kriegerischer oder selbstsüchtiger Handlungen Eintracht, Frieden oder allgemeine Wohlfahrt entstehen lassen will, weil sie notwendig sind, damit das Optimale übrig bleibt, macht es nicht anders als der Kaufmann, der die Summe seiner Schulden als Gewinn verbuchen möchte, weil er z.B. bei einer Inflation anders als seine sparsamen Mitbürger seine Schulden verloren, aber seinen durch sie erworbenen Besitz bewahrt hat. Wenn er aus dieser Erfahrung den Schluß zöge, daß (die Providenz des Marktgeschehens es offenbar so eingerichtet hat, daß) Schulden aufs ganze gesehen den Besitz mehren, hätte er einen Fehlschluß gezogen, denn er hätte eine Sachfolge, daß nämlich Schulden eine Besitzminderung sind, mit einer kontingenten Nebenfolge verwechselt, denn erst durch ihr Hinzutreten war ja aus der Besitzminderung eine Besitzmehrung entstanden.

Deshalb ist das eigentliche Problem bei derartigen Schlüssen auf eine allgemeine Zweckmäßigkeit oder Rationalität im Geschichtsverlauf, in der Evolution oder im Marktgeschehen nicht, daß die Annahme einer solchen allgemeinen Rationalität nur eine regulative, hypothetisch angenommene („überschwengliche") Idee ist. Das wahre Problem ist, daß sie, wie Kant zu Recht formuliert, „hinzugedacht" ist, d.h., sie ist eine weitere, zu den tatsächlichen Sachfolgen hinzutretende, aufgrund von Zufällen mögliche Folge, die aber allen Forderungen des Widerspruchsaxioms zum Trotz als die eigentliche Sachfolge ausgegeben wird: so sagt Kant: „aus Zwietracht wird Eintracht", statt: ‚aus diesem zwieträchtigen Handeln wurde dadurch, daß eine Ursache hinzutrat, z.B. daß ein vernünftiger Mensch die Geschwächtheit der Kräfte zum Anlaß nahm, der Auseinandersetzung Regeln zu geben, Eintracht' (genauer: ‚erzwungene Eintracht').

‚Die Natur', ‚der Markt', ‚das System', ‚die Evolution' sind so Chiffren für die bloße Vermutung einer Rationalität in der Kontingenz – in aristotelischer Begrifflichkeit: der Bestimmtheit der Unbestimmtheit.

An dieser Stelle zeigt sich erst die ganze Tragweite der Verwechslung, die ich im ersten Teil schon einmal herauszuarbeiten versucht habe, der Verwechslung der – jeweiligen – Natur der Sache mit ‚der Natur' als dem Inbegriff für die hypothetisch angenommene Ursache, die alle Kontingenz in Notwendigkeit verwandelt.

Auch die Selbsterhaltungstheorien gehen ja davon aus, daß alles in der Welt und insbesondere jedes Lebewesen in sich die Tendenz hat, sich das ihm Förderliche anzueignen (*Oikeiôsis*) und das Fremde abzustoßen, und davon, daß sich darin zuerst und eigentlich ‚die Natur', „die Allmacht der Auslese", in ihrer weisen Vorsorglichkeit offenbare. Nur weil sich diese Regel wegen der vielen Abweichungen nicht verifizieren läßt, bedarf es der Hypothese einer nur für das Ganze vorsorgenden ‚Natur'. Der Ausgangsannahme entsprechend sollte es vernünftig und naturgemäß sein, daß jede einzelne Natur, so wie sie ist, sich selbst erhalten will, dieser Selbsterhaltungswille sollte daher (sc. der Konsequenz der Ausgangsprämisse nach) als ein der Natur gemäßes Streben beurteilt werden und nicht als selbstsüchtig, egoistisch, niederträchtig, zwieträchtig, kriegerisch, eitel usw. verurteilt werden, und er sollte nicht vernichtet werden müssen, um das Ganze zu erhalten. Der Schluß auf das Ganze der Natur sollte damit eigentlich als erste Prämisse haben, daß die Rationalität, die sich im Selbstaneignungs- oder Selbsterhaltungsstreben äußert, Beweis für die Rationalität des Ganzen ist. Nicht aber sollte das von der Natur selbst geschaffene Selbsterhaltungsstreben wegen seiner irrationalen Widernatürlichkeit Grund für die Annahme einer diese Widernatürlichkeit im Ganzen überwindenden (oder in sich dialektisch aufhebenden) Natur sein.

Die ‚Natur', die Ursache des Selbsterhaltungstriebs sein soll, kann also nicht die Natur der Sache sein. Denn ihr gemäß zu leben, könnte niemals eine Aufgabe des Eigenen zugunsten des oder der anderen bedeuten.

Wenn man Widersprüchlichkeiten und Inkonsequenzen einer Theorie nicht für ein gegebenes Faktum der ‚Welt' zu halten bereit ist, sondern in ihnen eine Schwäche der Theorie selbst erkennt, kann man nicht fortfahren, nach immer neuen Erklärungen zu suchen, weshalb diese Widersprüche nebeneinander bestehen können oder ‚ausgehalten werden' müssen, sondern man muß den Widerspruch für das nehmen, was er ist: für das Zeichen einer ungenügenden Differenzierung.

Das jedenfalls ist die Weise, wie Platon und Aristoteles mit dem Widerspruchsaxiom umgehen, die nicht dieses Axiom der Erfahrung unterordnen, sondern die an diesem Axiom die Erfahrung messen und sie von ihm her korrigieren. Platons Prinzip ist, wie ich oben zu begründen versucht habe, daß eine Erfahrung, die ein und dasselbe als es selbst und nicht als es selbst vorstellt, von einem sicheren Wissen in Bezug auf eben diese Erfahrung korrigiert werden muß: Man weiß in diesem Fall, daß es sich nicht um die Erfahrung von ein und demselben handeln kann, sondern daß man sich über diese Einheit getäuscht hat. Dieses Eine ist nicht eines, sondern mehreres, wie Platon formuliert (Platon, *Politeia* 436b-c), und muß an genau der Stelle differenziert werden, wo sich der Widerspruch gezeigt hat.

So muß es auch bei den Selbsterhaltungstheorien sein. Wenn das Streben nach Selbsterhaltung naturgemäß ist, und wenn dieses Streben sogar dasjenige Korrektiv ist, an dem sich ein rationales Verhalten orientiert, um ein dem Ganzen abträgliches unmoralisches Verhalten zu verhindern, dann kann eben dieses Streben nicht, jedenfalls nicht in dem gemeinten ‚naturgemäßen' Sinn, Ursache für ein widernatürlich zerstörerisches Verhalten sein.

Die Erfahrung, daß das Streben nach Selbsterhaltung in vielen Fällen nicht naturgemäß in diesem Sinn ist, sondern zu Egoismus, Selbstsucht, Eitelkeit, Zwietracht, Krieg, Zerstörung, Untergang führt, fordert also eine Prüfung, was an diesem Streben selbst naturgemäß und was nicht naturgemäß ist. Der Begriff der Selbsterhaltung bedarf einer Differenzierung.

Diese aus den Selbsterhaltungstheorien selbst sich ergebende Folgerung (sc. wenn sie sich denn einer rationalen Prüfung zu stellen bereit sind) führt daher von selbst darauf, daß nicht alles von dem, was ein Lebewesen ‚in ursprünglicher Selbstaneignung' anstrebt oder meidet, das seiner Natur Zuträgliche oder Abträgliche sein kann und also auch nicht als die Basis für eine kontrollierbare Selbstverwirklichung angenommen werden kann. Sie bestätigt damit die bekämpfte gegnerische Position des Aristotelismus.

2   Naturgeschichte und Geschichte bei Aristoteles

2 a.   Die Evolution und ihre rationalen Vorgaben bei der Entstehung und Entwicklung ‚natürlicher' Dinge

Es ist eine vernünftige Voraussetzung, daß jedes Lebewesen seiner Natur gemäß leben will. Es ist aber nicht vernünftig, sondern widerspricht aller Erfahrung, daß es das ‚von Natur aus', d.h. ohne eigenes Lernen und Üben, bereits kann, d.h., daß es immer schon weiß, wie, durch Verfolgen welcher (partikulären) Ziele es dieses eigentliche Ziel seines Strebens und Handelns erreichen kann. Genau dies letztere ist aber eine typische Überzeugung des Common sense, des ‚gemeinen Menschenverstandes', dessen Zustimmung Kant so oft als Bestätigung für die Richtigkeit seiner theoretischen Erklärung zitiert. Auch heute, ja gerade heute, hat diese Überzeugung wieder viele Anhänger, die glauben, dem Gefühl, dem ‚leibhaften Sinn', ‚dem Bauch', der Intuition, mehr folgen zu sollen als dem Verstand. Wir müssen vorgeblich nur richtig auf uns selbst hören lernen, um zu ‚spüren', welche Speisen uns gut tun, welche Bewegung wir brauchen, bei welchen Entscheidungen wir das Richtige getroffen haben usw.

Und auch für diese Überzeugung spielen gegensätzliche Erfahrungen keine Rolle. Die Lösung scheint ja einfach zu sein. Wer sich ‚intuitiv' falsch entschieden hat, hat sich eben nicht intuitiv entschieden, sondern hat unverständigerweise seinen Verstand dabei mitbenutzt.

Diese Art der Lösung kann aber nicht Sache einer Kritik sein, die Wissenschaftlichkeit beansprucht. Zu fragen ist vielmehr auch in diesem Fall, was an dieser Überzeugung selbst Ursache für die gegensätzlichen Folgen ist.

Die Annahme, daß man dann, wenn man das einem Zuträgliche ißt, von selbst, nämlich daran, daß einem dieses Gemäße gut tut, spürt, daß es zuträglich ist, ist nicht ohne Plausibilität und auch nicht, daß dieses Prinzip allgemeine Geltung hat. Wenn man in der richtigen Position sitzt, ‚spürt' man das zuverlässiger, als es einen der Blick in ein orthopädisches Lehrbuch lehren kann. Für die richtige Weise, ein Instrument zu halten, muß man ein Gefühl bekommen, das unentwegte Denken an die gelernten Stellungen hilft nicht nur wenig, es stört oft sogar.

Die Überzeugung, daß dies alles eine Leistung der Natur in uns, oder moderner: der ‚emotionalen Intelligenz', ‚des Bauchs' usw. sei, macht aber über diese plausible Annahme hinaus einen Zusatz, der keineswegs mehr als plausibel gelten kann, eben den Zusatz, daß wir dieses Richtige nicht nur bemerken und spüren, wenn es erreicht ist, sondern daß es die ‚emotionale Intelligenz' (usw.) selbst sei, die uns in diesen Zustand bringt, d.h., die uns offenbart, welche Speisen uns gut tun, in welcher Stellung wir das Instrument am leichtesten und effektivsten halten, welche Entscheidungen für uns günstig sind.

Erst diese Zusatzannahme macht aber den eigentlichen Gehalt der Lehre aus, wir strebten von Natur aus nach dem für uns Zuträglichen, und macht zugleich den wahnhaften Charakter dieser Lehre offenbar. Es wäre ja alle Erfahrung und alle Medizin überflüssig, wenn unser Körper selbst ‚wüßte', was ihm zuträglich ist. Das heißt: diese Lehre berücksichtigt im Vertrauen auf die Evidenz scheinbar unmittelbarer Erfahrungen die Endlichkeit des Menschen nicht.

Wie die aristotelische Analyse der Lust gezeigt hat, ist es erst die vollkommene Tätigkeit, in der die Ausführung des Richtigen und die lustvolle Erfahrung dieses Richtigen zusammenfallen. Da die vollkommene Tätigkeit das ist, woran man etwas erkennt – die Schere am präzise scharfen Schneiden, das Weberschiffchen am sauberen Auseinanderhalten von Kette und Einschlag, das Sehvermögen an der klaren und vollständigen Unterscheidung der Farben usw. – kann man nicht nur berechtigt sagen, daß von ihrer Erkenntnis abhängt, ob man ein der Natur (sc. der Sache, der Tätigkeit) gemäßes Gefühl und einen ihr gemäßen Willen hat oder nicht, sondern vor allem, daß die in diesem Gefühl erfahrene Lust die höchste Lust ist, die aus dieser Tätigkeit kommen kann. Sie ist es daher, die ein ‚der Natur gemäßer' Wille anstrebt.

Daß der Mensch diese Vollendung (seiner Natur) nicht zugleich mit der Geburt (und in diesem Sinn ‚von Natur aus') erreicht hat, bedarf keiner Begründung, es lohnt sich aber, sich die Konsequenzen aus dieser Selbstverständlichkeit für die Beurteilung von Selbsterhaltungstheorien klar zu machen.

Auch die Selbsterhaltungstheoretiker behaupten nicht, daß der Mensch bereits mit seiner Geburt vollendet sei, sie müssen aber annehmen, daß er bereits ein instinkthaftes Wissen von dieser Vollendung hat und mit jeder einzelnen Handlung etwas tut, das zu ihr in irgendeinem Sinn einen Beitrag leistet.

Wenn man fragt, wie dies möglich ist, stößt man wieder auf das, was man die ‚Metaphysik des Empirismus' nennen kann. Eine solche Annahme setzt nicht nur voraus, daß in den Erbanlagen alles der Potenz nach schon da sein muß, was je ein Mensch aus ihnen machen kann[511], sie setzt auch vor-

---

[511] Genau dies hat aber z.B. die neueste Gehirnforschung mit zuverlässigen Experimenten widerlegt. Die genetischen Anlagen, die nicht entwickelt, ausgebildet und geübt werden, verkümmern, ja verschwinden vollständig. Der Gebrauch also bringt erst die Anlagen zu ihrer möglichen Funktionalität. Daß dieser Gebrauch nicht der beliebige, sondern der angemessene, der Funktion der jeweiligen Anlage gemäße Gebrauch sein muß, sollte eigentlich nicht bewiesen werden müssen. Ein Gehirn, bei dem motorische Codierungen der Großhirnrinde ausgefallen sind, muß durch Einübung der richtigen Codes neu ‚programmiert' werden, z.B. durch Erlernen der Grundunterschiede des Sich-Bewegens: Strecken, Beugen, Gerade, Kreis, unten, oben usw. – letzten Endes also durch Formen, die in der Geometrie rational begriffen werden können. Auch hier wird die Bedeutung der Rationalität für die Entwicklung menschlichen Verhaltens häufig unterschätzt, da man sonst bedenken und auch als Forschungsprogramm formulieren würde, daß über die Kenntnis der empirisch erschließbaren genetischen Programme hinaus die Kenntnis und Erschließung der rationalen Programme der Entwicklung und Kultivierung dieser Programme gleich notwendig ist.

aus, daß eine nur mögliche Lust, die jemand noch niemals empfunden hat, genauso wirksam ist wie eine aktuell, jetzt gerade empfundene Lust.

Aristoteles würde zumindest dies Letztere für ausgeschlossen halten. Lust kann immer nur eine aktual vollzogene Tätigkeit begleiten. Ein Kind, das niemals laufen lernt oder niemals eine Sprache erlernt, kann auch keine Lust am Laufen oder am Sprechen empfinden. Die Lust entwickelt sich vielmehr mit der Entwicklung der Tätigkeit und nimmt mit ihrer Beherrschung und Vollendung zu. Ein Kind, mit dem niemals jemand spricht, lernt, wie man weiß, überhaupt nicht sprechen. Es äußert gar keinen Trieb nach dem für den Erhalt seiner menschlichen Natur so hohen Gut der Sprache, geschweige denn, daß es ein Bedürfnis nach Grammatik, Mathematik oder Musiktheorie entwickelte. „Die große Künstlerin Natur" wäre ziemlich unzweckmäßig vorgegangen, wenn sie „die kontinuierliche Erhaltung der Menschen" von den angeborenen Trieben abhängig gemacht hätte.

Die Unterschätzung von Erkennen, Lernen und Üben in den Selbsterhaltungstheorien, auf die diese Beispiele verweisen, führt zugleich zu der Vermutung, daß die Annahme, in den Erbanlagen sei alle mögliche Ausbildung dieser Anlagen schon enthalten, Spekulation sein muß.

Wie könnte man die Annahme einer solchen naturalen, jedem Organismus immanenten Potenz, aus sich heraus alle Entwicklungsmöglichkeiten des Organismus ‚steuern' und ‚autopoietisch' immer wieder in ein System integrieren zu können, beweisen? Durch Beobachtung und Erfahrung wohl kaum. Denn Beobachtung und Erfahrung zeugen davon, daß Anlagen Anlagen sind, d.h. etwas, was in unterschiedlicher Weise in unterschiedlichem Maß zu unterschiedlichen Zielen hin entwickelt werden kann – und diese Spannbreite kann durch Vernachlässigung oder Übung so groß sein, daß ein und derselbe mit denselben Genen Möglichkeiten hat, die z.B. von einem tierisch dumpfen Dahinvegetieren bis zur vollkommenen Beherrschung von Wissenschaften oder Künsten reichen. Die Frage ist also ganz unumgänglich, was der Grund für diese eminente Bedeutung der Beeinflussung der genetischen Bedingungen ist.

Obwohl diese Frage nicht auf wenigen Seiten abgehandelt werden kann, möchte ich doch wenigstens auf einige wesentliche Argumente hinweisen, die zeigen, daß die Position des Platonismus und Aristotelismus auf diesem Gebiet nicht ohne Sachrelevanz ist – sogar für die gegenwärtige biologische Forschung.

Wenn es sinnvoll sein soll, eine gegenwärtige naturwissenschaftliche Forschungsposition mit philosophischen Konzepten der Antike zu konfrontieren, muß man allerdings unterscheiden zwischen den wissenschaftlichen Beobachtungen und Methoden, die ein reiches Faktenmaterial zum Beleg für eine Entwicklung der Natur und der Lebewesen von einfachsten Urformen zu komplexen und komplex agierenden Gebilden nachweisen, und der einheitlich theoretischen Deutung dieser Fakten. (Die Nachweise konnte Aristoteles natürlich nicht kennen, er hätte aber keinen Grund gehabt, sie aus systematischen Überlegungen in Zweifel zu ziehen, im Gegenteil: er hätte in diesem Faktenmaterial nur noch zusätzliche Bestätigung für sein Konzept einer *scala naturae*, einer ‚Stufenleiter der Natur' vom Einfachsten zum Höheren, finden können. Die Lehre, die ganze empirische Natur bestehe so, wie sie faktisch existiert und als die, die wir wahrnehmen können, aus einer festgefügten Struktur von Gattungen und Arten, gegen die die Evolutionstheorie sich wendet, ist stoischen, nicht aristotelischen Ursprungs.)

Die Deutung dieser Fakten erschließt eine allgemeine, für alle Fälle geltende Ursache, die hinter den Phänomenen vermutet wird. Sie lautet bekanntlich: Aus zufälligen Mutationen der Gene, von denen die meisten an den Notwendigkeiten der Umwelt scheitern, bilden sich gewisse Konfigurationen, die sich durchsetzen konnten, und diese bilden die relativ stabile Basis der durch sie strukturierten Lebewesen.

Mit dieser Deutung wäre Aristoteles sehr wohl vertraut gewesen, denn sie stammt von Demokrit und ist über den hellenistisch-römischen Epikureismus auf nachprüfbaren Wegen bis zu Darwin gelangt. Die Kritik, die die allerneueste biologische Forschung (nicht an der Evolution als geschichtlichem Faktum, sondern) an dieser Deutung übt, nähert sich in frappierender Weise platonisch-aristotelischen Analysen an, wenn sie auch durch eine bestimmte Barriere noch davon getrennt bleibt.

Der Grundeinwand, wie er etwa von Steven Rose vorgetragen wird[512], ist, daß die beobachtbaren oder rekonstruierbaren Abläufe der Evolution gegen ein völlig offenes und blindes Spiel von Zufall und Notwendigkeit sprechen, sie machen vielmehr die Annahme nötig, daß die Evolution Vorgaben hat, die ihre Möglichkeiten einschränken, ja lenken. Bereits die primitivste Expression von Genen geschieht nicht ins völlig Ungefähre, sondern bewegt sich zwischen Grundmöglichkeiten, etwa zwischen verschiedenen Arten von ‚Süß' (z.B. erhalten sich bestimmte Einzeller dadurch am Leben, daß sie zwischen Süß und Nicht-Süß unterscheiden können; ihre Teile bzw. ihr Genmaterial ist auf genau diese Potenz hin ausgerichtet). Von diesen Expressionen ist aber das genetische und epigenetische Geschehen mitbeeinflußt, es ist also auch nicht völlig willkürlich, im Gegenteil: es baut nicht nur auf Vorhandenem auf, es verfährt auch bei diesem Aufbau nach – zunehmend komplexer werdenden – Vorgaben, die vor allem geometrisch-mathematischer Art sind – man braucht nur, um an ein beliebiges, leichter einleuchtendes Beispiel aus der Physik zu erinnern, an die kristalline Struktur vieler Metalle zu erinnern.

Was die neueren biologischen Erklärungen von Platon und Aristoteles trennt, ist, daß sie in diesen Vorgaben der Evolution eine Art immanenter Gesetzlichkeit im Evolutionsgeschehen selbst sehen. Wo aber ein Gesetz wirksam ist, gibt es keinen Zufall. Nun ist der Zufall nicht nur ein beiläufiger, sondern ein wesentlicher Faktor im Evolutionsgeschehen. Das heißt:

---

[512] Steven Rose, Darwins gefährliche Erben. Biologie jenseits der egoistischen Gene, München 2000 (engl. Originaltitel: Lifelines: Biology beyond determinism, Oxford 1998).

diese Erklärung führt zu Widersprüchen und ist daher vielen Einwänden ausgesetzt.

Eine Ortsbewegung z.B. hat zwar unermeßlich viele konkrete Realisationsformen, diese sind aber beschränkt durch allgemeine Grundbewegungsmöglichkeiten: nach vorne oder hinten, oben oder unten, rechts oder links, gerade oder im Kreis oder – in der einfachsten Kombination aus Kreis und Gerade – spiralförmig, oder in weiteren noch komplizierteren Kombinationen oder Abweichungen.

Für Platon und Aristoteles handelt es sich bei diesen Vorgaben nicht um immanente Steuerungsmechanismen, sondern um rational begreifbare Möglichkeiten, sozusagen um einen Möglichkeitsraum, der bestimmte Möglichkeiten von Bewegung und Veränderung vorgibt, die in konkreten Prozessen mehr oder weniger oder auch gar nicht realisiert sein können.

Daß diese Bewegungsmöglichkeiten selbst nicht in einer Evolution entstehen, sondern daß jede mögliche Evolution sich ihrer immer schon bedienen muß, ist vielleicht klar. Würden diese Möglichkeiten durch die Evolution hervorgebracht, müßten sie aus Einzelprozessen hervorgegangen sein und ihre Verbreitung der Weitergabe in Einzelprozessen verdanken und dort, wo eine solche Weitergabe nicht stattgefunden hat, auch nicht vorhanden sein – eine Absurdität, die allein hinreicht, um die Vorstellung zu widerlegen, alles habe sein momentanes Wesen durch die Vorgänge bekommen, in denen es entstanden ist und von denen her allein es auch erklärt werden könne.

Für Platon und Aristoteles haben diese Möglichkeiten ihre ‚Existenz' darin, daß sie aus dem obersten Unterscheidungskriterium des Denkens, dem Kriterium, daß alles, was gedacht wird, immer etwas Bestimmtes, von anderem Unterscheidbares sein muß, abgeleitet werden können, wie ich oben in den Grundzügen zu skizzieren versucht habe: Was etwas ist, ist immer auch ein Eines, Identisches, Verschiedenes, ein Ganzes aus Teilen usw., es ist diskrete oder kontinuierliche Einheit, und, wenn kontinuierlich, gerade oder kreisförmig usw. Daß alle Teile eines Selben sich zu einem Selben in derselben Weise verhalten können, ist nichts als eine als etwas Bestimmtes unterscheidbare und daher denkbare Möglichkeit. Realisiert im Verhältnis einer Linie zu einem Punkt und als Qualität an einem wahrnehmbaren Körper ergibt sich daraus ein als Einzelding oder einzelne Vorstellung vorhandener Kreis.

Wenn verstanden werden soll, wie z.B. ein konkreter Kreis, etwa ein Rad entstehen kann, müssen nach Aristoteles folgende zu unterscheidende Bedingungen gegeben sein: Es muß den erkennbaren Sachverhalt ‚Kreis' geben, durch den die Möglichkeiten, die bedingen, daß etwas Kreis sein kann, gegeben sind. Es muß das Material, in dem er realisiert werden soll, vorhanden sein, und es muß jemand oder etwas dieses Material im Sinn der vom Begriff ‚Kreis' vorgegebenen Bedingungen (einförmige Linie, gleiche Abstände usw.) formen. Nur diese letztere Ursache, die Aristoteles Wirkursache (griech. *aitia poiêtikê* (αιτία ποιητική); lat. *causa efficiens*) nennt, kann auch

‚*der* Zufall' sein (bzw. genauer: das, was die Zusammensetzung herstellt, kann zu dem, was zusammengesetzt wird, in einem nicht-notwendigen Verhältnis stehen), der Gesamtprozeß dagegen nicht, denn er kann nur stattfinden, wenn die beiden anderen Ursachen: die Sache ‚Kreis' und das Material schon da sind.

Bei der Entstehung eines Diamanten z.B. kann das Vorhandensein bestimmter Druckverhältnisse, die nötig sind, damit er zustande kommt, an einem bestimmten Ort, zu einem bestimmten Zeitpunkt usw., durchaus zufällig sein. Damit aus diesen ‚zufälligen' Vorgängen ein Diamant wird, dürfen diese Prozesse aber nicht beliebig irgendwo und irgendwann enden, sondern nur, wenn ein bestimmter Sachverhalt eingetreten ist, also wenn das Material des Diamanten, die Kohlenstoffatome, eine bestimmte Struktur gebildet haben, die sich etwa als ein Würfel aus vier Würfeln darstellen läßt, in deren Mitte sich je ein Kohlenstoffatom befindet, das durch eine sog. kovalente Bindung mit jeweils vier anderen Kohlenstoffatomen an vier Ecken des Würfels verbunden ist. Erst so ergibt sich eine dreidimensionale Struktur, die nach allen Seiten gleich stabil ist. Würden die ‚zufälligen' Prozesse, die vor der Entstehung von Diamanten ablaufen, an anderer Stelle, d.h. bei der Erreichung der Bildung anderer Gestaltmöglichkeiten, enden, entstünden auch keine Diamanten, sondern entweder diffuse Gebilde oder bestimmte andere Gebilde, wenn nämlich der Prozeßzustand mit einer bestimmten Gestaltmöglichkeit identisch oder weitgehend identisch ist. Sind die Kohlenstoffatome z.B. in einem zweidimensionalen Maschenwerk in Form von hexagonalen Flächen verbunden, die relativ frei gegeneinander beweglich sind, entsteht ein Stoff wie Graphit, der dann genau die Eigenschaften hat, die das Material, die die Kohlenstoffatome in dieser Gestaltverbindung haben: etwa daß ein solcher Stoff weich und schmierig ist.

Im Unterschied zu einem verbreiteten Vorurteil widerlegen die Ergebnisse der modernen Naturwissenschaften, der Physik, Chemie und Biologie die platonisch-aristotelische Unterscheidung von Sache/Form (*eidos, idea*) und Materie nicht, sondern bestätigen sie und machen ihren Sinn verständlich. Gerade, Kreis, Pyramide, Würfel, Kugel entstehen als Sachmöglichkeiten überhaupt nicht. Das, was entsteht, ist eine bestimmte, den exakten Bedingungen von Würfel oder Kugel (usw.) mehr oder weniger nahekommende Formung eines Materials, das dadurch an den Eigenschaften dieser Sachmöglichkeiten partizipiert[513]. Wenn etwa die pyramidenförmigen Kohlenstoffatome in würfelartige Strukturen gebracht sind, dann haben sie andere Eigenschaften, als wenn sie in hexagonalen Flächen angeordnet sind. Oder wenn etwa die Schädeldecke die Form einer Kugel hat, profitiert das

---

[513] Diese Unterscheidung zwischen der Sache, d.h. der sachlichen Möglichkeit selbst, und einzelnen Verwirklichungen dieser Sache als Qualität an einem zugrundeliegenden Material macht Platon im *7. Brief* und bezeichnet sie als Unterscheidung zwischen ‚Was' (und der Erkenntnis der Sache) und ‚Wie' (und der Erkenntnis einer Qualität von etwas) (Platon, *7. Brief* 342a-343e).

Gehirn von den Eigenschaften der Kugel, z.B. durch die aus der Gleichheit der Abstände zum Zentrum sich ergebende Effizienz der kommunikativen Vermittlungsprozesse.

Widerlegt wird durch diese begriffliche Analyse der Welt der Erfahrung allerdings der theoretische Überbau, den die Neuzeit den Naturwissenschaften gegeben hat: in der Materie, z.B. in den Kohlenstoffatomen, ist nicht die ganze Welt der aus ihnen bildbaren Einzeldinge oder -phänomene schon – der Potenz nach – enthalten. Diese Überlastung der Materie wurde in den wissenschaftlichen Theorien erst möglich, seit man die begrifflichen Unterscheidungen, die über mehr als eineinhalb Jahrtausende von der ‚scientific community' beachtet worden waren und deren elementaren Sinn ich eben zu rekonstruieren versucht habe, ausgeblendet hat, weil man eben glaubte, an den Dingen selbst alles zur begrifflichen Differenzierung Nötige schon vorzufinden.

Natürlich haben die Kohlenstoffatome, wenn wir sie einmal als Beispiel für eine Materie vieler Dinge nehmen, in sich selbst bestimmte Eigenschaften, die es möglich machen, daß aus ihnen – z.B. durch Druck und Stoß – bestimmte Phänomene entstehen können und andere nicht. Die aus ihrer pyramidalen Struktur sich ergebende Stabilität etwa macht sie *geeignet* für die Entwicklung zu Graphit und Diamant und zu sehr vielem anderen, determiniert sie aber nicht zu einem einzelnen von diesen. Gerade diese ihnen immanente Eignung (oder: Formbarkeit) zu Verschiedenem ist aber der zwingende Grund dafür, daß Kohlenstoffatome nicht in sich selbst die festgelegte Tendenz zu einer bestimmten von diesen an sich unbestimmten Entwicklungsmöglichkeiten haben.

Logisch formuliert: die Kohlenstoffatome sind eine notwendige Bedingung für die Entstehung von Diamanten, keine zureichende. Die Eigenschaften der Kohlenstoffatome machen es möglich, sie sowohl hexagonal wie würfelförmig anzuordnen, *ohne* diese Eigenschaften könnte weder Graphit noch Diamant aus ihnen entstehen, sie sind für deren Entstehung notwendig.

Keine dieser neugebildeten Strukturen und Anordnungsformen liegt aber in ihnen selber als eine bestimmte potentielle oder wirkliche Eigenschaft, sondern eine bestimmte Struktur und Anordnung muß zu den Kohlenstoffatomen oder einer anderen Materie *hinzukommen*, und zwar dadurch, daß eine genau bestimmte Anordnungsmöglichkeit durch einen natürlichen, zufälligen oder methodisch technischen Prozeß *unter Ausnutzung* der Eigenschaften der Kohlenstoffatome realisiert wird. Die primäre Bedeutung, die dabei der Sachmöglichkeit einer bestimmten Anordnung zukommt, macht gerade die technische Herstellung z.B. von Diamanten deutlich. Der Techniker wartet ja nicht, bis ein unendlicher Prozeß von (‚zufälligen') Druckverschiebungen endlich einen Diamanten hervorgebracht hat, sondern er blickt auf die Form, in der dieser Prozeß seinen Abschluß gefunden hat. Die Art und Weise der Bindung der Atome, die in diesem Abschluß vorgefunden wird, macht er dann zum Prinzip der technisch-konstruktiven Anordnung der Materien, aus denen er den Diamanten herstellen will.

Wenn daher festgestellt wird, daß die Physik die Gesetze der Biologie umfasse, und daraus der Schluß gezogen wird, die Gesetze der Biologie müßten letztendlich auf Gesetze der Physik zurückgeführt und aus ihnen erklärt werden, handelt es sich um einen zu pauschalen und deshalb konfusen Schluß, weil er den Unterschied von notwendigen und zureichenden Bedingungen nicht beachtet.

Daß die Physik umfassender und allgemeiner als die Biologie ist, heißt, daß alle ihre Elemente und Gesetze auch in der Biologie gegeben sind und gelten, nicht aber, daß die spezifischen Gesetze der Biologie aus der Physik erklärt werden können. Die Biologie hat andere, komplexere Gegenstände als die Physik und wendet dort, wo sie sich mit den für sie spezifischen, d.h. aus der Komplexität sich ergebenden Eigenschaften dieser Gegenstände befaßt, auch andere Methoden an als die Physik. Diese Eigenschaften sind verschieden von allem, was der Physiker in seinem Bereich über das Verhalten von Strings, Quanten, Atomen, Molekülen wissen kann. Sie können aus diesem Wissen nicht abgeleitet werden, sondern müssen es ergänzen. ‚Ontologisch' formuliert: Sie bilden nicht die ‚Subsysteme', aus denen die komplexeren Strukturen ‚sich konstituieren', d.h., sie enthalten die komplexeren Strukturen nicht schon potentiell in sich[514], sondern sind lediglich die notwendige Voraussetzung dafür, daß aus ihnen durch Hinzutreten neuer Bedingungen komplexere, weniger allgemeine (d.h. nicht in jedem Körper vorhandene) Strukturen gebildet werden können.

Wer die Bedingungen kennt, wie aus Quanten und Atomen bestimmte Moleküle gebildet werden können, kennt aufgrund eben dieses Wissens nicht auch schon die Bedingungen, die nötig sind, daß aus diesen Molekülen Biomoleküle werden. Und wer diese allgemeinen Bedingungen des Lebens überhaupt kennt, weiß, wie über die Eigenschaften der physikalischen Elemente hinaus so etwas wie Reproduktion, Mutation und Metabolismus möglich wird, er kennt aufgrund dieses Wissens aber nicht bereits die Bedingungen, die ein bestimmtes Biomolekül, etwa ein Myosinmolekül, von dieser generellen Voraussetzung unterscheiden. Das Wissen, wie ein Myosinmolekül gebildet ist, enthält wiederum noch keine Erkenntnisse darüber, welche Organisationsformen diese Moleküle zu einer Myosingruppe, einem Filament, einer Fibrille usw. und schließlich zu einer Muskelfaser oder gar einer Qualle machen. Immer müssen zu den immer spezifischer werdenden notwendigen Bedingungen noch zureichende Bedingungen hinzukommen, damit aus dem, was für vieles gilt oder was in vielem möglich ist, etwas wird, das genau und nur etwas Bestimmtes ‚konstituiert', etwa die Fibrille einer Muskelfaser.

---

514 Diese verbreitete These begründet neu mit vielen Beispielen und ‚Beobachtungen' aus der gegenwärtigen Forschung Ruppert Riedl, Strukturen der Komplexität. Eine Morphologie des Erkennens und Erklärens, Berlin (u.a.) 2001.

In seinem Dialog *Phaidon* hat sich Platon ausführlich mit den Methodenproblemen einer solchen rein empirisch kausal verfahrenden Naturerklärung auseinandergesetzt und – wie in einem Vorgriff auf die Probleme der modernen Evolutionstheorie – den zentralen methodischen Defekt dieses Vorgehens in der Nichtunterscheidung der sachbestimmenden Gründe von denjenigen Bedingungen, ohne die diese Sachgründe nicht wirksam werden könnten, ausgemacht[515].

Der Fehler, den Platon meint, wird besonders deutlich, wenn man ihn an einfachen, z.B. technischen ‚Strukturen', mit denen Ruppert Riedl die natürlichen Komplexitätsbildungen vergleicht[516], untersucht. Ziegelsteine etwa sollen nach Riedl ein ‚konstituierendes Subsystem' bilden, das schon die Bildemöglichkeiten für die komplexeren Strukturen der Mauer, des Hauses und der Stadt enthält, aus denen diese dann bei bestimmten Umweltanforderungen ‚emergieren'. Richtig daran ist, daß sie bestimmte dafür nötige Eigenschaften haben, etwa eine bestimmte Stabilität, eine bestimmte, etwa würfelartige Struktur, ohne die aus ihnen niemals eine Mauer gebaut werden könnte. Mauer oder gar Haus wird aus ihnen aber nur durch Hinzutreten derjenigen Organisationsform, die für eine Mauer als Mauer (im Unterschied etwa zu einem Steinhaufen) und für das Haus als Haus (im Unterschied etwa zu einer Brücke) nötig ist. Der Unterschied von Haus und Brücke ist in den Steinen nicht enthalten. Ein Wissen über diesen Unterschied kann nicht durch Analyse der Elemente von Haus und Brücke, z.B. der Ziegelsteine, gewonnen werden.

Wer glaubt, durch eine Analyse der Ziegelsteine die zureichende Erklärung für das zu finden, was alles aus Ziegelsteinen entstehen kann, muß Mauern, Häuser, Brücken, Türme als ‚Emergenzen' bezeichnen – eine Bezeichnung, die in Wahrheit nur zum Ausdruck bringt, daß die Formbedingungen, denen gemäß die Steine organisiert werden müssen, damit sie zu Mauer oder Haus werden, unbekannt sind, und diese Unkenntnis ontologisch als Zufall ausgelegt wird.

Für eine genaue Bestimmung des Erkenntniswerts einer physikalischen ‚Erklärung' für ein biologisches Problem – oder einer biologischen Erklärung für ein Problem menschlicher Kulturbildung usw. – lohnt es sich sehr, die sorgfältigen aristotelischen Unterscheidungen zu beachten, statt immer wieder Einzelbedingungen für das Ganze zu nehmen.

Es ist nicht falsch, sondern führt zu wichtigen Einsichten, wenn man den Anteil untersucht, den molekulare Prozesse für die Grundprozesse lebender ‚Systeme', also etwa für Reproduktion, Mutation und Stoffwechsel, spielen. Es führt aber bereits zu einer erheblichen Überschätzung der Leistungsfähigkeit der Physik, auch nur zu meinen, man könne durch die Kenntnis der

---

[515] S. Platon, *Phaidon* 99b2-4: „etwas anderes ist der Grund für das bestimmte Sein von etwas, etwas anderes das, ohne das dieser Grund nicht Grund sein könnte." S. dazu Verf., Die Bedeutung der sophistischen Logik, 133-148.

[516] S. Ruppert Riedl, Strukturen der Komplexität, 104.

molekularen Vorgänge und ihrer Entstehungsbedingungen zureichend erklären, was Reproduktion oder Metabolismus ist, und wie sie zustandekommen[517]. In aristotelischer Terminologie heißt das, eine Materialursache, ein Medium, das man zur Bildung einer Organisation braucht, mit einer Formursache, mit dem Strukturprinzip dieser Organisation zu verwechseln. Diese Verwechslung ist nicht geringer, als wenn man – um in der von Riedl benutzen Analogie zu bleiben – behauptete, es sei Aufgabe des Architekten, die inneren Bauelemente der Ziegelsteine bis auf ihre molekularen Bedingungen hin zu untersuchen, um aus der Kenntnis der in diesen elementaren Bedingungen angelegten Möglichkeiten zu ‚erklären', wie der Bau von Häusern möglich wird.

Das Beispiel macht die Notwendigkeit zu differenzieren besonders anschaulich. Natürlich benötigt der Architekt ein möglichst genaues Materialwissen. Dazu kann die Analyse der Ziegelsteine bis hin auf ihre molekularen Bauprinzipien viel beitragen und nicht nur zur Beurteilung vorhandenen Materials dienen, sondern auch zur technischen Herstellung besser geeigneten Materials. Es wird aber niemand aus den Erkenntnissen, die man durch eine chemisch-physikalische Analyse der Ziegelsteine gewinnt, ein Wissen über die Auffindung derjenigen Formen ableiten wollen, die man kennen muß, damit aus diesem bereits fertigen Material Haus, Turm, Brücke, Kirche oder Schloß wird. Es gibt auch kein Architekturstudium, in dem das Materialwissen zur grundlegenden und ausschließlichen Basis möglicher Konstruktionsprinzipien gemacht würde. Bei der Berechnung der Statik eines Baus etwa muß man das Material als einen in das Ergebnis einfließenden Faktor berücksichtigen, für die Aufstellung der dieser Berechnung zugrunde gelegten Gleichung oder Formel aber spielt die spezifische Beschaffenheit einzelner Materialien keine Rolle, sondern die Struktur dieser Gleichung wird durch andere, mathematische Gesetze vorgegeben.

Ein verführerischer Anlaß, diese wichtigen und nötigen Differenzierungen zu übersehen, ist die Überzeugung, Elemente natürlicher und vor allem biotischer ‚Systeme' seien keine tote Materie – wie die Ziegelsteine im Beispiel –, sondern seien von selbst in ständiger und eigenständiger Bewegung. Im Sinn der unreflektierten Alternative von Notwendigkeit und Zufall kann man sich diese Bewegung als bloß zufällige Bewegung (‚Mutationen', d.h. beliebige Veränderungen) denken, aus der dann neben unendlich vielen Abfallprodukten einzelne komplexere ‚Systeme' ‚emergieren', d.h. eben, zufällig auftauchen, oder man versteht diese Bewegung als eine von den immanenten Programmen dieser Elemente, z.B. der Gene, gesteuerte Bewegung als Automatismen, Mechanismen, ‚autopoietische Systeme' usw. Auch in diesen Fällen aber – und das führt dazu, daß beide Alternativen meist kombiniert vorkommen – muß man den Zufall zu Hilfe nehmen, wenn be-

---

[517] Einen Versuch, eine solche Erklärung des Lebens und der Seele ‚von unten', von den elementaren physikalischen Bedingungen her durchzuführen, bietet (z.B.) Alfred Gierer, Die Physik, das Leben und die Seele, München 1991.

stehende Programme sich entscheidend verändern sollen. Das heißt: für die Zunahme an Komplexität ist immer der Zufall verantwortlich.

Man sieht, daß es immer wieder eine begrifflich falsche Systemstelle ist, die dem Zufall zugewiesen wird, genauer: es wird bei derartigen Theorien gar nicht geprüft (weder theoretisch noch experimentell), welche genaue Teilrolle dem Zufall zukommt. Weil man zu sehen meint, daß die unmittelbar wirkende Ursache, die dafür verantwortlich ist, daß eine bestimmte einzelne Konfiguration zustande kommt, öfter der Zufall ist, macht man den Zufall zur Ursache des gesamten Geschehens.

Das führt aber nicht nur bei der Erklärung von einfachen ‚anorganischen' Vorgängen zu Konfusionen: Zufällige Neukonfigurationen von Kohlenstoffatomen sind eben nur dann Ursache der Entstehung von Diamanten, wenn diese zufälligen Veränderungen der Atome bei etwas Nichtzufälligem enden, in diesem Fall sogar bei etwas, was eine geometrisch streng aufeinander bezogene Einheitlichkeit der Verbindung hat.

Bei der Entstehung biologischer Komplexität kann man zudem erkennen, wie die Möglichkeiten des Zufalls zunehmend eingeschränkt werden. Während Moleküle beinahe beliebig viele Molekülverbände bilden können, sind es bereits nur die in einer bestimmten Weise verbundenen Verbände, die zu einem Zellorganell oder einer Organellengruppe werden können. Innerhalb dieser Gruppe dürfen die Moleküle als elementare Bausteine dieser Gruppe keineswegs einfach beliebig mutieren, sondern nur dann, wenn sie in den eingegangenen Verbindungen bleiben und darüber hinaus eine neue funktional einheitliche Verbindung eingehen, kann aus ihnen eine Zelle werden. Das heißt: auch wenn bei dieser Zunahme an Komplexität in jeder Phase zufällige Redundanzen vorkommen, diese Zufälle sind für die Entstehung komplexerer Verbindungen irrelevant, relevant werden sie immer nur, wenn die neue Verbindung die bereits gebildete Komplexität bewahrt und ihrerseits eine bestimmte Organisation mit bestimmter Funktion sein kann.

Die weitreichende Rolle, die dem Zufall im Prozeß der Evolution zugesprochen wird, weist in mehrfacher Hinsicht außerdem auf Prämissen und Begriffsfestlegungen hin, die im Rahmen der evolutionsbiologischen Ansätze selbst nicht thematisiert werden, deren ‚Evidenz' oder gar ‚rational begründbare Notwendigkeit' aber keineswegs von vornherein auf der Hand liegt:

Zu diesen Prämissen gehört einmal, daß Arten und die Entwicklung von Arten nach dem Phänotyp beurteilt und eingeteilt werden und nicht – wie das einem platonischen oder aristotelischen Zugang entsprechen würde – auf der Grundlage funktionaler Unterscheidungen, auf der Grundlage der unterschiedlichen (seelischen) Vermögen, die für die jeweilige Tierart spezifisch sind.

Bei ausschließlicher Berücksichtigung phänotypischer Merkmale aber ist eine Unterscheidung zwischen wesentlichen und akzidentellen Merkmalen nicht möglich. Das hat zur Folge, daß auch jede Art von Veränderung in der ‚Evolution', die lediglich die äußere Gestalt, in der ein bestimmtes Vermögen (z.B. der Gesichtssinn) verwirklicht wird, betrifft – und vermutlich handelt es sich bei den meisten Veränderungen, die man gewöhnlich als verursacht durch den Zwang zur Anpassung an veränderte Umweltbedingungen auffaßt, um solche in diesem Sinn die Materie betreffende ‚Mutationen' –, als evolutionäre Mutation der Art betrachtet wird. Um diese Art von akzidentellen Mutationen, von denen kaum gezeigt werden kann, daß sie artspezifische Differenzen hervorbringen, handelt es sich auch bei den berühmten Finkenschnäbeln, deren unterschiedliche, den jeweiligen Nutzungsmöglichkeiten angepaßte Formen Darwin auf den verschiedenen Galapagos-Inseln beobachtet hat. Zu artverändernden ‚Mutationen' werden solche Erscheinungen nur, wenn man sie spekulativ verlängert, d.h. wenn man es für gegeben hält, daß in ihnen der Anfang für eine schließlich die ganze Art überwindende Entwicklung vorliegt. Empirisch beglaubigbar ist eine solche Spekulation nicht, denn viele Mutationen haben bekanntlich sogar überhaupt keine signifikante Bedeutung für die Entwicklung eines Organismus. Daß Darwin diese These für plausibel hielt, liegt lediglich daran, daß er sich mit der von der stoischen Teleologie geprägten Naturwissenschaft seiner Zeit auseinandersetzte. Deren Glaube, daß die ganze Welt in allen ihren Erscheinungsformen in ein strenges Korsett von Arten und Gattungen eingeteilt sei, ist in der Tat mit der Beobachtung einer einzigen Abweichung widerlegt: Offenbar bleiben die Arten nicht konstant, sondern können sich ändern.

Mit dieser Überbewertung der einzelnen, durch beliebige naturgeschichtliche Bedingungen möglichen Änderungen, die den Eindruck begünstigt hat, jede Änderung sei Beweis für eine Änderung der ganzen Art oder des ganzen Organismus, hängt die Aufwertung des Zufalls zu einem bestimmenden Prinzip zusammen. Denn ein bestimmtes Vermögen kann tatsächlich in verschiedenen Materien verwirklicht werden. In dieser Hinsicht ist ein gewisser Spielraum gegeben und eine relative Beliebigkeit, die allerdings ihre Grenze in der Bestimmtheit des Vermögens findet. Welche der unterschiedlichen Verwirklichungsmöglichkeiten zu einer bestimmten Art an einem bestimmten Ort sich ‚durchsetzt', ist dann in gewisser Weise tatsächlich zufällig, wenn darunter verstanden wird, daß keine absolute Determination der Entwicklung vorliegt.

Der zweite Aspekt, der mit dem großen Einfluß, der dem Zufall zugestanden wird, zusammenhängt, ist eine mangelnde Reflexion auf den Begriff der Umwelt und der Umweltbedingungen bzw. der Anpassung an eine (sc. ‚gegebene') Umwelt: Auch in diesem Punkt würde man sich bei einigen Evolutionsbiologen etwas mehr an geistes- und begriffsgeschichtlichem Bewußtsein wünschen. Denn aus der Begriffsgeschichte des Begriffes ‚Umwelt'[518] könnte man lernen, daß darunter ursprünglich nicht die ‚objektive' Natur verstanden wurde, in der Menschen oder Tiere als einer gegebenen

---

[518] S. z.B. Leif Ludwig Albert, Umwelt, in: Zeitschrift für deutsche Sprache 21,1965, 115-118.

Welt sich zurecht finden müssen. Umwelt meint ursprünglich die Umwelt eines bestimmten Individuums und Subjekts, und zwar aus der Sicht dieses Subjekts. Es bezeichnet die ‚objektive' Natur nur als etwas, das sich ein bestimmtes Individuum subjektiv aneignet, kantisch gesprochen: als Erscheinungen und nicht als Dinge an sich.

Tatsächlich sind die evolutionsbiologischen Konzepte von der Anpassung an Umweltbedingungen und dem Einfluß der Umwelt auf die Entwicklung der Arten von diesem subjektphilosophischen Begriffsverständnis gar nicht soweit entfernt, wie man vermuten würde. Denn auch in diesen wird die Umwelt immer nur bezogen auf eine bestimmte Art oder Population betrachtet, deren Entwicklung untersucht werden soll: auch hier ist Umwelt immer ‚Eigenwelt', d.h. Umwelt von etwas bzw. von jemandem. Wenn also bestimmte ‚Umwelt'-Prozesse nur mit Blick auf ein bestimmtes Untersuchungsobjekt betrachtet werden, dann verwundert es nicht mehr, daß viele Vorgänge unter diesem Blickwinkel, d.h. mit Bezug auf dieses bestimmte Objekt, als zufällig bestimmt werden müssen oder können. Das macht aber, und dieser Fehlschluß wird oft gezogen, noch keinerlei Aussage über die Qualität dieser Vorgänge selbst, denn diese können wesentlich auf etwas ganz anderes bezogen sein und können in etwas ganz anderem ihre bestimmende Ursache oder auch ihre Zielursache haben.

Die Mißlichkeit der Erklärung aus dem Zufall wird aber in ganz besonderer Weise deutlich, wenn es um die Erklärung des Verhaltens höherer ‚Organismen' geht. Bei einer Möwe z.B., die eine Wellhornschnecke aufhebt und mit ihr zu einer Gegend mit steinigem Boden fliegt, um sie dort sooft hinunterzuwerfen, bis die eßbaren Teile erreichbar sind[519], kann man als (in einem zeitlichen Sinn) erste Ursache der evolutionsrelevanten Adaption den Zufall erschließen. Irgendwann einmal ist eine Schnecke hinuntergefallen und aufgebrochen. Dieser Zufall hätte aber nicht die geringste Wirkung auf die Evolution, wenn er ein Zufall geblieben wäre, d.h., wenn die Möwen nicht das Allgemeine an diesem Vorgang, das selbst nicht zufällig ist, durchschaut und in seinem Zusammenhang richtig erschlossen und im Gedächtnis bewahrt hätten. Denn nur so waren sie in der Lage, ihn regelmäßig und mit Erfolg zu wiederholen. Außerdem sollte man vielleicht auch noch einmal betonen, daß dieser Einfluß auf die ‚Evolution' keineswegs in einer Tendenz zur ‚Mutation' der Art oder des Einzelorganimus bestehen muß. Die Art ‚Möwe' oder der Einzelorganimus einer bestimmten ‚Möwe' wird durch diese ‚Adaption' an die Umwelt nicht zwingend auf eine neue Art oder ein anderes Einzellebewesen hin entwickelt, sie kann genauso, ja sie wird in diesem Fall sogar wahrscheinlich dazu dienen, den Einzelorganismus zu perfektionieren, d.h. ihn zu erhalten und zu stabilisieren.

Allein dieses Beispiel genügt, um die ungünstige Wirkung der neuzeitlich-modernen Identifizierung des Denkens mit Bewußtsein auch auf die

---

[519] S. Donald R. Griffin, Wie Tiere denken. Ein Vorstoß ins Bewußtsein der Tiere, München 1990 (=Animal Thinking, Cambridge (Mass.) 1984), 161.

naturwissenschaftliche Erklärung von Veränderung zu begreifen. Natürlich haben die Möwen kein abstraktes Bewußtsein von dem, was sie tun. Das heißt aber eben nicht, daß sie gar keine Art von Denkakten ausüben: Sie müssen vielmehr das Harte vom Weichen, die Wirkung des Harten auf das Weiche unterscheiden können, sie müssen sich diese Unterscheidungen einprägen und sich in ihrem Verhalten danach richten, d.h.: sie müssen die Bedeutung dieser Unterschiede für ihren Wunsch, an das Fleisch der Schnecken zu kommen, begreifen. Dafür brauchen sie ein, wie Aristoteles subtil differenziert hat, an die konkrete Vorstellung gebundenes Meinen: Erfahrung durch Gewöhnung, statt durch Urteil, aber eben kein instinktives oder gar zufällig irrationales Verhalten.

Gerade beim Verhalten höherer Lebewesen wird also unverkennbar, daß es nicht durch irgendwelche Steuerungsmechanismen, die aus beliebigen Mutationen entstanden sind, gelenkt wird, sondern dadurch, daß sie bestimmte Unterscheidungsfähigkeiten für bestimmte unterscheidbare Sachverhalte haben und vervollkommnen. Nach dem, was sie auf diese Weise unterschieden haben, richten sie sich – mehr oder weniger, aber jedenfalls, wenn sie Erfolg haben – in ihrem Verhalten, davon also, d.h. von diesen eigenen Leistungen, werden sie ‚gesteuert'.

Der zentrale Differenzpunkt zwischen der platonisch-aristotelischen und einer naturwissenschaftlichen Erfahrungsanalyse der Gegenwart liegt also darin, daß die Vorgaben, die die Möglichkeiten natürlicher Entwicklungsvorgänge mitbestimmen, nicht als bloße Mutationen, aber auch nicht als immanente Steuerungsmechanismen, Automatismen, Gesetze, autopoietische Systeme und dergleichen aufgefaßt werden, sondern als etwas, das rein für sich selbst begriffen werden kann und – wie etwa die Geometrie – auch nur für sich selbst existiert und in Bezug auf konkrete Vorgänge nur Vorgabe möglicher Bewegung oder Struktur ist. Gerade und Kreis als die Voraussetzung jeder bestimmten, bildbaren Figur haben keine ursächliche Wirkung auf oder in irgend etwas. Jede Figur aber, die irgendwie – auf natürlichem oder technischem Weg – entstehen soll, ist oder wird nur dadurch Figur, daß sie Möglichkeiten des Gerade- und Kreisseins bzw. Kombinationen aus beiden ‚realisiert'. Sie wird auch dann noch eine Figur und als solche erkennbar sein, wenn sie Abweichungen von diesen Bedingungen, solange sich diese noch bestimmen lassen, an sich hat; das absolut und in jeder Hinsicht Konturlose hat hingegen auch keine noch irgendwie unterscheidbare Figur und auch keine Eigenschaften oder Wirkungen, die von einer Figur ausgehen.

Dasselbe gilt – *mutatis mutandis* – von allen begrifflichen Bedingungen, die gegeben sein müssen, damit etwas etwas Bestimmtes und Erkennbares ist. Was nicht in irgendeiner Hinsicht Einheit, Gleichheit, Ganzheit usw. aufweist, ist nichts Bestimmtes und hat auch keine Existenz. Das heißt: Jeder Entwicklungsprozeß wird dann, wenn er Bedingungen des Etwas-Seins in hinreichender Weise erfüllt, kein chaotisch willkürliches, sondern ein bestimmtes Resultat haben. Auch wenn der ins Wasser geworfene Stein nur für einen kurzen Augenblick einen Kreis erscheinen läßt, ist das so Entstandene ein Kreis und kann auch von den Bedingungen des Kreisseins her sicher erkannt werden – die zeitliche Konstanz, das ‚Beharrliche' in den Veränderungs- und Entwicklungsprozessen spielt für die Erkennbarkeit eines ‚Erscheinenden' bestenfalls eine unterstützende Rolle, die Konstanz ist nicht selbst Erkenntniskriterium.

Die Kenntnis dieser Bedingungen ist außerdem die Voraussetzung dafür, daß man gezielt nach den effizienten Ursachen, durch die der Steinwurf ins Wasser den Kreis erzeugt, forschen kann. Denn wenn man dies wissen will, muß man fragen, was die Ursache dafür ist, daß von diesem Wurf eine Bewegung ausgeht, die zur Gleichheit aller Abstände vom Zentrum führt usw. Alle anderen Beobachtungen an Wasser und Stein liefern, obwohl sie sich auf einen einzelnen, konkreten Einzelfall beziehen, nur konfuse und abstrakte Antworten auf diese Frage.

Die rational durchführbare Analyse der Bedingungen des Etwas-Seins ist daher keineswegs eine erfahrungsfremde Spekulation, sondern eine Analyse all der Aspekte, von denen her konkrete Erfahrung begriffen und erklärt werden kann, denn sie kann in widerspruchsfreier Weise begründen, weshalb es in empirisch konkreten Prozessen beides: Gesetzmäßigkeit und Abweichung geben kann. Diese Begründung kann diejenige ‚Welterklärung' nicht bieten, die – beeinflußt von einer massiven Stoa-Rezeption – das Wissenschaftsverständnis der frühen Neuzeit beherrscht hat. Sie ging, gestützt auf die ‚Entdeckung', daß sich Naturvorgänge mathematisch beschreiben und beherrschen lassen, davon aus, daß die Welt ein durchgängig von Gesetzen bestimmtes System ist, und mußte sich deshalb an den Gegeninstanzen abarbeiten, die dieser Weltdeutung widersprechen. Die dieser Deutung spiegelbildlich entgegenstehende Deutung, die – letztlich von Demokrit herkommend – die ganze Welt aus dem Spiel von Zufall und Notwendigkeit erklären will, hat konsequenter Weise eine umgekehrte Erklärungsnot, denn ihr widersprechen die vielen Instanzen, die nicht auf bloßen Zufall zurückgeführt werden können, sondern dafür zeugen, daß es auch Regel und Gesetz gibt.

In gewisser Weise kann man sagen, daß die Evolutionstheorie den Versuch darstellt, die Einseitigkeit dieser beiden hellenistischen Positionen zu beheben, und zwar dadurch, daß beide Aspekte – Regelmäßigkeit, Ordnung, nachvollziehbare Ursache-Wirkung-Zusammenhänge auf der einen Seite, Abweichungen, Chaos und ‚emergente' Entstehungen oder Veränderungen, die aus der Wirkursache allein nicht hinreichend erklärt werden können, auf der anderen Seite – miteinander vermittelt werden, indem ihre faktische (wenn auch ‚von uns' noch nicht vollständig eingesehene) Identität behauptet wird.

2 b. Sind Bio-Elemente ‚platonische Formen'?

Obwohl die begrifflichen Differenzierungen, deren Notwendigkeit im letzten Abschnitt dargelegt werden sollte, ausreichen, um deutlich zu machen, daß man relativ stabile Elemente oder Elementverbindungen nicht schon als ‚ewige Naturgesetze' verstehen kann, genauso wenig wie die Beobachtung der Veränderlichkeit dieser ‚ewigen Gesetze und Strukturen' ein bloßes Spiel von Zufall und Notwendigkeit beweist, möchte ich an einer aktuellen Diskussion, in der früher schon geäußerte Überzeugungen neu aufgegriffen und auf neues Material angewendet werden, den Sinn dieser Differenzierungen noch einmal klarer zu artikulieren versuchen.

Neue Forschungsergebnisse der Chemie von Proteinen geben, so formulieren Michael Denton und Craig Marshall, begründeten Anlaß zu der Vermutung, daß zumindest die basalen Protein-Faltungen intrinsische, unveränderliche, natürliche Formen sind, die durch Naturgesetze in ähnlicher Weise determiniert seien wie Kristalle und Atome:

> „Protein folds found in nature represent a finite set of built-in, platonic forms. Protein functions are secondary adaptions of this set of primary, immutable, natural forms."[520]

Aufbauend auf Forschungen der 70er Jahre des letzten Jahrhunderts, in denen die dreidimensionale Struktur einer immer größeren Zahl von Faltungen habe bestimmt werden können, hätten Cyrus Clothia und andere die Gesamtzahl der Faltungen, die in lebenden Organismen benutzt würden, auf etwa tausend, vermutlich sogar weniger als tausend festlegen können.

Diese Befunde liefern nach Denton und Marshall mindestens drei Gründe, in den Protein-Faltungen Beispiele für ‚invariante platonische Formen' zu sehen, wie man sie in der vordarwinistischen Biologie gesucht habe. Diese Gründe sind:
(1) die robuste Stabilität der Faltungen, die ihre ursprüngliche Formation trotz vielfältiger Kurzzeitdeformationen, die die molekularen Turbulenzen der Zelle verursachen, und trotz der Langzeitmutationen der Evolution durchhalten;
(2) die Tatsache, daß ein und dieselbe Faltung durch viele verschiedene, offenkundig nicht aufeinander bezogene Aminosäurefrequenzen spezifiziert werden kann;
(3) die Tatsache, daß in vielen Fällen ein und dieselbe Faltung ganz verschiedenen biochemischen Funktionen dient.

Da Protein-Faltungen bereits relativ komplexe Strukturen haben, könne man vermuten, daß auch andere, noch höhere ‚Architekturen des Lebens'

---

[520] Michael Denton u. Craig Marshall, Laws of Form Revisited, in: Nature 410, März 2001, 417. S. dazu auch Cyrus Clothia u. Alan V. Finkelstein, The Classification and Origins of Protein Folding Patterns, in: Annual Review of Biochemistry 59, 1990, 1007-1039; Per-Anker Lindgard u. Henrik Bohr, How Many Protein Fold Classes are to be Found?, in: Henrik Bohr u. Sören Brunak (Hgg.), Protein Folds, New York 1996, 98-102.

durch Naturgesetze determiniert sein könnten – so etwa bereits bestimmte zytoplasmatische Formen. Das aber, so betonen Denton und Marshall, müßte weitreichende, ja radikale Folgen für die Biologie haben. Denn es würde bedeuten, daß Naturgesetze in der Evolution eine weit größere Rolle gespielt haben, als man allgemein annehme, d.h.: es würde eine Wende zurück zu vordarwinistischen Konzepten bedeuten, zurück zu der Vorstellung, daß der ganzen Vielfalt des Lebens ein begrenzter Satz natürlicher Formen zugrunde liege.

Die Annahme, daß die neuesten Befunde der Biologie eine Wende zu vordarwinistischen Konzepten nötig machen könnte, ist nicht ohne Grund, denn die Suche nach elementaren Konstanten, die allen höheren und komplexeren Phänomenen zugrunde liegen und aufgrund ihrer gesetzmäßigen Bestimmtheit zur Erklärung dieser – unbestimmteren – Phänomene dienen können, entspricht einem Forschungsansatz, der vom 16. bis ins 19. Jahrhundert breite Zustimmung hatte. Daß Denton und Marshall in dieser Wende zugleich eine Wende zurück bis zu Platon erkennen, zeugt von der Pauschalität, mit der in vielen neuzeitlichen ‚Wenden' eine mehr als zweitausendjährige Tradition auf einen einzigen, scheinbar niemals angetasteten Lehrinhalt zusammengezogen wird. In diesem Fall ist es also die vordarwinistische Biologie, die, weil sie der ‚kopernikanischen' Wende Darwins vorhergeht, noch unmittelbar platonisch sein soll.

Es lohnt sich aber, neben dem zeitlichen Abstand auch die erhebliche sachliche Differenz genauer zu bestimmen, die diese Versuche, aus Erfahrungskonstanten die ganze komplexe Vielfalt der Phänomene erklären zu wollen, von Platon trennen. Denn diese sachliche Differenz liegt vor allem in der begrifflichen Bewältigung der mit den Methoden experimenteller Beobachtung ermittelten Befunde. Und in dieser Frage ist ein Bezug auf philosophische Aspekte kein Eingriff des Geisteswissenschaftlers in Gebiete, die ihm fremd sind. Im Gegenteil: bereits die Tatsache, daß sich die Naturwissenschaftler zur Deutung und Bewertung ihrer Ergebnisse auf philosophische Konzepte, ja auf geschichtlich so weit zurückliegende Positionen wie die Platons berufen, legt schon nahe, daß die begriffliche Deutung eines Befunds zwar etwas anderes ist als die Gewinnung dieses Befunds selbst, daß sie aber nicht einfach als Methode einer anderen Disziplin neben den eigenen naturwissenschaftlichen Methoden steht, sondern erst mit ihnen zusammen das Ganze einer sachadäquaten Deutung bildet.

Die relative Unabhängigkeit der begrifflichen Erklärung, die allgemeiner ist, von den Methoden der Ermittlung der Einzelbefunde, kann man auch daran erkennen, daß die gleiche Erklärung für ganz verschiedene Befunde gesucht werden kann. So haben, um ein signifikantes Beispiel herauszugreifen, Werner Heisenberg und Carl Friedrich von Weizsäcker eine analoge Verwandtschaft mit Platon im Bereich der atomaren Elemente entdeckt. Auf diese ‚generative physical laws' beziehen sich auch Denton und Marshall und vermuten, daß Bio-Elemente trotz Darwin eine ähnlich produktive Gesetzeskraft für die aus ihnen entstehenden Organismen haben könnten.

Für Heisenberg war Platons Lehre von den letzten Elementen der Materie attraktiv geworden, weil Platon diese Elemente in einer der konkreten Beobachtbarkeit vorausliegenden mathematisch beschreibbaren ‚Struktur' zu fassen versucht habe. Darin erkannte Heisenberg im Sinn seiner einheitlichen Feldtheorie Verkörperungen oder Darstellungen von Symmetrien, also auf jeden Fall etwas, „was Naturgesetzen genügt"[521] und deshalb geeignet ist, die berechenbare Grundlage einer einheitlichen Erklärung der ‚Welt' zu bieten. Heisenberg wie Weizsäcker stehen nicht an, die letzten Elemente wegen dieser ihrer mathematischen Beschreibbarkeit ausdrücklich mit den platonischen Ideen gleichzusetzen. Denn Idee sei nichts anderes als ein Name für das, was man verstehen könne[522].

Inzwischen ist dieser Glaube an die Möglichkeit einer Berechenbarkeit der Natur, die Heisenberg trotz der durch die Quantentheorie begründeten Unbestimmtheit im atomaren Geschehen immer noch möglich schien, durch neuere Ergebnisse in Frage gestellt. Heisenbergs Schüler Hans Peter Dürr etwa glaubt, daß wir auf die von den Physikern des 19. Jahrhunderts noch geteilte Überzeugung, daß ‚die Welt' „nach strengen Naturgesetzen abläuft"[523], entschieden Verzicht leisten müßten. Die ‚Wende zur Transzendenz', die Dürr mit vielen Physikern als Folge dieses Zweifels an der Rationalität der beobachtbaren Wirklichkeit für den vielleicht einzig sinnvollen Ausweg hält, gilt (wieder einmal) ihrerseits als eine Rückkehr zum Idealismus Platons.

Um so wichtiger ist es, sich über die begrifflichen Gründe differenzierte Klarheit zu verschaffen, die Ursache dafür sind, daß der Versuch, komplexe Phänomene aus ihnen zugrundeliegenden, gleichbleibenden und deshalb relativ exakt bestimmbaren Elementen erklären zu wollen, grundsätzlich nicht gelingen kann. Denn diese Gründe liegen nicht in der ‚Konstruktivität' aller unserer Beobachtungen, die immer von dem beobachteten Subjekt überformt sind, sondern sie liegen in der Irrationalität dieses Versuchs, d.h. darin, daß er gegen das Widerspruchsaxiom verstößt.

Für Platon sind, um mit diesem philologischen Hinweis zu beginnen, die letzten Elemente der Materie zwar tatsächlich nicht Materie in unserem Sinn des Wortes, d.h., sie sind nicht kleinste Körper, aber sie sind für ihn die letzte (erkennbare) Voraussetzung (für die Konstituierung) von Körperlichkeit und aus diesem Grund eigentliche Materie in seinem Sinn des Wortes, während alles andere für ihn immer nur in einem relativen Sinn Materie ist. Es ist deshalb kein Zweifel daran möglich – und ein Kenner wie Carl Friedrich von Weizsäcker mußte das eigentlich wissen –, daß diese letzten Elemente

---

[521] Werner Heisenberg, Der Teil und das Ganze, München 1969, 331f.; s. auch Carl Friedrich von Weizsäcker, Die Einheit der Natur, München ⁴1982, 307.

[522] Carl Friedrich von Weizsäcker, Die Einheit der Natur, 320.

[523] Hans Peter Dürr (Hg.), Physik und Transzendenz. Die großen Physiker unseres Jahrhunderts über ihre Begegnung mit dem Wunderbaren, Bern/München/Wien 1988, 17.

für Platon nicht nur nicht Ideen sind, sondern der äußerste Gegensatz zur Idee.

Platon teilt allerdings mit Heisenberg und Weizsäcker die Auffassung, daß die letzten Elemente der Materie immer noch etwas Bestimmtes und damit mathematisch Erschließbares sein müssen. Was Platon damit meint, ist gerade von dem Wissenschaftsbegriff der neuzeitlichen Naturwissenschaften her gut nachvollziehbar. Es ist zugleich geeignet, eine substantielle begriffliche Schwäche dieses neuzeitlichen Wissenschaftsverständnisses aufzudecken.

Als das immer wieder neu – und etwa auch von Denton und Marshall – wiederholte Hauptkriterium der Wissenschaftlichkeit gilt ja, daß man nach genau dem fragen und dies ermitteln müsse, was einer Vielzahl von Erscheinungen konstant zugrunde liegt. Dieses Konstante ist das in allen (späteren) Veränderungen Identische und ist das Element, aus dem die Phänomene aufgebaut werden. Es könne deshalb in seinen immer gleichen Formen beschrieben und zur Erklärung der aus ihm zusammengesetzten, variableren Phänomene benutzt werden.

Denkt man diese Frage, wie Platon und Aristoteles dies getan haben, konsequent zu Ende, dann ergibt sich zwingend, daß das, was nicht nur in dem einen oder anderen Veränderungsprozeß konstant bleibt, sondern wirklich allen Veränderungen konstant zugrunde liegt, das schlechthin Unbestimmteste von allem sein muß. Es kann mit keinem der konkreteren Phänomene identisch sein, denn diese ändern sich und haben nicht die nötige ‚Robustheit', die es möglich macht, sich auf ihre Erscheinungsformen zu verlassen; ja es muß, wenn es denn das letzte, in allen Phänomenen der ‚Welt' identifizierbare Element sein soll, das deren Berechenbarkeit möglich macht, etwas von allen Einzelphänomenen Verschiedenes sein, da es nur so in jedem Phänomen als etwas immer Gleiches vorhanden sein kann.

Als dieses in allem Gleiche kann man im Sinn der heutigen Physik die Atome und ihre ‚Teile' verstehen, die eben keine Teile im Sinn von körperlichen Teilen mehr sind, sondern mehr durch die immer neu sich aufbauenden Strukturen als durch ‚Materiehaftigkeit' (im modernen Sinn) bestimmt sind. Auch für Platon sind diese letzten Elemente keine Körper, sondern die Voraussetzung der Möglichkeit, Körper zu bilden. Platon denkt deshalb an etwas, das in einfachster Weise geometrisch strukturiert ist, so daß aus ihm jede Art der Konstruktion körperlicher Formen gebildet werden kann. Da in der Geometrie alle Körper aus Flächen und diese aus Dreiecken konstituiert werden, und da im Sinn der antiken Geometrie Flächen nicht wahrnehmbar sind, weil sie noch nicht dreidimensional, d.h. nicht körperlich, sind, stellt Platon in vorsichtig vermutender Form die Hypothese auf, daß die letzten Materieelemente nicht der (direkten) Beobachtung zugängliche in Form von einfachsten Dreiecken strukturierte Elemente sein müssen.

Auf diese Einzeldeutung kommt es in Bezug auf die hier verfolgte grundsätzliche Fragestellung freilich nicht an. Wesentlich ist, wie Heisenberg richtig gesehen hat, daß das, von dem man zeigen oder erschließen kann, daß es jeder Analyse konkreter Phänomene standhält und als das letzte, nicht mehr Analysierbare in aller Veränderung identisch bleibt – und einen analogen Beweis versuchen ja auch Denton und Marshall für die Protein-Faltungen zu führen –, etwas sein muß, das in irgendeiner Weise als etwas Bestimmtes erkennbar ist. Es darf nicht etwas absolut Chaotisches, ständig Anderes sein, sondern muß eine bestimmte erkennbare Stabilität und Konstanz aufweisen. In dieser Überzeugung liegt die Gemeinsamkeit, die die neuere Naturwissenschaft mit dem platonisch-aristotelischen Wissenschaftskonzept teilt.

In dieser Überzeugung, genauer: in der Art und Weise, wie diese Einsicht verstanden wird, ist aber zugleich auch der Unterschied zu der platonischen Analyse enthalten. Denn für den platonischen Ansatz ist eine Differenzierung der in der vollzogenen Analyse vorausgesetzten Prämissen wesentlich, die in den modernen Naturwissenschaften häufig nicht hinreichend beachtet wird. Um zu verstehen, weshalb die begrifflichen Strukturen, die Platon im *Timaios* als Materieprinzip ermittelt, ausgerechnet einfache Dreiecke sind, muß man nämlich beachten, was der Gegenstand ist, dessen elementare und konstante Grundlage ermittelt werden soll – und das ist genauso auch die Aufgabe einer richtigen, wissenschaftlich kontrollierten Auswertung der naturwissenschaftlichen, experimentellen Ergebnisse.

Denn das Ergebnis der Analyse sind nicht irgendwelche beliebigen Elemente und kleinste Teilchen oder einfachste Strukturen – bei Platon ebensowenig wie in modernen Analysen, etwa den Analysen von Denton und Marshall. Daß es irgendwelche allerletzte, nicht mehr auflösbare Teilchen oder Strukturen ‚geben' kann, hält Platon für unmöglich. Denn schlechthin jede noch so kleine Größe kann schließlich doch wieder (zumindest gedanklich oder heute mithilfe kompliziertester experimenteller Methoden auch konkret) aufgelöst und weiter zerlegt werden. Das, was Platon als Elemente zu ermitteln versucht, sind die Elemente von *bestimmten* komplexen Strukturen, und zwar die Elemente des Wahrnehmbaren überhaupt, in einzelnen naturwissenschaftlichen Analysen geht es heute in analoger Weise z.B. um die Elemente *der* menschlichen DNA, die Elemente *von* Atomkernen.

Diese Einschränkung, daß die Elemente, die das Ergebnis einer naturwissenschaftlichen Analyse sind, keine ‚absoluten' Elemente oder ‚absolute Materie', sondern ‚relative' Elemente oder ‚relative Materie' sind, ist aber weder bei Platon noch in der heutigen naturwissenschaftlichen Praxis tatsächlich Zeichen eines Mangels der Methode oder der Unvollständigkeit bei der Anwendung einer Methode, sondern sie ist im Gegenteil gerade die Voraussetzung dafür, daß die auf diese Weise ermittelten Ergebnisse überhaupt in irgendeiner Weise für uns interessant sein und auch praktisch verwertbar sein können: denn man will ja z.B. etwas über die menschliche DNA erfahren, wenn man die bestimmten, abzählbar endlichen Möglichkeiten von Proteinfaltungen ermittelt, die bei allen verschiedenen DNA-Ketten das Konstante und Gemeinsame sind, und nicht darüber, welche höheren Strukturen außer solchen DNA-Ketten noch denkbar oder konstruierbar sind. Mit anderen Worten: man will erkennen, was das Konstante für etwas *Bestimmtes* ist. Was dafür nicht relevant ist, scheiden wir als zufällig aus und glauben, daß es durch die Auslese der Evolution vernichtet werde oder vernichtet worden sei.

Das bedeutet aber auch, daß man an dieser Beweisabsicht festhalten muß, wenn man Schlüsse aus den Ergebnissen der Analyse ziehen will. Man muß also daran festhalten, daß das Konstante und Einfache ein relativ auf etwas Bestimmtes bezogenes Konstantes und Einfaches ist. Dieser Forderung genügt Platon bei seinem Ansatz und kommt auf diese Weise zu einer wichtigen Differenzierung, die auch dazu geeignet ist, Aporien, Brüche, Paradigmenwechsel der modernen Wissenschaftsgeschichte aufzulösen und zu erklären: er kommt nämlich dazu, bei den Elementen von etwas (z.B. auch bei den Elementen der wahrnehmbaren, d.h. organischen und anorganischen, Welt insgesamt) zwischen dem zu unterscheiden, was an ihnen bestimmt und erkennbar ist, und dem, was unbestimmt ist und was sich daher in verschiedenen Zusammensetzungen auch immer wieder anders und als etwas Unbeständiges zeigt.

Durch diese Unterscheidung kann man Fehlschlüsse vermeiden wie die Meinung, wenn man nur die letzten Elemente und ihre einfachsten, stabilsten Verbindungen, etwa die Regeln der Atombildung, die die Verbindungen der subatomaren Partikeln zu den 114 Atomen der Periodentafel lenken, kenne, dann kenne man bereits die wissenschaftlich bestimmbaren Ursachen der Bildung aller Phänomene. Diesen Fehlschluß vermeidet man nämlich dadurch, daß man erkennt, daß das, was an den Elementen stabil ist, etwas anderes ist, als das, was an diesen Elementen die Möglichkeit begründet, überhaupt zu etwas anderem, Komplexerem zusammengesetzt zu werden. In ihnen selbst haben Kohlenstoffatome eine pyramidenartig strukturierte Architektur ihrer subatomaren Elemente. Das ist das, was an ihnen stabil ist. Wozu man diese in dieser stabilen Weise strukturierten Atome zusammensetzen kann, und zwar so, daß aus dieser Zusammensetzung wieder eine Architektur und nicht eine bloß zufällige Anhäufung wird, das ist durch diese stabile Innenstruktur nicht festgelegt, ist also von ihr her gesehen unbestimmt.

Der Grund für die scheinbar paradoxe Behauptung, daß die letzten Elemente zugleich das relativ Stabilste und Bestimmteste und das relativ Unbestimmteste, und damit zu allem Möglichen Bestimmbare sind, kann durch die Unterscheidung der Hinsichten genau angegeben werden. Man muß diese Unterscheidung aber auch beachten. Denn erstens kann man die eigene Theorie nur so gegen den Nachweis absichern, es gebe ‚hinter' oder ‚vor' diesen Elementen noch einfachere, ‚wirklich' stabile und in keiner Hinsicht unbestimmte Elemente. Zweitens läßt sich nur so der (Fehl-)Schluß vermeiden, die Widersprüchlichkeit der wissenschaftlichen Begriffe, die man verwendet, habe ihre Ursache in der Nichtrationalität der Natur selber.

Denn die immer wieder neu gemachten Beobachtungen, daß etwas scheinbar Letztes und absolut Bestimmtes dennoch Aspekte der Unbestimmtheit aufweist, haben ja auch immer wieder zu einer erneuerten Skepsis in Bezug auf die mögliche ‚Berechenbarkeit' der Welt und in Bezug auf die ‚Objektivität' der wissenschaftlichen Erkenntnisse geführt. Man glaubt durch diese Befunde zu dem grundsätzlichen Vorbehalt genötigt zu sein, daß es ein Wissen von den ‚Dingen da draußen' oder ‚den Dingen an sich' nicht nur in bestimmten Fällen, sondern generell nicht geben könne. Will man eine solche pauschale Skepsis gegenüber der Erkennbarkeit der ‚Welt' einerseits und der grundsätzlichen Erkenntnisfähigkeit des Menschen andererseits und die Flucht in das ‚Wunderbare' oder ‚Spekulative' vermeiden, muß man zunächst einmal unterscheiden, in welcher Hinsicht Elemente bestimmt und in welcher sie unbestimmt sind.

Die Bestimmtheit und Stabilität der Elemente bestimmter Komplexe liegt offenbar gerade in ihrer Einfachheit, d.h. darin, daß sie nicht in dieser oder jener Weise zusammengesetzt sind. In dieser Weise sind auch Buchstaben das Stabilste und die einfachsten Elemente von Schrift, denn sie sind das, was in allen Wörtern und Sätzen immer gleich bleibt und von diesen verschiedenen Möglichkeiten der Zusammensetzung ‚noch nicht' ‚betroffen' ist.

Unbestimmt sind die Buchstaben aber andererseits in Bezug auf das, was aus und mit ihnen gebildet wird. Auch wer alle Buchstaben und ihre Verbindungsregeln kennt, kennt aufgrund dieses Wissens nicht einmal das Bildeprinzip eines einzigen Wortes, geschweige denn seine Bedeutung. Die Stabilität und Konstanz hat also von sich selbst her gar nichts mit der vielfältigen und verschiedenen Bestimmtheit der Strukturen, zu denen die Elemente sich verbinden können, zu tun, sondern ist – logisch gesprochen – nur die notwendige Bedingung für bestimmte Komplexe und Gegenstände, nicht aber zugleich auch deren zureichende Bedingung. Für diese ist nämlich eine ganz andere Art der ‚Konstanz' und Stabilität erforderlich als die, die von den einfachsten Elementen ausgesagt werden kann, nämlich eine Bestimmtheit und Konstanz, die anders als die der Elemente gerade die konkreten, einzelnen komplexen Strukturen betrifft. Das bedeutet, daß dieses ‚zureichende Konstante' nicht selbst etwas Materielles, nicht selbst ein einzelner Gegenstand und auch nicht etwas, aus dem ein einzelner Gegenstand besteht, sein kann, denn von diesen hatte sich ja gezeigt, daß die Strukturen und Zusammensetzungen gerade das in vielfacher Weise Variable sind. Sondern dieses Konstante muß in dem Bereich gesucht werden, auf den ja auch bereits die Verfahrensweisen in der Analyse, d.h. die Wissenschaftspraxis, hinweisen, nämlich im Bereich begrifflicher Möglichkeiten.

Der eigentliche Grund, warum die Skepsis in Bezug auf die Berechenbarkeit der letzten Elemente oft zu einer Flucht in die (Pseudo-)Spekulation oder gar in eine (Pseudo-)Theologie führt, ist also, daß viele ‚Empiriker' rational Begriffliches und materielle Realisierungen von Begrifflichem nicht auseinanderhalten. Die Überzeugung, daß der Geist der Natur immanent sei und als das Gesetzmäßige ihrer produktiven Bildekräfte gleichsam beobachtbar sei, gehört vielmehr seit der antiken Stoa zum Grundarsenal empirischer Forschungsprinzipien.

Die Differenz zwischen Begriff und realisiertem Begriff kann man sich gut an dem Unterschied zwischen einem geometrischen Begriff von Dreieck und konkreten Einzeldreiecken klarmachen.

Die begriffliche Erfassung eines Dreiecks setzt einerseits die Kenntnis einer ganzen Reihe allgemeinerer Begriffe und ihrer schrittweisen Synthetisierung zum Begriff des Dreiecks voraus: Man muß Einheit, Vielheit, Identität, Verschiedenheit, Ganzheit, Teil, Diskretheit, Kontinuität, Zahl usw. unterschieden haben und etwa erkannt haben, was die begrifflichen Bedingungen sind, damit die Formen eines kontinuierlichen Ganzen unterschieden werden können. Hat man auf diese Weise etwa die Gerade und den Kreis als die einfachsten Formen einer kontinuierlichen Einheit erschlossen, kann man mit Hilfe dieses Wissens synthetisch fortschreiten und aus den mit Gerade und Kreis bekannten Möglichkeiten ein gleichseitiges Dreieck konstruieren. Diese neu erfaßte, bereits konkretere Möglichkeit kontinuierlicher Formung ist dann die Basis für die Kombination dieser Möglichkeit mit zuvor bereits bekannten Möglichkeiten, aus der sich in methodischer Reihenfolge zuerst die Möglichkeiten auch der Konstruktion der anderen Dreiecksarten, der weiteren Gesetze im Dreieck, der Möglichkeiten, Dreiecke miteinander zu neuen Formen zu verbinden usw. ergeben.

In diesem Sinn kann man tatsächlich sagen, daß im Begriff des Dreiecks die ganze Geometrie schon enthalten ist, daß der Begriff also ein ‚generatives Gesetz' für die Bildung neuer Organisationsformen ist. Gemeint ist damit freilich nicht der Begriff, den irgend ein Subjekt gerade hat, sondern der Begriff, den man bilden muß und kann, wenn man begreifen will, was genau den Sachgehalt ‚Dreieck' ausmacht:

Er setzt eine Fülle geordnet synthetisierter und weiter synthetisierbarer Begriffe voraus und macht es so dem, der diese Möglichkeiten methodisch erschließt, möglich, auf dem Begriff des Dreiecks aufbauend die rational unterscheidbaren Zusammensetzungen von Dreiecken zu erschließen[524].

Ganz anders ist es aber, wenn man ein konkretes einzelnes Dreieck vor sich hat. Es ist nichts über das hinaus, was es an Begriffsbedingungen in sich realisiert enthält. Ist es z.B. ungleichseitig, kann es nicht als Grundlage zur Bildung eines Quadrats dienen, sondern partizipiert nur an den Möglichkeiten der Ungleichseitigkeit, und an diesen nur in der singulären Weise, in der es gerade ungleichseitig ist.

Daß dasselbe auch von den Atomen der Periodentafel gilt, habe ich schon zu zeigen versucht. Das Kohlenstoffatom hat eine ganz bestimmte Verbindung von subatomaren Partikeln, die die Struktur einer (bestimmten) Pyramide bilden. Diese Verbindung, die die subatomaren Partikeln herstellen, macht es möglich, daß Kohlenstoffatome untereinander oder mit anderem Verbindungen eingehen, die durch diese Art der Architektur ermöglicht

---

[524] Diese Zusammenhänge versucht Gyburg Radke in der schon zitierten Arbeit (Die Theorie der Zahl im Platonismus, bes. Teil II, Kapitel II; V; VI) darzustellen und in ihrer methodischen Folge zu begründen.

sind, die Kohlenstoffatome steuern oder generieren aber nicht die bestimmten Bedingungen einer neuen, organisierten Einheit, sondern dienen ihnen nur.

Die Beobachtung, daß ein und dieselbe Protein-Faltung mehreren biochemischen Funktionen dienen kann, muß begrifflich genauso gewertet werden. Auch wenn die Atome oder die Proteinkonfigurationen eine eigene Bewegtheit haben, sie haben nur die Bewegtheit, die in ihnen angelegt ist, sie steuern nicht die neuen Funktionen, in denen sie eine Rolle spielen. Der Holzbalken, der im Hausdach eine ganz andere Funktion als etwa als Schiffsbalken hat, hat diese unterschiedliche Funktion nicht aus sich selbst. Seine eigene Funktion ist aus den Elementen, die in ihm geeint sind, zu erklären, d.h., er hat durch diese funktionale Einheit eine bestimmte Struktur und bestimmte Eigenschaften, z.B. hart und stabil zu sein. Die Funktion, Dach- oder Schiffsbalken zu sein, erhält er aber aus der Funktion, der er dient, d.h. aus der genauen Stelle und Aufgabe, die er im Gesamtsystem des Daches oder Schiffes (aufgrund seiner Eigenschaften) zugewiesen bekommen kann.

Diese Gesamtsysteme pflegen wir in der täglichen Erfahrung relativ leicht und effektiv zu erkennen, wenn auch nur in einer unwissenschaftlichen, oft an der Oberfläche haftenden Form. Denn so funktioniert ja in der Regel die Erkenntnis (,Beobachtung') von Gegenständen, daß wir an beobachteten Daten mit schnellem Blick die Leistung erkennen, die der Gegenstand erfüllt. Darauf beruht die Effektivität und ,Überlegenheit' des praktischen Denkens.

Die Effektivität der modernen Naturwissenschaften dürfte aber auch darauf beruhen, daß viele Wissenschaftler von der ,Theorie', d.h. von der Meinung, man müsse das Komplexere aus seinen einfacheren Teilen erklären, abweichen und sich im konkreten Fall um eine sorgfältige Ermittlung komplexerer Funktionen bemühen. Dabei wird freilich oft mißachtet, daß das Einfache als die Elemente bestimmter Komplexe erschlossen worden war. In bewußter methodischer Reflexion wird daher die eigentliche wissenschaftliche Aufgabe gar nicht angegangen. Denn diese muß darin bestehen, die genaue Bestimmung der spezifischen Funktionen der Komplexe und nicht der unbestimmten Möglichkeiten der ermittelten und abstrahierten Elemente vorzunehmen. Wenn man die Elemente des menschlichen Genoms ermittelt, dann will man wissen, welche bestimmte Funktion einzelne Teile des Genoms in diesem bestimmten Ganzen haben, und man will nicht wissen, welche andere Funktionen diese Elemente in anderen Zusammenhängen, d.h. als das, was auch als Element von anderen Komplexen ermittelt werden könnte, auch noch haben oder haben könnten.

Elementare Bausteine der Physik oder der Biologie sind aber auf jeden Fall keine platonischen Ideen. Sie sind mit Blick auf bestimmte Komplexe (Körper, Organismen, Genome usw.) letzte, in sich bereits strukturierte Einheiten und damit durch Formen geprägt. Sie sind nicht selbst Form, schon gar nicht in einem begrifflich rationalen Sinn.

Daß Platon das, was Form, Idee, rational begreifbarer Sachgehalt genannt werden kann, für etwas Ideelles, d.h. für etwas, das nicht in konkret wirklicher Form ‚existiert', sondern das nur als etwas Begreifbares, allerdings als etwas, das von jedem und immer begriffen werden kann, gehalten hat, erspart ihm das Dilemma, alles Naturgeschehen in ein alternatives ‚Spiel' zwischen Zufall und Notwendigkeit einzwängen zu müssen. Er braucht nicht den Zufall wegzuerklären und die ganze Welt in ein Korsett von unveränderlichen Gattungen und Arten einschnüren, wenn man auf relativ konstante Gesetze im Naturgeschehen stößt und weil man in diesem Regelmäßigkeiten und Ordnung nachweisen kann, er braucht aber auch nicht die tatsächlich belegbaren gesetzlichen Konstanten und ihre Bedeutung für die Entwicklung natürlicher Abläufe zu bestreiten, nur weil sich allenthalben Abweichungen, Irregularitäten, Übergänge feststellen lassen.

Seine Ideen sind keine unveränderlichen Bauteile empirischer Gegenstände, sondern unterscheidbare Möglichkeiten. Sie können auf verschiedenen Wegen, z.T. auch durch Zufall, und in verschiedenem Maß realisiert werden; bei Lebewesen geschieht dies vor allem durch Wahrnehmung, Gedächtnis, Vorstellung, beim Menschen auch durch Meinung und Urteil. Werden sie aber erreicht, dann sind sie Ursache von Rationalität, d.h. von einheitlicher Organisation in der Welt.

Sucht man die rationale Berechenbarkeit der Welt in den letzten, konstantesten Elementen, muß man für jede Organisationsform, die über das hinausgeht, was die Elemente schon sind, Emergenzen, Zufälle, die Allmacht der natürlichen Auslese oder eine durchgängige Mathematizität der Welt oder auch einen persönlich die Geschehnisse der Natur oder Welt steuernden Gott postulieren. Platon braucht nur zu postulieren, daß nicht jeder seine eigene Vernunft hat, sondern daß es ein und dieselbe Vernunft ist, von der wir alle mehr oder weniger richtigen Gebrauch machen können, deren Prinzipien aber nicht in unserer Hand liegen, sondern ausschließlich durch ihre widerspruchsfrei begreifbare Sachbestimmtheit legitimiert sind.

2 c. Rationale Bedingungen für die Genese und Ausbildung menschlicher Vermögen

Das Verhältnis zwischen den Materieelementen und den Formmöglichkeiten, die zu ihnen hinzukommen müssen, damit aus ihnen eine jeweils bestimmte Gestalt wird, wie es sich am Beispiel der physikalischen oder biologischen Elemente zu den aus ihnen gebildeten Körpern oder Organismen feststellen läßt, gilt im Sinn des Platonismus und Aristotelismus, da es ja auf die Prinzipien des Etwas-Seins gegründet ist, allgemein, d.h. auch beim Menschen. Hier ist es oft schwerer bestimmbar, weil die Komplexität menschlicher Verhaltensmöglichkeiten hoch ist, es ist andererseits wegen der dem Menschen zugänglicheren Überprüfbarkeit seiner ‚Werke' sicherer bestimmbar und an Unterscheidungskriterien kontrollierbar.

Die Betrachtung spezifisch menschlicher Fähigkeiten und Eigenschaften eignet sich deshalb besonders gut zur Überprüfung der materialistischen These, aus den einfachsten Grundbausteinen (des Lebens) allein ließen sich alle systemischen Eigenschaften (zumindest im nachhinein) kausal erklären und herleiten, weil an diesen Beispielen die Absurdität dieser These (eigentlich) hinlänglich deutlich sein müßte. So muß es als wenig plausibel oder zumindest als bloße Spekulation erscheinen zu behaupten, die Fähigkeit des Menschen, Klavier zu spielen, oder die Entwicklung von Literatur und anderen ‚schönen Künsten' ließe sich allein aus der genetischen Grundlage des Menschen bzw. aus der Interaktion dieser einzelnen Bausteine (d.h. aus der Interaktion der Aktivierung der diesen Bausteinen immanenten Potenzen im sozialen Austausch und in der sozialen Kommunikation) erklären.

Daß Gene als die – vom Stand gegenwärtiger Forschung her gesehen – letzten Elemente der Entwicklung eines Lebewesens diese Entwicklung nicht schon in vollständiger Programmierung in sich enthalten, kann inzwischen als zugestanden gelten:

„Gene (...) sind notwendige Faktoren und sie kodeterminieren die Ontogenese, aber sie verursachen sie nicht",

stellen etwa Martin Mahner und Mario Bunge in einer Untersuchung über „Philosophische Grundlagen der Biologie" in dem Kapitel „Die DNA: Das primum movens der Entwicklung?" zusammenfassend fest[525].

Die Lösung, die Mahner und Bunge in Anschluß an einen breiten Konsens, der z.B. auch von Steven Rose geteilt wird, vorschlagen, gehört allerdings auch wieder in den Bereich einer empirischen Metaphysik. Denn wenn sie als Lösung erwägen, es sei der Gesamtorganismus in seiner Situiertheit in der jeweiligen Umwelt[526], der die Entwicklung determiniert, legen sie erstens wieder eine Deutung vor, die aus einem Prinzip alles erklären will, zweitens bleiben die Kriterien oder Prinzipien, nach denen dieser situierte Gesamtorganismus seine Gene an- oder *ausschaltet*, gänzlich im Dunkeln.

Die Unbestimmtheit, in der die Wirkweise dieses autopoietisch sich in Auseinandersetzung mit seiner Umwelt organisierenden und von ihr organisierten Systems ‚Gesamtorganismus' gelassen wird, ist allerdings unverzichtbar, wenn diese Hypothese überhaupt einen Erklärungswert haben soll. Denn nur sie gewährleistet, daß die Hypothese nicht ständig durch die vielen Irregularitäten dieser ‚Systeme' widerlegt wird. Erkauft ist diese Stabilität der Hypothese allerdings dadurch, daß überhaupt keine Aussage mehr über die Ursache, warum Gene in der einen oder anderen Weise aktiv werden und diese oder jene Entwicklung auslösen, gemacht ist: Es kann alles

---

[525] Martin Mahner u. Mario Bunge, Philosophische Grundlagen der Biologie, 281.
[526] Ebenda, 282: „Alle Entwicklungsprozesse von Biosystemen werden durch die systemische und gesetzmäßige Interaktion (der Elemente) seines Genoms, seiner extragenomischen Zusammensetzung und seiner Umgebung reguliert oder kontrolliert."

sein, irgendein Element des Gesamtorganismus, ein Molekül oder irgendein komplexeres Teilorgan oder irgendein ‚Reiz' der Umwelt, und das heißt, irgend etwas Subjektives oder irgend etwas Objektives, was zur steuernden Ursache der ‚Ontogenese' wird.

Die bloße Feststellung einer ‚komplexen Interaktion'[527] bietet überhaupt noch keine Erklärung eines bestimmten Entstehungsprozesses, sondern ist diesem gegenüber notwendig abstrakt und unspezifisch. Die Beibehaltung von Begriffen wie ‚systemisch', ‚gesetzmäßig', von ‚determinieren', ‚kontrollieren' usw. darf nicht darüber hinwegtäuschen, daß sie sich ausschließlich auf die jeweiligen Einzelvorgänge beziehen: Man weiß, daß und wie eine DNA in eine RNA transskribiert wird, daß und wie ein Molekül ein Gen anschaltet usw., warum aber und mit welchem Ziel diese kontrollierbaren Prozesse ablaufen, das entzieht sich jeder Kontrolle, sondern läßt nur die spekulative Vermutung zu, daß der Organismus als ganzer irgendwie ein regulierendes Auswahlprinzip in sich hat, das sich dieser Prozesse zur Anpassung an die Umwelt bedient. Dabei bleibt zudem unklar, ob die Anpassung von irgendwelchen ‚Systemen' des Organismus gesteuert oder durch Anforderungen der Umwelt notwendig gemacht ist. Auch in diesem Bereich kann man feststellen, daß eine ganzheitliche, holistische Erklärung zu derselben Unterbestimmung des untersuchten Gegenstands führt, wie die von ihr kritisierte analytische oder atomistische Erklärung.

Zumindest in Bezug auf den Menschen sollte man eine solche Blindheit gegenüber dem, was der ‚Gesamtorganismus' als das für sich und seine Entwicklung Gute auswählt, für unwürdig halten, jedenfalls dann, wenn man die Würde des Menschen auf seine aufgeklärte Rationalität und Selbständigkeit gründet. Nimmt man zudem nicht irgendein, sondern das dem Menschen eigentümliche Verhalten zum Maß, dann ist die Vermutung, es handle sich dabei um ein sich selbst erhaltendes System, dessen Regulationsmechanismen sich ‚autopoietisch' in ständigen Anpassungsprozessen neu formieren, widersinnig.

Die Logik dieser Vermutung ist nicht anders, als wenn man – um ein aristotelisches Bild zu gebrauchen – ein von einem Steuermann gelenktes Schiff als ein ‚holistisches' System versteht, und nun fragt, welche gesetzmäßige Interaktion seiner Elemente und deren Zusammensetzung sowie deren Umgebung den Kurs des Schiffes regulieren. Würde eine solche Vermutung von einem Mitglied einer vormodernen, ‚primitiven' Gesellschaft ausgesprochen, würde sie als Zeichen einer Unaufgeklärtheit des Menschen über sich selbst gewertet, der an einem Gesamtregulationsprozeß, von dem er sich schicksalhaft determiniert fühlt, noch nicht zwischen Innen und Außen unter-

---

[527] Dieses ‚Erklärungsmuster' findet sich in unzähligen evolutionsbiologischen Beschreibungen, insbesondere in Analysen der Entstehung der spezifisch menschlichen Fähigkeiten (sc. zu Sprache und Werkzeuggebrauch usw.) und Kultur: z.B. Robin Dunbar, Klatsch und Tratsch. Wie der Mensch die Sprache fand, München 1998; Frank R. Wilson, Die Hand; usw.

scheiden kann, weil er die Vernunft als die Quelle seiner spontanen Selbständigkeit noch nicht entdeckt hat.

Wissenschaftslogisch gesehen ist es methodisch nicht hinreichend, wenn der Steuermann sich in reflexiv beobachtender Weise auf sich selbst zurückwendet, um zu ‚erforschen', welche Mechanismen der Hand oder des Gehirns es möglich machen, daß er das Steuerrad drehen kann, wie die Bewegungen des Steuerrads auf diese Mechanismen zurückwirken und sie in evolutionärer Anpassung verändern usw. Diese Interaktion von Mechanismen und Umwelt ist gegeben, ob er das Schiff erfolgreich oder erfolglos steuert. Das heißt: sie verhalten sich zu seiner aktiven Tätigkeit so wie die Kohlenstoffatome zu Diamant oder Graphit. Sie sind notwendige, nicht hinreichende Bedingungen, sie sind sozusagen das Material, das der Steuermann benutzen und formen muß, sie sind nicht das, was das Schiff steuert[528].

Das, was ihn befähigt, das Schiff zu steuern, braucht er nicht als etwas erst zu Erklärendes zu erforschen, es muß ihm als etwas Erklärtes bereits zu Gebote stehen und in der jeweiligen Situation abrufbar sein: er muß seine Anlagen, ein Schiff zu führen, bereits so ausgebildet haben, daß er ein Erfahrungswissen von den Wasser- und Windverhältnissen hat, von den Stern-

---

528 Eine solche Einsicht findet sich durchaus auch einmal in Untersuchungen von Evolutionsbiologen (z.B. bei Frank R. Wilson, Die Hand, 199, Anm.: „Nur weil eine Schädigung des Broca- oder Wernicke-Zentrums oder ihrer Verbindungen eine Aphasie hervorruft, folgt daraus nicht unbedingt, daß diese Zentren auch für die Spracherzeugung verantwortlich sind, genausowenig wie aus der Tatsache, daß ein geplatzter linker Vorderreifen ihr Auto zum Halten bringt, der Schluß zu ziehen ist, daß sich in diesem Reifen der Antrieb Ihres Wagens befindet."). Es werden aber aus diesen (ja auch experimentell nachgewiesenen – dadurch, daß gezeigt wird, daß eine bestimmte materielle Bedingung oder auch Umwelt-Bedingung noch keine hinreichende Begründung für die Entstehung eines bestimmten Zustandes oder einer bestimmten Mutation u.ä., sondern ‚offen für mehreres' ist) Befunden nicht die notwendigen Schlüsse gezogen, weil man der Ansicht ist, daß eine Summe solcher unbestimmter Faktoren durch ihre Interaktion, insbesondere durch die Interaktion von materiellen Faktoren, Umweltfaktoren und sozialen Mechanismen usw., dazu in der Lage ist, dieses Moment des Zureichenden ‚emergent' hinzuzubringen. So lautet Wilsons These trotz der eben zitierten Einsicht dennoch, daß es die Einzigartigkeit der menschlichen Hand ist, die der eigentliche Faktor der Entstehung des spezifisch Menschlichen war, und der erst erklärbar macht, warum der Mensch als das Kulturwesen, das er ist, in der Evolution entstehen konnte – z.B. 312: „Selbsttätig hervorgerufene Bewegung ist die Grundlage von Denken und willensmäßigem Handeln, der fundamentale Mechanismus, dem die physischen und psychischen Koordinaten des Selbst zu verdanken sind. Beim Menschen besitzt die Hand eine Sonderstellung für die Organisation von Bewegung und für die Evolution der menschlichen Erkenntnis." In diesem Sinn stimmt Wilson auch ausdrücklich seinem ‚Vorgänger' Sir Charles Bell zu, der bereits Ende des 19. Jahrhunderts ebenfalls ein Buch über die menschliche Hand verfaßt hat, und der – auch noch in den Formulierungen spürbar – in massiv stoisch beeinflußter Tradition steht (311): „Die vollkommene Übereinstimmung zwischen dem Bau der Hand und der Intelligenz des Menschen bekunde [sc. nach Bell], offenbare und beweise Gottes Plan: den Menschen als Herrscher über die biologische Welt einzusetzen."

bildern oder Karten, an denen er sich orientieren kann und vieles mehr. Diese Ausbildung hat ihre Bedingungen aber nicht nur in der Anpassung der Anlagen des Menschen an die Umwelt des Meeres, aus der sie gleichsam ‚emergieren', denn sie setzt auch ein Wissen voraus, das selbst in langer Erfahrungstradition vieler Schiffsleute nicht gewonnen werden kann, etwa die mathematische Begründung und Formulierung astronomischer Sachverhalte.

In der Übertragung vom Bild auf die Sache heißt das: Der Mensch richtet sich bei seinen verschiedenen Tätigkeiten nach Prinzipien und Regeln, die er selbst anwendet. Er braucht sich also nicht – ‚empirisch' – bei seinen Tätigkeiten zu beobachten, um so ‚methodisch' in Erfahrung zu bringen, von welchen Regularitäten seine Tätigkeiten gesteuert werden, er ist ja selbst derjenige, der die Regularität in diese Tätigkeiten gebracht hat. Die diesen Tätigkeiten oder Prozessen immanenten Steuerungsmechanismen sind zudem immer mehr oder weniger gelungene und von vielen Singularitäten und Zufällen mitbeeinflußte Anwendungen – sie enthalten also immer konfuse Determinanten. Außerdem: Wenn jemand weiß, wie man ein Auto baut, braucht er nicht nachträglich aus dem methodischen Procedere, in dem er vorgegangen ist, dieses Wissen erst zu extrahieren, weiß er es dagegen nicht, kann er aus dem von vielen Irrwegen gekennzeichneten Vorgehen bei der Anpassung seiner Fähigkeiten an die Umwelt erst recht keine allgemeinen Regeln ableiten.

Kontrolliertes menschliches Verhalten hängt also davon ab, daß man die Prinzipien, nach denen sich die Kontrolle richtet, selbst kennt. Dazu hat der Mensch die Fähigkeit, wenn auch nicht eine Fähigkeit, der diese Prinzipien gleichsam schon einprogrammiert wären, so daß es nur noch der ‚Umweltreize' bedürfte, um sie zu ‚entwickeln'. Diese Vorstellung von Entwicklung, die heute die kybernetischen Theorien auch bei ‚Biosystemen' beherrscht, orientiert sich weitgehend an der sog. künstlichen Intelligenz.

Ein Programm, z.B. ein Computerprogramm, hat alles, was es kann, bereits entwickelt in sich, es kann etwa Schriftart und Schriftgröße verändern, Absätze formatieren, Seiten umbrechen usw. – alles das kann es jeweils durchführen, weil ihm die verschiedenen Schriftarten, Formatierungsmöglichkeiten usw. bereits eingegeben sind, und auch wenn es sich selbst neuen Bedingungen anpassen könnte, etwa wenn es selbst ‚autopoietisch' unbekannte Wörter in sein Vokabular aufnehmen könnte, würde es nur seine Ausstattung mit bereits entwickelten Elementen erweitern. Daraus entsteht der Eindruck, als ob man die Prinzipien, die ein solches Programm regulieren, einfach durch eine Erfahrungsanalyse, die die Mechanismen verfolgt, wie das Programm abläuft – allein aus sich selbst oder in Anpassung an äußere Determinanten –, ermitteln könnte.

Das ist aber in Wahrheit nicht einmal bei diesen künstlichen Programmen der Fall. Ein Taschenrechner z.B., der addieren und dividieren kann, kann dies genau so gut, wie die Prozesse, die in ihm ablaufen, den begrifflichen Bedingungen des Addierens und Dividierens genügen. Im Blick auf sie prüft man auch, ob der Taschenrechner und wie gut er funktioniert. Von ihnen her entwickelt auch der Informatiker die entsprechende Software. Selbst dort also, wo ein Programm seine entwickelte Form schon enthält, ist die Unterscheidung zwischen dem – etwa in der Software – realisierten Programm und den Bedingungen, denen die Entwicklung und Gestaltung dieses Programms folgt, sachlich notwendig.

Das ist bei der Fähigkeit eines Organismus noch deutlicher. Wer eine Sprache erlernt, hat nicht alle Elemente, Wörter, Regeln usw. dieser Sprache schon quasi unbenutzt in sich und muß sie nur noch in richtiger Kombination neu systematisieren und den jeweiligen Anforderungen anpassen, er verfügt vielmehr über bestimmte Vermögen, z.B. über das Vermögen, überhaupt Unterschiede festzustellen, Laute zu artikulieren, sie im Gedächtnis festzuhalten, sie erkannten Unterschieden zuzuordnen, und er kann aufgrund dieser Vermögen nicht nur eine bestimmte, sondern jede Sprache erlernen.

Man kann bei einem Vermögen also unterscheiden zwischen dem Bestimmten, das es als Vermögen bereits aus sich selbst kann, und dem, wozu es sich mit Hilfe dieses eigenen Könnens erst ausbildet. Daß dieses ‚Wozu' etwas anderes ist als das, was im genetischen Programm eines Organismus schon angelegt ist, erscheint der Alltagslogik unmöglich. Die Gegenbeweise, die die Evolutionsforschungen bieten mit vielen Beispielen von Ausnahmefällen, bei denen Organismen Organe und Fähigkeiten dazugewinnen, die in ihrem genetischen Programm überhaupt nicht angelegt waren, ja bei denen sich ein Organismus als ganzer zu einem sogar der Art nach verschiedenen Organismus entwickelt, werden deshalb als Produkt zufälligen ‚Auftauchens' , von Emergenz, gedeutet. Daß dies einer rationalen Analyse von Entwicklung widerspricht, habe ich zu begründen versucht. Auch das zufällig ‚Auftauchende' muß *etwas* sein, wenn es etwas sein soll, um es in der einfachsten Form auszudrücken. Bei Organismen, die im Laufe einer Entwicklungsperiode Neues hinzuerwerben, würde man überhaupt nicht von Evolution sprechen, ja eine solche nicht einmal feststellen können, wenn diese Entwicklung in jeder Hinsicht unbestimmt und in diesem Sinn zufällig wäre. Nur wenn dieses Neue z.B. ein bestimmtes Organ mit einer bestimmten Fähigkeit ist, läßt sich das zufällig Aufgetauchte bestimmen und wissenschaftlich erfassen. (Das bedeutet auch, daß sich die Ursachen dieser Bestimmtheit angeben lassen können müssen, denn wir glauben, wie Aristoteles sagt, erst dann, etwas zu (er)kennen und ein Wissen von einer Sache zu haben, wenn wir seine Ursachen kennen[529]. Das gilt freilich nicht für die Angabe – unter Umständen auch kontingenter – Wirkursächlichkeiten, die der Bestimmtheit und Erkennbarkeit ihres Produktes nur akzidentell sind. Sondern es gilt für die Bestimmung der formenden Ursache und der Materialursache.)

---

[529] Aristoteles, *Analytica Posteriora* 1, 2, 71b9-16.

Genauso wie eine bestimmte Organisationsform der Kohlenstoffatome das Maß vorgibt, das erreicht sein muß, damit eine bestimmte Entwicklung die Entwicklung von Diamanten sein und als solche erkannt werden kann, so ist es auch bei der Entwicklung von Organfunktionen. Wenn Hören etwa die Fähigkeit ist, bei der (vom Tastsinn zu leistenden) Empfindung zahlhaft bestimmter Schwingungen eines bestimmten Mediums die Bestimmtheit der Schwingung als solche erfassen zu können (siehe oben S. 310ff.; S. 324f.), dann kann sich ein Hörvermögen und ein ihm dienendes Organ nur entwikkeln, weil diese unterschiedlich bestimmten Schwingungsmöglichkeiten als etwas Unterscheidbares bereits da sind und nicht auch ihrerseits in einer Evolution erst entstehen. Nur wenn etwa das Verhältnis von 1:2 etwas Bestimmtes und deshalb Unterscheidbares ist, und wenn Bewegung etwas Bestimmtes ist, und es deshalb auch Bewegungen gibt, die zueinander im Verhältnis von 1:2 stehen, kann dieses Verhältnis an zwei bewegten Medien unterschieden und als Oktave gehört werden. Aufgrund solcher Differenzierungen haben schon antike Wahrnehmungstheoretiker[530] die Entwicklung der höheren Sinnesvermögen aus dem elementareren und allen Lebewesen zu Gebote stehenden Tastsinn erschlossen.

Man braucht sich aber nicht mit der komplexen Problematik, wie Organe und Vermögen in einer Evolution entstehen können, zu befassen, um zu erkennen, daß die Ausbildung eines Vermögens oder einer Anlage von der Hinwendung zu bestimmten Möglichkeiten abhängt, die in ihnen nicht schon enthalten sind. Auch wer ein Hörvermögen bereits hat und bereits über eine entwickelte Fähigkeit, Töne zu unterscheiden, verfügt, braucht nicht nur Medien, die in einer bestimmten Schwingung sind, um dieses Vermögen überhaupt ausüben zu können (in einer absolut geräuschlosen Umwelt könnte man nicht einmal wissen, daß man hören kann, so wie man in absoluter Dunkelheit nicht überprüfen könnte, ob man noch über seine Sehfähigkeit verfügt), vor allem die Bildung und Vervollkommnung dieses Vermögens ist von Bedingungen abhängig, die im Hörvermögen als solchem gar nicht liegen können. Jemand, der hören kann, kann deshalb z.B. noch lange nicht gehörte Töne wiedererkennen. Dazu muß er vielmehr die Bestimmtheit eines Tons sorgfältig gegenüber anderen Tönen unterscheiden, das Unterschiedene im Gedächtnis festhalten und an der Gleichheit der Tonqualität eines neuen Tons mit dieser Bestimmtheit bemerken, genauer: darauf schließen, daß dieser neue Ton derselbe Ton wie der bereits bekannte Ton ist. Noch viel mehr Bedingungen kommen hinzu, wenn etwa nicht nur hohe und niedrige Töne gehört werden sollen, sondern wenn deren Verhältnis genau erfaßt, und die Verhältnisse der Quart, Quint, Oktave gehört werden sollen. Diese Fähigkeiten hat das Ohr nicht einfach von Geburt an in sich, es kann sie aber ausbilden, indem es sein Vermögen an diesen begriffli-

---

[530] S. z.B. Aristoteles, *De generatione et corruptione* II, 2, 329b; und s. den Kommentar des Philoponos zu dieser Stelle (Ioannis Philoponi in Aristotelis libros de generatione et corruptione commentaria, ed. Hieronymus Vitelli, (CAG XIV,2), Berlin 1897, 213,1ff.).

chen Möglichkeiten schult, genauer: indem der Mensch mit Hilfe seiner begrifflichen Erkenntnisse sein Hörvermögen zu bestimmteren und differenzierteren Leistungen erzieht.

In ähnlicher Weise verfahren wir bei der Ausbildung auch anderer Vermögen. Die Differenz zwischen dem Vermögen als solchem und dem, woran es sich bei seiner Entwicklung orientiert, läßt sich sogar dort nachweisen, wo die Entwicklung scheinbar ganz dem genetischen Programm folgt, z.B. wenn Kinder laufen oder sich aufrichten lernen. Gerade die neuesten Forschungen zur Plastizität des menschlichen Gehirns haben uns gelehrt, daß auch dort, wo ein genetischer Code gar nicht vorliegt, etwa weil ein Gehirnteil durch Sauerstoffmangel bei der Geburt zerstört ist, ein solcher Code wieder angelegt werden kann. Dieses Neuanlegen ist aber nicht in einem kausalmechanischen Verfahren möglich, etwa so, wie man einen Muskel durch beliebige Betätigung stärkt. Wie das Gehirn seine Codes anlegt, wissen wir nicht, wir wissen aber, wie wir diese erwünschte Wirkung erzielen, nämlich dadurch, daß wir die Kinder sich nicht in allen möglichen falschen Bewegungen verirren lassen, sondern ihnen sozusagen die für das Laufen oder Aufrichten richtige Geometrie beibringen und diese an den allgemein richtigen Bewegungsformen orientierten Bewegungen so lange einüben, bis diese Grundformen wieder naturalisiert sind.

Daß auch dann, wenn die genetischen Anlagen nicht beschädigt sind, die Orientierung an der richtigen Geometrie die entscheidende Rolle bei der Ausbildung der Anlagen spielt, wird meist erst später, d.h. bei komplizierteren Bewegungsformen, sichtbar, bei denen man oft zusätzlich die Anleitung durch den Lehrer braucht. Aber auch das dabei Gelernte beeinflußt wieder die Formung der entsprechenden neuronalen Codes, das, wenn es häufig und eindeutig genug wiederholt ist, dadurch zur Natur werden kann, daß die Formung dieser Codes gleichsam fest wird und wir die gesteuerten Bewegungen wie von selbst, ‚unbewußt' vollziehen können.

Sofern man eine Sache an ihrem Akt und einen Akt an seiner optimalen Ausführung erkennt, ist es bei Menschen das Unterscheidungsvermögen selbst, an dem man das Verhältnis eines Vermögens und der Bedingungen seiner Entwicklung am besten untersuchen kann. Anders als etwa beim Hören oder Sehen braucht man beim Unterscheidungsvermögen keinen äußeren Gegenstand, an dem man es aktualisieren kann. Es kann sich unmittelbar auf sich selbst zurückwenden, genauer: auf das, was an ihm bestimmt, also in bestimmter Weise von allem anderen unterscheidbar ist.

Beachtet man bei dieser Rückwendung allerdings den Unterschied zwischen den Sachmöglichkeiten selbst und ihren jeweiligen konkreten Realisierungsformen nicht, entsteht ein besonders paradoxer Eindruck, der Eindruck nämlich, als ob das Unterscheidungsvermögen nur zu gänzlich abstrakten und inhaltsleeren Leistungen fähig wäre. Wenn jemand sich reflexiv seines Tuns vergewissert, wenn er sein Unterscheidungsvermögen betätigt hat, stellt er fest, daß ihm etwas Unterschiedenes gegenwärtig ist. Das Ergebnis, das diese Reflexion erbringt, ist deshalb die Gewißheit, daß sich das

Denken mit einem von ihm unterschiedenen ‚Etwas' beschäftigt. Aus dieser Art der Reflexion entsteht die Verwechslung des Denkens mit Bewußtsein und begründet die ‚Grundtatsache des Bewußtseins': jedes Bewußtsein hat immer ein Etwas zu seinem Gegenstand, ist immer Bewußtsein *von* etwas.

Diese Verwechslung besteht darin, daß nicht unterschieden wird zwischen dem einzelnen getätigten Unterscheidungsakt und dem, was die Bestimmtheit dieses Unterscheidungsaktes und des Produkts dieses Unterscheidungsaktes eigentlich ausmacht. Die Hinwendung auf die einzelne Verwirklichung, also auf den einzelnen Unterscheidungsakt bzw. das einzelne Unterschiedene ist ein tautologischer, sich des bereits Erfaßten vergewissernder Bewußtseinsakt. Die Hinwendung hingegen auf das, was als Bestimmendes an diesen einzelnen Instanzen unterschieden werden kann, als solches und für sich, d.h. nicht in der eingeschränkten Verwirklichung in der jeweiligen einzelnen Instanz, ist ein (primärer) Unterscheidungsakt und hat heuristischen Charakter, also erkenntniserweiternden Wert, und ist weder abstrakt-unbestimmt noch tautologisch-leer, sondern auf diese Weise wird die eigentliche inhaltliche Quelle des Erkennens überhaupt erschlossen.

Der ganze Hohn, den die Neuzeit von Descartes über Kant, Hegel, Nietzsche bis zur Postmoderne über die Nutzlosigkeit des Widerspruchssatzes ausgegossen hat, hat darin seinen Grund, daß man sich auf das beschränkt hat, was dem Unterscheidungsvermögen bereits immanent ist, wenn man sich seinen Akt zu vergegenwärtigen sucht:

> „Die gesunde Vernunft hat ihre Ehrerbietung vor der Schule, die im Besitze solcher Gesetze der Wahrheit [sc. des Satzes vom Widerspruch und der Identität] sich befindet (...), so sehr verloren, daß sie dieselbe darob verlacht und einen Menschen, der nach solchen Gesetzen wahrhaft zu sprechen weiß: die Pflanze ist – eine Pflanze, die Wissenschaft ist – die Wissenschaft, und so fort ins Unendliche, für unerträglich hält." [531]

Dieser Hohn wäre nur berechtigt, wenn tatsächlich die Aufgabe des Denkens nur die wäre, über ihm bereits gegebene Gegenstände nachzudenken. Wenn es dagegen nicht einfach ausgemacht ist, daß das, was ein Denkender unterschieden hat, eine Pflanze oder die Wissenschaft ist, dann ist die Frage nicht, wie das Denken sich auf ein Etwas bezieht, sondern wie es begreift, daß das von ihm Gedachte überhaupt etwas, ein bestimmtes Etwas, eine bestimmte Einheit ist.

Die intime Vertrautheit des Bewußtseins mit sich selbst, das sich (jedenfalls) dessen, was es gerade (in seiner ihm innerlich zugänglichen subjektiven Dimension) denkt, fühlt, will, gewiß zu sein meint, muß dann freilich aufgegeben werden, jedoch nicht zu Gunsten einer Wendung nach außen, auf die ‚Dinge', sondern zu Gunsten einer Wendung auf ein Inneres, das dem Bewußtsein innerlicher ist, als es sich selbst sein kann. Das ist eine kei-

---

[531] Hegel, Wissenschaft der Logik I, 17.

neswegs paradoxe Aussage. Jeder konkrete Unterscheidungsakt, dessen wir uns gewiß zu sein vermögen, besteht ja nicht aus sich selbst, sondern er ist nur deshalb überhaupt ein Unterscheidungsakt, weil und sofern er dabei von Möglichkeiten oder Kriterien des Unterscheidens Gebrauch macht. Diese Kriterien liegen also jedem Unterscheidungsakt zugrunde und gehen ihm voraus. Alles, was dieser Akt aus sich selbst ist, ist er, sofern er bei seiner Formung von der mehr oder weniger korrekten, mehr oder weniger umfassenden Erkenntnis dieses seines Grundes Gebrauch macht.

Anders als bei den anderen menschlichen Aktivitäten braucht man sich bei dem Versuch, diese Kriterien zu begreifen, also nicht nach außen zu wenden. Der Steuermann des Schiffes muß die Astronomie, der Gymnastiklehrer muß die Geometrie, die Hand des Klavierspielers muß die komponierte Musik zu Hilfe nehmen, wenn sie ihre Akte regulieren wollen. Beim Unterscheiden braucht man sich nicht eines anderen zu bedienen, um zu erkennen, was Unterscheiden ist. Wer sich erkennend zu vergewissern versucht, was Unterscheiden ist, kann dies nur tun, indem er möglichst genau unterscheidet, was Unterscheiden ist. Das heißt: er muß möglichst genau erfassen, was Unterscheiden als es selbst ist, was ausmacht, daß es selbst etwas Bestimmtes ist. Das Grundaxiom des Denkens, daß Denken immer Erfassen von etwas, das etwas Bestimmtes ist, sein muß, wird dabei auf es selbst angewendet.

Tut man das, dann bedeutet dies allerdings eine Wende weg von der (tatsächlich tautologischen) Selbstbezogenheit und Fixiertheit auf die Evidenz der individuell-eigenen Denkakte. Wenn man wissen will, wodurch ein Unterscheidungsakt, den man ausführen kann, ein Unterscheidungsakt ist, ist der individuelle Grund, warum man sich einer bestimmten Unterscheidung gewiß zu sein meint, ja selbst, warum man sich überhaupt zu unterscheiden fähig fühlt, völlig uninteressant. Das, was man wissen will, ist ja, was an diesem individuellen Akt ausmacht, daß er tatsächlich ein Unterscheidungsakt und nicht etwa ein Akt des Laufens, der Empfindung der Scham, des Tanzens oder dergleichen ist.

Bei dieser Fragestellung ergibt sich, wie ich oben (Teil II, Kapitel II 4) wenigstens in einem groben Umriß darzustellen versucht habe, daß man dabei zu immer neuen, zusätzlichen Unterscheidungen genötigt wird. Wer wissen will, was er tut, wenn er etwas unterscheidet, muß erkennen, daß er dies nicht könnte, wenn er ein Etwas nicht auch als ein Eines, mit sich Identisches, ein Ganzes aus Teilen, die diskret für sich oder in durchgängigem, kontinuierlichem Bezug auf ein Selbes gedacht werden können usw., begreifen würde. Die sorgfältigen Differenzierungen, mit denen schon Platon und in seinem Gefolge viele antike und mittelalterliche Wissenschaftstheoretiker gezeigt haben, wie aus diesen zum Begreifen des Etwas-Seins nötigen Kategorien ein ganzes System einer Universalwissenschaft, d.h. einer Wissenschaft, die diejenigen Kriterien untersucht, deren sich, wie Platon sagt, jedes wissenschaftliche und technische Denken bedient, sofern es methodisch sein will, konnten in dieser Abhandlung nicht im Detail vorgestellt werden, da diese Aufgabe eine eigene Monographie erfordert. (Sie werden jetzt bei Gyburg Radke („Die Theorie der Zahl im Platonismus") als Grundlage des platonischen Mathematikkonzeptes systematisch hergeleitet.) Daß aber das Prinzip, dem diese Erweiterung folgt, aus der Anwendung des Bestimmtheitsaxioms auf das Unterscheiden reflexiv erfaßt werden kann, sollte das Vorausgehende deutlich machen.

3   Rationale Selbstverwirklichung als Bedingung des Zusammenfallens des privaten Vorteils mit dem Wohl des Ganzen

Für das Verständnis der Staats- und Wirtschaftskonzeption, wie sie Platon und Aristoteles entwickelt haben, liefert das Bestimmtheitsaxiom alle wichtigen Bausteine. Es liefert auch die eigentliche Begründung für die scheinbar paradoxe These, daß der Einzelne dann, wenn er sein privates Glück, sein *bonum privatum* wirklich verfolgt, eben dadurch zum Wohl des Ganzen beiträgt, und es grenzt diese These gegen die moderne These ab, jeder wisse von selbst – und am Ende sogar von Natur aus –, was gut für ihn sei, er bedürfe keiner Belehrung darüber, was wirklich gut für ihn sei, dieses Gute stelle sich, wenn man nur allen die freie Selbstbestimmung über sich gewähre, von selbst ein.

Im Gebrauch seines Unterscheidungsvermögens ist der Mensch einerseits ganz bei sich selbst. Je souveräner er sich seiner bedient, desto mehr entspricht alles, was er denkt, fühlt und will, seiner eigenen Individualität. Andererseits ist das Unterscheiden kein solipsistischer Akt. Es ist nicht wie beim ‚Bewußtseinserlebnis', bei dem jeder so unmittelbar bei sich selbst ist, daß er seine intimen Selbstgewißheiten weder sich selbst noch anderen mitteilbar machen kann.

Sofern sich jemand der Kriterien vergewissert, die er beim Unterscheiden anwendet, und sofern er damit nicht die ihm gerade aufgrund seiner genetischen Anlage und seiner persönlichen Unterscheidungsfertigkeit zu Gebote stehenden Kriterien im Blick hat, sondern diejenigen Kriterien, die zum Unterscheiden als Unterscheiden nötig sind, vergewissert er sich derjenigen Voraussetzungen seiner eigenen Unterscheidungsfähigkeit, die er mit jedem, der zur Unterscheidung fähig ist, teilt.

Beurteilt man diesen Befund von modernen Denkgewohnheiten her, würde man zu dem Schluß kommen, daß das individuelle Sein und das private Gute eines jeden in dem liege, was ihm an Unterscheidungsfähigkeit von seinen eigenen genetischen Anlagen her zu Gebote steht und wozu er diese im Laufe vielfältiger Anpassungsprozesse selbst entwickelt hat, während der Gebrauch des Denkens in seinem allgemeingültigen, für jeden gleichen Sinn das sei, wodurch er am allgemein Menschlichen und an dem für alle gleich Guten, dem *bonum commune*, teilnimmt.

So geläufig uns diese Scheidung des Individuellen und Allgemeinen ist, sie widerspricht einer breiten Strömung der Moderne selbst, die offenbar damit rechnet, daß die singulären Anlagen der Individuen durch die massiven Tendenzen moderner Gesellschaften, zu (anonymen) Massengesellschaften zu werden, einem Gleichmachungsprozeß unterliegen können, der die einzelnen Individuen zu ununterscheidbaren Instanzen allgemeiner Klischees macht (siehe oben S. 430ff. und unten S. 512ff.). Dabei geht der Einzelne in seiner Besonderheit nicht nur unter, sondern hat gar keine Gelegenheit mehr, eine Individualität auszubilden, ja eigentlich gar nicht mehr den Anlaß, die Anstrengung auf sich zu nehmen, seine Vermögen zu einer solchen zu kultivieren – teils deshalb, weil ihm ständig seine ‚Machtlosigkeit' angesichts der Dominanz von Großstrukturen oder Großorganisationen und Massenbewegungen o.ä. vor Augen steht bzw. eingeredet wird, andererseits aber auch deshalb, weil ihm ständig suggeriert wird, er besitze eine solche unverwechselbare Individualität immer schon und sei schon an und für sich etwas Vollkommenes, Einmaliges, Ineffables usw.

Daran, daß jemand einmalige Anlagen hat (so wie seinen, ihn allein identifizierenden ‚genetischen Fingerabdruck' – der allerdings zwar zur zweifelsfreien Identifizierung hinreichend sein mag, wohl kaum aber zur Bestimmung dessen, was ein Individuum von ihm selbst her und in individuell-spezifischer Weise ausmacht) und diese Anlagen als ein einmaliger Mensch entwickelt, hat man also noch keine Garantie und auch kein Kriterium dafür, daß er sich überhaupt zu einem Individuum mit eigentümlichem Charakter ausbildet.

Die Unterscheidung zwischen singulären Fähigkeiten und singulären Realisationsformen dieser Fähigkeiten von den Handlungen, in denen sich ein Mensch nach etwas Allgemeinem richtet, ist also offenbar zu undifferenziert.

Diese pauschale Entgegensetzung des Einzelnen gegen das Allgemeine wäre nur richtig, wenn das Allgemeine ein starrer Regelkanon wäre, so daß jeder, der sich danach richtet, ein und demselben Schema unterworfen wäre. Das ist aber bei den Unterscheidungskriterien in keiner Weise der Fall, und zwar nicht nur wegen der vielen verschiedenen Verwendungsmöglichkeiten von Unterscheidungskriterien – beim Sehen oder Hören, bei den verschiedenen Körperbewegungen, bei handwerklichen Tätigkeiten, beim Meinen oder Urteilen usw. –, sondern auch, weil diese Kriterien ja niemand vollständig und ein für allemal fest zur Verfügung hat (was allerdings dann der Zustand größter Freiheit wäre).

Nicht nur, daß man Unterscheidungen treffen kann ohne Kenntnis der allgemeinen Kriterien des Unterscheidens, auch die Kenntnis dieser Kriterien selbst hat unendlich viele Erweiterungsmöglichkeiten, die von einer noch abstrakten Einsicht, daß alles Unterscheiden sich nach Einheit, Vielheit, Identität, Ganzheit, Gleichheit usw. richtet, bis zu einer immer konkreteren Kenntnis der unterschiedlichen Kombinationen dieser Begriffe auf verschiedenen Ebenen reichen können und deshalb das wissenschaftliche Können des Arithmetikers, des Geometers oder des Musiktheoretikers genauso einschließen wie das technische Können des Architekten, der einen griechischen Tempel oder eine gotische Kathedrale entwirft, oder etwa des Metrikers, der aus den einfachsten Verhältnissen von Zeitelementen methodisch immer komplexere Verhältnisformen – schöpferisch – erschließt[532].

Es gibt also sowohl die Möglichkeit, sich dem Allgemeinen in individueller Weise anzunähern, als auch, von ihm selbst in individuell unterschiedlicher Weise Gebrauch zu machen. Nur im letzteren Fall aber ist man in einem umfassenden Sinn frei und Herr seiner selbst – seiner Erkenntnisse, der damit verbundenen Gefühle und dem von ihnen ausgelösten Wollen –, weil man nur dann überhaupt weiß (und nicht nur vermutet, meint oder sich einbildet), was man tut.

So kann man wieder ein scheinbares Paradoxon formulieren: Je mehr jemand das allgemein Menschliche in sich verwirklicht, desto individueller wird er sein.

Da das allgemein Menschliche im Sinn des primären Allgemeinbegriffs, wie ihn Platon und Aristoteles begründet haben (siehe oben S. 419ff.), Inbegriff dessen ist, was der Mensch, sofern er Mensch (und nicht Tier oder Pflanze) ist, sein kann, hat der Begriff des Menschen eine größere Affinität zum Staat als zum Individuum. Erst im Staat, d.h. im Zusammenleben einer größeren Zahl von Menschen miteinander, können die Möglichkeiten des Menschseins so verwirklicht werden, daß jeder Einzelne sein ihm gemäßes Menschsein entfalten kann. Prinzipiell, so hat ja schon Platon seine Staatskonzeption angelegt, stehen jedem Menschen alle Möglichkeiten des Menschseins zur Verfügung. In diesem Sinn ist der Staat auch dem einzelnen Menschen immanent. Die Aufgabe, diese Möglichkeiten zu realisieren, übersteigt aber die endlichen Fähigkeiten des Einzelnen. Sie kann daher – in einer dem Menschen möglichen Annäherung an die Idee – nur im Zusammenleben vieler erfüllt werden.

Dabei gibt das Maß für die optimale Realisierung des Menschseins (und damit auch der Menschlichkeit) im Staat nicht die Quantität vor. Aus der bloßen Summe individuellen Verhaltens entsteht nicht von selbst die größtmögliche und am reichsten differenzierte Verwirklichung menschlicher Verhaltensmöglichkeiten. Es ist ja möglich, daß sich die Massen gleichschalten und z.B. auf rein sinnlich-materielle oder fanatische Ziele einschränken lassen. So wie der Mensch im Sinn der platonischen *Politeia* nur dann ein Einer sein kann, wenn er mit sich selbst befreundet ist, und das heißt: wenn er, geleitet von seinem Erkenntnisvermögen, in allen seinen Strebeakten mit sich selbst über das jeweils und im Ganzen erreichbare

---

[532] S. Augustinus, *De musica*, passim: Augustinus entwickelt die Grundlagen der Metrik in den ersten fünf Büchern ausgehend von den einfachsten Versfüßen bis hin zu immer komplexeren Zusammensetzungen und Verhältnisarten (der Endpunkt dieser für die Musik relevanten Möglichkeiten und auch der Höhepunkt an Symmetrie und Schönheit ist für Augustinus der Hexameter), in denen sich Kürzen und Längen, d.h. eigentlich: Einheit zu Zweiheit, bzw. Einfaches zu Doppeltem, verhalten können; s. zu den erkenntnistheoretischen Grundlagen, wie sie in dem abschließendem 6. Buch (aber auch schon z.T. im 1. Buch) entwickelt werden: Verf., Zahl und Schönheit, bes. 221-224 und 234-237.

Lustvollste und Beste übereinstimmt, so ist es analog im Staat. Gemeinsame Ziele zu verfolgen und sich an der Lust der Erreichung dieser Ziele gemeinsam zu erfreuen, ist aber – für Platon wie Aristoteles, und die späteren Ethiker haben fast alle diese Definition übernommen – Zeichen der Freundschaft. Also kann der Staat nur dann Ermöglichungsgrund des vollen Menschseins seiner Glieder sein, wenn es noch die Möglichkeit der Freundschaft unter seinen Bürgern gibt. Diese Möglichkeit ist auch an eine bestimmte Größe des Staats gebunden. Aristoteles ist überzeugt, daß sie bei einer Zahl von 100 000 Bürgern auf keinen Fall mehr gegeben sein könne (Aristoteles, *Nikomachische Ethik* IX, 10, 1070b31f.).

Diese Beschränkung der Anzahl der Bürger bedeutet übrigens nicht, um zu diesem Aspekt wenigstens ein Wort zu sagen, daß die modernen Massenstaaten mit ihren Großstädten allein wegen ihrer für Platon und Aristoteles angeblich noch unvorstellbaren Größe überhaupt nicht mehr von ihren Theorien her interpretiert werden könnten. Abgesehen davon, daß diese Theorien aus einer Analyse menschlicher Vermögen und nicht aus einer Katalogisierung des Bestands der griechischen Polis-Staaten abgeleitet sind, wäre auch ein Bezug auf die historische Größe dieser Stadtstaaten kein Grund, sie für nicht mehr relevant zu halten. Die Möglichkeit, gemeinsame Ziele zu haben und ihre Verwirklichung gemeinsam zu genießen, ist ja für jede Form des Zusammenlebens eine existentiell wichtige Bedingung, deren Wichtigkeit durch die modernen Erfahrungen mit den Folgen der Anonymisierung noch klarer hervortritt.

So ist z.B. eine anonyme Erziehung so gut wie unmöglich. Wenn Erziehung aber eine elementare Aufgabe des Staats ist, kann ein anonymer Staat lebenswichtige Funktionen nicht mehr gewährleisten. Die Konsequenz muß sein, daß man auch für Massenstaaten Organisationsformen sucht, die noch die Voraussetzungen für ein Gemeinschaftsbewußtsein aller Bürger bieten. Eine denkbare Möglichkeit dafür wäre die Stärkung des föderativen Elements in einem Staat. Die Grundeinheit müßte den notwendigen Bezug aller – der Bürger, Familien, Gemeinden – auf das Ganze gewährleisten, bei den aus den Grundeinheiten gebildeten größeren Organisationsformen muß dasselbe für die Vertreter der Grundeinheiten in ihrem Verhältnis zur größeren Form gelten. In dieser Weise fortschreitend brauchte der moderne Massenstaat keine absolute – etwa – nationale Grenze zu bilden, ja er sollte es nicht, sondern sollte sich in der gleichen Weise in die nächste Form staatlich organisierter Gemeinschaften einfügen. ‚Staatlich organisiert' muß dabei meinen: die optimale Organisationsform der gemeinsamen Verwirklichung des von allen Mitbürgern erstrebbaren lustvollsten Vollzugs ihres Menschseins.

Auf das Ziel dieser lustvollsten und besten Betätigung der menschlichen Vermögen müssen also die Aufgabenstellungen des Staats ausgerichtet sein. An ihm bemißt sich nicht nur seine Größe, sondern seine gesamte Organisation. Überhaupt erst in einer solchen Organisation aber können, auch wenn sie der Endlichkeit des Menschen entsprechend immer nur in größerer oder geringerer Annäherung erreicht werden kann, die einzelnen Menschen die für sie eigentümlichen und spezifischen Fähigkeiten entfalten, während etwa ein in völliger Einsamkeit lebender Mensch fast ganz auf die Bewältigung der reinen Überlebensprobleme eingeschränkt wäre, eine Eingeschränktheit, die auch im Leben in der Familie oder im Dorf noch in vielen Hinsichten weiter bestünde. Unter diesem Aspekt wird der Mensch in der Tat erst im Staat zum Menschen und kann sich über seine animalischen Bedürfnisse zu sich selbst, zu den ihm gemäßen Betätigungen erheben. Und es ist kaum fraglich und kann auch durch historische Beispiele untermauert werden, daß eine im platonisch-aristotelischen Sinn entwickeltere Staatsform, in der die eigentlich musisch-künstlerischen und rationalen Fähigkeiten des Menschen – ein beeindruckendes Programm dazu hat Platon in seiner *Politeia* in den Büchern 2 bis 7 entworfen – ausgebildet und gefördert werden, zu einer kulturellen Blüte und einem Hervortreten vieler Begabungen führen muß.

Auch durch diese Argumente kann also noch einmal die These gestützt werden, daß das allgemeine Gute, das *bonum commune*, das seit der frühen Neuzeit so vielen Zweifeln und Angriffen ausgesetzt ist, nichts dem Menschen Äußerliches ist. Es ist ihm als Bedingung der Möglichkeit seiner Selbstentfaltung immanent (aber natürlich nicht als etwas von außen Hinzugekommenes einprogrammiert) und ist zugleich dasjenige Verbindungselement, das seine persönlichen Glücksziele mit der Gemeinschaft der Bürger in Übereinstimmung bringt.

Wenn daher die Frage beantwortet werden muß, was der Mensch zu einem guten Leben braucht, dann ist die Antwort: die ihm gemäße Stellung in der staatlichen Gemeinschaft, die es ihm ermöglicht und ihn dabei unterstützt, das Seine zu tun.

4 Wunsch und Bedarf in der Wirtschafts- und Gesellschaftstheorie des Aristoteles

Aus der Einsicht in den inneren Zusammenhang des *bonum privatum* mit dem *bonum commune* heraus sagt Aristoteles, das, was das politische Leben im allgemeinen und das wirtschaftliche Verhalten im besonderen ‚zusammenhält' und regelt, sei die gerechte Erfüllung der verschiedenen Bedürfnisse der Menschen. Dies ist nach Aristoteles einerseits die Aufgabe einer distributiven, d.h. richtig, angemessen verteilenden Gerechtigkeit, und andererseits des gerechten, weil nach einem gleichen Maß sich richtenden Ausgleichs für die Erfüllung der wechselseitigen Bedürfnisse im Tausch, also Aufgabe der sog. kommutativen Gerechtigkeit[533].

---

[533] S. Aristoteles, *Nikomachische Ethik* V, 5; s. auch schon Platon, *Nomoi* 757a-d; s. auch die Weiterentwicklung dieser Theorie bei Thomas von Aquin, Summa theologica p.II-II, q. 61 und Thomas' Erläuterungen zur Stelle in seinem Kommentar zur *Nikomachischen Ethik* des Aristoteles.

Wenn man unter Bedürfnis nicht ein beliebig erzeugtes Verlangen, sondern das versteht, was ein Mensch zur Verwirklichung eines ihm gemäßen glücklichen Lebens braucht, kann man Aristoteles folgen, wenn er das Bedürfnis (nach dem, was für jemanden wirklich gut ist) das nennt, was den staatlichen und wirtschaftlichen Zusammenhalt von Menschen miteinander stiftet:

> „Es ist der Bedarf, der von der Sache her die Einheit einer Gemeinschaft gewährleistet." (Aristoteles, Nikomachische Ethik V, 8, 1133a26f.)

Es ist der Bedarf, der den Wert, den etwas im Tausch der Bürger miteinander hat, festlegt, und zwar von der Sache her festlegt, im Unterschied zum Geldwert, der durch Konvention festgelegt werde (Aristoteles, Nikomachische Ethik V, 8, 1133a26-34).

An den Bedürfnissen des Menschen hat also nach Aristoteles die Staats- und Wirtschaftsordnung sich zu orientieren[534].

Der Begriff des Bedürfnisses hat in modernen wirtschaftstheoretischen Kontexten keinen guten Klang. Während jeder Herr seiner Wünsche ist (deren Summe die Nachfrage ergibt), da Wünsche allein subjektiven Intentionen entspringen, haben Bedürfnisse scheinbar einen objektiven Charakter. ‚Jemand hat ein Bedürfnis nach etwas' heißt, einen natürlichen, objektiv gegebenen Zusammenhang zwischen dem subjektiven Bedürfnis und dem, dessen es bedarf, zu postulieren. Bei einem Bedürfnis kann man unterscheiden zwischen dem, was jemand ‚wirklich' braucht, und dem, was zu brauchen er sich nur einbildet. Bei den Wünschen ist eine solche Unterscheidung sinnlos. Wünschen kann man, was man will. Eine Orientierung des Wirtschaftsgeschehens an der Nachfrage, wenn Nachfrage als quantitativ berechenbares Aggregat der vielen Einzelwünsche verstanden wird, erscheint daher demokratisch, geht von der souveränen Verfügung jedes Glieds des Markts über sich selbst aus, während eine Orientierung an den Bedürfnissen als autoritär und rationalistisch erscheint[535].

Diesem Vorwurf gegen die Rationalität kann aber entgegengetreten werden mit dem Hinweis darauf, daß dabei Rationalität in einem abstrakten, den Menschen von außen regulierenden Sinn verstanden wird, während die Rationalität bei Platon und Aristoteles gerade der innere Ermöglichungs-

---

[534] Zum Verhältnis von Gebrauchswert und Geldwert bei Aristoteles und zu den neuzeitlichen, alternativen wirtschaftstheoretischen Ansätzen und ihrer Ablehnung des Aristotelismus s. jetzt auch Markus Schmitz, Überlegungen zur Rehabilitierung der ökonomischen praktischen Vernunft. Zu den wissenschaftstheoretischen Voraussetzungen einer konsistenten Grundlegung der Arbeitswertlehre, in: Yves Bizeul (Hg.), Wieviel Armut verträgt die Demokratie?, Rostock 2001, 100-138.
[535] S. z.B. David Wiggins, Needs, Values and Truth, Oxford 1987, 5-30. An dieser Stelle müßte die Zwischenstellung, die der Aristoteles-Leser Marx zwischen Aristoteles und der klassisch liberalen Markttheorie einnimmt, diskutiert werden. Diese Aufgabe überschreitet aber den hier gesetzten Rahmen. Ansätze dazu aber bei Markus Schmitz (s. die vorige Anm.).

grund der selbständigen Freiheit des Einzelnen ist. (Diesen Unterschied herauszuarbeiten und zu begründen, war das Ziel des ersten Teils dieser Untersuchung.)

Auf dieses selbständige Streben seiner Bürger nach dem ihnen gemäßen Guten ist der Staat aber angewiesen und damit zugleich darauf, daß dafür auch – politische und ökonomische – Sorge getragen wird, daß jedem das Seine zukommt. Diesen Zustand nennen Platon und Aristoteles den Zustand der Gerechtigkeit.

Für das Verhalten der Glieder einer staatlichen Gemeinschaft untereinander ist also die Berücksichtigung der unterschiedlichen Bedürfnisse der einzelnen notwendig und die Bereitschaft aller, mit ihren Vermögen zur Befriedigung der andersartigen Bedürfnisse der anderen als ‚Gegenleistung' beizutragen. Ein Staat, dem dieses Verhalten seiner Bürger gelingt, ist nach Aristoteles charakterisiert durch *charis* (χάρις) durch ein angenehm freundliches Verhalten der Bürger zueinander. Es hat seine Wurzeln darin, daß in ihm jeder bekommt, was er ‚wirklich' will.

Dieses ‚wirklich' enthält, wie gesagt, den eigentlichen Anstoß, den Staats- und Wirtschaftstheoretiker der Neuzeit an Aristoteles nehmen. Die Bestreitung, daß es einen objektiven Rang der Bedürfnisse und des Gebrauchswerts der Dinge gebe, und die Gegenthese, daß in Wahrheit jeder selbst für sich am besten beurteilen könne, was für ihn nützlich ist, sind z.B. auch die Grundprämissen von Benthams berühmter Verteidigung des Wuchers[536].

Auch Bentham kommt zu diesen Prämissen durch einen Affekt gegen den scholastischen Autoritätsglauben, vor allem an die Autorität des Aristoteles, und gegen die überzogenen spätscholastischen Distinktionen und die mit ihnen begründeten Hierarchien. Aristoteles selbst hat aber, wie vielfach deutlich geworden ist, mit diesen spätscholastischen Distinktionen nur höchst indirekt zu tun, seine eigenen begrifflichen Unterscheidungen gründen sich auf eine reflexive Analyse der menschlichen Erkenntnisfähigkeiten. Das Ergebnis dieser Analyse ist, daß der Mensch unterschiedliche Erkenntnisleistungen hat, deren Kompetenzen nicht miteinander vermischt werden dürfen.

Dies heißt aber auch: Es gibt keine völlige Gleichheit unter den Menschen, sondern unterschiedliche Kompetenzen, damit eine Verteilung der Arbeit, der Aufgaben im Staat und der Verantwortung. Diese Verteilung geschieht im Sinne der platonisch-aristotelischen Staatskonzeption analog zur ‚Arbeitsteilung' in der Einzelseele[537]. Anders als in der industriellen Arbeitsteilung, wie sie schon Adam Smith (z.B. an der Methode der Stecknadelherstellung) im 1. Buch seiner Schrift *The Wealth of Nations* propagiert und die im Sinne des Vertrauens auf die Evidenz der unmittelbaren Anschauung ganz konsequent von der natürlichen Gleichheit der Fähigkeiten und Be-

---

[536] S. Jeremy Bentham, In Defense of Usury, London 1787; s. dazu Ulrich Gähde (Hg.), Der klassische Utilitarismus. Einflüsse – Entwicklungen – Folgen, Berlin 1992.
[537] Platon, *Politeia* 368d1ff.; 370a8ff., s. oben S. 284ff.

dürfnisse der Menschen ausgeht und es daher als ‚gerecht' betrachtet, eine Aufteilung der Aufgaben rein mathematisch-logistisch vorzunehmen, geht es dabei aber nicht um die Aufteilung eines Arbeitsvorgangs in möglichst kleine, möglichst leicht und effektiv zu bewältigende Schritte – dies müßte in diesem Horizont als Verletzung der Menschenwürde empfunden werden, weil es die menschliche Tätigkeit nicht nur einem äußeren Zwang unterwirft und sie versklavt, sie nähert die menschliche Arbeit dadurch sogar an die maschinelle Produktion an und macht sie schließlich ersetzbar durch die Maschine –, diese Teilung der Arbeit bei Platon und Aristoteles zielt vielmehr auf die Beachtung der je spezifischen Fähigkeiten des Einzelnen und der Möglichkeit, daß er in ihrer Entfaltung Erfüllung findet. Sie ist nicht an dem größtmöglichen monetären Gewinn aus dem Produkt einer Tätigkeit orientiert, sondern an der spezifischen Besonderheit der Tätigkeit selbst und dem größtmöglichen aus dieser erreichbaren und für diese spezifischen Lustgewinn.

Da die Vollendung einer Tätigkeit nicht in ‚Vielgeschäftigkeit' (*polypragmosynê*, πολυπραγμοσύνη) – ein in der Antike besonders verpöntes Verhalten –, sondern nur in der Ausrichtung auf Eines möglich ist, und da auch die in Ausübung dieser Tätigkeit hergestellten Produkte einen bestimmten Wert für bestimmte ‚Benutzer', zu bestimmtem Gebrauch haben, plädieren Platon wie Aristoteles dafür, eine Überschneidung von Kompetenzen in der Gesellschaft zu vermeiden: Dort, wo jemand kompetent ist, ist er souverän, wo er es nicht ist, gibt er freiwillig die Kompetenz an die anderen ab[538]. Davon ausgenommen sind diejenigen für alle gemeinsamen Aufgaben, die jeden betreffen und für die es keine spezifische Kompetenz gibt. In diesem Bereich sind die demokratischen Elemente einer Staatsverfassung anzusiedeln, eine reine Demokratie müßte, wie Platon sagt, zu einer Gleichheit der Gleichen und Ungleichen führen, d.h., zu Ungerechtigkeit und Unfreiheit.

---

[538] Ein Beispiel ist etwa die Kompetenzenverteilung zwischen Mann und Frau bei Aristoteles oder Xenophon. Da Aristoteles die Tätigkeiten von Mann und Frau für gleichwertig hält, spricht er von einem aristokratischen Verhältnis zwischen Mann und Frau (im Unterschied etwa zwischen dem väterlichen Verhältnis zwischen Vater und Sohn). Xenophon geht noch weiter und sieht in der primär das Haus verwaltenden Kompetenz der Frau im Unterschied zu der Mittel herbeischaffenden Tätigkeit des Mannes sogar eine gewisse Überlegenheit, die dazu führt, daß im Idealfall die Frau sich den Mann, wenn auch in wohlwollender Weise, sogar zu ihrem Diener machen solle.

Die Beachtung dieser Differenzierungen der Kompetenzen der Einzelnen bedeutet dagegen keine Unfreiheit für den Menschen, sondern im Gegenteil: Befreiung von Abhängigkeit, Gebundenheit, Begrenztheit. Wenn die Zunge allein den Ton angibt, gerät der ganze Mensch in Abhängigkeit, und wenn der General bestimmt, welche Straßen gebaut werden sollen, und der Kaufmann, wozu Universitäten ausbilden sollen, dann gerät der ganze Staat in Abhängigkeit.

5 Die Analyse der Verfallsformen von Staat und Gesellschaft bei Platon und Aristoteles

5 a. Der Unwille zu unterscheiden als Ursache des Verfalls von Individuum und Staat nach Platon

Eine Art Umkehrbeweis dafür, daß die Orientierung des Menschen an seinen ihm zu Gebote stehenden Unterscheidungsprinzipien nicht unfrei macht, führt Platon in der Büchern 8 und 9 der *Politeia*, in denen er vorführt, daß sich für den Staat und den Einzelnen aus einem Verfall des Unterscheidungsvermögens eine Zunahme an Unfreiheit ergibt.

Er geht dabei, wie er sagt, systematisch vor. Das heißt: Seine Verfallsgeschichte[539] ist im Unterschied zu dem stoischen organologischen Modell[540]

---

[539] S. zum folgenden v.a. Wolfgang Bernard („Vorüberlegungen zu einer Neuinterpretation der Platonischen Staatstheorie"), der klar aufgewiesen hat, daß Staatsverfassungen und Seelenverfassungen für Platon nicht irgendwie nebeneinander stehen oder gar das Psychische aus dem Politischen abgeleitet wird, sondern daß Platon in der jeweiligen Seelenverfassung Ursprung und Grund der Staatsverfassungen sieht.

[540] Eine besonders extreme Konsequenz aus dem ursprünglich stoischen Gedanken der vollständigen Determiniertheit der empirischen Welt zieht Oswald Spengler, der insofern an klassisch-idealistische Ansätze anknüpft, als er Geschichte als einen organischen Prozeß versteht; er gehört aber in spezifischer Weise der Richtung der ‚Lebensphilosophie' an, weil er die geschichtliche Entwicklung als ganze und vollständig bis in alle Einzelheiten hinein mit der Entwicklung eines lebenden Organismus parallelisiert oder gleichsetzt. (Der Untertitel seines 1923 zum ersten Mal erschienenen Hauptwerks – Der Untergang des Abendlandes, München 1998 – lautet: ‚Umrisse einer Morphologie der Weltgeschichte'.) Seine Geschichtsphilosophie ist in diesem Sinn nicht nur an einem biologischen Entwicklungsmodell orientiert, sondern sie ist selber biologisch. Wichtig dabei ist, daß für Spengler damit Geschichte ebenso wie (nach seiner Auffassung) ein organisches Geschehen vollkommen und vollkommen zweckmäßig ist. Das heißt: jeder einzelne Aspekt, jeder Teil, jedes einzelne Ereignis gehorcht einem universalen Zweck und findet in diesem seinen eigentlichen Grund. Eine Konsequenz dieser absoluten Determination und Teleologie ist, daß – und dies ist eine Konsequenz, die Spengler wiederum mit Hegel und vielen anderen teilt – jedes Einzelding und jedes einzelne geschichtliche Ereignis die ganze ‚Naturgeschichte', die Vergangenheit, Gegenwart und Zukunft in sich enthalten und (implizit) verwirklichen muß, und daß daher auch aus dem ‚intuitiven Blick' auf jedes Einzelding die Erkenntnis des Ganzen, des gesamten Weltgeschehens und der gesamten Menschheitsgeschichte möglich ist. Diese Verabsolutierung und Vergöttlichung des Einzelnen und die damit einhergehende massive Überlastung des einfachen ‚intuitiven Blicks' auf die Einzeldinge ist, wie ich im ersten Teil zu zeigen versucht habe, ein Merkmal einer erkenntnistheoreti-

des Kreislaufs der Staatsformen keine Beschreibung eines historischen, sich in dieser Weise notwendig vollziehenden Prozesses[541], sondern sie ist eine Verfallsgeschichte der Betätigung des menschlichen Unterscheidungsvermögens, und zwar unter der Fragestellung, zu welchen Fehlformen eine schrittweise Vernachlässigung oder Ausschaltung essentieller Unterscheidungsprinzipien führen muß.

Er analysiert, wie es kommt und unter welchen (subjektiven) Bedingungen es dazu kommen kann, daß wir unsere seelischen Vermögen nicht immer optimal ausbilden und ausüben. Er analysiert die Gefährdungen, die in dem komplexen, materiell wie zeitlich differenzierten Gefüge der menschlichen Vermögen angelegt sind. Es geht also um Anlagen und um die möglichen Konsequenzen, die sich aus der unterschiedlichen Entfaltung oder Vernachlässigung dieser Anlagen ergeben können.

Dabei identifiziert Platon als die entscheidende Ursache für den Verfall des Menschen bzw. den Verfall der Staaten die zunehmende Unfähigkeit und Unwilligkeit zur Unterscheidung[542].

---

schen Grundposition, die in der gesamten Neuzeit (in unterschiedlicher Konsequenz) bestimmend geworden ist und die diese Denktradition radikal von dem platonischen und aristotelischen Ansatz unterscheidet.

[541] Die (etwa noch von Karl Popper („Die offene Gesellschaft") zur Grundlage seiner Platonkritik gemachte) Deutung, Platon behaupte, daß die Entwicklung der Staatsformen determiniert und vorhersehbar sei, gilt heute weithin als widerlegt. S. Dorothea Frede, Die ungerechten Verfassungen und die ihnen entsprechenden Menschen, in: Otfried Höffe (Hg.), Platon, Politeia, 251-270. Fredes Grundthese, Platon habe überhaupt kein realistisches Bild der Staatsformen und der ihnen entsprechenden Charaktere zeichnen wollen, kann man aber auch nicht ohne Einschränkung zustimmen. Sicher: Platon wollte nicht einfach verschiedene Staatsformen und Menschen wiedergeben, wie er sie in der Geschichte vorfand. Aber seine Beschreibung gründet sich deshalb nicht auf eine von der Wirklichkeit abgezogene Konstruktion. Die reinen Staatsformen und Charaktere, die Platon beschreibt, sind Nachbildungen (*mimêseis*, d.h. Darstellungen, wie sich Seelisches in der ‚Wirklichkeit' äußert) seelischer Grundmöglichkeiten, deren empirische Gegebenheit jeder in sich nachprüfen kann. Nur deshalb erscheint vieles von dem, was Platon sagt, so realistisch, wie auch Frede feststellt. Nicht realistisch ist lediglich, daß die seelischen Grundformen sich so rein und konsequent verwirklichen, wie Platon es, um ihre inneren Potenzen offenbar zu machen, vorführt. Deshalb verweist er selbst darauf, daß man üblicherweise mit sehr vielen Mischformen rechnen müsse. Um sie zu verstehen, muß man aber erst die Bedingungen der reinen Formen kennen und wissen, wie diese sich äußern, so wie man, um eine Spirale zu berechnen, erst wissen muß, was Kreis und Gerade sind. Die Idee, es gebe ein geschichtliches Entwicklungsgesetz vom Kreislauf der Staatsformen und -verfassungen ist dagegen überhaupt nicht platonisch, sondern stoisch. S. zu Zenon und Chrysipp: Diogenes Laertius, Vitae, VII 131; zum Kreislauf der Staatsformen s. v.a. Polybios, Geschichte (ed. u. übers. v. Hans Drexler, Zürich, 1978) VI, 3-4; 8-9; Cicero, De re publica (Marcus Tullius Cicero, De re publica (lat./dt.), Vom Staatswesen, übers. u. hg. v. Karl Büchner, ND Stuttgart 1995) I, 42; 45; 69. S. dazu z.B. Kurt von Fritz, The Theory of the Mixed Constitution in the Antiquity. A critical Analysis of Polybius' Political Ideas, New York 1954.

[542] Eine andere Art der endogenen Verfallsanalyse von staatlichen Gemeinschaften geben Theoretiker der Public Choice-Theorie: z.B. James M. Buchanan, The Limits of Liberty.

Der beste Mensch und der beste Staat sind dadurch charakterisiert, daß in diesem optimalen – ‚aristokratischen' – Zustand das oberste Vernunftvermögen des Menschen im Wissen um seine ihm eigenen Potenzen und in freier Verfügung über sie für das Ganze des Menschen bzw. des Staates sorgt. Er tut das ohne Zwang, sondern so, daß jedes Glied des Ganzen seine erkennenden, fühlenden und wollenden Vermögen aus eigener Erkenntnis und eigenem Streben in einer ‚Meinungsgemeinschaft' mit dem Intellekt hält, so daß in diesem Zustand alle Unterscheidungsleistungen von der Wahrnehmung bis zum Intellekt im höchsten Maße differenziert und sachangemessen sind.

Die Verfallsformen werden durch die schrittweise Abnahme dieser Unterscheidungsgemeinschaft erzeugt: Im sog. timokratischen Menschen drängt sich bereits der Aspekt, ob etwas Ehre und Ansehen verschafft (das sind, wie ich zu zeigen versucht habe, die Ziele einer Lebensform, die sich vor allem auf das Meinen stützt), vor den Aspekt, ob etwas umfassend und dauerhaft gut und glücklich machend ist, und nivelliert so bereits für die vollendete Entfaltung des Menschen wichtige Unterschiede, weil hier ein Aspekt, der unmittelbar in der Vorstellung gegenwärtig ist, im Vordergrund steht und ein freies und weites Denken verhindert.

Diese Nivellierung schreitet noch weiter fort, wenn die Begierde die Herrschaft im Menschen oder im Staat antritt, d.h., wenn nur noch das, was sinnlich empirisch und damit in der jeweiligen Gegenwart als gut erfahrbar ist – denn wahrgenommen wird immer nur, was aktual an einem äußeren Gegenstand vorliegt –, auch als gut für das Ganze anerkannt wird. Wenn sich jemand auf diese Aspekte konzentriert, haben seine Vernunft und sein *Thymos* nicht mehr die Möglichkeit, das ihnen Gemäße zu erkennen, zu genießen und zu wollen – auf ihre spezifischen Unterscheidungskompetenzen kommt es jetzt überhaupt nicht mehr an. Sie sitzen vielmehr, wie es Platon in einem deutlichen Bild ausdrückt, am Fuß vor dem Thron, auf dem jetzt die Begierde sitzt (Platon, *Politeia* 553cf.), und dürfen ihre ganze Aktivität nur noch dafür einsetzen, zu erfassen und sich dafür zu ereifern, wie aus wenig Besitz mehr wird.

Auch in dieser Herrschaftsform der Begierde gibt es nach Platon noch einmal eine größere und eine geringere Bereitschaft, Unterschiede zu beachten oder zu nivellieren. In der besten Form dieser Herrschaft begehrt der Mensch nicht alles und jedes, sondern unterscheidet noch zwischen dem, was wirklich für ihn (sc. als jemanden, der seine sinnlichen Bedürfnisse befriedigen will) nützlich und notwendig ist. Diese Form nennt Platon Oligarchie, weil in ihr vor allem ein Optimum an lebensnotwendigem Besitz er-

---

Between Anarchy and Leviathan, Chicago/London 1975 (dt.: Die Grenzen der Freiheit, Tübingen 1984): Buchanan beschreibt ausgehend von der Prämisse des egoistischen, nach persönlicher Nutzenmaximierung strebenden Verhaltens der Individuen, wie sich eine solche Gemeinschaft allmählich zu einem ‚welfare state', einem überregulierten, letztlich die Freiheit der Einzelnen übermäßig einschränkenden Staat entwickelt.

strebt wird und dieses Optimum im Staat nur wenige erreichen können, so daß es zwingend zu einer Herrschaft der Wenigen (*oligoi*, ὀλίγοι) kommen muß. Das Analoge gilt im Einzelmenschen. Wer primär um die Erfüllung seiner notwendigen Bedürfnisse besorgt ist, muß notwendigerweise viele andere Begierden und Lüste unterdrücken.

Ein Mensch, der so lebt, ist daher bereits in vieler Hinsicht ein unfreier Mensch, weil seine verschiedenen Tendenzen nicht mehr in freier Überzeugungs- und Lust-Gemeinschaft miteinander agieren, sondern sich alle einem – aber immerhin noch nicht völlig irrationalen – Ziel beugen müssen. Dennoch schafft die Unterordnung unter dieses Ziel Unfreiheit, weil die verschiedenen Seelenzentren nicht mehr das ihnen Gemäße wollen können.

Da diese Ausübung von Zwang – des Menschen gegenüber sich selbst, einer kleinen Gruppe im Staat gegenüber allen anderen – neben einem einsehbaren vernünftigen Aspekt viele Aspekte bloßer Willkür hat, wird jemand, der sich auf eine solche Lebenshaltung eingelassen hat, kaum auf Dauer dabei bleiben, sondern es werden sich auch andere Begierden und Bedürfnisse im Menschen ihr Recht verschaffen, bzw. es werden auch die nicht besitzenden Gruppen im Staat an der Herrschaft partizipieren wollen.

Ein solcher Befreiungsakt vom Zwang der Besitzenden bzw. der Besitzgier schafft zunächst einen geradezu überwältigenden Eindruck von Freiheit: Jetzt haben alle Begierden und Lüste im Menschen ein gleiches Recht und brauchen sich nicht dem spartanischen Zwang des bloßen Besitzdenkens unterzuordnen, alle Gruppen im Staat nehmen in völlig gleicher Weise an der Herrschaft teil.

In einem solchen Zustand gewinnt in der Tat vieles Berechtigte ein Lebensrecht. Es gibt ja nicht nur den notwendigen Lebensbedürfnissen übergeordnete Bestrebungen und Lüste im Menschen im Bereich von Ehre und Vernunft, es gibt auch viele sinnvolle, angenehme und erfreuliche Bedürfnisse, die nicht sinnlich notwendig und oft sogar wertvoller als die lebensnotwendigen sind. (Solche Bedürfnisse und Lüste sind im aristokratischen Menschen ja auch zugelassen, sogar erwünscht).

Die Tatsache aber, daß diese Bedürfnisse nun ihr Recht aus einem reinen Gleichheitsprinzip heraus bekommen, führt, wie Platon sagt, zu einer Gleichheit der Gleichen und Ungleichen (Platon, *Politeia* 558c5f.), d.h. zu einer neuen Nivellierung, dieses Mal im Bereich der sinnlichen Strebungen selbst. Ob etwas erstrebenswert ist, das wird nun nicht nur nicht mehr daran geprüft, ob es wirklich und umfassend gut und angenehm ist, ob es wirklich zu Ehre und Ansehen gereicht, es wird nicht einmal mehr geprüft, ob die Befriedigung eines solchen Bedürfnisses überhaupt notwendig ist.

Neben dem (positiven) Effekt, daß in einem solchen ‚demokratischen' Zustand vieles Sinnvolle gedeiht, was in Oligarchie und Timokratie unterdrückt war, bringt es eine demokratische Lebensform mit sich, daß je umfassender man sich auf dieses Lebensprinzip einläßt, desto mehr Unterschiede verschwinden: Es wird gleichgültig, ob etwas notwendig oder nicht notwendig, nützlich oder schädlich, bedeutend oder lächerlich usw. ist, alles hat ein gleiches Recht.

Die Gefahren, die in einer solchen Lebenshaltung liegen, hat Platon so erfahrungsnah und drastisch beschrieben, daß ein früherer Bürgermeister Berlins aus dieser Passage im Senat vorlesen und den Eindruck erwecken konnte, er gebe eine eigene Zeitdiagnose[543].

Die Gefahren bestehen aber nicht nur darin, daß zunehmend jede Art von Beeinträchtigung des eigenen Wollens als Zwang aufgefaßt und für unerträglich gehalten wird, so daß eine allgemeine Verweichlichung eintritt, sie liegen vor allem in der maßlosen Perspektivenverzerrung, die dieses Nicht-mehr-unterscheiden-Wollen zur Folge hat: Wenn die kleinste Lust dasselbe Recht hat wie das elementarste Lebensbedürfnis, dann wird sie auch genauso unentbehrlich erscheinen, wenn man sie gerade erstrebt, und es wird die sinnlose Befürchtung genauso meine Befürchtung sein und ihr Recht haben, einfach weil ich sie gerade habe, wie die wirkliche Bedrohung.

Das Endergebnis einer solchen ‚demokratischen' Befreiung ist daher – vorausgesetzt man hält sich konsequent an dieses Prinzip und läßt sich in allem davon leiten[544] – mit einer geradezu schrecklichen inneren Notwendigkeit der größte Zwang. Es entsteht das, was Platon den melancholischen Tyrannen nennt. Wer sich nicht mehr gehalten fühlt, zwischen bedeutend und unbedeutend, nützlich und schädlich, gut und schlecht usw. zu unterscheiden, da er jeder Begierde, jeder Neigung oder Abneigung, wenn sie gerade in ihm da ist, ein absolutes Freiheitsrecht einräumt, muß in einen manischen Zustand geraten. Er wird die kleinste Lust nicht entbehren, der kleinsten Furcht, dem kleinsten Schmerz nicht widerstehen wollen und können und wird jedes Recht auf seiner Seite glauben, seine Bedürfnisse zu befriedigen. Platon nennt diesen Zustand den Zustand der *Tyrannis*, da in ihm sowohl der Einzelne in vielfältige Abhängigkeit und Unterwerfung unter Augenblicksbedürfnisse beliebigster Art gerät, die außerdem miteinander ständig im Streit liegen, als auch die Bürger des Staats miteinander in ständigem Krieg leben, da ja jeder den gleichen absoluten Rechtsanspruch gegen alle anderen geltend macht. Das ist genau der Zustand, den Hobbes als den angeblich naturgegebenen Zustand der Menschen untereinander bestimmt und den er zum Ausgangspunkt seiner Staatskonstruktion macht.

---

[543] Auch Wolfgang Kersting, der viele grundsätzliche Einwendungen gegen Platons vormoderne Staatsvorstellung hat, gewinnt Platons Analyse der Demokratie fast nur positive und auf jeden Fall immer noch relevante Züge ab. S. v.a. Platons Staat, 246-249; 263-267; 276-282.

[544] Diesen Gesichtspunkt muß man unbedingt beachten, wenn man aus dieser an sachlichen Möglichkeiten der korrekten und der defizienten Unterscheidung orientierten Bestimmung der Stellung der Demokratie Folgerungen für die modernen demokratischen Staatsformen ziehen will. Diese Staatsformen sind nach Platon in vieler Hinsicht in diesem systematischen Sinn nicht demokratisch. Allein die Rolle der Wahl oder der Parteien geben diesen modernen Staatsformen eher aristokratische oder oligarchische (im Sinn Platons) Züge.

Für Platon ist dieser Zustand nicht naturgegeben, sondern naturwidrig. Denn es ist nicht die Natur des Menschen, seine Unterscheidungskompetenzen verkommen zu lassen. Natur ist vielmehr für ihn, diese Vermögen ihrer natürlichen Tendenz gemäß zu entfalten.

5 b. ‚Der Markt' als Nivellierung des Wertes menschlicher Arbeit nach Aristoteles

Nach Aristoteles hat es einen ähnlichen Effekt der Nivellierung aller sachlichen (und ethischen) Unterschiede, wie ihn Platon beim Verfall der Staatsformen aufgedeckt hat, wenn sich eine Gesellschaft in ihrer inneren Ordnung an einer Marktwirtschaft, das heißt an einem ‚Mechanismus' von Angebot und Nachfrage orientiert: Sie gerät als ganze unter den Zwang der sinnlichen Begierden und Wünsche mit der Konsequenz, daß die einzelnen Individuen vollkommen abhängig werden von irrationalen Wechselwirkungen zwischen konfus-unbestimmten und nicht eindeutig zuzuordnenden Einzelinteressen und sich diesem abstrakten ‚Marktsubjekt' unterordnen müssen. Diesen Effekt versucht Aristoteles in seinen Überlegungen über die richtige Form ökonomischen Verhaltens auf seine Ursachen hin zu analysieren[545].

Ein Markt entsteht nach Aristoteles dadurch, daß die Menschen, um ihre Bedürfnisse zu befriedigen, auf die Produkte anderer Menschen angewiesen sind. Diese Bedürfnisbefriedigung kann zunächst durch direkten Sachtausch geschehen, in komplexeren Gesellschaften, d.h. im Staat, braucht man dazu ein vereinbartes Maß, das Geld, das von den Umständlichkeiten des Sachtausches befreit.

Das Geld selbst ist aber nicht das Urteilsmaß für den Wert der Tauschgüter, sondern nur die Maßeinheit, die symbolisch den bereits gemessenen Wert der Güter zum Ausdruck bringt und es möglich macht, die unterschiedliche Werthöhe der einzelnen Güter gegeneinander zum Ausgleich zu bringen.

Das Urteilsmaß für den Tauschwert ist der (wirkliche) Gebrauchswert. Denn in ihm kommen der subjektive Bedarf und die objektive Gebrauchsfähigkeit der Sache überein.

> „Daß der Gebrauch den Staat gleichsam als etwas Einheitsstiftendes zusammenhält, wird daraus offenbar, daß die Menschen dann, wenn nicht einer vom anderen Bedarf hat, entweder beide Seiten oder nur die eine, keinen Handel treiben." (Aristoteles, *Nikomachische Ethik* V, 8, 1133b6-8)

Da man aber Bedarf hat, um die eigenen Fähigkeiten auszuüben, und zwar gut auszuüben, hat der Bedarf sein Maß an den unterschiedlichen Fähigkeiten des Menschen; das Maß der Ordnung der Fähigkeiten aber ist ihre Stellung im Gesamt der verschiedenen – aufeinander angewiesenen – Unterscheidungsleistungen des Menschen.

---

[545] Aristoteles, *Politik* I, 9 und 10.

Solange sich der Handel an diesem Gebrauchswert orientiert, ist er nach Aristoteles gut, weil er die unterschiedlichen Bedürfnisse zu ihrem Recht kommen läßt. Wenn jemand auf diese Weise seinen Reichtum steigert, einen ‚Mehrwert' erreicht, hat er es seinen Fähigkeiten, mit denen er zugleich den Bedürfnissen anderer entspricht, zu verdanken.

Mit der Erfindung des Geldes – die Aristoteles nicht für ein einmaliges historisches Ereignis hält, sondern für etwas, was sich so oder ähnlich immer wieder aus den Bedingungen der wechselseitigen Bedürfnisbefriedigung ergeben kann – ist aber die Möglichkeit gegeben, es selbst zum Ziel zu machen, statt es als Mittel zu gebrauchen.

Warum das möglich ist, sieht man, wenn man analysiert, was bei dieser Umwidmung geschieht: Denn wenn das Geld zum Ziel gemacht wird, bedeutet das nicht weniger als eine Unterordnung aller Tätigkeitsarten unter dieses Ziel, d.h., es hat die Nivellierung dieser Tätigkeitsarten zur Folge[546]. Wenn der Schuster nicht möglichst gute Schuhe macht und der Arzt nicht möglichst gut heilt und für die Güte seiner Leistung eine (symbolisch durch Geld ersetzbare) Gegengabe bekommt, sondern wenn der Arzt seinen Beruf nur ausübt, *um* Gewinn an Geld zu machen, wobei der Zusammenhang zwischen dem (eigentlich nur symbolisierenden) Geld und dem Produkt und dessen Qualität, für das es eingesetzt wird, aufgehoben wird, dann verschwinden die unterschiedlichen Tätigkeitsziele aus der Gesellschaft. Damit verschwindet aber auch das Wissen um die eigentlichen Bedingungen der Erfahrung von Lust aus der Gesellschaft.

Lust kommt, wie Aristoteles mit Gründen gezeigt hat, aus der Vollendung der Tätigkeit (Aristoteles, *Nikomachische Ethik* X, 4, 1174b19ff.), und sie ist umso größer, je mehr die Tätigkeit das volle Maß des dem Menschen als Menschen Möglichen erreicht. Sie hat also eine doppelte ‚Bemessungsgrundlage': die möglichst vollendete Ausführung der jeweiligen Tätigkeit und die möglichst vollendete Erreichung der spezifisch menschlichen Tätigkeit.

Der Flötenspieler z.B. hat seine Lust vor allem in einem möglichst guten Spiel der Flöte, in zweiter Linie gewinnt er seine Lust auch aus der Ehre, die ihm dieses Spiel einbringt, und erst tertiär gewinnt er Lust aus dem Gewinn, den er durch das Spiel erlangt. So jedenfalls ist es im Sinn der aristotelischen ‚Hierarchie'.

Die Unterordnung der Tätigkeitsziele unter die ‚Gewinnmaximierung' führt also auch zu einer Nivellierung der Lustformen. Das wird auch klar, wenn man fragt, zur Erreichung welcher Lust Geld dienen kann. Offenbar braucht man es am wenigsten zur Ausübung geistiger oder künstlerischer Tätigkeiten und der ihnen gemäßen Freuden; Ehre gewinnt man primär aus der Vervollkommnung des eigenen Könnens, man gewinnt sie durch Bildung, Kunst, Tapferkeit, sportliche Leistung usw. – auch durch Reichtum,

---

[546] S. dazu gut Scott Meikle, Aristotle's Economic Thought, 74-77.

aber das ist eben nur eine Form des Ehrgewinns, die in Gesellschaften, in denen die anderen Formen keine Rolle mehr spielen, zentral ist.

Aber auch vom Reichtum gilt, daß nur der einen Gewinn an Lust aus dem Reichtum hat, der ihn richtig zu gebrauchen versteht (d.h., für den er Bedingung der Möglichkeit der eigenen Entfaltung, auch der Entfaltung eines großzügigen Lebens ist), gebraucht er ihn falsch, schadet der Reichtum sogar[547].

Geld dient aber nicht dem richtigen Gebrauch des Reichtums, es ist nur das Mittel, ihn wieder in konkret materielle Güter umzusetzen. Daraus wird vollends klar, daß das Geld, wie Platon und Aristoteles betonen, primär der Befriedigung sinnlicher Bedürfnisse dient. Denn nur die sinnliche Wahrnehmung und die von ihr ausgelöste Begierde zielen auf den äußeren Reichtum, Meinung und Denken sind auf den Gebrauch konzentriert.

Die Orientierung einer Gesellschaft an Geld und Gewinn führt also dazu, daß in ihr die Erfüllung von (sinnlichen) Begierden und Wünschen, nicht die Erfüllung von Bedürfnissen gesucht wird.

Das ist auch der explizite Ausgangspunkt vieler neuzeitlicher Gesellschaftstheorien. Bei Hobbes z.B. kann man unter dem Titel „Ausgleichende und austeilende Gerechtigkeit" lesen:

„Gerechtigkeit von Handlungen wird von den Autoren [sc. der Scholastik] in *ausgleichende* und *austeilende* Gerechtigkeit unterteilt; wobei die erste angeblich auf einem arithmetischen, die zweite auf einem geometrischen Verhältnis beruht. Die ausgleichende Gerechtigkeit liegt nach dieser Ansicht in der Wertgleichheit der Gegenstände, über die der Vertrag abgeschlossen wurde, und die austeilende in der Verteilung gleicher Vorteile unter Menschen von gleichem Verdienst. Als wäre es ungerecht, teurer zu verkaufen als einzukaufen, oder jemandem mehr zu geben, als er verdient! Der Wert aller Gegenstände eines Vertrags bemißt sich nach dem V e r l a n g e n der Vertragspartner, und deshalb ist der gerechte Wert der, den die zu zahlen bereit sind." [Kursiv von Übers., Sperrung von mir][548]

Hier wird mit völliger Ausdrücklichkeit das Verlangen, die Begierde, der *appetitus*, zum Maß des Werts der Dinge gemacht. Das ist die Basis aller utilitaristischen Wirtschaftskonzepte, die, wie ich zu zeigen versucht habe, von dem stoischen Konzept der Selbsterhaltung und Selbstliebe abhängen

---

[547] S. dazu v.a. Platon, *Euthydemos* 278e-282d; Aristoteles, *Rhetorik* I, 5, 1361a23f.

[548] S. Hobbes, Leviathan, 115. Die differenzierten Überlegungen Aristoteles', in welchem Sinn ein Handeln aus Begierde und Leidenschaft freiwillig und in welchem Sinn es nicht freiwillig ist, fallen bei Hobbes einfach weg. Wer etwas will, will dies auch frei. Deshalb gibt es bei Hobbes auch keinen Unterschied mehr zwischen einem gerechten und einem freien Vertrag. Für Aristoteles kann dagegen auch der freiwillige Vertrag ungerecht sein, z.B. wenn ein Partner ein Wissen ausnutzt, das er dem anderen vorenthält. Das ist der Sinn der Geschichte von Thales, der sein meteorologisches Wissen ausnutzte, um die anderen, die vom Bevorstehen einer großen Olivenernte nichts wissen konnten, durch den Ankauf von Ölmühlen zu übervorteilen und so selbst zu großem Reichtum zu kommen, indem er nach Eintritt der Ernte diese Ölmühlen vermietete. S. Aristoteles, *Politik* I, 11, 1259a5-36.

und deshalb davon ausgehen, alles Begehren und Wünschen richte sich ‚von Natur aus' auf die Selbsterhaltung, so daß eine Unterscheidung zwischen richtigen und falschen, wohltuenden und abträglichen Begierden gar nicht mehr nötig schien.

Diese Nicht-Unterscheidung der Lüste hat zur direkten Konsequenz die Ausbildung eines ‚rational' berechenbaren Marktmechanismus mit systemischem Charakter:

1. Die Nicht-Unterscheidung des Werts der verschiedenen Lüste läßt nur noch Intensität und Dauer, d.h. etwas rein Quantitatives, als Maß unter den Lüsten zu, das adäquaterweise im Geldwert erfaßt wird.

2. Die Ausrichtung am größtmöglichen Nutzen und Gewinn für jeden Einzelnen schafft, wie schon Mandeville (in der „Bienenfabel") erkannt hat, ein Moment der Berechenbarkeit unter den verschiedenen Handlungen der Menschen: Sie alle stehen im Dienst der Selbsterhaltung und Selbstliebe, so daß es genügt, dieses Ziel im Auge zu behalten. Die verschiedenen Mittel, es zu erreichen, d.h. die vielen Einzelwünsche und -begierden, können, wenn es um die Berechnung des Gesamtverhaltens geht, vernachlässigt werden.

3. Die Begierde hat anders als das Meinen und rationale Urteilen einen abstrakt-systemischen Charakter. Begierden sind im Sinne der platonisch-aristotelischen Erkenntnistheorie keineswegs irrational, sie haben sogar einen eminent ‚rationalistischen' Zug (im neuzeitlichen Sinn von rational). Denn eine Begierde ordnet eine Vielfalt von Sinnesdaten einheitlich einem bestimmten systematischen Ausgangspunkt zu: Wer Hunger hat, beachtet alle Dinge einheitlich unter dem Aspekt der Eßbarkeit, er löst also tatsächlich einen gemeinsamen Aspekt aus allen konkreten Einzeldingen ab und faßt sie – abstrahierend – unter diesem allgemeinen ‚Begriff' zusammen. Genauso verfährt, wie wir gesehen haben, der Zorn, die Scham, die Angst und andere ‚gebundene' Formen des Erkennens und Strebens.

In einem rationalen Urteil geht es nach Platon und Aristoteles dagegen genau um eine einzelne Sache: Es muß die zu einer bestimmten Einheit zusammenstimmende Funktion gerade dieser bestimmten Teile – etwa von Fuß, Platte, Nägeln usw. zum Tisch – erfaßt werden.

Genau dieser Unterschied zwischen sinnlichem und rationalem Urteil ist aber auch der Grund, warum die Begierde unendlich und in diesem Sinn unberechenbar ist. Das Urteil der Begierde hat in sich selbst keine Grenze und kein Maß, weil es sich nicht an der Einheit einer Sache, einer Funktion, orientiert, sondern auf die Erscheinungsformen von etwas gerichtet ist, die immer wieder anders sein können und nur induktiv sich unter einem abstrakten, gemeinsamen Aspekt zu einer Art Allgemeinem zusammenfassen lassen.

Obwohl deshalb das Verhalten des Begehrlichen in gewisser Weise berechenbar ist – bei ihm verfügt die Vernunft ja nicht frei über sich selbst, sondern sie sitzt, wie Platon dies in seinem drastischen Bild ausgedrückt hat, am Schemel vor dem Thron, auf dem die Begierde sitzt, und darf von allen ihren Fähigkeiten nur noch eine einzige betätigen, die nämlich, zu prüfen, wie aus wenig Besitz mehr wird (Platon, *Politeia* 553d1-7), so daß man glauben kann, in diesem Streben nach Mehr die berechenbare ‚Natur' des Menschen fassen zu können –, ist es dennoch bis heute nicht gelungen, die ‚Mechanismen' (auch Aristoteles spricht von den Zwängen, denen ein Leben, das sich am Geld orientiert, unterliegt)[549] dieses Verhaltens wirklich mathematisch zu berechnen. Dies wäre in der Tat nur möglich, wenn es keiner Intelligenz zur Beurteilung von Begierden bedürfte, sondern wenn die angeborene Selbstliebe, von Gottes Hand gesteuert, die unendliche Vielfalt möglicher Egoismen konsequent auf ein Ziel hinlenken würde[550].

Gerade dieser immer wieder vergessene metaphysische Aspekt moderner Markttheorien lehrt, daß der Vorwurf, Aristoteles habe seine Theorien aus einer angenommen Natur des Menschen abgeleitet, ohne Differenzierung nicht haltbar ist. Denn der Glaube an eine Natur des Menschen ist gerade die Basis der neuen Theorie. Daß diese Basisannahmen inzwischen Aristoteles und der Antike zugeschrieben werden, hat vor allem den Grund, daß man diesen Glauben für einen ‚metaphysischen Rest' in den Theorien der Gründerväter der Neuzeit ansah und ihn deshalb, als sich zeigte, daß es einen solchen immanenten, quasi göttlichen Steuerungsmechanismus nicht geben könne, der mittelalterlich-antiken Metaphysik zuschrieb.

Diese Zuschreibung folgt aber unreflektiert dem Selbstverständnis der Metaphysikkritik der Gründerväter der Neuzeit selbst, denen von den Späteren derselbe Vorwurf gemacht wird, den sie schon gegen die scholastisch-aristotelische Metaphysik erhoben hatten.

So gut wie gar nicht mehr beachtet wird aber, daß der Glaube an derartige immanente Steuerungsmechanismen, ob man sie nun als ‚Gott' ‚Natur' oder ‚System' deutet, wie ich oben gezeigt habe, unmittelbare Folge der Absicht ist, Wirtschaft als Empirie zu betreiben, und deshalb auch bis heute nur relativiert, nicht aufgegeben ist.

---

[549] Aristoteles, *Nikomachische Ethik* I, 3, 1096a5f.
[550] Daß dies in der Tat oft angenommen wurde, z.B. wenn Max Weber (Wirtschaft und Gesellschaft, Tübingen 1921/22, Kap. 7) im Prinzip der freien Wahrnehmung von Marktchancen den eigentlich steuernden Faktor sogar für die Rationalisierung des Rechts sieht, ist noch keine Widerlegung der Einsicht, daß diese These sich notwendig in einem Konflikt mit den Phänomenen befindet.

Schluß Zwei Grundformen europäischer Rationalität – Versuch eines Vergleichs

I. Der Gegensatz ‚antik' – ‚modern'

1 Die Radikalität des Auf- und Umbruchsbewußtseins in der Frühen Neuzeit

Unter den vielen Wenden, Umbrüchen, Paradigmenwechseln, die die europäische Geistesgeschichte kennt oder sich zurechnet, kommt dem Bruch der Frühen Neuzeit mit dem Mittelalter eine besondere Bedeutung zu: er ist von außergewöhnlicher Radikalität und hatte nicht nur unmittelbar eine außergewöhnliche und außergewöhnlich breite Wirkung, sondern zeitigte Folgen, die noch die Gegenwart heute mitprägen.

Seit etwa der Mitte des 14. Jahrhunderts findet man bei Philosophen, Wissenschaftlern und Künstlern, ja sogar bei Theologen eine große Zahl von Äußerungen, in denen beinahe gleichlautend die Überzeugung vorgetragen wird, die Zeit zwischen der Antike und der eigenen Gegenwart sei eine Zeit des völligen Niedergangs der Wissenschaften und Künste gewesen. Diese Kritik, für die man Petrarcas Invektiven gegen die Aristoteliker in Padua zum Beispiel nehmen kann,[551] bezieht sich auf die eigene Gegenwart bzw. auf die direkte Vergangenheit. Petrarca greift aber zur Begründung und Rechtfertigung der eigenen, neuen Position bis auf die Zeit (v.a.) der römischen Klassik zurück und wird dadurch zum Motor und Vorbild ähnlicher Tendenzen, die eigene Gegenwart als Wiederbelebung ‚der' Antike zu begreifen. Dadurch wird aus einer Kritik, deren erstes Ziel bestimmte als Niedergang empfundene Erscheinungen des 14. Jahrhunderts waren, eine Kritik am gesamten Zeitraum zwischen ‚der' Antike und der ‚neuen' Zeit, sie wird so eine wichtige Ursache für die Entstehung eines einheitlichen Verständnisses dieser Mittelzeit zwischen ‚Antike' und ‚Moderne', es entsteht die Vorstellung des ‚Mittelalters' als einer eigenen Epoche.

Dieses Bewußtsein eines völligen Bruchs mit der eigenen Geschichte und des völligen Neubeginns war von Anfang an ein falsches Bewußtsein. Viele und umfangreiche Untersuchungen haben gezeigt, daß in diesem Neuheitsbewußtsein die tatsächliche Kontinuität mit dem Mittelalter, die zum Teil bis

---

[551] S. Francesco Petrarca, De sui ipsius et multorum ignoratia – Über seine und vieler anderer Unwissenheit, übers. v. Klaus Kubusch, hg. und eingel. v. August Buck, lat.-dtsch., Hamburg 1993.

ins 18. Jahrhundert weiterreicht, ausgeblendet ist.[552] Dennoch ist dieses Bewußtsein eine geschichtliche Realität und ist auch, ja gerade durch den Absolutheitsanspruch, der ausdrücklich erhoben wird, für viele konkrete Folgen verantwortlich. Daß diese Folgen bis in die Gegenwart reichen, macht ein Blick in die Forschung leicht deutlich.

Es gibt zwar heute keine Forschungsposition mehr, die die Überzeugung festhält, das Mittelalter sei eine Zeit des völligen Niedergangs der Wissenschaften und Künste gewesen, ja es ist in vielen Bereichen, z.B. in der Architektur oder Malerei, kaum mehr vertretbar, das Mittelalter auch nur als eine Vorstufe in der Entwicklung zur Renaissance oder zur Moderne zu behandeln – daß eine gotische Architektur ihr Eigenrecht neben den Bauformen der Renaissance oder des Barock hat, bedarf keiner Begründung mehr. Dennoch wird das Aufbruchsbewußtsein der Neuzeit von vielen immer noch als ein Bewußtsein verstanden, das eine historisch notwendige Bewegung auf die Moderne hin korrekt wiedergibt.

Wenn die Rede ist von Prozessen der Entwicklung von der Autorität zur Pluralität, des Wegs der Philosophie von einer Dienerin zu einer Herrin über die Theologie, von der Ersetzung einer Deduktion aus abstrakten Allgemeinbegriffen durch die unmittelbare Beobachtung des empirisch Zugänglichen, von der Aufklärung der Vernunft über sich selbst, von der Orientierung des Denkens an den eigenen Verstandeshandlungen statt an vorgegebenen Seinsordnungen, von der Entdeckung der Subjektivität, der Individualität, der Geschichtlichkeit, der Selbstbestimmung, von der Abwendung der Staatstheorie von einem für die ganze Gemeinschaft verbindlichen allgemeinen Guten zu einer Neutralität des Staats, von der Mechanisierung der Wissenschaften, vom Wandel einer Nachahmungsästhetik zu einer Ästhetik des schöpferischen Künstlers[553] und von vielen analogen Entwicklungen, deren Einleitung die Neuzeit für sich beansprucht, gibt es eine breite Tendenz nicht nur im allgemeinen gesellschaftlichen Bewußtsein, sondern auch in der zuständigen Forschung, diese Prozesse, Entwicklungen, Entdeckungen oft nur in wenig veränderter Begrifflichkeit so zu beschreiben, wie sie die Neuzeit selbst aufgefaßt hat.

Wir leben, wenn wir auf die Renaissance zurückblicken, noch in dem Bewußtsein, daß hier der ‚Aufbruch in die Moderne' geleistet sei, den die weitere Entwicklung ‚differenziert', ‚transformiert' hat, an dem wir aber grundsätzlich immer noch teilhaben und den wir nicht rückgängig machen können und wollen. Die große aktuelle gesellschaftliche und politische Be-

---

[552] S. v. a. die Diskussion um den Aufsatz von F. Braudel, Histoire et sciences sociales. La longue durée, dtsch. z.B. in C. Honegger, M. Bloch, F. Braudel u. a. (Hgg.), Schrift und Materie der Geschichte. Vorschläge zur systematischen Aneignung historischer Prozesse, Frankfurt a.M. 1977, 47-85.

[553] Zur Bedeutung des Nachahmungsbegriffs bei Aristoteles, seiner Rezeption und ‚Überwindung' in der Neuzeit s. jetzt Verf., Aristoteles, Poetik, übers. und erläutert, Berlin 2008, Einleitung.

deutung dieses Bewußtseins liegt darin, daß es häufig auch das Urteil über gegenwärtige Kulturen leitet. Eine Gesellschaft, die diesen ‚Aufbruch in die Moderne' ‚noch nicht' mitgemacht hat oder nicht mitmachen will, muß damit rechnen, daß sie als ‚noch mittelalterlich' be- und verurteilt wird.

Das in unterschiedlichen Kontexten immer wieder benutzte Argument, mit dem die Überlegenheit einer ‚modernen' Gesellschaft gegenüber vormodernen Gesellschaften belegt wird, findet man in dem Hinweis, daß es in diesen vormodernen Gesellschaften keine Entwicklung auf eine Aufklärung hin gebe bzw. gegeben habe. Auch von allen eben genannten Entwicklungen, durch die sich die Frühe Neuzeit in den Augen vieler als ein ‚Aufbruch in die Moderne' erweist, ist leicht erkennbar, daß sie alle ihre Wurzeln in der vermeintlich neu entdeckten, aufgeklärten Verfügung des Denkens über sich selbst haben. Wer sich seines Verstandes nicht nur irgendwie bedient, sondern sich ein Wissen über die Weise, wie er seine Gegenstände herstellt, verschafft hat, folgt nicht mehr unkritisch religiösen oder weltlichen Autoritäten, prüft die geoffenbarten ‚Wahrheiten' an der Vernunft und dient nicht mit der Vernunft der bloßen Auslegung hingenommener Wahrheiten, er nimmt den Augenschein nicht für eine gegebene Wirklichkeit, sondern weiß um die subjektive Perspektive, in der ihm diese erscheint, er leitet das Wissen über das Einzelne aber auch nicht aus hingenommenen allgemeinen Wahrheiten ab, sondern prüft mit kontrollierbarer Methode das jeweils der Wahrnehmung gegebene Einzelne, er geht also nicht deduktiv, sondern empirisch induktiv vor, er ist nicht naiv, sondern reflektiert, er weiß um die Bedeutung des Standpunkts, von dem aus er urteilt, er denkt daher geschichtlich und nicht metaphysisch, er ist selbst die prüfende Instanz, die über wahr und falsch, gut und schlecht entscheidet, er ist dadurch Subjekt und Individuum, ist selbst- und nicht fremdbestimmt, läßt sich nicht von vermeintlich allgemein verbindlichen Normen leiten, sondern folgt dem eigenen Gewissen, usw.

Die Begründungsstrategien, mit denen dieser Aufbruch des Individuums zu sich selbst, seine Befreiung aus dem dunklen ‚Schleier' des Mittelalters,[554] erklärt wird, waren der zentrale Gegenstand der Untersuchungen dieses Buches. Vorrangig waren dabei freilich nicht die historischen Bedingungen, die zur Entwicklung dieses Aufbruchsbewußtseins beigetragen oder die es begünstigt haben. Viele dieser Bedingungen sind in langer und umfassender Forschung zusammengetragen worden, sie müssen nicht neu behandelt werden, außerdem entstammen sie unterschiedlichen – religiösen, sozialen, politischen, ökonomischen, wissenschaftlichen, ästhetischen – Bereichen und könnten in ihrer Komplexität in einer Monographie nicht dargestellt und beurteilt werden.

Gegenstand dieses Buches war vielmehr der Inhalt dieses Aufbruchs- und Neuheitsbewußtseins selbst, und zwar nicht des Bewußtseins irgendeines Aufbruchs oder Neuanfangs, sondern desjenigen Bewußtseins, das

---

[554] S. Jacob Burckhardt, oben S. 18.

einen radikalen Bruch mit dem Mittelalter mit einem Rückgriff auf die Antike begründete und sich selbst in einer ‚Parallele' oder einer ‚Querelle' mit dieser Antike sah. Dieses Bewußtsein war selbst traditionsbildend mit einer außergewöhnlich breiten und lang andauernden Wirkung.

2 Markante Merkmale der Konstruktion der Antike-Moderne-Anti-these

Eine Reihe von markanten und charakteristischen Merkmalen gehört von der ersten Stunde an bis in die Gegenwart zur Tradition der Antike-Moderne-Antithese und belegt ihre Einheitlichkeit und Zusammengehörigkeit trotz des Wandels in der Begrifflichkeit und den unterschiedlichen historischen Erscheinungsformen dieses Bewußtseins.

Die gemeinsame Grundlage dieses in vielen Texten oft scheinbar ganz neu und anders geäußerten Bewußtseins ist die Überzeugung, Antike und Moderne bildeten unmittelbar einander gegenüberstehende Epochen der Menschheitsgeschichte.[555]

Daß diese direkte Oppostion von ‚Antike' und ‚Moderne' eine Konstruktion ist, die sehr viele und große historische Unterschiede nivelliert, kann heute als Gemeingut der Forschung gelten. (Es müßte sonst sogar das Mittelalter noch zur Antike gerechnet werden oder, wie bei Hegel, zum ‚romantischen' Anfang der modernen Innerlichkeit gemacht werden.) Die geschichtliche Fehlkonstruktion der Epocheneinheiten und Epochengrenzen ist aber eben deshalb ein wichtiges Indiz für die einheitliche Besonderheit des Modernebewußtseins der ‚Querelles'.[556]

Dem ungeschichtlichen Ausgangspunkt entspricht die Ungeschichtlichkeit der ‚geschichtlichen' Erklärung der vermeintlichen Besonderheit der beiden Epochen. Denn das Verhältnis der Epochen dieser welthistorischen Antithese zueinander wird geschichtlich erklärt durch die Annahme zweier gegensätzlicher Bewußtseinsstufen. Der ‚Antike' wird ein naiver, natürlicher, an die Anschauung gebundener Bewußtseinszustand zugeordnet, der ‚Moderne' ein Zustand der Reflexion, durch den das nach außen gerichtete Denken der ‚Antike' zu sich kommt, sich seiner Spontaneität und Selbständigkeit vergewissert und zu einem methodischen Gebrauch seiner selbst fähig wird.

Die unterschiedlichen Konsequenzen, die man aus diesem Verhältnis ableiten kann, von denen ich wichtige an relevanten Stellen zu besprechen versucht habe, machen unterschiedliche Akzentsetzungen in der Deutung dieses Verhältnisses möglich. So kann man z.B. das vermeintlich anschauliche Denken der ‚Antike' als Mangel an Reflexion, d.h. als naives Vertrauen

---

[555] S. die Zusammenfassung der Forschung bei Hans Robert Jauss, Artikel ‚antiqui/ moderni' in: Joachim Ritter (Hg.), Historisches Wörterbuch der Philosophie, Bd. 1, Basel 1971, Sp. 410- 414, v.a. 413
[556] S. Verf., Artikel ‚Querelle des anciens et des modernes' (wie oben Anm. 8, S. 15).

in den Augenschein ohne methodische Prüfung am Experiment deuten, man kann die Anschaulichkeit dieses Denkens aber auch als Zeichen einer noch nicht von der abstrakten Zergliederung des Denkens geschwächten künstlerischen Überlegenheit beurteilen, usw.

Die Unterschiedlichkeit der Konsequenzen aus der Grundopposition ‚naiv-natürlich' im Gegensatz zu ‚reflexiv-künstlich' machte die Konstruktion unterschiedlicher Entwicklungsgeschichten innerhalb der vermeintlich gegensätzlichen Epochen möglich, sie machte aber auch möglich, daß die angeblichen Epochengegensätze selbst vervielfältigt wurden. Das, was das auszeichnende Charakteristikum der ‚Moderne' gegenüber der ‚Antike' als ganzer sein soll, kann auch als Kriterium der Unterscheidung einzelner ‚Epochen' innerhalb der ‚Antike' oder ‚Moderne' benutzt werden. So kann man die *Odyssee* als modern gegenüber der altertümlichen *Ilias* beurteilen, weil in ihr der Mensch ‚zum ersten Mal' sich auf sich selbst zurückgeworfen fühle. Man kann die attische Tragödie als modern gegenüber dem Epos beurteilen, weil in ihr ‚zum ersten Mal' der Mensch selbstbestimmt aus sich selbst handle, usw.[557]

Dem Befund, daß die Epochenkonstruktion von Antike und Moderne nicht aus historisch belegten und belegbaren Unterschieden entwickelt wurden, entspricht die Konstruktivität der Unterschiede, durch die man unterschiedliche Epochen innerhalb der ‚Antike' oder ‚Moderne' zu bestimmen versucht hat. Die ‚Entwicklungsstufen' im Gang des Bewußtseins, in denen die Menschheit sich auf die reflexive Höhe der Moderne hin bewegt haben soll, wiederholen häufig ein immer gleiches Schema, das sich inhaltlich an der Grundopposition von ‚antik' und ‚modern' orientiert. Die Wende von einem nach außen gerichteten, gegenständlichen Denken zu einem reflexiv innerlichen, prozessualen Denken wird in vielen Philosophiegeschichten als das zentrale Geschehen gedeutet, durch das sich die Subjektphilosophie Descartes' von der gesamten mittelalterlich antiken Philosophie abgrenze. Die gleiche Wende – angewendet auf eine neue Problemsituation – beansprucht nach Gadamer sogar noch Heidegger gegenüber Husserl, der das Denken immer noch wie einen idealen Gegenstand aufgefaßt und damit das Denken rein für sich selbst als Grund aller Gegenständlichkeit immer noch nicht entdeckt habe[558] (womit er im Sinn etwa der Deutung, die Gerhard Krüger der Analyse des Denkens durch Platon und Aristoteles gibt[559], als ein eigentlich antiker Denker eingeordnet werden müßte).

Die knappe Erinnerung an einige der Züge, die sehr deutlich machen, daß die Antike-Moderne-Antithese weniger aus einer Sichtung und Analyse historischer Erscheinungen als vielmehr einer typologischen Unterscheidung angenommener gegensätzlicher Denkweisen entwickelt wurde, zeigt,

---

[557] S. oben S. 7f.
[558] S. Hans Georg Gadamer, Wahrheit und Methode 433 und s. oben S. 100.
[559] S. Gerhard Krüger, Die Herkunft des philosophischen Selbstbewußtseins (s. oben Anm. 96, S. 100).

daß eine bloße Berücksichtigung historischer Bedingungen nicht ausreicht, wenn man das Bewußtsein des Gegensatzes von ‚antik' und ‚modern' zutreffend erfassen will. Die Frage muß auch, ja zuerst gestellt werden, wie die sachlichen Begründungen gelautet haben, auf die man die Unterscheidung der beiden Denkhaltungen gestützt und worauf ihre Überzeugungskraft beruht hat.

Aus einer möglichen Antwort auf diese Fragen kann man nicht, um dies noch einmal zu betonen, eine Erklärung finden wollen, was die Moderne zur Moderne und die Antike zur Antike macht, wenn man unter Moderne und Antike die geschichtlichen Zeiten versteht, die man diesen Kategorien zuordnen kann. Was ‚die' Moderne ist, wann immer man sie beginnen und enden läßt, kann in keinem Buch dargestellt werden, und es ist auch nicht die Absicht dieses Buches, solche Erklärungen, nicht einmal im Sinn eines groben Überblicks, zu geben. Vieles, vielleicht das meiste von den konkreten geschichtlichen Phänomenen, die man in der Geschichtszeit der Moderne oder der Antike findet, hat mit der Antithese ‚antik- modern' nichts oder nur beiläufig zu tun.

Das Bewußtsein, d.h., die Meinung, Überzeugung, es gebe einen unmittelbaren Gegensatz von ‚antik' und ‚modern', und dieser Gegensatz sei durch den Mangel oder die Entdeckung bestimmter Einsichten des menschlichen Denkens über sich selbst enstanden, dieses Bewußtsein findet man in vielen Variationen seit dem späten Mittelalter und der Frühen Neuzeit bis in die Gegenwart. Der Inhalt dieses Bewußtseins, seine sachlichen Bedingungen und eine Reihe der geschichtlichen Wirkungen dieses Bewußtseins, dies zu untersuchen und zu verstehen, war das Anliegen dieses Buches.

3 ‚Aufklärung des Denkens über sich selbst' als Unterscheidungskriterium von ‚antik' und ‚modern'? Über die Gründe eines Mißverständnisses

Da das Neuheitsbewußtsein der Neuzeit – trotz mancher nostalgischer Züge – ein Überlegenheitsbewußtsein ist, das sich vor allem auf die ‚Entdeckung' von Selbstbestimmung und Freiheit durch Aufklärung stützt, war die Hauptfrage, mit der sich dieses Buch beschäftigt hat, wie sich die in reicher Zahl vorhandenen antiken und mittelalterlichen Texte, die aus einer Reflexion des Denkens auf sich selbst die Möglichkeiten und Bedingungen eines selbstbestimmt freien Handelns ableiten, zu diesem Anspruch verhalten.

Wie war es möglich, daß man man viele dieser Texte kennen und dennoch überzeugt sein konnte, das Wissen des Denkens um sich selbst allererst entdeckt zu haben?

Diese Frage gilt nicht nur für die Anfangsphasen der ‚Moderne', in denen eine oft nur noch pauschale Kenntnis der Scholastik von einem neuen Interesse an einem ‚neuen' Platon und Aristoteles begleitet war, sie gilt in gewissem Sinn bis in die Gegenwart. Es gibt heute eine immense, von keinem Einzelnen mehr überschaubare Forschung, in der (auch) alle typischen Charakteristika aus der Antike-Moderne-Antithese durch die Analyse und Interpretation einzelner Texte oder Problembereiche als widerlegt gelten müssen. Dennoch kann man in fast jeder Darstellung, die eine allgemeine philosophiegeschichtliche Aussage macht, lesen, die ‚eigentliche' Geschichte des Reflexionsbegriffs beginne „erst in der Neuzeit im Zuge der zweifelnden Selbstvergewisserung des Subjekts, ... wie sie R. Descartes einleitet".[560] Vollendet wird diese Selbstwerdung der Vernunft für die meisten erst durch Kant. So stellt etwa Oskar Schwemmer fest:

„Erst in Kants ‚Kritik der reinen Vernunft' wird das Erkenntnissubjekt in seiner Einheit von Sinnlichkeit und Verstand erfasst und eine Theorie der Erzeugung (Konstitution) des wissenschaftlichen Gegenstands, auch der Erfahrungswissenschaften, durch das Subjekt vorgelegt."

Auch Schwemmer stellt Kant noch in eine direkte Opposition zu einer vorgeblich typisch mittelalterlich-antiken Denkweise:

„Wo nicht mehr die Anführung von Autoritäten, und damit die Eingliederung in (institutionalisierte) Traditionen, den Anspruch auf Verlässlichkeit von Lehrmeinungen und auf Verbindlichkeit von Normen sichert, muss der Forscher diesen Anspruch selbständig einzulösen versuchen. Die Erklärung des Erkenntnissubjekts bzw. der Erkenntnisfähigkeiten und Erkenntnisleistungen des Forschers zum Garanten verlässlicher und verbindlicher Erkenntnis, insbes. gegen Autoritäten und Traditionen, wird damit zur Bedingung einer eigenständigen Wissenschaft."[561]

Trotz der Tatsache, daß es kaum ein Lehrstück bei Descartes oder Kant gibt, das nicht im Lauf der Forschung in Zweifel gezogen worden ist, – die durch sie grundsätzlich erreichte Höhe der Reflexion des erkennenden Subjekts auf seine eigenen Leistungen bei der Gegenstandskonstitution kann niemand in Frage stellen, ohne selbst sich dem Urteil auszusetzen, auf einem erkenntnistheoretisch naiven und bloß gelehrten, autoritativ angenommenen Bildungsstand zu sein.

Was also sind die Gründe, die für das Urteil verantwortlich sind, trotz aller erkenntnis- und wissenschaftstheoretischen Reflexionen sei es der Antike und dem Mittelalter grundsätzlich nicht gelungen, die Eigenaktivität des erkennenden Subjekts als Bedingung und Garant einer eigenständigen Wissenschaft zu ‚entdecken'? Nur eine Kenntnis dieser Gründe kann auch zu einem kritischen Überdenken der eigenen Vorurteile befähigen und entweder zu einer Bestätigung oder Revision führen.

---

[560] S. Lothar Zahn, Artikel ‚Reflexion' in: Historisches Wörterbuch der Philosophie. Bd. 8, 1992, 396.
[561] S. Oskar Schwemmer, Artikel ‚Subjektivismus' in: Enzyklopädie Philosophie und Wissenschaftstheorie, hg. v. Jürgen Mittelstraß, Stuttgart 2004, Bd. 4, 128.

Für die Antwort auf diese Frage erwies sich die Beachtung des Verhältnisses der hellenistischen Philosophien zu Platon und Aristoteles als sehr ergiebig, und zwar in sachlicher wie in philosophiegeschichtlicher Hinsicht. Denn der Begriff von Denken, der diesen beiden Gruppen von Philosophenschulen zugrunde liegt, ist in der Tat von so radikaler Verschiedenheit, daß aus der Perspektive des einen der andere nur als defizitär beurteilt werden kann. Der scharfe Bruch, den die Stoiker, Skeptiker und Epikureer gegenüber Platon und Aristoteles vollzogen haben, fand zudem eine gewisse Wiederholung in der völligen Ablehnung des neuplatonisch geprägten Aristotelismus des Mittelalters durch den Rückgriff der Frühen Neuzeit auf genau die hellenistischen Schulen, die schon einmal mit Platon und Aristoteles gebrochen hatten.

Es schien also geschichtlich wie sachlich sinnvoll, die beiden Brüche aufeinander zu beziehen und das jeweilige Verständnis des ‚erkennenden Subjekts' von sich selbst zu ermitteln.[562]

Um zuerst noch einmal an Aristoteles zu erinnern:[563] Aristoteles grenzt die Vorstellung von allen anderen Erkenntnisvermögen, von Wahrnehmen, Meinen, rationalem Urteilen und intellektivem Einsehen, ab und beschreibt sie als ein von sich her allein mediales Vermögen. Die Vorstellung vergegenwärtigt Inhalte der Wahrnehmung oder Inhalte primär logischer Erkenntnisvermögen, sie gehört nicht zu den Vermögen, die bestimmte Unterschiede richtig oder falsch erfassen. Sie gilt Aristoteles also von sich her, wenn man sie nicht ‚metaphorisch' verstehe,[564] weil man ihr auch die von ihr nicht erzeugten, sondern nur vergegenwärtigten Inhalte zuschreibt, überhaupt nicht als eigenständiges Erkenntnisvermögen.

In direktem Gegensatz dazu ist das Vorstellungsvermögen für alle hellenistischen Schulen das primäre Erkenntnisvermögen des Menschen. Die Welt ist für uns so, wie wir sie vorstellen. Durch die Wahrnehmung bekommen wir auf rein physiologischem, rezeptivem Weg einen Eindruck von den Dingen in der Vorstellung. Die Art und Weise (die ‚Modi'), wie wir uns dieser Eindrücke vergewissern, und die (Evidenz-) Kriterien, auf Grund derer wir ihnen zustimmen, macht den primären und selbständigen Erkenntnisakt des Menschen aus. Nur eine Reflexion auf diese ‚Modi' ist daher Erkenntnistheorie im eigentlichen Sinn.[565]

---

[562] S. Verf. u. Gyburg Radke (Hgg.), Philosophie im Umbruch. Der Bruch mit dem Aristotelismus im Hellenismus und im späten Mittelalter – seine Bedeutung für die Entstehung der Moderne (erscheint Stuttgart 2008).

[563] S. zum Folgenden v.a. Aristoteles, De anima III, 3, 428a1- 429a9; s. dazu Verf., Konkretes Denken. Zur emotionalen und praktischen Bedeutung des Wissens im Platonismus und Aristotelismus, in: Christof Rapp, Tim Wagner (Hgg.), Wissen und Bildung in der antiken Philosophie, Stuttgart, Weimar 2006, 287-304, v.a. 294-297.

[564] S. Aristoteles, De anima 428a1-5.

[565] S. z.B. v. Arnim 1905, Bd. 1, Frgm. 58; 1903, Bd. 2, Frgm. 54. Eine Zusammenfassung der beschriebenen Grundposition gibt Cicero in seinen Academica posteriora I, 11,40-42; die relevanten Quellentexte zu dieser Analyse des Erkenntnisvorgangs findet man gesam-

Diese beiden einander entgegengesetzten Weisen, wie sich der Mensch erkennend die Welt erschließt, sind in der Geschichte selten rein ausgeprägt, es gibt ohne Frage viele und verschiedene Formen gegenseitiger Vermischung. Man kann aber von einer Tendenz sprechen, sich gegenseitig zu verdrängen oder sich wechselseitig zu überformen.

Diese Beobachtung kann man in unterschiedlichen Zeiten und unterschiedlichen kulturellen Situationen machen. So verlieren Platon und Aristoteles um 300 vor Christus ihre führende Stellung in den philosophischen Diskursen. Aristoteles wird beinahe ganz an den Rand gedrängt und vergessen, die platonische Akademie verwandelt sich in eine skeptische Schule. Die neuen Diskursführer sind die Stoiker, Skeptiker und Epikureer mit ihren internen Schulkämpfen. Sie beherrschen zudem nicht nur die ‚reine Lehre', sondern durchformen von ihren Grundauffassungen her die Ethik, Politik, Ökonomie, die Wissenschaften und Künste. Selbst ausdrückliche Rückgriffe auf Platon oder Aristoteles führen nicht zu einer Infragestellung der eigenen Ausgangspunkte, sondern geschehen grundsätzlich auf einer stoischen, skeptischen oder epikureischen Basis. So vertritt z.B. der Stoiker Poseidonios im ersten Jahrhundert vor Christus gegenüber dem ‚Intellektualismus' der älteren Stoa neu eine vorgeblich platonische Dreiteilung der Seele. Diese Dreiteilung entspricht aber der im 18. Jahrhundert ‚neu' ‚entdeckten' Dreiteilung in Verstand, Gefühl und Wille, sie hat mit den drei unterschiedlichen Strebeformen, die Platon analysiert hat,[566] nur den Namen gemeinsam. Ähnlich ist etwa die ‚Harmonisierung' der Stoa mit Platon und Aristoteles, wie sie Antiochos von Askalon, auch ein Stoiker des ersten Jahrhunderts vor Christus, propagierte, ein Kampf zwischen Stoa und Skepsis, für den die alten, großen Philosophennamen eingesetzt werden, der aber ganz auf dem Boden der Stoa verbleibt und der Stoa eine zusätzliche altertümliche Würde verschaffen soll.[567]

Mit der Wiederentdeckung und Neupublikation der gesamten Lehrschriften des Aristoteles, die zuvor in einem Keller in einer Stadt in der Nähe von Troia verschwunden waren, bahnt sich aber seit der Mitte des ersten Jahrhunderts vor Christus eine neue Auseinandersetzung mit den systematischen Grundlagen des Aristotelismus an, die im dritten Jahrhundert nach Christus zu einer wirklichen Renaissance des Platonismus und Aristotelismus führt, in der die unterscheidungsphilosophischen Prämissen dieser Philosophien wieder übernommen und konsequent weiter entfaltet werden.

---

melt und übersetzt bei Hülser, K. (Hg.): Die Fragmente zur Dialektik der Stoiker. Neue Sammlung der Texte mit deutscher Übersetzung u. Kommentaren, 4 Bde., Stuttgart-Bad Cannstatt 1987, Bd. 1, S. 248-258. Einen guten Überblick über die Grundlehren und die Forschung zur Erkenntnistheorie der Stoa gibt Steinmetz 1994, v.a. S. 528-533; S.593-595.

[566] S. oben S. 286f. mit Anm. 274-276.

[567] S. jetzt Marion Clausen, Maxima in sensibus veritas? – Ciceros Erkenntniskritik im Lucullus zwischen platonischer Wahrnehmungskritik und stoischem Dogmatismus, Frankfurt a.M. 2008.

Diese Renaissance hatte eine sehr große und langanhaltende Wirkungsgeschichte. Insbesondere dadurch, daß die großen christlichen Kirchenväter und die von ihnen beeinflußten Konzile, aber ebenso die großen arabischen Philosophen, Wissenschaftler und Künstler sich diesen neuplatonischen Aristotelismus zu eigen machten, gewann er einen kulturell beherrschenden Einfluß bis ins 14. Jahrhundert. Dieser Einfluß erstreckte sich über angebliche oder wirkliche Zeitenbrüche wie den Übergang von der Antike ins Mittelalter und über Religionsgrenzen von Judentum, Christentum und Islam hinweg. Er bewies damit nicht nur die erstaunliche Elastizität dieses unterscheidungsphilosophischen Ansatzes, er bildete auch den Ermöglichungsgrund einer Brücke zwischen scheinbar gegensätzlichen Kulturen in Orient und Okzident. Das vielleicht erfolgreichste Bildungssystem der abendländischen wie der orientalischen Geistesgeschichte, das System der ‚Sieben Freien Künste' (*artes liberales*), ist aus diesem unterscheidungsphilosophischen Ansatz abgeleitet. Es ist immer noch viel zu wenig erforscht, – sowohl in seinen rationalen Voraussetzungen wie in der Geschichte seiner Verbreitung. Ein wichtiges Anliegen dieses Buches war es, von den philosophischen Grundlagen dieses Bildungsprogramms zu zeigen, daß sie eine aktuelle Diskussion verdienen und nicht einfach als überwunden, weil noch ‚mittelalterlich' gelten müssen.

Im 14. Jahrhundert findet man in christlichen wie in islamischen Kulturbereichen Züge, die man heute fundamentalistisch nennen würde. Die für alle gleiche Verbindlichkeit der einen gemeinsamen Vernunft, zu der das Bildungssystem der Freien Künste den Zugang verschaffen sollte, war zwar immer schon Angriffen ausgesetzt gewesen, diese Angriffe werden jetzt aber – erstaunlicher Weise fast gleichzeitig im Christentum wie im Islam – auf breiter Front geführt. Der ‚leeren' Gelehrsamkeit wird eine Hinwendung zu dem, was der Wahrnehmung und dem Gefühl unmittelbar glaubhaft und für die Praxis der Lebens relevant scheint, entgegengesetzt, der Erkenntnis Gottes durch die Vernunft der auf die Liebe zu ihm gegründete Wille.

Äußere Anlässe im Westen sind dafür z.B. die große Pest und die Klimaverschlechterung um die Mitte des Jahrhunderts, politische Auflösungserscheinungen, die Bettelpriesterbewegungen und dergleichen, es handelt sich dabei aber um Anlässe, die den Affekt gegen gelehrte Bildung begünstigten, die Denkhaltung selbst, die durch diese Anlässe neue Nahrung bekam, ist nicht allein von diesen Anlässen abhängig. Denn eine Wende von der Theorie zur Praxis findet man auch im vierten und dritten Jahrhundert vor Christus. Die historische Situation dieser Zeit ist aber mit den Verhältnissen im 14. Jahrhundert nicht vergleichbar. Die historischen Anlässe also waren verschieden, die Abwendung von Platon und Aristoteles und die Hinwendung zu den ‚praktischen' Philosophien der Stoa, Skepsis und des Epikureismus ist dagegen ein Moment, das das ausgehende vierte Jahrhundert vor Christus mit dem 14. Jahrhundert nach Christus gemeinsam hat.

Die neue Hinwendung zur ‚Antike' im 14. und 15. Jahrhundert hatte viele Versuche zur Folge, die ‚Parallele' der eigenen, neuen Zeit mit der (hellenistisch-römischen) Antike zu ergründen, Versuche, die bald in ‚querelles', in Erklärungen des Gegensatzes von ‚antik' und ‚modern' übergingen – mit den bekannten Höhepunkten in der ‚querelle des anciens et des modernes' in der Königlichen Akademie im Frankreich des ausgehenden 17 Jahrhunderts mit der Unterscheidung der Geistes- von den Naturwissenschaften als Ergebnis und der Antike-Moderne-Antithese in der Zeit zwischen Winckelmann und Goethes Tod mit der Unterscheidung ‚naiver' und ‚sentimentalischer', ‚natürlicher' und ‚künstlicher' Denkweisen je in Antike und Moderne.

Allein diese wenigen Beispiele genügen, um deutlich zu machen, daß die Denkhaltungen selbst, die dem Platonismus-Aristotelismus einerseits, den hellenistischen Schulen andererseits zugrunde liegen, eine gewisse Unabhängigkeit von den historischen Anlässen, die ihr Hervortreten begünstigen, und von der Art der jeweiligen Ausformung haben, in der sie realisiert werden. Sie sind in diesem Sinn keine unmittelbar historischen Produkte und haben daher auch keine primär historische Bedeutung, etwa als Elemente der Epochengliederung. Man kann, wenn es in einer Epoche viele Zeugnisse gibt, in denen diese Epoche als ‚modern', als ‚Wiedergeburt' ‚der' Antike ausgegeben wird, nicht erwarten, daß sie durchgängig von diesem Bewußtsein bestimmt ist. Nicht alles, was es in der Renaissance gibt, ist hellenistisch. Und von ‚der' Moderne', wenn darunter die gesamte Epoche von der Frühen Neuzeit bis in die Gegenwart verstanden werden soll, gilt noch viel mehr, daß sie nicht aus dem Antike-Moderne-Gegensatz erklärt werden kann.

Dies heißt freilich nicht, daß von den als ‚antik' und ‚modern' unterschiedenen Denkhaltungen keine historischen Wirkungen ausgegangen wären. Ganz im Gegenteil: die Wirkungen sind intensiv und extensiv sehr groß, auch wenn sie in immer neuen historischen Realisierungsformen erscheinen. Von einigen dieser Wirkungen, etwa auf den Cartesianismus,[568] auf den logischen Empirismus,[569] auf die modernen Kulturwissenschaften und ihre Vorläufer,[570] habe ich die Zusammenhänge aufzuzeigen versucht. Im Zentrum stand aber die Analyse der unterschiedlichen Denkweisen selbst.

---

[568] S. oben S. 189-206.
[569] S. oben S. 154-166.
[570] S. oben S. 81-121.

II. Charakteristische Unterschiede zwischen dem platonisch-aristotelischen und dem hellenistischen Rationalitätsverständnis

In der Form eines zusammenfassenden Überblicks möchte ich abschließend einige der wichtigsten Unterscheidungsmerkmale einer Vorstellungs- und einer Unterscheidungsphilosophie noch einmal zusammenstellen.

Die Begriffe ‚Vorstellungsphilosophie' und ‚Unterscheidungsphilosophie', die ich zur Charakterisierung der beiden unterschiedlichen Denkweisen vorgeschlagen habe, bedürfen vielleicht noch einer knappen Erläuterung.

‚Vorstellungsphilosophie' sollte nicht eine Denkweise bezeichnen, die sich naiv an gegebenen Vorstellungen orientiert, sondern einen philosophisch-kritischen Umgang mit unseren Vorstellungen von den Gegenständen der Welt. Bereits die Stoiker unterscheiden zwischen Vorstellungen, die durch bloße Wahrnehmungseindrücke in uns entstehen, – solche Vorstellungen gelten als ‚natural', sie haben sogar Tiere – und Vorstellungen, denen wir auf Grund ihrer Evidenz Gegenstandsrelevanz zubilligen und mit denen wir durch Verallgemeinerung, Vergleich usw. symbolisch ‚arbeiten' (s. noch einmal unten Abschnitt 6). Eine Vorstellungsphilosophie ist eine Theorie der Verarbeitung mentaler Repräsentationen.

Unter ‚Unterscheidungsphilosophie' sollte nicht ein poststrukturalistisches Verfahren verstanden werden, so, als ob man einen Gegenstand nur in Abgrenzung gegen alle anderen (und d.h. immer wieder neu und anders) verstehen könne. Die (unvermerkte) Voraussetzung auch dieser Position aber, daß man etwas zuerst für sich unterscheiden können muß, bevor es gegen anderes abgegrenzt werden kann, benennt das Grundaxiom einer Unterscheidungsphilosophie: Etwas kann nur und nur in dem Maß erkannt werden, in dem es eine von sich her unterscheidbare Bestimmtheit hat.

Der Gegensatz zwischen Vorstellungs- und Unterscheidungsphilosophien ist daher nicht der Gegensatz, der in vielen Philosophiegeschichten als ein Grundgegensatz abendländischer Philosophie dargestellt wird, der Gegensatz zwischen einer empirischen und einer rationalistischen oder idealistischen Philosophie. Dieser Gegensatz ist vielmehr ein Gegensatz innerhalb eines vorstellungsphilosophischen Ansatzes und betrifft die Frage, ob die Grundlage des Erkennens die unmittelbaren Eindrücke bzw. unsere ‚unmittelbare Bekanntschaft' mit ihnen ist, oder ob diese Leistung nur von den Bedingungen erwartet werden kann, unter denen wir ‚gegebene' Gegenstände ‚denken', d.h., zu einheitlichen Vorstellungen (neu) verarbeiten.[571]

Allein die Tatsache, daß das traditionelle Bild vom Unterschied zwischen Platon und Aristoteles genau diesem vorstellungsphilosophischen Gegen-

---

[571] S. dazu Verf. Platon und das empirische Denken der Neuzeit, Stuttgart 2006

satz entspricht (wie er etwa in Raffaels ‚Schule von Athen' durch einen Platon, der nach oben, und einen Aristoteles, der auf die Welt hier hinzeigt, symbolisiert ist), sollte Grund sein, es auch nicht vorbehaltlos zur Basis der Platon- und Aristoteles-Interpretation zu machen. Es gibt ohne Frage viele Unterschiede zwischen Platon und Aristoteles,572 der Unterschied zwischen dem idealistischen ‚Schwärmer' und dem empirischen Analytiker gehört wohl nicht dazu.573

Bei der Beschreibung einiger wichtiger Unterschiede zwischen einer Unterscheidungs- und einer Vorstellungsphilosophie halte ich mich in erster Linie an die Ausformungen, die sie bei Platon und Aristoteles auf der einen, und in den hellenistischen Philosophenschulen, v.a. in der Stoa, auf der anderen Seite erhalten haben. Die Charakteristika sind aber so ausgewählt, daß leicht überprüfbar ist, daß sie auch in anderem philosophischem und kulturellem Ambiente vorgefunden werden können.

1   Das Denken orientiert sich an a. Gegenstandseinheiten, b. an Sacheinheiten

a. Ausgangspunkt einer Vorstellungsphilosophie ist die Überzeugung, daß das Denken sich an den Gegenständen, die es in der Wahrnehmung vor sich hat, orientieren müsse. Sie geben die Einheit vor, auf die alle möglichen Erfahrungen mit ihnen bezogen werden müssen, und sie enthalten in umfassender Vollständigkeit alles das, was das Denken über sie denken kann.

Dieser Ausgangspunkt bringt auf den Begriff, was der ‚gesunde Menschenverstand' oder ‚das natürliche Bewußtsein' denkt. Man glaubt dann einen Gegenstand richtig zu erkennen, wenn das, was man denkt, genau dem äußeren Gegenstand entspricht. Aus dieser Auffassung ergibt sich zwingend, daß die eigene Leistung des Denkens die Vergegenwärtigung,

---

[572] S. dazu jetzt George E. Karamanolis, Plato and Aristotle in Agreement? Platonists on Aristotle from Antiochus to Porphyry, Oxford 2006

[573] Dass Aristoteles als antiplatonischer Empiriker beurteilt wird, liegt zu einem guten Teil daran, dass die Intention seiner Kategorienschrift falsch gedeutet wird. Aristoteles macht in dieser Schrift das wahrnehmbare Einzelding zum letzten Subjekt, dem alle seine Eigenschaften zukommen und von dem alle Prädikate prädiziert werden. Alle antiken Kommentatoren dieser Schrift stimmen darin überein, dass die *Kategorien* von Aristoteles zur Einführung geschrieben sind und eine Analyse der Normalsprache enthalten, nicht etwa seine wissenschaftlich begründete Analyse des Einzeldings, wie sie im siebten Buch der *Metaphysik* gegeben ist. S. dazu die Arbeit von Rainer Thiel (s. oben S. 78f. mit Anm. 60). Bezeichnenderweise wird das schon hellenistische Bild vom jenseitigen Platon und diesseitigen Aristoteles gleich im Beginn der Neuzeit wiederbelebt – mit einer Wirkungsgeschichte bis in die gegenwärtige Forschung. S. Thomas Sören Hoffmann, Immanentisierung der Transzendenz. Zur Stellung Georgios Gemistos Plethons in der Geschichte des Platonismus, Philotheos 4, 2004, 301-319

Repräsentation des Wahrgenommenen ist. Denken wird zum Vorstellen oder zu einer ausgezeichneten Form des Vorstellens.

b. Ausgangspunkt eines unterscheidungsphilosophischen Ansatzes ist eine Reflexion des Denkens auf die Bedingungen, seinen eigenen Akt zu vollziehen. Man kann etwas nicht denken, wenn man es nicht als etwas, das eine eigene, für sich unterscheidbare Bestimmtheit hat, erfassen kann[574]. Wer einen Menschen mit weißer Hautfarbe vor sich hat, benötigt die weiße Farbe nicht, um zu erkennen oder zu widerlegen, daß der Gegenstand, auf den er sich mit der Wahrnehmung bezieht, ein Mensch ist. Das Denken orientiert sich nicht an äußeren Gegenstandseinheiten, sondern an begrifflichen Sacheinheiten, die sich für sich unterscheiden lassen.

2 Erkenntnistheorie ist a. Reflexion auf die Modi der Vergegenwärtigung gegebener Gegenstände, b. Reflexion auf die Kriterien der Unterscheidbarkeit

a. Die Vorstelllung erhält ihre Inhalte aus einem ihrer eigenen Aktivität vorhergehenden Akt der Empfindung, Wahrnehmung, aus Gefühl oder Intuition. Ihre eigene Leistung besteht in der Verdeutlichung, Verarbeitung des ihr Gegebenen. Die Reflexion auf die Art und Weise, wie sie den ihr ganz gegebenen Gegenstand durch Zergliederung und Wiederverbindung nach ihren eigenen Gesetzen vor sich verdeutlicht, bildet die eigentliche Aufgabe einer kritischen Erkenntnistheorie.

Die Tatsache, daß man in unterscheidungsphilosophischen Ansätzen eine solche Reflexion auf die Modi, wie eine Vielheit von Sinnesdaten in der Einheit eines Bewußtseins zu einem Gegenstand des Denkens gemacht wird, nicht oder nur beiläufig findet, ist die Ursache, weshalb diese Ansätze als erkenntnistheoretisch naiv gelten. Sie ist damit eine der wichtigsten Beweggründe, weshalb sich die ‚Moderne' grundsätzlich von einem ‚antiken' Denken abgrenzt.

b. Im Sinn einer Unterscheidungsphilosophie werden Gegenstände nicht unmittelbar gegeben. Selbst die einfachste Sinnesempfindung, z.B. das Hören eines Tons, hat nur den Gegenstand, den sie sich durch (meist unreflektierte) Anwendung von Unterscheidungskriterien verschafft hat, z.B. durch das Achten auf die Gleichheit der Tonhöhe, Lautstärke, auf die Tonkontinuität usw. Der Unterschied zwischen einer unkritisch naiven und einer kritischen Erkenntnis liegt darin, ob man Unterscheidungskriterien nur mehr oder weniger richtig anwendet, oder ob man sie für sich selbst erkennt und systematisch erschließt. Diese Reflexion ist eine Reflexion des Denkens auf seinen eigenen Akt, das Unterscheidenkönnen.

---

[574] In der platonisch-aristotelisch geprägten Antike galt der Vorsokratiker Parmenides als der Beginn dieser Art von Philosophie und damit als Beginn einer kritischen Philosophie überhaupt. S. Verf., Parmenides und der Ursprung der Philosophie, in: Emil Angehrn (Hg.), Die Frage nach dem Ursprung, erscheint München/Leipzig 2008.

Die Vorstellung ist frei, zusammenzusetzen und zu trennen, wie sie will, unterscheidbar ist nur, was sich als etwas Bestimmtes, Unterscheidbares erfassen läßt. Die Kriterien des Unterscheidens sind daher Kriterien des (erkennbaren) Etwas-Seins. Da ‚sein' im Griechischen immer ‚etwas sein' meint, gelten die Kriterien des Seins als Erkenntniskriterien. Etwas kann nur als Etwas gedacht werden, wenn es eine geeinte Vielheit ist, wenn es also Einheit, Vielheit, Ganzheit, Identität, Verschiedenheit usw. hat, wenn es diskret oder kontinuierlich, d.h., wenn es Zahl oder Figur ist, die Gerade oder Kreis oder Spirale usw. ist. Diese Seinskriterien werden nicht an einem dem Denken gegenüber äußeren – empirischen oder idealen – Sein abgelesen, sondern aus den Bedingungen der Erkennbarkeit selbst abgeleitet.[575] Deshalb ist die Wissenschaftstheorie, in deren Gebiet diese Ableitung geleistet werden muß, eine ‚mathematische' Wissenschaft, eine Wissenschaft, die das Erkennbare (als *mathema*) für sich untersucht. Platon hat sie eine *koine mathematike episteme*, eine *communis mathematica scientia* genannt, die innerhalb der ‚Freien Künste' gelehrt wurde.[576]

Die verbreitete Lehrmeinung, die ‚moderne' Philosophie stehe als eine Subjektivitätsphilosophie der ‚antiken' als einer ‚Seinsphilosophie' gegenüber, darf nicht so ausgelegt werden, als sei die ‚antike' Philosophie nur auf das äußere, dem Denken ‚gegebene' Sein ausgerichtet, während die ‚moderne' auf das Denken selbst reflektiere. In beiden Grundpositionen findet man eine Reflexion des Denkens auf sich selbst. Der Unterschied liegt liegt darin, ob Denken als Reflexion auf die Modi des Bewußtseins oder der Repräsentation aufgefaßt wird oder als Reflexion auf die Kriterien, die das Denken beim Vollzug seines Grundaktes, des Unterscheidens, anwendet.

3   Kriterien der Erkenntnis empirischer Gegenstände sind a. Vollständigkeit, Ganzheit und Unverfälschtheit der wahrnehmbaren Eigenschaften, b. begriffliche Erfassung dessen, was etwas kann und leistet.

a. Die mentale Repräsentation eines Gegenstands kann nur dann dem äußeren Gegenstand entsprechen, wenn sie ihn in der Vorstellung ganz, vollständig und unverfälscht, ohne jede Veränderung wieder herstellt. Alle diese Bedingungen gelten – aus guten Gründen – als unerfüllbar. Jede Verdeutlichung eines ‚ursprünglich' (vermeintlich) ganz und vollständig – der Wahrnehmung, Empfindung, Gefühl usw. – gegebenen Gegenstands muß dieses Ganze zergliedern und vor dem Bewußtsein wieder verbinden. Dabei wird der ‚gegebene' Gegenstand den Weisen der Vorstellung, der Repräsentation bzw. des Bewußtseins unterworfen, verändert. Kein endliches Denken kann zudem die ‚ursprüngliche' Ganzheit und Vollständigkeit

---

[575] S. dazu oben S.215-241.

[576] S. dazu Gyburg Radke, Die Theorie der Zahl im Platonismus. Ein systematisches Lehrbuch, Tübingen/Basel 2003.

– alle Neuronen und deren Konfigurationen eines Gehirns usw. – wiederherstellen. Der repräsentierte Gegenstand ist daher immer ein Konstrukt, das aus einer subjektiven Auswahl und Zusammensetzung zustandegekommen ist.

b. Erkennen ist im platonisch-aristotelischen Sinn ein Unterscheiden je für sich bestimmter Einheiten. Die Bedingungen der Konstitution unterschiedlicher Formen von Einheit und unterschiedlicher Relationen unter Einheiten sind im Blick auf konkrete Gegenstände oder Abläufe in der Natur oder in der Technik Möglichkeitsbedingungen. Sie erklären die möglichen Formen der Ordnung, durch die Teile so verbunden sein können, daß sie miteinander ein zusammengehörendes Ganzes bilden. Dadurch sind sie die Voraussetzung für das, was Platon und Aristoteles das ‚Werk' nennen. Wer einen Begriff von der Möglichkeit hat, daß in einer ebenen Figur alle Punkte der Peripherie von Zentrum denselben Abstand haben, hat damit die Möglichkeit, dieses Wissen auf etwas anderes, z. B. auf ein Material, das in diese mögliche Ordnung gebracht werden kann, anzuwenden. Diese Anwendung, z.B. auf ein biegbares Holz, verschafft dieser Materie eine einheitliche Möglichkeit, etwa des Rollens. Das ist das ‚Werk' dieses Gegenstands, der dann von diesem Werk her sowohl erkannt als auch mit der Sprache benannt wird. Man spricht in diesem Fall nicht etwa von einem Stück Holz, sondern von einem Rad und richtet auch die erkennende Aufmerksamkeit auf das, was an diesem hölzernen Gegenstand Rad ist. Wer einen solchen Gegenstand wahrnimmt und wissen will, was er ist, muß nicht den ganzen Gegenstand erkennen, sondern die Funktion, die er erfüllt. Man muss nicht alle Ziegel eines Hauses observieren, um zu erkennen, dass sie das Dach bilden.

Das gilt auch, wenn man tatsächlich den Gegenstand in seiner Ganzheit erkennen will. Denn dann muß man über das Werk eines Gegenstands hinaus auch seine Materie für sich an ihrem Werk, etwa daß das Holz des Rads eine bestimmte funktionale Einheit aus Zellulose, Hemizellulose; Lignin usw. ist, erkennen. Nur so kann man auch die Verbindung ‚ein Rad aus Holz' richtig erfassen und bestimmen, ohne in Konfusionen zu geraten.

4 Wahrheit ist a. Übereinstimmung von Vorstellung und Gegenstand, b. Identität von Erkenntnisakt und Sache

a. Eine mentale Repräsentation hat das Kriterium ihrer möglichen Wahrheit an ihrer Übereinstimmung mit den (ihr gegenüber) äußeren Gegenständen oder Vorgängen. Bei dieser Auslegung der alten Wahrheitsformel: *„veritas est adaequatio rei et intellectus"* benötigt das Denken ein Kriterium, an dem es diese Übereinstimmung mit etwas ihm Äußerlichen überprüfen kann. Für die Stoa ist dieses Kriterium die subjektive Evidenz einer Vorstellung. Wenn eine Vorstellung genau so deutlich, klar und schlagend ist, wie sie bei der direkten, aktualen Wahrnehmung eines aktual existierenden Gegenstands ist, dann gilt sie als wahr. Gegen dieses (auch in der Neuzeit benutzte) Kriterium hat man eine Vielzahl skeptischer Einwendungen vorgebracht: Es gibt ein klares und deutliches Bewußtsein auch im Wahn, im Traum und bei vielen anderen Täuschungen; es gibt keine von Subjektivität freie Bildung einer bewußten Vorstellung; nicht einmal eine tatsächlich wahre, d.h. dem Gegenstand entsprechende Vorstellung würde garantieren, daß dieser Gegenstand auch existiert (Kant: ‚Sein ist kein reales Prädikat'), usw.

b. In der Reflexion auf die verschiedenen Unterscheidungsleistungen der einzelnen Erkenntnisvermögen wird, wie etwa Aristoteles zeigt, deutlich, daß man beim Ausgangs[577]- wie beim Endpunkt[578] eines Unterscheidungsvorgangs Identität zwischen Erkenntnisakt und seinem Gegenstand herstellt. Der gehörte Ton etwa ist kein Gegenstand, auf den sich die Wahrnehmung bezieht, er ist nicht die periodische Luftdruckschwankung, nicht die Bewegung des Trommelfells, der Nervenimpulsfrequenzen usw., dies alles nimmt man bei Hören gar nicht wahr, sondern er ist ein bestimmter Ordnungszustand, in den man sich durch den unterscheidenden Nachvollzug der bestimmten Bewegungen dieser Materien gleichsam selbst versetzt (daher kommt auch die starke, unmittelbar psychische Wirkung der Musik[579]). Die Luftdruckschwankung ist nicht Ton, sondern transportiert ihn, als er selbst ist er nur existent, wenn er aktual gehört wird.

Analog ist es, wenn man genau einen Unterschied begreift, d.h. etwas, bei dem alles zu einer Bestimmtheit zusammengehört[580]. Bei einem Dreieck im Sand gehört das eine zum Dreieck, das andere zum Sand. Bei einem gleichschenkligen Dreieck gehört das eine zum Dreieck, das andere zur

---

[577] S. oben S. 309-315. Die Diskussion über die sogenannten ‚Qualia', d.h. über die Frage, ob die Sinnesqualitäten ‚rot', ‚grün', ‚bitter', ‚süß' usw. nur privatsubjektive Erlebnisse sind, hat ihren eigentlichen Mangel darin, dass sie die Analyse nicht weit genug treibt und die direkten Sinnesgegenstände, Farbe, Ton, Geruch, Geschmack, Gefühl, nicht genau genug gegen das, woran man sie vorfindet, abgrenzt.

[578] S. oben S. 407-417.

[579] Eine der erkenntnistheoretischen Differenz analoge Differenz im Erkenntnisinteresse findet man auch in der Analyse der Wahrnehmungsvorgänge, wie sie sich seit der Frühen Neuzeit ausbildet. Wenn etwa untersucht werden soll, was das Hören ist, dann untersucht der neuzeitliche Wissenschaftler die Wege, Mechanismen, in denen Schallwellen vom Ohr bis zum Gehirn rezipiert und verarbeitet werden. Für einen Platoniker hat der Ton eine von der Zahl bestimmte Ordnung. Auf die jeweils bestimmten Zahlverhältnisse, die die Unterschiede unter den Tönen und Tonverhältnissen zur Folge haben, muss man achten, wenn man wissen will, was man hört und welche Möglichkeiten das Hören von Tönen bietet (s. Platon, *Politeia* 531a/b). Über die Bedeutung der Musik, die auf diese Weise als Vollendung der Möglichkeit des Hörens – im Rahmen der ‚Freien Künste' – erschlossen wird, s. jetzt Anja Heilmann, Boethius' Musiktheorie und das Quadrivium, Göttingen 2007; s. auch Verf., Zahl und Schönheit in Augustinus De musica VI, Würzburger Jahrbücher für die Altertumswissenschaften N.F. 16, 1990, 221-237. Die unterschiedliche Fragestellung, die man in einer ‚antiken' und einer ‚modernen' Fragestellung beim Hören (und analog bei anderen Wahrnehmungen) verfolgen kann, macht gut deutlich, dass sich diese Fragestellungen keineswegs ausschließen müssen, sie können sich auch vorteilhaft ergänzen.

[580] S. Anm. 576.

Gleichschenkligkeit. Wer zu unterscheiden versucht, was genau und nur zum (ebenen) Dreieck als Dreieck gehört, muß die Bedingungen aller möglichen Dreiecke ermitteln (z.B. daß sie alle die Innenwinkelsumme von zwei rechten Winkeln haben). Er ermittelt so etwas, das in Bezug auf ‚reale' Dreiecke nur eine mögliche Vorgabe ist, ‚real' ist diese für sich unterscheidbare Möglichkeit nur als Begriff. Diese rein begriffliche Möglichkeit kann man nach Aristoteles nur einsehen oder nicht einsehen, es gibt keine Täuschung dabei. Diese Einsicht ist aber keine Intuition in unserem Sinn, sondern der Abschluß eines diskursiven, methodischen Erkenntnisvorgangs, in dem in einem Erkenntnisakt das einheitliche Ganze des zuvor diskursiv Durchdachten erfaßt wird. Aristoteles' Beispiel ist, daß man beim Ausziehen einer Dreieckslinie (wenn man die zum Beweis nötigen Propositionen, v.a. Euklid I, 16 und I, 17, kennt), unmittelbar erfaßt, daß die Innenwinkelsumme zwei rechten Winkeln gleich sein muß[581].

Der ganze Prozeß subjektiver und damit auch verfehlbarer Herstellung unterschiedlich sicherer Erkenntnisse liegt zwischen diesen beiden Polen.

Bereits die Zusammensetzung, Synthese, einfachster Wahrnehmungen, etwa von Farben oder Tönen, bringt viele Möglichkeiten der Fehlbildung mit sich, mehr noch die Zuordnung von Wahrnehmungs-‚Eindrücken' zu Gegenständen (ist das die Farbe des Taubenhalses?), auch die Meinungen oder Vermutungen über das ‚Werk' von etwas können in vielfältiger Weise Fehlsynthesen sein (etwa indem man die weiße Farbe dem ‚Werk' des Menschen zuordnet).

Kriterien der korrekten Bildung einer Sacheinheit sind einerseits die allgemeinen Kriterien der Unterscheidung, die in der *communis mathematica scientia* entwickelt werden (wann ist etwas ein Ganzes, ein kontinuierliches oder diskretes Ganzes, welche ebene, räumliche Gestalt hat etwas, in welchem Ordnungsverhältnis stehen die Teile zueinander? usw.); andererseits ist es die nach Abschluß der diskursiv methodischen Erschließung (u.a. mit den Methoden der Analysis und Synthesis) mögliche Einsicht (*intellectio, intuitus*) in die einheitliche, funktionale Zusammenstimmung aller Teile zu einer von sich her bestimmten Sacheinheit (nicht: zu irgendeiner logisch stimmigen Einheit).

Durch die Anwendung dieser Kriterien produzieren wir die Gegenstände unserer Erkenntnis. Für das Bewußtsein sind diese Gegenstände einfach da, sie erwecken den Eindruck, ‚emergiert' zu sein. Sie erscheinen dadurch als das Material des Bewußtseins, als das, woran es seine Akte ausübt. Da dieses ‚Material' aber auf sehr verschiedene Weise zustande gekommen sein kann, bietet es dem Bewußtsein keine verläßliche Grundlage für seine Arbeit: Ist der Gegenstand, des es in sich vorfindet, bloße Illusion, ein nur privat subjektives Erlebnis oder enthält es noch die vom Bewußtsein nicht überformte Realität? Das Bewußtsein hat daher nicht einmal ein Wissen über den Ursprung der Gegenstände, derer es sich bewußt ist. Sind sie ein Pro-

---

[581] S. Aristoteles, *Metaphysik* 1051a21-33.

dukt von Gehirnprozessen, von denen wir schon gesteuert sind, bevor die bewußte Aktivität einsetzt?

Vielleicht sollte man einmal prüfen, ob diese ‚harten' und ‚weichen' Probleme des Bewußtseins wirklich echte Probleme sind, die auf den grundsätzlich illusionären Charakter des menschlichen Denkens verweisen, oder ob sie nicht gerade darin ihren Ursprung haben, daß mit dem Bewußtsein ein mediales Vermögen zu einem primären gemacht wird. Wir können mit dem Bewußtsein unsere verschiedenen Erkenntnisaktivitäten begleiten – mit vielfältigem Nutzen –, aber wir produzieren unsere Erkenntnisse nicht mit dem Bewußtsein. Nur wenn man diese letztere Voraussetzung macht, entstehen die Bewußtseinsprobleme.[582]

5   a. Denken artikuliert sich in der Sprache, b. die Sprache verweist auf einen erkannten Unterschied

a. Für die Stoa ist ein ‚Ding' dann erkannt, wenn wir eine ihm genau entsprechende mentale Repräsentation besitzen. Sie unterscheidet deshalb zwischen dem Eindruck, den das Ding – über die Wahrnehmung – auf die Vorstellung macht – das ist ein rein passiver Vorgang –, und seiner aktiven Verarbeitung. Diese leistet das ‚Denken', indem es den bloßen Eindruck ‚vor sich bringt', d. h. ihn sich in seiner Artikuliertheit im Durchgehen durch seine einzelnen Momente verdeutlicht. Dieses ‚Vor sich Bringen' des noch unartikulierten Eindrucks ist die Aufgabe der Sprache. Sie ist in diesem Sinn der eigentlich konkrete Denkprozeß selbst: *„Das Kriterium, an dem die Wahrheit der Dinge erkannt wird, ist der Gattung nach Vorstellung... Die Vorstellung ist das Primäre, ihr folgt die diskursive Verarbeitung (diánoia), die als ein Vermögen zur Aussprache das, was sie von der Vorstellung empfängt, durch das Wort vor sich bringt".*[583] Bei dieser Erkenntnisauffassung hat die Sprache zwar wie bei Aristoteles einen Symbol- oder Zeichencharakter. Das Zeichen hat aber nicht eine bloße Verweisfunktion, sondern repräsentiert die Weise, wie dem Denken Dinge (in objektiv oder nur subjektiv gültiger Weise) gegenwärtig sind.

Wenn Erkenntnis die Vergegenwärtigung äußerer Gegenstände in der Vorstellung ist, dann ist also Sprache ein substantieller Teil des Erkenntnisvorgangs selbst, und zwar so wesentlich, daß die Sprache (der *lógos*) als

---

[582] Eine interessante Diskussion mit den führenden Bewußtseinstheoretikern der Gegenwart, in der die meisten heute erörterten Fragen über das, was das Bewußtsein ist und leisten kann, besprochen werden, hat Susan Blackmore geführt. S. Susan Blackmore, Gespräche über Bewusstsein, Frankfurt a.M. 2007.

[583] S. Diogenes Laertios, Leben und Meinungen berühmter Philosophen, übers. v. Otto Apelt und Hans Günter Zekl, 3. Aufl. Hamburg 1998, VII, 49.

Denken im eigentlichen Sinn gelten kann.[584] Als Vergegenwärtigung äußerer Dinge ist die Vorstellung von sich her immer in Beziehung auf etwas, d. h., sie hat die Struktur eines Satzes, einer Proposition.[585] Damit die Vorstellung nicht unbestimmt und undeutlich, sondern die Vorstellung von etwas, d.h. eine Vorstellung mit Bedeutung ist, benötigt sie diese Beziehung. Mit der Wahrnehmung, die ein rein körperliches Widerfahrnis ist, ist diese Beziehung noch nicht hergestellt. Diese Wahrnehmung muß vielmehr als Repräsentation dieses Dinges vorgestellt werden. Dann erst kann von Denken im eigentlichen Sinn die Rede sein, wenn die Vorstellung den in der Wahrnehmung empfundenen Gegenstand gleichsam ‚ergreift' und ihn sich dadurch zueigen macht. Deshalb sprechen die Stoiker von ‚kataleptischen' (‚ergreifenden', ‚begreifenden') Vorstellungen. Das innere Signum einer solchen ‚kataleptischen' Vorstellung ist die Evidenz und Deutlichkeit, in der ihr der Gegenstand gegenwärtig ist. Das aber, was den wahrgenommenen (‚gegebenen') Gegenstand der Vorstellung ‚präsentiert', ist die Sprache.[586] Das, was sie dem Denken präsentiert, nennen die Stoiker ‚das Gesagte' (lektón). Sie kann dem Denken nicht die Dinge selbst ‚geben', aber sie verschafft dem Denken ein (Vorstellungs-)Bild, das die Dinge im Lautsymbol vergegenwärtigt. Es enthält deren ‚Bedeutung', wenn Bedeutung die Beziehung auf den der Anschauung gegebenen Gegenstand meint. Ein ‚Gesagtes' ist daher nur als Aussagesatz vollständig, wenn diese Rose als etwas Rotes (sc. klar und deutlich, so, wie es die Sprache nach stoischer Auffassung noch enthält) vorgestellt ist. Diese Identität der Beziehung ist das, was verschiedene Sprecher mit dem gleichen Wort, ja sogar, was verschiedene Sprachen mit verschiedenen Worten (aber nach stoischer Auffassung mit gleicher Ähnlichkeit zur bedeuteten Sache) meinen.

Es ist eine Besonderheit der stoischen Sprachtheorie, daß sie der Sprache diese Fähigkeit ‚von Natur aus' zuspricht. Die Stoiker glauben an ‚Urworte', in deren Lautgestalt die Natur der Dinge gleichsam unverfälscht eingefangen ist.[587] Dieser Glaube galt schon in der Antike vielen, besonders den Skeptikern, als naiv, und er ist es, der auch heute als dogmatisch naiver Rest der stoischen Lehre gilt. In allen übrigen Lehrstücken ist die Stoa aber nicht in gleicher Weise überholt, die Affinität zu stoischen Lehrstücken wird

---

[584] S. zum Folgenden die grundlegende Analyse bei Gyburg Radke, Die Theorie der Zahl im Platonismus, Tübingen/Basel 2003, S. 133-173
[585] S. Frido Ricken, Antike Skeptiker, München 1994, 40-43.
[586] S. Peter Steinmetz, Die Stoa, in: Hellmut Flashar (Hg.), Die hellenistische Philosophie, 2. Halbbd. , Basel 1994, 528-533 (Grundriss der Geschichte der Philosophie Bd. 4).
[587] S. dazu Hans von Arnim, Stoicorum veterum fragmenta, Bd. 1, Berlin 1903, S. 146; insgesamt S. 136-165 (Reprint München 2004); s.dazu H. Steinthal, Geschichte der Sprachwissenschaft bei den Griechen und Römern, Berlin, 1890, Bd. 1, 168ff.; 319ff.

vielmehr in ganz unterschiedlichen Bereichen von vielen geradezu neu entdeckt.[588] In der Logik ist sie längst erarbeitet.[589]

Selbst die Überzeugung, in der Sprache sei ein noch ursprüngliches Verhältnis des Subjekts zur Welt niedergelegt, hat durch die Weltanschauungslehren des 19. Jahrhunderts und durch den ‚linguistic turn' des 20. Jahrhunderts neue Valenz bekommen.[590] Entscheidend für den Vergleich mit der aristotelischen Sprachauffassung ist aber vor allem, daß die Sprache in dieser stoischen Konzeption selbst eine inhaltliche Bedeutung hat: Sie macht aus unbestimmten Empfindungen (‚sensations') artikulierte Vorstellungen und damit überhaupt erst Gedanken, Begriffe.

b. Bei Aristoteles kommt das Denken zu einer Erkenntnis der Dinge durch die Unterscheidungsleistungen der verschiedenen Erkenntnisvermögen: Das Sehvermögen unterscheidet Farben, das Hörvermögen Töne, das Vermögen des Meinens unterscheidet, was etwas kann und leistet, usw. Diese Unterscheidungen hängen in ihrer Artikuliertheit nicht von der Sprache ab, sondern sind so artikuliert, wie die verschiedenen Vermögen betätigt wurden.

Eine sprachliche (oder auch eine in anderen Medien getätigte) Bezeichnung kann nicht mehr zum Ausdruck bringen als das, was zuvor durch eine Unterscheidung oder eine Verbindung oder Trennung von Unterschiedenem erkannt wurde.

Da es dem Menschen nahe liegt, das als eine Einheit aufzufassen und für sich zu unterscheiden, was er in gegenständlicher, sinnlich wahrnehmbarer Einheit vor sich hat, gibt nach Aristoteles die Normalsprache in der Regel Gegenstandsanschauungen wieder.[591] Beachtet man, daß Aristoteles das, was die Sprache bezeichnet, ausdrücklich die ‚Gedanken' (noēmata) nennt,[592] könnte man den Schluß ziehen, das in der Normal- oder Alltagssprache niedergelegte ‚Weltwissen' sei das, worauf sich nach Aristoteles die Sprache

---

[588] S. z.B. Michel Foucault, Die Sorge um sich, Frankfurt a.M. 1989; Gilles Deleuze, Spinoza und das Problem des Ausdrucks, München 1993 (=1968).

[589] Neben Benson Mates, Stoic Logic, Berkeley 1953; Michael Frede, Die stoische Logik, Göttingen 1974; s. z.B. auch A.A. Long, Language and Thought in Stoicism, in: ders.: Problems in Stoicism, London 1971, 75-113.

[590] Zur Erklärung seines vieldiskutierten Satzes „Sein, das verstanden werden kann, ist Sprache" verweist Gadamer daher darauf, dass ihm Wittgensteins Begriff der Sprachspiele, als er ihn kennengelernt habe, ‚ganz natürlich' vorgekommen sei. S. Wahrheit und Methode, Vorwort XXIf., mit Anm. 1. Daß Verstehen als ein ‚Geschehen' ausgelegt wird, bei dem man in ein in der Sprache niedergelegtes Wissen ‚einrückt', macht den immer noch stoischen Rahmen von Gadamers Sprachauffassung deutlich. Eine grundlegende Kritik an dieser gegenwärtigen hermeneutischen Position gibt Hans Ulrich Gumbrecht, Dimensionen und Grenzen der Begriffsgeschichte, München 2006; s. auch ders., Diesseits der Hermeneutik. Die Produktion von Präsenz, Frankfurt a.M. 2004.

[591] S. Thiel (wie oben Anm. 60), 11-66.

[592] S. dazu E. Coseriu, Geschichte der Sprachphilosophie. Von den Anfängen bis Rousseau, neu bearb. und erw. v. J.v. Albrecht, Tübingen/Basel 2003, 72-85.

‚der Gewohnheit gemäß'[593] beziehe. Aristoteles müßte dann als ein Vorläufer der stoischen Urworttheorie gelten, der aber bereits den naiven Dogmatismus der Stoiker überwunden hätte. Denn die Urworte bezeichnen nach Aristoteles ja Gedanken, also im Sinn dieser Deutung: sprachliche Inhalte, und nicht etwa die Dinge selbst. Aristoteles verweist aber unmittelbar nach der Feststellung, daß die Sprache Symbol für etwas Mentales ist (und nur über dieses Zeichen für etwas ‚Außersprachliches'), auf seine Schrift *Über die Seele*, in der er die Qualität psychischer Akte untersucht habe. Dort aber hat er von allen Erkenntnisvermögen (einfache und komplexe Wahrnehmungen, Vorstellung, Meinung, rationales und intellektives Denken) im einzelnen geprüft, ob und in welcher Weise sie in der Lage sind, etwas zu unterscheiden und das Wahre oder Falsche zu erfassen.[594] Das in einem mentalen Akt niedergelegte Wissen ist also immer von der spezifischen Leistung der einzelnen oder miteinander zusammenwirkenden Erkenntnisvermögen abhängig. Die Sprache, die einen erkannten Unterschied bezeichnet, ist nicht einfach von dem Erfahrungswissen einer Sprachgemeinschaft abhängig, sondern kann so viele unterschiedliche Erkenntnisse bezeichnen, wie sie dem Menschen auf Grund seiner Vermögen möglich sind. Deshalb hat die Alltagssprache oft andere Wörter als etwa die Wissenschaftssprache, oder dieselben Wörter bezeichnen in der Wissenschaftssprache etwas anderes als in der Normalsprache (etwa: ‚Kreis' ist für die Alltagssprache ein bestimmter, der sinnlichen Erfahrung gegebener Kreis, für den Geometer Bezeichnung für eine ebene Figur, bei der der Abstand von der Peripherie zum Zentrum immer gleich ist), es kann aber auch die Normalsprache mit einem Wort etwas anderes meinen als etwa eine poetische Sprache, die ein Wort metaphorisch gebraucht.

6   a. Denken ist abstrakt, b. Denken ist konkret

a. Wenn die Vorstellung als das eigentliche Organ aufgefaßt wird, mit dem sich das menschliche Denken die Welt erschließt, dann ist die Folge, daß die Inhalte des Denkens als abstrakt gelten. Die äußeren Gegenstände prägen sich nach Ansicht der Stoiker vermittels der Wahrnehmung der Vorstellung ein. Ein solcher ‚*Eindruck in der Vorstellung*' ist noch nicht Denken, es ist einfach ein unmittelbarer Besitz. Erst dadurch, daß dieser Eindruck klar und deutlich vorgestellt wird (durch den „*von der deutlichen Evidenz kommenden Status der Seele*"[595]) wird er zu einem Inhalt des Denkens, genauer: des ‚Bewußtseins'. Den deutlichen und klaren Vorstellungen stimmt das Denken von sich aus zu; Zustimmungen zu Vorstellungen, deren Evidenz noch nicht

---

[593] So legt Coseriu Aristoteles *katá synthēkēn* aus, die übliche und wohl auch richtige Übersetzung ist: *gemäß einer Konvention*.
[594] S. z.B. *De anima* 427a3f.
[595] S. K. Hülser, Die Fragmente zur Dialektik der Stoiker, Stuttgart-Bad Cannstatt 1987, Frgm. 330, Bd. 1, S. 342.

deutlich genug ist, sind Grund des Irrtums. Diese durch die Zustimmung (*synkatáthesis, adsensio*) vergegenwärtigten Vorstellungen sind Gedanken, ‚Begriffe' (*ennoēmata*). Diese Gedanken sind nicht identisch mit dem reinen Eindruck (sc. des ganzen Gegenstands), sondern sind derjenige innere Inhalt des Denkens, dem es auf Grund seiner Deutlichkeit zugestimmt hat. Mit diesen Inhalten kann das Denken nach seinen eigenen (Assoziations-) Gesetzen arbeiten, kann sie vergleichen, verbinden, trennen, kann das Gleiche zu einem ‚Begriff' zusammenfassen, kann vom Größeren auf Kleineres schließen (z. B. vom Menschen auf den Zwerg), vom Ähnlichen auf das Original (vom Bild auf das Dargestellte) usw.[596] Alle diese ‚Begriffe' sind subjektive ‚Kompositionen', die auf Mehreres zutreffen. Sie sind allgemein, abstrakt.

b. Im Unterschied zu diesem an den ‚logischen' Zuständen der Vorstellung orientierten Begriff von Denken führt die Platonisch-Aristotelische Konzeption zum Begriff eines Denkens, das konkret ist. Das unterscheidbar Identische an einem Gegenstand ist das ‚Werk', der funktionale Akt, auf den hin alle (materiellen) Teile geordnet sind. Eine Schere ist, was schneiden kann und schneidet, ein Ohr, was Töne, d.h. den Effekt einer bestimmt geordneten Bewegung bestimmter Materien, hört, usw. Achtet man an einzelnen Gegenständen, z.B. an bestimmten Organen, auf die Art, wie sie dieses Werk erfüllen, dann erweitert man mit jedem neuen Erkenntnisakt seinen Begriff eines Hörorgans: ein Hörorgan kann in dieser, aber auch in dieser Materie, in dieser, aber auch in dieser Struktur organisiert sein, usw. Durch die Differenzierung zwischen dem ‚Werk' eines Organs und dessen jeweiliger materieller ‚Realisierung' gewinnt man immer mehr und vielfältigere Begriffe von den Möglichkeiten einer solchen Realisierung. Der Begriff wird, auf je mehr verschiedene Gegenstände er anwendbar ist, immer reicher, nicht ärmer.

Erst dadurch, dass man etwas auf sein Werk hin durchschaut, gewinnt es auch eine konkrete Präsenz im Sinnlichen. Ein Bündel sinnlicher Erscheinungsformen wird in dem Augenblick zum Weberschiffchen, zum Fruchtknoten, zur Thymusdrüse, zum besorgten Gesicht, wenn wir das ‚Werk' dieser Erscheinungsformen durchschauen.

7   **a. Denken hat keine eigene emotionale und voluntative Kraft,**
      b. Denken ist selbst gefühlsrelevant

a. Eine der auffälligsten Folgen, die sich aus der Erhebung der Vorstellung zu dem primären Vermögen der Welterfassung ergeben, ist, daß Denken, Fühlen und Wollen als getrennte, voneinander unabhängige psychische Vorgänge erscheinen. Dies wird besonders deutlich, wenn man wie die Stoiker nicht jede Vorstellung, sondern nur die klaren und deutlichen (d.h. das, was später Bewußtsein heißt) für Denken im logischen Sinn hält. Man kann sich noch so klar und deutlich bewußt sein, daß man sich schadet, wenn

---

[596] S. Hülser (wie Anm. 582) 1987, Frgm. 279-281, Bd. 1, S. 292-295.

man zuviel Wein trinkt oder wenn man sich über ein Fehlurteil zu sehr empört. Dieses Bewußtsein hat mit der Frage, ob einem der Wein schmeckt, oder ob man an der ungerechten Zurücksetzung heftig leidet, nichts zu tun. Das ist eine Frage des Gefühls, während die Frage, ob man der Lust am Wein widersteht und das Gefühl der Verletztheit überwindet, eine Frage des Willens zu sein scheint. Lust und Wille gelten daher als etwas grundlegend Anderes als das Denken. Ihre Entstehung erklärt die ältere Stoa als ein Umkippen, als eine Selbstentäußerung oder Selbstentfremdung der Vernunft selbst. Sie hört auf, Vernunft zu sein, und wird selbst zum Affekt. Die mittlere Stoa präzisiert dieses Verhältnis durch einen vermeintlichen Rückgriff auf die Seelenteile Platons, die sie als Vermögen mit je eigenem Ursprung auffaßt.[597]

b. Versteht man Denken nicht als einen Repräsentationsakt von etwas, das ihm auf ‚naturale' Weise (angeblich) gegeben ist, sondern als den Unterscheidungsakt selbst, der den Gegenstand erst schafft, der in der Vorstellung oder dem Bewußtsein repräsentiert werden kann, dann ist das Denken selbst in sich selbst mit Gefühlen verbunden. Die Vorstellung oder das Bewußtsein von etwas Süßem ist nicht süß, die Wahrnehmung von etwas Süßem aber besteht im Schmecken des Süßen und ist eben dadurch zugleich angenehm oder unangenehm. Die Vorstellung von etwas Bedrohlichem kann man auf Bildern (oder heute im Film) sogar genießen, die Meinung, jetzt und hier bedroht zu werden, hat man nur, wenn man sich (subjektiv) der Gefahr ausgesetzt sieht, sie ist also von sich her mit Unlust verbunden, usw.

Die direkte, unterscheidende Erfassung von etwas schafft eine unmittelbar präsente Erkenntnis, die in ihr selbst Gefühle der Lust oder Unlust mitproduziert, die bewußte Vorstellung produziert eine – nachträgliche – Repräsentation.[598]

Die Differenzierung, die die mittlere Stoa und viele neuzeitliche Ansätze mit der Unterscheidung von Verstand und Gefühl leisten, wird erreicht durch die Beachtung der verschiedenen Erkenntnisformen mit den je zu ihnen gehörenden Gefühlen. Die zusätzliche Leistung, die das Gefühl zum Verstand hinzubringen soll, etwa wenn ein Schauspieler dafür gerühmt wird, daß er nicht nur mit dem Verstand, sondern auch mit dem Gefühl, dem Herzen, der Seele gespielt habe, muß aus diesen unterschiedlichen Erkenntnisformen erklärt werden. Die abstrakt allgemeinen Vorstellungen über etwas müssen ergänzt werden durch das konkrete Begreifen der ein-

---

[597] S. I.G. Kidd, Posidonius on Emotions, in: Long (wie Anm. 577), 200-215; S. oben S. 285-293.

[598] Im Blick auf die cartesianische Verkürzung des Verständnisses von Denken übt Hans Ulrich Gumbrecht an einem nur repräsentierenden Bewußtseinsbegriff auch im heutigen Umgang mit Literatur und Kunst Kritik und setzt ihm vielfältig durchdachte Formen einer ‚Produktion von Präsenz' entgegen. Es wäre interessant, die von Platon und Aristoteles her erschließbaren Formen der Präsenzproduktion in diese Diskussion einzubeziehen. S. Hans Ulrich Gumbrecht, Diesseits der Hermeneutik (wie Anm. 587), v.a. 111 ff.

zelnen Akte, in denen sich innere Tendenzen realisieren. Wer das Unrecht, das einer Medea widerfahren ist, im einzelnen durchdenkt, wird wie sie selbst in Empörung darüber geraten.

Da das Schmecken oder Hören andere Lust- und Unlustformen haben als die Meinung, ungerecht behandelt zu sein, können aus den verschiedenen Formen, wie diese verschieden entstandenen Lust- oder Unlustformen mit- oder gegeneinander wirken können, auch die innerpsychischen Konflikte erklärt werden.

8. a. Denken erhält seine Inhalte aus der Anschauung, b. Denken hat eigene Inhalte, durch die es der Anschauung Bedeutung gibt

a. Wenn Denken zuerst ein Repräsentationsakt ist, dann erhält es seine Inhalte von außen und ist selbst leer. Seine Funktionen erschöpfen sich in der verdeutlichenden Rekonstruktion des ‚Gegebenen' und seiner logischen Verarbeitung, etwa, wie die Stoiker im einzelnen ausführen, in der Verallgemeinerung (daß etwas in der Erfahrung immer wieder so und nicht anders erscheint), im Vergleich, der Entgegensetzung, usw. Der Akt des Denkens wird zu einem nach Regeln verfahrenden methodischen Akt.

b. Die reflexive Aufdeckung, daß Denken zuerst ein Unterscheidungsakt ist, hat zur Konsequenz, daß das Grundkriterium, an dem sich das Denken orientiert, die Unterscheidbarkeit ist. Unterscheidbar ist etwas, was sich als eine für sich identifizierbare Einheit erfassen läßt. Die Kriterien möglicher Einheit werden in dem System der *communis mathematica scientia* systematisch generiert. Von den allgemeinsten Begriffen wie Einheit, Vielheit, Ganzheit, Teil usw. schreitet diese Synthetisierung zu immer komplexeren Formen unterschiedlicher, aber immer bestimmter und dadurch erkennbarer Einheiten fort. Diese unterscheidbaren Formen möglicher Einheit bilden die Kriterien, an denen die mögliche Ordnung materieller Gegenstände erkannt werden kann. Ob etwas ein Auge ist, das zeigen nicht die wahrnehmbaren Eigenschaften eines bestimmten Auges, auch nicht das gemeinsam an vielen Augen Beobachtbare von sich her, man begreift es vielmehr, indem man die wahrnehmbaren Eigenschaften daraufhin überprüft, ob sie ein bestimmtes ‚Werk' erfüllen. Dieses nur mit dem begreifenden Denken erkennbare Werk bildet das Kriterium, an dem auch unterschiedliche Erscheinungen und Strukturen als Verwirklichung ein und derselben Möglichkeit erkannt werden können.

9 a. Die Begriffe des Denkens müssen der Wohlbestimmtheit der Dinge entsprechen, b. das Maß der Bestimmtheit eines Dinges wird am Maß seiner Übereinstimmung mit begrifflichen Kriterien erkannt

a. Die Reduzierung des Denkens auf formale Funktionen in vorstellungsphilosophischen Konzepten führt zu einer Logifizierung oder Verbegrifflichung der Welt. Das wird selten beachtet, ergibt sich aber zwingend und macht überhaupt erst verständlich, wie die Stoiker dazu gekommen sind, die ganze Welt für den Ausdruck eines sie ganz durchwaltenden Logos zu halten (oder die Frühe Neuzeit dazu, die ganze Welt für ein mathematisch lesbares Buch). Die Vorstellung hat das Maß ihrer Richtigkeit an ihrer Entsprechung mit dem äußeren Gegenstand, an ihm muß immer wieder überprüft werden, ob ihre Inhalte und Kombinationen zutreffend, ob sie ‚verifizierbar' sind. Im Begriff darf nur das enthalten sein, was von den Dingen selbst abstrahiert ist. Das setzt voraus, daß jedes Ding ein (begrifflich) wohlbestimmtes Ding ist (ein, wie die Aufklärungsphilosophie vom Einzelding sagt: *omnimode determinatum*), ja ein Ding, das in der Summe seiner individuellen Bestimmtheiten immer mehr enthält, als je in abstrakt-allgemeinen Begriffen von ihm erfaßt werden kann.

Geht man wie die Stoiker davon aus, daß die klaren und deutlichen Vorstellungen wahr sind, weil sie den existierenden Gegenständen entsprechen, dann sind diese Gegenstände der Grund der Wahrheit des Denkens. Das ergibt sich auch aus dem Antiplatonismus der Stoa. Nicht die Tischheit, sondern die einzelnen Tische, nicht die Menschheit, sondern die einzelnen Menschen verkörpern das, was wirklich Tisch, wirklich Mensch ist. Da der stoische Weise nur den klaren und deutlichen Vorstellungen zustimmt, und diesen nur, wenn er sie ‚wissenschaftlich', d. h. immer wieder und in genau der ihnen eigenen Raum-Zeit-Stelle erkannt hat, durch die sie kausal vollständig bestimmt sind, folgt, daß die in den Vorstellungen des Weisen erkannte Welt durchgängig begründet, d. h. kausallogisch bestimmt ist.[599]

Umgekehrt führt der skeptische Zweifel an der Realitätstreue der ‚*kataleptischen*' (erfassenden), ‚*klaren und deutlichen*' Vorstellungen zu einem Zweifel an der Rationalität der Welt selbst. Für Sextus Empiricus gibt es z.B. keine Wissenschaft der Dichtung oder der Musik, nicht nur, weil Schönheit im allgemeinen nur von ihrer subjektiv erfahrenen Wirkung beurteilt werden könne, auch die Elemente einer solchen Wissenschaft, etwa der Musik, die Klänge, Töne, die Zeit und der Rhythmus, seien aus unseren Vorstellungen über sie nicht bestimmbar, also gebe es sie gar nicht (sc. als etwas Festes, nicht immer Relatives).[600] Wie in der Stoa aus der Klarheit und Deutlichkeit unserer ‚*erfassenden*' Vorstellungen die Überzeugung von einer durch und durch rationalen Welt entsteht, so wird in der Skepsis aus der Widersprüchlichkeit unserer Vorstellungen von der Welt eine Unerklärbarkeit oder Irrationalität der Welt selbst; auch die Skepsis stattet die Welt mit dem logischen Habitus unseres Denkens über sie aus.

---

[599] Zur Verwandtschaft dieses Ansatzes mit in der Aufklärung vertretenen Lehrmeinungen z.B. Christian von Wolff s. Verf., Einheit des Mannigfaltigen. Der Widerspruchssatz als Erkenntnisprinzip in der Aufklärungsphilosophie (Kant und Wolff) und bei Aristoteles und Platon, in: J.-M. Narbonne u. A. Reckermann (Hgg.), Pensées de l'«Un» dans l'histoire de la philosophie. Études en hommage au professeur Werner Beierwaltes, Paris/Quebec 2004, S. 339-375.

[600] S. jetzt Stefan Büttner, Antike Ästhetik. Eine Einführung in die Prinzipien des Schönen, München 2006, S. 142-147.

b. Aus der Sicht einer platonisch-aristotelischen Erkenntnistheorie ist die Skepsis nicht weniger naiv als die Stoa, weil auch sie nicht kritisch reflektiert, wie die Bestimmtheit von etwas erkannt wird. Zwar ist jeder wirkliche Gegenstand genau das, was er ist, er ist deshalb aber nicht genau ein bestimmter Gegenstand. Nicht der wirkliche Kreis ist ein genau bestimmter Kreis, der dem Beobachter zeigt, was ein Kreis ist, sondern an der Bestimmtheit des Begriffs des Kreises orientiert man sich, um festzustellen, ob ein beobachtbarer Gegenstand – aus Wasser, Kreide, Sand – ein Kreis ist und in welcher Hinsicht und Genauigkeit er ein Kreis ist.

10 a. Nur bewußte Akte sind selbständiges Denken, b. Bewußtsein ist ein Epiphänomen des Denkens

a. Die Überzeugung, der Mensch erkenne die Welt durch seine Vorstellungen von ihr, hat auch zur Folge, daß die Vorstellungskraft mit der ihr eigenen Spontaneität (im Umgang mit den ihr durch die Wahrnehmung gegebenen (Einzel-)Vorstellungen) als die spezifisch menschliche Aktivität erscheint. Nur in ihr ist der Mensch frei bei sich selbst und bestimmt sich selbst. Alle anderen psychischen Akte der Wahrnehmung, der Erfahrung von Lust und Unlust, des Strebens und Meidens bekommen in dieser Perspektive den Status des ‚Naturalen'. Sie sind bloße – weitgehend unbewusste, ‚mechanische' – Vorgänge in uns, die nicht in unserer Verfügungsgewalt stehen. Der Mensch, der selbstbestimmt er selbst sein möchte (Stoa), oder der nicht durch Einflüsse, die nicht in seiner Macht stehen, beunruhigt sein möchte (Epikureismus, Skepsis), muß sich daher von diesen Emotionen und Motivationen befreien. Ein der Vernunft (d. h. den selbstbestimmten, klaren Vorstellungen) gemäßes Leben können nicht, wie es die Stoiker Aristoteles unterstellen, maßvolle, weil von der Vernunft gemäßigte Gefühle und Leidenschaften bilden, nur die gänzliche Befreiung von ihnen bringt den Menschen zu sich selbst und seinem besten Zustand.[601]

b. Bewußtsein als Repräsentation von etwas ‚Gegebenem' kann im Sinn von Platon und Aristoteles nicht ein Bewußtsein von äußeren Gegenständen sein. Vergegenwärtigen kann man nur etwas bereits auf irgendeine Weise Erkanntes. Da an jedem Gegenstand – an Gegenständen der Wahrnehmung, etwa Tönen, ebenso wie Gegenständen des Denkens – das erkennbar ist, wodurch sie Verwirklichung eines Möglichen sind, das Mögliche aber nur begreifbar, nicht wahrnehmbar ist, ist das, was das Bewußtsein vergegenwärtigt, das Produkt eines vorhergehenden Erkenntnisaktes. Die Vorstel-

---

[601] Die Vorstellung, daß die selbstbestimmte Sittlichkeit des Menschen nur erreicht werden kann „*durch Bestimmungsgründe, die von der Natur und der Übereinstimmung derselben zu unserem Begehrungsvermögen (als Triebfedern) ganz unabhängig sein sollen*" (S. das ganze ‚2. Hauptstück' in Kants *Kritik der praktischen Vernunft* A 101-118), hat nicht nur weit in die Neuzeit hineingewirkt, sie verhindert bis heute eine angemessene Auslegung der aristotelischen Katharsislehre. Viele sind überzeugt, Katharsis könne nur eine völlige – physische oder psychische – Befreiung von Gefühlen und Leidenschaften meinen.

lung oder das Bewußtsein von etwas Rotem ist nur möglich, wenn die Wahrnehmung ein Rot unterschieden hat, das Bewußtsein einer Gefahr hat nur der, der eine Bedrohung erkannt hat. Mit diesen so erkannten Inhalten kann das Bewußtsein nach seinen Assoziationsgesetzen ‚umgehen', die selbständige Herstellung dieser Inhalte ist nicht Sache des Bewußtseins, hier ist das Bewußtsein abhängig, es kann nur nachträglich Stellung nehmen, seine Inhalte sind Epiphänomene anderer Erkenntnisakte.

Da diese das Bewußtsein erst ermöglichenden Erkenntnisakte sowohl Akte der Wahrnehmung wie des begrifflichen Erkennens sein können, ist es widersinnig, die Produkte dieser Erkenntnisakte als etwas ‚Naturales' dem Denken entgegenzusetzen und die Selbständigkeit des Menschen als Unabhängigkeit von dem, was Natur in ihm ist, zu deuten. Nötig ist nicht eine Unabhängigkeit vom ‚Gegebenen' und dem mit ihm verbundenen Gefühlen, sondern eine kritische Analyse der Erkenntnisakte, die das ‚Gegebene' herstellen. Der Unterschied des Bewußten und Unbewußten, d.h. der Unterschied, ob wir eine mentale Tätigkeit mit Bewußtsein begleiten oder nicht, spielt für die Rationalität eines Erkenntnisaktes keine, zumindest keine ausschlaggebende Rolle. Ausschlaggebend ist dagegen, ob man die Kriterien, nach denen man sich beim Unterscheiden richtet, kennt oder nicht kennt.

11 a. Nur Anschauung und Gefühl sind realitätshaltig, b. Realität hat das, was sich als res, als eine Sacheinheit erkennen läßt

a. Trotz des Ausschlusses von Anschauung und Gefühl aus dem, was zum Logos des Menschen gehört, gewinnen die vorlogischen ‚Vorgänge' eine besondere Bedeutung für alle drei hellenistischen Schulen (besonders aber für die Stoa). Da die Akte des Logos (als Vorstellung) Akte der Vergegenwärtigung und der (Urteils-)Bestätigung sind, ist die ‚Vernunft' auf die ihr vorhergehenden, ‚naturalen' Vermögen angewiesen. Sie allein verschaffen der ‚Vernunft' eine Verbindung mit der Realität. Da diese unmittelbaren Erfahrungsformen (dem Ideal nach) noch nicht vom Denken überformt sind, sind in ihnen noch die ‚Dinge an sich' enthalten. Wenn das Denken sich nicht in seinen eigenen Konstruktionen verlieren will, muß es zur Kontrolle der Realitätshaltigkeit seiner Begriffe daher immer wieder auf Anschauung, Gefühl, Intuition zurückgreifen. So entsteht die – paradoxe – Überzeugung, daß das Produkt ganz und gar subjektiver Erfahrungsformen, die noch den Charakter von bloßen ‚Erlebnissen' haben, zugleich die objektive Realität der äußeren Gegenstände (wenn auch unbewußt und daher dem Denken unzugänglich) enthalten soll.

b. An die Stelle dieses Vertrauens in die ‚Realität' der dem Denken vorhergehenden Erfahrungsformen tritt in einer Unterscheidungsphilosophie die methodische Klärung, wann etwas eine von sich her bestimmte Sache, eine *res* ist. ‚Realität' hat etwas, wenn es eine Sache ist. Die Kriterien für das, was die Bedingungen sachlicher Einheit sind, gewinnt das Denken aus der

Reflexion auf seine Erkenntnisakte, nicht durch Übernahme vermeintlich unverfälscht rezipierter Gegenstandseinheiten.

Die knappen Hinweise in den letzten Abschnitten auf einige wichtige Unterscheidungsmerkmale zwischen den beiden besprochenen Grundformen europäischer Rationalität machen schon deutlich genug, daß sich aus ihnen nicht nur für die Erkenntnistheorie relevante Unterschiede ergeben. Ob das Denken konkret oder abstrakt ist, ob mit dem Denken selbst Formen des Fühlens und Wollens verbunden sind, oder ob sie als eigenständige Akteure mit dem Denken interagieren, ob das Denken seine Inhalte aus der Anschauung gewinnt, oder ob die Anschauung erst durch das Denken zu einem Inhalt mit Bedeutung wird, ob die Begriffe des Denkens an der Anschauung verifiziert werden müssen, oder ob die Anschauung an begrifflichen Kriterien beurteilt wird, ob die Begriffe des Denkens von den ‚wohlbestimmten' Dingen abgeleitet werden müssen, oder ob an der Wohlbestimmtheit des Begriffs das Maß der Bestimmtheit der Dinge gemessen wird, ob nur bewußte Akte Denken sind, oder ob das Bewußtsein erst Produkt von Erkenntnisakten ist, die ihm vorhergehen (oder die es überschreiten), - dies alles sind Unterschiede mit Folgen für beinahe alle möglichen kulturellen und wissenschaftlichen Aktivitäten des Menschen.

Viele der hier noch einmal im Umriss skizzierten Unterschiede spielen in vielen Diskursen der europäischen Geistesgeschichte eine bedeutende Rolle. Da die Eigentümlichkeiten einer Unterscheidungsphilosophie von vielen wie Merkmale einer vormodernen Reflexionsstufe behandelt werden und und ihre erkenntnistheoretische Begründung deshalb nicht oder nur in Einzelaspekten beachtet wird, war es das Hauptanliegen dieses Buches, diese Begründungsformen zu dokumentieren und ihre sachliche Relevanz wieder mehr in den Blick zu bringen.

Literaturverzeichnis**

I Antike Primärtexte

Alexander von Aphrodisias, De anima liber cum Mantissa (=De anima liber alter), in: Supplementum Aristototelicum II,1, ed. Ivo Bruns, Berlin 1887.
ders., Über das Schicksal, übers. u. komm. v. Andreas Zierl, Berlin 1995.
Ancius Manlius Torquatus Severinus Boethius, De Institutione arithmetica libri duo, De Institutione musica libri quinque, ed. Godofredus Friedlein, Leipzig 1867 (=ND Frankfurt a. M. 1966).
ders., Fünf Bücher über die Musik, aus dem lat. in die dt. Sprache übertr. u. erkl. v. Oscar Paul, 2. ND. der Ausg. Leipzig 1872, Hildesheim (u.a.) 1985.
Aristoteles, Analytica Priora et Posteriora, rec. William D. Ross (praefatione et appendice auxit L. Minio-Paluello), Oxford, 1964.
ders., Categoriae et liber De Interpretatione, rec. L. Minio-Paluello, Oxford, 1949.
ders., De anima, rec. William D. Ross, Oxford, 1956.
ders., De arte poetica liber, rec. Rudolf Kassel, Oxford 1965.
ders., Metaphysica, rec. Werner Jaeger, Oxford, 1957.
ders., Physica, rec. William D. Ross, Oxford, 1950.
Aurelio Agostino. Musica. Introduzione, traduzione, note e apparati di Maria Bettetini, Mailand 1997.
Cicero, Marcus Tullius, De divinatione (enthält außerdem: De fato u. Timaeus), ed. Remo Giomini, Leipzig 1975.
ders., Academicorum Reliquiae cum Lucullo, rec. Otto Plasberg, Stuttgart 1961.
ders., De re publica, rec. Konrad Ziegler, Leipzig ⁷1969 (=Stuttgart (u. a.) 1992).
ders., De re publica (lat./dt.), Vom Staatswesen, übers. u. hg. v. Karl Büchner, ND Stuttgart 1995.
ders., De finibus bonorum et malorum. Über das höchste Gut und das größte Übel, (lat./dt.), übers. u. hg. v. Harald Merklin, Stuttgart 1989.
Diogenes Laertius, De vitis clarorum philosophorum, (griech./dt.), übersetzt von Otto Apelt, hg. v. Klaus Reich u. Hans Günter Zekl, Hamburg 1968 (engl.: Diogenes Laertius, Lives of Eminent Philosophers, with an English Translation by R. D. Hicks, (2 Vols), Cambridge (Mass.) 1958).
Ioannis Philoponi in Aristotelis Physicorum libros tres priores commentaria, Commentaria in Aristotelem Graeca (=CAG) XVI, ed. Hermann Vitelli, Berlin 1887.
dess. in Aristotelis De anima tres libros commentaria, CAG XV, ed. Michael Hayduck, Berlin 1897.
dess. in Aristotelis Analytica Posteriora commentaria cum anonymo in librum II, ed. Maximilian Wallies, CAG XIII, Berlin 1909.
Nicomachi Geraseni Pythagorei introductionis arithmeticae libri II, rec. Richard Hoche, Leipzig, 1866.

** Die bisher im Rahmen des Projekts ‚Neuzeitliches Selbstverständnis und Deutung der Antike' erschienenen Arbeiten (Bücher und Aufsätze) sind mit einem „*" markiert.

Platonis Opera, rec. brevique adnotatione critica instruxit John Burnet, (5 Vols), Oxford 1900-1907 (u. ö.).
Plotini Opera, edd. Paul Henry et Hans-Rudolf Schwyzer, (3 Vols), Oxford 1964/1977/1982 (u. ö.).
Polybios, Geschichte, ed. u. übers. v. Hans Drexler, Zürich 1978.
Posidonius, Vol. I: Testimonia and Fragments, Vol. II: The Commentary, hg. v. Ludwig Edelstein u. Ian G. Kidd, (Cambridge Classical Texts and Commentaries; 14), repr. Cambridge 1999.
Procli Diadochi in primum Euclidis elementorum librum commentarii, ed. Godofried Friedlein, Leipzig 1873.
dess. in Platonis Rem publicam commentarii, ed. Wilhelm Kroll, (2 Bde.), Leipzig 1899/1901.
dess. (Procli Philosophi Platonici) opera inedita, pars III continens Procli commentarium in Platonis Parmenidem, ed. Victor Cousin, Paris 1864 (ND Hildesheim/New York 1980).
Seneca, Lucius Annaeus, Briefe an Lucilius über Ethik, übers. u. hg. v. Franz Loretto, Stuttgart 1994-2000.
ders., Die kleinen Dialoge (lat./dt.), hg., übers. u. mit einer Einf. vers. v. Gerhard Fink, München (u.a.) 1992.
Sexti Empirici Opera, rec. Hermann Mutschmann, (2 Vols), Leipzig 1911/1914.
ders., Grundriß der pyrrhonischen Skepsis, übers. v. Malte Hossenfelder, Frankfurt a.M. 1968.
Stoicorum veterum fragmenta, (3 Bde.), coll. Hans van Arnim, Leipzig (u.a.) 1908 (u.ö.) [abgekürzt als: SVF]
Syriani in Metaphysica commentaria, CAG VI,1, ed. Wilhelm Kroll, Berlin 1902.
Themistii in Aristotelis Physicam paraphrasis, CAG V,2, ed. Heinrich Schenkl, Berlin 1900.
Theonis Smyrnaei Philosophi Platonici expositio rerum mathematicarum ad legendum Platonem utilium, rec. Eduard Hiller, Leipzig 1878.
Vorsokratiker: Die Fragmente der Vorsokratiker, griech. u. dt. v. Hermann Diels, hg. v. Walther Kranz, (3 Bde.), Zürich (u.a.) [11]1964 (u.ö.).

II Sonstige

Abel, Günter, Stoizismus und frühe Neuzeit, Berlin 1978.
Adkins, Arthur W. H., Merit and Responsibility: A Study in Greek Values, Oxford 1960.
ders., Homeric Gods and the Values of Homeric Society, in: Journal of Hellenic Studies 92, 1972, 1-19.
Adler, Alfred, Studie über Minderwertigkeit von Organen, München 1927.
Adorno, Theodor u. Horkheimer, Max, Die Dialektik der Aufklärung, Frankfurt a. M. [12]2000.
Aertsen, Jan A. u. Speer, Andreas (Hgg.), Individuum und Individualität im Mittelalter, Berlin/New York 1996.
Albert, Leif Ludwig, Umwelt, in: Zeitschrift für deutsche Sprache 21, 1965, 115-118.
Annas, Julia, Truth and Knowledge, in: Malcolm Schofield, Myles Burnyeat u. Jonathan Barnes (Hgg.), Doubt and Dogmatism, Oxford 1980, 84-104.
Arrow, Kenneth J., Social Choice and Individual Values, New York 1951/1963.

Arruda, Ayda u. da Costa, Newton, On the Relevant Systems P and P* and Some Related Systems, in: Studia Logica 43, 1984, 33-49.
Barnes, Jonathan, Aristotle's Posterior Analytics: transl. with a commentary by Jonathan Barnes, Oxford ²1994.
Baum, Angelica, Selbstgefühl und reflektierte Neigung, Stuttgart-Bad Cannstatt 2001.
Baumgarten, Alexander Gottlieb, Theoretische Ästhetik: Die grundlegenden Abschnitte aus der „Aesthetica" (1750/58), (lat./dt.), übers. u. hg. v. Hans Rudolf Schweizer, Hamburg ²1988.
Beck, Leslie J., The Metaphysics of Descartes. A Study of the ‚Meditations', Oxford 1965.
Beierwaltes, Werner, Augustins Interpretation von Sapientia 11, 21, in: Revue des Etudes Augustiennes 15, 1969, 51-61.
ders., Identität und Differenz als Prinzip cusanischen Denkens, in: ders., Identität und Differenz, Frankfurt a.M. 1980, 105-143.
Bentham, Jeremy, In Defense of Usury, London 1787.
*Benz, Hubert, Materie und Wahrnehmung in der Philosophie Plotins (Epistemata; 85), Würzburg 1990.
*ders., Individualität und Subjektivität. Interpretationstendenzen in der Cusanus-Forschung und das Selbstverständnis des Nikolaus von Kues, Münster 1999.
*Bernard, Hildegund, Hermeias von Alexandrien, Kommentar zu Platons ‚Phaidros', Tübingen 1997.
*Bernard, Wolfgang, Philoponus on Self-Awareness, in: Richard Sorabji (Hg.), Philoponus and the Rejection of Aristotelian Science, London 1987, 154-163.
*ders., Rezeptivität und Spontaneität der Wahrnehmung bei Aristoteles. Versuch einer Bestimmung der spontanen Erkenntnisleistung der Wahrnehmung bei Aristoteles in Abgrenzung gegen die rezeptive Auslegung der Sinnlichkeit bei Descartes und Kant, Baden-Baden 1988.
*ders., Spätantike Dichtungstheorien. Untersuchungen zu Proklos, Herakleitos und Plutarch, (Beiträge zur Altertumskunde; 3), Stuttgart 1990.
*ders., Zur Begründung der mathematischen Wissenschaften bei Boethius, in: Antike und Abendland 43, 1997, 63-89.
*ders., ‚Teleologie' und Naturphilosophie bei Platon, in: Wolfgang Bernard u. Hans Jürgen Wendel (Hgg.), Antike Philosophie und Moderne Wissenschaft, (Rostocker Studien zur Kulturwissenschaft; 2), Rostock 1998, 1-29.
*ders., Vorüberlegungen zu einer Neuinterpretation der Platonischen Staatstheorie, in: Barbara Bauer u. Wolfgang G. Müller (Hgg.), Staatstheoretische Diskurse im Spiegel der Nationalliteraturen von 1500 bis 1800, Wiesbaden 1998, 23-39.
*ders., Das Ende des Ödipus bei Sophokles. Untersuchung zur Interpretation des ‚Ödipus auf Kolonos', München 2001.
Blackmore, Susan, Gespräche über Bewusstsein, Frankfurt/Main 2007.
Blau, Ulrich, Die dreiwertige Logik der Sprache, Berlin/New York 1978.
Blum, Paul Richard, Aufklärung zwischen Humanismus und Scholastik bei Andreas Gordon OSB und seinen Gegnern, in: Enno Rudolph (Hg.), Die Renaissance als erste Aufklärung, Bd. 3: Die Renaissance und ihr Bild in der Geschichte, Tübingen 1998, 135-147.
Blumenberg, Hans, Nachahmung der Natur. Zur Vorgeschichte der Idee des schöpferischen Menschen, in: ders., Wirklichkeiten, in denen wir leben, Stuttgart 1981, 55-103.
ders., Die Genesis der kopernikanischen Welt, Frankfurt a.M. 1975.

ders., Selbsterhaltung und Beharrung. Zur Konstitution der neuzeitlichen Rationalität, in: Hans Ebeling (Hg.), Subjektivität und Selbsterhaltung. Beiträge zur Diagnose der Moderne, Frankfurt a.M. 1996, 144-207.
ders., Die Legitimität der Neuzeit, Frankfurt a.M. ²1999.
Boehner, Philotheus, Collected Articles on Ockham, hg. v. Eligius M. Buytaert, St. Bonaventura (u.a.) 1958.
Böhm, Gottfried, Bildnis und Individuum. Über den Ursprung der Portraitmalerei in der Renaissance, München 1985.
Böhme, Hartmut u. Böhme, Gernot, Das Andere der Vernunft. Zur Entwicklung von Rationalitätsstrukturen am Beispiel Kants, Frankfurt a.M. 1992.
Böhme, Hartmut, Zur Gegenstandsfrage der Germanistik und Kulturwissenschaft, in: Jahrbuch der Deutschen Schillergesellschaft 42, 1998, 476-485.
ders., Matussek, Peter u. Müller, Lothar, Orientierung Kulturwissenschaft: Was sie kann, was sie will, Hamburg 2000.
Bönker-Vallon, Angelika, Der Aufbruch ins Unendliche: Weltbewußtsein des Subjekts und Einheit der Natur in der Renaissance, in: Franz Gniffke u. Norbert Herold (Hgg.), Klassische Fragen der Philosophiegeschichte I: Antike bis Renaissance, Münster 2002, 179-210.
Brandt, Reinhard, Das Titelblatt des Leviathan und Goyas El Gigante, in: Udo Bermbach (Hg.), Furcht und Freiheit. Leviathan-Diskussion 300 Jahre nach Thomas Hobbes, Opladen 1978, 203-231.
ders., Zu Lockes Lehre vom Privateigentum, in: Kant-Studien 63, 1981, 426-435.
ders., Historisches zum Selbstbewußtsein, in: Burkhard Tuschling (Hg.), Probleme der ‚Kritik der reinen Vernunft' (Klaus Reich zum 75. Geburtstag am 1. Dezember 1981), Berlin 1984, 1-14.
ders, Die politische Institution bei Kant, in: Gerhard Göhler (u.a.) (Hgg.), Politische Institutionen im gesellschaftlichen Umbruch. Ideengeschichtliche Beiträge zur Theorie politischer Institutionen, Opladen 1990, 335-357.
ders., Der weltbekannte Sonderling watschelt auf dem Boden der Tatsachen. Zoospaziergang mit Kant: Umberto Eco verläßt auf der Spur des Schnabeltiers das Gehege der weltlosen Semiotik, FAZ vom 24.3.1998, L 26.
ders., Institution – Institution in Antike und Neuzeit – Institution bei Kant, in: Petra Kolmer u. Harald Korten (Hgg.), Recht – Staat – Gesellschaft. Facetten der politischen Philosophie, Freiburg/München 1999, 69-111.
ders., Kritischer Kommentar zu Kants Anthropologie in pragmatischer Hinsicht (1798), (Kant-Forschungen; 10), Hamburg 1999.
ders., Philosophie in Bildern, Köln 2000, 194-200.
F. Braudel, Histoire et sciences sociales. La longue durée, dtsch. z.B. in C Honegger, M. Bloch, F. Braudel u. a. (Hgg), Schrift und Materie der Geschichte. Vorschläge zur systematischen Aneignung historischer Prozesse, Frankfurt/Main 1977, 47-85
Braungart, Georg, Leibhafter Sinn. Der andere Diskurs der Moderne, Tübingen 1995.
Bremer, Jan Maarten u. De Jong, Irene (Hgg.), Homer beyond Oral Poetry, Amsterdam 1987.
Bremer, Manuel E., Wahre Widersprüche: Eine Einführung in die parakonsistente Logik, Sankt Augustin 1998.
Brentano, Franz, Über Aristoteles. Nachgelassene Aufsätze, hg. v. Rolf George, Hamburg 1986.
Bröcker, Walter, Gorgias contra Parmenides, in: Hermes 86, 1958, 425-440.
Brody, Baruch A., Toward an Aristotelian Theory of Scientific Explanation, in: Philosophy of Science 39, 1972, 20-31.

Brody, Baruch A., Why Settle for Anything Less than Good Oldfashioned Aristotelian Essentialism?, in: Nous 7, 1973, 351-364.
Bruni, Leonardo, Humanistisch philosophische Schriften, hg. v. Hans von Baron Leipzig/Berlin 1928 (=1436).
Buchanan, James M., The Limits of Liberty. Between Anarchy and Leviathan, Chicago/London 1975 (dt.: Die Grenzen der Freiheit, Tübingen 1984).
Buck, August, Die „Querelle des anciens et des modernes" im italienischen Selbstverständnis der Renaissance und des Barocks, (Sitzungsberichte der Wissenschaftlichen Gesellschaft Frankfurt a.M.; 11,1), Wiesbaden 1973.
Burckhardt, Jacob, Die Kultur der Renaissance in Italien, durchges. v. Walter Goetz, Stuttgart [10]1976.
Burian, Richard M., Artikel ‚Empirismus', in: Josef Speck (Hg.), Handbuch wissenschaftstheoretischer Begriffe, Bd. 1, Göttingen 1980, 150-158.
*Büttner, Stefan, Die Literaturtheorie bei Platon und ihre anthropologische Begründung, Tübingen/Basel 2000.
Cairns, Douglas L., Aidôs: The Psychology and Ethics of Honour and Shame in Ancient Greek Literature, Oxford 1993.
Carnap, Rudolf, Der logische Aufbau der Welt, Hamburg 1998 (=Berlin [1]1928 mit dem Vorwort zur zweiten Aufl. (1961)).
Cassirer, Ernst, Substanzbegriff und Funktionsbegriff, Berlin 1910.
ders., Philosophie der symbolischen Formen, (3 Bde.), Berlin 1923-1929 (=ND Darmstadt [2]1953 (u.ö.)), Bd. 2: Das mythische Denken, 1923.
ders., Individuum und Kosmos in der Philosophie der Renaissance, Leipzig 1927.
ders., Giovanni Pico della Mirandola: A Study in the History of Renaissance Ideas, in: Journal of the History of Ideas 3, 1942, 123-144 u. 319-346.
*Cessi, Viviana, Erkennen und Handeln in der Theorie des Tragischen bei Aristoteles, (Beiträge zur klassischen Philologie; 180), Frankfurt a.M. 1987.
Charlton, William, Aristotle's Physics books I and II. Translated with introduction and notes by William Charlton, Oxford 1970.
Ciompi, Luc, Die emotionalen Grundlagen des Denkens. Entwurf einer fraktalen Affektlogik, Göttingen 1997.
Clothia, Cyrus u. Finkelstein, Alan V., The Classification and Origins of Protein Folding Patterns, in: Annual Review of Biochemistry 59, 1990, 1007-1039.
*Cludius, Martin, Die Grundlegung der Erkenntnistheorie in Platons Politeia. Ein Kommentar zu Platons Unterscheidung von Meinen und Wissen und zum Liniengleichnis, Diss. Marburg 1997.
Cohen, S. Marc, Hylemorphism and Functionalism, in: Martha C. Nussbaum u. Amélie Oksenberg-Rorty (Hgg.), Essays on Aristotle's ‚De anima', Oxford 1992, 57-74.
Corcoran, Derek W., Patterns Recognition, London 1971.
Curtius, Ernst Robert, Europäische Literatur und Lateinisches Mittelalter, Bern 1967.
Cytowic, Richard E., Farben hören, Töne schmecken. Die bizarre Welt der Sinne, Berlin 1995 (und München 1996) (engl. Originalausgabe: The Man who Tasted Shapes: A Bizarre Medical Mystery Offers Revolutionary Insights into Emotions, Reasoning, and Consciousness, New York 1993).
Damasio, Antonio R., A Second Chance for Emotion, in: Richard D. Lane (Hg.), Cognitive Neuroscience of Emotion, Oxford 2000, 12-23.
ders., Ich fühle, also bin ich. Die Entschlüsselung des Bewußtseins, München [2]2000 (engl. Ausgabe: The Feeling of what Happens. Body and Emotions in the Making of Consciousness, New York 1999).

Daya, Krishna, The Law of Contradiction and Empirical Reality, in: Mind 66, 1957, 250-57.
Denton, Michael u. Marshall, Craig, Laws of Form Revisited, in: Nature 410, März 2001, 417.
Derrida, Jacques, Cogito und die Geschichte des Wahnsinns, in: ders., Die Schrift und die Differenz, Frankfurt a.M. ⁶1994, 53-101.
Detel, Wolfgang, Aristoteles, Analytica Posteriora, übers. u. erl., (2 Bde.), Berlin 1993.
Dierauer, Urs, Tier und Mensch im Denken der Antike. Studien zur Tierpsychologie, Anthropologie und Ethik, (Studien zur antiken Philosophie; 6), Diss. Amsterdam 1977.
Dilthey, Wilhelm, Ges. Schriften, Stuttgart/Göttingen, Bd. 2: Weltanschauung und Analyse des Menschen seit Renaissance und Reformation ¹⁰1977.
Dodds, Ernst Robert, The Greeks and the Irrational, Los Angeles 1951.
Donald, Merlin, Origins of the Modern Mind: Three Stages in the Evolution of Culture and Cognition, Cambridge (Mass.) 1991.
Dulles, Avery, G. Pico della Mirandola and the Scholastic Tradition, Cambridge (Mass.) 1941.
Dunbar, Robin, Klatsch und Tratsch. Wie der Mensch die Sprache fand, München 1998.
Dürr, Hans Peter (Hg.), Physik und Transzendenz. Die großen Physiker unseres Jahrhunderts über ihre Begegnung mit dem Wunderbaren, Bern/München/Wien 1988.
Eco, Umberto, Kant e l' ornitorinco, Mailand 1997.
Erler, Michael, Epikur, in: Die Philosophie der Antike, hg. v. Hellmut Flashar, Bd. 4: Hellenistische Philosophie, Basel 1994, Bd. 4,1.
Eucken, Rudolf, Die Methode der Aristotelischen Forschung, Berlin 1872.
Farrell, Daniel M., Recent Work on the Emotions, in: Zeitschrift für Analyse und Kritik 10, 1988, 71-102.
Feldman, Gerald D., Welfare Economics, in: The New Palgrave 4, 1987, 889-895.
Ficino, Marsilio, Theologia Platonica de immortalitate animarum (Paris 1559), 2. ND Hildesheim (u.a.) 1995.
Fink-Eitel, Hinrich, Affekte. Versuch einer philosophischen Bestandsaufnahme, in: Zeitschrift für philosophische Forschung 40, 1986, 520-542.
Fischer, Ernst Peter, Aristoteles, Einstein & Co. Eine kleine Geschichte der Wissenschaft in Porträts, München (u.a.) 2000.
Flasch, Kurt u. Jeck, Udo Reinhold (Hgg.), Das Licht der Vernunft. Die Anfänge der Aufklärung im Mittelalter, München 1997.
Forschner, Maximilian, Über das Glück des Menschen, Darmstadt 1993.
ders., Die stoische Ethik, Darmstadt ²1995.
Foucault, Michel, Le souci de soi. Histoire de la sexualité III, Paris 1984 (dt.: Die Sorge um sich, (Sexualität und Wahrheit; 3), Frankfurt a.M. 1986).
ders., Überwachen und Strafen. Die Geburt des Gefängnisses, Frankfurt a.M. 1976 (frz. Originalausg.: Surveiller et punir. La naissance de la prison, Paris 1975).
Frank, Manfred, Was ist Neostrukturalismus?, Frankfurt a.M. 1983.
ders., Theorie des Selbstbewußtseins, in: ders., Selbstbewußtsein und Selbsterkenntnis, Essays zur analytischen Philosophie der Subjektivität, Stuttgart 1991.
ders., Unendliche Annäherung. Die Anfänge der philosophischen Frühromantik, Frankfurt a.M. 1997.
Fränkel, Hermann, Dichtung und Philosophie des frühen Griechentums, München ²1962.

Frankena, William K., The Naturalistic Fallacy, in: Mind 48, 1939, 464-477.
Frede, Dorothea, Die ungerechten Verfassungen und die ihnen entsprechenden Menschen, in: Otfried Höffe (Hg.), Platon, Politeia, 251-270.
Friedman, Milton, The Methodology of Modern Economics, in: ders., Essays in Positive Economics, Chicago 1953, 1-43.
Friedrich Schiller, Sämtliche Werke in 20 Bänden, hg. v. Gerhard Fricke, Herbert G. Göpfert u. H. Stubenrauch, München 1964.
Fritsche, Johannes, Methode und Beweisziel im ersten Buch der ‚Physikvorlesung' des Aristoteles, Frankfurt a.M. 1986.
Fritz, Kurt von, The Theory of the Mixed Constitution in the Antiquity. A critical Analysis of Polybius' Political Ideas, New York 1954.
Gadamer, Hans-Georg, Kant und die philosophische Hermeneutik, in: Kant-Studien 66, 1975, 395-403.
ders., Wahrheit und Methode. Grundzüge einer philosophischen Hermeneutik, Tübingen⁶1990.
Gähde, Ulrich (Hg.), Der klassische Utilitarismus. Einflüsse – Entwicklungen – Folgen, Berlin 1992.
Gaiser, Konrad, Das zweifache Telos bei Aristoteles, in: Ingemar Düring (Hg.), Naturphilosophie bei Aristoteles und Theophrast, Heidelberg 1969, 97-113.
Galilei, Galileo, Le opere di Galileo Galilei, ed. Eugenio Albèri (1. ed. completa condotta sugli autentici manoscritti Palatini), Bd. 6: Commercio epistolare, Florenz ¹1847.
Gardiner, Harry N., Metcalf, Ruth Clark u. Beebe-Center, John G. (Hgg.), Feeling and Emotion: A History of Theories, New York 1970.
Gaukroger, Stephen, Cartesian Logic. An Essay on Descartes' Conception of Inference, Oxford 1989.
Geertz, Clifford, The Interpretation of Cultures: Selected Essays, New York 1973.
Gentili, Bruno u. Paioni, G. (Hgg.), Oralità, Cultura, Letteratura, Discorso, (Atti del Convegno Internazionale Urbino), Rom 1985.
Gentili, Bruno, Poesia e pubblico nella Grecia antica, Rom ²1989.
Gerl, Hannah Barbara, Philosophie und Philologie, München 1981.
Gierer, Alfred, Die Physik, das Leben und die Seele, München 1991.
Goleman, Daniel, Emotionale Intelligenz, München 1996 (engl.: Emotional Intelligence: Why it can matter more than IQ, New York 1995).
Gordon, Andreas, Varia philosophiae mutationem spectantia, Erfurt 1749.
Gordon, Robert A., Rigor and Relevance in a Changing Institutional Setting, in: American Economic Review 66, 1976, 1-14.
Gorgias, Encomium of Helen, ed. with introd., notes and transl. by Douglas M. MacDowell, Bristol 1982.
Görler, Woldemar, Ἀσθενὴς συγκατάθεσις. Zur stoischen Erkenntnistheorie, in: Würzburger Jahrbücher für die Altertumswissenschaft N.F. 3, 1977, 83-92.
Gosling, Justin, Republic Book V: τὰ πολλὰ καλά etc., in: Phronesis 5, 1960, 116-128.
Graeser, Andreas, Probleme der platonischen Seelenteilungslehre. Überlegungen zur Frage der Kontinuität in Platons Denken, (Zetemata; 47), München 1969.
Grassi, Ernesto, Historische Quellen (gesammelt von Ernesto Grassi), in: Werner Heisenberg, Das Naturbild der heutigen Physik, hg. v. Ernesto Grassi, Hamburg 1955 (u.ö.).
Griffin, Donald R., Wie Tiere denken. Ein Vorstoß ins Bewußtsein der Tiere, München 1990 (=Animal Thinking, Cambridge (Mass.) 1984).

Grisworld, Charles L., Adam Smith and the Virtues of Enlightenment, Cambridge 1999.
Gumbrecht, Hans Ulrich, Diesseits der Hermeneutik. Die Produktion von Präsenz, Frankfurt 2004.
ders., Dimensionen und Grenzen der Begriffsgeschichte, München 2006.
Gurjewitsch, Aaron, J., Das Individuum im europäischen Mittelalter, München 1994.
Gutschker, Thomas, Aristotelische Diskurse. Aristoteles in der politischen Philosophie des 20. Jahrhunderts, Stuttgart/Weimar 2002.
Habermas, Jürgen, Erläuterungen zur Diskursethik, Frankfurt a.M. 1991.
ders., Moralbewußtsein und kommunikatives Handeln, Frankfurt a.M. [7]1999.
Halfwassen, Jens, Der Aufstieg zum Einen. Untersuchungen zu Platon und Plotin, Stuttgart 1992.
Hamlyn, David Walter, Sensation and Perception. A History of the Philosophy of Perception, London 1961.
Hans, James S., The Play of the World, Amherst 1981.
Haskins, Charles H., The Renaissance of the Twelfth Century, Cambridge (Mass.)/London 1927.
Hassinger, Erich, Empirisch-rationaler Historismus. Seine Ausbildung in der Literatur Westeuropas von Guiccardini bis Saint-Evremond, Bern/München 1978.
Havelock, Eric A., The Greek Concept of Justice: From its Shadow in Homer to its Substance in Plato, Cambridge (Mass.)/London 1978.
ders., The Muses Learn to Write: Reflections on Orality and Literacy from Antiquity to the Present, New Haven/London 1986.
Hegel, Georg Wilhelm Friedrich, Theorie-Werkausgabe, hg. v. Eva Moldenhauer und Karl M. Michel, (20 Bde.), Frankfurt a.M. 1969ff., Bd. 3: Phänomenologie des Geistes, [5]1996; Bd. 7: Grundlinien der Philosophie des Rechts, [6]2000; Bd. 12: Vorlesungen über die Philosophie der Geschichte, [5]1999; Bd. 13-15: Vorlesungen über die Ästhetik, [2]1989; Bd. 18-20: Vorlesungen über die Geschichte der Philosophie, [3]1998.
ders., Wissenschaft der Logik, hg. v. Georg Lasson, Hamburg 1934 (u.ö.).
*Heilmann, Anja, Boethius' Musiktheorie und das Quadrivium, Göttingen 2007.
Heinrich, Reinhardt, Freiheit zu Gott. Der Grundgedanke des Systematikers Giovanni Pico della Mirandola (1463-1494), Weinheim 1989.
Heisenberg, Werner, Der Teil und das Ganze, München 1969.
Heitsch, Ernst, Überlegungen Platons im Theätet, (Akademie der Wissenschaften und der Literatur in Mainz, Abhandlungen der geistes- und sozialwissenschaftlichen Klasse; 1988, 9), Stuttgart 1988.
Henrich, Dieter, Selbstbewußtsein, kritische Einleitung in eine Theorie, in: Rüdiger Bubner, Konrad Cramer u. Rainer Wiehl (Hgg.), Hermeneutik und Dialektik. Festschrift für Hans-Georg Gadamer, Tübingen 1970, 257-284.
ders., Die Grundstruktur der modernen Philosophie, in: Hans Ebeling (Hg.), Subjektivität und Selbsterhaltung. Beiträge zur Diagnose der Moderne, Frankfurt a.M. 1996, 97-121 (=wieder abgedruckt in: Dieter Henrich, Selbstverhältnisse, Stuttgart 1993, 83ff.).
Herder, Johann Gottfried, Herders Werke in 5 Bänden, hg. u. eingel. von Wilhelm Dobbek, Bd. 2: Fragmente über die neuere deutsche Literatur; Bd. 4: Ideen zur Philosophie der Geschichte der Menschheit, Berlin [4]1969.
Hermes, Hans, Zur Geschichte der mathematischen Logik und Grundlagen-Forschung in den letzten 75 Jahren, in: Jahresbericht der deutschen Mathematiker-Vereinigung 68, 1966, 75ff.

Hildebrandt, Kurt, Plato. Der Kampf des Geistes um die Macht, Berlin 1933.
Hintikka, Jaakko, Time and Necessity: Studies in Aristotle's Theory of Modality, Oxford 1973.
Hobbes, Thomas, Leviathan, ed. Richard Tuck, Cambridge 1996.
ders., Leviathan oder Stoff, Form und Gewalt eines kirchlichen und bürgerlichen Staates, hg. u. eingel. v. Iring Fetscher, übers. v. Walter Euchner, Frankfurt a.M. ⁹1999.
Höffe, Otfried, Zur Analogie von Individuum und Polis, in: ders. (Hg.), Platon. Politeia, (Klassiker auslegen; 7), Berlin 1997, 69-94.
ders. (Hg.), John Rawls. Eine Theorie der Gerechtigkeit, (Klassiker auslegen; 15), Berlin 1998.
Hofmann-Riedinger, Monika, Das Rätsel des ‚Cogito ergo sum', in: Studia Philosophica 55, 1996, 115-135.
Holz, Arno, Die neue Wortkunst, in: ders., Das Werk, hg. v. Hans Werner Fischer, Bd. 10 (Die neue Wortkunst), Berlin 1925.
ders., Werke, hg. v. Wilhelm Emrich u. Anita Holz, (7 Bde.), Bd. 5: Sozialaristokraten, Sonnenfinsternis, Neuwied/Berlin 1961-64.
Honnefelder, Ludger, Ens inquantum ens. Der Begriff des Seienden als solchen als Gegenstand der Metaphysik nach der Lehre des Johannes Duns Scotus, Münster 1979.
Horn, Christoph, Antike Lebenskunst. Glück und Moral von Sokrates bis zu den Neuplatonikern, München 1998.
ders., Platons epistêmê-doxa-Unterscheidung und die Ideentheorie (Buch V 474b-480a und Buch X 595c-597e), in: Otfried Höffe (Hg.), Platon. Politeia, 292-312.
ders., Wille, Willensbestimmung, Begehrungsvermögen, in: Otfried Höffe (Hg.), Kant. Kritik der praktischen Vernunft, (Klassiker auslegen; 26), Berlin 2002, 43-61.
Hossenfelder, Malte, Stoa, Epikureismus und Skepsis, (Geschichte der Philosophie; 3. Die Philosophie der Antike; 3), München ²1995.
Hottinger, Olaf, Eigeninteresse und individuelles Nutzenkalkül in der Theorie der Gesellschaft und Ökonomie von Adam Smith, Jeremy Bentham und John Stuart Mill, Marburg 1998.
Hübner, Kurt, Die Wahrheit des Mythos, München 1985.
Jaeger, Werner, Paideia. Die Formung des griechischen Menschen, (3 Bde.), Berlin 1934-47.
Jahn, Thomas, Zum Wortfeld ‚Seele-Geist' in der Sprache Homers, (Zetemata; 83), München 1987.
Janich, Peter, Die Protophysik der Zeit, Mannheim (u.a.) 1969.
Jauß, Hans Robert, Literaturgeschichte als Provokation, Frankfurt a.M. 1970.
ders., Artikel ‚antiqui/ moderni' in: Joachiam Ritter (Hg), Historisches Wörterbuch der Philosophie, Bd.1, Basel 1971, Sp.410- 414.
Jones, Howard, The Epicurean Tradition, London/New York 1989.
Kablitz, Andreas, Warum Petrarca? Bembos *Prose della volgar lingua* und das Problem der Autorität, in: Romanistisches Jahrbuch 50, 1999, 127-157.
Kahle, Gerd (Hg.), Logik des Herzens. Die soziale Dimension der Gefühle, Frankfurt a.M. 1981.
Kamp, Andreas, Die politische Philosophie des Aristoteles und ihre metaphysischen Grundlagen. Wesenstheorie und Polisordnung, Freiburg/München 1985.
Kamper, Dietmar (u.a.) (Hgg.), Die Wiederkehr des Körpers, Frankfurt a.M. 1982.

Kant, Immanuel, Kants Werke, Akademie-Textausgabe [Unveränd. photomechan. Abdr. d. Textes d. von d. Preuß. Akad. d. Wiss. 1902 begonnenen Ausg. von Kants gesammelten Schriften], Berlin (u.a.) 1968-1977.

Kemmerling, Andreas u. Schütt, Hans-Peter (Hgg.), ‚Descartes nachgedacht', Frankfurt a.M. 1996.

Kemmerling, Andreas, Ideen des Ichs. Studien zu Descartes' Philosophie, Frankfurt a.M. 1996

Kerferd, George B., The Problem of Synkatathesis and Katalepsis in Stoic Doctrine, in: Jacques Brunschwig (Hg.), Les stoiciens et leur logique, Paris 1978, 251-272.

Kerferd, George B., The Search for Personal Identity in Stoic Thought, in: Bulletin of the John Rylands University Library of Manchester 55, 1972, 177-196.

Kersting, Wolfgang, Platons Staat, Darmstadt 1999.

Keßler, Eckhard, Der Humanismus und die Entstehung der modernen Wissenschaft, in: Enno Rudolph (Hg.), Die Renaissance und ihr Bild in der Geschichte, Tübingen 1998, 117-134.

Khalil, Elias L., Beyond Natural Selection and Divine Intervention: The Lamarckian Implication of Adam Smith's Invisible Hand, in: Journal of Evolutionary Economics 10, 2000, 373-393.

ders., Making Sense of Adam Smith's Invisible Hand: Beyond Pareto Optimality and Unintended Consequences, in: Journal of the History of Economic Thought 22, März 2000, 49-63.

Kidd, Ian Gray, Posidonius on Emotions, in: Anthony A. Long (Hg.), Problems in Stoicism, London 1971, 200-215.

Kidd, Ian Gray, Posidonius, (2 Vols), Cambridge (u.a.) 1988.

Kim, Eun-Ae, Lessings Tragödientheorie im Licht der neueren Aristoteles-Forschung, Würzburg 2002.

Klein, Jakob, Die griechische Logistik und die Entstehung der Algebra, in: Quellen und Studien zur Geschichte der Mathematik, Astronomie und Physik, B 3, 1936, 18-105 und 122-235 (in engl. Übersetzung: Cambridge (Mass.) 1968).

Köhler, Werner, Über unbemerkte Empfindungen und Urteiltstäuschungen, in: Zeitschrift für Psychologie 66, 1913, 51-80.

Köhler, Werner, Gestalt-Psychology, New York 1947.

Kopernikus, Nikolaus, De hypothesibus motuum coelestium a se constitutis commentariolus, übers., hg. u. eingel. v. Fritz Rossmann, Darmstadt 1966 (=München 1948).

Korfmann, Manfred, Troia: A Residential and Trading City at the Dardanelles, in: Robert Laffineur u. Wolf-Dietrich Niemeier (Hgg.), Politeia: Society and State in the Aegean Bronze Age, Eupen 1995, 173-183.

ders., Hisarlik und das Troja Homers – Ein Beispiel zur kontroversen Einschätzung der Möglichkeiten der Archäologie, in: Beate Pongratz-Leisten (u.a.) (Hgg.), Ana sadî Labnani lu allik. Beiträge zu altorientalischen und mittelmeerischen Kulturen. Festschrift Wolfgang Rölling, Neukirchen-Vluyn 1997, 171-184.

Krafft, Fritz, Die sogenannte Copernicanische Revolution. Das Entstehen einer neuen physikalischen Astronomie aus alter Astronomie und alter Physik, in: Physik und Didaktik 2, 1974, 276-290.

ders., Nicolaus Copernicus and Johannes Kepler. New Astronomy from Old Astronomy, in: Vistas in Astronomy 18, 1974, 287-306.

Krauss, Werner, Fontenelle und die Aufklärung, München 1969.

Kristeller, Paul Oskar, Acht Philosophen der italienischen Renaissance, Weinheim 1986.

Krueger, Joachim, Christian Wolff und die Ästhetik, Berlin 1980.
Krüger, Gerhard, Krüger, Die Herkunft des philosophischen Selbstbewußtseins, in: Logos 22, 1933, 225-272 (=in: Freiheit und Weltverwaltung. Aufsätze zur Philosophie der Geschichte, Freiburg/München 1958, 11-69).
Kühn, Manfred, Scottish Common Sense in Germany, 1768-1800: A Contribution to the History of Critical Philosophy, With a Preface by Lewis White Beck. Kingston/Montreal 1987.
Küng, Guido, Nominalistische Logik heute, in: Allgemeine Zeitschrift für Philosophie 2, 1977, 29-52.
Lane, Richard D. (Hg.), Cognitive Neuroscience of Emotion, Oxford 2000.
Latacz, Joachim (Hg.), Homer. Tradition und Neuerung, Darmstadt 1979.
ders., Neues von Troja, in: Gymnasium 95, 1988, 385-413.
ders. (Hg.), Zweihundert Jahre Homer-Forschung. Rückblick und Ausblick, (Colloquia Raurica; II), Stuttgart/Leipzig 1991.
ders., Troja und Homer. Neue Erkenntnisse und Perspektiven, in: Hannes D. Galter (Hg.), Troja. Mythen und Archäologie, Graz 1997, 1-42.
ders., Homer. Der erste Dichter des Abendlands, Düsseldorf/Zürich ³1997.
ders., Troia und Homer. Der Weg zur Lösung eines alten Rätsels, München/Berlin 2001.
*Lee, Sang-In, Anamnesis im Menon, Frankfurt a.M. 2001.
Leibniz, Gottfried Wilhelm, Discours de Métaphysique (Metaphysische Abhandlung, übers. u. mit Vorw. u. Anm. hg. v. Herbert Herring, Hamburg 1958).
Leininger, Wolfgang, Mikroökonomik und Fritz Machlup, Der Wettstreit zwischen Mikro- und Makrotheorien in der National Ökonomie, Tübingen 1960.
ders., Artikel ‚Mikroökonomik', in: Springers Handbuch der Volkswirtschaftslehre, 1996, 1-42.
Lessings Briefwechsel mit Mendelssohn und Nicolai über das Trauerspiel; nebst verwandten Schriften Nicolais und Mendelssohns, hg. u. erl. v. Robert Petsch, Leipzig 1910 (ND Darmstadt 1967).
Lewis, Clarence Irving, Mind and the World Order, New York 1956.
Lindgard, Per Anker, u. Bohr, Henrik, How Many Protein Fold Classes are to be Found?, in: Henrik Bohr u. Sören Brunak (Hgg.), Protein Folds, New York 1996, 98-102.
Lipsius, Justus, Politicorum sive civilis doctrinae libri sex, Antwerpen ³1604.
ders., Manuductio ad stoicam philosophiam, Antwerpen 1610.
ders., De constantia, hg. v. Felix Neumann, Mainz 1998.
Lloyd, Anthony C., Necessity and Essence in the Posterior Analytics, in: Enrico Berti (Hg.), Aristotle on Science: The Posterior Analytics, Padua 1981, 157-171.
Locke, John, Two Treatises of Government, hg. v. Peter Laslett, Cambridge 1970.
Long, Anthony A., Freedom and Determinism in the Stoic Theory of Human Action, in: ders., Problems in Stoicism, London 1971, 173-199.
ders., Hellenistic Philosophy. Stoics, Epicureans, Sceptics, London 1974.
Loux, Michael J., Ousia: A Prolegomenon to Metaphysics Z and H, in: History of Philosophy Quaterly 1, 1984, 241-65 (=aufgenommen als Teil von Kapitel 4 in: ders., Primary „ousia". An Essay on Aristotle's „Metaphysics" Z and H, Ithaca 1991).
Ludwig, Bernd, Die Wiederentdeckung des Epikureischen Naturrechts. Zu Thomas Hobbes' philosophischer Entwicklung von, ‚De Cive' zum ‚Leviathan' im Pariser Exil 1640-1651, Frankfurt a.M. 1998.
Lukasiéwicz, Jan, Aristotle's Syllogistic, Oxford ²1957.

ders., Über den Satz des Widerspruchs bei Aristoteles, in: Bulletin international de l'Academie des sciences de Cracovie, Classe de Philosophie et d' Histoire 1909, Krakau 1910, 15-38 (wieder abgedruckt in: Niels Öffenberger (Hg.), Zur modernen Deutung der aristotelischen Logik; Bd. 1: Über den Folgerungsbegriff in der aristotelischen Logik, Hildesheim [2]1995, 5-28).

Luserke, Matthias (Hg.), Die Aristotelische Katharsis: Dokumente ihrer Deutung im 19. und 20. Jahrhundert, Hildesheim (u.a.) 1991.

MacIntyre, Alasdair, After Virtue. A Study in Moral Theory, London 1981

Mahner, Martin u. Bunge, Mario, Philosophische Grundlagen der Biologie, Berlin (u.a.) 2000.

Maier, Anneliese, Kants Qualitätskategorien, Diss. Berlin 1930.

dies., ‚Ergebnisse' der spätscholastischen Naturphilosophie, in: dies., Ausgehendes Mittelalter. Gesammelte Aufsätze zur Geistesgeschichte des 14. Jahrhunderts, I, Rom 1964, 425-457.

Mainzer, Klaus u. Mittelstraß, Jürgen, Artikel ‚Kopernikus', in: Jürgen Mittelstraß (Hg.), Enzyklopädie, Philosophie und Wissenschaftstheorie, Bd. 2, Mannheim/Wien/Zürich 1983, 470-74.

ders., Natur-und Geisteswissenschaften. Perspektiven und Erfahrungen mit fachübergreifenden Ausbildungsinhalten, Berlin u.a. 1990

Mandeville, Bernard de, The Fable of the Bees, or Private Vices, Public Benefits, hg. v. Irwin Primer, New York 1963.

Manstetten, Reiner, Das Menschenbild der Ökonomie. Der homo oeconomicus und die Anthropologie von Adam Smith, Freiburg/München 2000.

Marshall, Craig siehe Denton, Michael u. Marshall, Craig.

Matuschek, Stefan, Literarische Spieltheorie – von Petrarca bis zu den Brüdern Schlegel, Heidelberg 1998.

Maurer, Reinhart, Innere Verfassung und Black Box. Thesen über das moderne Interesse an Platons ‚Staat', in: Günter Abel u. Jörg Salaquarda (Hgg.), Krisis der Metaphysik, Berlin/New York 1989, 469-480.

Mayr, Ernst, ...und Darwin hat doch recht: Charles Darwin, seine Lehre und die moderne Evolutionsbiologie, München 1994.

Meikle, Scott, Aristotle's Economic Thought, Oxford 1995.

Menninghaus, Winfried, Unendliche Verdopplung. Die frühromantische Grundlegung der Kunsttheorie im Begriff absoluter Selbstreflexion, Frankfurt a.M. 1987.

Mensching, Günther, Das Allgemeine und das Besondere. Der Ursprung des modernen Denkens im Mittelalter, Stuttgart 1992.

Meyer, Theo, Theorie des Naturalismus, Stuttgart 1984.

Mittelstraß, Jürgen, Die Rettung der Phänomene. Ursprung und Geschichte eines antiken Forschungsprinzips, Berlin 1962 (zugl. Diss. Erlangen-Nürnberg 1961).

ders., Die geometrischen Wurzeln der platonischen Ideenlehre, in: Gymnasium 92, 1985, 399-418.

Mommsen, Theodor, Petrarch's Conception of the ‚Dark Ages', in: Speculum 18, 1942, 226-282 (dt. in: August Buck, Zu Begriff und Problem der Renaissance, Darmstadt 1969, 151-179).

Moore, George E., Principia Ethica, Cambridge [2]1993.

Morford, Mark, Stoics and Neostoics, Princeton 1991.

Morgenstern, Oskar, Pareto-Optimum and Economic Organization, in: Norbert Kloten (u.a.) (Hgg.), Systeme und Methoden in den Wirtschafts- und Sozialwissenschaften. Festschrift für Erwin von Beckerath, Tübingen 1964, 573-586.

Morris, Ian u. Powell, Barry M. (Hgg.), A New Companion to Homer, Leiden (u.a.) 1997.
Neu, Jerome, Plato's Analogy of State and Individual: The Republic and the Organic Theory of the State, in: Philosophy 46, 1971, 238-254.
Nicolai, Walter, Rezeptionssteuerung in der Ilias, in: Philologus 127, 1983, 1-12.
ders., Zu den politischen Wirkungsabsichten des Odysseedichters, in: Grazer Beiträge 11, 1984, 1-20.
Nikolaus von Kues, Vom Nichtanderen. Übers. u. mit Einf. u. Anm. hg. v. Paul Wilpert, Hamburg ²1976.
Nizolio, Mario, De veris principiis et vera ratione philosophande contra pseudophilosophos libri quattuor, hg. v. Quirinus Breen, Rom 1956; dt.: Vier Bücher über die wahre Philosophie und die wahre philosophische Methode gegen die Pseudophilosophen, übers. v. Klaus Thieme, Hanna Barbara Gerl u. Diane Rosenstein, München 1980.
Nussbaum, Martha, Aristotle on Political Distribution, in: Oxford Studies in Ancient Philosophy, Suppl. Vol. 1988, 145-184.
Ockham, Wilhelm von, Opera Theologica. V (=Nachschrift zu den Büchern 2-4 des Sentenzenkommentars), Franciscan Institute St. Bonaventure, 1967.
Oehler, Klaus, Die Lehre vom noetischen und dianoetischen Denken bei Platon und Aristoteles. Ein Beitrag zur Erforschung des Bewußtseinsproblems in der Antike, München ²1984.
ders., Subjektivität und Selbstbewußtsein in der Antike, Würzburg 1997.
Oestreich, Gerhard, Neostoicism and the Early Modern State, Cambridge 1982.
Ong, Walter J, Orality and Literacy: The Technologizing of the World, London/New York 1982.
Otto, Stephan, Renaissance und frühe Neuzeit, (Geschichte der Philosophie in Text und Darstellung; 3), Stuttgart 1984.
Panofsky, Erwin, Gotische Architektur und Scholastik: Zur Analogie von Kunst, Philosophie und Theologie im Mittelalter, Köln 1989.
Pascal, Blaise, Gedanken, übers. v. Heinrich Hesse, Leipzig 1881.
Patrizi, Francesco, Nova de universis philosophia, Ferrara 1591.
Patt, Walter, Kants Raum- und Zeitargumente unter besonderer Rücksicht auf den Briefwechsel zwischen Leibniz und Clarke, in: Hariolf Oberer u. Gerhard Seel (Hgg.), Kant: Analysen – Probleme – Kritik, (3 Bde.), Bd. 1, Würzburg 1988, 27-38.
Patzig, Günther, Platons Ideenlehre, kritisch betrachtet, in: Antike und Abendland 16, 1970, 39-76.
Perler, Dominik, René Descartes, München 1998.
ders., Theorien der Intentionalität im Mittelalter, Frankfurt a.M. 2002.
Peters, Jörg Thomas, Der Arbeitsbegriff bei John Locke, Münster 1997.
Petrarca, Francesco, De sui ipsius et multorum ignorantia, hg. u. eingel. v. August Buck, Hamburg 1993.
Petrus Pictor Burgensis (Piero della Francesca), De prospectiva pingendi, hg. v. Giusta Nicco-Fasola, Florenz ²1984.
Pico della Mirandola, Giovanni, De hominis dignitate, heptaplus, de ente et uno e scritti vari, a cura di Eugenio Garin, Florenz 1942.
*Pietsch, Christian, Prinzipienfindung bei Aristoteles. Methoden und erkenntnistheoretische Grundlagen, (Beiträge zur Altertumskunde; 22), Stuttgart 1992.
*ders., Biologische Evolution und antike Ideenlehre, in: Klaus Döring, Bernhard Herzhoff u. Georg Wöhrle (Hgg.), Antike Naturwissenschaft und ihre Rezeption 4, 1994, 17-30.

*ders., Geworden - Ungeworden - Erschaffen. Zur antiken Diskussion um die Entstehung der Welt, in: Hans Jürgen Wendel u. Wolfgang Bernard (Hgg.), Antike Philosophie und moderne Wissenschaft (Rostocker Studien zur Kulturwissenschaft; 2), Rostock 1998, 31-67.

*ders., Die Argonautika des Apollonios von Rhodos. Untersuchungen zum Problem der einheitlichen Konzeption des Inhalts, (Hermes-Einzelschriften; 80), Stuttgart 1999.

*ders., Erkennen und seine Prinzipien bei Aristoteles. Auseinandersetzung mit Grundtendenzen der neuesten Forschung zur Aristotelischen Erkenntnistheorie, in: Philosophisches Jahrbuch 108, 2001, 97-105.

*ders., Ein Spielwerk in den Händen der Götter? Zur geschichtlichen Kausalität des Menschen bei Herodot am Beispiel der Kriegsentscheidung des Xerxes (Hist. VII 5-19), in: Gymnasium 108, 2001, 205-221.

*ders., Die Homoiomerienlehre des Anaxagoras. Zu Entstehung und Weiterwirkung im Rahmen des philosophiegeschichtlichen Kontextes, in: Jochen Althoff, Bernhard Herzhoff u. Georg Wöhrle (Hgg.), Antike Naturwissenschaft und ihre Rezeption 11, 2001, 43-59.

Plotkin, Henry, Darwins Machines and the Nature of Knowledge, Cambridge 1993.

Pohlenz, Max, Tierische und menschliche Intelligenz bei Poseidonios, in: Hermes 76, 1941, 117-123 (=zitiert nach: Kleine Schriften, hg. v. Heinrich Dörrie, Hildesheim 1965, Bd. 1, 292-304).

*Polke, Irene, Selbstreflexion im Spiegel des Anderen. Eine wirkungsgeschichtliche Studie zum Hellenismusbild Heynes und Herders, Würzburg 1999.

Pomponazzi, Pietro, Abhandlung über die Unsterblichkeit der Seele –De immortalitate animae, hg. u.übers. v. Burkhard Mojsisch, Hamburg 1990.

Popper, Karl, Die Logik der Forschung. Tübingen 1934 (u.ö.).

ders., Die offene Gesellschaft und ihr Feinde, Bd. 1, Der Zauber Platos, Tübingen ²1992.

Pseudo-Mayne, Über das Bewußtsein (1728), übers. u. hg. v. Reinhard Brandt, Hamburg1983.

Pufendorf, Samuel, De officio hominis et civis iuxta legem naturalem libri duo, Lund 1673 (dt. Übersetzung von Klaus Luig, Frankfurt a.M. 1994).

Putnam, Hilary, Mind and Machines (1960), in: ders., Mind, Language and Reality. Philosophical Papers, Vol. 2, Cambridge (Mass.) 1975, 362-385.

Quine, Willard Van Orman, Two Dogmas of Empiricism, in: ders., From a Logical Point of View, New York 1961, 20-46.

*Radke, Gyburg, Platons Ideenlehre, in: Franz Gniffke u. Norbert Herold (Hgg.), Klassische Fragen der Philosophiegeschichte I: Antike bis Renaissance, Münster 2002, 17-64.

*dies., Die Theorie der Zahl im Platonismus. Ein systematisches Lehrbuch, Tübingen/Basel 2003.

*dies., Tragik und Metatragik – Euripides' Bakchen und die moderne Literaturwissenschaft, (Untersuchungen zur antiken Literatur und Geschichte (UaLG) 66, Berlin 2003.

*dies., Symbolische Aeneis-Interpretationen: Differenzen und Gemeinsamkeiten in der modernen Vergil-Forschung, in: Antike und Abendland 49, 2003, 90-112.

*dies., Sokrates' große Liebe: Der philosophische Eros in den Dialogen Platons, in: Literaturwissenschaft und Linguistik [Themenheft Eros] 34, 2004, 9-40.

*dies., Einführung in Ammonios' Kommentar zu *De interpretatione* (in Zusammenarbeit mit Rainer Thiel), in: Commentaria in Aristotelem Graeca. Versiones latinae

temporis resuscitatarum litterarum (CAGL), hg. von Charles Lohr, Stuttgart-Bad Cannstatt.
*dies., Sappho, Fragment 31 (LP) – Ansätze zu einer neuen Lyriktheorie (Abhandlung 2005.6 der Akademie der Wissenschaften und der Literatur in Mainz), Mainz 2005.
*dies., Das Lächeln des Parmenides – Proklos' Interpretationen zur Platonischen Dialogform, (Untersuchungen zur antiken Literatur und Geschichte (UaLG) 78), Berlin 2006.
*dies., Junge Musen – alte Sappho, in: Valerio 4: Radikalität des Alters. Prosa – Lyrik – Essay, hg. von Klaus Reichert, Göttingen 2006, 57-70.
*dies., Die Kindheit des Mythos – Die Erfindung der Literaturgeschichte in der Antike, München 2007.
*dies., Die poetische Souveränität des homerischen Erzählers, in: Rheinisches Museum 150, 2007, 8-66.
*dies., Nachwort: Amor und Psyche. Eine platonische Liebe, in: Apuleius, Amor und Psyche, übersetzt von Eduard Norden, München 2007, 73-90.
*dies., Das Bekenntnis zur eigenen Geschichte – ein höchster Wert? Das moderne Unbehagen an der literarischen Fiktion und rhetorischen Stilisierung in antiken autobiographischen Texten, in: Münchener humanistische Reden, hg. vom Deutschen Altphilologenverband, Leipzig 2007.
*dies., Woran erkennt man ein starkes Herz? – Antworten aus der antiken Philosophie, in: Medizinische Klinik (Zeitschrift für Innere Medizin in Klinik und Praxis) 102, 2007.
*dies., Die Krise des Romans im 20. Jahrhundert und das antike Epos – Adorno, Döblin und die Formen epischen Dichtens in der Antike, in: Gymnasium 114, 2007, 1-21.
*dies., Kontinuität oder Bruch? – Die Diskussion um die Univozität des Seins zwischen Heinrich von Gent und Johannes Duns Scotus als philosophiegeschichtliches Exemplum, in: Arbogast Schmitt und Gyburg Radke (Hgg.), Philosophie im Umbruch. Der Bruch mit dem Aristotelismus im Hellenismus und im späten Mittelalter – seine Bedeutung für die Entstehung des epochalen Gegensatzbewußtseins von Antike und Moderne, (erscheint voraussichtlich 2008).
*dies. u. Arbogast Schmitt (Hgg.), Anschaulichkeit in Kunst und Literatur. Wege bildlicher Visualisierung in der europäischen Geistesgeschichte (Colloquium Rauricum XI), (erscheint voraussichtlich München/Leipzig 2008).
*dies., Über eine vergessene Form der Anschaulichkeit in der griechischen Dichtung, erscheint in: Antike und Abendland, voraussichtlich 2008.
*dies., Am Grab der literarischen Vergangenheit. Elegische Totenklagen im 20. Jahrhundert und die Konstruktion einer poetischen Frühzeit im Hellenismus, erscheint in Poetica, voraussichtlich 2008.
*dies., Beten, um zu erkennen – Glaube und Erkenntnisaufstieg im spätantiken Platonismus, in: Christoph Dohmen und Andreas Merkt (Hgg.), Glaube und Vernunft im Kontext der universitas litterarum, erscheint voraussichtlich 2008.
*dies., Platon lehren und lernen – der Philosophieunterricht in der Spätantike, erscheint voraussichtlich Berlin 2008.
Rapp, Christof, Die Moralität des antiken Menschen, in: Zeitschrift für philosophische Forschung 49, 1995, 259-273.
ders., War Aristoteles ein Kommunitarist?, in: Internationale Zeitschrift für Philosophie 6, 1997, 57-75.

Rappl, Hans-Georg, Die Wortkunsttheorie von Arno Holz, Köln 1957 (zugl.: Diss. Köln 1955).
Rawls, John, Eine Theorie der Gerechtigkeit, Frankfurt a.M. ⁹1996.
Reichenbach, Hans, Erfahrung und Prognose. Eine Analyse der Grundlagen und der Struktur der Erkenntnis (1938), in: Hans Reichenbach, Gesammelte Werke, hg. v. Andreas Kamlah u. Maria Reichenbach, (9 Bde.), Bd. 4: Erfahrung und Prognose, Braunschweig/Wiesbaden 1983.
Reinhardt, Karl, Posidonios, München 1921 (=ND Hildesheim/New York 1976).
Ricken, Friedo, Der Lustbegriff in der Nikomachischen Ethik des Aristoteles, Göttingen 1976.
ders., Antike Skeptiker, München 1994.
Riedl, Ruppert, Strukturen der Komplexität. Eine Morphologie des Erkennens und Erklärens, Berlin (u.a.) 2001.
Robbins, Lionel C., An Essay on the Nature and Significance of Economic Science, London 1932.
Robinsohn, Saul B., Bildungsreform als Revision des Curriculum, Neuwied/Berlin ³1971.
Röd, Wolfgang, Descartes' Erste Philosophie. Versuch einer Analyse mit besonderer Berücksichtigung der cartesianischen Methodologie, (Kantstudien, Ergänzungshefte; 103), Bonn 1971.
Rorty, Richard, Der Spiegel der Natur: Eine Kritik der Philosophie, Frankfurt a.M. 1984.
Rose, Steven, Darwins gefährliche Erben. Biologie jenseits der egoistischen Gene, München 2000 (engl. Originaltitel: Lifelines: Biology beyond determinism, Oxford 1998).
Rothacker, Erich, Das ‚Buch der ‚Natur'. Materialien und Grundsätzliches zur Metapherngeschichte, aus dem Nachl. hg. u. bearb. v. Wilhelm Perpeet, Bonn 1979.
Routley, Richard u. Norman, Jean (Hgg.), Paraconsistent Logic, München u.a. 1989.
Saunders, Jason L., Justus Lipsius: The Philosophy of Renaissance Stoicism, New York 1955.
Sayre, Kenneth M., Plato's Analytical Method, Chicago 1969.
ders., Belief and Knowledge: Mapping the Cognitive Landscape, Lanham (u.a.) 1997.
Schadewaldt, Wolfgang, Homers Welt und Werk, Leipzig 1944.
Schelling, Friedrich Wilhelm Joseph von, System des transzendentalen Idealismus, hg. v. Horst D. Brandt (neubearbeitet auf der Grundlage der Erstausgabe von 1800), Hamburg 1992.
Schipperges, Heinrich, Kosmos Anthropos. Entwürfe zu einer Philosophie des Leibes, Stuttgart 1981.
Schlesier, Renate, Das Staunen ist der Anfang der Anthropologie, in: Hartmut Böhme u. Klaus Scherpe (Hgg.), Literatur und Kulturwissenschaften. Positionen, Theorien, Modelle, Hamburg 1996, 47-59.
Schmidt, Gerhart, Aufklärung und Metaphysik. Die Neubegründung des Wissens durch Descartes, Tübingen 1965.
Schmidt, Jochen, Die Geschichte des Genie-Gedankens in der deutschen Literatur, Philosophie und Politik, (2 Bde.), Darmstadt 1985.
*Schmitt, Arbogast, Die Bedeutung der sophistischen Logik für die mittlere Dialektik Platons, Würzburg 1974.
*ders., Zur Charakterdarstellung des Hippolytos im ‚Hippolytos' von Euripides, in: Würzburger Jahrbücher für die Altertumswissenschaft N.F. 3, 1977, 17-42.

*ders., Das Schöne. Gegenstand von Anschauung oder Erkenntnis? Zur Theorie des Schönen im 18. Jahrhundert und bei Platon, in: Philosophia (Jahrbuch d. Akad. der Wiss. Athen) 17/18, 1987/88, 272-296.

*ders., Bemerkungen zu Charakter und Schicksal der tragischen Hauptpersonen in der ‚Antigone', in: Antike und Abendland 94, 1988, 1-16.

*ders., Menschliches Fehlen und tragisches Scheitern. Zur Handlungsmotivation im Sophokleischen ‚König Ödipus', in: Rheinisches Museum 131, 1988, 8-30.

*ders., Zur Erkenntnistheorie bei Platon und Descartes, in: Antike und Abendland 35, 1989, 54-82.

*ders., Selbständigkeit und Abhängigkeit menschlichen Handelns bei Homer. Hermeneutische Untersuchungen zur Psychologie Homers, (Akademie der Wissenschaften und der Literatur in Mainz, Abhandlungen der geistes- und sozialwissenschaftlichen Klasse; 1990, 5), Stuttgart 1990.

*ders., Zahl und Schönheit in Augustins De musica, VI, in: Würzburger Jahrbücher für die Altertumswissenschaft N.F. 16, 1990, 221-237.

*ders., Kritische Anmerkungen zum neuzeitlichen Wissenschaftsbegriff aus der Sicht des Altphilologen, in: Gymnasium 98, 1991, 232-254.

*ders., Zur Aristoteles-Rezeption in Schillers Theorie des Tragischen. Hermeneutischkritische Anmerkungen zur Anwendung neuzeitlicher Tragikkonzepte auf die griechische Tragödie, in: Bernhard Zimmermann (u.a.) (Hgg.), Antike Dramentheorien und ihre Rezeption, (Drama. Beiträge zum antiken Drama und seiner Rezeption; I), Stuttgart 1992, 191-213.

*ders., Autocoscienza moderna e interpretazione dell'antichità: la loro reciproca interdipendenza illustrata sull'esempio della fondazione critica della conoscenza in Platone e Cartesio, Neapel 1993.

*ders., Klassische und Platonische Schönheit. Anmerkungen zu Ausgangspunkt und wirkungsgeschichtlichem Wandel des Kanons klassischer Schönheit, in: Wilhelm Voßkamp (Hg.), Klassik im Vergleich. Normativität und Historizität europäischer Klassiken, Stuttgart/Weimar 1993, 403-428.

*ders., Das Bewußte und das Unbewußte in der Deutung durch die griechische Philosophie (Platon, Aristoteles, Plotin), in: Antike und Abendland 40, 1994, 59-85.

*ders., Leidenschaft in der Senecanischen und Euripideischen Medea, in: U. Albini (u.a.) (Hgg.), Storia, poesia e pensiero nel mondo antico, Studi in onore di Marcello Gigante, Neapel 1994, 573-599.

*ders., Aristoteles und die Moral der Tragödie, in: Anton Bierl, Peter von Möllendorff unter Mitwirkung von Sabine Vogt (Hgg.), Orchestra. Drama, Mythos, Bühne, Stuttgart/Leipzig 1994, 331-345.

*ders., Teleologie und Geschichte bei Aristoteles. Wie kommen nach Aristoteles Anfang, Mitte und Ende in die Geschichte?, in: Rainer Warning u. Karlheinz Stierle (Hgg.), Das Ende. Figuren einer Denkform, (Poetik und Hermeneutik; 15), München 1995, 528-563.

*ders., Verhaltensforschung als Psychologie. Aristoteles zum Verhältnis von Mensch und Tier, in: Wolfgang Kullmann u. Sabine Föllinger (Hgg.), Aristotelische Biologie. Intentionen, Methoden, Ergebnisse, Stuttgart 1997, 259-286.

*ders., Wesenszüge der griechischen Tragödie: Schicksal, Schuld, Tragik, in: Hellmut Flashar (Hg.), Tragödie. Idee und Transformation, (Colloquia Raurica; V), Stuttgart/Leipzig 1997, 5-49.

*ders., Mimesis bei Aristoteles und in den Poetikkommentaren und Poetiken der Renaissance, in: Gerhard Neumann u. Andreas Kablitz (Hgg.), Mimesis und Simulation, Festschrift Rainer Warning, München 1998, 17-53.

*ders., Philosophische Voraussetzungen der Wirtschaftstheorie der griechischen Antike (5./4. Jahrhundert v.Chr.), in: Bertram Schefold (Hg.), Xenophons ‚Oikonomikos'. Vademecum zu einem Klassiker der Haushaltsökonomie, Düsseldorf 1998, 95-174.

*ders., Anschauung und Denken bei Duns Scotus. Über eine für die neuzeitliche Erkenntnistheorie folgenreiche Akzentverlagerung in der spätmittelalterlichen Aristoteles-Deutung, in: Enno Rudolph (Hg.), Die Renaissance und ihre Antike, Bd. 1: Die Renaissance als erste Aufklärung, Tübingen 1998, 17-34.

*ders., Die griechische Antike und das moderne Europa, in: Gilbert Gornig, Theo Schiller u. Wolfgang Wesemann (Hgg.), Griechenland in Europa, Frankfurt 1999, 9-37.

*ders., Sokratisches Fragen im Platonischen Dialog, in: Karl Pestalozzi (Hg.), Der fragende Sokrates, (Colloquia Raurica; VI), Stuttgart/Leipzig 1999, 30-49.

*ders., Antike Bildung und moderne Wissenschaft. Von den *artes liberales* zu den Geistes- und Naturwissenschaften der Gegenwart. Historisch-kritische Anmerkungen zu einer problematischen Entwicklung, in: Gymnasium 108, 2001, 311-344.

*ders., Der Philosoph als Maler – der Maler als Philosoph. Zur Relevanz der platonischen Kunsttheorie, in: Gottfried Boehm (Hg.), Homo Pictor, (Colloquia Raurica; VII), München/Leipzig 2001, 32-54.

*ders., Homer, Ilias – ein Meisterwerk der Literatur?, in: Reinhard Brandt (Hg.), Meisterwerke der Literatur von Homer bis Musil, Leipzig 2001, 9-52.

*ders., Die Wende des Denkens auf sich selbst und die Radikalisierung des Begriffs des Neuen in der Neuzeit, in: Maria Moog-Grünewald (Hg.), Das Neue – eine Denkfigur der Moderne, Heidelberg 2002, 13-38.

*ders., Artikel ‚Querelle des anciens et des modernes', in: Der neue Pauly, hg. v. Hubert Cancik (u.a.), Bd. 15.2, Stuttgart 2002, 607-622.

*ders., Die Literatur und ihr Gegenstand in der Poetik des Aristoteles, in: Thomas Buchheim et alii (Hgg.), Kann man heute noch etwas anfangen mit Aristoteles, Hamburg 2003, 184-219.

*ders., Artikel ‚Querelle des anciens et des modernes', in: Der neue Pauly, hg. v. Hubert Cancik (u.a.), Bd. 15.2, Stuttgart 2002, 607-622.

*ders., Individualität als Faktum menschlicher Existenz oder als sittliche Aufgabe? Über eine Grunddifferenz im Individualitätsverständnis von Antike und Moderne, in: Christof Gestrich (Hg.), Die Aktualität der Antike. Das ethische Gedächtnis des Abendlandes, Berlin 2002, 105-128.

*ders., Das Universalienproblem bei Aristoteles und seinen spätantiken Kommentatoren, in: Ralf Georges Khoury (Hg.), Averroes (1126-1198) oder der Triumph des Rationalismus, (Internationales Symposium anläßlich des 800. Todestages des islamischen Philosophen, Heidelberg, 7.-11 Oktober 1998), Heidelberg 2002, 59-86.

*ders., Synästhesie im Urteil aristotelischer Philosophie, in Hans Adler u. Ulrike Zeuch (Hgg.), Synästhesie. Interferenz – Transfer – Synthese der Sinne, Würzburg 2002, 109-148.

*ders., Platonism and Empiricism, Graduate Faculty Philosophy Journal, Vol. 27, No. 1, 2006, 151-192.

*ders., Aristoteles, Poetik, übers. und erläutert, Berlin 2008 (Aristoteles. Werke in deutscher Übersetzung, hg.v. Hellmut Flashar, Bd.5).

*ders., Parmenides und der Ursprung der Philosophie, in: Emil Angehrn (Hg), Die Frage nach dem Ursprung, erscheint München/Leipzig 2008.

*ders. u. Gyburg Radke (Hgg.), Philosophie im Umbruch. Der Bruch mit dem Aristotelismus im Hellenismus und im späten Mittelalter - seine Bedeutung für die Entstehung der Moderne (erscheint voraussichtlich 2008).
*Schmitz, Markus, Euklids Geometrie und ihre mathematiktheoretische Grundlegung in der neuplatonischen Philosophie des Proklos, Würzburg 1997.
*ders., Die Methode der Analysis bei Pappos von Alexandria und ihre Rezeption im neuzeitlichen Denken bei René Descartes, in: Wolfgang Bernard u. Hans Jürgen Wendel (Hgg.), Antike Philosophie und Moderne Wissenschaft, (Rostocker Studien zur Kulturwissenschaft; 2), Rostock 1998, 97-134.
*ders., Euklids Geometrie als einzig wahre Geometrie der Ebene vor dem Hintergrund der Mathematikphilosophie des Proklos, in: Dominic J. O'Meara (Hg.), Actes du Colloque international sur la philosophie des mathématiques de l'Antiquité tardive, Fribourg 9/1998, 2000.
*ders., Überlegungen zur Rehabilitierung der ökonomischen praktischen Vernunft. Zu den wissenschaftstheoretischen Voraussetzungen einer konsistenten Grundlegung der Arbeitswertlehre, in: Yves Bizeul (Hg.), Wieviel Armut verträgt die Demokratie?, Rostock 2001, 100-138.
Schopenhauer, Arthur, Preisschrift über die Freiheit des Willens, hg. v. Hans Ebeling, Hamburg 1978.
Schrader, Wolfgang, Ethik und Anthropologie in der englischen Aufklärung. Der Wandel der Moral-sense-Theorie von Shaftesbury bis Hume, (Studien zum achtzehnten Jahrhundert; 6), Hamburg 1984.
Schubert, Andreas, Platon. Der Staat, Paderborn (u.a.) 1995.
*Schulte-Altedorneburg, Jörg, Geschichtliches Handeln und tragisches Scheitern. Herodots Konzept historiographischer Mimesis, Frankfurt a.M. 2001.
Schwanitz, Dietrich, Bildung. Alles, was man wissen muß, Frankfurt a.M. 1999.
Scitovsky, Tibor, The Joyless Economy. An Inquiry in Human Satisfaction and Consumer Dissatisfaction, Oxford 1976.
Seidl, Horst, Zweite Analytiken, mit Einl., Übers. u. Komm. hg. v Horst Seidl, Würzburg 1984.
Shields, S. Christopher, The First Functionalist, in: John-Christian Smith, Historical Foundations of Cognitive Science, Dordrecht (u.a.) 1990, 19-34.
Singer, Wolf, Der Beobachter im Gehirn: Essays zur Hirnforschung, Frankfurt a.M. 2002.
Smith, Adam, Der Wohlstand der Nationen: eine Untersuchung seiner Natur und seiner Ursachen. Aus dem engl. übertr. u. mit einer umfassenden Würdigung des Gesamtwerks hg. v. Horst Claus Recktenwald, München [6]1993.
ders., Theorie der ethischen Gefühle, nach der Aufl. letzter Hand übers. u. mit Einl., Anm. u. Reg. hg. v. Walther Eckstein, Hamburg 1994.
Snell, Bruno, Aischylos und das Handeln im Drama, (Philologus Suppl.; 20,1), Leipzig 1928.
ders., Die Entdeckung des Geistes. Studien zur Entstehung des europäischen Denkens bei den Griechen, Göttingen [7]1993.
Snow, Charles P., The Two Cultures and a Second Look. An Expanded Version of ‚The Two Cultures and the Scientific Revolution' (Cambridge 1959), Cambridge 1986.
Sorabji, Richard, Definitions: Why Necessary and in What Way, in: Enrico Berti (Hg.), Aristotle on Science: The Posterior Analytics, Padua 1981, 205-244.
Sousa, Ronald de, The Rationality of Emotion, Cambridge 1997.

Spengler, Oswald, Der Untergang des Abendlandes. Umrisse einer Morphologie der Weltgeschichte, München 1998.
Stadler, Friedrich, Vom Positivismus zur „Wissenschaftlichen Weltauffassung". Am Beispiel der Wirkungsgeschichte von Ernst Mach in Österreich von 1895-1934, Wien/München 1982.
Starke, Frank, Troia im Kontext des historisch-politischen Umfeldes Kleinasiens im 2. Jahrtausend, in: Studia Troica 7, 1997, 447-487.
Stegmüller, Wolfgang, Das Universalienproblem einst und jetzt, Darmstadt ²1965.
Steinmetz, Peter, Die Stoa, in: Die Philosophie der Antike, hg. v. Hellmut Flashar, Bd. 4: Hellenistische Philosophie, Basel 1994, Bd. 4,2.
Störig, Hans Joachim, Kleine Weltgeschichte der Philosophie, Stuttgart/Berlin/Köln ¹⁶1993.
Straaten, Modestus van, Menschliche Freiheit in der stoischen Philosophie, in: Gymnasium 84, 1977, 501-518.
Striker, Gisela, Κριτήριον τῆς ἀληθείας, in: Nachrichten der Akademie der Wissenschaften in Göttingen, Philologisch-historische Klasse 2, 1974, 47-110 (auch in: dies., Essays on Hellenistic Epistemology and Ethics, Cambridge 1996).
Taylor, Charles C., All Perceptions are true, in: Malcolm Schofield, Myles Burnyeat u. Jonathan Barnes (Hgg.), Doubt and Dogmatism, Oxford 1980, 105-124.
Theiler, Willy, Posidonius. Die Fragmente, Berlin/New York 1982 (Bd. 1 Texte, Bd. 2 Erläuterungen).
*Thiel, Rainer, Chor und tragische Handlung im ‚Agamemnon des Aischylos, (Beiträge zur Altertumskunde; 35), Stuttgart 1993.
*ders., Simplikios und das Ende der neuplatonischen Schule in Athen, (Akademie der Wissenschaften und der Literatur, in Mainz, Abh. d. geistes- u. sozialwiss. Klasse; 1999,8), Stuttgart 1999.
*ders., Irrtum und Wahrheitsfindung. Überlegungen zur Argumentationsstruktur des platonischen Symposions, in: Stefan Matuschek (Hg.), Wo das philosophische Gespräch ganz in Dichtung übergeht. Platons Symposion und seine Wirkung in der Renaissance, Romantik und Moderne, Heidelberg 2002, 5-16.
*ders., Rez. zu Christoph Jedan, Willensfreiheit bei Aristoteles?, (Neue Studien zur Philosophie; 15), Göttingen 2000, in: Gnomon 74, 2002, 664-667.
*ders., Aristoteles' Kategorienschrift in ihrer antiken Kommentierung, Tübingen 2004.
Thomas von Aquin, Prologe zu den Aristoteles-Kommentaren, hg., übers. u. eingel. v. Francis Cheneval u. Ruedi Imbach, Frankfurt a.M. 1992.
Tomasello, Michael, Die kulturelle Entwicklung des menschlichen Denkens, Frankfurt a.M. 2002.
Tugendhat, Ernst, Selbstbewußtsein und Selbstbestimmung, Frankfurt a.M. 1979.
Überweg, Friedrich: Grundriß der Geschichte der Philosophie. Begründet von Friedrich Überweg. Völlig neu bearbeitete Ausgabe. Die Philosophie der Antike, hg. v. Hellmut Flashar, Bd. 4: Hellenistische Philosophie, Basel 1994: Erster Halbband (Einleitung): Hellmut Flashar u. Woldemar Görler, Die hellenistische Philosophie im allgemeinen; Erster Halbband (1.-3. Kapitel): Michael Erler, 1. Kapitel: Epikur; 2. Kapitel: Die Schule Epikurs; 3. Kapitel: Lukrez; zur Stoa: Zweiter Halbband (4. Kapitel): Peter Steinmetz, Die Stoa; zur Skepsis: Zweiter Halbband (5. Kapitel): Woldemar Görler, Älterer Pyrrhonismus. Jüngere Akademie. Antiochos aus Askalon.
Valla, Lorenzo, Repastinatio dialectice et philosophie, hg. v. Gianni Zippel, Padua 1982.

VanderWaerdt, Paul A., Peripatetic Soul-Division, Posidonius and Middle-Platonic Psychology, in: Greek, Roman and Byzantine Studies 16, 1985, 375-91.
Vansteenberghe, Edmond, Le ‚De ignota litteratura' de Jean Wenck de Herrenberg contre Nicolaus de Cuse. Texte inédit et étude, Münster 1910 (Beiträge zur Geschichte der Philosophie und Theologie des Mittelalters; VIII, H.6, v.a. 24-28).
Vasari, Giorgio, Le vite de' piu eccelenti pittori, scultori e architetti, Vol. I., a cura di Rosanna Bettarini, Florenz 1987.
Vico, Giambattista, Liber metaphysicus, in: Giambattista Vico, Opere, Bd. 1: Le Orazioni inaugurali, il 'De Italorum sapientia' e le polemiche, hg. v. Giovanni Gentile u. Benedetto Croce, Bari 1914.
ders., Die neue Wissenschaft über die gemeinschaftliche Natur der Völker, nach der Ausgabe von 1744 übers. u. eingel. v. Erich Auerbach, München 1924.
ders., Prinzipien einer neuen Wissenschaft über die gemeinsame Natur der Völker, übers. v. Vittorio Hösle, Hamburg 1990.
Vietta, Silvio u. Kemper, Dirk (Hgg.), Ästhetische Moderne in Europa. Grundzüge und Problemzusammenhänge seit der Romantik, München 2001.
Vietta, Silvio, Ästhetik der Moderne. Literatur und Bild, München 2001.
Vivenza, Gloria, Ancora sullo stoicismo di Adam Smith, in: Studi Storici 49, 1999, 97-126.
Vogel Carey, Toni, The Invisible Hand of Natural Selection and Vice Versa, in: Biology and Philosophy 13, 1998, 427-442.
Vogel, Cornelia de, The Concept of Personality in Greek and Christian Thought, in: John Kenneth Ryan (Hg.), Studies in Philosophy and the History of Philosophy, Washington 1963, 20-60.
Voigt, Christian, Überlegung und Entscheidung. Studien zur Selbstauffassung des Menschen bei Homer, Meisenheim a. Glan 1972 (=Diss. Hamburg 1932).
Wagner, Hans, Aristoteles, Physikvorlesung, in: Aristoteles. Werke in deutscher Übersetzung, begr. v. Ernst Grumach, hg. v. Hellmut Flashar, Bd. 11, Darmstadt 1967.
Wagner, Hans, Realitas obiectiva. Descartes – Kant, in: Zeitschrift für Philosophische Forschung 21, 1967, 325-340.
Waszek, Norbert, Two Concepts of Morality: A Distinction of Adam Smith's Ethics and its Stoic Origin, in: Journal of the History of Ideas 45, 1984, 591-606.
Waterlow, Sarah, Passage and Possibility, Oxford 1982.
Weber, Max, Wirtschaft und Gesellschaft, Tübingen 1921/22.
Weizsäcker, Carl Friedrich von, Die Einheit der Natur, München ³1982.
Wellek, Albert, Ganzheitspsychologie und Strukturtheorie, Bern/München ²1969.
Welsch, Wolfgang, Unsere postmoderne Moderne, Berlin ⁴1993.
Wendel, Hans-Jürgen, Moderner Relativismus. Zur Kritik antirealistischer Sichtweisen des Erkenntnisproblems, Tübingen 1990.
Wenger, Pierre, Die Anfänge der Subjektivität in der bildenden Kunst Italiens vom 13. bis zum 15. Jahrhundert, in: Reto Luzuis Fetz, Roland Hagenbüchle u. Peter Schulz (Hgg.), Geschichte und Vorgeschichte der modernen Subjektivität, (2 Bde.), Berlin 1998, Bd. 1, 511-566.
Wertheimer, Max, Drei Abhandlungen zur Gestalttheorie, Erlangen 1925 (ND Darmstadt 1967).
West, Martin L., The East Face of Helicon: West Asiatic Elements in Greek Poetry and Myth, Oxford 1997.

Westphal, Merold, Hegels Phänomenologie der Wahrnehmung, in: Hans Friedrich Fulda u. Dieter Henrich (Hgg.), Materialien zu Hegels ‚Phänomenologie des Geistes', Heidelberg 1973, 83-105.

Wieland, Georg, Untersuchungen zum Metaphysikkommentar Alberts des Großen, München 1972.

Wieland, Wolfgang, Die Aristotelische Physik, Göttingen 1962.

Wiggins, David, Needs, Values and Truth, Oxford 1987, 5-30.

Willaschek, Markus, Der transzendentale Idealismus und die Idealität von Raum und Zeit, in: Zeitschrift für philosophische Forschung 51, 1977, 537-564.

Williams, Bernard, The Analogy of City and Soul in Plato´s Republic, in: Edward N. Lee u. Alexander P. D. Mourelatos (Hgg.), Exegesis and Argument: Studies in Greek Philosophy presented to Gregory Vlastos, Assen 1973, 196-206.

ders., Shame and Necessity, Berkeley (u.a.) 1993.

Wilson, Edward O., Die Einheit des Wissens, Berlin 1998.

Wilson, Frank R., Die Hand – Geniestreich der Evolution. Ihr Einfluß auf Gehirn, Sprache und Kultur des Menschen, Stuttgart 2000.

Wittkower, Rudolf, Brunelleschi and Proportion in Perspective, in: Journal of the Warburg and Courtauld Institutes 16, 1953, 275-291.

Wolff, Christian, Gesammelte Werke, Bd. 2: Vernünfftige Gedanken von Gott, der Welt und der Seele des Menschen, auch allen Dingen überhaupt, hg. v. Jean Ecole. Mit einer Einleit. u. einem krit. Apparat v. Charles A. Corr, 2. ND der Ausgabe Halle 1751, Hildesheim (u.a.) 1997.

Wundt, Wilhelm, Beiträge zur Psychologie der Sinneswahrnehmung, Leipzig/Heidelberg 1862 (ND Ann Arbor/London 1980).

ders., Einführung in die Psychologie, Leipzig 1911.

Zabarella, Jacobus, De rebus naturalibus. In Aristotelis libros de anima, Frankfurt a.M. 1966 (=1606/7).

*Zeuch, Ulrike, „Ton und Farbe, Auge und Ohr, wer kann sie commensurieren?" Zur Stellung des Ohrs innerhalb der Sinneshierarchie bei Johann Gottfried Herder und zu ihrer Bedeutung für die Wertschätzung der Musik, in: Zeitschrift für Ästhetik und allgemeine Kunstwissenschaft 41/2, 1996, 233-257.

*dies., Die „praktische Notwendigkeit des moralischen Imperativs" – der Vernunft unbegreiflich? Zu Heinrich von Kleists Konsequenzen aus der inhaltlichen Leere des formalen Prinzips, in: Das achtzehnte Jahrhundert 21, 1997, 85-103.

*dies., Sentio, ergo sum. Herder´s Concept of ‚Feeling' versus Kant´s Concept of ‚Consciousness', in: Herder Jahrbuch 1998, 143-155.

*dies., ‚Kraft' als Inbegriff menschlicher Seelentätigkeit in der Anthropologie der Spätaufklärung (Herder und Moritz), in: Schiller-Jahrbuch 43, 1999, 99-122.

*dies., Umkehr der Sinneshierarchie. Herder und die Aufwertung des Tastsinns seit der frühen Neuzeit, Tübingen 2000.

*dies., ...und die abstrakten Worte [...] zerfielen mir im Munde wie modrige Pilze. Zum Verlust des Gegenstandes in der Literaturtheorie seit 1966, in: Euphorion 95, 2001, 101-121.

*dies., Bewußtseinsphilosophische Prämissen der Literaturtheorie vor 1800. Am Beispiel von Gottscheds Versuch einer Critischen Dichtkunst und deren Folgen, in: Zeitschrift für Ästhetik und Allgemeine Kunstwissenschaft, 46, 2001, 53-75.

Zwergel, Herbert A., Principium contradictionis. Die aristotelische Begründung des Prinzips vom zu vermeidenden Widerspruch und die Einheit der ersten Philosophie, Meisenheim/Glan 1972.

Sach- und Personenregister

Abel, Günter 398
Abstraktion
- als Methode der Erfahrungsanalyse bei Kant 181–84
- und Sacherkenntnis 185–87
abstrakt-konfus 31, 358–59
- in der aristotelischen Wahrnehmungskritik (*Physik* I,1) 315–17
- und das natürliche Streben nach Selbsterhaltung 457–59
Achill 303, 367, 390, 392, 393, 394
Adkins, Arthur W. H. 388
Adler, Alfred 159
Adorno, Theodor 170
adsensio *siehe* Synkatathesis
Aertsen, Jan A. 18
Agamemnon 304, 390, 392, 393, 396
Aigisthos 392
Albertus Magnus 328
Alexander von Aphrodisias 94, **454–55**
Algebra *siehe* Mathematik, symbolische
Allgemeinbegriffe
-das 'abstrakte Allgemeine'
    als (alleiniger) Gegenstand im spätmittelalterlichen Universalienstreit 416
    Aristoteles 407–9
- das 'immanente Allgemeine' und Individualität als Konkretisation des 'primären Allgemeinen' 419
- das konfuse Allgemeine der Wahrnehmungserkenntnis (Aristotelismus) **316–17**
- das 'primäre Allgemeine'
    Aristoteles, *Analytica Posteriora* **409–15**
    die coincidentia oppositorum und die Gültigkeit des Widerspruchsaxioms 412–13
    und der Wissensbegriff in den *Analytica Posteriora* 411
    und die Idee (Platon) 415–17
    und die Modallogik 414
    und Individualität 419
- die Reduktion 'des Allgemeinen' auf abstrakte Begriffe (praedicabile de pluribus) seit dem späten Mittelalter 415
- die Unterscheidung zwischen dem 'abstrakten' und dem 'primären' Allgemeinen (Aristoteles) 320
- die Unterscheidung zwischen dem 'abstrakten' und dem 'primären' Allgemeinen bei Aristoteles 407–15

- und die Analyse der Gegenstandswahrnehmung bei Aristoteles 315
analogon rationis 143
Analyse
- bei Descartes 193–94
- bei Kant 187–89
- im logischen Empirismus 155–59
- im Platonismus und Aristotelismus 185–87, 202
- in der Neuzeit 200
Andere der Vernunft **138–41**, 375
Andromache 390
Anhairesismethode
- als Teil der Analysis *siehe* Analyse im Platonismus und Aristotelismus
Annas, Julia 115
Anschauung
- cognitio sensitiva 145
- dunkel und verworren 131
- intellektuelle und Intellekterkenntnis 41
- und ihre Verwissenschaftlichung 32, 451–52
    in der Naturphilosophie der Spätscholastik 335–38
- und unmittelbar-einfache Wirklichkeitserfahrung 131–32
– Verstand 113–14, **130–37**
    bei Kant **107–13**
Antike
- neuzeitliche Werturteile *passim*
Antike-Moderne-Antithese 1–2, 70
Apel, Karl-Otto 404
Apprehension
- und Erscheinung bei Kant 170–71
Arendt, Hannah 307
Aristipp 418
Aristoteles *passim*
Aristoteles-Deutung
- und die Wende in der Spätscholastik 27–32, 321–22
Arithmetik 212, 233
Arrow, Kenneth J. 356
Arruda, Ayda 263
artes liberales 75, 374
- und die gotische Architektur 65
- und ihre erkenntnistheoretischen Prinzipen 233–36
Ästhetik
- als Wissenschaft und die Aufwertung der Sinneserkenntnis 144–45
Astronomie 233

Auerbach, Erich 82
Augustinus, Aurelius 8, 22, 448, 509
- *De musica* 449, 509
Avicenna 322, 328

Bacon, Francis 157, 314, 447
Barclay, John 121
Barnes, Jonathan 115, 411
Baudelaire, Charles 8
Baum, Angelica 287
Baumgarten, Alexander Gottlieb 143-45, 145, 189
Beck, Leslie J. 189
Bedarf
- 'objektiver' Bedarf und 'subjektiver' Wunsch – die Kritik an dem 'naiven Rationalismus' der aristotelischen Wirtschaftstheorie 512-15
- und Gebrauchswert in der Markttheorie bei Aristoteles 520-21
Bedarf-Wunsch 460
Beebe-Center, John G. 289
Beethoven, Ludwig van 165
Begriff
- als abstraktes Symbol 137
- als Einheitsfunktion einer Vorstellungsmannigfaltigkeit 135-37
- das Problem einer sachadäquaten Begriffsbildung (Platon) 377-78
- Probleme der Begriffsbildung und das 'primäre Allgemeine' 411-15
- und die Aporie der Restitution der unmittelbaren Erfahrung 137-38
- und Sacherkenntnis 134
- und Zeit 166-78
Beierwaltes, Werner 22, 90
Belting, Hans 2
Bembo, Pietro 25
Bentham, Jeremy 513
Beobachtungs- und Theoriesprache 156, 162
Berkeley, George 101
Bernard, Wolfgang 6, 299, 317, 423, 515
Bestimmtheit
- als Axiom und Prinzip des Erkennens 65-66, 225-26
- als Prinzip von Wissenschaft 233-38
- das Axiom der Bestimmtheit des Gedachten und die Reflexion des Denkens auf sich selbst (Platon, Aristoteles) 506
- Platon und die Sophisten 228-29
- unbestimmte Potenz und Prinzipien der Aktualisierung zur Erklärung der Entwicklung des Menschen 502-4

- und Identität des inneren Gegenstandes der spezifischen Wahrnehmung 311-13
- und Parmenides 228
- und seine begrifflichen Implikate 234-35
Bewußtsein
- als (primärer) Wahlakt und Wille (in neuzeitlichen Theorien) 297, 429-33
- als 'Verkehrknotenpunkt' des Allgemeinen 169
- Begriffsbedeutungen 135
- der Modernität *siehe* Bewußtsein, historisches
- die Einführung des Bewußtseinsbegriffs bei Pseudo-Mayne (consciousness) 34
  bei Wolff 167-68
- historisches 10-16
- bei Plotin
  behindert den eigentlichen Erkenntnisakt 272-73
  ist keine notwendige Bedingung des Denkens 272-73
- und der moderne Rationalitätsbegriff 194-205
- und die Identität der Erfahrung 194
- und die Konfusion von Vorstellung und Begriff 135-37
- und die Priorität des Unterscheidens 278-81
- und Evidenz 193
- und seine Priorität nach Descartes 231-32
'Bienenfabel' (Mandeville) 461-64, 523
Biologie *siehe* Evolutionstheorie
Blau, Ulrich 247
Blum, Paul Richard 17, 84, 95
Blumenberg, Hans 2, 14, 35, 74, 97, 128, 129, 216, 452-53, 453
Boehner, Philoteus 318
Boethius, Anicius Manlius Severinus 67, 233, 236, 448, 449
Böhm, Gottfried 2, 18, 82
Böhme, Gernot 2, 138
Böhme, Hartmut 88, 89, 90, 92, 138
Bohr, Henrik 488
Bönker-Vallon, Angelika 35
Bonum
- commune und privatum 444-45, 447, 507, 511
- das Gute für das Individuum und für die Gemeinschaft 511
- das Streben nach dem Guten und das Streben nach Selbsterhaltung 456
- die Unterscheidung zwischen dem als Gut subjektiv Erstrebten und dem 'objektiv' Guten (Aristoteles) 442-44

Sach- und Personenregister

- keine Unterscheidung zwischen wirklichem und nur scheinbarem Gutem (Mandeville) 461-62
Brandt, Reinhard 6, 132, 273, 274, 275, 381, 383, 394, 418, 444, 445, 455
Braungart, Georg 88
Brecht, Bertolt 14
Bremer, Jan Maarten 387
Bremer, Manuel E. 261, 263
Brentano, Franz von 279, 316
Bröcker, Walter 248, 451
Brody, Baruch A. 411
Bruni, Leonardo 19, 27, 33, 112, 447
Bruno, Giordano 14, 22, 35, 51, 95, 128
Brunschwig, Jacques 115
Buchanan, James M. 516
Büchner, Georg 120, 458, 469
Buck, August 19
Bunge, Mario 110, **498**
Burckhardt, Jacob **18**, 66, 349
Burian, Richard M. 157
Burnyeat, Myles 115
Büttner, Stefan 108, 284, 285, 299, 331

Cairns, Douglas L. 385
Campesani, Benvenuto 19
Carnap, Rudolf 155, 158, **164**
Cassirer, Ernst 72, 81, 82, 84, **88-89**, 91, 99, 119, 336
Cessi, Viviana 286, 288, 301, 345
Charakter und Handlung
- und die Allgemeinheit des Individuellen (Platon, Aristoteles) 405-6
Charlton, William 316
Cheneval, Francis 100
Cicero, Marcus Tullius 20, 67, 115, 142, 436, **454**, 456, 463, 516
Ciompi, Luc 288
clare et distincte *siehe* klar und deutlich
Clothia, Cyrus 488
cogito 190, 231, 243, 283
Common sense 51, 91, 94, 97, 116, **122-23**, 200, 248, 310, 451, 473
communis mathematica scientia 233, 237, *siehe* artes liberales
compositio *siehe* Synthesis
Corcoran, Derek W. 161
Cusanus, Nicolaus 90, 234, 413, **449**, 450
Cytowic, Richard E. 289, 290, **289-90**, 290, 350

da Costa, Newton 263
Damasio, Antonio R. 43, 44, 279, 288
Dante Alighieri 7, 19

Darwin, Charles 2, 69, 85, 440, 464, 484, 489
Darwin, Erasmus 69
Daya, K. 243, 244
Deleuze, Gilles 170
Demokrit 142, 394, 476, 487
Denken
- als abstrakte Reflexion und die Reduktion des Menschen auf seine Sinnlichkeit 452-54
- als bewußte Repräsentation 40 oder als Unterscheiden 52-64, **200-206**, **270-82**, 504-7 oder alsUnterscheiden **41-52**
- als Bewußtsein und die Irrationalität von Gefühlen 342-43
- als formale Tätigkeit 179
- als formale Tätigkeit und das Streben nach Selbsterhaltung 453-54
- als unendliche Vorstellung 178
- der Vorwurf der Vergegenständlichung des Denkens (Rorty u.a.) 319-20
- ist Unterscheiden (Aristoteles) 270
- ist Unterscheiden (Aristoteles) und die Abstraktheit der Ersterkenntnis 318-22
- 'konkretes' 52, 283-84
- ohne Bewußtsein bei Kant und in der Postmoderne 273-78
  Plotin 272-73
- primäre Form des Denkens 300-301
- und seine Emotionalität 303-4
Denton, Michael **488-92**
Derrida, Jacques 95, 101, 170, 198, 229
Descartes, René 7, 9, 41, 53, 69, 73, 81, 98, 99, 110, **117-18**, 144, 177, **189-94**, **196-200**, 200, 203, 205, **218-20**, 225, **226-28**, 238, 241, 319, **323**, 337, 386, 505
Detel, Wolfgang 411
Dierauer, Urs 86
Dilthey, Wilhelm 11, 22, 46, 72, 95, 99, 101, 120, 121, 146, 170, 452, 453
Diogenes Laertios 142
Diomedes 391
Diophant 237, 238
Dodds, Ernst Robert 385
Donald, Merlin 149
Dörrie, Heinrich 86
doxa *siehe* Meinung
Dreivermögenlehre siehe Psychologie Dreivermögenlehre
Droysen, Johann Gustav *119*
Dulles, Avery *91*
Dunbar, Robin 499
Duns Scotus, Johannes 26, **28-33**, 33, 36, 37, 38, 41, 45, 46, 107, 132, 136, 144, 167, 317, 322, 323, 404, 450

Dürr, Hans Peter 490

Ebeling, Hans 437, 453
Eco, Umberto 132
Egoismus
- Altruismus 76
   als Thema bei Homer 395
- Aristoteles
   abstrakter und konkreter (Aristoteles,
   Nikomachische Ethik IX 8) 357-58
   und das Wohl des Staates nach Platon
   und Aristoteles) 383-84
   und die Unterscheidung zweier
   Formen der Selbstliebe 354-55
- Homer
   'richtiger' Egoismus und das Wohl des
   Individuums und der Gemeinschaft
   393-95
- Thomas Hobbes, Adam Smith
   und das Wohl des Ganzen 430-33
Einfachheit
- der Dingerfahrung und der
   Gegenstandserkenntnis 132
- der Dingerfahrung und der
   Gegenstandserkenntnis (bei Damasio)
   279
Einheit
- 'der Zahl nach' 202
- einer Mannigfaltigkeit 201-2
- und Zahl in der platonischen
   Wissenschaftstheorie 235
Einheit von Natur und Geist siehe
   Erfahrung, präsemiotische
Einzelding
- als Erkenntnisbasis 178-89
   Duns Scotus 28-33
   historische Faktizität und
   Notwendigkeit 175
   und der Satz vom Grund 466-67
   und die aristotelische Kritik 317-24
   und mehrwertige Logiken 254-60
- Aristoteles, *Metaphysik* Buch VII 28-29
- und das historische Denken 149
- und der 'methodologische
   Individualismus' in der modernen
   Wirtschaftstheorie 442
- und Sacheinheit 60-64
- und seine metaphysische Überlastung 5,
   35, 96, 145
   in dem Geschichtsmodell Oswald
   Spenglers 515-16
- und seine Priorität 4-5
- und seine Wohlbestimmtheit 71, 96
Elementarerlebnis 155-56
Elemente, Gene, Bausteine 475-83
- und platonische Formen 488-97

Empfindung
- unmittelbare und ihre Komplexität 153-54
- unmittelbare und ihre Realität 171, 177, 182
Empirismus
- antiker 142-43
- logischer 154-66
- neuzeitlicher 257
   und die These der Widersprüchlichkeit
   der Erfahrungsgegenstände 254
   und seine immanente Metaphysik 473-75
- wissenschaftlicher 50
ens rationis-ens imaginationis 447-48
'Entdeckung des Geistes' 386-87
Epikur 142, 143, 307
Epikureismus 67, 69, 104, 382, 451, 462, 476
Epithymêtikon 284
'wahrnehmendes Wollen' 299-300
Erfahrung
- empirische
   und Räumlichkeit 188-89
- präsemiotische 126, **132-33**, 133-34, 138
- und das Identische in ihr als Gegenstand
   des Denkens **181-84**
- und Identität 194-98
- und ihre Analyse
   bei Platon 225-26
- und Vernunft 157
- unmittelbare
   das Problem ihrer konfusen
   Abstraktheit und das Streben nach
   Selbsterhaltung 457-59
   und bewußte Repräsentation 134-35, 179
   und das Problem ihrer Totalität 150-54
   und das Problem ihrer Totalität (im
   Historismus) 46
   und die anti-religiöse Stoßrichtung der
   Trennung von intuitivem Glauben und
   abstraktem Verstand 209-10
- von Einzeldingen siehe Einzelding als
   Erkenntnisbasis
ergon siehe Werk
Erkenntnis
- Anfang und/oder Prinzip
   bei Aristoteles 180
   bei Kant 179-80, **181-84**
- drei Grundformen
   Wahrnehmung, Meinung,
   Verstand/Vernunft 298
- empirische und kritische 216-17
- gebundene und freie Formen des
   Unterscheidens (Platon) 299-301
- -gegenstände und -prinzipien 184-94

- Hierarchie der Erkenntnisvermögen (Platon, Aristoteles) 307–8
- und der Modus der Erfahrung als ihr genuiner Gegenstand 183–84
- und der Unterschied zwischen ihrem äußeren und inneren Gegenstand 309
- und ihre verschiedenen (inneren) Gegenstände 329–30

Erkenntniskritik 188–89
- bei Aristoteles 324
- bei Parmenides und Platon 129
- im Platonismus und Aristotelismus 42
- in Antike und Mittelalter 100–101

Erlebnis
- eigenpsychisches 159
- genetisch primäres 162, 165
- und Begriff **155–59**

Erlebnisbegriff
- im Naturalismus 147

Erler, Michael 104, 142

Ethik und siehe Teil II, passim
- aristotelische
  das Streben nach dem Guten als axiomatische Prämisse der Ethik 443–44
- konventionell-postkonventionell (Habermas)
  und die Anwendung dieser Kategorien auf Homer 385

Eucken, Rudolf 316

Euripides 8
- *Hippolytos* 349–50
- *Medea* 303, 327, 350–51, *351*, *368*

Evidenz
- im Bewußtsein 198, 195–99
- subjektive als Erkenntniskriterium bei Descartes 190–94

Evolutionstheorie 77, 464
- allgemeine Vorgaben erkennbarer Möglichkeiten (Platon, Aristoteles) 476–83
- autopoietische Systeme, DNA, Umwelt 498–99
- der Begriff 'Umwelt' 484–85
- die immanente Potenz der 'Bausteine des Lebens' 475–83
- die Rolle des Zufalls bei Mutationen 483–84
- Funktion und Potenz der Materie als *condicio sine qua non* (Platon, Aristoteles) 477–84
- Gemeinsamkeiten mit der Stoa 465–66
- immanente Gesetzlichkeit (Steven Rose) 476
- Kritik an dem klassischen Darwinismus in der neuesten Evolutionsbiologie und nach Platon und Aristoteles 476–83

- Selbsterhaltung und die Allmacht der natürlichen Auslese 456–57
- Steuerungsmechanismen Immanenz und Prinzipien 498–501
- und die Umdeutung des Kontingenten in der empirischen Natur 464–66
- und künstliche Intelligenz 501–4
- Unterschiede zwischen der modernen Evolutionsbiologie und Platon und Aristoteles (Zusammenfassung) 486–87
- Zufall ist eine mögliche Wirkursache (Platon, Aristoteles) 477–78, **483–87**

Farrell, Daniel M. 288
Feldman, Gerald D. 356, 437
Fetscher, Iring 381
Fetz, Reto Luzius 20
Ficino, Marsilio 95
Fink-Eitel, Hinrich 288
Finkelstein, Alan V. 488
Finley, Moses I. 211
Fischer, Ernst Peter 221, **249–54**
Flasch, Kurt 17
Flashar, Hellmut 104
Fontenelle, Bernard LeBovier de 16, 17, 19, 41
Form und Materie (Platon) 490–97
in der Analyse des Menschen 497–507
Formlatituden 335
Forschner, Maximilian 115, 286, 294, 296
Foucault, Michel 121, 170, 198, 203, 353, 404, 454
Francesca, Piero della 21
Frank, Manfred **195**, 196, 203, 347, **404**, 450
Fränkel, Hermann 388
Frankena, William K. 343
Frede, Dorothea 516
Frege, Gottlob 155, 216, 217
Freiheit
- und absolute Unbestimmtheit 84–88
- von Naturzwängen und das Kulturwesen 'Mensch' 83–88
Freiheit-Determination 93–97
- in der Stoa 94–95
Freiheitskonzept
- der Stoa 114–16
- skeptische Kritik an der Stoa 116–17
Freud, Sigmund 2, 279
Friedman, Milton 438
Fritsche, Johannes 316
Fritz, Kurt von 516
Funktion
- als spezifischer Gegenstand der Meinung 324–29
  und die Anschauung 332–33
- bei Platon und Aristoteles **333–34**

- Neudeutung des Begriffs im 14.
  Jahrhundert 334-36
- neuzeitlicher Funktionsbegriff und die
  'Lesbarkeit' der Natur 335-38
- und Funktionalismus 333-38, 400
- und Materieelemente 496
Furcht
- ihre Definition in der aristotelischen
  Rhetorik 365-66
- und der Erziehungsauftrag der Tragödie
  366-69
Fuzzy Logic 221, 245, 248, **251-54**, 261, 265

Gadamer, Hans-Georg 46, 95, 100, 101,
  121, 170, 178, 307, 440
Gähde, Ulrich 513
Gaiser, Konrad 401
Galen 86, 286
Galilei, Galileo 34, 239
Gardiner, Harry N. 289
Gaukroger, Stephen 257
Geertz, Clifford 90
Gefühle
- abstrakte und konkrete 379
- als besondere Formen kognitiver
  Aktivität (Platon, Aristoteles) 292-93
- als eigenständige 'Systeme' 291
- als gebundene Form der Intelligenz
  ('ratio ligata') 351-54
- Begleitphänomene von Erkenntnisakten
  (Platon, Aristoteles) 290-91
- Begriff des Gefühls 291
- der Lust und Unlust bei Platon und
  Aristoteles 285
- der Unterschied zwischen großen und
  heftigen Gefühlen 363-64, 371
- die Opposition Gefühl-Verstand
  und der Unterschied zwischen
  Unmittelbarkeit und distanzierter
  'Objektivität' (bei Adam Smith) 440
  und die konkrete Rationalität **375-79**
  und die Kritik am 'Rationalismus' des
  Aristoteles 341-43
- drei Formen der Lust (Aristoteles) 521-
  22
- ihre Angemessenheit und Rationalität
  362-63
- ihre Komplexität und die Komponenten
  Lust/Unlust (Platon, Aristoteles) 345-46
- in ihrem Verhältnis zu Verstand und
  Bewußtsein (Aristoteles) 358-59
- und die Abstraktheit 'großer' Gefühle
  348-49
- und die Kultivierung ihrer Rationalität
  und die Freiheit rationalen Denkens
  373-76

- und 'Elementaraffekte' 363
- und ihre Abhängigkeit von
  Erkenntnisakten 281-82, 362-64
- und ihre graduell verschiedene
  Rationalität (Aristoteles) 344
- und ihre Komplexität in der
  aristotelischen Emotionstheorie 341-44
- und ihre Kultivierung
  als Teil der 'politischen' Erziehung
  373-75
  nach Aristoteles 372-73, 341-80
- und ihre unmittelbare Evidenz 194-95
- und Kognition in der modernen
  Emotionspsychologie und bei Platon
  und Aristoteles 346-49
- unmittelbare und ihre Mängel und
  Gefährlichkeit 457-58
- verschiedene Formen der Lust und die
  Einheit der Seele (Aristoteles) 342-44
Gegenstandserkenntnis
- Analyse ihrer Komplexität (Platon,
  Aristoteles) **315-24**
- begrifflich geleitete ist konkret und
  individuell 324
- der Wahrnehmung (=Anschauung) ist
  abstrakt-allgemein 48-49, 317, 322-24
- Komplexität der 53-54, **125-27**, 162
- und Funktion 201
Geisteswissenschaften
- Naturwissenschaften (Charles P. Snow)
  83
- und Geschichtsverständnis 11
- und Naturwissenschaften 81
Gentili, Bruno 388
Geometrie 212, 233
- euklidische 239-40
Gerechtigkeit
- ausgleichende und austeilende (Thomas
  Hobbes) 522
- in der Seele und im Staat (Platon) 421-25
- kommutative (Aristoteles) 511
- Wende von der Gerechtigkeits- zur
  Rechtsphilosophie (Thomas Hobbes)
  444-46
Gerl, Hanna Barbara 33
Gestaltpsychologie 158-66
Gesunder Menschenverstand 122-23
Gierer, Alfred 482
Gleichheit
- abstrakt-quantitative und konkret
  differenzierende als Prinzip der
  Wirtschaftstheorie 513-15
Goleman, Daniel 288, 376
Gordon, Andreas 17
Gordon, Robert A. 439
Gorgias von Leontinoi 361, 423
Görler, Woldemar 104

Gosling, Justin 244
Gottsched, Johann Christoph 144, 145
Graeser, Andreas 308
Grassi, Ernesto 128
Griffin, Donald R. 485
Grisworld, Charles L. 440
Guido da Pisa 19
Gurjewitsch, Aaron J. 18
Gute *siehe* Bonum
Gutschker, Thomas 307

Habermas, Jürgen 385, **397**
Hagenbüchle, Roland 20
Halfwassen, Jens 233
Hamlyn, David Walter 110
Hand Gottes *siehe* Wirtschaftstheorie (Adam Smith), die 'Hand Gottes'
Handeln
- als praktischer Syllogismus (Aristoteles) 301
Hans, James S. 276
Haskins, Charles H. 18
Hassinger, Erich 121
Havelock, Eric A. 388
Hegel, Georg Wilhelm Friedrich 23, 35, 46, 58, 100, 118, 119, 139, 140, 141, 233, 306, 386, 399, 421, 432, 505, 515
Heidegger, Martin 100, 101, 166, 170, 307, 440
Heinrich, Reinhardt 84
Heisenberg, Werner **489-92**
Heitsch, Ernst 223
Hektor 391, 392, **393-94**, 395, 396
Helena 361
Henrich, Dieter 101, 437, 441
Heraklit 216, 226, 237
Herder, Johann Gottfried 2, 72, 81, 82, 85, **83-88**, 89, 92, 99, 119, 216, 276, 287
Hermes, Hans 238
Herodot 459
Herrenberg, Johann Wenck von 449-50
Heymericus de Campo 234
Hieronymus 51
Hildebrandt, Kurt 399
Hintikka, Jaakko 414
Hobbes, Thomas 69, 77, 381, 382, 383, 399, 426, 427, **430-32**, 442, **444-47**, 453, **457-59**, 462, 519, 522
Hobbes, Thomas 522
Höffe, Otfried 305, 306, 382
Hofmann-Riedinger, Monika 190
Hofmannsthal, Hugo von 158
Holz, Arno 147, **145-54**, 155, 177, 333, 334, 405
Homer 7, 74, 76, 293, 302, 303, 305, 393, 397
homo oeconomicus 278, 434, 435, 439, 440

Homodoxie
im Staat 514
in der Seele 423-24
Homonymie 265
Honnefelder, Ludger 32
Horatius Flaccus 20, 67
Horaz *siehe* Horatius Flaccus
Horkheimer, Max 170
Horn, Christoph 116, 308, 353, 375
Hösle, Vittorio 82, 91, 92, 119
Hossenfelder, Malte 104
Hottinger, Olaf 433
Hübner, Kurt 248
Hume, David 229, 279, 319
Husserl, Edmund 100, 439
Hypothesis der Idee (Platon) 227, 228, 243, **260-61**, 415, 417
- und ihre Grundlegung 227-32
Hypothesismethode (Platon) 268
- als Teil der Analysis *siehe* Analyse im Platonismus und Aristotelismus
- und das Widerspruchsaxiom 227-32

Idealismus
- und die Identität von Bewußtsein und Gegenstand 46
Idee (Platon)
- Ähnlichkeiten mit Proteinstrukturen 488-89
- und das 'primäre Allgemeine' bei Aristoteles 415-17
- und der Begriff 'Ideator' (Janich) 412
- und die letzten mathematischen Elemente in der modernen Physik (Heisenberg) 489-97
- Unterschiede zu Descartes 227-28
Identität des Subjekts
- als Fundament des Erkennens 117-21
Identität und Stabilität
- der Materie wegen ihrer (aufnahmefähigen) Unbestimmtheit und der erkennbaren Fomen wegen ihrer selbständigen Bestimmtheit 492-94
Imbach, Ruedi 100, 234
Immanentisierung
- des Allgemeinen im Einzelnen 71
Individualität
- als 'Teil' der Natur des Menschen und die Priorität des Staates vor dem Einzelnen (Platon, Aristoteles) 419-21
- als Totalität (oder abstraktes Moment) der Lebensäußerungen und die Nichtbegrifflichkeit des Individuellen 404-5
- als Totalität (oder abstraktes Moment) der Lebensäußerungen und die

Nichtbegrifflichkeit des Individuellen 406
- bei Duns Scotus 32, 404
- die nominalistische Basis moderner Individualitätstheorien 403-4
- und die (rational begreifbare 'allgemeine') Bestimmtheit des Charakters (Platon, Aristoteles) 405-6
- und ihre Erkennbarkeit (Platon, Aristoteles) 417-19
Individuum
- Homer
  sein Interesse am Individuum 389-91
- Platon, Aristoteles
  der Eigenwert des Individuellen und die Priorität des Staates 384
  Freiheit und Bedürftigkeit 398-403
  relative Freiheit 213
  und Allgemeinheit 507-8
- Thomas Hobbes und Adam Smith Individuum und Staat 445-46
- und 'äußere' Ordnung 207-8
Intellekt 29, 30, 33
Intelligenz
- des Unbewußten
  bei Kant und in der Postmoderne 273-78
- emotionale 139-41, 273, **287-93**
  als gebundene Form der Intelligenz ('ratio ligata') 351-54
  besondere Form der einen Intelligenz des Menschen (Platon, Aristoteles) 292-93
  graduelle Unterschiede in der Rationalität von Gefühlen (Aristoteles) 344
  Neurowissenschaften und Vermögenspsychologie 289-90
- künstliche
  und Steuerungsmechanismen in der Evolutionstheorie 501-4
'Intelligenz' der Wahrnehmung 30, 330-31, 448-49, siehe auch Gegenstandserkenntnis, Komplexität der
Intuition 32, 38
- der 'Mythos' von der Untrüglichkeit unmittelbarer Erfahrungen und die Evolutionstheorie 473-75
- und Intellekterkenntnis im Idealismus 46-47
- und Verstandeserkenntnis 36-38

Jaeger, Werner 399
Jahn, Thomas 396
Janich, Peter 412
Jauß, Hans Robert 15, 16

Jeck, Udo Reinhold 17
Jedan, Christoph 116
Johannes Philoponos 236, 318, 325
Jones, Howard 67
Jong, Irene de 387

Kablitz, Andreas 25
Kahle, Gerd 288
Kamp, Andreas 399
Kamper, Dietmar 88
Kant, Immanuel 9, 57, 58, 59, 69, 73, 88, 94, 104, 110, 112, **106-13**, 113, 116, *119*, 135, 140, 155, 169, 173, **169-78**, **178-89**, 189, 190, 200, 229, 273, 274, 277, 279, **273-80**, 287, 317, 323, 383, 394, 398, 399, 428, 454, **468-69**, 471, 473, 505
- und die Schulphilosophie (Wolff, Leibniz) **108-10**
Katharsis siehe auch Tragödientheorie (Aristoteles)
- Kultivierung von Gefühlen 359
- Tragödien- und Emotionstheorie bei Aristoteles **361-80**
Kausalität
  und Zeit bei Kant 174-77
Kemmerling, Andreas 190
Kemper, Dirk 143
Kerferd, George B. 115, 294
Kersting, Wolfgang 284, 286, 519
Keßler, Eckhard 18
Khalil, Elias L. 428
Kidd, Ian Gray 286
Kierkegaard, Sören **203-5**
Kim, Eun-Ae 362
klar und deutlich 115, 118, 131, 192, 193, 194, 198, 199, 225, 230
Klein, Jakob 237, 238
Klytämnestra 390
Köhler, Werner 159
koinê mathêmatikê epistêmê *und siehe auch* artes liberales
konfus-distinkt 37, 39-40, 272
- bei Descartes 190-94
- undeutliche Erkenntnisse bei Christian Wolff 167-68
konfuses Allgemeines *siehe* praedicabile de pluribus
kopernikanische Wende siehe Wende, kopernikanische
Kopernikus, Nikolaus 10, 13, 14, 35, 97, 128
Korfmann, Manfred 386
Krafft, Fritz 13, 97
Krauss, Werner 15, 17
Kristeller, Paul Oskar 84
Kritik an der Antike 207-8, *und passim*

- und der neuzeitliche
 Repräsentationsbegriff 124, 129-30
Krueger, Joachim 144
Krüger, Gerhard 100
Kühn, Manfred 122, 176
Kuhn, Thomas S. 14
Kultur der Gefühle *siehe* Gefühle und ihre
 Kultivierung
Kulturwesen 'Mensch' *siehe* Natur des
 Menschen (in neuzeitlichen Theorien)
Kulturwissenschaften
- als Überwindung des Gegensatzes von
 Geistes- und Naturwissenschaften 81-83
- ihre Unbestimmtheit und die 'Offenheit'
 der menschlichen Natur 90
- und Ernst Cassirer 88-89
Küng, Guido 318
Künste
- die Freien Künste *siehe* artes liberales
Künstlertum
- und seine Aporetik nach Arno Holz 150-54
- und unmittelbares Erleben 152
Kunstwerk
- Fragment und Schönheit 151-52

Lane, Richard D. 288
Latacz, Joachim 386, 387
Lee, Sang-In 227
Leibniz, Gottfried Wilhelm 107, 108, 109, 144, 182, 249, 334, 335, 404, 466
Leininger, Wolfgang 356, 442
Lessing, Gotthold Ephraim 361, 362, 370
Lewis, C. I. 122, **225**, 229
Lindgard, Per-Anker 488
Linguistic turn 23
Lipsius, Justus 398
Lloyd, Anthony C. 411
Locke, John 229, 279, 319, **455**
Logik
- Aussagenlogik
 und Begriffslogik 246
 und die Verschmischung von logischer
 und ontologischer Dimension 259-60
- *ex contradictione quodlibet* 261, 262
- Konfusion von Inhalt und Form einer
 Aussage 265
- nichtklassische moderne 245-46
 eine Kritik (mit Platon und Aristoteles)
 246-60
- parakonsistente 261-67
 Vorwortparadox 263-66
- zweiwertige
 Kritik durch moderne mehrwertige
 Logiken 248-60

Logik des Herzens siehe Intelligenz,
 emotionale
Logistikon 284, 302
Logozentrismus 87, 89, 138, 141, 150, 194, 199, 229, 248, 252, 276
Long, Anthony A. 115, 287
Loux, Michael J. 217
Ludwig, Bernd 382, 446
Luhmann, Niklas 404
Lukasiéwicz, Jan 217, 248
Lukrez 142-**43**, 143, 144
Luserke, Matthias 361
Lust siehe Gefühle der Lust und Unlust
Lust und Moral
- bei Mandeville 461-62

Mach, Ernst **158**
MacIntyre, Alasdair 307, 399
Mahner, Martin 110, **498**
Maier, Anneliese 274, 334
Mainzer, Klaus 13, 83
Mandeville, Bernard de 119, 384, **461-64**
Manstetten, Reiner 428, **434-42**, 442
Marshall, Craig **488-92**
Marx, Karl 512
Materie
- Platon, Aristoteles
 und ihre Funktion in der Evolution
 (Platon, Aristoteles) 477-84
 und in der modernen Physik 490-97
Materie (Platon, Aristoteles)
- der kategoriale Unterschied zwischen der
 'Geometrie' an den elementaren
 Materiestrukturen und den begrifflichen
 Formen (Ideen) 491-97
Mathematik, symbolische 238-39
- und der Funktionsbegriff 334-35
mathesis universalis
- neuzeitliche 238-39
- platonische 237, 238
Matuschek, Stefan 276, 277
Matussek, Peter 88, 89, 92
Maurer, Reinhart 424
Mayr, Ernst 456
Medea **350-51**
Meikle, Scott **209**, 521
Meinung **308**, 315
- als conclusio 326-28
- Bewertung von Recht und Unrecht 305
- Erkenntnis der Funktion eines
 Einzeldinges 324-29, 379
- moderne Einwände gegen die
 Differenzierung zwischen Meinung und
 Wissen bei Platon 308-9
- sinnliches Meinen 316
Thymos und politisches Handeln 304-6

- und akzidentelle Wahrnehmung 325-27
- und Anschauung 331-33
- und ihr spezifischer Gegenstand 329-31
- und ihre spezifische Emotionalität
  (Platon, Aristoteles) 303-4, 339-40
- und rationales Denken 327-28

Mendelssohn, Moses 287, 370
Menelaos 293, 390, 391, 395, 396
Menschenverstand, gesunder
- seine Verwissenschaftlichung als Teil der Rezeption des Hellenismus 451-52, 464
- Stoa und antike Skepsis 116

Mensching, Günther 210
Metaphysik
- des Empirischen 70, 498
- und göttlicher Logos in der stoischen Theorie der Selbstaneignung 296-97
Metaphysikkritik 209-10
- bei Kant 178
- die anti-religiöse Stoßrichtung der Trennung von Glauben und Wissen 209-10
Metcalf, Ruth Clark 289
Meyer, Theo 145
Mimesis siehe Nachahmung
Mitleid
- seine Definition in der *Rhetorik* 369-71
- und der Erziehungsauftrag der Tragödie 371-73
- und Furcht
  als tragödienspezifische Affekte 372
  Katharsis und Kultivierung 'politischer' Emotionen 361-73
Mittelalter
- Bruch mit dem Mittelalter 8, 23, 68, 206
  und die Wende zur Praxis 446-49
- und Moderne siehe Moderne - und das Mittelalter
Mittelstraß, Jürgen 13, 97, 412
Modern
- Probleme der Begriffsbestimmung 7-8
Moderne
- und das Mittelalter 17-19
Mommsen, Theodor 12
Montaigne, Michel E. de 9, 67
Moore, George E. 343
Morford, Mark 398
Morgenstern, Oskar 442
Morris, Ian 386
Müller, Lothar 89, 92
Musik
- unmittelbares Erleben und rationale Analyse 165-66
Musik(theorie) 233
Musil, Robert 158

Nachahmung siehe auch Tragödientheorie (Aristoteles)
- die Aufgabe des Dichters nach der aristotelischen Tragödientheorie 377-79
- und der Unterschied zwischen Anschauung und Meinung (*Politeia* X) 331-32
Naivität und Rationalismus
- Ambivalenz in der Kritik an der Antike 127-28
Natur
- allgemeine
  als alles Einzelne durchdringender Weltenlogos (Adam Smith, Thomas Hobbes) 430-33
- und Geist
  und der 'epische Weltzustand' 387
Natur des Menschen
- bei Platon und bei Thomas Hobbes
  der 'melancholische Tyrann' und die demokratische Gleichheit der Lüste 519-20
- in neuzeitlichen Theorien 197, 198, 205, 207
  Bioelemente, Organismus und Umwelt 498-501
  konzeptionelle Brüche und Unterschiede 89-90
  konzeptionelle Konstanten und Gemeinsamkeiten 90-92
  Priorität des Willens, Selbstaneignung, Freiheit (Thomas Hobbes) 430-32
  Selbsterhaltung und die Reduktion des Menschen auf seine Sinnlichkeit 452-60
  und das Vorstellungsvermögen 112
  und die Priorität des Willens (Adam Smith) 430
  zwei Naturbegriffe 93
- Platon, Aristoteles
  als erkennbares Allgemeines (Aristoteles) 418
  die Analyse der spezifischen Vermögen des Menschen (im Unterschied zu einer 'material-biologischen' Analyse 490-97
  die anthropologische Grundlage der Staatstheorie 398-99
  die Sinnlichkeit ist der Beginn, nicht das Ziel der Selbstaneignung (Oikeiôsis) des Menschen 455
  Rationalität und Mathematik 418
  und der Staat 509-11
Naturalismus **145-54**
Natur-Kultur-Antithese 72, 74, **89-99**, 113, 443-44
- und die Natur des Menschen bei Vico 91-92

- und ihre Prämissen 92-93
- und Rezeptivität-Spontaneität 97-98
Naturwissenschaften
- und die Überlastung der Wahrnehmung 109-10
Nemesios 86
Neostoizismus 398, *siehe* auch Stoa
Nestor 396
Neu, Jerome 383
Neuheit und historische Faktizität 26
Nicolai, Jacob 370
Nicolai, Walter 393
Nietzsche, Friedrich 8, 203, 218, 229, 349, 505
Nikomachos von Gerasa 236
Nizolio, Mario 27, 33, 112, 447
Nominalismus 4, 8, 29, 50, 55, 56, 106, 260, 309, 317, **318**, 439, 447
- als Basis moderner Individualitätstheorien 403-4
- und der methodologische Individualismus in der modernen Wirtschaftstheorie 442
- und Metaphysikkritik 210
- und Suppositionstheorie 58
Noos-Thymos (Homer) 395-96
Norman, Jean 263
Normen, gesellschaftliche
- und individuelles Handeln bei Homer 388-89, 391-92
Notwendigkeit
- in der empirischen Natur und in der Geschichte (Kants 'Republik der Teufel') 468-69
- numerische Einheit *siehe* Einheit 'der Zahl nach'
Nussbaum, Martha 307, 383, 384

Ockham, Wilhelm von 26, 33, 36, 37, 38, 45, 160, 210, 254, 317, 318
Ödipus 347, **350-51**
Odysseus 367, 388, 389, 390, 391, 396
Oestreich, Gerhard 398
Oikeiōsis (Selbstaneignung) 294-97, 445
- als Quelle und Hintergrund der neuzeitlichen (praktischen) Philosophie 426-72
- bei Adam Smith 428
- nach Aristoteles und nach stoischer Lehre 454-60
- und die Stoa-Rezeption in der Eigentumstheorie John Lockes 456
Ökonomik *siehe* Wirtschaftstheorie
Ong, Walter J. 388
ordinary language philosophy 164
Oresme, Nikolaus 335, 336, 337

Origenes 86
Otto, Stephan 95

Palmieri, Matteo 19
Pandaros 392
Pappus Alexandrinus 237, 238
Pareto, Vilfredo 442
Pareto-Optimum **442**
Parmenides 65, 98, 112, 129, 216, 228, 447, 451
Parrhasios 67
Pascal, Blaise **139**
Patrizi, Francesco 95
Patroklos 392
Patt, Walter 169
Peirce, Charles Sanders 403, 404
Perler, Dominik 190, 328
Perrault, Charles 16
Peters, Jörg Thomas 455
Petrarca, Francesco 9, 12, 19, 20, 25, 51
Petrus Pictor Burgensis (Piero della Francesca) 21
Philoponos *siehe* Johannes Philoponos
Pico della Mirandola, Giovanni 69, 72, **84**, 86, 89, 90-**91**, 91
Pietsch, Christian 215, 316
Plotkin, Henry 85
Politeia
- und ihr Skopos 299
Polke, Irene 121
Polybios 516
Polydamas 393, 394, 396
Pomponazzi, Pietro 27, 33, 112
Popper, Karl 216, 217, 336, 353, 423, 516
Kritik an seiner 'Logik der Forschung' 95-97
Poseidonios 86, 286
Postmoderne
- Gemeinsamkeiten mit Kant 273-80
- und Hegel 141
Potenz und Aktualisierung
- der Unterschied zwischen Vermögen und dem Gebrauch (Aktualisierung) von Möglichkeiten 474
Powell, Barry B. 386
praedicabile de pluribus 320-22, 407-9
- ist kein Erkenntniskriterium 62-63
präsemiotisch *siehe* Erfahrung, präsemiotische
Priorität
- 'für uns'
    Sprachgebrauch und sinnliches Meinen 408-9
    und 'der Sache nach' 180, 198, **215-17**

und 'der Sache nach' und die
Umdeutung dieser aristotelischen
Lehre in der Spätscholastik 451-52
- 'historische' und 'sachliche' Priorität
(Aristoteles) 402
- von Staat und/oder Individuum 420-21
Proklos Diadochos 112, 236, 286, 392, 413
protê hormê siehe Selbsterhaltung als
Grundtrieb (Stoa)
Pseudo-Mayne 33
Psychologie
- bei Homer 395-96
- bei Platon in Abgrenzung zu
(neo)stoischen Positionen 422-26
- die Fundierung der Analyse des Verfalls
der Staatsformen in der Analyse der
Erkenntnisvermögen des Menschen
(Platon) 515-20
- Dreiteilung der Seele (Platon) 284-87
- Dreiteilung der Seele und des Staates
(Platon) 305, 515
- Dreivermögenlehre (18. Jahrhundert) 287
- Einheit der Seele (Aristoteles) 342
- Einheit der Seele (Platon) 286-87
- Einheit der Seele (Stoa) 287, 294
- Emotionspsychologie
Bewußtsein und Kognition 346-49
- Gerechtigkeit in der Seele und im Staat
(Platon) 421-25
- Gerechtigkeit und Homodoxie (Platon)
423-24
- in der Stoa 286-87
- und Staatstheorie (Platon) 421
Psychotherapie
- Konditionierung und die 'Kultivierung'
von Gefühlen 359-60
Pufendorf, Samuel 431, 462
Putnam, Hilary 338

Quadrivium siehe artes liberales
Quasianalyse (Carnap) 155
Querelle des anciens et des modernes 15-17
Quine, Willard Van Orman 160

Radke, Gyburg 6, 27, 105, 233, 234, 236, 240, 268, 495, 507
Ramus, Petrus 75
Rapp, Christof 385, 399
Rappl, Hans-Georg 151
Rationalismus 50, 106, 205, 230, 323
Rationalität
- (Vernunft) als Wesenskonstituens des
Menschen 89

- (Vernunft) als Wesenskonstituens des
Menschen (Herder) 87
- Allgemeinheit und Individualität (Platon,
Aristoteles) 507-11
- als Wesenskonstituens des Menschen
(Herder) 87
- bei Platon und Aristoteles **101-3**, 271
- bei Platon und die Überwindung der
Dreiteilung Verstand, Gefühl, Wille
283-84
- bei Platon und in der Moderne 5, **125-27**,
200-206, 271-82
- das Postulat der unbedingten Rationalität
menschlichen Verhaltens in der
modernen Wirtschaftstheorie 438, 439-40
- der Sinne bei Platon 423-25
- im Hellenismus und seit der
Spätscholastik 104-6
- in der Geschichte und Naturgeschichte
464-72
- 'konkrete' Rationalität (Platon,
Aristoteles) als Prinzip von
Gerechtigkeit in Staat und Wirtschaft
512-15
- rationales Denken und Freiheit 299-301,
351-53
- Reflexion auf die Kriterien des Denkens
(Platon, Aristoteles) 300-301, 504-7
- relative der sinnlichen Begierden (Platon)
523-24
- und Bewußtsein 194-205
- und die Abwertung der Sinne bei
Descartes 218-19
- und die Theorie der Zahl bei Platon 236-38
- und die wahre Natur des Menschen
(Aristoteles) 418, 455, **501-7**
- und Mathematik (Platon, Aristoteles)
504, 506-7, 508-9
Raum und Zeit 187
- Erkenntnisgegenstand oder -prinzip?
184-85
Rawls, John 382, 400
Realität
- bei Kant 171, 177-78
Reflexion
- auf die Kriterien des Denkens siehe
Rationalität, Reflexion auf die Kriterien
des Denkens (Platon, Aristoteles)
- Einbruch der 126, 157, 163, 164, 271, 281,
432
- und Unterscheidungsphilosophie 41-52
Reichenbach, Hans 216, 217
Reinhardt, Karl 286
Repraesentatio 38
res simplex 30, 31, **36-37**

Rezeptivität-Spontaneität 131
Ricken, Friedo 98, 116, 290
Riedl, Ruppert 480, 481
Ritter, Joachim 307
Robbins, Lionel C. 438
Robinsohn, Saul B. 11, 13
Röd, Wolfgang 232
Rorty, Richard 122, 319
- der ‚Spiegel der Natur' und die Kritik an der Vergegenständlichung des Denkens 319-20
Rose, Steven **476**, 498
Rothacker, Erich 239
Rousseau, Jean-Jacques 382, 394, 399, 443
Routley, Richard 263
Rubin, Edgar 161
Rudolph, Enno 105

Satz vom (zureichenden) Grund 465-67
Satz vom ausgeschlossenen Dritten siehe Logik, zweiwertige
Satz vom ausgeschlossenen Widerspruch siehe Widerspruchsaxiom
Saunders, Jason 398
Saussure, Ferdinand de 404
Sayre, Kenneth M. 223
Schadewaldt, Wolfgang 68
Schelling, Friedrich Wilhelm Joseph von 95, 149, **148-50**, 150, 177, 386, 450-51
Schiller, Friedrich 276, 371
Schipperges, Heinrich 88
Schlegel, Friedrich 349
Schleiermacher, Friedrich 95, 99, 422
Schlesier, Renate 127
Schmidt, Gerhart 189
Schmidt, Jochen 90
Schmitz, Hermann 143
Schmitz, Markus 156, 239, 413, 512
Schofield, Malcolm 115
Schönheit
- das Erhabene und die stoische Unterscheidung zwischen natürlichem und vernünftigem Streben 454
- Wesen und Erscheinungsformen 223-24
Schönheitsbegriff
- und die Wende zur sinnlichen Anschauung 20-23
Schrader, Wolfgang 384
Schubert, Andreas 284
Schulte-Altedorneburg, Jörg 459
Schulz, Peter 20
Schütt, Hans Peter 190
Schwanitz, Dietrich 10, 21
Scitovsky, Tibor 438
Scotismus 8, 108, 210, 447
- Affinität zum Hellenismus 104-6

secundum naturam 432-33, 462-63
- die 'eigentliche' Natur des Menschen (Aristoteles) 473-75
- Evolutionstheorie, Selbsterhaltung und die Rationalität der (Natur)Geschichte 471-72
Seidl, Horst 411
Sein
- als Erkenntnisprinzip bei Platon 225-32
- Begriff und Einzelding 55-56
- und Bestimmtheit 54-55
- und seine begrifflichen Implikate 234-35
Selbstaneignung siehe Oikeiôsis
Selbstbespiegelung
- und die Definition des Menschen bei Herder 87
Selbsterhaltung 74, 77
- als Grundmotiv menschlichen Handelns bei Adam Smith und Thomas Hobbes 429-34
nach der Stoa) 295
- Aristoteles' Kritik an der Reduktion des Menschen auf das Streben nach Selbsterhaltung 442-44
- Bewußtsein und primärer Wahlakt 441
- das 'Selbst' des Menschen nach Aristoteles und in der Stoa und in neostoischen Positionen in der Neuzeit 454-60
- eine Kritik an der stoisch-neuzeitlichen Theorie mit aristotelischen Argumenten 357-58, 473-87
- Selbstaneignung (Oikeiôsis) und Staatsgründung 431-32
- und die Reduktion des Menschen auf seine Sinnlichkeit 452-60
- und Selbstaffirmation (Stoa) 295-96
Selbstliebe
- Aristoteles' Kritik an ihrer radikalen Ablehnung und die Identifizierung von Denken mit Bewußtsein 357-58
- negative und die Herrschaft der sinnlichen Begierden (in neuzeitlichen Wirtschaftskonzeptionen) 522-24
- negative und die sinnliche Selbsterhaltung 459
- und amoralischer Egoismus bei Bernard de Mandeville 461-64
- und die Rezeption der stoischen Theorie des 'secundum naturam vivere' bei Mandeville 462-64
- wirkliche Selbstliebe des Einzelnen und das Wohl des Staates 383-84
- wirkliche und vermeintliche (Aristoteles) 354-58
Selbstreflexivität
- als Vollendung des Menschen 123

- neuzeitliche, und teleologische
Geschichtsdeutung 123-24
Selbstwahl
- und die Priorität des Willens 441
Seneca, Lucius Annaeus 67, 86, 295, 332, 394, 454
- *Medea* 303
Sextus Empiricus 67, 116, 257
Shakespeare, William 9, 371
shame-culture-guilt-culture
- und die Anwendung dieser Kategorien auf Homer (und die griechische Tragödie) 385
Simplikios 236
simul totum 31, 160, 167, 323
Singer, Wolf 44, 163, **469-71**
sinnliche Gewißheit 139-40, 141
- als "unbefleckte Empfängnis" 126
- und Einzelding 140-41
Skepsis 47, 67, 69, 98, 104, 116, 117, 131, 164, 224, 307, 451, 494
- und Descartes' methodischer Zweifel 190
- 'weicher' Skeptizismus der Sophisten 229
Skeptik
- und Dogmatik 47-48
Smith, Adam 69, 77, 119, 426, 427, 428-**30**, 432, *433*, 435, 436, 437, 440, 458, 513
Snell, Bruno 386-87
Snow, Charles P. 83
Sokrates 8, 222, 223, 226
Sophisten
- Logik des Common sense 248
- Mißbrauch des Widerspruchsaxioms 229
Sophistik
- und die platonische Hypothesismethode 260
Sophokles
- *Ajax* 367
- *Antigone* 366
- *Elektra* 369
- *König Ödipus* 350-51, 367, *369*
- *Philoktet* 367
- *Trachinierinnen* 366-67
Sorabji, Richard 411
Sousa, Ronald de 288
Spätscholastik *siehe* auch Nominalismus; Duns Scotus
- und der Beginn der Moderne **27-33**
- und die Umdeutung des Begriffs 'Funktion' im 14. Jahrhundert 334-36
- und die Wende auf die Praxis und den gesunden Menschenverstand 451-52
Speer, Andreas 18
Spengler, Oswald **515**
Spiegel der Natur
- Cassirers Kritik und die frühneuzeitliche symbolische Mathematik 337-38

- die Kritik an der Vergegenständlichung des Denkens bei Rorty und Aristoteles 319-20
Spieltheorie
- in der Ästhetik und Literaturtheorie 276-78
- in der Wirschaftstheorie 278
- Sprachspiele 275-78
Spinoza, Benedictus de 138, 462
Sprachanalyse
- der Sprachgebrauch ist bei Aristoteles nur Ausgangspunkt 408-9
- und holistisches Denken 160-61
Staatstheorie
- (neo)stoische Kreislauf der Staatsformen und Notwendigkeit in der Geschichte 516
- grundsätzliche Unterschiede zwischen neuzeitlichen Theorien und Platon und Aristoteles 381-85
- neuzeitliche
Selbsterhaltung, bonum privatum (Thomas Hobbes) 457-59
Souveränität des Einzelnen 381
Staat und Individuum (Thomas Hobbes) 445-46
Vertragstheorie 382
- Platon, Aristoteles
das Prinzip und Telos des Staates 398-403
der Staat als Telos (=Bedingung der Möglichkeit) des Individuums 402-3
der Staat als Telos und als *condicio sine qua non* für die Vervollkommnung des Individuums 420-21
die Analyse des Verfalls von Staatsformen bei Platon 515-20
die Vervollkommnung von Individualität als Aufgabe des Staates 420-21
Freiheit als Aufgabe 382
'richtige' Selbstliebe und das Wohl des Ganzen 382-84
Staat als Bedingung der Möglichkeit von Erziehung und die Größe von Staaten 510-11
und ihre Ableitung aus der Reflexion auf die Kriterien und dem Begriff des Denkens 507-11
Stadler, Friedrich 158
Starke, Frank 387
Stegmüller, Wolfgang 321
Steinmetz, Peter 104, 296
Stendhal 16
Sternberger, Dolf 307
Steuerungsmechanismen

- in der Evolutionsbiologie und der stoische Weltenlogos 464–66
- in der Staats- und Wirtschaftstheorie (Thomas Hobbes, Adam Smith) 445–46, 524
  und der allgemeine Wille 429–32
- oder rationale Prinzipien als Bestimmungsursache von Evolution 477–87
- und rationale Prinzipien von Ordnung 444, 498–501

Stevin, Simon 238

Stimmungen
- und ihre Wiederholbarkeit 203–4

Stoa 67, 73, 84, 85, 86, 94, 98, 104, 114, 115–16, 116, 129, 148, 149, 174, 286, 294, 296, **294–97**, 297, 307, 322, 425, 430, 435, 441, 443, 451, 452, 453, 454, 462, 465, 469, 487, 494
- der Umgang mit ihrer Rezeption in der Neuzeit 437–42
- die allgemeine Vernunft und das Streben nach Selbsterhaltung 453–54
- Paradoxa der stoischen Ethik 463–64
- 'Pflicht und Neigung', Selbsterhaltung und Privatinteresse 462–64
- Stoizismen bei Adam Smith und Thomas Hobbes 427–30

Störig, Hans Joachim 13
Straaten, Modestus van 115
Strauss, Leo 307
Striker, Gisela 115, 142

Subjektivierung der Kunst
- bei Arno Holz 146

Subjektivitätskritik
- bei Aristoteles 317–24
- bei Rudolf Carnap 157–59

subjektiv-objektiv
- und ihre Umdeutung bei Descartes 191–92

Subjekt-Objekt-Kluft 191, 192, 317
symbolisch siehe Mathematik symbolische
Sympathie, universale
- als Teil des 'ganzheitlichen' Menschenbildes Adam Smiths' 436–42
- bei Adam Smith **433–40**
- der stoische Weltenlogos und die reflexive Einsicht in die Ordnung des Ganzen 453–54

Synkatathesis 115, 296
Synthesis
- und Zeit bei Kant 176–77
Syrian 226, 236

Taylor, Charles C. 142
Teleologie

- die Verabsolutierung des Empirischen in dem Geschichtsmodell Oswald Spenglers 515–16

Telos
- Unterscheidung zwischen innerem und äußerem Telos bei Aristoteles 401–2

Thales von Milet 522
Theiler, Willy 286
Theon von Smyrna 236

Theorie-Praxis
- Ableitung der praktischen Philosophie aus den Prinzipien der Theoria (Platon, Aristoteles) 507–11
- Theorie als Prinzip der Praxis (Platon, Aristoteles) 307–8, 330–31
- undifferenziertes Unterscheiden als Ursache des Verfalls von Staatsformen und Gemeinschaften in der Analyse Platons 515–20

Thiel, Rainer 79, 116
Thomas von Aquin 100, 112, 217, 234, 328, 511
Thymos 284, 285, 305, **304–6**, 308, 328, 395, 396, 397, 517
- und die Ursache des Zorns 303–4

Tomasello, Michael 454
Tragödientheorie (Aristoteles) **361–80**
- Ähnlichkeit zwischen tragischem Helden und Zuschauern 368–69
- der tragische Held und die Erzeugung von angemessenem Mitleid 371–72
- die Aufgabe des Dichters keine bloße Abspiegelung der empirischen Wirklichkeit 377–79
- die Aufgabe des Dichters und des Zuschauers 378–80
- zur Funktion des Chores in der Tragödie 368–69

Tugendhat, Ernst 288

Überweg, Friedrich 104
Uehlein, Friedrich 6
unbewußt-bewußt siehe konfus-distinkt
Universalienstreit 4–5, 24, 416
Unmittelbarkeit-Distanz
- und die Opposition Gefühl-Verstand (bei Adam Smith) 440

Unterscheiden siehe Rationalità und siehe auch Denken

Ursachenanalyse
- Evolutionstheorie notwendige und hinreichende Bedingungen 500
- Platon, Aristoteles causa formalis und eidos (Aristoteles) 401

die Unterscheidung zwischen
notwendigen und hinreichend
Ursachen zur Erklärung von Zufall und
Notwendigkeit in der 'Evolution' 481-
83
zureichende und notwendige
Bedingung (bzw. causa formalis und
causa materialis) (Platon) 481

Valla, Lorenzo 27, 33, 112, 447
VanderWaerdt, Paul A. 286
Vansteenberghe, Edmond 449
Vasari, Giorgio 22
Vernunft *siehe* Rationalität
Verstand
- als Vorstellungsvermögen bei Kant 175
- seine Abstraktheit und Fiktion 447-48
- und seine Leistung nach Kant 110-11
- und seine Leistung nach Platon 105
verworren – deutlich *siehe* konfus-distinkt
Verworrenheit der Sinne 108-10
Vesalius, Andreas 102
Vico, Giambattista 72, 82, **81-83**, 83, 86, 89,
  91, 92, **98-99**, 100, 101, 110, 119, 148, 207
- und die Vergeschichtlichung des
  Denkens **118-20**
Vielheit
- diskret und kontinuierlich 176, 201-2
Vieta, Franciscus 238
Vietta, Silvio 143
Vitruv 67, 418
Vivenza, Gloria 435
Voegelin, Eric 307
Vogel Carey, Toni 429
Vogel, Cornelia de 389
Voigt, Christian 389
Vorstellung
- bei Kant *siehe* Zeit bei Kant
- und begriffliches Denken 110-13
Vorstellungsphilosophie 5, 113
- Christian Wolff 167-68
- und die These von der Naivität der
  Antike 124-25
- und Zeit 168-69
Vorstellungsvermögen 39, **110-13**

Wachsbeispiel **220**, 323
- Kritik an Descartes 226-27
Wagner, Hans 316
Wahrheitskonzept
- Übereinstimmung von Ding und
  Vorstellung 240-41
- Übereinstimmung von Intellekt und
  Sache 241

und das primäre Allgemeine der
  Analytica Posteriora 414-15
Wahrheitswert
- Basis der Aussagenlogik 246-47
- und empirische Verifikation 258-59
Wahrnehmung
- akzidentelle (Platon, Aristoteles) 31, **315-
  24**
- als Akt des Unterscheidens 200-201, 270-
  71
- als Ausgangspunkt der Erkenntnis 27-
  28, 316
- Descartes' Kritik der Sinne 218-19
- Differenzierung zwischen spezifischer
  Wahrnehmung und komplexeren
  Formen 309-15
- ist kein Bewußtseinserlebnis (Aristoteles)
  312-13
- spezifische 44-45, **310-13**, 313
- und die Aufwertung der
  Sinneserkenntnis bei Platon und
  Aristoteles 313-14, 423-26
- und Erscheinung 57-60
- und Intellekt bei Duns Scotus 30-32
- und Zahl 311
Waszek, Norbert 436
Waterlow, Sarah 414
Weber, Max 524
Weismann, August 456, 465
Weizsäcker, Carl Friedrich von 490, **489-
  92**
Wellek, Albert 162
Welsch, Wolfgang 141, 288
Wende
- ästhetische 51
- des Denkens
  auf sich selbst (Platon, Aristoteles) 65
- des Denkens auf sich selbst
  Neuzeit **3-4**, 82, 91, 100, 124, 128, 178,
    184, 189, 190, 192, 317, 447, 449
  Platon, Aristoteles 301, 447
- in der Schönheitsauffassung 144
- kopernikanische 2, 13-14, **97**, 182, 317
- leibphilosophische 51
- leibphilosophische (Herder) 87
- von der Gerechtigkeits- zur
  Rechtsphilosophie 444, 446
- zur Erfahrung 127, 257
- zur Praxis
  und der Bruch mit der mittelalterlichen
    Scholastik 446-49
  und ihre Folgen 113-15, 297, 307
- zur Subjektivität in der Ästhetik
  Baumgartens 144
Wendebewußtsein 1-5, **446-49**
- bei Vico 98-99
- in der Biologie 488-89

Sach- und Personenregister

- in der Staats- und Wirtschaftstheorie 444-46

Wendel, Hans Jürgen 160, 223
Wenger, Pierre 20
Werk
- Platon, Aristoteles 105, 400, *siehe* auch Funktion
  des Menschen und die Reflexion auf die Kriterien rationalen Unterscheidens 504-7
  eines Gegenstandes und seine Erscheinungsformen 220-21
  Telos und höchstes Gut (Aristoteles) 400
  und Gegenstandserkenntnis 102-3, 106, 108
- und der Unterschied zwischen Anschauung und Meinung 331-33

Werk des Menschen
- Herder 85-87
- Platon, Aristoteles
  Rationalität 501-7
  und der Staat 400-401

Wertheimer, Max 160
West, Martin L. 387
Westphal, Merold 126
White, Hayden 119
Widerspruchsaxiom 5, 180-81, **215-22**, 241-45, 318
- als heuristisches Erkenntnisprinzip 221, 233, 268-69, 301-2, 505-7
- als Prinzip der Erkenntnis von Einzeldingen 228-29
- Aporie und Euporie 269
- coincidentia oppositorum und das Umfaßtsein verschiedener Möglichkeiten im primären Begriff 412-13
- Descartes' Kritik an Aristoteles 218-21
- Kritik und ihre Selbstwiderlegung 243-44, 267
- moderne Mißverständnisse 229-32
- und Aporie 241-42
- und die Auflösung der empirischen Dingeinheit 246
- und Hypothesismethode 244-45
- und seine Fundierung im Begriff des Seins 233-35

Widerspruchsfreiheit
- der wahrnehmbaren Welt 226
- und Konsistenz 262, 266

Widerspruchsprinzip *siehe* Widerspruchsaxiom
Wiedererstehung der Künste 26, 27, 66
- und die Wende zum Diesseits 23

Wieland, Christoph Martin 247, 287
Wieland, Georg 415

Wieland, Wolfgang 316
Wiener Kreis 155
Wiggins, David 512
Willaschek, Marcus 169
Wille 294-333
- allgemeiner
  und die kosmische Dimension der Staatstheorie Hobbes' und der Wirtschaftstheorie Smiths 429-33, 445-46
- als Setzungsakt (Stoa) 297
- bei Platon (Überblick) 298-99
- die Gemeinsamkeiten im Willenskonzept bei Thomas Hobbes und Adam Smith 445-46
- Dominanz über das Denken 294
- Formen des Strebens als Prinzip der Einteilung der Seele bei Platon 285-87
- freier, in der Stoa 294-97
- Hobbes Theorie als Paradigma für das neuzeitliche Wendebewußtsein 445-46
- in der Stoa *siehe* Freiheit in der Stoa
- 'wahrnehmendes Wollen' *siehe* Epithymêtikon
- 'wirklicher' und vermeintlicher (in modernen Wirtschaftstheorien) 355-56
- 'wirklicher' und vermeintlicher am Beispiel Hektors bei Homer 393-97

Williams, Bernard 284, 385
Wilson, Edward O. 465
Wilson, Frank R. 85, 149, 499, 500
Winckelmann, Johann Joachim 69

Wirtschaftstheorie
- (neo)klassische
  ihre Metaphysik und Metaphysikkritik 428-29
- Adam Smith
  die 'Hand Gottes' **428**, 429-30, 432, 445
  metaphysische Aspekte 524
  Sympathie, universale 429
  und ihre (stoisch-)metaphysischen Grundlagen 428-30
- moderne
  Selbsterhaltung und sinnliches Begehren als Prinzipien der Marktwirtschaft 522-24
  und Begründungsprobleme 210-11
  und das Auseinanderfallen von Handlungsabsichten und Handlungsfolgen 433-34
  und das Postulat der unbedingten Rationalität menschlichen Verhaltens 438, 439-40
  und die Metaphysikkritik des Neoliberalismus 209-10
  und ihre Prinzipien 209-10

- Platon, Aristoteles
  Bedarf, Geld, Gebrauchswert 520-21
  eine 'aristotelische' Kritik an der
    nivellierenden Wirkung des
    Marktmechanismus 520-24
  Entstehung, Funktion und der
    (richtige) Gebrauch von Geld 520-23
  Gebrauchswert und Geldwert
    (Aristoteles) 512
  kommutative Gerechtigkeit 511
  und der 'Bedarf' als Motor der
    Wirtschaft 511-15
  Unterschiede zu modernen Theorien
    212-13
Wissenschaftstheorie
- holistische 208
- Opposition gegen die antike Hierarchie
  der Wissenschaften 207-8
- Platon, Aristoteles 65-66, **232-40**, 270
  Disziplingrenzen Arithmetik-
    Geometrie 212-13
  Erkenntniskritik 41
  in Antike und Mittelalter 208
  in den *Analytica Posteriora* 234
  Mathematik und Reflexion 506-7
Wittgenstein, Ludwig 2, 275
Wittkower, Rudolf 21
Wolff, Christian 31, 37, 94, 104, 108, 124,
  132, 144, 167, **166-69**, 189, 466
Wundt, Wilhelm 162

Xenophon 514

Zabarella, Jacobus 27, 33, 34, 112
Zahl, Maß und Gewicht 22, 144, 145
Zahlbegriff
- bei Platon 235-36
Zeit
- bei Kant 169-78, 185
- bei Kant und Wolff 166-78
- bei Wolff 167-69
- und die Konstitution von Begriffen 166-78
- und numerische Identität 202
- und Vorstellung bei Kant 170-78
Zeuch, Ulrike 83, 87, 119
Zeuxis 67
Zierl, Andreas 94
Zola, Emil 147
zôon politikon 339, 399, 400, 430
Zufall und Notwendigkeit
- die Verwechslung zweier verschiedener
  Naturbegriffe und die Rationalität in der
  Kontingenz 471-72
- in der Evolutionstheorie und in der Stoa
  464-67
Zweifel
- methodischer bei Descartes 190-91
- und das Axiom der Bestimmtheit des
  Erkannten 64-65
Zwergel, Herbert A. 217

Stellenregister (Auswahl)

Alexander von Aphrodisias
De anima liber cum Mantissa
  150,19-153,27 *454*
  151,34-152,15 *454*
  152,13-14 *454*
  153,2-5 *454*

Aristoteles
Analytica Posteriora
  I 2, 71b33-72a5 *316*
  I 2, 71b9-16 *501*
  I 3, 72b18-25 *139*
  I 4, 73b25-33 *413*
  I 4-5 *410-15*
  I 4-5 *237*, *413*
  I 5, 74a35-38 *413*
  I 5, 74a4-74b4 *411*
  I 24 *417*
  I 31, 87b28-32 *320*
  II 1, 89b23-35 *328*
  II 18, 99b20-27 *141*
  II 19, *234*
  II 19, 100a16-b1 *317*
Categoriae,
  Kap. 5, 2a11ff. *79*
De anima
  I 1, 403a29ff. *400*
  II 1, 412a19-b9 *400*
  II 8, 419b4ff. *313*
  II 8, 419b9f. und 18ff. *313*
  II 11, 424a5f. *270*
  III 2, 426b10 und 14 *270*
  III 3, 427a17ff. *359*
  III 3, 427a19-21 *270*
  III 3, 428a3-5 *270*
  III 4, 429b13 *270*
De generatione et corruptione
  II 2, 329b *502*
Metaphysik
  I 1, 981b13ff. *402*
  I 5, 987 a20-27 *244*
  I 6, 987b1-7 *398*
  IV 3, 1005a8-34 *217*
  IV 3, 1005b8-34 *217*
  IV 5, 1010a10-15. *229*
  VII 13 *407-8*
  VII 13, 1038b33 *414*
  VII 13, 1039a1f. *79*
  VII 17 *410*
  VII 3, 1029b3-12 *316*
  VII 4, 1029b11ff. *256*
  VII 4, 1029b22ff. *412*
  VII 8, 1033b19-21 *414*
  IX 8, 1049b29ff. *401*
  X 3, 1054b3-14 *368*
  XII 7, 1072b11-12 *401*
  XII 7, 1072b16ff *304*
Meteorologica
  390a10-15 *400*
Nikomachische Ethik
  I 1 *442*
  I 3, 1096a5f. *523*
  I 9, 1099a10-20 *539*
  II 3 1104b8-1105a16 *460*
  V 2, 1129b5f. *539*
  V 5 *511*
  V 8, 1133a26f. *511*
  V 8, 1133b6-8 *519*
  VI 11, 1143b14 *374*
  VI 12, 1144a29f. *370*
  VII 6, 1149a25-32 *396*
  VII 15, 1154b24-28 *304*
  VIII 3, 1156b7-19 *363*
  VIII 4, 1157b1-11 *363*
  IX 4, 1166a22f. *354*
  IX 4, 1166a24f. *304*
  IX 8 *354-58*
  IX 8, 1168b20ff. *355*
  IX 8, 1168b29-31 *35*
  IX 8, 1168b35 *355*
  IX 10, 1070b31f. *509*
  X 4, 1174b19ff. *520*
  X 4, 1174b31-33 *290*
  X 4-5, bes. 1174a14-17 *285*
  X 7, 1177a12ff. *355*
  X 7, 1178a2f. *355*
Physik
  I 1 *409*
  I 1, 184b2-5 *320*
  I,1, 184a16ff. *316*
  I 2, 185b25-33 *229*
  II 2, 194a35-36 *401*
  II 3, 194b9ff. *401*
Poetik,
  Kap. 1, 1447b13ff. *361*
  Kap. 10, 1452a20f. *170*
  Kap. 14, 1453b27ff., v.a. 1454a4-9. *372*
  Kap. 15, 1454a16f. *371*
  Kap. 6, 1449b27f. *361*
  Kap. 8 und 9 *378*

Politik
    I 1, 1252a1-7 *402*
    I 11, 1259a5-36 *521*
    I 2, 1252b28-39 *402*
    I 2, 1253a18-29 *399*
    I 2, 1253a23 *400*
    I 2, 1253a2f. *399*
    I 2, 1253b29-33 *402*
    I 9 und 10 *519*
    III 9, 1280b5-15 *398*
    VII 2, 1324a5ff. *383*
Rhetorik
    1386a27-29 *369*
    I 5, 1361a23f. *521*
    II 5, 1382a27-30 *365*
    II 5, 1382b27-34 *365*
    II 5, 1383a2-12 *365*
    II 5, 1383a9-12 *365*
    II 8, 1385b12-16 *369*
    II 8, 1385b16-24 *369*
    II 8, 1385b29-33 *369*
    II 8, 1385b33-86a1 *370*
    II 8, 1386a1 *379*
    II 8, 1386a25f. *370*
    II, 5, 1382b25f. *369*
Sophistici Elenchi
    167a29f. *244*
Topik
    VII 4, 141b3-14 *316*

Descartes, René
Meditationen
    I, 14 *197*
    II, 1 [17] *99*
    II, 27 *197*
    II, 28 *198*
    II, 30 *190*
    III, 16-22 [44-48] *226*
    III, 4 [33] *191, 192*
    V, 17 [86] *192*
    V, 6 [78] *192*
    V, 78 *199*
    Synopsis 4 *199*
    Erwiderung auf die zweite
    Einwendung [140] *232*
    Erwiderung auf die fünfte
    Einwendung [386] *192*
Principia philosophiae
    I, 7 *232*
    I, 45-46 *192*

Homer
Ilias
    III, 196 *391*
    III, 203-227 *391*
    IV, 64-104 *392*
    IX, 643-647 *304*
    V, 192-205 *391*
    V, 290-296 *391*
    V, 600-606 *390*
    VI, 440ff. *391*
    VII, 103-119 *391*
    VIII, 94 *391*
    XI, 401-410 *388, 391*
    XVIII, 243-309 *393*
    XXII, 96-107 *394*
    XXIII, 566-611 *395*
Odyssee
    I, 28-47 *392*

Johannes Philoponos
in de an.
    4,21 *325*
    488,8ff. *359*
in de generatione et corruptione
    213,1ff. *502*
in Ph.
    14,3ff. *318*
    230,5ff. *401*
in APo.
    433,5ff. *139, 141*

Kant, Immanuel
Anthropologie in pragmatischer Hinsicht
    B 32 *422*
    BA 16f. *275*
    BA 17 *275*
    BA 18 *273*
De mundi sensibilis atque intelligiblis forma et principiis
    A 15 (§14) *185*
KpV
    A 102f. *291*
    A 170 *174*
KrV
    A 100 *173*
    A 103 *168, 173, 176*
    A 104 *172*
    A 143/B 182 *107*
    A 19/ 33 *113*
    A 1f. *184*
    A 370 *196*
    A 41 *272, 280*
    A 99 *168*
    B 1 *179*
    B 144 *114*
    B 145 Anm. *114*
    B 190-192 *180*
    B 202 Anm. *179*
    B 209 *176*
    B 210 *171*
    B 219 *171*
    B 226 *172*
    B 226f. *172*

Stellenregister 595

B 237f. *170*
B 239f. *174*
B 242f. *173*
B 242f./A 197 *171*
B 255 *172*
B 33 *107, 179*
B 371 *398*
B 373f. *382*
B 377 *111, 112*
B 4 *181, 182*
B 47 *185*
B 6 *181, 184*
B 6 Anm. *183*
B 601 *171*
B 603 *171*
B 609f. *177*
B 61 *107*
B 610 *177*
B 612 *174, 184*
B 613 *175*
B 62 *107*
B 63 *183, 184, 323*
B 707 *178*
B 71 Anm. *57*
B 71, Anm. *57*
B 74, A 50 *38*
B 751 *107*
B 76 *109*
B 76/A 52 *38*
B 93 *110*

KU
    B 32/A 32 *289*
    Erste Fassung, Einleitung III *287*
Preisschrift von 1763
    IV § 2 *287*
Prolegomena
    § 24, A 91 *182*
Reflexionen
    5270 *274*
Zum ewigen Frieden
    BA 53f. *468*
    B 59f. *467*
    BA 47-52 *467*

Platon
7. Brief
    342a-343e *477*
Euthydemos
    278e-282d *521*
Hippias I
    287e-291c *223*
Laches
    190e-192b *223*
Menon
    72a *9*
    73c-d *223*
    85b8-d1 *302*

Nomoi
    757a-d *511*
Phaidon
    99b2-4 *480*
    99d-100b *260*
    99e-102a *245*
    100a *245*
    100b *261*
    101c-102a *268*
Phaidros
    264c *21*
    268d *21*
    271e *377*
Philebos
    34eff. *285*
Politeia
    352d8-353d12 *400*
    368d1ff. *513*
    369b5-7 *398*
    370a8ff. *513*
    431b1-c4 *424*
    436b-c *245, 471*
    436d4-437a2 *301*
    439e2-441c3 *305*
    441a5ff. *305*
    441b3-c3 *305*
    442d1 *376*
    443c9-444a2 *286*
    443c9-e3 *422*
    457b-c *382*
    472a3ff. *382*
    475d-480a *225, 324*
    477c1-d6 *400*
    477c-d *103*
    479b3f *244*
    521c *12*
    522e *418*
    522e-523a *237*
    523b-524d *225, 324*
    523c4-524d1 *423*
    524b4f. *423*
    533cf. *424*
    553cf. *516*
    553d1-7 *522*
    558c5f. *516*
    595c-597e *325*

Plotin
Enneaden
    I,4,10,19-33 *273*
    IV,3,18,1-7 *278*
    IV,3,30,5-13 *278*
    IV,4,2 und 4 *272*
    V,5,4,31ff. *202*
    VI,6,13,18 *202*
    VI,9,1,4,32 *202*

Proklos Diadochos
in Parmenidem
    957,28-958,11 *286*
in Rem publicam
    (I), 104, 7-16 *392*

Stoicorum veterum fragmenta
    I 98-100 *296*
    II 528 *296*
    II 574-584 *296*
    II 823 *294*
    II 980 und 981 (=Alexander von Aphrodisias, *De fato*, Kapitel 14) *296*
    III 175 *296*
    III 181 (=Aulus Gellius, Noctes atticae XII,5,7) *462*
    III 187 (=Cicero, De finibus III 17) *462*
    III 462 (=Galen, plac. IV 4) *294*